华中科技大学一流学科建设项目资助成果

中国新闻传播教育年鉴

（2018）

中国新闻史学会新闻传播教育史研究委员会 编

武汉大学出版社
WUHAN UNIVERSITY PRESS

图书在版编目(CIP)数据

中国新闻传播教育年鉴. 2018/中国新闻史学会新闻传播教育史研究委员会编. —武汉:武汉大学出版社,2018. 10
ISBN 978-7-307-20600-7

Ⅰ. 中… Ⅱ. 中… Ⅲ. 新闻学—传播学—教育研究—中国—2018—年鉴 Ⅳ. G210 - 54

中国版本图书馆 CIP 数据核字(2018)第 235113 号

责任编辑:胡国民　　责任校对:汪欣怡　　版式设计:汪冰滢

出版发行:**武汉大学出版社**　(430072　武昌　珞珈山)
(电子邮件:cbs22@ whu. edu. cn 网址:www. wdp. com. cn)
印刷:武汉精一佳印刷有限公司
开本:787 × 1092　1/16　印张:69. 5　字数:1350 千字　插页:20
版次:2018 年 10 月第 1 版　2018 年 10 月第 1 次印刷
ISBN 978-7-307-20600-7　定价:258. 00 元

《中国新闻传播教育年鉴（2018）》编委会

《中国新闻传播教育年鉴（2018）》编辑部

2017年6月18日，2013—2017年教育部高等学校新闻传播学类专业教学指导委员会第八次全体会议暨国务院学位委员会新闻传播学学科评议组工作会议在中国传媒大学举行

中国新闻史学会2017年学术年会于8月20日在郑州圆满落幕，来自国内外的1300位学者专家共襄盛会。此次年会的主题为“全球视野·中国体系——面向未来的新闻与传播学研究”

2017年12月10日下午，2013—2017年教育部高等学校新闻传播学类专业教学指导委员会
第九次全体会议暨国务院学位委员会新闻传播学学科评议组工作会议在清华大学举行

2017年12月15日，第二届全国新闻与传播专业学位研究生教育指导委员会第二次工作会议暨
第二届MJC研究生教育工作研讨会在暨南大学举行

2017年12月15日，第二届全国新闻与传播专业学位研究生教育指导委员会
第二次工作会议与会代表合影

2017年4月28日，中共广西壮族自治区委宣传部与广西艺术学院签署部校共建影视与传媒学院协议

2017年7月11日，中共江苏省委宣传部与南京师范大学共建马克思主义学院、新闻与传播学院签约揭牌仪式在南京师范大学举行

2017年9月12日，原《人民日报》副总编辑米博华受聘复旦大学新闻学院院长

2017年9月28日，中共河南省委宣传部与河南大学共建新闻与传播学院签约仪式
暨院务委员会第一次会议在河南大学明伦校区举行

2017年12月18日，吉林省委宣传部与吉林师范大学共建新闻与传播学院成立揭牌仪式在长春举行

2017年12月18日，由中共吉林省委宣传部和东北师范大学传媒科学学院共同建设的
东北师范大学新闻学院成立

2017年4月22日，由浙江大学传媒与国际文化学院主办的“媒介融合变革时代的新闻传播教育改革”高峰论坛在杭州举行

2017年6月3日，网络与新媒体专业建设与学科发展高峰论坛在西安交通大学举行

2017年7月，“双一流建设”骨干学科新闻传播学科建设专家论证会在上海交通大学举行

2017年10月，湖北大学新闻传播学院举办全国新闻传播学院院长论坛，
就媒介融合环境下新闻传播教育的改革与发展进行讨论

2017年11月24日，新闻评论东湖论坛暨第二届华中科技大学
新闻评论开放教育建设会在华中科技大学举行

2017年12月7日，暨南大学新闻学、广告学本科专业认证(第三级)中俄联合认证专家意见反馈会召开

2017年12月8日，中国人民大学新闻学院“新闻传播学科学术拔尖人才培养计划”
首次选拔在该院演播厅举行

2017年12月8—10日，复旦大学新闻学院与澎湃新闻联合主办首期“非虚构写作工作坊”

2017年12月10日，第五届范敬宜新闻教育奖颁奖仪式暨“双一流使命·未来型教育”
新闻传播学科高峰论坛在清华大学举行

2017年4月15日，中国新闻史学会常务理事会暨马克思主义新闻观学术研讨会
在湖南师范大学新闻与传播学院举行

2017年5月13日，“第二届中国政治传播研究学术论坛”在中国传媒大学举行

2017年5月17日，由中国传媒大学新闻传播学部主办的
2017中国网络视频春季高峰论坛“网络视频产业变局与路径选择”在中传国际交流中心举行

2017年6月10—11日，第二届中国国际舆论学年会暨东北亚国际舆情学术研讨会在大连外国语大学召开

2017年6月3日，“中国形象与全球传播高端论坛暨中国声音的世界表达智库论坛”在上海外国语大学召开

2017年7月，第四届（成都）国际体育传播高端论坛举行

2017年7月1—2日，由中国新闻史学会传媒经济与管理研究委员会主办、
华中科技大学新闻与信息传播学院承办的“2017中国传媒经济高峰论坛”在武汉举行

2017年7月15—16日，
“文化与传播符号学会第二届学术研讨会”在贵州省兴义市举行

2017年8月，中国高等教育学会新闻与传播专业委员会广告学组在河南郑州大学举办
第16届中国广告教育学术年会暨“面向未来的广告学研究学术论坛”

2017年10月14—15日，中国高等院校影视学会第十七届年会暨第十届中国影视高层论坛在苏州举行

2017年10月14日，由中国高等教育学会新闻学与传播学专业委员会广播电视学与新媒体研究分会主办的
广播电视与新媒体转型发展高峰论坛在浙江传媒学院召开

2017年10月28日，第十届公关与广告国际学术论坛（PRAD）、
第二届中国新闻史学会公共关系研究委员会（PRSC)学术年会
暨第四届战略传播与公共关系工作坊会议在武汉举行

2017年10月28日，首届“三农”传播论坛在中国农业大学举办

2017年11月3—5日，由中国高等教育学会新闻学与传播学专业委员会新闻学组主办、西南政法大学新闻传播学院承办的第十届（2017)中国新闻学年会在重庆举行

2017年11月4日，由华中科技大学、新加坡南洋理工大学和中国新闻史学会联合举办的“第十届世界华文传媒与华夏文明国际学术研讨会”在广东外语外贸大学举行

2017年11月4—5日，苏州大学传媒学院承办首届中国播音史研讨会

2017年11月12日，第五届国家传播战略高峰论坛在华中科技大学举行

2017年11月18日，第一届中国品牌传播青年学者论坛暨第五届品牌传播论坛在华中科技大学举行

2017年11月18—19日，以“智能时代的新媒体与网络治理”为主题的
2017中国新媒体传播学年会在汕头大学举行

2017年11月22日，“2017马拉松与城市传播国际论坛”在武汉体育学院举行

2017年11月24—26日，第九届跨文化传播国际学术会议（简称ICIC2017）
在武汉大学顺利召开

2017年11月25日，中国新闻史学会党报党刊研究委员会成立大会在南昌大学举行

2017年12月2日，第五届传播与国际治理论坛暨第二届互联网与社会论坛在复旦大学举行

2017年12月，第十三届全国体育新闻传播学术研讨会在南京举行

2017年12月2日，由中国社会科学院大学、中国青年政治学院主办，
中国社会科学院大学政治传播研究中心承办的“第四届政治传播与社会发展论坛”在北京举行

2017年12月9—10日，由全球修辞学会—视听传播学会和中国传媒大学新闻学院主办的
首届视听传播高峰论坛在北京成功举办

2017年12月9日，“传播媒介与抗战救亡：纪念全面抗战爆发80周年暨第三届中国抗战新闻传播史学术研讨会”
在重庆大学举行

2017年12月9日，第四届新媒体发展与创新论坛在华南理工大学举行

2017年12月17日，“人民共和国党报论坛”第十四届（2017）年会，在中国传媒大学举行

2017年12月23—24日，“伊合组织嬗变及中东格局走向”学术研讨会——暨河北大学伊斯兰国家社会发展中心入选CTTI智库、伊合组织研究中心通过教育部备案座谈会在河北大学新校区召开

2017年8月—19日，中国新闻史学会学术年会期间，
“中国新闻传播教育改革的历史方位”研讨会在郑州举行

2017年8月19日，《中国新闻传播教育年鉴(2017)》在河南郑州举行首发式

2017年10月21日，“吴高福教授新闻教育思想研讨会”在湖南大学举行

2017年4月12日，内蒙古大学文学与新闻传播学院与新华社中国经济信息中心
共同建设“内蒙古大数据舆情智库”项目举行揭牌仪式

2017年10月31日，山东师范大学新闻与传媒学院挂牌成立

2017年7月8日，两岸大学生创客营开幕式在北京大学举行

2017年9月10日，在福州举办的“第九届世界华文传媒论坛”上，
中国新闻史学会台湾与东南亚华文新闻传播史研究委员会承办了
主题为 “海丝之路视野下华文媒体的历史、理论与实践”分论坛

2017年11月25日，“粤港台传媒转型”学术研讨会暨首届岭南传媒研究生系列论坛在广州举行

2017年8月19—22日，在郑州大学举办的中国新闻史学会学术年会上，
兰州大学新闻与传播学院刘树田教授荣获“新闻传播学学会奖‘终身成就奖’”。
学院专门召开师生座谈会向刘树田老师表示祝贺（图中戴墨镜者为刘树田老师）

2017年10月21日，武汉大学新闻与传播学院前后五任院长在湖南大学召开的“吴高福新闻教育思想研讨会”上合影

2017年12月24日，“方汉奇基金”在中国人民大学成立，
著名新闻史学家、中国人民大学荣誉一级教授方汉奇将所获的
“吴玉章人文社会科学终身成就奖”奖金100万元全部捐赠设立基金，
以支持新闻史学研究，推动新闻传播学科的发展

2017年5月15日，由国侨办主办、暨南大学承办的第十六期海外华文媒体高级研修班在广州开班

2017年11月16日，“第一届讲好中国故事创意传播国际大赛”颁奖典礼在北京国家会议中心隆重举行，
中国新闻史学会公共关系研究委员会（PRSC）、华中科技大学新闻与信息传播学院参与主办

2017年11月24日，“一带一路”国家记者“中国发展研究与媒体交流”培训项目
在中国人民大学新闻学院举办结业仪式

2017年5月20日，清华大学新闻与传播学院成立15周年纪念之际，“全球院长论坛”在清华大学举行

2017年6月25日，“首届何微新闻奖新闻传播学科研究生论坛
暨新锐青年学者论坛颁奖仪式”在西北政法大学成功举办

2017年7月，北京大学新闻与传播学院与瑞士卢加诺大学中国传媒观察研究中心联合举办了
第四届“中欧对话：媒介与传播研究博士课程暑期班”

2017年7月17—22日，首期“兰州大学传媒学子暑期赴港研修班”成功举办

2017年11月7日，乌克兰新闻媒体负责人代表团访问北京外国语大学国际新闻与传播学院

2017年10月21—22日，第二届西部传媒类研究生学术年会在陕西师范大学召开

2017年11月19日，首届“社科大数据工作坊”在中山大学传播与设计学院召开

2017年12月2日，由陕西师范大学新闻与传播学院承办的中国新闻史学会新闻传播思想史研究委员会专题工作坊暨新闻传播学研究生教育论坛正式召开

2017年12月9日，以“新媒介·新技术·新视野：新闻传播与社会变革”为主题的安徽省第九届新闻传播学科研究生论坛在安徽大学磬苑校区召开

2017年5月19日，“跨界·创新”首届全国大学生会展大赛在上海大学开幕

2017年10月，第六届中国大学生公共关系策划创业大赛总决赛在厦门举行

2017年暑期，西藏民族大学新闻学院师生在西藏阿里地区改则县广播电视台讲解无人机拍摄技术

2017年暑期，中央民族大学新闻实验班前往西藏、青海、甘肃、四川等地进行“边地故事”摄制，实地记录边地人、物、文化的变迁，在北京电视台新媒体平台“北京时间”发起了多场藏汉双语直播

中国传媒大学传播研究院的“发展中国家国际传播硕士项目”照片入选中共中央宣传部、
国家发展和改革委员会、中央军委政治工作部及中共北京市委主办的
“砥砺奋进的五年”大型成就展第五展区教育单元“教育对外开放支持‘一带一路’建设”板块

2017年9月，山西大学新闻学院举办成立后首届迎新晚会

2017年，国防大学军事文化学院举行年度校园视觉创意传播大赛

2017年6月5日，黑龙江大学新闻学院85—91级校友为新闻学专业创办人侯春翔老师举行茶话会，
庆祝侯老师八十岁生日之作——手写书《闲庭散记》出版

2017年10月3日，在庆祝中国人民大学建校80周年之际，
主题为“与时代同行”的中国人民大学新闻界校友论坛(2017)同期举行

武体新闻：坚守本色 富有特色

武汉体育学院新闻传播学院是2013年获立的湖北省首批试点改革学院，现有新闻学、播音与主持艺术、广播电视编导和视觉传达设计四个本科专业，以及新闻传播学、新闻与传播、艺术三个硕士学位授权点，同时依托所在学校的体育学优势，招收体育社会学（媒体体育方向）博士研究生和体育新闻传播学硕士研究生。

该院坚持以学科建设为龙头，通过科研带动专业和师资队伍建设。继新闻传播学2012年被评为省级重点培育学科之后，“互联网+体育”学科群2015年又被评为省级重点培育优势特色学科群。过去几年，该院共主持承担了10项国家社科基金课题，先后荣获了2016年第五届全国教育科学研究优秀成果奖三等奖、2017年第八届湖北省高校省级教学成果奖一等奖和2018年第十一届湖北社会科学优秀成果奖三等奖等重要奖项。

2015年，经中共湖北省委组织部和省教育厅批准，该院成立了全省首家新闻传播学“湖北名师工作室”；同年，新闻传播学成为“楚天学者”特聘教授设岗学科。新闻学专业获立2017年湖北省本科高校“荆楚卓越人才”协同育人计划项目，同时承担了湖北省教育科学规划重大招标课题“湖北省高等学校新闻传播类专业本科评估指标体系研究”的研制任务。

该院坚持以本科教学为中心，校企合作，开放办学，着力培养富有体育特色和创新精神的应用型复合人才。2014年，经湖北省教育厅批准，与湖北广播电视台合作，共建省级实习实训示范基地。该院师生团队还承担了一年一度的武汉国际网球公开赛、武汉国际马拉松赛和2019年武汉世界军人运动会等大型体育赛事的媒体服务、现场播报等重要工作。以郭威、张帆、刘圳展、王晔烽等为代表的一批毕业生，已经成为中央电视台、腾讯等主流媒体的主力体育记者和体育解说员评论员。

在社会实践和创新创业方面，各专业一大批优秀人才脱颖而出，如新闻专业学生秦天被评为2015年度全国优秀共青团员，播音与主持艺术专业学生李明子荣膺2017年“中华小姐”环球大赛总冠军桂冠，编导专业学生丁小艺、张欣晨（2016）和张路宽、陈泽原（2018）先后荣获全国计算机设计大赛微电影类一等奖，编导专业学生张灿执导的微电影《回》荣获2016年第25届金鸡百花电影节微电影展映三等奖，视觉传达设计专业学生频频荣获全国大学生广告大赛二三等奖。

刘静副教授（右二）多次带领学生荣获中国计算机大赛一二三等奖

为2018武汉国际网球公开赛做现场报道的武体新传学子

张德胜教授（右）和王子也讲师（左）在湖北电视台做奥运直播节目

学生李明子（中）荣获2017“中华小姐”环球大赛冠军

精益求精的青海师范大学新闻学院

作为“部校共建”新闻学院，在青海省委宣传部领导下，青海师范大学新闻学院从2015年起连续成功举办毕业生汇报演出暨就业推介会，邀请用人单位“上门选材，择优录用”，现场签订用人协议，毕业生就业率在90%以上，就业质量稳中有升。

作为把握前沿、服务一线的学院，青海师范大学新闻学院坚持创新模式，深度开展校企合作，积极促成高校数字媒体产教融合创新应用示范基地成功落户青海师范大学。凤凰教育和新闻学院的合作将实践教学和实习实训项目化、制度化和长效化。

作为以建设西部地区有特色、高水平、现代化为发展目标的新闻学院，青海师范大学新闻学院积极提升学院硬件水平，建设省内一流、西部领先的高校新闻传播教育实验室群，师生可在校园无线局域网环境内登录平台教学、学习与实践。

作为面向市场、面向实践的学院，青海师范大学新闻学院坚持开放办学，推进校媒合作，目前，学院已与青海广播电视台、新华网股份有限公司青海分公司、青海新闻网、西宁晚报社、西海都市报社、西宁市广播电视台、海东市广播电视台等十余家新闻机构签订了实习基地合作协议，每年选派学院高年级本科生前往上述新闻机构实习，并已形成常态。

作为以学生发展、成材为己任的学院，青海师范大学新闻学院坚持主动作为，校内校外相结合、课堂内外相结合，不断提高学生的综合能力。学生社团在“看中国·外国青年影像计划——青海行”体验与拍摄项目、青海省大学生心理剧大赛等诸多活动中屡获殊荣。2018年7月，在省委宣传部领导和部门直接策划帮助下，启动了“漫着花儿走青海，青山绿水我守候”新闻采访大篷车实践活动，成效斐然，彰显了专业特色，已成为新闻学院实践教学和全校校园文化活动的重要品牌。2018年9月，新闻学院大学生领衔主演青海师范大学原创话剧《永怀之歌》，艺术地再现了“两弹元勋”郭永怀矢志报国、无私奉献的一生，该剧演出后获得各界一致好评和赞誉，并成功入围中国第六届校园戏剧节。

未来，青海师范大学新闻学院将以深度推进“部校共建”为契机，脚踏实地、立足长远、苦练内功，全面提升学院师资水平和办学能力，完善以融媒体为特色的课程体系，不断创新成长，为大力弘扬新青海精神，深入实施“五四战略”、奋力推进“一优两高”战略部署作出更大的贡献。

山东大学新闻传播学院简介

山东大学的新闻学教育起始于20世纪60年代开设的新闻专业专修班。1996年重新开启全日制新闻教育。2013年学院成为中宣部、教育部确定的首批10所“部校共建”新闻院系之一。2016年9月，新闻传播学院独立建院，同时山东大学电视台整体划归新闻传播学院建制。

目前，山东大学的新闻传播学科逐步建立了“学士（本科）—硕士（研究生）—博士（研究生）—博士后”完整的新闻传播人才培养体系，同时在设计学（视觉传播）方向取得了长足的进展。

“媒介技术与文化传播”山东省文化科技重点实验室

●现任领导

李从军：名誉院长，全国政协教科文卫体委员会副主任，新华社原社长

吕芃：院长，山东广播电视台台长、党委书记，教授，博士生导师

王德胜：党委书记，教授，博士生导师

刘明洋：常务副院长，教授，博士生导师

●学科专业：新闻传播学为中宣部、教育部确立的“部校共建”重点建设专业，媒介科学为山东大学一流学科激励计划重点建设学科，设计学为山东省重点学科。

博士后流动站	新闻传播学（2014）
一级学科博士点	新闻传播学（2011）
一级学科硕士点	新闻传播学（2006）；
	二级学科点新闻学（2006）、传播学（2004）
	设计学（2012）；
	二级学科点设计艺术学（2004）
硕士专业学位点	新闻与传播（2010）、艺术设计（2012）
本科专业	新闻学（1996）

●专职教师：专任教师共34人，其中含山东大学威海校区共享共建新闻专业教师4人；两位特聘兼职教授为上海交通大学张国良教授和美国南卡罗来纳大学魏然教授。

专任教师	34	特聘兼职教授	2
教授	13	博士生导师	10
副教授	13	硕士生导师	21（含博导）
具有博士学位者	30	海外学历或一年以上海外经历	15

2016年9月学院成立之后，学院在办学规模、科学研究、教学改革、国际化建设等方面均取得了历史性的突破和发展。

●办学规模：截至2018年9月，学院有本科生344人、硕士生288人、博士研究生21人，另有博士后在站人员5人。

●科学研究：2017、2018年山东大学新闻传播学科取得的主要项目和成果情况如下表：

项目或成果	2017年	2018年（截至9月）
国家社科基金	2	3
教育部人文社科项目	3	3
山东省社科规划项目	9	6
其他省部级项目	2	2
SSCI论文（第一或通讯作者）	0	2
SSCI论文（第一作者）	35	22
专著	8	5
省部级以上教学科研成果奖	1	4

●国际交流：学院与美国、英国、法国、韩国等国家的高水平科研及教学机构建立了紧密的合作关系，合作形式包括师生参加国际会议、实地考察、访问学习或联合培养，以及国外学界与业界知名人士讲学或直接承担课程。

●智库服务：围绕部校共建，2017、2018年学院为山东省委宣传部、山东省政府新闻办及其他党政部门、企事业单位、智库机构撰写研究报告、案例分析、项目策划、发展规划等50余件。

●平台基地：学院建有“山东大学-大众报业集团”国家级大学生校外实践基地、山东省品牌与传播社科重点研究基地、山东省国际传播重点研究基地、“媒介技术与文化传播”山东省文化科技重点实验室以及十余个校级基地、实验室及合作研究机构。

●教学改革：学院修订教学方案，本科教学设计为七大课程组与七大“创意工坊”系列；研究生教学确立了学术学位“理论课程+学术工坊”、专业学位“核心课程（基础理论课程、案例教学课程）+实践工坊”的教学体系。

●学术活动：2017、2018年学院举办全国性学术会议8个，并邀请国内外著名学者为学院师生进行高水平学术讲座或学术研讨45场。

2018年5月学院国际学术交流月，来自4个国家的7位学者到院开设课程或学术交流

序　　言

张　昆

《中国新闻传播教育年鉴(2018)》即将正式出版，自 2016 年出版第一本以来，这是第三本以新闻传播教育为主题的年鉴。面对刚刚打出的清样，犹如初次看到刚出生的婴儿，惊喜且伴随着些许紧张，心情激动，感慨万端，我不由得想起了这本年鉴的前身今世。

2014 年 11 月 14 日，我接任中国新闻史学会新闻传播教育史研究委员会会长。在思考学会未来的工作时，委实费了一番脑筋。当时新闻传播教育史研究委员会的定位，是汇聚新闻教育传播史的研究力量，成为学界同仁的精神家园和学术平台。但在实际运作中，其研究的对象、聚焦的问题，主要是面向当下的新闻教育改革，从而在相当程度上与中国高等教育学会新闻传播教育专业委员会的工作重叠了。而后者成立的时间更早，历史更悠久，在专业领域的影响更大。如何为学会精准定位，为学会同仁度身订制最合适的学术活动，充分发挥他们的积极性、创造性，是考验我们智慧的现实问题。

在调查相关学会工作的基础上，经过与学会同仁广泛而深入的讨论，最后得出了一个共识：那就是新闻传播教育史研究委员会必须围绕新闻传播教育史做文章，尤其是当代的新闻传播教育史。必须找到一个抓手，凝聚学会同仁的注意力，把大家的积极性集中到一个普遍兴趣上来。这个普遍的兴趣当然是新闻传播教育史，涉及教育家研究、院系研究、外国新闻教育史研究。其前提便是新闻传播教育年鉴的编撰，这是新闻传播教育史研究的基础工作，在当下又是一个空白。这项工作涉及面广、头绪多，不是哪个单位或个人能够独立完成的。正好可以借助学会成员多、分布广，能够彼此协同的优势。这一倡议得到了大家的普遍认同。大家都认为这个主意好，是为学界积功德的善举。大家一方面跃跃欲试，另一方面也有些担心，如此浩大的编撰工程我们学会能否承担得起？如何采集相关数据、资料？采用什么样的体例？如何筹措年鉴出版的经费？如何打通出版的路径？……一系列问题在考验着我们。虽然大家有些紧张、担心，但还是有一种抑制不住的兴奋，一种舍我其谁的气概，一种挑战极限前的紧张心理，成为我们至今难以忘怀的体验。

兵马未动，粮草先行。年鉴的编撰出版必须首先解决经费问题，为此我向华中科技大学文科处申请自主创新基金的支持。学校对我们作为学会会长单位牵头主编新闻教育年鉴予以充分的肯定，一次就批给了我们10多万的编撰经费。有这笔经费垫底，我和学会同仁的自信心大增。2015年6月，中国新闻史学会新闻传播教育史研究委员会常务理事会在重庆大学召开，会上正式组建了《中国新闻传播教育年鉴》编委会。除学会全体常务理事参加外，还有部分特邀专家加盟。会议还讨论了年鉴编撰的初步方案。与会的许多前辈教育家对我们的设想给予了充分的肯定和期待。大家都认为这是一项伟大的工程，功在社稷，利在学林。同年12月12日，在中山大学召开了第一次《中国新闻传播教育年鉴》编委会，确定任务分工，决定编撰出版工作倒计时节点，组建了年鉴的武汉编辑部，正式启动了年鉴的编撰工作。

开弓没有回头箭。编撰工作一启动，整个学会和编辑系统便有条不紊地运行。100多位作者、编辑本着高度的责任感、使命感，创造性地展开了自己的工作。他们都认为这是一项前人没有做过的填补空白的伟大事业。2015年12月15日至2016年2月29日，各撰稿人开始搜集资料、写作书稿，并于2016年3月1日之前提交给相应的栏目负责人。2016年3月1日至2016年3月15日，各栏目负责人统稿，并于2016年3月16日之前提交给年鉴编辑部。2016年3月16日至2016年4月30日，年鉴编辑部统稿、审订、修改，并于2016年5月1日之前将书稿提交给出版社。2016年5月1日至2016年8月底，出版社对书稿审校、编辑、印刷，保证年鉴于2016年9月中旬正式出版，10月底或11月初举行年鉴的首发式。整个过程都在掌握之中，一切都在按计划运行，每一个节点都把握得十分精准，可以说是无缝对接。作为学会的会长和编委会主任、主编，我第一次感受到了学会的力量、学会的团结。什么叫共同体？什么叫精神家园？什么叫志同道合？我有了切身的体会和感悟。

2016年11月5日，中国新闻史学会新闻传播教育史研究委员会在辽宁大学举行2016年学术年会，同时举办《中国新闻传播教育年鉴(2016)》首发式。在现场200余人的见证下，由新闻教育界“八老”(何梓华、赵玉明、吴高福、邱沛篁、童兵、郑保卫、罗以澄、刘建明)、中国新闻史学会会长陈昌凤和我徐徐拉开罩在年鉴上的“红盖头”，全场掌声雷动。这是一个历史性的时刻，从此中国新闻传播教育界有了自己的年鉴，记录自己当下的历史。作为新闻教育界的学人，我们第一次感受到了自己的历史主体性。

今天回忆三年前的往事，印象极为清晰，仿佛发生在昨天；我的心潮依旧激荡，难以平息。因为这本年鉴的历史价值，因为我们做了前人没有做过的事情，一种自豪感、成就感油然而生。正是因此，我们学会同仁、我们的编委会成员，我们新闻传播教育界的朋友们，都把编撰年鉴视为自己的天职，视为自己的使命。看到了大家全方位合作产生的巨大力量，我很感动，而这正好发生在由我发起的《中国新闻传播教育年鉴》编撰事务上。

我由此感悟到，一个小人物，不管他的地位多么的卑微，不管他是如何的愚昧，只要他顺应了时代的潮流，只要他敢于承担历史的使命，那么他就可以得到社会的肯定，他就能够获得战胜困难的无穷力量。正如我们的新闻传播教育年鉴，皇皇巨著，100多万字，跨越学校、省区的一两百人的大合作，时间紧、任务重，看似无法完成，可偏偏就由我们这些小人物完成了。这不是因为我们多么的聪明，而是因为我们敬畏天命。

《中国新闻传播教育年鉴》的编撰主要是为了尽到新闻传播教育史研究委员会的时代责任。作为一个新闻教育工作者，作为一个历史学者，我们需要一个当代史的研究平台，需要为当代新闻传播教育史的研究奠定坚实的基础。而年鉴这种形式，起码可以在两个方面帮助我们实现这一目标：第一，记录历史，传承文脉。年鉴是以年为时间刻度，全面记录上个年度有关领域各种事项的资料长编，它不仅记录了各种事实、数据，而且还延续了文脉和教育精神。第二，服务业界，提供资鉴。中国新闻传播教育经过几十年的发展，已经蔚为大观，面临当下社会转型和新闻传播生态的转变，新闻传播教育向何处去？如何才能适应行业的人才需求，满足社会对教育的期待？各新闻教育的承担者，各校各院系需要参照系，需要借鉴，需要合理的建议。

《中国新闻传播教育年鉴》编委会正是在这一理念的指引下，持之以恒、孜孜不倦地工作。2017年8月，第二本年鉴即《中国新闻传播教育年鉴(2017)》在河南郑州举行了盛大的首发式，同样赢得了学界、业界的喝彩。

今天摆在我面前的《中国新闻传播教育年鉴(2018)》，约1100页的篇幅，体例更加完备，体系更加周全，考订更加翔实，内容更加权威，文笔更加流畅，印制更加精美。看到这本新的年鉴即将付梓，一种欣慰、自豪和成就感油然而生。的确，我们无愧于时代，做了我们该做的事情，我们应该为自己点赞。

老子曰："一生二，二生三，三生万物。"我相信第三本年鉴的出版，将预示着今后第四、第五……乃至第十、第二十本年鉴的顺利推出。它不仅会促进新闻传播教育史的研究、促进新闻传播教育的发展，而且还会成为一个标志性的事件，在新闻传播学术园地预示着万花盛开的春天即将到来。

目　　录

上篇　总　论

上篇　总　论

第1章　2017年中国新闻传播教育综述①

2017年，中国共产党第十九次全国代表大会胜利召开。在教育界，建设世界一流大学和一流学科“提速”，在媒体融合不断促进我国新闻传播事业快速发展的背景下，中国新闻传播教育进入改革创新的一年。

2017年12月10日，教育部新闻传播学教育指导委员会 & 国务院学位办学科评议组工作会议在清华大学召开。胡正荣在工作报告中透露，全国有681所大学开设了1244个本科专业点(新闻学326，广播电视234，广告378，传播学71，编辑出版82，网络与新媒体140，数字出版13)，本科生23万，在校教师7000人。这是中国新闻传播教育的一个“不小”的“盘子”。

回眸2017年的中国新闻传播教育，有许多将会成为历史的内容而值得铭记。

1.1　“方汉奇基金”的设立为新闻传播学和新闻史研究助力

2017年岁末，“方汉奇基金”的设立成为中国新闻传播教育史上值得铭记的、最让人感动和欢欣鼓舞的一大“利好”新闻。

2017年12月24日，中国人民大学举行“方汉奇基金”捐赠暨成立仪式。方汉奇教授把2017年9月28日荣获第六届“吴玉章人文社会科学终身成就奖”的奖金100万元捐赠出来，设立了“方汉奇基金”，其目的是“用于支持并推动中国人文社会科学研究，尤其是新闻学、新闻史研究”，“支持新闻史学会建设和新闻传播学研究”，中国人民大学新闻学院同时募集人民币20万元，支持“方汉奇基金”。

方汉奇教授是我国当代著名的新闻史学家、中国人民大学荣誉一级教授，从事新闻史研究60年，是新中国新闻史学科奠基人之一。

---

① 本文系2017年度国家社会科学基金项目：“中国新闻传播教育100年的文献资料整理与史论理析”(项目批准号：17BXW003)的研究成果之一。

方汉奇在现场发言时表示，新闻学是一门实践性很强的学科，需要不断借鉴学习历史上的经验教训。从某种意义上说，新闻史的研究工作者是新闻事业的守望者。方汉奇说："我将在这个领域继续做好学术研究、传承工作，不负奖励与期许。"

到场的领导专家和获知这一喜讯的学界人士认为，方汉奇教授的这个举动"有满满的正能量"，认为他"捐的不是钱，而是一笔精神财富"。

在方先生转账的时候，银行工作人员认为一个 92 岁的老人转百万巨款，疑是"遭遇诈骗"，并引发警觉。新闻传播教育界给新闻界提供了一则鲜活的新闻稿，这也是百年中国新闻传播教育中难得一遇的"新闻"。

1.2 "学科评估"体现新闻传播教育新的格局和变化

12 月 28 日，教育部学位与研究生教育发展中心公布全国第四轮学科评估结果。第四轮评估于 2016 年在 95 个一级学科范围内开展(不含军事学门类等 16 个学科)，共有 513 个单位的 7449 个学科参评。评估结果按照"精准计算、分档呈现"的原则，根据"学科整体水平得分"的位次百分位，将前 70%的学科分为 9 档公布。

新闻传播学具有"博士授权"的全部 17 所高校以及部分具有"硕士授权"的高校等 81 所高校参加了评估。

这次评估，无论是"评"还是"估"，都有一定的"规矩"所依，但面对一个变化迅猛且与其他学科的融合日甚的学科而言，评估标准的制定、材料的核审、专家的选择、对学科外延边界的合理判断等均是难求其详、难求其全的，因此，对于"评估"的结果，除了大家"基本认同"之外，也有一些人持不同观点。

评估结果显示，新闻传播教育界的"南北两镇"随着复旦大学下降一个档次而不复存在，中国人民大学的优势地位依旧稳固，其新闻传播学科被评为 A+学科，中国传媒大学的新闻传播学科依托整体的优势和广播电视学科的优势等也被评为 A+学科；华中科技大学与复旦大学并列第二，体现出这所以理工科见长的高校在发展文科方面的"非同一般"，昭示了这个具有 35 年新闻传播教育时长的高校，经过几代人的努力，已经登上了中国新闻传播教育的新高度；清华大学、上海交通大学同样作为有强大的理工科背景的高校排名靠前，无疑是透露出了新闻传播教育的一个发展方向；近几年发展势头迅猛且为大家所熟知并看好的学校，并未被"评估"的结果"看好"，上海大学由上海滩的老二降为第四，让该院师生唏嘘不已；在领先方阵中，A-/B+两档，有不少专家认为差别不是很大。

今后不断改革“评估”体系，以一个尽可能完善的“评估”标准“统一要求大家”，尽可能减少“估”的权重，也是学界的一种呼吁。

1.3 中国新闻史学会 2017 年学术年会创学会成立 25 年来的“历史之最”

2017 年 8 月 18—19 日，由中国新闻史学会和郑州大学联合主办的中国新闻史学会 2017 年学术年会在郑州举行。这是该学会成立 25 年来人数最多的一次年会，并首次邀请国外学者出席，百余所国内外知名高校和科研机构的 1300 余名专家学者齐聚一堂①，确实是一次规模空前的会议。

此次学术会议以“全球视野 · 中国体系——面向未来的新闻与传播学研究”为主题，共举行近 40 场主题论坛、专题论坛、特邀论坛以及平行论坛。论题涉及新闻史学、构建中国话语体系、互联网治理、海外华文媒体与“一带一路”建设、中国特色新闻学理论与话语等。

会议期间还举行了 18 个二级分会和全国高校知名新闻传播院系成果展、中国新闻史学会聘授仪式、第三届新闻与传播学学会奖颁奖典礼、首届新闻传播学期刊优秀论文奖颁奖典礼及《中国新闻传播教育年鉴(2017)》发布式等系列活动。

中国新闻史学会作为新闻传播教育界唯一的国家一级学会，目前基本“整合”了新闻传播教育界的所有领域和学科。2017 年国内研究新闻传播教育及相关问题的学术会议，基本由中国新闻史学会作为一个主办方或者其 18 个二级学会的其中之一作为主办方。

1.4 人才培养崇尚“全媒化”“复合型”

习近平总书记到中央新闻单位调研并召开党的新闻舆论工作座谈会后，为新闻传播业的发展指明了方向，提出了新的时代条件下党的新闻舆论工作 48 字职责使命。②

---

① 曼叶平：中国新闻史学年举办[M]. 人民日报，2017-08-21。

② 习近平在党的新闻舆论工作座谈会上强调了什么？[EB/OL]. [2016-02-22]. http://www.news.cn/datanews/index.htm.

2017 年是我国新闻传播教育在媒体融合不断促进我国新闻传播事业快速发展的背景下改革创新的一年，加快人才队伍建设，培养更多“全媒化”“复合型”的新型媒体人才成为当今新闻传播教育的重中之重。

1.4.1 本科教育更加注重培养跨学科知识型人才、注重实践教学

首先，2017 年 11 月 29 日，中国人民大学新闻学院召开 2017 年本科人才培养工作会，介绍中国人民大学新闻传播学科面向“双一流”建设的本科人才培养路线，执行院长胡百精以“本科、本事、本分事”为主题，从内部重构与外部拓展、厚重基础与前沿应用、中国特色与世界一流三个方面讲解了本科人才应该具有卓越的专业能力，对本科生的培养路径从通过实务与实验课程更新、工作坊教学、校友共同体与业界共建等方面来培养本科生解析当代中国问题的前沿应用能力和具备世界眼光的素养。①

其次，课程设置与传媒行业联系紧密，“大数据”成为教学热点。2017 年 3 月 18—19 日，由中国新闻史学会应用新闻传播学研究委员会主办的“新闻传播实务教学论坛”在汕头大学长江新闻与传播学院举行。会议提出为了向日新月异的传媒业输送适用人才，新闻专业实务教育必须从过去单纯的采写编，扩大到音视频制作、数字技术、数据分析和展示、广告营销乃至网上直播等多个方面。中国人民大学公布的 2017 年最新本科生培养方案中要求新闻传播学类的学科基础课涵盖“数字传播技术应用”“影像技术”等实操应用型课程，值得一提的是提供给各专业通选的“大数据与新媒体”课程覆盖的“新媒体报道与运营实务”“大数据与舆情分析”“新媒体管理”等，体现出课程设置在不断与传媒行业紧密联系，为本科生教育提供现实性的课程安排。

最后，本科教育“引行业大咖进课堂”和“让学生走到一线岗位上去”，成为连接业界和学界的桥梁，重视培养学生新闻传播的实务能力。2017 年，暨南大学新闻与传播学院总共办了 12 场“名记者进课堂”讲座，主要包括：《南方日报》名记者赵杨谈时政报道的新媒体转型；广东广播电视台电视新闻中心时政部记者曾小强浅谈时政新闻的采编技巧；《南方都市报》深度新闻部记者王佳分享他的从事记者行业的经历以及如何采写热点新闻事件等。2017 年 7 月 10 日，为了帮助同学们迅速适应媒体的“实战环境”，在学院的推荐和人民日报社的组织下，南京大学新闻传播学院 15 名实习生在该院党委副书记范赟的带领下来到人民日报社总部。相较于以往新闻传播教育重视理论基础的培养，如今让业界的“大咖”走进课堂近距离和学生接触，培养学生的新闻传播实务能力

---

① 人大新闻学院 2017 年本科人才培养工作会议召开 . [EB/OL]. [2017-12-01]. http://jcr.ruc.edu.cn/xinwen/dongtai/content-1435.html.

的现实化操作，使得本科生能够更加深入地了解新闻传播行业的一线动态，掌握实操性技能，为以后融入新闻岗位打下基础。

为了让教学和科研与业界打通联系，暨南大学新闻与传播学院通过落实媒体与教师双向挂职，让媒体的编辑、记者能将业界动态带进课堂，为课堂教学提供理论结合实践的范本。另外，高校教师到媒体挂职，从学界视角提升业务实践，进而回归教学，提高教学和科研的贴近性。①

1.4.2 研究生教育推崇学以致用

2017 年年初，由国务院学位委员会新闻传播学学科评议组主办的全国新闻传播学硕士点课程交流会在中山大学传播与设计学院举办，来自全国 37 个新闻传播硕士点单位的 52 名新闻传播教育者齐聚广州，共同围绕“新闻传播学硕士研究生课程体系的基本理念”“教学方式的创新手段”“硕士研究生教学质量的把控机制”“目前课程存在的最大问题”四个主题探讨新环境下新闻传播学硕士的培养问题。学科评议组专家黄旦教授总结提出要厘清新闻传播变化与硕士培养之间的关系，根据学术型硕士培养的要求来实施教育，重点彰显学术训练的优势、培养学生的思考能力，对研究生的教育不能过于侧重“技巧”的看法。为此，暨南大学在 2017 年出台的新闻与传播学院“申请审核制”和硕博连读博士招生工作细则中对申请人提出了“专业素质”与“研究潜力”的两项考核，提出需掌握该学科坚实的基础理论和系统深入的专门知识，培养具有独立从事科学研究工作的能力，在科学和专门技术领域做出创造性成果的高级专门人才的要求。②

同时，为进一步细化研究生教育质量标准、研究生培养模式改革以及研究生课程建设，2017 年 6 月 18 日，教育部高等学校新闻传播学类专业教学指导委员会第七次全体会议暨国务院学位委员会新闻传播学学科评议组工作会议在中国传媒大学新国际交流中心举行。胡正荣教授提出了落实好学位与研究生教育“十三五”规划，进一步加强对研究生教育内涵发展，国家新闻出版广电总局宣传司司长高长力提出加强学界和业界的联系，让学生树立起新闻职业道德与社会责任感，对于未来新闻传播人才的培养具有启发意义。为适应社会发展对新闻与传播高层次应用型人才的需求，北京大学新闻传播学院针对专业学位研究生培养出台了 2017 年最新培养方案，提出专业学位硕士生需熟练掌

---

① 王江涛．部校共建：理论实践融合视野下的新闻教育模式创新——以暨南大学新闻与传播学院为案例[J]．西部学刊，2016，(2)：71-72.

② 2018 年新闻与传播学院申请审核制和硕博连读博士招生工作细则．暨南大学新闻与传播学院官网[EB/OL]．[2017-11-27]．https：//xwxy. jnu. edu. cn/html/yjs/zhaoshengxinxi/2017/1121/1085. html.

握新闻传播技能与方法，培养适应新媒体时代发展要求的高层次、应用型新闻传播专门人才。①

1.4.3　新媒体推进新闻教育与新闻实践资源整合、形式深度融合

目前国内学界已经意识到，必须通过搭建平台化实践等多元化的教学模式，开展新媒体课程体系和多功能、可扩展的教学平台来培养学生，通过校企之间实践基地的搭建，开阔学生视野，加强实操性技能的培养。2017 年 10 月 22 日，中国人民大学新闻学院与“今日头条”共建高校新媒体课程体系分享平台；2017 年 12 月 4 日，泉州师院文传学院与福建报业新媒体共建专业实践基地；2017 年 12 月 7 日，河南大学新闻与传播学院携手郑州报业集团共建实习实践基地。以上实例使高校的新闻传播教育能够在学术理论与专业实践技术等方面得到提升，基于实践教育资源整合形成发展合力，从根本上提升学生适应社会及产业发展新需求的综合能力。

在变化多端的新媒体时代，传媒产业竞争加剧，复合型新闻传播人才缺口较大，新闻传播教育需坚持通识为“基准”，专业为“所用”的人才培育方针，以培养复合型新闻传播专业人才为目标，通过推进新闻教育与新闻实践资源整合、形式深度融合，有效提升学生专业素养和丰富的知识结构，真正培养出适应当代需求的复合型新闻人才。

1.4.4　大数据建设引发新一轮人才培养和科学研究潮流

2017 年中山大学传播与设计学院发布消息称，该院将正式招收新闻与传播专业硕士大数据传播方向研究生，这不仅是该学院新开设的硕士研究生方向，而且是全国新闻传播学领域首个大数据传播专业硕士方向。新方向招收的学生将依托重点实验室，注重文理交叉，采取“课程+项目”的模式，以实际问题为导向、数据分析为工具培养学生的实践应用能力。学生第一年就有机会参与中央政法委、中央网信办、国家卫计委、今日头条、微信等重要部委和互联公司所委托课题的研究，第二年有机会到今日头条等大数据互联网公司实习，新开设的大数据传播专业硕士方向具有前沿的问题导向和理论方法导向，培养能够从传播的角度对微博、微信等社交大数据进行研究和运用的专业人才，包括基于社交大数据的用户心理研究、基于大数据的网民的社会心态研究、基于社交大数据的舆论意识形态的相关的研究和基于社交数据创新扩散的研究等，所以应该会是一

① 北京大学新闻与传播学院 2018 年博士研究生招生说明[EB/OL].[2017-09-29]. http://sjc.pku.edu.cn/Browse.aspx?id=3582.

个非常有特色的人才培养创新的举措。① 在中山大学之前，近来已有两所高校的新闻学院在新闻与传播专业硕士下开设新方向：北京大学新闻与传播学院开设了健康传播方向，北京师范大学新闻传播学院开设了互联网产品经理方向，从此次大数据传播方向的专业硕士招生也能看出，当今社会无论是政府部门还是企业公司，对大数据人才的需求非常旺盛，新闻传播教育的人才培养也在逐步与社会需求紧密相连。

除开增设大数据传播方向的专业硕士招生，2017 年中山大学传播与设计学院正式获批成立“广东省舆情大数据分析与仿真重点实验室”。该实验室是全国新闻院校第一个由科技厅审批的省级重点实验室，也是国内首家跨学科融通型的舆情大数据省级重点实验室；同时，这也是继中山大学互联网与治理研究中心获批省社会科学研究基地后，学院获得的第二个省级科研平台。实验室以中山大学传播与设计学院和中山大学粤港澳发展研究院(国家高端智库)为依托，以“建立舆情研判分析和应对的综合体系”为总体目标，开展了舆情仿真与应用研究、社会心态模型建构与网络舆情趋势洞察、港澳舆情大数据研判和应对这三大方向的研究。值得一提的是，2017 年 5 月该实验室在中国社会心理学会上获批筹办“大数据网络心理学专业委员会”系列活动，2017 年 8 月与贵州省网信办、贵州省社科院等共同筹建贵州大数据传播创新实验室。与此同时，浙江大学为带动战略新兴学科发展，成立了“大数据+网络舆情创新团队”；复旦大学举办高校数据新闻报道比赛；北京师范大学和光明日报社联合举办中国数据新闻大赛等都体现出新闻传播教学正在慢慢与时代接轨，甚至是有着超前意识，其课程设置和科学研究在不断与传媒行业紧密联系。

2017 年 6 月 29 日，由上海交通大学、中国联通小沃科技、中国联通研究院、北京广视通达共同筹建的“大数据联合实验室”在上海交通大学成立。据介绍，未来大数据联合实验室将纳入上海交通大学数据科学中心的框架，利用小沃科技的运营商数据管道和用户资源优势、联通研究院的大数据应用技术与基础样本数据优势、广视通达的研发技术和应用平台优势，综合作用于上海交大计算机学科大数据基础研究与人才储备的优势之中。此次合作是提升大数据核心技术能力、深化大数据行业应用、推进产学研的标准化与规范化的有益尝试。相信在不久的将来，大数据联合实验室将为中国大数据产业生态建设作出贡献。

虽然数据新闻的发展势头迅猛，但不可忽视的是教育中老师和学生的主体性。目前数据新闻教育发展的主要问题是，国内数据新闻教师的师资力量不足、水平参差不齐，

---

① 全国首个“大数据传播”方向硕士开招，欢迎跨学科报考[EB/OL].［2017-10-23］. http://www.njszk.net/News/21a91d8dd0df4a5f8eeea9cc53bb18.html.

而数据新闻作为一门结合新闻传播、计算机编程与设计等多种专业的学科，在没有技术背景和一定理工科知识面的背景下学生去学习三个部分的内容就有很大困难，存在着一定的局限性。改革之路从来都不是一帆风顺的，学者王毓琦在《高校数据新闻人才的培养模式探析》一文中提出高校可以从革新课程体系、创办在线教育平台、建立数据新闻实验室、优化师资结构、践行第二课堂等方面培养数据新闻人才，以此探索出一条结合高校各自特色的数据新闻人才培养之路。

1.5　新闻传播教育改革在两个方面取得进展

2017 年，新闻传播教育改革在两个面取得进展：一是部校共建持续升温并且已经取得了阶段性成果；二是以马克思主义新闻观为指导的新闻传播教育进一步深入课堂。

1.5.1　部校共建持续升温并且已经取得了阶段性成果

2017 年 12 月 18 日下午，“深化部校共建新闻学院工作推进会暨签约仪式”在上海市委宣传部会议室隆重举行。

在此轮部校共建新闻学院工作中，上海市委宣传部与上海交通大学、同济大学、华东师范大学以及上海大学四所高校同时开展共建，为 2017 年全国范围的“部校共建”完美收官。

部校共建最初开始于 2001 年 12 月 24 日，中共上海市委宣传部与复旦大学签订共建新闻学院的协议，“复旦模式”开创部校共建首例。此后，部校共建成为各高校新闻学院一股持续升温的新热潮。

2017 年 7 月 11 日，江苏省委宣传部与南京师范大学校共建新闻与传播学院；2017 年 7 月 27 日，贵州省委宣传部与贵州大学、贵州师范大学签署部校共建新闻学院协议；2017 年 9 月 26 日，北京市委宣传部与中国传媒大学签署市校共建新闻传播学部框架协议，未来，双方将在马克思主义新闻观教育、新媒体产学研基地和高端智库建设、全媒体人才培养、舆情监测与研究、文化创意产业发展等方面开展全面合作。截至 2017 年 12 月，全国 23 个省份、4 个自治区、5 个直辖市的地方宣传部门均与当地高校的新闻学院完成了部校共建试点，可见推进部校共建是创新新闻传播人才培养机制、提高新闻传播人才培养质量的重大战略举措。

部校共建工作仍然在各地高校新闻传播学院持续推进，目前来看，其阶段性成果也是十分显著的。2017 年 1 月 13 日，复旦大学新闻学院第三届院务委员会第三次会议在中共上海市委宣传部召开，会议上充分肯定了复旦大学作为全国起步最早的部校共建高校先行者作出的贡献。复旦大学新闻学院院长尹明华提出："部校共建主要内容包括四块，一是引进业界导师到学院来上课，安排学生到媒体实习；二是学院老师到媒体挂职；三是学界与业界进行媒体项目融合，相互提供指导和帮助；四是通过共建为社会和媒体提供与新闻传播有关的培训教育。"①从复旦大学新闻学院共建项目的组织机制来看，中共上海市委宣传部充分发挥政治、组织优势，为共建项目提供必要的政策支持和组织协调；从经费支持来看，财政支持为学校共建基础设施和实践基地提供了可靠的保障；从合作模式上来看，上海市委宣传部和复旦大学合作，通过找到利益契合点、各展所长、各得其所、共通发展。② 这一模式不仅为我国新闻传播教育提供了新思路、新途径，也为加强新闻理论队伍建设、力求创新突破，着力推动新闻教育与新闻业界贯通融合、协同发展的新格局，为党的新闻队伍建设、新闻事业发展提供了模式和平台。

1.5.2　以马克思主义新闻观为指导的新闻传播教育进一步深入课堂

马克思主义新闻观是我国新闻传播教育的指导方针和理论核心。

2017 年 4 月 15 日，由中国新闻史学会和湖南师范大学联合主办的马克思主义新闻观学术研讨会在长沙举行，会议强调了马克思主义新闻观是马克思主义理论与中国新闻实践相结合的新闻理论，并在中国的新闻实践中不断发展，是中国特色社会主义新闻传播事业的必然选择。会议上就贯彻落实马克思主义新闻观提出了三点要求可供各高校参考：

一是高等学校培养高素质的新闻传播人才必须坚持正确的方向，以马克思主义新闻观统领人才培养工作；

二要优化新闻学课程体系，坚持把马克思主义新闻观融入新闻人才培养全过程；

三要以马克思主义新闻观指导部校共建新闻学院的改革实践，推动新闻传播专业的改革与进步。③

为进一步深化马克思主义新闻观在当代中国新闻传播教育的落实，2017 年 6 月 17 日，由陕西师范大学新闻与传播学院主办，中国传媒大学《现代传播》和复旦大学新闻

---

① 王健，刘鹏．融合学界业界资源 共建新闻人才摇篮——复旦大学新闻学院院长尹明华访谈录[J]．新闻记者，2014，(10)：10-15.

② 尹明华．"部校共建"的实践探索——以复旦大学新闻学院为例[J]．新闻与写作，2017，(4)：14-17.

③ 马克思主义新闻观学术研讨会在长举行[EB/OL]．[2017-04-16]．http://news.xinhuanet.com/local/2017-04/16/c_129539524.htm.

传播与媒介化社会国家哲学社会科学创新研究基地协办的“陕西师范大学马克思主义新闻观中国化研究中心成立暨首届马克思主义新闻观中国化学术年会”在陕西师范大学召开。陕西师范大学马克思主义新闻观中国化研究中心的成立，不仅为当今中国新闻教育怎样培养新闻人物、培养什么样的新闻人提供了实践路径，也为进一步加强马克思主义新闻观教育提供了重要平台。与此同时，厦门大学新闻传播学院第一期“马克思主义新闻观理论研修班”于 2017 年 5 月 26 日开班，体现出厦门大学在创新新闻传播人才培养模式以及新闻传播学院积极落实学校思想政治工作会议精神和“部校共建”战略意义上有着实质性的行动和长远的目标规划。

2017 年 1 月 11 日，《光明日报》以《共筑新闻人才的成长摇篮——广西壮族自治区党委宣传部与广西大学共建新闻学院纪实》为题，报道了广西部校共建的探索。广西大学新闻传播学院以马克思主义新闻观教育为指导作出了新的探索：在教学模式上，将原来的“讲授—听课—考试”变为“自学—导读—践行”；突出以学生为主的学习过程；建立多元、动静结合的评价体系。四年的实践证明，教学模式的改变对提高大学生学习马克思主义新闻观的主动性、兴趣和学习效果，均产生了明显的影响。严格的学习计划、灵活的学习安排、科学的大课辅导、多元的评价体系，营造了浓郁的学习氛围和风气，实现了对马克思主义新闻观“真学、真懂、真用”的目的。①

重庆师范大学新闻学院由重庆市委宣传部和重庆师范大学共建，学院从两个方面具体践行马克思主义新闻观：第一，马克思主义新闻观课程设置为新闻学、网络与新媒体专业的核心必修课程，并聘请中宣部推荐的马克思主义新闻观授课教师、《人民日报》高级编辑顾永华担纲主讲。第二，马克思主义新闻观引领课程体系创新，马克思主义新闻观教育是一个体系、一个系统工程，为此学院新增课程如“新闻摄影”“多媒体报道”，开设“重庆新闻学院大讲堂”和“新闻 1+1”等实践采访来优化教学方式。②

此外，除开增设马克思主义新闻观系列课程，2017 年各高校纷纷举办马克思主义新闻观系列讲座和主题演讲，使得马克思主义新闻观理论以多种形式深入到新闻传播教育教学中。2017 年 9 月 12 日，宁夏大学新闻传播学院邀请郑保卫教授做客“传媒大讲堂”，解读马克思主义新闻观。郑教授从马克思主义新闻观的内涵出发，结合“国内外的形式变化、国际传媒间的激烈竞争、西方新闻价值观和新闻界自身问题”四个方面，

---

① 刘洪．翻转教学模式，真学、真懂、真用——从广西大学实践看马克思主义新闻观教学模式新探索[J]．中国记者，2017，(8)：35-38.

② 李明海．深入推进部校共建 坚持以马克思主义新闻观成风化人[J]．新闻研究导刊，2017，8(4)：4-5.

指出我国新闻领域当前面临的影响和挑战，表明学习和践行马克思主义新闻观要做到“真学，真懂，真信，真用”；2017 年 11 月 14 日，安徽师范大学马克思主义新闻观学习社主办了“开眼看世界，深度思新闻”记者节演说大赛，同学们结合所思所学和亲身经历讲述了马克思主义新闻观是如何深入时政思想，表达了自己的新闻看法；2017 年，南京师范大学共举办了两场马克思新闻思想系列讲座，邀请学界业界老师与同学们分享心得体会，对马克思主义新闻思想精要、马克思和恩格斯的新闻工作实践以及习近平总书记党的新闻舆论工作座谈会系列讲话等内容展开讨论。

立足中国国情，以马克思主义新闻观为指导，构建中国特色新闻学理论体系，是中国新闻传播学科服务于中国新闻传播业发展的重要实践和探索。新闻传播学科是一门政治性很强的社会学科，要构建中国特色社会主义新闻学，必须坚持以马克思主义的立场、观点和方法，用马克思主义的世界观、人生观和价值观来观察、分析和研究一切新闻现象和新闻传播活动中的理论与实践问题。①

1.6　学术交流：合纵连横，内外互通

学术交流的最终目的是使科学信息、思想、观点得到沟通和交流。新闻传播学科是一门需要不断汲取新内容和新技术的学科，固步自封，谋求不到前沿性发展。从 2017 年新闻传播学术交流来看，有关新闻传播学的学术交流活动丰富、质量上乘、百家争鸣、百花齐放，其议题和方向集中在两个方面：一是以新闻传播学科教学、科研和发展为主题的学术交流内容丰富、视角多元，大数据方向的学术会议成为热点；二是中外学者交流频繁，紧跟国际热点，学术交流国际化。

1.6.1　学术交流内容丰富、视角多元，大数据方向的学术会议成为热点

如前所述，2017 年 8 月 18—19 日，由中国新闻史学会、郑州大学主办，郑州大学新闻与传播学院、新华社 · 郑州大学穆青研究中心承办，中国新闻史学会 18 个二级分会协办的“中国新闻史学会 2017 年学术年会”，是 2017 年中国新闻传播教育界代表性的学术交流会议之一。

此外，有特点、有影响、有时代意义和对教学科研有指导意义的学术交流贯穿了

① 郑保卫．坚持以马克思主义为指导构建中国特色社会主义新闻学——学习习近平总书记哲学社会科学工作座谈会讲话[J]．新闻战线，2016，(23)：2-5.

全年。

2017 年 11 月 3 日至 5 日，第十届中国新闻学年会在重庆成功举办。为贯彻落实“十九大”精神，此次年会围绕“使命与担当：保卫、创新、发展中国新闻学”的会议主题，进行了深入的学术研讨，共谋我国新闻学学科发展与创新，共商中国特色新闻学学科建设之路。中国新闻学年会每年主办一届并出版论文集，每年主办不少于一次的新闻学教学科研高级研讨班，至今已经举办了三届“全国新闻学青年学者优秀学术成果评选”并建立了与全国新闻院校老师的常态联络沟通平台，为我国新闻传播教育事业提供了绝佳的交流和展示的平台。

为进一步总结交流经验，推动全国新闻院校新闻教学与学术研究工作，提升新闻教学科研的质量和水平，2017 年 7 月 7—10 日，来自全国近百所新闻院校的 150 多名教师参加了在云南昆明举办的 2017 年“全国新闻学教学科研高级研讨班”。研讨班邀请了 10 位国内新闻学界和业界著名专家学者，就一线教师关注的中外新闻与传播学术交流、“一带一路”国家战略与国际新闻传播教育、“一带一路”与对外传播、国际传播等主题举办了 10 场学术讲座和 2 场分组研讨及专家点评。在新闻学教学的研讨专场中，云南大学新闻学院单晓红教授认为全媒体时代培养的新闻学人才应该是一专多能型人才，在全媒体的业务流程中拥有某个环节的核心能力和优势；在新闻学科研的研讨专场中，中国传媒大学南广学院新闻传播学院金梦玉教授以“新闻学的范式变革与结构化创新”为题，指出社交媒体、全球化发展和人工智能等因素对新闻学的影响，不仅解构了传统控制型主体关系结构的研究范式，而且从空间结构扩展了学科研究对象和范畴；华中科技大学张昆教授在“关于新闻改革与国际化的思考”的讲座中提出新闻教育作为一个完整的系统，要建立在教师、学生和人才市场三个支点之上，即市场需求决定师资配置、师资结构影响学生规格、学生质量决定市场需求的满足与否，在新闻教育的国际化方面谈到可以通过访学、学术会议、合作研究和留学等方式培养学生。

2017 年 4 月 22 日，作为浙江大学建校 120 周年系列活动之一，由浙江大学传媒与国际文化学院主办的“媒介融合变革时代的新闻传播教育改革”高峰论坛在杭州举行，以主题演讲的形式对现今新闻传播教育改革态势进行全面分析。暨南大学新闻与传播学院范以锦教授认为新闻教育不能因为传统媒体的衰退而否定内容的价值，新闻学生要通过“综合知识+媒介素养+兴趣爱好”的模式培养做内容的能力，新闻教育要告诉新闻专业的学生怎样做好内容。复旦大学黄旦教授分析了近 20 年的新闻业的几次重大转变，他认为，现在由移动端主导的新闻业务，新闻传播教育应该开拓新的知识体系，重新思考学科体系中一些根本性的概念。

除了对新闻传播学科教学、科研和发展为主题的学术交流之外，2017 年围绕大数据开展了多次学术交流会议，并以此为契机，展开了新闻传播学科在大数据时代下如何顺势应变的热烈讨论。2017 年 5 月 13 日，“大数据、科技与媒体的未来”研讨会在华南理工大学召开，会议探讨了在跨界、交叉学科的背景下，新闻传播学以及相关产业应如何应对这一变化。华南理工大学计算机科学与工程学院张军教授提出大数据就是物联网与新型计算模式发展的产物，这个社会每天所产生的数据是十分可观的，大数据非常值得研究和探索。针对新闻传播教育对于大数据和传媒行业跨界结合，各高校院长各抒己见，均表示大数据与新闻传播教育融合发展是学界和业界跨界组合的好局势。香港浸会大学传理学院院长黄煜介绍到该校新闻系已经与计算机系合作，设立了新闻系传理学学士学位，以此培养复合型人才。清华大学新闻与传播学院陈昌凤教授表示，清华大学新闻与传播学院为了应对这一局势，学院多方位布局：一是要做体系性的中国特色新闻教育，契合这个时代给新闻教育界提出的要求；二是要以特色教育为主，重视实践和国际化；三是要“把实践永远贯彻下去”。陈昌凤教授提到清华大学正在建设的“融合媒体实验室”，通过建设这样的实验室，尽可能地利用好综合的资源、跨学科的资源建设新闻学科。

1.6.2　紧跟国际热点，学术交流国际化

2017 年 6 月 15 日，以“新媒体与大数据助力‘一带一路’传播”为主题的 2017 年“一带一路”国际传播论坛在北京举行。会议上中国社会科学院新闻所传媒调查中心主任刘志明深刻解读了“一带一路”倡议的丰富内涵和重大意义，同时阐明“一带一路”国际传播论坛作为大数据联盟、全媒体联盟和跨界平台联盟的重要内核，将为企业提供大数据服务和新媒体传播服务。2017 年 8 月 26 日，厦门大学与中国传媒大学国家传播创新研究中心共同主办了“2017 中国传播论坛暨金砖国家传媒国际研讨会”，来自“金砖五国”以及芬兰、英国、土耳其等国的传媒学者就“一带一路”背景下金砖国家传媒的发展及其对重建国际传播新秩序的意义进行了深入研讨。此次论坛设有“金砖国家的传媒研究”主题论坛和九个平行专场，分别聚焦于“金砖”国家的传媒发展、“金砖”国家传媒与国际传播的地缘政治、中国、巴西与俄罗斯的传媒发展等多个国际热点进行广泛而深入的交流。2017 年 11 月 19 日，由同济大学与英国全球中国研究院联合主办的 2017 年中外传媒比较研究国际学术会议在同济大学举行，来自中国大陆、香港、台湾，及英美等地近 30 所院校专家和 100 多名师生共同探讨“中外传媒及其教研的新趋向”，议题涉及传媒体制、国际传播、学术演化、教育改革等方面。

除了传媒国际论坛的开展，外国传媒学者、记者代表纷纷来华访问，深入各高校进行学术交流和议题探讨。2017 年全年，中国人民大学新闻学院官网共发布了 14 篇“‘一

带一路'国家记者在人大新闻学院"系列报道，对来华的外国国家记者在中国人民大学的学习交流生活进行了多角度的报道。此外，以色列管理大学传媒学院代表、尼泊尔ABC新闻电视台代表、印度尼西亚记者团、乌兹别克斯坦记者团、巴基斯坦记者团等来华短期交流项目在中国人民大学新闻学院成功开班。

随着中国在世界的影响力逐渐增强，海内外学界日益关注包括中国传媒在内的各项中国议题，并来华进行实地调研交流。同时，国际传播研究相关论坛在中国举办，极大地方便了中国学者同海内外传媒学者的共同研讨，其研讨会凸显了国际视野和高端对话，也为中国传媒学术和教育逐步走向世界打开了一扇新窗户，为国际传播研究的创新发展传递了中国声音、提供了中国方案。

1.7 "媒体融合实验室"建设和功效初显

2017年，中国新闻传播教育一个明显的变化是"媒体融合实验室"建设开展迅速并且功效初显。

大数据、人工智能、VR，这些热门词汇贯穿整个2017年，媒体融合的加速发展，不仅为媒体行业带来了技术更新和行业革新，同时也让新闻传播学界重新审视新闻教育该为传媒行业培养什么样的人才，对如何为国家新媒体事业发展提供学术支持进行了思考和实践探索。

2017年3月30日，"新闻出版大数据用户行为跟踪与分析实验室"及"国家新闻出版广电总局新闻出版大数据应用重点实验室合作联盟"在北京师范大学宣告成立。联盟对新闻出版大数据用户行为跟踪与分析实验室提出了三点希望：一是要坚持交叉特色，为提升学校学科优势服务依托学院优势学科和校内优势资源；二是要坚持责任意识，实验室要将新闻出版用户行为大数据跟踪的成果，快速转换为指导现实的理论技术和操作模式，助推新闻出版行业向全媒体全产业链延伸，助力打造科学合理的新闻出版产业格局；三是要坚持全局眼光，为国家新闻出版事业健康发展、推动社会主义文化大发展大繁荣作贡献。

2017年9月5日，北京市媒体融合发展重点实验室"融媒体创新传播实验室"首次研讨会在北京师范大学举行，期待实验室日后能够围绕媒体融合课题，促进产学研深度融合、各方面资源整合，形成一批可复制、可推广的成果。"融媒体创新传播实验室"的成立标志着产学研一体化强强联合，形成专业建设、科学研究、实习实践的合力互补，在全国率先形成探索预研、技术攻关、应用实践三步走的媒体融合发展研究和成果的转换机制，为媒体融合提供有力人才与技术支持。

2017 年 9 月 16 日，北京师范大学新闻传播学院与微软、封面新闻成立全国首家人工智能与未来媒体实验室，该实验室是全国首个关注“AI+媒体”的实验室，主要研究方向为人工智能时代媒体信息的生产、传播和交互，以及媒体行业的发展趋势。

2017 年 8 月 11 日，中国人民大学媒体融合实验室入选“2017 年北京市媒体融合发展重点实验室”。该实验室自成立以来，已经承接并高质量地完成了中共中央宣传部委托的“媒体融合效果评价专项研究”和“推动深度融合发展打造新型主流媒体调研”重要课题研究；人民日报社“中国媒体融合发展年度报告(2015)”主报告和新华社“中国新媒体融合发展年度报告”系列报告的研究撰写工作；完成了“浙报传媒公司发展战略研究及跟踪指导”等项目，目前正在进行“央视网未来发展的技术应用”“北京电视台生活频道融合转型发展规划”“大河网络传媒集团融合发展战略规划”等项目的研究工作。实验室在为湖北广播电视制定转型战略规划中，提出了“建设区域性生态级媒体平台”的战略转型目标，受到相关部门肯定和业界媒体集团的关注。联合“今日头条”，定期举办公益性“媒体融合研习班”，帮助传统媒体机构把握媒体融合的走势，以适应传统媒体融合发展转型的实际需要。2017 年 10 月 23 日，中国人民大学新闻学院与今日头条共建的高校新媒体实务课程共享平台正式成立，该平台将致力于建设一套适应目前新媒体环境的实务课程体系，并面向全国新闻传播院校师生开放，各高校相关专业可自行采纳课程并参与课程建设，希望以此形成学界和业界深度合作的教学改革创新机制，为互联网+背景下高校新闻传播学科的教学改革探索、加强学界和业界的沟通与合作进行有益的尝试。

1.8　学界业界互聘，关注青年教师

纵观 2017 年，各高校新闻传播院系搭建了具有马克思主义新闻观的教师队伍，引进优秀人才；教学中实现了学界业界互聘、关注青年教师的成长与成才。

1.8.1　互聘“千人计划”疏通活水源头

天津师范大学新闻传播学院为打造具有马克思主义新闻观的教师队伍，把“一切为了学生健康成长和成才”作为深化教育改革的出发点，实施“部校共建”平台下的高校与新闻单位交流互聘“千人计划”。近年来，天津日报社等主要新闻单位已先后选派 14 名优秀编辑记者到学院任教，开设系列讲座、合作开设课程等形式，在新闻系和广电系分

别讲授“报纸采编实务”“广播电视采编”“新闻写作学”“社会心理学”“新闻采访学”等课程。学院先后选派15名优秀骨干教师分赴多家新闻单位兼职或挂职交流，为期一年，以各自专长为媒体服务，加强了新闻学界与业界之间的联系，对新闻人才培养发挥了积极作用。①南京大学新闻传播学院紧紧抓住中宣部、教育部互聘“千人计划”的契机，积极推动学院教师与新闻业界从业人员的互聘交流，并邀请在马克思主义新闻观理论与实践方面有着深厚造诣的省内新闻界领导走进课堂，为强化马克思主义新闻观教学提供了有力支撑。同时，学院先后推出专聘教授、实务教授等人才聘用机制，以不同方式引进高端新闻人才加盟、引进优秀人才进传媒院系。经过几年的努力，学院已形成由四个方面力量组成的马克思主义新闻观教学团队：一是从事马克思主义新闻观理论研究和实务教学的专职教师；二是国内学术界从事马克思主义新闻观研究的著名专家学者；三是兼职教授以及省内资深媒体人；四是新华日报社、江苏等省内主流媒体的一线主力编辑记者。这支学术师资与实务人才优势互补、相辅相成的教学团队，大大提升了学院马克思主义新闻观课堂的吸引力。②

1.8.2　重点培养青年教师，打造科学有效的学术梯队

优秀的青年人才是学校的宝贵资源，也是创新活动最为积极活跃的因子。为打造科学有效的学术梯队，为社会输送优秀新闻人才为目标，2017年，新闻传播学界在培养青年教师，打造科学有效的学术梯队上付出了很大的努力。

2017年7月，中国传媒大学新闻传播学部教师代表在北京市第十届青年教师教学基本功比赛中荣获了“文史类A组一等奖”，这是近年来新闻传播学部再度蝉联一等奖，可见中传新闻传播学部在对青年教师的培养工作落到实处上卓有建树。首先，新闻传播学部一直坚持“教学问诊”，组织授课效果好的教师定期为青年教师会诊把脉，由专家、教师、学生综合评定、打分，探讨青年教师队伍的培养和教学改进等问题，帮助青年教师锤炼教学基本功。其次，新闻传播学部对教学督导组的人员构成进行了调整优化，推选教学质量与口碑双优的老师作为督导组成员，全面深入地开展教学督导工作，保证对教学情况进行常态化、制度化和正规化的督查。与此同时，新闻传播学部还设有教学指导组，定期与青年教师见面，对青年教师在授课过程中的教案撰写、课件制作、音视频

---

① 天津师范大学新闻传播学院：以“部校共建”促教学实践结合［EB/OL］．［2017-06-06］．http：//media. people. com. cn/n1/2017/0606/c14677-29321403. html.

② 坚持推进马克思主义新闻观教育 着力培养高素质新闻传播人才［EB/OL］．［2017-06-30］．http：//item. jschina. com. cn/jixie/jsxwj/jsjx2017063002/201706/t20170630_4304038. shtml.

等资料积累、作业及实习实践方案计划等进行深入指导，帮助青年教师化解教学中的困惑与疑难问题，提高课程质量。再次，新闻传播学部重视学生对各门课程的意见和建议，根据评价和实际情况的查核随时调整教学手段。除开督导督查青年教师教学质量，为丰富青年教师的社会实践经验、提高业务水平，新闻传播学部在大力推进青年教师到业界进行挂职锻炼外，还鼓励教师利用假期到传媒一线调研，了解业界最新的发展动态，在开拓眼界的同时，丰富教学内容。①

在督促青年教师教学工作和业务能力的同时，2017 年 4 月 20 日，清华大学新闻与传播学院举行了“青年教师学术成长”主题学术沙龙，2017 年 10 月 17 日，中国人民大学新闻学院举办了“新闻传播学科教学方法讨论与分享”学术沙龙。在沙龙上提出的问题大多和青年教师的学术成长和生涯发展息息相关，沙龙还请来了资深教授与各位青年教师分享自身的发展历程，并对青年教师提出的问题一一解答。此外，2017 年中国人民大学新闻学院共发布 8 篇“人大新闻学院青年教师风采”专题报道，不仅表明学院对青年教师的成长非常重视，更为青年教师提供了展现自我风采的平台。

全国许多新闻传播院系也认为，青年教师是新闻传播学院教师队伍的新兴力量，承担了繁重的教学任务、科研任务以及公共管理工作，并且也是教师队伍的后备力量，对青年教师的培养就是在为学院的长久发展打下坚实的基础，为社会输送优秀新闻人才锻造好的引路人。

1.9　国际化办学

2017 年，中国的新闻传播教育站在国际的高度，用国际化的思维和国际化的方式进行新闻传播教育的改革，在实践之中进行了国际化办学和人才培养的尝试。

1.9.1　中外合作办学，多层次联合培养

中国传媒大学按照教育部对中外合作办学“引进国际教育资源，推动教育创新改革，培养国际化精英人才”的要求，推动国际化传媒一流学科建设，设立了中国传媒大学国际传媒教育学院。该学院是教育部在国内首个批准的传媒综合学科中外合作办学机构，学院依托中国传媒大学的优势资源，分别与美国密苏里大学分校、美国纽约理工学院、

① 以一流学科标准培养一流青年教师[EB/OL]．[2017-12-01]．http：//www. cuc. edu. cn/shyl/jscg/9834. html.

英国诺丁汉特伦特大学建立了中外合作办学的本、硕、博层次的联合培养体系，进而形成了“一对多”合作办学的国际传媒综合学科体系。2017 年，中国传媒大学进行了中外合作办学普通类本科专业招生，此项中外合作办学项目由中国传媒大学与美国密苏里哥伦比亚大学、美国纽约理工学院联合设立，分别设立了传播学、广告学和文化产业管理专业。此外，针对硕士培养，中国传媒大学与英国诺丁汉特伦特大学合办传播学、新闻与传播、传媒经济学硕士研究生项目；与美国纽约理工学院合办动画与影视特效、设计艺术学、传媒艺术学硕士研究生项目；与美国密歇根州立大学开设传媒艺术学校际交流双硕士学位研究生项目。其培养特色除开体现在双学位上，中外合作办学还设有“国际时政前沿专家讲座”课程、密苏里新闻教学周活动、国际英语中心、CAS 文化产业调研、国际化实习及就业机会。中外合作办学机构不是简单输送学生出国留学，而是系统引进国际优质教育资源形成中外融合的管理体系，通过国际化推动传媒高等教育的改革，培养具有国际视野、通晓国际规则、能够参与国际传播竞争与合作的“传媒全球公民”，同时为传媒高等教育的国际化发展和中国文化的全球传播贡献力量，在中国土地上建立具有中国文化自觉的国际一流传媒教育。

国际化办学，包括走出去和请进来。2017 年 9 月 14 日，中国传媒大学第七期“发展中国家国际传播硕士项目”正式开班，此前，中国传媒大学传播研究院已成功承办了六期教学工作，共培养了来自非洲、亚洲、拉丁美洲、大洋洲 57 个国家 149 名发展中国家高端传媒人才，学员通过参访中国媒体的实践经验与课堂传播学知识学习相结合，提高国际传播素养及学术研究能力，同时也为中国的国际交流贡献力量。上海交通大学媒体与设计学院目前本科留学生人数超过 250 人，国际硕士生和博士生已突破 100 人，这些学生来自 50 多个国家，其中，1/3 来自美国、英国、荷兰、加拿大、意大利等西方发达国家，2/3 来自巴西、智利、尼日利亚、伊朗、韩国等亚非拉国家。学院通过学生、教师和研究员交换项目、科研合作、学术合作、校际博士联合培养等合作方式吸纳国际学校成功的办学经验和教学资源，来加强学院的学科体系建设，打造国际一流的学科和学生。①

1.9.2　中外交流培训班也是一种合作办学的“模式”

2017 年 2 月 27 日，由中国公共外交协会主办、中国人民大学新闻学院承办的 2017 年“中国发展研究与媒体交流”系列讲座开班仪式在中国人民大学举行。来自非洲、南

① 郑雪. 我院举行“发展中国家国际传播硕士项目”开学典礼[EB/OL]. [2017-09-16]. http://www.ics.cuc.edu.cn/yjyxw/445.htm.

亚、东南亚 41 个国家的 48 位记者在四个多月的时间里，聆听来自中国人民大学、北京大学、清华大学等中国著名高校的教授们，以及政府、媒体的资深业界人士主讲的 22 场关于中国政治、经济、社会、文化、新闻媒体的专题讲座和 6 场媒介沙龙。他们还对北京和各省政府、企业、媒体、学校等机构进行了采访，体验多种形态中国文化，全方位观察、了解和报道中国。中国人民大学高度重视同非洲各国、南亚及东南亚各国的交流与合作，目前学校已与非洲、南亚及东南亚的 16 所大学建立了合作关系，而来自这些地区的在校留学生人数高达 200 余人。为推进"一带一路"等国家重大战略，积极推进沿线国家学生来华交流学习，2017 年 4 月 25 日，由中国公共外交协会中国—南亚东南亚新闻交流中心主办，中国人民大学新闻学院承办的中国—南亚东南亚新闻交流 2017 项目"媒介沙龙"第一期"国际合作传播：理念与经验"在中国人民大学举行，每一期的交流培训班为期 10 个月，记者们通过听专题讲座、参访各种机构、参与重大事件报道等方式感知中国、报道中国。2017 年 11 月 7 日，中国人民大学新闻学院举行了"走近'一带一路'国家媒体：与亚洲非洲记者面对面"为主题的学术沙龙，来自非洲、南亚东南亚 39 国的 42 名记者和约 30 名学生共同参与交流。提升国际化办学水平，高校学院不仅要通过建立国际化的人才培养模式、改善和提升师资队伍的国际化程度，也要通过树立国际化的发展战略、建立国际化的管理体系为导向、创新外事管理机制来促进国际合作传播。

1.10　对新闻传播教育的新理解、新论述

2017 年，中国的新闻传播教育总体而言是一种"精彩呈现"，各方面都有了进步和提升，其中，对新闻传播教育自身的理解也有值得分享的新理解、新论述。

"保卫新闻学"学者郑保卫在 2017 年 12 月 27 日就任广西大学新闻传播学院院长的时候，提出了"马克思主义新闻观要真学真懂真信真用"的观点，认为新闻传播教育要坚持以马克思主义为指导思想，正确认识、学习、践行马克思主义新闻观，学会运用马克思主义的立场、观点和方法分析新闻现象，回答新闻工作中的各种理论与实践问题。

华中科技大学新闻与信息传播学院张昆教授观察并感慨：新闻传播教育问题丛生，根源在于教师、学生和人才市场错位。他认为：如果把新闻传播教育界视为一个平面，那么这个平面就是建构在三个重要的支点之上。这三个支点是什么？是教师、学生和人才市场。一般而言，市场需求决定师资配置，师资结构影响学生规格，学生质量决定市场需求的满足与否。这三者的关系正常，新闻传播教育就能够顺利发展；如果关系颠倒

了，新闻传播教育就会出现种种问题。观之今天的新闻传播教育，可谓问题丛生、困难重重，推其大原，在于这三者关系的错位。①

上海大学国际新闻传播教育研究中心主任李建新教授在课堂讲授和与学生的交流中认为：新闻传播教育应注重培养学生批判性、思辨性的思维方式、给学生更多独立的空间、一定要在实战中学习寻找感悟当代新闻传播的真谛非常重要。

2017 年 10 月 3 日下午，在庆祝中国人民大学建校 80 周年而举行的中国人民大学新闻界校友论坛上，赵启正院长表示，当前新闻传播教育的发展正处于历史关键时期，新闻传播是与时代联系最密切的学科，新闻传播事业随着新的传播现象的出现随时面临着尖锐的挑战。科学技术进步是历史发展动力中的重要组成方面，在能源、材料、通信、健康几大类技术中，通信技术的发展对于社会具有重大影响，互联网的诞生带来了人类文化的剧变。当前加强新闻传播人才培养，要站在观察全球全社会的高度，具备信息搜集、知识把握、跨文化交流的能力；要针对新闻传播学科体系庞大、综合性强的特点，努力以哲学的思维进行高度提炼和整体建设。

根据市场反馈的需求情况，中国人民大学新闻学院正在实施一项改革便是打通专业壁垒，逐步弱化“专业—方向”标准的人才培养方案，转而推行“兴趣—专长”“项目—任务”导向的人才培养机制。以本科人才培养为例，自 2017 级起，学院的本科生入学后至少拥有如下自主选择的人才培养项目（或可称为平台、团队、社群）：新闻学专业、新闻学—法学双学位实验班、新闻学—国际政治双学位实验班、视觉与创意传播实验班、学术拔尖人才培养计划、明新厚重人才培养计划、未来传播学堂、技术—实验创新人才培养计划等。这些项目皆供学生自主选择，亦可自由退出。②

方汉奇教授在庆祝中国人民大学建校 80 周年而举行的中国人民大学新闻界校友论坛上提出，要重视图书资料对一线教学和学习研究的支撑作用。资料建设需要长时期的积累，推进资料室建设，让资料室和实验室比翼双飞。这个观点早已有之，但今天听起来依然感觉受益、受用，当我们沉湎于互联网日甚，粘贴、剪切大行其道的时候，这样的建言和灼见有醒人耳目之效。

（李建新）

---

① 张昆．新闻传播教育的支点错位[J]．新闻记者，2017，(6)：79-84.

② 胡百精．新闻传播教育改革中的若干基本问题[J]．青年记者，2017，(34)：64-65.

第2章　各省、自治区、直辖市新闻传播教育发展综述

2.1　北京市新闻传播教育发展综述

教育部2017年6月公布的统计数据显示，截至2017年5月31日，全国高等学校共计2914所，其中普通高等学校2631所(含独立学院265所)，成人高等学校283所。其中，北京市普通高等学校92所。根据《中国新闻传播教育年鉴(2016)》以及各院校官网，笔者粗略统计，目前北京市有35所普通高等学校或设有独立的新闻传播学院进行专业化的新闻传播教育工作。

2.1.1　北京市新闻传播教育的起源与发展

1918年，北京大学新闻学研究会在校长蔡元培的支持下成立，这不仅是北京市最早的新闻教育机构，同时也是我国新闻教育的正式开端。研究会最初宗旨为"输灌新闻知识培养新闻人才"，蔡元培被选任研究会会长，聘任当时23岁从海外学成归来的徐宝璜、《京报》社长邵飘萍为北京大学新闻学研究会导师。在徐宝璜的主持下，新闻学研究会出版了我国第一份新闻学专业刊物《新闻周刊》，另外还出版了我国的第一本新闻学理著作《新闻学》。1919年10月16日，北京大学新闻学研究会举行第一次研究期满仪式，其中听讲满一年的有23人，听讲满半年的有32人，毛泽东是当时听满半年的会员之一。虽然最初的北京大学新闻学研究会开办期只有不到三年的时间，但是其成立对于北京市乃至全国新闻学的教学和研究起到了奠基作用。

20世纪20年代以后，北京地区还有其他学校相继开设新闻专业。1923年北京平民大学创立报学系，由徐宝璜担任系主任，邵飘萍、吴天生任教授，这也是中国人自办正规新闻教育的开始。1924年，北京民国大学和国际大学报学系创立。1924年北京燕京大学创办新闻系，仿照美国密苏里大学办学模式，重视实践训练和对外交流，并定期邀

请国内知名报人参加新闻讨论会。20 世纪三四十年代，战火席卷华北地区，大批高校南迁。此时北京地区有以下新闻教育机构或开设新闻学教育的院校，如北平新闻专科学校、北平民国学院新闻专修科等，另外，北京外国语专科学校开设新闻学课程、北京育青女子职业学校开设新闻学课程、清华大学中国文学系开设“新闻学概论”课程。

1949 年 1 月 31 日，北平宣告和平解放。在教育领域，对高等教育的恢复和调整按照 1949 年《中国人民政治协商会议共同纲领》第五章关于“文化教育政策”中规定的新中国教育的性质和任务，对旧时的教育进行全面改造。另外，由于新闻和政治具有相关性，新闻教育领域的指导思想不可避免经历重大调整，无产阶级新闻理论成为新闻学与新闻教育人才培养的主导思想。中华人民共和国成立初期，中国的新闻教育界积极学习苏联模式。1952 年 5 月，中央教育部提出全国高等学校院系调整原则和计划，“培养工业建设人才和师资为重点，发展专门学院，整顿和加强综合性大学”①，此次调整中，燕京大学新闻系并入北京大学中文系下属的新闻专业。

20 世纪 50 年代，盲目仿照苏联模式在教学实际中遭遇很多问题。为了应对当时中国的形势，用马列主义毛泽东思想来建立起一个新闻教育阵地，1954 年，《中共中央关于改进报纸工作的决议》中提出“扩大现有的大学新闻系的学生数目”决议。1955 年，中国人民大学创办了新闻系，标志着新型的社会主义新闻教育制度在中国的确立。②

20 世纪 50 年代后期，经历了“反右派”和“大跃进”，北京市新闻教育的培养目标加重了政治色彩。1958 年，北京大学中文系新闻专业并入中国人民大学新闻系，成为当时该校最大的一个系。在培养本科生的同时，还增办了二年制的新闻专修科及各种不同类型的新闻培训班。1959 年，北京广播学院新闻院系创立，成为我国第一所广播电视高等院校。60 年代初期和中期，国民经济大调整，国内大环境相对宽松。新闻学课程体系中加重了文史知识的比重，教育价值取向的表述加上了“新闻型学术研究人才”。③

“文化大革命”期间，北京地区新闻传播教育事业陷于停滞和混乱状态。1970 年，北京大学招收第一届工农兵学员，学员在分专业时又在中文系恢复了新闻专业。1971 年 1 月，原中国人民大学新闻系蓝鸿文、秦珪、胡文龙、张昕四位教师调到北京大学中文系新闻专业。中国人民大学新闻系在“文革”期间被迫停办，新闻系教师全部下放到

---

① 徐培汀、丁淦林：复旦大学新闻学院(系)分志(1993 年打印稿)。

② 赵玉明，郭镇之．中国新闻学教育和研究 80 年(上)[J]．现代传播，1999，(2)：94-100.

③ 丁淦林．大学新闻教育的培养目标与课程体系应该怎样确定？[J]．新闻大学，1997，(4)：70-73.

江西进行劳动改造。北京广播学院当时也停止招生，直到 1973 年才恢复重办。这一时期，北京市新闻教育成为政治的附属和工具，大批教师被下放，工农兵学员不是以成绩而是以运动中的表现等因素推荐入学，学生的知识水平参差不齐。

党的十一届三中全会后，北京市的新闻学教育进入了新的发展时期。1977 年全国恢复统一招生制度，北京大学、北京广播学院新闻系的新闻专业开始正式招收本科学生。1978 年，中国人民大学复校，新闻系也随之恢复。北京大学新闻专业停办，学生并入中国人民大学。这一时期，各院系逐步招收新闻传播学硕士研究生。1978 年，中国社会科学院建立了研究生院新闻系，招收研究马克思主义新闻理论、中国新闻事业史，中国共产党新闻事业史、世界新闻事业、新闻业务和英语新闻写作六个专业的研究生。同年，中国人民大学招收首批研究生。1979 年，北京广播学院新闻系首次招收 2 名研究生。这一年，中国恢复学位制度，中国社会科学院和有关高等院校开始正式招收攻读硕士学位的新闻学研究生。① 20 世纪 80 年代，中国人民大学、中科院新闻研究所、北京广播学院等院系相继开设了传播学课程。1998 年，国务院学位委员会颁布研究生学位授予点专业目录，“新闻传播学”成为文学门类中的一级学科，并下设新闻学和传播学两个二级学科。1997 年，北京工商大学新闻系创办。1998 年 10 月，清华大学传播系成立。

进入 21 世纪以后，北京市新闻传播教育进入快速发展阶段，各大高校纷纷开设新闻传播专业或者建立相关院系。2001 年 5 月 28 日，北京大学新闻与传播学院成立。教育目标是为社会培养和造就掌握国家政策法规、通晓新技术、精通外语、具有现代管理观念的新一代新闻与传播人才。2002 年 4 月 21 日，清华大学新闻与传播学院正式成立。

除了一些文科或者综合性的大学开办了新闻传播学院或者相关专业，其他一些工商类大学或者外语类大学也开办了相关专业或者机构。北京工商大学新闻学专业创办于 1997 年，依托学校学科优势，以经济新闻为办学特色，致力于培养熟悉经济、精通新闻、适应全媒体传播的复合型、应用型、高素质专门人才。2002 年 6 月，中国政法大学人文学院新闻系成立，2008 年 7 月中国政法大学光明新闻传播学院成立，2013 年 8 月，学院主持成立我国首家新闻传播与新闻法制协同创新中心，旨在构建新闻传播与新闻法制高端学术研究基地、高端人才培养基地、高端新闻与法制传播平台。2001 年，北京外国语大学英语学院国际新闻与传播系成立，2014 年 7 月国际新闻与传播学院成立。学院依托该院校雄厚的师资和广泛的影响力，采用英语语言文学

① 赵玉明，郭镇之．中国新闻学教育和研究 80 年(上)[J]．现代传播，1999，(2)：94-100.

和新闻传播学有机融合的非传统教学模式，致力于培养当今社会紧缺的跨文化国际新闻传播高端人才。

新媒体的发展也促使各大新闻传播院校开设相关专业课程。2000 年 4 月 30 日，北京广播学院成立了网络传播学院。2014 年 2 月，北京大学新媒体研究院成立并招收研究生。该研究院依托北京大学的学术科研积淀，致力于推动新媒体理论研究、技术创新和产业发展。除此之外，中国传媒大学新增了数据科学与大数据技术专业。学生完成本专业一、二年级主干课程学习后，可申请参加学院与英国曼彻斯特大学计算机学院合作的本科生联合培养“2+2 课程”项目。

回顾历史，北京市新闻传播教育已经走过了 100 年，各院校顺应时代发展，不断开拓创新。不少院系依托于该校学科资源，创办了特色鲜明、具有独特竞争力的新闻传播类学科。为国家和社会输送了一批又一批新闻传播行业的高端人才。

2.1.2 北京市新闻传播教育现状

1. 院系及专业设置

根据《中国新闻传播学教育年鉴(2017)》及各院系官网的原始数据，笔者粗略统计，在北京市开设新闻传播类专业的高校中，有 9 所设有相对独立的新闻与传播学院，分别为北京大学、清华大学、中国人民大学、中国传媒大学、北京师范大学、中国青年政治学院、北京语言大学、中国政法大学、北京体育大学。而尚未设立新闻传播学院的高校，把新闻传播专业设在了艺术与传媒学院、人文与发展学院、文法学院、人文社会科学学院等。

北京地区，建立了完整的新闻传播类专业教育体系的有中国传媒大学、中国人民大学、北京大学等。可以看出，北京地区新闻传播人才培养体系较其他地区更为完善。一方面由于北京市教育资源丰富，各类高校综合实力较强，有足够的师资力量和资金等支持建立完善的新闻传播教育体系。另一方面，北京地区的整体经济水平、传媒环境、办学传统等领先于全部大部分地区。优秀的、高水平的媒体大多集中在北京。另一方面，北京新闻传播教育历史悠久，北京大学、中国人民大学是我国较早开设新闻学专业的院校，1918 年成立的北大新闻学研究会是我国新闻教育的开端，1955 年中国人民大学创办新闻系则代表新型的社会主义新闻教育制度在中国确立。

设有独立的新闻传播学院的高校中，学院下设多个系，如北京大学新闻与传播学院下设新闻学系、传播学系以及广告学系，本科教学培养中有新闻专业、广告专业、编辑专业以及广电专业。研究生教育包含新闻学学术硕士、传播学学术硕士、新闻与传播专业硕士、新闻学博士以及传播学博士等。中国人民大学新闻学院下设新闻系、传播系、广播电视系、广告与传媒经济系等，专业设置上，本科有新闻学、广播电视学、广告学、传播学等，研究生专业设置上有新闻学硕士、传播学硕士、新闻与传播专业硕士、新闻学博士、传播学博士、传媒经济学博士、广播电视学博士等(详见表 2-1)。

表 2-1　**北京市各高校院系及专业设置情况**

序号	高校名称	院	系	专业
01	中国人民大学	新闻学院	新闻系、传播系、广播电视系、广告与传媒经济系	新闻学(本科)、广播电视学(本科)、广告学(本科)传播学(本科)、新闻学(硕士)、传播学(硕士)、新闻与传播(专业硕士)、新闻学(博士)、传播学(博士)、传媒经济学(博士)、广播电视学(博士)
02	中国传媒大学	新闻传播学部、广告与经管学部	电视学院、新闻学院、传播研究院、广告学院	广播电视编导(本科)、广播电视学(本科)、编辑出版学(本科)、新闻学(本科)、传播学(本科)、网络与新媒体(本科)、新闻学(硕士)、传播学(硕士)、广播电视学(硕士)、广告学(硕士)、传媒经济学(硕士)、编辑出版学(硕士)、国际新闻学(硕士)、舆论学(硕士)、传媒教育(硕士)、新闻与传播(专业硕士)、新闻学(博士)、传播学(博士)、广播电视学(博士)、编辑出版学(博士)、舆论学(博士)、广告学(博士)
03	北京大学	新闻与传播学院	新闻学系、传播学系、广告学系、广播电视学系	新闻学(本科)、广告学(本科)、编辑出版(本科)、广播电视(本科)、新闻学(硕士)、传播学(硕士)、新闻与传播(专业硕士)、新闻学(博士)、传播学(博士)
04	清华大学	新闻与传播学院	＼	新闻学(本科)、新闻学(硕士)、国际新闻传播(硕士)、传播学(硕士)、新闻与传播(专业硕士)、新闻传播学(博士)
05	北京交通大学	语言与传播学院	传播学系	传播学(本科)、新闻传播学(硕士)

续表

序号	高校名称	院	系	专业
06	中央民族大学	文学与新闻传播学院	＼	新闻学(本科)、广告学(本科)、新闻学(硕士)、传播学(硕士)、新闻与传播(专业硕士)
07	北京工商大学	艺术与传媒学院	新闻学系、广告学系	新闻学(本科)、广告学(本科)、广播电视(本科)、新闻传播学(硕士)、新闻与传播(专业硕士)
08	北京外国语大学	国际新闻与传播学院	＼	新闻学(本科)、国际新闻传播(硕士)、国际新闻传播(博士)
09	北京师范大学	新闻传播学院	＼	传播学(本科)、新闻传播学(硕士)、新闻与传播(专业硕士)
110	中国农业大学	人文与发展学院	媒体传播系	传播学(本科)、广播电视学(本科)、传播学(硕士)
111	国际关系学院	＼	文化与传播系	传播学(本科)
112	中国政法大学	光明新闻传播学院	＼	新闻学(本科)、法制新闻(硕士)、传播法(硕士)、新闻媒介管理(硕士)、文化传播(硕士)、商业传播(硕士)
113	北京体育大学	新闻与传播学院	体育传媒系	新闻学(本科)、广告学(本科)、体育新闻(硕士)、新闻与传播(专业硕士)、体育新闻(博士)
114	中央财经大学	文化与传媒学院	广告系、文产系、艺术系、新闻系	广告学(本科)、新闻学(本科)
115	北京第二外国语学院	国际传播学院	＼	新闻学(本科)、文化与传播(硕士)
116	北京联合大学	应用文理学院	新闻传播系	新闻学(本科)、广告学(本科)、网络与新媒体(本科)
117	北京印刷学院	新闻出版学院、新媒体学院	(官网无法查看故信息不确定)	编辑出版(本科)、数字出版(本科)、传播学(本科)、新闻学(本科)、广告学(本科)、新闻学(硕士)、传播学(硕士)、出版学(硕士)、新闻与传播(专业硕士)

续表

序号	高校名称	院	系	专业
118	北京语言大学	新闻与传播学院	＼	新闻学(本科)
119	首都体育学院	管理与传播学院	＼	新闻学(本科)、新闻与传播(专业硕士)
220	中国劳动关系学院	文化传播学院	＼	新闻学(本科)
221	中国青年政治学院	新闻传播学院	＼	新闻学(本科)、广播电视学(本科)、新闻学(硕士)、传播学(硕士)
222	中国矿业大学	公共管理学院	广播电视新闻学系	广播电视学(本科)
223	北方工业大学	文法学院	广告学系	广告学(本科)
224	北京电影学院	视听传媒学院、数字媒体学院	＼	广告学(本科)
225	北京服装学院	时尚传播学院	＼	广告学(本科)、传播学(本科)
226	北京工业大学	人文社会科学学院	＼	广告学(本科)
227	防灾科技学院	＼	人文社科系	广告学(本科)、网络与新媒体专业(本科)
228	华北电力大学	人文与社会科学学院	＼	广告学(本科)
229	首都经济贸易大学	文化与传播学院	传播学系、广告学系	广告学(本科)、传播学(本科)
330	北京城市学院	公共管理学部	传播系	传播学(本科)
331	北京信息科技大学	公共管理与传媒学院	传播学系、新媒体系	传播学(本科)、网络与新媒体(本科)

续表

序号	高校名称	院	系	专业
332	首都师范大学科德学院	传媒学院	＼	广播电视学(本科)
333	北京工商大学嘉华学院	艺术与传媒学院	＼	数字媒体艺术(本科)、视学传达专业(本科)
334	北京工业大学耿丹学院	国际设计学院	＼	视觉传达专业(本科)
335	北京邮电大学世纪学院	艺术与传媒学院	＼	传播学(本科) (官网打不开、专业设置不确定)

2. 人才培养层次、理念及特色

目前，北京市高校新闻传播人才培养形成了博士后、博士生、硕士生、本科生/专科生四个层次。在专业硕士培养方面，2010 年教育部正式批复设立新闻传播学专业硕士，学制两年，主要从业界招生，实行双导师制，就业主要面向新闻传播实务。目前北京市有 10 所院校招收新闻与传播专业硕士，分别为北京大学、清华大学、北京印刷学院、首都体育学院、北京体育大学、中国人民大学、北京工商大学、北京师范大学、中国传媒大学、中央民族大学。2016 年，北京大学在新闻与传播硕士专业下增设健康传播方向，与北京大学医学部合作，共同培养健康传播领域的人才。在博士招生方面，目前北京市新闻传播学一级学科博士点有中国人民大学、中国传媒大学、清华大学、北京大学等。

在人才培养理念上，北京市高校新闻传播相关院系结合本校优势，形成自己办学特色。如清华大学的办学理念为培养综合性、研究型、开放式、素质为本、实践为用的人才。北京工商大学新闻系坚持经济新闻特色办学方向，致力于培养熟悉经济、精通新闻、适应全媒体传播的人才。中国体育大学新闻与传播学院体育传媒系致力于培养具备人文、社会科学素养，拥有扎实的新闻传播理论和体育新闻业务知识的应用型人才。在北京市各大高校新闻传播教育的办学上，各高校依托本校资源，注重学生综合素质的培养与实践能力的提高。

3. 部校共建情况

近些年我国新闻传播教育发展迅速。1999 年，全国设有新闻类院、系、专业的高校有 60 所左右，专业点 100 余个。到了 2016 年，我国新闻传播学专业点达到了 1080 个。①新闻传播教育的急速升温带来教学质量缩水、新闻传播类人才供大于求的现象。为了弥补各教学单位在人才培养上的短板，部校共建成为新闻传播教育改革中一种新的尝试。

目前，北京市部校共建的院校情况如下：《人民日报》与清华大学合作，共建本科课程、骨干队伍、媒体融合发展研究中心、实习基地和新闻传播理论与实践研究合作机制，并共同组织范敬宜新闻教育奖评选等活动；新华社与北京大学合作，建设国际传播研究智库，打造教学实习基地和从业人员培训基地，建立联合领导机制、人员互派机制和学生就业机制；除此之外，部校共建名单还有《光明日报》与中国政法大学、北京师范大学，北京市委宣传部与中国人民大学，北京市委宣传部、中央人民广播电台与中国传媒大学，中国国际广播电台与北京第二外国语学院等。

4. 国际化人才培养与合作

《国家中长期教育改革和发展规划纲要(2010—2020)》提出，中国教育要加强国际交流与合作，开展多层次、宽领域的教育交流与合作，提高我国教育国际化水平；培养大批具有国际视野、通晓国际规则、能够参与国际事务和国际竞争的国际化人才。

一直以来，北京市各高校对国际性新闻传播人才培养予以重视。2007 年，清华大学创办了内地首个全英文教学的硕士项目“全球财经新闻”，招收来自世界各地的留学生。2009 年，中宣部和教育部牵头，组织中国人民大学、中国传媒大学、清华大学、北京外国语大学的新闻传播院系，开展实施国际新闻传播后备人才（硕士）培养项目。2011 年，中国传媒大学启动了“发展中国家国际传播硕士班”项目。第一期项目招收了来自坦桑尼亚、肯尼亚、埃塞俄比亚、缅甸、白俄罗斯、柬埔寨等 16 个国家的 22 名学员。② 北京外国语学院依托院校优势，在跨文化国际新闻传播高端人才培养方面有诸多举措，目前与英国博尔顿大学合作建立“北京外国语大学、博尔顿大学全媒体国际新闻硕士”项目，与英国兰卡斯特大学有“1+3”本科合作项目等，同时，还有与美国加州大学伯克利分校和长岛大学以及英国剑桥大学的寒暑期夏令营项目。中国人民大学新闻学院在海外交流与合作方面，与美国、加拿大、英国、德国、日本、韩国、新加坡和我国

---

① 中国新闻史学会新闻传播教育史研究委员会．中国新闻传播教育年鉴(2016)[M]．武汉：武汉大学出版社，2016.

② 中国新闻史学会新闻传播教育史研究委员会．中国新闻传播教育年鉴(2016)[M]．武汉：武汉大学出版社，2016.

香港、台湾地区多所高校的相关院系都建立了长期合作关系。中国传媒大学在2014年9月经教育部批准正式成立了中外合作办学机构——中国传媒大学国际传媒教育学院。与外方合作大学共建联合学科专业委员会，使学生得以享受中西融合、引进创新的国际化教育。

5. 学术研究

北京市新闻传播类高校实验室/资料室建设情况：北京高校共有新闻传播专业实验室/资料室22个。其中北京大学的3个实验室/资料室——平面设计实验室、非线编实验室与影视前期实验室，共耗资430万元。清华大学有7个实验室，为该地区数量最多的大学。①

在研究所和研究中心设置上，北京大学当前有9所研究所和研究中心，其中北京大学国家战略传播研究院是专门致力于现代国家信息和舆论治理问题研究的科研机构，于2015年成立，由程曼丽教授担任院长。研究院的主要研究和咨询领域涉及国家的对外传播和形象建设、国际政府间和民间的公共外交、中国地方政府的媒体沟通和对外联络、中国大型企业国际化发展中的传播战略、国家互联网治理和传媒产业发展政策的制定等。另外，还有北京大学视听传播研究中心、北京大学新闻与传播学院公共传播与社会发展研究中心、北京大学新媒体营销传播研究中心、北京大学新闻学研究会、北京大学电视研究中心、北京大学文化与传播研究所、北京大学现代出版研究所以及北京大学现代广告研究所等。清华大学新闻与传播学院设有新闻媒体传播研究中心、影视传播研究中心、传媒经济与管理研究中心、新闻研究中心与公共关系与战略传播研究中心5所院级研究机构。中国人民大学新闻学院设有新闻传播研究所，陈力丹教授任现任会长，另外还有媒介经济研究所及舆论研究所等。除此之外，各院校创办的新闻传播学相关刊物也成为我国新闻传播领域学术发表研讨的集中地。如中国传媒大学的《现代传播》、中国人民大学的《国际新闻界》等期刊。

在学术交流方面，北京大学中欧对话暑期班自2014年召开以来，已经举办4届。加强了中国与欧洲在新闻传播研究领域的学术对话及文化交流，使青年学者及时获得国际最新研究成果。北京大学“南门传播思想沙龙”系列专题讲座，曾邀请复旦大学新闻学院周葆华教授、中国人民大学新闻学院刘海龙教授、南京大学新闻传播学院教授胡翼青、香港中文大学新闻与传播学院副教授邱林川等学者与学生分享学科前沿理

---

① 中国新闻史学会新闻传播教育史研究委员会．中国新闻传播教育年鉴(2017)[M]．武汉：武汉大学出版社，2017.

论知识。

6. 学生活动

北京市新闻传播高校注重学生实践能力的培养，各高校利用校内工作坊、校外实践等方式提高学生的采写编等实操能力。在引入课外资源方面，中国人民大学新闻学院开设了研究生指定选修课“新闻传播前沿讲座”等多门讲座课程，邀请众多传媒业界领军人物走上讲台，分享实战心得体会。

在创办学生媒体方面，清华大学新闻与传播学院开设了“清新时报工作坊”“清新视界工作坊”“清新网工作坊”“清影工作坊”“深度报道工作坊”及“新媒体应用工作坊”等。学生可以在工作坊内进行新闻实践活动，如办报纸、做节目、做网页等。此外，人民大学新闻学院学生自办了新闻类周报《新闻周报》。

2.1.3　小结

2018 年，恰逢北京市新闻传播教育开办 100 周年，北京大学新闻学研究会设立之初，就致力于培养学理性和实践性相结合的新闻人才。在这一百年的历史里，北京市新闻教育与中国近代历史发展紧密相连，培养了大量中国新闻传播行业的领军人物。在此过程中，北京市新闻传播教育在学科设置、办学理念、国际合作以及学术科研上都处在全国前列。今天这样一个网络媒体时代，北京市新闻传播教育将继往开来，坚持马克思主义新闻观，培养具备新闻传播素养与人文关怀、精通传播规律并有优秀实操经验的高素质复合型人才。

（胡慧民）

2.2　天津市新闻传播教育发展综述

2.2.1　历史回眸

在新中国新闻教育事业发展进程中，天津师范学院（天津师范大学前身）是最早创办新闻学专业的高校之一。1959 年，受中共天津市委宣传部委托，天津师范学院创办了中国大陆第一个由师范院校设立的新闻学专业，具有开创性意义，其首任主任为时任中共天津市委宣传部部长兼《天津日报》总编辑李麦同志。1960 年，天津师范学院招收首届专科学历层次的新闻班学生，在连续招收两届学生后，新闻班因特殊原因于 1962 年秋季停办。在有关同志的积极努力下，“文革”期间，停办十年的新闻专业在 1972 年招收了一届近 40 人的工农兵大学生，为部队培养新闻干事，而后再次处于停办状态。直至 1980 年，天津师范学院新闻学专业列入教育部专业名录，并于 9 月份招收恢复办学以来首届本科生，此后隔年招生。1986 年该专业停止招收本科生而降格改招专科生。1996 年，天津师范大学新闻专业恢复招收本科生。1999 年全国高校进行系科称谓调整，原中文系改称文学院，新闻学专业改名为新闻传播学系，仍然隶属于天津师范大学文学院。

进入 21 世纪后，天津市的新闻学科建设进入多校并进的大发展阶段，形成了以天津师范大学为主导，以南开大学、天津体育学院、天津外国语大学以及天津师范大学津沽学院、天津体育学院运动与文化艺术学院、天津外国语大学滨海外事学院等多家院校为主体的办学新格局。

2003 年，天津师范大学将新闻传播学系从文学院剥离出来，成立了新闻传播学院。2003 年，学院成功申报新闻传播二级学科——传播学硕士学位授予权，并获批校级大众传播与社会发展研究所。2006 年，获批新闻传播一级学科硕士授权点和新闻传播二级学科——新闻学硕士学位授权点。2007 年，获批教育部授予的国家级特色专业。2011 年，获批新闻传播一级学科专业型硕士学位授予权；同年，获批教育部国家级实验教学示范中心。2015 年，新闻学专业获批天津市教学团队称号。2016 年，新闻传播一级学科获批天津市重点学科；并于 2018 年获批新闻传播一级学科博士学位授予权。至此，天津师范大学成为天津市首家同时拥有新闻传播学本科、硕士、博士学位授予权的高校。

南开大学于 2000 年获批二级学科传播学硕士学位授权点，而后于 2003 年和 2011 年先后获批新闻学硕士二级学科学位和新闻与传播专业硕士授权点，在新闻教育方面主要以培养硕士研究生为主。自 2000—2005 年，天津体育学院（2000）、天津外国语大学（2003）、天津体育学院运动与文化艺术学院（2004）、天津师范大学津沽学院（2005）、天津外国语学院滨海外事学院（2005）先后开办新闻学专业，从此天津地区的新闻专业教育进入了全新的历史发展阶段。

天津的传播学科始建于 21 世纪初期，最早是以培养硕士研究生为主体，包括南开大学、天津师范大学、天津工业大学共三所院校。其中，南开大学于 2000 年获得传播学二级学科硕士学位授权点，天津师范大学于 2003 年获批二级学科传播学硕士学位授权点并于次年招收首批硕士研究生，天津工业大学于 2011 年开始招收文化传播方向硕士。另外，天津外国语大学、天津工业大学珠江学院又分别设立了传播学本科专业，其中，天津外国语大学于 2009 年获批开设传播学本科专业，天津财经大学珠江学院于 2014 年开办传播学专业，天津中医药大学于 2017 年开办传播学专业。至此，天津的传播学科建设以开设院校的办学特色和学科基础呈现出方向多元的特点。

天津目前有四家高校开设广播电视学专业，分别是南开大学、天津师范大学、天津工业大学、天津外国语大学，开设年份基本集中在 21 世纪初期。其中天津工业大学 2015 年起开始招收广播电视领域的新媒体艺术硕士。

天津的广告学专业教育创始于 20 世纪 90 年代初，以天津师范大学和天津工业大学为主体，主要招收专科层次学生。天津师范大学和天津工业大学广告学专业于 2001 年正式开始招收本科生。随后，天津师范大学津沽学院、天津外国语大学、天津财经大学珠江学院也先后创办广告学本科专业。

天津的编辑出版学科主要集中在南开大学，南开大学是全国最早开办编辑学本科专业(后改称编辑出版学专业)并未间断招生的唯一一所高校。1982 年，鉴于编辑出版人才青黄不接和大量短缺的现状，胡乔木等中央领导同志和编辑出版界的老专家共同倡议，在部分大学设立编辑出版专业，培养从事编辑出版的专业人才队伍。经教育部批准，1984 年，南开大学与北京大学、复旦大学三校率先设立了编辑学专业，并于当年开始招收本科生。2001 年南开大学获批出版硕士专业学位授权点。

2.2.2　主要院系及其专业设置

天津市新闻传播类专业主要有 10 所院校，分散在各个院系如表 2-2 所示：

表 2-2　　**天津市主要院校及其专业设置**

学校	院系	本科	研究生
天津师范大学	新闻传播学院	新闻学、广告学、广播电视学、播音与主持艺术、广播电视编导、摄影	新闻学、传播学、广播电视艺术学、新闻与传播专业硕士；拥有新闻传播学一级学科博士学位授予权
南开大学	文学院传播学系	编辑出版学、广播电视新闻学	新闻传播学、新闻学硕士、出版硕士

续表

学校	院系	本科	研究生
天津体育学院	新闻与外语学院体育文化传媒系	新闻学	新闻与传播专业硕士
天津外国语大学	国际传媒学院新闻传播系	新闻学、传播学、广告学	新闻与传播专业硕士、新闻传播学
天津工业大学	人文与法学院传媒艺术系	广告学、广播电视学	广播电视学
天津师范大学津沽学院	新闻传播系	新闻学、广告学	＼
天津体育学院运动与文化艺术学院	播音学院新闻系	新闻学	＼
天津外国语学院滨海外事学院	新闻系	新闻学	＼
天津财经大学珠江学院	艺术学院	传播学、广告学	＼
天津中医药大学	语言文化学院	传播学	＼

2.2.3　部校共建

2014 年 9 月，中共天津市委宣传部与天津师范大学共建新闻传播学院工作全面启动，成为天津市第一家“部校共建”单位。学院坚持以马克思主义新闻观为统领，不断创新复合型、全媒型新闻传播人才培养机制，“部校共建、院媒协同、实践育人”成为学院办学的一大特色。2017 年，天津体育学院新闻与外语学院和天津外国语大学国际传媒学院入选“部校共建”单位。

2.2.4　本科生研究生教育

1. 本科生教育

天津师范大学新闻传播学院现有六个本科专业：新闻学专业、广告学专业、广播电视学专业、播音与主持艺术专业、广播电视编导专业、摄影专业。学院致力于新闻传播教育教学改革实践，注重对学生创新意识、探索精神、实践能力的培养，不断探索“专业培养+个性成才”的培养模式，重视交叉学科与前沿性课程设置。构建了以马克思主义新闻观为统领、通识课程与新闻传播史论法规课程为基础、新闻“采、写、编、评、摄、录、播”及报道策划能力培训为核心、专业采风与学科竞赛实践教学为特色、“部校共建”实践基地和大学生自主创新工作坊为载体、新媒体应用技术为引领的新闻传播教育课程体系。

南开大学文学院传播学系有两个本科专业：广播电视学、编辑出版学。广播电视学专业旨在培养从事广播电视新闻学工作的高级应用型人才和从事广播电视新闻学研究的较高层次的专门人才，所培养的人才具备扎实的广播电视新闻学、大众传播学专业基础知识和技能，具备较广博的科学文化知识和较深厚的人文底蕴，能够从事并胜任广播、电视行业采、写、编、播、摄录、评论、主持、策划等各项工作以及其他新闻部门工作。

天津体育学院新闻与外语学院新闻学专业设置于 2000 年，并于 2001 年开始招生。该专业自创建以来培养了大批了解体育文化、熟悉体育知识、掌握新闻传播理论与技能的新闻传媒工作者。经过长期教学和实践摸索，天津体育学院新闻学专业在人才培养模式、课程体系的构建、教学内容的优化整合、教学方法手段的改革与创新、教学实践领域的探索等方面都取得了长足的进步。

天津外国语大学国际传媒学院新闻传播系拥有新闻传播学硕士一级学科。目前，新闻学本科专业下设“国际新闻”和“融合新闻”方向。传播学本科专业下设“国际传播”方向，广告学本科专业下设“会展策划”和“中日 2+2”方向。多年来致力于培养国际化、应用型和复合型的新闻传播人才，走出一条特色化发展道路。

天津工业大学广告学专业始建于 1994 年，最早在艺术与服装学院进行广告学专业艺术类专科招生后应教育部学科目录调整，原艺术学院下广告学专业，更名为视觉传达专业广告设计方向。2015 年 9 月，广告学专业开始在人文与法学院进行普通本科招生，设立于传媒艺术系。

天津师范大学津沽学院新闻学专业是根据新型办学模式和运行机制创办的全日制本科专业。新闻学专业以津沽学院办学定位、办学特色和人才培养目标为指导，依托天津师范大学整体优势，合理使用母体校的优质办学资源，力争形成与母体校相关专业错位发展格局的思路。广告学专业以社会需求和学生发展需要为导向，以应用型人才培养模式改革为主线，以质量建设为核心，以特色建设为重点，积极推进专业内涵建设，不断提高专业建设质量。

天津体育学院运动与文化艺术学院新闻学专业于2004年建校时获批，为促进学校人文学科与其他学科的协调发展，满足地方社会经济与文化发展对新闻学专业人才的需求。作为天津北部地区唯一一所具备新闻学专业的传媒院校，丰富的艺术实践活动为新闻专业同学提供了实践练习的天然土壤，大量的实践机会不仅让学生提升了专业技能，也提高了他们的艺术修养和艺术鉴赏力，使学生能从多个专业汲取丰富的营养，提升综合素质。

天津外国语学院滨海外事学院新闻系成立于2005年，致力于培养德、智、体全面发展，适应当代经济和文化发展需要的新闻专业人才，共分为国际新闻、网络新闻两个方向。新闻学专业依托外语院校特色，着重发展"外语+新闻"的专业特色，将外语和新闻专业教学相结合，在专业课程中加入新闻英语专业课，实现外语水平和新闻专业应用能力的双向培养。同时，新闻系十分注重国际交流与合作工作，利用各种资源与平台积极拓展国际合作办学项目，学生可在高年级申请参加为期一至两年的交流项目，修满规定学分即可获得合作院校互相承认的学位。

天津财经大学珠江学院传播学专业人才培养目标是以传播学的内在规律为出发点，着眼于传统媒体整合、新媒体发展的现实需要和未来前景，培养具有良好的政治素养、广博的文化知识、开阔的国际视野、敏锐的社会观察力和娴熟的专业技能。人才培养定位：对应文化创意产业中的传播行业，培养影视、新闻、网络、媒介经营与管理行业的高素质应用技术型人才。广告学专业旨在培养掌握现代广告学基本理论、基础知识与基本技能，具有较强的专业营销策略、创意能力，具备社会交往的基本素质，适合广告公司、新闻媒介广告部门、大中型企业市场、销售等部门及其他相关单位实际需要的附有创新精神的高素质的应用技术型人才。

天津中医药大学传播学专业（中医药文化传播和健康传播方向）是2017年新建专业，计划于2018年9月招生，为国内第一个开设此专业方向的高等中医院校。该专业培养能够在各类传媒、机关、企事业单位以及传播机构从事健康知识传播和中医药文化的专业传播，既系统掌握新闻传播学基本知识和技能，熟悉媒体融合的发展趋势与运作机制，又具备一定的中医药理论知识，实践能力较强的一专多能应用型传播人才。以"通识+传播学+ 健康学+中医药文化"四大模块为基础的应用型传播人才培养为特色。毕业生可继续攻读硕士学位，或在机关事业单位、新闻媒体、中医药文化单位、健康传播机构、医院药企、海外孔子学院等从事与健康传播、中国医药文化传播相关工作。

2. 研究生教育

天津师范大学新闻传播学院拥有两个硕士一级学科：新闻传播学(含两个二级学科新闻学、传播学)、戏剧与影视艺术，一个新闻与传播专业硕士。拥有新闻传播一级学科博士学位授予权。学院在研究生培养上坚持“国际视野、中国表达、追踪前沿、内涵发展”的办学理念和“立足环渤海、服务京津冀”的培养定位，2004 年至今已培养十届以上硕士研究生，在服务天津发展战略中发挥了应有作用。

南开大学文学院传播学系下设编辑出版学专业。2001 年，南开大学获批出版硕士专业学位授权点。2000 年，南开大学获得新闻传播学硕士一级学科学位点授权。2003 年，南开大学获得新闻学硕士二级学科学位点授权。新闻传播学借助南开大学文学院深厚的文化底蕴和浓郁的人文氛围，体现出广阔的专业背景和扎实的专业基础，多年来形成了理论与实践并重、素养与技能并重、人文与新闻并重的人才培养特色。不仅如此，南开大学新闻传播教育具有一定的国际视野。南开大学与英国拉夫堡大学等高校联合培养新闻传播学科的硕士生，不少学生选择毕业后到国外攻读硕士学位或博士学位。

天津体育学院新闻与外语学院 2014 年获批“新闻与传播”硕士专业学位授权点和天津市体育数字技术实验教学示范中心称号。

天津外国语大学国际传媒学院新闻传播系开设新闻学(“新闻理论与历史”“国际新闻实务”和“比较新闻学”)学术硕士研究生专业。学术硕士研究生专业下设传播学和广告学，传播学含“传播理论与历史”“国际舆论传播”和“国别与区域传播”方向，广告学含“广告理论”和“广告实务”方向。

天津工业大学广播电视学专业自 2011 年起开始招收文化传播硕士，2013 年起开始招收新媒体艺术方向研究生、2015 起开始招收广播电视领域的新媒体艺术硕士(MFA)，形成了较为合理的人才培养结构。经过专业建设，天津工业大学已经明确了“融合”与“协同”的人才培养理念和发展思路以及“新媒体信息传播”的专业定位，通过专业、学科间的融合，培养社会所需的复合型传媒人才，通过行业、区域间的协同，培养社会所需的创新型传媒人才。

（孙瑞祥　陈　娜　张馨文）

2.3　河北省新闻传播教育发展综述①

根据教育部官方网站数据，截至 2017 年 5 月 31 日，河北省共有 127 所高等学校，其中普通高等学校 121 所，成人高等学校 6 所。121 所普通高等学校之中有 61 所本科院校，60 所专科院校。据统计，全省有 25 家本科院校，21 所高职高专开设有新闻传播类专业或者设置有新闻传播类院系。

2.3.1　河北省新闻传播教育的起源和发展

1. 河北省新闻传播教育的肇始

河北省境内最早的新闻传播教育可以追溯到 20 世纪 40 年代，当时有两所学校与新闻传播教育发生关联，即河北大学的前身天津工商学院和华北联合大学。

1944—1945 年，河北大学的前身天津工商学院时期，刘豁轩(？—1976)，时任天津益世报社社长、总编辑。力主抗日，曾被日本宪兵队关押。1944—1945 年、1947—1948 年先后任河北大学前身天津工商学院新闻学、广告学教授。以其深厚的学术根底和丰富的办报经验，使学生受益良多。

1946 年在张家口创办的华北联合大学新闻系，是共产党在解放区创办的高校新闻学系。由《晋察冀日报》编辑科科长罗夫担任系副主任，全系有 27 名学生。1946 年 9 月中旬，国民党军队进攻张家口，新闻系学生分别到《晋察冀日报》《工人日报》《张家口日报》《察哈尔日报》和前线记者团去实习。10 月，国民党军占领张家口，新闻系停办。②

以上两个新闻传播教育的火种未能延续下来，直到 20 世纪 80 年代，河北大学新闻学专业的创办，才使得河北省新闻传播教育重新起航，延续至今。

2. 河北大学新闻学专业的创办

中华人民共和国成立以后，河北大学新闻专业萌芽于文革时期的河北大学中文系，20 世纪 60 年代萌芽于河北大学中文系写作教研室。1968 年，河北大学中文系组织“教

---

① 本文为 2017 年河北省社会科学基金项目《河北新闻与传播教育历史与现状研究》阶段成果，项目编号：HB17XW001。

② 童兵，陈绚. 新闻传播学大辞典[M]. 北京：中国大百科全书出版社，2014：1069.

育革命小分队”，由 5 个教师与 8 个学生组成，在杨长庚老师带领下，到塘沽的天津航道局码头厂实习。主要任务是接受工人阶级的“再教育”，帮助厂里写新闻报道；老师办通讯员学习班，并给工人讲一些文化课程。① 这充分说明，在当时河北大学写作教研室的师生已经开始接触新闻报道，并且涉及新闻采写方面的培训，可以说是中华人民共和国成立后河北省新闻传播教育的萌芽。

改革开放之后，时任河北大学教务处教研科科长楼沪光与谢国捷一起写了新闻专业申报材料。② 1980 年 5 月原国家教委批准建立河北大学新闻学专业。同年 7 月，河北大学建立新闻专业筹备组，由谢国捷担任筹备组组长，楼沪光任副组长，着手安排老师进修等筹备事宜。1981 年 9 月，正式成立新闻教研室，谢国捷任教研室主任，河北大学中文系正式创办了新闻学专业。河北大学也自此成为河北省最早创办新闻传播类专业的学校。1994 年 12 月，省教委下达同意建立河北大学新闻传播学系的文件，1995 年 4 月初校领导研究决定建立新闻传播学系，2000 年成立新闻传播学院。成立新闻传播学院以来的 17 年间，取得了一系列建设成果。

进入 20 世纪 90 年代之后，河北省各个院校逐步开始开设新闻传播类专业。21 世纪以来，各个专业逐渐发展成为新闻传播类学院或者系部。

2.3.2　河北省新闻传播教育发展与现状

1. 院系及专业设置

(1)本科院系及专业设置

河北省新闻传播本科院校近年来基本上形成了“一超多强”的格局，河北大学新闻传播学院创建时间最早，拥有河北省唯一的新闻传播学博士点，主持了河北省大部分的新闻传播类国家社科基金，在省内形成了绝对的优势地位。河北师范大学新闻传播学院、河北经贸大学文化与传播学院、河北传媒学院等各有特色、你追我赶。

河北大学新闻学专业始建于 1981 年，是“文革”后全国建立的首批 9 家新闻学专业之一。1982 年开始招生，1995 年正式成立新闻系，2000 年成立新闻传播学院。河北大学新闻传播学院现设有新闻学、广播电视学、播音与主持艺术、编辑出版学、广告学 5

① 乔云霞. 河北大学新闻学科创建人谢国捷先生——纪念谢国捷先生逝世 25 周年[J]. 采写编，2013，(6)：59-61.

② 乔云霞. 河北大学新闻学科创建人谢国捷先生——纪念谢国捷先生逝世 25 周年[J]. 采写编，2013，(6)：59-61.

个本科专业。学院现拥有新闻传播学一级学科博士授权点，拥有新闻传播学一级学科硕士学位授权点，拥有新闻学、传播学两个二级学科硕士学位授权点，拥有新闻与传播硕士、出版硕士两个专业硕士授权点。在专业建设方面，河北大学新闻学专业 2007 年获批为全国首批特色专业，2012 年获批河北省重点学科和省级专业综合改革试点。

河北师范大学新闻传播学院始于 2004 年，缘于 1994 年创建的河北师范学院广告系、2001 年开始招生的河北师范大学广播电视编导专业和 2004 年 8 月并入的文学院新闻系，是河北师范大学 20 个专业学院之一，也是体现河北师范大学综合性办学战略的四个非师范专业学院之一，是最具发展活力和潜力的新型学院。学院现设新闻学、广告学、广播电视编导、广播电视制作、播音与主持艺术、广播电视新闻学六个本科专业。

河北经贸大学文化与传播学院设有新闻学、广播电视学、广告学、编辑出版学、汉语国际教育、汉语言文学六个本科专业，其中新闻学专业为校级重点学科。新闻传播学为一级硕士学位授权学科，下设四个硕士点：新闻学、传播学 、跨文化传播，影视文化传播(待招生)。

燕山大学文法学院文学与新闻传播学系现有汉语言文学和广播电视学两个本科专业。

河北科技大学文法学院新闻系成立于 2003 年。2013 年，新闻系入选“河北省卓越新闻传播人才培养计划”。

河北地质大学的广告学专业开设在艺术设计学院，该专业创办于 2000 年。

河北民族师范学院 2000 年创建主持与播音专科专业，成立播音教研室。2002 年，创建新闻采编与制作专科专业，成立新闻教研室。2016 年 2 月 18 日，根据学校二级学院设立方案，中文系正式更名为文学与传媒学院。设有中国古代文学、现当代与外国文学、文学理论、语言、教师素质、写作、播音与主持、新闻学、秘书学、满语 9 个教研室。

石家庄学院文学与传媒学院现开设有“6 本 4”专 10 个专业，新闻传播类本专科专业主要包括广告学、广播电视新闻学、影视多媒体技术等。

保定学院信息技术系设有网络新媒体等 3 个本科专业，以及新闻采编与制作 2 个高职专业。信息技术系设有教育技术教研室、新闻影视教研室、网络教研室、多媒体教研室和实习实训教研室 5 个教研室。

唐山学院传播与动画系是在河北科技大学唐山分院并入后，由原河北科大唐山分院动画系影视动画专业、影视广告专业和影视多媒体技术专业与唐山学院原文法系广告学专业、原电子信息系图形图像制作专业合并组建而成。开设有 5 个专业，其中：广告学开设于 2004 年，2009 年开始招收本科生。影视广告(专科)开设于 2000 年，影视动画

(专科)开设于 2001 年，为省内首开，影视多媒体技术(专科)开设于 2007 年。

衡水学院文学与传播学院现设有汉语言文学、广播电视学、播音与主持艺术、广告学、广播电视编导(在建)5 个本科专业，以及 1 个专科专业——新闻采编与制作。

唐山师范学院中文系成立于 1956 年，是全校最早成立的系部之一，1997 年起举办本科教育，现设汉语言文学、秘书学、汉语国际教育、广播电视学 4 个本科专业和文秘、新闻采编与制作两个专科专业以及汉语言文学、秘书学、新闻学 3 个专接本专业。

廊坊师范学院文学院经教育部批准，2000 年开始招收本科生。2005 年 12 月，成立文学院。开设有汉语言文学、新闻学、戏剧影视文学、播音与主持艺术 4 个本科专业和两个专科专业。

邯郸学院夏青传媒学院设有两个本科专业：播音与主持艺术、数字媒体艺术。

沧州师范学院齐越传媒学院设置有 3 个本科专业网络与新媒体、播音与主持艺术、广播电视编导，一个专科专业传播与策划。

防灾科技学院人文社科系现有广告学、网络与新媒体等专业，2007 年广告学专业开始招生，2017 年新增网络与新媒体专业。

河北传媒学院是经教育部备案的民办高校。其中，新闻传播学院、影视艺术学院和艺术设计学院设置有新闻传播类相关专业。新闻传播学院开设网络与新媒体、播音与主持艺术、广播电视学、编辑出版学、传播学 5 个本科专业和新闻采编与制作、主持与播音两个三年制专科专业。学院设有 4 个系：融媒体新闻与播音系、网络与新媒体系、配音表演与微电影系、声音与策略传播系。影视艺术学院现开设有广播电视编导、摄影、数字媒体艺术、影视摄影与制作、录音艺术、戏剧影视文学 6 个本科专业和影视编导、广播影视节日制作、摄影摄像技术 3 个专科专业。艺术设计学院现设有 6 个木科专业，5 个专科专业，本科专业分别为广告学专业等；专科专业分别为影视广告专业、广告设计与制作专业、影视动画专业等。

河北美术学院传媒学院现有视觉传达艺术设计、广播电视编导、戏剧影视美术设计、影视摄影与制作、艺术与科技、表演、播音与主持艺术 7 个本科专业，视觉传达艺术设计、电视节目制作、摄影摄像技术、广告设计与制作 4 个专科专业。

河北外国语学院是经河北省人民政府和国家教育部批准备案的全日制民办本科高校。传媒学院设置有新闻传播类相关专业有：网络与新媒体(本科专业)；播音与主持(外语播音员方向)、摄影摄像技术、广播影视节目制作、数字媒体应用技术 4 个高职高专专业。

(2)独立学院院系及专业设置

河北大学工商学院人文学部成立于 2001 年，下设新闻学、广播电视学、广告学、编辑出版学、网络与新媒体等专业。河北大学工商学院人文学部2017年新闻传播类专业有新闻学、广告学、网络与新媒体3个专业招收学生。河北师范大学汇华学院传媒学部成立于2012年7月，是根据专业特点在原文学部基础上分离而成。现设新闻学、广告学、广播电视编导3个本科专业。新闻学、广告学自2002年开始招生，广播电视编导自2009年开始招生。2015年，新闻学、广告学两个专业实现新闻传播类大类招生。河北经贸大学经济管理学院文法系成立于2004年5月，设法学、英语、新闻传播学类3个专业，分别依托法学院、外语学院和人文学院等学院教学资源办学。新闻传播类主要包含新闻学和广播电视学。燕山大学里仁学院在文法外语系开设广播电视学，该专业设置有3个研究方向，分别为广播电视新闻学、广播电视艺术学、报刊网络编辑学。河北科技大学理工学院文理学部开设有新闻学专业。河北地质大学华信学院文法系成立于2007年，文法系新闻传播类相关专业为广告学专业。

(3)河北省新闻传播类本科及研究生专业点设置

河北省各院校新闻传播类专业分布较广，各专业设置较为灵活，如表2-3所示：

表2-3 **河北省新闻传播类本科及研究生专业点设置**

序号	高校名称	院系(学部)	本科专业	硕士点	博士点
1	河北大学	新闻传播学院	新闻学；广播电视学；广告学；编辑出版学	新闻传播学(一级学科硕士点)；新闻与传播(专硕)；出版(专硕)	新闻传播学(一级学科博士点)
2	河北师范大学	新闻传播学院	新闻学；广播电视学；广告学	新闻与传播(专硕)	—
3	河北经贸大学	文化与传播学院	新闻学；广播电视学；广告学；编辑出版学	新闻传播学(一级学科硕士点)	—
4	燕山大学	文法学院文学与新闻传播学系	广播电视学	—	—
5	河北科技大学	文法学院新闻系	新闻学	—	—
6	河北地质大学	艺术设计学院	广告学	—	—

续表

序号	高校名称	院系(学部)	本科专业	硕士点	博士点
7	河北民族师范学院	文学与传媒学院	新闻学；网络与新媒体(新审批，拟于2018年招生)	—	—
8	石家庄学院	文学与传媒学院	广播电视学；广告学	—	—
9	保定学院	信息技术系	网络与新媒体	—	—
10	唐山学院	传播与动画系	广告学	—	—
11	衡水学院	文学与传播学院	广播电视学；广告学	—	—
12	唐山师范学院	中文系	广播电视学	—	—
13	廊坊师范学院	文学院	新闻学	—	—
14	沧州师范学院	齐越传媒学院	网络与新媒体	—	—
15	防灾科技学院	人文社科系	广告学；网络与新媒体	—	—
16	河北传媒学院	新闻传播学院	传播学、广播电视学、编辑出版学、网络与新媒体	新闻与传播(专硕)	—
		艺术设计学院	广告学		
17	河北外国语学院	传媒学院	网络与新媒体		—
18	河北大学工商学院	人文学部	新闻学、广播电视学(停招)、广告学、编辑出版学(停招)、网络与新媒体	—	—
19	河北师范大学汇华学院	传媒学部	新闻学；广告学	—	—
20	河北经贸大学经济管理学院	文法系	新闻学；广播电视学	—	—
21	燕山大学里仁学院	文法外语系	广播电视学	—	—

续表

序号	高校名称	院系(学部)	本科专业	硕士点	博士点
22	河北科技大学理工学院	文理学部	新闻学	—	—
23	河北地质大学华信学院	文法系	广告学	—	—

(4)高职高专院系及专业设置

保定职业技术学院传媒艺术系发端于1996年，现设有广播影视节目制作、新闻采编与制作、广告设计与制作、影视动画、主持与播音5个专业。河北对外经贸职业学院传媒系成立于2006年，目前设有播音与主持、广播影视节目制作、影视动画、摄影摄像技术、无人机应用技术、新闻采编与制作、传播与策划7个专业。河北青年管理干部学院传媒系现开设学前教育专业、室内装饰设计专业、广播影视节目制作专业、广告设计与制作专业。河北劳动关系职业学院拥有影视编导(订单)、摄影摄像技术两个新闻传播类高职高专专业和广告设计与制作一个艺术设计类高职高专专业。河北工程技术学院人文学院现有网络与新媒体本科专业、广告设计与制作、环境艺术设计、护理专科专业。河北软件职业技术学院数字传媒系成立于2005年3月，现开设广告设计与制作、影视多媒体技术等6个专业。河北省艺术职业学院传媒系现有主持与播音、摄影摄像技术、影视多媒体技术、影视广告、动漫设计与制作、交互媒体设计6个专业。河北政法职业学院管理系于2003年建系。管理系目前开设有网络新闻与传播等10个专业。石家庄职业技术学院动画专业创办于2003年，2007年成立动画学院。目前设有：影视动画、动漫制作技术、游戏设计和影视多媒体技术4个专业。唐山职业技术学院旅游系设有网络新闻与传播等专业。沧州职业技术学院现代传媒与艺术设计系成立于2005年。设有摄影与摄像艺术(网店设计推广方向)、文化创意与策划(新媒体制作与推广方向)等5个专业。邯郸职业技术学院文法系新闻采编与制作专业成立于2000年。2005年，文化传播与策划专业创立。广告设计与制作专业建立于2004年。廊坊职业技术学院文化传媒与服务系开设有传播与策划、广告设计与制作等新闻传播类专业。邢台职业技术学院艺术与传媒系是在1992年创办的建筑装饰工程技术专业基础上发展起来的。现有广告策划与营销等6个专业。石家庄城市经济职业学院影视学院设有动漫设计与制作、影视编导2个专业。石家庄工程职业学院艺术设计系目前有：广告设计与制作、影视动画等专业。石家庄经济职业学院艺术系开设有广告设计与制作、动漫设计与制作、摄影摄像技术等专业。石家庄理工职业学院艺术学院成立于 2000 年，学院设有音乐与传媒系，涵盖摄影摄像技术、歌舞表演(幼儿艺术方向)、音乐表演(含流行音乐方向)、播音与主持(含婚庆礼仪方向)4 个专业。石家庄信息工程职业学院传媒艺术系成立于 2008 年，设置有 5 个专业：广告设计与制作等专业。燕京理工学院传媒学院现开设广播电视编导、摄影、播音主持等本专科专业。渤海理工职业学院在信息工程系开设有影视多媒体技术专业。

2. 校部共建情况

2014 年 5 月 4 日，河北省部校共建新闻传播学院工作座谈会暨签约仪式在河北师范大学召开。河北省委宣传部分别与河北大学、河北师范大学签署共建协议，标志着河北省部校共建工作正式拉开序幕。为推进部校共建工作顺利开展，河北省委宣传部与河北大学、河北师范大学共同成立了新闻学院院务委员会，具体协调推进共建工作。

共建新闻传播学院的根本目的是坚持以马克思主义新闻观为统领，创新新闻人才培养机制，提高新闻人才培养质量，为党的新闻事业发展造就高素质后备人才，努力开创高等新闻传播教育的新局面。要坚持分步推进、有序开展，不断深化拓展部校合作的形式和内涵；要以培养应用型复合型新闻传播人才为目标，以精品课程设置为载体，巩固扩大互聘交流成果，建好用好实践基地，搭建智库平台。①

3. 本科生研究生教育

(1)研究生教育

河北大学新闻传播学院拥有一级学科博士点，是河北省唯一具备新闻传播学类博士点的学院。该院招收新闻史论、传播理论与实务、新闻实务、编辑出版学等方向的博士生。河北省有四所院校具备硕士研究生招生和培养资格，分别是河北大学、河北师范大学、河北经贸大学以及河北传媒学院。学术硕士的培养普遍重视夯实学生基础素质，培养学生科研创新能力。专业硕士注重培养学生从事实际工作的能力，通过聘请行业企业兼职导师和增加实习实践教学环节等方式开展专业硕士的培养工作。

(2)本科生教育

河北大学新闻传播学院长期坚持与新闻单位联合办学，走出了一条培养高水平应用型人才的路子，多家媒体曾予以报道。培养的人才基础理论扎实，尤其人文社科素质较

---

① 省委宣传部与河北大学河北师大共建新闻学院[EB/OL]．[2014-05-05]．http：//hebei. news. 163. com/14/0505/09/9RFM0BVP027907KI. html.

好，实践能力强，受到广泛赞誉。毕业生遍及中央和地方各级媒体。1993 年，河北省教委批准河北大学新闻学专业“建立实习基地，深化教学改革”项目获省级优秀教学成果一等奖。2013 年，白贵教授领衔的“河北大学新闻学专业特色的培育与创新”获得第六届河北省高等教育教学成果二等奖。

河北师范大学新闻传播学院文科与艺术的融合拓宽了办学思路，师资队伍较强，实战经验丰富，硬件设备较为先进，使得学院形成了一定的优势和特色。多项省部级科研项目和大批应用性项目，提升了学院的教学和科研水平。新闻学专业还聘请了多位在媒体有着多年管理经验和实践经验的知名记者和专家兼任专业教授，为新闻学专业学生担纲授课。广告学专业着力培养学生的策划力、表现力、执行力，既培养帮助“甲方”达成品牌传播目标的“乙方”，更培养懂市场、精管理、重终端、会花钱的“甲方”。

河北科技大学文法学院新闻系坚持以通识教育为基础，能力培养为本位，创新性素质为核心的专业定位。教学方面，本着培养“卓越新闻传播人才”的要求，积极开展教学研究，钻研教材教法，提升课堂教学质量。针对新闻专业实践性强的特点，不断进行实践教学改革，积极推进课内实践教学和校外实践教学基地的建设，构建良好的理论教学与实践教学紧密结合的教学体系。近年来，新闻系的教师在学校和学院的各类教学奖项评选中多次获奖。

由教育部学校规划建设发展中心、凤凰卫视集团·凤凰教育联合启动的“高校数字媒体产教融合创新应用示范基地”项目落户保定学院，信息技术系与凤凰教育深度对接，校企合作研发课程体系及内容，针对 VR 虚拟现实技术的快速发展和虚拟仿真技术的广泛应用，构建以体验式交互媒体技术为核心的课程体系，建立了数字媒体资源开发中心和虚拟现实实验室，并通过参加行业、企业技术培训做了师资方面的准备，关于学生实习、就业方面，项目院校通过部委和行业企业联合测评认证的学生，由凤凰教育负责实习实训与推荐就业。

(3)实验中心建设

实习条件和实验中心的建设是学生培养的重要途径，实习条件建设方面，河北师范大学新闻与传播综合实验中心于 2009 年被河北省命名为省级实验教学示范中心，2015 年被教育部评审成为国家级实验教学示范中心建设单位，目前是河北省新闻传播类院系所拥有的唯一的“国家级实验教学示范中心”。河北大学新闻传播学院 2012 年投资 2000 余万元建成的数字媒体传播虚拟仿真实验室获批省级实验教学示范中心。河北经贸大学文化与传播学院新闻传播学实验教学中心为河北省实验教学示范中心。河北科技大学文法学院新闻系现有报纸编辑实验室、电视采编制作实验室、摄影实验室等基础实验室。

河北地质大学艺术设计学院广告与艺术设计实验室获得中央与地方共建经费资助。石家庄学院文学与传媒学院拥有新闻电子采编、非线性编辑、摄影、摄像、虚拟演播室和数字媒体等 16 个实验室。2008 年，该院文学与传媒实验教学中心被教育厅批准为河北省高校实验教学示范中心。河北传媒学院拥有“媒介融合云实验教学示范中心”和“全媒体数字音乐实验教学示范中心”2 个省级实验示范中心建设项目，2 个省级大学生校外实践教育基地，1 个省级专业学位研究生培养实践基地。

4. 学术研究及其特色

河北大学新闻传播学院在理论新闻学、应用新闻学、文化传播学、编辑出版学四个方向上初步形成特色。在城市传播、舆论监督、新闻亲和力研究、网络传播、民族新闻学、断代出版史、晋察冀新闻史、媒介经济学等研究领域成为学院中青年教师们的主攻方向。近年来，学院的学科建设取得了很好的发展势头，承担了 20 余项国家社科基金课题和教育部社科规划课题；出版了学术专著 30 余部，在权威及核心刊物发表论文 400 余篇；先后获得省级以上科研奖励 10 余项。

河北科技大学文法学院新闻系近年来积极推进学术研究、以科研助教学，积极开展了河北文化强省建设、河北网络媒体发展、河北报业传媒发展、新媒体传播等方面的研究。完成各类省级科研课题共 20 项，发表科研论文 100 多篇。

石家庄学院文学与传媒学院，近年来教师发表论文 400 余篇，出版专著、教材多部，承担国家级、省级课题多项，获省、市级奖励多项(见表 2-4)。

表 2-4　　**河北院校承担的新闻传播学国家社科基金项目**

项目批准号	项目类别	学科分类	项目名称	立项时间	项目负责人	工作单位
17BXW029	一般项目	新闻学与传播学	新闻媒体“讲好中国故事”的无意说服模式研究	2017/6/30	曹　茹	河北大学
17BXW031	一般项目	新闻学与传播学	传统媒体的分化与跨界融合研究	2017/6/30	韩立新	河北大学
16BXW069	一般项目	新闻学与传播学	网络空间未成年人保护的法律规制研究	2016/6/30	彭焕萍	河北大学
15BXW011	一般项目	新闻学与传播学	大数据背景下的数据新闻制作与语义构建研究	2015/6/16	任瑞娟	河北大学

续表

项目批准号	项目类别	学科分类	项目名称	立项时间	项目负责人	工作单位
14BXW060	一般项目	新闻学与传播学	新媒体与当代中国伊斯兰教的传播研究	2014/6/15	白 贵	河北大学
14CXW026	青年项目	新闻学与传播学	移动互联网条件下的新闻传播新形态、特征、趋势及应对策略研究	2014/6/15	景义新	河北经贸大学
13BXW004	一般项目	新闻学	新闻报道正能量传播研究	2013/6/10	杨秀国	河北大学
13BXW015	一般项目	新闻学	出版经纪人研究	2013/6/10	杜恩龙	河北大学
13BXW050	一般项目	新闻学	新时期我国涉农媒体战略转型研究	2013/6/10	陈 娟	暨南大学（陈娟后在河北大学任教）
13CXW043	青年项目	新闻学	自然灾害事件中的信息传播研究	2013/6/10	徐占品	防灾科技学院
12BXW012	一般项目	新闻学与传播学	宋代出版史研究（960—1279）	2012/5/14	田建平	河北大学
12BXW026	一般项目	新闻学与传播学	“三网融合”背景下中美广播电视组织邻接权保护及管理机制比较研究	2012/5/14	赵双阁	河北经贸大学
11CXW009	青年项目	新闻学与传播学	“三网融合”背景下网络电视台的建设、发展与影响研究	2011/7/1	杨状振	河北大学
09BXW006	一般项目	新闻学与传播学	新闻报道亲和力研究	2009/6/4	杨秀国	河北大学
09CXW007	青年项目	新闻学与传播学	为盈利诉求与公共利益的平衡求解：媒介商业化的陷阱与出路	2009/6/4	商建辉	河北大学
08BXW005	一般项目	新闻学与传播学	中国近现代回族报刊史研究	2008/6/4	白 贵	河北大学
07BXW014	一般项目	新闻学与传播学	中国出版企业实施多元化管理经营的途径	2007/6/4	陶丹	河北大学
00BXW001	一般项目	新闻学与传播学	舆论监督研究	2000/7/1	乔云霞	河北大学

研究机构建设方面，2012—2016 年，河北大学新闻传播学院先后建成三个河北省哲学社会科学研究基地：河北大学传媒与社会发展研究中心、河北大学伊斯兰国家社会发展研究中心、河北省文化产业与社会服务研究基地。2016 年 4 月，河北大学所属的河北省文化产业发展研究中心获批为河北省新型智库建设试点单位，是河北省内文化产业领域唯一省级新型智库。河北文艺评论基地、河北省广告研究院、河北省广告协会学术委员会等研究机构由河北师范大学新闻传播学院牵头组织。河北经贸大学建有新闻学研究所。

5. 专业技能大赛

河北省各高校新闻传播类院系专业师生在国际国内电视节、影视作品奖、全国大学生广告艺术大赛、中国时报金犊奖、中国广告协会学院奖等各类竞赛活动中获得佳绩，将专业比赛平台当做专业技能锤炼平台。河北大学新闻传播学院、河北师范大学新闻传播学院、河北地质大学艺术设计学院、河北民族师范学院、唐山学院传播与动画系、衡水学院文学与传播学院、河北传媒学院、河北大学工商学院、河北师范大学汇华学院、河北地质大学华信学院、保定职业技术学院传媒艺术系等院系都曾获得过不同比赛的等级奖。

2. 3. 3　河北省新闻传播教育特征

1. 依托京津冀，发展土壤肥沃

河北省的新闻传媒事业相对来说并不发达，但是毗邻京津，河北省的新闻传播教育能够充分利用京津地区提供的营养，生根发芽，乃至郁郁葱葱。依靠地理优势，河北省的新闻传播教育能够从北京和天津聘请师资，对于提升河北省新闻传播教育的师资力量具有明显的帮助。同时，毕业生可以很方便地到京津去参加专业实习，也为新闻传播类专业发展提供了良好的条件。毕业之后，也有大量的毕业生在京、津，尤其是在北京就业。

2. 专业层次齐全，涵盖专、本、硕、博

河北省新闻传播教育层次齐全，从高职高专到本科，从硕士研究生到博士研究生一应俱全。在专科层次有 21 所院校开设了新闻传播类专业。在本科层次亦有 25 所院校开设了相关专业。在研究生层面，目前有河北大学新闻传播学院、河北师范大学新闻传播学院、河北经贸大学文化与传播学院、河北传媒学院招收硕士研究生，河北大学新闻传播学院招收博士研究生。

3. 举办新闻传播类专业的学校数量多

河北省开设新闻传播类专业的院校数量比较大，其中有 25 所本科院校、21 所高职高专院校开设了新闻传播类相关专业，合计达到了 46 所院校，占到了河北省高等院校数量的三分之一强。目前在学历层次上，只有河北大学新闻传播学院拥有新闻传播学一级学科博士点，只有河北大学新闻传播学院和河北经贸大学文化与传播学院拥有新闻传播学一级学科硕士点。这些显示出河北省新闻传播教育规模比较大，但是质量并不高。在全国新闻传播学科快速发展的大潮之中，河北省的院校略显沉寂。在全国社科基金立项方面，河北大学具备相当的竞争力，迄今已经主持过 10 余项新闻传播类课题，河北经贸大学文化与传播学院和防灾科技学院人文社科系分别主持过 2 项和 1 项社科基金，其他单位尚未主持过国家社科基金新闻传播类课题。

2. 3. 4 小结

1. 存在的问题

放眼全国，河北省新闻传播学科发展水平不高，不平衡。除河北工业大学之外没有高校入选双一流学科建设高校，只有河北大学拥有新闻传播学博士点，只有河北大学、河北经贸大学、河北师范大学和河北传媒学院拥有硕士点，河北省各高校尚无博士后科研流动站。面对技术发展和应用带来的变化，专业建设、教学内容调整慢，不能适应需求。尚无专业博士，网络与新媒体专业开设数量较少，原有专业和课程数字化转型不够。国际化水平不高。合作办学少，出国访学少，引进海归博士、博士后少，面对全国高校新闻传播学院的发力发展，压力巨大，不进则退。科研水平不高。在理论研究方面，国家社科基金立项少，尚无重大课题。应用研究不足、成果转化不够。结合媒体剧烈转型、文化创意产业发展的应用性成果科研水平和转化少。

2. 意见和建议

学习贯彻落实十九大精神，以习近平新时代中国特色社会主义思想为指导，推进河北省新闻传播教育进入新时代。服务雄安新区建设，服务千年大计。雄安新区设立在河北省，河北省的新闻传播教育责无旁贷，为雄安新区建设提供智力支持，提供舆情研究支持。河北省各个院校新闻传播学科差异化定位，突出特色，力求单点突破，在全国形成影响力。加快数字化转型，技术的应用不可逆转，且加速发展，大数据、云计算、虚拟现实、增强现实、人工智能、计算机穿戴设备、物联网的广泛应用，新闻传播教育需要及时跟进，合理吸收。加强国际化进程。近年来，国际交往日益频繁，到国外攻读学位的学生日益增多，外国留学生也越来越多。要求引进国际化人才，拓展国际视野，形成外语授课能力等。关注学科发展，关注新闻传播教育的新领域，关注战略传播、国际传播、跨文化传播，服务国家战略。

（薄立伟　商建辉）

2.4　山西省新闻传播教育发展综述

改革开放以来，我国高等教育发展迅速，据教育部公布的最新数据，截至 2017 年 5 月，山西省高等学校共计 80 所，现有 6 所高校成立了新闻学院、文化传播学院、传媒学院或传媒系，其中 1 所高校为传媒类专业院校，另外还有 8 所高校设有与新闻传播相关的专业，这些院校都或早或晚开展了专业化的新闻传播教育工作，致力于培养高素质的复合型专业人才。

2.4.1　山西省新闻传播教育的起源和发展

虽然中国新闻教育从 20 世纪初开始萌芽，但山西的新闻教育起步基本是在 20 世纪 80 年代前后，即在中国新闻教育的复苏阶段起步发展。随着 1976 年中国高等教育拨乱反正，山西为满足新闻事业发展对人才的迫切需求，开始设置新闻传播类专业或建立传媒类专业院校，培养专业的新闻人才。

山西大学是山西省最早设立新闻传播类专业的高校。1980 年，山西大学中文系设立新闻专业，并于 1981 年开始招生，旨在为新闻媒体培养专业人才。1998 年，山西大学中文系设立广告专业，1999 年开始招收第一届专科生，2000 年由专科转为本科。2001 年，广告专业开始招收第一届本科生。同年，山西大学中文系改为文学院，设有语言文学系、新闻传播系、戏剧影视系，其中新闻传播系下设新闻专业和广告专业。2014 年，山西大学和山西省委宣传部开始共建新闻学院，为山西大学的新闻传播教育带来良好的发展契机。2017 年 5 月，山西大学新闻专业和广告专业从文学院分离出来，成立新闻学院，这是山西省第一所新闻学院。山西大学在大力推进新闻本科教育的同时，还积极展开研究生教育。2003 年，山西大学获批新闻学硕士授权点。2005 年，获批传播学硕士授权点。在拥有两个二级硕士授权点的基础上，2010 年，山西大学获批新闻传播学一级硕士授权点，并于同年获批新闻与传播专业硕士授权点。

1983 年，原国家广播电影电视部成立了华北广播电视学校，1990 年，经教育部批准，在华北广播电视学校的基础上成立广播电影电视部管理干部学院，2000 年划转山西省管理，更名为广播电影电视管理干部学院，并于 2013 年在其基础成立山西传媒学院，成为全国第三所独立设置的本科传媒类专业院校。2000 年，该校设立广播电视新闻学专业并开始招生，2013 年广播电视新闻学更名为广播电视学。除此之外，山西传媒学院还设有播音主持艺术、动画、影视摄影与制作、广告学、数字媒体艺术、广播电视编导、文化产业管理、录音艺术、戏剧影视美术设计、广播电视工程、数字媒体技术、环境设计、网络与新媒体、表演、摄影 16 个本科专业，是国家新闻出版广电总局干部培训基地。2017 年 9 月，乘着部校共建的东风，山西传媒学院成立新闻传播学院。

山西师范大学文学院于 1998 年开设编辑出版学专业，同年开始招生，这是山西省唯一一所设立编辑出版学专业的高校。2000 年，成立编辑出版学学术研究机构“编辑出版研究所”，致力于编辑出版学科建设与编辑出版工作的研究。2009 年，编辑出版专业成为山西省人才培养模式创新实验区。

21 世纪以来，在山西转型发展的大背景下，山西的新闻传播事业得以快速发展，为了适应山西社会与经济发展的需求，山西省众多高校开始重视新闻传播教育，或设立新闻传播类专业，或加大教育资金投入，或注重师资队伍建设，以使山西省高等新闻传播教育不断提升水平、服务山西。山西财经大学文化传播学院的前身是山西财经学院基础课教学部，始建于 1951 年，2000 年院系调整时，以基础课教学部为依托，成立文化传播系；2000 年，山西财经大学设立广告专业，次年设立新闻专业，且都在专业设立当年开始招生；2006 年，成立文化传播学院，是山西省最早设立的传播类学院，目前下设广告学、新闻学、视觉传达、环境设计、文化产业管理 5 个专业，依托学校深厚的经济学、管理学学科资源，着重通过“课内加实践”的模式塑造从事财经新闻的专业复合人才。长治医学院根据自身的特色开展新闻传播教育，2013 年，设立健康传播方向的传播学专业，2014 年开始招生，这是山西省乃至全国第一所开办本专业的院校。山西省还有一些高校将与新闻传播相关的专业开设在文学院或中文系下，利用文学院或中文系的学科建设经验和办学基础进行专业化教育。2003 年，太原师范学院汉语言文学专业设新闻传播方向，于 2004 年招生。2004 年，中北大学人文社会科学学院设立广播电视新闻学专业，并于同年招生，2012 年广播电视新闻学专业改为广播电视学专业。2005 年，长治学院中文系设立新闻学专业，在该校应用型文科专业中独具特色，旨在为晋东南地区乃至全省的基层媒体培养实用型的新闻传播技术骨干人才。

随着传播技术的不断发展，网络新媒体和数字媒体在整个社会发挥着不容忽视的作用，逐渐引起了教育界的关注，山西高校开始开设新媒体相关专业。2016 年，山西传媒学院开设网络与新媒体专业并开始招收第一届本科生，2017 年成立新闻传播学院后，下设广播电视学专业、网络与新媒体专业。2001 年，山西大同大学文学院设立新闻学专业，2017 年增加新媒体传播方向，旨在培养能够适应新媒体传播环境的全媒体应用型人才。

山西省新闻传播教育在探索中不断发展，不同定位的高校能够紧扣时代脉搏，积极进行新闻传播专业化教育，注重打造特色，努力创新人才培养模式，将理论与实践并重、能力和素养并行，培养了大量新闻传播复合型、应用型专业人才。

2. 4. 2　山西省新闻传播教育发展现状

1. 院系及专业设置

山西省设有新闻传播类专业的 14 所高校中，院系设置有以下 3 种情况：一是学校下设的独立学院如新闻学院、新闻传播学院、传媒学院等，这些学院往往设立新闻传播类专业，例如山西大学新闻学院、山西财经大学文化传播学院、山西传媒学院新闻传播学院、山西工商学院传媒学院、山西师范大学传媒学院等；二是学校将新闻传播类专业设置在文学院、中文系或同类学院中，如太原师范学院文学院、晋中学院文学院、山西大同大学文学院、长治学院中文系、吕梁学院中文系、中北大学人文社会科学学院；三是学校设置文化传播系、传媒系、文化传播系等，如长治医学院人文艺术系、山西大学商务学院文化传播系、山西师范大学现代文理学院传媒系，下设新闻传播相关专业。

14 所高校整体专业设置科学合理，专业数量以及招生数量符合学校的培养规模，能够满足山西对专业人才的需求。中北大学、晋中学院、长治学院、吕梁学院 4 所高校均有一个与新闻传播有关的专业，分别是广播电视学、新闻学、新闻学和广告学；山西师范大学传媒学院、山西工商学院的传媒学院、山西师范大学现代文理学院传媒系均设置广播电视编导和播音与主持艺术两个专业；山西师范大学是山西省唯一一所设立编辑出版学专业的高校，该校将其设立在文学院；长治医学院人文艺术系下的健康传播方向的传播学是山西省唯一一所有医学传播类专业的高校。山西省高校设立新闻传播类专业的具体情况见表 2-5：

表 2-5　　山西省各高校院系及专业设置情况

	高校	院	系	专业
1	山西大学	新闻学院	新闻系 广告系	新闻学、广告学、新闻理论与新闻史(硕士)、新闻编辑与写作(硕士)、编辑出版研究(硕士)、广告学研究(硕士)
2	山西传媒学院	新闻传播学院	—	广播电视学、网络与新媒体
3	山西财经大学	文化传播学院	—	新闻学、广告学
4	山西师范大学	传媒学院	—	广播电视编导、播音与主持艺术
		文学院	—	编辑出版学、汉语言文学、对外汉语
5	太原师范学院	文学院	—	广播电视编导、汉语言文学、汉语言文学(新闻传播方向)
6	中北大学	人文社会科学学院	—	广播电视学
7	大同大学	文学院	—	新闻学、新闻学(新媒体方向)
8	晋中学院	文学院	—	新闻学
9	吕梁学院	—	中文系	新闻学
10	长治学院	—	中文系	新闻学
11	长治医学院	—	人文艺术传媒系	传播学(健康传播方向)
12	山西大学商务学院	—	文化传播系	新闻学、广告学
13	山西师范大学现代文理学院	—	传媒系	广播电视编导、播音与主持艺术
14	山西工商学院	商学院	—	广告学
		传媒学院	—	广播电视编导、播音与主持艺术

2. 人才培养层次、理念及特色

当前，山西省的新闻传播教育人才培养主要有三个层次：硕士研究生教育、本科生教育和专科生教育。仅山西大学有新闻传播学一级硕士授权点和新闻与传播专业硕士授权点；14 所设有新闻传播类专业的高校均为本科生教育。

在人才培养理念及模式上，山西高校与时俱进，根据学校自身的特色与优势，探索多元发展，形成了各具特色的培养理念和培养模式，进一步满足业界对人才的需求。山西大学新闻学院立足综合性大学的办学优势，本着“厚基础、重应用、强技能、蕴人文”的理念，坚持通识教育与专业复合型人才培养相结合，强化专业知识与人文社会知识的结合、人文素养与专业技能的结合，为新闻学与广告学专业本科生开设文学、语言学、社会学、经济学、哲学等相关课程，夯实基础，提升素养。近年来，学校增加投入，积极建设新媒体实验室，力求培养能够适应信息传播变革和社会发展需求，具备系统的新闻传播理论知识与扎实的专业技能、富有创新精神，适应新闻媒体、编辑出版部门、党政机关、学校、企事业单位或其他社会组织的采编、宣传、公关策划以及管理等工作的复合型人才。新闻学院成立后，积极组建学生创作团队，集结了一批对传播实践有浓厚兴趣或实践技能突出的本科生与研究生，让他们负责学院网站与公众号的运营，承担或参与校内外的相关创作任务，鼓励学生完成跨平台作品，尽快适应新媒体传播环境。此外，广告专业强化以赛促教、以赛促学，将学生参与“全国大学生广告艺术大赛”纳入实践教学环节，并规定相应的学分，而专业教师责任到人，全面指导学生的创作，让学生在比赛中学习，在比赛中找到努力与发展的方向，进一步促进课堂教学、实践教学的效果。自 2005 年“全国大学生广告艺术大赛”开赛以来，山西大学共取得山西赛区和全国赛区一等奖 19 项、二等奖 31 项、三等奖 45 项、优秀奖 72 项。

山西传媒学院是山西“本科高校向应用型转变试点高校”，本着“夯实基础、强化能力、技艺并重、勇于创新”的指导思想，以培养高级应用型人才为目标，坚持理论与实践相结合，设置公共基础课、专业基础课、专业课及集中实践教学环节四个课程平台，要求专业课程的实践教学比例不低于 50%，并实行小学期教学，利用 2 周时间集中开展系列实践教学活动。山西传媒学院还将学生课外学习、科学研究、实践创作纳入学生的教学管理，使其成为本科生完成学业的必要条件，充分实现了课内课外结合、学习与创作的统一。其广播电视学专业着眼于广播电视事业发展的现实需要和未来前景，培养具备良好的政治素养、广博的文化知识、敏锐的社会观察力、宽阔的国际视野和娴熟的专业技能，能够在广播电视机构以及其他传媒、企事业单位从事新闻采访、报道、拍摄、编辑、主持、策划、管理等工作的高级应用型专门人才。山西传媒学院还成立“卓越计划”实验班，并以打造实验班暑期实践活动品牌为专业办学特色，力求提升人才培养水平。

太原师范学院、大同大学、山西大学商务学院也同样注重培养应用型人才。太原师范学院突出实践性教学，形成课程、假期、毕业实习三级实践教学体系。文学院面向学生成立新闻社，负责学院网站及学院的宣传工作；学院把新闻社作为第二课堂，要求学生加入新闻社，并以作品来取得相应的学分。同时，创办新闻工作坊来提高学生实践能力；工作坊创建公众号“新传微课堂”，让学生更直接地参与新媒体实践。大同大学设置新媒体传播方向，培养在新媒体从事采访、写作、编辑、摄影、摄像、评论、后期制作与播出的全媒体应用型人才，鼓励学生积极参与学校及学院的公众号运作，在实践中锻炼和提升新媒体技能。山西大学商务学院在人才培养方面注重因材施教，将校企合作和专博结合作为新闻学和广告学的基本培养模式，专博结合力求培养学生的专业能力和专业知识，着重强化学生的实践能力，培养一专多能型人才。

一些高校在注重新闻传播专业教育的同时，突出发挥学校的独特优势。山西财经大学新闻专业人才培养依托学校深厚的经济学、管理学基础，采用课程+实践的基本培养模式，着重培养从事财经报道的复合型人才。通过通识课程、专业基础课程培养学生的经济学和管理学功底、扎实的传播理论基础；通过新闻采访、写作、评论、摄影、音频剪辑等业务课程及实践、实训环节，提升学生的传播技能；专业选修模块博中有专，立体化地突出财经新闻特色。山西财经大学广告专业采用“双轨制”的培养模式，包括“校内学习双轨”与“校外学习双轨”。“校内双轨”依托学校经济学和管理学优势，在培养学生具备广告策划、创意和设计知识、能力的同时，注重培养学生在广告产业领域的管理能力和策划能力，使学生成为“创意+管理”的复合型广告人才。“校外双轨”将“走出去”与“引进来”相结合，让学生进入广告业界，将理论学习加以应用和转化；同时，将广告产业精英引入课堂、将广告产业项目引进校内实践环节，使校内学习更具针对性和方向性，从而培养学生“课堂与业界”螺旋式互动的自主学习能力。长治医学院传播学专业将医学与新闻传播学融合，把健康传播作为自己的主要方向。健康传播在我国开展研究的时间并不长，但随着我国健康产业的迅猛发展和健康中国建设的全面推进，健康传播已成为目前学界关注的热点。长治医学院依托 70 年办学积淀的医学教育资源和办学经验，整合校内外的新闻传播资源，坚持注重实践能力培养的办学理念，不断创新人才培养模式，致力于培养具有扎实医学知识、传播理论和新闻业务能力的健康传播复合型、应用型人才。中北大学广播电视学结合学校的军工特色，立足于新闻传播学的内在规律，着眼于全球化、数字化和媒介融合新形势下广播电视事业发展的现实需要和未来前景，旨在培养具备系统、扎实的广播电视新闻理论知识与娴熟的专业技能，能够在广播电视机构以及其他传媒、企事业单位从事新闻采访、报道、拍摄、编辑、主持、策划和宣传、管理等工作的高素质、复合型新闻传播高级应用人才。

山西省的新闻传播教育已形成专业化和特色化模式，各高校定位准确，培养模式各具特色，课程设置齐全合理，专业教育多元化发展，既注重发挥自身特色，培养学生的专业能力和专业素养，又注重学生人文素养和创新能力的提升。

3. 部校共建情况

2014 年 6 月 26 日，山西大学和山西传媒学院成为山西省首批“部校共建卓越新闻传播人才培养基地”。根据与山西省委宣传部的共建协议，山西大学、山西传媒学院将发挥高校的师资和理论优势，山西日报社、山西广播电视台将发挥新闻媒体的新闻实践、舆论导向、技术水平、人才资源优势，在共建精品课程、共建骨干队伍、共建培训基地、共建实践基地、共建研究智库等方面开展深度合作。

此外，山西大同大学、长治学院也分别与大同市委宣传部、长治市委宣传部建立合作共建关系，在省内形成高等新闻传播教育与新闻业界深度融合、协同发展的新格局。

4. 对外交流与合作情况

21 世纪以来，全球化背景下的中国高等教育国际化已逐渐成为常态，它是中国大学的发展目标和生存方式，新闻传播教育的国际化既适应了新闻传播的国际化趋势，也是我国高等教育国际化的组成部分。山西的新闻传播教育也逐渐加强了对外交流与合作，目前，山西大学、山西传媒学院等高校相继开展了相关的交流与合作。

山西大学依托与国外院校的交流协议，该校新闻专业与广告专业会选拔本科生、研究生赴国外以及我国港澳台地区交换学习，交流项目主要有：与美国明尼苏达大学德鲁斯分校校际交流协议，每年选派二年级本科生赴该校学习；与美国加州州立大学富乐敦分校独立领导项目，每年选派本科生和研究生前往短暂学习；与英国阿斯顿大学交流合作项目，每年选派四年级本科生赴该校学习；与日本立教大学、横滨大学、东京国际大学等高校互派交流项目，派教师和学生赴日学习；与香港浸会大学交流项目，派教师和学生赴港学习，联合举办学术交流活动；与台湾世新大学交流项目，派教师和学生赴台学习，定期在两地轮值举办交流活动。山西传媒学院与美国、德国、瑞典、等国家和地区的高等院校建立了合作关系，其中包括美国纽约电影学院、英国布拉德福大学、美国圣荷西艺术市、德国富优教育集团、美国费佛尔大学、韩国祥明大学等。山西财经大学与英国哈德斯菲尔德大学、英国博伊西州立大学、爱尔兰科克大学、英国亚伯大学有合作交流项目。2017 年，山西财经大学派出学生参加英国哈德斯菲尔德大学暑期项目，派出教师参加爱尔兰科克大学访问学者项目。太原师范学院正与加拿大希尔克学院开展联合办学，与美国纽约州立大学奥尔巴尼分校签订了本科生 2+2 双学位合作项目。大同大学与美国培普丹大学、布鲁姆斯堡大学，英国贝利学院、伯尔顿大学，俄罗斯圣彼得堡国立大学，韩国东国大学等建立了合作关系。山西的一些高校每年会聘请国外专家、学者讲学，并选派青年教师到国内外高校和科研院所学习交流。

5. 学生活动

为更好地培养学生的专业技能，山西各高校积极开展学生活动、创造学生实践机会，搭建学生实践平台。山西传媒学院在中央电视台、中国电视剧制作中心、凤凰卫视、山西省广播电视台、山西日报报业集团等140多家单位建有校外实践基地，满足校内外教学实践的要求。学校成立影视制作专业学生联合创作平台，与中国大学生体育协会共建了中国大学生体育赛事制播中心，建立“菁体育视频网站”，为学生提供实践与创作平台。广告学专业开展“品牌良方”等实践创作活动；影视制作专业学生参与中央电视台转播团队；广播电视专业开展“走进赤桥写村史”活动；播音主持专业开展“颂响生命”实践品牌活动等。山西大学鼓励学生积极参加各项活动和比赛，如广告专业组织学生参加“全国大学生广告艺术大赛”并多次在比赛中获奖；自2014年部校共建协议签订以来，持续举办“山西大学卓越新闻传播人才培养基地系列讲座”，邀请省内外新闻传播教育专家、学者做客山西大学，举办专题讲座，拓宽学生视野，交流人才培养心得；2016年5月9日，省高校工委、省教育厅、山西日报报业集团共建的山西日报客户端“晋青春”频道在山西大学启动，同日签署《山西日报》与山西大学战略合作协议，进一步落实山西部校共建工作，是山西省新闻理论与实践的又一次深度合作。2017年新闻学院成立后，举办“新传广议”系列活动，开展“传媒前沿”系列专题讲座，邀请业内专家以及知名高校学者就人才培养予以指导，并举办学术专题讲座，促进学生专业水平以及思辨能力的提高；2017年暑假，开展“喜迎十九大，看家乡新变化”暑期实践活动，并对社会实践优秀作品予以表彰。

山西财经大学文化传播学院组织学生参加各项比赛如“国投文化杯”山西省大学生微电影大赛、“创青春”山西省兴晋挑战杯大学生创业大赛、公益创业赛、全国大学生设计大赛、大学生广告艺术大赛、“互联网+”大学生创新创业大赛等。山西大学商务学院也号召学生积极参加各种比赛，荣获多种奖项，如第十五届中国大学生广告艺术节(春季赛)金奖、第十一届中国大学生广告艺术节学院奖银奖、第十四届中国大学生广告艺术节学院奖春季赛最佳组织院校奖。山西师范大学传媒学院创办四个实践平台，包括电视台、“师大新视听”微信公众号、imagination工作室、声声不息朗诵艺术团，综合考查学生能力，并将其表现计入学分考查。长治学院中文系举办多种活动，探索开放性实验教学，如举办版面编辑大赛、摄影大赛、模拟新闻发言人大赛、新闻作品大赛等等，锻炼学生能力。长治医学院则立足本校定位，从健康传播角度为学生提供课堂之外的学习模式，促进学生的专业技能的提升。在专业教师带领下，学生多次走进山西卫视大型户外真人秀栏目《冲关大峡谷》进行社会实践。此外，还组织学生参与拍摄2016年世界精神卫生日宣传片等，倡导学生学练结合，学以致用。

2.4.3　小结

山西省新闻传播教育有着近40年的发展历史，其与时代相随，与业界并进，在人才培养过程中不断寻求学生需求与社会需求的结合点，形成了较为成熟的办学特色与办学模式。近年来，随着传播技术的迅猛发展，山西的新闻传播教育开始着眼于新媒体充分发展的大环境，在师资力量建设、专业设置、课程建设、培养模式、社会服务等方面积极探索，增强学生的从业能力，力求为山西乃至全国输送更多优秀的高素质专业人才。

（袁文丽　钟　浩　刘昕玥　王童童　赵子恒）

2.5　内蒙古新闻传播教育发展综述

2.5.1　起源与发展

1975年，内蒙古大学招收首届蒙古语授课的36名新闻学方向学生，开启了内蒙古新闻教育的端绪，至今已有40多年历史。1986年，内蒙古大学新闻学本科专业获批，1987年开始以汉语和蒙古语两种语言招生、授课。自治区级高校中，内蒙古师范大学的新闻学专业开设于2002年，也以汉语和蒙古语两种语言分别招生、授课；内蒙古民族大学蒙古语授课的编辑出版学专业于2002年开始招生，汉语授课的新闻学专业于2003年开始招生，蒙古语授课的新闻学专业于2010年开始招生。

内蒙古自治区的盟市级院校中也有部分学校开设了新闻传播类专业，早期大多是专科起点，2006年以后渐次升格为本科专业。1987年，呼和浩特民族学院专科层次新闻采编与制作专业开始招生，采用蒙古语授课，2010年升格为新闻学本科专业。河套学院汉语授课的专科层次新闻采编与制作专业创建于2000年，2014年升格为新闻学本科专业。呼伦贝尔学院汉语授课专科层次新闻采编与制作专业2001年开始招生，2006年升格为新闻学本科专业，蒙古语授课的专科层次新闻采编与制作专业2003年开始招生，2006年升格为新闻学本科专业。盟市级院校中，内蒙古科技大学包头师范学院、内蒙古大学满洲里学院、集宁师范学院的新闻传播类专业创办之初即为本科起点，内蒙古科技大学包头师范学院文学院新闻学专业始建于2003年，播音与主持艺术专业创建于2014年；内蒙古大学满洲里学院汉语言文学系新闻学专业2008年开始招生；集宁师范学院2012年在文学院(原中文系)增设新闻学专业，同年9月招生。这3所学院的新闻学、播音与主持艺术专业均以汉语招生、授课。

内蒙古自治区2所独立学院也开设了新闻学专业。内蒙古大学创业学院和内蒙古师范大学鸿德学院2008年本科层次新闻学专业开始招生，采用汉语授课。

呼和浩特职业学院属高职高专类院校，其专科层次新闻采编与制作专业2008年设立并招生，另有主持与播音、电视节目制作、摄影摄像技术等专科层次专业。除新闻采编与制作专业外，其他专业均已停止招生。新闻采编与制作专业现在仍按专科招生。

随着新闻传播类专业的发展，内蒙古自治区的几所学校组建了新闻传播学院或传媒学院。2010年5月，内蒙古民族大学整合了原属教育科学学院的教育技术学专业和广播电视编导专业以及原属蒙古学学院的蒙古语授课编辑出版学专业、原属文学院的汉语授课新闻学专业等4个本科专业，成立传媒学院。2015年，呼伦贝尔学院整合了文学院与蒙文学院的汉语授课新闻学专业、蒙古语授课新闻学专业以及教育技术系的数字媒体技术、教育技术学专业，成立传媒学院。2016年1月，内蒙古师范大学整合了文学院、蒙古学学院、传媒学院的新闻学(包括蒙古语授课和汉语授课)、广播电视编导、播音与主持艺术、网络与新媒体4个本科专业，成立了新闻传播学院。

2.5.2 主要院系

内蒙古自治区共有9所高校设有新闻传播类院系，其中自治区级高校有内蒙古大学、内蒙古师范大学、内蒙古民族大学等，盟市级院校有呼和浩特民族学院、呼和浩特职业学院、内蒙古科技大学包头师范学院、集宁师范学院、呼伦贝尔学院、河套学院、内蒙古大学满洲里学院等，独立学院有内蒙古大学创业学院、内蒙古师范大学鸿德学院。这些院校中，既有综合性大学，也有师范类、民族类及高职高专院校，既有自治区级高校，也有盟市级院校；既有公立学校，也有独立学院。招生、授课语言既有汉语，也有蒙古语。

内蒙古自治区各高校的新闻传播类院系中，既有新闻传播学院或传媒学院，也有很多仍然与中国语言文学学科同属一个学院或系。建制为新闻传播学院或传媒学院的有：内蒙古师范大学新闻传播学院、内蒙古民族大学传媒学院、呼伦贝尔学院传媒学院。这些学院大多整合了新闻学、编辑出版学专业及属于艺术学类的广播电视编导和播音与主持艺术专业，属于工学类的数字媒体技术、教育技术学等专业。建制为新闻系或传媒系的有：内蒙古大学文学与新闻传播学院新闻学系、内蒙古大学蒙古学学院新闻出版学系、呼和浩特民族学院传媒系、内蒙古科技大学包头师范学院文学院新闻学系、内蒙古师范大学鸿德学院人文学系。建制尚为新闻学专业的有：河套学院汉语言文学系新闻学专业、集宁师范学院汉语言文学系新闻学专业、内蒙古大学创业学院语言与传媒教学部新闻学专业、呼和浩特职业学院人文与旅游学院新闻采编与制作专业。

2.5.3　专业设置

内蒙古自治区各高校开设的新闻传播类本科专业有新闻学(汉语授课、蒙古语授课)、编辑出版学(汉语授课、蒙古语授课)、网络与新媒体；开设的艺术类本科专业有广播电视编导、播音与主持艺术(汉语授课、蒙古语授课)、摄影、动画；开设的工学类专业有数字媒体技术、教育技术学(教育电视节目制作方向)；开设的专科层次专业有新闻采编与制作、电视节目制作、摄影摄像技术、主持与播音(后三个专业已陆续停招)。

内蒙古大学和内蒙古师范大学的新闻学专业为自治区级品牌专业。

内蒙古自治区各高校均未开设传播学、广播电视学、广告学、数字出版等本科专业(见表 2-6)。

表 2-6　　**内蒙古自治区各高校新闻传播本科专业开设情况**

学校名称	开设的汉语授课专业	开设的蒙古语授课专业
内蒙古大学	新闻学、编辑出版学、播音与主持艺术	新闻学、编辑出版学、播音与主持艺术
内蒙古帅范大学	新闻学、广播电视编导、播音与主持艺术、网络与新媒体	新闻学、播音与主持艺术
内蒙古民族大学	新闻学、广播电视编导、数字媒体技术	新闻学
呼伦贝尔学院	新闻学、数字媒体技术、教育技术学	新闻学
呼和浩特民族学院		新闻学、播音与主持艺术、摄影
内蒙古科技大学包头师范学院	新闻学、播音与主持艺术	
集宁师范学院	新闻学	
河套学院	新闻学	
内蒙古大学满洲里学院	新闻学	

续表

学校名称	开设的汉语授课专业	开设的蒙古语授课专业
内蒙古大学创业学院	新闻学、播音与主持艺术	
内蒙古师范大学鸿德学院	新闻学、广播电视编导、摄影、动画	
呼和浩特职业学院	新闻采编与制作	

2.5.4　师资情况

内蒙古地区各高校新闻传播院系(或专业)的师资队伍大多规模不大，从六七人到三四十人不等。学历层次方面，除内蒙古大学和内蒙古师范大学博士学位教师占比较高外，其他高校师资多以硕士研究生为主，博士学历教师较少。在职称结构方面，高级职称教师在师资总数中所占比例偏少。大多数教师缺乏媒体从业经历。一些盟市级高校的新闻学专业设在汉语言文学系或文学院，师资方面与汉语言文学专业的教师没有严格区分，很多文学类课程由汉语言文学专业教师承担(见表 2-7)。

表 2-7　　**内蒙古地区各高校新闻传播院系(或专业)师资队伍情况**

学校名称	专任教师规模	博士学位教师人数	硕士学位教师人数	学士学位教师人数	教授人数	副教授人数	讲师人数
内蒙古大学	40	16	21	3	9	9	22
内蒙古师范大学	37	7	22	8	8	7	22
内蒙古民族大学	38	3	32	3	4	11	21
呼伦贝尔学院	28	0	26	2	2	4	22
呼和浩特民族学院	20	0	11	9	3	3	9
内蒙古科技大学包头师范学院	16	1	13	2	2	2	12
集宁师范学院	30	0	17	13	4	11	13
河套学院	33	1	16	16	1	15	17
呼和浩特职业学院	11	0	7	4	2	6	2

(注：集宁师范学院和河套学院的新闻学专业均属于汉语言文学系，很多课程由汉语言文学专业的教师承担。表中两所学校的数据是新闻学和汉语言文学两个专业的教师总数。另外，各个学校的外聘教师、兼职教授等，表中均未统计)

2.5.5　部校共建情况

部校共建新闻学院是创新新闻传播教育的新举措。2014年内蒙古师范大学启动了部校共建工作，与内蒙古自治区党委宣传部签署共建新闻传播学院协议。2016年内蒙古师范大学新闻传播学院成立，是内蒙古自治区第一家部校共建新闻学院。2016年年底，内蒙古大学加入内蒙古自治区部校共建计划。

内蒙古自治区两所高校的部校共建工作取得显著成效：

1. 加强马克思主义新闻观教育，培养合格新闻传播人才

两所高校开设了"马克思主义新闻观大讲堂"，邀请知名专家学者开展讲座；在培养方案中增加了"马克思主义新闻论著选读"等课程；在"新闻学概论""中外新闻传播史""中外新闻作品选""新闻采访与写作""舆论学""新闻伦理与法规"等课程的教学大纲中增加了马克思主义新闻观教育的内容，使其真正理解党性原则的内核，加强学生的政治素质教育；将习近平总书记对新闻舆论工作的系列讲话内容贯穿到课堂教学中，使学生能够把握新闻工作的重点，知晓政策，了解国情区情；选派教师参加教育部组织的马克思主义新闻观培训，提升教师政治和业务素质。

2. 采取开门办学方式，创新人才培养方式

邀请资深媒体人走进课堂，以讲座形式分享媒体工作经验，教育青年学子提高自身素养，抓住时代旋律；邀请媒体人参与"新闻采访与写作""新媒体内容运营""舆情分析与处置"等实践性课程的教学过程，共同进行实践性课程建设。内蒙古大学新闻与传播硕士专业学位研究生实习双导师制，聘请30位资深媒体人担任兼职导师，加强学生的实践指导。内蒙古师范大学新闻传播学院于2016年成立了"萧乾班"，创新人才培养方式。

3. 提高实践教学水平，强化学生实践能力

两所学校与人民网、新华网内蒙古频道、内蒙古广播电视台、内蒙古日报(传媒)集团、索伦嘎网、呼和浩特广播电视台、包头广播电视台、二连浩特广播电视台、《北方周末报》等十余家媒体单位签订了人才培养实践基地共建协议，组织学生参与媒体实践。与媒体合作开展红色采访系列活动，参与媒体重大主题宣传活动，加强学生爱国主义教育和新闻实践能力。

2.5.6　本科生教育

1. 办学特色

内蒙古自治区属于少数民族自治地区，报刊以汉语和蒙古语两种语言文字出版，广播电视以双语播出，传播范围除内蒙古及八省区外，还辐射蒙古国及俄罗斯联邦部分地区，担负着对内对外传播的双重任务。蒙古语新闻传播教育为内蒙古自治区及八省区蒙古语媒体培养了专门人才，满足了蒙古语媒体发展的需要。内蒙古大学、内蒙古师范大学、内蒙古民族大学、呼和浩特民族学院、呼伦贝尔学院等院校的新闻传播类专业都以两种语言招生、授课，培养能够在各类媒体从事新闻、写作、编辑、评论、摄影等新闻实务以及在党政机关、企事业单位从事新闻宣传的蒙汉双语复合型人才。这些院校的新闻传播教育立足内蒙古、服务蒙古语文协作八省区，面向全国乃至周边国家，为民族文化的传承与发展提供智力支持和人才服务。这些学校新闻传播院系编写的蒙古语教材成为其他省区蒙古语授课院系的通用教材。

2. 课程设置

内蒙古地区各高校的新闻传播类院系课程体系严格按照教育部《新闻传播学类专业教学质量国家标准》进行设置，能够充分反映新闻传播学类专业培养目标以及培养规格的要求，充分反映马克思主义中国化的最新成果，充分反映中国特色社会主义新闻实践的最新经验，充分反映本学科领域的最新研究进展情况。新闻学专业开设的核心课程有：中外新闻传播史、新闻学原理、传播学原理、媒介伦理与法规、新闻采访与写作、新闻编辑、新闻评论、新闻摄影、音视频节目制作、新媒体导论、媒介经营与管理。编辑出版学专业开设的核心课程有：编辑学原理、出版学基础、中国编辑出版史、出版法律基础、数字版权、世界出版产业、出版选题策划、出版物市场营销与管理、数字出版、期刊设计与出版、网络编辑等。

内蒙古各高校新闻传播院系的课程体系本着宽口径、重基础的原则，强化人文素养和社会科学知识，使学生具有开阔的专业视野和扎实的人文功底，具备较强的写作能力和文字处理能力。各高校的专业基础课中，往往设置了中国古代文学、中国现当代文学、外国文学、现代汉语、古代汉语等课程，夯实文字基础，拓宽专业口径。

内蒙古各高校新闻传播院系的课程体系中，增加了新媒体及媒介前沿技术类课程。内蒙古大学等几所学校的新闻学专业在加强专业基础课和专业核心课建设的基础上，在专业方向课中增加了网络传播与全媒体技术、全媒体报道、无人机航拍摄影与操作、数字媒体运营管理、网络舆情监测与研判、新媒体数据分析与应用等内容。所有的专业课教学内容都注意融入新媒体带来的行业变化，以互联网思维重新调整教学内容，适应日新月异的传媒行业发展。

内蒙古各高校新闻传播院系蒙古语授课的新闻学、编辑出版学、播音与主持艺术等专业的课程中，除了专业基础课和专业核心课的内容基本与汉语授课专业的课程设置一致，新闻学专业增加了专业课门数，开设了具有民族性、地区性、应用性、实用性的专业课程和民族特色课程，如"蒙汉翻译学基础""蒙古族简史""蒙古族文学""现代蒙语""蒙古族新闻传播史""蒙古国吉立尔文字""蒙古语标准音训练""蒙古族出版简史""蒙古民俗""蒙古文报刊导读""蒙文信息处理"等课程，为蒙古族学生毕业后从事民族历史与文化、民族地区新闻传播类职业打下了坚实的理论基础。

3. 实验条件

内蒙古自治区各高校新闻传播院系的实验实训条件不尽相同，其中，自治区级高校实验条件相对较为完备，盟市级高校的实验条件尚在建设完善中。

内蒙古大学文学与新闻传播学院、蒙古学学院建有新闻编辑实验室(2 个)、数字出版实验室、移动采编实验室、数码影像编辑实验室、新闻摄影实验室(2 个)、全媒体新闻实验室、虚拟演播室等 9 个实验室和 2 个新闻演播大厅，实验设备累计投入 1900 万多元，使用面积 1500 平方米，仪器设备 1700 多台(套)，能够满足报纸、广播、电视、网络等各种媒体实践需求，是自治区级新闻传播实验教学示范中心。

内蒙古师范大学新闻传播学院建有大型演播中心以及编辑室、语音室等 10 个实验室，是自治区级新闻传播实验教学示范中心。

内蒙古民族大学传媒学院建有新闻摄影实验室、广播电视编导实验室、编辑出版多媒体实验室、VR 技术和数字媒体技术实验室，共有设备 767 台(套)，设备总值 674. 2 万元，实验室面积 751 平方米。

呼伦贝尔学院传媒学院建有计算机专业实验室、采编实验室、摄影实验室和虚拟演播室，总面积约为 450 平方米，设备总值 500 多万元。

呼和浩特民族学院传媒系建有非线性编辑室(2 个)、节目制作室、摄影棚、多功能演播厅、配音室、播音室等多个实验室，实验设备有摄像机 50 台、照相机 80 台、采访机 50 台、9. 6m 摇臂 1 套等教学仪器设备，价值 470 余万元。

内蒙古科技大学包头师范学院文学院新闻学系拥有影像实验室、非线性编辑实验室、报纸编辑实验室、音频制作实验室(2 个)、三维虚拟演播实验室等多个实验室。

集宁师范学院汉语言文学系新闻学专业建有基础实验室及设备室，资产总值为

82.338 万元。摄影棚、Mac 实验室正在建设中，价值 60.9120 万元。

河套学院汉语言文学系新闻学专业建有可视录播实验室和非线性编辑实验室，目前正在建设全媒体融合实验室、新媒体创新应用实验室、校园演播室等实训平台，拥有摄像机、照相机 50 台，非线性编辑机 50 台、专业航拍机 10 台等教学设备，总计 600 多万元。

内蒙古大学满洲里学院、内蒙古大学创业学院、内蒙古师范大学鸿德学院、呼和浩特职业学院等院校也建有自己的实验室，实验条件在不断完善。

4. 实践教学

内蒙古各高校新闻传播院系对实践教学环节普遍较为重视，开展了形式多样的实践教学活动。

首先，依托各院系新闻传播实验教学中心开展实践教学活动。内蒙古大学开设并逐步增加学生自选实验项目，鼓励学生把“国家大学生创新性学术计划项目”与自选实验互相结合；鼓励教师实验教学与科研并重，由学生在实验室协助完成教师科研项目中的实验部分。学生运营了客户端“内蒙古大学”，以及微信公众号“IMU 青春文新”“内大研华”等，体现了专业学习的具体成果。内蒙古师范大学新闻传播学院的院内全媒体实训平台为“闻新传媒”，运营的媒体包括《准记者》报、《嘤鸣》杂志、阳光传媒网、映帧影像、官方微博、听觉 FM 等 7 个校园媒体和 1 个创意策划部。

其次，整合校内资源，利用校园媒体，把校报、校刊、校广播电台、校电视台作为校外实习基地的补充。内蒙古大学文学与新闻传播学院将内蒙古大学新闻网、旗帜网、校报、校电视台等校内媒体纳入实习基地范围，组织学生记者团，利用校内媒体的播发平台，进行一些大型活动的调查和采访。内蒙古大学党委宣传部与学院共建内蒙古大学新闻中心，学生在专业教师指导下参与学校重大活动报道及日常媒体运营，取得了较好效果。内蒙古师范大学新闻传播学院运营学校的蒙古文官方微信公众号“IMNU 新传蒙古文”成为中国高校传媒联盟会员媒体单位。“内师大新传之声”学生新媒体被授予中国高校传媒联盟会员媒体单位称号，学生参与拍摄的微电影作品《马原版非诚勿扰》获得全国一等奖。内蒙古民族大学 2015 年成立了校新闻制作中心，隶属于学校党委宣传部，挂靠传媒学院，负责学校重大活动宣传策划报道、大型宣传专题片制作等工作。目前已为学校制作《向梦而驰》等专题片 14 部，创作的微电影《毒殇》代表学校参加内蒙古自治区首届“无毒北疆 · 绿色草原”禁毒微电影大赛，获得最佳影片提名奖。

再次，建立校外实习基地，使之成为理论与实践结合、学校与社会联系的桥梁。内蒙古大学和内蒙古师范大学与人民网、新华网、内蒙古频道、内蒙古广播电视台、内蒙古日报(传媒)集团、索伦嘎网、呼和浩特日报社、呼和浩特广播电视台、包头广播电视台、二连浩特广播电视台、《北方新报》等十余家媒体单位签订了人才培养培训实践基地共建协议。内蒙古民族大学传媒学院成为教育部学校规划建设发展中心与凤凰卫视集团·凤凰教育联合发起的“高校数字媒体产教融合创新应用示范基地”项目试点院校之一。呼伦贝尔学院传媒学院与呼伦贝尔日报社、呼伦贝尔人民广播电台、呼伦贝尔市电视台以及林海日报社合作建立实习基地，为新闻专业学生提供包括采、写、编、评全方位的实践教学平台。

5. 招生规模

内蒙古地区新闻传播院系招生人数，与其他省份相比，在人数、质量等方面，还有相当的差距，但已取得了明显的进步(见表 2-8)。

表 2-8　**内蒙古地区各高校新闻传播院系(或专业)招生规模**

院系名称	2017 年各专业招生总数	2017 年在校生人数
内蒙古大学文学与新闻传播学院新闻学系	123	422
内蒙古大学蒙古学学院新闻出版学系	108	396
内蒙古师范大学新闻传播学院	197	780
内蒙古民族大学传媒学院	245	998
呼伦贝尔学院传媒学院	58	234
呼和浩特民族学院传媒系	108	372
内蒙古科技大学包头师范学院文学院新闻学系	156	611
集宁师范学院汉语言文学系新闻学专业	45	182
河套学院汉语言文学系新闻学专业	39	150

6. 国内国际交流

内蒙古自治区各高校新闻传播院系的国内国际交流与国内一流大学及沿海地区高校相比，存在较大差距。内蒙古大学、内蒙古师范大学的合作交流学校有北京大学、南开大学、中国传媒大学、暨南大学、华东师范大学、陕西师范大学、台湾铭传大学、台湾世新大学、台湾云林科技大学等。每学期选派优秀学生到这些高校交流访学，互认学分，开阔学生视野，促进学生交流。鼓励学生参加境内外学术会议，对参会学术给予一定资金资助。

内蒙古大学、内蒙古师范大学新闻传播院系积极承担留学生教育工作，接收来自俄罗斯、韩国、蒙古国的留学生跟随本科学生一起学习。

2.5.7 研究生教育

内蒙古大学2004年获批新闻学二级学科硕士学位授予权，2010年获批新闻传播学一级学科硕士学位授予权，同年获批新闻与传播硕士专业学位授予权。内蒙古师范大学2012年获批戏剧与影视学一级学科艺术学硕士学位授予权，2013年开始招生，2015年获批新闻与传播硕士专业学位授予权。内蒙古民族大学在中国语言文学一级学科下设置目录外二级学科“文化与传媒”方向硕士点。

2.5.8 学术研究及其特色

内蒙古自治区的媒介生态和区位特点使得内蒙古大学新闻传播学科注重蒙汉媒体的传播历史和传播规律研究，关注民族地区舆论引导特别是蒙古语媒体的舆情研判问题，挖掘、梳理民族文化资源，研究少数民族地区区域形象传播与民族文化传播策略，成为民族地区传媒研究和蒙汉双语传媒人才培养的学术高地。内蒙古大学新闻传播学科获批国家社科基金一般项目和西部项目12项，教育部社科项目3项，国家广电总局项目1项，自治区社科规划项目及教育厅项目，校级项目若干项。

内蒙古师范大学以民族影视与民族文化传播为研究方向，在蒙古族传播历史、传播思想、传播方式以及内蒙古影视艺术与民族文化传播、内蒙古区域形象传播等方面形成了一定优势，在提升内蒙古文化软实力和内蒙古文化传播力研究等方面获批多项课题。主持国家社科基金项目4项，国家民委项目1项，自治区社科规划项目及教育厅项目、校级项目若干项。

内蒙古民族大学新闻传播学科以科尔沁民族文化传播为方向，获批国家社科基金2项，国家民委科研项目1项，教育厅项目及其他项目若干项。呼伦贝尔学院以(鄂伦春族、鄂温克族、达斡尔族)“三少民族”文化传播为科研方向，获批多项自治区和校级项目。

（张丽萍执笔，张芸、斯琴青格勒、刘畅、萨仁高娃、孙傲飏、靳舍、张瑞坤、王静、乌兰提供资料）

2.6　辽宁省新闻传播教育发展综述

2.6.1　辽宁省新闻传播教育历史脉络梳理

1. 蓄势待发，如日方升(1983—1999)

辽宁省新闻传播教育起始于 20 世纪 80 年代。1983 年，中共中央宣传部和国家教育部联合召开了全国新闻教育工作座谈会，发表了《关于加强新闻教育工作的意见》，会议要求大力加强新闻教育工作，凡有条件的省争取建一个新闻系。1983 年，辽宁大学申请设立新闻学专业；1984 年，辽宁大学新闻学本科专业开始招生，开东北地区新闻传播教育之先河。

1993 年，辽宁大学开设广告学本科专业，面向全国招生。十余年间，辽宁省新闻传播教育在师资力量与办学规模方面不断发展壮大，先后为辽宁省乃至全国培育了百余名业界精英。1994 年可视为辽宁省传播学研究的开端之年。1994 年 1 月，辽宁大学出版社推出了高永振与丁国宁、文言所著的《新闻传播学》，1994 年 5 月宋品新著有《新闻写作学》，这两本著作为辽宁省乃至中国新闻传播教育事业画上了浓墨重彩的一笔！

1998 年，大连理工大学开设广播电视新闻学本科专业；1999 年，渤海大学开设新闻学本科专业，两所高校也是辽宁省较早创设新闻传播教育的高校。

1998 年，辽宁大学成为辽宁省第一所获得“新闻学”硕士学位授予权高校，辽宁省新闻传播教育事业也迈上一个新的台阶。

2. 与时俱进，协同发展(2000—2010)

进入新世纪，辽宁省新闻传播教育事业掀起崭新的篇章，各大高校纷纷开设新闻传播学类相关专业，业界新闻人才供不应求。2000 年，渤海大学较早开设广播电视学本科专业；2001 年，沈阳师范大学、辽宁师范大学海华学院新闻学专业首次面向全国招生；2002 年，继辽宁大学开设广告学之后，辽宁省三家高等院校辽宁工业大学、辽宁师范大学和沈阳建筑大学于同年开设了广告学专业；2003 年，辽宁大学开设辽宁省首家编辑出版学本科专业，辽宁工业大学开设辽宁省首家传播学本科专业；同样在 2003 年，东北大学新闻学本科专业(网络传媒方向)也开始面向全国招生。面向 21 世纪，国家重点建设一批高等学校，辽宁省依托“211 工程”“985 工程”建设院校，大力发展新闻传播教育事业，在硕士和博士研究生培养方面也不断与时俱进、发展壮大：

2000 年，辽宁大学获得“传播学”二级学科硕士学位授予权；

2002 年，大连理工大学获得“传播学”二级学科硕士学位授予权；

2006 年，渤海大学获得“新闻学”硕士学位授权点资格；

2006 年，辽宁大学获得“新闻传播学”一级学科硕士学位授予权；

2010 年，辽宁大学获得“新闻传播学专业硕士(JMC)”学位授予权；

2010 年，渤海大学获得“新闻传播学”一级学科硕士学位授予权；

2010 年，大连理工大学在本校科技哲学、科学学与科技管理等博士点内开始招收科技传播、媒体运营与管理方向的博士研究生。

3. 不忘初心，砥砺前行(2011 年至今)

2011 年，大连理工大学获得“新闻传播学”一级学科硕士学位授予权；

2014 年，大连理工大学获得“新闻传播学专业硕士(JMC)”学位授予权；

2015 年，辽宁大学在本校中国语言文学一级学科下自主设置“文学传播与媒介文化”博士点，并于同年面向全国招收博士研究生；

2018 年，辽宁工业大学新增为“新闻与传播”硕士专业学位授权点；

2018 年，辽宁师范大学新增为“新闻与传播”硕士专业学位授权点。

当今世界正处于传媒高速发展时期，新闻传播教育事业顺应社会发展的需要为业界培养了大批优秀人才。辽宁省各高等院校结合自身发展特色不断完善自己、砥砺前行。2014 年，沈阳师范大学、鞍山师范学院、辽宁传媒学院相继开设网络与新媒体专业；2015 年，辽宁大学开设网络与新媒体专业。2017 年，辽宁传媒学院开设数字出版专业。2018 年 1 月 8 日，国务院学位委员会办公室对外发布了《2017 年学位授权审核结果公示》，新增辽宁工业大学与辽宁师范大学为“新闻与传播”硕士专业学位授权点。

至此，辽宁省新闻传播教育已逐步建立起较为完善的“本-硕-博”人才培养体系。30 多年的探索前行，辽宁省新闻传播教育事业从空白迷茫到百花齐放，几代学人的兢兢业业、不懈奋斗贯穿了辽宁省新闻传播教育界辛勤耕耘的每一段光辉里程。

2.6.2 辽宁省新闻传播教育发展现状

1. 由单一到多元——办学层次完善

根据辽宁省教育厅最新数据显示，截至 2017 年 5 月 31 日，辽宁省高等学校共有

115 所。其中，辽宁省本科高校(包含民办与独立本科院校)中有 23 所高校设有新闻传播学类专业；专科类高校中有 12 所高校设有与新闻传播学类相关的专业；独立院校中有 4 所高校设有新闻传播学类专业；民办类高校中有 6 所高校设有新闻传播学类专业；其中包含 8 所拥有新闻传播学硕士学位授予权资格高校，2 所招收新闻传播学类博士研究生高校。总计 115 所高校中有 45 所高校开设新闻传播学类专业或与新闻传播学类相关的艺术类专业(见图 2-1)。

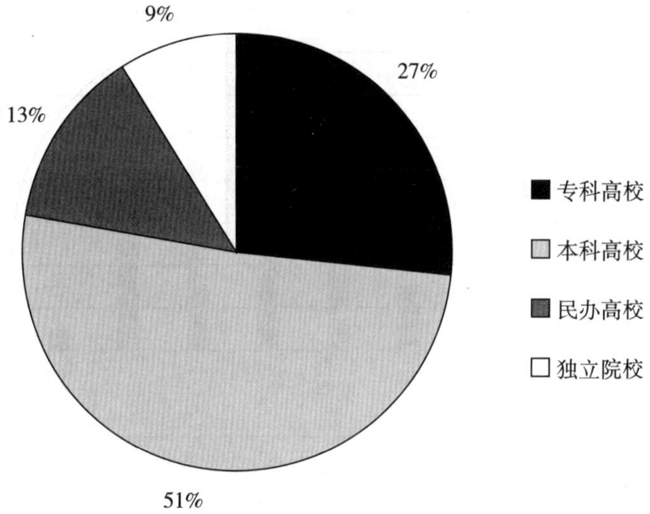

图 2-1　辽宁省开设新闻传播学类专业高校统计图

2000 年以来，辽宁省共有 11 所本科院校增设新闻学专业；5 所本科院校增设广播电视学专业；13 所本科院校增设广告学专业；7 所本科院校增设网络与新媒体专业。目前，辽宁省普通本科院校新闻传播教育在办学规模、办学模式、课程体系、设备投入、产学研结合、国际交流等方面都获得了长足发展。

截至 2018 年 1 月 8 日，在硕士研究生培养方面，辽宁省拥有“新闻传播学”一级学科硕士学位授予权的院校分别有：大连理工大学、辽宁大学和渤海大学；拥有“新闻与传播”硕士专业学位授予权的院校有：大连理工大学、辽宁大学、沈阳师范大学、东北财经大学、沈阳体育学院、辽宁工业大学和辽宁师范大学。另外，大连外国语大学于 2017 年获得“中华文化国际传播”专业硕士学位授予权；沈阳工业大学新闻传播系获得传播法学硕士学位授予权。

2. 由无到有、由弱到强——专业设置齐全

2012年9月，我国国家教育部发布《普通高等学校本科专业目录(2012年)》，其中包含新闻传播学类5个基本专业和2个特设专业。据辽宁省普通高等学校本科专业信息平台显示，截至2017年5月，辽宁省普通本科院校已开设国家新闻传播学类七大专业(见图2-2)。

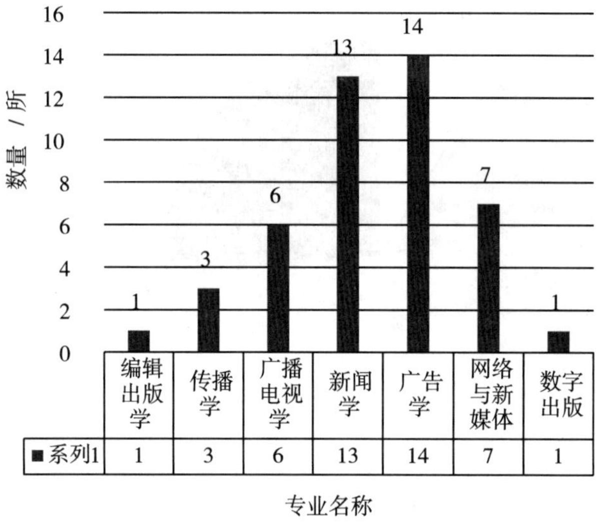

图2-2　辽宁省本科高校开设新闻传播学类专业统计图

根据辽宁省普通高等学校本科专业信息平台显示，截至2017年5月，辽宁省开设新闻学专业的本科院校有13所；广告学专业院校14所；网络与新媒体专业院校7所；广播电视学专业院校6所；传播学专业院校3所；编辑出版学与数字出版专业院校各有一所。目前，辽宁省普通高等学校新闻传播类专业本科生在校总人数为7446人(不包含新闻传播教育类相关专业艺术生)，各专业具体人数如表2-9所示，仅供参考。

表2-9　**辽宁省本科高校新闻传播学类各专业在校生人数**

专业代码	专业名称	在校人数/人
050301	新闻学	2914
050302	广播电视学	1295

续表

专业代码	专业名称	在校人数/人
050303	广告学	1945
050304	传播学	487
050305	编辑出版学	81
050306T	网络与新媒体	696
050307T	数字出版	28

另外，辽宁省普通高等院校还开设了播音主持专业、广播电视编导专业、数字媒体艺术专业和戏剧影视导演等多个与新闻传播学科相关的艺术类专业。例如：辽宁师范大学影视艺术学院开设广播电视编导、播音与主持艺术、戏剧影视美术设计、录音艺术等多个与新闻传播学科相关的艺术类专业；辽宁工程技术大学传媒与艺术学院下设广播电视系和艺术系，拥有广播电视学和动画两个本科专业；沈阳建筑大学设计艺术学院开设动画学专业(见图 2-3)。

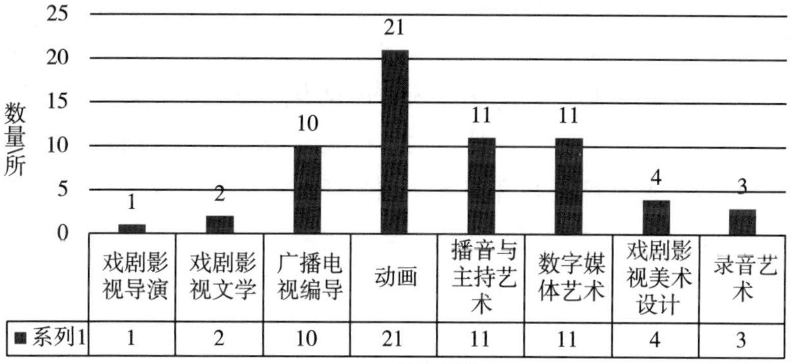

	戏剧影视导演	戏剧影视文学	广播电视编导	动画	播音与主持艺术	数字媒体艺术	戏剧影视美术设计	录音艺术
■系列1	1	2	10	21	11	11	4	3

图 2-3　辽宁省本科高校开设新闻传播教育艺术类专业情况

(3)院系设置各具特色，形成互补式发展格局

辽宁省各高校新闻传播教育院系名称设置不尽相同，有些高校已独立设置新闻传播学院，也有部分高校新闻传播教育与该校其他院系共同创办或下设在其他院系进行教学。例如：辽宁大学设有新闻与传播学院、东北财经大学设有新闻传播学院、辽宁传媒学院设有新闻传播系。而大连理工大学在人文与社会科学学部设立新闻传播学系；东北大学、沈阳工业大学、大连民族学院等高校创办了文法学院；渤海大学与鞍山师范大学

的新闻传播学类教育教学都下设在该校的文学院；还有一些高校依托各院系学科优势创办了传媒类院系，如：沈阳大学与辽宁工业大学的文化传媒学院、辽宁工程技术大学的艺术与传媒学院。辽宁省大部分开设新闻传播学类专业的院校多联合本校其他院系共建新闻传播教育教学，这样可以相互补充师资力量，在夯实学生文学功底、培养学生扎实的采写编评能力方面具有借鉴意义。

2017 年，大连外国语大学文化传播学院面向全国招收以新闻学为基础的国际新闻传播方向本科生，该专业采用“国情世情教育+全媒体新闻+外语+媒体实战”模式，及时融入新闻传播学界、业界的前沿成果。东北大学文法学院新闻学(网络传媒方向)专业依托东北大学计算机科学与技术的优质教育资源，充分体现网络媒介传播人才的培养特色。沈阳体育学院的新闻学专业自 2004 年开始招生以来就隶属于该校管理与新闻传播学院，2010 年被评为辽宁省本科特色专业，2011 年体育新闻传播学获批国家计划外二级学科。

由于辽宁省各高等院校的性质有所不同，因此各个院校在新闻传播教育教学方面也各有侧重。目前，辽宁省高等院校按院校性质划分，像综合类、理工类、师范类、财经类、民族类、艺术类、体育类等多种性质院校均已开设新闻传播学类教育教学。如：辽宁大学、渤海大学等一批综合类院校；大连理工大学、东北大学、辽宁理工学院等理工类院校；辽宁师范、沈阳师范大学等师范类院校；东北财经大学、辽宁财贸学院等财经类院校；还包括一些专门的艺术传媒类院校，如：大连艺术学院、辽宁传媒学院、沈阳体育学院等一批不同性质的高等院校相继创办起独具特色的新闻传播教育教学模式，形成了有梯度的教育层次，成为辽宁省新闻传播教育界一道靓丽的风景线。而位于省会的辽宁大学、沈阳师范大学、沈阳航空航天大学、沈阳工程学院等十余所高校共同构建沈阳北部高校文化圈，带动了辽宁省高校新闻传播教育事业的蓬勃发展。

2.6.3　走内涵式发展之路——部校共建

部校共建新闻传播学院，是时代融合发展的全新挑战，也是新时期培养内涵式媒体人才的迫切需求。共建的生命力在于强强联合、相互借力，共同打造新闻传播人才的核心竞争力。2014 年 4 月，为贯彻中宣部、教育部“部校共建新闻学院”精神，辽宁省省委宣传部与辽宁大学共同创建了新闻与传播学院。三年来，辽宁大学新闻与传播学院依托“部校共建”资源优势，积极创新教学模式，推进新闻传播教育教学改革，已为国内主要媒体提供咨询报告 30 余项，为省内各级党政部门提供行业研究报告 30 余份，多项成果得到省级领导批示。

辽宁大学新闻与传播学院探索了“1+1”和“1+N”教学模式，以学院教师为主导，基于课程内容的需要，聘请一位或多位新闻界有经验的从业者协助讲授教学实务内容，让学生不出“象牙塔”也能与新闻实务“零距离”接触。目前，辽宁大学新闻与传播学院有十余门课程采用此种教学模式，已同辽宁日报报业集团、辽宁广播电视台、东北新闻网等省内多家主流媒体进行深度合作，很多优秀媒体人成为学生的“实践导师”。为进一步提高人才培养质量、拓宽学生学习渠道，辽宁大学新闻与传播学院积极探索并改革夏季学期课程实施与管理模式，精心设计了夏季学期“马克思主义新闻观”系列讲座，邀请国内新闻理论界、新闻史学界和新闻业务界专家为辽宁大学学生讲授“马克思主义新闻观”理论与实践知识。

共建新闻与传播学院对于推动新闻资源整合、形成传播合力具有重要意义。辽宁大学新闻与传播学院先后对全省 230 多位媒体负责人与基层干部进行了“媒体融合发展”和“学习习近平总书记在党的新闻舆论工作座谈会上重要讲话精神”的培训；成立了“辽宁省新闻传播与社会发展研究中心”智库平台，该中心主要为省委宣传部提供智力支持，并定期向有关省市媒体、省内各级党政部门提供舆情简报和研究报告，目前已提交数十份。

2017 年 11 月 7 日，中共沈阳市委宣传部与沈阳师范大学、沈阳城市学院两所高校共同举行了共建新闻与传播学院签约仪式暨“新时代 新沈阳——城市形象传播”主题分享会。至此，辽宁省新闻传播教育事业在内涵式发展之路上再上一个新的台阶！未来，沈阳师范大学、沈阳城市学院的新闻与传播学院将培养一批能用、管用、好用的新闻工作者队伍，开放办学，办出特色，着力走出一条国际化办学的“路子”为助力“讲好沈阳故事，传播好沈阳声音，树立好沈阳形象”作出贡献。

2.6.4　优化资源整合——校企联盟

校企联盟不仅有利于高校挖掘自身优势、整合校企之间的资源，还能为学生搭建了广阔的实习就业平台。辽宁省新闻传播教育界为了培养学生的创新意识、创新能力和创业能力，推动辽宁省新闻传播教育事业向更深层次拓展，各高等院校正不断强化新闻传播教育人才的应用导向，不断创新合作模式，探索开放式、互动性的联盟结构，不断加强大学生校外实践教育基地建设。

辽宁大学新闻与传播学院积极探索融媒新闻传播教育新路径，现已构建起腾讯企鹅号“互联网+高校”联合培养创新人才新模式；同时，学院还牵头成立了辽宁省新闻出版产业校企联盟，为师生搭建了良好的学习交流平台。辽宁大学新闻与传播学院与腾讯·大辽网共同设计开发了“新媒体理论与实践”新课程，并在此基础上把“腾讯·大辽网”

作为辽宁大学建校以来第一个大学生实习基地，面向全校学生。目前，该院已为国内主要媒体提供咨询报告 30 余项，与辽宁日报报业集团、辽宁广播电视台、东北新闻网、沈阳日报报业集团、辽宁少年儿童出版社、辽宁大学出版社等新闻单位常年共建实习基地。

大连理工大学新闻传播学系依托国家级实验教学示范中心——文科综合实验教学中心，与国内新闻媒体、文化产业公司、网络公司等企事业单位建立了多个实习基地，并开展多层次互动合作。东北大学文法学院新闻学(网络传媒方向)专业的实习基地有：东北新闻网、“海归桥”商务网、辽宁省大学生就业指导网站等。渤海大学新闻与传播学院的实践基地有：《沈阳晚报》、锦州电视台、锦州人民广播电台、《锦州日报》《锦州晚报》《辽西商报》《锦州广播电视报》等。2017 年，大连外国语大学文化传播学院与辽宁广播电视台《大海热线》栏目组共建专业实习基地，与中国新闻出版研究院《传媒》杂志社签署了战略合作协议。

辽宁工业大学文化传媒学院先后与锦州广播电视台、锦州报业集团等十余家企事业单位建立了良好的产学研合作关系。并以此为依托，加强教学实习基地、创新实践基地、教师企业实践基地的三大基地建设。不断探索“学校+单位+社会”“课堂+企业+市场”“理论+实务+创业”三位一体的办学之路，初步形成了“实践教学基地与创新教育平台同步建设、资源共享”，校企合作、校内外媒体交织互补，相互支撑的实战实训格局，基本构成了“基地+实习+毕业设计+就业”的良好的链条。

辽宁地区众多新闻传播教育类院系实行校企联盟人才培养模式，一方面为企事业单位的健康发展储备大量优秀人才，另一方面也为广大新闻传播学子提供了全方位的实习就业平台。辽宁省各高校正积极整合各院校新闻传播教育学科优势，挖掘优质资源，加强与省内相关部门的交流与合作，不断扩大联盟成员，创新政企学三方合作模式，全力打造复合型、创新型、紧密型的校企合作战略联盟和行业联盟，进一步扩展校企联盟合作平台建设。

2.6.5　锐意进取，硕果连连——学生成果

近年来，辽宁省新闻传播类专业学生积极活跃在省内外甚至国际舞台上，已为辽宁省新闻传播界获取百余项优秀成果。例如，辽宁省新闻传播类专业学子在中国大学生广告艺术大赛、中国大学生电视节、中国大学生微电影盛典、中国大学生新媒体创意大赛、中国大学生创新创业计划等专业赛事中都取得了十分优异的成绩，无论学生参与程度还是参赛作品质量都得到了比赛评委与业界的一致好评。

辽宁大学新闻与传播学院积极探索融媒新闻传播教育新路径，现已构建腾讯企鹅

号“互联网+高校”联合培养创新人才新模式，已与上海国际大学生广告节组委会、“学院奖”组委会构建协同创新应用型人才培养新模式。近年来，新闻与传播学院各专业学生获得国家级创新创业竞赛等奖项合计 24 项。辽宁大学从 2006 年开始承办全国大学生广告艺术大赛辽宁分赛区赛事，百余名学生获得全国和辽宁分赛区的各级奖项，如：在第 12 届中国大学生广告艺术节学院奖中获得了营销策划案类别的全国金奖和全场实战大奖，在第六届全国大学生广告艺术大赛全国总决赛中荣获了广告策划案类全国一等奖。

2017 年 3 月 16 日，第四届中国大学生新媒体创意大赛颁奖典礼在中国人民大学举行，大连外国语大学文化传播学院学生作品获得本届中国大学生新媒体创意大赛特等奖，大连外国语大学荣获大赛优秀组织奖。

辽宁传媒学院新闻传播系学生先后获得美国戴维斯国际电影节最佳电影奖，中国国际大学生微电影盛典优秀作品奖、最佳影像奖、最具人气文艺短片奖，中国大学生广告艺术学院佳作奖、优秀奖，第六届“美育中国梦”全国高校美育成果展各大奖项，第七届全国美育成果展评一等奖等多项国际国内奖项。

辽宁工业大学新闻传播类学生以辽宁省和全国广告艺术大赛等各种专业竞赛为平台，近几年来获得国家级、省级奖 200 余项。大连民族大学新闻专业学生先后有 200 余人次在“时报金犊奖”“科讯杯国际大学生影视作品大赛”等重要的国内、国外比赛中荣获大奖。

辽宁省各高校将努力培养适应信息时代需求的新闻传播教育人才，提高学生学习主动性与创造性，力图在国家级大学生创新训练项目、省级大创项目上再创佳绩。目前，辽宁省新闻传播教育界培养出的一大批优秀毕业生已在国家、省、市等各级媒体中担任要职，有相当一部分学生成为知名记者、编辑和本行业的领军人才。

2.6.6　积蓄力量，吐露芬芳——科研成果

辽宁省新闻传播教育界已经形成了一支以青年教师为骨干，以专任教师为主、外聘教师为辅的专兼职教师队伍，教师学识丰富、业务精湛、综合素质较高。在 2012 年举行的中国高等教育学会新闻学与传播学专业委员会第七届理事会第一次会议上，辽宁省新闻学专业退休教师高永振教授、宋品新教授荣获第三届“中国新闻教育贡献人物奖”。根据辽宁省普通高等学校本科专业信息平台显示，截至 2017 年 5 月，辽宁省新闻传播学类本科高校教师人数如表 2-10 所示：

表 2-10 **辽宁省新闻传播类专业本科教师人数**

专业	专业教师人数	教授	副教授	外聘教师
新闻学	136	14	47	51
传播学	23	5	7	6
广播电视学	49	7	20	25
广告学	106	8	32	17
数字出版	4	0	1	0
编辑出版学	6	1	3	0
网络与新媒体	44	8	17	4

近些年来，辽宁省新闻传播类教师主持并参与省、部级以上科研项目及横向课题近200余项。其中，辽宁大学新闻传播学院教师主持省部级以上项目20余项，获省级以上科研奖励13项，宋玉书教授与港澳院校的合作项目——“中国国家媒体上的澳门特区形象研究”打开了辽宁省新闻传播教育学术研究的新思路。2017年11月17日，全国哲学社会科学规划办公室公示了“2017年度国家社科基金重大项目立项名单”，大连外国语大学中华文化海外传播研究中心首席研究员唐润华主持的“‘一带一路’背景下中国价值观的国际传播研究”获批立项。目前，辽宁省新闻传播教育界教师出版的教材及学术专著近70余部，并在《现代传播》《新闻与传播研究》《新闻大学》《国际新闻界》和《新闻记者》等国内重要核心学术期刊公开发表论文630余篇，研究视角基本涵盖了新闻学、传播学、广播电视学、网络新媒体、广告学等主要方向。

2009年3月，大连理工大学成立了文科综合实验教学中心，下设“新闻传播实验平台”。该中心始终贯彻“大综合，建平台；依学科，促教改；强渗透，重实训”的实验教学理念，利用“公共基础实验平台、专业基础实验平台、专业实验平台、综合创新实验平台”四种实验教学平台服务于各专业教育教学。2012年12月，大连理工大学文科综合实验教学中心经教育部专家组评审中心评估为优秀，成为由教育部挂牌命名的国家级实验教学示范中心，也是首批国家级文科综合实验教学示范中心。目前，大连理工大学文科综合实验教学中心正在筹建融合媒体虚拟实验教学平台，以适应VR新闻、AR新闻的发展趋势。

辽宁省开设新闻传播学类的各大院校在认真完成高质量的教育教学工作外，还积极举办并安排骨干教师参与国内外重要学术会议。例如：2015年7月，辽宁大学新闻与传播学院举办了“第三届传播视野下的中国研究论坛(2015)暨‘传播变革与近代中国’”

学术研讨会；2016 年 11 月，辽宁大学新闻与传播学院举办“中国新闻教育史学会 2016 年学术年会暨马克思主义新闻理论研讨会”，开幕式上举行了首部中国新闻传播教育年鉴——《中国新闻传播教育年鉴(2016)》首发仪式。

2017 年 5 月 27 日，大连外国语大学举办“首届中华文化海外传播大连论坛”。在此届论坛上，大连外国语大学中华文化海外传播研究中心揭牌成立，并发布了中华文化海外传播研究相关成果，这标志着辽宁省新闻传播教育事业在中华文化海外传播研究方面又迈出了重要的一步。2017 年 6 月 9 日至 11 日，“第二届中国国际舆论学年会暨东北亚国际舆情学术研讨会”在大连外国语大学召开。开幕式上，《人民日报》海外版官网海外网与大连外国语大学签署了国际舆情战略合作协议。辽宁省新闻传播教育人士在思想交锋中博采众长，在学术交流中锐意进取，将继续推动辽宁省新闻传播教育事业向强省迈进。

2.6.7　联合培养，全球视野——国际交流

近年来，辽宁地区开设新闻传播类教育的高校采取一系列改革措施，积极与国际知名高校合作交流，大力引进优质教育资源，借鉴国外大学先进办学经验与管理模式，培养具有全球视野的新闻传播人才。

辽宁大学新闻与传播学院自建院以来，通过与辽宁大学国际交流学院、亚澳商学院等学院合作，已连续培养多名新闻传播类硕士留学生，涉及“丝路”沿线多个国家。并且基于学校的平台，与日本富山大学、新加坡南洋理工大学、俄罗斯伊尔库茨克大学等多所国际院校建立了友好合作关系。同时与台湾世新大学、文化大学等建立友好合作关系，进行学生交换。大连理工大学新闻传播学系聘请国内外多位知名教授为兼职教授，通过科研、讲座、授课、指导学生等多种方式与国际院校建立了良好的合作关系。该校新闻传播学系同美国密苏里大学、宾夕法尼亚大学，新加坡南洋理工大学、国立大学，澳大利亚墨尔本大学等国际知名高校开展多层次互动合作，接待来访 500 余人次。

以外语为特色的大连外国语大学结合自身特色，积极探索新闻传播教育国际教学发展模式。大连外国语大学国际新闻传播专业旨在培养具有专业素养、人文底蕴、理性精神、独立人格、全球视野的实践型国际化复合人才，目前是中国东北地区唯一的培养国际新闻卓越人才的基地。该校还设立了中华文化海外传播研究中心并与英国斯旺西大学、美国蒙特克莱尔州立大学、澳大利亚昆士兰大学、新加坡南洋理工大学、加拿大纪念大学、爱尔兰利莫瑞克大学等国际院校建立了联合培养渠道。

东北大学文法学院新闻学(网络传媒方向)专业每届均有学生被选派作为交流生赴韩国、我国香港等地学习半年或一年，每年均有两名对外推荐免试攻读硕士生和 3～4

名校内推荐免试硕士生名额。目前，该专业已经毕业的两届学生有60余人(含外国留学生)。截至2017年，辽宁省新闻传播教育事业已走过30余年的发展历程，辽宁省设有新闻传播教育类各高校已与国际院校在出国深造、短期学习、师生互访交流等方面建立了良好的合作交流机制，培养了大量国际化新闻传播人才。

“苟日新，日日新，又日新!”回顾过去，辽宁省新闻传播教育事业虽难犹进、砥砺前行；审视今朝，辽宁省新闻教育界新老一代人脚踏实地，锐意创新；展望未来，辽宁省新闻传播教育界人士薪火相传、不忘初心，以自己的实际行动践行社会主义核心价值观。以培养有担当、有情怀，有使命意识的新时代传播人才为己任，以激发新闻传播教育界的创新创造活力为立足点，着力培育一批具备良好的政治素养、广博的文化知识、敏锐的社会观察力、宽阔的国际视野和娴熟的专业技能的媒体人才。辽宁省新闻传播教育界将继续加强马克思主义新闻观研究队伍建设，推进高校新闻传播教学向特色化发展，深化产教融合、校企合作，进一步加强与国际院校的合作交流，加快辽宁省世界一流大学和一流学科建设，实现辽宁新闻传播教育向内涵式发展，“共创、共享”辽宁省新闻传播教育事业的新篇章!

(王　鑫　赵树金　徐　木　张　鑫)

2.7　吉林省新闻传播教育发展综述

根据教育部的统计数据，吉林省高等学校共计76所，其中：普通高等学校62所，成人高等学校14所。资料统计显示，全省有19家普通高等学校设有独立的新闻传播学院，进行专业化的新闻传播教育工作，或设有相关专业开展新闻传播教育工作。

2.7.1　吉林省新闻教育的起源与发展

作为国内较早开设新闻学专业的教学机构之一，1959年，吉林大学中文系首次招收新闻学专业本科生，这也是新闻学在吉林省高校教育中的第一次亮相。后经全国新闻学专业教育调整，吉林大学新闻学专业停止招生。

改革开放之后，借助思想解放、经济发展的东风，吉林省各高等院校的新闻传播教育逐步发展。1984年，吉林大学复办新闻学专业，成为全国最早恢复招生的新闻传播学专业之一。1993 年新闻专业从中文系分立出来，单独成立新闻传播系，2012 年吉林大学新闻学系、传播学系和广播电视艺术系共同建立文学传播与媒介文化博士学位授权点。2014 年正式成立新闻与传播学院，下设新闻学、广告学、播音与主持艺术、广播电视编导等专业。

1999 年，东北师范大学文学院开设新闻学专业，2000 年撤掉电化教育系，新建广播电视学院。2004 年广播电视学院和信息传播与管理学院合并为传媒科学学院，现设有广播电视编导、播音与主持、新闻学、广告学、数字媒体技术 5 个系，建有现代教育技术研究所、东师传媒视听文化研究中心、媒介素养课程研究中心、受众分析与传播效果研究中心等专业研究机构，2017 年正式成立东北师范大学新闻学院。

除这两家综合性重点大学外，目前吉林省还有 12 所全日制普通高校高等院校和 2 所成人教育院校开办新闻传播类专业，在校生近万人。所涉院校不仅包括吉林大学、长春大学等综合性大学以及东北师范大学、吉林师范大学等文科院校，还包括吉林农业大学、吉林财经大学等理工科院校。如吉林财经大学的新闻传播学院立足于“突出财经新闻、广告经营，而不惟财经新闻、广告经营”的理念，以培养“财经新闻方向，高素质实用人才”为目标，同时发展应用传播和传播实务两个次方向，在新闻学专业、广告学专业的基础上，培养学生在财经新闻实务方面、广告经营实务方面的采、写、编、制、播及策划能力，使其成为德智体美全面发展的专业人才。长春职业技术学院信息技术分院始终秉持“筑诚精艺、笃志自强、立德树人”的教育理念，注重结合市场变化，优化专业建设与布局，形成了与信息产业高速发展紧密衔接的大数据技术与应用专业等专业，为新闻学实务的发展打下了坚实的技术基础，促进新闻学的尖端化、市场化和智能化发展。比较特殊的是，吉林省乃至全国唯一一所独立设置的面向农村、农业、农民的成人高等专科学校——四平农村成人高等专科学校也开设新闻采编与制作专业。

科技博兴带来了新媒体的异军突起，媒介融合的发展趋势下吉林省高校的新闻传播教育也不甘落后，众多院校转换培养理念，改革课程体系，更新专业设置以适应新媒体的发展趋势。例如，东北师范大学创建数字媒体研究所，于 2015 年增设数字媒体技术专业，以适应 21 世纪数字媒体的发展需要，致力于培养从事数字媒体的开发与制作、多媒体的设计与制作以及其他数字媒体、网络交叉领域工作的高级复合型传媒人才。吉林动画学院的电视与新媒体学院为适应电视与新媒体领域发展呈现碎片化、社交化的趋势，设立网络与新媒体专业，开设全媒体新闻采访与写作、媒体融合与创新等通用核心课程，新媒体内容创作实践等新媒体策划与编辑方向核心课程和舆情监测与 IP 价值评估等新媒体宣发运营方向核心课程，与移动互联网新的内容形态、传播方式、营销方式紧密结合，推进产学研相结合，对接实践教学平台建设，通过节目生产实践培养学生的创新力与专业能力，使学生成为信息时代变革中的领军者，以此迎接媒介融合发展新态势的挑战。

回首过去60年，吉林省新闻教育在不断进步。从1958年新闻学在吉林大学的初次设立以来，高校新闻学教育始终以时代和市场为导向，融合媒介发展大势，不断丰富充实自身，努力提高自己的办学水平，以培养更多更全面发展的新型人才，这是值得肯定之处。

2.7.2 吉林省新闻传播教育现状

1. 院系及专业设置

吉林省新闻教育院系设置基本包含两种类型：新闻传播学院(新闻与传播学院、传媒学院)和新闻传播系。据资料显示，在统招的综合类高校中，名称为新闻传播学院的高校占比较多，如吉林大学新闻与传播学院、东北师范大学新闻学院、吉林师范大学新闻与传播学院、长春师范大学传媒学院、吉林财经大学新闻与传播学院等。名称为新闻传播系(传媒系)的所属学院较为复杂，有人文学院(如吉林农业大学人文学院的新闻传播系)，有直接隶属于院校的传媒系，如吉林师范大学博达学院传媒系。还有部分新闻学相关专业所属院系名称较为特殊，如长春光华学院文学与新闻传播学院，吉林工程技术师范学院的传媒与数理学院。目前，吉林省共有5所以独立新闻传播学院(新闻与传播学院、传媒学院)进行新闻学教育的高校，其余院校均以新闻传播系(传媒系)开展新闻学教育。

一般情况而言，设立独立新闻传播学院(新闻与传播学院、传媒学院)的高校，其学院下面通常设有多个相关系别，如吉林大学新闻与传播学院下辖新闻学系、传播学系和广播电视艺术系，共设立6个本科专业(新闻学、广告学、播音与主持艺术、广播电视编导、网络与新媒体和传播学)；吉林师范大学新闻与传播学院下设5个系：编辑出版系、新闻系、广播电视编导系、动画系、数字媒体艺术系，开设了5个本科专业(编辑出版学、新闻学、广播电视编导、动画、数字媒体艺术)；吉林财经大学新闻与传播学院下只开设了财经新闻和广告经营两个本科专业。具体情况可参照表2-11：

表 2-11　　**吉林省各高校新闻传播院系及专业设置情况**

序号	高校名称	院	系	专业
1	吉林大学	新闻与传播学院	新闻学系、传播学系和广播电视艺术系	新闻学(本科)、广告学(本科)、播音与主持艺术(本科)广播电视编导(本科)网络与新媒体(本科)、传播学(本科)；新闻学(硕士研究生)、传播学(硕士研究生)、戏剧与影视(硕士研究生)、新闻与传播(专业硕士)、广播电视艺术(专业硕士)；文学传播与媒介文化(博士)
2	长春工业大学	信息传播工程学院	数字媒体技术系、广播电视编导系	广播电视编导专业(本科)
3	吉林农业大学	人文学院	新闻传播学系	广告学(本科)、传播学(本科)
4	东北师范大学	传媒科学学院	广播电视编导系、播音主持艺术系、新闻学系、广告学系、数字媒体	本科：广播电视编导播音与主持艺术、新闻传播学类(新闻学、广告学)、数字媒体技术 硕士：新闻传播学、艺术学理论
5	吉林师范大学	新闻与传播学院	编辑出版系、新闻系、广播电视编导系、动画系、数字媒体艺术系	编辑出版学(2002)(本科)、新闻学(2003)(本科)、广播电视编导(2008)(本科)、动画(2010)(本科)、数字媒体艺术(2015)(本科)；硕士(新闻传播学，新闻与传播、出版、媒介文化)
6	吉林工程技术师范学院	传媒学院	/	编辑出版学(本科)、编辑出版学、网络与新媒体
7	长春师范大学	传媒学院	/	广播电视编导(本科)、播音与主持艺术(本科)、广告学(本科)、广播电视(研究生)
8	吉林财经大学	新闻与传播学院	/	本科：新闻学(财经新闻方向)、广告学
9	吉林华桥外国语学院	文学院	/	编辑出版学(本科)、网络与新媒体(本科)
10	长春光华学院	文学与新闻传播学院	/	新闻学(本科)、广告学(本科)
11	长春理工大学光电信息学院	传媒艺术学院(分院)	/	广告学(本科)、视觉传达(本科)

续表

序号	高校名称	院	系	专业
12	吉林动画学院	电视与新媒体学院/广告学院	/	广播电视学(本科)、广播电视编导(本科)、摄影(本科)、网络与新媒体(本科)、播音与主持艺术(本科)/广告学(广告策划方向、新媒体广告方向)
13	吉林师范大学博达学院	/	传媒系	广播电视编导(本科)、影视摄影(本科)与制作和数字媒体技术(本科)
14	长春职业技术学院	信息技术分院	/	动漫制作技术(专科)、广告设计与制作(专科)、大数据技术与应用(专科)、数字媒体技术(虚拟现实设计与制作方向)(专科)
15	四平农村成人高等专科学校	/	/	新闻采编与制作(专科)
16	吉林广播电视大学	/	/	广告学(本科)、专科(计算机网络技术、网络编辑方向)

2. 人才培养层次、理念及特色

(1)人才培养层次

目前，我国新闻传播教育的人才培养只有四个层次：博士研究生教育、硕士研究生教育、本科生教育和专科生教育。而吉林省有博士学位授予权的院校仅有吉林大学，硕士学位授权单位的学校有6所，分别是吉林大学、长春工业大学、吉林农业大学、东北师范大学、吉林师范大学、长春师范大学。

(2)人才培养理念

办学宗旨的限制决定了各校的人才培养理念千差万别，吉林省各高校的人才培养理念大体分为三类。第一类是综合发展类，这类高校人才培养理念是以提升学生的综合素质为目标，主要目的在于培养适应社会变化的综合型人才。例如吉林大学以“吉林特色、国内一流、国际知名”为办学目标，把培养学生的综合素质和专业应用能力作为教学的中心任务和最终任务，大力培育立足中国基本国情，德才兼备、具有现代新闻传播理念与国际化视野，熟练掌握新闻传播技能与方法的高层次、应用型新闻传播专门人才；东北师范大学则根据学校建设“研究型综合性师范大学”的发展定位，旨在培养有较高新闻专业素质，又具有丰富实践经验的新闻从业人员，使学生具有复合型人才的优势；吉林师范大学坚持“战略融合、力量融合、专业融合、在地融合”的融合发展战略，积极构建“学研产服”一体化办学能力，切实培养“有效参与时代所需的传媒产品生产与传播的应用型人才”。第二类是以吉林财经大学和以吉林华桥外国语学院为代表的彰显特色类，重点强调学生某一能力的发挥，培养学生某一特长，以此形成竞争优势。例如，吉林财经大学新闻学专业旨在培养财经新闻方向的高素质实用人才，注重培养在财经新闻实务方面具有较强采、写、编、播以及策划能力的、德智体美全面发展的专业人才。第三类则是以吉林动画学院为典型的媒体实践类。吉林动画学院电视与新媒体学院精准对位电视与新媒体行业发展的需求，融入最前沿的媒介传播技术，建立产业型、教学型两级平台，依托各类实训室、工作室、演播室，通过节目生产实践培养学生的创新力与专业能力，使学生成为复合应用型专业人才。吉林工程技术师范学院的传媒与数理学院以社会发展需求为向导，构建了高校“实训+顶岗实习+创业”三位一体的创业教育实训模式，该模式应用于编辑出版学专业实践，效果显著。

(3)人才培养特色

人才培养层次和培养理念的差异促使吉林省各高校新闻学人才培养方式百花齐放，各具特色。以综合发展为培养理念的高校，其人才培养必要融百家之长，实现学生的全面发展。例如，吉林大学新闻与传播学院根据新闻学专业的人才培养理念，适度调减理论知识型课程，增加方法和技术应用的实务型课程；教学方式上强化实践教学方法和手段的运用，完善“合作导师+社会实践”的培养模式；加强校外实践教学基地建设，统筹协调学生在吉林出版集团、吉林日报社、吉林人民广播电台、吉林电视台、人民日报社吉林分社、新华社吉林分社等相关单位进行实践。长春光华学院在除了加强新闻学基本理论和基础知识教学以外，也注重实践教学环节，强调学生新闻职业素质和能力的培养，聘请一线高级编辑和高级记者教授专业知识，尤其是教师带学生一线采访的现场教学方式，使学生新闻业务能力有较大提升，逐步形成以新闻学专业实验室为基础平台，以学校广播站和校报等为常设阵地，以新闻媒体为主要实习基地的三级实践教学体系。

相对而言，致力于个性发挥的高校在培养人才时更倾向于某一方面知识的积累和能力的塑造。例如，财经新闻的强专业性要求学生既要有丰富的专业知识积累，又要有很强的实践能力。因此，吉林财经大学新闻与传播学院推出了“延伸整合教学模式”和“实效性教学”等特色培养方式。所谓的延伸整合教学模式指课堂教学向实践教学拓展延伸，实践教学向课堂教学反馈延伸。例如，新闻写作课就要求学生深入新闻工作一线，利用假期实习和课余实习，将所学习的理论知识技能用于实习时的新闻写作中。学生实习结束后，要召开座谈会，将学生在实习中遇到的问题反馈到课堂教学中来。甚至，学生的反馈意见会变成具体方案，用以修改“人才培养方案”。而实效性教学指学科培养要根据各学科特色对教授内容、教授方式、考察方式专门化设置，以提高学生的吸收利用能力。而对于媒体实践类的人才培养自然要将学习重心放置在专业知识的应用实践上。

(4)部校共建情况

当前，吉林省仅有3所学校与中共吉林省委宣传部合作建设新闻传播学院：吉林大学大学(2014年3月22日)、东北师范大学(2017年12月18日)和吉林师范大学(2017年12月18日)。

吉林大学新闻与传播学院紧紧围绕部校共建的合作模式，调整课程设置，全力打造马克思主义新闻观系列精品课程，设立了马克思主义新闻观教育课程平台、人文素质教育课程平台、新闻传播学科教育课程平台、专业理论教育体系课程、专业技术教育体系课程五大教学模块。除新增马克思主义新闻观教育课程平台之外，学院对人文素质教育课程平台和专业技术教育体系课程作出重大调整，以精品课程共建、导师团队共建作为重要“突破口”，实施编辑记者与教师双向交流挂职——媒体骨干融入课堂，将新鲜内容和实践经验悉心传授给年轻学生；教师走进新闻“前线”，在“实战”中获得教学和科研的灵感，在一来一往中共同打造教学、科研和实践的“生力军”。除此之外，吉林大学新闻与传播学院积极探索国内国际合作的新机制，适当拓宽理论视野，从新媒体研究、媒体融合等实务角度与境外、国内外新闻传播专业的老师展开交流合作，实现双向提高。

(5)对外交流与合作情况

吉林省高校新闻教育的国际交流与合作工作发展蓬勃。目前，吉林大学、东北师范大学、吉林师范大学等高校均派遣教师或学生与境外、国外高校进行学习和交流。2017年10月24日，吉林大学新闻与传播学院同台湾铭传大学传播学院签署联合培养双硕士学位协议，在此合作机制下，两校研究生能够通过互换学习的方式得到大陆和台湾两大高校的专业培训，在不同的教育模式熏陶下加深对新闻学的了解和体会。吉林大学新闻与传播学院与美国肯塔基大学、英国女王大学合作举办了“肯塔基大学及女王大学教学周”专题工作坊，邀请两个学校的8位老师开设了8门通识课程。同时与其他美国、英国、日本、韩国高校开展了广泛的学术交流合作，选派教师、学生赴境外大学讲学、访问、进修、交流、学习，并且引进境外、国外师资来学院讲学。东北师范大学传媒科学学院与美国密苏里大学新闻学院等多所国际知名高校签订合作培养协议，互派教师讲学交流。吉林师范大学、吉林财经大学也与美国、韩国、泰国高校开展了交流合作活动。吉林华侨外国语学院是全国民办高校中第一所也是目前唯一一所“省重点高校”，也是吉林省培养应用型高级外语外事人才的重要基地，注重强化新闻系学生英语写作能力，鼓励学生出国交换、留学。需要注意的是，吉林省新闻教育方面的国际交流与合作多集中在几个主要高校，不是其他一般院校和民办高校的重点工作。

(6)学术研究

作为新闻教育重要组成部分，吉林省高校的新闻学术研究成绩斐然。吉林大学新闻与传播学院近年来获得国家社科基金重大项目、一般项目和教育部项目 10 余项，出版了学术著作和专业教材 20 余部，发表论文 100 余篇，获得省级以上优秀成果奖 10 余个，正在建设现代传播和舆情研究 2 个研究中心。东北师范大学传媒科学学院 2012 年以来获得国家社科基金项目和教育部项目 10 余项，出版学术著作和专业教材 20 余部，获得多个省级以上优秀成果奖。东北师范大学媒介素养课程中心是中国首家从课程角度介入媒介素养研究，融科研、教学、应用为一体的综合性研究基地。中心研究人员先后主持并承担日本国际交流基金项目、教育部重点人文社科基地重大项目子课题、教育部人文社科基金项目、吉林省社科基金重点项目、中国广播电视协会媒介素养专项课题、首届国家大学生创新实验计划项目等科研项目 10 余项，发表学术论文 40 余篇，出版学术著作 5 部。吉林师范大学新闻与传播学院现代传媒研究基地是吉林省社会科学研究发展中规划的重点领域研究基地，依托传媒学院的研究与教学平台，设有现代传媒与区域文化传播、现代传媒与新闻舆论传播、媒介发展三个研究方向。基地成立以来，研究成员共出版了 2 部专著，承担了 13 项国家级和省级社科基金，在核心以上期刊发表了 19 篇论文，有 8 项成果得以转化。吉林财经大学新闻与传播学院、吉林工程技术师范学院传媒与数理学院均是高校与新闻单位吉林日报报业集团合作办学的学院。吉林财经大学新闻与传播学院尤其在财经新闻研究方面取得了理想的成果。吉林工程技术师范学院是教育部确定的全国重点建设职业教育师资培训基地，传媒与数理学院在坚持以在职教师资教育为核心功能，以应用型专业教育为主线，培育适应新媒体需求的数字传媒创意人才的同时，加大学术研究建设。学院设有吉林省人文社科重点研究基地——“出版传媒与教育研究中心”，获得部省级社科基金项目 5 项，省级以上优秀科研成果奖 4 个。如此看来，重点高校在新闻教育与研究方面呈现出覆盖面广、研究层次丰富、研究全面有深度的景象。而民办高校、成人高校在学术研究方面有待进一步提高。

(7)学生活动

为培养学生专业素养，提高学生的专业能力，吉林省各大高校开展了丰富多彩的诸多学生活动。吉林大学新闻与传播学院本科生的新媒体研究会定期举办活动，邀请专家和学者一起关注新媒体研究前沿问题，激发了学生的学习热情，研究生论坛也经常邀请国内外知名学者讲学。东北师范大学传媒科学学院的传媒大讲堂已经持续多年，成为具有影响力的品牌学术活动，吸引了大量校内外的学生。吉林师范大学新闻与传播学院的“新闻下午茶”活动由该学院“新闻厨房”工作室的学生参与主持，关注热点事件，分析报道方式，研究传播效果，提升学生的专业认知水平。此外，新闻与传播学院现有“梦之队新闻爱好者协会”“三联影视文化协会”“三人行读书俱乐部”“新月摄影协会”“青藤志愿者协会”“启航新闻学社”“第六元素广告创意协会”等学生社团。这些学生社团在其他高校中也是屡见不鲜，几乎每所高校都有类似的团体。由此观之，活跃的学生活动在吉林省各高校不同类型的学生实践平台中较为常见，在一定程度上对新闻学教育的普及推广起到了极大的促进作用。

总体来说，吉林省高等院校新闻学专业教育发展日益成熟。无论是全国普通高等教育院校还是成人教育院校，各高校以小单位形式在本校办学宗旨基础上致力于独特的新闻专业教育模式探索和改进，构建了如今吉林省高等新闻学专业教育的繁荣图景。

（田茫茫）

2.8 黑龙江省新闻传播教育发展综述

黑龙江省位于祖国最东北部，因省境东北有黑龙江而得名。根据黑龙江省教育厅统计数据，截至 2017 年 9 月，黑龙江省共有普通高等学校 81 所，其中部委院校 3 所，地方院校 78 所。普通本科院校 39 所(民办 12 所)，其中独立学院 1 所；高职(专科)院校 42 所(民办 5 所)。数据显示，全省高校中有 15 所开办有新闻传播类专业，共有新闻传播类专业教师 300 余人，在校学生 8000 余人。

2.8.1 黑龙江省新闻传播教育的历史沿革

黑龙江省高校新闻传播教育开端较晚。1984 年，黑龙江大学决定在中文系创建新闻学专业。1985 年招收首届学生。这开创了黑龙江新闻学教育的先河，是省内首家拥有新闻学专业的大学。专业创办人侯春翔先生最重视的是把教学与新闻实践相结合，始终强调新闻教育要与将来从事的新闻职业相联系。他要求学生每人都要做一个版的手抄报，并完全由学自己采写、照相、编辑、排版。但侯先生觉得这还不够，毕竟这些训练还都只是在校内，还缺乏社会实践，特别是媒体的岗位训练。从 1993 年开始，侯先生受当时的《黑龙江晨报》委托，主办了一个社会版。“这一下，所有的学生都成了记者。”当时的模式是，他在课堂上布置题目，学生们利用课余时间采访，而他也利用课余时间给他们改稿、编辑。他的五届学生在该报共发表了 200 余篇作品。其中，学生高云翠聚焦农民工子女上学问题的报道《“黑孩子”教育刻不容缓》，获得了东北三省晚报好新闻一等奖。另一位学生王小平采写的《高校兴起照学士相》，也获得了二等奖。教与学都要关注业界实践，在实践中且学习且成长。这些思想一直贯穿在黑龙江大学新闻教育办学实践中，后经郑亚楠院长总结为“与媒体同行，与问题同在”，成为学院的办学理念。2000年1月，黑龙江大学成立文学与新闻传播学院，下设中文系和新闻传播系。2005年12月，新闻传播学院正式独立，下设新闻学、广告学、广播电视编导和传播学四个专业。

哈尔滨师范大学2008年成立传媒学院，其前身是哈尔滨师范大学教育与技术学院教育技术系，是黑龙江省第一所招收广播电视编导及播音与主持艺术的院校。学院下设广播电视学、动画、动画(媒体广告)、摄影、广播电视编导、播音与主持艺术6个本科专业及方向。虽多为艺术类专业，但人才培养也兼跨了新闻传播学科，是黑龙江新闻传播的重要院校之一。

1999年，高校扩招以后，黑龙江新闻传播教育进入快速发展时期。各高校依托自身优势，开始创办新闻传播类专业。2001年，黑龙江东方学院创办新闻学专业，开黑龙江民办高校开展新闻学专业教育之先河。2002年，哈尔滨商业大学创办新闻学专业，其以经济新闻为专业建设方向，以差异化凸显办学特色。2009年，哈尔滨体育学院创办新闻学专业，提出结合冰雪运动和体育新媒体的办学理念。

2002年，东北林业大学创办广告学专业，黑河学院和牡丹江师范学院分别在2007年和2011年创办了广播电视学专业，在省内扩大了新闻传播教育的地域版图。

进入21世纪后，互联网与数字技术催生了新媒体的快速崛起，新旧媒介融合发展，新媒体人才成为媒介机构的时代新宠。在此背景下，各校开始尝试培养网络与新媒体人才。2005年，黑龙江大学创办了传播学专业。2006—2012年期间，黑龙江工程学院、绥化学院和佳木斯大学相继创办了网络与新媒体专业。

时至今日，全省有15所高校开办新闻传播类专业或与媒体相关的专业，为黑龙江乃全国新闻事业发展培养了大批人才，在全国新闻教育版图中占据了一席之地。

2.8.2　黑龙江省新闻传播教育现状

1. 院系及专业设置

在全省15所开办新闻传播类专业的高校中，院系及专业设置情况各不相同。

新闻传播学科专业单独组建学院的只有黑龙江大学一家，名称为新闻传播学院，下辖新闻学系、广播电视编导系、广告学系和传播学系，对应专业均为本学科专业。哈尔滨师范大学虽定名为传媒学院，但下辖专业多归属艺术学科，仅有广播电视学专业属于新闻传播学科，实为跨学科的学院。

除此之外，多数高校将新闻传播类专业归入文法学院或人文类学院之中。如东北林业大学文法学院广告学专业、牡丹江师范学院文学院广播电视学专业、绥化学院文学与传媒学院网络与新媒体专业、黑河学院人文传媒学院广播电视学专业、黑龙江东方学院人文社会科学部新闻学专业等。

此外还有一些特例，如哈尔滨商业大学将新闻学专业归入基础科学院，佳木斯大学将网络与新媒体归入商学院媒体与信息系。

也有部分高校直接按系别进行设置，如哈尔滨体育学院体育人文系体育新闻学专业，黑龙江工程学院人文与社会学系网络与新媒体专业等(见表2-12)。

表2-12　**黑龙江省各高校新闻传播类院系及专业设置情况**

序号	学校名称	学院	系	专业(层次)
1	黑龙江大学	新闻传播学院	新闻学系 广播电视编导系 广告学系 传播学系	新闻学(本科) 广播电视编导(本科) 广告学(本科) 传播学(本科) 新闻学(硕士) 传播学(硕士) 新闻与传播(专业硕士)
2	哈尔滨师范大学	传媒学院	广播电视艺术系 动画系 数字媒体艺术系 摄影系 新闻系	广播电视编导(本科) 播音与主持艺术(本科) 表演(影视表演)(本科) 动画(本科) 摄影(本科) 数字媒体艺术(本科) 广播电视学(本科) 戏剧与影视学(硕士) 工业设计工程(专业硕士) 新闻与传播(专业硕士)

续表

序号	学校名称	学院	系	专业(层次)
3	东北林业大学	文法学院		法学(本科) 政治学与行政学(本科) 广告学(本科) 社会工作(本科)
4	哈尔滨商业大学	基础科学学院		新闻学(本科) 汉语言文学(本科) 数学与应用数学(本科)
5	佳木斯大学	商学院	商务系 物业系 媒体与信息系	电子商务(本科) 物业管理(本科) 网络与新媒体(本科)
6	齐齐哈尔大学	教育与传媒学院		教育学(本科) 学前教育学(本科) 教育技术学(本科) 应用心理学(本科) 新闻学(本科) 广播电视学(本科) 播音与主持艺术(本科)
7	哈尔滨体育学院		体育人文系	体育英语(本科) 体育新闻学(本科) 体育新闻(硕士方向)
8	黑龙江工程学院		人文与社会学系	社会工作(本科) 网络与新媒体(本科)
9	牡丹江师范学院	文学院		汉语言文学(本科) 汉语言(本科) 汉语国际教育(本科) 广播电视学(本科) 秘书学(本科)
10	绥化学院	文学与传媒学院		汉语言文学(本科) 网络与新媒体(本科) 数字出版(本科)

续表

序号	学校名称	学院	系	专业(层次)
11	黑河学院	人文传媒学院	中国语言文学系 新闻传媒系	汉语言文学(本科) 汉语国际教育(本科) 广播电视学(本科) 广播电视编导(本科)
12	黑龙江东方学院	人文社会科学学部		汉语言文学(本科) 汉语国际教育(本科) 新闻学(本科) 法学(本科)
13	黑龙江工商学院		艺术与传媒系	视觉传达设计(本科) 环境设计(本科) 动画(本科) 摄影(本科) 播音与主持艺术(本科) 广播电视编导(本科)
14	哈尔滨石油学院	艺术学院	传媒系	广播电视编导(本科) 动画(本科)
15	黑龙江财经学院			广告学(本科)

2. 人才培养层次、理念及特色

目前，黑龙江省新闻传播教育有本科和硕士研究生两个培养层次，没有专科生教育和博士生教育。省内有黑龙江大学和哈尔滨师范大学、哈尔滨体育学院共3所高校开办新闻传播类硕士研究生教育。

黑龙江大学新闻传播学学科一级学科、二级学科和专业学位占位齐全。其一级学科是黑龙江省唯一一个新闻传播学一级学科，下设新闻学、传播学两个招生专业。黑龙江大学新闻与传播专业学位授权点也是黑龙江省首家专业学位硕士授权点。2017年，哈尔滨师范大学传媒学院获批新闻与传播专业学位硕士授予权。

2016年，哈尔滨体育学院开始招收体育人文社会学专业体育新闻方向的硕士研究生。

在人才培养上，各高校基于各自优势和定位不同，体现出不同的办学理念、思路，也呈现了不同的特色和风格。

黑龙江大学新闻传播学院倡导“与媒介同行、与问题同在”的办学理念，人才培养定是应用性复合型教育。多年来，学院坚持以高质量教学为立院之本，以高水平科研作兴院之源，不断完善新闻传播学科架构和专业课程体系，打造了具有跨学科知识、跨文化思维的师资队伍，建设了多功能、跨媒体、可扩展的教学平台和实习实践基地。以此为根基，培养具有系统的新闻理论知识、精湛的专业技能、深厚文化修养的学生，以适应全媒体工作环境。其在本科人才培养上，有如下几个特点：第一，构建“融合型”培养模式。在培养方案的顶层设计上，针对四个专业，将史学、理论、基本业务课程整合成一组共同的学科专业基础课，各专业的选修课程面向全院开放，做到突出重点兼顾全面，使得学生能掌握各种类型媒介所需要的专业知识和技能，适应媒介融合发展的需要。第二，建立实务课群与业界的联动机制。学院把四个专业实务课程组成的课程群与业界紧密相连，以课程为载体，进入业界实践层面。邀请专业人士与专业教师合作讲课，具体内容基于业界实践经验或媒体前沿动向，且与所授课程衔接融合。通过“请进来”的方式，一方面做到深化学院应用性学科的实践教学改革，提高人才培养质量；另一方面增加教师与业界交流的机会，做到教学、进修提高两不误。第三，打造“三创人才”实践平台。学院尤其注重对学生专业实践、实战和创新能力的培养。经过近几年的探索，创办了“校园广告文化节”和“广告大赛”等活动，逐步形成了“实验实践教学-专业特色活动-创新创业竞赛”逐级扩展的创新实践平台。

哈尔滨师范大学传媒学院以人才市场需求为办学导向，坚持“培养基础扎实、专业特色鲜明、就业竞争力强的实践应用型人才”的培养目标，在教学中侧重培养学生实践能力，为学生提供丰富实验实践平台，学院师生多次在各种各类展览大赛中获奖。学院通过多年的办学实践，已构建了校企合作机制。如广播电视艺术系已与黑龙江省报业集团、黑龙江省电视台、哈尔滨电视台、天津电视台、黑龙江战友影视制作公司、海润集团·海润国际文化传播股份有限公司、高校广播网、东北网、黑龙江日报报业集团、哈尔滨日报报业集团等单位建立长期合作机制，并签署合作协议，分批派学生到这些单位接受培训和参与实习，实现了人才培养与社会需求的零距离对接。

东北林业大学广告学专业以培养广告策划创意人才为己任，并提出“以公益为导向”的人才素质培养模式。其专业特色是，第一，注重学生综合素质培养和实践能力提升。注重学生文化底蕴、业务素质及实践能力的综合培养。专业开设文学板块、专业课板块、实践板块三部分课程。学生综合素质逐步提高，多次获得全国大学生广告大赛组织奖、省公益广告大赛最佳组织奖等。广告学专业建设情况受到了《黑龙江日报》《生活报》、新浪网等媒体的关注和报道。东北林业大学广告协会作为专业重点社团已连续举办九届广告创意文化节，获得了全校师生及行业协会的好评。第二，以“公益为导向”人才素质培养。专业自2002年创办以来就开设了“公益广告”课程，并在近年来的培养方案调整过程中逐步加重了课程学时比例和相关配套课程的设置。2013年11月，黑龙江省工商局批建在东北林业大学文法学院建立黑龙江省公益广告研究基地。第三，开展社会活动，提升专业影响力。该专业承办了2013—2016年广告金犊奖黑龙江巡讲会，承办了全省明信片设计大赛、全民阅读微电影大赛，2011—2016年，连续7次承办全省广告创意大赛。此外，还承担全省广告专业技术人员职业水平考试培训工作。

哈尔滨商业大学新闻学专业在办学过程中始终依托经管法文等学科优势，以经济新闻为专业建设方向，构建经济新闻报道人才的培养模式，要求具有系统的新闻理论、传播学原理、新媒体融合及相关的经济、管理方面专业知识，从而设置了一系列既符合国家要求，又能充分发挥学校特色，并且很好地满足媒体以及其他企事业单位需要的课程，填补了黑龙江省新闻学教育的空白，在差异化竞争中凸显了就业优势。

哈尔滨体育学院充分利用其得天独厚的冰雪运动资源优势，以及体育人文系为提高毕业生就业竞争力而设的导师制和五大实践平台(即报纸、网络广播、网络视频、网站和微信五个平台)，根据每个学生的特点，重点培养能够在各类媒体和公司中从事与体育特别是与冰雪运动有关的赛事宣传、公关营销和新闻报道工作的体育传媒人才。

其他高校也在依托自身优势，积极探索发展之路，以彰显自身的办学特色。

3. 部校共建情况

黑龙江省部校共建设高校有2所。2014年12月，中共黑龙江省委宣传部、黑龙江省委高校工委与黑龙江大学签约共建黑龙江大学新闻传播学院。第二批入选的部校共建高校是哈尔滨商业大学和齐齐哈尔大学。

黑龙江大学新闻传播学院部校共建工作稳步推进，取得了诸多阶段性成果。

建设马克思主义新闻观课程体系建设。开设马克思主义新闻观精品课程、必修课程；启动微课“发展中的马克思主义新闻观”；开展省教改重点项目“马克思主义发展观视野下的卓越新闻传播人才培养研究”研究工作。

①以马克思主义新闻观为指导提升教师队伍。专业教师参加全国马克思主义新闻观学术会议5人次；参加全国马克思主义新闻观培训3人次；开展7门精品课程及3门新媒体课程培育团队建设。

②开展马克思主义新闻观进课堂实践活动。黑龙江省记协“好记者讲好故事”落户学院已三年；2017年，学院与暨南大学完成重走抗联路学生联合采访；2018年，学院与香港《大公报》举行范长江新闻传媒学子龙江行(哈尔滨站)联合采访。

③与新闻媒体共建骨干队伍。参与“千人计划”5 年，与媒体互派人员 15 人；聘请校外硕士生导师 10 人；设立“荟闻讲坛”“播音大咖进课堂”等，邀请业界名家讲学 10 余人次。

④加强基础设施建设。建成高清数字演播中心，完成数据及舆情实验室一期已建设。先后与哈尔滨日报报业集团及其 ZAKER 平台、黑龙江日报新媒体中心、黑龙江新媒体集团及电通广告有限公司等签约。

⑤开展“服务龙江”工作。完成“加强我省舆论监督的建设性对策”课题研究；参与《新闻出版广播影视“互联网+”行动计划》的制定；参与《新闻出版广播影视业“十三五”时期发展规划》的制定。完成哈尔滨市委宣传部组织的各委办局新闻发言人培训。

目前，黑龙江大学部校共建工作正全面展开，深入推进。2017 年，黑龙江省启动第二批共建新闻学院工作。哈尔滨商业大学基础科学学院新闻学专业和齐齐哈尔大学教育与传媒学院入选共建之列。目前，共建方案规划等相关工作正在推进之中。

4. 学术研究

与内地高校相比，黑龙江高校在新闻传播学术领域起步较晚。较好的学术成果主要集中在学科发育较好的几所高校。如黑龙江大学、哈尔滨师范大学、哈尔滨商业大学等。

黑龙江大学新闻传播学院的科研领域覆盖新闻传播学的各个研究范畴，主要以新闻传播理论与实务、媒介史与媒介文化、电视艺术传播和广告文化传播四个研究方向为引领，取得了一批高水平科研成果。近五年来，学院教师发表学术论文 100 余篇，其中 CSSCI 来源期刊论文 30 余篇，北大中文核心期刊论文 70 余篇；出版专业著述、编写教材 7 部，其中国家级出版社出版 2 部，省级出版社出版 5 部；主持或参与省部级以上科研项目 10 余项，其中国家社科项目 2 项，教育部人文社科项目 1 项，其他省级科研项目 9 项；获得省部级以上教研与科研奖励 10 余项。

哈尔滨师范大学传媒学院具有戏剧与影视学、工业设计工程硕士学位、新闻与传播专业硕士学位授予权，招收硕士研究生。其中戏剧与影视学专业下面分设电视艺术与技术、视听文化研究和影视表演创作等 10 个研究方向；工业设计工程专业下面分设媒体策划与创作、新闻实务和播音主持艺术等 10 个研究方向。

哈尔滨商业大学新闻学专业始终重视学术研究并取得了较为丰硕的成果。近年来，共成功申报并完成 28 项科研课题的研究，其中国家级课题 1 项，省级课题 11 项，厅局级课题 16 项，获得省级科研奖励 5 项，厅局级科研奖励 6 项，在核心期刊以上发表科研学术论文 50 余篇，出版学术专著 4 部。

2.8.3 小结

黑龙江新闻传播教育自1985年以来，历时30余年，为黑龙江省乃至全国培养了大批合格的新闻工作者，为社会经济发展作出了应有的贡献。

在全媒体时代的背景下、针对传媒环境的革命性变化，黑龙江省各高校新闻学院正遵循新闻传播活动的新特点、新规律，提炼新闻传播学科的当下意义、应用价值，立足省情，书写着新闻传播教育的“龙江风格”。

（徐中民）

2.9 上海市新闻传播教育发展综述

2.9.1 历史回顾

2017年上海新闻传播教育继续稳健发展。在2017年年底教育部发布的第四次学科评估中，上海高校新闻传播学专业取得了不凡的成绩。在全国参评的81所高校中，上海共7所高校上榜，2所名列A类，3所名列B类，2所名列C类(见表2-13)。

表2-13 **教育部第四次学科评估中上海高校新闻传播学专业排名情况**

等级	数量	高校
A	1	复旦大学
A-	1	上海交通大学
B+	2	华东师范大学，上海大学
B-	1	上海外国语大学
C	1	上海理工大学
C-	1	上海师范大学

上海市的新闻传播学历史悠久。1929年9月，复旦大学按照教育部颁布的大学规程改科为系，原中国文学科分别设立中国文学系与新闻学系，复旦大学新闻学系正式成

立。同月，马思途等学生发起成立复旦大学新闻学会。1978 年春，高考恢复后招收的第一批四年制新闻学专业本科生入学。同年 3 月，建立了新闻研究室，恢复了 20 世纪 30 年代的传统设置，余家宏任主任。1988 年 6 月 10 日，经教育部批准，复旦大学新闻学院成立，由原新闻学系扩建而成，为国内高校最先建立的新闻学院。徐震任院长，林帆、李良荣任副院长。学院下设新闻系、新闻研究所以及国际新闻、广播电视等专业。叶春华任新闻系主任、刘海贵任副主任，丁淦林任新闻研究所所长、夏鼎铭任副所长。

百廿交大，新闻传播人才辈出。上海交通大学媒体与设计学院新闻与传播系从成立之初，就致力于培养具有创新思维的中国新闻与传播人才。杰出校友包括：1926 届校友陆定一、1951 届校友丁关根，1912 级校友邹韬奋、1916 级校友严宝礼……上海交通大学媒体与设计学院成立于 2002 年 9 月。近几年来，新闻传播学科也培养了一大批优秀的学生，如影视系首届毕业生吴飞跃获上海国际电影节金爵奖最佳纪录片奖，新闻传播系 2014 届毕业生陈莺迁获得好莱坞国际电影节两项大奖等。

华东师范大学传播学院的历史可追溯到华东师范大学的前身大夏大学(1924)、光华大学(1925)兴办的新闻传播教育。大夏大学和光华大学创立伊始，即在文学和商学专业中开设新闻学、广告学课程。1925 年，大夏大学、光华大学报学学生与国民大学联合发起创办了上海最早的新闻学术团体——上海报学社。1928 年，大夏大学创办了我国最早的广告学系，民国著名广告学者和企业家陆梅僧主持其事，这是中国现代广告专业高等教育发展史上具有开创性的事业，发凡起例，意义深远。1992 年，华东师范大学在师范类大学率先创办广播电视编导专业，2002 年，传播学系成立，2004 年，传播学院成立。这是一个历史悠久、充满活力的传播学院。

上海外国语大学新闻传播学院的前身是创设于 1983 年的国际新闻专业，是我国最早设立的国际新闻专业之一。经过 30 余年的开拓与发展，学院秉承国际新闻传播的先进教育理念，坚持探索在上外多语种环境下的“外语(多语种)+国际新闻传播”的融合创新教学和科研模式，已形成“国际型、实践型”的学科特色，在全国新闻传播学科中享有独特影响力。

2.9.2　发展现状

复旦大学新闻学院目前在读本科生、硕士生和博士生(包括港澳台学生和外国留学生)学生总数近 1500 人，其中有在复旦学院接受通识教育的新生 260 多名，本科生 720 多名，硕士生 250 多名，博士生 80 多名，外国留学生 170 多名。新闻学院毕业生以理论功底扎实、知识面广、适应能力强著称，众多毕业生已经成为当今我国新闻界的骨干力量。新闻学院现有全职教职工 78 人，其中教授 20 人(博士生导师 18 人)，副教授 21

人，讲师13人，还聘请了一批学识精湛、经验丰富的知名专家、学者为兼职教授和兼职研究员，并聘请外籍专家担任顾问教授。部分专业的研究生教育采用学界与业界合璧的“双导师制”。

上海交通大学新闻与传播系则拥有一支专业化的教师队伍。他们经验丰富，充满热情，全身心致力于教学及研究。全系共拥有24名全职教师。其中教授11名，副教授11名，讲师2名；具有博士学位的教师20名。该系本科教学旨在通过对新闻传播学史、精确新闻报道和深度报道、计算机辅助报道、IT行业发展的历史和互联网发展的历史、大数据知识等介绍，同时通过向学生传达传播与社会物质与精神文化的互动关系，传播与社会、商业、娱乐各方面的互动关系等方面的知识，使学生意识到新闻传播学科的价值与意义，培养出兼具新闻传播专业知识与优秀实践操作能力的专门人才。该系传播学硕士点于2003年5月设立。自设立以来，在新媒体理论与实践、媒介经营与管理、大数据与传播创新应用、网络舆论学等研究领域取得了诸多国内领先的学术成果，获得了学界、业界的认同，在国际和国内产生了广泛影响。目前，留学生研究生覆盖58个国家，在读留学生人数(博士、硕士、博士)近300名。2017年招收国际研究生(含博士生)达70余人，比2016年增长75%。

华东师范大学传播学院下设广播电视学系、新闻学系、广告学系、出版与文化系，包括广播电视编导、播音与主持艺术、新闻学、广告学、编辑出版学5个本科专业；设有广播电视艺术学、电影学、新闻学、传播学、文学与传媒5个学术硕士点，设有新闻传播学、戏剧与影视学2个一级学科硕士点，设有新闻与传播硕士、广播电视硕士、出版硕士3个专业硕士点；设有新闻学、传播学、文学与传媒3个2级学科博士点，设有“新闻传播学”一级学科博士点。传播学院师资力量雄厚，共有教授15名，副教授23名，讲师20名，其中：紫江特聘教授1人，终身教授1人；入选教育部新世纪优秀人才支持计划4人、入选上海市曙光人才支持计划1人、入选上海市“浦江人才计划”5人、入选“晨光学者计划”3人。

上海大学新闻传播学科拥有新闻学、广播电视学、广告学、艺术与科技(会展，非大类招生)4个本科专业，以及新闻传播学一级学科硕士学位授权点。新闻与传播专业硕士学位授权点、新闻传播学一级学科博士学位授权点和博士后流动站，具有从本科到博士后培养的完整学科体系。目前在读本科生500多名，硕士研究生约350名，博士研究生约50名，在站博士后5名。专业教师近50人。

上海外国语大学新闻传播学院专业门类齐全，拥有新闻学、广告学、广播电视学、网络与新媒体、教育技术学5个本科专业，拥有新闻学、传播学、广告学、教育技术学4个硕士点，在校本科生500余名，研究生近170名。2012年新闻传播学科入选上海市高校一流学科(B类)，是上海市高校新闻传播学科中唯一入选一流学科建设的学科；2014年，新闻传播学科一级硕士点获准上海市研究生“新闻传播学学位点建设与人才培养探索”的教育创新计划。

2.9.3 教学与科研概况

复旦大学新闻学院历史悠久，学术积淀深厚，拥有一批全国知名的学科领军人物和富有科研潜力的中青年学术骨干。其中有国务院新闻传播学科评议组召集人1名、教育部新闻传播学科教学指导委员会主任1名、中国新闻教育学会副会长1名、中国新闻史学会副会长2名，中国高校影视学会常务副会长1名，中国广告学会副会长、学术委员会副主任1名。新闻学院在新闻理论、传播理论、传播学实证调查、视觉文化与传播等研究领域居于国内领先水平，产生了一批国内领先的创新性学术成果，逐步建立了国际影响。1981年出版至今的《新闻大学》，是国内创办最早的新闻传播学术刊物之一，在全国历届新闻核心期刊评选中名列前茅。近年来新闻学院承担了多项国家社科基金项目、教育部重大课题攻关项目，发表论文、出版专著数量众多。学院还与国内外多家学术研究机构合作成立了多个研究中心，其中包括复旦大学视觉文化研究中心、复旦大学国际公共关系研究中心、新媒体研究中心、媒介素质研究中心、复旦—金史密斯记录影像研究中心、复旦大学新闻学院国际出版研究中心等。

上海交通大学新闻传播学科依托学校强大工科优势，在数字技术与新闻传播交叉点上培育学科增长点。在2012年教育部学科评估中居第10位；在2012年、2014年、2015年度QS传播与媒体学科排名位于前100位。已获得20多项教学成果奖项，其中薛可教授的成果获得上海市级教学成果奖二等奖。李本乾教授主讲的“传播学导论”、薛可教授主讲的“人际传播学”、姚君喜教授主讲的“媒介批评”被立项为上海市精品课程。拥有上海市精品课程2门。承担纵向项目100123项，其中国家社科重大、重点项目13项、教育部重大攻关项目1项。科研项目经费总计为3251.5万元。已发表SSCI、CSSCI等论文350400多篇；出版专著、译著、编著、主编共14580多本。获得省部级奖22项，其中教育部高等学校科学研究优秀成果奖(人文社会科学)5项。现建有8个国家级和省部级基地。与ICA等国内外顶尖学术团体联合主办了一系列新媒体高端论坛；与多家知名国际院校签订教学与科研合作协议。

华东师范大学传播学院师资力量雄厚，共有教授15名，副教授23名，讲师20名，其中：紫江特聘教授1人，终身教授1人；入选教育部新世纪优秀人才支持计划4人、入选上海市曙光人才支持计划1人，入选上海市“浦江人才计划”5人，入选“晨光学者计划”3人。在学术队伍配置上，一方面拥有一大批国内外知名的学者，另一方面还拥有一批年富力强的青年学者。传播学院科研成果丰硕。近五年来，获得国家社科基金重大项目 1 项、国家社科基金重大委托项目 1 项、国家社科基金项目 8 项、省部级人文社科基金项目 16 项。近五年的项目总经费共计 882 万元，其中纵向项目经费计 383 万。近五年来，在国内外学术期刊上发表论文共计 483 篇，其中 CSSCI 期刊论文 126 篇，出版学术专著 32 本，教材 21 本。近五年来，共获得科研成果奖 7 项。

上海大学电影学院的成立得到上海市人民政府的大力支持，作为环上大国际影视产业园区建设的重要组成部分，上海电影学院承载着重振和促进上海电影产业发展及建设全国电影高峰的重要使命。目前，学院设影视艺术系、新闻传播系、影视工程系、广告学系四个系和电视制作部及影视实验中心。已经形成了覆盖学士、硕士、博士三个层次的完整的教育体系。学院可授予博士学位的学科有戏剧与影视学、新闻与传播学、艺术学理论、数字媒体技术与应用、文化创意产业发展与管理 5 个学科和方向；拥有新闻与传播博士后流动工作站、戏剧与影视博士后流动站。现有教职员工 143 人，其中专任教师 104 人；共有教授(研究员)26 人，副教授(副研究员)33 人，具有硕士学位以上的教师 98 人(其中博士学位 51 人)；博士生导师 20 人。2016 年，学院新开设的表演系、导演系、摄影系将面向全国招生。同时，学院将继续申报“电影学”“戏剧影视文学”和“录音艺术”等相关本科专业，逐渐建成覆盖“全产业链”的专业建制。

上海理工大学出版印刷与艺术设计学院现设有印刷与包装工程、网络与新媒体、出版与数字传播、广告、艺术设计、环境设计、动画与公共艺术、工业设计、美术系 9 个系，7 个研究所，15 个本科专业(方向)。现有新闻传播学一级硕士学位授权点，印刷光学工程和传媒管理两个二级学科博士学位授权点。学院是国家新闻出版总署出版印刷人才培养基地，印刷出版学科是上海市重点学科，建有现代出版印刷国家级实验教学示范中心，国家新闻出版总署数字传播科学重点实验室、国家新闻出版总署数字印刷工程研究中心。新媒体与出版印刷学科群是上海理工大学重点建设的六大学科群之一。学院拥有一支以资深教授、学科带头人为核心的教师队伍，现有教职工近 160 人，其中专任教师 135 人；教授、副教授 38 人；硕士生、博士生导师 42 人；全国出版业领军人才 4 人，在校本科生、硕士、博士研究生近 3000 余人。学院与中国新闻出版研究院、上海文新集团上海世纪出版集团、上海印刷集团等建立了实践教学和产学研基地，是新闻出版、包装印刷、文化创意等行业和产业的重要技术研发基地和人才培养基地。

（薛　可）

2.10　江苏省新闻传播教育发展综述

2.10.1　历史回眸及发展现状

江苏省目前共有本科院校 49 所，其中“985”高校两所，“211”高校有 9 所。江苏省新闻传播教育起步较早，早在 20 世纪三四十年代就开始发端，尤以南京大学和苏州大学为发轫点。南京大学的新闻传播学科，发端于 1936 年南京大学前身金陵大学所创立的“电影与播音专修科”，是中国最早的电影广播教育单位，也是中国影音传播高等教育的起源。学科创办者孙明经先生是杰出的新闻传播教育家，中国电影教育的奠基人，中国电视事业的先驱，也是联合国教科文组织首批委员。1958 年，南京大学设立新闻专修科，后因遇国家暂时困难而停办。1986 年，经教育部批准，恢复南京大学新闻专业。1992 年 10 月正式建系，2003 年 12 月成立南京大学新闻传播学院。苏州大学的传媒学院①其历史渊源可上溯至 1929 年成立的江苏省立教育学院所创办的电化教育专修科，以及 1941 年成立的国立社会教育学院下设的新闻学系。两校后经院系调整，最终并入苏州大学。1995 年苏州大学设立新闻传播系，2005 年发展调整为文学院·新闻传播学院，2009 年组建凤凰传媒学院，在学院前身文学院·新闻传播学院的历史上，一大批著名的学术大师曾在此执教，其中有著名思想家和教育家章太炎、吴梅、周谷城、朱东润、许国璋等人；当代著名新闻学家方汉奇先生也曾在此就读。

作为江苏省首个设立新闻传播教育专业的师范类院校，南京师范大学新闻传播教育起步于 1964 年。1964 年 6 月，教育部批复江苏省委宣传部，同意在南京师范学院增设新闻专业，当年招生 30 名。1977 年全国恢复高考，南京师范学院招收新闻学专业学生 40 人，接受省委宣传部直接领导，新华日报社和学校联办共管，理论课程由学校承担，班主任、实践课程均由新华日报社负责委派。1984 年起，在省委宣传部的直接干预下，新闻学专业恢复连续招生。1990 年 5 月，江苏省委宣传部在南京师范大学设立江苏省新闻人才培训中心。1995 年 4 月，南京师范大学在新闻学专业和电教系基础上正式成立新闻与传播学院。

---

① 根据苏州大学官网报道，苏州大学已于 2018 年 1 月 12 日印发文件：根据学校发展和学科建设需要，将“苏州大学凤凰传媒学院”更名为“苏州大学传媒学院”。本节一律将“苏州大学凤凰传媒学院”称为“苏州大学传媒学院”。

随着新闻传播教育在省内的进一步推进，经过70余年的发展，目前江苏省共有16所本科院校开设了新闻传播类专业，并发展出一批有特色有潜力的后起之秀，比如江苏师范大学传媒与影视学院和扬州大学新闻与传媒学院。江苏师范大学传媒与影视学院现设有广告学、广播电视学、广播电视编导和影视摄影与制作4个本科专业，拥有戏剧与影视学、艺术设计(广告创意设计方向)、广播电视、公共管理4个学科方向硕士点。其中，戏剧与影视学一级学科是江苏省重点学科，广告学和广播电视学专业分别为江苏省首批和第二批特色专业、省新闻与传播类重点建设专业，广播电视编导专业是校特色专业。2006年成立的扬州大学新闻与传媒学院现有扬州大学传媒文化研究所、扬州大学数字媒体应用研究所、扬州大学应用文科实验教学平台和省级新闻与传媒实验教学中心。学院经过近10年的发展，形成了文、理、艺三个学科并存与融合发展的学科基础和专业基础，已经构建新闻传媒、影视艺术、教育技术本科及研究生教育体系。

此外，在江苏省的地方高校中，一些地方院校结合自身的地域特色和教学所长积极探索新型的新闻传播教育路径，成为江苏省新闻传播教育图景中一道不可忽视的独特景观，比如淮阴师范学院传媒学院。该学院近年来立足于专业特点和行业需求，积极推进人才培养模式改革，构建了实践导向的课程体系以及由“基础实践训练——综合实践训练——创新实践训练”组成的立体化实践教学体系，着力推广“项目制”教学法。近三年来，学生在校外各级各类专业大赛中捷报频传：在中国西部国际电影节获得一等奖2项、二等奖2项；在江苏“领航杯”大学生数字媒体作品竞赛中，获得一等奖1项、二等奖3项、三等奖6项；在全国教育影视优秀作品大赛中获得一等奖2项，二等奖1项；在中国大学生广告艺术节学院奖评比中获得银奖1项，铜奖1项，优秀奖、佳作奖60余项。值得一提的是，成立于2008年的南京财经大学新闻学院，从成立开始其在专业设置上就与中央财经大学、上海财经大学等兄弟院校保持同步发展，目前是国内财经院校中唯一的一级新闻学院。

2.10.2 专业设置基本情况

70余年新闻传播教育的积淀，使得江苏省新闻传播教育版图形成了日益成熟化、系统化、细致化的学术与学科版图，目前全省共有16所本科院校开设了新闻传播类专业：“985”高校1所，“211”高校5所。其中独立设置新闻传播教育的高校有11所，新闻传播教育隶属于本校其他学院的高校有5所。设置的专业包括广播电视学、新闻学、传播学、广告学、网络与新媒体、数字出版、广播电视编导、摄影学、影视艺术九大类，其中广播电视学、新闻学、传播学是师资力量和历史最为久远的强势专业(见表2-14、表2-15)。

表 2-14　　**独立设置新闻传播教育学院的高校**

高校名称	是否为“985”“211”	所在城市	学院名称	所辖系(专业)
南京大学	“985”“211”	南京	新闻传播学院	新闻与新媒体系、应用传播系、广播电影电视系
苏州大学	“211”	苏州	传媒学院	新闻系、广播电视系、广告系、数字传播系
南京师范大学	“211”	南京	新闻与传播学院	新闻系、广播电视系、广告系、网络与新媒体系、影视摄影系
南京理工大学	“211”	南京	艺术与传媒学院	工业设计系、艺术设计系、新闻传播系
扬州大学	否	扬州	新闻与传媒学院	广播电视学、教育技术学、摄影、数字媒体艺术专业
江苏师范大学	否	徐州	传媒与影视学院	广告学、广播电视学、广播电视编导、影视摄影与制作专业
南京财经大学	否	南京	新闻学院	新闻系、网络与新媒体系、中文系
淮阴师范学院	否	淮安	传媒学院	广播电视学系、广告系、影视艺术系
南京晓庄学院	否	南京	新闻传播学院	广播电视学、广播电视编导、网络与新媒体、播音与主持、新闻学、传播学、新闻实践课程教研室
三江学院(民办)	否	南京	文学与新闻传播学院	汉语言文学系、新闻与传播学系、广播电视编导系、汉语国际教育系
宿迁学院(民办)	否	宿迁	艺术与传媒学院	产品设计系、音乐系、美术系、广告系、数字媒体系

表 2-15　　**新闻传播教育隶属于本校其他学院的高校**

高校名称	是否为“985”“211”	所在城市	系(专业)	所属学院
中国矿业大学	“211”	徐州	广播电视新闻学系	公共管理学院
河海大学	“211”	南京	新闻传播学系	公共管理学院
南通大学	否	南通	新闻学、广播电视学专业	文学院
苏州科技大学	否	苏州	广播电视学系	人文学院
盐城师范学院	否	盐城	广播电视学专业	文学院

2.10.3 省级重点学科、特色专业建设情况

省级重点学科是省教育厅根据发展战略与重大需求，择优确定并重点建设的培养创新人才、开展科学研究的重要基地，在高等教育学科体系中居于骨干和引领地位。重点学科建设能够带动全省高等教育整体水平全面提高，提升人才培养质量、科技创新水平和社会服务能力；满足经济建设和社会发展对高层次创新人才的需求，为全省创新型社会发展提供人才支持和智力支持；提高全省创新能力，建设创新型经济模式。虽然江苏省新闻传播教育起步较早，但后期由于各种历史因素，新闻传播学科建设也存在后劲不足的情况，目前仅有南京大学和南京师范大学拥有省一级学科新闻传播重点学科。尤其值得一提的是，南京师范大学的新闻学科自 2001 年以来，连续被评为江苏省“十五”“十一五”“十二五”重点学科；2016 年，新闻传播学科被遴选为江苏省“十三五”唯一的新闻传播学一级学科重点学科。此外，江苏师范大学的戏剧与影视学一级学科也是江苏省重点学科。

特色专业是高校在一定的办学思想指导下和长期的办学实践中逐步形成的具有特色的专业。具体而言，是指一所学校的某一专业，在教育目标、师资队伍、课程体系、教学条件和培养质量等方面，具有较高的办学水平和鲜明的办学特色，已产生较好的办学效益和社会影响，是高标准、高水平、高质量的专业，是“人无我有，人有我优，人优我新”的专业。目前，我国高等教育还是按专业划分来培养人才，因此专业建设的水平高低，直接关系到人才培养的质量。江苏省特色专业建设的目的在于根据全省经济、科技、社会发展对高素质人才的需求，引导不同层次、类型的省内高校根据自己的办学定位，确定自己的个性化发展目标，发挥已有的专业优势，办出自己的专业特色，提升专业建设的整体水平，提高人才培养的质量、效益和人才竞争力。相比传统学科而言，新闻传播学科的历史传承和学科经验积累较少，属于新兴学科，因此整体上新闻传播类特色专业在江苏省特色专业中所占比例不大，还有很大的发展建设空间，目前仅有南京师范大学和江苏师范大学拥有特色专业建设点。南京师范大学的新闻学专业为国家首批特色专业和江苏省特色专业，新闻传播学专业为江苏省“十二五”重点专业。江苏师范大学的广告学和广播电视学专业分别为江苏省首批和第二批特色专业、省新闻与传播类重点建设专业。

此外，一些新兴专业的出现也成为新闻传播教育不断深入发展的新的助力点。比如南京财经大学的传媒经营管理硕士专业，该专业经国家教育部学位办批准，于 2012 年正式对外招生。目前主要设有广播电视经营管理和新媒体产业发展与管理两个研究方向。传媒经营管理学是管理学、经济学、新闻传播学等学科相互交叉和融合的一门新兴

学科。该专业主要依托南京财经大学经济管理学科和新闻传播学科的发展优势，培养具备扎实的新闻传播学、管理学基础，系统掌握媒介经营管理学、传媒经济学等专门知识，既了解传媒业特殊运作方式，又具备企业管理和商业经营知识，能在各类媒体、传媒公司及政府相关部门从事经营管理、项目策划执行和广告服务营销等工作的高级复合型管理人才。

总体来看，作为高等教育大省，虽然江苏省的高等教育发展水平一直居于全国领先位置，但由于传统老牌人文学科一直在各高校中占据资源优势和人才优势，因此从全省发展水平来看新闻传播类学科的发展步伐还是落后于传统老牌人文学科，无论是省级特色学科还是特色专业，其发展和建设还有很长的路要走。

2. 10. 4　本科教育

首先，从课程设置情况来看，大部分江苏高校新闻传播类专业的课程体系由四大部分组成，分别是：学校通修通识课程模块、学科专业课程模块、选修课程模块以及实践教学环节。在大学一年级和二年级主要以学习通识课程为主，必修的课程一般包括思想道德修养与法律基础、马克思主义基本原理、中国近代史纲要、毛泽东思想与中国特色社会主义理论概论、形式与政策等思想政治课程以及大学英语、大学体育、大学计算机应用、军事理论等通识课程。选修的通识课程一般划分为人文科学类、自然科学类、社会科学类、艺术鉴赏类等几大块，学生可以自主按照自己的兴趣点和学分需求来进行选修。在大二期间或大二以后专业课程会逐步增加，专业基础课程一般以概论或者理论性的课程为主，主要有传播学概论、新闻学概论、广告学概论、广播电视概论、中外新闻史、公共关系理论、播音主持理论、出版学理论等。每个专业根据其专业培养目标核心课程和专业必修课程的安排会有所不同，比如新闻学专业，其核心课程包括新闻采访与写作、新闻评论、新闻编辑、新闻摄影等，而广告学则更偏重实践能力的培养，核心课程包括广告策划与创意、市场营销学、广告调研与分析、广告文案写作等。以南京大学新闻学专业为例，该校新闻专业本科生的培养分为四个阶段。第一个阶段是校级通修通识课程的学习阶段，后三个阶段分别为：大类(院系)培养阶段——此阶段学生须修读专业准入先修课程即学科平台课程，具体包括：传播学概论、媒介伦理与法规、社会研究方法、媒介发展史；专业培养阶段——此阶段学生须修读专业准出课程即专业核心课程，具体包括：新闻学概论、中国新闻史、外国新闻史、广播电视概论、媒介经营管理、新闻采访学、新闻写作、新闻编辑学、新闻评论、新闻摄影、深度报道；多元培养阶段——此阶段学生可根据未来去向(本专业升学、跨专业升学、本专业或跨专业就业创业)，选择适合自己的选修课程。各个高校中的实践教学环节大多包括大学生创新创业训练、社会实践与志愿者服务、专业实习、毕业论文/设计等。

总体来看，江苏省各个高校的课程比例安排会根据自身特色和资源优势略有侧重。相对而言，综合性高校的新闻传播类专业其理论课程的比重会稍多一些，而普通或地方类院校则更偏重于实践课程。比如淮阴师范学院传媒学院的广播电视学专业设有社会调查与SPSS应用、数字图像处理、全媒体新闻采访与写作、可视化新闻等课程，积极结合当下媒体环境的变化拓展提升学生的实践动手能力。

其次，从人才培养目标来看，培养目标是学校根据本国的教育需要以及该校的发展状况与教育任务而确立的，是教育的总方向，而人才培养目标的达成主要靠人才培养质量来检验。人才培养质量，有两种评价尺度：一种是学校内部的评价尺度，另一种是学校外部的评价尺度，即社会的评价尺度。社会对高等学校人才培养质量的评价，主要是以高等教育的外显质量特征即高等学校毕业生的质量作为评价依据，而对高等学校内部的教育教学活动不太关注；社会对毕业生质量的整体评价，主要是评价毕业生群体能否很好地适应国家、社会、市场的需求。学校对人才培养质量的评价，主要是以高等教育的内部质量特征作为评价依据，即评价学校培养出来的学生，在整体上是否达到学校规定的专业培养目标的要求，学校人才培养质量与培养目标是否相符。因此，高等学校提高人才培养质量，就是提高人才培养对社会的适应程度，提高人才培养与培养目标的符合程度。

纵观江苏高校的新闻传播教育，无论是综合性名牌大学、师范类大学还是普通地方院校，其对新闻传播类人才的培养目标和方案没有太大的差别。以苏州大学为例，其广播电视学专业人才培养目标是：培养德、智、体全面发展，从事广播电视制作、音像产品生产、文化宣传以及其他相关工作的高素质人才。在政治思想方面，热爱社会主义祖国，拥护中国共产党领导，掌握马列主义、毛泽东思想和邓小平理论的基本原理；愿为社会主义现代化建设服务，为人民服务，有为国家富强、人民昌盛而奋斗的志向和责任感；具有敬业爱岗、艰苦奋斗、热爱劳动、遵纪守法、团结合作的品质；具有良好的思想品德、社会公德和职业道德。在体育方面，具有一定的体育和军事基本知识，掌握科学锻炼身体的基本技能，养成良好的体育锻炼和卫生习惯，接受必要的军事训练，达到国家规定的大学生体育和军事训练合格标准，具备健全的心理和健康的体魄，能够履行建设祖国和保卫祖国的神圣义务。在智育方面，具有一定的人文社会科学和自然科学基础理论知识，掌握广播电视新闻专业的基础知识、基本理论和基本技能，英语水平达到《苏州大学普通高等教育本科毕业生学士学位授予工作实施细则》的相关规定，具有独立获取知识、提出问题、分析问题和解决问题的基本能力及开拓创新的精神，具备较强的书面和口头表达能力，能胜任电视摄录、编导主持等工作，并具备适应相邻专业业务工作的基本能力与素质。江苏师范大学广播电视学专业培养目标是：重在培养能适应新媒体时代报纸、电视、广播和互联网产业发展急需的实用型、创新型新闻传播人才、媒体策划创意人才、新媒体经营管理人才。所培养人才能够适应社会发展和就业需求，主要在传统媒体和新媒体从事编辑、记者、经营、管理等工作，以及在政府机关、企事业单位从事相关媒体应用工作，具有广阔的职业发展和提升空间。南通大学广播电视学专业培养目标是：培养具有广阔的社会视野和深厚的人文精神，能在广播电视部门、党政机关、报刊、影视机构、文化传播公司等企事业单位从事新闻宣传报道、广播影视制作和媒介管理及经营方面的高级专门人才。总体而言，江苏省大部分高校的人才培养目标能紧密结合当下媒体环境的变迁，以社会需求为导向，课程设置能突出专业实践应用特色，将知识传授、技能训练(采写、编辑、摄制)、业界演练相结合，实现学、研、技的相互促进和良性循环。但不可否认的是，仍然有部分地方院校的课程设置和社会需求相脱节，导致学生在就业的时候难以“对口”。此外，有的课程设置虽然很前沿也很契合市场需求，但教授老师缺乏业界从业经验，仅仅是纸上谈兵，缺乏系统的讲授和演练，导致此类课程的设置只是沦为空壳。

最后，从专业实践平台、实验室建设情况来看，凡是开设新闻传播类专业的学校都积极利用和打造各种实践平台来提升学生的实践动手能力，各高校都具备比较先进的实验室硬件设施，为学生创新能力的提高提供了有力的保障。比如苏州大学传媒学院建有江苏省省级实验教学示范中心——传媒与文学实验教学中心，拥有摄影棚、大型演播厅、录音棚、电视节目制作室、报刊编辑实验室、播音主持语言实验室、电视摄像实验室、计算机图文设计实验室、电视鉴赏实验室、非线性编辑实验室、动漫游戏制作实验室和数码艺术工作室、影视艺术工作室、网络与新媒体工作室、新媒体实验室等。学院在新华日报报业集团、苏州广播电视总台等各类新闻媒体和广告公司建立了 20 余个大学生创新创业教育实践基地，在政府部门和传媒单位建立了 14 个研究生工作站；每年都举办“苏州大学大学生电影节暨北京大学生电影节分会场”活动和“国际大学生新媒体节”，定期聘请学界知名学者和业界资深人士来校举办专场讲座。南京师范大学新闻与传播学院的广播电视系拥有 400 平方米和 300 平方米的两个演播厅及部分演播厅设备，并且拥有编辑实验室、摄影实验室、控制室等教学实验场所，有从模拟到数字的多套编辑设备。广播电视系的师生也经常利用现有设备为社会各界以及校内各单位制作声像资料，实现校企的产学研深度合作。“青奥会志愿者招募宣传片”“青奥博物馆”、杭州自然博物馆、江阴长江大桥展览馆视频工程以及学校重大庆典的摄录像，“211 工程”申报与汇报的电视专题片以及 95 周年、100 周年校庆专题片均由广电系教师创作完成。

江苏师范大学传媒与影视学院与江苏师范大学文化创意产业园 20 多家入园文化企

业、全国多家媒体、广告公司、影视制作公司签订合作协议，建设一大批学生实习实践教学基地和研究生培养基地。学院坚持重装备引领的理念，拥有省级实验示范中心、中央与地方共建特色专业实验室、中央与地方共建文化创意产业实践教学基地，及新闻与传播研究所、广播电视艺术研究所、广告研究所、影视制作中心、市场调查与舆情研究中心、广告设计与制作中心、品牌营销传播研究中心等，配备有1500万元的教学科研设备。学院影视制作实验室硬件设施先进，有数字高清电影摄影机ARRI-ALEXA及全套的后期制作系统，在国内处于领先地位。南京晓庄学院新闻传播学院与江苏广电总台、南京电视台、《扬子晚报》《现代快报》《金陵晚报》、江苏省政府网站、中国江苏网、新华网、南京发布、龙虎网等省内外媒体、广告文化传媒影视制作公司签订实习基地建设协议，开展校企合作，为学生专业技能锻炼、创新精神培养提供了保证。

与此同时，众多普通地方院校也大力拓展各种对外交流渠道，积极鼓励学生外出进行交流学习，进一步开阔了学生的学习和研究视野。比如扬州大学新闻与传媒学院与台湾世新大学、云林科技大学、佛光大学、南华大学，以及美国弗吉尼亚大学、澳大利亚新南威尔士大学等多所院校建立了交流学习与合作关系。“十二五”期间，有46名本科生、9名研究生选派海外交流学习，并接收9名学生到该院交流学习。同时邀请海内外知名的专家、学者来院讲学，学院的国际化步伐迈入了快速发展之道。江苏师范大学传媒与影视学院也与台湾世新大学，以及美国纽约电影学院、美国密苏里大学新闻学院、意大利布雷拉技术与艺术学院、澳大利亚迪肯大学文学与教育学院传媒与创新艺术系等签订合作办学协议，学生可通过选派去短期交流学习或攻读硕士研究生。

2.10.5 研究生教育

研究生教育是我国教育结构中最高层次的教育，它不仅担负着为我国经济建设和社会发展培养高素质、高层次创造性人才的历史重任，而且对高等学校的学科建设这一普通高校最为根本性的建设工作有着重要的促进作用。研究生教育通过专业性理论、方法论等课程的学习以及必要的学术训练，增强对理论研究及其规范化要求的认识与理解，不断提高学生的专业素养和独立分析、解决问题的能力。研究生教育的主要目的是进一步提高研究生的整体科研水平，使其成为新闻传播领域中从事理论研究、教学工作或实务工作的中高级人才。

目前，江苏16所开办新闻传播教育的高校中，只有8所高校有新闻传播类的硕士点和博士点(见表2-16)。

表2-16　有新闻传播类硕士点、博士点的高校

高校名称	是否为“985”“211”	是否有硕士点	是否有博士点
南京大学	“985”“211”	新闻传播学(一级)	新闻传播学(一级)
苏州大学	“211”	新闻传播学(一级) 戏剧与影视学(一级)	媒介与文化产业(二级)
南京师范大学	“211”	新闻传播学(一级) 新闻学(二级) 传播学(二级) 广播电视艺术学(二级)	新闻学(一级)
河海大学	“211”	新闻传播学(一级) 新闻学(二级) 传播学(二级)	否
南京理工大学	“211”	传播学	否
扬州大学	否	戏剧与影视学(一级)	否
江苏师范大学	否	戏剧与影视学(一级) 广播电视	否
南京财经大学	否	传媒经营管理	否

总体来看，江苏省新闻传播类研究生培养方案的共同特点大致包括以下几点：首先，培养德才兼备，具有现代传播理念与国际化视野，熟悉中国基本国情，系统掌握新闻传播基本理论、技能与方法，熟悉新兴媒体运作的高层次的现代媒体专门人才。其次，掌握马克思主义基本理论与方法，具有良好的政治素质和政策水平，能够理解现代新闻传播学科的基本理论，把握新闻传播学科的职业理念，恪守新闻传播职业道德；熟练掌握新闻传播的基本理论和基本原理，具备从事新闻传播实践所需要的理论知识、专业素养和技能方法；能够胜任新技术变革和新媒体发展对新闻传播工作提出的新要求；熟练掌握一门外语，能够阅读专业外语资料。再次，培养方式上以课程教学为主，通过新闻专业基础理论学习、专题讲座、读书讨论、科学研究等方式开展教学。教学过程理论联系实际。教学内容重视基本理论及实际应用，注重对学生理论知识的系统传授，实践能力的教育培养，根据培养单位的学科特色，在全面培养学生系统掌握新闻传播理论的同时，对学生开展有计划有针对性的特色培养，培养学生的专业意识和职业竞争能力。课程考核分为考试和考查两种形式，重在考察学生的基础理论知识，以及运用所学

专业知识发现、分析和解决实际问题的能力。

2.10.6　学术研究(2015—2017)

衡量一所大学水平的高低，一要看这所大学培养了什么样的学生；二要看它在科学和学术前沿占领了什么样的领域，作出了什么样的学术贡献；三要看它为经济社会发展和文化传承作出了什么样的贡献。因此，科学研究在大学建设中占据重要位置，可以视为最核心的内容。总体而言，江苏省新闻传播学科的学术研究水平在全国范围内居于领先水平，这可以通过2015—2017年国家社科基金项目的立项数量和研究话题上可以看出，如表2-17~表2-19所示：

表2-17　**江苏省2015年新闻学与传播学国家社科基金项目**

高校名称	项目名称	项目类别	负责人
苏州大学	新媒体语境下政治认同的建构路径研究	一般	张　健
南京财经大学	民国广播事业史研究	一般	谢鼎新
南京师范大学	中国近代报刊阅读史及其史料库建设(1815—1919)	青年	卞冬磊
南京大学	媒体融合背景下舆论形成与扩散的网络门槛研究	青年	王成军
扬州大学	孔子学院与韩国世宗学堂的文化传播机制比较研究	青年	乔宇博
南京农业大学	新媒体语境下国家形象传播的话语策略研究	青年	路　璐

表2-18　**江苏省2016年新闻学与传播学国家社科基金项目**

高校名称	项目名称	项目类别	负责人
南京师范大学	新媒体视觉文化传播研究	重点	于德山
苏州大学	清末民初日本在华报纸研究(1901—1921)	一般	曹晶晶
南京师范大学	大数据时代网络舆情和社会治理研究	一般	骆正林
南京大学	基于民族认同感的两岸媒体抗日集体记忆话语研究	一般	周海燕
南京大学	青少年网络族群冲突的驱动机制研究	一般	胡菡菡
南通大学	当代英国纸质媒体中的中国形象研究(1950—2015)	一般	胡衬春
南京航空航天大学	基于泛在媒体网络的中国电影跨文化绩效提升途径研究	一般	李　敏
南京大学	基于“情感”视角的当代中国公共舆论研究	青年	袁光锋

续表

高校名称	项目名称	项目类别	负责人
南京财经大学	网络动员在国外社会骚乱事件中的作用机制与管理模式研究	青年	张恒山
扬州大学	老年群体社交媒体使用困境及其社会支持研究	青年	石晋阳
河海大学	精准扶贫政策信息的多级流动与数字化传播对策研究	青年	孟　伦

表 2-19　　**江苏省 2017 年新闻学与传播学国家社科基金项目**

高校名称	项目名称	项目类别	负责人
南京师范大学	新型城镇化背景下城市新移民的互联网社会支持研究	一般	庄　曦
南京师范大学	“互联网+”背景下西部贫困农民社交媒体应用困境及对策研究	一般	曹　刚
南京大学	亚文化群体网络集群行为触发与演化机制研究	一般	王　蕾
苏州大学	中国播音史研究	一般	祝　捷
南京财经大学	移动圈群公共舆论价值践行与究责机制研究	一般	刘成付
南京大学	美国传播理论史研究	一般	胡翼青
扬州大学	新媒体环境下雾霾污染的公众认知困境及引导策略研究	一般	陈　刚
淮阴师范学院	基于空间三元辩证法的移动传播“空间形变”研究	一般	陈长松
河海大学	“互联网+”时代公益传播的多元互动机制与协同治理研究	青年	邓　倩
南京师范大学	新媒介环境下灾害信息传播与媒体社会责任研究	青年	高　昊
南京邮电大学	多元舆论场共存背景下重大突发事件舆情博弈和引导策略研究	青年	程铁军

从全国范围来看，在新闻传播研究领域虽然江苏省学术科研水平居于前列，但与此形成鲜明反差的是，全省高校的科研发展水平处于非常不均衡的状态。学术科研水平比较强势的学校主要集中在一些“985”“211”或重点大学，这可以从近几年的江苏省社科基金项目立项情况上可以看出，立项数量最多的主要是南京大学、南京师范大学、苏州大学、南京理工大学等一些名牌重点大学，而地方普通院校则几乎凤毛麟角，这也造成省内学术研究呈现出马太效应的发展趋势。因此，如何切实有效地提升自身的学术研究

水平，加强软件设施和师资队伍的建设，增强学术研究的创新性，是普通地方院校新闻传播教育要长久发展所面临的最大瓶颈和挑战。

（张　健　杨　惠）

2.11　浙江省新闻传播教育发展综述

2.11.1　浙江省新闻教育发展现状综述

截至 2017 年 12 月，浙江省办有新闻传播学科相关专业的高校有 34 所，其中本科院校有 28 所(含独立学院 9 所)，3 年制高职院校有 6 所。具有新闻传播学科硕士学位授予权的大学有 8 所，8 所大学的新闻传播学专业与省委、市委宣传部共建。依据浙江省教育厅提供的《浙江省 2017 年学校信息表》(20180102)整理的 2017 年浙江省新闻传播教育基本信息如表 2-20 所示：

表 2-20　**2017 年浙江省新闻传播教育基本信息汇总表**

序号	学校代码	学校名称	是否硕士授予权单位	办学类型	相关专业	是否校部共建单位
1	4133010335	浙江大学	是(硕博)	大学	新闻学、广播电视学、广告学	是
2	4133010336	杭州电子科技大学		大学	传播学、编辑出版学	
3	4133010337	浙江工业大学	是	大学	广告学、广播电视学	是
4	4133010338	浙江理工大学	是	大学	传播学	是
5	4133010345	浙江师范大学		大学	广告学(中外合作)	
6	4133010347	湖州师范学院		学院	新闻学、广告学	是
7	4133010351	温州大学	是(2017)	大学	广告学	
8	4133010353	浙江工商大学	是(2017)	大学	广告学、新闻学、编辑出版学	

续表

序号	学校代码	学校名称	是否硕士授予权单位	办学类型	相关专业	是否校部共建单位
9	4133010876	浙江万里学院		学院	广告学、新闻学、编辑出版学、网络与新媒体	是
10	4133011058	宁波工程学院		学院	广告学	
11	4133011482	浙江财经大学		大学	广告学	
12	4133011646	宁波大学	是	大学	新闻学、广告学	是
13	4133011647	浙江传媒学院	是	学院	新闻学、传播学、编辑出版学、数字出版、广播电视学	是
14	4133011842	浙江树人学院(民办)		学院	网络与新媒体、新闻学	
15	4133012792	浙江越秀外国语学院(民办)		学院	传播学、编辑出版学、新闻学、网络与新媒体	是
16	4133013001	宁波大红鹰学院(民办)		学院	广播电视学、广告学、编辑出版学	
17	4133013637	温州商学院(民办)		学院	广告学、传播学	
18	4133014275	浙江外国语学院		学院	网络与新媒体	
19	4133016301	宁波诺丁汉大学	是	大学	传播学(中外合作)	
20	4133013022	浙江大学宁波理工学院		独立学院	网络与新媒体、新闻学	
21	4133013275	浙江工业大学之江学院		独立学院	广播电视学、广告学	
22	4133013277	宁波大学科学技术学院		独立学院	广告学	
23	4133013283	浙江农林大学暨阳学院		独立学院	广告学	
24	4133013288	绍兴文理学院元培学院		独立学院	传播学	

续表

序号	学校代码	学校名称	是否硕士授予权单位	办学类型	相关专业	是否校部共建单位
25	4133013289	温州大学瓯江学院		独立学院	广告学	
26	4133013290	浙江工商大学杭州商学院		独立学院	新闻学、广告学	
27	4133013292	中国计量大学现代科技学院		独立学院	广告学	
28	4133013294	浙江财经大学东方学院		独立学院	广告学	
29	4133012061	金华职业技术学院		高等职业学校	传播与策划	
30	4133012864	浙江经贸职业技术学院		高等职业学校	传播与策划	
31	4133013025	浙江纺织服装职业技术学院		高等职业学校	时尚传媒	
32	4133010864	温州职业技术学院		高等职业学校	传播与策划	
33	4133014090	浙江横店影视职业学院		高等职业学校	新闻采编与制作、媒体营销、广播电视节目制作	
34	4233050559	宁波教育学院		教育学院	新闻采编与制作	

1. 专业(方向)多分布在“文化”“人文”学院

新闻传播学为国家一级学科，下设的二级专业有新闻学、传播学、广播电视学、广告学、网络与新媒体、编辑出版学、广播电视编导、国际新闻、电视摄影等。从开设新闻传播学相关专业的 19 所本科院校来看，将二级专业设置在人文、文化学院的居多，学院以“人文”“文化”命名的有 13 所，如浙江大学传媒与国际文化学院、浙江工业大学人文学院、浙江万里学院文化与传播学院；排在第二位的是院名中含有“传播”一词的学院，多与“文化”“人文”交叉使用，共有 7 所，如浙江财经大学人文与传播学院、浙江工商大学人文与传播学院、浙江师范大学文化创意与传播学院；设置独立新闻传播学院的有浙江传媒学院的新闻与传播学院和浙江理工大学的史量才新闻与传播学院。

2. 广告学专业分布最广

宁波大学最早创建浙江省的广告学专业。鉴于社会经济的快速发展对广告传播人才的急需，1995 年宁波大学中国文化研究中心在浙江省内率先筹建广告学本科专业，1996 年正式面向全国招生。浙江省最年轻的广告学专业由温州商学院管理学院 2008 年创办。

目前，在二级专业中分布最为广泛的是广告学，在全部 34 所大专院校中有 18 所大学设置了广告学专业，占比 53%；19 所本科院校中有 11 所大学开设广告学专业，占比 58%（见图 2-4）。各院校结合自身特点，根据广告学专业培养学生掌握广告学基础知识、理论及广告实践能力的特点，为各种传播媒介、工商管理部门、新闻部门及公司培养从事广告经营管理、策划、制作、发布等实务人才。目前来看，广告学专业各方向的毕业生就业范围广泛，既有政府部门从事文秘宣传工作的，也有在企事业单位从事广告运作与品牌传播工作的，还有从事传统媒体及新媒体的宣传策划与广告运营工作，以及其他各类机构团体的品牌传播、推广及营销与经营管理工作的，就业前景看好，如浙江师范大学文化创意与传播学院广告学专业 2017 年升学就业率达到 99%。

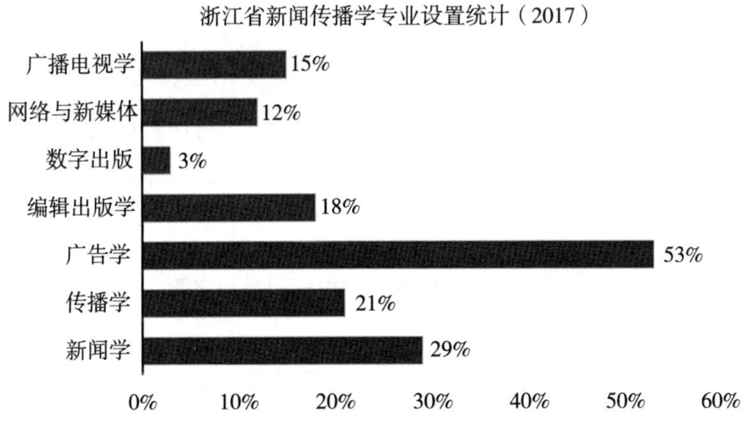

图 2-4　浙江省新闻传播学专业设置统计

3. 研究生教育发展滞后

学科评估是教育部学位与研究生教育发展中心(简称学位中心)按照国务院学位委员会和教育部颁布的《学位授予和人才培养学科目录》(简称学科目录),对具有博士硕士学位授予权的一级学科进行整体水平的评估,2017 年完成了四轮评估。从第四轮新闻传播学科评估结果来看,在 A 类(A+、A、A-)8 所大学,B 类(B+、B、B-)24 所大学,C 类(C+、C、C-)24 所大学中,浙江大学取得 B+的优异成绩。但是在总量上,全部 56 所大学中浙江省仅有 1 所大学,是北京的 1/9,是上海的 1/8,是江苏省的 1/4,与云南、辽宁、长春、新疆等地相当。这与浙江省新闻传播学研究生教育发展滞后有关。目前仅有浙江大学具有新闻传播学博士学位授予权,具有硕士学位授予权的院校也只有 8 所,且其中浙江工商大学、浙江理工大学、温州大学、宁波大学均为 2017 年新增专业学位授权点,与浙江省在全国的经济地位不相匹配。

4. 新闻传播教育具有国际视野

浙江省发达的经济建设推动新闻传播教育的国际化发展。近年来中外合作办学蔚然成风,如浙江工商大学人文与传播学院与英国爱丁堡龙比亚大学在编辑出版和广告专业方面建立了“3+1”联合办学模式;浙江师范大学文化创意与传播学院广告学专业与澳大利亚伊迪斯·科文大学进行联合办学;浙江万里学院与德国汉堡设计与传播应用科学大学联合培养广告学专业的“双校园双学位”项目;宁波大红鹰学院与韩国映像大学、黑山地中海大学等境外大学开展了学生短期交流学习项目等。

另外,浙江大学新闻传播学科所属的传媒与国际文化学院、中外联合办学的宁波诺丁汉的国际传播系则是在办学理念上突出国际文化交流与传播,致力于为全国乃至全世界传媒的创新创业培养人才。师资遴选与培养均以国际型学者为对象,在学术国际化、促进人类共同体建设方面走在了前面。以浙江大学为例,目前传媒与国际文化学院的教师中有 63%都有过海外学习、访问交流、兼职工作的经历,其中教授占比 72%,副教授占比 52%,讲师占比 73%。

2.11.2 浙江省新闻教育发展历程中的标志性院系

1. 浙江大学传媒与国际文化学院:浙江省最早的新闻教育从这里起步

浙江省早在 1854 年就办有中文报刊《中外新报》,是中国近代新闻事业的发源地之一。浙江的新闻教育事业则起步较晚,以 1949 年 7 月创办的杭州新闻学校为起点。杭州新闻学校由彼时刚刚组建的《浙江日报》发起筹建，新华社三野总分社社长陈冰亲任校长。正式录取302人，另有备取生27人。杭州新闻学校虽然仅有280天的校史，没有校园也没有文凭，但它是最早培养浙江新闻事业生力军和开拓者的摇篮，在浙江新闻教育事业上却有着独特的地位。

浙江大学新闻与传播学系是浙江省最早开展新闻传播教育和研究的科研院系。1958年，杭州大学开始设立新闻系，后因高等院校专业设置调整于1962年停办。1978年，杭州大学开办新闻专科。1982年，筹建了中文系新闻专业。1988年，恢复成立了杭州大学新闻系。1993年，杭州大学与浙江日报报业集团、浙江广播电视厅、浙江省新闻出版局、新华社浙江分社等数十家浙江新闻媒体一起建立了杭州大学新闻与传播学院。1998年9月15日，鉴于国家对建设世界一流大学的需要，经国务院批复，曾经从浙江大学分离出去的杭州大学、浙江农业大学、浙江医科大学回归浙大母体，共同组建了新的浙江大学。

2006年浙江大学传媒与国际文化学院成立，遵循“创新驱动、以人为本、交叉取胜、主流引领”的发展思路，致力于成为全国乃至世界传媒创新创业的人才摇篮、科技引擎和智库基地。在2017年QS世界大学学科排名中，浙江大学传播与媒体研究专业排名全球前150名，中国大陆名列第四，在学术成果和学者影响力等硬指标方面更是位居国内榜首。目前，浙江大学传媒与国际文化学院教职员工59人，其中教授14人，副教授28人。2个省级重点研究基地：浙江省地方政府与社会治理研究中心、浙江省传播与文化产业研究中心。3个博士点：传播学、美学、政治学。5个硕士点：传播学、新闻学、美学、广播电视艺术、政治学。3个教学系：新闻传播学系、国际文化学系、影视与新媒体系(筹)。6个研究所：传播研究所(省级重点学科)、美学与艺术批评研究所(省级重点学科)、新闻传媒与社会发展研究所(省级重点学科)、广播影视研究所、国际文化与社会思想研究所。

传媒与国际文化学院的成立，是浙江大学在前沿学科领域的重大创新，标志着学科建设的进一步发展，同时也带动了浙江省新闻传播教育的全面发展。

2. 浙江传媒学院：南方最大的传媒类专业院校

“北有北广，南有浙广。”浙江传媒学院是国家新闻出版广电总局和浙江省人民政府共建高校，是目前全国培养广播影视及其他传媒专门人才的主要基地之一，是中国第二大传媒类专业院校。

1978年浙江广播电视事业的发展急需一批高素质的人才，浙江广播电视学校应运而生。1984年4月，国家广电部下达《关于同浙江广播电视厅合办学校事》，以正式文件批复浙江广播电视厅同意扩建、合办一所广播电视新闻学校。同年10月，国家广电部正式作出《关于同浙江广播电视厅合办广播电视专科学校的决定》。1986年，学校根据国家广电部的意见，边筹建边招生，在浙江省范围内招收了首届43名学生，其中新闻专业20名，播音专业23名，其中播音专业自费生3名，学制为两年。作为原国家广电部直属的行业院校，是当时全国开设新闻系科的25所大中专院校之一。1994年，学校经国家广电部同意、报国家教委批准，正式更名为浙江广播电视高等专科学校。2004年5月，教育部正式下文批准成立浙江传媒学院。2012年学校成功获得了专业硕士学位授予权。在短短的几年时间里形成了“北有北广，南有浙广”的美誉。

学院现有广播电视学、新闻学、传播学、编辑出版学、数字出版学、广告学、网络与新媒体7个新闻传播类本科专业，广播电视学是浙江省“十二五”特色专业、“十三五”优势专业，网络与新媒体是浙江省“十三五”特色专业。学校新闻传播学科是浙江省“十一五”重点学科、“十二五”重点学科，入选浙江省“十三五”一流学科B类，共有学科师资40余人，其中有浙江省“钱江学者”特聘教授等省级以上高层次人才10余人，教授14人，“双师型”师资21人。立足新闻传播发展需求，适应融合新闻发展趋势，新闻传播学科已凝练出4个成长性强、传媒特色鲜明的学科方向——广播电视理论与业务、传播效果与舆情分析、媒介话语与文化、网络与新媒体。4个方向呈现出学术空间不断拓展、研究态势各具风貌的喜人格局。近五年来获得国家社科基金13项。学院有浙江省级协同创新中心——媒体优化协同创新中心1个，浙江省首批哲学社会科学重点研究基地——浙江省传播与文化产业研究中心1个。目前新闻与传播学院是中国新闻史学会理事单位、中国高校出版专业建设协作小组成员单位、浙江省新闻传播教育教学指导委员会主任和秘书长单位、中国广播电视学会常务理事单位、浙江省广播电视学会副会长单位、浙江省传播学会副会长单位。2011年，以广播电视(新闻)学专业为主体的“新闻与传播”专业硕士作为服务国家特需项目获得招生资格，2012年开始招生。

经过多年建设，学院人才培养特色鲜明，已形成广电音视频内容生产特色、复合应用型人才培养特色和政产学研深度融合特色，与浙江广电集团共建卓越新闻人才培养“飘萍班”，开设了数据新闻和出镜记者专业方向，与美国密苏里大学新闻学院共同打造的“密苏里教学周”已形成品牌。迄今为止，已为全国各级各类报纸、广播电台、电视台、新闻网站、新媒体机构、党政机关、出版集团和企事业单位培养了一批有扎实功底、有传媒担当的优秀人才，其中61人获长江韬奋奖、中国新闻奖等行业最高奖。

3. 浙江万里学院文化与传播学院：浙江省高校人才培养模式创新试验区

文化与传播学院是以新闻传播学科为发展重点的应用型特色学院，前身是成立于1999 年的文化与传播系，2002 年设立学院。现拥有中文系、新闻系、广告系、编辑出版系和现代传媒实验中心 5 个二级单位，有汉语言文学、新闻学、广告学、编辑出版学和网络与新媒体 5 个本科专业，在校生 1455 人，专任教师 80 人。

2007 年 10 月，学院被教育部高等学校新闻学学科教学指导委员会授予"全国地方院校新闻传播学应用型人才培养试点单位"。新闻学专业成为国家第一类特色专业(2008)、浙江省重点专业(2007)、浙江省优势专业(2012)、浙江省省级高校人才培养模式创新试验区(2011)。网络与新媒体专业为浙江省新兴特色专业(2014)、浙江省特色专业("十三五"时期，2017)。

学院现代传媒实验中心是浙江省级实验教学示范中心，拥有非线性编辑实验室、硬盘播出系统、数字编辑出版实验室、创意广告实验室和网络舆情实验室 5 个省财政厅重点资助实验室。建有包括中国青年报社、宁波日报报业集团、宁波广播电视集团、网易传媒(浙江)等在内的实践教学基地 80 余个。拥有浙江省哲学人文社科重点研究基地"临港现代服务业与创意文化研究中心(文化与创意产业研究方向)"、宁波市院士文化研究中心等研究平台 4 个。

浙江万里学院文化与传播学院以建成省内外知名的教学为主型和特色鲜明的应用型学院作为办学目标，按照"专业对接行业、实践扎根基地、科研助推产学、项目促进创新"的基本思路，依托区域传媒业及其他文化产业，以课程建设和实践基地建设为抓手，以产教融合和科教融合为驱动，整合办学资源，建立了 3 个特色行业学院，即以马克思主义新闻观培养为指向的部校"共建新闻学院"、以网络直播人才培养为核心的"万里-网易直播学院"、以塑造当代宁波企业家精神为旨归的"守仁学院"。新闻学专业为培养适应行业产业需求的应用型人才，将人才培养目标设定为"具有多媒介平台生产多样化新闻产品的全媒体技能的复合型新闻传播人才"。秉持"强基础，重实践，校政媒企合作，服务地方"的办学理念，在培养层次和类型上，坚持以本科应用型新闻传播人才为主，与传媒行业"零距离"对接；网络与新媒体专业以"政务信息传播"和"网络舆情分析"两个特色方向为依托，重点培养在党政机关及企事业单位从事信息采编与发布、策划设计与危机公关、舆情监测与研判的新媒体人才；广告学专业重点培养广告策划、品牌服务与传播、广告设计等领域的人才；编辑出版专业重点培养杂志、新媒体及网络与电子商务企业信息的策划、采集与印制等领域的编辑出版人才。

(陈志强)

2.12 安徽省新闻传播教育发展综述

2.12.1 历史回眸

安徽省的新闻传播学科高等教育始于安徽大学。1984 年安徽大学中文系下设新闻学专业并开始招生。安徽师范大学 1993 年设立新闻学专业并开始招生。2003 年以前，安徽省省属高校中仅安徽大学和安徽师范大学两所高校拥有新闻学专业。

2003 年，随着全国新闻传播教育的跨越式发展，为了应对传媒业集团化发展的趋势，安徽大学首先建立了新闻传播学院。这一时期，较早设立专业的两所高校注重扩大招生规模，引进多学科人才，开始建立较为完备的学科结构，由此在人才培养等方面产生了对全省的辐射力和示范效应。安徽省各高校陆续开始进行相关专业招生。从 2003 年到 2010 年，开设了新闻学专业的高校迅速增至 21 家。安徽省新闻传播教育迎来了第一个发展的高峰期。这一时期的省内新闻教育以应对媒介集团化趋势为发展方向，着重开设新闻学和广播电视专业，发展速度快，规模效应明显。

2010 年之后，新媒体技术的发展使得传媒业态发生重大变化。传统纸媒的衰落和广电行业的疲态使得地方新闻传播教育面临重大挑战和发展机遇。安徽新闻传播教育在应对挑战的同时，或是在发展传统专业基础上酌情开设网络新媒体专业，或是直接将教育教学的重心转移至技术方向。截至 2017 年，安徽省已有 30 家普通本科高校开设一类学科新闻学与传播学专业。其中安徽大学、安徽师范大学、安庆师范大学设有独立的新传类学院；阜阳师范学院信息工程学院设有独立的新闻与传媒系。其他以“传播”或“传媒”为名的学院共有 13 所。2017 年新增招生单位安徽农业大学。

2017 年年底，除了按照《安徽省教育厅关于成立安徽省普通本科高校专业合作委员会的通知》(皖教高[2017]1 号)要求，由安徽大学作为常任主任委员单位，牵头成立安徽省新闻传播学类专业合作委员会，代替之前的高校联盟，对中国科技大学和合肥工业大学两所部属院校之外的 28 所高校开展本科专业(新闻学、广播电视学、广告学、网络与新媒体、编辑出版学、传播学)的建设及评估、大学生学科专业竞赛、教育教学改革研究等工作。标志着安徽省新闻传播教育进一步走上规范发展的轨道。

2.12.2 主要院系

2018 年安徽省开设新闻学与传播学一类学科本科专业的普通高校共 30 所，设新闻传播学院的高校有 2 所，在人文学院或艺术学院中开设新闻专业的高校共 20 所。从地域上看，主要院系分布广泛，遍布皖南皖北。从院系的类别上看，主要院系涵盖各类型高校。既包括知名的部属院校(中国科技大学，合肥工业大学)、省属综合性大学(安徽大学)、师范类院校(安徽师范大学)，也包括新近成立或是建院的独立学院(黄山学院、滁州学院等)。这些显示出安徽省新闻传播教育飞速发展的蓬勃景象(见表 2-21)。

表 2-21　　安徽省新闻传播学本科专业开设情况(按照开设时间顺序排列)

序号	学校	专业	所属院系	专业数
1	安徽大学	新闻学、广播电视学、广告学、网络与新媒体、编辑出版学	新闻传播学院	5
2	安徽师范大学	新闻学、广告学、网络与新媒体	新闻与传播学院	3
3	中国科技大学	传播学	人文与社会科学学院	1
4	合肥工业大学	新闻学、广告学、编辑出版学、广播电视学	—	4
5	安庆师范大学	新闻学、广播电视学、网络与新媒体	传媒学院	3
6	安徽财经大学	新闻学、广告学、网络与新媒体、传播学	文学与艺术传媒学院	4
7	皖西学院	新闻学、广告学、网络与新媒体	文化与传媒学院	3
8	黄山学院	新闻学	文化与传播学院	1
9	滁州学院	新闻学、网络与新媒体	文化与传媒学院	2
		广告学	美术与设计学院	1
10	淮南师范学院	新闻学、广告学	文化创意与传播学院	2
11	宿州学院	新闻学	文学与传媒学院	1
12	池州学院	广告学、网络与新媒体	文学与传媒学院	2
13	铜陵学院	广告学、网络与新媒体	文学与艺术传媒学院	2
14	淮北师范大学	新闻学、广告学、网络与新媒体	文学院	3
15	合肥师范学院	网络与新媒体、编辑出版学	文学院	2
16	阜阳师范学院	新闻学	文学院	1
17	安徽工程大学	广告学	艺术学院	1
18	安徽理工大学	网络与新媒体	人文社会科学学院	1

续表

序号	学校	专业	所属院系	专业数
19	安徽新华学院	新闻学、广告学、编辑出版学	文化与新闻传播学院	3
20	合肥学院	新闻学	中国语言文学系	1
21	巢湖学院	广播电视学、广告学	文学传媒与教育科学学院	2
22	蚌埠学院	广告学	文学与教育学院	1
23	安徽大学江淮学院	新闻学	文法系	1
24	安徽师范大学皖江学院	新闻学、广播电视学、广告学	人文与传播系	3
25	阜阳师范学院信息工程学院	新闻学、广播电视学、网络与新媒体	新闻与传媒系	3
26	淮北师范大学信息学院	广播电视学、广告学、网络与新媒体	—	3
27	安徽财经大学商学院	广告学	—	1
28	安徽外国语学院	网络与新媒体	—	1
29	安徽科技学院	编辑出版学	—	1
30	安徽农业大学	网络与新媒体	人文社科系	1

（注：合肥工业大学的广告学专业在建筑与艺术学院招生，其他新闻传播类专业是硕士专业。中国科技大学传播科技与传播政策系设有传媒管理硕士专业）

2.12.3 专业设置

目前，安徽省普通本科高校新闻传播学类专业分布相对全面，涵盖一级学科下设的六个二级专业方向(新闻学、传播学、网络与新媒体、广播电视学、编辑出版学和广告学)。其中新闻学和广告学是最受青睐的专业(有 17 所高校开设上述两种专业)，其次是网络新媒体专业(共有 15 所高校开设该专业)，开设传播学专业的相对较少。资料显示，目前安徽省新闻传播学类专业分布并不均衡(见表 2-22)。

表 2-22　**安徽省普通高校新闻传播学类本科专业布点表**

专业名称	布点院校	小计
新闻学	安徽大学、安徽师范大学、安庆师范大学、合肥工业大学、安徽财经大学、皖西学院、黄山学院、滁州学院、淮南师范学院、淮北师范大学、宿州学院、阜阳师范学院、安徽新华学院、合肥学院、安徽大学江淮学院、安徽师范大学皖江学院、阜阳师范学院信息工程学院	17 个
编辑出版学	安徽大学、合肥工业大学、合肥师范学院、安徽新华学院、安徽科技学院、中国科技大学	6 个
传播学	中国科技大学、安徽财经大学	2 个
网络与新媒体	安徽大学、安徽师范大学、安庆师范大学、安徽财经大学、安徽农业大学、皖西学院、滁州学院、淮北师范大学、合肥师范学院、池州学院、铜陵学院、安徽理工大学、阜阳师范学院信息工程学院、淮北师范大学信息学院、安徽外国语学院	15 个
广播电视学	安徽大学、安庆师范大学、合肥工业大学、巢湖学院、安徽师范大学皖江学院、阜阳师范学院信息工程学院、淮北师范大学信息学院	7 个
广告学	安徽大学、安徽师范大学、合肥工业大学、安徽财经大学、皖西学院、滁州学院、淮南师范学院、淮北师范大学、池州学院、铜陵学院、安徽工程大学、安徽新华学院、巢湖学院、蚌埠学院、安徽师范大学皖江学院、淮北师范大学信息学院、安徽财经大学商学院	17 个

2. 12. 4　部校共建情况

2014 年，中宣部与教育部在全国范围内推动地方党委宣传部与高等学校共建新闻学院工作。安徽省共有两所部校共建新闻学院：2015 年安徽省委宣传部与安徽师范大学签署协议进行部校共建。安徽师范大学新闻与传播学院是全国首批 10 个部校共建新闻学院试点单位之一，也是安徽省首批部校共建单位。2016 年安徽省委宣传部与安徽大学新闻传播学院签署协议，进一步推动部校共建工作。

安徽部校共建工作机制核心是“4+1”，即着力将马克思主义新闻观教育作为新闻舆论人才培养的“铸魂”工程的根本，努力进行新媒体大发展形势下的新闻传播研究，着力构建理论体系、学科体系、教材体系、教学体系“四位一体”的马克思主义新闻观教育体系，重视培养新闻后备人才的实战性锻炼。

2017 年，安徽师范大学协力构建“2+3+2”的部校共建领导体制、合力建设“校媒协同、实践育人”机制，为安徽省部校共建工作实现了顺利开局。安徽大学进一步重视和加强马克思主义新闻观教学工作，完善教材体系，发挥史论科研队伍优势，获批多项安徽省教研与科研马克思主义新闻观相关项目，加强师生对外学术交流，为安徽省部校共建实现实在成效进行了有益的探索。

2.12.5　本科和研究生教育

安徽新闻传播高等教育的层级分布十分明显。本科教育发展十分迅速，研究生教育尚有发展空间。目前 30 所创办专业的高校中仅有不足 10 家高校开设研究生专业及方向，其中一级学科博士点 2 家，硕士点 4 家，远远低于本科专业所开设的数量和规模。

博士点和硕士点主要包括：

中国科技大学：传媒管理(博士点)，新闻与传播、传媒管理(硕士点)。

安徽大学：新闻学与传播学(博士点为 2017 年新增)、新闻传播学(一级学科硕士点)、新闻与传播(专业硕士点)、出版(专业硕士点)。

合肥工业大学：新闻学(硕士点)、编辑出版学(硕士点)、广播电视学(硕士点)。

安徽师范大学：新闻与传播(硕士点)。

2.12.6　学术研究及其特色

安徽省新闻传播教育经历了 2003 年的跨越式发展——2010 年的规模化发展后，目前正在规模化和规范化的轨道上长足进步。总体看来，学术研究强调区域特色、服务安徽地方经济和区域发展。

下列两所高校是安徽省仅有的具有专业博士招生点的历史名校，可以作为代表安徽省新闻传播学术研究及其特色的典型个案。

1. 安徽大学：文史渊源、新闻立院，着眼全国、服务地方

安徽大学新闻传播学院是新中国成立后最早一批开设新闻学专业的院校，前身是 1960 年开设的安徽大学中文系新闻专业。2003 年，安徽大学与《安徽日报》本着优势互补、资源共享、相互促进、共同发展的愿望，为适应安徽省文化传媒产业的发展，共建安徽大学新闻传播学院。在 2017 年教育部第四轮学科评估中，该院新闻传播学科被评为 B 级，位列全国第 17 位。2018 年 1 月，国务院学位委员会办公室正式公示了 2017 年

底新增学位授权审核结果，安徽大学新增“新闻传播学”一级学科博士学位授权点。

作为综合性大学的新闻院系，安徽大学新传学院师生在学术研究等方面秉承了老中文系文史研究的传统，在安徽省内具有相对优势的史论研究的资源禀赋。目前学院下设两个研究中心：

一是 2008 年 5 月由安徽大学新闻传播学院与复旦大学信息与传播研究中心共建的中国包括与社会历史研究所。研究所所长芮必峰，常务副所长王天根，该所收录了从清初至民国初期近 300 年间的 500 多件珍贵报刊资料，其中包括清朝顺治至宣统十朝的《邸报》，乾隆二十六年至宣统年间的各种《京报》，以及《新民丛报》《昌言报》《中外日报》《四川》《夏声》《民报》《妇女时报》等晚清著名报刊的创刊号。许多展品为国内仅有。该所目前拥有 20 多名研究人员，近年来以副所长王天根主持国家社科重大项目“不列颠图书馆藏中国近代珍稀文献辑录、校勘并考释”为代表，取得众多学术成果。每隔一年召开学术年会，至今共 6 届。

二是 2013 年建立并获批为安徽省高校人文社科重点研究基地的安徽大学舆情与区域形象研究中心。中心主任芮必峰，副主任刘勇。该中心以学院青年教师为主要研究人员，培育青年学术人才，服务安徽区域经济与社会发展。2015 年研究中心与安徽省委宣传部、共青团等机关单位合作，每年承担舆情研究报告的写作报送工作。每年召开学术年会，取得了一定的社会效益。

2. 中国科技大学：以科技传播为主要方向，管理学交叉学科方法、形成传播学国际影响力

中国科技大学是教育部所属高校，主要科研机构是人文与社会科学学院下的科技传播与科技政策系。该系前身是 1958 年中国科技情报大学并入中国科技大学成立的科技情报系。后因传播专业顺应社会需求不断发展，历经科技情报与编辑（20 世纪 80 年代）、信息管理与信息系统及编辑出版（20 世纪 90 年代）、传播学（2003）等名称调整，发展成为全国培养科技传播学士、硕博最多、经验最丰富的专业基地之一。该系学术带头人周荣庭教授、汤书昆教授，后者是科技史与科技文明哲学社会科学创新基地执行主任、中国科技传播研究会副会长，党委副书记王国燕是国际科技传播学会 PCST 会员。

安徽省新闻传播教育具有“文理交融寓教于研，培养复合型创新人才改革与实践”特征，成果较为集中地体现了该省重视本科教育的发展特色。近十年来的发展中，各高校以“211”地方综合大学为龙头，发挥了学科齐全、文理见长、基础宽厚的优势，在理论研究方面，通过提出并不断丰富“五位一体”人本教育理念新体系，并在实践探索方面，不断强化文理交融、多元并举的人才培养新机制，搭建寓教于研、协同育人的创新实践新平台；为学生开展探索性研究、进行自主性创业和实现职业岗位成长等特色发展、个性化发展创造了机会和条件，学生们在不同领域所表现出的能力和取得的成绩赢得了社会各界的广泛好评和充分肯定。

（蒋含平）

2.13　福建省新闻传播教育发展综述

2.13.1　福建省新闻传播教育的起源

福建省是国内最早开启新闻传播专业教育的省份之一，其发端可以追溯至20世纪20年代。1922年，作为“中国人创办的第一个新闻学科”，厦门大学新闻学部的成立拉开了福建新闻传播教育的序幕。但是在1926年，厦门大学新闻学部因历史原因被迫停办，福建新闻传播教育也由此中断，直至20世纪80年代方才再度兴起。

1983年，在原香港《大公报》老报人刘季伯先生、新闻前辈徐铸成先生、香港中文大学新闻与传播学系原主任余也鲁教授等人的大力倡议以及国家与福建省领导的支持下，厦门大学复办新闻传播系，这也是国内高等教育中第一个以“传播”冠名的新闻传播系。该系率先设置了国际新闻和广告学专业，于1984年秋季招收了第一批本科学生。国际新闻专业从外文类招生，要求有较高的英语水平，学制为五年，主要是培养能从事对外宣传及派驻国外的新闻工作者。广告学专业从文科类招生，要求有一定的美术基础，学制为四年，主要是培养能从事社会主义广告研究、教学、宣传、管理及设计制作的专门人才。其后该系又于1985年创办广播电视新闻学专业，培养能够胜任电子媒体及企事业宣传部门的编辑、采访、节目制作、节目策划、媒介经营管理等工作的新闻传播高级人才，由此形成了涵盖新闻学、广播电视、广告学的新闻传播教育体系。

福建师范大学紧随其后，其中文系于20世纪80年代初开始开展电影艺术与传播的教育和研究，并于20世纪90年代中后期在中文系戏剧戏曲学硕士专业下招收影视艺术与传播方向的硕士研究生。1999年，中文系成立广播电视新闻学教研室，于第二年招收第一届广播电视新闻学专业本科生。

但在20世纪，福建省仅有厦门大学与福建师范大学两所学校开展新闻传播专业教育。直至进入21世纪，福建新闻传播教育方才步入发展“快车道”，截至2017年年底，福建共有 48 所大专院校开展新闻传播教育，并在办学规模、教育层次、学科建设等方面有了较大进步。

2.13.2　福建省新闻传播教育的新近发展

1. 主要院系与专业设置

进入 21 世纪以来，福建省新闻传播教育格局发生了两大显著变化：

第一，一些新闻传播系所陆续升格为新闻传播学院，不仅此前已在开展新闻传播教育的厦门大学、福建师范大学相继成立新闻传播学院，新近开设新闻传播专业的华侨大学、厦门理工学院也分别成立了新闻与传播学院以及数字创意与传播学院。目前，厦门大学与福建师范大学两所学校，和中共福建省委宣传部正式合作建设新闻传播学院。

福建师范大学传播学院于 2004 年成立，是福建省属高校中最早成立的传播学院。成立以来，福建师范大学传播学院立足福建，服务于国家的建设战略和福建媒体产业、文化创意产业的发展需求，本着“重基础素养，着力创意实践；重一专多能，创建专业品牌”的办学定位，不断优化专业结构与提高办学水平。目前，学院设立了新闻学、传播学、播音与主持、影视艺术与广告学五个教研室；开设了广播电视新闻学、广告学、播音与主持艺术、广播电视编导四个本科专业；拥有新闻传播学、戏剧与影视学两个一级学科硕士学位授权点，广播电视艺术硕士、新闻与传播硕士两个专业硕士学位授权点，戏剧与影视学一级学科博士学位授权点，戏剧与影视学、艺术学理论两个博士后科研流动站，已形成应用型与学术型兼有、涵盖自学士至博士的人才培养体系。

厦门大学新闻传播学院于 2007 年成立。建院后，该院充分发挥地处中国经济特区和综合性大学的优势，全力向建设“面向海洋、亚洲著名的现代化新闻传播学院”的目标迈进，目前设有新闻学系、广告学系、传播学系三个系，拥有新闻学、广播电视新闻学、广告学与传播学四个本科专业，新闻传播学一级学科硕士点、新闻传播学一级学科博士点和新闻传播学博士后流动站，建立起学士、硕士及博士比较完整的新闻传播教育体系，成为中国新闻传播教育的“南方之强”。

厦门理工学院数字创意与传播学院成立于 2010 年，其成立主要因应于数字技术的飞速发展及其在文化艺术领域的广泛应用和渗透，并强调与海峡西岸数字内容产业的对接，下设艺术与科技(数码动画设计方向，艺术与科技(数字媒体技术方向)、文化产业管理(媒体创意方向)、艺术与科技(音乐工程方向)和播音与主持艺术五个本科专业。

华侨大学新闻与传播学院是福建省最新组建的一所新闻传播学院，于 2016 年方才成立。华侨大学新闻传播教育源起于 2003 年文学院设立的广播电视新闻学专业，其后该院又分别于 2008 年和 2013 年设立广告学专业与新闻学专业。2016 年，华侨大学将新闻传播系从文学院中分离出来，成立独立建制的新闻与传播学院。该学院设在华侨大学厦门校区，下设新闻系、广播电视系、广告系 3 个学系，现有新闻学、广播电视学和广告学 3 个本科专业、国际文化传播二级学科硕士点以及新闻与传播学专业硕士点。

第二，进入 21 世纪以来，福建工程学院、莆田学院、黎明职业大学、厦门大学嘉庚学院、闽江学院、龙岩学院、仰恩大学、泉州师范学院等院校也纷纷创办新闻传播类系所，除了开设传统的新闻学、广播电视学、传播学与广告学专业外，兴办了一批诸如文化产业管理、视觉传达设计、动画、网络与新媒体等专业，既呈现出福建新闻传播教育对文化体制改革不断推进以及文化产业振兴规划推动下的文化产业蓬勃发展以及媒体技术革新与新媒体崛起的积极回应，也呈现出新闻传播学科与人文学科、艺术学科、管理学科之间相互融合和交叉的发展趋势。

2. 本科生与研究生教育

迄今，福建省新闻传播院系数量已具有一定规模，并在本科生与研究生教育方面呈现出两大特点：

一是福建新闻传播本科教育发展迅速，其在新闻传播高等教育中所占比重显著增加。据 2009 年的统计数据，福建专科层次(高等职业教育)的新闻传播教育占全省高等新闻传播教育的 59.2%，由此带来办学层次比较低，专科层次比例过大的问题。① 经过近十年的发展，在目前福建省提供新闻传播教育的 48 所大专院校中，共有 26 所提供本科及以上层次的教育，新闻传播教育的层次有了较大提升。

二是虽然福建是国内最早开展新闻传播研究生教育的省份之一，但目前发展规模仍十分有限。早在 1983 年，厦门大学开始招收新闻学硕士研究生。1994 年，厦门大学正式设立新闻学硕士点，下设新闻、广播电视和广告三个方向，此后又于 2002 年、2005 年和 2011 年陆续设立传播学硕士点、传播学二级学科博士点以及新闻传播学一级学科博士点。但发展迄今，仅厦门大学新闻传播学院与福建师范大学传播学院两所学院拥有博士学位授予权，厦门大学新闻传播学院、福建师范大学传播学院与华侨大学新闻与传播学院三所学院具有硕士学位授权，福建省高层次新闻传播教育仍有待发展(见表2-23)。

① 朱秀凌. 改革开放 30 年来福建高校新闻传播教育的发展[J]. 福建论坛(社科教育版)，2009，(6)：73-75.

表 2-23　**福建省新闻传播院系一览(仅列福建省大专院校中与新闻传播相关系所及专业)**

序号	高校名称	相关学院	相关系所	相关专业
1	厦门大学	新闻传播学院	新闻学系、传播学系、广告学系	新闻学(本科)、广播电视学(本科)、传播学(本科)、广告学(本科)、新闻学(硕士)、传播学(硕士)、新闻与传播(专业硕士)、新闻学(博士)、传播学(博士)、广告学(博士)
2	福建师范大学	传播学院	新闻学教研室、传播学教研室、播音与主持教研室、影视艺术教研室、广告学教研室	广播电视学(本科)、播音与主持艺术(本科)、广告学(本科)、广播电视编导(本科)、新闻传播学(硕士)、戏剧与影视学(硕士)、广播电视(专业硕士)
3	华侨大学	新闻与传播学院	新闻系、广播电视系、广告系	广播电视学(本科)、新闻学(本科)广告学(本科)、新闻与传播(专业硕士)
4	厦门理工学院	新丝路时尚学院	传播系、广播电视系	艺术与科技(数码动画设计方向)(本科)、艺术与科技(数字媒体艺术方向)(本科)、艺术与科技(音乐工程方向)(本科)、文化产业管理(媒体创意方向)(本科)、播音与主持艺术(本科)、播音与主持艺术(策划)(本科)、数字媒体技术(本科)
5	厦门大学嘉庚学院	人文与传播学院	新闻传播系	新闻学(本科)、广播电视学(本科)、广告学(本科)、文化产业管理(本科)
6	闽南师范大学	新闻传播学院	广播电视学系、传播学系	广播电视学专业(含闽台合作项目影视多媒体技术专业)(本科)、广播电视新闻编导专业(本科)、编辑出版学专业(本科)、广告学专业(本科)
7	福建工程学院	人文学院	新闻与传播学系	广告学(本科)、新闻学(本科)
8	莆田学院	文化与传播学院	新闻系、广告系	广告学(本科)、新闻学(本科)
9	厦门工学院(民办)	文化与传播学院	公共传播系	传播学(本科)、广告学(本科)

续表

序号	高校名称	相关学院	相关系所	相关专业
10	武夷学院	艺术学院	视觉传达设计、动画与数媒教研室	动画(本科)、视觉传达设计(本科)、数字媒体艺术(本科)
11	闽江学院	人文与传播学院	新闻传播系	广告学(本科)
12	龙岩学院	文学与传媒学院	传媒系	广播电视学(节目制作方向、新媒体方向)(本科)
13	宁德师范学院	语言与文化学院	网络与新媒体系	网络与新媒体(本科)
14	仰恩大学(民办)	人文学院	新闻传播系	新闻学(本科)、广告学(本科)、广播电视新闻学(本科)
15	福建师范大学协和学院	—	文化产业系	广告学(本科)
16	泉州师范学院	文学与传播学院	—	广播电视学(本科)、广告学(专科)(本科)
17	福建师范大学福清分校	文化传媒与法律学院	—	广播电视学(本科)、广播电视编导(本科)、广告学(本科)
18	福建师范大学闽南科技学院	设计艺术学院	人文艺术系	广告学专业(本科)
19	三明学院	文化传播学院	文化传播系	传播学(本科)、播音与主持艺术(本科)
20	福建江夏学院	设计与创意学院	动画系、设计系、文化产业管理系	动画、艺术设计学、文化产业管理
21	泉州信息工程学院(民办)	创意设计学院	—	数字媒体艺术(本科)、数字媒体技术(专科)
22	厦门华厦学院(民办)	—	人文创意系	数字媒体艺术(本科)
23	阳光学院(民办)	人文与传播学院	人文社科系/文化传播系	广播电视编导(本科)、文化产业管理(本科)、广告学(本科)
24	宁德师范学院	语言与文化学院	网络与新媒体系	网络与新媒体(本科)
25	闽南理工学院	信息管理学院	数字媒体技术教研室	数字媒体技术(本科)

续表

序号	高校名称	相关学院	相关系所	相关专业
26	福州外语外贸学院(民办)	艺术与设计学院	广播电视编导系	广播电视编导(本科)
27	黎明职业大学	文化传播学院	传媒与创意设计专业群	影视多媒体技术(高职高专)、广告设计与制作(高职高专)、动漫制作技术(高职高专)
28	福建商学院	新闻传播系	新闻传播系	新闻采编与制作(高职高专)、信息传播与策划(高职高专)、影视多媒体技术(高职高专)
29	福建信息职业技术学院	数字创意学院	—	影视动画(高职高专)、广告设计与制作(高职高专)、数字媒体艺术设计(高职高专)
30	厦门城市职业学院	—	人文社科与艺术系	动漫制作技术(高职高专)
31	泉州工艺美术职业学院	—	设计艺术系	多媒体设计与制作专业(高职高专)、视觉传达艺术设计专业(高职高专)
32	闽西职业技术学院	文旅创意学院	—	动漫制作技术专业(高职高专)
33	漳州职业技术学院	文化创意学院	人文社科与艺术系	新闻采编与制作(高职高专)、广告设计与制作(高职高专)
34	福建林业职业技术学院	—	艺术设计系	广告设计与制作专业(高职高专)、广告设计与制作专业(闽台合作办学)(高职高专)、广告设计与制作专业(艺术类)(高职高专)、新闻采编与制作(高职高专)
35	漳州城市职业学院	—	文化艺术创意系	艺术设计(数字媒体方向)(高职高专)、艺术设计(影视制作与策划方向)(高职高专)、广告设计与制作(高职高专)
36	福建职业艺术学院	—	社会文化系	播音与主持专业(高职高专)、影视编导(高职高专)

续表

序号	高校名称	相关学院	相关系所	相关专业
37	厦门海洋职业技术学院	—	信息技术系	数字媒体应用技术(高职高专)
38	福建华南女子职业学院(民办)	—	艺术设计系	数字媒体艺术设计专业(高职高专)
39	泉州华光职业学院(民办)	艺术设计学院	—	广告设计与制作(高职高专)
40	漳州理工职业学院(民办)	传媒学院	—	广告设计与制作(高职高专)、数字媒体艺术设计(高职高专)、印刷媒体技术(高职高专)、数字图文信息技术(高职高专)
41	福州软件职业技术学院(民办)	—	现代设计系	动漫制作技术(VR方向)(高职高专)、广告设计与制作(VR方向)(高职高专)、视觉传播设计与制作(高职高专)、视觉传播设计与制作(VR方向)(高职高专)、数字媒体应用技术(高职高专)
42	泉州轻工职业学院(民办)	艾派文创学院	创意设计系	广告设计与制作专业(高职高专)、动漫设计与制作专业(高职高专)
43	泉州纺织服装职业学院(民办)	—	艺术设计系	广告设计与制作(高职高专)
44	厦门兴才职业技术学院(民办)	艺术与建筑学院	艺术设计教研室、	广告设计与制作(高职高专)、动漫设计(高职高专)
45	厦门华天涉外职业技术学院(民办)	传媒与信息学院	—	动漫制作技术专业(校企订单班)(高职高专)
46	厦门南洋学院(民办)	艺术设计学院	—	动漫制作技术(高职高专)、广告设计与制作(高职高专)、数字媒体艺术设计(高职高专)

续表

序号	高校名称	相关学院	相关系所	相关专业
47	厦门演艺职业学院(民办)	—	编导系、科艺系、戏剧影视系	播音与主持(高职高专)、影视编导(高职高专)、影视多媒体技术(高职高专)、动漫设计专业(高职高专)、戏剧影视表演(高职高专)
48	厦门东海职业技术学院(民办)	传媒与艺术学院	—	影视动画(高职高专)、视觉传达(高职高专)

3. 教学特色

近年来，福建新闻传播教育不仅在数量规模与培养层次上有了较大进步，而且在教学内容与方式上也进行了诸多变革与创新。

首先，强调“通识教育”与“专业教育”的结合。一直以来，新闻传播教育因其过于注重专业训练、忽视综合能力培养而备受质疑，但近年来，越来越多的新闻传播院系开始强调加大通识教育的比重以提升学生的人文与科学素养。如厦门大学新闻传播学院的本科生教育采用“宽口径、厚基础、多样化”的大类人才培养模式，在新闻传播学大类下开设新闻学、广播电视学、广告学、传播学四个专业，即大一、大二注重通识教育和文理综合知识的学习，大三、大四强化专业方向性的训练。福建师范大学传播学院也采取了此种模式，其广播电视学和广告学两个本科专业实行大类招生，新生入学后第一学年不分专业，第一学年结束后综合学生兴趣、社会需求、学科专业发展、教学资源配置等因素，根据个人申请、结合学生平均学分成绩选拔的工作制度，学院根据专业需求进行专业分流。这种“大类招生+专业分流”的人才培养模式意图在于将通识教育与专业训练相结合，以培养既具有开阔的学科视野和广博的知识积累，又掌握专业技能的新闻传播人才。

其次，“从做中学”日益受到重视。这一方面体现为业界教师聘任的制度化与常规化，如厦门理工学院数字创意与传播学院的每个专业都聘请了全职的业界老师，如著名动画导演、滚石唱片录音师、国家一级电视编导、媒体总监等，并采用工作室的方式进行“项目制”教学，还组成了由业界老师加入的评审团和指导教师团，以业界标准指导学生毕业设计。另一方面，实验室建设也成为近年来福建新闻传播院系发展的重头戏。如福建师范大学传播学院作为福建省人才培养模式创新实验区，拥有中央与地方共建高校特色优势学科广播电视媒体实验室、省级重点数字媒体技术教学实验示范中心，其实验室面积总计达 3000 平方米，并陆续建设了非编实验室、摄影实验室、虚拟演播厅、录音实验室、声效实验室、灯光实验室、广告设计工作室等实验实践教学场所。华侨大学新闻与传播学院则建有福建省省级示范实验中心——华侨大学新闻影像实验中心，中心下设 7 个综合性实验分室：数字演播厅、学生数字电视编辑实验室、播音实验室、有线电视传输实验室、影视作品赏析室、灯光摄影室、影视三维动画与多媒体制作实验室，是影像传媒类实验教学的大平台。福建江夏学院设计与创意学院近年来大力发展动画专业，已建立实验室包括无纸动画实验室，综合设计实验室、摄影实验室、丝网印刷实验室、数码印刷实验室、传统动画实验室、定格动画实验室、动画拟音实验室等。实验室的建成、扩大与升级进一步推动了实践教学的日常化。

再次，闽台合作交流深入展开。福建与台湾隔海相望，两地文化教育合作交流颇为频繁，福建的不少学校如厦门大学、福建师范大学、华侨大学、厦门理工学院与台湾的政治大学、世新大学、铭传大学等学校的新闻传播院系建立了密切的学术联系与合作培养关系。

而尤为值得关注的是，2009 年 5 月，国务院颁布《关于支持福建省加快建设海峡西岸经济区的若干意见》赋予福建对台教育交流与合作先行先试的地位后，同年 9 月福建推出了闽台高校联合培养人才项目，这一项目主要有两种形式：一种是闽台高校“分段对接”联合培养人才项目，本科生采取“3+1”方式，高职高专学生采取“2+1”方式，在福建高校学习三年或两年，在台湾高校学习一年，学生毕业后由福建高校颁发学历学位证书，台湾高校出具课程学习成绩证明或结业证书。① 福建师范大学传播学院与厦门理工学院数字媒体创意学院即是这种人才培养方式落实于新闻传播教育的代表。2011 年开始，福建师范大学与台湾世新大学合作，在广告学、播音与主持艺术(口语传播)、广播电视编导三个专业招收和培养“3+1 分段对接”模式的学生，学生第一、第二学年在该院学习公共课、专业基础课和部分专业方向课和选修课，每学年有若干位台湾教师前来授课或讲座；第三学年赴台湾世新大学学习，第四学年回福建就读，并安排系列实习实践活动。厦门理工学院数字创意学院则经福建省教育厅获准于 2010 年开始招收闽台合作办学的艺术与科技(数码动画设计方向)、艺术与科技(数字媒体技术方向)、文化产业管理(媒体创意方向)、艺术与科技(音乐工程方向)、播音与主持艺术五个本科专业。以上每个专业引进台湾高校 1/3 优质课程资源，专业课程中 1/4 均由台湾高校及企业界高管担任。另一种为闽台高校“校企”联合培养人才项目。根据闽台产业发展需求，重点支持福建高等职业院校与台湾职业院校和相关台资企业开展实质性合作，通过三方

---

① 朱水辉. 试析闽台高校联合培养人才项目[J]. 现代台湾研究，2013，(1)：41-44.

联合组织制定专业人才培养方案，联合开展专业、课程、教材等教学资源库建设，联合开展实训基地建设，联合实施“订单式”人才培养，联合培养一批高素质的技能型人才。① 福州职业技术学院广告设计与制作、福建信息职业技术学院影视动画、厦门城市职业技术学院动漫制作技术等专业则是这种模式的代表。

4. 学术研究

经过数十年的发展，以厦门大学新闻传播学院、福建师范大学传播学院、华侨大学新闻与传播学院为代表的福建新闻传播院系在学术研究方面逐渐形成特色与专长，涌现出一批优秀的研究成果。

厦门大学新闻传播学院一直以来立足新闻与传播学学科前沿，以符合国家重大战略需求与凸显区域特色为导向，以国际新闻、对外传播(主要为对台和东南亚传播)、广告与品牌战略等作为科学研究、学科建设及人才培养的特色方向，坚持理论创新和为新闻传播重大决策提供咨询服务，取得了明显进展和良好绩效。学院建立了海峡媒体研究中心、品牌与广告研究中心、传播研究所、舆论研究所以及福建媒体发展与对外传播协同创新中心等研究机构，承担了一批具有创新性、前沿性和实用性的国家及省部级的重大研究项目，并且结合国家、社会和媒体实践的需要，组织了一批重大课题的研究攻关，如国家社科基金重大委托课题“‘一国两制’新闻学研究”、国家社科基金重点课题“‘一国两制’下的新闻理论与实践研究”等；出版了一大批相关论著，如《台湾百科全书·新闻出版卷》等。这些成果不仅得到中央及福建省领导的肯定，在社会上也产生了较大影响。

福建师范大学传播学院在闽台文化合作交流、媒介文化研究、影视艺术研究方面颇具特色，学院不仅拥有省级重点人文社科研究基地——媒介文化研究中心，还与福建省广电局合作建立了海峡西岸经济区广播电影电视产业发展研究中心，还拥有福建师范大学网络文化研究中心、福建师范大学文化产业研究发展中心、影视艺术研究所、台湾传媒与舆情研究所等多个校辖、院辖研究机构。近五年来，学院共获得国家级重点课题项目 1 项、国家级课题项目 4 项、教育部人文社科项目 4 项，其他省部级项目 8 项，并在权威核心刊物和学校认定的 AB 类学术刊物上发表学术论文 90 余篇，并有多篇论文被《高等学校文科学术文摘》、“中国人民大学复印报刊资料”等转载；在中国电影出版社、中国广播电视出版社等国家级出版社出版专著、译著、教材多部；并获得文化部 2017 年度国家社科基金艺术学重点项目立项 1 项、教育部高校人文社科优秀成果奖三等奖 1

---

① 朱水辉. 试析闽台高校联合培养人才项目[J]. 现代台湾研究，2013，(1)：41-44.

项，实现了历史性突破。

华侨大学新闻与传播学院则充分发挥其侨校优势，在对台传播、海外华文传媒研究方面取得了较为丰硕的成果，学院设有华侨大学海峡传媒研究中心、华侨大学口语传播艺术研究中心、华侨大学海外华文媒体研究中心、华侨大学文化创意产业研究中心、华侨大学新媒体研究中心 5 个院属科研机构。近五年来，共获得 5 项国家社科基金立项，6 项省部级课题立项，显示出较为强劲的科研增长势头。

值得一提的是，福建省传播学会也为推动福建新闻传播教育发展与学术共同体的形成作出了相当贡献。该学会是目前福建省内新闻传播教育与研究领域影响最大的学术团体，它成立于 2004 年，一直秉持"学术立会"的传统，以福建省高等院校的新闻传播院系、传播研究机构等作为团体会员，以各院系的教师和媒体人作为个人会员。自其成立以来，每年均召开学术年会，并积极促进福建省内外乃至福建与国内外的学术交流合作。

2.13.3　结语

福建新闻传播教育已走过 90 余年的风雨历程，虽然其间曾一度中断，但发展迄今已具有一定规模并充满活力。在其发展的过程中，福建新闻传播院系充分利用福建特殊的地理位置与文化资源，在实践教学、对台合作交流方面成果显著，并呈现出在对台传播、华文传播与战略传播研究上的独特优势。

（殷　琦　赵艳平）

2.14　江西省新闻传播教育发展综述

2.14.1　江西新闻教育的起源和发展

江西新闻教育的起源可以追溯到 1958 年成立的江西大学新闻系，是继中国人民大学、复旦大学之后新中国开办的第三个高等教育新闻学专业教学点。1973 年，江西大学在中文系内设立新闻学教研室，开办新闻干部培训班、新闻摄影专修班，面向全国媒体招收培养行业骨干。1982 年，江西大学新闻学专业恢复招生。1984 年，与中国摄影家协会合作面向全国培训摄影学员，成为继中国人民大学新闻系之后另一个新闻摄影高等人才培养基地。2001 年 1 月，南昌大学新闻系改建为南昌大学新闻与传播学院。2003 年，学校院系调整后，学院整体上改为新闻与传播学系，并入人文学院。2013 年 12 月，南昌大学在原新闻与传播学系基础上整合重建新闻与传播学院，并与江西省委宣传部共建，从此掀开发展新篇章。

1985 年，江西籍国际著名传播学者、香港中文大学余也鲁教授提议并支持创建江西师范大学教育传播系，1996 年更名为传播系，2000 年晋升为传播学院。2017 年 10 月，江西日报社与江西师范大学共建新闻与传播学院。学校是教育部和中宣部首批开展的新闻院系与新闻媒体单位互聘交流高校，是江西省普通本科高校卓越新闻传播人才教育培养基地。学院现有新闻学、广播电视学、广告学、教育技术学、广播电视编导 5 个本科专业。学院现有全日制本科生 1300 余人，各类硕士研究生 180 余人。学院有文化艺术与传播二级博士点，新闻传播学一级学科硕士点、新闻传播学专业硕士点。广告学专业为江西省普通高校品牌专业、特色专业和江西高等学校综合试点改革专业。

江西其他院校也陆续开办新闻教育，1996 年江西财经大学开设经济新闻专业，首开全国高校经济新闻教育的先河，是全国经济新闻教育的开拓者。2006 年，获得“新闻与传播学”一级硕士点下属的二级学科点——传播学，以及广播电视艺术学专业二级学科硕士点。2011 年，获批新闻传播学一级学科硕士点，同时获批全国首批、省内唯一的戏剧与影视学一级学科硕士点。2014 年获批新闻传播硕士专业学位点。南昌航空大学 2004 年开设新闻学本科专业，现为校级重点建设专业，2012 年获批江西省首批本科专业综合改革试点项目，2015 年被江西省政府确定为第一批开展转型发展试点专业。现设有“马克思主义新闻传播学”硕士点和“广播电视艺术学”专业硕士点，2013 年获首批“江西省高校哲学社会科学高水平科研创新团队”。现有在校本科生 170 余人，硕士研究生近 30 人。

目前，江西省共有新闻学本科专业 11 个、广告学 13 个、广播电视 9 个、传播学、编辑出版各一个，在中部地区新闻教育占有一席之地。

2.14.2　江西新闻教育的特色

1. 红色新闻教育

江西新闻教育扎根苏区，学科发展特色鲜明。南昌大学新闻学科依托办学 58 年的丰富经验、人才优势、智力成果和品牌信誉，坚持和强化社会服务，为地方社会、行业发展作出了积极贡献。

①辐射省内外。学科扎根老区，服务对象涵盖赣南苏区（井冈山、瑞金、兴国县

等），以及本省同行、政府部门、地市（南昌、景德镇等）和各类企业；同时，以甘肃“会宁支教调研团”为代表，长期提供了支教助学等服务。

②服务有重点。学科综合新闻、传播、广告等多个专业优势，重点服务四个领域，一是学科教育。牵头成立“学科联盟”，帮助各兄弟院系建设新闻教育学科。二是红色文化，加强研究苏区新闻事业的历史、遗址及其红色文化，提出保护、开发的意见。三是区域形象传播，包括滕王阁5A景区升级、“豫章十景”古文化街区建设、海昏侯国家考古遗址公园申报、景德镇市户外广告规划及城市形象传播等。四是支教助学，在甘肃会宁等地区开展各项公益活动。

③效益双重性。学科的服务项目具有良好的社会、经济双效益。“学科联盟”工作推动了全省新闻传播学科的发展；红色文化产业方面，成为当地发展规划、出台政策法规的智库；“会宁支教团”被中央电视台、《中国青年报》等媒体予以报道宣传；近年来，广告营销方面承接完成32项政府、企事业单位课题项目，为地方创造了可观的实际收益。

④红色文化传播的科学研究取得显著成效。南昌大学新闻与传播学院深耕本土性学术素材，把中央苏区党报党刊作为研究的重点，先后获得国家社科基金重点项目和重大招标项目；推出了一批质量高、影响大的研究成果，分别获得江西省社科成果一等奖、二等奖等多项奖励，以及国家社科基金结项等级为“优秀”的成果；牵头与国内17所新闻学院联合发起成立中国新闻史学会党报党刊研究会，成为国内相关研究领域的引领者与组织者。

2. 卓越人才培养

南昌大学新闻与传播学院服务国家与社会发展，紧跟当代媒介实践，参照国内外新闻传播教育的先进经验，依托部校共建平台等推进高层次卓越传媒人才培养。现为教育部“本科教学工程”第一批本科专业综合改革试点单位，是全国仅有的两个获准立项之一；拥有江西省高等学校重点学科、江西省高校第一批特色专业、江西省高校第一批品牌专业、“211工程”重点建设项目、江西省实验教学示范中心和校级人才培养创新实验区等。通过创新“1+N”教学内容模式，首创“卓越传媒人”实验班、双导师制和小班教学，开办“课程超市”，开展竞赛、办报、调研、采风、写生和演出等各类课外活动，实施“仿真”教学和实战训练，广泛采用新媒体技术和网络课堂，在教学改革和人才培养方面孕育了日益突出的自我特色和地方品牌。

南昌大学新闻学科结合中西部计划、江西省卓越新闻计划项目的实施，不断探索“理论与实践相结合、课内与课外相结合、校内与校外相结合、学校与媒体相结合、共性与个性相结合”的人才培养模式改革。

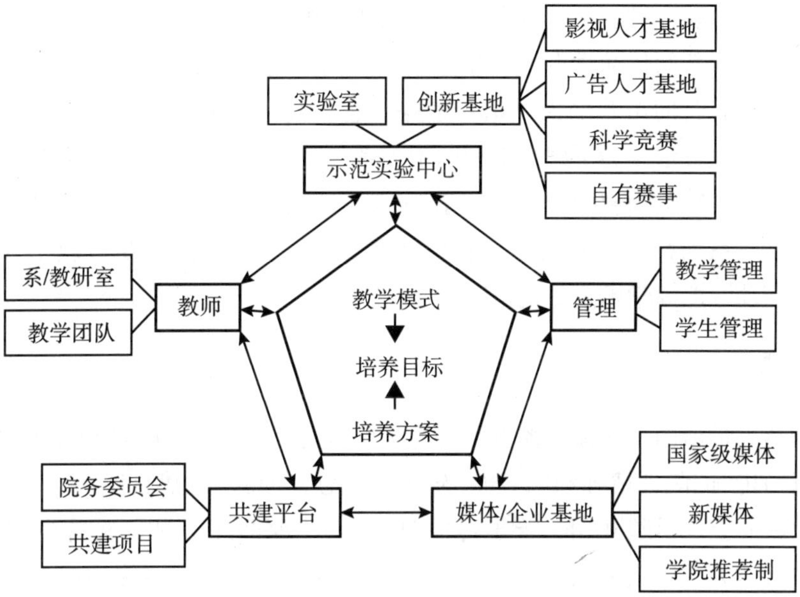

图 2-5　卓越新闻人才培养框架

南昌大学新闻与传播学院高度重视本科教学，不断强化实践能力教育，创新人才培养模式，因材施教，通过主办新闻写作、新闻摄影、广告设计、DV 和微电影、播音主持等比赛和专业实习，参加韬奋新苗奖、全国广告节、大学生广告艺术大赛和其他各类课外竞赛等，各专业学生均取得不俗成绩。人才培养成效显著，毕业生遍布全国各个省市。该学科在校学生分别获得全国“互联网+”创新创业大赛银奖、铜奖、全国高校新闻学子专业大赛最高奖“韬奋新苗奖”一等奖、中国大学生广告大赛学院奖一等奖、中国大学生新媒体创意作品大赛一等奖等诸多奖项。

3. 财经新闻教育

江西财经大学新闻与传播学专业依托学校优势学科特色、立足本省实际需求、以培养具有“信敏廉毅”品质的复合型应用人才为目标，经过 20 多年的发展，在招生规模、办学层次、办学特色、学生培养、学科建设、师资队伍建设等方面已积累了较丰富的实践经验。依托江西财经大学的学科优势，将新闻学与经济学知识有机结合，培养复合型、应用型的经济新闻专门人才。开设有新闻学概论、传播学概论、西方经济学、管理学原理、经济新闻通论、世界新闻传播史、中国新闻传播史、新闻法规与职业道德、新闻摄影、新闻写作、新闻采访、新闻编辑学、新闻评论学、电视摄像与编辑、网络传播、财经专题报道、英语新闻阅读与写作、传媒公共关系、新闻作品评析、广告学概论、传媒经济学、媒介管理学、媒介调查与统计方法等。

江西财经大学新闻传播学专业在学生培养方面经过20余年的不断探索与革新，寻找到了一条经得起时间考验的人才培养道路，建立起一套完整的、具有特色的育人体系。创新学生管理方法。为了建立新型师生关系、实现大学生个性化培养的目标，新闻与传播学专业点实行“本科生导师制”，让刚入校的大学生赢在起点。在研究生培养方面建立健全了一系列行之有效的约束管理制度——“三严”：严格执行教学计划，严控日常的教学异动，严守学术道德规范。

4. 实践育人

江西师范大学新闻学科注重继承和发扬学校70多年的优良办学传统，砥砺出“求新博闻、惟真乃传”的院训精神和“重教、乐学、善思、创新”的优良院风，着力培养“德智兼备、健康向上、手脑并用、善于传播”的社会中坚骨干人才，坚持走“德育为先、能力为重、素质为本、实践为用”的育人之路，形成了“构体系—多向融通、搭平台—项目驱动、建基地—协同育人、融社会—德智兼修”的实践育人特色。

(1)构体系—多向融通

①确立创新实践能力培养的指导思想。以学生成长成才为目标，以德育提升为先，以能力培养为重，以素质提高为本，以知识传授为基，以职业技能为用；以教学创新为体，以学生兴趣为源，开发学生潜能，增强竞争优势。

②构建以能力为导向多向融通的“四维六化八制”培养体系。围绕学生实践创新能力培养所需的软硬环境，构建了“四维”教学体系及互动式教学模式：课内教学活动、课外创新活动、校内文化活动和校外实践活动；实施了促进创新实践能力培养的“六化”教学实施方法与策略：教学设计情境化、情境创设主题化、主题学习项目化、项目实施团队化、团队合作作品化、作品评价多样化；确立了创新实践能力培养的“八制”：学业导师制、假期业界锻炼制、科技创新学分制、科研项目培养制、读书制、课外科技竞赛制、多段实习制、毕业双作品制。

③制定实践创新能力训练的管理制度。学院把创新实践能力训练项目分为“科技创新、课外竞赛、作品发表、创业演练”4个模块，每个模块有具体的考核项目和考核要求。每个学生必须参加实践创新能力训练并获得至少10个创新实践能力学分方可毕业。

(2)搭平台—项目驱动

①搭建仿真实训平台。学院专门设立了传媒实训中心，成立了实践教学指导委员

会，搭建了以“瑶响”新媒体为龙头，传播人通讯社和正大电视台为主体的全媒体矩阵，承担各专业的模拟职业训练的教学任务，形成了多媒体融合、人人有舞台、理论与实践紧密结合的实践创新能力训练新格局。

②强化实战技能训练。基于报纸、广播电视台、网站、APP、广告公司的业务流程，学生承担明确的“职业角色”，以媒体业务项目为驱动，按照规范的业务流程进行“实战”，使学生在模拟实操中融入新闻传播职业的氛围，从而学到课堂上、书本上所学不到的技能，有效地促进理论和实践的结合，同时也相应地提高了学生的求职就业能力。

③实行课程化和学分化管理。模拟实践教学实行课程化和学分化管理，即在学院各专业中开设了“实务训练课”，学生在传媒实训中心进行为期 1 学年的实训，完成规定的工作任务，可以获得“实务训练”课程的 4 个学分。

(3)建基地—协同育人

①校媒协同，人才培养情境化。共同为学生营造“职业体验——职业认同——职业养成”的工作情境，与业界共同培养学生的“职业基本能力——职业核心能力——综合职业能力”，使学生逐步完成从“传媒学子——准传媒人——传媒人”的转变。在协同培养中融入职业技能、职业道德、职业人文素质的内容，形成职业素养，磨炼职业意志，培养职业精神，从而培育更符合市场需求的传播人才。

②校校协同，人才培养多元化。校校协同可以开阔视野，感受不同的校园文化。学院与广州暨南大学新闻与传播学院开展“3+1”协同育人项目；与台湾世新大学开展“3. 5+0. 5”协同育人项目；与美国弗吉尼亚联邦大学 Robertson 文化与传媒学院建立合作，每年 7 月组织部分学生赴美实践交流。

③校内协同，人才培养复合化。为最大限度整合校内资源，内生教育资源，学院与学校新闻中心、教师教处、现代教育技术中心等部门合作搭建校内协同培养平台，组织学生在各部门进行实践活动。此外，学院鼓励学生积极选修经济、法律等第二专业，培养专家型新闻传播人才。

(4)融社会—德智兼修

倡导“学思结合、知行合一”育人理念。党的十八大以来，习总书记高度重视青年工作，尤其强调实践在青年成长成才中的重要作用，指出要重视和加强第二课堂建设，重视实践育人，坚持教育同生产劳动和社会实践相结合，广泛开展各类社会实践，让学生在亲身参与中认识国情、了解社会，受教育、长才干。基于此，学院积极创新实践教学，倡导“学思结合、知行合一”的育人理念，使学生积极融入社会的“大熔炉”，引导他们在实践中成长。

坚持“走中学、访中学、写中学、讲中学”育人方法。充分利用新闻传播专业学生调查采访的优势，组织开展大型的“进百村，访千人，写万字——在基层洞察中国”的大学生实践教育活动，让大学生走进基层，走近乡村，与农民(居民)对话，访千人，写万字，用一颗关注社会现实的心讲好中国基层故事，洞察中国现实。五年来，学院通过科学调研、拍摄纪录片、写作深度报道等方式让青年学子回到他们所熟悉的生活和场景，用自身专业的眼光去观察、纪录、思考，讲好基层故事，主题调研中国基层问题。他们关注过最美乡村教师，也关注过留守儿童；关注过古村落的保护发展，也关注过被拆迁居民的社群重建；关注过抗战老兵问题，也关注过失独群体问题；关注过诈骗村落问题，也关注过同村同业现象，等等。

收获德智双重育人效果。“百千万”实践教育活动是一种在基层田野进行国情教育的新型实践育人模式，强化实践育人，引导学生既多读有字之书，也多读无字之书，注重学习人生经验和社会知识，注重在实践中加强磨炼、增长本领。实践教育活动不仅取得了丰硕科研成果，还成为加强大学生思想政治教育和人文素质培养的新路径、新模式。让学生受到人格熏陶，增强了他们立德树人的情感认同。通过“百千万”实践教育活动，传播学院青年学子在社会的大学校里，正努力成为可堪大用、能担重任的栋梁之材。

5. 职业新闻教育

南昌航空大学新闻专业坚持“以人为本，知识、能力、素质全面协调发展”的办学理念，确立了以“跨学科培养为特色，应用型人才培养为目标”的专业发展思路，强调培育“知识面宽，基础厚实，注重应用，突出创新”的综合素质，着力培养具有马克思主义新闻观，德才兼备、基础扎实、实践能力强、具有创新精神、适应国家和江西区域经济建设和社会发展所需的新闻与传播应用型高级专门人才。该专业充分利用学院人文与社会学科汇聚的优势，在培养方案中设置了社会工作、法学、公共事业管理等专业的相关课程，通过学习，学生的综合素养有了显著提高，知识结构更加优化。同时，该专业也着重加强学生实践能力、动手能力培养，确定了本专业的三大职业能力：新闻采写编评能力，电视摄像编辑能力，新媒体制作能力，并相应制定了一套突出学生职业能力培养的课程体系。经过多年的探索和实践，学生加深了对新闻学专业的认识，对专业学习更感兴趣，学生应用能力大大提高，职业适应能力较强，在求职时具备自己的优势和特色，受到了用人单位较高的评价。

（陈世华）

2.15　山东省新闻传播教育发展综述

山东自古以来人文荟萃，文化昌盛。从泰山之巅到黄海之滨，齐鲁大地文脉教化两千年不绝。进入近代以来，山东数度引领中国近代高等教育风气之先。千年文脉留下崇文重教的优秀历史基因，也为山东新闻传播教育的蓬勃发展奠定了基础。

2.15.1　历史发展沿革

山东是近代以来较早开展新闻传播教育和实践的地区。20 世纪初期，山东即有新闻教育多所专科专门学校。创刊于 1939 年 1 月 1 日的《大众日报》，是中共山东省委机关报，也是我国报业史上连续出版时间最长的党报。

中华人民共和国成立后，山东新闻传播教育始于山东大学在 60 年代开设的新闻专修班。1986 年，山东师范大学中文系与大众日报社，山东省广播电视台、电台等新闻媒体合作共建，创立了新闻专业，是山东省最早的新闻传播类专业。1993 年，青岛大学设置广告学专业，是山东省首批广告学本科专业之一。1994 年，山东师范大学和青岛大学开始招收新闻专业本科生，临沂大学于当年开设新闻采编与制作专科。1996 年，山东大学新闻学本科专业获批并于 1997 年开始正式招生。2000 年新山东大学成立同年获得新闻学硕士学位授予权；2004 年获得传播学硕士学位授予权。2006 年，山东师范大学获得新闻学、传播学硕士学位授予权。2010 年，山东大学获得新闻传播学博士学位一级学科授予权，山东大学、山东师范大学于当年成为全国首批新闻与传播专业硕士(MJC)授予单位，同年，山东师范大学获得新闻传播学一级学科硕士学位授予权。2013 年，烟台大学获批新闻与传播专业学位点；2014 年山东大学获批新闻传播学博士后流动站。2016 年，青岛大学增列为新闻与传播专业硕士授权单位；2017 年，中国海洋大学、济南大学、鲁东大学获得新闻与传播专业硕士授予权，济南大学同时获得出版专业硕士授予权。

至此，自中华人民共和国成立以来，尤其是近 30 年的逐步发展，山东省新闻传播教育基本形成了骨架完整、梯次分明的学科体系和“专科—学士(本科)—硕士(研究生)—博士(研究生)—博士后”完整的新闻传播人才培养体系。

2.15.2 院系与专业设置情况

1. 院系设置情况

目前，山东省设置新闻传播专业本科院系的高校共有28所，占山东省全部本科院校的64%。其中，以文学院或人文学院、文法学院命名的有7所(山东科技大学文法学院、济南大学文学院、齐鲁工业大学文法学院、聊城大学文学院、鲁东大学文学院、枣庄学院文学院、烟台大学人文学院)，占25%；以文学与新闻传播学院命名的有5所(中国海洋大学文学与新闻传播学院、山东理工大学文学与新闻传播学院、德州学院文学与新闻传播学院、山东财经大学文学与新闻传播学院、潍坊学院文学与新闻传播学院)，占18%；以传媒学院命名的有4所(曲阜师范大学传媒学院、临沂大学传媒学院、山东艺术学院传媒学院、山东政法学院传媒学院)，占14%；以新闻传播学院或新闻传媒学院命名的有3所(山东大学新闻传播学院、山东师范大学新闻与传媒学院、青岛大学新闻与传播学院)，占11%；以文化传播学院命名的有2所(山东女子学院文化传播学院、山东青年政治学院文化传播学院)，占7%；以其他名字命名的有7所(青岛科技大学传播与动漫学院、青岛理工大学人文与社会科学学院、山东建筑大学艺术学院、青岛农业大学动漫与传媒学院、菏泽学院人文与新闻传播学院、山东体育学院体育传媒信息与技术学院、山东工商学院人文与传播学院)，占25%。①

从各高校新闻传播院系发展脉络和独立建制成立院系时间来看，山东大部分高校的新闻传播专业从中文系或文学院产生，另有少数院系前身来自于艺术学院、传媒学院等艺术、影视、设计等相近专业。新闻传播学科独立建制成立学院或系所的时间多集中在2010年后。其中，山东大学新闻传播学院成立于2016年9月，是该校与山东省委宣传部实施“部校共建”的成果之一。山东师范大学新闻与传媒学院成立于2017年10月31日，由山东师范大学原传媒学院和文学院新闻传播学相关专业组成。

2. 专业设置情况

各新闻传播院系开设本科生专业的时间多集中在2000年前后，除新闻学、广播电视学、广告学、传播学、编辑出版学、网络与新媒体、数字出版等专业外，部分高校还自设有播音与主持艺术、广播电视编导、数字新媒体、新媒体艺术、影视、戏剧、动画、艺术设计等相关本科专业(见表2-24)。

---

① 详见表1-1山东设置新闻传播本科专业高校及专业情况。

具体专业方面，目前 28 所开展本科教育的高校中，有 11 所高校开设了新闻学本科专业，占 39%；7 所高校开设广播电视学本科专业，占 25%；15 所高校开设广告学本科专业，占 54%；2 所高校开设传播学本科专业，占 7%；5 所高校开设编辑出版学本科专业，占 18%；3 所高校开设网络与新媒体本科专业，占 11%；1 所高校开设数字出版本科专业，占 4%；13 所高校另有单独设置其他专业，占 46%。①

比较特殊的是，山东艺术学院传媒学院、山东工艺美术学院数字艺术与传媒学院（数字媒体艺术）和泰山学院文学与传媒学院（播音与主持艺术、广播电视编导），没有新闻传播学类本科专业；枣庄学院和潍坊学院新闻传播学科相关专业分属不同学院，其中枣庄学院文学院下设网络与新媒体专业，传媒学院下设广播电视节目编导专业；潍坊学院文学与新闻传播学院下设广播电视学专业，传媒学院下设播音与主持艺术和数字媒体技术两个专业。②

表 2-24　　山东设置新闻传播本科专业高校及专业情况

学校院系（以学校代码为序）	新闻学	广播电视学	广告学	传播学	编辑出版学	网络与新媒体	数字出版
山东大学新闻传播学院	✓		✓				
中国海洋大学文学与新闻传播学院	✓					✓	
山东科技大学文法学院广告学系			✓				
青岛科技大学传播与动漫学院			✓		✓		
济南大学文学院		✓	✓		✓		
青岛理工大学人文与社会科学学院			✓				
山东建筑大学艺术学院			✓				
齐鲁工业大学文法学院			✓				

① 详见表 1-1 山东设置新闻传播本科专业高校及专业情况。

② 在统计时以其新闻传播学 7 个学科所在的学院为准。

续表

学校院系（以学校代码为序）	新闻学	广播电视学	广告学	传播学	编辑出版学	网络与新媒体	数字出版
山东理工大学文学与新闻传播学院			√				
青岛农业大学动漫与传媒学院			√	√			
山东师范大学新闻与传播学院	√	√					
曲阜师范大学传媒学院	√		√				√
聊城大学文学院		√					
德州学院文学与新闻传播学院	√						
鲁东大学文学院				√			
临沂大学传媒学院	√		√				
菏泽学院人文与新闻传播学院		√	√				
山东财经大学文学与新闻传播学院	√				√		
山东体育学院体育传媒信息与技术学院	√						
山东艺术学院传媒学院			√				
枣庄学院文学院						√	
青岛大学新闻与传播学院	√		√				
烟台大学人文学院	√						
潍坊学院文学与新闻传播学院		√					
山东工商学院人文与传播学院			√		√		

续表

学校院系 （以学校代码为序）	新闻学	广播 电视学	广告学	传播学	编辑 出版学	网络与 新媒体	数字 出版
山东女子学院 文化传播学院		√					
山东政法学院 传媒学院	√				√	√	
山东青年政治学院 文化传播学院		√					

2.15.3　“部校共建”情况

1. 山东大学“部校共建”情况

山东大学新闻传播学院是2013年中宣部、教育部确定的首批十所“部校共建”新闻学院试点单位之一。近几年来，在山东省委宣传部和山东大学的共同努力下，山东“部校共建”新闻学院试点取得了长足发展和丰硕成果。

（1）学科建设驶入快车道

依托“部校共建”支持和山东大学“双一流”学科项目建设，山东大学新闻传播学院启动“媒介科学”学科建设计划并入选山东大学一流学科激励计划建设项目。

（2）学术活动更加高端化

2017年，在“部校共建”的基础上，山东大学新闻传播学院举办了5个全国性学术会议（见表2-25）。①

表2-25　　**山东大学2017年举办学术会议情况**

会议名称	主办单位	承办单位	协办单位
第五届全国对外传播理论研讨会	国务院新闻办公室	国家外文局	山东省人民政府新闻办公室 山东大学新闻传播学院

① 详见表1-2山东大学2017年举办学术会议情况。

续表

会议名称	主办单位	承办单位	协办单位
媒介化社会背景下的新闻伦理构建研讨会	中国新闻史学会媒介法规与伦理研究委员会	山东大学新闻传播学院 山东大学传播与媒介研究中心	
中国教育电视协会高校电视专业委员会第七次全体大会及中国高校电视奖颁奖	中国教育电视协会高校电视专业委员会	山东大学广播电视台 山东大学新闻传播学院	
全国首届儒家文化国际传播研讨会	济宁市政府 山东大学	山东大学新闻传播学院	
全国首届学术期刊评价与学术论文写作研讨会	山东大学新闻传播学院 软研大数据	鲁东大学	

此外，2017年山东大学新闻传播学院邀请李从军、郭庆光、陈昌凤、胡智峰、陆地以及魏然、朱影、冈崎茂生、Mark Bender等国内外著名学者为学院师生进行高水平学术讲座或学术研讨共32场。

(3)共建成果服务地方经济社会发展

依托部校共建，山东大学2017年全年为新华社、山东省委宣传部、山东省政府新闻办及其他党政部门、企事业单位、智库机构撰写研究报告、案例分析、项目策划、发展规划等共33件。其中比较有代表性的有《中国新生育政策对社会经济影响的报告》《全省新闻舆论工作评估调研报告》《山东新媒体大平台可行性研究报告》《山东省科协宣传工作规划方案(2017—2020)》《山东文化艺术宣传合作媒介绩效评估报告》《潍坊市文化名市建设战略规划》《济宁市"弘扬传统文化 增强文化自信"专项调研报告》《济宁市"弘扬传统文化 推进社会治理"专项调研报告》《2016年电视综艺节目舆情与风控报告》《2016年网络大电影舆情与风控报告》《2016年网络剧舆情与风控报告》《2016年网络综艺节目舆情与风控报告》等。同时，2017年山东大学为省政府新闻办继续编撰《新闻资料卡片》《新闻发布会案例分析报告》《山东省热点事件舆情分析报告》等研究报告和咨询参考。

(4)专项研究丰富

启动“部校共建”专项研究，丰富“马克思主义新闻观”教育系列课程。包括：确立19 项课题为“2017 年度部校共建研究课题”；资助 10 部学术专著的出版；启动“马克思主义新闻观系列图书出版”工程，2018 年陆续推出理论系列、名家系列、实践案例系列和译著系列；在已经进行的“马克思主义新闻观”系列讲座、“国情教育”系列课程、“新闻理想”系列讲座的基础上，从 2017 级新生开始正式开设了“马克思主义新闻观”系列专业必修课程，并邀请校内外专家为新闻学专业学生授课。

2. 中国海洋大学“部校共建”情况

中国海洋大学响应国家号召，学习复旦大学新闻学院首创的“部校共建”模式，融合青岛市委宣传部和大学资源，2015 年 11 月，与中共青岛市委宣传部签订共建中国海洋大学文学与新闻传播学院协议。根据协议组建了(共建)院务委员会，由市委宣传部部长担任主任、学校党委常务副书记、分管教学工作的副校长和宣传部分管副部长担任副主任，学院和青岛市主要媒体负责人担任成员。根据协议和(共建)院务委员会会议精神，学院多次召开专题会议研究和落实共建协议，组建了办公室，工作开展总体顺利，三个共建项目——“青岛新闻传播人才培训基地”项目、“新媒体传播与舆情研究中心”项目、“海大卓越新闻传播人才培养计划”项目均基本完成建设，成果初步显现，效果良好。

2016 年 4 月，“青岛新闻传播人才培训基地”挂牌并举办了“青岛宣传系统、新闻媒体领导干部及业务骨干马克思主义新闻观培训班”，邀请国内马克思主义新闻理论及新媒体研究领域著名专家刘伟、胡泳、祝华新、刘建明为全市宣传系统领导干部、各级媒体负责人及业务骨干进行马克思主义新闻观教育，培训取得了良好效果。

与青岛新闻网合作建立“中国海洋大学 & 青岛新闻网新媒体传播与舆情研究中心”，借助青岛新闻网成熟的舆情研究技术和经验，结合学院的研究力量和学术支撑，建设新媒体传播与舆情研究平台；基于大数据架构和智能语义分析技术，构建立足大青岛地区，面向全国的新媒体传播与舆情研究平台；这样，一方面满足新闻传播学相关教学科研，另一方面为青岛市政府、企事业单位提供舆情分析与预警服务，为公共决策提供依据。该中心从新媒体传播和舆情分析的角度，为区域发展提供服务，推动青岛及半岛地区的政治、经济和社会改革发展。

该院还建立了“新闻传播学科名家课程体系”。首次“名家课程”邀请我国著名记者王克勤于 2016 年 9 月 5 日—9 月 16 日开设“深度报道研究”，取得了良好效果。

该院与青岛出版集团、青岛广播电视局、青岛报业传媒集团三家媒体集团已完成教学实习基地协议的签约，并进行实践课程系列改革，以培养新时代合格的新闻传播人才。

与腾讯、青岛新闻网共建青岛企鹅新媒体学院。2017 年 9 月，由青岛市委宣传部、青岛市网络办指导支持，腾讯、青岛新闻网、中国海洋大学文学与新闻传播学院联合建立青岛企鹅新媒体学院。

2.15.4 学科建设与科研情况

1. 一流学科建设

2017 年 9 月 20 日，山东大学入选世界一流大学 A 类建设高校。依据《山东大学世界一流大学建设方案》，山东大学 2017 年 11 月启动“双一流”学科项目建设，包括 3 个优势学科、16 个特色学科、10 个新兴交叉学科和 6 个学科激励计划建设学科。新闻传播学院“媒介科学”学科入选山东大学一流学科激励计划建设项目。该学科设马克思主义新闻观与媒介发展战略研究、媒介科学与公共传播研究、数据科学与媒介应用研究三个重点建设方向。

2. 国家级项目立项

国家级课题立项方面，山东省高校 2017 年共新立项新闻传播学科国家社科基金项目 2 项，相关项目 1 项，其中山东大学获得新闻传播学项目 2 项，济南大学获得新闻传播学相关语言学国家社科基金项目 1 项。

2017 年山东省高校获得新闻学与传播学教育部人文社科研究课题 4 项，交叉学科 1 项，其中山东大学获得 3 项，临沂大学获得 1 项，山东工商学院获得新闻传播学相关交叉学科项目 1 项。

2.15.5 本科、研究生教育情况

1. 本科生教学

在具体的本科生教育方面，各高校师资水平和招生人数略有差异①，总体来看，能够因地制宜、因材施教，结合本学校和院系特点探索各具特色的办学模式和人才培养模式（见表 2-26）。

---

① 参考表 1-3 山东省部分新闻传播本科院系设置和师资情况。

山东大学启动“七大模块、七大工坊”教学改革。2017年，山东大学新闻传播学院修订新闻学专业本科教学方案，加强马克思主义新闻观教育，专业课程体系由传统型的新闻传播教育向创新型的教育模式转换，设计为“新闻业务、新媒体、广告、国际传播、影视传播、公共传播、媒介经营与管理”七大课程组，同时增加创新创业教育实践系列，开创性地设计了“创意摄影坊、创意视频制作坊、广告工坊、品牌工坊、创意思维训练坊、未来传播工坊、经典传播工坊(文学生活馆)”七大“创意工坊”系列。另外，其在教学方面的其他重大举措还有：2017年新闻学本科开始实行文理兼招；获得山东大学2017年度教学综合改革重大项目、“双一流”人才培养专项建设项目共3项。

中国海洋大学将“新闻理念、知识结构、专业技能”三位一体作为办学特色。在教学中，尤其注重对学生新闻理想的培养，让新闻的基本价值观、伦理道德观、公正原则植根于学生心灵，为他们成长为具有宽广的新闻视野和强烈社会责任感的新闻人奠定基础。重视实践教学，在全省媒体和北京已经建立实习基地8个。目前，学院建有新闻演播实验室、新闻摄影实验室、编辑排版实验室、网络传播实验室、平面设计(三维动画)实验室、语言实验室。

青岛大学注重课程改革，基于全媒体理念设计课程群，在课程教学中融合案例分析、专题讲座、模拟演练、实地操作等多种教学形式，部分课程采取项目制工作坊形式，由双导师在实践基地共同指导完成。注重实习、实践基地建设，按照“就近、方便、实效”原则，以青岛为中心(包括中央/省属媒体驻站)辐射山东及京沪等地，与30家媒体或广告公司共建了高端人才实习基地，覆盖中央—省—市三级，横跨传统媒体与新兴媒体。

济南大学文学院传播系的本科人才培养注重训练学生的实践技能，把专业课学习、实习和高层次的大赛结合起来，以赛促教、以赛促学，多次获得全国大学生广告艺术大赛国家级金奖等高级别奖励。

山东青年政治学院文化传播学院以“学科渗透、专业融合、能力整合、实践联动”的方式，三个专业相互支撑、相互协同、共同发展。以广播电视学专业为核心，以汉语言专业和播音专业为两翼的专业群成功获批山东省自筹经费立项建设高水平应用型建设专业(群)。

临沂大学依据学校创新创业型人才培养定位与“一二三四”人才培养模式改革，结合媒体岗位作业流程，强化实践教学环节，优化专业课程体系，初步形成以“文、图、音、视”四大符号语言为基础，以“策划、采录、编辑、推广、调研”五大能力为支撑，以专业基础素养为背景，培养满足传媒类职业岗位需求的高素质、应用型复合人才。本科毕业生就业率均达到95%以上。

山东工商学院人文与传播学院贯彻执行党和国家的教育方针，依托财经高校优势学科背景资源，制定差异化的人才培养目标，凸显专业定位和人才特色。紧密结合人文与传播类的专业属性，突出培养学生的“认知能力、批判能力、审美能力、表达能力、创造能力、教化能力”六大核心能力。

表 2-26　　山东省部分新闻传播本科院系专业设置和师资情况

学校院系 （以学校代码为序）	本科专业	教授数	副教授数	博士学历 教师比例	在校本 科生数
山东大学新闻传播学院	新闻学 广告学	10	7	83%	300
中国海洋大学文学与新闻传播学院	新闻学 网络与新媒体 编辑出版学 汉语言文学 文化产业管理	5	1	75%	1000
济南大学文学院	广告学 广东电视学 编辑出版学	7	9	81%	687
山东师范大学新闻与传媒学院	广播电视编导 戏剧影视文学 新闻学 广播电视学 数字媒体艺术 播音与主持艺术	10	12	38%	1540
鲁东大学文学院	广播电视编导 汉语言 汉语言文学(师范类)	13	26	40%	1900
临沂大学传媒学院	新闻学 广告学 播音与主持艺术 广播电视编导 数字媒体艺术	5	19	18%	1970

续表

学校院系（以学校代码为序）	本科专业	教授数	副教授数	博士学历教师比例	在校本科生数
山东体育学院体育传媒与信息技术学院	新闻学 英语 教育技术 计算机	1	2	14%	95
青岛大学新闻与传播学院	新闻学 广告学 广播电视编导 动画	5	14	44%	690
烟台大学人文学院	新闻学	1	8	54%	418
山东工商学院人文与传播学院	广告学 编辑出版学 汉语言文学	2		50%	668
山东女子学院文化传播学院	广播电视学 文化产业管理	3	11	27%	529
山东青年政治学院文化传播学院	广播电视学 汉语言文学 播音与主持艺术	3	6	17%	360

2. 研究生培养

研究生教育方面，目前山东省有新闻传播学一级学科博士点 1 个，新闻传播学一级学科硕士点 2 个，新闻与传播专业学位点 7 个，出版专业学位点 1 个，自设学位点 1 个。①

其中，山东大学 2017 年首次开办优秀本科生暑期夏令营，全日制研究生推免率由原来的 40%提高至 56%；目前已培养毕业博士研究生 2 名，获得 2016 年度(2017 年公布)山东省优秀博士论文奖 1 项；2017 年硕士研究生招生人数 76 人，获 2017 年度优秀硕士论文奖 1 项；2014 级新闻与传播专业学位学生获 2016 年度(2017 年公布)山东省专

① 详见表 1-4 山东省主要新闻传播院系研究生教育情况。

业学位优秀实践成果三等奖；2015 级新闻与传播专业学位学生获 2017 年度山东省专业学位优秀实践成果三等奖。

中国海洋大学自设“传媒文化”二级学科硕士点，研究生培养注重政产学研协同育人，聘请业界专家和相关部门管理者参与研究生教学及培养，在培养机制上实行指导教师和导师组联合培养的“双导师制”和“导师组制”。“双导师制”是指为每名学生配备校内、校外导师各一位，以校内专职导师为主，业界导师参与教学、实践、项目研究与论文等多个环节的指导工作；“导师组”由各培养方向的指导教师分别组成，共同培养所在方向学生，拓展学生知识面和研究视野。在专职导师团队建设中着重引进和培养双师型人才，在业界导师遴选中注重传统媒体与新媒体相结合、新闻媒体与文化传媒企业相结合(见表 2-27)。

表 2-27　**山东省主要新闻传播院系研究生学位点情况**

学校院系(以学校代码为序)	新闻传播学一级学科博士点	新闻传播学一级学科硕士点	新闻与传播专业学位点	出版专业学位点	自设学术硕士学位点	2017 年新闻传播学研究生招生数(以招生简章为准)
山东大学新闻传播学院	✓	✓	✓			76
中国海洋大学文学与新闻传播学院			✓		✓	10
济南大学文学院			✓	✓		0
山东师范大学新闻与传媒学院		✓	✓			28
鲁东大学文学院			✓			0
青岛大学新闻与传播学院			✓			0

续表

学校院系 (以学校代码为序)	新闻传播学一级学科博士点	新闻传播学一级学科硕士点	新闻与传播专业学位点	出版专业学位点	自设学术硕士学位点	2017 年新闻传播学研究生招生数(以招生简章为准)
烟台大学人文学院			✓			0

2. 15. 6　小结

山东新闻教育历史发轫较早，发展脉络清晰，各高校在长期新闻传播教育实践中取得了一定成果，形成了部分凸显本学校、本专业特色的新闻传播教育特色品牌。但横向比较全国新闻传播教育来看，山东新闻传播教育仍有较大的提升空间，这主要表现在以下几个方面：

一是学科体系有待进一步健全。尤其是结合网络与新媒体、传播学等具有极强应用性和实践性的专业大部分高校依然缺乏；二是研究生教育数量和质量有待进一步提升；三是学术研究特色尚未凝练，新闻传播教育优势品牌不足；四是缺乏在全国范围内具有代表性和影响力的学术带头人。

（刘明洋）

2. 16　河南省新闻传播教育发展综述

2. 16. 1　河南新闻教育历史回眸

河南省新闻传播教育始于 20 世纪 70 年代。1976 年，郑州大学创办新闻专业，所招的 80 多人成为河南教育史上第一批新闻专业学生。1982 年，受青海省委宣传部和河南省委宣传部委托，开始招收两年制的新闻干部培训班。1983 年 4 月，郑州大学中文系设立新闻专业，同年7月开始招收四年制本科生。1984年4月，郑州大学正式成立新闻系，2004年6月改建制为新闻与传播学院。

河南省较早开办新闻传播教育的另一所高校是河南大学。河南大学编辑出版学专业始于1983年，当时受河南省教委委托开办了河南省高校学报编辑业务培训班，1986年，开始招收第一届编辑出版学方向硕士研究生。1990年，中文系开始设立编辑出版专业方向。1992年，正式设立编辑出版学本科专业。1993年招收第一届本科生，授予文学学士学位。1998年，获批新闻学(编辑出版方向)硕士学位授予权。1980年代，河南大学中文系开始培养播音主持专业人才，1990年组建文化传播教研室，1993年正式创办广播电视新闻学专业，两年制专科，目标是培养广播电视播音员、主持人。1996年改为四年制本科，培养方向不变。2003年，设立播音与主持艺术专业，学制是艺术类四年本科，培养方向承袭此前的广播电视学专业。2003年以后的广播电视新闻学专业继续招生，培养方向调整为广播电台电视台的新闻编辑。1996年，河南大学在历史系设立广告学专业。2002年4月，这几个专业合并，成立河南大学新闻与传播学院。

1997年，河南财经政法大学广告学专业开始招生。进入21世纪后，新闻传播教育在河南省得到了长足的发展。黄河科技学院新闻传播学院于2002年成立。2003年，中原工学院创办播音与主持艺术专业，洛阳理工学院人文与社会科学学院设立新闻采编与制作专科专业(2011年转为新闻学本科专业)，商丘师范学院中文系设立广播电视新闻学专业(2006年成立新闻系)。2004年，河南师范大学设立广播电视学专业，周口师范学院新闻学专业开始招生(2007年成立新闻系)，同年，河南工业大学创办新闻与传播学院。信阳师范学院传媒系建系筹备工作始于2005年，2006年招收首届播音与主持艺术专业学生。商丘学院人文学院2007年开设了汉语言文学(新闻传播方向)、广告学本科专业，2011年增设新闻学本科专业。2008年，河南理工大学设立了广告学专业，南阳理工学院文法学院设立了播音与主持艺术专业(2011年设立了广播电视编导专业)，南阳师范学院、平顶山学院、新乡学院、信阳师范学院也分别创立新闻与传播学院、新闻与传播学院、新闻传播学院、传媒学院。2008年，郑州升达经贸管理学院文法学院汉语言文学专业开设新闻学方向(本科)，2012年开始独立设置新闻专业(本科)。2010年中原工学院成立新闻与传播学院。2011年，黄淮学院成立文化传媒学院，商丘师范学院成立新闻传播学院。2012年，河南大学民生学院成立传媒学院。2013年，周口师院新闻系更名为新闻与传媒学院。2014年，郑州师范大学成立传播学院。2017年商丘师范学院新闻传播学院更名为传媒学院。据2017年6月14日，教育部官方网站发布的2017年全国高等学校名单，截至2017年5月31日，河南省普通高等院校共134所，其中开办新闻传播本科层次教育的高校已达36所，占比26.87%，开办专科层次教育的院校共 60 所，占比 44. 78%。

河南省新闻教育经过几十年的发展，已经形成了一定的规模，不仅开办新闻传播学相关专业的院校越来越多，专业门类也越来越齐全，各院校在办学过程中也形成了各自的特色。主要院系及概况如表 2-28 所示：

表 2-28　　**河南省各高校新闻传播院系基本情况**

院系名称	专业设置	学位授权点	在校生
郑州大学新闻与传播学院	新闻学、广告学、广播电视学、网络与新媒体	新闻传播学一级博士学位授权点，新闻传播学、戏剧与影视学一级硕士学位授权点、新闻传播、广播电视专业硕士学位授权点	本科生 1000 余人，硕士研究生 200 余人
河南大学新闻与传播学院	新闻学、编辑出版学、广告学、网络与新媒体、播音与主持艺术、广播电视编导	“跨文化传播”二级博士点，新闻传播学、戏剧与影视学一级硕士学位授权点，新闻传播、出版和广播电视专业硕士学位授权点	本科生 1500 余人，研究生 300 余人
河南工业大学新闻与传播学院	广告学、广播电视学、播音与主持艺术、网络与新媒体	新闻传播学一级硕士学位授权点，新闻传播专业硕士学位授权点	本科生 1500 余人，研究生 20 余人
河南财经政法大学文化传播学院	广告学、新闻学、网络与新媒体、广播电视学	传媒经济学硕士学位授权点、新闻传播专业硕士授权点	本科生 700 余人，研究生 5 人
河南师范大学文学院	广播电视学、戏剧影视文学	中国语言文学一级博士授权点，文艺学、戏剧与影视学硕士学位授权点	本科生 400 余人，研究生 20 余人
中原工学院新闻与传播学院	广播电视学、网络与新媒体、广播电视编导、播音与主持艺术、广播影视类(专科)	传媒创意与设计学硕士学位授权点、新闻传播专业硕士授权点	本科生 1000 余人，研究生 11 人

续表

院系名称	专业设置	学位授权点	在校生
信阳师范学院传媒学院	播音与主持艺术、广播电视编导、戏剧影视文学、动画	广播电视专业硕士学位授权点	本科生 1600 余人，研究生 8 人
南阳师范学院新闻与传播学院	新闻学、广播电视学、广播电视编导、播音与主持艺术	—	2100 余人
黄淮学院文化传媒学院	广播电视学、广播电视编导、播音与主持艺术	—	1200 余人
平顶山学院新闻与传播学院	播音与主持艺术、广播电视编导、广播电视学、广告学、文化产业管理、网络与新媒体	—	1600 余人
周口师范学院新闻与传媒学院	新闻学、播音与主持艺术、广播电视编导	—	1200 余人
商丘师范学院传媒学院	广播电视学（新媒体方向）、广告学、广播电视编导、播音与主持艺术	—	1100 余人
河南理工大学广告系	广告学	—	200 余人
郑州师范学院传播学院	广播电视学、网络与新媒体，新闻采编与制作（专科）、新闻采编与制作（编导方向）（专科）、新闻采编与制作（新媒体方向）（专科）、播音主持（专科）。	—	360 余人
洛阳理工学院人文与社会科学学院	新闻学、广播电视编导	—	400 余人
新乡学院新闻传播学院	广播电视编导、新闻学、播音主持（专科）	—	1000 余人
南阳理工学院文法学院	播音与主持艺术、广播电视编导	—	500 余人

续表

院系名称	专业设置	学位授权点	在校生
河南大学民生学院(独立) 传媒学院	新闻学、播音与主持艺术、广播电视编导、广告学	—	1200余人
黄河科技学院(民办) 新闻传播学院	广播电视学、播音与主持艺术、广播电视编导	—	1600余人
郑州升达经贸管理学院(民办) 文法学院	新闻学	—	100余人
郑州成功财经学院(民办) 文学与新闻传播学系	新闻学、广告学	—	90余人
商丘学院(民办)人文学院	新闻学、广告学	—	1100余人

2.16.2 专业设置

目前，河南省各高校新闻传播院系所设立的本科专业有：新闻学、广播电视学、编辑学、广告学、网络与新媒体、数字媒体、广播电视编导、播音与主持艺术。专科专业有：新闻采编与制作、网络新闻与传播、印刷媒体技术、影视多媒体技术、影视编导、数字多媒体艺术设计、播音与主持、视觉传播设计与制作、网络新闻与传播、数字媒体应用技术、广告设计与制作、广播影视节目制作、传播与策划等。具体专业设置情况如表2-29、表2-30所示：

表2-29 **河南省各高校新闻传播学类本科专业设置情况**

专业名称	学校名称
新闻学	郑州大学、河南大学、南阳师范学院、洛阳师范学院、周口师范学院、新乡学院、郑州成功财经学院(民办)、郑州升达经贸管理学院(民办)、河南大学民生学院(独立)、郑州大学西亚斯国际学院(独立)、洛阳理工学院、郑州大学体育学院、河南科技学院新科学院(独立)

续表

专业名称	学 校 名 称
编辑学	河南大学
广播电视学	郑州大学、河南工业大学、河南财经政法大学、河南师范大学、中原工学院、商丘师范学院、黄淮学院、信阳学院、黄河科技学院(民办)、河南师范大学新联学院(独立)、中原工学院信息商务学院(独立)
广告学	郑州大学、河南大学、河南工业大学、郑州航空工业管理学院、河南财经政法大学、商丘师范学院、郑州成功财经学院(民办)、郑州升达经贸管理学院(民办)、河南大学民生学院(独立)、郑州大学西亚斯国际学院(独立)、平顶山学院、河南理工大学、中原工学院信息商务学院(独立)、郑州工商学院(民办)
网络与新媒体	郑州大学、河南大学、河南财经政法大学、河南工业大学、中原工学院、平顶山学院、河南牧业经济学院、郑州师范学院
广播电视编导	河南大学、信阳师范学院、南阳理工学院、中原工学院、商丘师范学院、洛阳师范学院、周口师范学院、南阳师范学院、新乡学院、黄河科技学院(民办)、安阳学院(民办)、黄淮学院、安阳师范学院、河南大学民生学院(独立)、平顶山学院、安阳工学院、洛阳理工学院、河南师范大学新联学院(独立)、中原工学院信息商务学院(独立)
播音与主持艺术	河南大学、河南工业大学、洛阳师范学院、许昌学院、郑州航空工业管理学院、南阳理工学院、中原工学院、商丘师范学院、信阳师范学院、南阳师范学院、周口师范学院、黄河科技学院(民办)、河南大学民生学院(独立)、黄淮学院、安阳师范学院、平顶山学院、安阳工学院、中原工学院信息商务学院(独立)、郑州工商学院(民办)

表 2-30　**河南省各高校新闻传播学类专科主要专业设置情况**

专业名称	学 校 名 称
新闻采编与制作	郑州大学西亚斯国际学院(独立)、黄河科技学院(民办)、郑州财经学院(民办)、安阳工学院、焦作师范高等专科学校、开封大学、焦作大学、郑州信息科技职业学院、郑州职业技术学院、河南艺术职业学院、郑州信息科技职业学院

续表

专业名称	学 校 名 称
视觉传播设计与制作	河南牧业经济学院、河南科技学院、黄河科技学院(民办)、河南城建学院、安阳工学院、郑州财经学院(民办)、焦作师范高等专科学校、开封大学、焦作大学、郑州信息科技职业学院、河南经贸职业学院、河南艺术职业学院、南阳理工学院、洛阳理工学院、郑州工业应用技术学院(民办)、郑州科技学院(民办)、河南轻工职业学院、郑州工程技术学院、郑州信息科技职业学院、平顶山工业职业技术学院、鹤壁职业技术学院、漯河职业技术学院、周口职业技术学院、济源职业技术学院、郑州旅游职业学院、永城职业学院、新乡职业技术学院、安阳职业技术学院、驻马店职业技术学院、郑州信息工程职业学院(民办)、焦作工贸职业学院(民办)、郑州电子信息职业技术学院(民办)、嵩山少林武术职业学院(民办)、开封文化职业艺术学院、郑州商贸旅游职业学院(民办)、安阳学院(民办)、信阳学院(民办)、郑州成功财经学院(民办)
数字媒体艺术设计	郑州财经学院(民办)、焦作大学、郑州信息科技职业学院、南阳理工学院、河南轻工职业学院、河南信息统计职业技术学院、河南林业职业技术学院、郑州信息科技职业学院、漯河职业技术学院、郑州理工职业学院(民办)、焦作工贸职业学院(民办)、郑州电力职业技术学院(民办)、郑州信息工程职业学院(民办)、郑州工商学院(民办)、郑州成功财经学院(民办)
广告设计与制作	河南牧业经济学院、河南科技学院、郑州财经学院(民办)、河南经贸职业学院、郑州职业技术学院、河南艺术职业学院、信阳农林学院、洛阳理工学院、郑州工业应用技术学院(民办)、河南轻工职业学院、郑州升达经贸管理学院(民办)、河南工学院、河南财政金融学院、河南职业技术学院、河南工业职业技术学院、永城职业学院、河南工业贸易职业学院、安阳职业技术学院、郑州信息工程职业学院(民办)、郑州电子信息职业技术学院(民办)、嵩山少林武术职业学院(民办)、许昌电气职业学院
播音主持	黄河科技学院(民办)、焦作大学、河南艺术职业学院、新乡学院、郑州师范学院、郑州工程技术学院、开封文化艺术职业学院
广播影视类(含影视编导、影视多媒体技术、摄影摄像)	黄河科技学院(民办)、焦作师范高等专科学校、焦作大学、河南艺术职业学院、河南工业大学(中外合作办学)、中原工学院、郑州工程技术学院

从表 2-29、表 2-30 可以看出，河南省新闻传播教育专业设置门类齐全，适应媒介环境的发展，紧跟人才市场需求。但同时也显示出一些专业数量过多、办学层次有待提高的问题。如一些开办时间短、条件明显不足的院系，对新媒体相关专业动辄开出一两百人的招生规模，不仅师资、设备难以保证使人才培养质量容易出现问题，学生就业状况也不容乐观。

2.16.3　部校共建情况

2014 年 12 月，河南省委宣传部与郑州大学签约共建新闻与传播学院。2017 年 9 月 28 日，河南省委宣传部与河南大学签约共建新闻与传播学院。2016 年 12 月，中共郑州市委宣传部与郑州师范学院签约共建传播学院。2018 年元月，中共周口市委宣传部与周口师范学院签约共建新闻与传媒学院。

2.16.4　人才培养层次、理念与特色

河南省新闻与传播教育的人才培养分为四个层次：博士研究生教育、硕士研究生教育、本科生教育和专科生教育。拥有博士学位授权点的院系有：2018 年 1 月，郑州大学新闻与传播学院获新闻传播学一级博士学位授权点。此外，河南大学新闻与传播学院设有“跨文化传播”二级博士点。拥有硕士学位授权点的院系有：郑州大学新闻与传播学院、河南大学新闻与传播学院、河南工业大学新闻与传播学院、河南财经政法大学文化传播学院、河南师范大学文学院、中原工学院、信阳师范学院。

在新闻传播教育中，河南省各高校充分结合自身优势，突出特色，创新人才培养思路与方法，形成了各具特色的办学理念与经验。其中具有代表性的特色有如下几点：

1. 弘扬新闻精神，继承优秀传统

郑州大学穆青研究中心是全国高校唯一一家专门从事穆青研究的学术机构，于 2004 年 11 月在郑州大学正式成立，旨在通过对穆青生平和新闻思想和新闻实践学术活动的研究，揭示一个名记者的成长过程和历史作用，从而启迪当代传媒人更好地服务社会。2014 年 10 月 11 日，新华通讯社与郑州大学共建“穆青研究中心”。自 2005 年 7 月郑州大学穆青研究中心发起首次“重走穆青路”活动后，这一活动就成为“勿忘人民”新闻精神和“艰苦奋斗”新闻作风实践教育传统。郑州大学新闻与传播学院在校生和老师一起重走穆青路，参观穆青当年工作和战斗过的地方，以消息、通讯、图片、音频等形式展开采访报道。采访团不仅仅是重走了几千公里道路，更是追寻到了穆青一辈子心系人民、对党忠诚、执著于事业的思想根源。河南大学新闻与传播学院不仅设有“马克思

主义新闻学研究中心”，更将马克思主义新闻理论与中共新闻理论和实践作为教育重点，并且带领学生积极参与学校“重走抗战流亡办学路”活动，组织“90 后”大学生寻访信阳鸡公山、南阳镇平、洛阳潭头、南阳荆紫关等办学遗址，缅怀历史、倾听故事，用脚步丈量艰苦卓绝的流亡历程，以多种形式采访报道，重温先辈们用生命写就的荡气回肠的“烽火育才记”，传承“自强不息、百折不挠”的精神。信阳师范学院传媒学院开办了大别山大学生微电影节、动漫节、戏剧节，引领师生创作从优秀传统文化中汲取营养，产生了一批反映社会主义核心价值观的优秀作品。

2. 依托优势资源，突出培养特色

河南省开展新闻传播教育的高校类型与层次多样，因此优势资源各不相同，人才培养目标也各有侧重。各院系因地制宜，依托学校优势资源，突出人才培养特色，以适应竞争发展的需要。河南大学新闻与传播学院依托百年学府深厚的人文基础，十分注重对学生的人文基础教育，在本科教育的前一年只设“新闻传播大类”，开设多门文史类课程，给学生丰富的学养教育。河南工业大学依托学校丰厚的理工资源，确立了在广播电视与新媒体领域努力培养基础知识扎实、专业知识与技能突出、综合素质全面的具有创新精神的复合应用型现代传媒人才的目标定位；形成了以强调文理渗透，学研一体，博专结合，实行人文社科与通信、计算机等理工科大跨度交叉的办学特色。河南财经政法大学非常注重学科之间的交叉和融合，除在本科阶段的新闻学专业设立财经新闻方向外，2014 年 9 月，文化传播学院在应用经济学的一级学科下自主设置了传媒经济学二级学科硕士点并于当年招生，下设三个培养方向：传媒经济理论、传媒经济实务、新媒体经济与文化产业发展，着力培养学科交叉复合型传媒经济与管理高层次人才。

3. 注重与时俱进，进行专业创新

在新媒体长足发展的当前，随着媒介形态与传播模式的变革，新闻传播教育也面临着极大的创新发展压力，一些专业方向亟待转型，一些专业课程则需要更新换代。近年来，河南省高校新闻传播院系普遍开设了新媒体相关专业，在本科层次开设网络与新媒体的院校就有郑州大学、河南大学、河南财经政法大学、河南工业大学、中原工学院、平顶山学院、河南牧业经济学院、郑州师范学院等。专科层面开设与新媒体传播直接相关的“视觉传播设计与制作”“数字媒体艺术”专业的院校更是多达 40 余家。

4. 强化实验教学，实现合作共赢

在日趋严峻的人才竞争和就业形势下，河南省高校普遍加强实验教学，提高学生的实践能力，增加与业界的合作，实现合作共赢。郑州大学新闻与传播学院与人民日报社河南分社、新华社河南分社、河南日报报业集团、河南电视台、河南人民广播电台、郑州报业集团、郑州电视台等多家媒体单位签订了校外培养基地合作协议。河南大学拥有中部地区唯一的国家级新闻与传播实验教学示范中心，学院拥有教学实习基地28个，包括河南出版集团、河南电视台、河南人民广播电台、《大河报》、大象出版社、经济日报社河南记者站、大象融媒、未来网、二更等。2014年河南工业大学新闻与传播学院牵头，成立了河南省广告传媒业商会高校专家委员会。河南师范大学文学院与中国新闻社河南分社成功联办了“中国新闻社电视节目制作中心”，与新浪河南建设“新浪河南驻河南师范大学新闻记者站”。中原工学院新闻与传播学院与大河报业集团、河南省电台、河南省电视台、中原网、二更·河南、大象融媒等媒体开展项目合作。南阳师范学院新闻与传播学院与河南、山东、江西、湖南等地40家媒体机构签订了专业实习基地协议。黄淮学院分别与凤凰教育、完美动力、火星时代等国内大型传媒教育机构以及驻马店电视台、驻马店报社、驻马店人民广播电台、天中晚报社等媒体签订了合作发展联盟意向书，展开深度合作。驻马店电视台文艺中心、驻马店人民政府网，驻马店报社新媒体中心(驻马店新闻网、驻马店手机报)等机构入驻学校大学生创业园，组建了教师和学生团队；河南省九韵文化传媒有限公司、河南星原传奇文化传媒有限公司进驻学院影视后期制作工作室、文案创意工作室，积极开展剧本创作、演出、影视后期制作等真实项目教学。平顶山学院新闻与传播学院同大河网共建大河传媒学院，与多家媒体共建“新媒体发展协同创新中心”。商丘师范学院传媒学院与河南出版集团、河南省微电影协会、河南《车间》传媒、商丘电视台、商丘报业集团、商丘市广告传媒商会等单位建立了合作。

2.16.5 学术研究与代表人物

经过多年发展，河南省新闻传播教育取得了丰硕的科研成果，形成了独特的研究特色，出现了一批代表人物。

郑州大学新闻与传播学院自2004年建院以来，承担国家社科基金项目16项，承担省部级项目40余项。河南大学新闻与传播学院近年来共获得国家社科基金项目12项，省部级课题29项。河南工业大学新闻与传播学院成立十余年来，完成省部级及以上项目近30项。近5年来，河南财经政法大学文化传播学院获得国家社科基金项目6项，商丘师范学院传媒学院教师主持或参加国家级科研项目4项，南阳师范学院新闻与传播学院教师主持或参加国家级科研项目5项，河南财经政法大学文化传播学院获得国家社科基金项目6项，黄淮学院文化传媒学院获批新闻传播类省部级以上项目5项，信阳师范学院传媒学院目前承担省部级以上项目4项。

除了成果的丰富数量之外，经过各院系多年的努力，新闻传播学术研究也形成了独有的特色。其中，河南大学新闻传播学院的编辑学研究在全国处于领先，形成了独具一格的“中原学派”，出现了王振铎、宋应离、张如法、李建伟等在全国颇具影响的知名人物。郑州大学新闻与传播学院董广安教授多年从事新闻实务研究，张举玺教授多年从事俄罗斯新闻传播发展研究，研究成果颇具特色，成为该领域的知名学者。河南工业大学的尚恒志教授的广告学研究、信阳师范学院焦素娥教授的影视文化研究在全国也有较大的知名度。

（严　励）

2.17　湖北省新闻传播教育发展综述

截至2017年5月31日，在教育部公布的2017年正规大学名单中，全国高等学校共计2914所。目前，湖北普通高等学校129所。统计资料显示，全省开设新闻传播类本科专业的院校有54所，其中中央部委高校8所，省属公办本科高校21所，民办本科高校14所，民办独立学院11所；开设新闻传播类专科专业的院校有21所，其中公办高职高专学校14所，民办高职学校7所。

2.17.1　湖北省新闻传播教育的起源与发展

湖北省的新闻传播教育始于20世纪80年代初期，历经传承演变，伴随着中国改革开放和中国特色社会主义建设的步伐，在改革创新中不断发展和壮大。

1983年，中共中央宣传部和教育部联合召开了中华人民共和国成立以来的第一次新闻教育工作座谈会，着重讨论了改革和发展新闻教育的问题，提出《关于加强新闻教育工作的意见》并作为会议正式文件下发。当年，吉林大学、兰州大学、新疆大学、宁夏大学、武汉大学、华中工学院先后增设了新闻系或新闻专业，后来福建的厦门大学也新设了新闻传播系，新闻教育迅速普及。

华中工学院、武汉大学先后增设了新闻系，开创了湖北省新闻传播教育的先河。

1983年7月6日，经教育部批复，华中工学院新闻系正式成立，这是第一个在全国以理工科为主的高等院校中创办的新闻系。汪新源担任新闻系第一任系主任。9月30

日，新闻系首届干部专修班学员举行开学典礼。作为一名“老新闻人”，时任华中工学院院长的朱九思先生根据学校学科优势和新闻学科的特点，为新闻系的专业教学和学科建设制定了“应用为主，交叉见长”的八字方针。1984 年 7 月，华中工学院共青团新闻系分团委创办一份全国公开发行的报纸《改革信息报》。为了贯彻“应用为主”的方针，朱九思亲任总编辑，新闻系主任任编辑部主任，教师当编辑，学生任记者，把教学与实践融为一体。1985 年 9 月，《改革信息报》停刊。1984 年，新闻系正式招收了第一届新闻学专业本科生，正式设立广播、电视、摄影实验室。1996 年，获新闻学硕士学位授予权，同年开始招生广播电视学本科专业学生。1998 年，从理工科二年级学生中招收一个网络传播本科班。1998 年 4 月 28 日，新闻系与学校现代教育技术中心合并组建新闻与信息传播学院。新闻业务课教师几乎全部来自新闻实务第一线；在课程设置上，在全国新闻学专业中最早开设“高等数学”“自然科学概论”和“微机原理”等课程。2000 年取得传播学硕士学位授予权，2001 年开设广告学专业，2003 年获得新闻学博士学位授予权，2005 年获得传播学博士学位授予权。2007 年 8 月 14 日，国家人事部正式批准设立新闻传播学博士后研究流动站。2007 年 12 月，新闻学专业被列入教育部、财政部质量工程项目国家级特色专业。2009 年 9 月 4 日，广播电视新闻学专业被列入教育部质量工程国家特色专业。2010 年，设立新闻与传播、出版两个专业硕士学位授权点。2011 年 9 月，学院开设播音与主持艺术本科专业并招收第一届本科生。作为全国第一个以理工科为主的高等学校创办的新闻系，一直坚持依靠学校的学科优势，实行“应用为主，文理渗透”的指导方针，实现人文社科与电信、计算机等工科交叉。在教育部的第四轮本科评估中，华中科技大学新闻传播学专业排名位居中国人民大学和中国传媒大学之后，和复旦大学并列全国第三。

1983 年 9 月，武汉大学成立了新闻系。吴肇荣教授担任该系第一任系主任，时任中国新闻工作者协会主席的吴冷西同志担任名誉系主任，著名新闻教育家毕奂午教授、何微教授曾在新闻系任教。1984 年，武汉大学新闻系正式招收了第一届新闻学专业本科生，次年获新闻学硕士学位授予权并开始招收硕士研究生；1985 年增设了广播电视新闻学专业；1993 年增设了广告学专业。1995 年新闻系更名为新闻学院。1998 年，获得传播学硕士学位授予权。1999 年 4 月，新闻学院和图书情报学院合并，成立了大众传播与知识信息管理学院。同年获新闻学博士学位授予权，次年开始招收新闻学博士生。2000 年 12 月，原武汉测绘科技大学的印刷学科与原武汉大学的新闻传播学科合并，成立了新闻与传播学院。2003 年，获得新闻传播学一级学科博士学位授予权。2004 年 4 月，印刷、包装二系从新闻与传播学院整体剥离。2004 年 12 月，武汉大学媒体发展研究中心获批为教育部人文社会科学重点研究基地。2006 年月 12 月，武汉大学新闻传播学实验教学中心获批国家级实验教学示范中心。经过多年努力逐步形成了新闻学原理研究、新闻传播实务与文化研究、台港澳新闻研究、中西新闻比较研究、新闻传播思想发展研究、广告理论与实践研究等富有特色的研究领域。

2.17.2　主要院系和专业设置

武汉大学、华中工学院的新闻学专业引领了湖北省的新闻传播教育的风气之先。“潮平两岸阔，风正一帆悬。”从此，湖北省新闻传播教育迎来百花齐放、欣欣向荣的蓬勃时代，截至 2018 年 5 月，湖北省开设新闻传播类专业的高等院校达到 75 所。主要院校有：

1. 华中师范大学

华中师范大学新闻传播学教育发轫于 1994 年，本科教育始于 1995 年。初创时期，新闻传播系在文学院；2012 年 9 月，新闻传播系与信息技术系联合组建信息与新闻传播学院；2013 年 6 月以原新闻传播系为基础，成立华中师范大学新闻传播学院。

华中师范大学新闻传播学为湖北省一级重点学科，拥有新闻传播学一级硕士学位授权点和新闻与传播硕士专业学位授予点，与文学院共建“文化传播学”博士点（与文学院分别设点招生）。学院现有专任教师 39 人，校外专硕兼职导师 30 人，其中大部分来自《湖北日报》、湖北电视台、《中国青年报》《解放日报》、武汉电视台、《武汉晚报》等主流媒体。①

2. 湖北大学

湖北大学新闻传播学院前身为文学院新闻传播系，2013 年 9 月独立设院。湖北大学新闻传播专业创办于 1987 年，已有 31 年的办学历史。1998 年获新闻学硕士学位授权点，2006 年获传播学硕士学位点，2011 年获新闻传播学一级学科硕士点。2012 年新闻传播学获省级重点学科。

学院现有副高级职称以上的教师 17 人，博士生导师 1 人，一半以上的教师具有博士学位。②

3. 中南民族大学

中南民族大学文学与新闻传播学院是中南民族大学最早设立的教学单位之一，办学

---

① 资料来源于华中师范大学新闻传播学院官网。

② 资料来源于湖北大学新闻传播学院官网。

历史可以追溯到1952年成立的中央民族学院中南分校(中南民族大学前身)语言文化班。著名音韵学家、文字学家严学窘先生是其创办人之一。

学院2017年新增新闻传播学一级学科硕士点。现有教职员工86人，其中专职教师73人。专职教师中二级教授5人，三级教授9人，四级教授12人，副教授28人；博士生导师3人，硕士生导师39人。①

4. 湖北民族学院

湖北民族学院文学与传媒学院肇始于1938年的语文教育，至今已有80年历史。学院自1994年开办新闻学专科专业，2001年创建广播电视学专业，2004年开办编辑出版学本科专业、2015年开办新闻学本科专业；2015年招收新闻传播学方向专业硕士研究生。

学院拥有新闻与传播专业硕士点。现有专任教师63人，非专任教师14人，实验技术员4人，管理人员9人，外聘教师12人。其中高级职称38人，楚天学者岗位2人，彩虹学者1人，教授9人，副教授28人，博士和在读博士30多人。②

5. 中南财经政法大学

2004年9月，中南财经政法大学新闻与文化传播学院成立，下设新闻传播学系、中国语言文学系和艺术系。拥有新闻传播学一级学科硕士学位授予权和新闻与传播专业硕士学位点，新闻传播学为湖北省重点学科。为适应社会对人才的需求，新闻传播学类专业设置了经济新闻和法制新闻两个特色方向。学院也高度重视学生实践能力的培养，建有国家级实验教学示范中心——中南财经政法大学传媒与艺术实验中心，编辑出版有学术集刊《新闻与传播研究辑刊》。

6. 华中农业大学

1999年，华中农业大学文法学院广告与传播学系成立。2007年获得传播学硕士学位授予权，下设广告传播、社会传播两个方向。共有19名老师，其中3位教授，8位副教授。社会学、艺术学和传播学相互借鉴，围绕农业领域形成特色研究方向。

7. 武汉理工大学

1998年，武汉理工大学文法学院创办广告学专业，其编辑出版学专业也于2003年开始招收本科生。现有1个二级学科传播学硕士点。文法学院下设4个系：法学系、政

---

① 资料来源于中南民族大学文学与新闻传播学院官网。

② 资料来源于湖北民族学院文学与传媒学院官网。

治系、新闻传播系和教育技术系。涵括法学、文学、教育学、哲学、历史学等多个学科门类，是学校学科门类最多的学院，多学科氛围下的新闻传播学兼收并蓄，硕果累累。

8. 中国地质大学(武汉)

中国地质大学(武汉)自 2000 年开办广播电视编导新高职专业，培养了两届毕业生。2002 年开始招收广播电视新闻学专业本科生。2006 年，艺术与传媒学院成立并获得传播学硕士学位授权点。学院现下设新闻传播系、音乐系、当代艺术系、景观学系、视觉传达系、交互设计系 6 个系；具有新闻传播学一级学科硕士学位授予权。

9. 武汉体育学院

从 2001 年开始，武汉体育学院新闻传播学专业办学。2006 年 7 月武汉体育学院新闻传播学院成立。2013 年被批准为湖北高校首批省级试点改革学院。新闻传播学院专业建设卓有成效，现有体育新闻传播学二级学科硕士点和新闻与传播专业学位硕士点，在校生将近 1500 人。其中，新闻学和播音与主持艺术两个专业获立“省级高校本科专业综合改革试点项目”，新闻传播学一级学科现为湖北省省级重点培育学科，同时也是“楚天学者”特聘教授设岗学科。

以上为主要院系简介，详细明目可参见表 2-31：

表 2-31　　**湖北省开设新闻传播类本科专业的院校一览**

序号	学校性质	高校	院系	本科专业设置
1	中央部委高校	华中科技大学	新闻与信息传播学院	新闻学、广播电视学、广告学、传播学、播音与主持艺术
2	中央部委高校	武汉大学	新闻与传播学院	新闻学、传播学、广播电视学、广告学、播音与主持艺术、广告设计方向
3	中央部委高校	华中农业大学	文法学院	广告学、视觉传达设计
4	中央部委高校	华中师范大学	新闻传播学院	新闻学、广播电视学、网络与新媒体
5	中央部委高校	中南财经政法大学	新闻与文化传播学院	新闻学、广播电视学、数字媒体艺术和网络与新媒体
6	中央部委高校	中国地质大学(武汉)	艺术与传媒学院	广播电视学、视觉传达设计、动画

续表

序号	学校性质	高校	院系	本科专业设置
7	中央部委高校	武汉理工大学	文法学院	广告学、编辑出版学
8	中央部委高校	中南民族大学	文学与新闻传播学院	新闻学、广告学、广播电视学
9	省属公办本科高校	湖北大学	新闻传播学院	新闻学、广告学、广播电视学、传播学、播音与主持艺术
10	省属公办本科高校	武汉体育学院	新闻与传播学院	新闻学、播音与主持艺术、广播电视编导、视觉传达设计
11	省属公办本科高校	武汉轻工大学	艺术与传媒学院	视觉传达设计、动画、广告学、文化产业管理
12	省属公办本科高校	湖北师范大学	音乐学院	播音与主持艺术
			文学院	广播电视学、广告学
13	省属公办本科高校	湖北第二师范学院	文学院	新闻学、广告学、编辑出版学
			艺术学院	视觉传达专业、动画设计专业
14	省属公办本科高校	武汉纺织大学	传媒学院	数字媒体艺术、动画、摄影、广告、新闻传播
15	省属公办本科高校	武汉工程大学	艺术设计学院	视觉传达设计、动画、广告学
16	省属公办本科高校	湖北工业大学	艺术设计学院	视觉传达、广告设计、数字媒体艺术
17	省属公办本科高校	湖北经济学院	新闻与传播学院	新闻学、广告学、网络与新媒体
18	省属公办本科高校	江汉大学	艺术设计学院	视觉传达设计、动画、数字媒体艺术、艺术设计学
			人文学院	新闻传播系
19	省属公办本科高校	三峡大学	人文学院	汉语言文学(影视文化)、广告学、播音与主持艺术
			文学与传媒学院	广播电视学、播音与主持艺术
20	省属公办本科高校	湖北民族大学	文学与传媒学院	广播电视学、编辑出版学、新闻学、广播电视编导

续表

序号	学校性质	高校	院系	本科专业设置
21	省属公办本科高校	黄冈师范学院	新闻与传播学院	广播电视学、广播电视编导、播音与主持艺术
22	省属公办本科高校	湖北文理学院	文学与传媒学院	广播电视编导、广播电视学
23	省属公办本科高校	长江大学	艺术与传媒学院	广播电视编导、播音与主持艺术、数字媒体艺术、视觉传达设计
24	省属公办本科高校	湖北科技学院	人文与传媒学院	广播电视编导、网络与新媒体
25	省属公办本科高校	湖北工程学院	文学与新闻传播学院	广告学(含广告设计方向)、网络与新媒体、播音与主持艺术、数字媒体艺术
26	省属公办本科高校	荆楚理工学院	师范学院	网络与新媒体
27	省属公办本科高校	武汉商学院	文学与传媒学院	广播电视编导、网络与新媒体
28	省属公办本科高校	汉江师范学院	艺术学院	动画、摄影摄像技术
			中文系	新闻采编与制作
29	民办本科高校	武汉东湖学院	传媒与艺术设计学院	播音与主持艺术、数字媒体艺术、广告设计与制作
			文法学院	新闻学、广告学
30	民办本科高校	武汉工商学院	文法学院	新闻学、广告学、网络与新媒体
31	民办本科高校	文华学院	人文社会科学学部	广告学、新闻学
32	民办本科高校	武昌首义学院	新闻与法学学院	新闻学、广播电视学、广播电视编导、网络与新媒体
33	民办本科高校	武汉学院	信息及传播学院	网络新媒体、新闻学、影视摄像与制作

续表

序号	学校性质	高校	院系	本科专业设置
34	民办本科高校	武汉晴川学院	传媒艺术学院	新闻学、播音与主持艺术、广播电视编导专业、影视摄影与制作
35	民办本科高校	武昌理工学院	影视传媒学院	播音与主持艺术、广播电视编导
			艺术设计学院	广告设计与制作、数字媒体艺术设计
36	民办本科高校	汉口学院	传媒学院	播音主持、广播电视编导、网络与新媒体、影视摄影与制作、摄影摄像技术
			艺术设计学院	广告设计与制作
37	民办本科高校	武昌工学院	艺术设计学院	摄影、广告学、广告设计与制作
38	民办本科高校	武汉设计工程学院	成龙影视传媒学院	播音与主持艺术、数字媒体艺术
			艺术设计学院	广告学
39	民办本科高校	湖北商贸学院	艺术与传媒学院	摄影、影视摄影与制作、视觉传播设计与制作
40	民办本科高校	武汉传媒学院	新闻与传播学院	广播电视新闻学、广播电视编导、传播学、摄影、新闻采编与制作
			播音主持艺术学院	播音与主持艺术
			艺术设计学院	广告学、广告设计与制作
			传媒技术学院	广播电视工程、影视艺术技术、影视多媒体技术
41	民办本科高校	武汉工程科技学院	艺术与传媒学院	摄影、播音与主持艺术、广播电视编导
42	民办本科高校	武汉华夏理工学院	艺术设计与传媒学院	数字媒体艺术、广告学(网络广告方向)、网络与新媒体
43	民办独立学院	湖北大学知行学院	人文与社会科学系	新闻学、广播电视编导、广告学、新闻采编与制作
			艺术与设计系	数字媒体艺术、广告设计与制作

续表

序号	学校性质	高校	院系	本科专业设置
44	民办独立学院	武汉科技大学城市学院	艺术学部	广告设计与制作
45	民办独立学院	武汉体育学院体育科技学院	体育新闻与外语系	播音与主持艺术、广播电视编导、新闻学(体育新闻方向)、网络与新媒体
46	民办独立学院	三峡大学科技学院	文法学部	广播电视学、播音与主持艺术、网络与新媒体
			艺术学部	播音与主持艺术
47	民办独立学院	长江大学文理学院	人文与传媒系	广播电视学、广播电视编导
48	民办独立学院	江汉大学文理学院	人文艺术学院	广告学、新闻传播学
49	民办独立学院	武汉纺织大学外经贸学院	艺术学院	广告设计与制作
50	民办独立学院	湖北经济学院法商学院	新闻与传播学系	播音与主持艺术
51	民办独立学院	湖北师范学院文理学院	文学系	广告学、广播电视学
52	民办独立学院	湖北文理学院理工学院	人文艺术系	广播电视编导、视觉传达设计、广播电视学
53	民办独立学院	湖北工程学院新技术学院	语言文学系	广告学、播音与主持艺术、视觉传达设计

表 2-32　**湖北省开设新闻传播类专科专业的院校一览**

序号	学校性质	高校	院系	专科专业设置
1	公办高职高专学校	湖北职业技术学院	教育与艺术学院	广告设计与制作、新闻采编与制作、数字媒体技术
2	公办高职高专学校	武汉职业技术学院	文化与传媒学院	播音与主持、网络新闻与传播、媒体营销、影视编导

续表

序号	学校性质	高校	院系	专科专业设置
3	公办高职高专学校	武汉软件工程职业学院	艺术与传媒学院	影视动画、摄影与摄像艺术
4	公办高职高专学校	随州职业技术学院	服装与艺术设计学院	影视广告
5	公办高职高专学校	湖北水利水电职业技术学院	商贸管理系	广告设计与制作
6	公办高职高专学校	湖北城市建设职业技术学院	建筑设计系	广告设计与制作
7	公办高职高专学校	湖北生物科技职业学院	信息与传媒学院	数字媒体应用技术(动画影视广告设计)
8	公办高职高专学校	湖北艺术职业学院	传媒学院	播音与主持专业、摄影摄像技术专业(新媒体制作方向)、影视编导专业(广播电视编导方向)
9	公办高职高专学校	武汉交通职业学院	艺术学院	广告设计与制作
10	公办高职高专学校	武汉民政职业学院	艺术学院	广告设计与制作
11	公办高职高专学校	江汉艺术职业学院	设计学院	广告设计与制作
12	公办高职高专学校	湖北青年职业学院	艺术设计系	新媒体广告设计
13	公办高职高专学校	武汉城市职业学院	文化创意与艺术设计学院	广告设计与制作、新闻采编与制作
14	公办高职高专学校	长江职业学院	音乐传媒学院	播音与主持、新闻采编
			艺术设计学院	广告设计与制作专业
15	民办高职学校	武汉工贸职业学院	管理与艺术系	视觉传播设计与制作
16	民办高职学校	湖北开放职业学院	人文艺术学院	广告设计与制作专业
17	民办高职学校	武昌职业学院	艺术传媒学院	广告设计与制作专业

续表

序号	学校性质	高校	院系	专科专业设置
18	民办高职学校	武汉商贸职业学院	传媒与艺术学院	播音与主持、新闻采编与制作、摄影摄像技术、视觉传播设计与制作
19	民办高职学校	武汉信息传播职业技术学院	传媒影视系	传播与策划、新闻采编与制作、版面编辑与校对、摄影摄像技术、广播影视节目制作
20	民办高职学校	湖北科技职业学院	传媒艺术学院	广告设计与制作
21	民办高职学校	武汉光谷职业学院	人文教育学院	播音与主持

2.17.3　部校共建情况

2013 年年底，中宣部、教育部联合发出《关于地方党委宣传部门与高等学校共建新闻学院的意见》。此后，相关单位迅速拟定了共建章程，制定了实施方案，组织开展相关工作。

2014 年，武汉大学新闻与传播学院作为第一批试点单位，由湖北省委宣传部与武汉大学共建。根据共建协议，省委宣传部与武汉大学将在精品课程、骨干队伍、实践基地、文化产业智库、人才培养、教学基础建设等方面开展共建。

其间，华中科技大学新闻与信息传播学院也积极参与部校共建，湖北广播电视台在华中科技大学新闻与信息传播学院设立多名特聘冠名讲座教授，邀请其参与该台重大问题与发展规划、节目设置与调整等方面的咨询研究。

2017 年，华中科技大学、中南财经政法大学、华中师范大学、湖北大学四所高校的新闻学院被列入湖北省委宣传部第二批部校共建名单。部校共建新闻学院的活动在湖北如火如荼地开展起来。

2.17.4　本科生、研究生及其他高层次人才的培养

1. 本科生教育

目前，湖北省开设新闻传播类本科专业的院校有 54 所，主要分布在三种类型的学院中：一是新闻传播学院；二是文学院；三是艺术类学院。

新闻与传播学院一般开设有新闻学、广播电视学、传播学、网络与新媒体、广告

学、广播电视编导、播音与主持艺术、编辑出版等专业；文学院多开设广播电视学、网络与新媒体、广告学、广播电视编导、播音与主持艺术等专业；艺术类学院则多开设广告设计与制作、广播电视编导、播音与主持艺术等专业。

2. 硕士研究生教育

1985 年，武汉大学获新闻学硕士学位授予权并开始招收硕士研究生，1998 年获得传播学硕士学位授予权。1996 年，华中科技大学获新闻学硕士学位授予权，2000 年取得传播学硕士学位授予权。

湖北省的新闻传播类硕士研究生教育包括科学硕士与专业硕士的培养。目前，拥有硕士授予点的高校有武汉大学、华中科技大学、华中师范大学、华中农业大学、武汉理工大学、中国地质大学(武汉)、中南财经政法大学、中南民族大学、湖北大学、武汉体育学院、武汉纺织大学、武汉工程大学、湖北民族学院、湖北文理学院等高校。

湖北省的新闻传播类科学硕士招生涵盖新闻学、广播电视与数字媒体、广告与媒介经济、传播学四个方向。专业硕士培养则涵盖新闻传播、编辑传播两个大方向。在科学硕士培养方面，武汉大学新闻与传播学院拥有新闻学、传播学、数字媒介 3 个硕士学位授权点，华中科技大学新闻与信息传播学院则拥有新闻学、传播学、广播电视与数字媒体、广告与媒介经济 4 个硕士学位授权点。在专业硕士培养方面，武汉大学新闻与传播学院拥有新闻与传播专业硕士点，华中科技大学新闻与信息传播学院则拥有新闻与传播、编辑出版 2 个专业硕士点。

3. 博士研究生教育

目前，湖北省拥有新闻与传播学一级学科博士学位授予权的有 2 家，即武汉大学与华中科技大学。

1999 年 4 月，武汉大学大众传播与知识信息管理学院获新闻学博士学位授予权，次年开始招收新闻学博士生。2003 年，经国务院学位委员会批准，武汉大学新闻与传播学院获得新闻传播学一级学科博士学位授予权，5 个子学科博士学位授权点：新闻学、传播学、广告学、跨文化传播学、媒介经营与管理。

华中科技大学新闻与信息传播学院于 2003 年获新闻学二级学科博士学位授予权，2005 年获新闻与传播学一级学科博士学位授予权。2013 年，国内首个二级学科公关博士点采用跨院系跨学科共建的方式正式落户。华中科技大学新闻与信息传播学院有 5 个子学科博士学位授权点：新闻学、传播学、广播电视与数字媒体、广告与媒介经济、公共关系学。

4. 博士后流动站

目前，湖北省拥有新闻传播学一级学科博士后流动站的单位有武汉大学新闻与传播学院、华中科技大学新闻与信息传播学院。两所学校为湖北省乃至全国的高校或科研院所培养了一批优秀的教师和高层次的科研人员。

2.17.5　学术研究及其特色

以武汉大学与华中科技大学为代表的新闻传播研究，呈现出异彩纷呈、各具特色的学术景观。

武汉大学新闻与传播学院经过多年努力逐步形成了新闻学原理研究、新闻传播实务与文化研究、台港澳新闻研究、中西新闻比较研究、新闻传播思想发展研究、广告理论与实践研究等富有特色的研究领域。目前，武汉大学拥有一个教育部人文社会科学重点研究基地——武汉大学媒体发展研究中心。

华中科技大学新闻与信息传播学院成立了湖北省省级文科重点研究中心“媒介技术与传播发展研究中心”、华中科技大学国家战略研究院，学院侧重新闻史研究、新媒体研究、战略传播研究等优势学科发展方向，涵盖了新闻史论、广播电视理论与实务、网络与新媒体、国家形象传播、公共关系、风险传播、媒介地理学、品牌管理等优势研究领域和特色方向。

湖北省各高校的新闻传播学科均建立了相关的特色学术研究中心，并取得了一系列学术成果。比如，华中师范大学新闻与传播学院在媒介伦理与管理、应急传播、影视研究、出版学等方面形成特色；华中农业大学传播系则注重广告传播、农村传播的特色研究；中南财经政法大学新闻与文化传播学院侧重经济新闻、法制新闻、数字媒体艺术以及文化传播等研究。整体来看，湖北省新闻传播教育越来越专业化，各个高校的新闻传播专业的学术研究不断地朝着优势学科方向拓展。

（郭小平）

2.18　湖南省新闻传播教育发展综述

据教育部的统计，截至2017年12月31日，湖南省高等学校共计109所。其中，本科院校36所，含民办院校5所(不含15所独立学院)；专科院校73所，含民办院校

10 所。全省共有 34 所普通高等学校开展新闻传播教育，含 4 所独立学院。

2.18.1　湖南省新闻传播教育的发展历程

湖南新闻传播教育近六十年的发展历程，大致可分为三个阶段。

第一，初创时期(1958—1961)。

湖南省新闻传播教育肇始于 1958 年创立的一所中专——湖南省广播技术学校。该校初创时期，仅有新闻采编和电视技术两个专业，1961 年 9 月停办。初创时期的湖南新闻传播教育就摆脱了以报学教育为主的老路子，把重点放在广播电视专业人才的培养上，体现了敢为人先的湖湘文化精神。

第二，恢复时期(1976—1991)。

"文革"结束后，新闻传播教育得到恢复与发展。1976 年，湘潭大学中文系(现文学与新闻学院)招收了 1 个新闻班，宣告了湖南省新闻传播高等教育的开端。1982 年承担省委组织部"党政干部专修科"培训工作，举办了 3 届全省新闻骨干培训班，1995 年又率先在高考中招收新闻方向学生。此后，新闻学一直作为该校汉语言文学专业的一个培养方向，直到 2000 年正式设立新闻学专业。

1979 年 1 月，湖南省广播技术学校经湖南省人民政府批准复核扩建，改名为湖南广播电视学校，1980 年 9 月正式招生。该校复校后设有电视节目采编与制作、影视广告等专业，同时开设大专函授电视摄像、图片摄像等专业，本科函授新闻学专业，面向全省招生。1984 年，成立北京广播学院湖南函授站。学校通过全日制教学、函授、自学考试以及在职培训等方式为飞速发展的新闻业尤其是广播电视业培养了大量专业人才，被誉为"广电湘军的摇篮"。

第三，发展时期(1992 年至今)。

20 世纪 90 年代以来，中国新闻传播事业发展迅猛，人才缺口大，很多高校加入新闻传播教育行列。抢占先机的多是办学基础较好的综合性院校、重点院校，接着，一些理工类院校、财经类院校、农林类院校、高职专科院校等也开始依托本校优势资源或地域特色发展新闻传播教育；不少学校从仅有一个新闻学方向发展到建立新闻传播学院，逐渐形成了从专科到本科、硕士、博士的多层次人才培养体系，开展了各具特色的新闻传播教育实践。

综合性院校中，湖南师范大学 1992 年创办新闻学专业，2001 年成立省内第一家新闻与传播学院，"新闻传播学"是湖南省重点学科。2017 年，新闻传播学科在教育部全国第四轮学科评估结果中列 B 等，位居全国同类学科第 21 名；文化传播方向被列为国家"双一流"学科建设内容。湖南大学 1995 年创办新闻学专业，2002 年成立新闻与传播学院，2010 年成立新闻传播与影视艺术学院。湘潭大学人文学院 1997 年获批湖南首个广告学本科专业，2000 年新闻学专业正式招生，2001 年建立文学与新闻学院，新闻学专业为省级特色专业。中南大学 2002 年成立文学与新闻传播学院。2014 年，中南大学成为教育部批准建设数字出版专业的首批五所高校之一，培养数字出版产业所急需的复合型人才，首批数字出版专业招收本科生 58 名。吉首大学 2001 年正式设立新闻学专业，2002 年成立文学与新闻传播学院，同年增设广告学专业，2014 年增设网络与新媒体专业。其中，新闻学专业为省级特色专业，省“十三五”专业综合改革试点专业。

理工类院校中，湖南理工学院新闻传播教育实践最早可追溯到 1994 年岳阳大学(湖南理工学院前身之一)开办的广告学专科专业。1999 年，湖南理工学院前身之一的岳阳师专开设新闻学专业本科成人教育。2001 年及次年，广告学和新闻学相继开始招收本科生。2009 年，广告学专业被确定为省级特色专业。2013 年，新闻传播学院网络与新媒体专业开始招生。长沙理工大学文法学院新闻学专业 2005 年开始招生。湖南工业大学文学与新闻传播学院成立于 2006 年，广告学专业为湖南省“十一五”重点专业。

其他本科院校中，湖南商学院中文系借助商科院校优势资源，2002 年创办广告学专业，2003 年创办编辑出版专业，2014 年新增新闻学专业，成立文学与新闻传播学院。湖南第一师范学院文学与新闻传播学院 2012 年开办广播电视学专业，2015 年新设网络与新媒体专业。湖南财政经济学院人文与艺术学院 2017 年增设网络与新媒体专业。长沙学院与长沙广播电视台(集团)建立的校企合作广播影视类人才培养示范基地，被列为省级重点项目。衡阳师范学院新闻学专业是省级特色专业，2017 年学院与凤凰卫视集团・凤凰教育正式建立战略合作伙伴关系，联合开办“凤凰数字媒体特色班”，共建“凤凰卫视・凤凰教育人才培养培训基地”。

湖南省共有 9 所高职高专院校设有新闻传播类相关专业。湖南大众传媒职业技术学院新闻采编与制作、广播影视节目制作、数字出版 3 个专业是中央财政支持的重点建设专业，“新闻出版与广播电视专业群”是湖南省首批卓越校重点建设专业群。湖南城市职业技术学院的视觉传播设计与制作是省级特色专业，数字媒体艺术设计是省级精品专业。湖南工艺美术职业学院视觉传达设计系设有视觉传播设计与制作、广告设计与制作、数字媒体艺术设计等专业及专业方向，形成了凸显技能、资源融通、合作紧密的“专业+项目+工作室+公司”工学结合人才培养模式。

进入 21 世纪，湖南新闻传播教育在应对社会转型和新闻传播业数字化转型的过程中既有坚守，又因时而变，体现了继承与创新，学术与应用的融合生长。近十年来，湖南新闻传播类专业设置较为稳定，但人才培养目标普遍由传统的报学、广播电视新闻学、编辑出版学转向全媒体新闻人才、新媒体人才、数字出版人才；网络与新媒体、数字出版等专业成为新的专业生长点；新闻传播学专业由主要和文学、商学、法学等学科融合发展，转而加强与信息技术、设计艺术等学科的交叉融合，出现了更偏重于应用和设计的广告设计与制作等专业方向。

总的来看，湖南省新闻传播学科较为年轻，除少数几所外，新闻传播学专业或院系均是在高校扩招之后创办的，不少院校在快速上马新闻传播教育后面临师资力量不足、资金和投入不够等问题，很难形成有实力的教学与科研团队。在新闻传播学科加快转型发展时，不少学院开始走内涵式发展道路，结合自身实际主动调整甚至裁撤了一些专业或学位点。如 2016 年中南大学主动撤销新闻传播学一级学科硕士点，2017 年吉首大学校级重点专业广告学专业停止招生。

2.18.2 湖南省新闻传播教育现状

根据教育部《普通高等学校本科专业目录(2012 年)》，新闻传播学类一级学科设在文学门类下，包括新闻学、广播电视学、广告学、传播学、编辑出版学、网络与新媒体、数字出版 7 个专业。下文根据湖南省教育厅统计数据、各院校相关负责人提供的资料和各校官网信息整理，数据统计时间截至 2017 年 12 月 31 日。

1. 院系及专业设置

湖南全省共有 34 所院校开办新闻传播教育，其中本科院校 21 所，独立院校 4 所，高职高专院校 9 所。15 所学校设有独立的新闻传播学院、传媒学院、新闻与传播系或文学与新闻传播学院、新闻传播与影视艺术学院等；其他高校的新闻传播学专业多归属于文学院、文法学院、设计艺术学院等。详情见表 2-33：

表 2-33 **湖南省新闻传播高等教育概况**

编号	高校名称	学院	系/教研室	学科与专业建设
1	中南大学	文学与新闻传播学院	中文系 新闻系 数字出版系	本科专业：广播电视新闻学、数字出版 专业学位硕士点：新闻与传播 二级学科博士学位授权点：文化产业
2	湖南大学	新闻传播与影视艺术学院	新闻系 广告系 编导系 播音系 表演系	本科专业：新闻学(含新闻学、媒介经营管理、网络与新媒体 3 个方向)、广告学、广播电视编导、播音与主持艺术 一级学科硕士点：新闻传播学 专业学位硕士点：新闻与传播 博士学位授权学科方向：文化传播

续表

编号	高校名称	学院	系/教研室	学科与专业建设
3	湖南师范大学	新闻与传播学院	新闻学系 广告学系 编辑出版学系 广播电视学系 网络与新媒体系	本科专业：新闻学、编辑出版学、广播电视学、广告学、网络与新媒体、播音与主持艺术、广播电视编导 一级学科硕士点：新闻传播学 专业学位硕士点：新闻与传播、出版 博士学位授权学科方向：中国近现代新闻传播史
4	湘潭大学	文学与新闻学院	广告系 新闻系	本科专业：新闻学、广播电视学、广告学 一级学科硕士点：新闻传播学 专业学位硕士点：新闻与传播 二级学科博士学位授权点：新闻哲学与媒介文化
5	吉首大学	文学与新闻传播学院	新闻系 网络与新媒体系	本科专业：新闻学、广告学、网络与新媒体 专业学位硕士点：艺术硕士(现代数字媒体艺术设计方向)
6	湖南理工学院	新闻传播学院	新闻教研室 广告教研室 网络与新媒体教研室	本科专业：新闻学、广告学、网络与新媒体
7	湖南科技大学	人文学院	新闻系 广告系	本科专业：新闻学、广告学
8	长沙理工大学	文法学院	新闻系	本科专业：新闻学
9	湖南商学院	文学与新闻传播学院	编辑出版学系 广告学系 新闻学系	本科专业：编辑出版学、广告学、新闻学
10	湖南工业大学	文学与新闻传播学院	广告系 新闻系	本科专业：新闻学、广告学 专业学位硕士点：广播电视专业硕士
11	长沙学院	影视艺术与文化传播学院	新闻教研室 广播电视编导教研室 播音与主持教研室	本科专业：新闻学、播音与主持艺术、广播电视编导 专业学位硕士点：艺术(广播电视)硕士

续表

编号	高校名称	学院	系/教研室	学科与专业建设
12	衡阳师范学院	新闻与传播学院	新闻学系 传播学系 传媒与社会发展研究所	本科专业：新闻学、广告学、广播电视学、网络与新媒体
13	湖南第一师范学院	文学与新闻传播学院	新闻学教研室	本科专业：广播电视学，网络与新媒体
14	怀化学院	文学与新闻传播学院	新闻学教研室	本科专业：广播电视学、网络与新媒体
15	湘南学院	文学与新闻传播学院	新闻教研室 播音与主持教研室	本科专业：新闻学、播音与主持艺术
16	湖南科技学院	传媒学院	广告学系 广播电视系 数字媒体技术系	本科专业：广播电视学、广告学、广播电视编导、数字媒体技术
17	湖南文理学院	文史学院	新闻学教研室	本科专业：新闻学
18	湖南工程学院	设计艺术学院	视觉传达设计教研室 广告学教研室	本科专业：视觉传达设计、广告学
19	邵阳学院	文学院	新闻教研室	本科专业：新闻学
20	湖南城市学院	人文学院	新闻传播系	本科专业：广告学、网络与新媒体
21	湖南财政经济学院	人文与艺术学院	网络与新媒体系	本科专业：网络与新媒体
22	湖南科技大学潇湘学院	人文社科体育学部		本科专业：新闻学
23	湘潭大学 兴湘学院	—	文法系	本科专业：新闻学、广告学、动画
24	湖南理工学院南湖学院	—	文学与法学系	本科专业：广告学
25	衡阳师范学院南岳学院	—	新闻与传播系	本科专业：广告学

续表

编号	高校名称	学院	系/教研室	学科与专业建设
26	湖南工业职业技术学院	工业设计与艺术学院	—	高职专科专业：广告设计与制作
27	湖南大众传媒职业技术学院	新闻与传播学院 新媒体学院 管理学院 视觉艺术学院	新闻系 制作系 传媒技术系 传媒管理系等	高职专科专业：新闻采编与制作、电视节目制作、广播电视技术、摄影摄像技术、计算机多媒体技术、网络新闻与编辑、现代传播专业、出版与发行
28	湖南科技职业学院	艺术设计学院	—	高职专科专业：数字媒体艺术设计、视觉传播设计与制作
29	湖南工艺美术职业学院	—	视觉传达设计系	高职专科专业：网络媒体设计与制作、新媒体传播与策划、广告策划、国际商业广告、品牌设计
30	湘西民族职业技术学院	—	民族艺术系	高职专科专业：广告设计与制作
31	湖南艺术职业学院	—	影视系	高职专科专业：新闻采编与制作、摄影摄像技术、广播影视节目制作、广播影视多媒体技术、戏剧影视表演、影视动画、影视编导
32	邵阳职业技术学院	—	信息与传媒艺术系	高职专科专业：广告设计与制作
33	长沙职业技术学院	—	建筑与艺术设计系	高职专科专业：广告设计与制作
34	湖南生物机电职业技术学院	信息技术学院	计算机专业教研室、计算机应用教研室	高职专科专业：广告设计与制作

具体专业分布情况如图 2-6 所示，湖南全省新闻传播学类本科专业以传统的新闻学和广告学为主，二者各占 30%；其次是广播电视学、网络与新媒体专业；再次是编辑出版学和数字出版专业。2011 年新设立的网络与新媒体专业发展最快，共有 9 所院校开办此专业或专业方向。数字出版专业仅中南大学开办。传播学专业无院校开办。

9 所高职高专新闻传播类专业设置与本科专业名录不同，分类更细，如新闻学方向细分为新闻采编与制作、网络新闻与编辑等；广播电视学方向细分为电视节目制作、广播电视技术、摄影摄像技术、广播影视多媒体技术等；网络与新媒体方向细分为计算机

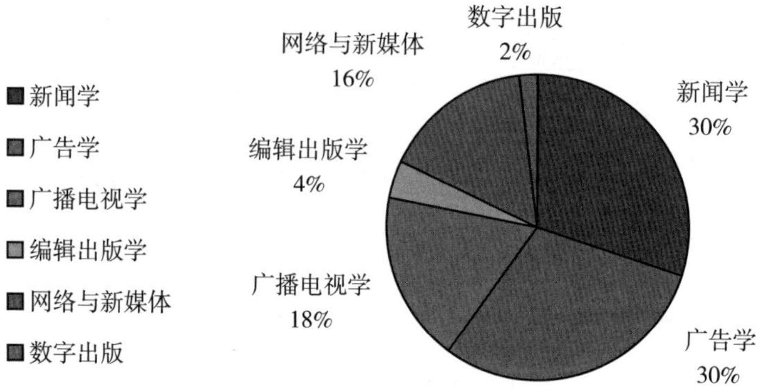

图 2-6　湖南省新闻传播学本科专业设置

多媒体技术、网络媒体设计与制作、新媒体传播与策划、数字媒体艺术设计等；广告学方向细分为广告设计与制作、广告策划、国际商业广告、品牌设计等。如图 2-7 所示，高职高专院校设置的新闻传播类专业(即其他项)在全省新闻传播教育专业数量中约占 24%。

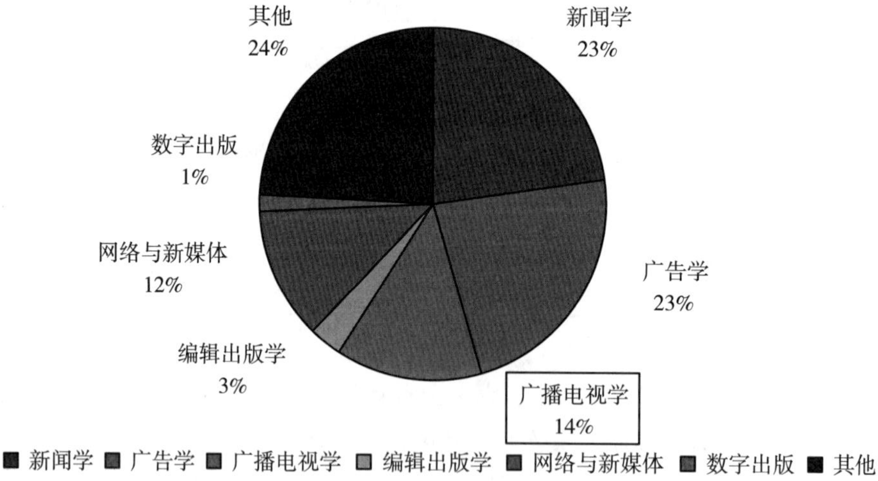

图 2-7　湖南省新闻传播学科专业设置总览

2. 人才培养层次、理念及特色

湖南省传播教育人才培养已经形成了四个层次：博士研究生教育、硕士研究生教育、本科生教育和专科生教育。截至 2017 年年底，湖南高校虽然没有新闻传播学一级学科博士点，但中南大学、湖南大学、湖南师范大学、湘潭大学等校都有新闻传播类的博士学位授权学科方向或二级学科博士点，已经培养出为数不少的博士。湖南现有新闻传播学一级学科硕士学位授予点的学校 3 个：湖南大学、湖南师范大学、湘潭大学；新闻与传播专业硕士学位授予点 4 个：中南大学、湖南大学、湖南师范大学、湘潭大学。

在人才培养上，由于各高校层次、地域、学科资源等条件的差异，不同学校对人才培养的定位也不相同，形成了各具特色的新闻传播人才培养理念及特色。以中南大学、湖南大学、湖南师范大学、湘潭大学等为代表的综合性院校，重视学科发展，重视学生综合素质和实践能力的培养，致力于培养宽基础、厚功底、强能力的新闻传播人才。

中南大学强调交叉，注重应用，在此理念下追求人文与新闻传播融合、理论与操作技术融合发展。在课程设置上开设系列人文经典课程，开设新媒体系列课程，在数字出版、文化产业上形成特色。数字出版专业设置了包括专业基础、信息技术、营销管理、文化素养四大知识板块的课程，首届毕业生就业形势很好。截至 2017 年 12 月初，数字出版专业本科毕业生 58 名，已有 9 位同学保送到复旦大学、上海交大等国内一流高校深造，部分学生获得腾讯、百度、科大讯飞等人工智能巨头以及知名出版企业的录用通知。

湖南大学新闻传播与影视艺术学院秉持“夯实基础、强化实践、开放融合、追求卓越”的办学理念，探索并建立了“一纵三横”的实践教学模式，已逐步建设成为富有特色的应用型、复合型卓越新闻传播人才培养基地。学院坚持能力与素质并重，理论与实践并重，校内与校外结合，积极引导学生追求卓越，全面发展。建院以来，始终高度重视、统一安排、规范管理专业实习，与《人民日报》《美国国际日报》、韩国 MBC 电视台等国内外主流媒体建立了 50 多家稳定的教学实习基地，建立了科学合理、行之有效的校媒联合培养机制。学院鼓励教师开展信息化教学，实施特色教材建设计划，建有 2 门国家级视频公开课程、2 门慕课；出版专业理论和实验教材 30 多部；“广告创意学”“现代礼仪”被教育部认定为“国家精品在线开放课程”。

湖南师范大学新闻与传播学院形成了“培养具有马克思主义新闻观，通晓天下，上手快、后劲足的高素质新闻传播人才”的人才培养理念，构建了“三元立体”的第二课堂平台，形成了“名家精英书山论坛”（侧重宏观政策解读马克思主义新闻观教育）、“记者编辑业界课堂”（侧重新闻传播业务能力的培养）和“校友回家传媒沙龙”（侧重培养学生的职业认同）的链条式第二课堂教学体系，邀请国内外知名新闻传播学者和专家来校访问或讲学。

省内其他实力较强的本科院校也非常重视凝练自身的新闻传播教育特色。吉首大学文学与新闻传播学院秉承“求真尚实，至善致美”的育人理念，形成了立足专业，依托行业，强化创业，瞄准就业的“四业融合”人才培养模式，在既有的课程体系之外，着力推进“经典阅读”“以赛促学”和“创业孵化”工程。长沙理工大学新闻专业依托学校理工科专业背景和行业特色培养全媒体人才，新闻学获准为“新闻卓越”试点专业。湖南商学院根据数字技术革命和“互联网+”时代对跨媒体内容生产、传播和管理人才培养的新需求，借助商科院校优势资源，形成财经新闻、出版营销与管理亮点。

而以湖南大众传媒职业技术学院、长沙职业技术学院等为代表的高职院校则采取了与综合性院校不同的办学思路，紧密对接人才市场和新闻传播业实际，开设新闻采编与制作、电视节目制作、广播电视技术、摄影摄像技术(专科)、计算机多媒体技术、网络新闻与编辑、广告设计与制作等专业，强化新闻传播某项专业技能的培训，更具体地对接人才市场和就业岗位。

3. 部校共建

目前，湖南省共有三所院校入选部校共建新闻学院。2014 年，湖南师范大学新闻与传播学院入选第一轮部校共建新闻学院。2017 年，湖南大学、湘潭大学加入第二轮部校共建名单。湖南省委宣传部将进一步加强对各学院的指导，协调省直新闻出版单位与学院建立教学实践基地，组织新闻出版从业人员到学院进行理论和业务培训，并在建设经费、教学改革、队伍建设、科研项目和办学条件改善等各方面给予支持。

4. 对外交流与合作

湖南不少高校把国际交流与合作视为加快新闻传播教育改革、强化师资队伍建设和创新人才培养的重要途径，大力推进教育教学国际化进程。近年来，开展对外交流与合作的院校不仅限于一本重点院校，还包括一些办学条件较好的高职专科院校。

在师资培养和科研交流方面，中南大学文学与新闻传播学院每年约派出 5 人次教师出外学习进修。每年派出 5 人次本科生出国交流学习，招收 3 名左右硕士留学生。湖南大学新闻传播与影视艺术学院每年有计划地选送 2~3 名中青年教师到国外高水平大学进修访学，有 18 名教师具有一年以上国外访学经历，20 多人次先后赴美国、英国、韩国、新加坡、日本，以及中国香港、台湾、澳门等国外和境外参加国际学术会议和学术交流活动。2013 年与美国密苏里大学新闻学院签订合作办学协议。湖南师范大学新闻与传播学院先后与美国、日本、韩国，中国台湾、香港，欧洲等国家和地区的教育、科研机构，建立了长期稳定的交流合作关系，自 2005 年开始每年都派师生前往国外学习、进修、从事科学研究。2014 年与美国密苏里大学新闻学院签订合作办学协议。湖南人文学院自 2013 年至今，先后选派 60 多人次前往美国、英国、澳大利亚、日本、马来西亚、泰国、加纳等国工作或进修学习。湖南科技职业技术学院先后与英国安格利亚鲁斯金大学等多个国家和地区的 10 多所大学合作交流，组织 100 多名教师赴美国、加拿大、法国、德国、印度、新加坡、日本、泰国，以及中国台湾等地院校进修、培训。

在本科生、研究生教育国际化方面，湖南大学新闻传播与影视艺术学院同美国密苏里大学、密歇根大学，新加坡南洋理工大学，台湾铭传大学、香港中文大学等国外和境外高校建立了合作交流关系，构建起开放式的学术交流与办学平台。近年来，先后招收海外留学生 50 多人，有 200 多名本科生、研究生赴国外、境外高校交流学习。湘潭大学文学与新闻学院先后邀请英国的格雷厄姆·默多克教授等国际知名学者来学院进行学术访问和讲学，还积极组织本科生、研究生参与国内外学术会议，先后有 4 位研究生到日本、韩国交流学习。长沙理工大学与美国中田纳西州大学建立了交流与合作关系，该校的新闻卓越班实施“3+1”教学模式，学生在本科阶段即可到美国合作大学攻读学位。

5. 学术研究

目前湖南省新闻传播教育实力较强的本科院校均设立了相关研究中心，取得了不少研究成果。

中南大学文学与新闻传播学院设文化产业研究所、现代传播研究所和新闻研究所，以及文化产业品牌研究基地、新闻传播教育中心等研究机构。自专业开办至 2017 年年底，已完成科研项目 60 余项，其中国家社科规划项目 10 余项，出版著作和主编教材 70 余部，发表学术论文 700 多篇，获湖南省“五个一工程”一等奖 1 项，教育部国家级优秀教学成果二等奖 1 项。

湖南大学新闻传播与影视艺术学院建有湖南省人文社会科学重点研究基地——湖南省文化产业研究基地，以及文化创意产业研究中心、媒介经济研究所、科技新闻与传播研究所、媒介文化研究所、影视艺术研究所、舆情研究所等校级研究机构。学院先后承担各类科研项目 300 多项，其中国家社科基金重大招标项目 2 项、国家社科基金重点项目 3 项、国家文化产业发展重大专项资金项目 1 项、国家社科基金一般项目 15 项、国家自然科学基金一般项目 1 项、国家出版基金主题出版项目 1 项；部省级重大重点项目 17 项；部省级一般项目 100 余项。出版学术专著 88 部，发表学术论文 800 余篇，论文被新华文摘等收录 100 多篇次；获全国高等学校科学研究优秀成果奖(人文社会科学)三等奖 1 项、湖南省哲学社会科学优秀成果奖一等奖 1 项、二等奖 1 项。

湖南师范大学新闻与传播学院拥有中国传播与现代化研究中心、湖南省传媒发展研究基地、湖南省社会舆情监测与网络舆情研究中心三个省级研究基地，文化与传播研究所、出版科学研究所、传媒伦理与法制研究所三个校级研究所和新媒体技术校级重点实验室。截至2017年年底，共承担各类项目100多项，其中国家社科基金项目18项，省部级重大重点项目10余项；出版专著50余部，发表论文600余篇，被权威刊物收录60多篇次；获全国高等学校科学研究优秀成果奖(人文社会科学)二等奖1项、湖南省哲学社会科学优秀成果奖一等奖2项、二等奖5项、三等奖6项。

近年来，湘潭大学文学与新闻学院出版学术著作、教材140多部，发表各类学术论文1800多篇，主持国家社科基金项目29项(含重大、重点项目各1项)，省部级社科项目(含教育厅重点项目)32项，获省部级成果奖23项，其中，教育部人文社科优秀成果二等奖1项、省社科优秀成果一等奖2项。吉首大学文学与新闻传播学院主持国家社科基金课题38项，教育部、国家广电总局课题17项，省级社科科研课题70余项，出版学术专著60余部。湖南商学院文学与新闻传播学院近五年出版著作39部、教材4本；新增项目29项，其中，国家社科基金项目1项，教育部项目2项，省社科基金重点项目5项，获省哲学社会科学优秀成果二等奖1项。2015年至今，湖南城市学院人文学院获省级以上课题立项近40项，其中国家社科基金2项，共出版专著18部，主编教材9部，发表CSSCI期刊论文40多篇。

数据显示，湖南新闻传播研究的重镇虽然依然是几所重点院校，但近年来地方院校越来越重视相关研究和产学研项目合作，成果不断增加。

6. 学生活动

新闻传播学是一门实践性很强的学科，学生综合素质尤其是实践动手能力的培养一直是新闻传播教育的重中之重。湖南各新闻传播教育院系都开展了富有学科特色的第二课堂活动，打通了课堂教学与实践教学两大环节，卓有成效地提升了学生的综合素养和专业素质。

在创新创业方面，湖南大学新闻传播与影视艺术学院在国家级大学生文化素质教育基地、国家大学生校外实践教育基地之外，重点建设1个校级创新创业平台和3个院级创新创业平台。“敢为先”全媒体大学生创新创业基地，整合了新影学院、信科学院和设计艺术学院三个学院的团队力量，开展文化创意产品(主要是视频、广告、剧本等)的研发和成果转化。2017年，学生承担各种项目60多项，项目经费达85万元，获取利润33万元。红枫全媒体工作坊依托学院已有的合作媒体资源和师资条件，以学院专职教师和校外兼职导师为指导团队，以各专业优秀学子为主力，运营学院官网、官微、院刊、院报，开展全媒体创新实践。吉首大学文学与新闻传播学院鼓励和扶持在校大学生结合自身专业特色进行创新创业实践，精灵影视传媒、风雨湖微信团队、华蔚传媒等大学生创业团队年度总营业额突破100万元。

在实践实训方面，湖南师范大学新闻与传播学院依托部校共建项目，办有新闻学实验班、CATI实验室、“新湖南”媒介工作室，还建设了湖南日报报业集团、湖南广播电视台、湖南出版投资控股集团、新湘评论杂志社四大实践教学基地，大力推进实践教学的改革与创新。其中，“新湖南”媒介工作室是与湖南日报社新媒体中心共建的产学研合作基地。学院选派优秀学生到工作室，参与新湖南客户端和湖南日报微信、微博等新媒体产品的内容建设，学生的优秀作品将通过湖南日报社的新媒体平台呈现；湖南日报社新媒体中心也选派一线记者编辑担任工作室的实训指导老师，通过共建工作室，融合高校科研资源和媒体资源，进一步强化高校新闻学子的马克思主义新闻观教育，锤炼新媒体业务实践本领，提升新闻职业道德素养。湖南商学院建有现代传媒与办公模拟实验室、现代传媒复合型人才培养基地，建有长沙晚报报业集团、湖南人民出版社、岳麓书社等10余个校外实习基地。学院一直坚持以人为本的原则，尊重学生个性发展，紧扣专业“+互联网”的特色，指导学生创办自媒体平台、商帆文学社、普贤国学社、翰枫剧社、时光书信社以及创行团队，开展麓山枫学术论坛、国学经典诵读等活动；承接企业实战项目等。

在“以赛促学”方面，湖南大学新闻传播与影视艺术学院成功举办了4届全国红枫大学生记者节，每届大学生记者节均吸引100多所海内外高校学子参与。除参加校内赛事外，学院还积极组织学生参加全国大学生广告大赛、主持人大赛、中国校园学报大奖赛、全国大学生经济新闻作品大赛等，获得多项奖项。中南大学文学与新闻传播学院每年举行全校摄影大赛、短视频大赛，组织学生参加全国广告大赛。湘潭大学文学与新闻学院每年都主办传媒文化节、辩论赛、“中华诵”经典诵读大赛，每两年主办一次“金话筒”主持人大赛；每年组织学生参与中国大学生DV文化节、大学生公益视频大赛等。吉首大学文学与新闻传播学院设立了广告艺术大赛、新闻摄影大赛、新媒体艺术创意大赛等专业赛事。

2.18.3 小结

与百年中国新闻教育史相比，湖南省新闻传播教育区区50多年的历史尚嫌稚嫩。但得益于湖南发达的媒体行业和经济社会的全面发展，湖南高校充分挖掘本土优势和本校的资源与学科优势，新闻传播教育已经形成了较为完备的人才培养体系，各具特色，相辅相成的复合型、应用型人才培养格局——重点院校、本科院校重视学科发展和复合型宽口径人才培养；高职院校则注重新专业方向的探索和应用型技术人才培养。作为湖南乃至全国新闻传播人才成长的沃土，湖南高校培养的新闻传播人才活跃在国内外各行各业尤其是新闻传播一线，成为湖南新闻传播教育的名片。

（徐 琼 刘思卿）①

2.19 广东省新闻传播教育发展综述

广东新闻传播教育随着中国新闻教育的潮流激荡起伏、茁壮发展。从1920年开始酝酿，广东新闻传播教育从无到有，逐渐发展壮大，成为中国新闻教育的岭南流派和重要力量。其新闻教育的内涵也不断充实完善，由单纯的报学教育发展到新闻、广告、公关、传播及营销等全方位的新闻传播教育，建立起硕博研究生、本科、专科多种层次和普通高校、成人教育、函授教育、自学考试多种形式的新闻教育体系。

2.19.1 民国时期广东新闻教育的初步发展

1920年5月5日，“全国报界联合会”（1919年10月15日成立于上海）在广州召开第二次会议，会上提出了筹设“新闻大学”的议案，并通过了《新闻大学组织大纲》，拟择定一所大学合办，定为该校之“新闻大学科”，由“新闻大学科”独立招生，并且准备兼办新闻函授专科，以求推广新闻学教育。可惜“全国报界联合会”不久即瓦解，以上决议，也未能付诸实施。议决筹设新闻大学，这是广东新闻教育事业开端的最先信号。1925年，广东国民大学中国文学系设立“新闻学”课程，是广州正规新闻教育的开端。

1928年，谢英伯创设中国新闻学院（后称新闻专门学校）于广州惠福东路，这是中国最早的一所专业新闻院校。1929年广东全省新闻记者联合会成立后，该校归省联合会主办，并迁往东堤国民党广州市党部旧址，广聘教授，增加学科，学生较前有所增加。1929年秋季起，专门部设预科本科外，并附设：附属中学部；华侨新闻学速成科；新闻学函授部。校长仍为谢英伯，教授有王纫豪、倪世清、黄策等。1930年，国立广东法科学院增设新闻学系。1931年10月，广东省政府核准“私立中国新闻职业学校校

① 资料提供：湖南大学新闻传播与影视艺术学院彭祝斌教授、中南大学文学与新闻传播学院范明献副教授、湖南师范大学新闻与传播学院王海刚副教授、湘潭大学文学与新闻学院田华副教授、湖南商学院文学与新闻传播学院康化夷教授、吉首大学文学与新闻传播学院彭广林副教授。

董会”立案，1932 年郑国屏等合办。抗日战争前，尚有一间私立互助新闻职业学校。

除新闻学校外，举办新闻教育的还有一些单位。1929 年 9 月，国民党广州市党部宣传工作人员训练所，设有“新闻学大纲”这一课目。1930 年 4 月，广州市《公评报》馆开办“《公评报》馆访员训练班”，并于 1933 年 1 月成立“新闻学研究会”研究新闻学。1931 年，中山大学于下学期增设新闻学科，1933 年 5 月成立“中山大学新闻研究会”。1932 年 4 月，广州《现象报》设立新闻实习班。1934 年 9 月，广州市职业学校增男女新闻实习班，10 月，设编辑、采访、电讯三组夜班。

1941 年，广东国民大学文学院(院长黄轶球教授)设置新闻学系，系主任是美国密苏里大学毕业的袁昶超教授。主要课程有新闻学概论、编辑学、采访学、广告学、新闻写作、经营管理学等，以及有关新闻学的选修课，如外语等。1941 年年底，太平洋战争爆发，日军侵占香港，该校在开平县楼岗乡和香港的师生迁往韶关。1945 年 1 月，韶关被日军占领后，该校先后迁往罗定、茂名、阳春、和平、龙川等地，新闻学系则迁往开平县张桥乡，师生在战火纷飞中辗转流离，生活极不安定，但仍然坚持开课。

私立广州大学曾于 1941 年 12 月增设新闻班。1942 年秋，私立中华文化学院于在乐昌县坪石镇创办，并于 1945 年初设置新闻学系；1945 年秋，迁校广州(其后改名文化大学)，新闻学系主任为彭芳草教授，课程有新闻学概论、报刊史、编辑学、采访学、通讯写作、评论写作、新闻摄影、资料工作，以及哲学、政治经济学、中国通史、中国近代史、世界通史、外语等。还开办夜班。彭芳草教授离校后，系主任由曾任《华南日报》社长的丘正欧、《岭南日报》社长的廖英鸣先后兼任。教师有吴康、章导、秦元邦、周守正、黄元起、廖建祥、谢加因、陈朗等。当时该系不少教师反对内战、反对独裁，要求和平民主，因而该系学生运动很活跃。由于文化大学负责人之一章导教授创办《每日论坛报》，新闻学系的一些教师成为办报骨干，所以该系学生也就有了实习场所，从而使新闻学系的教、学、业务实习得以有机地结合。

抗日战争胜利后，广东国民大学迁回广州，于 1945 年 9 月 29 日在荔湾多宝路荔湾桥西复校。校长仍为吴鼎新，教务长为张景耀，训导长为李伯贤，总务长为卢颂芳。新闻学系主任为陈锡余，此外还有卢豫冬、李次民、胡春冰、胡国伟、丘正欧、王扑函、邓锦辉等新闻教职人员。在该系新闻学研究会主持下，学生们创办了经常发表意见及训练写作之园地《新垦地》壁报；同时为加强实习起见，又出版铅印《民大学生》。该年新闻系毕业学生“留本市工作者，约有十余人”，如冯润寰在《前锋日报》、谢彦芳何黄业纲在《大光报》等。其余多在外埠工作，如杨继芬在海口《大光报》，谢国周奉派为从化系府新闻股长、许铭年在台山教书等。

1949 年，广东国民大学新闻学系进一步得到发展，“新闻学系学生人数，达 200 余名，新闻班学生人数则达30余名。学习情绪，均甚为紧张，课外活动，亦甚活跃”。学生们出版了《新垦地》《民大新闻》《民大学生》《电声》等实习报刊。其中，新闻研究会主编的《新垦地》获得本校学治会举办壁报比赛冠军。学生们对速记课兴趣浓厚，热衷于做《读报周记》。同年4月，该系李次民教授编撰《编辑学》出版，全书22章，200余页，是广东国民大学新闻学系丛书之一，内容以新闻编辑业务为主，也谈到杂志编辑工作。第1~7章主要谈新闻与新闻学的有关事宜，第8~22章是本书的重点，探讨编辑学的有关事宜；具体可分为“新闻编辑法”“副刊编辑法”“杂志编辑法”等。该书是目前中国第一本以“编辑学”为名的书籍。

广州解放后，广东国民大学新闻学系继续发展。1951年，广东国民大学与私立广州大学、文化大学、广州法学院合并成“华南联合大学”。1952年，教育部决定全国高等院校调整合并，国民大学大部分合并于中山大学，教育学系合并于华南师范学院，新闻学系则停办，前后共有毕业生72名。

2.19.2 中华人民共和国成立至“文革”时期广东新闻教育的曲折发展

1958年，暨南大学在广州重建。鉴于新闻事业发展对专业干部的需求，中共广东省委决定利用高等学校人力物力的有利条件，于1960年在暨南大学中文系开办新闻学专业，为本省的报社、通讯社、电台培养合格的新闻人才。

这个时期的新闻学专业有一个鲜明的特点，就是中共广东省委宣传部参与具体领导，宣传部副部长兼南方日报社总编辑黄文俞主持其事。专业的办学方针、课程设置以及主要专业课程的教学内容，均由宣传部召集新闻单位负责人同暨大有关负责同志研究后加以确定。各新闻单位的负责同志还分别承担了大部分专业课程的教学任务。省委宣传部和各新闻单位配合新闻专业的思想教育工作及教学进度，经常派人到校讲解国内外形势、党的政策、宣传动向、报道意图和传授采、写、编业务实际经验。新闻专业学生的短期业务实践和毕业实习，均得到新闻单位人力物力的支持。新闻专业的教师因教学需要，可以到新闻单位听报告、看文件，享受同级编辑、记者的待遇。省委宣传部参与领导和新闻单位的大力支持，使新闻专业正确掌握办学方向，不断提高教学质量，得到了可靠保证。

这个时期的新闻专业，根据新闻学政治性和实践性强的特点，办学的指导思想和有关措施主要有下列三条：

第一，注重学生政治素质的培养，着力帮助学生加强立场与作风的锻炼。这个专业当时被列为机密专业，招生注重政治条件，严格“选苗”。1960年、1961年两年入学的，学生大部分是来自基层或新闻单位的在职干部，少数应届高中毕业生也是由有关部门推荐保送的，99%是党团员。

第二，教学重点放在帮助学生打好两个基础：政治理论基础和文学基础。马克思主义基本原理是党制定政策的理论依据，新闻工作者必须具有坚实的政治理论基础，才能够准确、深刻地领会政策，从而宣传好政策。中共党史、政治经济学、哲学、国际“共运史”4 门课程，在全校是公共政治课，在新闻专业则列为专业基础课，其中政治经济学和哲学均比别的专业增加了课时。为使学生笔头过硬，不仅要求他们下苦功学习语言学的基础知识，掌握文字的基本功，有关的文学课程，也要求在教学内容和教学方法上结合专业的特点和需要，积极帮助学生提高写作水平。

第三，强调理论联系实际，引导学生多调查、多讨论、多写作，手脑并用，在实践中学。新闻学是实践性很强的科学，新闻专业明确反对“学院式”的办学方法。学生要下乡下厂进行社会调查，练习写作。通过有计划的《时事政策》学习，学生及时了解当前国内外形势，懂得党和政府各个时期、各项工作的方针政策。南方日报社给每个学生赠阅一份报纸，大家通过政策和报道意图的传达，还要坚持读报评报。所有这些，都使得学生虽然身在校园，但能够心连社会，想着社会，对铸造他们新闻工作者的政治素质和业务素质起到了良好的作用。

新闻专业时期，师资队伍的构成也具有特色。校内专职教师先后总共才 12 个人，除了 4 名刚大学本科毕业的青年助教，其余都是来自省级新闻单位具有 10 年以上新闻工龄的领导干部或业务骨干。曾任新华通讯社广东分社社长的杜导正、广东人民广播电台副台长周冷、广州日报社副总编辑杨嚣基等，先后在新闻专业参与筹办或担任领导工作。有一批新闻单位的负责人到校讲授专业课程。承担新闻理论讲课任务的有南方日报社副总编辑杨繁、何文，羊城晚报社总编辑杨奇，新华通讯社广东分社副社长兼南方日报社副总编辑许实，广东人民广播电台台长田蔚等。承担新闻业务课的也是有业务专长的领导干部，例如讲授“通讯写作”的是人民日报社广东记者站站长兼南方日报社副总编辑林里；讲授“新闻采访”学的是原新华通讯社广东分社社长杜导正；讲授“副刊编辑”的是任羊城晚报社副总编辑的著名作家秦牧；讲授“新闻编辑”的是南方日报社副秘书长罗妙。“报纸评论”和“国际新闻”两门课也分别由南方日报社理论部主编黄每和羊城晚报社时事部主编陆玉讲授。这些同志任教，明显的长处有两点：一是教书又教人，注意对学生进行党性原则和党的新闻工作优良传统的教育；二是理论联系实际，能够把个人长期积累的新闻工作经验充实进教学内容中；能够经常留意新闻战线的新动向，把新闻界学术研究的新问题、新成果引进课堂，充实教学。师资力量的构成与政治性和实践性强的专业特点相适应，使学生受益匪浅。

从 1960 年 9 月到 1965 年 7 月，新闻专业培养了 64 届和 65 届两届四年制本科生共

110 多人，毕业后分配在国内中央和省、市级新闻单位工作，绝大多数已成长为业务骨干或领导干部。1970 年，暨南大学因“文化大革命”被迫停办，新闻学专业也随中文系并入华南师范学院。广东省新闻教育一度中断发展。直到 1975 年 10 月 30 日，广东省广播电视厅创办所属专业教育机构——广东省广播电视学校，开设广播电视技术和新闻采编两个专业。它既招普通中专生，又招职工中专班和电大班，既是正规学校，又是培训基地。

2. 19. 3　改革开放时期广东新闻教育的恢复发展

从 1978 年至 2000 年，广东新闻教育的发展逐步向纵深推进，逐渐形成研究生、本科、专科多种层次和普通高校、成人教育、函授教育、自学考试等多种形式的新闻教育体系。

1978 年，暨南大学复校，国家规定了“面向海外、面向港澳”的方针。为了贯彻执行这个方针，并且适应国家新时期新闻事业发展对专业人才的需要，恢复了新闻学系，承担了同时培养两类学生(内地生和海外、港澳生)的崭新任务，开设了新闻学专业和国际新闻与传播专业两个专业。暨南大学新闻学系坚持社会主义的办学方向，继承国内新闻教育的优良传统，同时适应改革开放新形势及“两个面向”的特殊需要，注意借鉴海外和香港新闻院系的有益经验。

暨南大学新闻系实行多层次和长短期结合、校内外结合等多种形式办学。校内相继开办四年制的本科、两年制的专科、双学位学士班、研究生班。1986 年，该系获批新闻学硕士学位授予权。

此外，广东省高等新闻教育快速发展。1985 年，深圳大学建立大众传播专科，其后创办大众传播系。先后开办公共关系专科和影视编导专科教育，是国内创办公共关系专科教育的第一所高校。1989 年，国家教育委员会批准深圳大学创办广告学本科教育。1997 年，深圳大学实行学院制，中国文化与传播系与外语系合并组成深圳大学文学院。

1993 年，经国家教育委员会备案批准成立广州师范学院新闻系，开设广播电视新闻学本科专业，学制 3 年，大专学历；1995 年，升格为本科。2000 年，广州市政府组建广州大学，广州师范学院并入广州大学，开设有广播电视新闻学专业和编辑出版专业。该系下设新闻学教研室、广播电视教研室、播音与主持艺术教研室、系办公室、实验室、资料室。

1997 年，广东外语外贸大学国际文化交流学院下设应用英语系，招收英语(国际新闻与传播方向)本科专业学生，1997—2000 年每年面向全国招收英语(国际新闻与传播方向)本科生 40 人。2000 年正式成立新闻系。

1999 年，汕头大学成立文学院新闻传播系，2000 年广播电视新闻学专业本科开始招生。

2.19.4 新世纪以来广东新闻教育的快速发展

21 世纪以来，广东新闻教育快速发展，各大新闻与传播学院纷纷成立，招生人数和教师规模不断扩大。

2001 年，暨南大学新闻学系扩建为新闻与传播学院，蔡铭泽教授为首任院长，从此暨南大学新闻教育走上加速发展的轨道。暨南大学新闻与传播学院下设 3 个系——新闻学系、广告学系、广播电视学系，6 个本科专业——新闻学、广告学、广播电视新闻学、播音与主持艺术、国际新闻(全英)、网络与新媒体。2001 年，获准建立传播学硕士点。2006 年，获新闻学博士学位授予权，新闻学学科被确定为广东省重点学科。2007 年，获准建立新闻传播学博士后科研流动站。2008 年，媒体实验中心获评国家级实验教学示范中心。2010 年，经国务院学位办批准，成为全国首批开办新闻与传播硕士专业学位(MJC)的培养单位。2011 年，获新闻传播学一级学科博士学位授予权，目前已建成本(双学位)-硕-博-博士后高级专门人才完整的培养体系，设有新闻学、传播学、广播电视学、广告学 4 个科学学位硕士专业，新闻与传播、广播电视(艺术学)2 个专业学位硕士专业，新闻学、传播学、广播电视学、广告学、传媒经济学 5 个博士专业方向。始于 2008 年的公益性“传媒领袖讲习班”(暑期学校)是研究生教育品牌。学院是全国首批“部校共建”单位，在延安、井冈山设立了 2 个马克思主义新闻人才培训基地。

华南师范大学教育信息技术学院成立于 2002 年 1 月。学院设有信息技术教育系、传播学系、摄影系等教学与研究单位。学院坚持“以学科建设为基础，以人才培养为目的，以改革创新为动力”；坚持突出“产学研”相结合，协同创新人才培养模式；坚持培养理论与实践能力兼备的高素质复合型人才。学院的传播学专业创办于 2002 年，是我国第一批传播学本科专业之一，2005 年获得传播学硕士学位授予权，2007 年获批国家级信息传播教学实验示范中心，2009 年设立新闻学专业，2013 年获得新闻与传播硕士专业学位授予权；摄影专业创办于 2003 年，是广东省第一个摄影专业，建有华南影像信息技术培训中心。2015 年，新闻传播系与摄影系合并为新闻传播系。

2002 年，广东商学院人文与传播学院成立。新闻与传播系是学院 3 个学系之一，开办了财经新闻、政法新闻、编辑出版学、广播电视编导、播音与主持艺术等相关本科专业。2013 年 6 月，随着该校更名为广东财经大学，该学院也改名为“广东财经大学人文与传播学院”。

2003 年 6 月，中山大学传播与设计学院成立。学院以“人文新媒体、融创传播学”

为学科定位，形成了“以通识教育为基础，以创意教育为中心，以实践教学为重点”的办学特色，致力于培养既具有科学及人文素养又具有应用能力的复合型人才。学院在注重夯实学科根基的同时，倡导“实训、实践、实验”教学创新，建设了融合采编实验室、纪实摄影实验室、大数据传播实验室、交互媒体设计中心等实验室集群；同谷河传媒、谷河青年空间、公共传播工作室等实践平台展开合作；拥有省级实验示范教学中心，是广东省卓越新闻传播人才培养基地。学院设有新闻学系、公共传播学系和创意媒体设计系，学院按照“厚基础、宽口径”的大类人才培养模式，设有新闻传播学类大类专业，开始在低年级实施4个专业的通识教育。高年级实施双向选择专业，曾开设有：新闻学专业、传播学专业、公共关系学专业、媒体创意专业。目前本科开设新闻学和传播学2个专业。拥有新闻传播学一级学科硕士学位授予点(下设新闻学、传播学学术型硕士专业，新闻与传播专业硕士)、设计艺术学硕士学位授予点。

汕头大学长江新闻与传播学院成立于2003年。学院秉承“国际本土化，本土国际化”的办学宗旨，以“厚基础、重实用，培养具有国际视野的高层次应用型新闻人才”为目标，为国家培养高级传媒人才，形成了国内新闻教育机构和业界公认的“国际化”“重实践”“前瞻性”的鲜明办学特色，成为国内重要的应用型新闻人才培养基地。学院拥有数字化的电视演播厅、虚拟演播室、电视传播实验室、电脑报刊编辑实验室、网络传播与多媒体实验室、融合媒体实验室等一流教学设施。2007年3月19日成立的融合媒体实验室是国内新闻学院首家成立的此类实验室。学院大量安排国内以及出国实习采访机会。学生报道团一般由资深记者带队，深入重大新闻事件现场，发回一手报道，并且和国内外主流媒体合作，在报纸、杂志、电视台、网络等刊发图文作品。例如，2008年学院派出7名同学赴美3个月，报道美国总统大选。

2004年6月，广州大学新闻与传播学院由原广州大学人文学院新闻传播系和秘书系广告学专业合并组建而成。学院坚持主流中错位发展、交叉中彰显特色的办学理念，立足于本土，放眼海内外，着重围绕“广播电视与新媒体”来办学，专业与学科建设力求做到“本土化”“特色化”与“国际化”。学院办学规模较大，学科、专业门类较全。现有新闻学与传播学、戏剧与影视学2个一级学科硕士点，广播电视学、广告学、播音与主持艺术、广播电视编导、网络与新媒体5个本科专业。学院下设新闻学系、传播学系、广播电视艺术系、播音主持艺术系。

2004年7月16日，华南理工大学新闻与传播学院正式建立，由原中央电视台台长、中国文联副主席、中国电视艺术家协会主席杨伟光先生兼任名誉院长、顾问教授，由经过海内外招聘遴选出的媒介批评家、具备丰富新闻传播教育与媒介实践经验的李幸教授出任院长。学院设有新闻传播系、品牌传播系、视听传播系、网络传播系和实验教学中心、人文素质教育中心四系二中心。本科设有新闻学专业(跨媒体新闻方向)、传播学专业(网络与新媒体方向、视听传播方向)、广告学专业(品牌传播方向)、编辑出版学专业(新媒体方向)，并招收外向型人才实验班(新闻传播学类国际班，与美国密苏里大学新闻学院、罗格斯大学新闻学院联合培养本科“2+2”双学位)。学院拥有新闻传播学一级学科硕士学位授权点、新闻与传播硕士专业学位授权点。学院顺应新闻传播业及新闻传播教育的发展变化，坚持走特色化的发展道路。注重多学科交叉，拓展教学科研新领域。新闻传播学科特别重视与学校其他学科的横向交流和合作，如信息与通信工程、软件工程、工商管理、食品科学与工程等，催生数据新闻、品牌传播、计算广告学、健康传播等学科发展新领域。其中，2013 年获批广东省新媒体与品牌传播创新应用重点实验室，整合了信息技术研究、新媒体研究和品牌传播研究的交叉优势而设立的创新型数字媒体实验室。

广东外语外贸大学新闻与传播学院始建于 2005 年。学院以建设国际化特色鲜明的高水平新闻传播学科为目标，秉持专业+外语的学科发展理念，着力构建“全媒体国际传播学科体系”，打造“国际传播，华南重镇”。经过 20 年的发展，已经形成学科体系较为完整，人才培养层次较为齐全，教学科研团队结构合理、实力较强，科学研究成果丰硕，社会服务能力较强，学生就业率高、声誉好的良好局面。学院现有新闻学、广告学、网络与新媒体、播音与主持艺术 4 个本科专业，设有新闻与传播专业硕士学位授权点和文化传播与媒介学术型硕士学位授权点。新闻学专业于 2010 年被广东省教育厅确立为省级特色专业；2012 年被省教育厅确立为省级人才培养模式创新试验区，2013 年被省教育厅确立为“卓越新闻传播人才教育”省级综合改革试点单位。

2006 年，深圳大学在整合传播系、广告系、传媒与文化发展研究中心等机构的基础上，成立了传播学院。传播学院目前下设新闻系、传播系、广告系 3 个系，开设新闻学、传播学、广告学 3 个本科专业，下设新闻、广播电视、网络新媒体、广告策划、广告设计等专业方向。传播学院实验教学设备精良，建立了新闻采编、网络多媒体、广告设计、电话调查、影视制作、非线编辑、传媒采集、数字录音、数字摄影、虚拟演播等多个功能实验室，于 2009 年创建了国家级传媒类实验教学示范中心——传媒实验教学中心。2010 年，传播学院获评新闻传播学一级学科硕士学位授权，后于 2017 年获批新闻传播学博士点。

广东省开展新闻教育的院校还有华南农业大学艺术学院传媒系、广州体育学院体育新闻与传播系、广东金融学院财经传媒系、广东海洋大学文学院新闻系、惠州学院中文系、北京师范大学大珠海分校艺术与传播学院传播系、广东技术师范学院网络技术与传播学院、韩山师范学院文学与新闻传播学院等。

（邓绍根）

2.20 广西壮族自治区新闻传播教育发展综述

据教育部统计资料显示，截至2017年5月，广西共有74所普通高等学校和6所成人高等学校，其中有20所高等学校开设有相关专业进行新闻传播教育工作。截至2015年，在校本科生超过4600人。

2.20.1 广西新闻教育的起源与发展

广西的新闻教育可追溯至20世纪40年代。抗日战争时期，中国青年记者学会南方办事处曾在桂林举办过“战时新闻工作讲习班”，全国知名人士郭沫若、范长江、夏衍、张志让、陆诒等曾去做过演讲。1940年，在中共地下党领导下，中国青年记者学会桂林分会和中华职业教育社广西分社合办了“桂林暑期新闻讲座”。1942年春，经当时的广西省教育厅核准立案，著名报人成舍我在桂林创办了“私立北平新闻专科学校桂林分校”。这些办学机构随着抗日战争的胜利而最终解散。

20世纪50年代初，广西日报社自办新闻干部培训班，广西区党委宣传部也开办宣教班，短期培训新闻干部。这些培训班的教学内容比较注重实践，教学人员有着丰富的实践经验，但是条件简陋，办学时间都比较短。

广西新闻高等教育始于20世纪70年代的广西大学。1972年广西大学在中文系设立新闻写作教研室，同年招收新闻学本科专业。1977成立新闻学专业，是国内最早招收本科生的4所院校之一。1986年获得新闻学硕士学位授予权，当时全国只有5个新闻学硕士点。广西大学新闻传播类专业在办学历史、办学层次、办学质量、学术水平及社会影响力等方面，在广西新闻教育界都遥遥领先。

在广西，97%的新闻传播类专业开设于20世纪90年代之后。如广西艺术学院1993年开设广告学专业，广西民族大学1997年开办播音主持专业，广西师范学院1998年开办广播电视新闻专业。进入21世纪后，广西新闻高等教育得到了快速发展，进入了百花齐放的繁荣时期。2007年广西艺术学院影视与传媒学院创建；2008年3月13日，广西大学新闻专业从原文化与传播学院中独立出来，成立了新闻传播学院，设有新闻学、广播电视新闻学、广告学、播音与主持艺术 4 个本科专业。广西师范大学于 2001 年在中文系下成立编辑出版教研室，2014 年 11 月，在原编辑出版教研室基础上成立新闻传播学教研室(系)。

截至 2017 年年底，共有广西大学、广西民族大学、广西师范大学、广西财经学院、广西艺术学院、广西师范学院、桂林理工大学、玉林师范学院、梧州学院、百色学院、钦州学院、河池学院、贺州学院、广西外国语学院、广西大学行健文理学院、广西民族大学相思湖学院、广西师范学院师园学院、广西师范大学漓江学院、桂林理工大学博文管理学院共 20 所①学校开设有新闻传播类专业。其中广西大学有新闻传播学一级学科硕士学位授予权，广西艺术学院、广西师范学院有新闻学硕士学位授予权，广西师范大学以中国语言文学一级学科硕士点为依托，自主设置了“文学传播学”硕士点；共有 10 个新闻教学实验中心、64 个新闻传播类实验室。其中，广西大学传媒实验中心为自治区级实验教学示范中心，其占地面积 2200 平方米，仪器设备价值超过 2000 万元。中心下设有 12 个基础教学实验室和实习实训中心。

近年来，为了适应互联网时代的到来，广西各高校也积极调整专业培养目标、培养模式以及课程体系，建立实验室，以适应时代和行业的变化和需求。广西大学成立了网络与新媒体系和新媒体研究所，建设了报刊全媒体实验室、网络信息化智能管理实验室和航拍教学实训中心、全媒体交互式演播中心；梧州学院与开办了数字媒体艺术专业、网络与新媒体专业；贺州学院开设了网络与新媒体、数字媒体艺术专业；2014 年，广西民族大学重新整合了艺术学院和文学院部分专业，组建了传媒学院，下设新闻出版实验中心，设立了数字传媒实验室，开设新闻网站模拟、网络信息处理、新媒体新闻实验等课程，目的就是为了适应“大数据”“大传播”“全媒体”时代发展的需要，培养适应互联网时代的新型传播人才。

2015 年 11 月，广西高等学校新闻传播类专业教学指导委员会成立，其主要任务是指导推进广西本科新闻教育工作，具体开展教学调研、评估评奖、培训等相关服务。

---

① 在 2013 年前，北京航空航天大学北海学院也开设有新闻教育类相关专业。该校是经国家教育部批准、原国防科工委确认于 2005 年设立的，由北京航空航天大学、北海市人民政府和投资方三方联合举办的全日制本科高等院校(独立学院)。其东盟国际学院下设有播音与主持艺术、广播电视新闻学专业。2013 年 8 月，该院停止招生，学院当年仅招收的 200 多名新生全部分流到其他大学。2017 年 8 月，北海市政府正式接管北京航空航天大学北海学院，并拟于 2018 年恢复招生。

2.20.2 广西新闻教育的现状

1. 院系及专业

目前，广西大学、广西民族大学、广西艺术学院和广西师范学院 4 所院校有独立的新闻传播学院(或是新闻与传播系)，并开设较多专业，其余高校大多把新闻传播类专业放在文学院、人文学院或是中文系甚至是公共管理学院下，其中广西师范大学新闻与传播学院是和文学院合称文学院/新闻与传播学院，实行“两块牌子一套人马”的运行机制。目前广西高校共有新闻学、传播学、广播电视新闻学、广告学、播音与主持艺术、广播电视编导、编辑出版、数字媒体艺术以及网络与新媒体共 9 个相关本科专业以及新闻学、新闻采编制作 2 个专科专业。各校专业设置情况见表 2-34：

表 2-34 **广西壮族自治区各高校新闻传播学类本科专业设置情况**

序号	学校名称	院系名称	本科专业	专业总数	硕士点
1	广西大学	新闻传播学院	新闻学、广播电视新闻学、广告学、播音与主持艺术	4	新闻传播学一级学科硕士学位(4 个学术硕士专业：新闻学、传播学、传媒经济学、广告学新闻与传播硕士专业学位硕士点 1 个)
2	广西民族大学	传媒学院	新闻学、传播学、播音与主持艺术、广播电视新闻学、编辑出版学	5	—
3	广西师范大学	文学院/新闻与传播学院	新闻学、编辑出版	2	文学传播学
4	广西财经学院	文化传播学院	新闻学、广告学	2	—
5	广西艺术学院	影视与传媒学院	广告学、广播电视学、播音与主持艺术、中英双语播音与主持、广播电视编导、影视摄影与制作、摄影	6	4 个方向学硕与专硕兼招：应用新闻学、艺术传播学、中国-东盟跨文化传播、广告与媒介 2 个新闻与传播专业硕士方向：口语传播、新闻摄影

续表

序号	学校名称	院系名称	本科专业	专业总数	硕士点
6	广西师范学院	新闻传播学院	新闻学、广播电视新闻学、广告学、播音与主持艺术	4	新闻学硕士(新闻理论、新闻业务、广播电视节目和媒介经营管理方向)
7	桂林理工大学	公共管理与传媒学院	广告学、传播学	2	—
8	玉林师范学院	文学与传媒学院	新闻学、广播电视新闻学、广告学	3	—
9	梧州学院	文法学院	新闻学	1	—
10	钦州学院	人文学院	新闻学	1	—
11	河池学院	文学与传媒学院	新闻学	1	—
12	贺州学院	文化与传媒学院/凤凰数字媒体学院	广播电视编导、网络与新媒体、数字媒体艺术	3	—
13	百色学院	文学与传媒学院	新闻采编制作(专科)		—
14	广西民族师范学院	文学与传媒学院	新闻学	1	—
15	广西大学行健文理学院	人文学部	新闻学		—
16	广西民族大学相思湖学院	文化传播系	广播电视新闻学、播音与主持艺术、编辑出版学	3	—
17	广西师范学院师园学院	中文系	新闻学、广告学	2	—
18	广西师范大学漓江学院	中文系	新闻学	1	—
19	桂林理工大学博文管理学院	建筑与设计学院	广告学	1	—
20	广西外国语学院	文学院	新闻学(专科) 新闻学(本科)	1	—

2. 人才培养特色

广西新闻教育目前有硕士研究生教育、本科生教育和专科生教育三个层次。目前仅有4所院校广西大学、广西艺术学院、广西师范大学和广西师范学院有硕士学位授予权，但各个学校都根据广西的需要和自己的实际情况，努力办出特色。

一是在人才培养中突出东盟特色、区域特色。广西地处南疆，与东盟中的越南接壤，南宁是东盟博览会的永久举办地，对东盟传播有着区位优势。国家“一带一路”战略、中国—东盟自由贸易区的建设也急需对熟识双方语言、文化背景以及跨文化传播技能的专门人才。在此背景下，广西大学新闻传播学院以“立足广西、面向全国、辐射东南亚”为办学特色之一，开设有关东盟的课程，2012—2015年与越南河内国家大学下属人文社科大学新闻系联合培养“3+1”模式的越南留学生。

广西艺术学院依托校内美术学、设计学、艺术学理论、戏剧影视学等学科，以跨文化传播为主，以视听新闻和民族品牌为两翼，着重培养具有跨文化敏感性、全媒体传播技能和艺术素养的新闻传播人才，并设置了“中国—东盟跨文化传播”的学硕研究方向。

一些地方院校和民办高校也把国际性、区域性作为自己的办学特色，如钦州学院、广西师范大学漓江学院、广西外国语学院等。钦州学院把“人文性、区域性、国际性”作为办学特色，为区域经济文化发展和中国—东盟文化教育交流培养高素质复合型、应用型、创新型人才；广西外国语学院新闻专业除了开设有关东盟文化和东盟媒体的相关课程外，还开设越、泰、柬语课程，要求学生掌握一门东盟小语种，旨在培养既掌握国际新闻(面向东南亚)传播知识和技能，又精通双语的国际新闻传播人才，并与印度尼西亚《印华日报》等东盟媒体签订了校外实习基地协议。另外，在突出区域特色方面，广西民族师范学院的文学与传媒学院结合崇左地区壮族文化的鲜明特色，将学生的文学素养与新闻传播素养有机融合，利用新闻传播的技术手段为地方丰富的民俗和历史文化、文学作品的创作等提供更好的服务。

其他高校也结合自身的实际办出了自己的特色。广西民族大学的播音与主持艺术专业创办较早，是自治区特色专业，多数教师有传媒一线从业经验，是一支“双师型”师资队伍。学院为国家、省市一级的媒体、企事业单位、传媒公司输送了大批优秀的主持人、记者、编导等人才；广西师范大学依托本校实力较强的中文专业，以中国语言文学一级学科硕士点为依托，于2012年自主设置了“文学传播学”硕士点；广西财经学院依托学校经济学、管理学等优势学科背景，整合学院中国语言文学、新闻传播学、艺术学等学科优长，形成与经济学、管理学、艺术学等学科知识交叉融合的特色培养模式，培养具有“沟通、写作、策划、创意”等专业核心能力的高素质应用型人才。广西师范学院新闻传播学院以“综合性、应用型、突出动手能力”为教学指导思想，培养具有坚实的人文、社会科学和专业基础知识、熟练的新闻实践技能与良好的社会活动能力的高级复合型人才。

一些地方学院如钦州学院、贺州学院、玉林师范学院、河池学院、广西民族大学相思湖学院、广西师范大学漓江学院、广西师范学院师园学院等则以培养面向基层、富有实干精神和较强创新意识的应用型、技能型人才为主。钦州学院新闻专业凸显应用性和实践性，明确了培养应用型人才的办学定位，走产教研、校企行业合作办学模式；贺州学院文化与传媒学院与凤凰卫视集团·凤凰教育合作成立数字媒体学院，目标是打造广西区内数字媒体创意产业聚集发展的优势平台，把贺州学院文化与传媒学院建设成为产学研一体化的具有国际化和应用型优势的新型学院。

2.20.3　科研特色

广西高校科研中最为突出的特色当属东盟传媒和区域传播的相关研究。广西大学新闻传播学院成立了东盟传媒研究所，围绕广西与东盟各国的传媒资源，研究东盟传媒概况，旨在探索“一带一路”背景下对东盟国家跨文化传播的特点与规律，搞好对外传播，应对传媒国际竞争，为广西传媒发展以及中国对东盟各国的传媒辐射力提供智力支持。该校的“中国—东盟文化产业(传媒)人才培养基地”项目获批进入国务院下发的《关于进一步促进广西经济社会发展的若干意见》，得到了新闻出版总署、自治区人民政府的高度重视和政策支持。此项目已正式被纳入新闻出版总署“十二五”规划重点项目库、自治区“十二五”发展规划(草案)和自治区西部大开发重点项目，并已初步被纳入自治区文化产业重点工程“广西文化产业城”建设规划；广西艺术学院则以跨文化传播为主轴，致力于研究面向东盟地区多元族群的视听新闻传播与民族品牌传播中的传播效果问题，建有“中国—东盟传媒艺术研究中心”和“中国—东盟华语有声语言研究中心”。2个自治区重点人文社科研究基地，已经形成了面向东盟的跨文化传播研究以及立足西南地区进行民族品牌传播和广告传播研究等研究特色。2015—2017年，广西高校先后获得以中国对东盟传播和广西区域特色为研究方向的国家社科基金项目8项。

2.20.4　共建情况

共建在此包括部校共建、也包括新闻学院(系)与各新闻媒体和相关单位的共建。

2014年7月，广西壮族自治区党委宣传部率先与广西大学共建新闻传播学院，共建管理机构、共建精品课程、共建人才队伍、共建实践基地和研究智库。随后，各市党委宣传部与驻地高校部校共建新闻院系也陆续启动。2017年以来，自治区党委宣传部又分别与广西师范大学、广西民族大学、广西艺术学院、广西财经学院、广西师范学院5所区属高校签订部校共建协议。2017年，崇左市委宣传部与广西民族师范学院文学与传媒学院、钦州市委宣传部与钦州学院、贺州市委宣传部与贺州学院、玉林市委宣传部与玉林师范学院文学与传媒学院新闻专业、河池市委宣传部与河池学院先后进行共建，目前广西部校共建新闻院系已达11家。

其中，广西大学新闻传播学院在广西壮族自治区党委宣传部指导下与2014年9月开展大型区级文化精品活动——“开放式读书教学活动”，取得显著成效，并获得了2016年十大“中国新闻学与传播学教学改革创新项目”奖励。“部校深度融合，协同培养卓越新闻人才的探索与实践”的部校共建模式获得2017年广西壮族自治区高等教育教学成果一等奖。

此外，广西大学、广西民族大学、广西师范学院、广西师范大学等各个高校与中央及省、市媒体、中央驻桂新闻单位等建立起了长期合作关系和建立了实习基地，开展全方位、多层次合作。

值得一提的还有贺州学院文化传媒学院(凤凰数字媒体学院)。自2014年开始，凤凰教育即与贺州学院共建“凤凰数字媒体协同育人示范基地”，合作3年来，先后建成了“数字媒体产业人才项目实训基地”“数字媒体创意产业孵化中心”“凤凰(贺州)户外创意互动空间”“凤凰数字媒体协同育人示范基地”等平台，共同申报了数字媒体艺术专业，联合培养了上千名本科层次的应用型人才。2017年3月，贺州学院首批入选教育部学校规划建设发展中心“高校数字媒体产教融合创新应用示范基地项目”。2017年9月29日，首家“凤凰数字媒体学院”挂牌，该学院是全国第一所“凤凰数字媒体学院”，也是第一所凤凰卫视集团·凤凰教育与地方应用型高校创新合作的学院。

2.20.5　学生活动

广西大学、广西艺术学院、广西民族大学、广西师范学院、广西财经学院新闻与传播相关专业注重锻炼学生的实践技能，鼓励学生参加各类各级专业技能大赛及校园科技文化艺术节活动。这些高校新闻与传播类学生多次在全国大学生广告设计艺术大赛、“挑战杯”全国大学生课外科技学术作品大赛、中国大学生电视节、全国“校园金话筒”竞赛、“中华诵”经典诵读大赛等各类赛事中获奖。广西大学新闻传播学院除了开展“开放式读书活动”，围绕大量的主体开展相关的读书会、主题演讲、读书晚会、学习心得展示、读书报告评比等活动之外，每年学院还举办历时3个月的“学术技能文化节”，由传媒知识竞答、学术论文大赛、新闻奖评选等十余项子活动组成，该活动被评选为广西大学“一院一品”精品文化项目；广西艺术学院依托影视与传媒学院承办全国大学生广告艺术大赛广西赛区比赛，每年提交作品万余件，共获得国家级、行业级等级奖近百项，部分参赛作品通过赛事实践平台已经投放市场，并获得市场认可及好评。

2.20.6　小结

尽管与其他中东部发达地区相比，广西高校以及新闻院系的数量并不算多，办学的质量、理念等都还有一定差距，但是广西新闻教育有着自己的特色并正在迎头赶上。广西高校新闻教育已经为广西乃至于国家和其他各省市的新闻媒体和地方党政、各企事业单位与文化传播公司、广告公司培养和输送了大量人才，不少人已经成为这些行业的骨干。广西高校新闻教育为广西区域经济文化的发展作出了突出贡献。

（易　文）

2.21　海南省新闻传播教育发展综述

2.21.1　起源与发展

2001 年，海南师范大学中文系新闻学专业正式开始招生，这是海南省第一个新闻传播类本科专业。2015 年 11 月，海南师范大学批准在该校文学院新闻传播系的基础上设立新闻传播与影视学院，这是海南省唯一的新闻传播学院。2016 年 5 月，由中共海南省委宣传部、省教育厅和学校主要领导揭牌。目前该学院下设新闻学、广播电视学、广播电视编导。2017 年 1 月，海南师范大学和俄罗斯圣彼得堡国立电影电视大学合办的影视编导专业获得教育部批准，成为省内第一个中外合作办学的新闻传播与影视类专业。

另外，2004 年，海南大学文学院正式更名为海南大学人文传播学院，下设汉语言文学、广告学、戏剧影视文学、汉语国际教育、传播学 5 个本科专业。2012 年 3 月，省内民办高校海口经济学院建立了传媒学院，下设新闻学、播音主持、广播电视编导专业。同年，三亚学院成立传媒与文化产业学院，设播音与主持艺术、动画、广告学 3 个本科专业。

2017 年，为促进海南省新闻传播专业的学科建设，海南省新闻传播学类教育指导委员会第一次会议在海南师范大学召开，共有 6 个开设新闻传播学专业的教学单位参加，分别是海南师范大学、海南大学、海口经济学院、三亚学院、琼台师范学院、海南热带海洋学院。

海南省高等新闻传播教育发展至今仅 17 年，在全国高等新闻传播教育历史中属于起步较晚的省份，但各院校在新的时代背景下积极开拓创新，坚持正确的办学理念，打造本院校的人才培养特色。

2012 年，三亚学院成立传媒与文化产业学院，设播音与主持艺术、动画、广告学三个本科专业，目前在校本科生近 1200 人。学院以“开门办学、实践为用”的人才培养思路，培养适应社会、经济、文化发展的传媒与文化产业人才。

2.21.2 教育现状

1. 院系及专业设置

与全国其他地区相比，海南省开设新闻传播教育的高校数量较少，目前共有五所高校开展新闻传播教育，其中三所高校设有独立的新闻传播学院，分别是海南师范大学新闻传播与影视学院、海口经济学院中广天择传媒学院、三亚学院传媒与文化产业学院。其余两所高校的新闻传播教育则是与文学类专业合并在一起，隶属于该校人文学院，分别是海南大学人文传播学院的传播系、广告系，海南热带海洋学院人文社会科学学院的新闻学专业。另外还有三亚学院的人文与传播学院开设有网络与新媒体专业。具体各院系和开设专业情况详见表 2-35 所示：

表 2-35 **海南省各高校新闻传播院系及专业设置情况**

序号	高校名称	院	系	专业
1	海南师范大学	新闻传播与影视学院	新闻系、广播电视系	新闻学(本科)、广播电视学(本科)、广播电视编导(本科)、中俄合办影视编导(本科)、新闻与传播(专业硕士)
2	海南大学	人文传播学院	广告学系、传播学系	广告学(本科)、传播学(本科)、新闻与传播(专业硕士)
3	海南热带海洋学院	人文社会科学学院	＼	新闻学专业(本科)
4	海口经济学院	中广天择传媒学院	新闻教研室播音教研室	新闻学(本科)、播音与主持艺术(本科)
5	三亚学院	传媒与文化产业学院	＼	播音与主持艺术(本科)、动画(本科)、广告学(本科)
6	三亚学院	人文与传播学院	＼	网络与新媒体(本科)

2. 人才培养层次、理念及特色

海南新闻传播教育的人才培养层次包含三个层次：硕士研究生教育、本科教育和专科教育。目前有硕士授予权的学校有 2 所：海南大学和海南师范大学，学位教育类型均为新闻与传播专业学位硕士。

由于各高校的招生情况及办学特色不同，海南省五所新闻传播教育院校对人才培养的定位也有所偏重。海南师范大学和海南大学注重新闻传播综合能力和业务水平的培养。海南师范大学新闻传播与影视学院在专业建设上突出培养基础扎实、综合素质高、业务能力强的人才，制定了本科生“3+1”人才培养工程，即要求学生完成一定数量的书籍阅读、写作和发表规定数量的作品等，以提升学生的人文素质、写作能力和专业技能；为培养拔尖型的新闻传播人才，邀请媒体优秀编辑记者以“师傅带徒弟”的方式，推行“新闻传播卓越人才工程”。海南大学则大力实施教学质量工程，自 2008 年以来，海南大学开设举办冬季小学期，先后邀请戴锦华、陈平原、韩毓海、刘中树、吴晓东、马原、贺桂梅、叶伟民等国内著名学者和业界专家进校授课。根据多年的专业累积，结合专业优势，制订了完善的培养方案。主要原则是突出理论与实践相结合，课堂教学和学科竞赛相结合，专业技能训练与实战相结合。切实培养学生解决实际问题的能力，提升专业素养和综合素质。

海口经济学院传媒学院以培养宽口径、厚基础、强能力、高素质的复合型应用型传媒人才为目标，形成“依托媒体平台、强化实践教学”的办学特色。注重将课堂讲授与自有媒体平台相结合，强化实践实训力度，注重学生行业实践能力与专业素质的培养与提升，形成专业理论知识与媒体岗位实践深度融合的课程教学体系。

三亚学院传媒与文化产业学院则立足于新兴学科和新兴产业的前沿，确立以数字技术和新媒体技术为学科的发展方向，以跨专业的联动与融合、发挥综合艺术优势为基本路径，力图打造成海南省传媒与文化产业人才的培养基地。

3. 部校共建情况

2013 年 12 月，经中宣部批准，海南师范大学文学院新闻传播系被列入全国 10 所由地方党委宣传部和学校共建的试点新闻院系之一。这是目前海南省唯一一所与中共海南省委宣传部合作建设新闻传播学院的高校。

结合部校共建对于培养党和人民需要新闻舆论人才的要求，海南师范大学探索出多条发展道路。通过开办“马克思主义新闻观系列讲座”向学生加强马克思主义新闻观教育；创新教育教学理念，探求与新闻传媒行业单位的合作，建立协同创新实践平台，现已建立 11 个专业教学实践基地；与海南广播电视总台联合建立海南省专业学位硕士研究生联合培养基地。建立海南省新闻传播人才培训基地，以发挥专业与学科对社会的辐射力和影响力，目前已开展多期提升省内新闻从业人员职业能力和领导干部媒介素养的培训。

4. 对外交流与合作情况

随着全球化的发展，与国际专业院校合作办学、加强双方学术交流已是趋势。海南省各高校基本建立起本校与国际学校的学术联系，如海南大学、海南师范大学均派遣教师或学术人才前往国外高校访问学习。

其中，海南师范大学与俄罗斯圣彼得堡国立电影电视大学联合办学，开设影视编导专业本科生培养。中俄双方教师配合授课，达到课程要求，可获得本校广播电视编导文凭和俄方编剧专业文凭和高级指导课程的导演相关证书。海南大学人文传播学院也依托本校与境外 26 个国家和地区的 98 所知名高校的校际合作项目，每年选派优秀本科生、研究生前往美国、新加坡、日本、韩国等国家及我国港澳台地区的高校学习交流。

5. 学术研究

学术研究方面，海南省的科研成果主要集中在两所省重点本科院校海南大学和海南师范大学。其中，海南大学设海南大学传播学研究中心、海南省历史文化研究基地、文化部民族民间文艺发展中心海南民俗文化数字化研究基地等研究机构。2009 年以来，人文传播学院教师承担国家社会科学基金 13 项、教育部人文社科项目 3 项、海南省社科基金及海南省教育厅项目等课题 30 余项。海南师范大学则结合媒体融合发展的时代特征，在社会舆情和信息传播等领域形成一些特色鲜明的研究方向。建立海南省社会舆情与治理研究中心、海南省意识形态与舆论研究基地等省级智库平台，海南师范大学舆情监测分析研究中心等校级研究平台，对海南和南海舆情进行研究。近三年来，学院教师获得包括国家社科基金重点项目在内的省部级以上项目多项。

6. 学生活动

培养院校将课程培养与实践活动有机融合，有助于锻炼学生专业业务能力，培养适应当代社会发展需要的新闻传播工作者。开办顺应时代发展、专业能力培养需求的校园活动，实质上也是提高学生综合素质、业务训练的新方式。例如，海南师范大学新闻传播与影视学院开设有马克思主义新闻观大讲堂，邀请省内外专家给学生讲马克思主义新闻观。学院组织学术活动以及开展多种形式的创新创业活动，如多年来组织学生走进文明生态村、美丽乡村行等活动，非常有特色；海南大学广告协会举办的海南省大学生广告艺术节，既是全省范围业务能力的竞赛，同时也是全省新闻学专业学子的成果汇报，受到海南省广告协会和业界人士的赞赏。以及海棠剧社、笑声工作坊屡获国家级、省级、校级奖项，深受师生和业界人士欢迎。热带海洋学院开办“人文讲堂”，开辟开放课堂，营造浓郁的学术氛围，弘扬科学精神和人文精神；举办“山海流韵”文艺晚会和“美韵杯”朗诵比赛等，促进学生全面发展。近年来，先后有多位学生在校期间出版小说、诗集等文学作品。

高校除举办省级学生竞赛外，还为本校学生搭建校园新闻媒体平台，提供长期传媒训练场所，这也是提高学生的综合专业能力的必要方式。海南师范大学学生开设羊村传媒、海南传媒学子联盟等新媒体，学生编辑出版《新闻之声》等报刊作为实践学习平台。三亚学院依托落户海南省文化产业研究中心、海南省动漫研究院以及校内 UC 系列(UCTV 校园电视台、UCTIMES 校园时代杂志、UCMEDIA 校园传媒)等资源，为学生搭建教学、科研、艺术实践平台。海口经济学院先后建立了“海经之声”校内电台、“新新闻”工作室、“新视线”杂志、Waveradio 网络电台、“海经在线”V 拍工作室、海南数字电视 410 频道等校内实训基地，为学生创建良好的校内实践平台，促进综合能力的提升。

还有的院校让校园活动走出校园，海南师范大学每年定期组织“新闻学子走基层”系列采访活动，让每一位学生置身采访第一线完成新闻采访报道，并进行优秀作品评比；同时，开展研究生读书会以延续知识和思考，培养研究生形成良好的读书习惯。

2. 21. 3　小结

海南新闻传播教育正值快速发展时期，各新闻传播教育院校在积极顺应时代和行业发展趋势，找准自身培养特色，不断尝试，为海南省新闻教育事业的健康成长保驾护航。

（李盈颖）

2. 22　重庆市新闻传播教育发展综述

根据教育部统计数据，截至 2018 年 4 月，重庆市高等学校共计 83 所，其中本科高校 19 所，专科高校 39 所，独立高校 6 所，民办高校 19 所。全市共有 10 所本科高等学校或设有独立的新闻传播学院进行专业化的新闻传播教育工作，或设有相关专业开展新闻传播教育工作。

2.22.1　重庆新闻传播教育的起源与发展

改革开放促进新闻教育发展。1982 年，随着教育改革的推进、专业教育的发展以及社会需求的凸显，渝州大学在汉语言文学专业下设置“新闻、秘书方向”后又更名为“新闻方向”，在重庆高校中率先开办新闻传播教育。时任渝州大学中文系主任的黄葵，亲赴四川大学拜会新闻专业负责人邱沛篁老师，受益良多，并与杨因、傅正义等教授一同促进渝州大学新闻传播教育蓬勃发展，也为重庆新闻传播教育的发展拉开了序幕。由于当时新闻专业需要教育部审批，因此开办新闻专业的难度较大，在汉语言文学专业下设新闻方向成为一些高校的权宜之计。渝州大学 2002 年与重庆商学院合并，重庆工商大学成立文学与新闻学院。

1. 专业发展方兴未艾

1994 年，西南政法大学开办新闻专业，成为重庆市第一个经教育部正式批准建设的本科新闻专业，也是我国法科大学里第一个开设的新闻学专业。该专业 1995 年开始面向全国招生，开启了全国第一家以法制新闻作为主要研究对象的学科建设。西南政法大学下设新闻学、广播电视学、传播学 3 个本科专业。2003 年该校获批新闻学硕士点，因此西南政法大学也是重庆最早获得新闻传播学一级学科硕士学位授权点的院校之一，设有新闻学、传播学 2 个硕士点。2010 年获批新闻与传播学专业硕士授权点。2007 年重庆工商大学与西南政法大学一起获批传播学硕士点，重庆工商大学 2010 年获批新闻传播学一级学科硕士点。西南政法大学、重庆大学、西南大学、重庆工商大学、四川外国语大学先后开办新闻传播研究生教育，成为重庆新闻传播教育的主力军。

1997 年，重庆师范大学开办新闻学专业，以中文系原写作教研室教师为基干，引进数名专业教师，成立了新闻学教研室，下属文学院。1998 年，重庆大学成立人文艺术学院，恢复汉语言文学专业，新设广播电视新闻学专业。其后新闻传播学科和中国语言文学学科从人文艺术学院独立出来，成立了文学与新闻学院，开办了新闻学、广播电视学 2 个本科专业，2010 年获批新闻传播学一级学科硕士授权点和新闻与传播专业学位硕士点，自主设置新闻法学二级学科博士点，形成“本-硕-博”层次完善的新闻传播人才培养体系。

进入 21 世纪后，重庆市新闻传播教育步入了快速发展的新阶段。在教学方面，重庆多所高校的新闻传播教育类课程被评选为重点建设课程。如 2002 年，西南政法大学的“法制新闻理论与实务”系列课程，被重庆市教委确定为省级重点建设课程；在全国高校首开实验教学课“新闻阅评”，受到中宣部的表扬；2009，西南大学的“写作”被评为国家级精品课程、全国大学生精品通识课程。在学科建设方面，多所高校新闻传播学科被入选为重庆市重点建设学科计划中。如 2006 年，西南政法大学新闻学科被重庆市评为“十一五”重点建设学科、2010 年，新闻学专业被评为国家级特色专业；2011 年，重庆工商大学的新闻传播学获批重庆市“十二五”规划市级重点学科，成为重庆市新闻传播学 3 个重点学科之一；2017 年，重庆大学、西南大学、西南政法大学、重庆工商大学、四川外国语大学的新闻传播学科入选重庆市高等学校“十三五”重点学科。在科研方面，各高校根据自身办学理念完成多项高质量科研项目，近十年获得数十项国家社科基金项目立项，在《新闻与传播研究》《国际新闻界》《现代传播》《新闻大学》等权威刊物发表学术论文多篇。

2. 教学条件获得明显改善

2009 年，重庆大学投入 500 万元资金建成技术设备先进、综合功能齐全的全媒体传播实验中心。四川外国语大学新闻传播学科获得央地共建项目四项，重庆工商大学新闻传播学科获得央地共建项目两项，投入资金上千万元。在教学设施方面，西南政法大学、重庆大学、西南大学、重庆工商大学、四川外国语大学、重庆邮电大学、重庆师范大学等高校纷纷建设新闻传播类实验室，并投入巨额资金促其发展。此外，在办学理念中，一些院校还力求凭借所在院校的优势学科，办出自己的特色。如四川外语大学新闻传播学院，以培育具有“世界眼光、中国情怀、理性精神、人文内涵”的人才为目标，全面贯彻“国际视野、复合融通、理实并重”的办学理念，利用外语学院优势，坚持以外语为特色，抓住加入 WTO 以后，新闻、广告、广播电视等领域的对外开放契机，突出在国际新闻传播理论与实务、对外宣传等领域的竞争优势。重庆邮电大学传媒艺术学院十分注重现代艺术与高新技术的融合，十分注重信息产业与现代传媒和文化艺术产业的交叉融合，坚持走艺术与技术相结合的办学道路，密切关注数字媒体、创意产业发展。重庆交通大学人文学院依托中央与地方共建的“交通文化创意策划与传播教学实验中心”，在交通文化领域进行了多方面的探索。随着重庆市民办高校的快递发展，不少民办院校纷纷开办新闻学专业，例如四川外语学院重庆南方翻译学院、重庆师范大学涉外商贸学院、重庆工商大学派斯学院开设相关的新闻传播学院、新闻系或新闻专业。

3. 产学研合作不断拓展

在数字化技术日新月异、新兴媒体不断涌入、媒介融合发展的趋势下，重庆新闻传播教育也积极顺应时代和行业发展趋势，不少院校从培养目标、课程体系、培养模式等方面进行了创新，以培养适应新媒体时代的新闻传播人才。如重庆工商大学所设立的“网络与新媒体”专业，是为了适应新媒体传播和媒介融合的社会需求，面向跨媒体互联与社会化媒体共享的新媒体特征，培养具有坚实新闻传播学基础理论和新媒体实践能力的复合型专门人才。为了坚持“产、学、研”理念、重视行业合作，重庆多所高校与重庆本地传媒集团以及媒体签订了战略合作协议。例如，从2003年起，重庆大学与新华社重庆分社、重庆广电集团、重庆日报报业集团等单位建立合作平台和学生实习基地。西南大学新闻传媒学院与华龙网、腾讯・大渝网加强战略合作伙伴关系，在教学中探索传统媒体与新媒体融合的运营模式。西南政法大学与《重庆商报》联合培养新闻传播本科创新务实人才，以及创建29个校外教学实习基地。为了适应重庆市经济社会发展和打造长江上游文化创意产业中心的战略需要，重庆工商大学与重庆广播电视集团(总台)联合建立我国西部首家传媒运营实训中心和重庆市传媒发展协同创新中心，与华龙网合办华龙新媒体学院，与重庆市文化委合作建立重庆文化与传媒发展研究中心，与重庆日报报业集团、重庆广播电视集团等签订了战略合作协议，实习基地30余个。四川外语大学新闻传播学院与中央媒体、地方媒体、英文媒体等多类别、多层次的合作基地共40余个。

重庆市高等院校新闻传播教育至今已经走过30多个年头，尽管在发展过程中，困难重重，但各院校顺应时代发展，积极开拓创新，不少院系都形成了自己的办学模式与特色，理论与实践并重，培养了一批又一批顺应时代发展的复合型新闻传播人才，取得了不俗的成绩。

4. 学科建设获得突破

据教育部官网公布2017年新增博士、硕士学位授权点名单，西南政法大学被授权的新闻传播学，成为重庆市首个新闻传播学一级学科博士授权点，也是全国法科大学首个获得新闻传播学一级学科博士授权点的高校，新闻传播教育进入新的里程碑。同时四川外国语大学也获批新闻传播学一级学科硕士点，重庆工商大学等3所高校获批新闻与传播硕士专业学位点。重庆新闻传播教育办学层次提高，学科建设整体实力明显提升。

2.22.2　重庆市新闻传播教育现状

1. 院系及专业设置

专业体系不断完善。当前我国高校新闻教育院系设置基本包含两种类型：新闻传播学院(或新闻与传播学院)和新闻传播系。根据资料显示，重庆市在统招的本科高校中，名称为新闻传播学院、新闻学院的比较多，例如重庆大学新闻学院、四川外国语大学新闻传播学院、西南政法大学新闻传播学院等；名称为新闻传播系的通常隶属于该校的人文学院或者传媒艺术学院，例如重庆交通大学人文学院广播电视系、重庆邮电大学传媒艺术学院广播电视编导系。此外，也有比较特殊的组合，如西南大学名称为新闻传媒学院。重庆工商大学，因其新闻传播学科及专业孵化于文学学科，中国语言文学与新闻传播学、戏剧与影视学合并在同一学院，命名为文学与新闻学院，但新闻传媒教育规模更大，成为主体。目前重庆市主城区 8 所本科高校中，共有 4 所高校设有独立的新闻传播学院进行专门的新闻传播教育，其余院校均设立新闻传播系开展新闻传播教育。

从院系和专业设置看，重庆大学新闻院下辖新闻学系、广播电视学系，下设 2 个本科专业：新闻学、广播电视学；西南大学新闻传媒学院设有新闻学系、广播电视编导系、播音与主持艺术系，下设新闻学、广播电视编导、播音与主持艺术 3 个本科专业；西南政法大学新闻传播学院设有新闻学、传播学、广播电视学 3 个本科专业。重庆工商大学文学与新闻学院下设有新闻学系、广播电视学系、广告学系、网络与新媒体系、广播电视编导系、中文系，下设 6 个对应的名称本科专业；四川外国语大学新闻传播学院下设新闻学、网络与新媒体、广告学、广播电视学、播音与主持、广播电视编导 6 个本科专业(见表 2-36)。

表 2-36　　**重庆市各高校新闻传播学类本科专业开设情况**

序号	高校名称	院	系	专业
1	重庆大学	新闻学院	新闻学系、广播电视学系	新闻学(本科)、广播电视学(本科)、新闻传播学(学术硕士)、新闻与传播(专业硕士)、新闻法(博士)
2	西南大学	新闻传媒学院	新闻学系、广播电视编导系、播音与主持艺术系	新闻学(本科)、广播电视编导(本科)、播音与主持艺术(本科)、新闻学(学术硕士)、传播学(学术硕士)、新闻与传播(专业硕士)、美学(博士)、教育技术(博士)、课程与教学论(博士)
3	西南政法大学	新闻传播学院	新闻系、广播电视系、网络与新媒体系	新闻学(本科)、传播学(本科)、广播电视学(本科)、新闻学(学术硕士)、传播学(学术硕士)、新闻与传播(专业硕士)

续表

序号	高校名称	院	系	专业
4	重庆工商大学	文学与新闻学院	新闻学系、广播电视学系、广告学系、网络与新媒体系	新闻学(本科)、广告学(本科)、广播电视(本科)、网络与新媒体(本科)、新闻传播学一级学科硕士点) 新闻与传播硕士点(专业学位硕士)
5	四川外国语大学	新闻传播学院	新闻学系、网络与新媒体系、广告学系、广播电视学系、播音与主持系、广播电视编导系	新闻学(本科)、网络与新媒体(本科)、广告学(本科)、广播电视学(本科)、播音与主持(本科)、广播电视编导(本科)、文艺与传媒(学术硕士)、新闻传播学一级学科硕士点 新闻与传播(专业硕士)、跨文化传播(博士)
6	重庆师范大学	新闻与传媒学院	新闻学系、网络与新媒体系、广播电视编导系、影视摄影与制作系、摄影系、数字媒体艺术系	新闻学(本科)、网络与新媒体(本科)、广播电视编导(本科)、影视摄影与制作(本科)、摄影(本科)、数字媒体艺术(本科)、艺术学(广播电视)、文艺与传媒(硕士)
7	重庆邮电大学	传媒艺术学院	广播电视编导系、动画系、艺术设计系	广播电视编导(本科)、动画(本科)、数字媒体艺术(本科)、视觉传达设计(本科)、环境设计(本科)、电视编导与制作(艺术硕士)、动漫创作与制作(艺术硕士)、移动数字媒体艺术(艺术硕士)、视觉传达设计(艺术硕士)、网络艺术设计(艺术硕士)
8	重庆交通大学	人文学院	广告学系、广播电视学系	广播电视学(本科)、广告学(本科)

2. 人才培养层次、理念及特色

办学层次丰富。当前，重庆新闻传播教育的人才培养有 4 个层次：博士研究生教育、硕士研究生教育、本科生教育和专科生教育。目前，有博士学位授予权的院校仅有 1 所，即西南政法大学。重庆大学、西南大学拥有博士教育资格，在相关学科下设二级学科博士点。有硕士学位授权单位的学校 5 所：重庆大学、西南大学、西南政法大学、重庆工商大学、重庆师范大学、重庆交通大学、重庆邮电大学。

在人才培养理念上，由于各高校层次及办学特色的差异，对人才培养的定位也有不同。有的是以培养理论与实践相结合的合格人才为目标，有的除了注重学生实践能力的培养，也突出传媒技能实战特色。重庆大学新闻学院注重理论与实践相结合、学术型人才培养与专业应用型人才培养相结合，学院每年均组织安排学生在重庆日报报业集团、重庆广电集团、新华社重庆分社等主流媒体实习，亦有部分学生到《重庆日报》、中央电视台、新华社、凤凰卫视、南方报业集团等主流媒体实习。每年有大量实习作品在各级主流媒体上署名发表。西南大学新闻传媒学院从建院之初，就非常重视传媒学子的马克思主义新闻观教育，将“马克思主义新闻观”列入学院的核心课程。每一年都组织学生开展“马克思主义新闻观”教育，先后举办了“‘走转改’未来记者大讨十论”“群众路线媒体践大讨论”等活动，将马克思主义新闻理论与业界马克思主义新闻实践紧密结合，培养学生的马克思主义新闻素养。重庆工商大学文学与新闻学院坚持“厚基础、宽口径、高素质”的人才培养方针，以“文道相彰，传习日新”为院训，以“三位一体”实践工程为引领，注重学生专业素质、实践能力和创新精神的培养，在课堂教学和实习实践教学的基础上，积极开展与专业教学紧密联系的第二课堂活动，如辩论赛、戏剧节、广告艺术比赛、义工志愿者活动等，学院与重庆日报报业集团、重庆广电集团、华龙集团等合作紧密，强化实习、实践、实验、实训、实务等“五实”教育。历届学生在校期间发表新闻、文学作品平均上千篇，荣获国家级、市级等各用人单位对工商大学新奖项数百项，毕业生就业率在92%以上。重庆师范大学新闻学专业通过加强教育思想研讨与实践教育，在促进单一的教师传承知识向师生共同研讨转变，单一的课堂讲授向多样化的教学方式转变，单一的课内教学向学校小课堂与社会大课堂结合转变，以及单一的固定教师队伍向专兼匹配、理论与实际结合的师资队伍转变等方面进行了积极的探索。该专业教师大多有业界的丰富行业资历，担任过新闻界的资深编辑、资深记者，具有丰富的实践经验，开设的课程紧贴实践、富有特色。

重庆各大高校新闻传播教育在依托本校办学特色的基础上，注重培养学生的综合素养，且十分重视培养学生的实践能力和人文素养，课程设置门类齐全、专业特色也较为鲜明，在办学水平上，从一本重点院校到二本院校再到三本独立院校和专科院校层次较多。

3. 部校共建

重庆有 2 所学校与重庆市委宣传部合作建设新闻传播学院：一是重庆师范大学，二是重庆工商大学华龙新媒体学院（文学与新闻学院两位一体）两种共建形式各有特色。

4. 对外交流与合作

随着社会的发展和教育的进步，重庆高校注重国际及地区交流合作，开展国际和境外学术交流合作也越来越为普遍。目前，重庆大学、西南大学、西南政法大学、重庆工商大学、重庆师范大学等高校均派遣教师或学生与国外、境外高校进行学习和交流。其中，重庆大学新闻学院近几年来先后与加拿大威尔弗里德·劳里埃大学(Wilfrid Laurier University)建立"2+2 模式"双学位合作办学项目，与美国雪城大学纽豪斯公共传播学院(S. I. Newhouse School of Public Communication, Syracuse University)签署"3+1+1"本硕连读项目合作协议，与我国台湾铭传大学传播学院签署合作交流协议，与澳大利亚的斯威本科技大学(Swinburne University of Technology)、美国加州州立大学(富尔顿校区)(California State University, Fullerton)签署学生交换协议，还与台湾世新大学新闻传播学院实施学生交流项目，等等。西南大学新闻传媒学院坚持"开放办学、国际化发展"，对外交流与合作日益频繁，先后与美国俄勒冈大学新闻传媒学院、英国格林姆斯比学院等多所大学和科研机构建立了学术交流、学生互换关系，先后支持 8 名专业教师前往美国麻省理工学院、密歇根州立大学、伊利诺伊大学香槟分校、加拿大西蒙菲沙大学、香港中文大学、香港城市大学攻读博士学位或访学。自 2005 年以来，学院共有 46 名学生赴国外(境外)名校交流和实习，占学生总人数的 6.5%；有 67 人赴国外(境外)知名高校或研究机构继续深造，占毕业总人数的 9.5%；学院先后接收来自尼日利亚、泰国、越南等国家和我国香港、台湾地区的留学生 20 余人。西南政法大学新闻传播学院与联合国教科文组织，英国威斯敏斯特大学、美国哥伦比亚大学、美国的北卡罗来纳大学教堂山分校等国外高校和科研单位建立了多种合作关系。四川外国语大学新闻传播学院不断推进与国内外高校合作，提升国际化人才培养质量，与香港浸会大学、美国肯特州立大学、美国德雷克大学、英利茅斯大学等 10 余所国内外高校建立了合作关系，推动本科人才互换、"2+2""3+2"等人才培养项目，拓宽教师海外进修和学术交流渠道，国际化特色鲜明。学院目前正在推进全媒体国际新闻卓越人才教改项目，将进一步扩大中外合作渠道，力争把学院打造成西南地区国际化新闻传播人才培养的重要基地。

5. 学术研究

为了适应时代的发展需要，推进科学研究，目前，重庆市各大本科院校均设立了相关的研究中心，并在专业研究的基础上，取得了显著的研究性成果。其中，重庆大学已建成 4 个研究中心，拥有教育部人文社科重大课题攻关项目 1 个，国家社科基金项目 8 个。西南大学共有教育教学研究中心 4 个，多项国家社科基金项目与教育部社科项目。

西南政法大学拥有 6 个研究实验室，国家社科项目多项。重庆工商大学拥有研究机构 4 个，先后有多项国家社科及教育部研究课题立项。重庆师范大学拥有 1 个教学实验中心，相关研究成果获得各界好评。重庆交通大学拥有 1 个研究机构，获得若干项国家社科项目和教育部社科项目。其余高校亦多设有相关教研室进行教学与科研工作。目前，重庆市各高校在新闻传播教育和研究方面，日趋专业化和精准化，但此种情况仍普遍存在于一本科重点院校其余层次较低院校尚存较大改进空间。

6. 学生实习实践

重庆各高校在对学生进行教学专业培养的同时十分注重对有关教育实践平台的搭建，并以此为基础组织开展多项学生活动，提高学生专业素养和实践能力。其中，西南政法大学坚守“主新辅法”的教学特色，鼓励学生自创的励志类谈话节目《西政故事》成为学院的品牌视频栏目，以谈话节目的形式为主，利用新闻学院的优势，让学生和嘉宾进行面对面交流，培养学生实践专业能力，此外，西南政法大学每年举行“新闻传播杯”专业技能大赛，并将每年 11 月作为新闻学院的学生记者节活动月，在重庆市高校范围内具有一定的影响力。其中 MTV 大赛在 2009 年 5 月升格为重庆市级比赛，该校 2014 年与陕西卫视合办“华夏微电影——西南大学生国际微电影大赛”，2014 年学校学生在记者节活动月拍摄的微电影获重庆市廉政建设奖。除以上高校外，在重庆市各高校中，几乎都设有学生实践平台，也定期举办着各项学术活动，为提高学生素养和能力进行着各种尝试和努力。

西南大学为提高传媒学子的实践动手能力，搭建了课堂(实践实训课)、校内(校电视台、广播站、学通社、《传媒观点》)、校外(实践基地)为一体的实践平台，真正落实“高理论性+强实践性”的实践教学宗旨，将学生评析和教师评价相结合，充分调动学生的学习积极性和研究主动性。2013 年，该校新闻传媒学院研究生与本科生组成的“传媒之眼”获得“青年人中国梦”全国大学生社会实践优秀团队一等奖，为校园学生活动文化起到了积极的促进作用。

重庆工商大学文学与新闻学院以“三位一体”实践工程为引领，注重对学生专业素质、实践能力和创新精神的培养，在课堂教学和实习实践教学的基础上，积极开展与专业教学紧密联系的第二课堂活动，例如：辩论赛、戏剧节、广告艺术比赛、义工志愿者活动等。学院与重庆日报报业集团、重庆广电集团、华龙网新媒体集团等合作紧密，强化实习、实践、实验、实训、实务等“五实”教育。历届学生在校期间发表多篇新闻传播学作品，荣获国家级、市级等各种荣誉奖项数百项，毕业生就业率高。

重庆师范大学在重视学生的人文社会科学和必要的自然科学基础教育的同时，也从当代大学生学实际情况出发，制订科学合理的学习实践计划，鼓励学子争取各种机会积极主动参加新闻实践类活动，在学校以校报报刊、社团杂志等为舞台，锻炼学生写作能力。让学生加入记者团等学生组织，交流实践经验，并于 2010 年 9 月创立了重庆师范大学新夔文化传媒社，且以其为主体，鼓励大学生中的传媒爱好者相互学习专业知识，提升传媒专业在校园文化中的引导地位，增强学生对社会的正确认知和责任感，培养正确的世界观。以“和你一起读大学”为宗旨，构建大学生校园文化体系，增进大学生之间的互相沟通，提升大学生思想素质水平，促进大学生学识增长。

自 20 世纪 80 年代初期以来，重庆新闻传播教育已走过很多个风雨春秋，不仅经受了时代发展的考验，也取得了令人瞩目的成就，为我国西南地区乃至全国培养输送了大量专业性人才，其中许多人成为国家和西南地区新闻传媒单位的领导骨干、栋梁之才。重庆新闻传播教育事业经过多年的探索与发展，无论从教学历史、办学规模、专业构建、科研成果还是学生实践活动方面，均日趋成熟、完善，为培养新时代的新闻媒体人才打下了坚实的物质基础和研究专业基础，同时也在一定程度上保持、彰显着自身的鲜明特色。重庆市新闻教育整体规模在西南地区名列前茅，形成了较明显的办学特色和较多的研究成果。在新时代我国各项事业蓬勃发展的形势下，重庆市新闻传播教育必将更加稳健、深入、持久发展，迈向新的未来。

（魏　静　蔡林杉　曹雨佳　廖　晨　艾雨浩）

2.23　四川省新闻传播教育发展综述

2.23.1　1949 年以前的四川新闻教育

1. 以四川大学为代表的成都的大学新闻教育

(1) 国立四川大学的新闻教育

四川新闻教育的历史，向前可追溯到 1898 年尊经书院(四川大学前身)创办《蜀学报》。《蜀学报》在成都创刊的原因是宋育仁受聘为尊经书院山长，这个受业于尊经书院的学生回到母校，承担起带领母校发展的历史责任。这个事件改写了成都的文化史、新闻史，成都有了历史上第一份近代报纸。宋育仁在尊经书院成立了维新团体蜀学会，并创立了会刊《蜀学报》。《蜀学报》章程中说："学会主于开通全省风气，特于尊经学院设立报馆，名为蜀学报……报局与学会相表里，学院与书院相经纬，分为三事，聊为一气……"可谓三位一体，早期大学与报纸的关系就这样建立起来了。

尊经书院开始了四川大学的新闻教育，不仅仅因为它直接创办了《蜀学报》，更重要的原因在于它培养了一批杰出的新闻事业人才。比如被誉为"成都报界的一个开山祖师"的傅樵村、对成都早期报纸的发展居功至伟的吴虞等都是尊经书院的学生。

此后，四川大学以办报实践为主的新闻教育活动经历了"五四"时期第一次办报高潮的锤炼，逐渐走向专门化。抗战时期迎来了第二次办报高潮，也正式拉开了新闻教育的帷幕，集教育、研究、办报于一体的新闻教育全面发展。在此期间，大学教师的新闻研究成果斐然，曾任四川大学总务长、经济系主任兼教授、陪都中央日报社社长兼发行人的刘觉民于 1936 年编著了《报业管理》一书。1938 年入法学院政治系学习的余戾林成为民国时期重要的新闻学者，著有《世界近代新闻界大事记(第三种)》《中国近代新闻界大事记》《中国的报纸》《新闻记者之路》《中国的通讯社》等多部著作。

四川大学新闻教育的正式发端始于国立四川大学新闻学会的成立。新闻学会成立的具体时间，在《四川报业大事记》中 1939 年条目下有："5 月 11 日，四川大学新闻学研究会正式成立。"这里的"新闻学研究会"应当指的就是"新闻学会"。新闻学会以"研究新闻学术联络爱好新闻同志以互助互励之精神，希在抗战建国时期各尽其力"为宗旨。在组织机构上，有指导教师和理事会。学会理事会则分设总务、研究、出版三部。总务部分设文书、交际、事务三组；研究部设新闻理论、时事讨论两组；出版部则分设编辑、发行两组。为了让更多的同学有从事新闻研究的机会，学会分别在理学院、新生院和农学院设立了分会，会员共计 200 余人。从新闻研究与实践两个主要方面来看，学会开展的主要工作一方面是进行新闻伦理的学习和研究；另一方面就是举行各种新闻实践活动，包括采访、写作和出版各项事宜。研究部负责推动研究方面的工作；出版部者负责推动实地写作方面的工作。

由此发端的四川大学新闻团体和出版刊物如雨后春笋般相继出现，特别是文、理、法三院从峨眉搬回成都之后，各种条件较为便利，加上抗战胜利有望，战后建国成了广大学生关注的话题，因此这一时期成立的新闻团体非常活跃，四川大学也迎来其学生办报的另一个高潮。仅以 1945 年为例，《川大新闻》《伏虎新闻》《川大快报》《原子弹报》等各种新闻刊物不下 20 种。

总的来说，在新闻教育未能进入课堂成为正式学科教育的情况下，有志于新闻研究与新闻事业的学生组织新闻学会、新闻研究社等，出版刊物，开始了对新闻学术探索之路。这一时期的川大培养了一批后来全国知名的新闻界人士，包括 1936 年到经济系读书的胡绩伟，1934 年考入教育系的熊复，1936 年在外国语文学系读书的缪海林，1938 年入法学院政治系学习的余戾林，等等。

1945 年，为满足公教人员学习知识的需要，四川大学夜校决定开设新闻学术讲座。在《国立四川大学三十四年度上学期夜校校务行政计划进度表》中已有“添设两选科及新闻讲座”之安排，并开始实施，“业已招人”。开设的主要课程，包括新闻学概论、新闻伦理、社论研究和各国报学史几门。四川大学夜校在开办新闻特别讲座的基础上，积极增设新闻选科，1945 年共招收新闻选科生 33 人。至 1946 年，夜校正式设立新闻专修科，新闻专修科人数 36 人。

(2) 成都其他高校的新闻教育

燕京大学新闻系：1942 年秋，燕京大学迁至成都复校，新闻系随之恢复，《燕京新闻》也得以继续出版。燕京大学新闻系还聘请原《大公报》主笔张琴南教授新闻社论和编辑学，聘请当时成都《中央日报》经理张明纬讲授报业管理，新闻界不少名流也都来系做过报告。

其他高校：华西大学公教班。创设于 1947 年秋，包括社会学、新闻学等 13 科共 14 班。新闻学由孙伏园讲授。到 1949 年，公教班新闻学为分为两科，一为“报刊各种文体研究”，一为“编辑与采访”，“报刊各种文体研究”仍由孙伏园讲授，而“编辑与采访”则聘请某报馆总编辑担任。

中华人民共和国成立前夕，成都新创办的私立西南文法学院和大川学院，曾设立新闻学系，招收新生。《新新新闻》负责人陈斯孝任西南文法学院新闻系主任。

2. 极一时之盛的重庆新闻教育

抗日战争以后重庆成为全国的政治文化中心，全国许多著名报纸和高校迁到重庆，也带领了重庆新闻教育的繁荣局面。知名的内迁高校与本地新闻教育高校就有中央政治学校新闻系、复旦大学新闻系、民治新闻专科学校、重庆新闻学院、国立社会教育学院新闻系、重庆社会大学、重庆建国新闻专科学校、私立重庆西南学院、南泉新闻专科学校等。

抗战时期重庆的大学新闻教育不但学校多，而且水平也较高。首先是名校的师资力量都很强，讲授新闻学课程的很多都是名家，往往实践经验也很丰富，不少人就是著名报社的总编辑或名记者、名编辑。其次，这一时期重庆的新闻教育的课程设置都很重视学生基本素质与基本技能的培养，一个突出特点是学生研究气氛浓，学生实践园地多，参加实际工作的机会多。最后，虽然战争时期条件艰苦，但重庆的新闻教育仍然具有较高的国家化水平。

2. 23. 2　改革开放以后的四川新闻教育

中华人民共和国成立以后，历经院校调整，四川各高校基本没有专业的新闻教育。到 20 世纪 60 年代，四川大学曾考虑创建新闻专业，并从复旦大学要来了两名新闻专业毕业生作为储备师资，但由于种种原因，办学未遂。

直到 1979 年 5 月 18 日，国家教委正式发文(79 教高字第 044 号文)，批准四川大学增设新闻专业。1981 年 9 月开始招收第一批本科生 30 人、第一批新闻干部专科生 54 人。这是四川高等院校在改革开放时期诞生的第一个新闻专业。

1987 年，四川大学编辑出版学专业获批；1994 年，四川大学广告学专业招生；1995 年四川大学广播电视新闻学专业招生；2003 年，西南交通大学传播学专业招生，分别成为四川省该专业的第一个。

1984 年，国家教育部批准了四川省社会科学院新闻专业硕士授予点，这是四川省最早的新闻硕士点。2000 年，四川大学传播学硕士点建立；2005 年，四川大学新闻学博士点获批，2010 年，四川大学新闻传播学一级学科博士学位授予权获批；2013 年，四川大学新闻学博士后流动站建立。这些都是四川省新闻传播教育的第一个。

20 世纪 90 年代以后，尤其是 2000 年以来，随着全国新闻传播教育发展的大潮涌来，四川省新闻传播教育得到了迅速发展，以四川大学新闻传播教育为核心，先是在成都各高校发展起来，继而从成都向南充、乐山、达州、绵阳等地市州高校扩展，在 20 余所高校中建立起 40 余个新闻传播类专业。2013 年，四川省第一个新闻传播类高校四川传媒学院建立。

2017 年获得四川省第八届教学成果奖的有四川传媒学院的“融合、贯通、升级——应用型传媒人才培养的探索与实践”获一等奖，“应用型传媒人才实践能力培养的‘全程一体化’实践教学模式探索与实践”“基于 CBMT 课程体系建设的广告学专业应用型人才培养模式改革与实践”获得三等奖，四川大学锦城学院“互联网时代技术型文科人才培养模式探索”获三等奖。

2. 23. 3　四川省新闻传播教育单位简介

1. 四川大学新闻传播教育

四川大学新闻传播实践和教育历史悠久，从 1898 年尊经书院创办《蜀学报》算起，已经历了百余年的历程。但真正建立新闻传播专业教育是在 20 世纪的 80 年代。1979 年国家教委批准四川大学建立新闻学专业，1981 年第一届新闻学本科生进校。以后又批准四川大学建立了编辑出版学、广告学、广播电视学、网络与新媒体等本科专业；在20世纪80年代末开始了新闻学的硕士研究生培养以来，先后获准新闻传播学一级学科硕士学位授予权、新闻传播学一级学科博士学位授予权、新闻与传播专业硕士点、出版专业硕士点、新闻学博士后流动站等新闻传播学科高层次人才培养平台的建设。

38年来，四川大学形成了本科、硕士、博士、博士后各种层次的办学体系。新闻传播学一级学科博士学位授予权下设有新闻学、传播学、广播电视学、网络与新媒体、广告与媒介经济等博士点和硕士点，出版、新闻与传播专业硕士点；设有新闻传播学博士后流动站，有新闻学、广播电视新闻学、广告学、编辑出版学、网络与新媒体五个本科专业；新闻传播学科获四川省一级重点学科，还有一个省级新闻学本科人才培养基地，一个省级哲学社会科学重点研究基地；一个国家级特色专业—新闻学；两个省级新闻传播卓越人才培养基地(新闻学、编辑出版学)，形成了富有特色且在国内有较大影响的学科群。

2. 电子科技大学政治与公共管理学院信息管理系传播学学科

电子科技大学政治与公共管理学院信息管理系传播学专业于2003年获得教育部硕士学位授位权，从2004年开始招生，2011年获得新闻与传播专业学位授权。

该校以培养传播学理论、计算机技术和信息传播为一体的复合型人才为办学特色，较早地研究了网络传播领域的经营与管理、政府与传媒的互动关系等课题，在网络传播领域的经营与管理、西部民族地区的传播与社会发展、民间影像的生产与传播、当代新闻话语建构等方面的研究成果在国内具有一定的学术影响，在系统研究政府与传媒的关系、网络传播的经营与管理、藏语媒体与藏区的发展和稳定、民间影像的生产与传播、宗教传播与当代大学生的成长等方面成果突出。学术骨干有谢梅教授、韩洪教授等。

3. 西南交通大学新闻与传播学系

西南交通大学新闻传播教育始于2003年。是年6月，传播学专业招收本科生。2004年6月，西南交通大学艺术与传播学院成立，传播系成为该学院六个系之一，现有传播学及广告学两个本科专业方向。2006年设立传播学硕士点，2010年设立新闻传播学一级学科硕士学科点。

西南交通大学新闻传播教育目前已逐渐形成了以编辑出版、影视传播、电视新闻报道、广告形象及消费研究为特色的学科优势，培养有较扎实理论功底和熟练操作能力的人才，进一步发展文化创意产业以及新媒体传播等领域的教学研究，加强该领域高级人才的培养。学术骨干有高力教授、冯智敏教授、黄小钟教授、石磊教授等。

4. 西南财经大学经济新闻专业

西南财经大学于 2002 年开始招收经济新闻专业方向的本科生，2007 年招生经济新闻专业本科生，2009 年招收媒体经营与管理硕士研究生，着力于为新闻传媒培养适合于从事经济新闻记者、编辑和专业策划的专业人才。学术骨干有方琦教授等。

5. 西南民族大学文学与新闻学院新闻传播学科

西南民族大学新闻传播教育开办于 2002 年，共有两个专业：新闻学(2002 年招生)，广播电视新闻学(现为广播电视学，2008 年招生)。

在本科专业快速发展的同时，逐步拓展研究生教育。2009 年，在中国语言文学一级学科下的文艺学硕士点增设新闻学方向，招收跨专业研究生。2012 年，在中国语言文学一级学科下，申报了目录外硕士点——民族文学与新闻传播学，2013 年正式招收学术型新闻研究生。

办学特色：紧扣“民族”二字，从生源和教育教学上体现民族特色；准确定位，就业、升学两相依。

学术骨干有彭立教授、吴定勇教授等。

四川省开办新闻传播教育的院系还有：成都大学新闻传播系、成都理工大学传播科学与艺术学院、四川师范大学影视与传媒学院、成都师范学院中文系新闻专业、成都体育学院新闻系、四川传媒学院、四川电影学院播音主持与新闻传媒系、四川大学锦城学院文学与传媒系、四川文化产业职业学院新闻采编与制作专业、四川外国语大学成都学院文化传媒系、西华师范大学新闻传播学院、四川职业技术学院文化传播系、内江师范学院长江新闻学院、乐山师范学院新闻系学专业、攀枝花学院人文社科学院、四川文理学院文化与传媒学院、西南科技大学新闻传播专业、四川农业大学艺术与传媒学院。

（吴　建）

（本部分材料来源于邱沛篁、吴建、陈祖继主编的《四川新闻传播教育发展论》、邱沛篁等主编的《川渝新闻传播教育 35 年》，特致谢意）

2.24 贵州省新闻传播教育发展综述

贵州作为一个经济社会发展相对落后的省份，高等教育事业与发达地区相比，也存在一定差距。在西部大开发的时代背景下，贵州力求后发赶超、跨越式发展，经济增长率近年来位居全国前列。这样的理念与实践同样体现在高等教育事业发展中，贵州新闻传播教育就是一个典型的缩影，在新时代实现了后发奋进的跨越式发展。

2.24.1 总体特征

1. 起点低，底子薄

贵州新闻传播教育与北京、上海、武汉等新闻传播教育发达区域相比，差距突出表现为起点较低、基础薄弱。第一，办学时间相对较晚，教学单位较少。第一个开办新闻学专业的是贵州大学，1987 年开始招生，但当时全省只有贵州大学设立新闻学专业，这种情况持续很多年，直到 21 世纪，新闻学专业才有了更多的教学单位，贵州民族大学 2001 年广播电视新闻学专业招生、2002 年新闻学专业招生，贵州师范大学 2002 年开设广播电视新闻学。第二，师资力量薄弱。贵州大学 1987 年开办新闻学专业后，面临的一个难题是缺乏专业的新闻学师资，一名在贵阳日报传媒集团工作多年、后转为高校新闻学教师的毕业生曾感慨："当年我们在贵大新闻学专业学习，感觉师资太弱，一些课程是中文老师来讲，还有一些县级电视台的人讲摄影，我们好像没学到什么。所以我在媒体工作了 18 年，来高校教书，一定要做一个优秀的老师。"这名毕业生的感慨在贵州其他高校的新闻传播教育也得到印证，比如贵州民族大学，目前是贵州新闻传播教育师资力量最强的教学单位，但其新闻师资相对于其他省份也较为薄弱：只有 6 位专业教师，学历层次不高，无博士，4 人为本科，2 人为硕士，毕业于新闻学专业硕士的只有 1 人。这样的师资力量显然难以满足教学需要。第三，办学层次较低。贵州新闻传播教育的办学层次在很长的一段时间内囿于本科学历，导致研究生教育起步维艰。贵州大学 1987 年开办新闻学专业，但在专业发展、学科建设和办学层次上迟迟未能获得突破，直到 2006 年才设立一个二级学科的新闻学硕士点，开了贵州新闻传播研究生教育的先河。

2. 新时代，发展快

当 2000 年的西部大开发拉开序幕，贵州迎来了历史上最好的发展机遇，后发赶超、跨越式发展成为贵州豪迈的口号。在这样的新时代，贵州新闻传播教育获得了一个快速发展期。

在 21 世纪，贵州新闻传播教育发展成为 8 家教育单位，位于省会贵阳的有 6 家：贵州大学、贵州师范大学、贵州民族大学、贵州财经大学、贵州师范学院、贵阳学院；两家地方高校：贵州工程应用技术学院、黔南民族师范学院。省会贵阳集中着政治经济教育等资源，新闻传播教育也不例外，地方高校开始创办新闻教育，满足了地方新闻传播事业日益发展的需要。教学单位突增的一个可喜结果是这些大学根据自身的定位、资源与特色，重点发展不同专业，这就丰富了贵州新闻传播教育的专业门类。比如，贵州大学重点办好新闻学，贵州民族大学重点办好新闻学、广播电视编导，贵州师范大学重点办好广播电视学、播音与主持艺术，贵州财经大学重点办好广告学、网络与新媒体。

3. 师资力量大增

这方面的突出代表是贵州民族大学，2007 年四川大学文艺与传媒方向的两位博士颜春龙、花家明应聘到贵州民族大学文学与传播学院，从事新闻传播教育，这是贵州省首次从国内高校引进的新闻传播学博士，在新闻传播师资建设方面具有标志性意义。同年，贵州民族大学刘祥平老师考入华中科技大学，攻读新闻学博士学位，这是贵州高校首位到外省名校进行新闻学博士教育的教师，自此不断有贵州高校教师考取省外名校博士。这种引进来、走出去的师资建设模式让贵州新闻传播教育师资跃上了一个新层次，新闻传播教师逐渐崭露头角，与其他学科专业教师出现在同一高层次平台，比如颜春龙教授于 2009 年首次以新闻传播学教师入选贵州省高校哲学社会科学学术带头人，之后喻健教授和刘祥平教授也一并入选贵州省高校哲学社会科学学术带头人。

4. 办学层次显著提升

在沉寂了多年以后，贵州大学文学与传媒学院获得新闻学专业学术型二级学科硕士点；贵州民族大学 2013 年申办了新闻学专业学术型二级学科硕士点，2015 年招收了第一批新闻与传播专业硕士；2016 年贵州师范大学组建传媒学院后，开设了文艺与传媒二级学科硕士点和广播电视二级学科硕士点。2017 年，贵州大学的新闻学二级学科授权点新增为新闻学与传播学一级学科授权，还新增了新闻与传播专业硕士授权点；贵州民族大学获批新闻传播学一级学科硕士点。“本科——二级学科硕士点——专业硕士——一级学科硕士点”，贵州新闻传播教育以自身的发展轨迹，完成了办学层次的逐步提升。

2.24.2 主要院系

目前，贵州新闻传播教育最具代表性的院系是贵州民族大学传媒学院、贵州大学文学与传媒学院、贵州师范大学传媒学院。从综合实力来看，这三家新闻传播教育单位在贵州省的办学历史悠久、办学实力最强、办学层次最高，不仅具有硕士点，而且是省内的三所省部共建教学单位，引领着贵州新闻传播教育的发展。

1. 贵州民族大学传媒学院：跨越式发展

2010 年年初，贵州民族大学对原有的文学与传播学院进行学科重组，成立了贵州高校唯一的一家传媒学院，第一任院长的颜春龙教授。传媒学院在颜春龙院长的带领下，在没有重点学科、没有硕士点的薄弱基础上艰苦奋斗，实现了跨越式发展，成为目前贵州新闻传播教育实力最强的机构。

(1)本科办学历史早，专业齐全

1995 年创办广告学专业，此后陆续开设广播电视新闻学、新闻学、广播电视编导、现代教育技术、传播学、播音与主持、网络与新媒体、数字媒体艺术等专业，兼具文、理、工、艺术等学科门类，目前有在校本科生 1600 多名。

(2)硕士研究生教育包含学术型与专业型两大类型

原有学术型硕士涵盖传媒社会学、民族传播学、传媒法学三个二级学科，以及民族地区新闻与传播研究硕士方向；专业硕士包括新闻与传播以及广播电视专业硕士。2017 年获批新闻传播学一级学科硕士点。

(3)师资力量雄厚，年龄结构、学缘结构、职称结构合理

教职员工 70 多人，教授、副教授占 1/2 以上，其中教授 7 人，副教授 33 人，包括 1 名二级教授，2 名三级教授。其中来自全国各地著名大学的博士 20 余名，多名教师有国外学习经历。

(4)教师科研能力强

近 5 年完成国家课题 2 项，获得国家课题 6 项，其中 2016 年获国家课题 3 项。省部级科研奖一等奖 1 项，三等奖多项。

(5)实验室设备在贵州高校传媒专业中最先进最齐全

学院现有“现代传播和教育技术实验实训中心”(贵州省首批“省级实验实训示范中心”)、“新媒体科研与实践应用平台”“虚拟演播厅”“数字录音棚”“非编实验中心”“VR 虚拟数字实验室”“会展实验室”“新闻发言人实训中心”“舆情监测与控制实验室”等先进实验平台。

2014 年 7 月，中共贵州省委宣传部与贵州民族大学共建传媒学院，由此成为当时贵州省唯一实行部校共建的新闻传播类学院。拥有贵州省高校传媒专业唯一的特色重点学科新闻传播学；该校与美国阿尔弗莱德大学开办的数字媒体艺术专业，是教育部审批的贵州省高校传媒专业唯一的中外合作办学点。

2. 贵州大学文学与传媒学院：厚积薄发

贵州大学新闻传播系隶属于贵州大学文学与传媒学院；目前，开办有新闻学、播音与主持两个本科专业和新闻学一个二级学术硕士学位授权点，常年在校学生 200 余人；在编专职教师共 23 人。

贵州大学新闻专业始建于 1987 年，是我国改革开放之后，西部地区开办新闻学专业较早的学校之一。2006 年，成功申办了新闻学专业学术型二级硕士点，成为贵州省第一家新闻学学术型硕士授权单位，使贵州大学新闻学专业基本形成了本科和研究生两个层次的人才培养体系。2017 年，经教育部审核批准，将已有的新闻学二级学科授权点新增为新闻学与传播学一级学科授权点。同时，还新增了新闻与传播专业硕士授权点，进一步完善和丰富了贵州大学新闻学与传播学的人才培养体系。2017 年 7 月，获批为中共贵州省委宣传部与贵州大学共建的新闻教学单位。

近些年来，通过人才引进和自身建设，使贵州大学新闻学专业师资队伍结构有了较大的改善。在现任的专职教师队伍中，拥有高级职称才为 18 人。其中学位，教授 2 人，副教授 16 人，讲师 5 人。从学历层次看，拥有博士学位（含 3 名在读博士）教师共 15 人，占教师总数的 65%；拥有硕士学位教师 5 人，占教师总数的 15%。从年龄结构看，目前 50 岁以上 2 人，40~50 岁 9 人，40 岁以下 12 人，平均年龄为 37 岁。另有校级学科带头人、学术带头人、学术骨干共 5 人。在实务经验方面，23 名在编教师中共有 6 名教师曾有媒体从业经历，拥有丰富的新闻一线经验，形成了学历学位层次，以及适应新闻学与传播学人才培养规律都较为完备的师资团队。尤其值得一提的是，近年来引进的一批年轻博士，他们分别来自国内外著名的高校。各自的研究方向也呈现出多元化的趋势，涵盖了少数民族传播、传媒经济、媒介文化研究、新闻社会学、媒介社会学等众多新闻传播学的前沿领域。多元化的人才储备不仅使新闻学的教学质量得到提升，同时也极大地提升了新闻学专业的理论研究水平。近 5 年来，贵州大学新闻学专业共承担了校级以上各类科研课题 30 余项。其中，6 项国家社科基金课题，4 项教育部课题和 9 项贵州省社科基金规划课题；发表论文 100 余篇，出版专著 2 部。

3. 贵州师范大学传媒学院：新锐力量

2016 年，贵州师范大学以广播电视学、播音与主持艺术两个本科专业为基础，整合校内与传媒学科相关的优质资源，组建传媒学院。目前学院共有教职工 31 人，其中教授 3 人，副教授 11 人，讲师 11 人。传媒学院现有广播电视学、播音与主持艺术、新闻传播学(新申报)3 个本科专业，拥有艺术学理论一级学科硕士学位授予权(下设文艺与传媒二级学科硕士点)、艺术学专业硕士学位授予权(下设广播电视二级学科硕士点)，是贵州省较早设立的传媒专业硕士点。2017 年 7 月，学院获批为中共贵州省委宣传部与贵州师范大学共建的新闻学院。

当前，学院正在抢抓获批列为部校共建新闻学院这一难得历史机遇，解放思想，锐意进取，真抓实干，力争经过 5~10 年的不懈奋斗，努力将传媒学院建成师资雄厚、设施完善、学生具备良好专业素养、产学研协调发展，在国内有一定影响的、贵州省和西南地区重要的传媒人才培养基地和贵州省新闻宣传干部、人才的重要培训基地。

2.24.3 人才培养

贵州新闻传播教育重在培养实践能力强的应用型人才，以满足贵州传媒产业发展的需求，同时根据新闻业界的发展变化，动态调整专业和课程设置，以适应当下新媒体日新月异的变化。在专业布局中，既有新闻学、广播电视学、广告学等传统专业，又增加了网络与新媒体、数字媒体艺术等新兴专业。在课程设置上，自从 2014 年启动部校共建以来，贵州新闻传播教育根据省委宣传部的指示，以马克思主义新闻观为统领，对学生开展马克思主义新闻观的教育与实践。在课程设置方面，将“马列新闻论著选”列为学生的必修课程；在课堂讲授方面，特别是在新闻学概论、新闻采访与写作等核心课程的教学中也注意对马克思主义新闻观的教育。同时，在实践教学方面，每届毕业生毕业实习都尽量要求学生进入主流媒体实习，让学生在实践中接受马克思主义新闻观的教育。通过教学与实践双管齐下促使学生形成继承马克思主义传统，新闻专业人必须有使命感和历史责任感的态度。

为了深化与省委宣传部的共建，以贵州民族大学传媒学院为代表的院系进行了积极探索，比如 2017 年贵州民族大学传媒学院创办了新闻学专业首届马克思主义新闻观谢六逸实验班，实验班将通过笔试和面试从全校全日制 2016 级本科生中选拔，人数为 30 人。选拔合格的实验班学生将统一转至新闻学专业，毕业时授予文学学士学位。该实验班归属于传媒学院新闻学系，参照国内一流大学新闻学院人才培养方案和课程设置，着力打造该校新闻传媒人才培养的特色品牌。该实验班的授课教师将有 1/3 以上来自宣传部门及传媒行业，将有 1/3 以上的课程以实践为主，并且有 1/3 的教学时间在媒体进行实践。实验班采用订单式培养，力争在毕业时实现全部学生在新闻媒体或企事业单位的宣传部门就业。

贵州高校新闻院系非常注重培养学生的实践能力和创新能力。近年来努力建设以新媒介技术为支撑的实验室，比如贵州民族大学的“VR 虚拟数字实验室”，这些实验室为学生提供了各类先进的实验教学训练平台，从而使得贵州新闻传播教育的人才培养始终与现代社会发展的需要保持同步。在学年实习、毕业实习、毕业论文选题和毕业设计方面，鼓励学生深入媒体和传媒公司，深入社会基层和民族地区，有针对性地研究民族地区新闻宣传、传统文化保护与传承、文化产业发展，有目的地记录多彩民族文化或民族地区社会变迁。贵州民族大学传媒学院教师带领学生拍摄的《布依族消费民族志》《贵州彝族消费民族志》通过“多彩贵州协同创新”课题验收，传媒学院教师指导学生拍摄的微电影获得贵州省教育厅“记住乡愁”微电影大赛一等奖，学生与传媒公司合作拍摄多部民族文化纪录片和微视频。贵州师范大学传媒学院师生创作、导演的微电影《龙场遗梦》《影子》《礼物》《可乐》等先后荣获国际国内电影艺术大奖，学生编导的纪录片《手艺——草龙之舞》《上官婉儿墓探秘》《西安古城墙》等先后在中央电视台播出，师生自编自导的大型原创历史话剧《王阳明》一举荣获 2016 年中国校园戏剧节“优秀展演剧目”和“戏剧之星”两项大奖，并作为 2017 年第十二届“多彩校园 · 闪亮青春”贵州省大学生校园文化活动月系列活动之一，在贵州高校巡回演出。

贵州新闻传播教育获得社会的认可，毕业生得到用人单位的好评。比如，贵州大学新闻学专业已经为国家和社会培养输送新闻专业人才 2000 多人，由于培养质量高，使得从新闻学专业毕业的学生，其本科生就业率长期稳定保持在 98%以上，研究生就业率为 100%。贵州民族大学传媒学院已成为贵州省文化及传媒产业人才培养的重地，目前已形成了颇具知名度、美誉度和影响力的“贵州传媒的民大现象”，所培养的学生以其过硬的新闻业务能力和较好的职业素养获得了省内外新闻传播业界的一致好评。

（刘祥平）

2.25　云南省新闻传播教育发展综述

2.25.1　云南省新闻传播教育的历史脉络

云南省高等学校新闻传播教育起步较晚。1985 年，云南大学中文系新闻学专业创建，书写了云南省高等学校新闻传播教育的第一页。当时，中文系下设新闻教研室，负责新闻学专业的整体建设工作，第一任教研室主任为高宁远教授，教师主要从云南省省级新闻媒体调入，专业教师仅有数人。1999 年，云南大学人文学院下设新闻系，为云南省新闻传播教育第一家独立运作的教研单位，专业教师接近 10 人，下设新闻学本科专业，每年招收本科生 40 人左右。

新世纪以来，云南省新闻传播教育进入了发展的快车道，省内各高校纷纷创设新闻传播类专业。2001 年，云南师范大学、云南民族大学开始招收广播电视新闻学专业本科生，云南财经大学开设了广告学专业，云南大学滇池学院设立了新闻学专业、云南师范大学商学院设立了汉语言文学(新闻传播方向)，开始了云南省新闻传播教育的第一次“扩军”。此后数年间，云南省内各地本科院校纷纷开办新闻传播类专业，如昆明理工大学、红河学院、曲靖师范学院、大理大学、云南大学丽江旅游文化学院等，形成了云南省新闻传播教育的第二次“扩军”。2002 年，云南大学新闻系开始招收传播学硕士研究生，拉开了云南省新闻传播研究生教育的序幕。历经十余年的发展，云南新闻传播教育进入了从数量增长到质量提升的平稳发展期。2014 年，云南大学新闻学院开始招收文化传播方向博士研究生，标志着云南省新闻传播教育迈入高端人才培养的新阶段。

目前，云南省已有近 20 所高校开办了新闻传播类本科专业，有十余所高校开办了新闻传播类专科专业，基本形成了研究生、本科、专科教育齐头并进的多层次发展格局。目前，云南省高校开设新闻传播类专业的基本情况如表 2-37 所示：

表 2-37　　**云南省各高校开设新闻传播类本、专科专业的基本情况**

序号	高校名称	学院	系(教研室)	开设专业
1	云南大学	新闻学院(南亚东南亚国际传播学院)	新闻系、广播电视系、网络与新媒体系	本科：新闻学、广播电视学、网络与新媒体 研究生：传播学、新闻学、文化传播、新闻与传播(专业硕士)、文化传播(博士)
2	云南师范大学	传媒学院	新闻系、编导系、播音系、动画系	本科：新闻学、传播学、广告学、广播电视学、广播电视编导、播音与主持艺术、动画 研究生：新闻学、戏剧与影视学

续表

序号	高校名称	学院	系(教研室)	开设专业
3	昆明理工大学	艺术与传媒学院	新闻传播系	本科：传播学、编辑出版学、广告学、播音与主持艺术 研究生：广播电视艺术(专业硕士)、出版硕士(专业硕士)
4	云南民族大学	文学与传媒学院	新闻系	本科：广告学、广播电视学、网络与新媒体 研究生：新闻与传播(专业硕士)
5	云南财经大学	传媒学院	新闻系、广告系、汉语言系	本科：新闻学、广告学、汉语言文学 研究生：文化管理、新闻与传播(专业硕士)
6	云南艺术学院	电影电视学院	新闻系	本科：广播电视学、广播电视编导、摄影 研究生：电影理论、视听语言
7	红河学院	人文学院	新闻系	本科：广播电视学、广告学
8	曲靖师范学院	人文学院	教研室	本科：广告学
9	玉溪师范学院	文学院	新闻系	本科：新闻学
10	大理大学	文学院	教研室	本科：新闻学、广告学
11	文山学院	文学院	教研室	本科：新闻学
12	昆明学院	人文学院	教研室	本科：广播电视学
13	保山学院	文学院	教研室	本科：新闻学
14	云南大学滇池学院	人文学院	新闻系	本科：新闻学、广播电视学、广告学
15	云南大学丽江旅游文化学院		文学与新闻系	本科：新闻学
16	云南师范大学商学院	语言文学学院	教研室	本科：汉语言文学(新闻传播方向)、编辑出版学、广告学
17	云南师范大学文理学院	人文学院	教研室	本科：编辑出版学
18	滇西科技师范学院	亚洲微电影学院		本科：数字媒体技术

续表

序号	高校名称	学院	系(教研室)	开设专业
19	云南民族大学应用技术学院		人文学系	本科：广告学
20	昆明艺术职业学院	传媒学院	教研室	专科：编导、多媒体设计与制作、摄影摄像技术、主持与播音、新闻采编与制作、电视节目制作

云南省新闻传播教育历史虽然不长，但发展势头良好，尤其在近些年表现出强大的发展动力，在云南省高等教育发展格局中占有重要位置，并向社会输送了大批新闻传播专业人才。目前，毕业于云南各高校新闻传播院系的学生已成为云南省媒体行业及相关行业的中坚力量，为云南省新闻事业的发展作出了突出的贡献，赢得了良好的社会声誉。

2. 25. 2　云南省新闻传播教育的现实图景

1. 专业布局

目前，云南省绝大部分本科院校设立了新闻传播院系和专业点，并形成了从专科、本科到硕士、博士较为齐备的办学层次。在本科教育方面，各校所开设专业包括新闻学、广播电视学、编辑出版学、传播学、广告学、网络与新媒体、播音与主持等，专业设置较为齐全。从院系和专业的区域分布看，专业布局也较为合理，在昆(昆明市)高校一直是云南新闻传播教育的中心。同时，近些年呈现出明显的区域扩散态势，如曲靖、玉溪、红河、文山、保山等州市高校均开设了新闻传播类专业，特别是 2014 年滇西科技师范学院成立了亚洲微电影学院，起点较高，特色鲜明，引人注目，成为云南传媒教育的亮点。总体来看，云南新闻传播类院系专业区域分布趋向合理，与云南省区域经济社会发展特点相契合。

在研究生教育方面，目前有云南大学、云南师范大学、昆明理工大学、云南财经大学、云南艺术学院、云南民族大学 6 所高校开展研究生教育，上述高校全部集中于省会昆明市。其中，云南大学和云南师范大学具有新闻传播学一级学科硕士授权点，各州市高校目前还未有硕士学位授权点。在博士生培养方面，目前仅有云南大学新闻学院具有二级学科博士学位授权，从 2014 年开始招收文化传播方向博士研究生，目前有博士生导师 3 人，已招收博士生 10 人。

从教学单位看，办学历史较长的高校，基本都设立了独立的新闻传播院系，而近些年创办新闻传播类专业的高校，其专业点通常是归属于人文学院或文学院，下设系或者教研室，负责专业教研工作。

2. 人才培养

在专业人才培养方面，云南省新闻传播教育既体现出突出的共性特征，也具有鲜明的差异性特点。在共性方面，云南省各高校结合新闻传播学科和人才培养特点，注重通识教育与专才教育的结合，尤其强化了专业技能的训练和培养，强调教学过程“在学中做，在做中学”。随着新闻传播学的内涵不断丰富，云南新闻传播教育已发展成为涵盖新闻、传播、广电、广告、公关、出版、传播科技、信息管理、文化产业、新媒体应用等复合型专业门类，兼具文理工管的多重特色。在教学过程中，各个学校普遍重视与云南区域社会发展特点和要求相结合，着力培养能适应媒体发展趋势和区域发展特点的应用型人才。

在差异性方面，各个学校都结合自身条件和特点，在人才培养过程中体现出一定的特色。如办学历史较长的云南大学，依托综合性大学的优势，强调培养“厚基础、宽口径、重能力、强创造”的复合型卓越新闻传播人才；云南师范大学在影视传播领域精耕细作，着力培育影视文化、影像传播领域的专门人才；昆明理工大学发挥其与理工学科结合的优势，在其编辑出版专业中，加强电子编辑制作、新媒体技术与应用、网站策划、网站图文信息建设与管理等知识技能的培养；云南财经大学依托学校的经济学、管理学学科背景，将广告学专业定位于培养整合营销传播人才，并从社会经济发展对经济新闻人才需求增大、而经济新闻人才十分匮缺的实际出发，将新闻学专业定位于“财经新闻”方向，力图培养可从事财经新闻采写编评、媒介经营管理的人才。云南艺术学院则着力挖掘云南省丰富的民族文化资源，培养民族影视专门人才。

目前，云南省高校每年招收新闻传播类专业本科和研究生 1200 名以上，在校学生接近 5000 名。从总体上看，云南省新闻传播教育经过近 20 年的探索和发展，已经形成了明确的人才培养目标和理念，较具特色的人才培养模式，形成了差异化的发展路径，为云南新闻事业和各行各业输送了大量的新闻传播专业人才。

3. 协同办学

协同办学的核心是整合利用各种类型的教学资源，形成有机组配，以此提升办学能力和水平，实现办学目标。可以说，协同办学是云南新闻传播教育近 20 年发展过程中的显著特征。从办学实践看，云南省各高校新闻传播类专业都采取了“开门办学”的方式，着力挖掘教学资源，以夯实专业教学基础，提升专业教学水平，取得了显著的成效。

整合利用校内其他学科资源，是协同办学的首要方式。目前，云南省大部分地处州市的高校所开设的新闻传播类专业，隶属于所在高校的人文学院或文学院，如红河学院、玉溪师范学院、大理大学、保山学院等，在新闻传播专业教学中，它们借助于本校中文、历史、法学、管理学等其他学科资源，为本专业开设通识性课程和部分具有学科交叉特点的专业课程，以弥补本专业教学资源不足的问题。而大部分地处昆明的高校新闻传播院系，也基本经历过隶属人文学院或文学院，再到成立独立院系的发展阶段。在专业教学中，形成了借助校内其他学科的丰富资源以充实教学内容的做法。比如，云南大学新闻学院本科专业所开设的学科基础课，分成了四个交叉学科方向，这些课程都是聘请本校经济学院、法学院、历史与档案学院、信息学院等教学单位的教师进行讲授。昆明理工大学传媒学院则依托工科院校的技术资源优势，在新媒体教学中独具特色。

整合利用新闻媒体行业资源，是协同办学的主要方式。新闻传播学科具有突出的应用性和实践性特点，因而“实战”训练是人才培养的重要途径。云南省新闻传播院系和专业在办学过程中，都非常重视与媒体行业的互动合作，特别是在许多高校普遍存在师资力量不足的情况下，建立来自媒体行业的外聘教师队伍就成为提升专业教学水平的有效手段。比如，在昆高校基本上都与云南省内重要新闻媒体，如《云南日报》《春城晚报》、云南网、云南广播电视台等建立了稳定的合作关系。同时，这些新闻媒体也基本上成为在昆高校新闻传播类专业点的实践教学基地和实习基地。地处州市的高校也与当地媒体在人员互聘、专业教学、专业实习等方面形成了稳定的合作关系。

整合利用校际资源和社会资源，也是协同办学的延展方式。云南新闻传播教育在发展中得到了国内诸多高校的支持和帮助，如云南大学新闻学院与复旦大学新闻学院合作，在新闻学专业实施了“1+2+1”的联合培养人才计划，与法国斯特拉斯堡大学合作，开展新闻与传播专业硕士实训工作坊；云南民族大学、云南师范大学、云南财经大学等都与中国人民大学、中国传媒大学、厦门大学、台湾世新大学，以及美国密苏里新闻学院等建立了多形式的专业教育合作关系，较好地推动了云南新闻传播教育整体水平的提升。同时，部分院系、专业还积极挖掘和利用其他社会资源，促进专业建设和教学质量提升。此外，云南省各高校新闻传播院系也建立了较为稳定的交流合作机制，在学术研究、教学活动中协同并进。

2014 年 11 月，云南大学与中共云南省委宣传部合作共建云南大学新闻学院，该单位是目前云南省唯一的部校共建新闻学院。2016 年 3 月，中国国际广播电台与中共云南省委宣传部签订共建协议，通过整合云南大学、云南民族大学的相关资源，成立了南亚东南亚国际传播学院，其已成为面向南亚东南亚国家开展新闻专业教育，推进云南新闻传播教育国际化水平的重要平台。2017 年 12 月，云南广播电视台与昆明理工大学签署合作共建新闻学院协议并正式授牌。应该说，协同办学已成为云南新闻传播教育发展的重要推力。

4. 学术研究

在学术研究方面，云南省各个高校新闻传播院系充分结合云南区域文化特点和所属高校学科优势，走特色化发展路子，取得了较为丰硕的成果。云南大学新闻学院新闻学专业现为国家级二类特色专业，云南大学新闻传播实验教学中心为国家级文科实验教学示范中心。从 20 世纪末开始，云南大学新闻学院就依托该校民族学的学科优势，将民族传播研究、媒体人类学研究作为学术研究的基本方向，经过近 20 年的努力，已形成了一支稳定的学术研究队伍，并产生了广泛的学术影响，主要的代表学者有郭建斌、孙信茹、张宇丹等。云南师范大学传媒学院则聚焦于民族影像文化、视觉传播和民族文化传播等领域，也涌现出一批具有学术后劲的青年学者。云南民族大学、云南财经大学则将突破口放在广告传播和整合营销传播领域，在本地广告行业产生了较大的学术影响。此外，云南省许多高校新闻传播院系紧密结合专业教学实际，在应用新闻学、传播实务领域寻求发展空间。

从科研课题立项情况看，近些年云南省高校新闻传播院系每年能获批 2～3 项国家社科基金项目。2017 年，云南大学新闻学院获批 2 项国家社科基金一般项目。目前，获得国家社科基金项目（新闻传播学）立项较多的学校是云南师范大学、云南大学、昆明理工大学。从科研获奖看，近些年获得云南省哲学社会科学优秀成果奖较多的单位是云南大学新闻学院、云南师范大学传媒学院、云南财经大学传媒学院。

总体来看，云南省部分高校在新闻传播学研究方面已经形成了鲜明的研究特色和学术影响，但整体上仍处于蓄势待发阶段，特别是州市本科院系具有非常大的提升空间。

5. 教学活动

在专业教学活动中，云南省各高校充分结合新闻传播学科的特点，结合云南的区域文化特色，结合自身的定位和发展特点，开展各具特色的教学活动。比如云南大学新闻学院在研究生培养过程中，每年组织学术硕士开展学术训练营，到少数民族村寨进行田野调查，之后举办年度研究生学术论坛，每年组织专业硕士开展全媒体训练工作坊，到云南省内各州市进行全媒体业务训练，之后举办年度新闻作品展；云南大学滇池学院新闻系则借力《南风窗》“调研中国”项目，每年组织学生进行社会观察与开展新闻实践活动，其团队多次入选“调研中国”项目全国30强。昆明理工大学传媒学院则在专业教学活动中突出强调术理与学理的结合，把“模拟训练”和“实战训练”有机结合。云南师范大学、云南民族大学都在教学中突出强调了专业训练与云南少数民族文化传播的结合，在新闻、广告、影视制作等业务训练中凸显了民族文化要素。

借力主题活动和专业竞赛，也是丰富教学活动的重要手段。比如，云南省各高校新闻传播院系每年都会组织学生参与“挑战杯”全国大学生课外学术科技作品竞赛、大学生创新创业训练计划项目等，很好地培养了学生的综合素质；云南财经大学、昆明理工大学每年组织广告学专业学生参与全国大学生广告艺术大赛、云南省广告设计大赛、校园广告设计大赛等，效果良好。此外，各高校新闻传播院系都有自己的校园媒体平台，由学生自主开展新闻实务活动。

6. 存在问题

云南新闻传播教育发展势头总体良好，但也存在一些问题。较为突出的问题有，一是学科发展水平不高，学科地位相对边缘；二是办学层次重心偏低，高端人才培养遭遇瓶颈；三是教学经费投入不足，实践教学条件有待改善；四是师资力量较为匮缺，专业教学亟待提升；五是“传道”与“授术”有失均衡，术理教育重于学理教育。这些问题都是云南新闻传播教育在发展过程中需要着力解决的。

2.25.3 云南省新闻传播教育的发展态势

新传播时代的背景下，云南新闻教育必然迎来重要的变轨期。概而言之，云南新闻教育的未来发展应着力解决好如何面向与回应新传播时代的特点与需求的问题。

1. 区域面向，体现民族特色

面向区域社会，与云南省地方经济社会发展高度契合，为云南省及周边地区培养高素质的新闻传播专业人才，当是云南新闻传播教育发展的首要目标。在此方面，云南省新闻传播教育已初步形成了专业较为齐备、层次较为分明、分布较为合理的办学格局，但仍需着力解决两个重要问题。一个是如何与云南省省情，特别是与云南作为边疆民族地区的实际相契合，培养真正“接地气”，具有鲜明云南特色的，能更好地为云南民族地区新闻传播业发展服务的专门人才。在这方面，有不少学校进行了卓有成效的尝试和探索，但尚未形成清晰和鲜明的发展路径。另一个是从云南新闻教育的整体格局入手，应如何实现不同学校、不同专业在办学过程中的差异性发展，从而产生积极的整体效应的问题。就目前情况看，云南新闻教育总体上依然存在特色化发展不明的欠缺，共性明显，个性不足，很多学校偏重于对学生综合性的“术”的培养，而缺乏能契合云南区域发展现实和特色细分的卓越新闻传播人才培养的理念和运行机制。因此，云南新闻教育的未来之路，首先要立足于云南省的区域发展实际和民族文化特色，着力挖掘可资利用的内生性资源，走出一条有别于一致化的发展路子。

2. 国际面向，展现开放视野

全球化背景下，教育的国际面向已成为教育改革和发展的重要趋势和特点，而从新闻传播领域看，国际化、国际传播能力也成为其运行中的重要关键词。另一方面，随着国家“一带一路”总体规划及云南省作为“面向南亚东南亚的辐射中心”战略的实施，云南作为连接南亚东南亚的大通道核心区域，其所具有的区位优势正一步步体现出来。在这一发展格局下，云南新闻传播教育必然要适应这一深刻变化，在国际化发展方面做大文章，做好文章。事实上，近年来不少学校在积极探寻新闻传播教育的国际合作、交流的新途径和新方法，并且产生了良好的效果。云南新闻教育的国际面向，主要应解决“三个对接”的问题，一是与国家、区域发展战略的对接，二是与国际传播格局变化的对接，三是与新闻传播学科与其他相关学科的对接。应该说，立足云南，面向南亚东南亚，培养具有国际传播视野、国际传播能力的开放型、复合型新闻传播人才，是云南新闻教育未来发展的重要路径之一。

3. 专业面向，凸显前沿特征

新闻传播领域正经历着前所未有的飞速变化，无论是新闻传播行业，还是新闻传播学科以及新闻传播教育，都面临着吐故纳新甚至是整合重构的挑战和机遇。一般而言，新闻传播教育在新闻传播行业变革与新闻传播学科研究之间，发挥着重要的连接作用，其一方面要与新闻传播行业的变动实时接轨，另一方面要与新闻传播学科的发展有机结合。新闻教育的专业面向，正是实现上述“连接”作用的基本途径，也是提升新闻教育总体水平的不二法门。正是缘于新闻传播领域的快速变动特点，新闻教育实践过程一定要体现出鲜明的前瞻意识和前沿特征，这才能保证新闻教育与社会需求相适应。从整体上看，云南新闻传播教育的发展较好地体现出专业教育的特质和诉求，但也存在一些亟待解决的问题。比如，在专业教学实践中，偏重于专业技能的培养和提高，而专业精神、职业理想教育相对较弱，使得不可分割的“立魂”和“强体”不能相得益彰。又如，在与新闻业界的合作互动中，往往不能形成良好的协同机制，使新闻教育与新闻业界的互动停留于较低层面，甚至容易出现新闻教育过程与新闻业界的发展实际相互割裂的状况。应该说，专业面向是云南新闻教育发展的基础所在，而对于新闻业界和新闻传播学科发展前沿的关注，并将之转化为专业教学的具体内容，更是提升云南新闻教育整体水平的必由之路。

云南省新闻传播教育虽然历史不长，但发展势头良好，并已为云南省和国内其他地区培养和输送了一批批优秀的新闻传播专门人才。他们在新闻业及其他各行各业的不俗表现，为云南新闻教育赢得了良好的社会声誉。新传播时代的背景下，云南新闻教育如何与时代合拍，如何不断提升办学质量和水平，如何培养大批的卓越新闻传播人才，如何更好地为地方经济社会发展服务，当是云南新闻教育发展所面临的迫切问题。

（杨星星）

2.26　西藏自治区新闻传播教育发展综述

位于祖国西南边陲的西藏自治区，1951 年和平解放，1965 年 9 月 9 日成立西藏自治区，其高等教事业起步于 1958 年的“西藏公学”（今“西藏民族大学”）。60 年来，西藏自治区共创建了 7 所本专科高等院校，其中有 3 所院校相继成立了新闻传播学院、新闻系和新闻专业，开展具有西藏特色的民族新闻传播教育和新闻传播研究。

2.26.1　西藏自治区新闻传播教育的起源与发展

西藏的新闻教育是在西藏和平解放之后，随着西藏新闻传播事业的逐步建立拉开帷幕，而在改革开放时期，进入它的真正发展和规范教育阶段。

西藏的新闻传播教育不像内地其他省份，直接起源于新闻学或者新闻系，而是源自于业务培训班，包括西藏日报社举办的“新闻业务训练班”“新闻干部训练班”，西藏人民广播电台和西藏日报社联合举办的在岗人员“红专夜校”，西藏人民广播电台的在岗职工练笔，西藏广播事业局（台）举办的全区无线电维修人员学习班、专业文化学习班、广播电视技术培训班、电视差转技术培训班、中波广播和电视发射设备培训班等。

改革开放后，西藏的新闻教育逐渐走向规范化。1984 年 6 月，北京广播学院在西藏成立北京广播学院西藏函授站，设学制三年的新闻采编专业；1992 年，在辽宁省新闻出版学校开办西藏班；1996 年 8 月，面向西藏全区各级广播电视在职维护维修技术人员进行培训的西藏广播电视培训中心交付使用。

西藏高等新闻教育也在改革开放后应时起步。西藏大学语文系自 1989 年开办汉语大专新闻专业班，1994 年在藏语系设新闻班，招收新闻专科生；西藏民族学院(现“西藏民族大学”)于 1996 年在语文系下正式开办新闻专业；2004 年，西藏大学在文学院下设大众传播系；独立的新闻传播学院首先建立在西藏民族学院(现“西藏民族大学”)。2005 年新闻、广告专业从原语文系剥离，成立了西藏自治区第一个“新闻传播学院”。独立专业学院的创建，使西藏民族学院新闻传播教育获得了跨越式发展，先后设立了新闻学、广告学、广播电视新闻学(后改为广播电视学)、播音与主持艺术学 4 个本科专业，并设立“新闻传播综合实验中心”，西藏高等新闻传播教育的规模逐步扩大，格局逐步形成。2010 年，西藏民族学院在民族学一级硕士点下增设“少数民族新闻传播事业研究”方向硕士点，自此，西藏自治区新闻传播专业研究生教育起步；2015 年，新增新闻与传播专业硕士学位，同时停招“少数民族新闻传播事业研究报告”方向硕士研究生；2016 年新闻传播学院与西藏文化发展协同创新中心联合培养民族学“西藏文化对外传播研究”方向硕士研究生。西藏民族大学新闻传播学院正在成为西藏乃至中西部新闻传播人才的摇篮、西藏新闻传播研究中心和中国少数民族新闻事业研究基地。

此外，拉萨师范高等专科学校也开办有新闻采编与制作专业，培养新闻传播专业人才。

2.26.2 西藏自治区新闻传播教育现状

1. 三所院校新闻传播教育基本情况

(1)西藏大学

西藏大学是西藏自治区所属的综合性大学，“211 工程”重点建设大学，西藏自治区人民政府与教育部共建高校，国家“双一流”世界一流学科建设高校，2013 年 7 月获批为博士学位授予单位。

西藏大学的新闻学专业设立在文学院。文学院成立于 2004 年 6 月 25 日，下设 4 个本科系，其一即大众传播系。目前尚未设置新闻传播研究生教育。

(2)西藏民族大学

西藏民族大学新闻传播学院创建于 2005 年 3 月，是西藏自治区唯一新闻传播学院。它的前身是 1996 年在原语文系创办的新闻专业。现设有新闻学、广播电视学、广告学、播音与主持艺术 4 个本科专业，1 个广播电视节目制作专科专业。西藏民族大学自 2010 年开始在“民族学”方向下招收“中国少数民族新闻传播事业研究”方向硕士研究生，2015 年开始招收新闻与传播专业硕士研究生。2015 年 4 月，西藏自治区党委宣传部与西藏民族大学签署协议，共建新闻传播学院，全面提供专业建设指导、支持。

新闻传播学院具有鲜明的特色和办学优势。学院重视专业素质和能力培养，突出实践教学，以培养学生拥有全面专业能力为教学重要目标。所设“新闻传播综合实验中心”为西藏自治区示范教学试验中心，总值逾1300万元，技术水平先进，设备体系化，居于西部地区前列，为教学实践、专业实习提供了现代化平台。学院以“少数民族新闻传播”特别是“西藏传播”为科研主题，主持40多项国家社科基金、教育部、国家民委和西藏自治区等国家级、省部级科研项目，设有“西藏新闻传播与社会发展研究所”(与中国人民大学教育部重点研究基地“新闻与社会发展研究中心”共建)、“西藏文化对外传播研究平台”等学术研究机构，努力打造“西藏传播”研究高地。国家教育部先后确定复旦大学新闻学院、中国人民大学新闻学院对口援助新闻传播学院，在学术研究、学科建设和学生交流等方面提供了高端支持。与陕西师范大学新传播学院、西北大学新闻传播学院建立了友好合作关系，在教学、科研多方面开展积极合作。现为西藏自治区现代新闻传播人才培养创新项目试点单位，在新闻学、广播电视学、广告学、播音与主持艺术4个本科专业全面开展专业创新教育，其中新闻学为自治区特色专业。现在校人数有本科生608人，研究生28人。新闻传播学院正在成为西藏新闻传播教育和研究中心、中国少数民族新闻传播研究重镇，在全国民族院校中居于前列，在全国新闻院系中占有醒目位置。

(3)拉萨师范高等专科学校

拉萨师范高等专科学校前身为拉萨市文教局1964年创办的“师训班”。1975年8月，经西藏自治区人民政府批准成立拉萨市师范学校。2006年2月14日，经国家高校设置委员会批准，升格为拉萨师范高等专科学校。

拉萨师范高等专科学校在非师范专业中，于语言文学系下设置新闻采编与制作专业。该专业以培养掌握电视节目制作基础理论，熟练掌握影视制作的技术要领，具有电视新闻专业理论与技能，能够在各级电视台、电台、影视制作公司、广告公司等部门，从事新闻采访、拍摄、编辑、写作、评论等工作的专业人才为目标，开设了广播电视艺概论、网络传播学、报纸编辑学、新闻采访与写作、大众传播学、新闻学概论、传播学概论、新闻摄影、新闻评论学等课程。

2. 专业设置与学科建设

(1)各院校新闻传播教育院系设置

在西藏自治区7所高等院校中，有3所院校开办有高等新闻传播教育，分别是西藏大学、西藏民族大学和拉萨高等师范专科学校(见表2-38)。

表 2-38　　西藏自治区各高校新闻传播学院系设置情况

序号	高等院校	学院	系/教研室	设置时间
1	西藏大学	文学院	大众传媒系	2004
2	西藏民族大学	新闻传播学院	新闻教研室、广告教研室、广播电视新闻教研室、播音与主持教研室	2005
3	拉萨师范高等专科学校	—	语文和社会科学系	2007

西藏大学 2004 年在文学院下设大众传媒系；西藏民族大学 2005 年独立设置新闻传播学院；拉萨师范高等专科学校 2007 年在语言文学系下，开设新闻采编与制作专业。

(2)各院校新闻教育学科建设、专业设置

随着新闻传播研究的重要性日益凸显，关于西藏新闻传播的学科建设，已成为西藏自治区新闻传播教育的重大责任，并构成提升西藏自治区新闻传播教育水准的关键命题之一。

鲜明的地域和民族特色，使西藏新闻传播教育具有与一般新闻传播教育不同的特质：为"西藏"培养新闻传播人才，提升西藏自治区新闻传播力。在特殊的历史、社会和文化背景下，西藏自治区新闻传播教育还肩负着重大的国家传播责任，即确立国家认同感，维护民族团结和国家统一，塑造国家真实形象。在媒介融合和国家传播的文化环境中，西藏自治区新闻传播教育把提升人才"全媒体"传播能力，尤其是"新媒体"传播能力作为教育的重心。西藏自治区新闻传播教育的重要责任，还在于构建"西藏新闻传播"新兴特色学科("西藏传播学派")，提升专业教育的层次和境界。西藏新闻传播教育具有跨民族、跨文化、跨学科的优势，在多元文化背景下实现若干突破，包括藏语言媒介研究和"藏-汉"双语或多语传播人才的培养。

西藏新闻传播教育主要分为两种类型。其中，以独立的新闻传播学院的设置方式仅出现在西藏民族大学，而另外 2 所院校并没有独立的新闻传播学院，仅在学院下设置系或者专业。比如，西藏大学的大众传播系设置在文学院，拉萨师范高等专科学校的新闻采编与制作专业设置在语言文学系(见表 2-39)。

表 2-39　　西藏自治区各高校新闻传播学类硕士、本科、专科开设情况

序号	学　校	院　系	专　业
1	西藏大学	文学院	新闻学、播音主持

续表

序号	学 校	院 系	专 业
2	西藏民族大学	新闻传播学院	新闻学、广播电视学 广告学、播音与主持艺术 广播电视节目制作(专科) 西藏文化对外传播(硕士)
3	拉萨师范高等专科学校	语言文学系	新闻采编与制作(专科)

鲜明的西藏民族文化色彩，使西藏新闻传播教育在课程设置上独具特色。西藏自治区以藏族为主体民族，民族语言类课程的设置，成为新闻传播专业教育最突出的特点之一。3所开设有高等新闻传播教育的院校，都直接或间接开设有藏语课程。西藏民族大学播音与主持艺术专业开办有藏语播音课程；西藏大学开办了藏语课程；拉萨师范高等专科学校开设有藏语采编等新闻业务专业方向课程(见表2-40)。

表2-40 **西藏自治区各高校新闻传播学各专业语言类课程开设情况**

序号	院 系	课程名称
1	西藏大学 大众传媒系	新闻采访(藏语授课)、新闻写作(藏语授课)、新闻理论(藏语授课)
2	西藏民族大学 新闻传播学院	基础藏语(新闻学、广播电视学)、藏汉翻译(新闻学)、藏语语法和翻译(播音主持与艺术专业)、藏语播音主持(播音主持与艺术专业)
3	拉萨师范高等专科学校 新闻采编与制作专业	藏文(新闻采编与制作专业)

通过开设少数民族新闻传播史论课程，为区内外学生介绍西藏新闻传播事业的发展历程。如，西藏民族大学开设有“西藏新闻传播史”等课程(见表2-41)。

表2-41 **西藏自治区各高校新闻传播学各专业史论类课程开设情况**

序号	院系	课程名称
	西藏民族大学 新闻传播学院	西藏新闻传播史(新闻学、广告学、广播电视学、播音主持与艺术专业)、少数民族新闻传播事业(新闻学、广告学、广播电视学、播音主持与艺术专业)

西藏新闻传播教育将西藏民族文化融入日常教学中，主要体现在西藏民族大学新闻传播学院开设的相关课程(见表 2-42)。

表 2-42　　西藏自治区各高校新闻传播学各专业文化类课程开设情况

序号	院系	课程名称
	西藏民族大学 新闻传播学院	西藏文化与传播研究(新闻学)、西藏影视作品赏析(广播电视学、广播电视专升本)、广告与民俗文化(广告学)、西藏文化艺术概论(广告学、播音主持与艺术专业)

(4)教学设施

西藏民族大学新闻传播学院创办有西藏自治区示范教学实验中心——“新闻传播综合实验中心”，实验中心设备价值 1300 万元。该中心技术水平比较先进，设备体系化，居于西部地区前列，为教学实践、专业实习提供了现代化平台(见表 2-43)。

表 2-43　　西藏自治区各高校新闻传播学各专业教学设施情况

序号	院系	实验设施名称	级别	具体设置
1	西藏大学 大众传媒系	藏语新闻实验室	区部共建	暂未统计
2	西藏民族大学 新闻传播学院	新闻传播综合实验中心	自治区级	校园电视台编辑部、多媒体实验室、线性编辑实验室、非线性编辑实验室、报刊实验室、音频实验室、摄影实验室、平面设计实验室、唯一色工作室、虚拟演播室、演播室、臻藏影视工作室、CATI 计算机辅助电话调查实验室

(5)专业实践基地

西藏的新闻传播教育，立足于为西藏培养新闻传播人才，因此在实习基地选择上偏向西藏自治区或就近业绩较好的传播媒体，多集中于陕西、西藏两省区(见表 2-44)。

表 2-44 **西藏自治区各高校新闻传播学各专业实践基地情况**

序号	院 系	实习基地
1	西藏大学 大众传媒系	西藏主要媒体
2	西藏民族大学 新闻传播学院	咸阳市广播电视台(陕西咸阳)、咸阳日报社(陕西咸阳)、陕西金田影视资讯有限责任公司(陕西西安)、西藏日喀则报社(西藏日喀则)、西藏日喀则电视台(西藏日喀则)、西藏人民广播电台(西藏拉萨)、西藏日报社(西藏拉萨)、西藏电视台(西藏拉萨)、拉萨晚报社(西藏拉萨)、西藏商报社(西藏拉萨)、拉萨市广播电视台(西藏拉萨)等
3	拉萨师范高等专科学校 新闻采编与制作专业	西藏主要媒体

(6)特色教材建设

为配合西藏特色的课程和人才培养方案，西藏新闻传播在专业教材建设方面，注重突出地方特色(见表 2-45)。

表 2-45 **西藏自治区各高校新闻传播学各专业特色教材建设情况**

序号	院 系	教材名称
1	西藏大学 大众传媒系	《新闻采访与写作教程》(藏语版)、《新闻理论》(藏语版)
2	西藏民族大学 新闻传播学院	《西藏新闻传播史》

(7)研究生教育

目前，西藏民族大学、西藏大学开设有新闻传播研究生教育。2010 年，西藏民族大学新闻传播学院开始在民族学硕士点下招收“少数民族新闻传播事业研究”方向研究生。2015 年，西藏民族大学新闻传播学院开始招收新闻与传播专业硕士。为提升西藏对外传播的研究能力，自 2016 年起，西藏民族大学新闻传播学院与西藏文化传承与发展协同创新中心联合培养民族学“西藏文化对外传播研究”方向研究生。为培养民族语言传播者人才，西藏大学于 2015 年开始在藏语文学方向下招收藏语新闻学硕士研究生(见表 2-46)。

表 2-46　　西藏自治区各高校新闻传播学各专业研究生教育情况

序号	院系	学科	方向	类型	开停年份
1	西藏民族大学新闻传播学院	民族学	少数民族新闻传播事业研究	学术型硕士	2010—2015
2	西藏民族大学新闻传播学院	新闻与传播	西藏文化对外传播	专业型硕士	2015
3	西藏民族大学新闻传播学院与 2011 西藏文化传承与发展协同创新中心	民族学	西藏文化对外传播研究	学术型硕士	2016
4	西藏大学文学院大众传媒系	藏语文学	藏语新闻学	学术型硕士	2015

3. 部校共建

2015 年 4 月 22 日，西藏自治区党委宣传部与西藏民族大学签署协议，共建新闻传播学院，确定了共建目标和任务构架，设立五大目标(西藏新闻传播教育中心、西藏新闻传播研究中心、西藏新闻舆论咨询中心、西藏新闻舆论培训基地、国家示范试验中心)和 17 个子项目。

4. 对口援藏、校际合作

在国家实施对口援藏战略的大背景下，西藏民族大学新闻传播学院、西藏大学大众传媒系均获得了国内著名新闻院系的对口支持。复旦大学新闻学院、中国人民大学新闻学院、南京大学新闻传播学院先后对口支援西藏民族大学新闻传播学院；复旦大学新闻学院对口援助西藏大学大众传媒系，并设立新闻传播长江学者岗位(张涛甫)。同时，陕西师范大学新闻传播学院、西北大学新闻传播学院与西藏民族大学新闻传播学院建立友好合作关系。

5. 西藏新闻传播学术研究平台和成果

西藏新闻传播学术研究平台，主要开办在西藏民族大学，构建了全国性、省地级学科建设平台。同时，西藏民族大学新闻传播学院还是中国少数民族地区信息传播与社会发展论坛副秘书长单位、中国新闻史学会少数民族新闻传播史研究委员会副会长单位、中国新闻史学会新闻传播教育史研究委员会常务理事单位、陕西省新闻传播教育学会副会长单位以及咸阳市新闻学会会长单位(见表2-47)。

表2-47　**西藏自治区各高校新闻传播学各专业学术研究平台情况**

序号	院　校	平台名称	负责院系	开办时间
1	西藏民族大学	西藏新闻传播与社会发展研究所	西藏民族大学新闻传播学院与中国人民大学教育部重点研究基地——“新闻与社会发展研究中心”合作建立	2010
2	西藏民族大学	西藏新闻传播研究中心	西藏自治区人文社科重点研究基地“西藏经济社会发展研究基地”下设	2011
3	西藏民族大学	西藏对外传播平台	西藏自治区西藏民族文化传承与发展协同创新中心下设	2012

西藏新闻传播教育的学术研究成果，主要集中在少数民族新闻传播，特别是西藏新闻传播领域，具有明显的地域特色和民族特色。其中，西藏民族大学新闻传播学院利用学科建设优势，在学术研究、科研成果上取得了重要的突破与发展，主持国家和省部级科研项目40项，其中包括9项国家社科基金项目，科研成果获得国家级、省部级奖项多次(见表2-48)。

表2-48　**西藏自治区各高校新闻传播学各专业科研成果获奖情况**

序号	院　校	奖项内容	主持人	奖项级别	获奖时间
1	西藏民族大学新闻传播学院	“西藏新闻传播史”	周德仓	教育部高等学校科学研究优秀科研成果奖(人文社会科学)三等奖(2009)	2009
2	西藏民族大学新闻传播学院	“中国少数民族新闻传播通史”	白润生(中央民族大学)、周德仓等	国家民委第二届人文社会科学成果奖著作类二等奖	2011
3	西藏民族大学新闻传播学院	“当代中国少数民族新闻事业调查报告”	白润生(中央民族大学)、周德仓等	教育部第六届高等学校科学研究优秀科研成果奖(人文社会科学)新闻传播学研究报告奖三等奖	2013
4	西藏民族大学新闻传播学院	“中国藏文报刊发展史”	周德仓	西藏自治区高等学校人文社会科学优秀科研成果一等奖	2014

由于受各种条件的限制，西藏新闻传播教育存在起步较晚、规模有限、专业体系不完整、专业师构架不合理、学科建设水平受到制约、新媒体传播教育不足等方面的问题，但仍具有巨大的发展空间。

(周德仓)①

2.27　陕西省新闻传播教育发展综述

根据教育部的统计数据，截至 2017 年 5 月 31 日，陕西省高等学校共计 108 所，其中：普通高等学校 93 所，成人高等学校 15 所。资料统计显示，全省有 32 家普通高等学校或设有独立的新闻传播学院进行专业化的新闻传播教育工作，或设有相关专业开展新闻传播教育工作。

2.27.1　陕西省新闻传播教育的起源与发展

1959 年，西北政法大学设立新闻学专业，这是陕西高校中最早的新闻学专业，也是西部地区第一个新闻学专业。创办人何微先生是一位资深的新闻工作者，有着丰富的实践经验。在办学过程中，他根据新闻媒体对人才的要求，提出了理论与实践相结合的人才培养理念：一方面，新闻教育要密切关注社会和新闻业发展的需求，深入进行新闻理论问题的研究与探索，解决新闻实践中出现的新问题；另一方面，在人才培养的过程中，要通过实践环节来深化学生对新闻理论的理解，通过动手演练来培养学生的专业能力。这种具有开拓意义的办学理念为陕西高等新闻教育的发展奠定了良好的传统。但是在培养了第一届新闻毕业生后，由于当时形式所迫，西北政法大学新闻系停办，此后陕西省新闻教育进入了沉寂期。

改革开放后，我国高等学府新闻传播教育很快就由恢复期进入到蓬勃发展阶段。陕西省高等新闻传播教育在 1980 年以后也逐步从恢复期步入欣欣向荣的发展阶段。1985 年，西北大学中文系新闻专业正式招生，1994 年新闻专业从中文系分立出来，单独成立新闻传播系，2001 年正式成立新闻传播学院，下设新闻学、广告学、编辑出版学、播音与主持艺术等专业。1993 年陕西师范大学中文系开设新闻专业，2000 年成立新闻

① 资料提供：潘琪、达瓦次仁、周晓艳、罗芳、王亮。执笔：李浩、毛思雨。

与传播学院，这是西北地区的第一个新闻传播学院，下设新闻学、编辑出版、广播电视编导、播音与主持艺术、教育技术等专业。1999年，西北政法大学新闻专业重建，设立了法制新闻系，确立了法律与新闻相结合的人才培养方式，2003年成立新闻传播学院，下设新闻学、编辑出版学、广播电视新闻学、广播电视编导、戏剧影视文学等专业。

进入21世纪后，陕西省高等新闻传播教育步入了快速发展的新阶段。2008年10月12日，陕西省新闻传播教育学会成立大会在西北政法大学举行，会议公布的数据显示：截至2007年年底，全省有27所全日制普通高校开办了新闻传播类专业，在校学生超过1.3万人。根据数据统计，截至2013年年底，陕西省27所高校共建新闻传播类实验室122间，仪器设备总值约8184.6万元，实习基地共168个。其中陕西师范大学新闻传播实验中心为国家级实验教学示范中心，西北政法大学设立的“现代传播实验中心”于2008年获批成为陕西省教育厅省级教学示范中心。如今，陕西省开展新闻教育工作的高校数量已经增至32所。

此外，除了一些综合性、文科院校开办新闻学专业，如西北大学、陕西师范大学以外，不少理工科院校也开始开办新闻专业，如西安交通大学、西安石油大学、陕西科技大学等。在办学过程中，不少院校还力求凭借所在院校的优势学科，办出自己的特色。如西安外国语大学依靠外语优势资源，提出了“英语专业化、专业英语化”的办学理念，形成了“专业加外语”的复合型人才培养模式，培养既熟练掌握外语，又具有国际视野的国际新闻人才成为其人才培养的亮点。西北政法大学凭借其优势学科法学跻身全国三大法制新闻人才培养基地的行列，法制新闻专业成为国家级特色专业，“法”“新”结合成为其人才培养的特色。此外，随着陕西省民办高校的快速发展，不少民办院校纷纷开办新闻学专业，例如西安培华学院、西安翻译学院、西安外事学院、西安欧亚学院、西京学院、西安思源学院纷纷开设有新闻传播学院、新闻系或新闻专业。

在数字化技术日新月异、新兴媒体不断涌入、媒介融合发展的趋势下，陕西省新闻传播教育也积极顺应时代和行业发展趋势，不少院校从培养目标、课程体系、培养模式等方面进行了创新，以培养适应新媒体时代的新闻传播人才。例如西北大学2010年11月在新闻学专业下设网络与新媒体方向，2011年开始招收网络与新媒体方向四年制本科生，2012年设立网络与新媒体专业，2013年正式成立网络与新媒体系，该专业适应新媒体传播和媒介融合的社会需求，面向跨媒体互联与社会化媒体共享的新媒体特征，着力于“文”与“理”的融合，培养具有坚实新闻传播学基础理论和新媒体实践能力的复合型专门人才。西安交通大学2015年4月成立新闻与新媒体学院，是国内较早以新媒体命名且作为其教学科研方向的新型新闻传播学院，2016年新增网络与新媒体本科生专业，年均招生 30 人左右，旨在培养具有较强学习能力、创新能力和实践能力的跨学科、宽口径、复合型网络与新媒体传播人才。

陕西省高等新闻传播教育至今已经走过了 58 个年头，各院校顺应时代发展，积极开拓创新，不少院系已形成了自己的办学模式与特色，理论与实践并重，培养了一批又一批顺应时代发展的复合型新闻传播人才，取得了不俗的成绩。

2.27.2　陕西省新闻传播教育现状

1. 院系及专业设置

当前我国高校新闻教育院系设置基本包含两种类型：新闻传播学院（或新闻与传播学院）和新闻传播系。陕西省的情况亦如此，在统招的综合类高校中，名称为新闻传播学院的比较多，例如陕西师范大学新闻与传播学院、西北大学新闻传播学院、西北政法大学新闻传播学院、西安外国语大学新闻传播学院等；名称为新闻传播系的通常隶属于该校的人文学院或者文法学院，例如长安大学人文学院新闻传播系、西安石油大学人文学院新闻系、西安财经学院文法学院新闻传播系。此外，也有比较特殊的组合，如延安大学中国语言文学与新闻传播学院。目前陕西省共有 16 所高校设有独立的新闻传播学院进行专门的新闻传播教育，其余院校均设立新闻传播系开展新闻传播教育。

除此之外，设有独立的新闻传播学院的高校，其学院下面通常设有多个系，如陕西师范大学新闻与传播学院下设有新闻学系、网络与新媒体系、广播电视编导系、编辑出版系和播音与主持艺术系，下辖 5 个对应的专业；西北大学新闻传播学院下辖新闻学系、广告学系、传播学系、网络与新媒体系，下设 4 个专业：新闻学、广告学、网络与新媒体、播音与主持艺术；西北政法大学新闻传播学院设有法制新闻系、编辑出版系、广播电视学系、网络与新媒体系、广播电视编导系、戏剧影视文学系，下设新闻学（法制新闻）、广播电视学、编辑出版学、广播电视编导、戏剧影视文学和网络与新媒体 6 个本科专业；西安外国语大学新闻与传播学院设有新闻学、广告学、广播电视学、广播电视编导、播音与主持艺术和网络与新媒体 6 个本科专业。只设有新闻传播系的高校，其系下多数只设有一个专业（见表 2-49）。

表 2-49　**陕西省各高校院系及专业设置情况表**

序号	高校名称	院	系	专业
1	西安交通大学	新闻与新媒体学院	传播学系	新闻与传播（专业硕士）

续表

序号	高校名称	院	系	专业
2	长安大学	文学艺术与传播学院	新闻传播系、广告学系、广播电视系	新闻学(本科)、广告学(本科)、广播影视编导(本科)、新闻与传播(硕士)、产业经济学(硕士)
3	陕西师范大学	新闻与传播学院	新闻系、播音与主持艺术系、编辑出版系、广播电视编导系、网络与新媒体系	新闻学(本科)、编辑出版学(本科)、网络与新媒体(本科)、广播电视编导(本科)、播音与主持艺术(本科)、新闻学(学术硕士)、传播学(学术硕士)、文艺与文化传播学(学术硕士)、广播电视艺术学(学术硕士)、新媒体艺术学(学术硕士)、新闻传播(专业硕士)、出版(专业硕士)、广播电视艺术(专业硕士)、文艺与文化传播(博士)、媒介与社会变迁(博士)
4	西北大学	新闻传播学院	新闻学系、广告学系、传播学系、网络与新媒体系	新闻学(本科)、广告学(本科)、播音与主持艺术(本科)、网络与新媒体(本科)
5	延安大学	中国语言文学与新闻传播学院	＼	新闻学(本科)
6	西安石油大学	人文学院	新闻系	新闻学
7	西安工程大学	新媒体艺术学院	＼	新闻与传播(硕士)
8	西安工业大学	人文学院、艺术与传媒学院	文化与传播系、视觉传达设计系、动画系	新闻传播学、广告学(本科)、新闻与传播(专业硕士)、视觉传达设计、动画
9	西安外国语大学	新闻与传播学院	＼	新闻学(本科)、广播电视学(本科)、广告学(本科)、广播电视编导(本科)、播音与主持艺术(本科)、网络与新媒体(本科)、国际新闻(学术硕士)、新闻与传播(专业硕士)
10	渭南师范学院	人文学院、丝绸之路艺术学院	传媒学部	新闻学(本科)、广播电视学(本科)

续表

序号	高校名称	院	系	专业
11	榆林学院	文学院	新闻教研室	新闻学(本科)
12	陕西理工大学	文学院	＼	广播电视学(本科)
13	西安邮电大学	数字艺术学院	数字媒体艺术系、广播电视编导系	数字媒体艺术(本科)、广播电视编导(本科)
14	咸阳师范学院	文学与传播学院	＼	广告学(本科)、新闻学(本科)、播音与主持艺术(本科)
15	宝鸡文理学院	文学与新闻传播学院	＼	广告学(本科)、新闻学(本科)、播音与主持艺术(本科)、广播电视编导(本科)
16	西安财经学院	文学院	新闻传播系	新闻学(财经新闻方向)、广播电视学、广告学、广播电视编导
17	西北政法大学	新闻传播学院	新闻学(法制新闻系)系、广播电视学系、编辑出版系、网络与新媒体系、广播电视编导系	新闻学(法制新闻)(本科)、广播电视学(本科)、编辑出版学(本科)、广播电视编导(本科)、网络与新媒体(本科)、新闻与传播(专业硕士)、法制新闻与传媒法(学术硕士)
18	西安体育学院	＼	体育传媒系	播音与主持专业、新闻专业
19	西京学院	传媒学院	＼	新闻学(本科)、视觉传达设计(本科)、新闻采编与制作(高职)、数字媒体应用技术(高职)、数字媒体艺术设计(高职)、视觉传播设计与制作(高职)
20	西安文理学院	人文学院	广告学教研室	广告学
21	安康学院	文学与传媒学院	秘书与新媒体系	网络与新媒体(本科)
22	西安培华学院	传媒学院	＼	新闻学、广告学、播音与主持艺术、戏剧影视文学、广播电视编导、网络与新媒体

续表

序号	高校名称	院	系	专业
23	西安欧亚学院	文化传媒学院	基础课程中心、IMC与广播电视课程中心、文化创意与出版课程中心、新媒体传播课程中心	新闻学(本科)、网络与新媒体(本科)、数字出版(本科)、文化产业管理(本科)、新闻采编与制作(专科)
24	西安外事学院	人文艺术学院	新闻传播系、广电艺术系	播音与主持艺术、广播电视学、新闻学(统招本科)、广播电视编导(统招本科)、新闻采编与制作(统招高职)
25	西安翻译学院	文学院	\	播音与主持艺术、广播电视学、广告学、新闻采编与制作
26	西安思源学院	文学院	传媒系	网络与新媒体(本科)、广告设计与制作(高职、专科)
27	陕西服装工程学院	艺术设计学院	艺术设计教研室、动漫设计教研室	视觉传达设计(本科)、数字媒体艺术(本科)、动漫制作技术(专科)、数字媒体艺术设计(专科)、视觉传播设计与制作(专科)、新闻采编与制作(专科)、播音与主持(专科)
28	西安交通大学城市学院	\	传播系	网络与新媒体、传播学
29	西北大学现代学院	文学院、摄影艺术学院、数字艺术学院、影视编导学院、播音与主持艺术学院、艺术设计学院	\	网络与新媒体、视觉传达设计、播音与主持艺术、摄影、广播电视编导、数字媒体艺术、戏剧影视导演
30	西安财经学院行知学院	人文与艺术分院	\	网络与新媒体、广播电视学、广告学
31	西安工业大学北方信息工程学院	\	人文社科系	广告学
32	西安科技大学高新学院	新传媒与艺术设计学院	\	网络与新媒体(本科)、播音与主持艺术(本科)、数字媒体艺术(本科)、视觉传达设计(本科)、产品设计(本科)

2. 人才培养层次、理念及特色

当前，陕西省新闻传播教育的人才培养有 4 个层次：博士研究生教育、硕士研究生教育、本科生教育和专科生教育。目前有博士学位授予权的学校仅有 4 所：陕西师范大学、西安交通大学、长安大学和西北大学。拥有硕士学位授权单位的学校有 8 所：陕西师范大学、西北大学、西北政法大学、西安交通大学、西安外国语大学、长安大学、西安工程大学和西安工业大学。

在人才培养理念上，由于各高校层次及办学特色的差异，对人才培养的定位也有不同。有的是以提升学生的总体素养为目标，培养复合型人才。如西安交通大学为适应新时期发展需要，创新新闻传播科研教育，专注新闻传播学理论与实践和新媒体创新发展设立新媒体学院，该学院以新闻传播、新媒体等学科专业为主体，兼顾西安交大计算机、大数据、电子信息、网络安全、管理工程等优势学科，致力于网络与媒体融合、数字技术与网络传播、新媒体与社会信息安全、舆情监测与分析等具体学科前沿技术创新和社会发展的需要，努力成为具有鲜明特色的新媒体学院。西北大学新闻传播学院注重理论与实践相结合、学术型人才培养与专业应用型人才培养相结合，实行大类招生、专业分流，按照通识通修课程、学科专业课程和开放选修课程三大模块开设课程，注重实践教学，并建立了丰富的第二课堂教育体系，培养具有扎实理论基础和突出专业技能的高素质新闻传播人才。陕西师范大学新闻与传播学院坚持服务学生、服务媒体、服务社会的办学方向，坚持“以育人为本，通过文理艺多学科融合，培养复合型现代传媒人才”的办学理念，在深厚的人文底蕴基础上形成良好的学术传统。有的是以彰显特色为目标，培养具有专业知识和新闻知识的复合型专门人才。如西北政法大学新闻传播学院的法制新闻系，该专业从 1999 年复办伊始，就明确了“以法学为背景，以新闻学为基础，高起点，广视野，创办有特色的新闻专业；以市场为导向，以素质为根本，厚基础，宽口径，培养复合型的应用人才”的办学理念，确定了教学和科研的主导方向均要在新闻学与法学及其他社会科学的结合上做文章，在培养优秀法制新闻人才及开拓传媒法的研究领域方面显示出专业特色及科研实力。西安外国语大学新闻传播学院采用“专业加外语”的复合型人才培养模式，努力培养熟练掌握外语、具有国际视野、熟悉国际新闻传播规则的高层次新闻传播人才，形成了较为鲜明的专业特色；西安财经学院的新闻传播系、西安体育学院社会体育系(体育新闻方向)均属于这种情况。陕西高校新闻传播院系的这种专业理念与全国类似：既有主打综合目标的，也有具备一定特色的新闻传播院系。还有一些直接定位于媒体实践，以某一特定方向为主要目标的院系，如西安思源学院人文学院的新闻采编与制作等。

总而言之，陕西省各大高校新闻传播教育在依托本校办学特色的基础上，注重培养学生的综合素养，且十分重视培养学生的实践能力和人文素养，课程设置门类齐全、专业特色也较为鲜明，在办学水平上，从一本重点院校到二本院校再到三本独立院校和专科院校呈现递减之势。

3. 部校共建情况

当前，陕西省仅有3所学校与中共陕西省委宣传部合作建设新闻传播学院：西安交通大学、陕西师范大学(2014年12月16日)和西北大学(2015年6月)。

4. 对外交流与合作情况

随着社会的发展和教育的进步，高校开展国际学术交流与合作已经成为一股高校教育的风潮，陕西省自然也不例外。目前，西安交通大学、长安大学、陕西师范大学、西安外国语大学、西安邮电大学等高校均派遣教师或学生与国外高校进行学习和交流。其中，长安大学与美国密苏里大学合作开展“2+2”学士学位联合培养项目，优秀学生可以申请本科第三、四学年在密苏里大学新闻学院学习，达到相应课程要求，可同时获长安大学和密苏里大学两校学士学位。此外，长安大学还与美国鲍尔州立大学合作开展“1+2+1”中美人才培养计划，优秀学生可以申请本科第二、第三学年在美国鲍尔州立大学新闻学专业(广播电视方向)学习，达到相应课程要求，可同时获长安大学和鲍尔大学两校学士学位。陕西师范大学与澳大利亚ECU联合培养传媒博士点1个，且每年都派遣学生和教师在国外高效学习，出国留学和交换的本科生和研究生也越来越多。西北大学新闻与传播学院与美国、英国、日本、韩国及我国香港、台湾地区高校开展了广泛的学术交流合作，选派教师、学生赴境外大学讲学、访问、进修、交流、学习，并且引进境外师资来该院讲学。西安外国语大学与美国林登州立大学建立了传媒专业实践交流项目，每年选派学生赴美进行专业实习，同时与俄克拉荷马州立大学、密苏里州立大学等多所国际知名高校签订合作培养协议，学生可参加“1+2+1”或“3+1”等联合培养项目前往这些高校学习，学院也接收国外高校学生前来学习。西安邮电大学也注重拓展学生国际化视野，鼓励学生留学深造。近年来，已有17名学生先后赴英国剑桥、美国加州州立大学、美国佐治亚西南州立大学、美国北亚利桑那大学等国外大学参加合作交流活动，推进了数字艺术学院培养国际化人才的进程。西安工业大学也有11人出国留学，并且获得了很好的工作。

由此可见，陕西省高校在新闻教育方面也重视国际交流与合作，不仅有助于培养学生的国际视野，也能更好地提升办学水平和教学质量。但是，陕西省开展国际交流与合作的高校多为一本重点院校，层次较低的高校在这方面相对欠缺，可见在陕西省高校中国际交流与合作覆盖不够全面，但这不是衡量一个高校办学水平的唯一标准。

5. 学术研究

为了紧跟时代的步伐，更好地服务于社会，目前，陕西省各大本科院校均设立了相关的研究中心，进行专业研究，并且获得了一定的研究成果。其中西安交通大学已建成研究中心 2 个，仍在建设中的有 7 个；2017 年共获得陕西高等学校人文社会科学研究优秀成果奖 5 项，其中二等奖 2 项，三等奖 3 项。长安大学共有教育教学中心 2 个，研究所 6 个，研究生成果也是硕果累累。陕西师范大学共有研究中心 10 个，国家社科项目多项，在科研方面具有很高的水平。西北大学共有教育教学中心 4 个，研究中心 10 个，已获得国家级课题和省级课题多项，为陕西省新闻教育与研究工作贡献出了自己的力量。西安石油大学设有教育教学中心 1 个，西安外国语大学共有研究机构 2 个，拥有教育部人文社科基金项目 2 项，并出版译著多部。西北政法大学共有科研机构 8 个，并有社科项目多项，尤其在法制新闻研究方面取得了理想的成果。其余高校多设有教研室进行教学与科研工作。可见，陕西省高校在新闻教育与新闻研究方面，日趋专业化和专门化，但是这种情况还是以本科重点院校为主，层次较低的院校仍有待改善。

6. 学生活动

正如前文所述，为了适应社会的发展和现实的需求，陕西省各大高校在培养学生综合能力的同时也注重发展特色教育，因此各大高校组织开展了各项学生活动，来丰富学生生活、培养学生专业素养和能力。西安交通大学成立了学术工作坊，这是新闻与传播研究提高研究生培养质量，扩大学术影响力的一项重要举措，旨在“活跃学术气氛、激扬学术思想”。学术工作坊每两周定期举办一次，每次工作坊都会围绕新闻传播研究相关主题展开，专家学者与学生一起分享科研真知。此外，西安交通大学还举办了新新论坛，吸引了陕西日报社、陕西广播电视台、西安广播电视台、华商网、腾讯等各大相关部门与媒体前来学习、采访，并有西安交通大学各院系，以及各兄弟院校学生 260 余人热情参与。西安交通大学致力于将新新论坛打造成为西安交通大学具有标志性的、长期性的、在全国新闻传播学界具有重要影响力的学术论坛。陕西师范大学的“晨读经典”活动，倡导学生读经诵典，培养学生的文化素养。此外，陕西师范大学定期举办的传媒大讲堂和新媒体分享会，邀请了国内外知名学者来讲学，吸引了校内外教师与学生，来学习真知、碰撞思想。还有已经成功举办两届的“西北传媒类学术年会”，吸引了国内各大高校的硕士、博士的参与，并获得了广泛的好评。

西北大学定期举办的薪传学术沙龙，也是传递学术思想和知识的好平台。延安大学成立路遥文学社、戏剧社丰富学生的课余生活，并且创办《我们》新闻院报，展现该院教育教学风采，并为学生提供了良好的实践平台。西安外国语大学创办学生媒体——拓臻传媒，下设新闻 NewCentury、PACE、新传影像工作室、HIGH 广告、VOX 双语播音、译新社、心传·新声等 10 个供新闻与传播学院学生提升专业实践能力和专业素养的媒体。西北政法大学也设立了新锐传媒、新闻之家、政法播报、闻新周报、西法大 RADIO、青春直播间 6 个院级媒体，为学生提供了良好的实践平台和机会。宝鸡文理学院为锻炼和提升学生的实践能力和水平，设立了“金鲤杯”广告创意设计大赛、“金 News 杯”电视新闻大赛、金像杯微电影大赛，并举办播音主持艺术节，不仅调动了学生学习的积极性，也有助于提升学生的专业能力。除以上高校外，在陕西省高校中，几乎都设有学生实践平台，也举办了各项学术活动，为提高学生素养和能力做着各种尝试和努力。

2.27.3　小结

总而言之，陕西省新闻教育自萌芽至今的 58 年以来，经历了战火的洗礼，也经受了时代的考验，为西北地区乃至全国培养输送了大量专业人才。经过多年的探索与发展，无论从办学历史、专业设置、科研成果还是学生活动方面，都日渐成熟和完善，为培养新闻专业人才打下了坚实的物质和精神基础，同时也在一定程度上彰显着各自的特色。与此同时，陕西省开展新闻教育工作的高校数量在西北地区也是名列前茅，32 家教学单位共同组成了陕西省新闻教育的生力军，陕西省无疑是西北地区新闻教育的摇篮。

（李　文　牛婧娥　陈　萌）

2.28　甘肃省新闻传播教育发展综述

根据教育部最新公布的数据，截至 2017 年，甘肃省共有大学 49 所，其中本科院校有 22 所，专科院校有 27 所。目前，甘肃省具有新闻传播类或相关类专业教育的院校有 23 所，其中新闻传播学院有 7 所：兰州大学新闻与传播学院、西北师范大学传媒学院、西北民族大学新闻传播学院、兰州财经大学商务传媒学院、兰州文理学院新闻传播学院、兰州城市学院传媒学院、甘肃河西学院信息技术与传媒学院。

2.28.1 甘肃省新闻传播教育的起源与发展现状

甘肃省高校新闻传播教育起步较早，但发展很不均衡、发展水平差异较大。20 世纪 80 年代，兰州大学顺应国家优先布局，抢占先机，顺势而为，一枝独秀。直到 2000 年前后，甘肃省诸多高校顺应全国新闻传播学科发展潮流，立足甘肃省和中国西部新闻传播事业发展需求，新闻传播教育进入较快发展时期。

1. 兰州大学的新闻传播教育

甘肃省开展新闻传播教育最早的学校是兰州大学。1959 年，兰州大学中文系设立新闻专业，招收三届学生后于 1965 年因政策原因停止专业教育。这三届新闻专业毕业生进入全国各大新闻单位和本地媒体工作，形成一定影响力，也为 1983 年兰州大学中文系复办新闻专业打下了坚实基础。1984 年，兰州大学独立创建新闻系，并招收新闻专业学生，成为西北地区高校第一家本科新闻系。

兰州大学新闻系创立之初，获得了教育部、甘肃省委宣传部和省内媒体的大力支持，迅速集结来自甘肃全省各个部门和媒体的优秀专业人才队伍，新闻系的主要领导和骨干教师均是复旦大学、中国人民大学新闻院系毕业或进修的教师，一开始就形成了与全国老牌一流新闻传播教育单位的血脉相连的合作关系。在充分学习借鉴复旦大学、中国人民大学办学经验的基础上，经过几年努力，形成了注重基础理论、加强人文素养、坚持实践锻炼的办学理念与模式，很快在全国新闻教育界和新闻业界打开局面，获得“全国第五、西北老大”的口碑，成为教育部高校新闻教育指导委员会副主任单位、新闻教育学会副会长单位。

2004 年，兰州大学新闻与传播学院成立，成为甘肃省第一家新闻与传播学院。学院设有新闻传播学一级学科的 4 个专业，即新闻学专业、广告学专业、广播电视新闻学专业和网络新媒体专业。兰州大学的研究生学位点建设始于 1992 年，当时挂靠兰大中文系招收文化传播硕士研究生。1998 年获批传播学硕士学位授权点，2001 年获批新闻学硕士学位授权点，2006 年获批新闻传播学一级学科硕士学位授权点，2010 年获批新闻与传播专业硕士授权点，至此，学院成为西北地区率先具有新闻学、传播学硕士学位和新闻与传播专业硕士授予权的教育单位。此外，学院还积极整合校内资源，为学科博士点建设打下了坚实基础：2011 年在文学院开设媒介文化与文学传播研究方向，并招收博士研究生；2017 年在马克思主义学院开设马克思主义新闻观研究方向，并获得博导资格。2014 年新闻传播学被评为甘肃省一级重点学科。

兰州大学新闻传播教育近 60 年的创立与发展，不仅为全国媒体培养了大量人才，而且为全国许多高校尤其是西北、甘肃高校新闻传播教育培养了大量骨干教师，对西北地区尤其是甘肃省新闻传播教育起到了示范与带动作用。作为中国西部地区新闻传播教育的重镇，兰州大学新闻传播学科积淀了深厚的人文社科学术传统，打下了坚实的学科基础，在学界与业界享有良好的学术声誉。

2. 甘肃省其他高校的新闻传播教育

进入新世纪以后，甘肃省新闻传播教育事业有了较大发展，顺应全国高校兴办新闻传播类专业的热潮，结合各自学校的专业优势和办学资源，甘肃省许多高校纷纷举办新闻传播类专业。

2000年西北师范大学教育技术学院设立广播电视编导专业。2001年，西北师范大学文学院设立新闻学专业。2008年，西北师范大学艺术学院设立动画专业。2012年，西北师范大学整合各学院相关专业成立传媒学院。2014年，新闻学院成立，与传媒学院实行“两块牌子，一套班子”的管理体制。学院现设新闻学、广播电视编导、播音与主持艺术、动画4个本科专业和1个广播电视编导(戏剧影视文学方向)专业方向。有文化与传播1个博士学位授权学科，戏剧与影视学、艺术学理论2个一级硕士学位授权学科，文化与传播1个二级硕士学位授权学科和艺术硕士(广播电视)1个专业学位。现有新闻传播学、艺术学理论2个省级重点学科，1个甘肃省高等学校实验教学示范中心。

西北民族大学新闻传播教育始于1999年，新闻传播学院成立于2008年。现有新闻学、广播电视学、广告学和广播电视编导4个本科专业，2017年8月获批数字出版本科专业(计划2018年招生)，有中国少数民族艺术硕士点(设跨文化传播研究方向、影视艺术研究方向、宗教艺术研究方向3个研究方向)和世界文学与比较文学硕士点(设有比较文学与文化传播研究方向)。

兰州财经大学(原兰州商学院)2000年成立新闻传播系；2006年经专业整合成立商务传媒学院。学院下设广告系、新闻传播系、传媒艺术实验中心(下辖非线性编辑、广播电视制作、多媒体网络、广告摄影与制作4个实验室)、文化传播研究中心(下辖西部影视文化、国学、财经新闻、网络与新媒体4个研究所)等。2016开始招收新闻与传播专业硕士。

兰州文理学院新闻传播学院成立于2014年。学院设有新闻学、广播电视学、数字出版3个本科专业，影视编导、主持与播音、出版商务3个专科专业。

兰州城市学院传媒学院成立于2001年，下设新闻传播系、播音艺术系和媒体艺术系。有新闻学、播音与主持艺术、广播电视编导和网络与新媒体4个本科专业。

河西学院信息技术与传媒学院是2010年在原计算机系和现代教育技术与信息传播

系的基础上合并成立的二级学院。“影视与新媒体实验教学中心”为省级实验教学示范中心，广播电视学专业为校级特色专业。

以上高校构成了甘肃省新闻传播教育的主力阵容。除此之外，其他院校及其所属二级学院(包括民办学院)也开设有新闻传播教育相关的专业，成为甘肃省新闻传播教育的重要补充。例如兰州职业技术学院数字传媒系，虽然是一家职业技术学院，但一起家就定位建立西北第一家“Adobe 数字艺术中心”、中国数字艺术教育联盟 ACAA 教学中心，是 Corel 数字创意设计联盟院校合作伙伴、国家动漫游戏产业振兴基地 NACG 在甘肃唯一授权合作院校。该系倾力打造的动漫实训基地是 2012 年获批的中央财政支持职业教育实训基地建设项目，可实现教学实训、项目开发与制作、职教师资培训、岗位技能培训、职业资格认证等多项功能。建设一开始就与省内外多家企业合作建立校外实习基地。学生在校可以获得 Adobe、Autodesk、Wocom、Corel 行业权威认证、NACG 动画工程师、影视动画设计师、广告设计师、室内设计师等职业资格认证。在数字媒体时代，能够精准定位、全力以赴瞄准数字技术发展的前沿，在甘肃尚不多见(见表 2-50)。

表 2-50　　**甘肃省新闻传播教育整体情况**

序号	高校名称	院	系/教研室	专业
1	兰州大学	新闻与传播学院	—	新闻学、广播电视新闻学、广告学、网络新闻、新闻学(学术硕士)、传播学(学术硕士)、新闻与传播(专业硕士)
2	西北师范大学	传媒学院	新闻系、广播电视编导系、播音与主持艺术系、动画系	新闻学、广播电视编导、播音与主持艺术、动画
3	西北民族大学	新闻传播学院	广播电视学教研室、传播学教研室、新闻学教研室、广播电视编导教研室	新闻学、广播电视学、广告学和广播电视编导、数字出版(计划 2018 年招生)、世界文学与比较文学(比较文学与文化传播研究方向)(学术硕士)
		美术学院	视觉传达设计教研室	视觉传达设计

续表

序号	高校名称	院	系/教研室	专业
4	兰州财经大学	艺术学院	艺术视觉系	视觉传达设计
		商务传媒学院	广告系、新闻传播系	新闻学、网络与新媒体、广告学、新闻与传播(专业硕士)
5	兰州理工大学	艺术设计学院	视觉传达设计系	艺术设计
6	兰州交通大学	艺术设计学院	视觉传达系、动画影视系	视觉传达设计、动画/动漫、广告学、数字媒体艺术(自考专业)
7	甘肃政法学院	人文学院	新闻与传播系	新闻学(法治传播方向)、新闻学(法治新闻方向)、广告学(媒介经营方向)
		艺术学院	视觉传达教研室	视觉传达设计
8	天水师范学院	文学与文化传播学院	文化产业管理系	文化产业管理(数字媒体艺术与创意设计、网络服务与创意设计方向)
		美术与艺术设计学院	—	视觉传达设计
9	河西学院	信息技术与传媒学院	广播电视教研室、数字媒体教研室、新媒体教研室	广播电视学、数字媒体艺术(艺术类)、网络与新媒体专业
10	兰州文理学院	新闻传播学院	新闻学教研室、出版发行教研室、影视编导教研室	数字出版、广播电视学、新闻学(广播电视方向)、新闻学、广播与播音(专科)、影视编导(专科)、出版商务(专科)
11	兰州城市学院	传媒学院	—	新闻学、广播电视编导、播音与主持艺术、网络与新媒体
		美术学院	艺术设计系	视觉传达设计
12	兰州工业学院	艺术设计学院	—	视觉传达设计

续表

序号	高校名称	院	系/教研室	专业
13	兰州石化职业技术学院	印刷出版工程系	印刷技术教研室、数字媒体教研室、艺术设计教研室	印刷技术、印刷技术(速录方向)、印刷设备及工艺、图形图像制作、艺术设计(广告设计与制作方向)
14	陇南师范高等专科学校	文学与传媒学院	—	文学与传播
15	酒泉职业技术学院	—	教育艺术系	艺术设计专业
16	兰州外语职业学院	—	艺术系	广告设计与制作
17	兰州职业技术学院	—	数字传媒系	广告设计与制作、动漫设计与制作、影视多媒体技术
			艺术设计系	艺术设计
18	甘肃工业职业技术学院	艺术学院	—	广告设计与制作
19	武威职业学院	—	人文艺术教育系	数字媒体应用技术、动漫制作技术、数字媒体艺术设计、印刷媒体技术
20	西北师范大学知行学院	—	新闻传媒系	新闻学、广播电视编导、新闻学(新闻编采方向)、广播电视学
21	兰州财经大学陇桥学院	—	艺术设计系	视觉传达设计(广告设计)
22	兰州财经大学长青学院	—	艺术系	视觉传达设计、广告学
23	兰州交通大学博文学院	—	艺术设计系	广告学

从发展历史和现状来看，甘肃省新闻传播教育事业取得了较大的进步，形成了一家独大、几家跟进、多家进入的发展格局。近十年来，在发展资金、硬件建设、师资培养等方面均取得长足的进步。调查发现，包括兰州大学、西北师范大学、西北民族大学等数十所新闻传播院系已经初步摆脱长期困扰的资金不足、硬件缺乏、师资不全的发展困

难，开始进入寻求突破、再上台阶的新的发展阶段。同时发现，受制于甘肃经济社会发展水平，与发达地区相比，甘肃省属高校新闻传播教育的投入和建设水平有着巨大的差距，人才招聘困难、人才流失的问题依然严重。

2.28.2 甘肃省新闻传播教育人才培养层次、理念与特色

甘肃省新闻传播教育的人才培养有四个层次：博士、硕士(包括学术和专业硕士)、本科和专科教育。目前，甘肃省没有新闻传播学一级学科博士授予权，兰州大学新闻与传播学院 2011 年挂靠兰州大学文学院培养媒介文化与文学传播方向博士研究生，2017 年挂靠兰州大学马克思主义学院培养马克思主义新闻思想研究方向博士研究生。西北师范大学传媒学院拥有文化与传播博士授予权。具有硕士研究生授予权的学校有兰州大学(新闻学、传播学、新闻与传播专业硕士)、西北师范大学(戏剧与影视学、文化与传播硕士学位授权学科，艺术硕士专业学位授权点)、西北民族大学(中国少数民族艺术硕士点(跨文化传播研究方向、影视艺术研究方向、宗教艺术研究方向)、世界文学与比较文学硕士点(比较文学与文化传播研究方向)。兰州财经大学、甘肃政法学院具有新闻与传播专业硕士授予权。没有一级学科博士授权点，极大地限制了甘肃省新闻传播教育的培养层级提升，教师和学生的博士学历提升，这主要靠外考和本地其他相关专业的考试解决。

在人才培养理念上，各院系根据自身定位提出各自的人才培养理念。综合性大学充分利用学科资源丰富、学科交叉通融的优势，积极打造自己的教育特色，兰州大学新闻与传播学院以“做西部文章、创国内一流”为宗旨，提出的基本教育理念是“历久弥新的理想信念、学以致用的专业素养、宠辱不惊的伦理操守、与时俱进的法制观念、学贯中西的文化品位”，注重培养学生的人文素养、理论基础、学习能力和实践精神。西北师范大学传媒学院以“传媒六艺”(礼、乐、摄、制、书、说)作为学生专业技能、综合素质提升的切入点，致力于培养具有较高的文化创意素质、编导设计能力、新闻采编水平和传播沟通技巧，能够在政府机构、新闻媒体、文化产业和社会组织从事相关工作的高级专门人才。而具有专门特色的高校如西北民族大学新闻学院遵循“立足西北，服务民族”的办学宗旨，以改善民族地区媒介生态环境，提高民族地区媒介素养和文化产业发展水平为办学理念，积极适应国家战略发展的纵深部署和民族地区经济文化跃迁的社会需要，以培养新闻传播学类复合应用型高级人才为核心目标。兰州财经大学商务传媒学院立足财经商务学科的优势，致力于打造具有财经商务专业知识的新闻传播人才。相对地处偏远的河西学院则坚持“宽口径、厚基础、强能力、重实践”的教育教学理念，致力于构建实践——应用环境下的应用型人才培养，特别注重校外实践教学基地建设，形

成了“以实验为基础，以实训为重点，以实习为延伸，以毕业设计和创新实践活动为提升”的多层次、模块化、开放型、全过程的实践教学特色。其他各类专科学院则力求特色鲜明，主要致力于播音主持、广播电视编导、视觉传播、动漫、新媒体产品设计等应用性专业教育打造。

2.28.3　新闻传播教育部校共建情况

从 2014 年开始，甘肃部校共建的学校有两所：兰州大学与甘肃省委宣传部共建新闻与传播学院，西北师范大学与甘肃省委宣传部共建新闻学院。在经费投入、科研项目、媒介实践、人才交流、社会培训等方面有所促进，但实际上的运行机制、互动效果和具体实施方面还嫌不足。

2.28.4　对外交流与合作情况

甘肃省新闻传播院系在对外交流与合作领域作为不多。兰州大学新闻与传播学院与台湾地区、香港特区，以及韩国、日本、美国、欧洲、澳大利亚等国的部分高校的新闻传播院系建立长期的访学关系，教师和学生每年都有三个月、半年或一年的学习访学计划安排，教师、本科生、研究生都有机会，其中研究生的机会最多，每年都有 5~8 名学生前往交流。教师出国参加学术会议近年来有所增加。同时，每年也有港台和国外学者、学生来访交流。甘肃省其他高校新闻传播院系也有一些机会，但受到多方面因素的影响，比兰州大学要少很多。随着“一带一路”的推进，来自中亚等国的交流合作的机会要多一些。

2.28.5　学术研究情况

甘肃省新闻传播院系的学术研究主要集中在几个高校，呈现出严重不均衡的格局。兰州大学新闻与传播学院的学术研究主要集中在发展传播学、新闻史论、媒介技术哲学、认知传播学等领域。近五年来，承担的省部级以上项目 58 项，其中，国家级社科基金项目 9 项、省部级项目 49 项、中央高校科研专项基金项目 5 项、各类横向基金项目 20 余项，出版专著 5 部。在社会服务领域，获批成立甘肃高校新型智库——兰州大学社会舆论调查与舆情研判中心，该智库作为中宣部舆情直报点、甘肃省委宣传部舆情直报点，提供了大量被采用的舆情研判报告。学院是中国新闻奖高校首批直报单位，三年推荐报送共获得 1 个一等奖、3 个三等奖的佳绩。近五年来，先后有三位教师荣获了甘肃省哲学社会科学优秀成果奖一二三等奖各 1 项。

西北师范大学传媒学院自建院以来，先后承担国家哲学社会科学基金项目、教育部人文社会科学研究项目、甘肃省重点文艺资助项目等国家级、省部级课题20余项，发表论文300多篇，出版专著、教材30余部，摄制电视专题片、教学片30多部(集)，获得甘肃省哲学社会科学优秀成果奖、甘肃省敦煌文艺奖、甘肃省优秀图书奖、甘肃省高校教学成果奖等各种奖励50余项。

西北民族大学新闻传播学院近五年来获得国家社科基金项目5项、国家艺术基金项目1项，省部级项目16项。在核心刊物上发表文章35篇，出版专著、教材30部。获得国家级奖项3项(纪录片《布格勒萨伊》获中国民俗文艺“山花奖”、微电影《野百合也有春天》获第23届中国金鸡百花电影节微电影作品大赛三等奖、纪录片《奔跑的东川》获25届金鸡百花电影节微电影展映暨第五届北京国际大学生微电影盛典最佳影片奖)。获省部级奖5项。

兰州财经大学商务传媒学院立足媒介经营与管理、财经新闻以及广告传播与地区经济发展的案例、问题、对策以及发展战略研究，共发表论文51篇，其中发表在CSSCI的文章17篇，出版专著6部。获批各类科研项目13项，获得甘肃省第十届社会科学优秀成果三等奖1项、甘肃省高校社会科学优秀成果三等奖1项、甘肃省第一届大学生艺术展演活动一等奖1项。

其他新闻传播院系近年来在学术研究项目、文章和实践项目、各级大奖赛中均有斩获。

2.28.6 学生活动情况

学生活动是重要的第二课堂，其意义与价值越来越受到各新闻传播院系的重视。通观甘肃省新闻传播院系、专业，都有形式多样的学生活动内容与平台设计。

兰州大学新闻与传播学院在上世纪80年代初期就有定期黑板报、创办模拟报纸、读书会、参观新闻单位等学生专业实践活动。平时开展媒体小实习，大三整学期分布全国各大媒体开展大实习，已成为学院常规的学生专业实践安排。目前，学院在全国100多家媒体和广告公关公司建立了实习基地。1998年创办的报纸《西北角》，由学院团委主办，以大一、大二学生为采编主体，是学生校内专业实践的重要平台。进入网络时代，学生又创立各种交流网站(如“三颗豆教学实践平台”)、微信公众号(如“西北角Corner”)等，也是学生日常学习交流和专业实践的重要平台。学院从2010年开始，定期举办寒假“新春采风万里行”和暑假“重走中国西北角”大型社会实践活动。活动由专业老师带队，组织本校和外校学生参加，已连续举办了七年，先后出版《学子的根底》《学子的眼光》《学子的担当》等多部学生新闻实践作品集。相关活动受中国记协领导高度赞扬，《三项学习教育》杂志专门图文报道。连续三年与甘肃省委宣传部、香港《大公报》合作开展“香港学子范长江行动”，《大公报》每天三个整版报道。活动受中宣部奖励。学院定期举办“群策大讲堂”，广泛邀请国内外专家学者演讲报告。学院多次承办台湾广告“金犊奖”创意大赛、全国大学生广告艺术大赛、全国大学生公共关系大赛、讲好中国故事创意传播国际大赛、虎啸广告营销等活动，组织学生参赛，先后有 15 人次获得各级奖项。学院在持续投入 2000 多万元打造各类实验平台的同时，2017 年成立纪录片工作室，旨在“一带一路”建设中，让学生参与、记录、传播这一世纪工程。

西北师范大学传媒学院在本科生中实施“传媒六艺”大学生专业技能综合提升工程，取得引人瞩目的效果。组织开展“文化名人进校园”“重返经典”电视大讲堂等精品文化活动。学生参与全国大型节目的策划制作与电视电影的拍摄，在国际首届大学生微电影节、北京大学生电影节、嘉峪关国际短片节、四川金熊猫电视节、西安国际民间影像节、科讯杯全国大学生 DV 作品大赛、甘肃省大学生 DV 大赛等专业性比赛中成绩斐然，屡次获奖。《荷尔德林的陶》等电影作品参加戛纳、釜山等国际电影节。组织在校学生执导并举办个人电影展映活动，其中影片《失乐岛》成为国内首部院线公映的大学生商业电影，在广州、兰州、敦煌等城市举行巡回放映及院线放映。纪录片《缺水的土地》《猫爷狗妈的非典型生活》入围第十届半岛电影节，《缺水的土地》同时获得中国镇江国际纪录片盛典“新地平线”单元银山奖、北京大学生电影节最佳摄影奖、甘肃电视金鹰奖最佳编导奖。纪录片《开学》获第 22 届北京大学生电影节暨第 16 届大学生原创影片大赛“评委会特别奖”、第三届嘉峪关国际短片电影展大学生短片大赛一等奖。纪录片《守望舟曲》获“第二届中国・西安国际民间影像节”校园文化单元二等奖，全国优秀电视节目奖“幸福家庭”栏目三等奖。纪录片《过年》入围第三届金荷奖参赛单元。纪录片《艺考路上》获“首届万峰林国际微电影盛典”纪实类二等奖，《青天妙音在我心》入围丝绸银幕亚洲美国电影节。学生出版专著、朗诵集多部(张)，在国家核心期刊、各级各类媒体发表学术作品、新闻稿件多篇。学校组织举办和鼓励学生积极参加省内外文化艺术活动，在话剧表演、主持人大赛、广播节目大赛、配音大赛、广告艺术设计、诗会、朗诵、演讲等文化艺术活动中屡获大奖，多次夺冠。

西北民族大学新闻传播学院自 2012 年开始，学院课堂外的实践教学活动呈现出多层次、多样式的局面，逐渐构成教学工作特色。学院开展“创意课堂概念的延伸与拓展”为主题的教学实践系列活动，将课堂教学顺接延伸到课外实践教学，取得了非常有效的专业学习效果。学生们自发成立了网络新闻工作室、民族文化产业工作室、创库广告工作室和纪录片创作工作室，自主创立并维护多个教学实践媒体：传媒新视野网站(http：//www.neweyeshot.cn)、传媒新视野微博(http：//weibo.com/633878900)、民大助手微信公共号(xbmdzs)、《方知》纸质版文化资讯类期刊等，充分发挥学生的自主创新能力。

从甘肃省新闻传播类院系的总体情况看，在今天的教育背景和发展要求下，大家都比较重视教学科研平台的建设、教学与参与性实践相结合两个方面的问题，新的教学科研理念，人才培养的市场化要求，追求能干实用的培养目标，正在改变甘肃新闻传播教育界的发展景观。

2017年12月12日，兰州大学新闻与传播学院一级学科学位授权点接受以陈昌凤教授为组长的学科评议组专家评估，专家组给予兰大新闻传播学位点的评估结果是“优秀”。然而，评估组专家在评估意见中同时也提道：“该学科授权点地处甘肃，受社会经济梯度、西部地理环境和东西部差距等客观因素的制约，从历史上看师资流失问题突出，需要在稳定师资队伍上加大力度。办学条件特别是实验室建设有待进一步改善。该学科点需进一步凝练学科方向，加大高层次学科带头人的引进与重点培养力度，抓住兰州大学‘双一流’建设契机，从学校层面加大支持力度，尽快提升为博士学位授权一级学科点。”其实，这段文字前面还有一大段赞扬的话，但是，这段引用的话更直指了以兰大新闻院为代表的甘肃新闻传播教育当前所面临的痛点。在甘肃，不仅是兰大新闻院面临这样的问题与危机，相信其他院系一定也感同身受：区域劣势明显、人才流失严重、办学条件落后、学位点建设尤其是博士点建设亟待突破。这些问题是甘肃新闻传播教育最大的痛点，也是甘肃新闻传播教育奋起直追的重要突破点。

（李惠民 李金桃 周刘冰）

2.29 青海省新闻传播教育发展综述

目前，青海省仅有三所公办本科高校——青海大学、青海师范大学、青海民族大学。除了青海大学未设新闻学专业学科外，青海师范大学、青海民族大学均设有新闻传播教育学科的相关专业。经过多年的发展，特别是2015年由青海省委宣传部牵头，联合省教育厅和青海师范大学开展共建新闻学院工作以来，青海省新闻传播教育呈现出蓬勃发展的态势。

2.29.1 青海省新闻传播教育历史回顾

由于受经济相对滞后和用人市场规模较小等因素影响，青海省新闻传播教育起步较晚，1995年，青海师范大学中文系开始招收新闻专业专科生，拉开了青海高校新闻传播教育序幕。之后，青海师范大学中文系又陆续招收了两届新闻专业专科生。1998年，青海师范大学中文系新闻专业开始招收本科生，专业培养目标侧重为传统媒体培养理论和文字水平较高的编辑、记者岗位人才。2010年，青海师范大学新闻专业从中文系分立出来，单独成立新闻系，本科专业办学规模进一步扩大，设置新闻学、编辑出版学专业。2015年7月，青海师范大学正式成立新闻学院，这是青海省唯一一所部校共建新闻学院，下设新闻学、编辑出版学、播音与主持艺术等专业，学科建设有了整体规划与起跳支点。青海省新闻传播教育另一支办学力量——青海民族大学中文系从2011年起招收广播电视专业本科生，2013年7月，青海民族大学在原文学院的基础上，成立文学与新闻传播学院，开设广播电视学、广告学专业。

纵观青海新闻传播教育20年的发展，长期处在投入少、规模小、专业设置单一、师资严重匮乏的状况。在数字化技术日新月异、交叉融合发展态势下，2015年，教育部、国家发展改革委、财政部联合发布《关于引导部分地方普通本科高校向应用型转变的指导意见》，为高校转型发展指明了方向。青海省新闻传播教育也积极顺应时代和行业发展趋势，进入了高速发展期。在党委政府的大力支持下，从学科建设、培养目标、课程体系、培养模式等方面进行了创新，拓展了培养适应新媒体时代新闻传播人才的教育格局，具体表现在：积极调整教育模式，重新定位人才培养方式，加大办学规模和硬件设施投入，科学设置学科建设内容和教学课程，引进先进办学教学理念、培养方式，新闻传播专业增多、办学层次提高，院系结构日趋合理，改变了青海原来新闻传播专业附属汉语言专业的状况，新闻传播专业成为独立学科，有了专门的新闻学院，新闻传播专硕点获得国家批准，青海省新闻传播教育发展步进入欣欣向荣的阶段，呈现出创新的发展面貌。

2.29.2　青海省新闻传播教育现状

1. 院系及专业设置情况

(1)本科培养方面

青海省高校新闻传播教育开设的专业包括新闻学、网络与新媒体、播音与主持、编辑与出版、广播电视学、广告学等。其中新闻学、播音与主持、广播电视学是青海省新闻传播教育学科建设的重点专业，分别由青海师范大学新闻学院和青海民族大学文学与新闻传播学院开设。上述专业课程多数由通识教育基础课、专业基础课、专业核心课、专业方向课、实践教学环节构成。在大学一年级和二年级以通识教育为主，必修课程一般为马克思主义基本原理、新闻职业道德与法规、中国新闻史、形势与政策等思想政治以及大学英语、大学体育、大学计算机、军事理论等通识课程，马克思主义新闻观、媒介素养等内容是其中教育的重要部分；选修的通识课程一般包含人文科学类、自然科学类、社会科学类、艺术鉴赏类以及讲座等形式，从大一第二学期开始后逐步开设专业课程，因专业不同，课程有所区别，但全部涵盖在新闻传播教育专业课程设定框架内，例如：新闻学专业基础课程一般为新闻学概论、传播学概论、新媒体导论、播音主持理论等；专业核心课程有新闻采访与写作、新闻编辑、新闻评论、媒介经营与管理、新闻摄影摄像、网络编辑实务、网络信息检索与利用、数字图像设计与处理、网页设计与制作、广告学、非线性编辑、电视摄像编辑、广告策划与创意等课程。广播电视学专业有广播电视节目制作、广播电视新闻采访与报道、广播电视写作、电视摄像、广播电视编辑等课程。

(2)研究生培养方面

青海师范大学于 2017 年获得青海省唯一新闻与传播专业硕士学位授予权，青海新闻传播教育学科建设更是上了一个台阶，首批青海省独立培养的新闻专业硕士研究生已于 2018 年招生。

2. 人才培养目标

青海省新闻传播教育的总体人才培养目标是："立足青海、面向全国、服务基层。"青海师范大学新闻学院人才培养着眼点是"基础更宽、专业更精"，人才培养目标是"立场坚定、新闻素养良好、学科基础扎实、知识结构合理，具备新媒体从业技能要求，有一定现代管理理念的高素质复合型人才"。注重"厚基础、宽口径、强能力、高素质"适应时代发展要求的人才培养目标模式；青海民族大学文学与新闻传播学院更注重针对性更强的专门人才的培养方向，人才培养目标是："在广播电视及其他传媒、企事业单位从事新闻采访、报道、拍摄、编辑、主持、策划与制作管理等工作的广播电视应用型专门人才。"以上两所学院在教育培养目标和方式虽然各有特色，但是最终的人才培养目标都是为了适应时代的需要，培养德、智、体、美全面发展的新闻专业复合型人才。

2.29.3　青海省新闻传播教育的发展特色

1. 重视实践

近年来，青海省新闻传播教育工作更加注重理论教学联系实践培养，在实际教学业务中，积极拓展校内外实践平台，利用校园广播电台、电视台、校刊等一切形式，努力为学生创造条件和锻炼机会。具体做法例如下：青海师范大学新闻学院搭建校内校外两个实习平台，完善实践课程体系，组织毕业汇报演出，添加了实验设备，加强实验室运行管理，在成立校园《行走者》编辑部、瞬间影像工作室、“我们”戏剧社、“倾诗留声”播音社、新闻学社等学生社团的基础上，与青海电视台、青海新闻网、西宁市广播电视台、西宁晚报社、青海油田新闻中心等新闻机构签订了实习基地协议，拓展了学生实习实践的范围和方向；青海民族大学与西宁市广播电视台、西宁市委组织部、青海省气象局气象服务中心签约建立了实习基地，通过委托教学等方式加强学生实践课程。总体上，青海高校通过校内外实践桥梁的架设，打通了学生实践渠道，丰富了教学内涵，提升了学生的新闻专业化知识和技能应用水平，优化了学生就业能力，有效地激发了学生从事专业实践活动的积极性。

2. 坚持主阵地

做好思想政治课程建设一直是青海新闻传播教育工作的重中之重。为了切实培养一批具有坚定政治立场、思想觉悟和素质较强的专业人才，在新闻传播教育过程中，青海高校马克思主义新闻观教育讲座和排课一直是专业学科建设的重点，在课程设置和教材选用上，突出排课量和教材的先进性，所用教材紧贴前沿，思想性和权威性都是经得起考验的经典教材。例如，青海师范大学新闻学院从成立伊始，就明确将马克思主义新闻观作为核心课程，纳入学院必修课和学生培养计划之中，组织专门教师团队专门研究制定教学方案，修订教学课程，根据目前新闻业界发展的最新动态，结合西部地区新闻教学客观实际，编写多套贯彻马克思主义新闻观、体现新闻业界发展最新动态的专业教材，最新编写的两本马克思主义理论教材将于 2018 年正式出版。

3. 校企合作联合办学

积极探索和挖掘教育资源，深入思考新闻传播教育办学路径，一直是青海新闻传播教育工作的重点。本着“注重培养质量，注重学习实践，注重资源共享”的人才培养模式，青海师范大学新闻学院自建院伊始就多方寻求办学之路的新突破。2017 年 3 月 20 日，青海师范大学新闻学院入选教育部第一批“高校数字媒体产教融合创新应用示范基地”学校名单，2017 年 5 月 12 日，青海师范大学与凤凰联合科技有限公司签订了《凤凰数字媒体教育 · 青海师范大学高校数字媒体产教融合创新应用示范基地项目战略合作协议》，2017 年 7 月 7 日，双方签订了《凤凰数字媒体教育 · 青海师范大学补充协议》，在补充协议中双方就人才培养方案，课程开设、培养学制等问题进行了明确的规定：新闻传播教育将引进国际先进的产业与教育资源，建设集数字媒体生态资源协同创新育人平台、数字媒体专业人才联合培养中心、数字媒体产业大学生创新创业孵化中心、数字媒体产业园区等四位一体的示范基地，共同培养数字媒体应用型人才。采用“2+1.5+0.5”培养模式，即由学校承担大一、大二前四学期的公共基础课、专业通识课和专业核心理论课教学，如：新闻学概论、传播学概论、新闻采访、新闻写作、新闻编辑、新闻评论等课程。大三学年由凤凰教育根据相关培训计划实施一年专业核心实践课程和实操课程的教学计划，大四学年第一学期由凤凰教育提供专业实习平台和实训基地，大四学年第二学期学生统一返校，完成毕业作品设计。2017 年，新闻学网络与新媒体专业首届招生 80 名。

4. 加强学术交流

随着国家加大对西部教育资源的调配和支援，青海省新闻传播教育专业院校积极开展国际和国内学术交流和合作，大力支持和鼓励教师积极参加国际学术会议，每年都有计划地选送优秀青年教师到欧美等国家高水平大学数字媒体相关专业进行进修访学，积极推进与陕西师范大学、兰州大学、山东大学等国内对口支援大学的交流合作，积极选送优秀学生交流学习，构建起了开放式的办学和交流平台，优化了办学环境，推动了青海省新闻传播教育事业的发展。

5. 积极推动部校共建

部校共建是青海新闻传播教育人才培养的重要举措和里程碑。青海师范大学新闻学院是青海省唯一的部校共建新闻学院，是青海省最早开设新闻传播专业的高校。2015 年 5 月，青海省委宣传部召开部校共建推进会，指导制定出台了《青海师范大学新闻学院院务委员会工作条例》，成立了院务委员会，青海省委宣传部和青海师范大学主要领导担任委员会职务。2015 年 7 月 17 日，青海师范大学新闻学院正式挂牌成立。2016 年 8 月 2 日，青海省委宣传部召开部校共建省内媒体专题研讨会，就未来新闻学院建设和发展问题进行了理论探究和研讨，确定了 15 名资深媒体人受聘担任青海师范大学新闻学院兼职教授，明确规定要通过定期开展专题讲座等方式，向新闻学院师生传达习近平同志关于新闻舆论工作的重要讲话、指示精神，传达党中央新闻舆论工作相关文件精神。为了加快部校共建新闻学院步伐，青海省委宣传部和青海师范大学充分利用中央和地方财政各种项目资金，完善学生实习实践平台和“双师型”队伍建设，建成融媒体云、数码报刊图文编辑、播音主持摄像、播音主持观摩、播音与主持艺术专业录音、非线性编辑室等实验室及全媒体演播厅，基本形成了全方位、立体化的教学硬件体系。同时，青海省委宣传部还不定期召开师资队伍建设工作推进会，积极落实校媒互聘“千人计划”，通过媒体人员与新闻传播教育岗位交叉挂职的方式，推进新闻传播教育工作的开展。在省委宣传部的大力支持下，青海师范大学新闻学院从 2015 年连续三年成功举办毕业生汇报演出暨就业推介会，邀请用人单位“上门选材，择优录用”，新闻传播专业毕业生就业率达到 100%。

2.29.4　青海省新闻传播教育小结

青海省新闻传播教育在各级党委政府和教育工作者共同努力下，摆脱了一无所有，依托外地教培机构教育培养新闻传播专业人才的局面，逐步建立起属于青海本土、具有地方特色和契合市场的新闻传播教育格局，目前正处在规划、充实、提高的发展阶段。青海新闻传播教育的各项工作将继续发力，积极落实部校共建规划项目，争取更加广泛的办学资源，加强跨学科融合的教研能力，打造一支专兼结合、校媒结合、理论与实践结合的师资队伍，形成具有全国影响力的特色研究方向，进一步服务于地方社会政治经济文化建设，为提升新闻传播教育的社会服务能力和全媒体复合型人才培养作出贡献。

（杨向东）

2.30　宁夏回族自治区新闻传播教育发展综述

2.30.1　历史回眸

宁夏回族自治区新闻学教育始于 1983 年，是年，宁夏大学创办新闻学本科专业，隶属于中文系，后发展成为新闻系、新闻传播学院。截至 2017 年，培养毕业生 1316 名，成为当前宁夏新闻媒体的中坚力量，其中 1 人荣获“长江新闻奖”，20 余人次获得中国新闻奖，12 人次被评为宁夏名记者、名编辑。

2003 年 9 月，宁夏大学新华学院创办新闻专业，这是宁夏独立民办院校开设的唯一一个新闻学专业，截至 2017 年 6 月已毕业 11 届学生，总计 874 人。

2004 年，北方民族大学（前身为西北第二民族学院）文法外语学院成立新闻学专业，2009 年与 2010 年，又先后创办了广告学专业及传播学专业，主要为民族地区培养少数民族新闻工作者。

2.30.2　主要院系

1. 宁夏大学新闻传播学院

宁夏大学新闻传播学院是宁夏回族自治区党委宣传部与宁夏大学“部校共建”学院，也是宁夏高校中唯一的专业新闻学院，现设有新闻学、广告学两个本科专业。新闻学专业目前是自治区重点建设本科专业。依托文艺学专业设立文艺学(文化与传媒)硕士点并于2012年起招生，2018年1月，新闻传播学专业学位硕士点获批，填补了宁夏新闻传播学学科发展的空白。

2014年12月至今，在部校共建机制及经费支持下，学院在师资力量、实训基地、课程建设、服务地方等方面取得了快速发展。目前，学院现有专职教师25人，其中教授6人，副教授7人，博士4人，有海外留学经历的3人。学院师资队伍有两个特点：一是以“宁夏大学兼职教授”岗位长期聘请10名区内外传媒业领军人物和知名高校教授为兼职教授，他们定期到学院授课或开设专题讲座；二是有新闻媒体从业经历的“双师型教师”8人。以上特点，在西部地区高校的同类专业中是较少见的。

根据专业发展实际情况，学院深化新闻学专业教育教学改革，突出实践导向。主要做法有：降低理论性课程比重，增加实践性课程比重；允许学生以毕业设计进入毕业答辩环节；以“大学生新闻实践训练营”、兴趣小组等多种形式，拓展学生的“第二课堂”。以上措施有效提高了学生的实践创新能力，人才培养质量也由此显著提升。

2. 北方民族大学文史学院新闻传播系

北方民族大学文史学院新闻传播系的人才培养定位为：为少数民族地区培养“采写实践型+新媒体技能型+社会责任关怀型”的复合型新闻人才。通过加强数字媒体实验室建设、数字校园媒体建设和校外实践教学力度，实现以实践教学改革促进新闻专业课程设置、课业评价机制以及人才培养模式的改革。

针对数字化传播的未来发展趋势，北方民族大学新闻传播系在国家民委及校方的大力支持下，一是创办了新闻媒介门类齐全的实验室，通过真实的实验设备与实验环境，开设大量新媒体实验课，让师生彻底告别“黑板新闻学”时代，使实验室转变为全能记者和全能编辑的培养摇篮；二是创办了新型校园媒体，新闻系建立了校内新闻实训基地，包括校园全媒体报社、校园电视台、校园广播电台、校园手机报等，通过校内新闻实训平台，让新闻系学生在实践教学中更好地消化课堂的理论知识，实现就业“零对接”；三是开展了富有成效的校外新闻实践教学活动，使新闻专业学生在社会实践活动中，极大地锻炼了新闻业务水平；四是在以上实践平台建设基础上，加大了实践教学的学分设置比例，制定了系统合理的学生学业的评价机制。为保证新闻实践教学活动的有效开展，新闻系将原来只占 17%的实践教学课时加大到 34%，将实践教学活动贯穿到四年本科教学的全过程。

民族院校的新闻教育，主要是为民族地区培养少数民族新闻工作者，所以人才培养需要区别于研究性大学。北方民族大学新闻系少数民族学生的比例占 80%以上，在教学过程中，注重强调学生的人文素质、文字功底、思维方法及为民族地区服务的意识。课程设置除新闻院系开设的主干课程外，还增设了有民族特色的课程，如少数民族文化传播、党的民族政策、民族地区新闻传播史、少数民族语言等，使民族院校新闻教学领域逐步拓宽，课程设置更具民族化。

2. 30. 3　专业设置

宁夏大学新闻传播学院目前设有新闻学、广告学两个本科专业，其中新闻学是自治区"十三五"重点建设专业，下设新闻学和新闻学(网络新媒体方向)。2015 年，宁夏大学新华学院在现有新闻学专业基础上增设播音与主持人方向本科试点班，采用"1+3"的人才培养模式，在大学一年级第二学期，面向新华学院同年级各专业学生招生，选拔有志于从事广播电视播音与主持人工作的学生重新组成新闻学播音与主持人方向本科班，为宁夏新闻单位培养播音与主持人才。

2. 30. 4　本科生教育

1. 宁夏大学新闻传播学院

学院找准新闻人才培养的支撑点，提升人才培养质量。根据部校共建的需要完成了人才培养方案的修订，明确了马克思主义新闻观和实践教学在新闻传播人才培养中的支撑作用，全面加强了马克思主义新闻观课程教学和实践性教学工作。在实践教学工作中，坚持一体两翼的实践教学理念，即以课程教学为核心，以校内实践和校外实践为支撑，切实提升学生的实践能力。

(1)课程资源建设

学院从三个方面开展课程资源的建设，一是积极推进专任教师进行专业课程建设和精品课程建设，目前已完成 2 项自治区级本科质量工程教学改革项目；承担 7 项自治区本科质量工程项目(为重点建设本科专业自设项目)，7 项宁夏大学课程建设项目；传播学、新闻评论学获得 2016 年度自治区精品在线开放课程立项。二是互聘交流工作有效对接，校媒协同培养人才的体系初步建成。学院先后与银川市新闻传媒集团、宁夏日报报业集团、宁夏广播电视台、宁夏教育电视台等媒体建立了协同培养人才的机制，与上述媒体实现无缝对接，探索新型传媒人才培养机制。同时，积极走出宁夏，在更为广阔的平台上为学生创造实践与成才的机会。目前，学院已与腾讯公司达成协议，共同建立企鹅新媒体学院，充分发挥腾讯公司在新媒体平台和新媒体人才方面的优势，采取线上与线下相结合的方式，提升学生新媒体产品生产与运营技能，提高人才培养站位，培养一流新媒体人才。三是以“宁夏大学兼职教授”岗位聘请区内外传媒业领军人物和知名高校教授为兼职教授，定期邀请他们在“传媒大讲堂”开设讲座，为全院师生带来最前沿的学界业界信息。

(2)以实践教学为培养特色

学院培植出“课堂教学实践化，实践教学课程化”等实践教学的特色和亮点。具体做法有：与中央驻宁新闻单位、自治区几家主要新闻媒体建立起紧密的合作，并构建起校媒合作办学平台。通过这些平台，学生一方面以“准新闻工作者”的身份进入实战环境，按照媒体要求限时完成工作任务，并调动在校所学专业知识解决实际问题，使自己从课堂教学中的被动学习转换为实践情境中的主动思考；另一方面，他们在完成媒体给定工作任务的过程中，可以深入了解新闻工作所应当具备的知识素养和工作方法，切身感受自身差距并产生情绪感染，促使自己以更好的心理状态学好专业知识和技能。通过加强实践创新的教学环节，使理论学习与实践技能有效对接，提高学生对本专业的满意度和美誉度。

学院在经费上保证外出实习、见习，在课程设置上增加实践性教学环节的比重，实验中心向学生全天候、全时段开放，鼓励学生在课余时间充分利用实践中心设备开展创新实践活动。2016 年，学院共有 11 项大学生创新创业训练项目(含校级重点招标项目)立项，其中，有 1 项国家级大学生创新创业训练计划项目立项，共有 3 项区级大学生创新创业训练计划项目立项。

学院重视学生各项能力的培养，多次开展具有专业特色的各类活动，以高质量的校园文化活动提高学生素质，开展“第二课堂”教育，促使学生积极参与其中。活动包括三届“视间百态”主题摄影展、传播文化艺术节、新闻主播脱口秀大赛等。同时，学生在各类全国性竞赛中屡获大奖，如：马鑫凭借摄影作品《她们的幸运果》摘得新浪图片“摄氏 2014”年度潜力摄影师称号；党硕的摄影作品《关中社火》在宁夏九届摄影艺术展中荣获纪录类二等奖；马金玲等同学的毕业设计《淘缘有梦》，获上海大学生电视节“创业新锐”优秀奖；白林等同学制作的专题节目《宁夏汉字听写大赛》在宁夏教育电视台播出，深受社会好评。

学院还打造了“新闻传播类原创作品竞赛”和“新媒体创新实践”两个特色平台，教师带领学生开展教学实践，作品公开发表、展览、播出，给新闻学专业突出实践特色、培养学生实践创新能力，应对新媒体教学理念方法大变革提供了样本，为新闻学专业教学改革探索出了“不是仅仅趴在教改论文中，而是真正体现在教学实践中，让学生实实在在受益”的路子。

(3)社会服务

新闻学院在进行人才培养和科学研究的同时，利用人才和专业优势，长期有目的、有计划、有组织地致力于本地区社会、文化、宣传等方面的服务工作。具体体现在以下几个方面，一是鼓励教师走出大学，为区内外众多新闻单位举办学术讲座或开展技能培训，提高媒体从业人员的业务水平。二是部分教师长期担任媒体节目的评审工作，或为媒体进行专题性调研工作，成为宁夏宣传战线的研究智库。三是直接参与到媒体的节目生产中。如教授季涓带领的学生团队为宁夏教育电视台制作了《成长》《创未来》栏目以及《我爱阅读走进校园》季播节目；屠凤娥教授牵头组织的“大学生新闻实践训练营”定期为宁夏新闻广播和央广网宁夏频道供稿。同时，该院还与宁夏广电协会合办了行业内部学术刊物《宁夏媒体论坛》。四是参与宁夏各类新闻奖项的评选，为宁夏新闻宣传工作发挥了积极作用。

2. 北方民族大学文史学院新闻传播系

已建有“全媒体新闻传播实验中心”，包括平面设计与网络综合实验室、数字化影视制作实验室、摄影实验室、演播室、广播节目制作室、报纸编排实验室、电视节目录制室，能够满足实践教学的需要。同时，为了给学生创造一个良好的实习环境，文史学院与自治区内外多家教育、行政、事业单位和多家媒体机构签订了共建实习基地协议。学校为文史学院新闻传播广告等专业学生创办了“北民大电视台”、《民大青年报》、“塞上青梅”“手机移动阅读”“民大之声”广播电台、《E传》电子杂志、网站等校内实践基地，与业界媒体接轨，以期实现学生就业的零适应。

3. 宁夏大学新华学院新闻专业

2012年，新闻学专业被自治区教育厅立项为优势特色专业，已基本形成系统化的教育教学理论实践教学体系；2016年与宁夏广播电视台共建新闻传播实践教育基地，建成集广播电视采、编、播、录实践实验教学所需的新闻演播室、虚拟演播室、非线性编辑制作室、广播语录室、广播直播间、直播观摩室、直播候播室等500余平方米。截至目前，专职教师队伍共立项建设自治区级教育教学改革项目2项，厅级以上科研项目

2 项、宁夏高校创新创业教育教学改革项目 1 项，宁夏大学新华学院教育教学改革项目 2 项，宁夏大学新华学院科学研究项目 2 项，指导各级大学生创新创业项目 8 项。教师指导学生参加宁夏高校大学生原创微电影大赛、新闻传播类原创作品大赛等，均有优异表现。

目前，新闻学专业人才培养转型发展后的人才培养标准为：通过比较系统的专业学习和训练，努力实现每个学生在专业综合素质方面能够做到，“开口能讲，提笔能写，拿上设备能拍摄，进入非编室又会编”的“能文能武型”新闻人才。这也是媒体融合发展的全媒体时代对未来新闻传播人才素质的必然要求。

围绕这一转型目标，新华学院新闻学专业在未来的规划中，将以转变人才培养的理念和思路；重构课程体系，改革教学模式、教学方式和方法；深化实践教学体系的改革；进一步加强师资队伍的建设这四个方面工作为核心，进行教育教学改革探索。在继承新华学院 14 年来新闻人才培养成功经验和做法的基础上，进一步强化学生的专业应用技术能力培养，走“校媒合作建基地，校媒联手共育人”的开门办学之路，牢固树立“错位竞争特色发展，有所为、有所不为”的理念，一切从实际出发，不贪大求全，不照抄照搬，不降低标准，最终实现培养行业与地方需要的合格应用技能型高级新闻传播人才的目标。

新华学院新闻学专业毕业生 90%以上在区内就业和创业，其中大部分毕业生在全区地、市、县、乡等基层部门和单位工作，部分学生考研继续深造。目前全区 23 个县市区，基本上都有新闻专业的毕业生。据统计，新闻专业学生一次性就业率在 50%左右，毕业半年后，就业率能达到 100%。考研率逐年提高，2017 届应届毕业生考研率为 12.9%，基本符合学院新闻学专业的人才培养目标和方向定位。

新华学院先后与英国普兹茅斯大学、中国台湾铭传大学、中国台湾朝阳科技大学、美国纽约电影学院、澳大利亚堪培拉大学等高校和交流中心实现合作办学。2008 年至今，每年选派学生到宁夏大学各相关专业交流学习。2012 年与中国澳门科技大学、2013 年与中国澳门城市大学签署免试推荐硕士研究生协议，每年推荐毕业生攻读硕士学位。新闻专业学生均可享受学院创造的各种外出交流、学习的优势资源。

2.30.5　学术研究及其特色

宁夏大学新闻传播学院智库建设迈出坚实步伐。2017 年 6 月 3 日挂牌成立了宁夏大学新闻传播学院民族地区传播与社会发展研究中心。该中心由教育部重点研究基地武汉大学媒体发展研究中心与宁夏大学新闻传播学院联合组建，整合了武汉大学与宁夏大学的学术资源，主要任务是开展重大课题研究，提练宁夏大学新闻传播学科特色，以扎实有力的成果服务于自治区党委和政府的决策、服务于宁夏大学“双一流”建设。宁夏大学新闻传播学院还与中国人民大学新闻学院、宁夏银川市新闻传媒集团达成协议，联合成立西部融媒研究院，共同在新媒体发展、媒体融合发展理论研究与人才培养方面进行探索。

学院以特色学科为导向，提升学科建设的内涵。学院本着立足宁夏，面向西部，服务民族地区的基本理念，积极探索和凝练学术研究方向，初步确立了民族地区传播与社会发展、西部地区融合媒体研究、区域形象与舆情研究三个科研方向，采取外引内联，整合力量，联合攻关的方式，提升学术研究实力。2017 年以来，学院成立了研究机构 1 个，组建了民族地区新闻传播学术团队 1 个。

北方民族大学文史学院新闻传播系目前凝聚的科研方向为民族地区新闻事业发展研究、新闻实践教学研究、影视艺术研究。

（顾广欣）

2.31　新疆维吾尔自治区新闻传播教育发展综述

新疆的新闻传播教育发展历程大体上与全国新闻传播教育的发展同步，萌芽于 20 世纪 80 年代，在世纪之交突然不断升温，天山南北的各类高校都开办了新闻传播专业。目前，新疆新闻传播高等教育呈现出遍地开花，各高校的新闻教育却又风景迥异的特征。在宏观层面，新疆的新闻传播教育与其他省区相比，也有着一些独特的历史节点和特点。

2.31.1　新疆新闻传播教育的起源与发展

早在抗日战争时期，新疆的主政者盛世才与中国共产党建立了抗日民族统一战线。盛世才为了更好地控制新疆，要求中国共产党派出干部到新疆工作。中共中央应邀先后分批派遣了多名干部到新疆工作。中共中央高度重视新疆的意识形态和舆论争夺工作，到新疆工作的干部中，李宗林、李何、马殊、王宪唐、白大方等被分配到新疆日报社工作。① 从 1939 年 9 月到 1941 年年底，这些干部先后举办了 3 期新闻技术训练班。通过

① 帕哈尔丁. 新疆新闻教育的特点[J]. 当代传播，2008，(1)：90-91.

训练班中国共产党培养了新疆历史上第一批新闻专业人员。这也可以视为是新疆新闻传播教育的肇始。

中华人民共和国成立后，新疆一直没有专业的新闻教育，各类新闻人才主要依靠内地高校新闻专业毕业学生，各新闻单位也会派人前往内地学习、进修，以提高新闻专业水准。一直到20世纪80年代，新疆自身的新闻教育才获得了真正的发展时机。1983年，中共新疆维吾尔自治区委员会宣传部在中国社会科学院研究生院新闻系的帮助下，在北京举办了一期新疆新闻干部培训班，第一期共计31人。① 培训班请北京知名专家和负责同志作了专题报告，学员们比较系统地学习了新闻理论和新闻业务知识。课程学习之后，学员们还被分配到16个省市的少数民族地、州、县实习。学员学成回疆之后，成为新疆新闻事业发展的业务骨干。这可以视为新疆新闻传播教育在职继续教育的开端。

新疆新闻传播教育的正规系统化教育是从专科开始的。1981年新疆日报社和新疆教育厅联合举办首次新闻学大专班②，其后，新疆广播电视学校、塔里木农垦大学、新疆职业大学、乌鲁木齐职业大学等各级各类高校开设了新闻专业专科专业，培养了第一批新疆正规系统化新闻专业人才。

新疆大学于1983年在全疆率先开办了新闻学本科专业，分成汉族班和少数民族班招生，使用汉语、维吾尔族语授课。少数民族班的学制为五年，少数民族学生入学第一学年为预科，学习汉语和普通话。此后，新疆主要高校，包括石河子大学、新疆财经大学、塔里木大学、喀什大学、新疆艺术学院、伊犁师范学院等都先后开设了新闻学、广播电视学等相关专业。2003年，新疆大学获得了新闻学硕士生招生资格，开设了理论新闻学、应用新闻学和比较新闻学三个研究方向，这是新疆新闻传播学教育研究生教育的新起点。2003年12月，新疆大学新闻与传播学院建院，成为新疆新闻传播教育的引领者，也是新闻传播人才的重要培养基地。到目前新疆大学新闻与传播学院现有新闻学、广播电视学、广告学和播音与主持艺术学4个本科专业；拥有新闻传播学一级学科硕士点和新闻与传播专业硕士点。新疆大学新闻与传播学院的教学和科研在全疆新闻传播领域居于领先地位，在全国具有一定的影响力和研究特色。

当前新疆新闻传播教育的另一个重镇是新疆财经大学。新疆财经大学新闻与传媒教育始于2003年，学院前身为1983年组建的原基础部。2004年8月，新疆财经大学新闻与传媒学院成立。这是新疆高校历史上第一个成立新闻与传播学院的学院。目前

---

① 帕哈尔丁. 新疆新闻事业史研究[M]. 乌鲁木齐：新疆人民出版社，2008：115.

② 凯赛拉·穆塔力甫. 对新疆新闻教育发展的回顾与展望[J]. 新闻世界，2011，(5)：216-217.

学院本科有新闻学。2011 年 3 月，国务院学位办授予新疆财经大学新闻传播学一级学科授予点。下设 3 个二级学科：新闻学、传播学、广播电视学。学院确立了 5 个研究方向：传媒经济研究、经济新闻理论与实务研究、多民族地区新闻媒介研究。中亚跨文化传播研究、多民族地区文化传播研究。新疆财经大学在新疆新闻传播教育中也占有重要地位。

经过 70 年的努力，新疆的新闻传播教育在规模、师资、硬件都有了长足的进步和提高，为新疆这个有 13 个世居少数民族的民族聚居地区培养了大量的新闻专业人才和新闻研究人才。特别是培养了一大批使用维吾尔族语、哈萨克族语、蒙古族语等的少数民族新闻专业人才，对新疆民族文化的传承和发展作出了历史贡献。

2. 31. 2　新疆新闻传播教育现状

1. 院系及专业设置

新疆主要的高校都设置有新闻传播学类本科专业，其中新疆大学、新疆财经大学都有专门的新闻传播学院，以上两所学校也是新疆新闻传播学一级学科硕士授权单位。塔里木大学是新闻传播学专业硕士授权单位，除此之外，其他新疆高校暂无新闻传播学研究生教育。新疆的新闻传播研究生培养还处于欠发展的历史地位。具体的院系及专业设置详见表 2-51：

表 2 51　　**新疆维吾尔自治区新闻传播学类各高校院系及专业设置**

序号	高校	院系设置	专业(本科)	研究生教育
1	新疆大学	新闻与传播学院	新闻学 广播电视学 广告学 播音与主持艺术	新闻与传播学一级学科硕士点 新闻与传播专业硕士点
2	新疆财经大学	新闻与传媒学院	新闻学	新闻与传播学一级学科硕士点
3	塔里木大学	新闻传播教研室	广播电视学	新闻与传播专业硕士点
4	石河子大学	广播电视新闻系	新闻学 广播电视学	—
5	喀什大学	广播电视学教研室	广播电视学	—
6	昌吉学院	新闻传播教研室	网络与新媒体	—

续表

序号	高校	院系设置	专业(本科)	研究生教育
7	伊犁师范学院	新闻传播系	新闻学 广播电视学	—
8	新疆艺术学院	影视戏剧系 传媒系	播音与主持艺术 广播电视编导 广告学 新闻学 传播学	—

2. 人才培养理念及特色

新疆新闻传播教育发展程度虽然不高，但各高校结合自身办学历史和特色，逐渐形成了较为鲜明的新闻传播教育办学理念及特色。

新疆大学作为新疆新闻传播学教育的领头羊，其办学历史、规模和层次都是新疆首屈一指的。由于新疆大学本身的资源积累和历史地位，其新闻传播教育肩负着如何“把党和政府的声音传入千家万户，把反动有害的声音压下去，把中国的声音传向世界各地”的重任；肩负着如何牢固筑起反渗透、反颠覆思想长城的职责。新闻教育事业则肩负着如何为国家培养出一批理想、文化素质和职业道德都很高，在反分裂斗争中立场坚定的高素质新闻人才的任务。因此，新疆大学的新闻传播学教育立足新疆实际，充分发挥学院多民族教师队伍的结构优势，除了培养学生的专业能力，也强化学生的思想政治教育和爱国主义教育。新疆大学的新闻传播各专业学生保持在 800 人左右，长期以来，少数民族学生占比在 40%以上。可以说，坚持培养国家信得过的少数民族新闻工作者是新疆大学新闻传播教育最大的特色。与新疆大学办学理念相仿的是新疆财经大学，除此之外，新疆财经大学拥有较多的业界资源，其学生培养注重理论与实践相结合。

与新疆大学办学理念形成鲜明对比的是隶属新疆生产建设兵团的两所高校，石河子大学和塔里木大学，这两所高校秉承“维稳戍边”的兵团精神，注重对兵团和来自全国各地学生的兵团精神教育，在注重专业能力培养的同时，注重提高汉族学生的民族团结意识和维稳戍边精神。为新疆社会培养大量留得住、干得好的兵团新一代新闻工作者正是这两所学校办学的主要理念。

新疆其他高校新闻传播教育也各具特色，特别是新疆艺术学院的新闻和传播学科和艺术学紧密联系，电视编导、播音主持等专业在新疆范围内都有较高的办学水准和人才培养质量。总而言之，新疆各大高校新闻传播教育在依托本校办学特色的基础上，注重培养学生的综合素养和实践能力，特别是注重学生的爱国主义教育和民族团结教育。这是新疆新闻教育最具特色之处。在办学水平上，从研究生教育到本科、专科基本健全。但大多数学校仍存在着办学水平和层次处于较低水平，整体办学水平与其他省区相较处于落后和后发状态等问题。

3. 部校共建情况

各级省委宣传部与地方高校合办新闻学院是党在新时期新闻工作的主要抓手。目前中国共产党新疆维吾尔自治区党委宣传部与新疆大学共建新闻学院(2015)。新疆大学新闻与传播学院在校级“中亚传播研究中心”基础上同自治区党委宣传部共建成立“新疆媒介与传播研究智库”，围绕新疆政治稳定和社会经济发展，为地方政府提供高质量的研究报告。目前主要开展的项目有“新疆媒介体制改革与转型研究”“南疆双语教育调查”“南疆乡村政策传播效果研究”等。中国共产党新疆生产建设兵团党委宣传部与石河子大学共建新闻学科。兵团宣传部每年给石河子大学提供 30 万元的专项经费支持新闻学科发展。

4. 对口支援工作

对口支援是教育部启动的支持西部落后省区高等教育发展的重要举措。对口支援工作实际上也是新疆新闻学科接受东部新闻传播优势资源的过程，通过对口支援，新疆新闻传播教育取得了较好的发展效果。从 2005 年起，教育部的对口支援工作逐步形成了以新疆高校为重点，西部高校全范围覆盖的对口支援模式。更多东部高校的新闻传播学院和西部高校的新闻传播学科和院系建立了对口支援合作关系。一般的合作项目多为支援高校教师支援授课、讲座，手把手帮助受援高校进行学科建设和师资培养；优先接受受援高校教师进修和考博；接受受援高校本科生插班学习；优先接收受援高校毕业生攻读硕士研究生。这一阶段新闻与传播学科的东西部高校对口支援工作主要形式仍然是以教学和学科建设为主，在学术研究和社会转化方面的合作开展较少。在新疆高校的新闻传播学科中，新疆大学新闻与传播学院从 2005 年开始得到了武汉大学新闻与传播学院的对口支援，这是新疆新闻与传播学科和中东部高校建立全面对口支援合作关系的新起点。

2010 年新疆“7・5”事件后，教育部出台了《关于加强对口支援新疆大学、石河子大学和塔里木大学的通知》(教高函[2010]10 号)，再次强调了以新疆高校作为对口支援工作的重中之重。特别就新疆的三所主要高校石河子大学、新疆大学和塔里木大学做出了加强对口支援的决定。要求以北京大学、清华大学和中国农业大学为组长单位的支援高校“采取超常规办法”“将对口支援工作作为自己的社会责任和历史使命，无私支援和无私奉献”，必须“要完成好这一政治任务”。武汉大学对口支援新疆大学的新闻传播学科，华中科技大学对口支援石河子大学的新闻传播学科。教育部为了落实对口支援中的核心工作——师资培养的相关政策，专门设立了对口支援定向博士、硕士研究生单独招生指标，单独招生指标专项专用。① 新疆大学和石河子大学的大量青年教师到武汉大学和华中科技大学攻读新闻传播学科的博士研究生。中央财经大学从 2005 年开始对口支援新疆财经大学，从最初的对口支援应用经济学和工商管理学两个学科逐步扩展到法学、新闻传播学等一级学科。这些有效的政策支持对对口支援工作影响巨大。②

与此同时，以复旦大学、中国人民大学、华中科技大学为代表的中东部新闻传播学科重镇都根据教育部的要求竭力做好对口支援工作。大量优秀的一线教师走向了西部高校的教学科研平台。东西部新闻传播学科建设和教育交流更为密切和频繁。正是通过对口支援这一平台，中国的新闻传播学科东西部大交流、大互动得以实现。

5. 学术研究

由于国家哲学社会科学基金中有新疆项目和西部项目等专项名额，新疆的高校在学术研究中国家级课题的承担数量还是较为可观的。主要承担高校是新疆大学、石河子大学和塔里木大学，新闻传播学科几乎每年都有新的国家级项目被申请成功，其中还有一些是国家社科基金重点项目。但研究项目的成果水平一般较低，影响力有限，大多数有影响力的成果仅集中于反映新疆少数民族媒体使用等问题，整体上学术影响力还较落后。

值得一提的是，新疆的新闻传播学术研究有着与其他省区不同的特色，尤其是中亚研究和民族研究，这既是新疆得天独厚的优势，也是新疆新闻传播学研究的主要发力点。新疆各高校几乎都设有“中亚研究”“民族研究”之类的研究中心和平台，在这些研究平台上，新疆和中亚新闻史研究、兵团新闻史研究、少数民族媒体使用、多民族跨文化传播、新疆形象、西域文化传播等问题是主要的研究集中地。

---

① 教育部办公厅关于对口支援高校申请定向培养博士、硕士研究生单独招生指标办法等有关工作的通知(教高厅[2010]4 号)。

② 段鸿斌，苟彦忠. 教育部对口支援西部地区高校计划对新疆高等教育影响的实证研究[J]. 新疆社会科学(汉版)，2010，(4)：108.

2.31.3　新疆新闻传播教育发展的主要特征和面临的问题

综上所述，新疆的新闻传播教育形成了一定规模但层次较低，师资力量和学科实力还较弱，是全国新闻传播教育发展的一块洼地。同时，新疆的新闻传播教育具有特殊的国家战略作用和社会服务功能，各高校都自觉加强了对学生民族团结、爱国意识、维稳戍边等意识的教育和培养，新疆的新闻传播教育呈现出鲜明的意识形态特征。

新疆的新闻传播教育所能凭借和挖掘的资源有限，在教育部对口支援等政策的扶持下，有一定的历史进步。但由于新疆自身支撑新闻传播学科教育的资源有限，平台欠缺，导致新疆新闻传播教育始终处于落后和追赶的状态，差距在逐步拉大。

（张　洁）

第3章　华中四省新闻传播教育地图

华中四省包括湖北、湖南、江西和河南四省。为确保高校信息的真实性、及时性和完整性，我们先根据各省教育厅网站发布的2017年普通高校本科专业目录进行新闻传播类专业筛选，再根据所列专业和高校在学院官方网站进行核对。此次华中四省新闻传播教育调查涵盖106所新闻传播本科高校，资料全部来源于各级教育部门网站、各高校和学院官网以及中国学位与研究生教育信息网等权威网站。

3.1　专业设置

自1997年我国将“新闻传播学”列为一级学科以来，新闻传播学下设的二级学科数量和种类得到了不断的丰富和发展，根据2012年教育部公布的《普通高等学校本科专业目录》，“新闻传播类”一级学科下设5个二级学科，分别为新闻学(50301)、广播电视学(50302)、广告学(50303)、传播学(50304)和编辑出版学(50305)。① 随着新闻传播学环境的变化，相关院校结合时代发展和本校特色，不断丰富着新闻传播学的学科版图。

3.1.1　本科专业开设情况

华中四省普通本科高校开设的新闻传播类专业除了教育部公布的新闻学、广播电视学、广告学、传播学和编辑出版学，部分高校还结合当前传播环境的变化尝试增设了数字出版、网络与新媒体等新专业，例如武汉大学新闻与传播学院的数字出版专业和华中师范大学新闻传播学院的网络与新媒体专业；此外，很多院校将戏剧与影视学下的播音与主持艺术、广播电视编导和设计学下的数字媒体艺术囊括进来，如河南大学新闻与传播学院的播音与主持艺术专业、广播电视编导专业和湖南科技学院传媒学院的数字媒体

---

① 资料来自中华人民共和国教育部官方网站：http：//www. moe. gov. cn/srcsite/A08/moe_1034/s4930/201303/t20130329_150112. html。

艺术专业，具体专业分布情况见图 3-1、表 3-1。

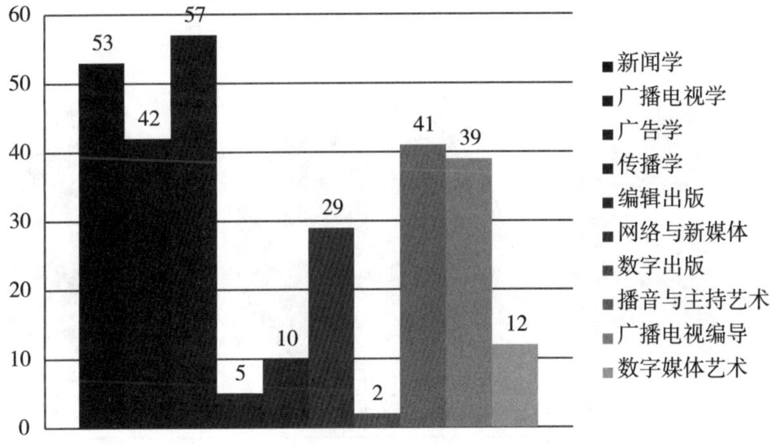

图 3-1　华中四省 106 所普通本科高校主要新闻传播学相关专业数量分布

表 3-1　**华中四省 106 所普通本科高校主要新闻传播学相关专业数量与占比情况**

专业	新闻学	广播电视学	广告学	传播学	编辑出版学	网络和新媒体	数字出版	播音与主持艺术	广播电视编导	数字媒体艺术
数量	53	42	57	5	10	29	2	41	39	12
占比＊	50%	40%	54%	5%	9%	27%	2%	39%	37%	11%

＊为 106 所高校开设本专业的高校数量/所调查的 106 所高校×100%，结果四舍五入后取整数。

由图 3-1 和表 3-1 可以看到华中四省开设传统新闻传播学二级学科专业的高校占比①，其中开设新闻学专业的高校有 53 所，占比 50%；开设广播电视学专业的高校有 42 所，占比 40%；开设广告学专业的高校有 57 所，占比 54%；开设编辑出版学专业的有 10 所，占比 9%；开设传播学专业的高校有 5 所，占比 5%。106 所高校中有近半数的高校都开设了新闻学、广播电视学和广告学这三大传统专业，它们依然是华中四省新闻传播学教育中的强势专业；但相比于这三大专业的稳定发展，编辑出版学和传播学专业却遭遇瓶颈，华中四省只有 10 所高校开设了编辑出版本科专业，例如河南大学、郑州大学、湖南师范大学、武汉大学、湖北大学等，而 106 所高校中仅有 5 所高校开设了

① 标准引用于教育部 2012 年发布的普通本科专业目录，其中新闻传播学二级学科有新闻学、传播学、广播电视学、广告学和编辑出版学这 5 大专业。

传播学本科专业，分别是武汉大学、华中科技大学、湖北大学、武汉传媒学院和江汉大学文理学院，学科专业教育和研究领域不明确、专业就业前景不明朗和相关师资力量不足等是影响这两个专业发展的重要因素(见图 3-2)。

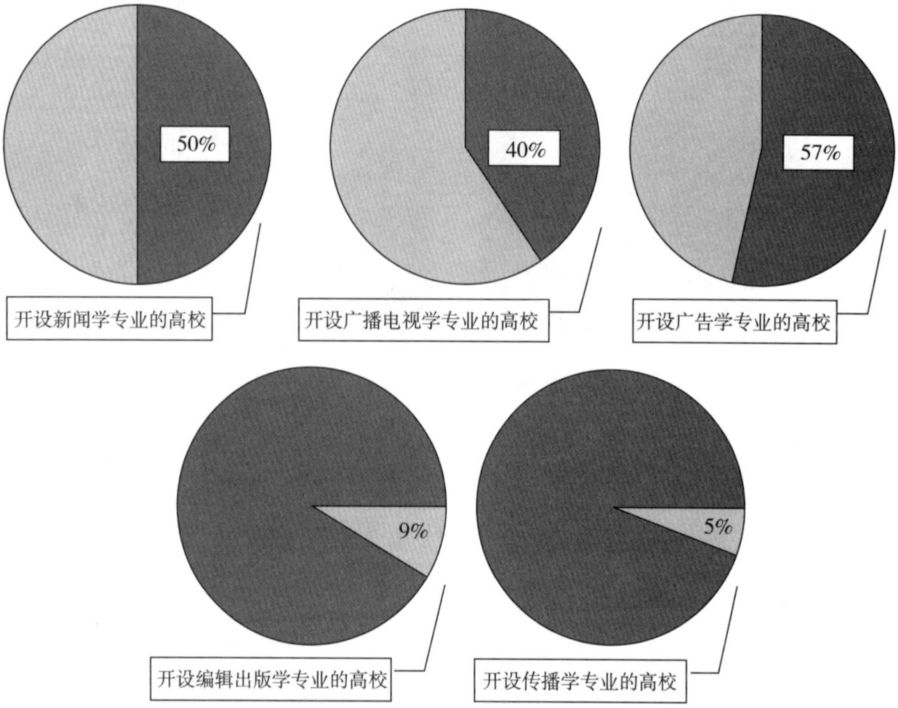

图 3-2　华中四省开设传统新闻传播学二级学科专业高校占比

在教育部公布的最新普通高校本科专业目录中，数字出版和网络与新媒体都属于国家特设专业，这是针对不同高校办学特色，或适应近年来人才培养特殊需求设置的专业。图 3-1 显示了 106 所高校中开设数字出版和网络与新媒体专业的高校占比情况，其中开设数字出版的高校有 2 所，占比 2%，它们分别是武汉大学和中南大学；开设网络与新媒体专业的高校有 29 所，例如华中师范大学和河南师范大学等。数字出版专业和网络与新媒体专业是近几年兴起的新专业，尤其是网络与新媒体专业，它是近两年各大高校纷纷设立的热门专业，反映了华中四省新闻传播类院校进行的新闻传播教育改革和创新(见图 3-3)。

播音与主持艺术、广播电视编导和数字媒体艺术专业都是艺术学门类下的专业，华中四省很多高校将这三类专业并入新闻传播学院系中，其中开设播音与主持艺术专业的

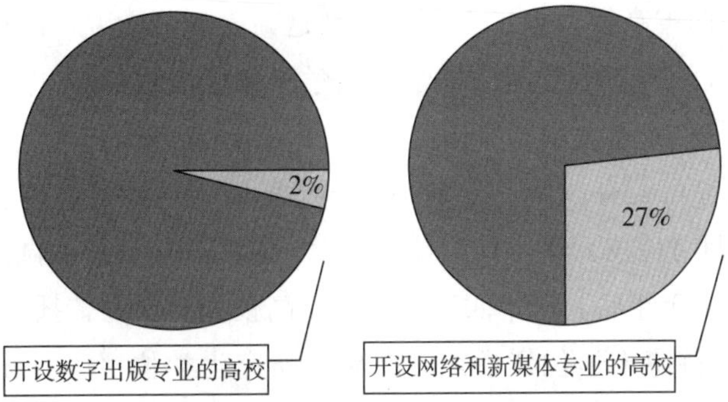

图 3-3　华中四省开设国家特设新闻传播学二级学科专业高校占比

高校有 41 所，占比 39%；开设广播电视编导专业的高校有 39 所，占比 37%；开设数字媒体艺术专业的高校有 12 所，占比 11%。这三类专业结合了自身艺术性优势和新闻传播学的文学性特性，与传统新闻传播学专业一起共同构成了“大传播”教育(见图 3-4)。

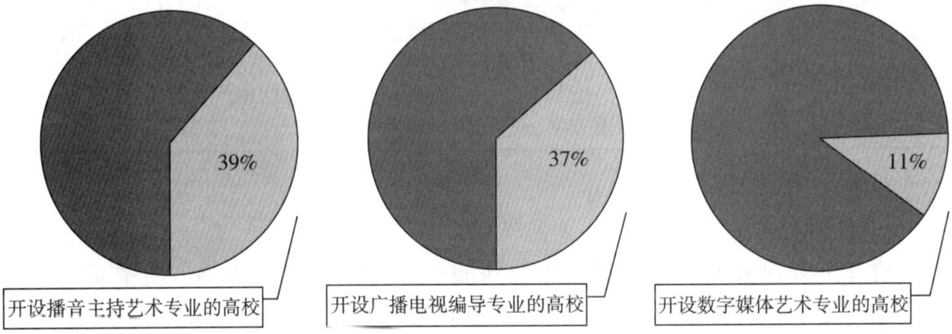

图 3-4　华中四省将艺术学专业纳入新闻传播学教育的高校占比

3.1.2　研究生专业开设情况

研究生教育是继大学本科教育后进行的培养更高层次专门人才的一种学历教育，属高等教育的最高阶段。2018 年 1 月 8 日，教育部公布了《2017 年学位授权审核结果公示》文件，新增硕士学位授权点审核结果共分为新增硕士学位授权点审核结果(新增一级学科授权点)、新增硕士学位授权点审核结果(已有二级学科授权点新增为一级学科授权点)和新增硕士学位授权点审核结果(新增专业学位授权点)三大类。结果显示，2017 年全国新增新闻传播学一级学科博士学位授权点 8 个，其中华中四省有三所高校入围，分别是郑州大学、湖南师范大学和南昌大学；新增新闻传播学一级学科硕士学位授权点 14 个，华中四省高校占据了 3 所，分别是赣南师范学院、武汉体育学院、湖南理工学院；已有二级学科新增新闻传播学一级学科硕士授权点 10 个，其中华中四省高校有 2 所，分别是华中农业大学和中南民族大学；新增新闻与传播专业硕士学位授权点 55 个，其中华中四省高校有 8 所，分别是中原工学院、河南财经政法大学、武汉纺织大学、吉首大学、湖南科技大学、长沙理工大学、湖南理工学院和湖南商学院。据不完全统计①，截至 2017 年年底，华中四省共有 5 所高校拥有新闻传播学一级博士授权点，5 所高校拥有二级学科博士学位授予点；在硕士研究生学位授予方面，华中四省有 20 所高校具有新闻传播学一级学科硕士学位授予点，具体信息参见表 3-2。

表 3-2 **华中四省拥有新闻传播学一级学科博士和硕士学位授予点的高校**

学位授予点	数量	高校名称
一级学科博士学位授予点	5 所	武汉大学、华中科技大学、郑州大学、湖南师范大学、南昌大学
一级学科硕士学位授予点 *	20 所	湖北省：武汉大学、华中科技大学、中国地质大学(武汉)、华中师范大学、华中农业大学、中南财经政法大学、中南民族大学、湖北大学、武汉理工学院、武汉体育学院；河南省：河南大学、郑州大学、河南工业大学；江西省：南昌大学、江西师范大学、江西财经大学、赣南师范大学；湖南省：湖南大学、中南大学、湖南师范大学

(* 不包括专业学位)

在研究生专业设置方面，除了传统的新闻传播学二级学科专业，如新闻学、传播学、广播电视学、广告学和编辑出版学专业外，华中四省的新闻传播学类院校还结合本校特色，开设了较为丰富的专业和研究方向，例如武汉大学新闻与传播学院开设了数字媒介和广播电视艺术理论专业，华中科技大学新闻与信息传播学院开设了广告与公关专业，郑州大学新闻与传播学院开设了媒介经济学专业，河南财经政法大学文化传播学院开设了传媒经济学专业。

3.1.3 院系设置情况

自 1997 年被列为一级学科以来，新闻传播学高等教育一直处于持续发展中，而是否设立新闻传播学的独立学院，是衡量高校新闻传播学教育水平的重要标准。据不完全统计，在此次所调查的 106 所华中新闻传播学类高校中，只有 26 所高校设立了独立的

① 数据来自教育部网站和华中四省各高校官网。

新闻与传播学院，详细信息见表 3-3。

表 3-3　　**华中四省设立新闻与传播学科独立学院的高校**

省份	数量	高校名称
湖北省	8 所	武汉大学、华中科技大学、华中师范大学、湖北大学、湖北经济学院、武汉体育学院、黄冈师范学院、武汉体育学院
湖南省	3 所	湖南师范大学、湖南理工学院、衡阳师范学院
江西省	3 所	南昌大学、江西师范大学、赣南师范大学
河南省	12 所	河南大学、郑州大学、河南财经政法大学、河南工业大学、郑州大学西亚斯学院、周口师范学院、洛阳师范学院、南阳师范学院、平顶山学院、商丘师范学院、中原工学院、黄河科技学院

其他尚未设立新闻传播学独立学院的高校，其中一部分将将新闻传播学相关专业设置在文学院、人文学院、文法学院下面，例如江西科技师范大学文学院、江西财经大学人文学院、武汉理工大学文法学院等，这些学院中非新闻传播学类专业占据了很大一部分；还有一部分高校虽然没有设立独立的新闻传播学类学院，但其与其他学科合作设立学院，已经体现出一定的独立色彩，例如湖南大学新闻传播与影视艺术学院、中南大学文学与新闻传播学院、中南财经政法大学新闻与文化传播学院等，这些学院的新闻传播学相关专业占据了较大比例，例如湘潭大学文学与新闻学院的 5 个本科专业中有 3 个为新闻传播学类专业，分别为新闻学、广播电视学和广告学，其他 2 个非新闻传播学类专业为汉语言文学和对外汉语专业。

3.1.4　学科建设情况

国家重点学科是国家根据发展战略与重大需求，择优确定并重点建设的培养创新人才、开展科学研究的重要基地，在高等教育学科体系中居于骨干和引领地位。从 1986 年至今，我国共组织了三次重点学科的评选工作，截至 2006 年第三次评选工作结束，获得新闻传播学国家重点学科和国家重点培育学科的高校数量极为稀少，而且均在华北和华东地区，其中中国人民大学和复旦大学拥有新闻传播学一级学科国家重点学科，中国传媒大学拥有新闻学国家重点学科和传播学国家重点培育学科。① 虽然华中四省新闻

① 国家重点学科资料来源于中国学位与研究生教育信息网：http：//www.cdgdc.edu.cn/xwyyjsjyxx/zlpj/zdxkps/zdxk/。

传播学类高校并没有入围国家重点学科名单，但各省为鼓励学科发展，纷纷设立省级重点学科和省级重点培育学科，例如武汉大学、华中师范大学、湖北大学、郑州大学和湖南师范大学都获得新闻传播学一级学科省级重点学科，河南大学新闻学与传播学为河南省二级重点学科，武汉体育学院的新闻传播学为“十二五”湖北省重点培育学科。

学科评估是教育部学位与研究生教育发展中心，按照国务院学位委员会和教育部颁布的《学位授予与人才培养学科目录》，对全国具有博士或硕士学位授予权的一级学科开展整体水平评估。2002 年首次开展，截至 2017 年完成了四轮，详细信息见表 3-4。表中信息显示，华中四省实力较强的新闻传播类院校有武汉大学、华中科技大学、郑州大学、河南大学、湖南大学、湖南师范大学和南昌大学。虽然这四次全国新闻传播学一级学科评估标准不一，且为自愿申请参加，因此评估结果受多种因素影响，但评估结果的波动变化还是引起了各高校的关注和重视。

表 3-4　**2002—2016 年四次全国学科评估华中四省新闻传播学一级学科水平高校排名①**

评估年份	学校	等级/分数/排名	备注
2004 年第一轮	华中科技大学	第 4 名	全国参评高校共 9 所
2007—2009 年第二轮	武汉大学	75 分 第 4 名	全国参评高校共 31 所
	华中科技大学	72 分 第 7 名	
	湖南大学	66 分 第 15 名	
	武汉理工大学	65 分 第 18 名	
	中国地质大学	64 分 第 23 名	
2012 年第三轮	武汉大学	84 分 第 4 名	全国参评高校共计 48 所
	华中科技大学	81 分 第 6 名	
	湖南大学	73 分 第 18 名	
	河南大学	71 分 第 21 名	
	郑州大学	70 分 第 24 名	
	中南财经政法大学	68 分 第 33 名	
	中国地质大学	66 分 第 44 名	

① 资料来自中国学位和研究生教育信息网：http：//www. chinadegrees. cn/xwyyjsjyxx/xkpgjg/index. shtml。

续表

评估年份	学校	等级/分数/排名	备注
2016年 第四轮	华中科技大学	A级	全国参评高校共计81所
	武汉大学	A-级	
	郑州大学	B级	
	湖南大学	B级	
	湖南师范大学	B级	
	南昌大学	B-级	
	河南大学	B-级	
	华中师范大学	C级	

3.2 本科教育

大学本科教育是高等教育的重点和基石，本科教育中的课程结构设置、课外素质教育培养和实习实践活动安排等因素对学生的成长与发展有重大影响，也是衡量高校新闻传播学教育水平的重要因素。因此，我们从培养目标、课程设置、实践教学方面来分析华中四省高校的新闻传播学教育情况。

3.2.1 培养目标

培养目标是学校根据国家需要以及该校的发展状况与教育任务而确立的，是教育的总方向。培养要求是学校对学生提出的特定要求，只有学生达到学校的培养要求，才算是合格的毕业生。培养目标与培养要求不同，培养出的学生也表现出不同的个性与特点。① 为了能对华中四省新闻传播学类高校的学生培养情况有一个综合观察，我们根据省份不同，选取了4所具有代表性的新闻传播学类高校的新闻学专业进行比较，它们分别是武汉大学(湖北省)、湖南师范大学(湖南省)、郑州大学(河南省)和南昌大学(江西省)，详细信息见表3-5。

① 岳芹芹．论媒介融合背景下我国新闻教育改革[D]．河北经贸大学，2015：23-24.

表 3-5　　华中四校新闻学专业培养目标

学校	省份	培养目标
武汉大学	湖北省	培养具备系统的新闻传播理论知识与扎实的专业技能、宽广的文化与科学知识，熟悉我国新闻、宣传政策法规，素质高，能力强，并富有创新精神，能在政府部门、新闻与出版单位、学校、大型企事业单位等从事采编、公关策划以及经营管理等工作的复合型专门人才①
湖南师范大学	湖南省	培养具备系统的新闻理论知识与技能、宽广的文化与科学知识，熟悉我国新闻、宣传政策法规，能在新闻、出版与宣传部门从事编辑、记者与管理等工作的新闻学高级专门人才②
郑州大学	河南省	培养具备系统的新闻传播学基本理论和技能、宽广的文化与科学知识，熟悉我国新闻、宣传的政策法规和伦理道德，了解世界主要国家的新闻业发展和运行状况，树立良好的新闻职业道德，能在新闻媒体、编辑出版部门与宣传机关从事采编、宣传以及管理等方面工作的新闻学专门人才③
南昌大学	江西省	培养为社会主义现代化服务，德、智、体、美全面发展，具备系统的新闻与传播学理论知识与专业技能、宽广的文化与科学知识，熟悉我国新闻、宣传政策法规，能胜任新闻媒介的编辑、记者和管理工作，以及其他机关企事业单位、广告经营单位的宣传、品牌传播和广告策划创意与经营管理等工作④

对比四校新闻学专业的培养目标，可以看出它们都注重培养学生的专业知识和技能，要求学生对我国新闻宣传法律法规有较为深入的认识和理解，并且四校都提到了能在政府宣传部门和新闻媒体等行业工作。可见，华中四省的大部分新闻传播类院校的本科教育以满足学生职业发展需要为培养目标，强调学生的专业技能培养。

3.2.2　课程设置与实践教学

调查发现，为了丰富教育课程、促进学生的全面发展，大多数新闻传播学类高校在

---

① 资料来自武汉大学新闻与传播学院官网：http：//journal. whu. edu. cn/notice/20140425tld2。

② 资料来自湖南师范大学新闻与传播学院官网：http：//xwxy. hunnu. edu. cn/showart. asp？ id = 1047。

③ 资料来自郑州大学新闻与传播学院官网：http：//www5. zzu. edu. cn/xinwen/info/1009/2881. htm。

④ 资料来自南昌大学新闻与传播学院官网：http：//xwycb. ncu. edu. cn/xwjs/bks/31089. htm。

进行本科课程结构设计时，将课程分为通识教育和专业教育和实践教学三个部分，其中又有必修和选修之分(见表 3-6)。

表 3-6　　武汉大学新闻与传播学院新闻学专业教学课程计划表-通识教育部分①

课程类别		课程编号	课程名称	学分数	总学时	学时类型					各学期学时学分分配								开课学院
						讲课	习题课	实验	实践	上机	1	2	3	4	5	6	7	8	
通识教育课程	必修		毛泽东思想和中国特色社会主义理论体系概论	3	54								3	学生自由选择修习时间					
			马克思主义基本原理	3	54							3							
			思想道德修养和法律基础	3	54						3								
			中国近现代史纲要	3	54								3						
			形势与政策	2	36						学生自由选择修习时间，不计入学位学分								
			国情教育与社会实践	2	36														
			综合英语 1 起点	12	216						A1+A2+A3+A4								
			综合英语 2 起点	11	198						A2+A3+A4+Bn								
			综合英语 3 起点	10	180						A3+A4+Bn+Bn								
			综合英语 4 起点	9	162						A4+Bn+Bn+Bn								
			体育	4	144						按项目学生自由选择修习时间								
			军事理论	1	18						学生自由选择修习时间，18 学时的实践内容归入军事训练								
通识教育课程	选修		交流与写作类								至少 4 学分								
			数学与推理类								至少 4 学分								
			人文与社会类								至少 6 学分								
			自然与工程类								至少 4 学分								
			艺术与欣赏类								至少 4 学分								
			中国与全球类								至少 4 学分								
			研究与领导类								至少 4 学分								

① 资料来自于武汉大学新闻与传播学院官网：http：//journal. whu. edu. cn/notice/20140425tld2。

通识教育部分的课程主要是培养学生的基础知识和素养而设立的，因此是不分专业的。这一部分的课程大致可以分为三类——思想政治类课程、外语课程和素质教育类课程。以武汉大学新闻学为例，其思想政治类课程包括毛泽东思想和中国特色社会主义理论体系概论、马克思主义基本原理、思想道德修养和法律基础、中国近现代史纲要、形势与政策、军事理论和国情教育与社会实践，这一部分课程学分和课时都较多，广泛分布于本科生进校的前两年中；外语课程主要为英语，按照学生水平分为 1~4 这四个不同等级；素质教育课程为选修课程，学生可以根据自己的兴趣和需要进行选修，但学校进行了课程分类并规定了选修学分下限，详细信息见表 3-6。此外值得注意的是，近年来，不少高校注意到新闻传播学教育的发展变化需要，将高等数学等历来被新闻传播学科教育排除在外的课程也纳入本科课程设计中，例如中南大学 2016 版广播电视学专业本科培养方案就将数学实验与建模和高等数学等课程加入本科生教育中(见表 3-7)。

表 3-7　　　　**中南大学广播电视学专业教学课程计划表-专业教育部分①**

专业核心理	新闻学概论		必修课
	传播学概论		必修课
	新闻采访与写作(一)		必修课
	新闻采访与写作(二)		必修课
	世界新闻史		必修课
	中国新闻史		必修课
	新闻伦理与法规		必修课
专业课	新闻摄影	专业选修课	电影文化
	计算机辅助视音频编辑		数字图像处理
	电视摄像与编辑制作		传播学发展史
	新闻评论		文化产业概论
	数据新闻		媒介与大众文化
	新媒体导论		媒介经营与管理
	深度报道采访与写作		纪录片研究
	中外新闻作品选读		公共关系学
	电视节目编排与策划		广告学概论
	电视编导		传播学经典原著选读
	学术论文写作		中外名记者研究
			传播学研究方法

① 资料来自中南大学文学与新闻传播学院官网：http：//wxy. csu. edu. cn/info/1083/3505. htm。

专业教育部分的课程会根据学生的专业需要进行专门设计，以课堂教学、课外实践等多种教学形式进行，并根据学生的年级来进行不同深度的课程安排。这一部分的课程可以分为三类——学科基础课程(一些高校将之称为平台课程、专业核心课程)、专业必修课程和专业选修课程。以中南大学广播电视学专业为例，其核心课程为新闻学概论、传播学概论、中国新闻史、世界新闻史、新闻伦理与法规、新闻采访与写作等，这一部分占据了较多课时，且为必修课；为了进一步符合专业需要，中南大学广播电视学专业也安排了电视编导、计算机辅助音频剪辑、电视摄像与编辑制作等更具专业特色的专业必修课程；而电影文化、纪录片研究等专业选修课程可以让学生根据自我兴趣和发展需要而自主选修学习。

实践教学部分的教学形式多样，大致分为课外实践活动、专业实习、毕业论文和学术讲座等。这一部分的教学时间安排较为自由，但一般有学分和时长或频率限制，例如武汉大学新闻学专业实行课程实习、假期实习、专业实习的三级实践教学体系，平时根据有关课程安排，就与课程相关内容在校内进行实习；假期要求学生在报社和其他媒体实习并鼓励学生积极参加社会实践活动；第六学期在各类专业媒体进行为期 4 个月的专业实习，全部实习时间总共在 30 周以上。

3.3　研究生教育

研究生教育是学生本科毕业之后继续进行深造和学习的一种教育形式，在原有学科知识和能力的基础上，通过专业性理论、方法论等课程的学习以及必要的学术训练，增强对理论研究及其规范化要求的认识与理解，不断提高自身的专业素养和独立分析、解决问题的能力。一般要求在学习期间有一定数量的开拓性、创新性的成果公开发表，整体研究水平上一个台阶。毕业后能够成为新闻传播领域中从事理论研究、教学工作或实务工作的中高级人才。

研究生专业方向和具体课程设置更加个性化和细致化。很多高校会结合各自特色来设置研究方向，各有所长，河南大学依托于影视艺术研究所开设了三个特色方向，即影视艺术研究、影视文化产业开发、影视艺术理论与文化传播研究；华中科技大学依托于其突出的理工科实力开设了网络与新媒体方向；中南大学基于中国文化品牌研究中心的雄厚实力设置有文化产业方向。在注重政治理论修养、英语等通识知识学习的前提下，研究生教育更往细分的方向发展，在新闻学、传播学、广播电视新闻学等基础上又细分为不同的方向，新闻学多分为新闻史、新闻业务、新闻理论、国际新闻等；传播学多分为传播理论、大众传播、跨文化传播、政治传播、健康传播、新媒体与网络传播、国际传播等；广播电视学多分为广播电视史论方向、电视学方向、纪录片学方向、新媒体策划与制作方向等。学术型硕士更加注重理论的学习，多为三年制，而专业型硕士则偏向于实践与就业，大部分为两年制。

研究生教育的课程设置无论是理论的还是研究方法的都更加深入，难度加大，细分的选修课为研究生进行具体方向的研究提供了理论和方法论的准备。例如武汉大学传播学方向开设了广告传播理论研究、网络传播研究、动画设计原理、中外动画理论研究、媒介经济理论研究和新闻传播研究方法等课程，选修的还有跨文化传播、网络社会研究、网络人际传播研究、网络舆情研究、网络文化研究等十分多样的课程可供选择；湖南大学的新闻学方向就有新闻学原理、传播理论与方法研究、新闻报道研究、中国新闻思想研究、媒介经营管理学原理、新闻评论研究、新闻边缘学科研究、新闻思潮研究、影视文化学专题、影视评论专题、新闻传播法规研究和科技新闻专题研究等课程。

课程设置呈现两种十分明显的趋势，第一，不断与国际接轨。武汉大学同时设置了硕士英语和专业英语作为必修，开设了中外动画理论研究、全球媒介研究、跨文化传播和西方新闻传播思潮研究等与国际接轨的课程；华中师范大学等学校设置了国际传播课程；湖南师范大学戏剧与影视学方向也有中外电视剧比较研究和中外戏剧戏曲理论课程。第二，紧跟科技的发展。研究生学习阶段很多高校的新闻传播教育开设了更注重新技术和实践性和职业性的媒介融合、网络与新媒体、数字出版等方向。例如湖南大学的科技新闻与科技传播方向开设科技传播方法与技术、现代科技发展前沿专题、科技新闻理论专题、科技新闻报道专题、科技新闻传播史专题、科技传播与社会发展专题、西方科技新闻专题、中西科技新闻比较等课程，旨在培养具有创新思维及良好的外语、计算机使用水平，能从事科技新闻与科技传播实务、科研和教学工作的高层次专业人才。

新闻传播研究生招生对象一般是具有新闻传播本科学历的应届毕业生或者在职人员，同时也鼓励其他学科和其他专业的学生报考新闻传播，拥有跨学科背景的学生愈发受到新闻院校青睐。比如英语或小语种专业、法律专业、经济专业甚至是计算机、工程等理工科专业因为其逻辑思维能力和技术基础而大受欢迎。

3.4 部校共建情况

随着市场经济的蓬勃发展，信息爆炸和信息良莠不齐的问题凸显，新的时代背景赋予新闻事业和传播产业新的使命。如何培养更加适应新闻传播事业发展、具备正确媒体立场、拥有人民情怀、敢于担当责任的新时代新闻人才，成为高校、媒体和政府部门深层次反复思考的问题，部校共建新闻与传播学院已经成为重要的方式并取得一定的成绩。

武汉大学新闻与传播学院由湖北省委宣传部与武汉大学共建。根据共建协议，双方将共建精品课程、骨干队伍、实践基地和研究智库；湖南师范大学与湖南省委宣传部，与湖南日报报业集团建立了“新湖南”媒介工作室，与湖南和光传媒集团建立了“新媒体品牌传播产学研合作基地”，与湖南教育报刊集团建立了“新闻传播学类专业校企合作人才培养示范基地”；郑州大学与河南省委宣传部签署协议，共建新闻与传播学院，学院相继在河南日报报业集团、河南电台、河南电视台等7家新闻单位共建了实践基地。

华中四省部校共建开展情况较好，但省级部校共建覆盖的范围仍然比较局限，湖南、湖北、河南和江西每个省基本只有少数一两所高校参与共建，且大多是与省委宣传部共建，与主流媒体共建的情况还不多。然而，市级的部校共建逐渐开展开来，例如江西省萍乡市委宣传部就与萍乡学院共建新闻传媒类专业签约，赣南师范大学与赣州市广播电视局、赣州电视台、赣州人民广播电台、赣南日报社、新余电视台、新余人民广播电台等众多媒体单位签订了合作协议。

具体来看，各地部校共建新闻与传播学院主要采取以下共建模式：宣传部长或媒体机构负责人兼任各高校新闻学院院长；宣传部及媒体为高校学生提供实习实践平台或共建基础设施和实践基地；共建项目将精品课程共建；编辑记者进课堂授课、开讲座，高校教师到媒体业界挂职锻炼。不仅如此，地方宣传部发挥积极作用，在政策导向、师资力量、基础设施等方面支持新闻学院建设。

3.5　学术研究

3.5.1　实验室/资料室建设情况

湖北地区共有新闻传播专业实验室/资料室26个。武汉大学建有全国第一家高校传媒类国家级实验教学示范中心：武汉大学新闻传播学实验教学中心，总面积1090平方米，实验设备400多台(套)，图书资料室拥有中外图书近50000册，订有中外报刊230余种；电子阅览室可与校图书馆共享电子文献资源，可供利用的网络和光盘数据库有400多个。中南财经政法大学的三维动画实验室则是目前华中四省唯一一家美国PIXLOGIC认证授权的三维数字雕塑实验室。湖南地区能够统计到的建立实验室/资料室的高校有12个，湖南师范大学拥有面积900多平方米的现代传媒技术实验室，设备价值1200多万元。河南地区则拥有12个实验室/资料室，由于河南纳入统计范围的高校只有15所，所以实验室/资料室拥有率是几个地区中最高的，河南大学拥有一个国家级新闻与传播实验教学示范中心。江西地区共有新闻传播专业实验室/资料室6个，江西师范大学建有传媒实验中心一个，总资产近800万元，可以满足各专业实践教学的需要。

华中四省的新闻传播类专业院校大多拥有配合开设课程而设立的实验室/资料室，尤其是为新闻学、广播电视学、编辑出版学、广告学、播音与主持艺术等专业学习而有针对性开设的新闻摄影、电视摄像、非线性编辑、报纸编辑、新闻演播、动画设计、形体房、录音间等。但是也存在一些问题，首先，高校间实验室/资料室的数量和质量参差不齐，部分高校面临着实验室/资料室资金不足、设备老旧，无法紧跟技术发展等问题。在一些没有设置独立新闻与传播学院的院校，没有或者少有专门的实验室，导致本专业学生需要和其他专业学生共用实验室/资料室。其次，出于教学的需要，实验室的普及率要远高于资料室，仍有很大数量的高校没有资料室或者有资料室但资料室内资源匮乏。

3.5.2 近三年新闻传播学国家社科基金青年项目与年度项目情况

近三年来，华中四省新闻传播院系的老师在申请国家社科基金项目时有相当亮眼的表现，具体情况如表3-8所示。

表3-8 **华中四省高校新闻学与传播学国家社科基金青年项目与年度项目(2015—2017)**

华中四省近三年国家社科基金青年项目立项名单(新闻学与传播学)				
地区	所在高校	项目名称	负责人	项目类别
湖北	武汉大学	大数据背景下恐怖主义信息的新媒体传播及其应对研究	石小川	青年项目
湖北	武汉大学	基于多点民族志方法的农村互联网实践及其社会生活影响研究	冯　强	青年项目
湖北	武汉大学	大数据时代个人隐私的分级保护研究	王　敏	青年项目
湖北	华中科技大学	网络视频直播的多元协同治理模式研究	刘　锐	青年项目
湖北	华中师范大学	基于媒介融合的传媒数据库建设与应用研究	张振宇	青年项目
湖北	湖北大学	“互联网+”时代电视媒体的转型研究	柴巧霞	青年项目
湖北	湖北大学	香港媒体对“自由行”议题的话语构建与国家认同研究	陈　薇	青年项目
湖北	中南财经政法大学	移动互联时代信息传播动力学模型构建及应用研究	宋广华	青年项目
湖北	中南民族大学	台湾地区媒体转型历程、困境与反思研究	方　苏	青年项目
湖南	中南大学	基于移动互联网的信息传播路径与扩散模式研究	易　龙	青年项目

续表

华中四省近三年国家社科基金青年项目立项名单(新闻学与传播学)				
地区	所在高校	项目名称	负责人	项目类别
湖南	湖南师范大学	社会化媒体时代的舆论博弈研究	岳　璐	青年项目
湖南	湘潭大学	基于绩效评价的我国数字出版盈利模式研究	刘一鸣	青年项目
湖南	湘潭大学	新闻解释与新闻舆论引导功能建构研究	覃　岚	青年项目
湖南	吉首大学	新媒体环境下政务舆情回应的社会认可度调查与研究	彭广林	青年项目
河南	河南大学	民国报刊新闻述评的发生研究(1911.10—1949.9)	刘英翠	青年项目
河南	河南大学	媒介融合视域下编辑理论创新研究	段乐川	青年项目
河南	河南大学	"一带一路"背景下中国学术出版"走出去"研究	刘　杨	青年项目
河南	郑州大学	争议性新闻事件中的专家参与研究	褚金勇	青年项目
河南	郑州大学	基于认知图式的区域形象研究	邓元兵	青年项目
河南	河南工业大学	大众传媒与新生代农民工再社会化研究	黄俊华	青年项目
河南	河南财经政法大学	大数据驱动下实时竞价广告的运作机制与实证研究	蒋洛丹	青年项目
河南	河南财经政法大学	新媒体时代中国城市底层的心理状况与社会交往研究	刘　丹	青年项目
江西	南昌大学	中国政治视觉修辞的表征与提升策略研究	刘　晶	青年项目
江西	江西师范大学	网民消极话语抗争及其疏导研究	王凤仙	青年项目
江西	景德镇陶瓷学院	器物文化传播对中国国家形象影响机制研究	李松杰	青年项目

华中四省近三年国家社科基金年度项目立项名单(新闻学与传播学)				
地区	所在高校	项目名称	负责人	项目类别
湖北	华中科技大学	老龄化的风险议题、媒介话语转型与"积极老龄化"社会建设研究	郭小平	重点项目
湖南	湖南大学	小制片企业融资难缓解路径研究	姚德权	重点项目
湖南	湖南师范大学	媒体融合发展的商业模式研究	肖赞军	重点项目
河南	郑州大学	习近平总书记对外传播思想研究	周宇豪	重点项目
湖南	湖南大学	微博民间舆论场发育、构建与风险规避研究	鲁佑文	一般项目
湖南	湖南师范大学	传播政治经济学视野下新中国畅销书史研究(1949—2019)	易图强	一般项目

续表

华中四省近三年国家社科基金年度项目立项名单(新闻学与传播学)				
地区	所在高校	项目名称	负责人	项目类别
湖南	湖南师范大学	民国时期广播从业者研究	王文利	一般项目
湖南	湖南师范大学	编辑学范畴论	周国清	一般项目
湖南	湖南师范大学	大数据时代青少年网络政治参与的有序机制研究	燕道成	一般项目
湖南	湖南工业大学	媒介融合背景下中国广播电视网络产业发展机制创新与实现路径研究	曾静平	一般项目
湖南	湖南工业大学	全球化背景下西方媒体涉华报道的事实核查研究	雷晓艳	一般项目
湖南	衡阳师范学院	新媒体时代报纸言论发展危机规避策略研究	彭军辉	一般项目
湖南	湘潭大学	新媒体环境下电视媒体舆论引导责任评价体系研究	田　华	一般项目
湖南	湖南第一师范学院	融媒时代社会群体性突发事件信息传播及负面效应控制机制研究	熊　萍	一般项目
湖南	长沙理工大学	中国动画产业创新发展研究	耿　蕊	一般项目
湖南	湖南商学院	国际传播背景下的动画作品价值观输出、传播及影响研究	赵小波	一般项目
湖北	华中科技大学	讲好中国故事的“元叙事”传播战略研究	陈先红	一般项目
湖北	华中科技大学	基于新媒体的民意表达与公共政策的互动机制研究	何志武	一般项目
湖北	华中科技大学	新媒体环境下中国参与建构全球媒介伦理的路径研究	牛　静	一般项目
湖北	中南民族大学	党媒移动端话语转型与话语传播力提升研究	刘　琴	一般项目
湖北	中南民族大学	新媒体背景下主流媒体新闻报道的框架效果研究	郝永华	一般项目
湖北	中南民族大学	基于公众低碳态度与行为的政府气候传播机制研究	徐　红	一般项目
湖北	武汉大学	中国新媒体广告规制研究	周茂君	一般项目
湖北	武汉大学	网络空间语境下“一带一路”跨文化分众传播与话语策略研究	周　翔	一般项目
湖北	武汉大学	中国互联网广告监管制度研究	廖秉宜	一般项目
湖北	武汉大学	以资本运营推动传统媒体与新兴媒体产业融合一体化发展研究	刘友芝	一般项目

续表

华中四省近三年国家社科基金年度项目立项名单(新闻学与传播学)				
地区	所在高校	项目名称	负责人	项目类别
湖北	华中师范大学	移动互联网背景下传媒退出机制研究	张勇军	一般项目
湖北	华中师范大学	社会动员中的网络情绪研究	周　莉	一般项目
湖北	湖北大学	扶贫传播与革命老区贫困人口社会发展研究	张瑜烨	一般项目
湖北	湖北大学	健康传播与自闭症儿童的社会发展研究	黄月琴	一般项目
湖北	武汉体育学院	基于大数据分析的社交媒体社会动员机制研究	刘　静	一般项目
湖北	中南财经政法大学	第四范式下数据新闻业务流程集成框架重构研究	张　凯	一般项目
湖北	江汉大学	社会化媒体视阈下的城市传播研究	李　明	一般项目
湖北	武汉工商学院	大数据与中国广告产业发展研究	张金海	一般项目
湖北	三峡大学	网络集群行为中的民粹主义话语传播及有效引导研究	刘建新	一般项目
湖北	武汉纺织大学	基于社交网络的青少年新媒介素养与公民责任意识培育研究	荣建华	一般项目
河南	河南工业大学	“一带一路”背景下我国区域对外传播力提升路径与策略研究	杨丽雅	一般项目
河南	河南大学	大数据时代网络文学版权运营与保护研究	王志刚	一般项目
河南	河南大学	新媒体编辑的叙事规律研究	李建伟	一般项目
河南	河南大学	中俄战略伙伴语境下媒介合作研究	张举玺	一般项目
河南	郑州大学	基于 RDF 图的大数据舆情分析研究	李　钝	一般项目
河南	郑州大学	中国礼文化传播与认同建构研究	张兵娟	一般项目
河南	郑州大学	大数据与中国广告产业集约化发展研究	颜景毅	一般项目
河南	河南大学	近代日本对华新闻调查活动研	史洪智	一般项目
河南	河南科技大学	《辞源》百年编修出版研究	彭小琴	一般项目
江西	南昌大学	新《广告法》与网络广告长效治理机制研究	刘西平	一般项目
江西	南昌大学	改革开放以来《人民日报》“三农”新闻报道的叙事研究	蒋亚平	一般项目
江西	南昌大学	中国近现代媒介批评的逻辑与范型研究	胡　丹	一般项目
江西	南昌大学	互联网逻辑下主流媒体融合模式与创新机制研究	汤晓芳	一般项目
江西	南昌大学	我国新媒体视频监管体制创新研究	邓年生	一般项目
江西	赣南师范大学	中央苏区形象的国际传播研究	龙鸿祥	一般项目

续表

华中四省近三年国家社科基金年度项目立项名单(新闻学与传播学)				
地区	所在高校	项目名称	负责人	项目类别
江西	赣南师范大学	社会转型时期公益组织形象传播研究	肖 灵	一般项目
江西	江西师范大学	“媒介赋权”视野下新生代农民工向上流动的引导机制研究	袁爱清	一般项目
江西	江西师范大学	社会底层青年群体心理极化的传媒干预研究	李春雷	一般项目
江西	江西财经大学	新媒体环境下医患冲突事件传播的话语博弈与互动研究	蔡盈洲	一般项目
江西	江西财经大学	从苏区到延安时期马克思主义新闻思想中国化的历程及经验研究	张品良	一般项目
江西	江西财经大学	互联网“圈子”视阈下的危机传播机理与治理研究	王玉琦	一般项目
江西	九江学院	广告图像研究	周子渊	一般项目

3.6 社会服务

高校凭借其人才优势，结合新闻传播类院校的特点，服务途径丰富多样，主要包含以下几种，第一，各高等教育机构通过各种灵活的教育制度，提升高等教育覆盖范围，为社会成员提供各种教育机会。第二，成为坚实的智库，围绕党和政府宏观决策、经济社会发展和行业企业发展面临的问题，主动开展调查研究、咨询论证、科技服务等工作，为当地经济、文化的发展出谋献策。第三，高校发挥在发展过程中形成的学科优势和科研优势，与地方政府、企业联手，促进产、学、研结合，推动当地文化产业的发展，在服务与贡献中获得自身更大的发展。第四，为传媒单位、政府机关提供专业培训，提搞专业技能。第五，举办文化活动，展示高校的风采，引领社会健康风气，促进优秀文化发展。

湖北地区高校云集，提供的社会服务最为丰富多样，以武汉大学新闻与传播学院为例，武汉大学主要提供继续教育、产学研、社会培训三个方面的社会服务。武汉大学新闻与传播学院依托优秀的师资队伍、雄厚的实力在社会培训上卓有成就，为社会提供新闻发言人与媒体应对、城市形象塑造与企业品牌建设、政府与企业的媒体形象、网络时代的政府媒体与公众、新闻与传播驾驭能力培养等专题研究，开设播音与主持艺术(影视编导)、电视编导、节目制作包装等研修班，开展记者型主持人(含新闻播音、影视配音）、非线性编辑、三维动画、节目包装进修、普通话等级测试、高级摄影艺术等多层次高质量的教育培训项目，已经接受中共深圳市委对外宣传办公室、深圳市政府外宣办、深圳市人民政府新闻办公室、中山市委组织部、中共中山市委宣传部、武汉市国税局、武汉市委宣传部、武汉市委外宣办、深圳市人民政府新闻办公室、中视科华有限公司北京新闻技术服务公司、深圳创维集团—RGB 有限公司等党政部门和企业的委托进行培训，较好地满足了各行业、各领域骨干人才知识更新、岗位适应、能力提升及情操陶冶的学习需求。

在产学研助力地方经济文化发展方面表现突出的是中南大学，基于中南大学中国文化品牌研究中心雄厚的教学、研究力量和丰硕的成果，紧紧把握中国文化产业发展的脉动，推动文化产业产、学、研、政各领域互动。在研究文化产业理论的基础上，广泛开展文化品牌创意、文化品牌规划、文化品牌评估和文化企业管理咨询、区域文化产业发展规划服务等业务。该中心专家团队先后主持完成 4 项国家级课题、6 项省级课题的研究；为 22 个行政区域拟定文化产业发展规划，为 50 余个优秀文化品牌提供管理服务，为推动我国文化产业又好又快地发展作出了积极的贡献。

由于每个学校情况不一样，每个高校的新闻与传播学院实力规模不一样，所以在社会服务方面实践的程度和水平也高低不一。部分高校极少有直接服务社会的实践。这有很多原因，除了实力方面外，也跟部分院校不太重视社会服务或者不主动寻找机会尝试，缺少对服务社会形式的创新有关。另外，相关高校提供的社会服务类型较少。华中四省高校大多数只有产学研模式，即与企业联合建立大学生实习实践基地，为社会输送人才这个途径，而直接为社会提供服务的实践类型则偏少。

3.7　师资队伍

3.7.1　师资队伍情况

华中四省新闻传播类专业共拥有 4438 名教师，讲师和副教授较多，讲师占 45.43%，副教授占 33.12%。教授占比 17.26%，实力较强的新闻院校拥有较多的教授，普通的高校或者专业的教授较少，还有部分院校由在读博士或硕士担任助教。湖北地区 42 所设有新闻传播类专业的高校目前拥有专业教师 2120 名，其中教授共有 391 位，占比 18.44%；副教授共有 692 位，占比 32.64%；讲师共 907 位，占比约 42.78%。教师队伍的学历水平较高，将近一半拥有博士学位或在读博士。另外除了本校专任教师，大部分院校还有兼职教授，例如武汉大学就有 50 多位海内外知名的新闻传播学者和业界人士担任学院的兼职教授或客座教授。武汉工程大学也有客座教授 16 人。据不完全统计，湖南省 30 所设有新闻传播学类专业的高校目前拥有专业教师 1193 名，教授、副教授、讲师分别占 18. 19%、39. 06%和 42. 25%。从教师整体学历水平来看有博士学位和在读博士的占比较高，例如中南大学 39 名专任教师中有 27 个博士，6 名在读博士，总占比高达 84. 62%，湖南师范大学也达到了 80. 77%。湖南师范大学更是在省内外宣传部门、新闻出版广播电视影视界聘请了 20 多位专家、学者担任兼职教授。而在河南和江西，师资队伍较弱，教授占比较低一些。在河南 15 所院校中，教授占 14. 97%，江西 14 所院校中，教授占比 13. 18%。由于河南和江西实力强的学校较少，所以教师队伍中讲师占比较高。河南的副教授和讲师占比分别为 26. 80%和 50. 83%，江西的副教授和讲师占比分别为 28. 60%和 56. 51%，讲师占比都超过了一半。

整体来说，四省各校教师都较多，四省各校教师总数大多在 30~50 人。华中四省中部分院校十分注重教师的实践性和自身长足发展。例如武汉大学新闻与传播学院每年拨出专项经费，资助 1975 年以后出生的青年教师，到国外一流大学访学一年、到新闻传媒业界挂职锻炼一年，至 2017 年年底，绝大多数“1975 后”青年教师曾出国访学一年，已经或正在国内新闻传播业界挂职。新闻传播学是一门实践性很强的学科，随着新技术的飞速发展，学科理论和知识也在不停拓展更新，学术带头人作用重大，师资队伍的与时俱进非常重要，所以对师资队伍也提出了新的要求。

3. 7. 2 师资队伍的不足

华中四省新闻传播类高校师资结构不完全合理。整个华中四省，独立的新闻传播学院不多，大多是和文学院合为一体，在地方院校也有将新闻类专业放在设计学院或艺术学院下面的。这样的设置有好处也有不利之处，不足之处在于这些院校讲授新闻传播学科的教师有相当一部分没有新闻传播学背景，大多是学文学或设计出身，没有理论基础的新闻传播就是无根之木和无源之水。好处在于在媒介融合的背景下，多学科知识有利于新闻传播类人才有更大的发挥空间。例如华中科技大学实行人文社科与电信、计算机等工科交叉的富有特色的新闻与信息传播学院，这个交叉特色在互联网时代的传播实践中体现出了明显优势。未来新闻传播教育的目标一定是在扎实理论的基础上，多学科知识交叉、融合。统计发现，大部分院校有兼职教授或客座教授，大多数是由名校学术带头人和行业内知名人士担任，这不仅弥补了部分院校师资力量薄弱的不足，也将行业内的经验信息与教学融会贯通。由此可见，新闻传播类高校师资队伍健康的结构应该是：年龄结构合理、职称比例协调的本学科老师；部分具有其他学科知识的老师；由国内外名校教授担任的客座教授和由行业内人士担任的兼职教授。这四部分师资力量对未来新闻学科人才的培养至关重要。

另外，华中四省四省新闻传播学类高校分布状况明显不均衡。湖北省有 42 所高校开设有新闻类专业，湖南省也有 30 所，而江西和河南仅有 14 所和 15 所。高校分布不均也带来师资力量的不均衡，湖北省总共 2120 名新闻传播类教师，教授职称有 391 人，占 18.44%；而河南省总共 541 名教师，教授只有 81 人，占 14.97%。

3.8 国　际　化

3.8.1 华中四省新闻传播类高校国际化情况

国际化视野指的是视野和能力能够达到国际化水准，在全球化竞争中善于把握机遇和争取主动的高级人才。新旧媒体融合发展趋势明显，新闻传播人才走在时代的最前端，培养具有跨文化思维、融入多元价值观的全球新闻传播人才，向世界传播中国，让世界走近中国，是全球化时代新闻传播教育者的职责与使命，也是提高我国高校新闻传播类人才核心竞争力和媒介产业竞争力的需要。① 高校国际化举措主要有两种方式：引入国际人才和提升本土人才国际化视野、素养和能力。

华中四省新闻传播类高校总体来说国际化水平不高，仅有部分高校开展这方面的实践活动。据不完全统计，湖北省 47 所新闻传播类院校中只有武汉大学、华中师范大学、武汉工程大学、武汉工商科技学院、武汉华夏理工学院等院校有显著的国际化行动。武汉大学新闻系早在 20 世纪 80 年代就与美国、日本、澳大利亚、加拿大等国家和我国台湾、港澳地区建立了合作交流关系。美国西东大学前传播系主任罗肯特教授、加州大学终身教授黄仲珊等先后在新闻系讲学和交流；系主任吴肇荣等参加过联合国在泰国举办的“传播与社会发展国际学术会议”；还与香港中文大学、台湾朝阳科技大学共同举办过学术研讨会；不定期选派年轻教师到国内重点大学和新闻单位进修和学习，不断提高教师队伍的教学和研究水平。华中师范大学与美国、加拿大、澳大利亚、韩国，以及中国台湾、香港等国家和地区的知名高校建立了学生交换、教师科研等多种合作关系。

湖南省 30 所院校中只有湖南大学、湖南师范大学、长沙理工大学三所院校有突出

① 傅异非．以“媒介素养”视角创新促进高校新闻传播人才培养的国际化视野[J]．课程教究，2017，(19)：12.

的国际化交流实践。其中较为特别的是长沙理工大学新闻卓越班已与美国田纳西州大学建立了交流与合作关系，实行“3+1”教学模式，在本科阶段即可到美国合作大学攻读学位。派出多批次老师前往美国、韩国任教汉语。积极参与孔子学院的教学与管理工作，先后派出多批次教师前往利比里亚大学孔子学院任教。河南省和江西省更是少之又少，只有河南大学和信阳师范学院。河南大学先后与俄罗斯人民友谊大学、美国明尼苏达州州立大学，英国龙比亚大学、澳大利亚拉筹伯大学，韩国中央大学等14所海内外高校的新闻传播学院建立了学术交流渠道；积极参加、举办国际和国内学术会议；与美国福特汉姆大学合作开展了“媒介生态学与当代中国传播学建设”合作项目，与牛津国际出版研究中心合作开展了“中英出版论坛”等项目。华中四省新闻传播类高校国际化总体来看，分为以下几种形式，其一，与国外学校达成交流合作，开展合作办学，联合培养。如本科生“3+1”、硕士生“1+2”等模式，并可以互派交换生，留学生等。其二，教师之间相互讲学交流或进修，共同举办学术会议或论坛，开展学术交流。其三，在培养方案上加强英语等双语教学和加强跨文化传播方向的教学和学术研究。

3.8.2　华中四省新闻传播类高校国际化存在的不足

首先，华中四省新闻传播类高校国际化呈现出不均衡——实力强院校深入、实力弱院校浅显和综合院校深入、地方院校浅显的形态。这是由于跨国交流等活动需要资金支持，综合院校建校时间久远，国内外知名度高，资源和实力较强。而地方院校知名度较低，资源实力不足，而且人才培养的目标主要是为地方服务，所以对国际化实践重视不够。

其次，高校通常用“3+1”或“1+2”等模式让学生出国学习，或者在本科内有出国交换机会。但是由于国内外各个学校培养方案不一样，课程设置不一样，学分不一样，影响学生总体学分计算、评奖评优甚至是能否顺利毕业。有些高校也在探索通过相似课程替换等方式解决，但是效果不甚良好。

再次，高校大多以重视英文学习、提供出国交流学习机会这样的方式表现国际化水平。但是这都是散乱无章的举措，而且仅有相对小部分人才能够得到出国交流这样的机会。高校在思考“国际化”时应该认识到国际化教育是包括教学理念、教学内容、教学方法、考核制度和教学体系等全方位的国际化，其目的是为了促进多元文化思想的交流，真正提升我国高等教育的国际竞争力。① 所以，新闻传播类高校应以整体的宏大视

① 罗良清．新闻传播学研究生国际化培养路径研究——以南加州大学安纳伯格新闻传播学院为例[J]．教育评论，2015，(5)：161-164.

野来制定与国际接轨的新型人才的培养方案。例如，在本科阶段就在课程设置和教材上启用双语教学和引用部分英文原版教材做辅助；充分利用国内外丰富的网络教学资源以及提高教师队伍的国际化素养等举措。

（周茂君　潘　宁　秦文琰　李玉蝶）

附录：本文所调查的华中四省 106 所新闻传播学类高校名单

省份	高校数量	高校名称
湖北	47 所	武汉大学、华中科技大学、华中师范大学、武汉理工大学、中国地质大学(武汉)、中南财经政法大学、华中农业大学、中南民族大学、湖北大学、三峡大学、长江大学、江汉大学、湖北工业大学、武汉工程大学、武汉纺织大学、武汉轻工大学、湖北师范大学、湖北民族学院、湖北经济学院、武汉体育学院、湖北文理学院、湖北工程学院、湖北科技学院、黄冈师范学院、湖北第二师范学院、荆楚理工学院、武汉东湖学院、汉口学院、武汉工商学院、武昌理工学院、文华学院、武汉工程科技学院、武昌首义学院、武汉学院、武汉设计工程学院、武汉华夏理工学院、武汉传媒学院、武汉晴川学院、三峡大学科技学院、长江大学文理学院、江汉大学文理学院、湖北工业大学工程技术学院、湖北民族学院科技学院、武汉体育学院、湖北师范大学文理学院、湖北文理学院理工学院、湖北工程学院新技术学院
湖南	30 所	湖南大学、中南大学、湖南师范大学、吉首大学、湘潭大学、湖南科技大学、湖南理工学院、长沙理工大学、湘南学院、衡阳师范学院、邵阳学院、怀化学院、湖南文理学院、湖南科技学院、长沙学院、湖南工程学院、湖南城市学院、湖南财政经济学院、湖南女子学院、湖南工业大学、湘潭大学兴雅学院、湖南科技大学潇湘学院、湖南商学院北津学院、湖南师范大学树达学院、湖南理工学院南湖学院、衡阳师范学院南岳学院、湖南应用技术学院、长沙理工大学城南学院、吉首大学张家界学院、湖南工业大学科技学院
江西	14 所	南昌大学、江西师范大学、江西财经大学、江西农业大学、南昌航空大学、井冈山大学、江西科技师范大学、赣南师范大学、宜春学院、上饶师范学院、九江学院、江西科技学院、南昌理工学院、新余学院
河南	15 所	河南大学、郑州大学、河南财经政法大学、河南工业大学、郑州大学西亚斯学院、周口师范学院、洛阳师范学院、信阳师范学院、南阳师范学院、平顶山学院、安阳师范学院、商丘师范学院、中原工学院、黄河科技学院、郑州成功财经学院

中篇　平台与人物

第 4 章　新闻传播院系巡礼

4.1　中国大陆新闻传播院系

4.1.1　湖南师范大学新闻与传播学院

学院成立于 2001 年 3 月，是湖南省最早成立的新闻与传播学院，是湖南省首批部校共建新闻学院。现拥有 1 个一级学科博士点、1 个博士学位授权学科方向、2 个一级学科硕士点、2 个专业学位硕士点、7 个本科专业，形成了从本科到硕士、博士的多层次人才培养体系，现有全日制学生 1700 多人。拥有 3 个省级研究基地、1 个省级文科实验示范中心、1 个校级重点实验室、3 个校级研究所(中心)，“湖南省新闻人才培训中心”“湖南省出版人才培训基地”“湖南省研究生培养创新基地”。建院以来，为湖南省乃至全国培养了一批优秀的新闻传播与影视人才，为服务湖南“电视湘军”“出版湘军”的发展作出了积极的贡献。学院现任院长为国家哲学社会科学专家咨询委员会委员、国家“万人计划”哲学社会科学领军人才、中国社会科学院新闻研究所原所长、中国社会科学院中国特色社会主义理论体系研究中心原主任尹韵公教授。

1. 历史沿革

学院的办学历史可以追溯到 20 世纪 90 年代。1992 年，为满足媒体从业人员学历提升和业界对新闻人才的迫切需求，湖南师范大学中文系(1996 年改称文学院)以写作教研室和中国古代文学教研室部分教师为主体成立新闻教研室，负责成人自学考试新闻学专业的教学工作，同时申报全日制新闻学本科专业。专业获准设立后，1993 年 9 月正式招生，是当时省内高校开办最早的全日制新闻传播学类专业。1996 年 9 月，湖南师范大学文学院成立新闻系。1993—1998 年，新闻学专业每年招收 1 个班的全日制新闻学专业本科生，1999—2000 年，每年招收 4 个班的学生。同时，每年开办 2~4 个长线、短线新闻学专业自考班。这段时期，新闻系为湖南省内新闻媒体培养了一大批中高层管理人员和一线新闻采编人员。2000 年，新闻系获得湖南省首个新闻学二级学科硕士点。2001 年 3 月，湖南师范大学在新闻系新闻学专业和中文系编辑出版学专业、播音与主持艺术专业(两专业皆于 2000 年 9 月开始招生)的基础上，成立了新闻与传播学院，下辖新闻和编辑出版两系。

学院成立以来，办学规模得到进一步扩大，分别于 2003 年、2005 年、2009 年、2011 年开办广告学、广播电视新闻学(后更名为广播电视学)、广播电视编导、网络与新媒体专业。2000 年，新闻专业被确定为省级资助建设专业，2014 年成为省重点示范专业。2015 年，为探索新闻卓越人才的培养，创办新闻学实验班(融媒体新闻学方向)，目前已从全校选拔招生 3 届。与此同时，学院办学层次和水平不断得到提升。2003 年获传播学硕士学位点，2006 年获新闻传播学一级学科硕士点，2010 年获全国首批新闻与传播、出版两个专业学位硕士点，2011 年获戏剧与影视学一级学科硕士点。2011 年新闻传播学科成为湖南省新闻传播学科类唯一的"十二五"省重点学科，2013 年在"中国近现代新闻传播史"方向招收博士生。2014 年 6 月，被中共湖南省委宣传部列为湖南省唯一的部校共建新闻学院；2017 年 12 月，又被列为第二轮部校共建新闻学院。2017 年，新闻传播学科在教育部全国第四轮学科评估结果中列 B 等，位居全国同类学科第 20 名左右；在教育部新增学位授权审核中，增列为一级学科博士点；文化传播方向被列为国家"双一流"学科建设内容。此外，学院国际交流与合作不断加强。2014 年与美国密苏里大学新闻学院签订合作办学协议，以"2+2"模式培养双方互认学分、学历的新闻学专业毕业生。

2. 师资队伍建设

学院立足学校文史哲学科的深厚底蕴，依托"电视湘军""出版湘军""动漫湘军"的地域条件和媒体优势，建设和发展师资队伍，已形成雄厚的师资力量。现有在岗教职工 76 人，其中教授及其他正高级职称 21 人("潇湘学者"特聘教授 1 人、讲座教授 2 人、二级教授 4 人、博士生导师 10 人)，副教授及其他副高级职称 21 人，博士 35 人；拥有国家哲学社会科学专家咨询委员会委员 1 人、国家"万人计划"哲学社会科学领军人才首批入选者 1 人、中央文宣系统文化名家暨"四个一批"人才工程首批入选者 1 人、中央马工程首席专家 1 人、教育部新世纪优秀人才 1 人、国家新闻出版行业领军人才 2 人、湖南省"新世纪 121 人才工程"2 人、湖南省新闻出版行业领军人才 3 人、湖南省新闻传播学学科带头人 1 人、湖南省哲学社会科学"百人工程"学者 1 人、湖南省文艺人才扶持"三百工程"2 人、湖南省青年骨干教师 7 人。同时，学院大力开展和省直主要新闻出版单位从业人员的互聘工作，在学界和业界的互通共融中着力建设骨干队伍，已在省内外宣传部门、新闻出版广播影视界聘请了近 30 位专家、学者担任兼职教授，有的直接担任课堂教学任务。

3. 人才培养与特色

学院注重理念的更新，用先进理念引领人才培养。注重人才培养质量，坚持贯彻落实马克思主义新闻观，确保人才培养的正确方向；坚持厚基础、宽底蕴，培养能广泛适应未来发展需要的传媒人才；坚持紧跟学科和新技术发展前沿，培养具有较强实践操作能力的全媒型人才。尽管学院办学历史不长，但已形成了较鲜明的人才培养特色。学院基于以上教学理念的教学成果获省级教学成果奖一、二、三等奖各 1 次，获校级教学成果奖一等奖 3 次、二等奖 1 次、三等奖 1 次。

(1)本科人才培养

学院现在新闻学、编辑出版学、广播电视学、广告学、网络与新媒体、播音与主持艺术、广播电视编导 7 个本科专业招生，在校全日制本科生 1522 人。本科人才培养的主要措施：

①实施基于学科特性的通识教育。建院伊始，就着力实施通识教育。通过十多年全方位改革和推进，已在全院形成共识，成为学院人才培养的战略思路。

②始终坚持正确的方向。坚持以马克思主义新闻观为统领，贯穿于人才培养各环节，推动马克思主义新闻观进教材、进课堂、进头脑。一是组建了以学院教授为主体、媒体专家参加的团队，开设精品课程“马克思主义新闻观与原著精读”，着力打造课堂教育这一重要平台，该课程已被列为校级在线开放课程。二是先后邀请邬书林、郑保卫、陈昌凤、张昆等一大批省内外专家来“书山论坛”讲学传道，深入阐释习近平总书记关于新闻舆论工作系列重要讲话精神。三是成立了党报党刊学习小组，配备专门老师指导管理，通过引导学生阅读党报党刊、观看主旋律影视作品、开展征文竞赛等活动，努力将马克思主义新闻观教育渗透到对学生的日常教育与管理中。

③大力开展读书活动。学院从 2002 年开始开展读书活动。活动方案如下：第一学年主要阅读各领域有代表性的文献，结合专业与业界情况找到学习的兴趣点；第二学年阅读 10 种文史哲经典文献，撰写书评，开展读书报告竞赛；第三学年由学院安排教师开设专题讲座，指导阅读，撰写文献综述。此外，学院还开展了“经典背诵”活动，鼓励学生记诵经典。

④以“书山”为依托，打造“书山论坛”学术讲座平台，营造“书山文化”。一是学院将所居的小山命名为“书山”；请国内学界泰斗题写“天下书山”“求通天下”等警句；在

教学楼走廊悬挂近代新闻泰斗的画像等。通过环境建设和氛围建设，形成“境教”的合力，打造“书山文化”。二是以“书山论坛”为平台，开展通识教育，强化前沿意识，开阔学生视野。“书山论坛”自2009年开办以来，定期邀请学界和业界的领军人物来举办讲座，已举办了超过130场的各类讲座，产生了良好的反响，于2014年12月成功入选“湖南师范大学第一届校园文化精品项目”。

⑤积极推进以人才培养模式改革为核心的教育教学改革。一是开设新闻学实验班，探索融媒体时代下新闻传播人才培养的新路径。二是积极开展各类教育改革课题研究。“马克思主义新闻观指导下的新闻人才培养模式创新研究”获2017年省级教学改革项目立项资助。三是加大课程建设力度，推进精品课程和教材建设，分三批建设了《新闻职业道德典型案例》《报刊评论与深度报道典型案例》等7部精品教材和8部案例教材。截至2017年6月，2014级新闻学专业学生有7篇深度报道被新华网、人民网、红网、华声在线等中央、省级主流媒体刊发，凸显了新闻学专业教学改革的成效。

⑥强化实践教学。一是开设业务综合课，加强实践能力的训练。学院从2009年开始，开设报纸业务综合、广播电视业务综合以及编辑出版业务综合等课程，实行课程主持人负责制，由多名教师组成团队，每门课程设立3个左右实验(践)项目。二是依托学院各类工作坊，对实践课程进行全面整合，构建基础性实验、综合性实验、创新性实验三个层次的实验教学体系，实施开放式、互动式、研究式实验教学模式。三是建设优质实习基地。先后在人民日报社、中央电视台、湖南日报社、湖南广播电视台、湖南出版投资控股集团、新湘评论杂志社等中央和省内主流媒体和单位建立了一批校外实践教学基地。四是鼓励学生积极开展社会实践活动、参加各种专业竞赛。2016年以来，学院设立专项资金对大学生创新性实验项目和暑期社会实践活动进行立项资助，学生实践硕果累累。新闻实习作品获中国新闻奖二等奖1次；实践作品《厂窖记忆——幸存者口述历史》纪录片荣获全国大学生微电影大赛特等奖；《谈婚论嫁》《考·青春》分别获环太平洋微纪录作品大赛“评委会特别推荐作品奖”“优秀作品奖”；《专车冲击下：长沙出租车行业生态调查》获首届全国大学生网文大赛一等奖及社会评论类专项奖。多人在“挑战杯”全国大学生课外学术科技作品竞赛、全国大学生艺术展演、中华诵·经典诵读大赛、全国大学生网络文化节、全国大学生评论大赛中获得过表彰或奖励。

(2)研究生培养

学院目前在“中国近现代新闻传播史”方向招收博士生，在新闻传播学、戏剧与影视学2个一级学科硕士点和新闻与传播、出版2个专业学位硕士点招收研究生，在校全日制研究生300余人。研究生培养的主要措施：

一是不断健全研究生培养制度，按照《湖南师范大学博士、硕士学位授予标准》，对研究生的基本知识、基本学术能力、学位论文等作了明确要求。同时严格执行中期考核制度，对研究生思想政治表现、课程学习完成情况、实践环节、学术活动、学位论文开题等方面进行评议，建立研究生分流淘汰机制。二是学位点根据自身特色，制订了培养目标明确、教学体系完善、学术特色鲜明的培养计划，并在保持基本稳定的基础上，适应新的形势要求予以修订完善。三是坚持课堂教学主阵地，充分利用部校共建平台及省内媒体资源，创新教学手段与教学方式，既夯实学生的理论基础和人文素养，又体现新闻传播学科重视实践和应用的属性与特征。四是高度重视导师队伍建设，通过举办学术会议、邀请著名专家学者来学院讲学、参加全国性学术会议等方式，活跃学术氛围，形成师生互动、内外推拿、严肃活泼的学术环境；积极利用国家留学基金委和学校的海外留学计划，为导师海外访学创造条件。2017 年 4 月 14 日至 16 日，学院举办了马克思主义新闻观学术研讨会，来自全国 23 个省、自治区和直辖市 58 所高校新闻传播学院的专家学者及新华社、人民日报社等媒体的记者等共 130 余人参加了学术研讨。此外，近五年学院教师指导研究生发表学术论文 347 篇，主持科研项目 48 项。五是高度重视学位论文质量，严格执行选题、开题、预答辩、盲审及答辩制度，以制度建设加强对研究生学位论文答辩工作的管理，完善学位论文质量监控体系，提高学位论文水平，保证学位授予质量。在教育部、省教育厅组织的历次硕士学位论文抽检中，论文合格率均为 100%，并有 13 篇论文获得湖南省优秀硕士学位论文。六是切实加强对研究生的思想政治教育和学术道德教育，并落实在日常管理、学术训练和课堂教育教学之中。

5. 科学研究与社会服务

学院已形成了传播学、新闻学、新媒体传播、戏剧与影视 4 个稳定的研究方向，在大众传播与青少年亚文化、中国新闻思想史、网络舆情与社会治理等方面的研究特色鲜明。廖志坤、田中阳、蔡骐、周国清、肖燕雄、燕道成、徐新平、肖赞军、吴果中等学术带头人在各自研究领域均有重要研究成果，有的研究成果为当前新闻宣传舆论工作和文化事业发展提供了有益的参考。2012 年以来，学院教师累计发表 CSSCI 论文 205 篇，其中《新闻与传播研究》11 篇，《新华文摘》详摘 8 篇，出版专著 20 部；承担国家社科基金重点项目 1 项、一般项目 14 项，教育部人文社科项目 11 项，其他省部级项目 53 项；获省社科优秀成果一等奖 1 项、二等奖 4 项、三等奖 3 项。

学院成立了“湖南省社会舆情监测与网络舆情研究中心”，引进了计算机辅助电话调查系统、网络舆情监测系统和自动监测网络信息系统，主动关注社会舆情，积极开展网络传播研究，有效引导社会舆论，为党和政府处理舆情危机、优化社会治理提供决策依据。2017 年发布的《2017 年度湖南精准扶贫舆情热点、问题及建议》《2017 年度插柳村精准扶贫舆情热点、问题及建议》已引起强烈反响。同时，学院积极开展产学研合作，与湖南日报社共建了“新湖南”媒介工作室，与湖南和光传媒集团共建了“新媒体品牌传播产学研合作基地”，与湖南教育报刊集团共建了“新闻传播学类专业校企合作人才培养示范基地”，探索产学研合作新模式。此外，学院承办全省期刊出版单位专业技术人员继续教育和新闻采编人员资格培训班，多次主办了以“媒介素养与宣传能力提升”等为主题的研修班。

（湖南师范大学新闻与传播学院）

4.1.2　中山大学传播与设计学院

1. 历史沿革

中山大学传播与设计学院成立于2003年，学院以“于学术界有学术之根，于业界有影响之力”为目标，坚持以马克思主义新闻观为指导思想，以新媒体研究和教学为重点，培养既具有科学及人文素养，又具有新媒体传播技能的应用复合型人才，逐步形成了“人文新媒体、融创传播学”的学科定位和“以通识教育为基础、以创意教育为中心、以实践教学为重点”的鲜明特色。

中山大学传播与设计学院下设新闻学系、公共传播学系、创意媒体设计系，拥有新闻传播学一级学科硕士学位授予点、设计艺术学硕士学位授予点，新闻与传播专业硕士学位授予点，政治传播交叉学科硕士点和博士点，具有从本科到硕士、博士与博士后的完整办学层次。作为国内公共传播人才教育创新发展的先行者，传播与设计学院的教学和科研实践受到国内外新闻传播院校的高度关注。学院现为中国新闻史学会应用新闻传播学研究委员会的会长单位和秘书处单位。

2. 机构设置及负责人

传播与设计学院院长为张志安教授；党委书记为范元办；副院长为张宁教授、李艳红教授和杨小彦教授，院长助理为钟智锦副教授、陶建杰教授、卢家银副教授。新闻学系负责人为龚彦方副教授，公共传播学系负责人为邓理峰副教授，创意媒体设计系负责人为廖宏勇副教授。

3. 办学规模

传播与设计学院目前在校本科生人数约647人，在校硕士研究生人数约181人，在校博士生人数约15人。学院现有教师50人，其中，现有专任教师37名，专职科研人员13名；教授职称占比27%，副教授占比51.4%，讲师占比21.6%，95%的教师具有博士学位。其中，包括青年长江学者1名、中山大学百人计划引进人才5名、广东省“千百十”工程省级培养人才1人、宝钢优秀教师奖获得者1名，中宣部、教育部高等院校和新闻单位从业人员互聘“千人计划”教师8名，已形成了一支职称结构合理、能力突出和成长性较强的教师队伍。学院充分整合了海内外学术资源和业界资源，引进或聘任了一批国内外知名新闻传播学者。在实践教学方面，学院实施“业界精英入课堂”的计划，建立了一支由传媒业界精英构成的兼职师资队伍，开设全英文教学课程，让学生零距离接触国际传媒业发展和中外传播研究的前沿。

学院拥有一栋面积约2800平方米的大楼，依托实验实训教学、实践平台、实习基地，打造出制度化、前沿性的实践平台；建立了融合采编实验室、新闻摄影实验室、数字视频实验室、受众行为与心理实验室、大数据传播实验室、交互设计实验室等十多个实验室，建成广东省实验教学示范中心并获得中山大学“国家级教学示范中心培育项目”。

4. 专业设置

传播与设计学院实施“厚基础、宽口径”的大类人才培养模式，本科设有新闻学、传播学两个专业。新闻学专业以培养马克思主义新闻观为指导，致力于培养深刻理解与掌握新闻专业知识体系，具有深厚的人文关怀、公共精神与科学素养，适应互联网时代的创新复合型人才；传播学专业致力于培养践行社会主义核心价值观，全面掌握适应媒介融合环境的跨学科基础知识，具有深厚的人文素养、公共情怀和战略传播管理理念的研究型创新人才。

研究生设有学术型硕士专业：新闻学、传播学、政治传播学、设计艺术学，学制两年，以研究性教学为主；设有新闻与传播专业型硕士专业，分为财经新闻、交互设计、大数据传播三个方向，学制两年，以实践性教学为主；传播与设计学院设有政治传播学交叉学科博士点，由学院和政治与公共事务学院共建，学制四年。

5. 学科建设

学科建设以马克思主义新闻观为指导，以“人文新媒体、融创传播学”为学科定位，坚持面向学术前沿、面向国家重大战略需求、面向国家和区域经济社会发展的原则，形成以新媒体为特色、本土和国际视野结合、人文取向与实证研究并重的学科特色，致力于建设国际一流的新闻传播学科。

学院学科发展立足新闻传播学，以文理交叉为基础，以新媒体为专业特色，以“当代中国新闻业”和“大数据与公共传播”为新闻学、传播学两个二级学科的主攻方向，培育新闻传播、风险传播与视觉传播等研究团队。近三年来，学院教师共在《中国社会科学》等 CSSCI、SSCI、SCI 来源期刊上发表中英文核心论文 280 余篇，编撰出版学术著作与教材 26 本。传播与设计学院率先在全国高校创建“大数据传播实验室”，于 2017 年建成广东省科技厅“广东舆情大数据与仿真分析重点实验室”和广东省社会科学研究基地“中山大学互联网与国家治理研究中心”，另建有广州大数据与公共传播重点研究基地等科研平台，积极培养具备领袖气质与家国情怀、德才兼备的精英型人才，在新闻传播高等教育领域独具优势和特色。

6. 教学成果

经过多年的积极努力和实践探索，传播与设计学院依托学校文理兼容优势，在专业认证、课程建设、教育教学改革等方面取得了一系列成绩：

①拥有 1 个教育部认证专业和省级重点专业——新闻学。

②拥有 4 门国家级精品视频课程或精品在线课程——深度报道、视觉文化批评、新媒体素养、公共关系学。

③荣获 1 项广东省教育教学成果奖——“媒介融合环境下公共传播人才培养模式探索”荣获广东省教育教学成果一等奖。

④荣获多项学生全国赛事奖项——中国大学生公关策划大赛金奖、全国大学生广告设计大赛一等奖、全球大学生华文互动新闻大赛金奖。

7. 科研成果

经过近三年的全面建设，传播与设计学院依托文理兼容的跨学科研究团队，科研实力与日俱增，科研成果质量并进(见表 4-1)。

表 4-1 **国家级科研项目(2015—2017)**

项目来源	项目类别	项目名称	项目负责人
教育部人文社会科学研究项目	重大项目	大数据时代国家意识形态安全风险防范体系构建研究	张志安
国家社会科学基金项目	重点项目	藏区民族交往交流交融与“五个认同”固本强基研究	詹小美

续表

项目来源	项目类别	项目名称	项目负责人
国家社会科学基金项目	一般项目	基于微信行为数据的网络谣言传播规律与对策仿真研究	何凌南
国家社会科学基金项目	一般项目	新媒体情境下的宗教传播研究	张少科
国家社会科学基金项目	一般项目	基于行为和关系大数据的网民识别和舆情研判	钟智锦
国家社会科学基金项目	青年项目	传播学视阈下中国留学生政治观念及行为的影响因素研究	林功成
国家自然科学基金项目	面上项目	沉浸式环境下自然手势交互理论、方法与关键技术的研究	武汇岳
国家自然科学基金项目	面上项目	基于手绘个性化偏差矫正和风格识别的图形图像检索研究	林淑金
国家自然科学基金项目	青年项目	主仆型品牌关系：品牌拟人化与地位对消费者互动的影响和作用机制研究	周懿瑾
国家社会科学基金项目	后期资助项目	中国远征军幸存老兵：口述与肖像	杜　江
全国艺术科学规划项目	一般项目	壮族侬峒节	熊　迅
教育部人文社会科学研究项目	规划基金项目	我国内陆核电争议的公共讨论与协商治理研究	邓理峰
教育部人文社会科学研究项目	规划基金项目	互联网影响下编营分离制度的变迁与重构研究	刘颂杰
教育部人文社会科学研究项目	规划基金项目	媒介融合趋势下新闻生产的社会学分析	王海燕
教育部人文社会科学研究项目	青年基金项目	风险争议中的认知差异与风险沟通研究	张　洁
教育部人文社会科学研究项目	青年基金项目	媒介融合环境下新闻生产的多元话语研究	徐桂权
教育部人文社会科学研究项目	青年基金项目	反腐话语的建构与重构：大数据看网民政治评价	刘　洋

续表

项目来源	项目类别	项目名称	项目负责人
教育部人文社会科学研究项目	青年基金项目	“后九七”香港独立电影的国家想象(1997—2017)	霍胜侠
教育部人文社会科学研究项目	专项委托项目	香港“激进本土主义”论述的系统分析和批判：以媒体话语为中心的考察	陈楚洁

8. 财经新闻硕士人才培养

2014年，传播与设计学院与岭南学院合作培养金融学“财经新闻方向”的专业硕士，翌年学院自设“财经新闻方向”，开始财经新闻专业硕士培养。经过三年的实践探索，初步形成了富有特色的财经新闻传播人才培养体系。

财经新闻硕士面向专业财经传媒、金融管理、金融市场等领域，旨在培养具备专业传播、财经传播的创新融合型人才。在课程体系建设方面，学院依托学校跨学科资源，积极开展注重项目实训的、融合式专业硕士培养，致力于在全国同类专业中保持优势。针对财经硕士人才培养，学院主要开设专业技能核心类课程、相关理论类课程和通识类课程三大类课程，围绕“财经新闻报道”“经济学与金融学”和“中国经济分析”三个模块进行全面建设；采用“校内外双导师制”对学生进行培养，聘请业内资深财经媒体人士担任专业硕士导师，指导学生的专业学习与实践实习；将毕业考核的方式从学术论文的单一方式改为采用“毕业设计”“研究报告”或“学术论文”等多种形式，建立了理论与实践相结合的立体化培养体系。

在人才培养过程中，学院主动与国家食药监局、国家卫计委、南方报业集团、羊城晚报报业集团、北京财新传媒集团、中国移动、中信银行、深圳鹏华基金和华为等各类机构与组织建立项目合作、实践基地、学生实习等交流与合作关系。同时，学院与北京大学汇丰商学院联合培养财经新闻专业硕士，与法国斯特拉斯堡大学建立“欧盟与中国经济”的报道工作坊，承担2016—2017年《羊城晚报》新媒体项目“财经动画视频”的内容开发与制作，将广东省级实验教学示范中心建成集“内容采集”“用户分析”与“视觉设计”三大功能模块的融合采编实验室、彭博数据终端实验室、新闻摄影和VR实验室等实验室集群，全面培养学生的专业能力与实践技能。通过三年多的探索，财经新闻硕士毕业生实现100%毕业，其中有55%的毕业生进入传统媒体和新媒体机构，有15%进入政府部门，30%进入金融公司等企业单位，财经新闻传播特色已获得社会的普遍认可。

9. 社会服务工作

传播与设计学院通过与新闻传播业界、学界、政府保持密切沟通，将社会服务与教学科研工作紧密切合，积极参与各级党政部门的规划撰写、决策研讨与人员培训。近三年来，为多家中央、省市级政府部门和媒体提供了系列专业培训。同时，学院积极参与国家高端智库中山大学粤港澳发展研究院的研究工作，是国家网信办国家舆情信息中心、广东省网信办舆情直报点。截至目前，已有近百份决策专报被中共中央办公厅、中宣传、国家网信办等中央部委和省部级以上政府部门采纳，多份报告被中央领导批示。自 2014 年开始，学院每年举办"互联网与国家治理智库论坛"，2015 年起连续出版蓝皮书《互联网与国家治理发展报告》，发起成立国内首个"互联网治理智库联盟"，发布国内首份《互联网治理指数报告》。

自 2015 年起，由杜江副教授带队，每年暑期带领师生团队赴贵州省织金县，开展媒介融合野外实践活动，拍摄的纪录片《三眼箫》获得第二届万峰林国际微电影盛典高校单元二等奖，拍摄的 VR 纪录片《日出乌蒙山》和《银村匠》均获得第二届中国 VR 创作大赛"金铎奖"最佳纪录片奖，熊迅老师拍摄的纪录片 *The Last Lineage Opera in Zhouguan Village* 入选英国皇家人类学电影节，师生团队作品产生了广泛的社会影响。

（中山大学传播与设计学院）

4.1.3　深圳大学传播学院

1. 学院概况

深圳大学新闻传播学科创建于 1985 年，当时隶属文学院，开办的是传播系和公关专科。1989 年深圳大学在国内率先(国内第 3 所高校)创办了广告学本科专业。此后又相继开设了传播学、新闻学、播音与主持艺术、网络与新媒体等专业，2006 年深圳大学传播学院成立。

2003 年获批传播学硕士点；2005 年建立广东省首个新闻传播学重点研究基地；2007 年传播学获评广东省重点(扶持)学科；2009 年创建了国家级传媒实验教学示范中心；2011 年获批新闻传播学一级学科硕士点，广告学获评省级特色专业；2012 年新闻传播学(一级学科)获评广东省重点优势学科，从而发展成为华南地区新闻传播学研究的重镇。学院现在具有新闻传播学一级学科硕士学位授予权，与理论经济学科合作参与创建了“创意产业”二级学科博士点，与香港浸会大学(2014)、中国社科院研究生院(2016)联合培养博士研究生(均已招生)。目前在校本科生、研究生1500余人，其中每年招收本科生350多人、研究生40多人。

在教育部组织的全国第四轮学科评估中，深圳大学传播学院新闻传播学科位列B类，2017年经全国评审获得新闻传播学一级学科博士学位授予权，同时获得新闻与传播硕士专业学位授予权。

2. 师资力量

深圳大学传播学院有一支高素质、高水平、敬业奉献的教学科研管理团队。共有在职在编的教师、技术及管理人员76人，其中专任教师58人，教师中高级职称29人，正高职称14人。3人先后获选为教育部新闻学科、动画与数字媒体教学指导委员会委员，9人获选为国家教学名师、广东省教学名师、国内各类学会副会长或常务理事、广东省“千百十”人才，多位获评广东省南粤优秀教师和深圳市优秀教师。这支教研队伍里老中青结合，以中青年博士为主。教师的国际化程度较高，分别从美国、日本、英国及中国香港等地的著名高校引进教授、博士等师资共14人。

学院高度重视专业教师的业界经验，从新闻传播和广告业界引进有丰富业界经验的教授多名，这些教授具有丰富的传媒一线从业经验和专业成就，主要学术方向有大众传播和文化研究、新媒体与社会变迁研究、新闻和舆情研究、广告品牌研究、文化创意产业研究等。

近5年来，学院教师主持科研项目189项(国家级19项、教育部6项、省级24项，其他纵向课题16项、横向课题124项)，发表论文265篇，出版著作49部，完成咨政调研报告346篇，获科研经费2765.73万元，获得广东省哲学社科优秀成果奖3项、广东省教学成果奖1项、全国新闻与传播学教学创新成果奖4项，开发国家精品课程和国家视频公开课、出版国家级“十三五”规划教材。一些中青年学者成果连年被《新闻与传播研究》期刊评选为年度最优论文，这些学者同时在一批国际权威专业期刊发表论文。近30年来以来始终坚持科研为地方党政决策、改革开放社会实践服务，大量的咨政研究成果多次直接应用在政府社会管理工作中，推动了城市和社会治理的科学化。

3. 学科方向

学院紧密结合深圳创建中国特色社会主义示范区和国家创新型城市的重大需求，立足改革开放实践，把握国际传播态势，以“新实践、新问题、新知识”为学术取向，以“全媒体、产学研、国际化”为战略布局，聚焦新闻传播和传媒产业发展的重大问题，为地方善治、创新驱动和社会建设提供高水平、有实效的研究成果，建设在全国独树一帜的学术创新高地、地方党政决策智库和高层次人才培育基地。学院目前设有新闻传播学科一级学科，下设四个主要方向：

(1)新闻学

基于媒体融合发展战略，集中研究主流新闻传媒的全方位改革、“两微一端”等社会化传播、新闻舆论话语建构、深港两地社情舆论导向。主要研究领域为新闻学理论、中外新闻史、新闻传媒体制和内容生产。在中外报业转型发展、媒体集团改革、融合新闻、新闻话语、中国百年新闻史等课题上形成鲜明特色。主要优势在于团队成员多数具有长期新闻从业经验，理论与实际紧密结合，具有国际专业交流能力，以“走进”方式对美、英、澳等国的世界级新闻集团进行了深入研究，其中“中外媒体比较研究”和“深圳媒体改革个案研究”独具前瞻性和示范性。承担国家重点项目等课题，获得省级社科成果奖。

(2)传播学

以深圳和珠三角新兴城市社会发展为基础，集中研究社会转型期的城市传播、网络传播、政治传播和文化传播。主要研究领域为传播与社会发展、传播学中国化和媒介环境学。在中国传播思想、农民工媒介化交往、城市公共传播、网络谣言传播、数字鸿沟和文化反哺、麦克卢汉媒介环境学派及跨文化传播等研究上凸显特色。主要优势在于将社会学和文化研究理论与传播学理论融合，从对深圳社会舆情、文明城市和社会建设的长期跟踪研究中提取资源，将知识理论创新和应用研究结合。承担国家重大项目等系列课题，已完成国家项目获得优秀评价，获得省级社科成果一等奖。

(3)广告与传媒经济研究

把握数字营销传播动向，集中研究高科技品牌的国际战略、广告新业态、广告效果、市场监管和公益广告管理。主要研究领域为广告学理论、整合品牌传播、广告管理、传媒经济和广告文化。在广告效果、广告认知与消费行为、广告法规体系、网络广告监管、传媒新业态和产业规制等研究领域形成明显特色。主要优势在于依托对深圳传媒经济业态和广告市场长期监测的数据，与国际广告集团(电通)合作，整合社会调查统计、数据分析、案例分析和心理实验等科学方法，形成产学研一体化运作模式，承担或完成了多个国家级和省部级项目，获得省级社科成果奖。

(4)创意媒体与城市传播

立足深圳传媒创意产业基础，集中研究数字图像影像传播、创意产业发展和城市景观。主要研究领域为媒介地理学、景观符号学、数字媒体创意、视觉及影视传播、城市创意产业。在旅游地形象、城市形象、创意产业集群、数字色彩和图形、动漫和互动游戏、城市空间创意等研究上凸显特色。主要优势在于整合人文地理学、文艺美学、电影学、艺术设计学和计算机技术等形成跨学科研究，依托深圳文化创意产业的雄厚基础，形成了独树一帜的新人文地理、数字媒体艺术和城市传播新概念。承担和完成了多个国家项目，获得过省级社科成果奖。

4. 办学特色

学院坚持以培养高素质创新型人才为办学宗旨，立足于深圳及粤港澳地区的社会环境，立足于数字化、网络化传媒科技趋势，面向主流新闻媒体、新兴媒体和文化产业需求，重点培养以内容创造和运营管理为主的融合媒体时代的新闻传播和文化创意产业的高端人才和马克思主义新闻传播人才，为深圳及珠三角传媒发展提供人才服务。主要特色有：坚持用马克思主义新闻观统领，将培育优良政治素质和道德素养放在首位；强化社会科学方法训练和人才培养的国际化视野；紧密结合深圳创建中国特色社会主义示范区和国际化引领型创新城市的实践，开展马克思主义新闻观教育。

学院承担着培养具有正确价值观、具有社会责任感和使命感的专业信息产品创意与生产人才的责任，为此开展了形式多样、频次较多、持续较久的马克思主义新闻观的教育，使学生一入学即意识到融合媒介形势下学习马克思主义新闻观的重要性、必要性，并将其融入进以后的工作实践中。学院自创办以来，一直将“马克思主义新闻观”列为必修课程，由教授领衔的团队负责讲授，团队发表学习习近平新闻舆论思想的相关理论文章，展示交流学习心得与体会，先后邀请国内一批卓有成就和影响力的专家开设马克思主义新闻观的学术讲座，聘请了深圳报业集团、广电集团等一线业界专家进课堂，结合深圳的新闻传媒改革发展实际和创新实践，系统讲授如何践行马克思主义新闻观。

紧密结合当代数字化传播技术发展和传媒产业生态变化，突出融合媒体转型，大力推进人才培养的国际化。

10 年前学院就敏锐洞察到了传媒技术变革给新闻教育带来的冲击，提出了“全媒体、产学研、国际化”的发展战略，探索在千变万化的传媒产业发展中如何实现新闻传播教育的创新发展。在当今“无处不媒体”“无人不传播”的融合传媒环境中，确定了面向国际学术视野、立足深圳网络新媒体产业创新环境进行教改的目标定位和人才培养新模式、新机制。先后与美国麻省理工学院、密苏里新闻学院、科罗拉多大学，英国威斯敏斯特大学、威尔士大学，以及中国香港浸会大学等建立了合作办学关系，每年派出师生前往日本、美国、韩国、英国及中国港、台等地高校交流学习，同时聘请外籍专家到校任教。

在广告人才的国际化培养方面，学院一直密切关注基于电脑互联网和移动互联网平台广告产业链的变化及各环节的技术变革，保持与日本电通等国际顶尖广告公司的密切交流与合作，及时更新广告专业教学体系和具体教学内容。曾在全国最早开设“计算广告学”课程，并引进此领域最大的企业设计专项课程，把学生带入了这个领域的前沿。为了启迪学生的创新思维和创意热情，学院还引进了电通最有创意的 XDS 团队，该团队 10 多名各具特色的、和学生年龄非常接近的优秀年轻培训师每年在学院开设具有国际前沿视野的专项课程，训练学生的创意思维。

学院高度重视本科教学的改革，建设了具有雄厚技术设备实力和高效管理效能的国家级实验教学平台。特别是从 1997 年以来通过在本科毕业设计教学环节上的系统改革、课程体系和教学方法改革、创建人文学分和创新学分、主办全国大学生广告艺术大赛(广东赛区)等重大专业竞赛、建设产学研人才培养基地等方式，开创了独具特色的应用型新闻传播学本科人才培养体系。

5. 学术影响

近年来学院的学术研究形成了如下优势和特色：

(1)发挥人才优势，开拓了传播学、广告学等新兴学科

该学科形成了梯队整齐、高层次人才集中、学界业界贯通、学缘优良、国际化程度高、学科交叉的人才优势。该院传播学对于中国传播学和广告学有“开创之功”。80 年代吴予敏撰著《无形的网络》，开启了传播学研究本土化的先河。何道宽出版译著和专著 80 余种，超过 2000 万字。何道宽、吴予敏获选为《中国传播学 30 年》中的代表性学者；吴予敏、王晓华、田少煦先后获选为教育部新闻学科和数字媒体教学指导委员会委员；多人获选国内各类学会副会长或常务理事。青年学者周裕琼、尹连根等在国际权威期刊 *Journal of Communication*、*Media*，*Culture & Society*、*Discourse & communication* 等发出了中国新一代学者的声音。

(2)立足区位优势，聚焦深圳特区新闻改革研究

该学科聚集了一批担任过党报主编、高级编辑记者的专家学者。辜晓进撰著的《走进美国大报》《当代中外新闻传媒》、吴予敏的《深圳传媒三十年》、刘劲松的《党报集团向现代传媒集团转型研究》、王晓华的《媒介议程与公众认知》、尹连根等人的《中国报业转型的实证研究》等论著，对深圳新闻改革进行了理论总结。辜晓进、王晓华、何建平还是国家“马工程”教材(《新闻采访与写作》《广告学概论》)的主要编写者。学院协助深圳报业集团创建了博士后工作站，并直接指导 4 名博士后圆满完成课题。

(3)依托智库优势，开展社情调研和决策咨询研究

该学科依托省级重点基地建成了舆情调查、传播效果等研究性实验室，建立了数字

化广告监测中心、公益广告管理中心。长期以来，接受党政部门委托，不间断进行社会舆情调研、广告监测、深圳市社情民意调查、深圳市阅读指数调查、深圳市公共文明指数测评等，近五年承担社会服务项目 85 项，服务金额达 1914 万元；提交调研咨政报告 228 余份，制定改革和文化发展规划 12 份，获得国家部委、市委领导表彰或批示 30 余次。咨政研究成果被党政领导评为“城市文明建设风向标”。

(4)聚合跨学科优势，推进传媒创意产业和城市文化研究

田少煦创建的国家精品课程“数字色彩”、李蕾蕾拓展的传媒创意产业集群研究、丁未主编的《粤港澳台文化创意产业发展报告》、吴予敏主持的国家社科基金重大项目“农民工文化需求和城市公共文化服务体系研究”等，均为打通新闻传播学和其他社会科学及计算机科学的成果。

东方风来满眼春，全国人民意气风发地走向中华民族伟大复兴的新时代。深圳大学传播学院将继续立足改革开放前沿，抓住时代机遇，迎接新的挑战，不断创新发展，为探索有中国特色的新闻传播教育做出自己新的努力。

（深圳大学传播学院）

4.1.4　苏州大学传媒学院

1. 历史沿革

苏州大学传媒学院是苏州大学直属二级学院，现位于苏州工业园区苏州大学独墅湖校区。

学院的历史渊源可上溯至 1929 年成立的江苏省立教育学院创办的电化教育专修科，以及 1941 年成立的国立社会教育学院下设的新闻学系，两校后经院系调整，最终并入苏州大学。1995 年苏州大学设立新闻传播系，2005 年发展调整为文学院 · 新闻传播学院，2009 年组建为凤凰传媒学院，2017 年更名为传媒学院。历史上，一大批著名的学术大师曾在此执教，其中有著名思想家和教育家章太炎、吴梅、周谷城、朱东润、许国璋等人，当代著名新闻学家方汉奇先生也曾在此就读。

学院立足苏南、服务江苏、辐射全国，充分利用社会资源优势和学科影响力，以先进办学理念为指导，坚持高起点、高标准、应用型、国际化，推进传媒人才培养模式改革，建设具有产学研一体化特色的传媒教育基地，积极服务于提升中国传媒教育软实力。

2. 办学规模

在学科专业方面，学院现有自设二级学科博士点 1 个：媒介与文化产业研究；一级学科硕士点 2 个：新闻传播学、戏剧与影视学；专业硕士点 2 个：新闻与传播、出版；本科专业 5 个：新闻学、广播电视学、广告学、网络与新媒体、播音与主持艺术。

在队伍建设方面，学院坚持“人才强院”战略，已逐步形成了一支以高学历、高职称、科研和教学能力较强的教师为主体的师资队伍。学院在职教职工 60 余人，高职比例 72. 1%，博士比例 65. 1%，外校毕业 48. 8%，师资队伍的年龄结构、职称结构、学缘结构搭配合理，具有良好的科研活力。

在学生规模方面，学院现有在校全日制学生近 2000 人，其中本科生 900 余人，硕士、博士研究生 160 余人，成人教育学生 900 余人。十几年来，学院为国家输送了一大批合格的新闻传播专业人才，很多毕业生已成为新闻和其他各条战线的骨干。

在机构设置方面，学院下设新闻系、广播电视系、广告系、数字传播系 4 个系科，设有新媒介与青年文化研究中心、广告研究所、互联网公共服务研究中心、电影电视艺术研究所、新媒体研究院等校级研究机构和传媒与文化产业研究中心、网络传播研究所等院级研究机构。

在支撑条件方面，学院建有江苏省省级实验教学示范中心——传媒与文学实验教学中心，实验用房 2600 多平方米，拥有大型演播厅、摄影棚、录音棚、电视节目制作室、报刊编辑实验室、播音主持语言实验室、电视摄像实验室、计算机图文设计实验室、电视鉴赏实验室、非线性编辑实验室、动漫游戏制作实验室、数码艺术工作室、影视艺术工作室、网络与新媒体工作室等。

3. 人才培养

在培养目标上，致力于培养具有马克思主义理论基础进而具备专业新闻思想深度的新型传媒人才，建立“部校合作、院媒协同、实践育人”的新闻人才培养新机制。

在教学特色上，形成专业化实务教学、常态化实践采风、模拟化实战练兵“三合一”的育人新模式，主要体现在以“传媒实务”为代表的课程改革、以“翻转课堂”为核心的授课方式、以“设计实践”为特征的过程考核等方面。

在专业实践上，突出应用特色，与新华报业集团、苏州广播电视总台等各类新闻媒体单位合作建立了 20 余个大学生创新创业教育实践基地、15 个研究生工作站(其中省级 6 个)，每年承办苏州大学生电影节暨北京大学生电影节分会场活动，主办国际大学生新媒体节暨新媒体原创作品大赛，提升学生的新闻素养和专业技能。

在能力拓展上，坚持“以赛促学”，学生作品先后获“华夏之声校园主播大赛”金奖，“中国大学生广告艺术节”学院奖金奖、最佳制作奖，“全国大学生数字短片大赛”最佳栏目奖，“3D大赛全国三维数字化创新设计大赛”龙鼎奖(全国总决赛)，“全国大学生广告大赛”二等奖，ONE SHOW中华创意奖，江苏省“阳光校园”优秀DV作品大赛纪录片特等奖、剧情片一等奖等各类全国性和省级奖项。

4. 师资队伍

学院拥有多名学术造诣较深、在国内同行中有一定影响、治学严谨的学术带头人，近50%的教师有境外学习、交流、访学经历，教师专业背景涵盖新闻学、传播学、文学与文化、城市传播、广播电视新闻学、政治传播、新媒体研究、影视传播学、数字媒体研究等。

学院现有博士生导师8人，硕士生导师16人，其中江苏省“333工程”青年科技带头人3人，江苏省“青蓝工程”中青年学术带头人2人、优秀青年骨干教师2人，江苏省青年文化人才1人，东吴中青年学者1人，姑苏宣传文化领军人才1人、重点人才1人，教育部、中宣部新闻媒体机构与高校教师互聘“千人计划”4人。学院还聘请了3位讲座教授和30余位海内外知名学者和业界人士担任学院的兼职教授或兼职导师。

“雁阵式”结构是学院学科团队特色。学院已经形成了传播与社会治理、新媒体与青年文化研究、媒介文化研究、广告与传媒经营管理等研究团队。2017年“传播与社会治理”团队成为江苏高校哲学社会科学优秀创新团队。

5. 学科带头人

学科带头人陈龙教授现为学院院长、博士生导师，东吴智库传媒方向学术带头人，教育部高职高专广播电视教学指导委员会委员，中国传播学研究委员会副会长，江苏省传媒艺术研究会副会长，中国高校影视学会媒介文化专业委员会主任，江苏省“333工程”中青年科技带头人，江苏省青蓝工程优秀骨干教师，苏州市“姑苏宣传文化领军人才”，苏州市“东吴中青年学者”，苏州大学首批“东吴学者”。

研究领域为传播理论、传播与社会治理、新媒体舆论研究、媒介文化研究。著有《在媒介与大众之间：电视文化论》《当代传媒中的民粹主义问题研究》《传媒文化研究》《视觉文化传播导论》等专著十余种，在《新闻与传播研究》《国际新闻界》等刊物发表学术论文90余篇，主编、编著教材多部，主持国家社科项目4项(其中重点项目1项)、教育部重点项目1项、国家新闻出版广电总局重点项目1项、江苏省社科重点项目1项、国家外文局项目1项，获江苏省社科优秀成果一等奖1项、二等奖2项，其他社科成果奖多项。

6. 科学研究

学院聚焦媒介研究前沿，凝聚自身发展特色，形成了在媒介文化研究、传播与社会治理、新媒体与青年研究、新媒体与城市文化传播、广告研究等领域的研究特色，产出了一批有影响的原创性成果。

五年来，出版学术专著、教材 50 余部，包括《传媒新浪潮研究丛书》10 种、《新媒介与青年亚文化研究丛书》10 种等；入选教育部"十一五"国家级教材 3 部，1 套丛书入选"十二五"国家重点图书出版规划项目；承担国家和省级科研项目 30 多项，在研国家级项目 9 项(其中国家社科重点项目 1 项)、省部级项目 22 项；发表学术论文 330 多篇，其中权威核心刊物、核心刊物论文近 200 篇；获得省哲学社会科学成果一等奖等省部级奖励 24 项，其他各类科研奖励 40 余项。

7. 学术交流

学院广泛开展学术交流与合作，近年来主办、承办国际国内学术会议 15 次，包括"2017 年中国高校影视学会年会""2016 年中国传播学论坛""新媒体与社会治理国际研讨会""大众传播与社会发展国际研讨会""新媒介与青年亚文化研讨会""中国 21 世纪纪录片高峰论坛""可沟通城市与青年文化圆桌论坛"等各类学术会议，学术影响力和社会影响力不断提升。学院学术气氛浓厚，每月均举办"传媒与当代文化研究"工作坊读书会，聘请学界知名学者和业界资深人士来院举办专场讲座。

8. 国际合作

学院深入落实国际化战略，先后与美国匹兹堡大学、英国切斯特大学、美国密苏里大学、美国新泽西瑞马坡学院、美国特洛伊大学、美国俄亥俄州立大学、澳大利亚邦德大学，以及我国台湾世新大学、朝阳科技大学、东吴大学、东华大学等建立了交流合作关系，积极促进师生的交流与访学，每年均有一批外国留学生和台湾学生就读学院新闻传播学研究生。

9. 社会服务

学院积极推进与政府部门、新闻媒体和传媒企业的合作共建，开展各类项目合作和业务培训，服务地方发展需求。学院先后参与文化部《GB(国标)全国网吧管理标准》的制定，主导江苏省城镇户外广告和店招标牌设施设置技术规范的标准制定，为地方传媒产业发展、影视基地建设、广告行业发展、企业品牌建设等提供各类调研咨询报告，牵头“苏州微信排行榜”评析，产生了良好的社会影响。

10. 部校共建

2018 年年初，中共江苏省委宣传部、苏州市委宣传部与苏州大学共建苏州大学传媒学院，致力于把学院建设成为以马克思主义新闻观为统领的新闻传播教育和研究人才的培养基地，在全国有一定影响的新闻学术研究和业务开放交流的学科基地，服务于地方新闻事业发展并具备综合创新能力的智库基地，江苏省新闻宣传系统从业人员的培训基地。

11. 新媒体节

自 2015 年起，学院发起并每年携手国内外相关高校、企事业及媒体单位主办国际大学生新媒体节暨新媒体原创作品大赛，迄今已举办三届，通过主题演讲、对话研讨、作品展播、优秀作品代表路演、晚会交流等形式，积极营造大学生利用新媒体平台进行创新创业的氛围，推动国内外大学生在新媒体方面的创意交流，促进与业界、与国际的紧密结合。活动吸引了来自美国、韩国、德国、澳大利亚、意大利、菲律宾以及中国香港、台湾和大陆地区的大学生和业界人士的积极参与，形成了学院大学生活动的品牌。

（苏州大学传媒学院）

4.1.5　南昌大学新闻与传播学院

1. 历史沿革

南昌大学新闻与传播学院前身为始建于 1958 年 6 月的江西大学新闻系，是继中国人民大学、复旦大学之后新中国开办的第三个高等教育新闻学专业教学点。1973 年，江西大学在中文系内设立新闻学教研室，开办新闻干部培训班、新闻摄影专修班，面向全国媒体招收培养行业骨干。1982 年，江西大学新闻学专业恢复招生。1984 年，与中国摄影家协会合作面向全国培训摄影学员，成为继中国人民大学新闻系之后另一个新闻摄影高等人才培养基地。

2001 年 1 月，南昌大学新闻系改建为南昌大学新闻与传播学院。2003 年，学校院系调整后，学院整体上改为新闻与传播学系，并入人文学院。2013 年 12 月，南昌大学在原新闻与传播学系基础上整合重建新闻与传播学院，并与江西省委宣传部共建，从此掀开发展新篇章。现为江西省唯一一所“部校共建”的新闻学院。该学科历史悠久、内涵深厚，传统优良，发展综合优势突出，在全国第四轮学科评估中进入 B-行列，位列全国第 25 名。2017 年，获批教育部一级学科博士点授权。

2. 机构设置及负责人

南昌大学新闻与传播学院院长为国务院特殊津贴专家、赣鄱英才 555 工程文科领军人才陈信凌教授；党委书记为徐亮，副书记易槐红；副院长为余强教授、郑智斌教授、周云倩教授。

3. 办学规模

学院现有教职工 76 人，其中专任教师 57 人；外聘教师 20 人，折合教师总数为 77 人、师生比为 16.7∶1。其中，教育部新闻传播学专业、影视艺术专业教学指导委员会委员 2 人，享受政府特殊津贴专家(含外聘教师)4 人，赣鄱英才“555 工程”领军人才 1 人，省中青年学科带头人 4 人、省中青年骨干教师 5 人，博士生导师 2 人、硕士生导师(含外聘导师)29 人。其中，专任教师结构如下：

①学位结构：具有硕士以上学位的教师 41 人，占 71.9%。其中具有博士学位的有 27 人，占 47.3%。

②学缘结构：具有外校学历教育背景的教师 38 人，占 66.6%；具有行业经历的教师 57 人，占 100%。

③职称结构：具有高级职称的教师 27 人，占 47.3%。

④年龄结构：45 岁以下中青年学者 43 人，占 75.4%。其中 35 岁以下者约占 35.1%。

全院现拥有教职工 70 余人、学生 1700 余人(其中研究生 243 人)。学院下设图书资料室、现代传媒中心，其中现代传媒中心为江西省实验教学示范中心。

4. 专业设置

南昌大学新闻与传播学院拥有较为完善的本科与研究生专业办学层次。现下设：

4 个系：新闻学系、广播电视学系、广告学系、影视传播系。

5 个本科专业：新闻学、广播电视学、广告学、播音与主持艺术、戏剧影视文学。

1 个卓越传媒人实验班：“2+2”跨专业班。

1 个一级学科博士点：新闻传播学。

6个硕士专业：新闻学、传播学、广播电视艺术学等学术型硕士专业；设有新闻与传播、出版、广播电视专业型硕士专业。

5个研究机构：媒介文化与媒体管理研究中心、中央苏区新闻研究基地、新闻传播与社会发展研究中心(下设媒体融合研究室、新媒体实验室、网络舆情研究室等)、影视艺术研究中心和品牌传播研究所。

1个省级示范实验中心：现代传媒中心。

5. 学科建设

该学科点被列为“江西省高校新闻传播学科联盟”牵头单位，拥有江西省重点学科、江西省哲学社会科学重点研究基地“舆情监测与治理研究中心”，入选教育部首批专业综合试点专业(全国仅有两个同类点获批)、省卓越传媒人才工程等。

学科发展特色鲜明，深耕本土性学术素材，把中央苏区党报党刊作为研究的重点，先后获得国家社科基金重点项目和重大招标项目；推出了一批质量高、影响大的研究成果，分别获得江西省社科成果一等奖、二等奖等多项奖励，以及国家社科基金结项等级为“优秀”的成果；牵头与国内17所新闻学院联合发起成立中国新闻史学会党报党刊研究会，成为国内相关研究领域的引领者与组织者。

学科队伍的年龄结构、学历结构等进一步优化。由国务院特殊津贴获得者、赣鄱英才“555工程”文科领军人才、教育部新闻传播类教指委主任委员、二级教授、江西省百千万人才、省政府特殊津贴获得者、江西省高校中青年学科带头人为领头羊，赣江青年学者、国内外优秀博士等中青年教师等组成骨干梯队，绝大部分拥有国家级项目的主持经验。

6. 教学成果

2013年，新闻学专业入选为教育部“本科教学工程”第一批本科专业综合改革试点。它是全国仅有的两个获准立项的新闻学专业之一。2014年，该学科点获批江西省高校卓越新闻传播人才教育培养基地。2015年沈鲁副教授主讲的“中国电影史话”获批国家级精品视频公开课。2013年，陈信凌教授总主编《新闻概论》等8种教材，立项为“十二五”国家规划教材。

学院狠抓教师队伍建设，教学与科研不断迈上新台阶，承担省级以上纵向研究课题100余项，课题总经费共300余万元，在中央苏区新闻传播、中国特色社会主义新闻理论、媒介经营管理和新媒体研究等多个领域成果显著。拥有南昌大学教学团队3个、网络课程40余项、省级精品资源共享课程3门，获得省级教学成果、优秀教材等奖励10

余项，以及国家职业教育“十二五”规划教材项目 1 项。

7. 科研成果

近五年来，该学科共立项国家级研究项目 38 项，科研经费为 1947.48 万元。在国内权威期刊《求是》《新闻与传播研究》《新闻大学》《国际新闻界》《现代传播》等刊发了代表性的成果。其中就国家社科基金的立项质量与数量，以及科研经费的数额而言，该学科在国内同类高校中成绩良好(见表 4-2)。

表 4-2　**代表性的国家级科研项目(2012—2017)**

项目类别	项目来源	项目名称	项目负责人
国家社科基金重大招标项目	国家社科基金规划办	中央苏区红色文化传播的历史经验研究	陈信凌
国家社科基金重点项目	国家社科基金规划办	中央苏区红色文化传播研究	陈信凌
国家社科基金特别委托项目	国家社科基金规划办、中宣部	西方新闻专业主义研究	陈信凌
国家社科基金一般项目	国家社科基金规划办	实践与规制：我国网络反腐十年研究	郑智斌
国家社科基金一般项目	国家社科基金规划办	网络公共情绪的识别、预警与疏导研究	周云倩
国家社科基金一般项目	国家社科基金规划办	党报在媒介新格局中的角色研究	王卫明
国家社科基金一般项目	国家社科基金规划办	我国新媒体视频的监管体制创新研究	邓年生
国家社科基金一般项目	国家社科基金规划办	互联网逻辑下主流媒体融合模式与创新机制研究	汤晓芳
国家社科基金后期资助项目	国家社科基金规划办	北美传播政治经济学研究	陈世华
国家社科基金一般项目	国家社科基金规划办	改革开放以来《人民日报》“三农”新闻报道的叙事研究	蒋亚平

续表

项目类别	项目来源	项目名称	项目负责人
国家社科基金一般项目	国家社科基金规划办	新《广告法》与网络广告长效治理机制研究	刘西平
国家社科基金一般项目	国家社科基金规划办	中国近现代媒介批评的逻辑与范型研究	胡　丹
国家社科基金青年项目	国家社科基金规划办	社交时代城市社区传播和社区融合研究	王　倩
国家社科基金青年项目	国家社科基金规划办	中国共产党报人群体的出现与崛起	陈志强
国家社科基金青年项目	国家社科基金规划办基金	中国新闻传播研究方法演进史研究	张振亭
国家社科基金一般项目	国家社科规划办基金	当代中国城市社区传播研究	王仙凤
教育部人文社科研究项目	教育部	现实关怀与职业意识：清末民初知识分子与媒介批评研究	胡　丹
教育部人文社科研究项目	教育部	“公共治理”视域下的微博参与社会治理研究	陈世华
教育部人文社科研究项目	教育部	网络问政的长效机制研究	刘西平

8. 人才培养

服务国家与社会发展，紧跟当代媒介实践，参照国内外新闻传播教育的先进经验，依托部校共建平台等推进高层次卓越传媒人才培养(见图 4-1)。

21 世纪以来，南昌大学新闻与传播学院学科建设取得长足进步，成为南昌大学八大强势学科之一。现为教育部“本科教学工程”第一批本科专业综合改革试点单位，是全国仅有的两个获准立项之一；拥有江西省高等学校重点学科、江西省高校第一批特色专业、江西省高校第一批品牌专业、“211 工程”重点建设项目、江西省实验教学示范中心和校级人才培养创新实验区等。通过创新“1+N”教学内容模式，首创“卓越传媒人”实验班、双导师制和小班教学，开办“课程超市”，开展竞赛、办报、调研、采风、写生和演出等各类课外活动，实施“仿真”教学和实战训练，广泛采用新媒体技术和网络课堂，在教学改革和人才培养方面蕴育了日益突出的自我特色和地方品牌。

★院务委员会　学院管理机构，由部校双方负责人、新闻出版单位负责人、新闻教育专家学者和资深编辑记者等组成，实行例会、会商和简报等工作制度。

★精品课程建设　配合卓越新闻传播人才教学培养基地建设，深入打造新闻教育教学改革品牌，资助建设当代中国新闻理论与实践、中央苏区新闻事业和新闻采访写作等 3~5 门精品课程。

★师资队伍建设　学院教师和省内主要新闻单位资深记者编辑双向兼职或挂职，开办“媒体课堂超市”，实行学生培养“双导师制”。

★实践教学基地　除已签约全国 60 余家新闻单位以外，涵盖全省各主要传统媒体和新媒体机构，探索完善毕业实习、假期锻炼、专业见习和课程练习等实践教学新机制。

★研究智库　增列省哲学社会科学重点研究基地、省高校人文社科重点研究基地，共同搭建高水平科研平台，重点攻关全省新闻传播业发展的重大课题。

★江西省新闻人才培训中心　系统培训省内新闻从业人员的基地，开办研究生班、专题培训班、业务与理论高级研修班、继续教育学习班、上岗培训班等。

近年来，学院人才培养成效显著，毕业生遍布全国各个省市。此外，该院在校学生分别获得全国“互联网+”创新创业大赛银奖及铜奖、全国高校新闻学子专业大赛最高奖“韬奋新苗奖”一等奖、中国大学生广告大赛学院奖一等奖、中国大学生新媒体创意大赛特等奖等诸多奖项。

南昌大学新闻与传播学院高度重视本科教学，不断强化实践能力教育，创新人才培养模式，因材施教，主办新闻写作、新闻摄影、广告设计、DV 和微电影、播音主持等比赛和专业实习，同时鼓励与指导学生参加韬奋新苗奖、全国广告节、大学生广告艺术大赛和其他各类课外竞赛等，均取得了不俗成绩。

学院结合中西部计划、江西省卓越新闻计划项目的实施，不断探索“理论与实践相结合、课内与课外相结合、校内与校外相结合、学校与媒体相结合、共性与个性相结合”的人才培养模式改革。

9. 部校共建

2014 年 1 月，中共江西省委宣传部与南昌大学决定共建新闻与传播学院，共同谋划学院的中长期发展，深度融合新闻教育与新闻实践，创新人才培养机制，加强师资队伍建设，通过科学定位、融合机制和办学特色培养新型一流的新闻传播人才。

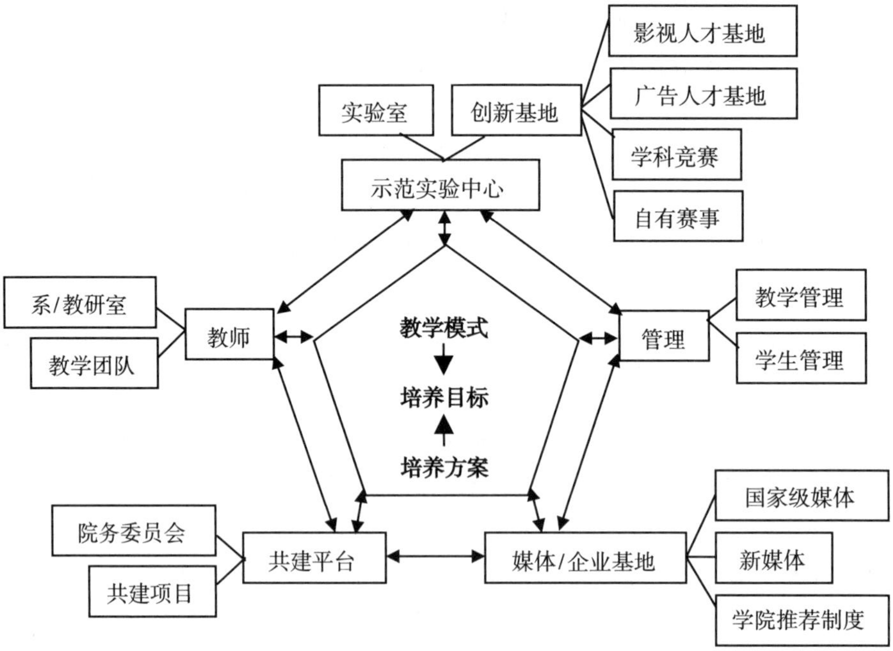

图 4-1　卓越新闻人才培养框架

一是共建精品课程“中国当代新闻理论与实践”，每年有 8 位宣传主管部门、媒体一线资深记者编辑等来院授课，逾 200 名学生从中受益；二是共建骨干队伍，学院拥有近 20 位来自媒体一线的兼职学业导师，共派出 7 位骨干教师前往共建媒体挂职锻炼，8 位青年教师前往中国人民大学、复旦大学参加省委宣传部的专业培训；三是共建实践基地、共建研究智库等，共有近 90 名学生前往全省各共建媒体进行见习、毕业实习。

10. 社会服务工作

该学科依托办学 58 年的丰富经验、人才优势、智力成果和品牌信誉，坚持和强化社会服务，为地方社会、行业发展作出了积极贡献。

①辐射省内外。该学科扎根老区，服务对象涵盖赣南苏区，以及本省同行、政府部门、各类企业；同时，以甘肃“会宁支教调研团”为代表，长期提供支教助学等服务。

②服务有重点。该学科综合新闻、传播、广告等多个专业优势，重点服务四个领域：一是学科教育，牵头成立“学科联盟”，帮助各兄弟院系建设该学科；二是红色文化，加强研究苏区新闻事业的历史、遗址及其红色文化，提出保护、开发的意见；三是区域形象传播，包括滕王阁 5A 级景区升级、“豫章十景”古文化街区建设、海昏侯国家

考古遗址公园申报、景德镇市户外广告规划及城市形象传播等；四是支教助学，在甘肃会宁等地区开展各项公益活动。

③效益双重性。该学科的服务项目具有良好的社会、经济双效益。学科建设方面，“学科联盟”工作推动了全省新闻传播学科的发展；红色文化产业方面，成为当地发展规划、出台政策法规的智库；支教助学方面，“会宁支教团”被中央电视台、《中国青年报》等予以报道宣传；广告营销方面，承接完成 32 项政府、企事业单位课题项目，为地方创造了可观的实际收益。

11. 国际化合作

该学科一直注重对外的交流与协作。组织教师参加美国新闻大众传播与教育学会(AEJMC)年会、美国国家传播学会(NCA)年会等国际学术研讨会。与美国西伊利诺伊大学、太平洋大学、澳大利亚埃迪斯科文大学、日本关西大学，以及我国台湾铭传大学和世新大学等，建立合作关系。多名教师赴境外培训或交流；引进归国博士多人；积极组织学生赴美、英、澳等国及我国台湾地区学习交流，接收韩国、印尼、菲律宾等国多位留学生来院学习。

（南昌大学新闻与传播学院）

4.1.6　山东大学新闻传播学院

1. 历史沿革

山东大学素以文史见长，人文社会科学教育与研究在百年山大的发展历程中一直占有重要的地位。2016 年 9 月山东大学成立新闻传播学院，山东大学的新闻传播学教育进入了快速发展的新阶段。

山东大学的新闻学教育起始于 20 世纪 60 年代开设的新闻专业专修班。1985 年恢复招收新闻专业专修班学员；1996 年，山东大学获批建立新闻学本科专业；1997 年成立文学院新闻系，正式招收新闻学专业本科生；2000 年新山东大学成立后，文学院改名为文学与新闻传播学院，同年获得新闻学专业硕士学位授予权；2004 年获得传播学专业硕士学位授予权和设计艺术学(视觉文化与传播)硕士学位授予权；2006 年获得国家首批新闻传播学一级学科硕士学位授予权；2010 年获得新闻传播学博士学位一级学科授予权，并于当年成为全国首批新闻与传播专业硕士(MJC)授予单位；2014 年获批新闻传播学博士后流动站。

2016 年 9 月新闻传播学院独立建院，同时山东大学电视台整体划归新闻传播学院建制。

在十余年的恢复建设过程中，山东大学的新闻传播学科逐步建立了山东省唯一的“学士(本科)—硕士(研究生)—博士(研究生)—博士后”完整的新闻传播人才培养体系。

2. 院情概览

学院现任名誉院长为全国政协教科文卫体委员会副主任、新华社原社长、山东大学校友李从军。学院现任院长为山东广播电视台台长、党委书记吕芃教授，党委书记为博士生导师王德胜教授，常务副院长为博士生导师刘明洋教授。

(1)专业设置

目前，山东大学新闻传播学院拥有新闻传播学一级学科博士点(含新闻学、传播学两个二级学科博士点)、新闻传播学一级学科硕士点(含新闻学、传播学两个二级学科硕士点)、新闻与传播专业学位硕士点、设计学一级学科硕士点、艺术设计专业学位硕士点等研究生学位点，以及新闻学、广告学两个本科专业。

新闻传播学为中宣部、教育部确立的“部校共建”重点建设专业，媒介科学为山东大学一流学科激励计划重点建设学科，设计艺术学为山东省重点学科。

(2)师资队伍

2017 年学院引进 4 位专任教师，专任教师数量达到 26 位。

至 2017 年末，学院专任教师达到 26 位，其中教授 11 人，副教授 10 人，博士生导师 5 人，硕士生导师 19 人(含博士生导师)；其中 45 岁以下的年轻教师占 61%；教师中具有博士学位者占 83%；教师中 60%毕业于海外名校或具有一年以上海外研究经历。整体而言，教师队伍学历层次较高、年龄结构合理、具有国际视野、充满发展活力。

(3)办学规模

新闻传播学院目前有全日制本科生 302 人，全日制硕士研究生 140 人，博士生 14 人，在册博士后 5 人。

2017 年随着本科计划增加和非全日制研究生计划开启，学院招收本科生 105 人，各类研究生合计(含博士研究生、全日制学术学位硕士生、全日制专业学位硕士生、非全日制专业学位硕士生)105 人。

(4)教学科研

在学术研究方面，山东大学新闻传播学院充分发挥山东大学学科门类齐全、研究实力雄厚的优势，在新闻舆论工作研究、公共传播与公共管理研究、文化传播研究、影像传播研究、新媒体研究、媒介经营与管理研究等方面具有比较鲜明的优势和特色。2012—2015 年，新闻传播学科承担国家级及省部级科研项目 40 余项，发表 CSSCI 期刊论文 120 余篇。

2013 年“山东大学-大众报业集团”实践基地获批教育部新闻传播学大学生校外实践基地，是当年教育部批准的 16 个部属高校新闻传播学文科实践教育基地建设单位之一。新闻传播学科在中央电视台等国家级媒体以及大众报业集团、山东广电等省部级媒体，及其他相关企事业单位建设有教学实践基地，并聘任具有业务水平和学术水平的专家 39 人，其中兼职硕士导师 13 人，指导学生实习实践业界教师 26 人。

(5)国际化建设

在国际交流方面，新闻传播学科与美国、英国、法国、韩国等国家的高水平科研及教学机构建立了紧密的合作关系，除了派出教师参加国际会议、进行实地考察，以及派出学生进行访问学习或联合培养之外，还邀请高水平的国外教师、资深记者记者等传媒学界与业界知名人士到学院讲学或直接承担研究生课程。

3. 2016 年 9 月独立建院以来的发展情况

(1)部校共建

山东大学新闻传播学院是 2013 年中宣部、教育部确立的全国 10 所与地方宣传部共建的高校新闻院系之一。2015 年 1 月 20 日，山东省委宣传部与山东大学共建新闻传播学院座谈会在山东大学中心校区举行，山东省委宣传部与山东大学共建新闻传播学院正式启动。2016 年 9 月学院获得独立发展后，部校共建工作进入快车道，学校先后开启了“马克思主义新闻观系列课程”“新闻理想系列讲座”“新闻名家讲堂”“国情教育课程”等系列教学工作，并通过部校共建专项研究、智库服务、基地建设、专业培训等形式为山东省新闻舆论工作作出了贡献(见表 4-3)。

表 4-3　**2017 年启动的 10 个“部校共建”重点建设项目**

序号	项 目 名 称
1	红色沂蒙·马克思主义新闻观校外教育基地建设项目
2	山东大学公共传播实训基地建设
3	山东大学融合新闻产品研发中心建设
4	山东舆论智库建设

续表

序号	项 目 名 称
5	中国新闻人史料馆建设
6	山东(山东大学)当代马克思主义新闻观研究中心建设
7	媒介科学发展国际论坛
8	山东省传播学会
9	马克思主义新闻观课程体系建设
10	马克思主义新闻观系列图书出版

①专项研究。2017 年 3 月学院启动了部校共建专项研究。主要建设内容包括：

确立了“中国新闻人史料学建构与史料库建设研究”“媒介科学体系的建构研究”“媒介融合背景下马克思主义舆论学学科体系的建设”“基于文化自信的中华文化跨文化传播研究”“生态马克思主义新闻观与我国红色文化建设研究”“基于新型主流媒体建构的新闻客户端影响力建设及评价机制创新研究”等 19 项课题为“2017 年度部校共建研究课题”，总资助经费计 62 万元。

②智库服务。围绕部校共建，2017 年学院为山东省委宣传部、山东省政府新闻办及其他党政部门、企事业单位、智库机构撰写研究报告、案例分析、项目策划、发展规划等 33 件。

(2)一流学科建设

2017 年 9 月 20 日，山东大学入选世界一流大学 A 类建设高校。学校依据《山东大学世界一流大学建设方案》，于 2017 年 11 月启动山东大学“双一流”学科项目建设，学院“媒介科学”学科入选校一流学科激励计划建设项目。该学科设马克思主义新闻观与媒介发展战略研究、媒介科学与公共传播研究、数据科学与媒介应用研究三个重点建设方向。

目前该学科建设已获批山东大学大数据与精确传播实验室，山东大学融新闻产品研发中心、山东大学公共传播实训基地的建设已经过了专家组论证，与山东省互联网传媒集团签约将共同发布山东政务新媒体影响力年度排行榜。

(3)科学研究

2017 年，山东大学新闻传播学科获得国家社科基金项目 2 项、教育部人文社科研究课题 3 项、山东省社科规划项目等省级项目 13 项(见表 4-4)。

表4-4 2017年山东大学新闻传播学科获得的省部级以上科研项目

序号	项目类型	项目名称	项目负责人
1	国家社科基金项目	媒体融合背景下“伪正能量信息”的传播机制与消解策略研究	倪　万
2	国家社科基金项目	胡政之人脉关系研究	王咏梅
3	教育部人文社科研究项目	网络运营者的信息内容管理责任研究	张文祥
4	教育部人文社科研究项目	媒体融合发展与新闻传播变革研究	刘　冰
5	教育部人文社科研究项目	大数据时代的数据新闻生产与伦理研究	张　超
6	山东省社科规划项目	提升“孔子故乡 中国山东”影响力微传播体系研究	朱秀清
7	山东省社科规划项目	大数据时代“好客山东”品牌高端化营销传播研究	臧丽娜
8	山东省社科规划项目	“众智”时代专业新闻内容生产变革研究	任媛媛
9	山东省社科规划项目	媒介融合背景下山东省主流媒体舆论引导对策研究	吴　迪
10	山东省社科规划项目	全媒体时代青年文化理论创新研究	方　方
11	山东省社科规划项目	“一带一路”倡议下齐鲁文化主题纪录片产制与对外传播研究(17CZCJ11)	王　华
12	山东省社科规划项目	齐鲁文化资源挖掘与创意传播策略研究	侯　滢
13	山东省社科规划项目	媒体融合背景下的网络舆论导向研究	刘　冰
14	山东省社科规划项目	山东形象海外推广案例研究	连　佳
15	山东省社科规划项目	韩国报刊涉鲁报道的山东形象研究	刘荣荣
16	山东省社科规划项目	新媒体背景下山东文化创意产业媒介策略研究	矫雅楠
17	中国博士后基金	2017年第62批编号2017M622174	马晓乐
18	中国博士后基金	2017年第61批编号2017M612251	袁晓川

2017年，新闻传播学科各级各类学术期刊发表论文共计141篇，其中在《新闻与传播研究》《现代传播》等CSSCI来源期刊上发表论文46篇。

2017年，新闻传播学院出版学术著作10部。

(4)平台建设

学院目前建有山东省社科重点研究基地——山东省品牌与传播研究基地，以及山东大学传播与媒介研究中心、山东大学广告研究中心、山东大学大数据与精确传播实验室等科研机构，以及优讯舆情研究中心等院属科研机构。

同时学院加强社会合作，积极引进社会资源，成立多个协同研究机构。

2016 年 10 月 8 日，学院与大众报业集团、齐鲁晚报社、“食安山东”质量诚信联盟联合建立了“食安山东”品牌传播大学生实践基地。2016 年 11 月 17 日，学院与大众报业集团、北大方正电子有限公司、潍坊北大青鸟华光照排有限公司协作成立新闻出版业科技与标准重点实验室。2017 年 3 月 10 日，学院与新之航传媒集团签署战略合作协议，共同主办国际、国内品牌营销与传播学术会议和论坛，一起研讨客户品牌价值传播策略，打造产学研三位一体的品牌战略合作新模式。2017 年 7 月 5 日，学院与山东省台儿庄古城旅游集团有限公司共建台儿庄古城品牌战略研究中心。2017 年 12 月 15 日，山东大学传播与媒介研究中心和鲁中晨报社同发起成立的淄博品牌传播研究基地揭牌成立。2018 年 1 月 25 日学院与山东省互联网传媒集团签署战略合作协议，共建山东政务传播研究中心、山东舆论研究院。

(5)教学改革

2017 年，学院修订新闻学专业本科教学方案，加强马克思主义新闻观教育，专业课程体系由传统型的新闻传播教育向创新型的教育模式转换，设计为“新闻业务、新媒体、广告、国际传播、影视传播、公共传播、媒介经营与管理”七大课程组，同时增加创新创业教育实践系列，开创性地设计了“创意摄影坊、创意视频制作坊、广告工坊、品牌工坊、创意思维训练坊、未来传播工坊、经典传播工坊”七大“创意工坊”系列。

截至 2017 年年底，学院共签署协议建设校外实习基地 11 个，包括中央电视台、中国国际广播电台、环球时报社、北京电通(日本电通中国集团)、大众报业集团、山东广电发展研究中心等。

2018 年 1 月，学院经典文化传播平台——文学生活馆申报的《“浸润式”人文教育，“体验式”博雅课堂——“文学生活馆”通识教育创新实践》获山东省第八届高等教育省级教学成果奖一等奖，目前正积极准备材料申报国家级教学成果奖。

(6)学术活动

2017 年，学院举办全国性学术会议 5 个：“第五届全国对外传播理论研讨会”“媒介化社会背景下的新闻伦理构建研讨会”中国教育电视协会高校电视专业委员会第七次全体大会“全国首届学术期刊评价与学术论文写作研讨会”“全国首届儒家文化国际传播研讨会”。

(7)品牌建设

①创意工坊品牌——提升新闻传播教育质量。

2017 年学院进行教学计划修订，在实践课程中注重培养学生的“双创”能力，在全国首创七个创意工坊系列课程，“创意摄影坊、创意视频制作坊、广告工坊、品牌工坊、创意思维训练坊、未来传播工坊、经典传播工坊”等，形成学院本科教育的实践教学品牌。

②经典传播品牌——“文学生活馆”传播文化经典。

文学生活馆是学院运营的公益性文化经典传播平台，以“微型文学史”的思路领读文学经典，2015 年获教育部“礼敬中华传统文化特色展示项目”奖，入围首届“华文领读者”阅读项目大奖。2017 年，“文学生活馆”实现了山东大学三地八校区直播，并且自山东大学 116 周年校庆“经典十课”开始，由文学传播转向包括科学文化在内的文化经典传播。

③百微系列品牌——“百微山大”打造视频名片。

“百微山大”是山东大学校园文化传播的微视频平台，设有山大人物、服务山大、校友文化等十大内容板块，2017 年共推出 11 期，总点击量突破 50 万。

④儒家文化品牌——儒学国际论坛，讲好中国故事。

学院承办儒家文化国际传播论坛。首届论坛于 2017 年 11 月 25 日在曲阜举行，参加本次论坛的有来自北京大学、中国人民大学、中国传媒大学、南京大学、山东大学、北京外国语大学、中国农业大学、故宫博物院、孔子研究院、孟子研究院等单位的学者，以及新华社、光明日报社等媒体的专家。学院将依托山东儒家发源地的地域特色、山东大学儒家思想研究的学术背景，将该论坛作为学院品牌建设的重点。

(山东大学新闻传播学院)

4.1.7　华南理工大学新闻与传播学院

1. 历史沿革

华南理工大学新闻与传播学院成立于 2004 年 7 月 16 日，是在原社科系传播学专业基础上组建而成的，招收传播学、广告学、编辑出版学专业本科生 241 人，美学硕士研究生 18 人。2005 年，学院成功申报传播学、中国哲学硕士点。

2011 年，与美国密苏里大学新闻学院实施本科“2+2”联合培养项目，并成功送出首批学生。同年，新闻传播学按照一级学科招收硕士研究生。

2013 年，学院申报的广东省新媒体与品牌传播创新应用重点实验室获批立项建设；

与美国罗格斯大学新闻学院实施本科“2+2”联合培养项目。

2014年上半年，学院对各系设置、师资队伍、招生专业和课程体系进行改革和调整，撤销文化传播系、艺术传播系，设立视听传播系和网络传播系，对本科传播学专业实行大类招生。

2014年，获批新闻与传播硕士专业学位授权点。

现由新闻传播系、品牌传播系、视听传播系、网络传播系和实验教学中心、人文素质教育中心组成。先后设立了“马克思主义新闻传播研究”与“组织传播与管理”两个博士生招生方向。

目前，学院已成为华南地区新闻传播学科教学和科研重镇。据中国科学评价研究中心、武汉大学中国教育质量评价中心联合中国科教评价网2017年公布的中国大学新闻传播专业排行榜，华南理工大学新闻传播学科排名第16位。在2017年教育部全国第四轮学科评估中，华南理工大学新闻传播学科评估结果为B-，排第25位。

2. 机构设置及负责人

新闻与传播学院院长为苏宏元教授；党委书记为冯向阳、副书记刘涛。副院长为蒋建国教授、陈娟教授、曹智频教授。

(1)新闻传播系

成立于2003年，现任系主任为谢勇博士。创办之初，面对众多老牌新闻院校的激烈竞争，新闻传播系先以传播学专业进行招生。2009年，新闻传播系明确提出传播学专业跨媒体新闻传播专业方向这一定位。2015年获批新闻学专业，并开始招生。在经历了一系列探索和变革后，新闻传播系确立了特色化的发展道路，开设一系列特色课程，如数据新闻、科技传播、网络信息监测与分析、网络内容产品策划与编辑制作等。

(2)品牌传播系

成立于2004年，现任系主任为韩红星教授。目前已建构了以品牌塑造为目标的学科系统架构，形成了传播学与管理学交叉、创意策划与营销实务相融的专业特色，并在国内率先开展新媒体与品牌传播发展理论与实践的研究，探讨品牌传播在数字内容产业、媒体产业及企业品牌战略等领域的创新应用。

(3)视听传播系

成立于2014年，该系师资力量雄厚，现任系主任为黄桂萍副教授。视听传播系致力于走特色化发展路线，在纪实视听方面加强专项培养，如纪录片、口述影像史、网络纪实短视频等，以适应当下影视应用越来越广也越来越细化的实践需求。视听传播系秉持开放式办学理念，与校外创作机构联合，一起带动学生创作作品。

(4)网络传播系

成立于2014年5月，同年9月开始招收第一届网络传播系本科生。现任系主任为刘银娣副教授。网络传播系以内容为核心，坚持特色化、专业化、复合化的人才培养机制，强调新媒体环境下内容策划、编辑以及网络运营推广实践能力的培养，打造“网络传播技术基础+数据挖掘与分析+数字内容产品设计与制作+网络产品建设与运营”的专业课程模块。

(5)广东省新媒体与品牌传播创新应用重点实验室

该实验室成立于2013年，广东省第一个省级哲学社会科学重点实验室。该实验室立足于新媒体与品牌传播方面的专业优势，协同计算机学院、软件学院等学院的重点学科，整合信息技术研究、新媒体研究和品牌传播研究的交叉优势设立，下设移动互联网与整合品牌传播创新、数字内容产业与社会发展、新媒体集成管理与平台化、大数据与新媒体传播效果监测与分析四个研究方向。实验室由段淳林教授担任主任，朱剑飞和宋恒杰担任副主任。实验室专家学术委员会由苏宏元教授担任执行主任。

在学科建设与人才培养方面，实验室通过整合华南理工大学软件学院、新闻与传播学院的学科特点，重点培养一批以互联网与品牌传播为专业定向的交叉复合型创新人才与高端技术人才。实验室在产学研合作建设方面，联动多个媒体公司、大数据公司、广告公司和移动互联网公司共同打造研究共同体，并建成了包括粤传媒云媒体创新实验室、UC创新研究基地、有米移动营销实验室、华南品牌大数据中心、U互动数字电视实验室、社会计算研究所、中国陶瓷产业发展与品牌研究中心在内的12个子基地。实验室已涌现一大批科研成果，社会影响力也同步上升。新媒体与品牌传播沙龙已成功举办10期。2014年11月15日成功主办了以“数字媒体融合与品牌传播创新”为主题的新媒体发展与创新国际论坛。

(6)数据新闻研究中心

该中心成立于2015年5月，由华南理工大学新闻传播学院与密苏里大学新闻学院合作成立。研究中心主任由苏宏元教授担任。双方已开展了一系列合作，包括系列讲座、进修、翻译、学术论坛等。该中心已在国内新闻传播学重要期刊发表10多篇学术论文(被《新华文摘》转载2篇)，出版《高效的数据表达》(苏宏元译)、《数据新闻制作简明教程》(吴小坤著)等，并获2项国家社会科学基金项目。

(7)纪录片创作与研究中心

该中心成立于2012年，由朱剑飞教授担任中心主任。该中心与广东电视台、广州电视台及相关媒体机构紧密合作。连续承办两届中国(广州)国际纪录片节大学生纪录片大赛(2016、2017)。2017年10月，由华南理工大学新闻与传播学院暨纪录片创作与研究中心联合中国传媒大学中国纪录片研究中心牵头发起的中国高等院校影视学会纪录片专业委员会正式成立。

3. 办学规模

学院现有教职工63人，其中专业教师51人，包括教授18位，副教授17位(其中外籍1位)。拥有广东省“珠江学者”特聘教授1人，教育部新世纪优秀人才1人，广东省高校“千百十工程”国家级培养对象1人，省级培养对象1人；聘有讲座教授2人，兼职教授7人。2017年，在校本科生552人，在校硕士研究生148人(其中留学生35人)。教学实验设备总值1000万元，图书资料价值120万元，行政实验用房4063平方米。

(1)本科生培养与研究方向

本科分设4个专业：新闻学(2015年新增)、传播学、广告学、编辑出版学(新媒与数字出版方向/2014年停止招生)，按5个方向招生：跨媒体新闻传播(传播学专业/2015年改为新闻学专业)、视听传播(传播学专业)、网络与新媒体(传播学专业)、品牌传播(广告学专业)、外向型人才实验班(新闻传播学类国际班)。

①跨媒体新闻传播方向：该专业方向旨在培养学生掌握新闻传播学专业理论知识，熟悉全媒体的运作特性，能够在新闻传播领域尤其是数据新闻、科技新闻领域从事新闻生产、产业经营以及传媒相关行业工作的复合型新闻传播人才。

②网络和新媒体方向：该专业方向旨在培养学生运用多种新媒介技术和理论，具有正确把握网络传播法规、政策与伦理，熟练掌握网络信息监测与分析、网络推广和运营等综合知识和技能。

③视听传播方向：该专业方向旨在以文化创意产业需求为导向，培养能够胜任各种媒介形态下的视听节目策划、采访、写作、导演、编排、拍摄、编辑等多种实践操作能力的视听传播复合型高级人才。

④品牌传播方向：该专业方向旨在培养学生掌握品牌的基本理论和基础知识，熟悉现代品牌传播、推广、经营、管理的方法，具有较强的品牌传播的运作能力和品牌理论的研究能力。

⑤外向型人才实验班(分别与密苏里大学新闻学院、罗格斯大学新闻学院合作)：该专业方向旨在培养学生掌握社会科学学科的研究方法，熟悉自然科学与工程技术的前沿方向，同时具备传播学专业领域内系统的核心知识和国际视野。

(2)研究生培养与研究方向

学院拥有新闻传播学一级学科硕士学位授权点，按一级学科招收学术型研究生和专业硕士研究生。学术型研究分设三个招生方向：新闻学、传播学、品牌传播。美学二级学科硕士学位授权点于 2015 年停止招生，中国哲学二级学科硕士学位授权点划归马克思主义学院管理。

4. 学科建设

新闻与传播学院于 2006 年成功申报传播学二级学科硕士学位授权点，2011 年获批新闻传播学一级学科硕士点，2012 年自主设置备案中国哲学、美学、新闻学、传播学 4 个二级学科，2014 年获批新闻与传播硕士专业学位授权点，并在校内相关学科设立马克思主义新闻传播研究(2015)、组织传播与管理(2012)2 个博士生招生方向。

学院拥有广东省新媒体与品牌传播创新应用重点实验室、广东省大数据与计算广告工程技术研究中心、数据新闻研究中心、纪录片创作与研究中心、视听传播研究中心、品牌传播研究所、客家文化研究所、网络舆论研究中心等科研机构。

新闻传播学科注重文理工学科交叉，以新媒体和大数据研究为引领，强化基础理论和技术支撑，重点拓展地方新闻史、数据新闻、纪录片研究、健康传播、计算广告和跨文化传播等新闻传播学学科发展新领域，形成自己的优势和特色，力争华南领先、国内一流。

5. 教学成果

学院近年取得的国家级、省部级精品课程和其他主要教学成果如下：

①国家级精品视频公开课 2 门：曹智频老师的“中国传统人生智慧”(2013)，苏宏元老师的“大学美育”(2014)。广东省精品视频公开课 4 门：苏宏元老师的“大学美育”(2014)，曹智频老师的“岭南文化”“中国传统文化”(2015)，黄有东老师的“中国文学与文化”(2015)。

②广东省高等教育教改项目 3 项：周煜“基于实践能力培养的视听教学改革研究”(2014)、曹智频“融合媒体虚拟仿真实验教学探索”(2015)、刘银娣“创新创业人才联动培养模式下的网络传播专业实验课程建设研究”(2016)。

③2014 年周煜老师获省级课程竞赛二等奖，严俊老师获省级“微课堂”教学竞赛三等奖。

6. 科研成果

该学科点近 5 年来承担科研项目共计 344 项，其中国家级科研项目 10 项，省部级科研项目 30 项。项目总经费达 1501. 8 万元，师均科研经费达 25. 45 万元。

（华南理工大学新闻与传播学院）

4.1.8　国防大学军事文化学院军事文化传播系

1. 历史沿革与基本情况

2017年7月19日，新调整组建的国防大学正式成立。2017年8月23日，国防大学军事文化学院成立。10月31日，军事文化学院举行新编制转隶交接签字仪式。原南京政治学院军事新闻传播系主体转隶国防大学军事文化学院，与原解放军艺术学院军事文化传播系合并组建军事文化传播系。

国防大学军事文化学院是中国人民解放军军事文化领域人才培养的高级专业学院，前身为中国人民解放军艺术学院。军事文化学院院长张启超大校，政治委员董斌大校。学院坚持以习近平新时代中国特色社会主义思想，特别是习近平强军思想为指导，形成了特色鲜明的军事文化人才培养体系，取得了丰厚的教学、科研和创演成果，为繁荣发展中国特色社会主义文化、打造强军文化作出重要贡献。

原解放军艺术学院军事文化传播系正式组建于2013年9月，以任职教育为主，开设军事题材动画创作、军事题材广播电视编导和微电影编创与摄制3个专业方向，培训任务紧贴基层部队文化需求，教学效果好，受到部队官兵一致欢迎。

原南京政治学院军事新闻传播系创建于1984年，同年开始招收两年制大专学员。1994年开始面向全国招收应届高中毕业生，开办四年制军事新闻学本科专业。1995年，获得新闻学硕士学位授权点，开始招收军事新闻学硕士研究生。2004年，获得传播学硕士学位授权点，招收军事传播学硕士研究生。2005年，获新闻学博士学位授权点，招收新闻学博士生。2006年，列入江苏省“十一五”重点学科。2007年，列为全军“2110工程”重点建设学科专业。2011年，获新闻传播学一级学科硕士学位授权点。2015年，开始招收新闻与传播专业硕士。创系以来，培养了一大批政治强、业务精、作风正的高素质军事新闻传播人才，并承担国防部新闻发言人传播效果评估、军官媒介素养培训等教学科研任务。经过30多年不懈奋斗，在军内外享有较高知名度，被誉为“军事记者摇篮”。

2. 机构设置与师资队伍

2017年12月，国防大学明确了系、教研室人员编制。2018年1月起，军事文化传播系按照新的组织架构运行，开展管理、教学、科研工作。军事文化传播系主任为军事文化学院副院长兼教授刘绍勇大校，系协理员为矫涛法大校。当前，本科和研究生学历教育部署在南京教学区，任职教育部署在北京校区。

现有专任教员 25 人，其中教授 7 人，副教授 3 人，讲师 14 人，助教 1 人。教员中具有博士、硕士学位的有 20 人，硕博士比例为 80%。5 位教员具有海外进修学习或访学经历。高职比例为 40%。6 人获得全军院校育才奖金奖或银奖。多位教员担任全国性学术团体常务理事、理事职务。多位教员为国家社科基金评审专家、教育部学位论文评审专家、军队新闻系列高级职称评审专家。

设置军事新闻与出版、广播电视编导、军旅视觉传达设计和军旅影视与动画 4 个教研室，主要承担本科、研究生和任职培训班次教学任务。

①军事新闻与出版教研室。主要承担新闻传播理论、新闻传播历史、新闻采访、写作、编辑、评论、军队出版工作等课程教学任务，现有专任教员 9 人，其中教授 3 人，副教授 2 人，讲师 4 人(非现役文职 1 人)。

②广播电视编导教研室。主要承担广播电视编导、广播电视新闻方向人才培养及相关领域研究工作。现有教员 8 人，其中教授 2 人，副教授 1 人，讲师 5 人(非现役文职 1 人)。

③军旅视觉传达设计教研室。主要承担图形创意、文字设计、标志设计、海报设计、橱窗设计、展示设计、书籍设计、部队文化衍生品设计及多媒体设计等课程教学任务。现有教授 2 人。

④军旅影视与动画教研室。主要承担动画、微电影方向任职培训任务及相关领域研究工作，开设视听语言、电影导演、电影摄影、剪辑与特效、剧本创作、二维动画、三维动画等课程教学。现有教员 6 人，其中讲师 5 人，助教 1 人(非现役文职 1 人)。

3. 学科建设与科学研究

学科建设主要依托新闻学博士学位点和新闻传播学硕士学位点进行。

①新闻学(军事新闻学)。主要研究军事新闻理论、历史、实务。先后出版了《军事新闻学概论》《军事新闻采访理论与实践》《非战争军事行动传播》等著作，发表了一批具有较高质量的学术论文。近年来，完成了“中国人民解放军新闻史研究”“中国军事新闻发布传播效果研究”“军事新闻宣传体制机制创新研究”“多元舆论场的我军新闻发布研究”等多项国家、军队课题，一批高质量研究成果被军队宣传领导机关和军事新闻宣传部门采纳。

②传播学(军事传播学)。主要研究军事传播学的基本理论与实践。先后出版了《军事传播学概论》《当代军事传播学论要》等著作，发表了一批具有较高质量的学术论文。近年来，完成了“基于信息共享的网络舆论信息工作机制建构与服务内容研究”“加强我军国际传播能力建设研究”“借助新媒体传播实施国防舆论动员研究”“军队媒体融合发

展创新思维与路径选择研究”“媒体融合时代军事媒体组织形态的转型与创新发展研究”“抗战时期中国共产党国际传播能力建设研究”等多项国家、军队课题。

③广播电视学与数字传播（军队广播电视与数字传媒）。研究军队广播电视与数字传媒的基本理论、实务、发展、改革与创新。近年来，出版了《电子媒介传播导论》《影视数字制作技术》《电视编辑理论与实践》《广播电视栏目案例精选》等著作，发表了一批具有较高质量的学术论文，完成了“我国电视剧的网络传播现状及管控研究”“网络美学研究”“主旋律影视剧的有效传播研究”“江苏县级广播电视发展研究”“江苏电视剧产业发展研究”等多项课题。

④舆论斗争与军事对外宣传。主要研究舆论斗争与军事对外宣传的理论与实践、联合作战中的舆论斗争等问题。出版了《美军公共事务传播研究》《军事外宣 30 讲》等著作，先后完成了“大众传媒与非战争军事行动研究”“我军话语权建构研究”“我军国际形象传播研究”“网络空间意识形态斗争问题”等一批重要课题。

⑤军事文化传播学。主要研究军事文化传播基本理论和实务。涉及军事文化发展史、军事文化产品生产、军事文化传播体系建设、军事文化安全等领域。近年来，发表了一批具有较高质量的学术论文，先后完成“我军先进军事文化对外传播研究”“中国军事文化传播符号研究”“社会主义核心价值观的媒体融合传播研究”“基于政府善治视角的国外社会化媒体传播技巧研究”等一批国家、军队课题。

先后承担了 100 多项军事特色鲜明的各级各类研究课题，大多如期结项，有些出版成为专著或教材，反哺学科建设和专业教育。1997 年起，每年联合一家军区、军兵种报社出版一辑《军事新闻论坛》。先后与原人民前线报社、前卫报社、人民海军报社、战士报社、火箭兵报社、战旗报社合编《军事新闻论坛》6 辑。从 2000 年开始，有计划地举办了一系列著名军事新闻记者作品研讨会。江永红、高艾苏、贾永、李文朝、江宛柳、孙晓青等知名记者先后成为研讨的对象。2010 年之后，多次举办军事新闻理论、军事外宣、新媒体传播学术研讨会，探寻军事新闻传播规律。

4. 教育教学与人才培养

根据军队院校培训任务规划，开展军事新闻学本科、军事新闻传播学硕士、军事新闻学博士以及任职教育。同时，面向全军官兵开设自学考试，包括新闻学本科和传播与策划专科两个层次。

①教材建设。已出版适用于军事新闻教育的系列教材，包括《新闻学概论》《中国新闻史教程》《军事新闻采访》《新程序消息写作学》《通讯写作教程》《新闻评论学与习》《新闻摄影学》《广播电视教程》《军队报纸编辑工作》《军队新闻工作》等。计划组织编撰系

列教程，包括《军事文化传播教程》《军事新闻教程》《军事出版教程》《媒体融合》《军旅设计》等。

②实验室和工作室建设。建设高标准的专业实验室和专修室，包括军事新闻编辑实验室、军事新闻摄像专修室、军事电视编辑专修室、军官媒介素养情境训练中心、媒体编辑工作室、虚拟演播室等。计划新建军旅视觉传达设计工作室、媒体融合工作室、军旅衍生品设计工作室。

③实习基地建设。借助军队媒体平台，搭建实习基地。解放军报社、各军种报社、中央人民广播电台军事节目中心、中央电视台军事节目中心、新华社军分社、全军政工网等 16 家军队媒体单位均被列为实习基地。通过选聘部队导师，联合育人。

④获奖教学成果。教学成果《深化军事新闻教学改革，全面构建舆论战课程教学体系》获得国家级教学成果二等奖、全军优秀教学成果一等奖。“探索构建‘教、学、研、训’四环联动媒介素养情境教学模式”获得中国新闻学与传播学教学改革创新项目奖。“你也可能是‘新闻发言人’”获全国第十六届多媒体教育软件大赛精品开放课程一等奖。《军旅动漫艺术创作人才培养》被列为国家艺术基金资助项目。

⑤育人成果。培养了 3500 多名专科、本科、研究生，其中 10 人成长为将军，4 人获“长江韬奋奖”，50 多人次获中国新闻奖和人民解放军新闻奖。在校学员发表作品质量数量可观，获得全国全军专业奖项人数众多。开办新闻传播专业任职培训以来，先后开班 40 余期次，受训学员超过 2500 人次。

5. 深入基层与服务部队

军事文化传播系坚持把面向部队、服务部队作为办学方向和重点，重视服务部队，紧贴部队文化建设需求，通过多种形式与基层部队保持密切联系，将服务强军建设作为教学科研的最终目的。

①新闻采访小分队。毕业实习采取小分队形式，深入祖国边防基层连队。曾组织过西北边防行、东南海防行、东北边关行、军魂寻根行、长征战场寻访等不同类型小分队，写出了很多质量较高的稿件。2018 年 2 月，多名本科学员深入西藏军区高海拔边防哨所，采写戍边官兵，推出了一系列扎实生动的报道。通过这种方式，深入了基层，报道了部队，服务了强军建设。

②随营培训教学。多次组织教员赴基层部队开展随营培训教学活动，并与部队单位合作创作动漫、微电影，取得了较好成绩。如协助原 65 军某旅制作的微电影《三连兵魂》获全军首届微电影大赛一等奖和最佳摄影奖。协助原二炮某基地制作的微电影《一

个人的微电影》获全军首届微电影大赛一等奖。

6. 国际交流

①赴海外接受专业培训。2015 年 11 月，多位教员在新西兰梅西大学、维塔工作室接受为期一个月的专业培训，系统学习了好莱坞影视创意及影视制作流程、方法和相关技术，为开放办学、拓展国际视野、创新教育理念等方面提供了宝贵经验。

②联合国维和与军事外援。苗健讲师 2013 年至今多次担任联合国维和与军事外援任务，获 4 枚联合国和平勋章。通过执行国际多样化军事任务，开阔了视野，也为今后开展跨文化传播教学科研提供了能力支撑。

7. 继承传统与开拓创新

第一，注重马克思主义新闻观教育，解决好立场、观点和方法问题。30 多年，坚持不懈开展马克思主义新闻观教育成为一个重要的育人传统。从多年的教育实践来看，学习马克思主义新闻思想，可以激发学员从事新闻事业的理想和信念，可以帮助学员提升理论思维层次，增强发展后劲。

第二，专业教学注重实践环节，突出能力本位。30 多年的教育实践表明，实践锻炼、能力培养在专业教学上十分重要。郑旷主任提出的“扎扎实实打基础，勤勤恳恳练笔头”成为历届军事新闻学子的座右铭。每届学员专业实践热情都很高，不少学员利用寒暑假到偏远地区搞社会调查，到基层连队蹲点，写出来的作品体裁丰富，内容精彩。系里充分利用实验室、校园媒体，为学员提供专业实践平台。每年组织一次摄影大赛、一次 DV 大赛，一次“解放军报奖学金评奖”活动，军事文化传播系成立之后，将摄影大赛和 DV 大赛合并，设立“校园视觉创意传播大赛”，鼓励专业实践。因此，每年都有大量的新闻稿件和评论文章发表在全国、全军各大媒体上。每年都有学员在纪录片、微电影全国、全军大赛上获奖。

第三，引进来、走出去，军民融合，开放办学，激发活力。在资源整合上向学院内外借力，探索合作育人机制，构建跨校联合体，形成“校际合作、协同育人”的人才培训机制，逐步形成“厚基础、重创意、强实践、宽视野、个性化”的开放式人才培养模式。创系伊始，教员严重不足，曾聘请邵华泽先生讲授“新闻评论学”、丁淦林教授讲授“新闻事业史”。后来，每年都要聘请几位国内知名专家学者开设讲座。鼓励青年教员到地方大学攻读硕士、博士学位。鼓励教员深入基层部队、新闻媒体单位代职锻炼，参加学术会议。在教材、师资、信息、思想等方面尽力搞活，吸收八面来风，吸引各路英豪，走军民融合创新发展的路子。

（国防大学军事文化学院军事文化传播系供稿）

4.1.9　北京印刷学院新闻出版学院

1. 院系历史沿革

北京印刷学院新闻出版学院源自 1960 年文化部文化学院(北京印刷学院前身的图书编辑系和图书发行系)，1995 年成立出版系，1999 年成立外语系，2000 年成立广告系，2003 年建立出版传播与管理学院，2010 年设立新闻出版学院。

北京印刷学院是全国高校出版专业教学指导委员会常务副主任委员和秘书处挂靠单位、全国高校数字出版专业教育发展联盟秘书长单位、北京高校新闻出版类专业群牵头单位、全国出版专业学位研究生教育指导委员会委员单位、中国编辑学会副会长单位。

2. 机构设置及相关部门负责人

新闻出版学院党委书记高杨文；执行院长陈丹，党委副书记邓漪；副院长李德升。

新闻出版学院共有 5 个本科专业，新闻学专业，负责人陈勤教授；传播学(国际出版)专业，负责人孙万军教授；编辑出版学专业，负责人李德升副研究员；数字出版专业，负责人王京山教授；广告学专业，负责人崔恒勇副教授。

新闻出版学院拥有一级学科新闻传播学硕士学位授权点，同时也有出版专硕和新闻与传播专硕两个专业硕士授予点。新闻传播学一级学科授权点下设新闻学、传播学、出版学、传媒经济与管理 4 个二级学科授权点，学术带头人分别为陈勤教授、魏超教授、张文红教授、刘益教授。出版专硕带头人为张养志教授，新闻与传播专硕带头人为陈丹教授。

新闻出版学院的科研机构有北京市出版产业与文化研究基地，负责人为王彦祥教授；跨媒体北京市重点实验室，负责人为陈丹教授。新闻出版学院的行政机构为综合办公室，现任负责人为谭锐；学工组，现任负责人为李柴非。

3. 办学规模

学院在校本科生有近 1000 人，研究生 220 余人。

学院现有专任教师 54 人，其中教授 13 人，占 24%；副教授 24 人，占 44. 4%。具有博士学位的教师 25 人，占 46. 3%。教师学缘以新闻传播学为主，还涉及中国语言文学、外国语言文学、工商管理、计算机科学与技术、管理科学与工程等多个学科。学院现有专职研究生导师 39 人，兼职研究生导师 50 余人，兼职导师来自业界、政府主管部门、行业组织和研究机构。

4. 专业设置

学院现有编辑出版学、数字出版、广告学、传播学(国际出版)、新闻学五个本科专业，其中，编辑出版学专业是国家级特色专业，在 2017 年中国科学评价研究中心发布的《中国大学及学科专业评价报告》中，该专业在全国高校中排名第一。

编辑出版学主要课程：出版学、编辑学、传播学、出版法规、出版物市场营销、出版应用写作、选题策划导论、编辑出版史、数字出版技术等。

数字出版主要课程：出版学、传播学、数字出版概论、数字媒体编辑、数字版权管理、数字出版物创编、数字出版营销、全媒体资源管理等。

广告学主要课程：传播学、广告学、传媒经济学、广告策划、广告调查、广告文案写作、新媒体研究、媒体创意与策划、电脑图文设计等。

传播学(国际出版)主要课程：基础英语、西方国家社会与文化(英文)、出版传播文本翻译(双语)、传播学(英文)、跨文化传播(英文)、国际出版管理(英文)、当代出版产业(英文)、版权贸易(英文)、应用写作(英文)等。

新闻学主要课程：新闻学概论、新闻采访与写作、中外新闻史、新闻编辑、新闻伦理与法规、数字媒体概论、媒体公关与危机管理、舆情分析与运用、新闻摄影与图片编辑、数据挖掘与数据新闻等。

5. 学科建设

1998 年，学校获批“传播学”硕士学位点，是北京地区最早的四个传播学学位点之一。2003 年，获批“北京市重点建设学科”。2010 年，取得新闻传播学一级学科授权资格；同年，在全国首批获得出版专业硕士授予权。2012 年，获得新闻与传播专业硕士授予权。2013 年，依托该学科授权点设立新闻传播学博士后工作站。该学科在全国第三轮学科评估中名列第九，全国第四轮学科评估为 C+。

新闻传播学科建设方向与国家文化发展战略和首都功能定位，以及学校办学定位高度契合，在保持“以出版为核心”的传统特色的同时，聚焦新闻出版业数字化转型升级和融合发展趋势，注重深化内涵和拓展外延，呈现出创新、融合特点，逐渐形成了以出版学为核心、以传播学为基础、以新闻学和传媒经济与管理为支撑的学科体系。

新闻传播学科注重理论研究的同时，突出应用研究，形成了三大特色：以出版传播为核心；以多学科融合发展为动力；以数字化为引领。

学科建设以马克思主义新闻传播观为指导，以新闻传播现实问题为牵引，以“大传播、融媒体、小综合”学科群为立足点，以人才培养、理论创新、社会服务为出发点，以推动传统媒体和新兴媒体面向社会、面向世界、面向未来融合发展为目标，植根传统媒体、引领新兴媒体，致力于建设具有中国特色、国内领先、国际一流的新闻传播学科。

6. 教学成果

2013 年以来，学院共投入学科建设专项经费 1300 万元，用于教育教学改革、师资队伍、教学平台建设、产学研联合培养基地、教材及案例库建设等。

2014—2016 年，联合北大方正、万方科技、拓尔思等科技公司，建成“数字出版与传播协同创新平台”，支持该学科研究生的教学、科研工作。

近 5 年来，教学团队共出版著作 100 部，期刊会议论文 500 余篇，研究报告近 10 余部。

截至 2017 年年底，新闻传播类的 14 级研究生共发表学术论文 89 篇，其中发表到《科技与出版》《出版广角》等 CSSCI 和北大核心期刊的 8 篇；15 级发表论文 68 篇，其中发表到《科技与出版》《中国编辑》《出版广角》等核心期刊 5 篇。多名学生参加全国版权征文大赛、全国首届出版能力大赛等多项全国专业大赛，斩获多个奖项。

7. 科研成果

新闻传播学科近 5 年来主持国家社科基金、自然基金、国家科技部“十二五”科技支撑计划项目等国家级科研项目 10 余项，省部级课题 57 项，横向课题 100 余项。发表论文 500 余篇，著作成果 100 余部。近年来主要课题研究如表 4-5 所示。

表 4-5　　**学科团队近年来获批省部级以上课题**

项目、课题名称	项目、课题来源及级别	起讫时间	负责人
我国出版业文化遗产保护对策研究	国家社会科学基金一般	2013. 07—2015. 12	彭俊玲

续表

项目、课题名称	项目、课题来源及级别	起讫时间	负责人
全球化趋势下我国数字出版产业发展战略研究	国家社会科学基金一般	2014. 01—2016. 12	聂震宁
新媒体背景下数据新闻的生产与传播策略研究	国家社会科学基金青年	2014. 06—2017. 09	肖　倩
网络环境下新闻聚合的版权及相关法律问题研究	国家社会科学基金一般	2015. 06—2017. 12	周艳敏
出版生态视野下数字阅读消极影响的消解路径研究	国家社会科学基金一般	2016. 08—2018. 12	周　斌
基于文献信息生产传播的数字出版与数字图书馆融合互构研究	国家社会科学基金一般	2016. 06—2018. 12	李德升
我国图书出版企业社会效益评价体系构建与应用研究	国家社会科学基金重点项目	2017. 07—2019. 12	陈　丹
基于格理论可证明安全公钥密码算法的研究与设计	国家自然科学基金	2014. 03—2017. 12	李子臣
数字出版内容国际传播平台应用示范	科技支撑计划子项目	2012. 05—2015. 08	孙赫男
书画艺术品知识分析关键技术研究与应用服务示范	国家科技支撑计划	2014. 01—2016. 12	施继龙
中国绿色印刷包装产业发展战略研究	国家科技部重大软科学项目	2011. 10—2013. 12	刘　益
中国出版业转型与升级战略研究	国家科技部软科学项目	2013—2016	王关义
北京数字出版产业创新体系及其发展研究	北京市社科规划项目	2012. 04—2013. 12	陈　丹
北京数字音像产业创新型商业模式研究	北京市社科规划项目	2012. 04—2013. 12	刘千桂
数字出版产业促进政策研究	北京市社科规划项目	2012. 04—2013. 12	周艳敏
新闻出版企业出资人制度与主管主办制度衔接问题研究	新闻出版总署	2014	陈　丹
新闻出版专业技术人员职称制度改革研究	新闻出版广电总局	2015	陈　丹
新闻出版业“十三五”时期人才发展规划编制	新闻出版广电总局	2015	陈　丹

续表

项目、课题名称	项目、课题来源及级别	起讫时间	负责人
新闻出版业发展指数研究	新闻出版广电总局	2015	刘　益
构建具有文化特色的现代出版企业制度研究	新闻出版广电总局	2015	王关义
网络印刷协同排版关键技术研究	北京市自然科学基金重点项目(B 类)	2012. 1—2014. 12	游福成
价值网视角下的数字出版商业模式创新研究	教育部人文社科	2014. 01—2016. 12	张新华
文化(产业)法的基础理论问题研究	教育部人文社科	2014. 01—2016. 12	周艳敏
中国形象在缅甸媒体中的他塑与自塑研究	教育部人文社科	2016. 01—2018. 12	张　聪
新生代农民工的数字阅读与文化生产研究	教育部人文社科	2017. 07—2019. 12	谷　征
基于文化距离视角的中国出版企业国际化路径选择研究	北京市哲学社会科学办公室	2015—2016	付海燕
“十三五”期间北京出版产业结构调整研究	北京市哲学社会科学办公室	2015. 01—2016. 12	李　军
北京近现代人文社科学术期刊媒介生态研究(1911—1949)	北京市哲学社会科学办公室	2015. 01—2016. 12	范继忠
数字时代国际出版中的文化安全研究	北京市哲学社会科学办公室	2015. 12—2016. 12	孙万军
北京地区数字出版商业模式创新研究	北京市哲学社会科学办公室	2013. 09—2015. 09	张新华
北上广地区数字出版政策及实施效果比较研究	北京市哲学社会科学办公室	2016. 12—2017. 12	黄孝章
面向复合出版的版权资源管理发布系统研发与应用	北京市科技计划课题	2015—2016	陈　丹
出版产业发展现状及趋势研究 2016	北京市哲学社会科学办公室	2016. 12—2017. 12	王彦祥
我国数字出版发展模式研究	国家新闻出版广电总局重点项目	2014. 05—2014. 12	黄孝章
数字出版内容投送平台评价体系建设研究	国家新闻出版广电总局重点项目	2016. 05—2016. 12	黄孝章

续表

项目、课题名称	项目、课题来源及级别	起讫时间	负责人
基于“艺术城市”概念的“北京古村落文化旅游经济圈”构建研究	北京市社会科学基金	2014. 01—2014. 12	刘　彤
北上广地区数字出版政策及实施效果比较研究	北京市社会科学基金	2016. 01—2016. 12	黄孝章
基于光变色调印刷图像的全息水印算法及技术研究	北京市自然科学基金重点项目	2015. 12—2017. 12	刘福平
动态性条件下的供应链网络的脆弱性研究	国家自然科学基金项目子课题	2016. 01—2016. 12	田志虹
基于保形映射的非平面二维码抗投影畸变关键技术研究	北京市自然科学基金重点项目（B 类）	2017. 1—2019. 12	游福成
多语言跨平台网络空间安全综合 创新实训项目研发	教育部	2017—2018	李子臣

8. 部校共建

学校是国家新闻出版总局和北京市新闻出版广电局认定的国家新闻出版高级人才培养基地、北京市新闻出版高级人才培养基地。学院还积极对接国家数字复合出版系统工程和国家数字版权保护技术研发工程，共建国家数字复合出版系统工程实验室、国家版权保护技术工程实训中心。

其中国家数字复合出版系统工程实验室占地 1200 多平方米，为该工程的应用示范、系统维护以及专业培训提供场地，也为学科建设及研究生教学与研究提供了真实的技术环境与研发平台。2015 年学校获批国家新闻出版广电总局绿色印刷与出版技术协同创新中心；2017 年，国家新闻出版广电总局首批新闻出版业科技与标准重点实验室“新闻出版领域关键技术应用研究与服务综合实验室”落地北京印刷学院，这些都为学院的发展提供了丰富的资源和合作渠道。

学院与中国版权协会、中国编辑学会、中国期刊学会分别成立了“中国版权研究中心”“中国编辑学研究中心”“中国期刊研究所”等研究机构。

9. 社会服务工作

学院与新闻出版广电总局、中国新闻出版研究院、大型出版传媒集团等保持着密切的联系，共同主办或协办了“中欧数字出版论坛”“第七届全国数字出版博览会分论坛”“全国高校出版专业中青年教师骨干培训班”“数字出版千人培训计划”等高端学术会议和培训；与韬奋基金会、中国出版协会、中国版权协会、中国编辑学会等通过联合成立研究机构、共同组织“首届全国图书编辑出版能力大赛(学生组)”“中国出版企业社会责任现状研讨会”等各种大赛和学术活动，不断拓展新闻出版学院的社会影响力。

另外，学校和中国传媒大学一起作为牵头单位负责北京市新闻出版类专业群建设，与京内外兄弟高校交流紧密，并通过主办京津冀新闻出版教育教学改革研讨会等方式，建立“京津冀新闻出版教育专业群”，聚合了包括北京大学、清华大学等 30 余所京津冀新闻出版专业高校，实现优质教育资源共享，带动京津冀出版教育协同发展。近 5 年来，联合北京大学新闻传播学院，承办了“中英出版论坛”和“海峡两岸华文出版趋势论坛”等以出版与传播为主题的学术论坛。

2016 年与北京市新闻出版广电局合作，研发出数字编辑专业技术资格评价试行办法，主导了培训教材编写与专业培训工作，为数字出版从业人员提供专业指导。2017 年，设计研发课程体系与培训方案，承办了国家新闻出版广电总局“数字出版千人计划”培训班，通过企业家、骨干人才走进高校学习，加强了高校与行业的交流，有效促进了产学研用一体化。2017 年与人民出版社读书会、全国读书会联盟和季羡林读书会共同举办“学海泛槎——季羡林和他的著作”主题演讲读书会。

10. 国际化办学

随着国际间交往日益频繁，当今的人才培养不再是单边突围，更需要拓展双向思维。学院与英国爱丁堡龙比亚大学、苏格兰斯特灵大学、美国佩斯大学、澳大利堪培拉大学、欧盟文教总司、英国科技出版公司等境外机构建立了广泛合作关系，开办了“3+1”本硕连读和“1+1”硕士联合培养项目。学院本科生和研究生，可在修满相关学分且满足对方入学条件后，继续去国外大学学习一年，达到要求，可获得中外两个大学的学位。

此外，学院还为学生提供了大量海外游学、国际项目交流的机会，近年来，就有 10 余人次的研究生参与过相关国际交流项目，大大提高了学生的国际视野。

（北京印刷学院新闻出版学院）

4.1.10　北京师范大学新闻传播学院

1. 历史沿革

北京师范大学1993年创立编辑出版学专业，是全国最早建立该专业的六所高校之一。2003年设立新闻传播学专业，招收本科生和研究生。2014年11月，为落实中宣部、教育部关于地方党委宣传部门与高等院校共建新闻学院的意见，北京师范大学与光明日报社合作共建新闻传播学院，

北京师范大学新闻传播学院设有传播学、编辑出版学等专业，建立了从本科到硕士、博士的多层次新闻传播人才培养体系，自创建编辑出版学专业以来，累计培养本科生、学术型硕士研究生、专业型硕士研究生、博士研究生、留学生等各类学生2000余名。本科及研究生教育均采用学界与业界融合的“双导师制”，注重学生的社会实践与专业技能培养。此外，学院十分重视对外交流，与海内外多所学术机构保持学术往来，迄今已与日韩、北美、欧洲、大洋洲，以及我国港台等多个国家和地区的新闻传播院校建立交流与合作关系。

2. 机构设置及负责人

新闻传播学院执行院长喻国明教授，党委书记郑伟，副院长为张洪忠教授、王长潇教授。

3. 办学规模

新闻传播学院目前在校本科生人数约167人，在校硕士研究生人数约148人，在校博士生人数约13人。学院现有专业教师19人，现有专任教师中，拥有中国工程院院士一名，教育部长江学者一名；高级职称的教师占总人数的70%；45周岁以下的教师人数占教师总人数的35.2%以上；拥有博士学历的专任教师占比达到100%，毕业于海外知名高水平大学的教师人数占比为18%。65%的教师有海外进修学习一年或者短期访学的经历。

4. 专业设置

新闻传播学院本科设立传播学专业，主要教授的课程有新闻史、新闻理论、新闻采写、网络新闻及新媒体、传播研究方法、传媒经济学、新闻摄影摄像等。

在硕士专业设置上，该院设立了传播理论与实务、媒介与文化传播、网络与新媒体、编辑出版四个方向。在大数据、人工智能、认知传播科学等领域开展交叉学科的培养。同时，在现当代文学方向下招收博士生。

5. 学科建设

该学科立足新媒体前沿，发展交叉学科，推动学科建设与人才培养，为国家与政府决策提供理论基础与咨询参考，力图在大数据、新媒体影像、数字出版、认知传播学等几个领域取得重大突破，形成特色。积极参与国际学术交流，提升学科国际影响。

6. 科研成果

经过几年的发展，新闻学院初步取得了一些研究成果，主要如表 4-6 所示：

表 4-6　**新闻学院初步研究成果**

项目来源	项目类别	项目名称	项目负责人
国家重点研发计划“公共安全”重点专项	重大专项	“职务犯罪智能评估、预防关键技术研究”项目的课题之一“反腐防控决策模型与评估系统研究”	喻国明
国家自然科学基金	应急项目	新疆地区网络信息传播与舆论引导的机制及方法研究	张洪忠
国家自然科学基金	面上项目	耦合非全同振子集群行为的实验与理论研究	吴　晔
国家社科基金艺术学项目	一般项目	影视文化的社交媒体传播机制研究	张洪忠
国家社会科学基金项目	一般项目	电视媒体与新媒体融合发展战略研究	王长潇
国家社会科学基金项目	一般项目	新媒体艺术的本体观念及其趋向研究	姜　申
国家社会科学基金项目	一般项目	数字时代传媒商业模式的创新研究	禹建强
国家社会科学基金项目	一般项目	中国当代文学海外传播研究	秦艳华
国家社会科学基金项目	一般项目	中国造纸术和印刷术在“一带一路”上的传播和影响研究	万安伦

续表

项目来源	项目类别	项目名称	项目负责人
国家社会科学基金项目	一般项目	突发公共事件中谣言传播机制与治理途径	王颖吉
国家社会科学基金项目	青年项目	网络视频直播影响力评测研究	杨　雅
教育部人文社会科学研究项目	规划基金项目	传统电视媒体与视听新媒体融合发展模式及路径研究	王长潇
教育部人文社会科学研究项目	规划基金项目	教师誓词研究	方增泉
教育部人文社会科学研究项目	规划基金项目	数字出版的运行机制与发展趋势研究	万安伦
北京市社会科学基金重大项目	重大项目	关于媒介用户使用体验的模型与定量化研究	喻国明
北京市社会科学基金	规划基金项目	中国特色舆论学科体系三十年发展研究	喻国明
北京市社会科学基金	规划基金项目	日本动漫在中国大陆的网络传播研究	刘　斌
北京市社会科学基金	规划基金项目	大数据时代动漫亚文化对青少年价值观影响研究	刘　斌
北京市社会科学基金项目	规划基金项目	北京高校突发事件中手机舆情的传播规律及引导机制研究	徐敬宏
北京市社会科学基金项目	规划基金项目	网络视频社会责任失当成因及传播正能量引导机制研究	王长潇
中央网信办	一般课题	关于中国公众社会心态和基本价值取向研究的分析报告	喻国明
中央网信办	一般课题	群体性事件高发背景下的网络功能研究	张洪忠
中央网信办	重点课题	政府网站、微博微信公信力建设研究	张洪忠
国家广电总局	一般项目	电视媒体与新媒体融合发展研究	王长潇

7. 部校共建

新闻传播学院目前与光明日报报业集团签订共建新闻传播学院的协议，共同培养以马克思主义新闻观为指导，复合型、前沿型、创新型新闻传播人才。在日常的教学中，引入《光明日报》的高级记者、编辑形成团队，共同建设学院的专业课，推动新闻传播理论教学与实践教学有机结合；建立实习基地，指派优秀的记者与编辑，在学生的实践实习、理论学习、课题创新研究、融媒体建设等方面提供良好的空间与机遇；围绕传统报纸转型、融合建设等方面，双方展开研究，为报纸的转型提供建议与服务。

8. 社会服务工作

新闻传播学院成立以来，一直积极地参与社会服务工作，在社会服务方面取得了以下成果：

一是发挥了智库功能。2012 年，与首都精神文明建设委员会共建首都文明礼仪研究基地，研究成果为北京市“十三五规划”吸收。传播效果实验室长期为政府部门进行舆情分析，2012 年成为中宣部舆情直报点。《中国高校海外网络传播力报告》系列通过大数据技术分析中国大学在海外的传播现状及影响因素，引起教育部及国内高校的关注。方增泉老师的调查报告《免费师范生政策需调整》为国家免费师范生政策的调整提供重要依据，时任国务院副总理刘延东、教育部部长袁贵仁等领导作了重要批示和肯定。

二是打造了产学研一体化合作平台。新闻传播专业拥有国家广电总局授权的记者编辑培训基地，多年来为北京师范大学出版社、北京出版集团等机构进行全员培训，培养了大量优秀人才。2015 年，与重庆日报报业集团共建新媒体研究基地，双方就人才培养、新媒体研究等意向达成合作。2017 年以来，设立了出版大数据与用户行为跟踪实验室，为出版企业提供人才培训并发布了国民数字阅读报告，取得了良好的社会效果。2018 年学院与微软、封面等互联网企业联合成立了“未来媒体实验室”，探讨传播媒介的发展趋势，包括机器写作、人工智能等业界与学界的新热点、新话题。同时，学院与美兰德信息咨询有限公司、益普索等公司合作，成立了实验室，在认知传播方面展开深入合作与研究，服务于市场需求。

三是举办了高水平的学术会议。近几年来，传播学专业陆续举办了“媒介融合背景下韬奋精神与出版人才培养高峰论坛”“移动互联网与大数据论坛”“京师传媒智库”等一系列前沿、高端、专业的学术活动。同时，学院成立以来，已举办各种学术会议、讲座 50 多场，在学界与业界产生了较大的影响。

9. 国际交流

建院以来，学院非常重视国际化，探讨通过国际化来提升学院的学术科研水平，提高学院研究的国际化、前沿化、高端化水平。

一是与境外国外著名高校或研究所建立广泛合作关系。几年来，学院与我国香港城市大学达成研究生联合培养协议，与美国阿拉巴马、肯塔基大学等多个知名大学的实验室就共同展开课题研究形成合作意向；鼓励学生外向发展，5 年来约有 10 名学生进入英国伦敦政经学院、美国芝加哥大学、密歇根大学，中国香港中文大学等攻读硕士、博士学位。同时，学生到国(境)外高校进行交流在近几年也取得了一定的进展，一些学生到我国台湾、香港，以及新加坡、美国的大学进行了为期半年到一年的交流，并互认学分。

二是开展项目合作。2017 年，学院与印尼政府达成合作协议，近 20 名硕士在巴厘岛就传媒与公关项目进行合作与交流。2017 年，学院与美国塔夫茨大学开展合作，组织 20 多名硕士参与学习与交流。

三是鼓励研究生参与国际高水平会议。建院以来，学院大力鼓励硕士参与国际高水平会议，建院以来已经有 5 名硕士同学在国际会议上发表了论文，其中 3 名硕士参加了国际顶级传播学会议 AEJMC 并发表了论文。

10.《教育兴邦——免费师范生成长纪实》项目

2007 年 5 月，国务院决定在教育部直属的 6 所师范大学实行师范生免费教育，此项政策自实施以来，其实施效果一直是社会关注的焦点。新闻传播专业教师方增泉教授以此为出发点，对免费师范生的工作、生活状况进行了长期的跟踪与调查，撰写的报告与拍摄的纪录片在教育界产生了巨大的影响，为国家的免费师范生政策调整提供了重要的借鉴，中央领导对此作了重要批示和肯定。

一是撰写调查报告，反映免费师范生的工作状况。调查报告《免费师范生政策亟待调整——基于 2011—2013 届免费师范毕业生职后发展情况的数据分析》通过追踪式的问卷调查，对 2011 届、2012 届、2013 届免费师范生进行了连续三年的问卷施测，了解免费师范生的群体构成、从教意愿、职业发展情况，分析影响其作用发挥的因素，如人事编制、职称待遇、生活压力等，提出完善免费师范毕业生招生政策、建立退出机制、完善本硕一贯制模式、放宽就业限制、缩短调整学生服务年限、提高待遇等对策与建议。报告完成后，发表在《人民日报》(2015 年 02 月 5 日、12 日)，引起了社会的广泛关注。

二是长期跟踪免费师范生，拍摄了系列纪录片。方增泉教授自 2010 年起持续跟踪免费师范生职前职后发展状况，拍摄制作了《教育兴邦——免费师范生成长纪实》系列纪录片。纪录片第一集《别样的人生》于 2011 年 9 月 26 日在央视 12 套播出；第二集《考试》于 2012 年 5 月在央视 12 套播出；第三集《从教一年》(上下集)于 2013 年 5 月 21 日在央视纪录片频道播出；第四集《朱启平——我的故事》(上下集)于 2015 年 1 月 27 日在央视纪录片频道播出，获得较好的社会影响。

三是撰写了系列理论文章。依据调研情况，方增泉等研究人员撰写了《师范生免费教育的成效、问题与对策》《建立和完善师范生教育实习国家标准》等理论文章，发表于《北京教育》《北京日报》等媒体上，为免费师范生的教育提供对策与建议，具有较强的针对性。

(北京师范大学新闻传播学院)

4.1.11　天津师范大学新闻传播学院

1. 历史沿革与定位

在中华人民共和国新闻教育事业发展进程中，天津师范大学是最早创办新闻学专业的高校之一。1959 年 5 月，受中共天津市委宣传部委托，天津师范学院(今天津师范大学前身)创办了中国大陆第一个由师范院校设立的非师范类专业新闻学专业(专科)，具有开创性意义。首任专业主任为中共天津市委宣传部部长兼天津日报社总编辑李麦同志。1960 年、1961 年共招收两届学生，1962 年秋季停办，部分学生转入其他专业学习。1972 年，受天津市人民政府委托，该专业为天津市市直机关干部进行为期半年的新闻业务培训。同年，与部队合作招收了一届工农兵大学生，定向为部队培养新闻干事。1979 年新闻学专业恢复重建，1980 年招收首届新闻学专业本科生，成为全国高等师范院校中首个开办新闻学专业本科并被列入教育部专业名录的院校。2003 年成立新闻传播学院，首任院长刘卫东教授，现任院长孙瑞祥教授。

新闻学专业恢复重建期负责人赵传蕙老师，参加了 1979 年、1980 年、1983 年连续召开的三届全国新闻教育工作座谈会。1979 年在北京大学召开的首届全国新闻教育工作座谈会只有 14 所新闻院校参加，赵传蕙老师是全国师范院校的唯一代表。2014 年赵传蕙教授荣获全国新闻教育杰出贡献奖。

在长达半个多世纪的办学过程中，学院培养了近万名新闻传播优秀人才，形成了自己的定位、特色与风格，赢得了良好的社会声誉。学院践行“勤奋严谨、自树树人”校训和“修德、立志、勤学、广闻”院训，培育“学思并重、知行合一”学风，弘扬“诚实守信、勇于担当”校风。坚持特色立院、质量兴院、人才强院发展战略，努力将学院建设成为天津新闻传播人才培养核心基地和新闻传播教育研究示范中心，在“京津冀”协同发展中发挥重要作用。在“部校共建”、学科与专业建设、师资队伍建设与人才培养、国际交流合作、智库建设与社会服务、学科专业竞赛、思政教育与教学管理等方面取得了优异成绩。

2. 专业建设与师资队伍

学院现有6个本科专业：新闻学专业(1959)、广告学专业(1992)、广播电视学专业(2004)、播音与主持艺术专业(1992)、广播电视编导专业(2008)、摄影专业(2009)。2个硕士一级学科：新闻传播学、戏剧与影视艺术学。3个硕士二级学科：新闻学、传播学、广播电视艺术学。1个专业硕士：新闻与传播。拥有新闻传播学一级学科博士学位授予权。学院现有教职工73人，专职教师54人，其中正高级职称11人，副高级职称9人，具有高级职称的教师占专任教师总数的37%；具有博士学位26人，具有硕士学位25人。在校全日制本科生1402人，全日制硕士研究生122人，留学生4人。

学院致力于新闻传播教育教学改革实践，注重对学生创新意识、探索精神、实践能力的培养，不断探索“专业培养+个性成才”的培养模式，重视交叉学科与前沿性课程设置。构建了以马克思主义新闻观为统领、通识课程与新闻传播史论法规课程为基础、新闻“策采写编评摄导录播”能力培训为核心、专业采风与学科竞赛实践教学为特色、“部校共建”实践基地和大学生自主创新工作坊为载体、新媒体应用技术为引领的新闻传播教育课程体系。

学院在研究生培养上，坚持“国际视野、中国表达、追踪前沿、内涵发展”的办学理念和“立足环渤海、服务京津冀”的培养定位，2004年至今已培养了十届以上的硕士研究生，在服务天津发展战略中发挥了应有作用。学院积极推动研究生教育国际交流合作，通过推行研究生国(境)内外联合培养、出国(境)访学、参与国际科研合作项目和平台建设、组织国际学术论坛等多种形式，不断强化研究生教育国际化水平，提高人才的培养质量。已有4篇研究生和本科生毕业论文获评天津市级优秀毕业生论文。

学院在“立足发展，服务地方，突出重点，强化特色，科学规划，保障有力”的原则指导下，本着“以特色兴专业、以人才强专业、以科研提升专业地位”的宗旨，不断加强专业建设，取得显著成绩。新闻学专业是教育部批准的国家级特色专业、天津市品牌专业和天津市“十三五”优势特色专业。广告学专业是天津市品牌专业和天津市“十三五”应用型专业。播音与主持艺术专业是天津市战略性新兴产业相关专业。学院拥有天津市级教学团队 1 个(新闻学)，市级人才 1 名，市级教学名师 2 名，市级精品课程 2 门。

近年来，学院多名教师在全国和天津市青年教师基本功大赛中屡获佳绩。陈娜副教授获得首届(2012)全国高校青年教师教学竞赛文科组一等奖，被授予“全国五一劳动奖章”，在共青团中央组织的 2017 年“全国向上向善好青年”评选中，陈娜老师被推选为爱岗敬业好青年。学院先后有 5 名教师获得天津市青年教师基本功大赛一等奖。

学院不断推进国际化办学，近年来，美国南卡罗来纳大学、肯塔基大学、太平洋大学，韩国崇实大学，以及中国台湾文化大学、香港城市大学等多所海外大学知名专家教授到学院开展交流合作，为本科生、研究生授课。学院与美国南卡罗来纳大学合作，成功组织了中美大学生“跨文化交流”实践教学项目，增强了中美大学生之间的新闻传播业务交流互动。学院先后有十余名师生公派赴境外访学、交流，有 50 余名本科生和研究生进入海外知名大学深造。

3. 科研与学科建设

学院于 2004 年获批新闻传播二级学科传播学硕士学位授予权，2006 年获批新闻传播学一级学科硕士授予权，同年获批新闻传播二级学科新闻学硕士学位授予权。2011 年获批广播电视艺术学一级学科硕士学位授予权(2012 年更名为戏剧与影视艺术学)；2011 年获批新闻与传播专业硕士学位授予权；2016 年新闻传播学一级学科获批天津市重点学科；2018 年获批新闻传播学一级学科博士学位授予权。

学院现有五个校级研究机构：新闻传播与社会发展研究所(2004 更名为战略文化与传播研究所，所长刘卫东教授)；天津地方新闻史研究所(2006，首任所长马艺教授，现任所长李秀云教授)；公益影像研究中心(2008，主任于全兴教授)；国际传媒研究中心(2013，主任魏然教授)；天津舆情与社会治理研究中心(2015，主任孙瑞祥教授)。学院是中宣部、教育部重大项目——马克思主义理论工程建设研究单位，参与编写马克思主义理论工程教材《新闻学概论》。由中国传媒大学党报党刊研究中心和天津师范大学新闻传播学院等单位联合举办的“人民共和国党报论坛”已连续举办 14 届，出版论文集 13 卷。

学院在战略文化与政治传播、中国新闻学术史、网络舆情与应急传播、党报党刊研究、传播伦理与新闻规制、媒介艺术批评、口述史研究等学术领域形成研究优势与特色。由学院领衔，联合南开大学、天津外国语大学、天津工业大学、天津体育学院四所高校共建的“新闻传播与社会发展”学科群，入选天津市特色学科(群)建设名单。“中国新闻传播学百年与未来发展”研究团队入选天津市高校十三五“创新团队培养计划”。

学院拥有天津市“131”创新人才培养工程第一、二、三层次人选4名，天津市宣传文化“五个一批”人才1名，天津市高校“学科领军人才”2名，天津市高校“中青年骨干创新人才”3名。天津市外专“千人计划”引进美国南卡罗来纳大学、肯塔基大学2名教授长期在学院工作。近5年学院教师获各类科研项目100余项，获得资助金额达600余万元。其中，国家级纵向科研项目15项，省部级重大招标和重点项目5项。出版论著27部，获得省部级以上科研奖励3项，获得省部级以上教学成果奖励5项，发表论文400余篇。

4. 部校共建与社会服务

2014年9月，天津市委宣传部与天津师范大学共建新闻传播学院工作全面启动，学院成为天津市第一家“部校共建”单位。学院坚持以马克思主义新闻观为统领，不断创新复合型、全媒型新闻传播人才培养机制，“部校共建、院媒协同、实践育人”成为学院办学的一大特色。

学院坚持以马克思主义新闻观课程建设为抓手，加大“马克思主义新闻思想”“马克思主义新闻观与当代实践”“新闻伦理与职业道德”等重点课程建设。实施马克思主义新闻观教育“七个一工程”(编写一套案例库、设计一套教学大纲、完善一章讲义、布置一次高质量作业、申请一个教改立项、使用一套“马新观”推荐教材、编写一套“马新观”教材)。通过开设“国情教育”必修课程拓展学生视野。积极推进高校与新闻单位交流互聘“千人计划”，已先后互聘兼职、挂职交流人员30余名。先后选派400余名优秀大学生到“天津市高校新闻传播学专业教学实践基地”实习，学生近年发表各类新闻作品1000余篇(件)。

多年来，学院以天津市重大战略需求为导向，充分发挥新闻传播学服务天津文化产业发展的优势，努力打造服务区域经济社会发展和新闻传播事业发展的新型智库，不断拓展社会服务功能和项目。学院紧密围绕部校共建任务，强化以网络舆情与应急传播研究为特色的智库建设，积极培育和组建舆情研究专门队伍，规划舆情研究项目，开设相关课程，取得了显著成果。2015年，学校成立“天津舆情与社会治理研究中心”，并入选“天津智库联盟”。围绕网络舆情与应急传播研究，形成了一批国家级和省部级重点课题成果，形成多篇智库研究报告，为地方党委政府社会治理提供决策依据。

学院是天津市委组织部批准设立的天津市首批干部教育培训高校基地，承担着天津市干部媒介素养培训和社会服务任务，多次举办全市性、行业性媒介素养培训班。学院是全国大学生广告艺术大赛天津赛区承办单位，是“中国新闻奖”试点报送单位，是中国人口福利基金会“幸福工程——救助贫困母亲”项目基地。在全国高校率先实施“将媒体请进校园”的实践教学模式，在与天津人民广播电台合作创办“电话广播工作室”的基础上，对甘肃定西市人民广播电台进行技术与智力支持，开通“定西人民广播电台音乐频道”并为其制作节目，派出专业教师为定西电台从业人员进行专业培训。

5. 实验中心建设与实践教学成果

天津师范大学新闻传播实验中心前身为始建于 1980 年的新闻摄影实验室。2000 年荣获“天津市达标实验室”称号，2007 年获得“天津市普通高等学校优秀教学实验室”称号，2008 年被批准为传媒类国家级实验教学示范中心建设单位，2013 年通过教育部验收，2017 年定名为新闻传播国家级实验教学示范中心，实行校院两级管理体制。

中心秉承“求本、求实、求能、求新”的实验教学理念，不断巩固完善以学生为中心的多层次实验教学体系，2010 年中心“网状互惠实验教学体系建设”项目，荣获教育部新闻学科教学指导委员会与中国新闻教育学会颁发的首届“新闻传播实践教学创新奖”。

经过 30 余年的发展，中心逐渐形成体制健全、管理规范、条件良好、共享充分、实验教学运行有序、成果丰富、对外开放的实验教学基地，对国内特别是天津周边地区同类院校实验中心建设具有一定的示范作用。

中心下设摄影实验室、平面设计实验室、广播电视实验室、中国广告历史文化博物馆、大学生自主创新工作坊等。2015 年以来，新建 VR 实验室、3D 动新闻实验室、舆情分析实验室、模拟新闻发布实验室等。中国广告历史文化博物馆建于 2005 年，是国内高校中建立最早的广告历史文化博物馆。2009 年组建大学生自主创新工作坊，包括公益影像工作坊、广告工作坊、广播电视编导工作坊、123 配音工作室和电话广播编辑部(后整合成声线传媒工作室)。工作坊引入项目评审准入机制，实行学生自主管理。2017 年学院整体搬迁到新址，部分实验室随迁，实验环境和设备条件均有提升。

学院积极组织大学生参加国际性和全国性各类专业比赛活动，不断探索实践教学新路径，取得了丰硕成果。近年来，学生获得各类专业比赛奖项 400 余项，其中全国性奖项 195 项。广播电视编导专业 2011 级本科生拍摄的反映大学生支教生活的作品《陇上花开》，在全国第四届大学生艺术展演中获得一等奖，在全国首届“情系三农”微电影大赛中获得 CCTV 十佳作品，在第四届天津大学生校园微视频大赛中获得一等奖。摄影专业 2013 级本科生导演的纪录片《天南地北挖藕人》获得多项国际国内大奖，并入选第四届亚洲大学生电影展。在 2014 年和 2015 年中央人民广播电台举办的全国大学生主持人大赛中，播音与主持艺术专业 2012 级本科生连续获得一次冠军和一次亚军，并在十强赛中占得三席。学院自 2012 年首次组织学生参加全国大学生创新创业训练计划项目以来，共获批项目 64 项，其中已完成国家级项目 12 项、市级 5 项、校级 28 项，一些成果被企事业单位采用，取得了良好社会效益与经济效益。大学生在创新创业活动中取得突出成绩，受到国务院领导的亲切接见和充分肯定。

（天津师范大学新闻传播学院）

4.1.12　辽宁大学新闻与传播学院

1. 历史沿革

辽宁大学新闻与传播学院成立于 2014 年 6 月，是在国家部校共建新闻学院政策推动下，由辽宁省委宣传部与辽宁大学合作创建的，也是辽宁省首家部校共建新闻学院。辽宁大学新闻与传播学院得益于辽宁大学深厚的人文传统、学科综合发展的优势，以及自身良好的成长背景，成为东北地区，包括内蒙古在内发展势头最快、综合实力最强的新闻学院。

辽宁大学于 1984 年设立新闻学专业，是中国较早开展新闻教育的高校之一，并于 1998 年获批新闻学硕士学位授予权，成为东北首家获得硕士学位授予权单位，并最早在本地区获得传播学二级学科、新闻传播学一级学科和新闻与传播专业硕士学位授权点，自主设置“文学传播与媒介文化”博士点。辽宁大学是辽宁省新闻出版业校企联盟的理事长单位，为东北地区乃至全国输送了大批新闻传播专业人才。经过 30 余年的发展，辽宁大学新闻传播学科不仅积淀了厚实的发展基础，同时也形成了新的发展战略，并且通过人才蓄水和人才输入，建构了“人”字形的上升式合力发展形态，并在第四批学科评估中稳中求进，成为“第一方阵”成员，显示出较好的学科基础与未来发展态势。目前，辽宁大学新闻与传播学院下设五个专业：新闻学、广告学、广播电视学、编辑出版以及网络与新媒体。

2. 机构设置及负责人

辽宁大学新闻与传播学院院长由辽宁省委宣传部分管新闻工作副部长徐少达担任，辽宁大学党委副书记郭长义任执行院长，教育部新闻传播学类专业教学指导委员会委员、教育部新世纪优秀人才程丽红教授任副院长，主持学院工作。辽宁大学新闻与传播学院作为部校共建学院，着力打造学科成长“新势力”和“新生代”，五个系主任都是年轻且有较快发展势头的新锐学人，在学院的发展规划、管理理念和学科发展思路上都显现出较强的后劲。

3. 办学规模

目前，辽宁大学新闻与传播学院在校本科生人数共 600 余人，在校硕士研究生人数近 300 人。学院现有专任教师近 30 人，外聘以及兼职教师 30 余人，师资构成相对合理。专任教师中 18 人具有博士学位，占专任教师的 64.3%。学院现有教育部新世纪优秀人才 1 人，辽宁省特聘教授 1 人，教育部新闻传播学类专业教学指导委员会委员 2 人，辽宁省新闻传播学类教指委主任委员 1 人。专任教师中担任国家二级学会副会长 1 人，6 人次担任国家二级学会常务理事以上职务。

4. 专业设置

辽宁大学新闻与传播学院下设五个专业：新闻学、广告学、广播电视学、编辑出版学以及网络与新媒体。各个专业都力求将辽宁大学的人文基础和学科特长融入到新闻传播复合型人才培养的需要当中，独具特色。

新闻学：新闻学专业于 1984 年设立。该专业以“自主学习、文理兼通、业务全面、专项突出”为目标，着力培养能够深刻理解传媒，熟练掌握专业技能，同时具有高度社会责任感和深厚人文情怀的高水平复合型人才，满足国家、社会以及受众和用户对新闻信息生产和传播的需求。

广告学：广告学专业依托“四维互导”创新型人才培养模式对学生进行系统培养，课程教学、实践训练与国内广告及营销专业赛事无缝对接，通过高标准的广告大赛指导人才培养课程及实践训练发展的方向及路径。以“东北地区一流，全国知名”为目标，打造创新型广告、营销策划传播和公共关系传播高级人才培养基地。

广播电视学：广播电视学专业立足于新闻传播学的内在规律以及学校人文和社科的深厚基础，着力培养出“后劲足、上手快、脑子活、视野宽”的人才，即人文基础好，有成长性；专业实践操作能力强；有创意，有想法；兼有国内外的广播电视发展的视野的人才，适应传统电视媒体转型以及视频生产的新需求。

编辑出版学：该专业成立于 2003 年，是辽宁省内最早的编辑出版学本科专业。该专业紧密结合新媒介生态环境和出版产业发展，以“立足数字出版，注重产业实践、攻关学术前沿，构建国际视野”为教学理念，在新媒体、新技术的环境下，在融合出版和“出版走出去”国家战略的大背景下，构建产学研共同体，培养面向未来的数字出版人才。

网络与新媒体：网络与新媒体专业强调对网络传播理论的深入把握，更重视对学生网络实践能力的培养，及网络素养的提升。以“最前沿的媒介现象，最新锐的传播实践，最庞杂的大数据分析，最具创意的传播策划”贯穿到培养的细节中，使学生充满创新的魅力、实践的能力及发展的后劲。

同时，新闻与传播学院设有文学传播与媒介文化博士点，以及新闻学和传播学两个方向的学术硕士点和新闻与传播学专业硕士点。

5. 学科建设

辽宁大学新闻传播学一级学科明确自身的“基础”和“特色”，形成了“传播史”“媒介文化研究”“新媒体与社会发展”以及“广告理论与实务”四个方向。基于多年的发展以及新时代的要求，辽宁大学新闻与传播学科锚定方向，一方面求新、求变、求发展，另一方面持守“地气”“底气”和“锐气”，形成属于自己的特色。

一是底蕴深厚，成果丰硕。

二是学术队伍实力雄厚。有教育部新世纪优秀人才 1 人，沈阳市“四个一批人才”1 人，教育部新闻传播学类教指委委员 2 人，985 院校博士 13 人。

三是注重教学研究。承担省级以上教研项目 10 项，获省级以上教学奖励十余项，国家级精品视频公开课 1 门。

四是相关学科支撑明显。中国语言文学、哲学、工商管理、法律、应用经济学等 8 个学科具有一级博士点，对该学科形成良好的支撑。

五是重视学术交流。近年来主办全国性学术会议 9 次，参加国内外学术会议 140 余人次。

学科培养方向合宜务实，以“能做什么”以及“如何成为自己”为主要考量尺度，在培养方向的制定上，努力做到“四结合”，即与社会需求相结合、与媒介技术发展现实相结合、与学校特色相结合和与学科实际情况相结合，使学科的发展既能接“地气”，也能触摸“云端”。

6. 人才培养

基于目前的专业设置情况，辽宁大学新闻与传播学院形成了自身人才培养的特点：

一是层次全。该学科涵盖本科、硕士、博士三个层次，其中本科设有五个目录内专业，已培养 4000 余名本科生、600 余名研究生。

二是厚基础。书包制、启发式教学深入课堂，学生基础扎实、学术能力强。近年来，该学科毕业论文曾获辽宁省优秀硕士论文一等奖 1 项，每年都有本科生在 CSSCI、核心刊物上发表论文。

三是重实践。有实习、实践基地 17 个，专有、共享实验室 10 余个。学生超过 100 人次获得省级以上奖项。

四是国际化。近年接收留学生 37 人，出境访学 52 人次，到国外攻读学位 69 人，获国家留学基金委全额资助攻读博士学位 1 人。

五是重思想政治教育。思想政治教育注重长效、全覆盖，注重对学生的国情与世界观教育。

经过深入探索与精细化设计，以及考量现实对新闻传播人才的需求，辽宁大学新闻与传播学院形成了较为完备的人才培养标准。

首先，建立人才培养系统、完整的知识体系。要求学生具备深厚的人文、社会科学知识背景；对基础的自然科学和科学技术知识有充分认识；掌握必要的信息技术、传播技术，具有较好的认知能力、外语能力。要求学生具有良好的自我学习能力、新闻传播内容生产能力，并逐步形成宽广的学科格局。

其次，掌握全媒体的专业实操能力。强调要夯实基础实务水平，训练采写编评基本功、营销传播策划与管理能力，强化综合表达能力与多媒体叙事能力。同时关注新媒体发展趋势，致力于关照互联网环境下新闻业的内涵挖掘与理念创新，并扎实有效地掌握一种或几种媒体的实践技能。

最后，培养创新创业能力，鼓励个性化发展。面对日新月异的传播技术，人才培养致力于提高学生的综合素质，同时鼓励学生寻求个性化发展路径。一是通过课程建设，提高学生创新能力；二是建设实训、实践基地，提高学生社会适应能力；三是加强德育教育，培养美好人格品德。

通过对毕业生口碑以及社会影响力研究，辽宁大学新闻与传播学院学生以综合能力强、社会适应度高以及人格品德好受到各界的欢迎。

7. 教学科研成果

辽宁大学新闻与传播学院成立以来，将教学实践和培育新闻传播人才作为学院发展的重要任务，特别是在专业建设、人才培养、师资队伍建设以及教学改革等方面取得了长足的进步。例如，拥有国家级精品视频课 1 门；拥有省级教改项目 10 项；拥有教改论文集 1 部；拥有 10 项教学成果奖；拥有省级教学奖励 10 项；拥有 20 余篇教改论文。

作为新建学院，辽宁大学新闻与传播学院在最短的时间内迅速完成资源的整合与学术团队的建设，组建了“橄榄形”的理想师资人才组合梯队，经过几年的发展，不断显现出“老树新花”的蓬勃势头，并且后劲十足，科研成果喜人(见表 4-7)。

表 4-7　　国家及教育部项目

项目来源	项目类别	项目名称	项目负责人
教育部人文社会科学研究项目	青年项目	网络即时互动群组的舆论生成机制及引导研究	安珊珊
教育部人文社会科学研究项目	青年项目	跨学科交叉视野下的《文艺报》与中国当代文学批评(1949—2000)研究	魏宝涛
教育部人文社会科学研究项目	青年项目	宋代改革宣传研究	魏海岩
国家社会科学基金	一般项目	《文艺报》与新时期文学批评文献整理与研究	魏宝涛
国家社会科学基金	青年项目	社会化媒体中国家认可的舆论构建研究	安珊珊
国家社会科学基金	青年项目	唐宋进奏院研究	魏海岩
国家社会科学基金	一般项目	BBC 中国题材纪录片与中华文化对外传播话语体系研究(2000—2015)	王　鑫
教育部人文社会科学研究项目	青年项目	数字报纸付费墙研究	迟　强
教育部人文社会科学研究项目	青年项目	实证与批判：哥伦比亚学派与法兰克福学派文化研究方法论论争研究	冯　露

8. 部校共建

2014 年 6 月，辽宁大学新闻与传播学院与辽宁省委宣传部共建新闻学院。部校共建的宗旨是“以马克思主义新闻观为统领，以创新新闻传播人才培养机制、培养为我所需为我所用的一流新闻传播人才为出发点和落脚点，把辽宁大学新闻与传播学院建设成为卓越新闻传播人才的培养基地、新闻宣传系统和地方高校优秀人才的输送基地、宣传思想战线工作者和新闻传播业内人才的培训基地、服务全省乃至全国社会政治经济与文化发展的智库平台”。

依托部校共建发展的契机，辽宁大学新闻与传播学院在人才培养、学科建设以及服务社会等方面得到了有力的支持，极大地拓展了学院的发展空间，同时也将学院成长带入了快车道。“N+1”课程模式、外聘学者以及业界精英，带来了崭新的学术研究视角和丰富的实践经验，学生的视界更加开阔。学院与腾讯集团及大辽网合作，采取“互联网

+高校”模式，建立腾讯青训营，把实践教学纳入高校常规教学体系。借助校企联盟平台，与多家媒体企业建立合作关系，探讨人才“定制培养”策略，并与辽宁日报新媒体集团、东北新闻网、腾讯大辽网以及辽宁广播电视台新媒体中心等建立深度合作关系，在“师生互换交流”平台上，打造“多元育人”工程。同时，辽宁大学新闻与传播学院也在搭建校企联盟、助推东北老工业基地振兴等方面作出了贡献。

共建以来，学院还先后设立名家讲坛、教育部新世纪优秀人才讲坛以及青年学术前沿论坛三个学术交流平台。目前已邀请国内知名学者 30 余人，完成了 30 余场的系列讲座和论坛。学院目前正着手打造“名人工作坊”，将以讲座、座谈、文化沙龙等形式，构建学术交流的有效载体。“名人工作坊”主要邀请享誉学界或业界的名师大家加入，学院将以此为契机逐步将辽宁大学新闻与传播学院打造成东北地区新闻传播学的学术中心。2016 年 3 月由辽宁大学新闻与传播学院、北京师范大学新闻传播学院、陕西师范大学、上海社科院新闻所联办学术刊物《媒介批评》，增加了学院学术研究的阵地。通过举办“传播变革与近代中国”全国性学术会议、中国新闻教育史学会 2016 年学术年会暨马克思主义新闻理论研讨会，提升学院学术影响力。

9. 社会服务工作

服务社会、服务辽宁省社会经济与文化发展，是部校共建新闻学院的重要职责。学院自建院伊始，就成立了“辽宁省新闻传播与社会发展研究中心”，不断探索服务政府与社会的新路径、新方法，力争研发新项目，除每季度向省委宣传部提交《辽宁省报纸、广播电视、网络与新媒体新闻报道分析报告》外，还实时跟踪新闻舆论热点，先后向省直部门提交新闻热点分析。

学院积极配合省委宣传部的部署和要求，开展各项培训活动，扩大了学院的社会影响力，也建立了与多家媒体单位的深度合作。同时举办辽宁省媒体融合智库专家论坛活动等，积极服务社会发展的需要。2017 年，辽宁大学新闻与传播学院智库中心“融媒体工作坊”编写的《中国新闻传媒界融合转型发展综述 2016》正式发布，是全国首次从政策施行、媒介业态、媒体技术以及学术研究等多方位，对国内媒介融合发展动态进行全面总结的精心之作。

10. 国际化和区域化合作

辽宁大学新闻与传播学院注重国际化办学，借助于学校的国际友好和兄弟院校的平台，新闻与传播学院拓展了自身与其他院校的合作领域，先后与台湾世新大学、文化大学等大学建立合作关系。通过教师的出国/境访学，与访学院校以及相关老师建立了良好的友谊以及长久的合作关系。通过辽宁大学孔子学院、亚澳商学院、国际交流学院进行的跨文化传播，以及通过亚洲研究中心，对东北亚地区新闻与传媒研究等领域有了较多的涉足。同时学院招收海外留学生，涉及“丝路”沿线的多个国家。

（辽宁大学新闻与传播学院）

4.1.13　重庆大学新闻学院

1. 历史沿革

重庆大学是国家“211”“985”“双一流”重点建设高校。1998年，重庆大学成立人文艺术学院，恢复汉语言文学专业，新设广播电视新闻学专业。1999年，设立广播电视新闻系，招收广播电视新闻专业本科生。2004年，获批新闻学、传播学、广播电视艺术学三个二级学科硕士学位授权点；2006年，获新闻传播学一级学科授权点，同年新闻学成为重庆市拟建设重点学科。

2007年，组建文学与新闻传媒学院，下设中文系、新闻传播系，增设新闻学本科专业。同年，学院与学校宣传部共建重庆大学舆情研究所。2010年，获准开设新闻与传播硕士专业学位。2011年，学院与中国人民大学新闻与社会发展研究中心共同组建新闻传播与区域发展研究院。

2012年，学校调整学科布局，中文系划入人文社会科学高等研究院，文学与新闻传媒学院更名为新闻学院。2013年，依托法学院法学一级学科博士点自主设置新闻法学二级学科博士点，初步形成新闻传播本-硕-博人才培养体系。

2015年，新闻学专业获批重庆市特色专业。同年，成功申报教育部、财政部高等学校“专业综合改革试点”项目“新闻学-卓越计划”，启动了卓越新闻传播人才培养工作。2017年，新闻传播学入选重庆市重点学科，新闻传播与影视艺术专业群(与电影学院联合申报)获批重庆市特色学科专业群。

2. 机构设置及负责人

(1)新闻学院

新闻学院前身是1999年设立的广播电视新闻系，2007年发展成为文学与新闻传媒学院，2012年更名为新闻学院。目前，新闻学院拥有新闻学、广播电视学两个本科专业，新闻传播学一级学科硕士点，新闻与传播硕士专业学位点，新闻法学二级学科博士点。重庆大学聘任原新华社副社长兼常务副总编辑马胜荣为文学与新闻传媒学院院长，新闻学院现任名誉院长马胜荣、院长董天策、副院长张瑾，学院党委书记卓光俊、副书记兼纪委书记魏世平。

(2)新闻传播与社会发展研究院

新闻传播与社会发展研究院的前身是2011年由文学与新闻传媒学院、中国人民大学新闻与社会发展研究中心共同组建的新闻传播与区域发展研究院，聘任中国人民大学新闻与社会发展研究中心郑保卫教授为院长。

2017年，重庆大学进行校级人文社科重点科研平台遴选。新闻传播与区域发展研究院获批为校级人文社科重点科研平台，同时更名为重庆大学新闻传播与社会发展研究院。按学校管理规定，校级人文社科重点科研平台实行主任负责制，该研究院主任由新闻学院院长董天策兼任。

3. 办学规模

新闻学院目前在校本科生有430人，在校硕士研究生有240余人，在校博士生有15人。学院现有专任教师35人，师资学缘结构合理，具有较强的科研与教学能力。现有专任教师中，拥有高级职称的教师占总人数的57%；45周岁以下的教师人数占教师总人数的85%以上；拥有博士学历的专任教师占比达到85%；40%的教师有海外进修学习一年或者短期访学的经历。近年来，学院每年都在引进各种层次的人才，加快建设一支与学院发展、学科专业相适应的高水平师资队伍。

4. 专业设置

本科教育设有新闻学、广播电视学两个专业，以培养能够适应国家和社会发展并驾驭未来新闻传播发展的人才为目标，实现学生知识、能力、素质的全面协调发展，体现“能力为重，学制贯通，学科交叉，学研融合，国际视野”的人才培养思路，把学生培养成为新媒体时代新闻机构、党政机关、事业团体、国有大中型企业和跨国公司等所需要的新闻传播专业人才。

为适应媒体融合发展的需要，新闻学院2014年全面修订了本科专业人才培养方案，大力加强通识基础教育(博雅教育)，提升专业教育，拓展专业能力，强化个性发展，既为业界培养高素质、高水平的业务能手，又为学界培养高素质、高水平的研究后备队。自2016年起实行新闻传播学大类招生，学生在前三学期学习公共课程、通识基础课程以及专业基础课程，第四学期进行专业分流，学生可自主选择新闻学、广播电视学等不同的专业。

硕士教育设有新闻传播学一级学科硕士点和新闻与传播硕士专业学位点，前者为学术硕士，后者为专业硕士。新闻传播学一级学科硕士点设有新闻传播理论、新闻传播史、新闻传播业务、广播电视研究、网络与新媒体、编辑出版研究、策略传播研究、媒介经营与管理、传媒法规与新闻政策、媒介文化与媒介批评 10 个研究方向；新闻与传播硕士专业学位设有新闻采编业务、广播电视新闻、网络与新媒体、编辑与出版、广告与公关、媒介经营与管理 6 个专业领域。

博士教育依托法学一科学科博士点设有新闻法学二级学科博士点，开设新闻法规与传播伦理、新闻传播专门法(包括新闻法、出版法、广播电视法、网络法、广告法)、新闻传播法制史论等方向。

5. 学科建设

学科建设以马克思主义新闻传播观为指导，以新闻传播现实问题为牵引，秉承重庆大学“研究学术、造就人才、佑启乡邦、振导社会”的办学宗旨，推动学科交叉融合，以人才培养、理论创新、社会服务为出发点，秉持“入主流、有特色、成品牌”的发展路径，已形成新闻传播理论、网络与新媒体、媒介伦理与法规、新闻传播史论等稳定的学科方向，致力于建设重庆最好、国内先进并具有国际影响的新闻传播学科。

2006 年，新闻传播学成为重庆市拟建设重点学科；2017 年，新闻传播学入选重庆市重点学科。2015 年，重庆大学新闻学院成为中国记协确定的试点报送中国新闻奖的 18 家新闻院所之一。2017 年 6 月，《广州日报》数据和数字化研究院(GDI)发布“2017 广州日报大学一流学科排行榜”，重庆大学新闻传播学列全国第 22 位，位居重庆第一，西部第二。

学院现有专任教师 35 人，其中教授(研究员)13 人、副教授 11 人，现有博士生导师 7 人，硕士生导师 22 人。拥有教育部“新世纪优秀人才”2 人，新闻出版总署“全国新闻出版行业领军人才”1 人，全国新闻传播学科二级学会会长 1 人、副会长 2 人，中国新闻奖、长江韬奋奖评委 1 人，《中国新闻传播学年鉴》编委 1 人，“中国人民大学复印报刊资料”《新闻与传播》编委 1 人，《国际新闻界》编委 1 人。

6. 教学成果

2009 年，建成校级精品课程：新闻采访与写作。现有重庆大学在建优质课程 4 门：新闻名篇选读、中国新闻传播史、媒介融合、电视节目策划与栏目设计。

2013 年，教改项目“创新平台延伸教学实践树人——以重庆大学舆情信息研究所特殊人才培养路径建设为例”获重庆大学教学成果一等奖，主编教材《国际新闻采编实务》

获重庆大学教学成果二等奖。2017 年，两项教学成果“准确定位，综合改革，培养卓越新闻传播人才”“以理工科为主的综合性大学‘写作’课程群建设的实践与成果”获重庆大学教学成果二等奖。

2015 年，新闻学专业获批重庆市特色专业；2017 年，新闻传播与影视艺术专业群(与电影学院联合申报)获批重庆市特色学科专业群。

7. 科研成果

2012 年更名为新闻学院以来，学院大力引进优秀师资，科研迅速起步，在项目申报、论著发表等方面进步显著(见表 4-8)。

表 4-8　**学院项目申报情况**

项目来源	项目类别	项目名称	项目负责人
教育部哲学社会科学研究项目	重大课题攻关项目	大众传媒在文化建设中的功能和作用机制研究	董天策
国家社会科学基金项目	重点项目	重大公共事件的社会伦理心态研究	刘海明
国家社会科学基金项目	一般项目	网络群体性事件的预防、引导与治理研究	董天策
国家社会科学基金项目	一般项目	网络时代“共意性社会运动”的媒介动员机制研究	郭小安
国家社会科学基金项目	一般项目	战时陪都重庆形象建构研究	张　瑾
国家社会科学基金项目	一般项目	抗战时期日本在华新闻侵略与殖民传播研究(1931—1945)	齐　辉
国家社会科学基金项目	一般项目	国内外学术成果出版规范与标准比较研究	张小强
国家社会科学基金项目	青年项目	群体性突发事件中提高“微媒体”舆论引导管理能力研究	吴小君
国家社会科学基金项目	青年项目	网络谣言的社会心理及应对策略	郭小安
国家社会科学基金项目	青年项目	互联网环境下的政策议程设置研究	曾润喜
国家社会科学基金项目	青年项目	基于风险社会视角下中国电视广播的响应机制与应对策略研究	汤天甜

续表

项目来源	项目类别	项目名称	项目负责人
国家社会科学基金项目	青年项目	新时期完善我国信访制度与巩固党的群众基础研究	田先红
国家社会科学基金项目	青年项目	西部老年人口健康素养状况及促进机制研究	李成波
国家社会科学基金项目	西部项目	新媒体时代司法公开促进司法公正的路径及策略研究	杨　秀
国家社会科学基金项目	西部项目	新媒体时代核心价值观培育与民族文化传播的整合机制研究	温健琳
国家社会科学基金项目	重大项目子课题	百年新闻史史料整理与研究	齐　辉
国家社会科学基金项目	重大项目子课题	社会主义核心价值观引领民生新闻发展走向研究	汤天甜
国家社会科学基金项目	重大项目子课题	总体国家安全观视野下的网络治理体系研究	曾润喜
教育部人文社会科学研究项目	青年项目	两晋文士族群源流与文学风格研究	黎　臻
教育部人文社会科学研究项目	专项任务项目	学习宣传贯彻党的十八大精神理论研究课题	董天策
教育部人文社会科学研究项目	重点项目子课题	侵华日军无差别轰炸的史料整理与研究	张　瑾
国家信访局信访理论研究项目	重大项目	法治化视野下基层信访工作中行政调解制度创新研究	田先红
国家信访局信访理论研究项目	一般项目	“互联网+”时代创新农村基层信访工作模式研究	田先红
国家新闻出版广电总局新闻出版课题研究项目	一般项目	职能转变与完善新闻出版(版权)法律法规问题研究	张小强

8. 社会服务工作

新闻学院与学校宣传部共建的重庆大学舆情研究所累计向中宣部、教育部、重庆市委上报舆情信息 15001 条，被采用 3059 条，多次受到中共中央宣传部和中共重庆市委宣传部表彰；与新疆乌鲁木齐报业集团合作，先后报送《新疆舆情信息参考》共计 1040 期。

2015 年，新闻学院成为中国记协确定的全国 18 家中国新闻奖试点报送单位之一，积极参与中国新闻奖评选。

自 2015 年创办“网络与新媒体讲习班”以来，已连续举办三期，邀请来自美国宾夕法尼亚大学、南卡罗来纳大学，新加坡南洋理工大学，中国清华大学、浙江大学、武汉大学、南京大学、北京师范大学、北京航空航天大学等著名大学的专家学者，以及人民日报社、新华网、喜马拉雅 FM、新榜等媒体的业界精英授课，每期都有来自国内外主流新闻传播院系的青年教师、博士生、硕士生以及部分业界人士超过 300 人参加学习，产生了广泛而良好的社会影响。

9. 国际化办学

新闻学院积极开展国际化办学。2012 年以来，先后与国外境外名校签署学生交换、合作培养等协议，推进国际化办学。主要包括：与美国雪城大学纽豪斯公共传播学院开展“3+1+1”联合培养项目，与澳大利亚斯威本科技大学生命与社会科学学院开展交换生项目，与台湾世新大学开展学生交换、联合培养项目，与西班牙布朗卡纳 · 拉蒙优伊大学（BLURL）国际关系和新闻媒体学院开展本科生交换项目。

2017 年，与澳大利亚科廷大学媒介文化与创新艺术学院签署网络传播硕士（Master of Internet Communication）联合培养协议，从 2017 级硕士研究生开始实施双硕士学位人才培养。

（重庆大学新闻学院）

4.1.14　西北大学新闻传播学院

1. 院系历史沿革

西北大学是西部地区新闻传播教育的开拓者之一。1972 年，开设汉语言文学专业新闻学方向；1984 年 10 月，开设新闻学专业；1993 年，开设编辑出版学专业和广告学专业；1994 年 3 月成立新闻传播系；2001 年 10 月成立新闻传播学院，并增设播音与主持艺术专业；2010 年 11 月，在新闻学专业下设网络与新媒体方向，2012 年设立网络与新媒体专业。学院现设有新闻学、广告学、播音与主持艺术、网络与新媒体四个本科专业，分属于新闻学系、广告学系、传播学系、网络与新媒体系。学院拥有“文艺与文化传播”二级博士点、新闻传播学一级学科硕士学位授权点以及下设的新闻学、传播学两个二级学科学位授权点。2010 年，获批新闻与传播硕士及艺术硕士(广播电视方向)两个专业硕士学位授权点。

2. 机构设置及相关部门负责人

新闻传播学院院长王春泉；院党委书记韩凯峰；院党委副书记梁婕；科研副院长马锋；教学副院长来向武；行政副院长黄昫博。

新闻学系系主任为张羽教授。下设新闻学专业，主要培养和造就熟悉国家政策法规、通晓网络技术，具有较为宽广的人文学科及自然科学的知识，能够胜任新闻、出版、宣传、教学、科研机构的记者、编辑、教师及高级管理工作的新型新闻传播人才。专业核心课程：马克思主义新闻学论著选读、中国新闻史、外国新闻史、新闻理论、传播学理论、舆论学、新闻采访、新闻写作、新闻编辑、新闻评论、新闻摄影、媒介经营管理。

广告学系系主任为杨立川教授。该系旨在为社会培养熟悉国家政策法规，具备广告学专业知识和技能，能在广告公司、新闻媒体广告部门、工商行政管理部门及企业单位从事广告经营管理、广告创意策划、广告文案写作、广告设计制作以及公共关系等实际工作的具有创新精神、实践能力的专门人才。专业核心课程：中外广告史、广告学概论、市场营销学、公共关系学、现代广告经营与管理、广告策划与创意、电脑辅助广告设计、实用美术与平面广告设计、广告文案写作、广告摄影。

传播学系系主任为周东华教授。下设播音与主持艺术专业，为广播电视等电子传媒及其他影视部门培养从事新闻播音、专题播音、节目主持以及有关教学与研究工作的专门人才。专业核心课程：传播学、现代汉语、播音主持概论、影像新闻、新闻学概论、新闻采访写作、视听语言、广播电视史、跨文化传播、公共关系学。

网络与新媒体系系主任为李洋副教授。下设网络与新媒体专业，是首批获得教育部正式备案招收网络与新媒体专业学生的专业。2011 年开始招收网络与新媒体方向本科生，2013 年正式成立网络与新媒体系。培养具有坚实新闻传播学基础理论，掌握新媒体信息传播技术和应用技能、网络新媒体采编运营管理，能够在新闻传媒和出版机构、网络新媒体公司、政府部门及企事业单位从事网络新媒体传播暨信息采编、策划、摄影、摄像、营销、管理的复合型专门人才。专业核心课程：中外新闻史、传播技术史、融合新闻学、多媒体叙事、网页设计与制作、网络编辑与评论、数据新闻、网络营销、网络应用模式与创新。

3. 办学规模

新闻传播学院目前在校本科生人数约 600 余人，在校硕士研究生人数约 200 余人，已招博士生 4 人。学院现有教职工 62 人，专职教师 48 人，其中教授 10 人，副教授 17 人，讲师 21 人。陕西省高等学校教学名师 1 人、陕西高校人文社会科学青年英才支持计划人才 1 人。设立国际化课程，邀请国(境)外一流专家学者讲学授课；设立“部校共建专家”，邀请国内名家担任实际的教学、科研工作；设立“业师进课堂”课程，邀请国内外一流传媒人担任课程教学、学生指导工作；设立“新闻传播学名家工作室”；历年来聘任兼职教授 44 人。

学院下设专业图书资料中心、实验教学中心；图书资料中心专设“延安时期新闻传播研究资料室”，学院实验教学中心为陕西省实验教学示范中心。

4. 学科建设

以中国特色社会主义理论为指导，坚持西北大学“发扬民族精神，融合世界思想，肩负建设西北之重任”的办学理念，借助于“双一流”建设的历史契机，因应新的社会形势，围绕新的社会需求，积极拥抱当代社会与文化，放开既有学科想象的羁绊，借助新思想、新观念、新方法，围绕学生需求，凸显学生主体性的建设目标，积极建构一个广阔的开放空间。

以品牌学科打造为目标，实施平台建设战略，改造既有资源，构建西部一流学科体系，围绕“中国特色新闻传播学建设”学科目标，聚合资源，倾力建设“延安时期新闻传播文化史研究团队”“西部城乡传播与社会发展研究团队”“新媒体与‘一带一路’策略传播研究团队”。

充分发挥媒体与传播研究中心的作用，开阔视野，更新机制，在世界格局内，引进一流人才，分别担任学科团队带头人，迅速提升学科影响力，提出新问题，设计新课题，推出新成果，形成新的学科气象。

创新融合，充分发挥文学与文化传播二级博士学位授权点、新闻与传播一级硕士学位授权点作用，形成新的联动机制，整合多种资源，有效动员校内外各种学术力量，借助校内中国文化研究中心、延安精神与党的建设研究院，以及校外西部网传播文化研究院等平台资源，用好“部校共建”资源，建设一个围绕新闻与传播为中心的多学科的西北大学新闻、媒介与整合营销协同创新中心。

5. 教学成果

经过多年的不断探索与教育教学实践，依托学校在传媒领域的学科特色和综合优势，新闻传播学院在专业建设、人才培养、师资队伍培育、精品课程建设、教育教学改革等方面都取得了一定的成果：

1个省级特色学科：新闻传播学；1个省级一流专业：新闻学；1个省级普通高校哲学社会科学特色学科建设项目：“当代新闻传播事业与区域发展研究”；省级创新创业改革试点单位：西北大学新闻传播学院；1个省级优秀教学团队：“全媒体时代广播电视新型人才培养团队”；1门省级精品课程：新闻编辑——理论与实务；2项省部级教育教学成果奖：“报纸编辑课程的创新与实践”获陕西省教学成果一等奖，“融媒时代新闻编辑课程群教学体系创新”获得“中国新闻学与传播学教学创新项目”优秀奖。

6. 科研成果

经过持续努力和多年的积累，新闻传播学院集聚了一定数量的新闻传播研究团队，科研实力突出，科研成果丰硕(见表4-9)。

表4-9　**教育部级以上科研项目**

项目来源	项目类别	项目名称	项目负责人
国家社会科学基金项目	重大招标项目	多卷本《延安时期新闻传播文化史》(2017)	王春泉
国家社会科学基金项目	西部项目	建国初(1949—1955年)新闻事业发展研究(2009)	王晓梅
国家社会科学基金项目	西部项目	社会危机事件的观念转型、资源开发与新闻控制(2009)	张　晓
国家社会科学基金项目	西部项目	延安时期《解放日报》研究(2010)	王春泉
国家社会科学基金项目	青年项目	农村重大群体性事件的信息传播与信息管理研究(2011)	马　锋
国家社会科学基金项目	青年项目	英国政治哲学中的报刊观念研究(2011)	张妤玟

续表

项目来源	项目类别	项目名称	项目负责人
国家社会科学基金项目	一般项目	社会转型背景下城市社区冲突与社区传播研究(2013)	赵　勋
国家社会科学基金项目	青年项目	舆论编码的符号机制与策略研究(2014)	李　玮
国家社会科学基金项目	青年项目	基于大数据内容分析的新媒体时代公共舆论中的表达理性框架研究(2015)	党明辉
国家社会科学基金项目	青年项目	自媒体侵犯名誉权的归责问题研究(2016)	李　洋
国家社会科学基金项目	一般项目	社会主义核心价值观的民间艺术整合传播机制与策略研究(2017)	杨立川
国家社会科学基金项目	一般项目	延安时期摄影文化研究(2017)	李晓洁
国家社会科学基金项目	一般项目	新媒体语境下的新闻话语研究(2017)	翁玉莲
国家社会科学基金项目	西部项目	明清陕西关中地区民间村社组织研究(2017)	赵爽英
国家社会科学基金项目	重大招标项目子项目	延安时期新闻传播话语史(2017)	王晓梅
国家社会科学基金项目	一般项目	19 世纪新教华文报刊形塑“汉语文化圈”多重认同机制研究(2018)	李安定
国家社会科学基金项目	一般项目	“一带一路”重大涉华突发事件传播话语“噪音”研究(2018)	田新玲
国家社会科学基金项目	西部项目	互联网群组治理与社会资本的约束作用研究(2018)	来向武
教育部人文社科项目	一般项目	公民新闻研究(2009)	张　羽
教育部人文社科项目	一般项目	新闻话语的功能语法研究(2010)	翁玉莲
教育部人文社科项目	青年项目	“侵略工具”与“舆论载体”：日本在华报纸《顺天时报》(1901—1930)研究(2010)	曹晶晶
教育部人文社科项目	青年项目	明清之际陕西文学研究——以关中三李为中心研究(2010)	高春艳

续表

项目来源	项目类别	项目名称	项目负责人
教育部人文社科项目	青年项目	鸦片战争前后新教期刊宗教文化传播研究(1833—1860)(2012)	李安定
教育部人文社科项目	青年项目	我国城市化进程中的社区传播研究(2012)	赵　勋
教育部人文社科项目	青年项目	儿童广告的监管与法律规制研究(2013)	张　龙
教育部人文社科项目	青年项目	现代化生态下西部乡土文化传播体系的构建与创新(2015)	姜　鹏
教育部人文社科项目	一般项目	民国时期《纽约时报》驻华记者群中国报道研究(2016)	李　莉
教育部人文社科项目	一般项目	公共考古视阈下我国文化遗产价值传播研究(2016)	高小燕
教育部人文社科项目	一般项目	乡村传播对扶贫工作影响研究——基于田门村的调查分析(2017)	岳　芃

7. 人才培养

在人才培养过程中，高度重视马克思主义新闻观教育，强化学生的政治意识、大局意识、责任意识、阵地意识，举学科之力，培养学生正确的人生观和价值观。

以七大生存技能养成为核心，培养拥有批判思考与解决问题能力，跨界合作能力，灵活与适应能力，主动进取能力，口语、文字与新媒体沟通能力，评估和分析数据能力，好奇心与想象力的理论家、跨界人、创业家、舆情人、公共传播人。

完善学科结构，凸显学科，弱化专业，以"基础资源学程""新媒体与技术学程""采集、书写与再现学程""视觉力量与社会发展学程""口语传播学程""公关、广告与营销学程"6大学程为切入口，全面改造既有教育教学体系，对接学校"完全学分制"计划，打造一个凸显螺旋式设计特色的新的课程结构。

强调本科生教学与学生主体、翻转教学、创客教育、STEAM——科学(Science)、技术(Technology)、工程(Engineering)、艺术(Arts)、数学(Mathematics)——教育精神

相呼应；强调整合导向的课程设计、从理论到实践的教学模式、真诚而生动的课堂教学、管理者和教师的战略支持、支持性的学习环境、协作式学生文化；提倡“五 C”教学理论——旅程性、复杂性、宇观性、会话性与社区性，以及“四 R”教学方法——丰富性、回归性、关联性、严密性。

设计选修课程体系，凸显学生主体性；设计实践课程、创新创业课程体系，凸显实践性教学特色；设计以能力测试为主要取向的考核体系，改变毕业论文、课程论文、学年论文考核目标和考核标准。

8. 部校共建

2015 年 6 月，中共陕西省委宣传部与西北大学正式签署了共建新闻传播学院的协议，贯彻落实习总书记重要讲话精神，共建以马克思主义新闻观为指导，共同推动新闻传播理论教学与实践教学有机结合，发挥党委宣传部门、国家主流媒体优势和西北大学新闻传播学教育优势，在创新运行机制、提升办学层次、推进人才交流、引进高端人才、优化课程体系、强化教学合作、创新培养模式、开展专项研究、锻造业界英才、提高智库水平、融合媒体示范平台建设、新闻发言人培训，以及创新创业教育等方面展开深度合作。

9. 社会服务工作

新闻传播学院倡导“学术”服务于社会，一向重视社会服务工作，希望透过与政府、业界密切合作，建树社会责任意识，为教学科研提供有益补充，进一步锻造师生的担承意识和实践能力。长期以来，学院积极发挥自身学科优势、智库优势、资源优势，参与政府部门的战略规划以及媒体部门的改革发展研讨，设计相关培训项目，与媒体机构设立横向科研项目、开办专题讲座。

在陕西省委宣传部和西北大学的支持下，全国第一家省级新闻发言人培训基地于 2009 年年底落地西北大学新闻传播学院。自 2012 年以来，举行新闻发言人培训共 12 期约 1200 人。针对陕西省基层党政干部舆论引导能力薄弱等突出问题，策划组织了“送培训下基层”公益培训活动，已经完成陕西 107 个市区县的 125 期培训，共计培训 34800 余人次。基地集体获得 2012 年度陕西省思想文化工作创新奖。

积极开展中华民族优秀传统文化传承建设工作，讲好中国故事；积极开展“马克思主义新闻观”中国化建设工作，深入挖掘并弘扬延安时期新闻文化资源，讲好延安故事，在延安时期新闻传播文化故事挖掘、书写方面，积累了一定的经验，取得了一系列成果。

10. 国际化办学

根据国际存在、国际呈现、国际贡献的基本理念和相关取向，实施国际化发展牵引计划，建立了与世界著名大学、著名新闻学院的联合培养机制，支持师生出国、出境接受短长期训练，参加学会会议，发表学术论文；在“走出去”的同时，近年来，先后聘请了美国孟菲斯大学，以及我国台湾世新大学、香港中文大学、香港城市大学等境(国)外专家来学院开设相关课程。

目前教师有境外学习经历者占到53%；每年派往国外留学的学生人数为2~5人、派往我国台湾地区交流的学生人数为10人左右；每年吸纳一定数量的海外留学生。

（西北大学新闻传播学院）

4.1.15　中央民族大学文学与新闻传播学院

1. 历史沿革

中央民族大学文学与新闻传播学院始建于1964年。其拥有北京市重点学科中国语言文学一级学科博士点，优质的师资和课程资源为新闻学、广告学专业提供了宽广的人文视野与深厚基础，也为新闻学与传播学学科提供了跨学科的滋养和支持。

中央民族大学新闻学专业办学历史可追溯至20世纪60年代早期开办的少数民族在职干部新闻研究班。新闻学本科专业开办于1984年，1989年在民族学学科下招收民族报刊史方向的硕士研究生，2001年获得新闻学硕士学位授予权；广告学本科专业开办于2003年，2010年获得新闻传播学一级学科硕士学位授予权。2014年学院增设新闻学(藏语基地班)，培养藏汉双语新闻传播人才。2014年获得新闻与传播专业硕士学位授予权。历经30多年，已培养新闻传播人才本科生近3000人，硕士研究生近500人。目前在校新闻传播类本科生、硕士研究生近600人。

中央民族大学文学与新闻传播学院是中国新闻史学会少数民族新闻传播史研究委员会首任会长单位，是中国新闻史学会常务理事单位。学院设有北京市非物质文化遗产研究基地，与北京市民委合作成立中国民族影视研究中心，与中央人民广播电台合作成立民族语言广播听评基地。

现任院长钟进文教授，党委书记赵丽芳教授。

2. 办学特色

学科立足国家民族院校办学定位与优势，在人才培养和科学研究中坚持主流和特色相结合。

新闻传播学科是学校重点支持学科，具有跨学科厚基础特色，科学研究中，立足国家与民族地区社会发展需求。新闻学着力建设中国少数民族新闻传播史论研究；传播学着力建设跨民族文化传播和民族文化认同研究。自设学科“民族影视与非遗数字化传承”通过多学科交叉已初步形成稳定的学术团队，取得了较好的学术研究成果。

学科在中国少数民族新闻传播史研究领域具有历史积淀与研究传统，白润生先生上世纪 90 年代以来所编著的《中国少数民族文字报刊史纲》《中国新闻通史纲要》《中国少数民族新闻传播通史》《当代中国少数民族新闻事业调查报告》等开创了中国新闻传播史研究的新领域，使得少数民族新闻传播史成为中国新闻史的有机组成部分。2011 年，学院牵头申报的中国新闻史学会少数民族新闻传播史研究委员会获得国家民政部批准，少数民族新闻传播史论研究的学术共同体有了全国二级学会研究平台。

新闻传播学科在人才培养中坚持竞争性与互补性的二维方针，既坚持人才培养对标一流高校，培养具有竞争力的高质量人才；又强调招生与培养中体现民族院校在高等教育中的定位，采取差异化办学，突出办学特色，通过实验班培养少数民族新闻传播人才，与非民族院校形成人才培养互补结构。

通过 30 多年的办学，毕业生覆盖了全国 48 个少数民族，有些成为本民族第一位新闻学专业大学生或研究生。本科生中少数民族学生比例超过 65%，研究生中少数民族学生比例近 50%，少数民族双语(少数民族语言+汉语)学生比例超过 20%。来自不同民族的学生在中央民族大学接受“美美与共”的多元文化滋养，对中华民族多元一体有了更为感性的认知，在边疆稳定与民族团结方面发挥了重要的作用。

学科人才培养质量高，学生攻读硕士学位的去向包括北京大学、清华大学、北京师范大学、中国人民大学、中国传媒大学、复旦大学、武汉大学、南京大学、中山大学等知名国内院校，以及斯坦福大学、南加利福尼亚大学、爱丁堡大学、威斯敏斯特大学等知名国外高校。学生生源质量高，就业有保障，本科生就业率保持在 95%以上，研究生就业率保持在 100%。

3. 师资队伍

学科拥有一支以中青年教师为骨干的多民族多学科背景构成的教师队伍，现有专任教师 30 名(含 8 名跨学科教师)，60%以上的教师具有高级职称，70%以上的教师具有海外访学背景，80%以上的教师具有博士学位。同时，学科团队中50%以上教师是“双师型”，具有业界+学界的双重背景。

学科注重与国内外知名新闻传播院校以及业界建立交流合作关系，每年开设20余场前沿讲座，邀请中国人民大学、北京大学、清华大学、中国传媒大学、中国社会科学院、新华社、中央广播电视总台、人民日报社等学界和业界专家开展讲座与专业指导。学院聘任专业学位业界导师22人。

4. 专业设置与本科人才培养

新闻学、广告学专业按照大类招生，采取“1+3”培养模式。人才培养以“厚基础、宽口径、复合型、重实践”作为育人模式，要求知识、素养与能力三位一体。其基本内涵是以人文内涵作为素质基础，强调知识的拓展与三种能力的培养：发现问题与解决问题的能力、获取知识与运用知识的能力、社会交往与沟通的能力。学科平台课、专业必修课、专业选修课、跨专业选修课构成的课程体系和实践教学体系共同服务于培养知识、素质和能力并重的人才培养目标。

学院构建了较为完善的实践教学体系，致力于培养知行并重的人才。学院是北京市民族文化传播实验教学示范中心建设主体院系，下设电子编辑排版实验室、非线性编辑实验室、数字媒体实验室。学院与中央人民广播电台合作开设暑期训练营、与北京电视台新媒体平台“北京时间”合作建设校园学生记者站。

教学成果多次获中央民族大学教学成果一等奖，先后获北京市高等院校教学成果一等奖、二等奖。教师多人承担多项北京市、国家民委教学改革项目，多人获北京市教学基本功大赛二、三等奖。

(1)新闻学

新闻学专业人才注重培养学生掌握新闻传播学专业理论知识，熟悉全媒体运作特性，具有新闻职业精神和较强的应用能力。全国各类专业赛事为学生提供检验专业能力的舞台，校内外实习实践基地为学生提供专业实践的平台。新闻传播学专业的毕业生获得了包括“范长江新闻奖”“中国新闻奖”和“全国百佳新闻工作者”等在内的众多奖项。

(2)广告学

广告学专业注重培养学生有较强的创新能力和创意思维，强调“以赛促学”和“课程联动”，全国大学生广告艺术大赛、“学院奖”“金犊奖”以及校级赛事“创意最大”已成为学生专业实践的平台。学生在全国赛事中多次斩获金奖、全场大奖。

(3)新闻学藏语基地班

2014年，文学与新闻传播学院、藏学研究院校内合作创办新闻学(藏语实验班)，面向西藏及其他藏区，招收具有较好藏语基础的学生，旨在培养藏-汉双语少数民族新闻传播卓越人才。目前，已招收 4 届 90 名学生。

基地班基于国家“治国理政、定国安邦”战略高度，从民族地区发展稳定和民族需求出发，创新思路，充分发挥民校院校独特的办学优势，通过构建藏汉双语少数民族新闻传播专业人才培养体系，培养“讲好中国故事，传播中国声音”的双语新闻传播专业人才，为民族地区掌握舆论领导权、占领传播制高点提供强大的人才队伍与后备力量。

新闻学(藏语实验班)的创办引起社会各界广泛关注与高度评价，被誉为“国门工程”“国家工程”。光明日报社、经济日报社、《中国新闻出版广电报》、人民网、新华网等重要媒体均对中央民族大学新闻学(藏语基地班)的创办给予了专门报道。藏汉双语新闻传播人才培养的探索，也为民族高等院校“民族语+专业教育”提供了新思路。

2018 年，该实验班建设成果获北京市教育教学成果一等奖，并被推荐参评国家级教育教学成果奖申报。自 2019 年起，拟在基地班办学经验基础上，招收多民族双语新闻传播人才培养实验班。

5. 学位点设置与研究生人才培养

新闻学学术硕士学位点 2001 年开始招生，设有新闻史论研究(少数民族新闻传播史研究为特色)、新闻实务研究、广播电视研究三个方向；传播学学术硕士学位点 2012 年开始招生，设有传播理论研究(跨文化传播研究为特色)、广告研究、新媒体传播研究三个方向；新闻与传播专业硕士学位点 2015 年开始招生，设有融合新闻、视觉传播、营销传播三个方向。

20%以上的研究生具有海外学校访学经历，研究生校级科研项目获批数量位于全校前 10%。毕业生去向与专业培养方向较为对口，主要包括新华社、人民日报社、中央电视台、中央人民广播电台、《农民日报》《工人日报》等主流媒体以及出版社、互联网等领域。

6. 学科建设

在媒体融合迅猛发展的时代背景下，学科不断探索尝试学科交叉，整合发挥校内多学科优势资源，实现与少数民族语言文学、民族学、社会学、人类学、计算机科学等学科的交叉融合。学科着力建设新闻学、传播学、民族影视与非遗数字化传承三个方向。

进入 21 世纪后，该学科在史论研究基础上，继续开拓民族新闻传播研究的新领域、新议题、新方向，面向多学科，开展民族新闻史论、新闻传播与民族地区社会变迁、族裔媒体、新媒体与非物质文化遗产的保护与传承、民族认同等研究，既立足于本土做基于中国问题的民族新闻传播研究，又面向国际做基于族群、文化差异的跨文化传播研究。

学科2017年起定期召开民族新闻传播论坛和“媒介与文化”“媒介与社会”工作坊，希望能够集聚全国相关学科的专家学者，举办包括专题、小型、国际等不同层次的学术会议，促进少数民族新闻传播学科与跨文化新闻传播学科的建设。

7. 科学研究

近年来，新闻传播学科在科学研究方面不断突破，2012年以来累计发表CSSCI论文近百篇，立项国家社科基金项目和省部级项目十余项，产出了一批较有质量的科研成果。科学研究多次获国家民委社会科学研究二、三等奖(见表4-10)。

表4-10　　近三年在研国家级与省部级科研项目(2015—2018)

项目来源	项目类别	项目名称	负责人	立项时间
国家社科基金	青年项目	海外华语电视的本土内容生产与中华传统文化传播创新研究	梁悦悦	2018
国家社科基金	后期资助项目	中国电影走出去：一种海外研究的视野	石　嵩	2017
国家社科基金	一般项目	少数民族网络社群与文化遗产活态传承创新研究	范小青	2017
国家社科基金	青年项目	未来媒体视野下的新闻生产变革机制研究	毛湛文	2017
国家社科基金	一般项目	新媒体时代中国证券市场舆论引导研究	刘瑾鸿	2016
国家社科基金	重大项目子课题	中国民俗学科建设理论创新研究与非物质文化遗产保护	栗文清	2016
国家社科基金	委托项目子课题	中国节日影像志之黄岗喊天节	栗文清	2015
国家社科基金	委托项目子课题	中国节日影像志之福建宁化客家七圣庙会	朱靖江	2015
北京市社科基金	重大项目	“一带一路”倡议下首都民族语言媒体国际传播力	赵丽芳	2017
国家民委民族问题研究项目	一般项目	新媒体与和谐民族关系建设研究	岳广鹏	2016
国家民委民族问题研究项目	一般项目	新中国民族题材纪录片史研究	汤文靖	2015

8. 社会服务

学科始终着眼大局、把握大势、承担使命，为国家输送卓越的少数民族新闻传播人才。学科 30 年来为民族地区培养了益西嘉措(《西藏日报》副总编辑、范长江新闻奖获得者)等优秀的少数民族新闻传播工作者；为首都和内地培养了马国仓(中国新闻出版传媒集团董事长、中宣部“四个一批”人才、国务院全国民族团结进步模范个人)等优秀的少数民族新闻传播工作者。该学科 2014 年开办新闻学藏语基地班，建立为民族地区培养新闻传播人才的造血长效机制，切实提升党和国家在民族地区的宣传效果和话语权。2014—2017 年，具有藏汉双语能力的学生先后完成中央电视台、北京电视台、中央人民广播电台多期节目多档栏目的民族语言翻译与录制工作。

该学科以社会调研推动民族地区社会发展，扎实开展实地调研，积极将调研成果转化、服务于当地政府。学科教师平均每年为媒体、企事业单位提供讲座、培训近 20 场，服务与合作的机构包括国家民委、外文局、中央人民广播电台、全国藏文媒体协作会、网易、乐视、腾讯、《新疆晨报》等。同时有多位教师担任媒体与企事业单位的咨询顾问。作为对口支援单位，每年为民族地区对口支援高校提供师资培训，接收来自新疆媒体的特培学员提供访学机会。

中央民族大学新闻传播学学科在 30 多年的发展中形成了求真务实、知行并重、薪火相传的科学研究和人才培养模式。未来该学科将守正创新、兼收并蓄、循序渐进，不断创新发展，提高人才培养质量，提升学科综合实力。

(中央民族大学文学与新闻传播学院)

4.2　港澳台地区新闻传播院系

4.2.1　香港浸会大学传理学院

1. 简要概述

创立于 20 世纪 60 年代末的香港浸会大学传理学院，是香港传播教育的先驱之一，也是香港最具规模的传播教育学府。秉承“唯真为善”的院训精神，浸会大学传理学院植根香港、面向亚洲、放眼世界，培育传媒精英学子。传理学院下设电影学院、传播系、新闻系，全面提供本科生、研究生、高级文凭及学位衔接课程。浸会大学传理学院拥有一流的师资队伍、顶尖的设施器材、卓越的科研环境，课程内容亦具有国际化特色，为学生提供海外交换、交流的学习实践机会，帮助学生建立全球化视野。50 年来，浸会大学传理学院始终走在传媒教育的前端，与时代同行，与全球同步。为契合香港浸会大学十年策略发展规划(2018—2028)，使其成为领先亚洲、立足世界的博雅教育学府，浸会大学传理学院进一步加强国际合作，推进全球化合作项目，力求在关爱、创意、国际化的氛围中追求学术卓越。

伴随着全球数字化媒体的兴起，2018 年度，传理学院与计算机系合作开办“数据与媒体传播”专修课程，旨在让学生掌握与数据相关的新闻学课题，并善用科技处理新闻业的日常工作。筹建中的人工智能媒体创新实验室及虚拟实境及扩张实境工作室将引领传媒学子走进新媒体时代。

春华秋实，传理学院培养的传媒学子声名远播、成就斐然。近年来，传理学院多名毕业生获世界知名大学研究院录取，攻读硕士及博士学位。国际新闻专业的六名学生先后被美国哈佛大学肯尼迪政治学院录取，哥伦比亚大学新闻学院、教育学院也都有传理学子入读。美国西北大学、斯坦福大学、宾夕法尼亚大学，英国剑桥大学、牛津大学也都先后录取了浸会大学毕业生攻读博士、硕士学位。2011 年，浸大传理学院被知名新闻网站 Asian Correspondent 评选为亚洲学生首选的全球十大顶尖新闻学府。

2. 发展历程

浸会大学传理学院的前身为传理学系，创立于 1968 年。创系主任是被称为“香港传播教育之父”的余也鲁教授。余教授将当时还未普遍采用中文译名的学科“communication”理解为传授理论与实践，因此他仿效物理学、心理学，将这一学科称为“传理学”。浸会大学传理学系也由此为香港引入了传理这门全新学科，提供新闻、广播电视及公共关系三科文凭课程，为香港传播教育揭开了新的一页。余也鲁教授既训导学生莫忘传媒责任，勿违传媒良知，也注重培养学生的实践经验和技巧。1968 年，传理学系新闻组的学生筹办英文报纸 *The Young Reporter*，次年中文版《新报人》出版，《新报人》成为香港历史最悠久的大学生中英文报章之一，也成为传理学生进行新闻实践的重要平台。目前，《新报人》与“广播新闻网”(Broadcast News Network)、《新报人财经》(*The Young Financial Post*)共同组成 BUJ-LAB，一站式收录中文、英文和财经的跨媒体采访报道，成为浸会大学新闻系学生的实战场。

传理学系致力于为学生提供实践机会，开办多项工作坊和活动，增添校内设施，为学生建立完善的学习环境。1973 年，为主修公关广告的同学成立“新公关广告社”；1974 年，为广播电视课程同学成立“新广播人”校园广播站，这是东南亚第一间校内闭路广播电视台。20 世纪 80 年代，随着传理学系的教学大楼星岛传理中心落成启用，传理学系已经粗具规模。1987 年，传理学系开办第一个学位课程——传理学社会科学学士(荣誉)学位课程。伴随着香港影视行业的兴起，1988 年区树洪影视教育中心命名启用，传理学系开始为香港培养、输送影视人才。

1991 年，浸会大学传理学系升格为传理学院，由此踏入全新里程。传理学院首任院长为谢利国教授，下设三个学系：电影电视系、新闻系、传播系。1992 年起，传理学院相继开办传理学哲学硕士(研究式)学位课程、传理学哲学博士(研究式)学位课程、传理学文学硕士(兼读式)学位课程，及数码图像传播、广播电视新闻主修科目。香港回归，为香港与内地教育的融合与发展带来了良好的契机。2003 年开办传理学文学硕士(全日制)学位课程；2004 开办电影电视与数码媒体艺术(制作)硕士学位课；2006 年，开办传媒管理社会科学硕士学位课程，为特区内首个同类课程；2007 年开办国际新闻文学硕士学位课程。这些课程为内地学子打开了国际视野，带来了与国际接轨的学习体验。在其后的十几年间，大批内地学子慕名而来，修读不同专业硕士课程，他们毕业后，或留港成为“新香港人”，或回到内地，传理学院为香港及内地培养、输送了大批传媒精英人才。

传理学院在拓展高等学位课程的同时，也通过举办一系列具有影响力的活动，获得国际认可。2002 年，电影电视系首次举办“第一届大中华地区大学生影视作品奖”，星光熠熠，大学生作品精彩纷呈。其后，每年举办一届的影视作品奖已经成为大学生影视作品的权威奖项。2007 年，新闻系开创亚洲新闻教育界先河，举办“第一届普利策新闻奖得主工作坊”，邀请普利策奖获得者来到浸会大学与同学进行为期一个星期的经验交流分享。该工作坊每两年举办一次，已经成为浸会大学校园国际化的经典盛事。由传理校友推动的“张国兴杰出青年传播人奖”也于同年成立，以表彰在新闻、创意影音制作和评论范畴表现卓越的青年传播人。

2010 年，位于香港浸会大学道校园的传理视艺大楼落成启用，楼高 11 层，实用面积约 9000 平方米，设有多元化设施。同年，电影电视系改组为“电影学院”，开办五个专业及高级文凭课程。2013 年，传理学院资深教授黄煜出任第五任传理学院院长，传理学院由此走向国际化的新纪元。2015 年，传理学院与德国莱比锡大学、美国俄亥俄大学正式建立长期合作关系，三所院校师生定期互访、学习、交流。

3. 办学理念

浸会大学传理学院的院训是“唯真为善”，这一院训由1978—1986年担任传理学系主任的资深媒体人张国兴先生提出。张国兴希望传理系学生做事做人都要以“唯真为善”为本，有勇气、有良心、有分辨事实真假的智慧，对待人和事业都要真诚、真实。50年来，传理学院秉持浸大“全人教育”的理念，秉承“唯真为善”的精神，通过宽广而均衡的课程架构，提供优质教与学，培养学生的批判思维，激发学生的创造精神，从而使学生在应变能力、创意、革新精神或道德操守上，表现卓越，备受赞誉。

近年来，浸会大学传理学院以国际化为核心策略，不断推出国际化的举措，包括增加拥有国际背景的教师及学生数量，举办海外交流团、与海外高等学府建立合作关系，提供海外实习机会，支持跨地域研究合作，支持全球性研究项目、鼓励师生参与高水平的国际会议，等等。传理学院深信，国际化是提升学生竞争力的一个重要部分，因此传理学院致力于培养具有环球视野和国际经验的学生，使他们成为未来领袖，成为世界公民，将所学贡献全球。

4. 专业设置

传理学院既提供广博多元的学士学位课程，丰富实用的修课式硕士学位课程，也提供研究式硕士课程(MPhil)及哲学博士(PhD)学位课程。为适应香港社会需求，传理学院还提供学位衔接及高级文凭课程。

(1)本科生课程

传理学院本科生课程以四年制传理学学士(荣誉)学位课程为核心。课程涵盖通识教育科、一般选修科目及主修范畴选择，让学生能够学习所需，投身媒体、创意和传播界不同岗位开展事业，发挥所长。传理学学士(荣誉)学位课程包括以下三个主修：

电影主修：动画及媒体艺术专修、电影电视专修。

公关及广告主修：广告及品牌专修、组织传播专修、公关专修。

新闻主修：中文新闻专修、财经新闻专修、国际新闻专修、数据与媒体传播（由新闻系与计算器科学系合办，课程将于2018/2019学年开课）。

(2)修课式研究生课程

传理学院提供全日制(一年)及兼读制(两年)修课式研究生课程。课程聘用有经验的业界人士参与教学，注重实操实用技巧，对于即将踏入媒体、公关及影视产业的学生或者业内人士，都将获得良好的学习体验与专业提升。

传理学文学硕士：课程从个人、组织和社会层面探究传播领域，集中探讨香港、中国大陆及台湾的传播模式，同时关注媒体科技转变带来的影响。

国际新闻文学硕士：课程提供专业的国际新闻深造研究，侧重探究香港、中国大陆及东亚/东南亚地区情况。备有两门主修课供选择：国际新闻和财经新闻。

影视与新媒体制片管理文学硕士：课程由大中华地区电影公司高层及资深产业人士亲临授课，教授学生有关影视及新媒体产业的策划、融资、制片管理、营销、宣传、院线经营等科目。

传媒管理社会科学硕士：课程由传理学院与商学院合办，旨在培育学生掌握基本的营商和管理技巧，以及管理媒体业务的专门知识。

电影电视与数码媒体艺术(制作)硕士：香港首个影视制作硕士学位，修读年期为三年。为有志从事影视及媒体工业的人才提供国际视野的专业培训。

(3)研究式研究生课程

研究式研究生课程包括传理学哲学博士及哲学硕士。传理学哲学博士课程和哲学硕士课程采用全日制修读模式，哲学博士修业期限为三年，哲学硕士为两年。修读传理学院研究式学位课程的学生，除在课堂学习外，也可通过参与研究会议或由学院教学人员、访问学者及业界专才主持的讲课，寻求知识交流和分享研究经验，积极投入到整个教学过程。哲学博士课程主要录取在公关广告、电影电视、新媒体传播、新闻、组织传播和传媒研究等传播领域有较高造诣，并对理论探索及学术研究有兴趣的人士。

(4)高级文凭课程

创意电影制作课程：涵盖导演、编剧、电影摄影与灯光、剪接与混音、表演技巧五个主要范畴，内容融合创意、美学、人文素质。

(5)学位衔接课程

传理学院与浸会大学附属的国际学院合办的两年全日制自资学士学位课程，培育传播及创意媒体人才。供持有副学士学位或相关高级文凭人士申请入读。

(6)新媒体及影视创意写作文学学士（荣誉)学位课程：由电影学院负责，着重培训新媒体和传统影视的创作思维及写作技巧。

(7)综合传播管理学社会科学学士（荣誉）学位课程：由传播系负责，教授公关广告、市场推广、筹划旅游款客、商业及媒体活动等综合传播知识及技巧，理论与实务兼备。

(8)媒体及社会传播社会科学学士（荣誉）学位课程：由传理学院负责，传授与媒体、社会传播及相关专业的知识及技能。

5. 科学研究

传理学院在媒介和传播所有领域上，兼具理论和应用研究的优势。教师的研究专长与主题多样，从台湾电影到跨文化消费；从病毒式传播市场推广讯息到社会媒体在健康传播中的作用；从中国媒体市场化到香港媒体对本地和非本地新闻的处理手法，乃至从媒体法律及规例到媒体素养等领域，均有涉猎和探讨。学院教师拥有丰富的教研知识和经验，并活跃于研究、创意工作和学术著作出版领域。学院积极联同校内其他院系、本地大学与海外院校的学者进行各类合作研究计划及项目，教师也会为不同企业和公共部门进行不同的应用研究及调查，发挥所长、服务社会。学院老师定期在顶尖的同侪评论国际期刊发表研究报告，并在国际会议上展示研究成果，屡获颁发论文奖项及教研发展资助金，备受肯定与认同。

2006 年，传理学院与香港中文大学新闻与传播学院合办中文学术期刊《传播与社会学刊》。该学刊已经发展为华人传播学论文发表的重要平台，先后成为“台湾社会科学引文索引”(TSSCI)核心期刊及“国际传播学会”全球首份中文附属学刊。2001 年，传理学院成立媒介与传播研究中心，经常举办各类有影响的国际会议。2016 年，电影学院成立电影与动态影像研究中心，致力于促进在电影、动态影像及数字人文等方面的研究工作。目前，传理学院下设研究单位还有应用传播研究实验室、新闻与社会研究所。

6. 师资与社会服务

传理学院拥有一流的国际化教师团队，全职教师共有 75 名，其中一半是从事传播、影视研究的学术人员，一半是拥有丰富经验的专业人士，他们分别来自美国、英国、新加坡以及中国香港、台湾与中国大陆。学院共有讲座教授 3 名、教授 11 名、副教授 6 名、助理教授 7 名、研究助理教授 6 名。担任传理学院院长的黄煜教授，毕业于英国威斯敏斯特大学，他的研究领域包括媒体政治经济学、媒体的社会发展、香港及内地媒体传播等。讲座教授 Colin Sparks 在英国威斯敏斯特大学执教多年，曾任传播及媒介研究所负责人，2011 年加盟浸会大学传理学院，目前担任传理学院学术研究委员会主席。来自中国大陆的郭中实教授毕业于北京外国语大学，曾在《中国日报》担任记者 7 年，其后在美国威斯康星大学麦迪逊分校获得政治传播的硕士及博士学位，1996 年加入浸会大学，研究领域包括新闻制作及社会影响。此外，浸会大学还邀请很多业界精英人士担任高级讲师及客席教授。目前，学院拥有全职的首席讲师 1 名，高级讲师 14 名，讲师 14 名，高级导师 1 名，全职客席教授 1 名，客席讲师 2 名。曾任香港知名英文报章《南华早报》总编辑的刘志权先生加盟浸会大学传理学院担任首席讲师及传理学院副院长，他目前仍任职香港报业公会的总干事及香港新闻教育基金执行委员。

浸会大学传理学院不但拥有一流的师资队伍，同时也践行大学关爱社会、服务社会的理念，各院系的老师带领学生积极开展各类社会服务活动，扩大了香港浸会大学的社会影响。他们联同社会机构，拍摄教育服务类短片，出版书籍；带领学生到有需要的地方进行支教；传理学院也经常组织培训活动，将关爱文化传递到社会每一个角落。

一流的师资教学，国际化校园氛围的熏陶浸染，使浸会大学传理学院的学生不仅掌握了良好的知识技能，更历练了“全人”的品格。传理学院的学生在各类国际赛事中屡获大奖。2017 年 10 月，在电影学院主办的第 14 届“全球华语大学生影视奖”比赛中，电影学院学生获颁 17 个奖项。

（香港浸会大学传理学院）

4.2.2　世新大学新闻传播学院

1. 世新大学校史与沿革

世新大学自创校以来，以“德智兼修，手脑并用”为校训，秉持“学校为学生而办，学生为读书而来”的办学原则，坚持自力更生，一路走来艰辛备尝，但凭着勤俭稳健的办学方针，终于使世新在高等教育界中站稳脚跟，并进而逐步发展至今日的规模，以下是世新大学各发展时期：

世界新闻职业学校(1956. 9 —1960. 7)。

校创办人成舍我先生，本着“实施民主政治须先健全新闻事业，健全新闻事业需有足够传播专才”之体认，于 1956 年秋，择定台北木栅沟子口为校址，成立“世界新闻职业学校”，以培养“德智兼修，手脑并用”之新闻传播人才，同年 10 月 15 日开学上课，当时仅有初、高级各一班，学生 63 人。

世界新闻专科学校(1960. 8 —1991. 7)。

学校粗具规模后，在 1960 年改制为“世界新闻专科学校”，学制分三年制及五年制两种。至 1990 学年度为止，三年制专科共设有 8 科，五年制专科共设有 4 科，学生总数为 6055 人。

世界新闻传播学院(1991. 8—1997. 7)。

1991 年 8 月，奉核准改制为“世界新闻传播学院”，初设 5 系(分为 12 组)，停招三年制、五年制专科。推叶明勋先生为董事长，聘任成嘉玲博士为改制学院后首任校长。至 1996 学年度止，共设有 1 个研究所，14 个学系，学生有 6276 人。

世新大学(1997. 8 至今)。

世新在全体师生共同努力之下，以办学绩效卓著，深获各界肯定，自 1997 年 8 月起改名为世新大学，分设新闻传播学院、管理学院、人文社会学院及法学院四个学院。2001 年 8 月成嘉玲校长卸任，董事会聘任牟宗灿博士续任校长，在厚实的基础上积极革新，提升教学、研究质量，使学校再创新高。赖鼎铭博士于 2008 年接任校长，在团队共同努力之下，参与各项评鉴及奖励成果斐然。现任校长吴永干博士于 2014 年接任，除赓续发扬自 2005 年起即获教育部评选为“教学卓越”大学之荣耀外，更大力提升校务治理质量。至 2017 学年度，该校设有 3 个博士班、23 个硕士班、19 个学士班、20 个硕士在职专班、3 个进修学士班、4 个二年制在职专班、4 个境外硕士专班，以及 4 个产硕专班，学生总人数为 11800 余人。

2. 世新大学办学理念

世新大学自创校之初，即以“德智兼修，手脑并用”为办学宗旨，培养品德与智慧并重、理论与实务合一的专业人才。从致力培育“新闻人才”，逐渐发展成“全传播”的高等学府，继而稳健成长为“全方位”的综合大学，始终延续此项理念，除了继续为社会培育更多优秀的高级传播人才外，也以更宽广的学习空间、学术领域，造就各种学有专精且思想宏观的专业人才。

世新大学的办学理念，随着时代的变化与思潮的演进，到今日的综合大学，已推演为德、智、体、群、美五育并重的“全人教育”。其具体实行方向包括：以校园整体学风，涵育学生开阔的胸襟与视野，使五育均衡发展；以通识课程，统整学生的知识与人格，完成博雅教育的目标；以专业课程，培养学生的系统知识，兼及研究与创新的能力；以附设实习单位，提供实务训练，训练学生手脑并用，使理论与实务合一；以社团及小区活动，培养学生的群体意识及社会关怀；以体育活动，锻炼学生坚强的意志、运动的精神及健康的体魄；以各项活动，涵蕴学生的乡土情怀，构筑民族意识，并拓展国际视野。

以传播为发展主轴，贯穿所有学科。世新大学不论何学系均需修习传播课程，使学生能将传播理论与方法应用于本身的学门，并借以提高学生对外沟通能力，将主修学门有效地介绍给社会大众。

以理论与实务并重为教学方针。为使学生在校期间都能有实战经验，世新大学配合各学系设有多个实习中心，提供学生实习，以使学生毕业后不做“二度新鲜人”。

校园民主，学风自由。世新大学校园以自由色彩浓厚著称，各种学术主张在校园内均可自由谈论，同时也要求师生在批评他人的同时，也需有聆听及容忍的雅量，使校园多元化、自由化、法治化。

3. 新闻传播学院简介

该院以新闻传播起家，经过 50 余年之耕耘，拥有全台湾最完整的新闻传播学院，下设 9 个系所：传播博士学位学程、新闻学系所、广播电视电影学系所、公共关系暨广告学系所、图文传播暨数位出版学系所、口语传播学系所、信息传播学系所、传播管理学系所及数字多媒体设计学系。全院拥有国外学历师资共有 70 位，占全院教师 60%；学生部分，本科及硕博士学生共有 5941 人，占全校学生总人数 51%，在全台湾 8 所拥有传播学院的大学每年入学新生中，世新大学新闻传播学院占总人数 40%。

此外，世新大学新闻传播学院亦拥有完整的实习单位，如《小世界周报》《台湾立报》《世新午间新闻》、世新电台、全媒体中心等，这些单位为全校师生实习、实验及实践之基地。

世新大学新闻传播学院之必修课程设置及整合性研究均朝手脑并用、理论实务结合方向发展。在课程设置及学生训练上均充分体现以上特色的优势，一方面对同学的学习松绑，鼓励跨系修习彼此之课程及设置跨系所之课程及学程，打破传统媒体框架；另一方面整合全院分散的各系师资，成立必修课教师群组——“媒体识读”“传播与文化”“传播理论与方法”及“传播技能”等教学小组，共同完成教学大纲(Master Syllabus)，出版教材，及成立共同之数字影音数据库。

(1)传播博士学位课程

传播研究所于 1994 年成立，初设硕士班，是世新大学最早成立的研究所。1998 学年度增设博士班，为台湾第二所传播领域中授予博士学位之研究所，对台湾传播学门研究成果与教育传承皆有卓越之贡献，自 2012 学年度起，转型更名为传播博士学位学程，旨在培养具有跨学科视野及专业知识之开拓性传播学术研究人才。面对传媒汇流发展趋势，该学程期待学生能够至少专精于一种学习领域，因此设有“语艺与策略传播”“传播科技与影响”以及“文化行动与参与式传播”等主修领域，作为学生修课规划之参考。

该学程师资来自新闻传播学院各系所，拥有最完整之系所及实习单位资源，这样的结构利于因应世界传播汇流与整合之发展趋势，并能设计规划具前瞻性的课程与学程。在课程理论教学上，兼顾了人类传播(human communication)与媒体传播(media communication)。学生除修读媒体与新闻传播的相关理论外，也研习口语传播及语艺的相关理论，接受更全面与完整的训练。此外，在研究路径上，兼采实证、诠释与批判取径，帮助学生在实证的量化方法、诠释的质化与论述分析外，也能获得批判取径方面的扎实训练，使毕业生具有学术研究上多元的发展可能。

(2)新闻系暨硕士班

新闻教育的发端始于实践与实务。成舍我先生秉持“我有话要说”与“舍我其谁”的精神，于1956年在台湾设立世界新闻专科学校，成立学院第一个科系“编辑采访科”，1991年学校改制学院后，正式更名为新闻学系，迄今该系一直是世新创校精神的代表科系。该系沿袭世新大学自由民主精神传统，志在培养新闻传播人才，提升新闻内涵。借由平面、影音与数字新闻叙事能力之整合培育以及传播相关理论之研习，强化学生之专业知识、批判思考、小区关怀与国际视野。

(3)广播电视电影学系暨硕士班、硕士在职专班

1991年，原广电科及电影科合并为视听传播学系，下分广播组、电视组及电影组，并于1997年改制为大学后，更名为广播电视电影学系。广电系为因应新传播时代来临及社会多元化需要，积极发展完备的影音传播教育，一方面聘请国外具有博士学位师资，另一方面添置尖端硬设备，借以培养传播媒体事业的广播、电视、电影之人才。

为厚植学术实践能量，训练学生扎实的专业知识及人文素养，该系已于2003年起设置广播电视电影硕士班创作组(MFA)，旨在培养具有自主多元思考精神的独立制作人才；而为强化实务与理论之相互整合，该系自2012年起设立硕士班理论组(2015年起更名为媒体应用组，MA)，希望培养更多的影音媒体应用型研究人才，能将研究成果应用于媒体实务及影音创作的过程中，让媒体发挥更大之社会教育与文化功能。此外，该系从2003年起亦设置硕士在职专班(MA)，以补强在职进修人士在媒体生态与科技发展等方面的学术思维，培养媒体产业企划与管理人才。

(4)图文传播暨数位出版学系暨硕士班

1969年，成舍我先生感于台湾印报专业人才之不足，成立印刷摄影科，以“三专”及“五专”不同学制分别招生，为台湾报业培育中、高级之印制人才；1991年，世新大学改制为“世界新闻传播学院”并停招专科部，图传系随即更名为印刷摄影学系；1995年，为强调印刷摄影乃属平面传播科技，故将图传系更名为平面传播科技学系；2004年，为整合图传系原有之印刷摄影专业及融入数字出版课程，图传系再度更名为图文传播暨数位出版学系。

图传系课程设计强调实作教学，以摄影、印刷为主轴，设计为辅，出版为延伸。教学方法以实务与理论并重，与业界有紧密的专业实习合作与训练。

(5)公共关系暨广告学系暨硕士班、硕士在职专班

鉴于社会潮流对于公共关系的需求，世新大学于1963年正式设立公共关系科，是

当时高等学校教育体制中唯一对公共关系最早重视并加强训练的场所。1991 年本校改制为“世界新闻传播学院”，公共关系科改名为公共传播学系。

在经济发展快速，各行业分工专细的社会环境下，公关与广告的人才需求殷切，亦凸显本学系专业教育训练的重要性。该系于 2002 学年度起更名为公共关系暨广告学系，同时成立硕士班及硕士在职专班，以期培养专业的公关人才与广告专才。该系以策略传播为主轴，贯穿公共关系与广告两个领域，以期培养具有整合性知能的营销传播人才。除了希望透过专业知识的训练使学生具备专业的智能外，也强调人文素养的培训，希望学生不仅成为具有专业素养的公关人与广告人，更是具有社会责任与关怀的传播人。

(6) 口语传播学系暨硕士班、硕士在职专班

世新大学口语传播学系成立于 1992 年，是台湾唯一提供完整口语传播专业教育的学系。为了培养能传承既有知识、又能开创新局的传播与沟通人才，其课程宗旨和教学实践乃在于“三大模块的建制”“四大素养的陶铸”，以及“五大职能的培育”之落实。“三大模块的建制”主要是在既有学术领域的范畴中，因应社会的变迁与大学教育的转型，重新聚焦浓缩成“媒体表达学程”“访谈与沟通学程”“冲突与协调学程”三大课程模块，期盼经由基本学程的养成，使学生具有新世代社会公民所需的修辞素养、人际素养、组织素养与跨文化素养，以对应并培养新世纪职场人才所需的思辨与批判、人际沟通、团体与组织沟通、跨文化沟通，以及公共与论辩五大基本能力。另外，该系从 2003 年起增设硕士班，2012 年起增设硕士在职专班，期望培育更多专精于沟通、协商与表达的口语传播专业人才，以促进各级公私部门在社会上与国际间的竞争及合作能力。

(7) 信息传播学系暨硕士班、硕士在职专班

世新信息传播学系原名为图书信息学系，前身为世界新闻专科学校的图书数据科，设立于 1964 年 10 月 15 日。1995 年 8 月重新设系为图书信息学系。图书信息学系也因应网络时代来临，自 2001 年起更名为信息传播学系，专注于数字汇流、数字内容与传播的专业人才之培育，目前设有大学部、硕士班，以及在职进修硕士专班等不同学制以因应教育需求。

该系是以培养能协助大众进行信息去芜存菁，并有效地呈现关键信息，更甚而管理、加值信息，让大数据得到更有效地运用的人才为宗旨，培育以整合力为核心，统整三大核心能力(信息设计能力、知识加值能力、网络传播能力)，辅以策展能力，并施以美学教育、品德教育，形塑高尚良善的数字内容策展人才。

(8) 数字多媒体设计学系暨硕士班

数字多媒体设计学系创立于 2003 年，分设“动画设计组”与“游戏设计组”两组专

业，以数字科技结合传播教育为特色，积极跨入全媒体尖端艺术行列。因应产业人才需求，该系动画组课程着重于3D实务技术及2D创作的训练，游戏组则着重于程序撰写能力、美术设计实力以及企划能力的培养，以培育理论与实务专业能力兼具的人才为目标。

(9)传播管理学系系暨硕士班、硕士在职专班

随着科技急速发展，传播媒体间竞争的战国时代已经来临。有鉴于此，在本校改制为学院后，于1991年将专科时期的“报业行政科”改制为“传播管理学系”，分媒体经营与信息管理两组。1993年，信息管理学系获准独立设系，两组正式分开成立传播管理学系与信息管理学系。1997年学校改制为大学，该系划归管理学院。2001年，硕士班及硕士在职专班同时正式成立招生，2004年划归新闻传播学院，2010年获准成立上海境外硕士在职专班。

传播管理的意涵包括“传播媒体的经营管理”以及“传播流程的经营管理”两个方向，传播管理学系是台湾第一个整合“传播”与“管理”学科知识与教育理念而成立的学系。该系的主要特色在于提供跨领域的学习，以培养学生传播与管理及文化经纪人之双重专业职能。

（世新大学新闻传播学院）

第5章　新闻传播教育行业组织动态

5.1　新闻传播教育界主要管理组织2017年活动综述

5.1.1　国务院学位委员会学科评议组

2017年，新闻传播学学科评议组主要完成了以下几项工作：

1. 继续进行新闻传播学研究生课程建设调研

教育部《关于委托有关国务院学位委员会学科评议组开展研究生课程建设情况调研的函》(教研司〔2016〕9号)要求各学科评议组从研究生课程设置、教材使用、教学内容、教学方法和评价方式等方面入手，对本学科研究生课程教育展开调研。学科评议组对此项工作采取的是组织高校课程交流会、实地调查和意见征集等多渠道并行的方式。

2017年1月12日，来自全国37个新闻传播硕士点单位的52名新闻传播教育者齐聚广州中山大学，探讨新环境下新闻传播学硕士的培养问题，参会嘉宾绝大多数是负责本院研究生教学的院长、副院长或系主任。学科评议组专家复旦大学新闻学院黄旦教授、清华大学新闻与传播学院陈昌凤教授、华中科技大学新闻与信息传播学院张昆教授、学科评议组秘书王宇教授出席会议。

会议召集人、学科评议组召集人、复旦大学新闻学院黄旦教授致开幕词。黄旦教授指出，近几年来虽然研究生招生规模在扩大，但是整体培养质量在下降，学生的学术与思维能力需要提高。学科评议组希望通过一个务实的课程交流会，帮助各学校充分沟通、互相了解办学特色，通过讨论课程设置背后的理念、各课程的逻辑衔接等内容，使会议更有效果与收获。

该课程交流会结合新闻传播学科的建设特点，围绕“新闻传播学硕士研究生课程体系的基本理念”“教学方式的创新手段”“硕士研究生教学质量的把控机制”“目前课程存在的最大问题”等核心议题展开。参会院校分成三组，分别对本校新闻传播学硕士点建设情况进行详细陈述，并在分组讨论后进行集中汇总，评议组专家黄旦教授、陈昌凤教授、张昆教授分别指导各组讨论。陈昌凤教授总结了目前新闻传播硕士点建设的亮点：硕士教育与时俱进，多数学院有明确思路，办学因地制宜并寻求专业特色，并且有一定的质量保证措施。她同时也发现了一些共同面临的问题，比如一些专业设置特色不鲜明、师资力量跟不上，学硕、专硕的区隔不明显。张昆教授与在场老师进行了对话，探索在互联网技术下新闻传播学跨学科发展的方向。

在集中汇总中，安徽大学蒋含平教授、上海财经大学林晖教授对各自小组讨论的情况作了总结。在分组讨论中，围绕“学硕与专硕的区分”“师资力量培养”等问题各个学院老师也提出了不同的看法，讨论十分热烈。

闭幕式上，黄旦教授对会议的成功举办进行了高度评价。他认为一次课程讨论会虽然不能立刻解决每个院校的具体问题，但可以让大家打开视野、互通有无。他强调，各个学校努力认真地开展硕士生培养工作前，应该首先厘清新闻传播变化与硕士培养之间的关系。根据学术型硕士培养的要求来实施教育，要彰显学术训练的优势、培养学生的思考能力，不能仅仅针对市场的需求。从更普遍的意义来讲，导师也需要培训，了解研究生培养的主要宗旨，对研究生的教育不能过于侧重“技巧”。

2. 召开了两次学科评议组和本科教指委联合会议

2017 年 6 月和 12 月，新闻传播学学科评议组和新闻传播学类专业指导委员会联合召开两次会议，共商新闻传播学人才培养相关问题，两次会议分别在中国传媒大学和清华大学召开。

6 月 18 日的会议主要围绕如何进一步细化研究生教育质量标准、研究生培养模式改革以及研究生课程建设等主题进行了深入的讨论，并进一步明确了未来学科评议组工作的重点。12 月 10 日的主要会议围绕“通识教育、技术发展与双一流建设”“学科建设与国际化人才培养”等主题进行。

（王　宇）

5. 1. 2　教育部高等学校新闻传播学类专业教学指导委员会

2017 年，新闻传播学类专业教学指导委员会在教育部高教司的领导下，努力贯彻落实《国家中长期教育改革和发展规划纲要(2010—2020 年)》，深入学习习近平同志关于教育工作的重要论述以及国务院《统筹推进世界一流大学和一流学科建设总体方案》的工作要求，先后召开两次工作会议，不断完善工作机制，促进新闻传播教育教学改革与创新，搭建学术交流与咨询服务的平台，推动新闻传播高等教育国际化，取得了较为丰硕的成果。

1. 召开第八次教指委工作会议

2017 年 6 月 18 日下午，新闻传播学类专业教学指导委员会第八次全体会议暨新闻传播学学科评议组工作会议在中国传媒大学新国际交流中心举行。教指委委员、学科评议组成员以及部分新闻传播学在线开放课程群成员参加了此次会议。会议由教指委主任委员、学科评议组召集人胡正荣教授主持。国家新闻出版广电总局宣传司司长高长力、人民日报媒体技术股份有限公司总经理叶蓁蓁在会上做主题发言。

在上午的会议上，胡正荣教授首先向全体与会委员汇报了教指委以及学科评议组在 2016—2017 年度完成的工作，并就下一阶段工作进行部署。他提出，教指委在未来一年的重点工作将主要围绕建立中国新闻传播学学术年会制度、评选和推广优秀教学成果、开展师资和课程专项培训、进一步推动部校共建、推广专业认证、推进新闻传播教育国际化等工作展开；学科评议组的工作要遵循“稳中求进、内涵发展”的工作原则，以服务需求、提高质量为工作主线，落实好学位与研究生教育“十三五”规划，进一步加强对研究生教育内涵发展有关问题的研究。

为切实加强学界与业界的联系，在上午的会议上还专门邀请了国家新闻出版广电总局宣传司司长高长力、人民日报媒体技术股份有限公司总经理叶蓁蓁做主题发言。高司长在他的发言中介绍了中国电视近五年来所取得的成就、经验及反思，并对未来新闻传播人才的培养提出了三点建议：第一，加强职业伦理教育，让学生树立起新闻职业道德与社会责任感；第二，加强工匠精神教育，培养学生扎实的基本功；第三，加强人生理想教育，让学生成长为有情怀有信仰的新闻工作者。人民日报媒体技术股份有限公司总经理叶蓁蓁则以“人民日报中央厨房”为例，阐释了对融媒体时代媒体价值重建的思考，对于未来新闻传播人才的培养具有启发意义。

下午的会议进行分组研讨。在教指委会议上，首先由教指委副主任委员、暨南大学党委书记林如鹏教授介绍了新闻学专业认证的情况并着重强调了专业认证“一追求、二突出、三提高”的工作指导思想。接下来，教指委副主任委员、中国人民大学新闻学院倪宁教授组织委员们就教指委工作创新进行专项研讨，委员们热烈讨论，进一步明确了教指委未来的工作目标与工作思路。

2. 举行第九次教指委工作会议

2017 年 12 月 10 日下午，新闻传播学类专业教学指导委员会第九次全体会议暨新闻传播学学科评议组工作会议在清华大学中央主楼接待厅举行。教指委委员、学科评议组成员参加了此次会议。教指委主任委员、学科评议组召集人胡正荣教授做主题发言。

胡正荣教授首先向全体与会委员汇报了过去五年教指委围绕“咨询、制定标准与规范、指导、评估、服务”五大职能所完成的各项工作。在咨询方面，教指委先后完成全国新闻传播高等教育状况调研、媒介伦理与法规课程建设情况调研、部校共建新闻学院专项调研、媒介融合与新闻传播教育改革调研，为教育部和高等学校提供了关于国内外新闻传播学科专业教育发展的意见咨询和建议；在制定标准与规范方面，教指委在 2013—2015 年认真调研、精心设计，多次论证，完成了《新闻传播学类专业本科教学质量国家标准》的研制，此标准已经成为全国高校开设新闻传播学类专业的入门标准；在指导方面，教指委举办“全球化时代的传播、媒介与政府治理”，以及“全球传播与东亚：来自新媒体与社交网络的全球传播灵感”等国际学术研讨会，搭建对话与交流的学术平台，聚焦新闻传播教育前沿问题，指导专业建设；在评估方面，教指委大力推动专业认证，树立标杆，对接国际，引领专业发展；在服务方面，教指委举办《媒介伦理与法规》等课程的师资培训，持续推进新闻传播教育国际化，为中国学者以及高校师生创造与国外高水平大学及知名学者对话的机会，以此提升新闻传播学科的声誉。

胡正荣教授还全面回顾总结了学科评议组的工作。在过去三年，学科评议组编写了《博士硕士学位授权点申请条件》，开展了新闻传播学研究生课程调研，举行了博士点、硕士点课程交流会，对 2011 年增列的博士点硕士点进行了专项评估。在未来，学科评议组将坚持“稳中求进、内涵发展”的工作原则，面临新时代、新形势，完成新任务、落实新要求，发挥更大作用，进一步规划、引领新闻传播学科的发展，紧跟世界一流学术前沿，在新兴、交叉学科发挥引导、启发、催生的作用，促进整体学科水平的提高。

在此次会议上，委员们还围绕“通识教育、技术发展与双一流建设”“学科建设与国际化人才培养”“部校共建模式创新”等新闻传播教育领域的热点难点问题展开热烈研讨。在研讨过程中，委员们各抒己见，分享观点，总结经验，增进了解，形成了良好的交流氛围。研讨会由清华大学新闻与传播学院常务副院长、教指委副主任委员陈昌凤教授主持。

3. 圆满完成“新闻传播学类本科教学质量国家标准”研制工作

按照教育部的工作部署与要求，教指委于 2013 年 10 月启动“新闻传播学类专业本科教学质量国家标准”的研制工作，并将其作为本届教指委的重点工作。在“国标”研制过程中，教指委委员鼎力支持，通力协作，由主任委员统筹安排，副主任委员牵头，在全国范围内分七大片区进行摸底调查并形成调研报告，在对调查报告的数据进行分析与整理的基础上，形成新闻传播学类专业教学质量国家标准（草案）并进行几轮研讨与论证。2017 年年底，向教育部高教司提交了“国标”定稿。此版“国标”解决了三个难题：第一，解决了共性与个性如何统一的问题，在提炼新闻传播类专业人才培养共性的前提下，鼓励各高校进行特色培养；第二，解决了尺度把握上“宽”与“严”的问题，兼顾不同层次学校的特点，并且鼓励有条件的高校制定更高的标准；第三，解决了标准设定上“粗”与“细”的问题，在学时、学分的分配上留有合理区间，做到了刚性与柔性相结合。2018 年 1 月 30 日，教育部发布《普通高等学校本科专业类教学质量国家标准》，这是向全国、全世界发布的第一个高等教育教学质量国家标准，对建设中国特色、世界水平的高等教育质量标准体系具有重要的标志性意义。

4. 推动新闻传播学类专业认证工作

2017 年 5 月 17—19 日，新闻学专业认证工作在中国传媒大学顺利完成。此次新闻学专业是全国首个人文专业的认证试点，具有开创意义。专业认证专家组组长由教指委副主任委员、暨南大学党委书记、副校长林如鹏教授担任，专家组成员由教指委副主任委员、中国人民大学倪宁教授、武汉大学石义彬教授，教指委委员、云南大学单晓红教授，中国企业报总编辑李锦，深圳广电集团新媒体中心总经理梅宏以及教育部评估中心副主任周爱军构成。在为期两天半的现场考察中，专家组重点审核新闻学专业“人才培养目标与培养效果的达成度、办学定位和人才培养日标与社会需求的适应度、教师和教学资源条件的保障度、教学和质量保障体系运行的有效度、学生与用人单位的满意度”。围绕这“五个度”，专家组认真审阅了学校提供的自评报告，期间共听课看课 12 节次，调阅毕业论文设计 63 份、试卷 18 人次 460 本，访谈学生 59 人次、教师 31 人次、专业负责人 2 人次、学院领导 4 人次、相关校领导和职能部门负责人 13 人次，访谈校友代表 30 人次、用人单位 22 人次，走访考察学校基础教学设施和专业实验室共 9 处。此次专业认证最大的特点就是强调问题导向，倡导面向卓越，直面问题、分析问题、解决问题。通过此次专业认证，中国传媒大学新闻学专业系统而全面的审视专业建设与办学过程中所存在的问题，为今后进一步改进教学工作，提升人才培养质量提供了新的路径，也为其他人文专业认证工作积累了经验，提供了工作模板。

在 2017 年 6 月的教指委第八次工作会议上，教指委副主任委员林如鹏教授向与会委员详细介绍了专业认证的内容和程序，强调了专业认证对我国新闻传播高等教育发展的重要意义。2017 年下半年，教育部评估中心组织中俄专家联合对新闻传播类专业开展国际认证。目前，暨南大学新闻与传播学院的新闻学、广告学专业已经完成了三级认证(国际级)；中山大学新闻专业也已经完成二级专业认证。

通过认证，树立标杆，引领专业发展，与国际一流学校的专业同台竞技，这是建构中国高等教育国际话语权的有效路径，对我国新闻传播学科的发展也将起到深远的影响。

5. 推进新闻传播高等教育国际化

此届教指委自成立以来，一直致力于推动我国新闻传播高等教育国际化的进程，努力搭建国际间学术研讨与交流合作的平台，为中国学者以及高校师生创造与国外高水平大学及知名学者对话的机会。2014 年 10 月，组织教指委代表团考察法国高等新闻传播教育，并从 2014 年开始有组织、有计划地派代表团参加美国传播学会年会(NCA)、美国新闻与大众传播教育学会(AEJMC)年会等国际高水平学术会议。2017 年，为持续扩大影响力，在国际舞台上发出中国声音，教指委积极努力，不断开拓，连续第四年参加美国新闻和大众传播教育学会的年会、美国传播学会年会，并在会议上举办中国学者专场招待会、“中美形象传播比较研究”圆桌论坛，促成了多所教指委委员所在高校与美国新闻传播学术界的长期合作。截至目前，先后共有 19 位教指委及学科评议组成员参与了上述国际学术会议。

6. 完成第三届中法大学生新闻奖评选

2014 年，在中法建交 50 周年之际，中国驻法大使馆、中国教育部高等学校新闻传播学类专业教学指导委员会与法国新闻院校联盟(CNPEJ)联合设立“中法大学生新闻奖”，旨在丰富中法学生的课余生活以及新闻实践经验、加深双方大学生的彼此了解、培养高层次国际新闻传播人才。大赛一经推出，在双方国家的新闻学子中都引发了热烈响应。有来自中国传媒大学、中国人民大学、清华大学、复旦大学、武汉大学、暨南大学、四川大学、河北大学以及 14 所法国新闻院校联盟的新闻传播学相关专业在校学生参加了 2015 年、2016 年的比赛。从报送的选题和拍摄的内容看，同学们从中法两国的民间交往的历史和现实的各个角度、各个层面出发，进行了很好的探索和尝试，思路广阔，充分反映了中法两国交往丰富的面向和内涵；发掘出的故事感人，充分印证了本次活动的价值。参与此项活动的学生纷纷表示收获颇丰，这项活动也得到了中国驻法大使馆的大力支持与高度赞扬。

2017 年 5 月，第三届中法大学生新闻奖的评选已经顺利完成。大赛收到了来自中国传媒大学、中国人民大学、清华大学、复旦大学、武汉大学、暨南大学等高校的提案作品，其中共有八组参赛作品符合要求，经过中法双方评委的仔细审阅和多次评议，最终确定了两个选题作为第三届中法大学生新闻奖的获奖作品，并于 2017 年暑期开始拍摄与制作。

（冷　爽）

5.2　中国新闻史学会及所属二级学会 2017 年活动综述

5.2.1　中国新闻史学会

中国新闻史学会是中华人民共和国境内新闻传播学方向唯一的一家以研究中外新闻传播历史与现状、促进新闻传播学发展为宗旨的全国一级学术团体。学会是在我国著名新闻传播史学者方汉奇、宁树藩等教授的倡导下，于 1989 年 4 月经国家民政部正式批准，1992 年在北京成立，业务主管单位为国家教育部。中国新闻史学会现任会长为清华大学新闻与传播学院教授陈昌凤，名誉会长为中国人民大学教授方汉奇、中国传媒大学教授赵玉明、北京大学新闻与传播学院教授程曼丽。2017 年正值中国新闻史学会成立 25 周年，是学会承前启后、继往开来的一年。学会发展的 25 年，适逢中华盛世。乘着改革开放的东风，中国的新闻与传播学界欣欣向荣。学科的发展、学会的进步，反映的是中国国家的富强，是中国高等教育兴旺，反映的是中国新闻与传播学科的足迹。2017 年，也是学会各位同仁鼎力支持、共同奋斗的又一年。用众力，则无敌；有众智，则无畏！特别感谢中国新闻史学会创会会长、名誉会长，中国人民大学荣誉一级教授方汉奇先生。方先生于 2017 年 12 月 24 日“方汉奇基金”捐赠暨成立仪式上，捐赠出不久前荣获的“吴玉章人文社会科学终身成就奖”奖金人民币 100 万元，以推动中国新闻史学会以及新闻传播学术研究的发展。中国新闻史学会 2017 年活动综述如下：

1. 召开理事会议，积极部署学会工作

①中国新闻史学会京津冀常务理事 2017 年新春会于 1 月 16 日在清华大学召开。中国新闻史学会名誉会长赵玉明、程曼丽，学会副会长王润泽，常务理事艾红红、陈开和、陈卫星、郭镇之、李润波、李秀云、曼叶平、万京华、熊澄宇、赵云泽（按姓氏拼

音)，特邀理事乔云霞等出席了会议。陈昌凤会长从学术活动、学会奖、二级学会、会刊、国际交流、信息传播等方面，报告了 2016 年度学会的工作情况，并展望了 2017 年相关计划。与会专家高度赞扬了过去一年学会完成的卓有成效的工作，并就未来工作建言献策，共谋发展。

②中国新闻史学会常务理事会第五届第五次会议于 2017 年 4 月 15 日在湖南师范大学召开。来自全国新闻院校、新闻研究机构及媒体单位的 42 位常务理事出席了本次会议。常务理事会听取了中国新闻史学会秘书处的工作汇报，增减了常务理事，审议通过了新申二级分会的申请报告，评议了已有二级学会的工作汇报并评选出优秀二级学会，常务理事会议审议通过了第三届新闻传播学学会奖评审结果，并对未来的学会工作进行了讨论。

2. 学术活动蓬勃开展

①中国新闻史学会 2017 年学术年会于 8 月 20 日在郑州圆满落幕。这是首次联合 18 个二级学会举办的学术大会。学术年会由中国新闻史学会、郑州大学主办，郑州大学新闻与传播学院、新华社・郑州大学穆青研究中心承办，于 8 月 18 日至 20 日在郑州隆重召开。来自中国大陆、香港、澳门、台湾以及欧美的 100 多所大学 1300 位学者专家参加了学会成立 25 年来规模最大的年会。2017 年学术年会以“全球视野・中国体系——面向未来的新闻与传播学研究”为主题，共举行近 40 场主题论坛、专题论坛、特邀论坛以及平行论坛。论题涉及新闻史、新闻与传播教育、构建中国传播话语体系、互联网治理、海外华文媒体与“一带一路”建设、中国特色新闻学理论、广告学的未来、公共关系等。年会的主题论坛及其在网络平台的直播，吸引了众多学者的关注。学术年会的主题论坛及其在网络平台的直播，吸引了众多学者的关注。主题论坛分为两场，一场为“对话：传播与世界”，来自中国香港的陈韬文、Colin Sparks，来自美国的 Richard John，来自中国台湾的刘幼琍等作了主题演讲；另一场为“前沿：科技与传播”，喻国明、祝建华、黄懿慧，以及中译语通(北京)科技有限公司于洋，围绕科技与传播的主题发表了研究成果。此次年会的专题论坛内容丰富、视角多元，涉及新闻与传播领域最前沿的研究。值得一提的是，这次年会专门组织了博士生专题论坛，美国新闻与大众传播教育委员会历史分会会长、美国密苏里大学张咏副教授，美国哥伦比亚大学 Richard John 教授先后为博士生做了主题学术报告。会议期间还举行了 18 个二级学会和全国高校知名新闻传播院系成果展、中国新闻史学会学术咨询委员会聘授仪式、第三届新闻与传播学学会奖颁奖典礼、首届新闻传播学期刊优秀论文奖颁奖典礼及《中国新闻传播教育年鉴(2017)》发布式等系列活动。

②2017 年 9 月 23 日，由中国新闻史学会、中国社会科学院新闻与传播研究所、华中科技大学新闻与信息传播学院联合主办，中国传媒大学出版社协办的第三届中国新闻史青年学者论坛在华中科技大学召开。

③2017 年 11 月 4 日至 5 日，第十届世界华文传媒与华夏文明国际学术研讨会在广东外语外贸大学白云山校区举行。此次会议由中国新闻史学会、华中科技大学新闻与信息传播学院和新加坡南洋理工大学黄金辉传播与信息学院联合主办，来自境内 40 多所高校、科研机构及港澳台、新加坡等境外高校共 160 多名代表相聚羊城，共同围绕“中国话语体系与华文传播——华夏文明国际传播的路径选择”这一主题展开学术研讨与交流。

④2017 年 12 月 9 日，以“传播媒介与抗战救亡”为主题的纪念全面抗战爆发 80 周年暨第三届中国抗战新闻传播史学术研讨会在重庆召开。会议由中国新闻史学会、重庆大学新闻学院、中国抗战大后方研究协同创新中心、重庆市地方史研究会、重庆大学新闻传播与社会发展研究院主办，来自 30 所大学和研究机构的 70 余名代表与会。

3. 第三届“新闻传播学学会奖”

第三届“新闻传播学学会奖” 2016 年 12 月 15 日发出征集通知，2017 年 2 月 28 日截止征集；2017 年 4 月 5 日之前完成专家双盲式评审；4 月 9 日在清华大学举行定评会；4 月 15 日在长沙召开的常务理事会上审议通过。2017 年 4 月 17—4 月 24 日公示。

第三届“新闻传播学学会奖”颁奖典礼于 8 月 20 日在郑州中国新闻史学会学术年会上同期举办。颁奖典礼上，暨南大学新闻与传播学院刘涛教授获得“杰出青年奖”；中国人民大学新闻学院郑兴东教授、兰州大学新闻与传播学院刘树田教授获得“终身成就奖”；中国社会科学院新闻与传播研究所闵大洪教授获得“卓越学术奖”。“优秀学术奖”颁给了一批优秀的学者：陈力丹获一等奖，吴锋、赵红、陈刚、涂凌波、王洪喆获二等奖，董天策、吴小坤、戴佳、曾繁旭、闫岩、刘骏、张硕勋、王晓红、丁方舟、徐桂权、李艳红、陈鹏获三等奖；“方汉奇奖”(新闻史专项奖)俞凡获一等奖，秦宗财获二等奖，郭恩强、唐海江获三等奖；“杰出青年奖”得主刘涛代表获奖者致辞。

目前，第四届学会奖征集工作已于 2017 年 12 月 15 日启动，2018 年 2 月 28 日截止征集。

4. 二级学会蓬勃发展

按照 2015 年学会确定的二级学会年度工作报告制度，在 4 月 15 日的常务理事会上各二级学会分别报告了 2016 年工作和 2017 年的工作规划，常务理事们认真听取了他们的汇报，并对各个二级分会的工作进行了评议和评分，评选出公共关系研究委员会和舆论学研究委员会等两个二级分会为 2016 年优秀二级学会。

2017 年新成立两家分支机构：5 月 20 日，中国新闻史学会中国特色新闻学研究委员会在清华大学正式揭牌成立，清华大学新闻与传播学院党委书记胡钰教授当选为委员会首任会长。2017 年 11 月 25 日，中国新闻史学会党报党刊研究委员会成立大会在南昌大学举行，南昌大学新闻与传播学院院长陈信凌教授被推选为会长。

2017 年二级分会主办学术会议 40 余次，参与人数众多，产生了广泛而深远的影响。

5. 成立学术咨询顾问委员会、学术咨询委员会

中国新闻史学会聘请国内外著名学者参与指导学会工作。中国新闻史学会常务理事扩大会议(8 月 20 日，郑州)决议成立学术咨询委员会，聘任仪式于当日在学术年会上举行。学术咨询顾问委员会委员(按姓氏拼音)：陈韬文(中国香港)、丁柏铨、范以锦、李良荣、李金铨(中国香港)、罗以澄、童兵、郑保卫。学术咨询委员会委员(按姓氏拼音)：郝晓鸣(新加坡)、胡智锋、黄懿慧(中国香港)、刘幼琍(中国台湾)、唐绪军、祝建华(中国香港)、Clifford Christians(美国)、Richard John(美国)、Michael Schudson(美国)、Colin Sparks(中国香港)。

6. 学刊如期出版

《新闻春秋》如期出版 4 期，征稿对象有所扩大，稿源质量有所提升。

7. 国际交流

2017 年 4 月 29—30 日，第三届“向世界传播中国”国际学术研讨会在博洛尼亚举行。此次研讨会由博洛尼亚大学孔子学院与中国人民大学新闻学院、中国新闻史学会联合主办，主题为“‘一带一路’与中国故事叙述”，旨在探讨如何在对外传播中讲好中国故事，有效传播中国文化，实现与西方文化的和谐共存与对话。首届“向世界传播中国”学术研讨会于 2014 年 1 月在美国纽约举行，主旨是对外传播中讲好中国故事、有效传播中国文化、实现与西方文化的和谐共存与对话，增进国际学者和媒体对中国的了解；第二届研讨会在以色列特拉维夫大学举行，主题为“全球化时代下中国如何提升国际形象、推动建立公平公正的国际传播新秩序”。

8. 秘书处日常工作

2017 年顺利通过民政部、教育部 2016 年度社团年检，2017 年年检工作已经启动。

秘书处负责学会官网、邮箱、微信公号的日常维护，及时向会员发送学会动态、会议通知等信息，并回复会员问询。会员微信群、常务理事群以及各分会会员群持续活跃，提高了沟通的有效性。

对官网进行新的改版设计，2018 年春节已正式上线。

秘书处及时完成了会刊的邮寄，并解决作者、读者来信、来电提出的问题。

（中国新闻史学会秘书处）

5.2.2　新闻传播教育史研究委员会

中国新闻史学会新闻传播教育史研究委员会，是中国境内唯一一家专门研究中外新闻传播教育历史与现状的全国性学术团体，由单位和个人自愿结成，属于非营利性社会组织。它是中国新闻史学会成立的第一个二级学会，接受教育部和民政部的业务指导和监督管理。自 2008 年 10 月成立以来，已走过了 9 年历程，目前正处于第二届理事会的任期之中。2017 年，学会继续致力于贯彻成立宗旨：团结全国新闻传播教育史专家，推动新闻传播教育史研究，促进新闻传播教育的发展，主要完成了以下工作，被评为中国新闻史学会优秀二级学会。

1. 学会主要成果：《中国新闻传播教育年鉴(2017)》的编辑出版

新闻传播教育史研究委会员将集体编撰《中国新闻传播教育年鉴》确定为学会目前的中心工作。2017 年 8 月，历经一年多时间的准备，通过学会全体会员的艰苦努力，《中国新闻传播教育年鉴(2017)》正式出版。这是继 2016 年首部记录中国新闻传播教育历史与现实的年鉴出版之后的第二部，全书近百万字。

2017 年 8 月 19 日，在中国新闻史学会 2017 年学术年会的全体大会上，《中国新闻传播教育年鉴(2017)》首发式隆重举行。新闻教育界的著名专家童兵、倪宁、丁柏铨、王振铎、陈培爱、董广安、倪延年、程曼丽、唐绪军、陈昌凤，同来自全国各高校的近千名新闻教育工作者一道，满怀期待地见证了该年鉴的首发。

《中国新闻传播教育年鉴(2017)》相较于第一部(2016 版)既一脉相承，又有大胆创新。2017 版年鉴延续了院系巡礼、教育家研究、口述史研究、行业组织和相关学会介绍、学科专业建设、本科人才培养、研究生与博士后流动站、各类获奖、学生竞赛、新闻教育研究、大事记等主要栏目设置。同时新增了一批特色栏目："中国新闻传播教育年度综述"居于篇首、勾勒全貌。"新闻传播教育地图"，以大区（包括以各省、直辖市、自治区为基本单位组成的大区域，如华北、华中等区等）为单位梳理，引入了考察分析中国新闻传播教育的新视角。"新任院长施政方略""新闻传播教育史钩沉"，均特邀名家执笔。"他山之石"，记录国外著名新闻传播院系的最新发展。此外，该年鉴还对新闻传播类各专业教育发展的历史脉络进行了详细梳理。

年鉴主编、新闻传播教育史研究委员会会长张昆教授代表学会全体同仁，总结了年鉴出版的重要意义，也表达了对未来持续编撰年鉴的期许。中国的新闻传播教育到了历史节点，面临着许多困惑和挑战。新闻传播教育年鉴所记录的新闻教育家的思想与实践、各新闻院系的办学思考与探索、新任院长的创新理念与举措，以及国外名校新的探索，有助于我们找准中国新闻传播教育的历史方位。新闻传播教育年鉴为一部多维、全息的新闻教育史奠定了基础，今日年鉴，即为明日信史。

2. 学会主要会议：新闻史学会年会上的系列学术活动与两次年鉴编撰会议

（1）"中国新闻传播教育改革的历史方位"系列学术活动

2017 年 8 月 18—19 日，中国新闻史学会 2017 年学术年会在郑州召开期间，新闻传播教育史研究委员会围绕"中国新闻传播教育改革的历史方位"这一重大主题，举办了一系列学术活动。

①院长论坛。8 月 18 日下午的院长论坛上，首先由新闻教育界两位资深前辈：中国人民大学新闻学院前执行院长倪宁教授、河南大学编辑出版专业创始人王振铎教授殷殷寄语。随后清华大学新闻与传播学院创院副院长熊澄宇教授概括出发展传播学教育的主要路径。北京师范大学新闻传播学院执行院长喻国明教授探讨了当前传播学学术逻辑面临的断裂与转机。中国传媒大学广告学院创院院长黄升民教授回顾了广告学院从无到有、不断壮大的历程。武汉体育学院新闻传播学院院长张德胜教授也分享了所在学院谋求特色发展的经验。

两位刚刚履新执掌中国新闻传播重要院系的"少帅"，则通过此次论坛，首次对外宣示了他们的施政方略。中国人民大学新闻学院执行院长胡百精教授认为"浑厚、敏锐、灵韵、信念、专业"是中国人民大学新闻学子的核心特质。即将出任浙江大学传媒与国际文化学院院长的韦路教授，立志打造传媒创新人才培养的浙大模式。

在南京大学新闻传播学院及南京大学金陵学院传媒学院从事多年领导工作的段京肃教授，在发言中体现了他对学生的关注热爱与敏锐洞察。曾数年在汕头大学长江新闻与传播学院分管本科教学的白净教授，分享了该院毕业设计改革的探索经验。

②专题研讨。19 日上午的专题研讨环节，主要围绕以下论题展开：

新闻传播教育的核心关系处理。陕西师范大学新闻与传播学院南长森教授梳理了新闻传播学科建设中的一系列突出问题；河南工业大学新闻与传播学院院长尚恒志提出了在产学研合作中实现互利共赢的方法；江苏师范大学传媒与影视学院刘行芳教授、浙江农林大学高颖盈老师、沈阳体育学院管理与新闻传播学院刘斌老师，分别从社会变革、传媒转型、融媒时代等不同角度切入，探讨了当前新闻传播人才素质要求的变化，及新闻传播教育应做出的改革；天津师范大学战略文化与传播研究所所长刘卫东、南京政治学院新闻系周伟业教授提出了如何进行马克思主义新闻观教育的见解；厦门大学新闻传播学院殷琦副教授，总结了台湾新闻传播教育的发展与迷思。

新闻传播教育的突出特色打造。中央民族大学文学与新闻传播学院赵丽芳教授探讨了民族院校新闻传播教育的重要使命；北京印刷学院新闻出版学院张文红教授介绍了该校培养卓越出版人才的探索；河北传媒学院副校长兼新闻传播学院院长杨溟触及新闻传播院系生物传感实验室建设这一前沿议题。

中国新闻教育的历史回望反思。湖北大学新闻传播学院院长廖声武梳理了中国早期新闻教育的一系列理念及实践；华南理工大学新闻与传播学院赵泓教授着重探讨了谢英伯的新闻教育思想；安庆师范大学传媒学院贺明华副教授深入分析了北京大学新闻学研究会的停办原因；浙江传媒学院新闻与传播学院邰小丽副教授回溯中国新闻教育的最初状况，与近百年之后的现状进行了对比；南京财经大学新闻学院刘泱育副教授以方汉奇先生为主要线索，考察了中国新闻史研究者的群体状况。

媒介素养调查与教育倡导。厦门大学新闻传播学院李德霞副教授介绍了移动互联时代大学生新闻使用情况的问卷调查结果；上海交通大学媒体与设计学院谢金文教授，重申了在后真相时代提高全社会新闻素养的重要性。

(2)两次年鉴编撰会议

2017 年 4 月 7 至 9 日，中国新闻史学会新闻传播教育史研究委员会第二届第六次常务理事会暨《中国新闻传播教育年鉴》编委会第三次会议在浙江万里学院召开。来自华中科技大学、北京大学、清华大学、复旦大学、武汉大学、四川大学、暨南大学、郑州大学、河南大学、天津师范大学、河北大学等 40 余所高校的常务理事莅会。会议重点讨论了学会的工作规划和发展战略，总结了《中国新闻传播教育年鉴》前两版的编辑出版情况，各常务理事单位认领了年鉴 2018 版的编辑任务。

2017 年 11 月 25 日，《中国新闻传播教育年鉴》编委会第四次会议在海南师范大学举行。来自全国 20 多个省的近 50 名专家学者齐聚一堂，共商年鉴编写工作。参会人员针对《中国新闻传播教育年鉴(2018)》的编写工作要求进行了充分讨论，也探讨了当前中国新闻传播教育面临的共同问题，尤其是对课程建设及新闻传播教育改革前沿问题进行了深入交流。会议还对年鉴的相关编写工作进行了分工安排。年鉴编委会委托湖北大学廖声武教授领衔对国内 4 种新闻传播学 A 类期刊：《新闻与传播研究》《国际新闻界》《现代传播》和《新闻大学》，2016 年发表的论文进行统计分析。此次会议上廖教授也发布了新闻传播学核心研究机构、核心研究队伍、主要研究内容等方面的排行榜。研究认为当前新闻传播学研究机构核心化、领军人物挑大梁、青年才俊露头角、研究重点聚焦化、研究前沿时代化、顶尖论文受追捧、热点论文引潮流，为新闻传播学学科建设交上了一份满意的答卷。

3. 组织机构调整：常务理事基本实现全国各省全覆盖

2017 年 8 月 17 日晚，学会召开了第二届第六次常务理事会议，对组织机构的调整进行了商议表决，主要议题为常务理事的增补。常务理事人选的增补，主要依照以下三个原则提名：①所在院系具有新闻传播教育发展、学校类型等方面的代表性；②之前没纳入的省份优先；③本人具有一定的资质与较高的学术水平。

会议召开时学会的常务理事人数为 47 人，当天亲自出席或派代表参加会议的常务理事有 39 人，达到了学会章程规定的三分之二以上多数。经全体与会代表表决，一致同意山西大学新闻学院院长邢云文教授、青海师范大学新闻学院常务副院长甘生统教授、宁夏大学新闻传播学院副院长顾广欣副教授、贵州民族大学传媒学院刘祥平教授、吉林大学文学院新闻学系田茫茫副教授、南京财经大学新闻学院刘泱育副教授、中国地质大学(武汉)艺术与传媒学院刘义昆副教授等作为各自院校的代表，成为学会新增的常务理事。至此，学会的常务理事总数达到 54 人。从所在学校的地域分布看，实现了除港澳台地区外、全国各省市自治区的全覆盖。

(新闻传播教育史研究委员会秘书处)

5.2.3　外国新闻传播史研究委员会

中国新闻史学会外国新闻传播史研究委员会成立于 2008 年，是经民政部批准，由各高等院校、科研机构和媒体组织的单位和个人自愿结成的非营利性学术团体，是隶属于中国新闻史学会的二级专业学会。该研究委员会是国内高校新闻与传播学科唯一专门从事国际新闻与传播研究的学术组织，旨在从全球视角比较研究中外新闻与传播的理论与实践问题。2015 年，该研究委员会举行常务理事会换届仪式，北京外国语大学国际新闻与传播学院当选为新一届会长单位，副校长孙有中教授担任中国新闻史学会外国新闻传播史研究委员会新一届会长，国际新闻与传播学院姜飞教授担任秘书长、张小娅担任副秘书长，学会秘书处设在国际新闻与传播学院。

1. 组织机构发展变动

2017 年 9 月，北京外国语大学国际新闻与传播学院教授姜飞接替宋毅担任学会秘书处秘书长。

2. 学术会议

2017 年 8 月，外国新闻传播史研究委员会积极参与中国新闻史学会 2017 年学术年会的协办工作，在会议期间召开了主题为"面向未来，构建中国话语体系"的专题论坛，表彰了 6 位"优秀论文奖"获得者。会议议题有外国新闻传播史研究、外国新闻传播理论研究、数字媒体与文化、融媒体与中国政府/组织(对外)传播、融媒体与中国文化国际传播 、城市智能化与数字传播、融媒体时代的媒介素养、伦理与法规、融媒体时代的受众研究、技术创新、传播与社会变革、融媒体时代中外新闻传播教育改革，以及外新史研究委员会数字学术平台的搭建与发展(圆桌会议)。

2017 年 11 月，外国新闻传播史研究委员会作为支持单位和承办方，参与了华南理工大学国际教育学院主办的"第三届跨文化传播圆桌论坛"。中国人民大学团队负责人雷蔚真教授带领暨南大学的刘涛教授，以及三位硕士研究生孙亚慧、李泽尔、吴漫以"全球传播视野下的跨民族日常交往"为题进行了详细阐释。武汉大学团队负责人单波教授以"论国家形象跨文化转向的可能性"为题，探讨在互联互通的语境下国家形象的对话性。北京外国语大学团队负责人姜飞教授以"传播哲学维度是否、如何成为中国跨文化传播理论研究的新进路"为题，从学科建设和哲学导向的层面，探索中国跨文化传播研究的走向。上海外国语大学团队负责人顾力行教授探讨了跨文化适应研究在理论层面可能的拓展。华南理工大学团队负责人安然教授及其博士研究生何蓓婷、谷欣然探索了"走出去""引进来"的两个典型群体的跨文化适应问题并建构了相应的理论模型。

3. 各项特色工作

学会常务理事积极活跃在学术一线，发表多部专著、多篇论文，获得数个重要奖项及课题立项，组织和参加一系列学术活动，个人成果十分突出。

(1)编辑出版

北京外国语大学副校长孙有中教授与吴东英教授所著《全球本土化视角下的跨文化研究》，由外语教学与研究出版社于 2017 年 6 月出版。

学会秘书长姜飞参与著名跨文化传播学者 Stephen M. Croucher 的著作，并发表章节：Fei Jiang (2017), Intercultural Communication: A Chinese Perspective. In Stephen M. Croucher eds, Global Perspectives on Intercultural Communication. New York and London: Routledge. pp. 40-47.

学会秘书长姜飞受邀撰写有关文化软实力的批判话语研究英文文章：Fei Jiang (2017), The Critique Discourse Analysis of Soft Power, in Naren Chitty etc eds, The Routledge Handbook of Soft Power. London and New York: Routledge, Taylor & Francis Group.

常务理事史安斌与英国学者达雅·屠苏、戴雨果主编的学术专著 *China's media go global* 由 Routledge 出版社出版发行，该书汇集了中国本土和对中国有深入了解的海外知名学者，以审视中国媒体的崛起如何影响到全球媒体与传播。

北京外国语大学国际新闻与传播学院聘请世界知名学者奈斯比特，于 5 月出版了中英文版的《世界新趋势："一带一路"重塑全球化新格局》，用大量事实阐明了"一带一路"倡议对世界的积极影响。

(2)立项

学会秘书长姜飞作为首席专家主持的课题"'一带一路'沿线国家新闻传播业历史与现状研究"获得 2017 年度教育部哲学社会科学研究重大课题攻关项目的立项。

常务理事张举玺主持的课题"中俄媒体合作与国际舆论话语权构建研究"获得 2017 年度国家社科基金重大项目立项。

常务理事胡翼青主持的课题"美国传播理论史研究"获得 2017 年国家社科基金年度项目(一般项目)立项。

(3)评奖

4 月 17 日，第三届"新闻传播学学会奖"评选结果揭晓，常务理事唐海江的论文《"造健全之舆论"：清末民初士人对于"舆论"的表述与群体认知》获得方汉奇奖(新闻史专项)三等奖。

9 月 28 日，常务理事赵永华所著《大众传媒与政治变迁——聚焦独联体国家"颜色革命"》获第七届吴玉章人文社会科学奖优秀奖。

(4)国内交流

7 月 27 日，会长北京外国语大学副校长孙有中教授参加由国务院新闻办和中国外文局合办的第五届全国对外传播理论研讨会，作大会发言并接受《烟台日报》的专访。

11月27—29日，国际新闻与传播学院执行院长章晓英教授与学会秘书长姜飞教授共同出席了由中国国际电视台(中国环球电视网，CGTN)和央视国际视频通讯有限公司(CCTV+)在海南三亚共同主办的“CGTN全球媒体峰会暨第七届‘全球视频媒体论坛(VMF)’”，期间姜飞就《全球传播生态蓝皮书》(央视国际视频通讯有限公司总裁高伟和北京外国语大学国际新闻与传播学院姜飞主编，即将于2018年由社科文献出版社出版)组稿和编辑工作做了汇报并接受了央视网有关全球传媒生态的专访。

11月28日，北京外国语大学国际新闻与传播学院与人民大学出版社联合举办的“联合国丝绸之路对话照会签约仪式暨龙安志《世界的未来》新书发布会”在北京外国语大学图书馆三层学术研讨厅举行。北京外国语大学魏伟教授、人民大学出版社副总编辑徐莉、中国国际人才交流协会办公室副主任沈艳杰、联合国开发计划署驻华代表处国别主任Agi VERES，喜马拉雅共识环境智库创始人龙安志等嘉宾出席了此次会议。

(5)国际交流

4月17日，常务理事赵永华所著《在华俄文新闻活动史(1898—1956)》(俄文版)在莫斯科举办新书发布会。

9月24—27日，作为中俄媒体交流年系列重点活动之一，学会秘书长姜飞赴顿河参加了由国家互联网信息办公室、国家新闻出版广电总局、俄罗斯通讯与大众传媒部指导，俄罗斯顿河国立科技大学及中国日报网共同主办的2017年中俄网络媒体年会暨中俄新媒体青年媒体创新营，并作主题发言。

11月25日，会长北京外国语大学副校长孙有中教授率代表团参加了西澳大利亚大学“澳中跨文化研究研讨会”。孙有中为研讨会开闭幕式致辞，并发表题为“一带一路与澳大利亚：媒体话语分析”的主旨演讲，与澳大利亚前驻华大使、著名国际问题学者Ross Ganaut教授进行了学术对话。

4. 日常运行工作

8月，外国新闻传播史研究委员会举办了学会常务理事会，就秘书处工作和学会发展相关的多个问题进行了富有成效的讨论。

9月，秘书处召开工作会议，孙有中会长对下一步的工作安排进行部署。确定2018年学会年会由深圳大学传播学院承办，会议筹备工作已经展开，并成立了会议筹备工作群商议细节。

11月，安徽大学新闻传播学院于递交了团体会员登记表。

12月，为了增进学会内部交流并扩大学会影响，秘书处成立了“外新史常务理事群”，并在常务理事的推荐下，将“外新史学会”的微信群成员扩展至101人。

此外，学会大力支持国别新闻传播史研究。秘书处支持陈力丹教授与北外合作推进国别新闻传播史研究，发表系列论文，出版国别新闻传播史丛书，并开展专题研讨会。

（外国新闻传播史研究委员会秘书处）

5.2.4　少数民族新闻传播史研究委员会

2017年，学会的主要活动主要集中在以下四个方面：

1. 学会的日常维护与管理

2017年5月19日，中国新闻史学会少数民族新闻传播史研究委员会2017年常务理事会在中南民族大学举行。参加此次常务理事会的有：河北大学白贵教授、中央民族大学白润生教授、中南民族大学高卫华教授、西藏民族大学周德仓教授、贵州民族大学颜春龙教授、大连民族大学于凤静教授、内蒙古日报社陈玉文编审、内蒙古大学张丽萍教授、西北民族大学马小龙副教授(代刘俭云教授)、河北大学金强副教授。常务理事会上，白贵会长传达了中国新闻史学会常务理事会第五届第五次会议精神。各常务理事介绍了自己所在单位一年以来的工作和成绩。会议讨论并表决通过了部分研究委员会成员及理事单位的调整问题，并研究和部署了暑期年会和郑州会议的相关筹备工作。会议表决通过：中国传媒大学张燕教授不再担任副会长和常务理事职务，并转为学会顾问；新疆大学韩强教授不再担任常务理事职务，由其所在单位的帕哈尔丁教授接任；西北民族大学刘俭云教授不再担任副会长和常务理事职务，由其所在单位的朱杰副教授接任；河北大学金强副教授任常务理事、常务副秘书长；中南民族大学陈峻俊教授任常务理事、副秘书长。会议还通过了2018年常务理事会在西北民族大学举行的决定。会前，白贵会长为中南民族大学文学与新闻传播学院研究生作了一场题为“汉字中的跨文化密码”的讲座。会后，学会常务理事参加了首届全国大学生少数民族题材影视作品大赛的终审评审工作。

学会于2017年8月18日在郑州黄河迎宾馆举行了2017年第二次常务理事会，参加会议的有：白贵、白润生、周德仓、于凤静、陈玉文、张硕勋、张丽萍、金强、陈峻俊、张兢(代朱杰)10位常务理事，均具有投票权(其中刘立刚授权金强代行投票权力)。常务理事会讨论了长江师范学院于凤静教授、内蒙古大学张丽萍教授2人的副会长资格问题，经投票获得通过，符合学会章程，表决生效。常务理事会讨论了宁夏大学李世举教授、天津师范大学刘卫东教授、内蒙古师范大学陶格图教授、大连民族大学何江副教授 4 人的常务理事资格问题，经投票获得通过，符合学会章程，表决生效。常务理事会对塔里木大学张红光讲师的理事资格问题进行了投票，经投票获得通过，符合学会章程，表决生效。

2. 学会主办联办的会议

2017 年 8 月 18 日下午，中国新闻史学会少数民族新闻传播史研究委员会在郑州黄河迎宾馆召开了“‘一带一路’建设中少数族群的文化理解与尊重：新媒体传播与少数民族向心力建设”研讨会。经过审核，此次会议一共入选 12 篇论文，根据主题分为两组。第一组由张硕勋教授担任主持人，周德仓教授担任评议人。6 位发言者主要是史论结合谈少数民族的媒体与法律、经济及思想、思潮的关系，有对贵州少数民族报刊的历史回顾与梳理，也有对东北“三少民族”的现实关照，同时关注到了“一带一路”与少数民族的关系问题，既有历史文化梳理也有对于现实中跨文化交流的思考，及对法律制度保障的探讨。第二组由陈玉文编审担任主持人，于凤静教授担任评议人。6 位发言者主要针对的是单个少数民族的新媒体传播与民族理解认同展开研究，比如藏族、维吾尔族、回族和土家族等。具体来看，有的论文谈少数民族的电商应用行为与消费发展，有的谈少数民族的网络信息安全与和谐民族关系构建，有的谈少数民族的口语传播与舆论引导，有的谈少数民族的网络形象呈现与民族之间的相互理解与尊重，还有的谈针对少数民族进行新闻传播教育的特殊要求，还有的通过计算传播学的方法来谈少数民族的社交媒体使用行为。与会者普遍认为少数民族新闻传播研究工作还应该继续加强，应该在“一带一路”与人类命运共同体建设中发挥越来越重要的作用，应该将“族群命运共同体”“国家命运共同体”和“人类命运共同体”三者紧密结合起来。

学会参与主办的“一带一路”之跨文化交流与“构建人类命运共同体”国际学术研讨会于 2017 年 8 月 22—23 日在河北大学圆满召开。研讨会由学会和河北大学新闻传播学院、北京大学现代出版研究所、台湾南华大学管理学院华文出版趋势研究中心河北省传媒与社会发展研究中心联合主办。在为期两天的研讨会上，来自美国太平洋大学、美国纽约新学院大学、美国锡拉丘兹大学、印度旁遮普大学，以及中国清华大学、中央民族大学、河南大学、上海大学、辽宁大学、华东政法大学、内蒙古大学、四川师范大学、浙江传媒学院、台湾南华大学、台湾“暨南大学”等 30 多所高校的专家学者以及十几家媒体的从业人员共 80 余人与会。专家学者们围绕“一带一路”倡议背景下的华文出版与跨文化传播、“人类命运共同体”构建、少数民族文化传播三大主题进行了深入交流。此次研讨会得到了一带一路沿线国家研究智库联盟、南京大学信息管理学院、北京印刷学院新闻出版学院、河南大学新闻与传播学院、华文出版社、河北大学出版社、保定一带一路文化传媒有限公司以及《出版发行研究》《中国出版》《河北大学学报》《出版广角》《中国编辑》《中国出版传媒商报》《出版参考》等 14 家单位协办和支持。会议被 20 余家海内外媒体报道。

3. 著作出版

学会副会长于凤静教授的学术专著《当代东北地区少数民族新闻传播史研究》于 2017 年 10 月由中国社会科学出版社出版。该书为于凤静教授主持的国家社科基金项目"当代东北地区少数民族新闻传播史研究(1949—2010)"之成果，是其十几年来关于东北地区少数民族新闻传播研究成果的凝练和总结。西南民族大学林晓华副教授《媒介化社会与少数民族发展研究》一书于 2017 年 8 月由中国社会科学出版社出版，该书结合十年来的五次少数民族地区调研数据，对少数民族新闻传播的深层模式进行探索；进而提出：在媒介化进程与少数民族族群性的互动中，少数民族是否会演化出一种新的族群性？学会会员、河北大学新闻传播学院田建平教授逾百万字著作《宋代出版史》，历经八年艰辛写作于 2017 年 5 月由人民出版社出版，这是作者的第二部断代出版史著作，第一部是十多年前的《元代出版史》。

（少数民族新闻传播史研究委员会秘书处）

5.2.5　台湾与东南亚华文新闻传播史研究委员会

台湾与东南亚华文新闻传播史研究委员会于 2011 年 7 月经中华人民共和国民政部批准成立。2011 年 11 月 19 日在菲律宾马尼拉召开首次全体会员会议，委员会设于厦门大学新闻传播学院。该届委员会任期自 2015 年 11 月起，现任会长为厦门大学新闻传播学院副院长阎立峰教授。

研究委员会主要宗旨为：组织全世界有志于从事海外华文传媒研究的学者，携手打造海外华文传媒研究与交流的平台，推动海外华文传媒的发展。

2017 年，中国新闻史学会台湾与东南亚华文新闻传播史研究委员会依然秉持为海内外研究华文新闻传播的学者提供交流互动的平台之宗旨，在习近平总书记在 2016 年党的新闻舆论工作座谈会上所提出的要"加强国际传播能力建设，增强国际话语权，集中讲好中国故事"的精神指导下，在习总书记对于"一带一路"的倡议之下，学会积极配合总会的工作，主要做了以下工作：

1. 组织机构发展变动

为了更好地加强与海内外各大新闻院系的沟通交流，考虑到地域的延展性和补充台湾与东南亚海外华文媒体研究的因素，2017 年经由常务理事投票选举，增补台湾铭传大学传播学院倪炎元教授、西安交通大学新闻与新媒体学院杨琳教授、华侨大学新闻与传播学院王桂亭副教授为学会常务理事成员。

2. 承办会议

(1)“海外华文媒体与‘一带一路’建设”专题研讨会

2017 年 8 月 18 日，中国新闻史学会 2017 年学术年会在郑州大学举行，台湾与东南亚华文新闻传播史研究委员会承办了一场以海外华文媒体与“一带一路”建设为主题的学术研讨会。分会共收到 50 余篇投稿，最终择优选出 30 篇参加论坛讨论分享。综观 30 篇参会论文，有几大特点值得注意：一是从嘉宾组成上，不仅有来自台湾和东南亚地区以及全国各高校的研究学者，而且还有来自人民日报社、中华全国新闻工作者协会以及县级媒体《石狮日报》等活跃在新闻界一线的业界专家。二是从论文选题构成上，不仅有台湾和东南亚华文媒体对于“一带一路”倡议的报道分析研究，而且还有两岸媒体的对比研究，等等。

研讨会上，9 位嘉宾进行了主题发言。厦门大学新闻传播学院副院长阎立峰教授就“一带一路”建设与海外新闻传播的重要关系阐述了自己的观点；厦门理工学院副校长赵振祥教授作了题为“‘一带一路’背景下大众传媒的时尚建构与时尚传播”的主题发言，为我们提供了时尚传播的新视角和全新的研究思路；广西艺术大学影视与传媒学院院长罗幸教授作了题为“‘丝路精神’下中国国家形象在东盟国家的传播路径探析”的主题发言，弥补了国内学者对于中国国家形象在东盟国家的传播研究方面的缺憾，以实证研究，从符号学的视角，对区域协同化发展提供新的理论范式；台湾铭传大学传播学院院长倪炎元教授作了题为“市场新闻学的困境：台湾传媒产业的现况与挑战”的主题发言，为我们展示了他对于当前社会环境之下台湾传媒产业发展中的问题及对未来新闻业发展的思考；《人民日报》海外版高级编辑齐欣作了题为“文化遗产传播的兴起与媒体自我认知的更新”的主题发言，认为文化遗产是中国故事的天然素材，新闻工作者应以记录、鸟瞰的视角呈现故事中的人和事；南京师范大学新闻传播学院院长张晓锋教授作了题为“日据时期台湾地区报人新闻思想探析”的主题发言，认为日据时期的台湾报人汲取了多元文化，建立言论平台，虽遭受思想禁锢，仍存留中华文之道；厦门大学新闻传播学院曹立新副教授作了题为“英雄迟暮：典型报道的嬗变及其文化意涵”的主题发言，从文化研究的角度对中国新闻史上典型报道的式微问题提出了新的思考；中华全国新闻工作者协会台港澳工作部副主任沈毅兵作了题为“助力‘一带一路’，讲好中国故事——华文媒体的共同使命”的主题发言，指出海外华文媒体在一带一路建设中具有突出的优势，与当地主流媒体交流合作，发挥出更大影响力。

研讨会还分别以“华文媒体与一带一路研究”“台湾媒体与两岸新闻传播交流与对比研究”“海外华文媒体与新闻传播新现象研究”为专题进行了三场分组研讨。来自新加坡的学者符诗专则通过新加坡的中英文报章对于“一带一路”报道在版面安排、数量等方面的具体比较，为我们呈现了一幅新加坡媒体和民众以及华人华侨对于“一带一路”的认识与接受图景。彭伟步教授以海外华人为例，从新媒体传播的视角，对少数族群的政治参与进行探析，认为长期以来海外华人对于政治参与的冷淡缘于缺少主流媒体的支持，而新兴社交媒体的兴起则有助于提高海外华人的政治参与度；同时他也指出“一带一路”倡议在海外的传播尚存着很多问题，需要不断调整传播策略，加强文化沟通。叶虎和樊拥军两位发言嘉宾分别从理论的高度对于海外华文媒体整合资源以及协同传播的路径策略进行了全面剖析。

(2)“‘海丝之路’视野下华文媒体的历史、理论与实践”分论坛

2017 年 9 月 10 日，由国务院侨务办公室、福建省人民政府、中国新闻社主办的第九届世界华文传媒论坛盛大开幕。学会与厦门大学新闻传播学院联合承办了其中第五分论坛：“海丝之路”视野下华文媒体的历史、理论与实践分论坛。30 多位来自学界和业界的专家学者聚集一堂，对“一带一路”和“海丝之路”背景下，海外华文媒体的发展进行了热烈的讨论。

共有七位嘉宾在本次分论坛上发表了主题演讲。厦门大学新闻传播学院副院长、中国新闻史学会台湾与东南亚华文新闻传播史研究委员会会长阎立峰教授作了题为“华文传媒发展：说服的悖论及其克服”的主题发言。云南大学新闻学院的单晓红教授发表了《缅甸化文报〈金凤凰〉的融合报道实践》，以缅甸华文报《金凤凰》为研究对象，对其数字化升级转型和融合报道实践中的特点进行了分析，认为缅甸华文社区的迅速扩大和移动互联网的渗透为当地华文媒体的融合发展提供了基础和可能性，但仍需在赢利模式和服务华人等方面进行进一步的探索和创新。台湾铭传大学的倪炎元教授作了题为“台湾平面媒体评述‘一带一路’的框架与话语检视”的主题发言，对台湾平面媒体对于“一带一路”的报道框架和话语进行了实证分析。西安交通大学新闻与媒体学院的杨琳教授作了题为“丝绸之路：跨文化融汇与传播的标本与启示”的主题发言，她认为，丝绸之路作为跨文化融汇与传播的标本，有几千年历史文化积淀的丝路文化精神也是置于世界文

化坐标之上的华文媒体的文化精神，海外华文媒体应为促进华侨华人融入当地主流社会，为促进祖籍国与住在国之间的友好往来，发挥了不可替代的桥梁和纽带作用。福建师范大学传播学院谢宗贵教授作了以“华文传统媒体的转型困局”为题的发言，他认为海外华文媒体应利用两种文化中间人的文化与地域优势，进行差异化传播，并强化服务理念，同时在“一带一路”背景下，海外华文媒体可以为大量走出去投资的中国企业和出外旅游公民提供更为精准的信息服务。美国《世界日报》中国新闻中心总编刘其筠在论坛中提出，《世界日报》作为海外华文媒体应找准媒体应扮演的角色，找到共同立场，以多样化平台建构起海外华人与中国之间、来自不同地区和不同族群海外华人之间、华人与当地人之间的沟通桥梁。美国《中国侨声》杂志社社长陈键榕对“一带一路”中的纽约华文媒体的发展现状和困境进行分析。

此外，论坛上还有来自我国台湾地区和美国、菲律宾等地的媒体业界和新闻传播学界的嘉宾提出了自己对于海外华文媒体发展相关问题的观点，并热烈讨论了当前新闻媒体发展中所面临的诸多问题和应对策略。

3. 工作特色

除了承办会议之外，台湾与东南亚华文新闻传播史研究委员会依托对台交流的便利条件，突出两岸特色，积极参与搭建两岸文化交流平台，2017 年 5 月协办了由厦门大学和政治大学共同发起的第四届两岸大学生华语影像联展。影像作品是两岸相互了解、进行精神文化交流的重要媒介，影展可以更好地促进大陆与台湾、港澳各高校大学生在影像创作方面的交流，同时也为高校影像研究学者提供了交流机会。

（台湾与东南亚华文新闻传播史研究委员会秘书处）

5. 2. 6　广告与传媒发展史研究委员会

2017 年，在中国新闻史学会的领导和支持下，中国新闻史学会广告与传媒发展史研究委员会继续秉持研究广告与传媒业发展的历史与现状、促进广告与传媒业发展的宗旨，积极开展形式多样的广告学术研究活动，探求广告与传媒业发展历史规律，揭示其发展趋势，服务广告与传媒业发展实践，各项工作稳步开展，预期计划全部完成，并取得了良好的传播效果。

1. 搭建两岸学术交流平台，主办高层次学术研讨会

(1)联合主办两岸行销传播论坛

2017年5月12日，以“Era of Marbot 行销传播机器人时代的来临?”为主题的两岸论坛在台湾师范大学召开。中国高等教育学会新闻与传播专业委员会广告教育学组，中国新闻史学会广告与传媒发展史研究委员会、北京大学新媒体营销传播研究中心、台北市广告代理商业同业公会、旺旺中时媒体集团、滚石文化广告杂志及九井广告股份有限公司共同主办了这次论坛。中国高等教育学会新闻与传播专业委员会广告教育学组主任、北京大学新闻与传播学院教授陈刚，中国新闻史学会广告与传媒发展史研究委员会会长、华东师范大学教授杨海军，武汉大学新闻与传播学院教授姚曦，台湾师范大学校长张国恩，台湾师范大学教务长陈昭珍，台湾滚石文化广告杂志董事长段钟沂，台北广告业商业同业公会理事长邓博文，世新大学副校长陈清河，旺旺中时媒体集团副总裁及中天电视董事长马咏睿出席会议。参加会议还有来自微软、智威汤逊、迪思传媒、北京智捷天成公关等两岸广告营销传播领域的业界代表，来自台湾政治大学、台湾世新大学、台湾师范大学、华南理工大学、上海大学、首都经贸大学、武汉大学、四川大学、复旦大学、深圳大学、福建师范大学、安徽大学等高校的专家学者，出席论坛的代表共200余人。当天上午，会议以“Era of Marbot 行销传播机器人时代的来临?”为主题，来自台湾和大陆的6位专家学者进行了主题发言，探讨人工智能对广告业的影响和挑战。陈刚教授在会议中指出：智能化在营销传播领域正在加速发展和应用，学者的使命在于对行业的关注、总结和洞察。面对技术改变全球的时代，两岸的同仁要多交流，面对挑战，共同发展。他希望借助此次机会增进两岸营销传播领域的了解，加强两岸营销传播产业、教育间的交流与合作，共同面对技术改变全球浪潮带来的新挑战。杨海军教授指出，面对数字技术在广告业中的应用，产业发展模式的急剧变革，广告伦理研究应秉持国际之视野与中国之立场，关注到新媒体环境中中国传统文化与消费文化双重观照下的广告伦理内涵与外延的变化，尤其对人工智能和大数据时代广告传播的新模式和新路径进行深度挖掘和探讨，关注到技术变革对新时期广告伦理的颠覆与重构。

12日下午，“广告伦理”“科技创新”及“产业变革”三个分论坛分别由华东师范大学传播学院教授杨海军、台湾师范大学图文传播系主任刘立行、台北广告业商业同业公会理事长邓博文主持。在“广告伦理”研讨中，两岸学界、业界专家从不同角度阐释了自己对AI人工智能的发展所引发的广告伦理方面的问题的认知。一致认为，人工智能的源头还是人类的操作和创造，人工智能的出现对优化人类的生活起到积极作用，尽管人工智能在营销领域运用深刻，但所带来的负面影响许多是未知和不可控的，因此在人工智能营销实践、发展的过程中，脚步可以放慢一些，思考可以更成熟一些，对人工智能运用可能引发的道德伦理问题应有预见和管控。

“科技创新”论坛中，嘉宾们分别围绕“科技创新给广告营销产业、广告教育发展带来的影响”等议题阐释各自的观点。指出在科技创新和技术变革的今天，高校广告传播专业的教学应当与时俱进，在传授传统广告理论知识的同时，应当在教学中开展实战演练，将业界的经验和成果与教育相结合。同时，座谈嘉宾还提出“技术带动下的广告产业会不会制造过渡消费”“内容创意是否也可以标准化”等具挑战性的哲思命题。

“产业变革”论坛则探讨了在科技引领的数字时代之下，广告营销产业正在发生或即将发生怎样的改变。台湾公司“创集团”的执行长黄琼仪分享令人关注。该集团在为客户提供数字创意的定制化服务的同时，纳入活动、营销和电商的整合思维，这种新型小而美的商业模式和大陆创新、创业的双创精神遥相呼应。陈刚教授同与会嘉宾分享了在北大为学生开设的大数据营销课堂实践，指出这种课堂教学的传播效果、销售转化等指标等不逊于业界专业代理公司，引发在座嘉宾热烈的思考与讨论。

(2)联合主办 2017 第 16 届中国广告教育学术年会暨“面向未来的广告学研究”学术论坛

2017 年 8 月 18—19 日中国新闻史学会学术年会在郑州大学召开，在这次年会上，中国新闻史学会广告与传媒发展史研究委员会联合中国高等教育学会新闻与传播专业委员会广告教育学组，共同举办了 2017 第 16 届中国广告教育学术年会暨“面向未来的广告学研究”学术论坛。来自全国 100 余所高校的 170 位代表围绕全球视野下的中国广告理论体系研究、马克思主义与广告学理论研究、广告前沿问题研究、数字时代广告教育的变革与发展研究、创意传播管埋的探索研究等主题进行了深入讨论。18 号下午，11 位代表进行了论坛主题演讲。73 位代表在 8 场分论坛中进行了发言，其中 18 号晚上(19：40—21：40)和 19 号上午(8：30—11：30)分别举办了四场分论坛，学者们就智能化与广告产业重构、广告史与广告文化研究、创意传播管理等主题进行了热烈的学术分享和讨论。

(3)主办广告新时代·教育新挑战发展趋势高峰论坛

2017 年 12 月 16 日，中国新闻史学会广告与传媒发展史研究委员会，华东师范大学传播学院共同主办了“广告新时代·教育新挑战发展趋势高峰论坛暨华东师范大学广告系成立大会”。中国新闻史学会广告与传媒发展研究委员会会长杨海军教授到会致辞。论坛分为“技术狂飙时代的广告新浪潮”与“广告传播新趋势与广告教育的挑战”两个分论坛，来至全国业界和高校的 30 余位专家学者分享了他们的学术思想。学者们认为数字化是新传播生态最为核心的发展背景，媒体生态的重构，从纵向传播到横向传播，互联网传播尤其是社交传播足以让现场的“点”与社会的“面”整合在一起。技术已经成为广告发展的重要内容，给广告带来了更大的发展空间，未来广告的空间在于人性未被开发出来的部分。

2. 召开常务理事会议，规划学会发展未来

(1)台北联合常务理事会议

2017年5月13日上午，中国新闻史学会广告与传媒发展史研究委员会、中国高等教育学会新闻传播专业委员会广告教育学组在台湾旺旺中时集团联合召开常务理事会，共同研讨关于联合举办2017年中国广告学术年会工作的具体事宜。此次常务理事会是两个学会首次联合召开的工作会议，为推动今后中国广告学术研究深入进行、实践平台共建、优势资源共享打下了良好的基础。会后，与会嘉宾在旺旺中时传媒董事长林淑黛女士等人的陪同下一同参访了旺旺中时媒体集团，双方就新媒体时代传统媒体转型、媒体产业融合发展等议题展开深入研讨。

(2)郑州常务理事工作会议

2017年8月18日晚，中国新闻史学会广告与传媒发展史研究委员会、中国高等教育学会新闻传播专业委员会广告教育学组在郑州联合召开第二次常务理事会议，议题主要包括：第一，秘书处向到会的各常务理事汇报了两个学会未来的发展方向，合作设想和合作模式，明确下一步的工作计划和安排；第二，会议讨论联合国内广告与传媒发展的相关学术机构，共同召开有关广告理论创新、广告文化发展、广告战略与“一带一路”品牌传播等学术论坛；第三，讨论学会今后的日常工作及管理工作。

（广告与传媒发展史研究委员会秘书处）

5.2.7　公共关系研究委员会

中国新闻史学会公共关系研究委员会(Public Relations Society of China，简称PRSC)系经国家民政部报备的中国新闻史学会二级学会组织。学会成立于2015年8月，首任会长为华中科技大学新闻与信息传播学院陈先红教授。PRSC是中国公共关系领域唯一的全国性学会组织，也是汇聚学界、业界和社会资源的高端智库与研究机构，同时也是中外公关学术交流的重要平台。学会秉持“开放、多元、包容、对话”的发展定位，致力于打造具有国际视野、学术理想和公共情怀的公共关系学术共同体，推动中国公共关系学科发展、学术研究和学人对话，促进中国公共关系事业的健康发展。学会现有会员

400 余人，常务理事单位 56 家，理事单位 170 家。2017 年，学会荣获中国新闻史学会颁发的“优秀二级学会”称号。

2017 年，PRSC 严格按照创会之初规划设计的“六个一”工程积极推进各项工作，主要组织完成了如下几项工作：

1.《中国公共关系学》(上下册)公开出版

PRSC 创会之初，就以推动中国公共关系学基础理论研究为重要使命。从 2015 年创会之始，到 2017 年年底，PRSC 先后举办了四届“战略传播与公共关系工作坊”，系列工作坊面向海内外前沿学者，以“公共关系学的基础理论研讨”为主旨，通过学术研讨汇总基础理论研究成果。与此同时，在创会会长陈先红教授提出的“公关理论地图”的基础上，邀约海内外 64 位学者分专题参与撰写公共关系基础理论的“两望”研究，在此基础上，结集出版中国公共关系学基础理论工具书。经过两年多的筹划、整理和编撰，2017 年，由 PRSC 会长、华中科技大学新闻与信息传播学院陈先红教授担任主编，PRSC 副秘书长、兰州大学新闻与传播学院刘晓程副教授和 PRSC 海外副秘书长、新西兰梅西大学洪君如副教授担任副主编的《中国公共关系学》(上下册)在中国传媒大学出版社正式出版。全书分上下两册，共计 52 章，100 余万字，主要包括“元理论研究”“方法论研究”“基础理论研究”“应用理论研究”四大板块，汇集了国内外著名公关学者的理论研究成果。2017 年 10 月 28 日，在武汉召开的第二届 PRSC 学术年会上，举办了《中国公共关系学》(上下册)首发式，参与编撰的 20 位中外学者共同见证了这一重大成果的问世。

2.“讲好中国故事创意传播国际大赛”成功举办

2017 年，在 PRSC 精心筹划之下，第一届“讲好中国故事创意传播国际大赛”成功举办。大赛由中国外文局对外传播研究中心、中国新闻史学会公共关系研究委员会、华中科技大学新闻传播学院三家组织共同主办，中国外文局、教育部高等教育司、湖北省委宣传部、湖北省委统战部、华中科技大学等部门提供指导。

2017 年 2 月 27 日，第一届“讲好中国故事创意传播国际大赛”启动仪式暨专家研讨会在北京召开。大赛总策划、PRSC 会长陈先红教授介绍了大赛的基本情况，她指出，“本次大赛是国家社科基金项目转化为智库服务产品的一次有益的探索，也是科学研究如何服务于国家和社会的一次有益的尝试，同时也是公共关系和战略传播思维的一次主题性的实践”。中国外文局副局长王刚毅在致辞中指出，讲好中国故事是十八大以来以习近平同志为核心的党中央提出的重要任务。他希望通过本届大赛，能挖掘一批基于中国又超越中国、基于故事又超越故事的好作品，发现一批联通中外、通古博今的讲故事人才。华中科技大学新闻与信息传播学院张昆教授在致辞中指出，“讲好中国故事不仅是国家对外传播实践的现实需要，也是当下学界应该关注研究的重大问题，希望海内外高校师生踊跃参与，贡献智慧，提供丰富多彩的创意作品”。

大赛秉持“讲好中国故事，传播好中国声音”的办赛理念，面向国内外民众广泛征集国际社会“愿意听”“听得懂”“乐分享”的中国故事，目的在于创造性地发掘、凝聚、培育真正的“中国故事 · 世界话语”，从而提高中国国际话语权、增强中国国际传播能力、塑造中国国家形象。从 2 月份大赛启动以来，在大赛总策划、PRSC 会长陈先红教授亲力亲为地推动之下，大赛组委会在武汉、香港、澳门、台湾、浙江、北京、广州等地举办了 8 场赛事推广活动，均取得了十分丰硕的成果。2017 年 11 月 16 日，第一届“讲好中国故事创意传播国际大赛”颁奖典礼在北京国家会议中心隆重举行。来自高校、企业、媒体、社会和海外等社会各界的 65 个故事作品获得“等级奖”，238 个故事作品获得“优秀奖”。大赛指导单位的中国外文局副局长王刚毅、湖北省委宣传部副部长郭忠以及华中科技大学陈建国副校长出席致辞并给获奖者颁奖。

3. 第二届 PRSC 学术年会暨 10thPRAD 国际学术论坛成功举办

2017 年 10 月 28 日，由 PRSC 主办的第二届 PRSC 学术年会、第十届 PRAD 国际学术论坛暨第四届战略传播与公共关系工作坊在武汉隆重召开。来自美国、德国、英国、法国、澳大利亚、新西兰、比利时、新加坡、菲律宾、土耳其、印度尼西亚、非洲加纳，以及中国大陆、香港、澳门和台湾等全球 5 大洲 16 个国家地区 150 多位海内外学者与业界人士济济一堂，以“信任与对话：移动智能时代的整合创意传播”为主题，立足全球视野，就国际近年来在公共关系领域的理论研究成果和实践经验进行了广泛深入的学术交流。

大会精心组织了 2 场主题演讲、9 场分会场报告，以及 4 场圆桌讨论和特邀报告。在主题演讲环节，众多国际知名学者围绕大会主题分享了丰富的学术观点：被誉为“欧洲公关之父”的 GünterBentele 教授从理论基础、问题以及挑战三方面探讨了对话与信任的主题；国际著名学术期刊 *Public Relations Review* 联合主编、美国著名公关学者 Maureen Taylor 教授则分析了数字社会背景下公共关系面临的机遇与挑战；美国著名对话公共关系学者 MichaeKent 分享了何谓真实的对话与真实的关系；德国莱比锡大学传播与媒体学院的 AnsgarZerfass 教授、华中科技大学陈先红教授、新西兰梅西大学洪君如副教授、香港浸会大学陈怡如副教授四人课题组则从全球传播监测研究的路径分享了他们对中国和亚太地区传播趋势的洞见；新加坡管理大学李光前商学院的 Greogor Halff 教授探讨了公关专业人士如何建立信任与对话；美国阿拉巴马大学的周树华教授、密歇根州立大学李海容教授，中国台湾政治大学的赖建都教授以及美国伊利诺伊大学厄巴纳-香槟分校媒体学院的姚正宇副教授则从新技术、新思维范式、智能传播、中国品牌的国际传播等各角度分享了他们最新的研究成果。

在此次大会开幕之前，中国新闻史学会公共关系研究委员会(PRSC)一届五次常务理事会同期召开，来自全国多所知名高校的专家学者 50 余人以及部分公关企业代表参加了会议。在此次常务理事会上，浙江大学城市学院副院长卫军英教授、中国传媒大学出版社常务副总编辑张毓强教授、人民网舆情监测室常务副秘书长单学刚先生、腾讯集团市场与公关部副总经理岳淼先生、北京赋能文化有限公司创始人王兵先生与北京伊品传奇品牌管理咨询有限公司董事长陆晓斌先生增选为学会常务理事。至此，PRSC 常务理事单位共有 56 家。

4. 协办“第五届对外传播理论研讨会”

2017 年 7 月 28—30 日，由国务院新闻办公室主办，中国外文局及外文局对外传播研究中心承办，山东省人民政府新闻办公室、山东大学新闻传播学院、烟台市人民政府新闻办公室及有关机构协办的“第五届全国对外传播理论研讨会”在山东烟台召开。PRSC 与第一届讲好中国故事大赛组委会共同主办了“讲好中国故事的理论与实践”分论坛。国新办副主任郭为民亲临会议现场听会并与组委会合影留念。

5. 联合主办“中国新闻史学会 2017 年年会”

2017 年 8 月 18—20 日，由中国新闻史学会、郑州大学主办，郑州大学新闻与传播学院、新华社 · 郑州大学穆青研究中心承办的“中国新闻史学会 2017 年学术年会”圆满落幕。PRSC 荣获“中国新闻史学会优秀二级学会”称号。

期间，由中国新闻史学会下设的传媒经济与管理研究委员会、全球传播与公共外交研究委员会、公共关系研究委员会联合主办的三会联合论坛成功召开。这是国内新闻传播学界年会中，第一次由 3 个二级分会通力合作，来自不同研究方向的学者深度切磋的创新性学术交流。联合论坛由 1 个主题发言论坛、7 个平行分论坛及 3 个圆桌对话构成。

（公共关系研究委员会秘书处）

5.2.8　传媒经济与管理研究委员会

2017 年，中国新闻史学会传媒经济与管理研究委员迎来成立的第 9 个年头。在过去的一年里，传媒经济与管理研究委员会得益于上级单位中国新闻史学会的大力指导以及各位成员的积极参与，成功举办多次学术会议，为业界与学界的深入交流合作搭建了专业平台。众多专家学者共襄盛会，深度探讨当下传媒产业的前沿问题，展望传媒产业未来发展的新趋势。

1. 媒介转型路在何方，传媒‘深改’如何发力

2017 年 7 月 1 日，由中国新闻史学会传媒经济与管理研究委员会主办，华中科技大学新闻与信息传播学院、湖北日报传媒集团《楚天都市报》共同承办的 2017 中国传媒经济高峰论坛在华中科技大学举行。

此次传媒经济高峰论坛围绕传媒产业的“深改”方向与路径，探讨传媒格局演进、传媒产业供给侧改革等问题。论坛共有来自北京、上海、广州、南京、武汉、西安等地的数十位学术界专家与媒体界人士参与。北京师范大学新闻传播学院执行院长喻国明、上海大学中国艺术产业研究院执行院长吴信训、暨南大学新闻与传播学院院长范以锦等众多专家学者到场，针对“主流媒体应如何谋求弯道超车?”“传媒产业如何进行供给侧改革?”“云传播时代媒介生态将有哪些新变革?”等问题进行了深度交流。

2. 传媒的变革与传媒经济研究新走向

2017 年 8 月 18—19 日，中国新闻史学会 2017 年学术年会在郑州召开。由中国新闻史学会公共关系研究委员会、传媒经济与管理研究委员会、全球传播与公共外交研究委员会联合主办的三会联合论坛在年会期间举行。这是国内新闻传播学界学术会议中第一次由 3 个二级分会通力合作，由来自不同研究方向的学者深度切磋的创新性学术交流。

传媒经济与管理研究委员会分论坛以“传媒的变革与传媒经济研究新走向”为主题，来自中国人民大学、复旦大学、浙江大学、华中师范大学、暨南大学等众多院校的学者共聚一堂，针对新媒体语境下的媒介用户与传媒产业、传媒经济研究新视角与市场中的传媒组织行为等问题，从不同角度展开分析与交流。

另外，会议还举办了“中国学派的关系主义：媒介化、全球化与公关化”“新媒体背景下的关系赋权与关系传播”“大数据时代的国家形象研究：理论、方法、策略”三个对话论坛，以及由中青年学者共同组成的 7 个平行论坛。三分会联合论坛秉持“连接、对话、共享”的共创理念，共同面对和迎接 21 世纪中国新闻传播学科面临的机遇和挑战。

3. 互联网发展“下半场”：当前传媒产业发展的理论和实践

2017 年 10 月 28 日，2017 中国传媒经济与管理年会暨第二届江苏传媒产业发展论坛在南京大学新闻传播学院举办。此届年会暨论坛以“互联网发展‘下半场’：当前传媒产业发展的理论和实践”为主题，来自政府宣传部门、传媒业界和传媒研究的学者共同研讨一年来我国传媒产业发展的前沿现象，总结和展示我国传媒经济与管理学界所取得的最新成果，展望未来我国传媒产业发展和传媒经济与管理研究的新趋势和新空间。

此次会议设立了“传媒经济与管理理论研究”“传媒创新：国际化的视野”“传媒产业实践前沿”三个主题分论坛，以及“传媒经济与管理理论探索”“传媒运营实践研究”“传媒产业创新研究”三个研究生分论坛。40 多位青年学者与博士生和硕士生对当前传媒经济与管理的热点、焦点、难点问题进行研讨，为传媒产业的发展提供了良好的智力支持。

此外，传媒经济与管理委员会继续出版发行会刊《传媒经济与管理研究》，建设传媒经济学术圈发表平台。

在媒介形态和格局深刻变革的大背景下，中国新闻史学会传媒经济与管理研究委员会将继续致力于推动我国传媒经济与管理研究的本土化进程与国际化交流，不断加强学界与业界的职业共同体认识，为我国传媒产业发展建言献策、添砖加瓦。

（传媒经济与管理研究委员会秘书处）

5.2.9　应用新闻传播学研究委员会

作为中国新闻史学会的二级学会，应用新闻传播学研究委员会于 2016 年 8 月 28 日在中山大学正式成立。目前，研究委员会共有 110 家理事单位（包括 3 家名誉理事单位），34 家常务理事单位。委员会以“繁荣新闻实务研究、促进应用传播发展”为主旨，积极促进实务研究的理论化水平提升，对接应用传播研究的国际学术前沿，致力于搭建一个融通学界和业界、国内与国际的学术交流平台。

2017 年，应用新闻传播学研究委员会共召开了一次常务理事会，举办了三次学术会议、三次评选活动，并积极筹备出版两本出版物。2018 年 4 月 21 日，在中国新闻史学会常务理事会第五届第六次会议上，应用新闻传播研究委员会获评“2017 年度优秀分会”。

1. 三次学术会议：聚焦实务、各有特色

(1)面向实务教育：2017新闻传播实务教学论坛

2017年3月18—19日，由应用新闻传播学研究委员会主办的“新闻传播实务教学论坛”在汕头大学长江新闻与传播学院举行。为了向日新月异的传媒业态输送适用人才，新闻专业实务教育必须从过去单纯的采写编评摄，扩大到音视频制作、数字技术、数据分析和展示、广告营销乃至网上直播等多个方面。问题的现实性和迫切性，吸引了全国27家新闻传播学院的教师前来共同切磋研讨，会后还出版了《从一支笔到十八般武艺：融媒时代新闻传播实务教学探索》一书。

应邀参会者大多经年从事新闻实务教育，他们的专题演讲和研讨交流不仅从不同角度提供了改革新闻实务教育的经验，也表达了融媒时代新闻实务教育的新观点、新理念。如何在解决问题中不断改进，在迎接挑战中锐意创新，是新闻实务教学转型的当务之急。应用新闻传播学研究委员会会长、中山大学传播与设计学院院长张志安教授在会上认为，目前内容产品需要技术和可视化的呈现，数据挖掘的方法变得特别重要，未来实务课可以与实验教学相结合，但如何结合仍需要进一步探索。

会议还对参加这次论坛的29位新闻传播实务教师进行了问卷调查，从调查中可以看出，新闻传播实务教学目前比较突出的主要是三个问题：一是实务课程不能与时俱进，无法适应融合媒体时代的人才需要；二是向科研倾斜的人才考核机制，不利于实务课教师全身心投入教学，实务教学需要老师手把手地指导学生，必须大量训练和指导，占据很多时间，学校强调科研，会让实务课老师将精力放在科研而非教学，这样无疑会影响学生培养质量；三是实务课教学仍比较粗放，班级人数过多，不利于精细化培养学生。

(2)把握研究前沿：2017应用新闻传播学术年会

2017年8月18—19日，中国新闻史学会2017年学术年会在郑州大学举行。在分论坛环节，作为中国新闻史学会的二级分会，应用新闻传播学研究委员会举行了主题为“中外应用新闻传播研究的学术想象”的学术论坛。分会论坛共收到36篇论文，分为三个分论坛进行研讨，主题涵盖：新闻业研究的应用新闻传播学研究的创新路径、新新闻生态下的新闻业转型与变革、新闻实务教学的创新模式、融媒环境下的传媒与公共治理等。

这次学术论坛体现了如下几个特点：

其一，能够把握研究前沿与热点议题展开应用新闻传播学的研究，并展现了较高的学术水准。如厦门大学新闻传播学院苏俊斌教授谈机器算法的伦理问题、广州外语外贸大学唐佳梅教授谈广州黑人社区的健康传播问题等，均引发了参会者的热烈讨论。上海社科院新闻研究所副研究员白红义的论文《边界、权威与合法性：中国语境下的新闻职业话语研究》则展现了新闻业研究较为前沿的理论视角。

其二，关注新闻业界变革的最新动态与难题，有比较强的现实关照和问题意识。如西南民族大学林晓华教授谈都市报转型创新的"地方经验"，复旦大学研究员窦锋昌用"革命派"和"改良派"，对媒体搭建新媒体渠道的不同路径进行辨析，上海社科院新闻研究所副研究员王蔚对媒体融合时代电视新闻生产转型也进行了颇有价值的分析和思考。

其三，关注新闻实务教育，体现分会特色。在这些议题上，参会者有很多共同话语，讨论深入，如华中科技大学新闻与信息传播学院胡怡副教授从美国案例出发对新媒体环境下的新闻实务教育改革的研究，上海大学上海电影学院新闻传播系许正林教授对马工程教材的教学经验分享等。

(3)鼓励创新精神：2017 应用新闻传播学术论坛

2017 年 10 月 28 日，中国应用新闻传播论坛在湖北大学举行。在"应用传播学术论坛"上，来自复旦大学、武汉大学、华中科技大学、中山大学、湖北大学等全国新闻院校的近 10 位院长，就应用新闻传播教育发展问题进行了研讨；来自全国新闻院校的 40 多位学者和研究生，就转型期新闻传播教育改革与发展、互联网语境下媒介转型与新闻实务创新、应用新闻传播与文化传播创新发展、科技创新与文化创意传播的理论与实践等展开了对话。

此次活动由中国新闻史学会应用新闻传播学研究委员会主办，湖北大学新闻传播学院承办，《新闻大学》《现代传播》和中国传媒大学出版社协办。活动包括"2017 中国应用传播十大创新案例"颁奖、传媒领袖演讲、应用传播学术论坛、院长论坛、研究生论坛五个部分，旨在通过发现、讨论和鼓励国内应用新闻传播理论与实践领域的优秀成果，凝聚学界和业界力量，弘扬创新精神，激励国内新闻业持续发展，促进中国新闻传播研究的深入开展。

2. 三个新闻奖项：面向业界、鼓励学子

(1)学会奖的尝试：第二届"普惠新闻奖"

作为打造学会奖的一个尝试，应用新闻传播学研究委员会成立后，积极与各方面合作，参与到"普惠新闻奖"的组织评选过程中。

普惠新闻奖旨在选出一年中优秀的财经报道与传播作品，鼓励新闻传播业界在新金融、新经济时代以更加包容，更多普惠的思想理念，更创新的媒介技术，关照普通人的生活、权益，呈现金融等公共服务的温度。

第二届普惠新闻奖由复旦大学新闻学院、武汉大学新闻与传播学院、中山大学传播与设计学院、清华大学五道口金融学院、蚂蚁金服商学院等机构联合主办，由中国新闻史学会应用新闻传播学研究会和中国银行业协会担任学术指导机构。经过紧张而高效的筹备，2017 年 1 月 15 日，第二届普惠新闻奖致敬礼在北京举行。在上年基础上，此届普惠新闻奖增设了“公共服务类”“融合报道类”“学子奖”等奖项。十位评委经过紧张的阅览、评分，最终从 400 件新闻作品中遴选出了五大类(公共服务类、消息类、深度报道类、新闻评论类、融合报道类)获奖和入围作品，共计 20 篇。获奖者包括新华社、中央电视台、中央人民广播电台、财新传媒、澎湃新闻、《南方周末》等主流媒体。

另外，来自北京大学、清华大学、复旦大学、武汉大学和中山大学的 5 名本科生、研究生和博士生凭借在“普惠”领域的优异学习和实践获得第二届普惠新闻奖年度学子奖。中山大学传播与设计学院教授胡舒立女士登台为学子颁奖。

在颁奖礼上，中国新闻史学会应用新闻传播学研究会会长张志安教授说：“过去一年的媒介演进表明，这是所有人写所有人的时代，而‘普惠将有更大价值。”他表示，普惠新闻本质上体现了新闻公共性的价值。“新闻归根结底是为公众服务的，普惠新闻更加强调新闻要为每一个需要新闻的个体去服务。”

(2)奖励业界创新：2017 应用新闻传播十大创新案例

2017 年 10 月 28 日的中国应用新闻传播论坛在上，人民日报社新媒体中心、新华网、浙江日报报业集团、今日头条、澎湃新闻、梨视频、上海发布、《新京报》、我们视频、封面新闻十家媒体荣获“2017 中国应用新闻传播十大创新案例”。这次评选由中国新闻史学会应用新闻传播学研究会颁发，获奖的十大案例经由学界和业界专家提名和两轮推荐评审评出，反映了国内媒体在融合生产和技术创新中的前沿探索，具有很强的引领性和示范性。

浙江日报报业集团副社长蒋国兴、人民日报社新媒体中心副主任刘晓鹏、“上海发布”办公室主任丁利民、财新传媒数据新闻中心主任黄晨、今日头条总编辑张辅评、澎湃新闻网常务副总编辑李嵘、梨视频总编辑李鑫、新京报社视频报道部主编刘刚、封面传媒常务副总裁张华、新华网融媒体产品创新中心创意视频负责人魏文彬等十家获奖单位的媒体负责人发表主题演讲，各自介绍了在应用新闻传播领域的探索和实践。与会者分享的前沿思考、实操案例和创新“秘籍”，吸引了现场师生的极大兴趣，大家频频给“最接地气”的传媒论坛点赞。

附：2017 中国应用新闻传播十大创新案例(排名不分先后)

财经数据新闻的融合创新(财新传媒数据新闻中心)

主流新闻客户端的产品创新(封面新闻)

人工智能内容分发技术运用(今日头条)

短视频的众包化生产(梨视频)

重大主题报道的融合产品策划(人民日报社新媒体中心)

省级新闻发布微平台运营(上海发布)

原创新闻客户端的移动化运营(澎湃新闻)

融媒体新闻产品的打造和运营(新华网)

移动端新闻视频直播整合运营(《新京报》我们视频)

融媒体智能传播技术解决方案——“媒立方”(浙江日报报业集团)

(3)鼓励新闻学子：第五届全国大学生经济新闻作品大赛

2017 年 11 月 18 日，第五届全国大学生经济新闻作品大赛颁奖会典礼在北京裕龙国际大酒店举行。大赛于 2018 年 7 月启动，共收到全国 20 多所高校 200 多篇参赛作品。最终，23 篇报道作品入围：一等奖 3 篇，二等奖 8 篇，三等奖 12 篇。

“全国大学生经济新闻作品大赛”于 2011 年首次举办，每两年举办一届，遴选出两年内大学生采写的优秀经济新闻作品，目的在于鼓励新闻及其他相关专业在校大学生更多地参与业务实践活动，多出好的新闻作品，这也是全国唯一面向在校大学生的经济新闻作品大赛。

此届大赛由中国新闻史学会应用新闻传播学研究委员会、北京工商大学、首都青年编辑记者协会共同主办。评委主要由著名媒体人、新闻工作者和新闻教育专家担任，其中多位成员也是中国新闻奖评委。

在颁奖典礼上，中国新闻史学会应用新闻传播学研究委员会副会长、秘书长卢家银老师致辞发言。北京工商大学教务处副处长、经济新闻研究中心王擎主任表示：“本届大赛作品质量更高，发表媒体影响力更大，参赛高校更多元。一个显著现象是，越来越多经济新闻新媒体作品融入。”

(应用新闻传播学研究委员会秘书处)

5.2.10　全球传播与公共外交研究委员会

中国新闻史学会全球传播与公共外交研究委员会于2017年1月正式成立。在2017年，全球传播与公共外交委员会成功举办了三次重要会议。

1. 全球传播与公共外交理论建设高端研讨会

2017年1月14日，由中国新闻史学会全球传播与公共外交委员会主办、广东省公共外交与跨文化传播研究基地和华南理工大学国际教育学院承办的“全球传播与公共外交理论建设高端研讨会”在华南理工大学召开。来自海内外学术机构的28位专家学者出席本次会议。

此次研讨会宣布中国新闻史学会全球传播与公共外交委员会正式成立。委员会的常务理事会选举浙江大学传媒与国际文化学院当选委员会首届会长单位，互联网驿站协同中国人民大学公共外交研究院当选常务副会长单位，华南理工大学国际教育学院、上海外国语大学新闻传播学院、中国社会科学院新闻与传播研究所、清华大学新闻传播学院、华中科技大学新闻与信息传播学院、武汉大学新闻与传播学院、中国传媒大学媒介与公共事务研究院、中国外文局对外传播研究中心当选副会长单位；大连外国语大学文化传播学院、暨南大学新闻与传播学院8家院所当选为常务理事单位。此外，会议还宣布：中国人民大学公共外交研究院院长、原国务院新闻办主任赵启正出任委员会名誉会长，原外交部副部长何亚非和中国互联网发展基金会理事长马利出任名誉副会长，浙江大学传媒与国际文化学院吴飞教授担任会长。

研讨会期间，中国社科院新闻与传播研究所的姜飞研究员、中国外文局的于运全研究员、华南理工大学的安然教授、浙江大学的韦路教授、中国传媒大学的董关鹏教授、上海外国语大学的郭可教授、云南大学的郭建斌教授、武汉大学的纪莉教授、海南大学的毕研韬教授、暨南大学的吴非教授、北京大学的许静教授、大连外国语大学的张恒军教授、上海美国问题研究所的倪建平研究员、美国罗德岛大学的陈国明教授、中国台湾淡江大学的赵雅丽教授、暨南大学的庄礼伟教授、中国人民大学的雷蔚真副教授、复旦大学的沈国麟副教授、上海外国语大学的吴瑛副教授等知名学者就“全球传播与公共外交”作了精彩的主题发言。

2. 2017首届中国全球传播与公共外交学术年会

由中国新闻史学会全球传播与公共外交委员会主办、浙江大学传媒与国际文化学院承办、浙江传媒学院新闻传播研究院协办的“2017首届中国全球传播与公共外交学术年会”于 2017 年 6 月 24—25 日在浙江大学紫金港校区紫金港国际饭店召开。年会以“(逆)全球化时代的全球传播”为主题，围绕着全球化时代中国如何构建人类命运共同体，探讨全球治理体系改革和国际秩序重构中的中国思想、中国智慧和中国方案。

此次年会开幕式由中国新闻史学会全球传播与公共外交委员会秘书长、浙江大学传媒与国际文化学院韦路教授主持。中国新闻史学会全球传播与公共外交委员会会长、浙江大学传媒与国际文化学院吴飞教授做开幕式致辞，他在致辞中强调：在全球化背景下，中国不仅需要通过国际传播和对外传播让世界了解中国来增强自身的文化自信，而且还需要反思中国的交往与沟通智慧在多大程度上能够进入全球传播的核心话语体系以促进人类的交往实践。随后，大会举行了《国际传播与跨文化传播译丛》首发仪式，浙江大学传媒与国际文化学院吴飞教授、中国传媒大学出版社张毓强副总编辑、中国人民大学新闻学院雷蔚真副教授、浙江大学传媒与国际文化学院韦路教授围绕这一译丛展开对谈。

此次会议特邀来自国内外的六位知名学者发表主题演讲：锡拉丘兹大学的 Lars Willnat 教授的演讲题目为“Why global media matter：Soft power in the digital age”，他认为全球媒体日益成为一个国家提升软实力的重要平台。密歇根大学的 Aswin Punathambekar 教授的演讲题目为“Re-imaging a global world：Media，culture，and identity in the 21st century”，提出在全球化时代，媒体在很大程度上塑造了全球移民对于“世界公民”这一身份的认同。清华大学新闻与传播学院周庆安副教授的演讲题目为“全球化争论中公共外交的理论规制”，强调在全球化进程中维系文化传统的多样性对于建构个体的身份认同的重要性。中国社科院新闻与传播研究所姜飞研究员在题为“中国国际传播的‘局’与‘困局’”中，提醒大家反思中国的国际传播模式的路径选择、传播模式背后的制度设计，以及如何在国际传播中重塑文化自信。中国外文局对外传播研究中心于运全研究员的演讲题目是“命运共同体视野下的中国对非传播”，他分析了如何通过提升中国对非传播效率从而为“一带一路”的建设提供传播力量。浙江大学传媒与国际文化学院的韦路教授在“中国网络舆论中的世界”的演讲中分析了中国舆论场域对其他国家的关注情况，指出这对于理解中国与世界的关联具有重要的意义。

开幕式后，会议围绕“(逆)全球化思潮下的全球传播研究”这一主题，展开八场专题研讨：“公共外交与全球治理的理论与实践研究”“外媒对中国形象的建构研究”“全球传播、文化外交与文化软实力研究”“全球传播与国家安全研究”“‘一带一路’的话语建构与传播效果研究”“跨民族交往与跨文化传播研究”“国家形象的对外传播研究”和“新媒体与国际传播研究”。参会者围绕着这些议题各抒己见，会议讨论热烈、不同观点纷呈。

最后，全球传播与公共外交常务理事会评选出“2017 年度中国新闻史学会全球传播与公共外交委员会学术大奖”(上海外国语大学吴瑛的《中国声音的国际传播力研究》获奖)、“2017首届中国全球传播与公共外交学术年会最佳论文奖”(大连理工大学武文颖、张迪、王昕彤的“日文版中国动画跨文化传播研究”，上海外国语大学相德宝、张文正的“新媒体时代全球媒体传播格局及其社交网络影响力研究”获奖)和“2017首届中国全球传播与公共外交学术年会最佳学生论文奖”(清华大学张自中的“基于SNS平台的国际新闻事件驯化研究”，浙江大学谢点的“社交媒体中的国际媒体网络关系”，南京大学吴志远的“网络社会中现代认同重构的技术逻辑”获奖)，并在闭幕式上颁奖。

此次学术年会从国际传播、国家形象、跨文化传播和公共外交等传播学科的视角探讨并反思了中国在全球传播体系中的合理定位和未来发展的问题。参会的新闻传播学界的同仁们纷纷热议了在新近“(逆)全球化”的国际背景下，中国在全球传播和公共外交领域中日益重要的作用。不同学者从各自的研究领域和知识理论出发所展开的观点交锋和思想碰撞，使大会主题获得了广泛而深入的讨论。

3. 中国新闻史学会2017年学术年会三分会联合论坛

2017年8月17—20日，中国新闻史学会2017年学术年会下属的传媒经济与管理分会、全球传播与公共外交分会、公共关系分会的联合论坛在郑州黄河迎宾馆成功召开。此次联合论坛围绕学术年会的主题“全球视野，中国体系：面向未来的新闻与传播学研究”进行了多学科的研讨。

在联合论坛的开幕式上，全球传播与公共外交研究委员会会长、浙江大学传媒与国际文化学院吴飞教授首先作了题为“国际传播研究的理论反思”的致辞发言。吴飞教授强调，虽然近几年国内有关国际传播的研究成果数量呈现明显的上升趋势，但相关的研究仍需进一步深化；除了回应官方的需求之外，研究者们还要不断反思在全球化背景下中国本身的问题并对此展开深入的研究。随后，中国社科院新闻与传播研究所的姜飞研究员就如何改善中国国际传播理论发表了题为“思想迁移：平衡和负责任的发展传播理论如何成为中国国际传播理论建设的新进路”的主题演讲；上海外国语大学新闻传播学院的郭可教授聚焦于中国形象的塑造与对外传播，发表了题为“全球传播中的中国形象”的主题演讲。

此外，围绕“面向未来的全球传播与公共外交”这一主题，联合论坛的全球传播与公共外交分论坛展开了三场专题研讨：“‘一带一路’、国际传播与地缘政治”“对外传播与跨文化交流”“公共外交的研究现状与实践路径”。来自全国各高校的20多名参会者进行了精彩的发言。

最后，在联合论坛的对话环节，全球传播与公共外交分会、传媒经济与管理分会和公共关系分会的参会嘉宾展开了热烈的对谈。对谈的话题包括：“中国学派的关系主义：媒介化、全球化与公关化”“新媒体背景下的关系赋权与关系传播”“大数据时代的国家形象研究：理论、方法、策略”。

此次联合论坛从全球传播与公共外交、传媒经济与管理和公共关系等学科视角探讨并反思了在全球视野和中国体系的背景下，新闻与传播学研究的未来发展方向。其中，全球传播与公共外交分会以“中国在全球传播体系中如何合理定位和发展”为切入点，强调中国在全球传播和公共外交领域中日益重要的作用，进一步深化和拓展了本次学术年会的主题。

4. 其他工作

在新媒体推广方面，全球传播与公共外交委员会设立了专门的微信公众号(微信号：gh_ccb4eb13d4ea)，在 2017 年间总共发布了 45 条资讯。此外，全球传播与公共外交委员会的秘书处在 2017 年总共制作了 151 期“资讯推送”。中国人民大学的雷蔚真副教授发起并负责该活动，中国政法大学的聂书江博士和浙江大学的黄清博士负责具体的执行。通过搜集与全球传播和公共外交相关的研究论文、会议信息以及业界动态，秘书处通过微信群向委员会每周定期推送资讯 2~3 次，每次推送包括 3 条相关资讯。

截至 2017 年年底，全球传播与公共外交委员已有正式注册的个人会员 105 名，团体单位会员 20 余家，以及来自全国各高校和研究机构的常务理事 18 名。

(全球传播与公共外交研究委员会秘书处)

5.3　其他新闻传播教育类学会 2017 年活动综述

5.3.1　中国传播学会

1. 中国传播学会简介

中国传播学会于 2005 年 2 月在北京成立，是中国大陆第一个在中华人民共和国民政部登记注册的全国性传播学研究学术团体。学会全称是“中国新闻文化促进会传播学分会”，简称中国传播学会(Communication Association of China，CAC)。

中国传播学会遵守国家的宪法、法律、法规以及相关政策，在传播学研究和跨学科领域积极开展学术活动。学会本着自愿入会原则，由全国高等院校的新闻传播院系、新闻传播研究机构和新闻传媒机构等作为单位会员、高校新闻传播院系教师、相关研究人员和媒体从业人员等作为个人会员组成。

中国传播学会的决策机构是会长联席会，由会长、副会长、理事长和秘书长组成，一般每年召开一次会长联席会行使权力，特殊情况下采取通讯形式履行日常工作职责。

中国传播学会于2014年顺利完成换届，现任会长为中国社会科学院新闻与传播研究所所长唐绪军研究员。学会目前下设三个专业委员会，分别是：组织传播专业委员会、人际传播专业委员会和新闻传播思想史专业委员会。

作为中国传播学研究的权威性学术团体，中国传播学会在国内传播学界以及传播业界形成了重要的凝聚力和影响力，也为广大海内外传播学界的学者创造了一个学术对话和交流的平台。

2. 2017年度学术交流

2017年，中国传播学会勤于职守，在做好日常工作的同时，积极开展对外学术交流。

2017年11月14日，受美国全国传播学会(NCA)邀请，中国传播学会一行4人由会长唐绪军研究员带领，赴美国达拉斯参加了NCA 2017年会。此届年会是美国全国传播学会(National Communication Association，简称NCA)的第103届年会，年会的主题为“我们的遗产，我们的相关性(Our Legacy，Our Relevance)”。会议议题广泛，着重强调作为传播学者和从业者，应该思考如何让这一学科对社会更加有意义，如何让我们的专业知识进入公众的视野，并进一步解决社会与社区的日常生活问题，比如社交媒体与隐私、数字消费主义、全球恐怖主义、医疗改革、种族政策、移民政治以及同性婚姻等。

NCA2017年会在美国达拉斯市中心的喜来登酒店召开，11月15—19日为年会正式会议时间，会期5天。代表团成员分别参加了几场分组会议，议题涉及以下学术领域：社交媒体(Social Media and Relationships，社交媒体与关系)、文化研究(Marxism, Cultural Studies, and the “Principle of Historical Specification”，马克思、文化研究和“具体历史原则”)、“社会/政治生命”(The Bios)和“网络化公共话语的算法遗产”(The Algorithmic Legacies of Networked Public Discourse)、“后意义-解构流行文化”[Post(ing) Meaning：Deconstructing Pop Culture]、“透明度，反身性和认同”(Transparency, Reflexivity, and Identity：Examining the Researcher in Ethnographic Communication Research)等。

11月17日下午，中国传播学会代表团和来自国内中国传媒大学、北京大学、北京师范大学的同道学人以及美国学者一起，召开了NCA年会的分论坛——“评估我们的学科遗产：中美传播学研究”。代表团成员曾国华博士代表学会在论坛上作了题为“中国与美国的传播学研究：引入、本土化/本地化以及对未来的展望”的主旨发言，对传播学引进中国的学术历程进行了回顾、梳理和展望。

会议期间，学会代表团还与NCA中国分会的同仁们进行了学术交流，并对双方合作的空间寄予厚望。

3. 工作展望

自中国传播学会成立以来，由学会主办的中国传播学大会每两年举行一次，已成为学界的品牌活动，既是全国性传播学术交流的平台，也是国内外传播学界沟通的桥梁。

自2016年中国传播学会与南京大学合作，成功举办第十三届中国传播学大会之后，策划和筹办第十四届中国传播学大会提上日程，成为2017年度中国传播学会的工作重心。

2018年是个值得纪念的年份，这一年既是中国改革开放40周年，也是传播学进入中国40周年。历经40年的奋发图强，中国人民以更加自信和开放的姿态面向世界与未来，崛起的中国担负起更大的历史责任。改革开放让中国更加自信，也使中国传播学焕发出勃勃生机，成为中国学术界发展最快的学科之一。

习近平总书记在党的十九大报告中首次提出“新时代中国特色社会主义思想”，代表了马克思主义中国化的最新成果，为全党全国人民实现中华民族的伟大复兴制定了行动指南。中国传播学会应该积极回应这一重大理论问题，深刻领悟这一划时代的思想体系，在新时代建构中国传播学的新使命新担当，找寻中国传播学未来的发展方向。

构建人类命运共同体，倡导和传播共荣共生，合作共赢的理念是新时代中国特色社会主义的核心价值观，也是中国传播学的最高价值理想，是全球传播发展的终极目标；凸显凝聚民族精神与时代精神的中国品格、催生立足本土和放眼全球的中国气派，一直是中国传播学者的孜孜追求，也是时代赋予当今中国传播学界的历史使命。

如何在新时代建构中华文明的传播形象，提升中华文明的传播能力，讲好中国故事，是中国传播学会的新命题。

（中国传播学会秘书处）

5.3.2　中国高等院校影视学会

2017年，中国高校影视学会又迎来发展历程上浓墨重彩的一年。在全国喜迎“十九大”之际，中国高校影视学会以服务广大会员为宗旨，以促进学会发展为目的，成功举办了第十七届年会和第十届中国影视高层论坛，成功举行了第十届“学会奖”、第七届“学院奖”和第二届“学人奖”评奖和颁奖活动；同时又顺利筹建了媒介文化、播音主持、影视国际传播、纪录片四个二级专业委员会，推出一系列学术研讨会和作品竞赛活动，努力推动影视学会迈入发展新时代。

现将 2017 年年度活动综述如下：

1. 第十七届年会暨第十届中国影视高层论坛在江苏苏州成功召开

在全国人民喜迎十九大之际，中国高校影视学会在江苏苏州南林饭店举行规模盛大的第十届年会暨第十届中国影视高层论坛。开幕式上，中国广播电视社会组织联合会副会长胡占凡、中国传媒大学副校长廖祥忠、苏州大学副校长张晓宏、中国高校影视学会副会长孟建致辞。第十届中国影视高层论坛的主题是“全球化与后全球化：中国影视的历程与前景”，主题论坛邀请到黄会林、饶曙光、范小青、冯应谦、胡智锋等发表演讲，并同期举行了 18 场分专题论坛，其中首次开设的院长论坛、学科建设论坛引人瞩目，第二次举办的期刊论坛还邀请到 8 家期刊的主编到场。年会期间，学会举办了第十届学会奖、第七届学院奖、第二届学人奖颁奖晚会，学人奖之终身成就奖获得者中国传媒大学朱羽君教授、北京电影学院谢飞教授到会领奖。在 15 日上午召开的第十七届年会闭幕式暨会员代表大会上，学会宣布了由第五届理事会第二次会议通过的常务理事、理事的增补名单，宣布了筹建会刊、学科建设委员会、青少年影视文化建设委员会的决定。本届年会规模达到 550 人，发言达到 190 人，论文集字数多达 260 万字，为历史之最，盛况空前，极大地提振了学会的声誉和影响力。

2. 第十届学会奖、第七届学院奖、第二届学人奖评奖与颁奖顺利完成

作为第十七届年会的重头活动，第十届学会奖、第七届学院奖与年会通知同步发布。经过近半年的征集，第十届学会奖、第二届学人奖评奖会于 9 月 17 日在上海外国语大学举行。由学会常务理事组成的评委会对第十届学会奖申报材料进行了严格评审，此外还就第二届学人奖之终身成就奖的提名人选进行了评审，最后形成了第十届学会奖、第二届学人奖的最终获奖名单。评委会还讨论审议了由微电影专业委员会提交的第七届学院奖获奖名单。

10 月 14 日，在苏州第十七届年会期间举行的第十届学会奖、第七届学院奖、第二届学人奖颁奖典礼上，中国传媒大学朱羽君先生、北京电影学院谢飞先生作为终身成就奖获得者出席颁奖典礼，成为全场晚会的高潮和亮点。

2017 年 10 月，《图景与前景："互联网+"时代的中国影视》由中国传媒大出版社出版，并在第十七届年会上赠送会员和作者。

3. 四个二级专业委员会顺利筹建

2017 年，学会继续大力推进二级专业委员会的建设工作，下半年共有四个专业委员会顺利揭牌成立。具体如下：媒介文化专业委员会(苏州，苏州大学，10 月 14 日)；播音主持委员会(北京，中国传媒大学，11 月 16 日)；影视国际传播专业委员会(上海，上海外国语大学，12 月 2 日)；纪录片专业委员会(广州，华南理工大学，12 月 12 日)

媒介文化专业委员会秘书处设于苏州大学凤凰传媒学院，主任委员由院长陈龙教授担任。成立大会期间，媒介文化专业委员会召开了第一届理事会第一次会议，并举办了第一届媒介文化论坛(2017)。

播音主持专业委员会秘书处设于中国传媒大学播音主持艺术学院，主任委员会由院长鲁景超教授担任。成立大会期间，播音主持专业委员会第一届理事会第一次会议，并举办了"全国播音主持学术研讨会"。

影视国际传播专业委员会秘书处设于上海外国语大学新闻传播学院，主任委员会由李亦中担任。在成立大会期间，影视国际传播专业委员会召开了第一次理事会第一次会议，并举办了新全球化时代影视国际传播高峰论坛。

纪录片专业委员会秘书处设于华南理工大学新闻传播学院，主任委员会由学会常务理事、中国传媒大学何苏六教授担任。成立大会期间，纪录片专业委员会召开了第一次理事会第一次会议。

4. 四次会长工作会研究部署学会发展重大事项

2017 年，学会共召开四次会长工作会。分别是：4 月 22 日，广州会长工作会(暨南大学)；9 月 17 日，上海会长工作会(上海外国语大学)；10 月 13 日，苏州会长工作会(苏州大学)；10 月 15 日，苏州会长工作会(苏州大学)。

鉴于 2017 年仍是学会二级机构建设的高潮期，会长工作会的工作重点仍然是对二级专业委员会建设做出部署。2017 年，学会共布局了媒介文化、纪录片、播音主持、影视国际传播四个专业委员会，同意以苏州大学凤凰传媒学院、华南理工大学新闻传播学院、中国传媒大学播音主持艺术学院、上海外国语大学新闻传播学院作为牵头进行申报，并拟订草案。按照程序要求，秘书处先后将决定草案提交了 9 月 17 日在上海外国语大学举行的第五届理事会常务理事会进行了审议，并提交 10 月 13 日在苏州召开的第五届理事会第二次全体会议进行了最后审议，并形成了最终决定。

4 月 22 日，广州会长工作会研究同意了山东工艺美术学院提交的挂牌微电影创研中心的申请，10 月 15 日，会长工作会还研究同意了广西艺术学院、海南大学、云南艺术学院提交的挂牌创研中心的申请。

5. 第十八届年会落定广州大学

10 月 15 日上午召开的会长工作会讨论并研究了第十八届年会的承办方和举办地。经过权衡和评议，会长工作会做出决定：第十八届年会承办方为广州大学新闻与传播学院。12 月 9 日，学会秘书长到访广州大学，与新闻与传播学院领导班子就年会筹办事宜进行了深入沟通，确定第十八届年会的举办时间为：2018 年 11 月 16—18 日。鉴于 2018 年为学会创建 35 周年，学会将联合广州大学在年会期间举办适度规模的纪念性活动。

6. 专业委员会举办系列学术论坛和多个创作竞赛活动

专业委员会举办的系列学术活动有：

10 月 14 日，媒介文化专业委员会，2017 媒介文化论坛，江苏苏州，苏州大学传媒学院。

11 月 6 日，影视产业与管理专业委员会第二届学术年会，浙江海宁。

11 月 6 日，民族影视专业委员会，第三届民族影视高端论坛，陕西咸阳，西藏民族大学新闻传播学院。

11 月 6 日，广播专业委员会，第二届中国广播发展创新论坛，安徽芜湖，安徽师范大学新闻传播学院。

11 月 11 日，影视教学专业委员会，“多样性差异与特色化追求的戏剧影视学科发展路径”暨第二届中国影视教育高端论坛，江苏南京，南京师范大学文学院。

11 月 16 日，播音主持专业委员会，齐越朗诵艺术节暨播音主持专业委员会 2017 学术论坛，北京，中国传媒大学播音主持艺术学院。

12 月 2 日，影视国际传播专业委员会，新全球化时代中国影视国际传播高端论坛，上海，上海外国语大学新闻传播学院。

专业委员会举办的作品竞赛类活动有：

第五届全国大学生体育影像大赛，上海体育学院。

第六届国际大学生微电影盛典，首都师范大学科德学院。

第二届“科德杯”全国大学生无人机航拍竞赛，首都师范大学科德学院。

第二届“藏风雅韵”民族影视作品大赛，西藏民族大学。

7.《二级机构建设与管理的暂行办法》在推进中细化

学会秘书处 2016 年积极摸索总结了二级专业委员会的建设标准、规范流程以及相关要求，形成了制订“二级机构建设与管理的暂行办法”。2017 年专业委员会一方面加强建设，另一方面加强规范化管理，为此学会秘书处积极学习民政部、广电总局有关二级机构建设与管理的相关文件，对“二级机构建设与管理的暂行办法”进行细化，从而更好持续推动二级机构建设与管理走向规范化轨道。细化内容主要包括：根据民政部相关规定，设定了专业委员会开展活动的“负面清单”；设定了专业委员会主任委员(含副)的年龄限制，即不高于 65 岁等；细化了专业委员会从申报到召开成立大会的筹建程序。

（中国高等院校影视学会秘书处）

5.3.3　中国高等教育学会新闻学与传播学专业委员会

中国高等教育学会新闻学与传播学专业委员会(原名：中国新闻教育学会)于 1984 年 11 月 2 日在北京成立，是我国新闻与传播学科领域历史最悠久、规模最大的学术团体，历经 30 年的成长与发展，学会的理事单位从最初的 30 个已增至 180 多个。学会为促进中国新闻学与传播学的学科建设、教学改革、人才培养、学术研究等方面的沟通交流与提升发展发挥了积极而显著的作用。2017 年度学会充分发挥学术性团体的作用，团结全体会员单位的智慧和力量，努力进行理论研究和实践探索。一年来，学会各项工作富有成效，工作迈上新台阶，为推进学会的下一步发展奠定了良好基础。

1. 召开“开启双一流建设时代的新闻传播教育”常务理事会议

2017 年 10 月 20 日下午，中国高等教育学会新闻学与传播学专业委员会在中国人民大学新闻学院召开常务理事会议，就新闻传播学科建设开展研讨。中国高等教育学会新闻传播学专业委员会秘书长、中国人民大学新闻学院副院长周勇教授主持会议。与会学者围绕“新闻传播学科人才培养的再定位”“学科布局与学科治理架构调整”“跨学科联合人才培养与科学研究的可能路径”“学界和业界的关系建构”“国际化与国际一流”“学院管理与服务流程再造”6 个方面问题进行交流。常务理事们认为，顺应党和国家推动文化大发展大繁荣的战略规划，新闻传播学已经进入改革创新时期，要注重依托相关学科寻求融合拓展，根据自身条件选择路径把学科做强。在当下学术环境中，应进一步提升新闻传播学的专业性，完善中国新闻传播学理论体系。在学科布局和学科治理架构调整中，应通过顶层设计推进学科整合。在教材建设、人才培养、评价体系等方面，要重视思想引导，重视新闻理想、职业伦理的养成，坚持以本科教学为本，加强技能训练，增强实践能力。

2. 召开中国新闻学年会暨学术研讨会

2017 年 11 月 3—5 日，由中国高等教育学会新闻学与传播学专业委员会新闻学组主办、西南政法大学新闻传播学院承办的第十届(2017)中国新闻学年会在重庆成功举办，来自中国人民大学、清华大学、中国传媒大学、复旦大学、武汉大学、华中科技大学、南京大学、四川大学、重庆大学、郑州大学、兰州大学等全国百余所高校的新闻与传播领域的专家学者和业界人士 200 余人与会，以贯彻落实“十九大”精神为主线，围绕“使命与担当：保卫、创新、发展中国新闻学”的会议主题，进行了深入的学术研讨，共谋我国新闻学学科发展与创新，共商中国特色新闻学学科建设之路。

3. 召开高校新闻传播学科新媒体实务课程共享平台建设研讨会

2017 年 10 月 21 日，在中国高等教育学会新闻学与传播学专业委员会发起，由中国人民大学新闻学院联合今日头条头条学院共同举办的高校新闻传播学科新媒体实务课程共享平台建设研讨会在京举行，“人大—头条新媒体实务课程共享平台”在会上正式启动。中国高等教育学会新闻学与传播学专业委员会理事长高钢，中国人民大学新闻学院执行院长胡百精，中国人民大学新闻学院副院长周勇，今日头条高级副总裁赵添，清华大学新闻与传播学院教授、新媒体研究中心主任彭兰，复旦大学新闻学院教授、院长助理周葆华，今日头条副总编辑徐一龙，中国人民大学新闻学院副教授唐铮，今日头条高级运营总监王月芳等嘉宾出席研讨会。此外，近 300 名来自高校新闻的专业教师及部分教育领域媒体共同参会。“人大—头条新媒体实务课程共享平台”将致力于建设一套适应目前新媒体环境的实务课程体系，并面向全国新闻传播院校师生开放，各高校相关专业可自行采纳课程并参与课程建设。希望以此形成一个学界和业界深度合作的教学改革创新机制，为互联网+背景下高校新闻传播学科的教学改革探索、加强学界和业界的沟通与合作进行有益尝试。

4. 促进新闻教育界专题交流，召开中国广播电视学与新媒体研究会

2017 年 10 月 14 日，以“广播电视与新媒体转型发展”为主题的广播电视与新媒体转型发展高峰论坛暨中国广播电视学与新媒体研究会 2017 年会在杭州召开。此次论坛由中国高等教育学会新闻学与传播学专业委员会广播电视学与新媒体研究学组主办，浙江传媒学院新闻与传播学院、上海新榜公司承办。论坛邀请了国内新闻与传播学领域的专家、学者和业界人士 100 余人汇聚杭州，共同探讨中国广播电视与新媒体转型发展相关问题。

5. 组织新闻传播师资培训，召开和举办全国新闻学教学科研高级研讨班

2017 年 7 月 7 日至 10 日，来自全国近百所新闻院校的 150 多名教师参加了在云南昆明举办的 2017 年“全国新闻学教学科研高级研讨班”。研讨班举办了 10 场学术讲座和 2 场分组研讨及专家点评，由中国高等教育学会新闻学与传播学专业委员会、中国高等教育学会新闻学与传播学专业委员会新闻学组主办，云南大学新闻学院承办。为帮助全国新闻院校进一步总结交流新闻学教学科研的经验，提升其质量和水平，此次研讨班以“中外新闻与传播学术交流、国际新闻传播教育、国际传播、一带一路与对外传播”等为主题。10 位海内外新闻与传播学界的专家先后为与会老师带来了 10 场精彩讲座。

6. 组织新闻传播师资培训，召开和举办全国新闻传播学骨干教师研修班

2017 年 7 月 28 日至 8 月 1 日，由中国高等教育学会新闻学与传播学专业委员会和中国人民大学出版社共同主办的“2017 全国新闻传播学骨干教师研修班・网络与新媒体”在湖北恩施举行。此次培训以“网络与新媒体”为主题，“服务高等教育事业，服务一线任课教师”为宗旨，着眼于当下传媒行业的剧烈变化，特别是互联网信息技术日新月异的发展带来的冲击以及高校新闻传播教育面临的多方挑战，聚焦新媒体专业建设，共话新闻教育的转型与创新问题。参加研修班的有来自全国各地 100 多所高校 230 多名新闻传播相关专业教师。会议安排了学界与业界 6 位专家进行了高水平主题讲座。

7. 促进高校第二课堂建设，协同主办 2017 年第四届中国大学生新媒体创意大赛

2017 年 3 月 16 日，中国高等教育学会新闻学与传播学专业委员会协同主办的第四届中国大学生新媒体创意大赛颁奖典礼暨第二届媒体融合驱动新闻传播教育改革论坛在中国人民大学举行。中国大学生新媒体创意大赛是一个面向全国大学生，针对新媒体创意设计进行交流、学习、切磋的大型赛事。此届大赛作品征集历时一年，参赛学生可围绕“原创故事类”“童年・家园・故事”“数字生活、味道、家乡”“数字新闻可视化互动呈现”四大主题进行自由创作。赛程共计收到包括中国人民大学、南开大学、北京师范大学、暨南大学等在内数十所高校的 400 余部作品。作为面向全国高校学生的专业赛事，中国大学生新媒体创意大赛鼓励新闻传播专业及全体大学生使用专业新媒体工具，策划、设计、制作基于新媒体终端的交互式出版物。

8. 促进新闻传播领域产、学、研交流，组织策划推选“未来传播”创新项目，联合主办2018年未来媒体峰会

2017年12月6日，2018年未来媒体峰会在京举行。中国高等教育学会新闻学与传播学专业委员会联合中国人民大学新闻学院、中国传媒大学新闻传播学部、复旦大学新闻学院、清华大学新闻与传播学院、武汉大学新闻与传播学院、北京大学新闻与传播学院、华中科技大学新闻与信息传播学院、暨南大学新闻与传播学院、今日头条共同颁发了“未来传播”2017年度推荐项目，旨在致敬剧烈变革的行业环境下，媒体和媒体人一往无前的探索，为全行业提供具有借鉴意义的创新样本。共有来自全国130多个主流媒体的领军人物和全国重点高校新闻传播学院院长、教授参加。

（中国高等教育学会新闻学与传播学专业委员会秘书处）

5.3.4　中国高等教育学会广告教育专业委员会

1. 举办学术年会

第七届学术年会暨第八届中国广告教育论坛于2017年12月9日在河北师范大学科技报告厅举办。中国高等教育学会广告教育专业委员会理事长、中国传媒大学丁俊杰教授等领导出席开幕式并致辞。

来自全国122所院校的240余名广告学者、业界专家与专业教师济济一堂，共同展开了对当代广告教育的深入探讨。此次论坛以“趋势与适配——新传播生态下中国广告教育的供给侧改革”为主题，以“新传播生态下的中国广告教育”及“新传播生态下的广告研究”为议题展开研讨。

广告教育年会的召开弥补了除大广赛之外全国广告教育界交流的短板，促使广告界学者一起探讨研究。召开年会既有利于增强广告教育的研究基础，又能形成系统的广告学术体系，促进理论创新，集中研究力量形成活力，进而解决了知识碎片化单一化的问题。

此次论坛还分设“新传播生态下广告教育与人才培养”“新传播生态下广告理论研究”“新传播生态下广告产业发展与应用研究”“国家广告研究院南方分院论坛”四个分论坛。参会的专家学者分别以“广告教育数字化转型的三个维度”“AI赋能，让一切皆有可能”“当前西方广告研究的五个前沿问题”“新营销——互联网下半场营销变革与趋势探索”“媒体营销的升级与重建”为主题，从不同视角对广告教育和广告研究阐明了自己的观点。此次会议取得了丰硕成果，会议规模空前，主题鲜明，内容丰富，促进了沟通。

2. 组织学术交流活动

2017 年 3 月 16—21 日，第九届大广赛指导教师培训班在北京举行。此次培训班有来自全国的 303 名教师参加。根据事先调研及多数教师的建议，学会将第九届教师培训活动确定为讲师授课与专家研讨相结合，并增添了实践观摩和实际操作环节，邀请了多位业界、学界权威人士分享知识、见解，交流经验，极大地丰富了教学形式。

培训中，上海师范大学人文与传播学院博士生导师金定海教授作了“没有创意，咸鱼一条”的主题讲座。金教授对比了往届大广赛优秀参赛作品，分析了大广赛中个别具有代表性的参赛作品未获奖的原因，带领教师们找出问题和差距。上海麦肯光明广告董事长莫康孙先生围绕“创意跳板——让创意思考发挥到淋漓尽致的工具”主题，分享了大量实战案例，以资深广告人的身份与教师们进行了专业的经验分享。北京东道设计公司董事长解建军先生主讲了“国家形象与文化的融合”，分享了大量享誉国际的设计作品，极大开阔了教师的眼界，提高了教师的审美水平。The Gate 大中国区主席兼创意执行官狄运昌先生重新定义了新媒体，改变了教师们对新媒体的固有认知，指导教师们如何发现、挖掘及有效地利用新媒体进行创意。中国传媒大学博士生导师张翔教授主讲了“大广赛广告策划的组织与训练”，将自己多年指导经验倾囊相授。

学会还为学员们额外提供了 H5 专业工具学习机会，供有兴趣的教师拓展技能。在培训的最后，组织学员们抵达中国广告博物馆和传媒博物馆开展教学观摩活动，并配以专业的讲解员带领学员们走进广告的历史。

3. 召开常务理事会议

2017 年 12 月 8 日，在河北师范大学召开了常务理事会议。理事长、副理事长、秘书长、副秘书长、常务理事共计 28 人到会。会议首先对上届深圳教育年会和此届学术年会的情况进行了汇报，然后介绍了第三届优秀论文评选和“十三五”规划课题“2017 年广告教育研究的进展情况”，之后介绍了中国高教学会的换届情况和近期的政策规定，并讨论 2018 年委员会工作计划。最后汇报了第九届大广赛主要情况，并就 2018 年大广赛如何深入发展和赛事应如何转型与升级进行了研究探讨。

4. 组织开展中国高等教育学会高等教育科学研究“十三五”规划课题“2017 年度广告教育与研究”专项课题

自 2017 年 4 月 6 日发布通知开始课题征集工作，共收到 12 份申报书。专家委员会于 2017 年 11 月 24 日上午召开专项课题评审会，最终确定拟立项课题名单，其中重大课题 2 个，重点课题 5 个，一般课题 4 个。评审结果已报中国高等教育学会秘书处学术部，待立项。

5. 完成第三届全国高校广告艺术教育优秀论文评选

自 2016 年 9 月 5 日发布第三届全国高校广告艺术教育优秀论文评选活动通知以来，经过论文收集、专家通讯评审、会议评审等环节，共评选出一等奖论文 3 篇、二等奖论文 5 篇、三等奖论文 8 篇。获奖结果在第八届中国广告教育论坛闭幕式上公布，并向获奖者颁发了荣誉证书。

6. 举办第九届全国大学生广告艺术大赛

第九届大广赛自 2016 年 11 月 27 日启动以来，在时间安排、选题的确定、活动内容等各个方面，都注意与学校的教学进度相衔接。2016 年 12 月—2017 年 3 月征集企业选题、2017 年 3 月举办指导教师培训班、4—5 月组织名家名师进校园巡讲活动、4—5 月各赛区启动大广赛、6—7 月各院校组织学生创作与选拔、7 月各赛区评奖、8 月全国总评审、9 月获等级奖作品公示并举办了“策划案全国一、二等奖现场总决赛”，10 月获优秀奖作品公布，11 月 24 日在全国政协礼堂召开了颁奖典礼，12 月 8 日召开了赛区负责人会议，对此届大广赛进行了总结。至此第九届大广赛圆满结束。

(1)基本情况

第九届大广赛的主题口号是“创意我挑战”。据统计，此届大广赛共收到各类作品 173870 组(约 36 万件)。参赛高校 1301 所(含二级学院 2819 所，比上届 2311 所增加 508 所)。经审核，对不符合广告法、有色情暴力内容、直接使用素材、超时、重复投稿等情况的 668 组作品取消资格，最后确认 19960 组作品参加全国总评审。作品数量之多，赛事影响之广，参赛热情之高，在同类广告竞赛中处于领先水平。

此届大广赛在全国各高校共举办了 118 场校园创意巡讲推广活动，其中有 49 场名家名师校园创意巡讲、60 场 iH5 软件实操培训、9 场营销创客活动指导培训，共邀请了 22 位一线资深广告专家到场为同学们做创意讲座。

2017 年 9 月 13 日，中国大学生好创意——第九届大广赛策划案现场决赛在中国教育电视台高校创意总部第二演播厅举行。现场决赛共有 11 支团队参与，这些作品是从参与大广赛的 5455 件广告策划案作品中，通过分赛区评比、总赛区评审脱颖而出的。通过近七个小时的激烈竞争，最终评出一等奖 6 个、二等奖 5 个、最具人气奖 1 个。

经全国总评审、复活赛、中国大学生好创意广告策划案现场决赛、网上公示、处理违纪作品等各环节，此届大广赛共评出获奖作品 3311 组，其中一等奖 63 组、二等奖 200 组、三等奖 565 组，优秀奖 2483 组。

(2)第九届大广赛亮点

第一，热心公益弘扬主旋律。与中国网络视听节目服务协会合作，特设“中华文化，中国精神”和“厉害了我的国”两项公益命题，优秀公益广告作品在高校、中央电视台及各大互联网平台进行了展播，得到了中宣部和广电总局等主管部门的认可。大广赛每届都设有公益命题，体现了大广赛办赛的社会责任感，公益作品数量逐年增多，体现了大学生对公益广告创作的极大热情。

第二，贴近时代传播趋势。平面类、互动类、广播类作品均特别提出移动端广告的规格要求，引导学生的创作适应快速发展的广告环境。

第三，提供丰富赛事资源。与创意图库、专业调研机构合作，为参赛学生提供多方面的帮助，提高了参赛作品的专业水平。

第四，根据年轻人特点创建乐趣多元大赛。与趣现场——微信大屏幕合作，在巡讲期间可通过微信应用平台进行现场互动、签到、抽奖、实时留言，充分调动了年轻群体的互动与参与的积极性。

第五，特别设置校园活动新闻奖，对表现突出的 10 个赛区予以奖励。

(中国高等教育学会广告教育专业委员会秘书处)

5.3.5　中国高等教育学会公共关系教育专业委员会

中国高等教育学会公共关系教育专业委员会(以下简称公关专委会)属于中国高等教育学会的二级分会，是中国高等教育学会的常务理事单位。该专业委员会具有承上启下的桥梁作用，既接受高教学会的领导，在高教学会章程及有关规范性文件的指导下开展工作，又要本着民主自治的原则，致力于发挥专委会在教师联谊、学术交流、教学改革、会员服务、专业促进等方面的自我组织、自我服务的功能，从而推动和促进高校公关教育事业的健康发展。公关专委会自 1995 年 5 月在西安成立，至今已经历了 23 个春秋。目前公关专委会现已发展成为会员遍及全国大部分高校，凝聚力、向心力日益增强，专家学者云集，科研成果荟萃，知名度、美誉度不断提升，对外影响力不断扩大，是一个具有完善的组织架构体系的学术团体。

1. 专委会换届选举和组织机构变更完成，实现专委会工作有序过度，继往开来

公关教育专委会作为公关专业教学领域的专业学术团体，按照专委会章程的规定，其理事会为五年一个任期。自 1995 年 5 月专委会成立，专委会分别于 2003、2008、2013 年共召开四届会员代表大会，产生了四届理事会。自 2013 年产生第四届理事会到 2017 年已有四年，2017 年专委会迎来了又一个换届之年，因而 2017 年度专委会工作中心围绕着换届展开。专委会换届工作，涉及专委会理念、思路的传承和换届选举及具体工作交接。专委会换届首先强调理念、思路的传承。专委会在 20 多年的办会历程中，形成了本专业学会办会理念、思路和工作方法、工作作风。换届后的学会对于以往学会形成的“学以育人，同以致和”的办会理念，以及办会思路、工作方法和作风等，进行认真的研读和吸收，做到使学会工作的有序过度，继往开来。2017 年 7 月 29 日，专委会在哈尔滨召开了第五次会员代表大会，选举产生了第五届公关专委会理事会，完成了又一次的新老班子交接。按照专委会章程第十五条规定，除经理事会研究和提出建议，并报请上级学会同意，除因特殊情况须提前或延期换届的特殊情况出现，该届理事会任期五年，即任期从 2017 年 8 月到 2022 年 8 月。现任理事会组织机构成员包括：正副理事长、监事、正副秘书长、常务理事和理事。理事长由对外经济贸易大学公共管理学院教授彭向刚担任；副理事长由王群（上海市文史研究馆正局级巡视员）、鲍善冰（山西大学马克思主义学院教授）、吴满意（电子科技大学教授、院长）、马志强（浙江传媒学院教授）、陈小桃（海南大学政治与公共管理学院教授）五位专业学者担任；监事由吉林农业大学经济管理学院教授邵喜武担任；秘书长由对外经济贸易大学公共管理学院教授张红担任；副秘书长由邵喜武（吉林农业大学经济管理学院教授）、徐曾阳（华中师范大学公共管理学院教授、副院长）、钱振林（南昌航空大学教授）、高永军（山东科技大学济南校区、党委副书记）、褚云茂（东华大学传播系、城市形象研究所教授）、蒋楠（中国计量大学教授）6 位学者担任；该届理事会产生常务理事 49 名，理事 103 名。

为便于专委会工作开展，由常务理事长会议讨论通过了专委会的工作机构调整，该届专委会工作机构由专委会秘书处和各专业事务部构成。专业事务部有公关教育教学和教师发展事务部、公关科研和专业建设事务部和公关咨询和社会服务拓展事务部。12 月召开的理事长工作会议对理事会各个专业事务部负责人进行了明确，确定陈小桃、吴满意两位副理事长主抓公关教育教学和教师发展方面的工作；王群、马志强两位副理事长主抓公关科研和专业建设方面的工作；鲍善冰副理事长、邵喜武监事主抓公关咨询和社会服务拓展方面工作。

2. 学术会议：坚持学术立会，推动广泛的群众性教育教学和科学研究

每年一次的学术年会是专委会的常态化工作。2017 年年度的学术年会的主题为“现代化背景下的公共关系教育”，此次学术年会分为主题报告和学术交流两个环节。专委会副理事长鲍善冰教授以“公共关系教育现代化面临的挑战与对策的几点思考”为题，为此次学术年会做了主题报告，鲍善冰教授在报告中对公共关系教育现代化面临的“五个挑战”和“三个对策”进行了深入的归纳和分析。其中，“五个挑战”为教育现代化的挑战、经济发展方式的挑战、新媒体迅速发展的挑战、用户阅读信息习惯改变的挑战、新媒体内容的生产能力与传播能力不匹配的挑战。为迎接这五个挑战，鲍善冰教授提出了三个方面对策建议。“三个对策”是传播的内容要与时俱进，传播方式要与新媒体紧密结合，以及公共关系教育的教师质量的提升。公共关系教育教师质量的提升，具体内容包括：观念要更新、视野要拓宽、站位要更高、教学内容方法要现代化。报告后学术年会进入第二环节，即专题学术交流发言和点评。夏昌祥教授、陈小桃教授、邵喜武教授根据自己多年在公关教育教学和科研中的体会进行了主题发言。此次学术年会主题报告思想深刻，专题学术交流涉及科研和教学，气氛热烈，为专业研究者和教育者提供了一个学术观点和教育思想的交流平台。此外，由于此次学术年会与全体会员大会合并举行，因而参会人员多，思想活跃度高、气氛更为热烈。

专委会成立以来，开展学术活动的另外一种形式是每两年一次的年度科研课题立项工作。在科研立项方面，主要是对 2016—2018 年的科研立项开展中期审查工作。专委会为此专门设立了课题中期评审专家组，开展对课题的专项检查和初期拨款。对课题研究的进展起到了督促作用，同时保证了科研项目按期完成。

3. 坚持服务兴会，把学术与服务相结合，努力提高服务水平

积极开展专业培训工作，助力学生就业创业。多年来，专委会一直坚持育人为本、素质教育为核心，为提升大学生综合素质和培养高水平的公共关系人才，积极在高校学生中开展专业知识培训工作，并逐步将专业知识培训工作纳入学校的公共选修课范围，纳入学校教学管理系统，使整个培训工作更加规范。根据高教学会的规范化要求，专委会 2017 年分上、下两个学期继续开展培训工作。培训内容包括公共关系专业培训和公关关系礼仪文化专业培训，对经培训考核合格的学员颁发培训证书。该项专委会的服务性工作，在满足地方院校的要求，提升公关专业课程的影响力和学生综合素质方面，取得了良好的效果。

4. 规范办会，加强专委会自身建设

专委会自身建设是专委会生存与发展的基础。作为公共关系教育领域的专业委员会，办会规范自觉是规范办会的首要条件。专委会认真贯彻中央部委的有关政策、法规，自觉接受高等教育学会的领导和监督，严格遵守高教学会章程和《中国高等教育学会分支机构管理暂行办法》，按照高教学会的要求及时向高教学会汇报工作，进行2017年年度自查自检工作。

班子及日常工作规范运作是专委会制度建设的重要方面。定期召开理事长工作会议、常务理事和理事会议，安排党和国家，以及高教学会文件学习和定期研究工作安排，统一思想是专委会年度制度建设的重要内容。专委会坚持民主办会的原则，理事长、副理事长分工协作，相互扶持，团结共事，运转顺畅有序。按照高教学会的要求在2015年9月设立监事的基础上，2017年学会换届选举延续原有的监事设置，由年富力强、本专业的年轻学者担任监事职务，强化监事对于专委会工作的规范化运作的监督。

（中国高等教育学会公共关系专业委员会秘书处）

5.3.6　中国体育科学学会体育新闻传播分会

中国体育科学学会体育新闻传播分会成立于2004年，但在分会全体同仁的努力下，体育新闻传播分会在推动我国体育新闻传播学术活动，促进我国体育新闻传播研究，服务于中国的体育事业和媒介事业，团结和凝聚国内体育新闻传播人才，开拓与境外有关方面进行学术交流等方面取得了显著的成果，受到了国家体育总局、学术界和传媒界的高度肯定与赞赏。现将2017年度分会主要工作事项总结如下：

1. 在组织建设方面，顺利完成了分会的换届工作

根据学会的要求，分会按照会员比例和组成原则，进行了新一届常委和委员的换届工作，此项工作已经完成。具体如下：

主任委员：陈　伟
副主任委员：郝　勤　张玉田　杜友君
秘 书 长：郭　晴
副秘书长：张德胜　邹　英

常委(5 人)：曹　勇　骆秉全　史国生　邹　英　张德胜
委员(19 人)：王晓东　徐承刚　马增强　陈国强　李金宝　李　鹏　李　芳
尚志强　许绍连　毕雪梅　兰　馨　李　川　王庆军　郭　晴
温　文　史　勇　肖焕禹　万晓红　刘　梅

2. 在学术活动方面，成功举办了两场高端论坛和一次学术年会

(1)成功举办了第四届(成都)国际体育传播高端论坛

2017 年 7 月，第四届(成都)国际体育传播高端论坛在成都体育学院举行。此次论坛以“转型、变迁与跨越：新格局下的体育传播研究”为主题，来自德国、法国、加拿大、日本、瑞士、英国等国家和中国人民大学、北京师范大学、南京师范大学等高校的 17 位学者与行业人士就传播生态巨变下的体育传播态势进行了讨论，对奥林匹克传播进行了回观和反思。

北京师范大学喻国明教授以“互联网发展下半场：体育传播的机遇与挑战”为题，阐述了当下互联网新趋势引发的传播生态重塑。国际奥委会媒体运行主管暨新闻委员会主席安东尼·埃德加先生以“数字世界体育赛事新闻报道的未来”为题，回应了媒介技术衍变中国际奥委会的努力。德国大传媒大学托马斯·霍尔基教授在题为“社交媒体时代的体育传播”报告中，探讨了体育明星、体育新闻和体育公司新闻几个议题。武汉体育学院张德胜教授委托其博士生陈强和李菁作了题为“媒体体育的传播模式研究”的发言，媒体体育研究发端于 20 世纪末的美国。南京师范大学王庆军教授从机理上解析了“从电视到网络：体育传播的总体特征及其多维影响渗透”。天津体育学院杨珍博士的发言，主要就渠道整合做了精细化分析，她对里约奥运之后体育传播发展的预测与前面几位专家的观点不谋而合。

(2)成功举办 2017 马拉松与城市传播国际论坛

在中国体育科学学会体育新闻传播分会的支持下，11 月 22 日上午，由武汉体育学院新闻传播学院和湖北省体育科学学会体育新闻传播分会主办的“2017 马拉松与城市传播国际论坛”在科技楼五楼演播厅举行。周树华等 16 位业界学者、专家与武汉体育学院一百多名师生出席了此次活动。

华奥星空副总樊露薇讲述了马拉松、城市品牌与传播三者之间的碰撞与贯穿，引出“个性成就卓越”的主题。武汉体育学院王相飞副教授以“马拉松与城市形象的新媒体传播”为题，从新媒体传播角度讲述了马拉松的传播类型及原则。TTD 腾提度体育创始人、董事长苏玲，用自己的故事讲述了马拉松赛事在品牌打造的心得，“如何造一场有气质的马拉松”。武汉汉马体育管理有限公司副总经理包波讲解的“马拉松传播的特点和瓶颈”，则要求新闻人运用整体的赛事运营理解体育。

湖北广播电视台楚天交通广播的主持人艾轶以“如何解说这 42. 195 公里”为题，分享了如何准备一场马拉松解说。武汉广播电视台文体频道文体夜总汇节目部主任、高级记者夏明华从马拉松的解说与报道的角度，分析了马拉松解说的特点，并对解说员的专业素养提出要求。广东技术师范学院外国语学院讲师李峰站在叙事学角度，从故事、话语、具体行为三方面对马拉松赛事报道的人物叙事进行了全面且详细的分析。美国阿拉巴马大学传播与信息学院教授、武汉体育学院新闻传播学院“楚天学者”讲座教授周树华则另辟蹊径，从地貌学角度对马拉松传播进行解读。

(3)成功召开了第十三届全国体育新闻传播学术研讨会

2017 年 12 月 15—18 日，第十三届学术年会暨中国传播学会体育传播专业委员会第十届学术年会在南京体育学院举行。此次会议主题是“融合 · 分享 · 纪录”，会议采用主题报告、专题报告以及工作坊等方式围绕“体育传播人才培养与应用”“体育影视传播与制作”“新媒体赛事报道与媒体服务”“体育文化传播变革与创新”等主题开展广泛而深入的学术交流，具有较强的现实意义和鲜明的时代特征，为推进新时代体育宣传事业改革发展提供了强有力的智力支持。

大会邀请到中国体育科学学会领导、体育新闻传播学界及业界的杰出人物作了学术报告，其中包括北京师范大学喻国明教授的“大娱乐在未来传播中重要价值的再认识”、分会秘书长郭晴教授的“冰球在哪里？我国体育传播研究的主要议题”以及国家体育总局温文司长“体育传播之我见”等。年会从 217 篇投稿中，严格按照比例和规则，评选出了获奖论文，并邀请作者参与会议，通过大会报告、圆桌会议、专题论坛以及工作坊的形式，和大家分享学术成果，共同交流研讨。

3. 在学生创新活动方面，成功举办了第五届全国大学生体育影像节

此届全国大学生体育影像节由中国高等学院影视学会与中国体育科学学会体育新闻传播分会联合主办，上海体育学院体育新闻传播学院承办。历时 8 个月，共收到 23 部微电影和 128 组摄影作品，通过专家评审和乐视体育网网络投票，本届影像节共评审出了摄影五大奖项和微电影最佳作品、优秀作品奖，于 2017 年 12 月 10 日圆满落幕。全国大学生体育影像节获得了高校学子的广泛关注和支持，优秀的体育影像作品不断涌

现，从摄影作品到微电影，参赛作品的拍摄手法越来越多变，所蕴含的意义也愈发深刻，是很好的学生技能锻炼平台。

（中国体育科学学会体育新闻传播分会秘书处）

5.4　各省新闻传播教育学会或教学指导委员会等组织

5.4.1　四川省新闻教育学会

1. 学会的成立

2002 年 12 月 12 日，为了加强四川省内各高校新闻传播院系的联系与学术交流，提高新闻传播学科的办学质量，由四川大学、四川师范大学、四川省社科院、成都理工大学广播影视学院(后改名四川传媒学院)、四川教育学院(后改名成都师范学院)、西南民族大学、成都大学、西南交通大学、四川职业技术学院、西华师范大学等单位的新闻传播院系共同发起的四川省新闻教育学会在四川大学召开成立大会，四川省记协副主席、四川省新闻学会副会长宣读了成立四川省新闻教育学会的批文。学会聘请杜江任名誉会长，邱沛篁教授任学会会长，吴建、张立伟、朱光宝、陈祖继、周啸天、彭立任副会长，吴建兼任秘书长。学会办公地点设在四川大学文学与新闻学院。2011 年 3 月，鉴于朱光宝、周啸天、彭立 3 位副会长退休或转岗，经会长提名，增补王金星、蒋晓丽、徐希平为副会长。

2. 学会主要的学术活动

四川省新闻教育学会成立后，每年都会举办 1～2 次学术年会，由各成员单位轮流举办。

2003 年 9 月 24 日，四川省新闻教育学会年会暨国家社科基金项目“西部大开发与西部报业经济发展研究”开题报告会在四川大学举行。各高校代表同业界老总济济一堂，就高校学界同传媒业界加强合作，联合攻关承担重大科研课题，促进新闻传播教育和科研发展交换了意见。

2004 年 12 月 8 日，学会同四川大学出版社联合举办四川省新闻传播类教材研讨会在四川大学举行，代表们就新闻传播类教材的现状、编写、使用等方面提出了建设性意见。

2005 年 12 月 1 日，学会同复旦大学出版社联合举办了年会与新闻传播教材研讨会。代表们同复旦大学出版社的社长、总编辑一起，共同探讨了提高教材编写质量、扩大教材发行的具体措施；有的教师还同复旦大学出版社签订了出书合同。

2006 年 10 月 25 日，学会年会暨《邱沛篁自选集——新闻与教育》一书出版座谈会在四川大学召开。会上交流了各院系开展新闻教育改革的情况，研讨了进一步搞好高校同媒体之间、各高校院系之间的交流合作的措施。

2007 年 12 月 12 日，学会年会暨新闻教育学科建设研讨会在成都理工大学举行。大会重点听取了成都理工大学新闻传播教育的学科建设与办学特色汇报，参观了该校新建的实验大楼。代表们在讨论中提出，当前的新闻传播教育，要注意发展规模与办学特色的统一，数量与质量的统一，理论与实践的统一，硬件与软件的结合，不断争取新闻传播教育的健康发展。

2008 年 12 月 2 日，学会年会暨祝贺邱沛篁教授从事新闻及新闻教育工作 48 周年座谈会在四川大学举行。参会代表与各级领导高度赞扬了邱沛篁老师对我国新闻传播教育的杰出贡献。来自四川省和重庆市的高校新闻院系代表还就新闻传播相关话题进行了学术交流。

2009 年 5 月 15 日，学会年会在西南财经大学举行。西南财经政法大学的“错位竞争、体现特色”的办学思路和“文新为本，财经铸魂”办学方针得到大家的肯定。

2010 年 3 月 30 日，学会年会暨地方传媒论坛在成都大学举行。针对地方媒体的发展与人才培养的学术交流，这在学会还是第一次。

2010 年 4 月 8 日，四川省新闻教育学会联合四川省老教授学会新闻传播专委会，在成都理工大学广播影视学院举行了新闻与传播创新研讨会，大家就如何不断开拓创新，为国家培养更多优秀新闻传播人才的新思路、新建议展开交流。

2010 年 6 月 9 日，四川省新闻传播学术交流暨《邱沛篁文集》出版座谈会在四川大学举行。来自省市宣传部、媒体负责人同省内各高校新闻传播院系的老师们高度评价了文集的出版，同时希望进一步加强业界与学界的交流与合作，推动四川省新闻传播教育上一个新台阶。

2011 年 4 月 13 日，学会年会暨提高新闻教育质量、促进新闻传播教育发展研讨会在四川师范大学电影电视学院举行。老教授学会新闻传播专业委员会参加了会议。

2012 年 4 月 20—22 日，四川省新闻教育学会同四川省老教授学会新闻传播专委会在四川职业技术学院举行了“新闻传播教育加强理论与实践结合研讨会”。大家在发言中强调了理论与实践结合的重要意义，交流了各校的经验和做法，提出了改革新闻教育的一些新建议。

2013年5月，学会年会由四川省新闻教育学会联合四川省老教授学会新闻传播专委会在西南民族大学举行，大家就民族新闻教育的现状、经验、问题、改革等方面作了学术交流。

2014年5月9—10日，学会联合老教授学会新闻传播专委会与乐山师范学院共同举行了学会年会暨四川新闻教育发展、川渝高校新闻教育合作研讨会。学会第一次邀请了来自重庆高校和台湾高校的新闻传播学者参加了年会。川渝高校新闻传播院系之间的合作就此开始。

2015年6月10日，学会年会暨第二届川渝新闻传播教育研讨会在成都理工大学举行。大家就当下新闻传播教育面临的新情况探讨了新闻传播教育怎么应变发展的新路径。

2016年5月，学会年会暨第三届川渝高校新闻传播教育研讨会在电子科技大学举行。此次年会的主旨是新闻传播研究生的培养，电子科技大学、四川外国语大学等参会代表作了重点发言。

2017年5月，学会年会在四川传媒学院举行。年会就民营高校新闻传播教育的发展出谋划策，讨论热烈。会前代表们还参观了传媒学院的一系列实验室。

2017年12月10日，学会同成都理工大学传播科学与艺术学院、美国密苏里大学新闻学院联合举办“2017新闻传播教学周”，密苏里大学新闻学院史蒂文·赖斯(Steven Rice)教授和章于炎博士作为主讲人，围绕“媒体融合背景下移动设备新闻报道与写作”这一主题，以“媒体融合趋势”“移动设备运用”“新闻报道实践”“教学发展形态”“VR技术应用”等话题进行了深入探讨。

3. 优秀论文评选与合作出书

学会成立后，积极开展了推动教师学术研究的活动。2004年，学会同《新闻界》杂志合作，举办了“娇子杯”新闻教育论文征文大赛，共评选出四川大学、兰州大学、浙江大学、南京大学等校新闻院系教师的18篇优秀论文，分获一、二、三等奖。

2011年，学会为纪念成立10周年，发起编写《四川新闻传播教育发展论》一书。学会先后在成都理工大学广播影视学院、四川大学文学与新闻学院两次召开编写会，讨论书稿内容。

2012年8月，《四川新闻传播教育发展论》顺利出版，全书分1949年以前的四川新闻教育、改革开放后四川高校新闻传播教育发展概况、四川省新闻传播学科教师论新闻传播教育发展、四川省高校新闻传播学科教授简介、四川省新闻教育学会十年五个部分，共35万字。

2015年，学会联合重庆市的高校新闻传播院系，共同编写《川渝新闻传播教育35》一书。全书包括“四川高校新闻传播教育”“重庆高校新闻传播教育”“川渝高校新闻院系教授简介”三个板块，连同“共话新闻教育发展，开辟学界新路径”“新闻传播教育，坚守与变革”两个附录，于2015年10月正式出版。

（四川省新闻教育学会秘书处）

5.4.2　河北省新闻传播教育学会

2008年5月18日上午，河北省新闻传播教育学会成立于河北大学新校区，并挂靠河北大学新闻传播学院。

河北省目前已有约20所高校设有新闻传播类专业。新闻传播教育学会致力于促进我省新闻教育界与全国新闻教育界、媒体界的交流与合作，为河北省各高校和新闻媒体搭建起一个和谐交流的平台，推动新闻传播教育更好地贴近新闻传播实践，提升新闻传播人才培养质量。

河北省新闻传播教育学会第一届理事会，河北大学新闻传播学院博士生导师白贵教授任首届会长，河北大学新闻传播学院副院长、硕士生导师杜友君任首届秘书长，河北师范大学新闻学院牛炳文副教授、河北经贸大学人文学院杜莹教授、燕山大学文法学院文学与新闻传播学系陈玉副教授、河北科技大学文法学院赵凤华教授担任副会长。2013年6月29日上午，第二届理事会第一次全体会议召开，会议由河北大学新闻传播学院新闻系副主任商建辉副教授主持，会议选举河北大学新闻传播学院院长、博士生导师白贵教授为第二届会长，选举河北大学新闻传播学院副院长韩立新教授为副会长，选举河北大学新闻传播学院商建辉副教授为秘书长，河北大学新闻传播学院谷雨老师为副秘书长。同时，此届会议还增选了多名副会长、副秘书长、常务理事及理事，并新增了若干名会员。

2014年11月22日，“河北省新闻传播教育学会”第二届理事会第二次全体会议召开。省内新闻传播教育领域的专家、学者齐聚河北经贸大学，探讨新闻传播教育的现状与未来。白贵会长作第二届理事会主要工作总结，并部署了2015年度学会工作计划，同时向到会专家、学者传达了教育部新闻传播学类专业教学指导委员会发布的《2014年度新闻传播学类专业教育教学改革热点难点问题研讨提纲》。此次会议还揭晓了第二届

“河北省大学生新闻传播作品创作大赛”评选结果。

2017 年 6 月 30 日，河北省新闻传播教育学会第二届理事会第三次全体会议暨第三届大学生新闻传播作品创作大赛在河北师范大学新闻传播学院举行，来自河北大学、河北经贸大学、河北科技大学、河北传媒学院、河北民族师范学院、保定学院、唐山师范学院、河北对外经贸职业学院等 15 所高校的 34 位教师代表出席了会议。河北师范大学新闻传播学院院长仝文瑶在开幕式上致辞。河北省新闻传播教育学会会长白贵教授致辞并做学会工作报告。第三届大学生新闻传播作品创作大赛分为微视频、微广播、公益广告三个竞赛单元，征集到来自河北省 15 所高校选送的作品共计 171 部。

目前，学会已有河北大学新闻传播学院、河北师范大学新闻传播学院、河北经贸大学人文学院、河北科技大学文法学院、燕山大学文法学院文学与新闻传播学系、廊坊师范学院文学院、承德民族师专中文系、邢台职业技术学院艺术与传媒系、唐山学院文法系、河北传媒学院、保定职业技术学院传播艺术系、保定学院教育技术信息系、河北外国语职业学院等 20 个成员单位。

（河北省新闻传播教育学会秘书处）

5.4.3　陕西省新闻传播教育学会

陕西省新闻传播教育学会，2008 年 10 月 12 日成立于西北政法大学。学会是由西北政法大学、西北大学、陕西师范大学、长安大学、西安交通大学、西安外国语大学发起筹备，陕西境内开办新闻传播类本科专业的 27 所高等院校作为单位会员而组成的教育研究学会。学会由陕西省记协批准成立，记协是学会业务的上级主管部门。

学会依照《陕西省新闻传播教育学会章程》组织管理，选举西北政法大学、西北大学、陕西师范大学为学会会长单位；长安大学、西安交通大学、西安外国语大学为副会长单位。选举慕明春教授为学会会长；杨立川教授、李震教授为学会常务副会长；陈敏直教授、杨琳教授和王天定教授为学会副会长，陈敏直兼任学会秘书长。2012 年 11 月 4 日学会于西安欧亚学院举行换届选举，首届各会长单位、会长获得连任，同时增选西安欧亚学院、西藏民族学院、西安财经学院为副会长单位，增选丁立梅副研究员、周德仓教授、李忠昌副教授为学会副会长。

陕西省新闻传播类专业点数量多，有近 30 所大学开办了此类专业，但各学校之间、学校与媒体之间、学校与政府相关管理部门之间缺乏交流沟通的机制与平台，学会成立是基于搭建桥梁、构建平台、创新机制、抱团发展、合作共赢的原则，组织调动各种资源，使各新闻院校联合起来，有效提升了陕西新闻教育的实力。自学会成立九年以来，陕西省新闻教育有了明显变化，教师队伍实力总体增强；获奖成果和项目明显增多；学科影响力增强；人才培养质量显著提高。陕西省委宣传部、陕西省记协领导参加了学会年会和学术研讨活动，指导学会工作，提供有力支持。陕西省各大媒体领导和业务骨干，为学会教育研讨贡献了丰富的媒体实践经验，为高校学生提供了实习机会。

学会开展工作的主要形式，就是坚持每年举办一次专题研讨会，即学会年会，年会由各会员单位轮流承办。议程主要包括：总结安排学会工作、专题学术报告与研讨、专业人才培养经验交流与研讨等。自学会成立以来，共举办了 7 次年会，历年的会议主题有：①法制新闻与人才培养的专业特色；②新媒体时代的陕西新闻教育；③国际化视野下的新闻传播教育；④媒体融合趋势下的新闻传播教育改革；⑤陕西新闻教育资源整合和开发；⑥新媒体课程建设与创新；⑦新闻与传播专业硕士培养模式研究。学会年会曾邀请美国密苏里大学，以及世新大学、复旦大学、中国人民大学、清华大学等国内外名校专家教授为会议作学术报告。先后承办过学会年会的单位有：西北政法大学、西北大学、长安大学、西安欧亚学院、西藏民族学院、陕西师范大学等。年会通常参加的会员单位代表有 70 人左右；媒体代表 30 人左右；承办单位的领导与师生代表，最多时 300 余人。

（陕西省新闻传播教育学会秘书处）

5.4.4　湖北省新闻与传播教育学会

1. 学会的成立

2013 年 11 月 16 日，为了更好地面对媒介融合带来的新挑战，顺应时代发展以及高等教育改革要求，进一步推动湖北省各高校的团结合作，湖北省高等教育学会新闻与传播教育专业委员会在华中科技大学召开了成立会议。会议审议通过了《湖北省高等教育学会新闻与传播教育专业委员会工作规程》(草案)，选举了学会第一届理事会理事、常务理事、正副秘书长、副主任。华中科技大学新闻与信息传播学院石长顺教授、湖北省教育厅副厅长欧阳建平出席会议并发表讲话。

会上，省高教学会秘书长李友玉宣读了省民政厅关于同意成立“湖北省高等教育学会新闻与传播教育专业委员会”的批复及湖北省高等教育学会关于石长顺同志任新闻与传播教育专业委员会主任的批复。新闻与传播教育专业委员会的成立，旨在整合湖北省新闻与传播教育的优势力量，开展新闻学与传播学理论研究，推动新闻学与传播学的教学改革与科学创新。

第一届学会组成人员

会　　长　石长顺(华中科技大学新闻与信息传播学院)

荣誉会长　罗以澄(武汉大学新闻与传播学院)

副 会 长

向培凤(湖北广播电视台)

胡德才(中南财经政法大学新闻与文化传播学院)

廖声武(湖北大学新闻与传播院)

吴卫华(三峡大学文学与传媒学院)

喻发胜(华中师范大学新闻传播学院)

万晓红(武汉体育学院学科建设与“双一流”建设办公室主任、研究生院)

沈振煜(华中师范大学武汉传媒学院)

刘为钦(中南民族大学文学与新闻传播学院)

秘 书 长

郭　林(中国地质大学艺术与传媒学院)

副秘书长

郭小平(华中科技大学新闻与信息传播学院)

姚洪磊(武汉体育学院新闻传播学院)

2. 学会主要的学术活动

湖北省新闻教育与传播教育专业委员会成立后，举办了一系列学术交流及实践教学成果检验等相关活动，取得了丰厚成果。

2013 年 11 月 16 日，湖北省高等教育学会新闻与传播教育专业委员会成立会议在华中科技大学召开。会长石长顺教授在讲话中简要概括新闻教育发展历程，并指出 21 世纪新闻工作者必须了解媒介融合，成为融合工作者，以适应大数据时代。时任湖北省教育厅副厅长欧阳建平对学会的未来发展工作提出了四点希望：坚持正确的方向；准确把握工作职能；使学会成为咨询机构；有效开展工作。

2014 年，湖北省高等教育学会新闻与传播教育专业委员会在华中科技大学新闻与信息传播学院召开年会，来自全省各高校的多名专家学者参会，就新闻与传播教育发展的有关问题进行了商讨。

2015 年 3 月 21 日，湖北省高等教育学会新闻与传播教育专业委员会在华中科技大学武昌分校举行了首届实践教学成果颁奖典礼，此次实践教学成果的评选历时三月，活动评选内容分为新闻采编、播音主持、电视广告、学术论文四大类。经过各校申报、初审和终审，最终从来自中国地质大学(武汉)、湖北大学等高校的 74 件作品中产生了 8 个一等奖，19 个二等奖和 21 个三等奖。

2015 年 12 月 5 日，湖北省新闻与传播教育学会 2015 年年会在三峡大学隆重召开。来自省内外的 70 余名专家、学者齐聚一堂，共同探讨互联网时代的媒体变革与新闻传播教育创新。学术研讨之外，与会专家、学者还集体观看了三峡大学第三届微电影节颁奖典礼暨湖北省新闻传播实践教学视频作品展播。

2016 年 12 月 3 日，湖北省高等教育学会新闻与传播教育专业委员会 2016 年年会暨“传媒转型与新闻传播教育重构”论坛在中国地质大学(武汉)学术报告厅举行，各专家学者就当前移动互联网引发的信息传播方式、传播内容的深刻变革以及这种变革给新闻传播教育带来的挑战进行了讨论。会上还进行了 2016 年度湖北大学生新闻传播教育创新实践技能大赛颁奖典礼。同年，湖北省教育厅正式将此项活动纳入政府奖项，该竞赛是湖北省教育厅组织的唯一文科类学科竞赛活动。

2017 年 11 月 11 日，“传媒关系的重塑与传播教育变革”学术论坛暨湖北省新闻与传播教育学会 2017 年年会在湖北民族学院隆重举行。会议主要探讨了新时代下新闻传播教育变革、传媒关系的重塑与传播教育的变革的有关问题，并举行了主题为“面向新时代的新闻传播教育变革院长论坛”和“传媒关系的重塑与传播教育的变革”的论坛。中国传媒大学新闻与传播学部部长高晓虹教授和武汉大学新闻传播研究所所长罗以澄教授分别作了题为“新闻教育与时代同行”和“新时代中国特色社会主义新闻传播学科建设的思考”的主题报告，武汉大学新闻与传播学院院长强月新教授和来自省内多个高校的院长和老师就自身学术研究及工作经验作了主题发言。在此次会议上，湖北省高等教育学会新闻与传播教育专业委员会进行了换届选举，武汉大学新闻与传播学院院长强月新教授当选新一届学会会长，罗以澄教授、石长顺教授当选学会荣誉会长，胡德才、廖声武、吴卫华、喻发胜、万晓红、宗微、杨光宗、郭小平、陈峻俊当选学会副会长，洪杰文当选秘书长。湖北省高等教育学会秘书长李友玉对学会过去的工作给予了高度肯定，也对学会未来发展提出了要求和希望。会议还颁发了 2017 年度湖北大学生新闻传播教育创新实践技能竞赛相关奖项，分别产生了新闻采编类、微视频类、广告类、播音主持类、学术论文类五大类获奖成果。

第二届学会组成人员

会　　长　强月新(武汉大学新闻与传播学院)
荣誉会长　罗以澄(武汉大学新闻与传播学院)
　　　　　　石长顺(华中科技大学新闻与信息传播学院)

副会长

胡德才(中南财经政法大学新闻与文化传播学院)
廖声武(湖北大学新闻与传播院)
吴卫华(三峡大学文学与传媒学院)
喻发胜(华中师范大学新闻传播学院)
万晓红(武汉体育学院学科建设与“双一流”建设办公室主任、研究生院)
宗　微(武汉传媒学院)
杨光宗(湖北民族学院文学与传媒学院)
郭小平(华中科技大学新闻与信息传播学院)
陈峻俊(中南民族大学文学与新闻传播学院)

秘书长

洪杰文(武汉大学新闻与传播学院)

副秘书长

陈瑛(湖北第二师范学院文学院)

3. 合作出书与优秀论文评选

学会成立后，积极开展了推动教师学术研究的活动。围绕新媒体时代与新闻传播教育改革，承办湖北省新闻与传播教育学会年会的院校先后结集出版了三本会议论文集：《媒介融合时代的传媒与艺术教育》(胡德才主编，武汉大学出版社 2015 年 4 月版)、《新媒体语境下的新闻传播教育与影视创作》(吴卫华主编，华中师范大学出版社 2016 年 9 月版)、《全媒体时代的传媒发展与新闻传播教育重构》(张梅珍主编，武汉大学出版社 2017 年 12 月版)。

自 2014 年起，学会的主要活动开始由从以学术讨论为主转为学术讨论与实践成果的检验双项并举的导向。为适应新媒体环境下新闻传播教育的新形式，提高新闻传播专业实践教学的整体水平，体现各类高校传媒实践教学的特色，促进新闻传播教育事业的健康发展，学会决定于2014年秋冬两季面向全省新闻传播专业的师生举办主题为“生命如诗、江山如画”的首届高校新闻与传播专业实践教学成果竞赛。

2015年3月21日，湖北省高教学会新闻与传播教育专委会首届实践教学成果颁奖典礼在华中科技大学武昌分校隆重举行。《论全球媒体时代突发新闻传播能力培养内容及教学》荣获学术论文类一等奖。2016年12月，《在现代文化更替中守护传统——近十年中国历史剧的文化美学追求》等论文获得学术论文类相关奖项。2017年，《“供给侧改革”媒体报道比较研究——以〈财经〉〈财新周刊〉〈21世纪经济报道〉为例》《论南海仲裁案国内舆情的发展及启示》等论文获得学术论文类一等奖，《大数据环境下的视频网站信息茧房现象研究——以哔哩哔哩网站（B）站为例》等论文获得学术论文类二等奖，《2017年中国网络视听媒体行业人才结构需求调查研究》等论文获得学术论文类三等奖。

（湖北省新闻与传播教育学会秘书处）

5.4.5　上海高校新闻传播类专业教学指导委员会

上海高校新闻传播类专业教学指导委员会于2013年11月19日在上海成立。是日，上海市教育委员会发出沪教委高〔2013〕65号文件《关于公布上海高校新闻传播类专业教学指导委员会委员名单的通知》。文件指出，为贯彻落实教育部、中共中央宣传部关于加强高校新闻传播院系师资队伍建设、实施卓越新闻传播人才教育培养计划的精神，不断深化上海市高等新闻传播教育综合改革，提高新闻传播人才的培养质量，经过学校推荐、考查遴选并征求多方意见，经上海市教育委员会研究决定，成立上海高校新闻传播类专业教学指导委员会，黄瑚（复旦大学）为主任委员，王欣之（中共上海市委宣传部）、赵靖（上海市新闻出版局）、许正林（上海大学）、严三九（华东师范大学）为副主任委员，王梅芳（东华大学）、李本乾（上海交通大学）、杜友君（上海体育学院）、林晖（上海财经大学）、范玉吉（华东政法大学）、郭可（上海外国语大学）、曹怀明（上海对外经贸大学）、廖圣清（复旦大学）为委员，廖圣清兼秘书长。

2013年12月6日，上海高校新闻传播类专业教学指导委员会第一次会议暨设有新闻传播学类专业的院长（系主任）联席会议在复旦大学召开。上海高校新闻传播类专业教学指导委员会主任委员黄瑚向与会委员与院长（系主任）就此届教学指导委员会的工作设想作了汇报，全体与会人员还就目前高校新闻传播人才培养现状、面临的主要问题以及如何加强高校新闻传播类专业人才培养的建议等展开讨论。

此后，上海高校新闻传播类专业教学指导委员会全体会议每年举行一次，并先后与复旦大学、华东师范大学、上海交通大学、同济大学、上海大学、东华大学、华东政法大学、上海体育学院等联合举办有关新闻传播教育的专题研讨会。

（上海高校新闻传播类专业教学指导委员会）

5.4.6　广西高等学校新闻传播类专业教学指导委员会

广西高等学校新闻传播类专业教学指导委员会于 2015 年 11 月成立。广西新闻教指委属广西壮族自治区教育厅领导下的非常设的专家组织，主要任务是指导推进广西本科新闻教育工作，具体开展教学调研、评估评奖、培训等相关服务，聘期三年。

广西新闻教指委共有 26 位委员，其中 15 位委员来自高校，11 位委员来自业界。15 位高校委员分别来自广西 12 所高校，是从 17 所广西有新闻传播类专业的院校中的 208 位专任教师中精挑细选出来的广西高校新闻传播类专业的学科带头人和专业建设的负责人。这些高校委员的研究专业涵盖了新闻、传播、出版、广告等。11 位业界委员主要来自通讯社、报纸、电台、电视台、新媒体及广告行业，分属中央、省及地市级单位，他们都是新闻传播、摄影、广告等方面的行家里手。根据新闻传播与业界联系尤其紧密的特点，新闻教指委业界的委员占委员的比例达 42%。可以说，第一届广西本科高校新闻传播类教学指导委员会是一个专业水准高、代表性强、行业特点突出的一个专家组织。2015—2017 年，广西新闻教指委主任委员为广西大学新闻传播学院黎明洁教授。

（附）广西高等学校新闻传播类专业教学指导委员委员名单

序号	姓 名	职　务	单　　位
1	黎明洁	主任委员	广西大学
2	汤晓山	副主任委员	广西艺术学院
3	刘　洪	副主任委员	广西大学
4	杨树喆	副主任委员	广西师范大学
5	周文力	副主任委员	广西电视台
6	何清新	委员	广西艺术学院

续表

序号	姓 名	职　务	单　　位
7	蓝芝同	委员	广西民族大学
8	周素珍	委员	广西师范学院
9	黄　庆	委员	广西财经学院
10	何德珍	委员	桂林理工大学
11	冯广圣	委员	玉林师范学院
12	何华湘	委员	梧州学院
13	陆　衡	委员	钦州学院
14	欧阳珍	委员	河池学院
15	文怡炜	委员	新华通讯社
16	陈春棠	委员	钦州日报社
17	刘　端	委员	华隆集团

（广西高等新闻传播类专业教学指导委员会秘书处）

第6章　教育家研究系列

6.1　教育家研究

6.1.1　徐宝璜

徐宝璜(1894—1930，见图6-1)是五四时期中国新闻学界泰斗，中国新闻教育的奠基人，被誉为中国“新闻学界最初开山祖”“新闻教育第一位的大师”。徐宝璜开创了中国新闻教育的新纪元。他作为北京大学新闻学研究会主任、导师、副会长，实际主持了该会的日常研究和讲演活动，为北京大学新闻学研究会的成立和发展以及中国新闻教育与新闻研究的开展，发挥了重要的作用，产生了深远的影响。① 他参与创办了中国第一个新闻教育团体——北京大学新闻学研究会，组织出版中国第一份新闻学刊物《新闻周刊》，编撰中国第一本国人自撰新闻学教材及专著《新闻学》，培养了中国第一批新闻人才，开设了中国高等学府第一门新闻学课程，主持了中国第一个大学新闻系——平民大学新闻学系，

图6-1　中国新闻教育奠基人徐宝璜

① 邓绍根. 徐宝璜与北京大学新闻学研究会[J]. 北大新闻与传播评论，2010，(5)：102.

并设计提出了我国第一个四年制大学新闻教育方案。徐宝璜确立的新闻教育传统和留下的历史遗产至今在中国新闻教育发展中仍然发挥着重要的作用。

1. 任教北京大学，参与创办中国第一个新闻教育团体

徐宝璜，字伯轩，江西九江人，七岁丧父，早年在九江文化学堂读书，学习优秀，“试辄冠曹”。12 岁，随伯父徐子鸿在京求学，先后就读于汇文中学和北京大学。1912 年，考取官费留美生，留学纽约州立林业工程学院。1913 年，他在密歇根大学选修暑期课程，并转入该校攻读经济学。在密大期间，他密切关注新闻学教育发展现状。当时，密大学开办一个报纸工作者的培训项目，学员通过学习报纸写作、报纸工作实践等课程，获得一份特别证书。1916 年，徐宝璜选修“修辞与批评”和“基础报纸写作”课程，就是由该项目组织者斯科特先生主持的。① 这段新闻学习经历，为徐宝璜创办北京大学新闻学研究会提供直接借鉴的经验模式。1916 年夏，徐宝璜获得密歇根大学文学士学位，毕业回国。

1917 年，北京大学校长蔡元培先生“闻其贤”，聘任他为文科本科教授。年仅 23 岁的徐宝璜成为北京大学 80 多位教授中最年轻的教授。在 1917—1918 学年北京大学第一学期课程表中，徐宝璜为“文科英文门研究所教员”，研究科目是“译名”；第二学期，为“本科外国语教员”，讲授课程“文法三、读法三”。徐宝璜受聘为北京大学教授后，很快成为蔡元培校长的得力助手，出任校长室秘书，帮助蔡元培校长处理日常事务，并兼任《北京大学日刊》编辑处主任，负责管理该刊的编辑和经营事务，推动北京大学改革运动。

在蔡元培校长的领导下，北京大学成为新文化运动的中心。1918 年春，组织新闻研究会，被蔡元培、徐宝璜、邵飘萍提上议事日程。7 月，新闻研究会计划出炉。7 月 4 日，《北京大学日刊》刊登布告宣布，“为输灌新闻知识，培养人才起见，闻本校将于下学期设一新闻研究会。研究新闻之采集、编辑、造题及通信、并新闻纸之组织等事”，并聘请“徐宝璜教授为该会导师”。② 新闻研究会具体计划出台后，徐宝璜作为导师从暑假开始了紧张的筹备工作。

1918 年 9 月，北京大学新学期开学，北京大学新闻研究会开始了实质性的创立阶段。徐宝璜作为《北京大学日刊》编辑部负责人、新闻研究会主任，负责起新闻研究会的报名工作。10 月初，报名结束。10 月 14 日晚上 8 时，北京大学新闻研究会在理科第

① 周婷婷. 徐宝磺留学美国学习新闻学考证[J]. 国际新闻界，2008，(3)：76.

② 本校将设新闻研究会[N]. 北京大学日刊，(177)，1918-07-04.

十六教室举行了成立大会，蔡元培校长亲临会场，并发表了重要演讲。然后，导师徐宝璜演讲了“新闻纸之职务及尽职之方法”，向会员展示他的新闻学研究成果。新闻研究会由此开始正式开展活动。初期主要是由导师徐宝璜讲演，时间为：每逢星期一、星期三、星期五，七点至八点，地点：理科第十六教室。从 10 月中旬至 12 上旬，他分别发表了《新闻纸之职务及尽职之方法》《新闻之定义》《新闻之精采》《新闻之价值》《新闻之采集》《新闻之编辑》等 13 次演讲。

1919 年 1 月，新学期开学，徐宝璜再次负责新会员招生工作。2 月，他主持研究会改组工作。他将“北京大学新闻研究会”改名为“北京大学新闻学研究会”，讲学内容扩展至新闻评论、广告术和实验新闻学等方面。19 日，改组大会在文科第三十四教室召开，蔡元培当选为会长，徐宝璜被选举为副会长，成为北京大学新闻学研究会的灵魂人物，实际工作的组织者。

徐宝璜教授与蔡元培校长创办的北京大学新闻学研究会，以“输灌新闻智识，培养新闻人才”为宗旨，成为专门的新闻教育机构。北京大学新闻学研究会被认为是“吾国新闻教育”的“滥觞”“报业教育之发端”，认为它“启我国新闻教育之端”“新闻教育开始萌芽”，被赞誉为“开始正式有新闻教育”“中国新闻教育的开端”“中国报学教育的正式开端”“中国新闻教育的发端”，这些评价均公认北京大学新闻学研究会在中国新闻教育的开创性贡献，是中国第一个系统讲授新闻学课程并集体研究新闻学的新闻学术团体，更可谓中国第一个新闻教育和新闻学术研究团体。因此，徐宝璜也被认为“新闻教育的第一位的大师”“新闻学界最初的开山祖”“中国新闻教育的创始者”“中国报学教育的拓荒者”，从而确立了徐宝璜在中国新闻教育和新闻学研究上的历史地位。①

2. 组织出版中国第一份新闻学刊物《新闻周刊》

1919 年 2 月 24 日，徐宝璜主持召开北京大学新闻学研究会会员讨论筹办周刊及通讯社事宜，通过筹办《新闻周刊》计划大纲。3 月 14 日，《新闻周刊》组织机构形成，并进行分工。徐宝璜亲任周刊主任，新闻部主干陈公博，评论部主干黄欣，翻译部主干严显扬，通信部主干曹杰。

4 月 20 日，北京大学新闻学研究会《新闻周刊》正式创刊发行，徐宝璜特意撰写《发刊词》，阐述北京大学设立新闻学研究会的目的，一是“介绍欧美所已发见之新闻学识于中国；二是继为精深之研究，期有所贡献；三是培植明白新闻事业方法及记者责任之

① 邓绍根. 中国新闻学的筚路蓝缕：北京大学新闻学研究会[M]. 北京：清华大学出版社，2015：275.

人材。一言以蔽之，欲解决新闻界各问题，使新闻纸之势力足为改良政治与社会之利器也”。再次，深刻阐发了该刊的创刊目的：“本会发行此周刊之重要目的有三：(一)便会员之练习。……今有此周刊之发行，则会员之研究学理之余，复可得采集新闻撰著社论种种之实地经验，练习既久，敏捷之习惯当能养成，则将来出而办报时，可望其效率非徒知学理或仅有经验之士，所刻比也，此其一。(二)便新闻学识之传播。……本报同人，愿竭棉薄。每期论文一篇，将研究结果一一公之于世。愚者一得，尚荷新闻界之采用，则多少必是以助新闻事业之进步也。此其二。(三)便同志之商榷。有此周刊，国内同志可自由投函，提出新闻界之问题，互相商榷。此其三。”①

4 月 27 日，《新闻周刊》出版第二期。5 月 5 日，出版了第三期。每出一期，都在《北京大学日刊》《晨报》《京报》《新中国》等报刊登载广告。“一、乃中国唯一传播新闻学识之报。二、对于一周之新闻，为系统之记载，下公允之评论。”五四爱国运动爆发后，会员积极参加爱国运动，无暇出版周刊，致使《新闻周刊》停刊。

《新闻周刊》前后出版三期，时间虽短；但在五四运动前后产生了一定的社会影响。蔡元培校长在新闻学研究会第一次研究期满式上说：“吾校所出之周刊，能将一国之内外之大事，提要钩元，即示标准之意。囊保定某中学校长晤尔，曾谓该校学生平时以学课关系，无暇读报。后见本校周刊出版，能将事实钩元提要，非常欢迎。五四停刊以来，深为本周刊抱憾不置。由此观察，则外间表同情周刊者，大不乏人。”②戈公振在《中国报学史》中评价说：《新闻周刊》“对于一周之新闻，为系统之记载，下公允之评论。为中国唯一传播新闻学识之报纸”③。《新闻周刊》自身的刊物定位，《北京大学日刊》等报刊登载的广告就指出：“乃中国唯一传播新闻学识之报。”在《〈新闻周刊〉发刊之目的》一文中更加明确认定：“不仅为中国唯一传播新闻学识之报，且为中国首先采用横行式之报。”前者也被著名新闻史家戈公振所采信。

由于北京大学新闻学研究会是中国第一个新闻学研究团体和新闻教育机构，它所创办的《新闻周刊》兼有多种刊物属性。它可以说是中国新闻史上第一份学生进行新闻实践(新闻报道和时事评论)的新闻实习周刊；中国新闻史上第一份传播新闻学知识的新闻学专业刊物；中国新闻史上第一份关于新闻界问题进行意见交流的新闻学业务刊物；中国新闻史上最早横排报纸之一，四者仅强调一者，是不全面的。《新闻周刊》是中国第一份新闻学刊物，在中国新闻学和新闻教育发展史上占有重要的地位，是“中国新闻

---

① 《新闻周刊》发刊之目的[N]. 北京大学日刊，(357)，1919-04-21.
② 新闻学研究会发给证书纪事[N]. 北京大学日刊，(465)：1919-10-21.
③ 戈公振. 中国报学史[M]. 北京：中国新闻出版社，1985：210.

学和中国报业教育之发端的标志之一”①。

3. 编撰中国第一本国人自撰新闻学教材及专著《新闻学》

徐宝璜编撰《新闻学》的原因，与北京大学新闻研究会的成立有着密切的关系。他曾在《新闻学》自序中作了简要的说明：“新闻学乃近世青年学问之一种，尚在发育时期，余对于斯学，虽曾稍事涉猎，然并无系统之研究。客岁蔡校长设立新闻学研究会，命余主任其事，并兼任导师。余乃于暑假中，正式加以研究，就所得著《新闻学大意》一篇，以为开会后讲演之用。”②的确，从北京大学新闻学研究会筹备成立开始，徐宝璜作为研究会导师就已经着手新闻学研究工作。他“取材于西籍”，参考中外新闻学论文。经过暑假近两个月奋战，《新闻学》初稿初步成型。于是，徐宝璜交给蔡元培校长和同事符鼎升审阅，并请他们撰序。

9月，徐宝璜将《新闻学》初稿投寄到上海《东方杂志》。9月15日，《东方杂志》第十五卷第九号刊登《新闻学大意》第一章“发凡”和第二章“新闻之采集”。10月15日，第十号刊登第三章“新闻之编辑”；11月15日，《东方杂志》第十一号登载第四章“新闻之造题”、第五章“新闻之通信”、第六章“报馆之组织”和第7章“新闻通信社之组织”。

10月，研究会成立后，徐宝璜每周给会员们讲演新闻学知识，并与会员开展讨论，先后十三次将内容发表于《北京大学日刊》。他坦言：“开会后，余继续研究，加以会员之质疑问难，时有心得，遂将原稿加以修正，成第二次之稿。”

1919年3月，他在《北京大学月刊》发表《新闻纸之社论》和《新闻纸之广告》。这是《新闻学》第九、第十章内容。暑假，他对书稿进行第三次修订，并请邵飘萍为该书写序。11月15日，《新中国》月刊第一卷第七、第八号刊登《新闻学》书稿。他自述说：“今年暑假前，复修正一次，为第三次之稿，曾登第于第七、第八号之《新中国》。”

徐宝璜决定正式出版《新闻学》，并在《北京大学日刊》刊登预告说：“此书之初稿、二稿、三稿散见各杂志，此则为第四次之稿，较以前诸稿尤为详备，定于下月一日出版，由日刊编辑处及出版部发行。”

1919年12月6日，《新闻学》出版发行，成为中国人自撰并正式出版的第一本新闻学专著。《新闻学》系统地论述了新闻学性质和重要性、新闻纸功能，任务与作用、新闻的定义、新闻的特征、新闻的价值、新闻采访、新闻编辑、标题制作、新闻评论写作、广告制作、报社设备、报纸发行、和通信社机构等内容，内容涉及新闻学新闻史

① 方汉奇，李矗. 中国新闻学之最[M]. 北京：新华出版社，2005：195.

② 徐宝璜. 徐宝璜论新闻学[M]. 肖东发，邓绍根，编. 北京：北京大学出版社，2008：177.

论、业务实践和经营管理等三大领域。《新闻学》的新闻理论内容反映在第一章“新闻学之性质与重要”、第二章“新闻纸之职务”、第三章“新闻之定义”、第四章“新闻之精采”、第五章“新闻之价值”之中。《新闻学》的新闻业务实践内容体现于第六章“新闻之采集”、第七章“新闻之编辑”、第八章“新闻之题目”、第九章“新闻纸之社论”四章。《新闻学》第三部分内容是关于新闻事业经营管理领域，包括第十章“新闻纸之广告”、第十一章“新闻社之组织”、第十二章“新闻社之设备”、第十三章“新闻纸之销路”、第十四章“通信社之组织”。其三个附录也是具有重要的学术价值。附录甲乙，列出了其在撰写该书过程中参考的 31 本书籍和 72 篇论文，不仅体现了言必有征的学术严谨性，而且为新闻学研究者整理出一份学术资料，为他们开展新闻学研究提供线索。附录丙《请颁行新式标点符号的议案》使得 1919 年成为中国标点符号发展史上是具有重要意义的一年。①

《新闻学》出版于中国新闻学建立阶段，对当时新闻学科的建设和中国新闻教育的发展具有奠基性的作用。在《新闻学》出版之前，中国出版的新闻学著作有两本：一本是 1903 年由上海商务印书馆翻译出版的《新闻学》，该书是由日本新闻学者松本君平撰写的，中国出版的是中译本；另一本是上海广学会于 1913 年出版的《实用新闻学》，该书是 1903 年由美国新闻记者休曼撰写。当然，在徐宝璜同时期也有人编撰新闻学方面的著作，如任白涛。1916 年冬，他开始撰稿，初稿完成时间为 1918 年夏，但直到 1922 年 11 月，才交由杭州中国新闻学社出版。因此，徐宝璜《新闻学》成为中国人自撰并正式出版的第一本新闻学专著。

《新闻学》的出版，不仅是徐宝璜研究新闻学的结晶，而且是同北京大学新闻学研究会会员们教学相长的成果。该书因北京大学成立新闻学研究会而写，在教学中接受学生的“质疑问难”，最后又由北京大学新闻学研究会出版。出版后，《新闻学》受到多方赞誉。蔡元培在 1918 年 8 月、1919 年 11 月的两次序文中，都始终认为该书是我国新闻界的“‘破天荒’之作”。邵飘萍在《京报》上推荐此书：“《新闻学》以前中国无专门研究新闻之书籍，有之自先生始……在中国新闻学史上，有不可抹灭之价值，无此书，人且不知新闻为学，新闻要学，他无论矣。”②读者好评如潮，成为五四时期新闻学的最好启蒙课本和必读书目。新闻学者黄天鹏回忆说：“五四运动的前后，我正从事新闻学的研究，启蒙的读本，就是先生著的《新闻学》，我对新闻学的基础知识，差不多都是从这

---

① 邓绍根. 中国新闻学的筚路蓝缕：北京大学新闻学研究会[M]. 北京：清华大学出版社，2015：260.

② 徐宝璜. 徐宝璜新闻学论集[M]. 肖东发，邓绍根，编. 北京：北京大学出版社，2008：177.

本书上得来的。”他推荐说，“在初学新闻学的人最适宜的，也是学校最好的课本”，被认为“《新闻学》在新闻学史上应居最高峰的位置”。① 由于专门的学术专著的问世，是一门独立学科建立的标志之一。因此，徐宝璜《新闻学》的出版，成为中国新闻学科建立的重要标尺，也成为中国新闻教育和新闻学研究开端的标志之一。

4. 独撑大局，培养了中国第一批新闻人才

1919 年 9 月，新学期开学后，北京大学新闻学研究会步入了收获的繁荣季节，如新会员入会、旧会员期满、《新闻学》出版，但繁荣的背后也潜藏危机。当时蔡元培会长作为校长，正在推行改革，日理万机，事务繁忙；虽仍然一如既往地支持新闻学研究会的活动，但是他只出席研究会的重要活动，并不具体指导和主持研究会的活动；而邵飘萍则流亡海外，徐宝璜一人独撑大局。

徐宝璜作为日刊编辑处主任、新闻学研究会副会长，他仍负责了新闻学研究会的招新工作。9 月 30 日，在徐宝璜的主持下，第二届招新工作顺利开展，没有再出现上次招生的尴尬局面。学生报名踊跃，10 天就有 40 多人缴费，超过了预期 30 人的目标。报名结束，徐宝璜作为唯一导师每星期日上午九时至十一时在文科第三十五教室向新会员讲演新闻学，指导第二届会员的新闻学研究工作。

10 月 16 日，北京大学新闻学研究会举行“第一次研究期满式”，在会长蔡元培发言后，徐宝璜登台演说。他演讲的主题是“中国报纸之将来”，全文 500 余字。其内容分两部分：一、他为新闻学研究会成立一年多来，持续健康发展，感到欣慰。“现在中国之团体，往往成立之始，蓬蓬勃勃，继则一二衰，再而竭，终至无形消灭。而本会初创之时，即未铺张，现仍勤勤恳恳，向发展方向进行是也。”二、殷切希望会员投身报界，为社会提供各种正确、详细的消息。他认为：“现在学生，若欲加入他界事业，非常困难。而中国之新闻界，则犹似未开辟之大陆，从而发展必甚易易……吾国新事业，冷静非常，将来民智日开通，交通益发达时，各县至少可有一报纸。……盖社会中之份子对于社会中之事请，或其他份子，求得良心之判断，须以事实为根据。而最能供给各种事实于社会之全体者，当推报纸。”②他说“中国报纸之将来”，其实蕴涵两层深意，一是中国报界有美好的将来，二是会员们投身报界发展是中国报纸的将来。徐宝璜勉励之心可谓用心良苦！

他和蔡元培校长向第一届 55 会员颁发了证书。23 名会员获得“听讲一年证书”，他

---

① 徐宝璜. 徐宝璜新闻学论集[M]. 肖东发，邓绍根，编. 北京：北京大学出版社，2008：178.

② 新闻学研究会发给证书纪事[N]. 北京大学日刊，(465)，1919-10-21.

们分别是：陈公博、何邦瑞、谭植棠、区声白、倪世积、谭鸣谦、黄欣、严显扬、翟俊千、张廷珍、曹杰、杜近渭、徐思达、杨亮功、章韫诒、傅馥桂、温锡锐、缪金源、冯嗣贤、肖鸣籁、欧阳英、丘昭文、罗汝荣。32名会员获得“听讲半年之证书”，他们分别是：李吴祯、陈秉瀚、徐恭典、朱云光、姜绍谟、来焕文、马义述、杨立诚、易道尊、毛泽东、罗璈阶、钟希尹、常惠、吴世晋、王南邱、鲍贞、韩荫毅、陈光普、朱存粹、华超、朱如濡、舒启元、刘德泽、梁颖文、倪振华、杨兴栋、曲宗邦、尉士杰、黄琴、吴宗屏、高尚德、陈鹏。

10月26日，第一届新闻学研究会会员在北京大学文科楼前合影留念，蔡元培、徐宝璜出席活动。

1920年，徐宝璜校务缠身，教学繁忙，严重影响到了他对新闻学研究会的指导工作。该学期研究会活动，明显减少。在《北京大学日刊》上仅见四次活动记载。3月22日晚，研究会在第一院第二层新闻学研究会事务所召开了一次茶话会，讨论该学期的活动办法。4月19日，召开了一次研究会。5月3日晚，召开了该学期的第三次常会。5月15日上午，会员们终于走出校门，赴财政部印刷局参观学习。到6月底，北京大学新闻学研究会已经为第二届会员办好了期满证书，研究活动基本停止。

1920年9月，北京大学新学期开学，北京大学新闻学研究会没有再进行招新活动，自行退出了历史的舞台。北京大学新闻学研究会先后三次进行了招生活动，共约100名会员。他们既是新闻教育的对象，也是新闻教育的成果。虽然他们毕业后，虽然没有一人将新闻职业作为自己奉献一生的终身职业，但他们在北京大学新闻学研究会学习的新闻学知识和锻炼的新闻业务技能并没有白费，在人生的某一阶段他们从事过新闻工作，或创办或主编报刊成为宣传其政治思想和展示人生抱负的工具；尤其难能可贵的是，北京大学新闻学研究会无意中为中国革命事业培养了第一批无产阶级新闻工作者，如毛泽东、高君宇、罗章龙等人，为即将到来的国民革命高潮准备了新闻人才。

5. 开设了中国高等学府第一门新闻学课程

许多新闻学者提及北京大学于1918年聘请徐宝璜教授开设了新闻学课程，如有研究者认为：“1918年起，北京大学增设新闻学课程，聘徐宝璜主讲，供文科各系学生选修，开我国大学开设新闻学课程之先河。”①这种论断一直影响到现在。如又著作叙述说：“1918年，蔡元培首先决定在北京大学政治系开设新闻学课程，聘请在美国攻读新

① 方汉奇. 中国近代报刊史(下)[M]. 太原：山西人民出版社，1981：747.

闻学刚刚回国的徐宝璜任教，供文科各系学生选修。”①目前，该论断没有材料能够直接证明。

即便新闻学研究会导师向会员进行的新闻学讲演作为大学开设讲座课程，开始时间也不应该是 1918 年 9 月，而应该是 1918 年 10 月 14 日徐宝璜在新闻研究会成立大会上的第一次讲演。笔者查阅了大量关于 1917—1919 年的北京大学材料，包括《北京大学日刊》上当时的课程表，并没有发现该课程，而文科教授徐宝璜在北京大学任教的科目是英语。

据目前直接的一手史料表明：北京大学开设新闻学选修课的时间为 1920 年 1 月。1920 年 1 月 17 日，新学期开学之际，《北京大学日刊》刊登教务处布告，通知学生可以选修中国文学系新增的新闻学课程，任课老师徐宝璜教授，每周两小时课程。“中国文学系添设新闻学一门，请徐宝璜先生担任，每周开课两小时。于本星期六起午后一至三时开始授课，各系学生均可选习。愿习者务望于二十二日以前至第一院教务处签名，以便编坐。”

当然，当时新闻学导师的新闻学讲演仅是新闻研究团体的演讲，而非大学开设的供学生选修的课程。另据当时参加北京大学新闻学研究会的会员罗章龙回忆：“当时学校课程，并无所谓新闻学，北京各大学中，更未设有新闻专业。”②戈公振曾在中国第一部系统叙述中国报刊历史的著作《中国报学史》中记载：“国立北京大学之有报学课程，已有五六年于兹，为政治系四年级修选课之一。”③戈公振撰写完成该书的时间为 1926 年 6 月，并于次年 11 月出版，因此，“已有五六年”，则指的时间也为 1920 年左右。确实，1924 年 9 月，徐宝璜在北京大学再次开设“新闻学”选修课，只不过不是以前的中国文学系，而是在政治学系。在《北京大学日刊》上的《政治学系教授会布告》内容为：“本年度第四年级添设“新闻学”作为选修课，每周授课两小时，由徐宝璜担任。”④

不过，1920 年 1 月，北京大学中国文学系聘请徐宝璜增设新闻学课程，其实仍是中国高等学府中最早开设的正式新闻学课程。因为中国第一个新闻专业——圣约翰大学报学系于同年 9 月成立后才开设了新闻学课程，而此时北京大学已经正式开设新闻学课程一个学期了。

---

① 吴廷俊. 中国新闻史新修[M]. 上海：复旦大学出版社，2008：191.

② 罗章龙. 忆北京大学新闻学研究会与邵振青[J]. 新闻研究资料，1981，(4)：119.

③ 戈公振. 中国报学史[M]. 北京：中国新闻出版社，1985：201.

④ 政治学系教授会布告[N]. 北京大学日刊，1924-09-23。

6. 主持中国第一个大学新闻系——平民大学新闻学系

平民大学是由曾任北京政府国务总理的汪大燮和张仲仁等人倡议，于1921年11月成立的。学校组织了董事会，集资在城内地安门二道桥租房和购置设备办学。建校初始，接收了原新华大学的部分学生，又招收了一批新生，1922年1月正式开学上课。平民大学的教育宗旨是：用本社会近代眼光，授予学生以着平民主义，养成适合时代需要的社会人才。学校设大学部、专门部，以及大学部、专门部的预科。大学部的科系有：①商科：普通商业学系、银行学系、领事学系、保险学系、交通学系、税关仓库学系。②文科：哲学系、国文学系、新闻学系、社会学系。③法科：政治学系、经济学系、法律学系。专门部有法律科、政治经济科和商业科。①

1923年秋，北京平民大学新闻学系成立，学制4年，这是中国设立的第一个大学新闻系。平民大学正式建系后，聘京大学新闻学教授徐宝璜任系主任，北京新闻通讯社社长吴天生、《京报》社长邵飘萍等任教授。在《私立平民大学组织大纲(1923年)》中，新闻学系安排了26门课程，包括：新闻学概论、新闻采集法、新闻编辑法、新闻政策、新闻实习、广告学、速记学、现行法令纲要、社会学、社会政策、社会问题、经济学、哲学概论、法理学、政治学、政治学史、外交史、各国政党史、各国现代政治论、中国近代政治史、中国文学史、文学概论、英国文学、美国文学史概论、第一外国文(英文)、第二外国文。②

徐宝璜负责讲授新闻学概论课程，他按照“大学部各学系规定须修完八十单位，其中必修课程在六十四单位左右”规定，提出了我国第一个四年制大学新闻教育方案③，设计了包括47们课程86学分较为完备课程体系：

> 第一学年开设12门课程，23学分，具体安排：新闻学概论(2)、速记术(1)、经济学(3)、政治学(2)、文学概论、哲学概论(2)、民法概要(2)、中国文学研究(2)、英文(读报)(2)、日文(读本文法)(2)、宪法(2)、文字学(1)
>
> 第二学年开设13门课程，23学分，具体安排：新闻采集法(1)、新闻编述法(1)、广告学(2)、社会学(2)、照相制版术(1)、财政学(3)、中国近代政治外交

① 王学珍. 北京高等教育史(上卷)[M]. 北京：中国广播电视出版社，2010：429-430.

② 王学珍，等. 北京高等教育文献资料选编1861—1948[M]. 北京：首都师范大学出版社，2004：519.

③ 周婷婷. 中国新闻教育的初曙——以北京大学新闻学研究会为中心的考察[M]. 武汉：华中科技大学出版社，2013：112.

史(2)、平时国际公法(2)、统计学(2)、中国文学研究(2)、英文(读报)(2)、日文(读报)(2)、文字学(1)

第三学年开设 11 门课程，20 学分，具体安排：新闻经营法(1)、新闻评论法(1)、采编实习(2)、评论实习(2)、时事研究(2)、现行法令纲要(2)、战时国际公法(2)、中国近代财政史(2)、现代金融概论(2)、近代小说(2)、英文(读报)(2)

第四学年开设 11 门课程，20 学分，具体安排：新闻事业发达史(2)、特别评论法(戏评杇评)(1)、出版法(1)、采编实习(2)、评论实习(2)、群众心理(2)、时事研究(2)、现代各国政治外交史(2)、现代社会问题(2)、近代戏剧(2)、英文(新闻学选读)(2)

这是一个新闻学知识与文、史、哲、经济和社会科学知识并重、理论与实践并重的课程体系。该系给四年级新闻学生安排学生去报社实习采编和评论。学生组织有新闻学研究会，1924 年曾出版发行《平民大学报学系级刊》(半月刊)，王豫洲任主编，是当时报学界罕见的出版物。该系曾设预科，学生 113 人(含女生 8 人)，为当时全国新闻系科学生人数最多的。作为中国第一个大学新闻系，平民大学新闻学系正规的课程设置和粗具规模的师生配置，为培养新闻学专业人才作出了切实的贡献。①

7. 奠基新闻教育，历史遗产发扬光大

徐宝璜在北京大学之外，有诸多社会兼职，先后在民国大学、平民大学、北平大学、朝阳大学、中国大学等校授课，并出任京华美术专门学校校长、北京盐务学校校长。他仍孜孜不倦地从事新闻学研究教育活动。在平民大学主持新闻学系工作外，还在中国大学任教新闻学，讲授新闻学概论课程。新闻学研究成果不断涌现，曾先后发表过《舆论之研究》《新闻学概论》《新闻事业之将来》《新闻纸与社会之需要》《论新闻学》《新闻学讲话》等新闻学论文；积极推介新闻学著作，如为邵飘萍《实际应用新闻学》和黄天鹏《新闻学刊全集》作序。

1930 年 5 月 29 日，他正在给北京大学学生上课，突发脑溢血，中风“晕厥”；经医院多方抢救，医治无效，于 6 月 1 日溘然长逝，享年 37 岁。徐宝璜成为五四时期中国新闻学科的奠基者，为中国新闻学研究和新闻教育发展奠定了历史丰碑。民国新闻学者黄天鹏曾对徐宝璜和《新闻学》高度评价道：“先生一生最大的贡献，就是提倡新闻

① 方汉奇，李矗. 中国新闻学之最[M]. 北京：新华出版社，2005：355.

学。……盖棺定论，先生是新闻教育第一位的大师，新闻学界最初的开山祖，《新闻学》在新闻学史上应居最高峰的位置。"①

虽然徐宝璜英年早逝，但其在中国新闻教育史上具有崇高的地位，不仅是"中国新闻教育第一位的大师"，而且是中国新闻教育事业的奠基人。徐宝璜参与创办了中国第一个新闻教育团体——北京大学新闻学研究会，组织出版中国第一份新闻学刊物《新闻周刊》，编撰中国第一本国人自撰新闻学教材及专著《新闻学》，培养了中国第一批新闻人才，开设了中国高等学府第一门新闻学课程，主持中国第一个大学新闻系——平民大学新闻学系，并设计提出了我国第一个四年制大学新闻教育方案。除此之外，他确立的新闻教育传统等历史遗产至今在中国新闻教育发展中仍然发挥着重要的作用。

徐宝璜在北京大学和平民大学先后开展的新闻教育活动，虽然时间不长，仅开新闻教育先河，却确立了中国新闻教育的传统。其一，借鉴美国新闻教育模式并将之本土化的新闻教育传统。其二，感应新闻时代脉搏，顺应新闻发展潮流，为新闻业界培养人才。其三，新闻学界与业界密切合作开展新闻教育，共谋发展大计。其四，学以致用，理论联系实际。他组织出版《新闻周刊》，成为新闻师生新闻理论联系实践的实习园地，开创了中国新闻教育和新闻学研究理论联系实际的传统，并一直影响至今(许多新闻院校创办报刊供学生实习训练)，如中国人民大学新闻学院新闻学生实习《新闻周报》、清华大学新闻与传播学院新闻学生实习刊物《清新时报》、暨南大学新闻与传播学院的新闻学生实习《新闻学生》等，为中国新闻学的兴起提供了示范作用。② 其物质历史遗产《新闻学》至今还在不断发展作用。徐宝璜在的闻教育和新闻学研究的最终成果《新闻学》，由于具有重要的学术价值和历史地位，出版后受到了学界和新闻学子们的热切关注，以致热脱绝版。1923 年 12 月，《东方杂志》发刊 20 周年来临之际，上海商务印书馆将徐宝璜在该刊发表的《新闻学大意》和胡愈之的《欧美新闻事业概况》合编为一本书《新闻事业》出版。在《新闻学》绝版之后，徐宝璜本想重新编写，再行出版，但是"夙志未成身先死"。1930 年 10 月，黄天鹏将《新闻学》改名为《新闻学纲要》，并在书末附录徐宝璜晚年撰写的五篇文章(《新闻之性质及其价值》《新闻学刊全集序》《新闻学概论》《新闻纸与社会需要》《新闻事业之将来》)和《徐伯轩先生行状》(陈大齐作)，以见其"晚年思想的变迁"，由上海联合书局列为新闻学丛书之一，重新出版。改革开放后，《新闻学》再次焕发出历久弥新的学术魅力。1987 年 12 月，由北京中国新闻出版社出版的

---

① 徐宝璜. 徐宝璜新闻学论集[M]. 北京：北京大学出版社，2008：178.

② 邓绍根. 中国新闻学的筚路蓝缕：北京大学新闻学研究会[M]. 北京：清华大学出版社，2015：317.

《新闻文存》，将《新闻学》收录其中。1994 年 1 月，为纪念徐宝璜诞辰 100 周年，中国人民大学出版社重新出版《新闻学》单行本。著名新闻史学家方汉奇在 1994 年版《新闻学》序文中所言："这部专著自 1919 年初版后，曾陆续再版 4 次，最近(注 1994 年)又由中国人民大学出版社重新出版，连同初版，前后出版了 6 次，这在中国的新闻学史上，也是十分罕见的，可见其受推重之一斑。"①2008 年，北京大学新闻学研究会编辑出版的系列丛书之一《徐宝璜新闻学论集》，再将《新闻学》全部内容纳入其中，以纪念中国新闻教育和研究 90 周年。2009 年 7 月，时代文艺出版社整理老北大讲义，再次将徐宝璜《新闻学》出版。2016 年，中国传媒大学出版社以"新闻学与传播学经典丛书 · 大师系列"出版了《新闻学》新版本，称该书为"中国新闻学奠基之作"，"为新闻立学"，"为新闻定义"。徐宝璜撰写的新闻学术经典《新闻学》必将作为北京大学新闻学研究会历史遗产继续发扬光大，让莘莘学子受益匪浅。

(邓绍根)

6.1.2　蒋荫恩

蒋荫恩(1910—1968，见图 6-2)，著名新闻记者和编辑、新闻教育家。为追求新闻救国的理想，蒋荫恩从燕京大学社会学系转学新闻学系，攻读新闻专业；毕业后，他辞去新闻学系助教工作，在《大公报》沪版、港版、桂林版做记者、当编辑，撰写大量新闻、通讯和评论，宣传抗日救亡，成为出色的大公报人；当燕京大学新闻学系在成都恢复成立之际，他毅然投身新闻教育事业，从此 20 年如一日在新闻教育领域辛勤耕耘，成为一名卓有贡献的新闻学者和新闻教育家。有人赞誉说："1990 年我国出版的《中国大百科全书》新闻出版卷中收录的'中国新闻界人物'仅 105 人，其中集记者、报刊主

图 6-2　燕京大学新闻学系主任蒋荫恩

① 方汉奇. 新闻学 · 序[M]//徐宝璜：新闻学. 北京：中国人民大学出版社，1994：3.

编、新闻教育家于一身的更是寥若晨星。蒋荫恩是这些佼佼者中的一位。”①

1. 燕京大学新闻学系崛起的见证者

图 6-3　蒋荫恩 1936 年燕京大学新闻学系毕业照

蒋荫恩祖籍浙江慈溪，1910 年 8 月 14 日出生于江苏淮安(见图 6-3)。小时候，姐姐经常带他去美国教堂和学校玩耍，使他对教会学校心生好感。小学毕业时，他向父亲提出报考上海教会中学的想法。父亲鼓励他在教会学校学好英文。于是，他前往上海，考入东吴二中。高中毕业时，他报考了三个教会大学，被燕京大学社会学系录取。

1931 年，蒋荫恩进入燕京大学社会学系学习。1932 年，他抱着新闻救国理想，转至新闻学系攻读新闻专业。当时燕京大学进入全盛时期，在美丽的未名湖畔建立新校园。新闻学系隶属于文学院，被认为是当时“远东方面最新式而设备最完全的新闻学校”，素有“小密苏里”之称。密苏里大学新闻学院通过承认燕大学分、募集资金、交换研究生、互派师资、提供图书资料五项措施，给予燕京大学新闻学系“学术和行政上的指导”，极大地支持和帮助了燕京大学新闻学系崛起发展。②

在读书期间，蒋荫恩成为燕京大学新闻学系崛起的见证者和受益人。他在认真学习新闻学知识的同时，积极投身新闻实践。1932 年 7 月，他向《生活周刊》投稿《开什么把戏》，锻炼文笔，提高写作水平；他翻译新闻学英文论文《美国的新闻道德规律》，发表在《报学季刊》第 1 卷第 3 期，介绍美国新闻伦理道德发展历史，为国内新闻界研究者提供了国外学术资料。他积极参加新闻学系其他活动，如《平西报》新闻工作和新闻学讨论周等。1935 年 5 月，蒋荫恩撰写完成学士论文《中国画报研究》，顺利毕业。因其成绩优异，被新闻学系留校任助理。

2. 由大公报人转型为新闻教育家

1936 年 4 月 1 日，《大公报》创办上海版，需要扩充人员。蒋荫恩辞去优厚的燕京

① 燕京研究院. 燕京大学人物志(第 1 辑)[M]. 北京：北京大学出版社，2001：375.

② 邓绍根. 中美新闻教育交流的历史友谊——密苏里新闻学院支持燕大新闻学系建设的过程和措施探析[J]. 国际新闻界，2012，(6)：57.

大学新闻学系助教工作，前往上海大公报社，负责《大公报》沪版的外事采访和编辑本市新闻。1937 年 12 月 13 日，日军占领上海后，实行严格新闻检查。14 日，《大公报》沪版发表社论《暂别上海读者》宣布“我们是中国人，办的是中国报，一不投降，二不受辱”，自行停刊。蒋荫恩随后任上海《大美晚报》新闻翻译兼文艺副刊编辑。1938 年 8 月 13 日，《大公报》创办香港版，胡政之电邀蒋荫恩等旧部赴港工作。他负责编辑《大公报》港版要闻版。1941 年 1 月，胡政之为给香港《大公报》人员提供退路，决定创办《大公报》桂林版。他从香港《大公报》抽调蒋荫恩等人前往桂林开辟新战场。3 月 15 日，桂林《大公报》正式出版，蒋荫恩任编辑主任，全权负责桂林版言论和版面。王文彬回忆桂林《大公报》工作时说：《大公报》桂林版的言论，主要采用渝版和港版的社评，“需要补充的社评，每周只有一两篇。蒋荫恩写得多些，我写得少些”①。据研究者谢振声统计，蒋荫恩先生在《大公报》期间，撰写并翻译大量新闻、通讯、评论，仅主编《大公报》桂林版期间，撰写的社论就达一百多篇。他撰写的社论能够言读者所欲言，因此脍炙人口，深受读者的青睐。有不少文章成为推动时代进步的著名评论和社评，不仅蜚声于时，在国际上也有一定影响。② 蒋荫恩成为大公报骨干力量、杰出代表人物。

1941 年 12 月 8 日，太平洋战争爆发，燕京大学遭日军封闭，新闻学系停办。1942 年 4 月，燕京大学校董事会决定在成都复校。8 月，燕京大学在成都和重庆两地招生，报考新闻学系学生非常踊跃。但北平燕京大学新闻学系原有的老师没有一人来到成都参与复校，燕京大学积极物色新闻学系主任人选。蒋荫恩因在桂林《大公报》卓越新闻业绩以及新闻学系毕业生并担任过新闻学系助理背景，成为不二人选。于是，燕京大学校方向其伸出橄榄枝，召集他回归母校，主持新闻学系全盘工作。9 月，蒋荫恩抵达成都燕京大学，正式出任新闻学系主任，主持新闻学系工作，开始从一名在新闻前线冲锋陷阵的战士，转型为新闻教育家。

蒋荫恩抵达成都后和学生同住文庙，同吃于食堂，独立承担起恢复燕京大学新闻学系的重任。“先生初来，即着西装，衣虽旧而仍挺括，一尘不染，头发一丝不乱，看得出他是爱清洁整齐的。一如其人，办事有条不紊。后来学校领到一批美国救济物资毛蓝布，时称为罗斯福布，先生有时改着罗斯福布夹克衫，打领带，依然整齐合身。先生一人唱独角戏，恢复了新闻系。新闻系本为燕京大系，负盛名，学生多。复校后，新闻系学生人数，仍居校中第一。以先生一人之力，要把这个学系办起来，又不失原有的水

① 王文彬. 杜林大公报记事[J]. 新闻研究资料，1981，(2)：166.

② 王洁. 著名新闻教育家蒋荫恩[M]. 中国新闻传媒人物志(第七辑). 北京：长城出版社，2014：250.

平，确乎不易。”①

蒋荫恩结合新闻教育的经历和六年丰富的新闻业界经验，对教会新闻教育进行了分析，认为过去的燕京大学的教育，是完全脱离现实的，学生们所得到的知识和技能，对当时中国的实际需要并没有什么大用处。“我是学新闻的。当我二十年前入燕大读书的时候，那时的新闻学系可以说是彻头彻尾的美国化。教员大部分是美国人，多数中国教员也都是不大会说中国话的。……过去的教会学校教育，不仅止于宣扬美国物质文明，贩卖美国生活方式，还有更甚于此的，那就是造成青年学生的自卑心理，看不起自己的国家，觉得自己的国家什么都不行，因此也就逐渐失去了热爱自己的祖国的心情。而与此相反的，由于教会学校这一套思想教育的结果，却养成了青年学生的崇美思想，觉得美国一切都比我们好，我们是没法和美国比的。”②于是，他从选聘本土师资和学生新闻实践两方面入手，做好燕京大学新闻教育工作。

他首先选聘本土化师资，搭建起教师队伍。他邀请成都《中央日报》总编辑张琴南来校讲授“报刊编辑”“社论”“中国报业史”等课程；再请南洋资深报人冯列山讲授“时事分析”，成都《中央日报》总经理张明炜负责“报业管理”教学；聘任新闻学系毕业生陈嘉祥等为助教。他自己负责新闻学概论、新闻采访与写作等课程。10 月 2 日，成都燕京大学开学，新闻学系师资队伍基本搭建起来，使得新闻学系正常有序地运转起来。

10 月 3 日，他经过多方筹备，克服资金等重重困难，《燕京新闻》正式在成都复刊出版。蒋荫恩亲自撰写发刊词，新闻新闻学系今后教学重点将理论与实践相结合。该刊每周一期，以报道成都学校新闻为主，兼及时局大事，逐步面向社会。1943 年 3 月 6 日，《燕京新闻》英文版复刊，仍为 8 开两版，报道教育新闻，向国际友人宣传中国的抗战，为学界欢迎。报纸由最初发行 300 份增至一学年终了时的 600 份，1945 年增加到 3500 份。《燕京新闻》既为学生实习的报纸，蒋荫恩规定：该系二年级学生任记者，写新闻和通讯；三年级学生任编辑，分编各版，最后由他总其成。这个规定是按循序而进所订，二年级学生必修“新闻采访与写作”，三年级学生必修“新闻编辑”。初创时偶有社论，并仿《大公报》之例，时有《星期论文》。《星期论文》由荫恩先生全力董其事，从组稿、定稿到发排，均自为之，有时还亲自执笔。《星期论文》写稿者，多是成都各大学教授。③

1946 年，燕京大学新闻学系重返北京，蒋荫恩仍任系主任，但他独撑新闻学系工

---

① 唐振常. 怀念蒋荫恩先生[M]//俗轻集. 北京：汉语大词典出版社，1998：162.
② 蒋荫恩. 一个燕京人的自由[N]. 光明日报，1951-02-01.
③ 唐振常. 怀念蒋荫恩先生[M]//俗轻集. 北京：汉语大词典出版社，1998：163.

作，担任新闻学概论、新闻采访与写作、编辑三门主干课程教学。在他的指导下，1946年11月18日，《燕京新闻》复刊后，独放异彩。他是这张报纸的发行人，又是参加《燕京新闻》实习同学的导师；在业务上给学生们悉心指导，且负责将《燕京新闻》内容送检。为了保护学生，他强调新闻的客观公正，只要事实准确，叙述客观，就可以刊登。

在燕京大学新闻学系任教期间，他积极从事新闻学术研究，发表了《报纸与人生》(1943)、《新闻教育感想》(1944)、《新闻的产生与衡量》(1947)等新闻学术论文。在《报纸与人生》中，他认为："报纸所以进步如此之速的原因，是因为它和人生有密切的联系。从小处说，我们每天起身，除掉梳洗以外，第一件事就是看报，这已成为文明人类的日常习惯。……报纸的价值，实际还不止于此，从大处说，至少还有两点值得我们注意：第一，是它的教育民众价值。……第二，是它的国际联系价值。"①《新闻的产生与衡量》"前一部分是说明了新闻的产生，后一部分是说怎样去衡量新闻的价值"。在燕京大学新闻学系主持工作期间，他对中国新闻教育问题有了深入的思考和研究，形成了自己较为系统的新闻思想。这集中体现在他于1944年11月发表在《中国新闻学会年刊》第二期发表的《新闻教育感想》一文。蒋荫恩作为新闻教育家对当时中外新闻教育历史和现状、问题和解决措施所进行深入研究，强调本土化，具有现实性，充分体现了蒋荫恩先生作为新闻教育家观察问题的敏锐性和前瞻性。他的新闻教育思想具体内容如下：

第一，摒弃偏见，重视新闻教育。他认为：新闻教育的重要，今天已为多数人所认识，然而少数报界人士的偏见，还未能完全去除。他历数对新闻教育的三种错误认识：有人认为报馆实际工作与新闻学校课程截然不同，所以学生在校所学，入报馆后全然无用，当其正式从事新闻工作时，必须忘却若干在校学得的东西。有人以为新闻学校太重理论，轻实际，学生出校就业后，对工作的无认识与经验，而须从头学起。更有人以为新闻记者工作简单，技术平常，中学毕业学生而文字根底佳者，经过相当时期训练，亦可胜任愉快，初不必非罗致大学生不可，更无须受过新闻教育之大学生。他批驳说：以上三种意见，或失之过偏，或只窥一面，或所见太浅，俱非正确公允之论。他以中外新闻教育的历史发展为例说明：新闻教育无论遭受何种批评，但其本身的存在价值与重要性，已无疑为一般所承认。

第二，深刻认识新闻教育本质和目的，建立新闻教育的深厚基础。蒋荫恩不否认世界上有若干著名的成功报人，他们并没有受过什么高深教育，更没有受过新闻教育，可是他们在新闻事业上成就特大。但他认为：新闻教育的目的，在授予一般有志于新闻事业的青年以各科基本知识、新闻学原理，以及职业上应有的技术与修养。他主张凡是经

① 蒋荫恩. 报纸与人生[C]. 学术讲演集，1943，(16).

过大学新闻学系专门训练的学生，在他职业的理论、技术、修养诸方面，至少已有相当的认识与学习，自可获得若干便利。我们承认一个受过普通教育的人从事新闻事业也许较受过大学新闻学系训练的人要干得好，这种特殊的情形只能归功于各人本质上的差异，而不可武断地认为是新闻教育的失败。如果两个本质相同的人从事新闻事业，则我们可以断然地说受过新闻教育的一个一定比未受过新闻教育的一个要更适合于报人的条件。这是一个颠扑不破的真理，同时也证明新闻教育自有其实际价值与重要性。他认为要发展报业，要提高水准，根本的根本是要重视新闻教育，建立新闻教育的深厚基础。

第三，新闻教育应该包括知识教育和精神教育。蒋荫恩认为：大学教育不仅在传授知识，而且在指导青年如何做人，所谓“德”“智”“体”“群”，必须同等注意，平均发展，才能为国家造就真正有用人才。因为，他说：所谓新闻教育，至少须包括两方面，一为知识教育，一为精神教育。知识教育即各科学术的传授，凡大学学生应选读者，均包括在内(新闻学当然亦在其中)……他非常重视精神教育，且认为其内容广泛，至少包括以下三点①：

①事业抱负。一件事业的开展与成功，完全视其主持者的能力与毅力，而宽阔的胸襟与远大的眼光，尤为成功的重要因素。新闻教育的重要使命之一，即为培养有志新闻事业的青年此种事业上的抱负。新闻职业学校只重技术的传授，而大学新闻学系除技术及理论的传授外，尚应培养事业上的胸襟、眼光与抱负，然后方能负起继往开来的重任。现在若干大学新闻系毕业学生，不是目空一切，轻视现实，就是随俗浮沉，投降现实，前者太刚，后者过柔，均非正确态度，而必须刚柔相济，始克走上正轨。理想中的大学新闻教育，一面使学生切实认识其本身能力与报业现状，一面使其彻底明了其未来责任与所负使命；一旦出校就业，对目前新闻界良好传统，则力谋有以发扬光大，对若干应兴应革之事，则以不断努力求其实现，态度不卑不亢，工作严肃认真，以经验的累积，求事业的进步，如此对于整个新闻事业，始能有所贡献，这种事业上的胸襟、眼光与抱负，在大学求学时期即应予以养成，而难以期之于就业以后。

②事业兴趣。事业之成就，不仅须有抱负，而且须有兴趣。兴趣有先天所赋，亦可由后天培养。新闻事业为一种艰苦事业，非有坚定信念与浓厚兴趣，不易坚守岗位，历久不变。新闻教育使命之一，即在选择有志有为之青年，而培养其兴趣，坚定其信念，使其成为终身不贰之新闻界斗士。真正兴趣之养成，必须出于对某一事义的彻底的认识与了解；否则，必难持久不衰。培养青年对于新闻事业的兴趣，必须使其彻底认识新闻事业真相，切实了解新闻事业现况，而不能有丝毫的隐瞒与虚假。若干从事新闻教育的

---

① 蒋荫恩. 新闻教育感想[J]. 中国新闻学会年刊，1944，(2)：108.

人，一味强调新闻记者地位的优越与特殊，以报青年所好；而青年之所以选读新闻，亦唯憧憬“无冕皇帝”之虚荣，其他一无所知，及至学成就业，始知梦想全非，希望愈大，失望愈深，甚至对新闻教育发生怀疑，引起反感，追根究底，皆由于未能使其彻底认识与切实了解新闻事业本质所致。此种错误必须改正，然后方能为新闻界选拔真正干部。

③职业道德。报纸有指导社会，监督政府的功能，为人民喉舌，为舆论先锋，使命之大责任之重，莫可言喻。报人负报纸言论及编辑之责，其职业道德修养如何，足以直接影响其报纸之水准。报人职业道德修养，应该养成于其求学时代；换言之，大学新闻学系对于培养学生的良好职业道德，应该是责无旁贷。其有效方法，除课程讲授外，最重要者莫如教授之以身作则，使学生于耳濡目染之余，在不知不觉间已受其熏陶而潜移默化。青年若能于求学时代即在职业道德方面有相当之修养，则将来不论进入何种环境，俱不易为其逐渐同化，而于 未来之新闻界中，反有造成新风气的可能。

第四，新闻教育机构与新闻业界要密切合作，互惠发展。蒋荫恩认为：新闻教育与新闻事业是相互依存，不能分离。设若新闻事业没有新闻教育作后盾，就不易保持整个事业的日新月异，永恒进步。而新闻教育如果没有新闻事业作支援，也难以推行顺利，谋求发达。一国新闻事业的发达与否，与其新闻教育的良窳有直接关系。所以就新闻事业言，应该将新闻教育机关视为人才供应与技术合作的处所；而就新闻教育言，亦应将新闻事业机关视为理论实验与学生就业的对象。在两者之间，应该维持极密切的关系，然后相生相养，在合作与互助中各谋本身适切的发展。他认为新闻教育工作并不能全靠新闻教育机关的片面努力，而必须获得新闻事业机关的切实协助，始克有成。

他认为新闻教育机构和新闻单位要重视学生的新闻实习工作，加强指导，引导青年新闻学子走上新闻工作岗位。“学校在选派学生之际，或未能慎重将事，因此学生赴报馆实习，亦多意存敷衍，而报馆对待实习学生，不失之过分客气，即失之太予放任。学生有抱满腔热诚，希望赴报馆多获经验者，往往乘兴而去，败兴而返，盖报馆当局对于此辈实习学生，很少能负责予以切实指导，严格训练，甚至不闻不问，任其闲散，结果名为实习，而实际只是看看而已，虚耗两月光阴，而学生一无所得。返校以后，一部分学生，一方面怀疑其本身是否适应于新闻事业，结果由怀疑而失望，由失望而动摇，稍具能力与抱负之青年，乃相率转移兴趣，另就他业，此种无形损失，诚莫可估计，而追本溯源，只缺少一点鼓励，若报馆主持人不吝给予此等青年以精神的鼓励，则彼等或将贯彻其志趣，为报界服务。”

他认为：每一大学新闻学系应与少数接近报纸订立合作关系。新闻学系所期其于报馆者，并非经费的援助，而乃精神的支持与实习的便利。同时新闻学系对于报馆，亦未尝毫无贡献，例如人才的供应、技术的协助，最好校方能拟订章程，使报馆每年能保送若干本馆编经两部同人人校进修，借求深造。报馆方面如能获得此种便利，对整个事业之推进，必能大有裨益。所谓合作，贵在互惠……今后双方合作，应注意权利义务之均衡，然后始能臻于圆满地步。

他主张每年举办“新闻周”，集全国报业领袖与新闻学院师生共聚一堂，讨论问题，交换意见，对理论研究者与实际工作者间，颇能借此短时期之接触而增进了解与合作。

第五，“先博后专”，注重新闻学系课程建设。蒋荫恩认为：大学新闻学系课程，迄无一定标准，但他主张新闻记者对于各种学问，均应有所涉猎，然后再择其所好，作进一步研究，此即所谓“先博后专”是也。他认为大学新闻学生除新闻学本身课程外，尚有若干基本工具与知识，包括文学修养与写作能力、历史、政治、经济、伦理学等。除此以外，其他社会科学与自然科学亦均有一窥门径的必要。

他主张大学新闻学系的新闻学本身课程，除必要者外，应该尽量减少，以便学生能多读新闻学以外的课程，充实他职业上所需的基本知识。他主持燕京大学新闻学系后，仅保留了 13 门新闻学课程，其中半为必修，半为选修。新闻系主修学生四年中只需读满 32 学分，计算修毕新闻学课程学分（全部毕业学分共计 146），此外尚有 20 学分为副系学分，其余除教育部大学共同必修课程外，即可自由选择，无所限制。

他也对新闻课程内容提出了自己的严格要求：各种新闻学课程内容，力求理论正确，并适合中国新闻界之需要，不尚空泛夸张，不求标新立异，使学生于选读一课以后，能把握正确观念，而为未来致用之准绳。

第六，新闻教育理论与实际兼重，需创办实验周报，提高学生新闻技能。蒋荫恩从中外国新闻教育发展经验出发，认为欲求新闻教育切合实际，尽符理想，必须大学新闻学系自己办有大规模之日报，并自有完备之排印及制版设备，以便学生有充分实习机会。他主张：大学新闻学系在未有理想的实习设备以前，办一小型周报，以供学生练习。该实验报纸严格收支预算，以纯粹营业立场，经济自给自足。

第七，提倡五年制新闻教育体系。蒋荫恩说：抗战以前，燕京大学新闻学系曾一度实行类似五年制办法，即凡新闻系毕业生获得文学士学位后，若再留系研究一年，即可另获新闻学士（B. J. ）学位。惜此第五年课程偏重新闻学理论研究，而非做报之实地练习，故成效不彰。

他主张现行大学学年必须更改，而实行五年制，即大学新闻系学生，最初两年读普通科目，三四年级读新闻科目，第五年则在导师监督下，入学系自办之日报实习一年，如符合标准，始能毕业。

第八，新闻学生注重提高文字根底，重视新闻师资队伍建设。蒋荫恩认为新闻学校学生最起码条件，必须文字清通，辞能达意。如果这个最起码条件都没有，根本就不能读新闻系，即令勉强读了，将来毕业也无法做新闻记者，于己于人，两无好处。为此，燕京大学新闻系学生读完一年级课程正式升二年级为主修生时，须先经过一种纯粹文字方面之严格测验，以视其国文或英文程度是否合于标准。若在标准以下，即不得进入新闻学系。

他认为新闻教师是以研究新闻学与教育新闻人才为终身职志的人。他提出理想的分工，是大学新闻学系为理论机关，而报馆则为实验机关，新闻系教授介乎两者之间，故必须理论与实际兼长，始算符合理想。如果大学新闻学系所教授学生者，仅属“报人须知”一类常识与经验，而学生四年在校所学，亦仅限于“如何写标题”“如果访新闻”，这种学徒式的传授，未免过于肤浅。学生毕业服务，亦只能墨守成规，人云亦云，毫无一点新鲜思想见解，则报业进步，将从何谈起？所以大学新闻系教授，绝不能以传授“经验谈”为已足，而必须对新闻学理有深刻研究，对经营报业有独到见解，然后以之教导学生，方能造就有眼光有抱负之新闻事业人才。①

3. 中华人民共和国新闻教学理论的探索者

1948 年 9 月，蒋荫恩前往美国密苏里大学新闻学院进修，考察研究西方新闻事业。北平解放后，他毅然中断研究，启程回国。途径香港时，有些人他留在香港，蒋先生拒绝道：“我对共产党虽然不了解，但没听说过他们做过什么不可告人的坏事，我为什么要怕共产党。”1949 年 9 月 30 日，抵达天津。10 月 1 日重返北京燕京大学新闻学系任教。1951 年，他加入中国民主同盟，任《中央民盟》编委，后任民盟北京市委宣传部长。1952 年，高校院系调整后，他担任北京大学总务长，兼校办主任和新闻专业教授。1958 年，北京大学中文系新闻专业并入中国人民大学新闻系，他任教授兼副系主任。

蒋先生学识渊博，治学谨严，敬业育人，先后给学生讲授过新闻理论、报纸编辑、新闻采访与写作、广告学等方面的课程。为讲好报纸编辑课程，他前往全国多个城市报社考察工作，如《辽宁日报》《沈阳日报》《鞍山日报》《大公报》《新华日报》《解放日报》《新闻日报》等，搜集了大量新闻一线资料。

他为了搞好教学工作，将教学理论和新闻教学实践相结合，积极探索社会主义新闻教学理论。1962 年，他在《教学与研究》第 1 期发表论文《如何提高讲课艺术的几点意见》，系统阐述了他的新闻教学理念。其主要内容如下：

第一，精心备课，写好讲稿。课要讲得好，首先要备得好，这是根本保证，必须有足够的重视。备课的中心环节是写讲稿，因此把讲稿写好，是备课的主要任务，也是提

---

① 蒋荫恩. 新闻教育感想[J]. 中国新闻学会年刊，1944，(2)：106-113.

高课堂讲授质量的先决条件。

教师写讲稿，首先要有严肃认真、一处不苟的态度和痛下功夫、不惜时间的决心。讲稿要有概括，有提炼；要有鲜明观点，有精确材料；要重点突出，深入浅出；要结构严谨，条理分明；还要有明确的目的性，每讲一章一节，都是为了解决一定的问题，也就是要有的放矢。其次，要写好讲稿，教师必须坚持经常从事科学研究。教师讲课，要求在讲义或教科书的基础上，重点深入，并且要有所发挥，有所提高，如果不进行科学研究，不能用新的研究成果来丰富和提高自己的讲稿，是难以达到这些要求的。

讲稿要既有观点，又有材料，既有虚，又有实，二者要结合得十分恰当。单有观点、没有充分材料的讲稿，内容空洞，说服力不强，不容易讲得清楚、透彻；单有材料、没有系统观点的讲稿，犹如一盘散沙，内容提不高，也不容易讲得系统、深刻。讲稿的理论观点要准确鲜明，深入浅出，讲起来一听就能领会。实际材料不在多而在精，所谓精就是能够最恰当地说明问题。在这里，认真钻研马克思列宁主义、毛泽东同志的著作，深入学习党的路线、方针、政策，刻苦研究本门业务的理论和有关知识，是提高教师理论水平必不可少的途径；与此同时，经常深入实际，进行调查研究，取得具体经验和第一手材料，以及经常注意资料累积，从各方面收集二手资料，也都是必要的。只有教师的理论水平提高了，并且善于联系实际，拥有大量的可靠的资料，那么观点和材料的结合问题就比较容易解决。

第二，心里有讲稿，嘴上无讲稿。教师在课堂上讲课，必须有讲稿，但又要做到心里有讲稿，嘴上无讲稿；如果心里没有讲稿，而只是嘴上有讲稿，那么讲稿尽管写得很好，通过嘴里念出来，也就索然寡味了。要做到心里有讲稿，而嘴上无讲稿，就必须在讲课之前，对讲稿再三研习，反复推敲，做到对每章每节的内容都能充分掌握，完全消化，而绝不允许自己对一章一节一句一例有含糊不明的地方。引用的每一材料和例子的出处、时间、地点、数字、历史背景以及它们的来龙去脉，等等，都必须查对清楚，完全了解。

第三，了解教学对象，因材施教。讲课的对象是学生。摸清楚对象的情况，然后根据具体情况决定讲课的内容和方法，效果就会好一些；否则，盲目上阵，台上台下对不上口径，效果当然是不会好的。学生的具体情况是很复杂的，其中有新生和旧生，有高中毕业生和调干生，有过去学过某些课的和过去没有学过某些课的，有有业务经验的和没有业务经验的，等等，他们的条件不同，要求也不一样，因此教师在讲课时，必须根据不同对象，区别对待，而不能不分彼此，用同样的内容和同样的方法来讲授。

要了解对象，就必须进行一定的调查研究。教师在备课之前，可以通过查阅有关材料、开小型调查会、访问同学、访问讲过这一班的教师等方式，对同学水平及其他情况，作具体的了解。在讲课过程中，教师也要经常了解同学对讲课的意见和要求以及他们的学习情况，以便随时修正讲稿内容和改进讲授方法，帮助同学克服学习上的困难。总之，教师要首先做到“知彼”，使自己心中有数，然后才能“知己”，使讲课切合对象的水平和需要，收到应有的效果。

第四，课堂教学方法要善于引导，启发学生思考。教师讲课，不仅要讲得深透，而且在讲授过程中，要引导学生思考问题，钻研业务。这就要求教师在讲课时要善于启发，使学生能够“举一反三”，培养他们独立思考、独立分析的能力，使他们的学习面更广一些，钻得更深一些，因而收获可能更大一些。在课堂讲授中，教师是主动地、积极地，但也不宜于使同学完全处于被动的、消极的地位，让他们感觉上完课万事大吉，不需要再去动什么脑筋了，这样对于学习是没有什么好处的。教师在讲课过程中，要替学生保留或者开辟一定的天地，让他们的思想能有驰骋的余地，同时要设法启发和引导他们，使他们能够开动脑筋，思考问题。

第五，教学风格生动活泼，议论风生。讲课是一项严肃的任务。教师在讲课的时候，态度要严肃认真，而不能随随便便，这是每个做教师的人都能理解的。但是所谓严肃，并不等于说教师在课堂上要板起面孔，不苟言笑。富有讲授经验的教师，懂得根据课程的不同内容，去正确处理讲课中的认真严肃与生动活泼的关系问题。也就是说，教师讲课，不但态度要严肃认真，一处不苟，而且讲来还要生动活泼，趣味盎然。

第六，教师要有高度责任感，吸引学生听课。要使学生精神集中、专心一意地听课，首先要求教师要精神饱满、热情充沛地讲课。教师的高度政治责任心和对社会主义教育事业的热爱起着极重要的作用。教师要通过语言和态度的配合，来充分表达课程内容和教师的思想感情。讲课要注意声音洪亮，口齿清楚，快慢得宜，使全堂学生都能字字听得清，句句听得懂。教师在课堂上要讲来议论风生，具有比较广博的知识。教师必须经常关心政治，注意学习，既要专，又要博，不断提高自己的政治思想水平，不断用知识把自己武装起来，就能取之不尽，用之不竭。①

“文革”爆发后，蒋荫恩受到迫害。1968 年 4 月 6 日，他不幸逝世，终年 58 岁。1978 年粉碎“四人帮”后，中国人民大学复校，校方为蒋荫恩平反昭雪，并在八宝山举行隆重的追悼大会。蒋荫恩先生的一生，是新闻人的一生。6 年大公报人，26 年新闻教育生涯，编译有《国际问题词汇》《报纸编辑讲义》等新闻书籍，为中国新闻教育事业鞠躬尽瘁，培养了大批新闻人才。他为人冷静沉着，不苟言笑，但是心里却充满了热情，

---

① 蒋荫恩. 如何提高讲课艺术的几点意见[J]. 教学与研究，1962，(1)：57-61.

关心和爱护学生。他的学生、著名历史学家唐振常评价说："先生对于新闻事业的贡献，尤其对于新闻教育事业的献身精神和巨大贡献，人或忘之。……先生从事新闻教育的时间，远长于他的报纸生涯。二十多年，他所亲手培育的弟子，多达千人以上。全国各地包括香港、台湾主要报纸多有他的学生，且多为新闻与宣传事业的主要骨干，其中以在新华社者为最集中。"①

（邓绍根）

6.1.3　康荫

图 6-4　康荫教授

康荫（1918—2011，见图 6-4），原名康守惠，笔名马奔、兆风等，上海人，我国新闻广播界的资深专家、学者、教授、中国共产党的优秀党员，曾任北京广播学院新闻系副主任、主任，新闻研究所所长。

康荫同志从青年时代就追求真理，投身革命，对党和革命事业忠心耿耿、无私奉献。他对我国新闻广播事业作出了重大贡献，是"全国首届优秀新闻工作者"、"韬奋园丁"特别奖获得者；中华全国新闻工作者协会颁发的"作出积极贡献"的荣誉证书、广播电视部"为发展广电事业作出贡献"的荣誉证书获得者；1991 年获国务院颁发的特殊津贴；多次被学校、广电总局、北京市教育关工委评为优秀党员、老有所为先进个人、关心下一代先进个人。

康荫同志勤奋学习，笔耕不辍，著作和论文颇丰，先后撰写了多种教材和专著，代表性著作有《新闻广播学研究》《新闻概论》《毛泽东新闻理论研究》（合著）、《广播学基础》《新闻舆论学要略》《社会主义市场经济与新闻舆论》《往事五十年断忆》《邓小平新闻宣传思想概论》《新闻与政治要略》《新闻舆论以"三个代表"为指南》和《新闻传播学探索——康荫自选集》等。

---

①　唐振常. 怀念蒋荫恩先生[M]//俗轻集. 北京：汉语大词典出版社，1998：161.

1. 康荫的新闻教育实践

康荫同志的一生是革命的一生、为我国新闻广播事业奋斗的一生。他的新闻实践主要集中在改革开放前期，其中的大部分时间主要在一线岗位从事新闻采编工作和新闻教学工作。

1938年，抗日战争期间，康荫受进步思潮的影响到陕北参加革命；同年12月，进入陕甘宁边区泾阳县安吴堡青训班和抗大一分校学习；1939年6月加入中国共产党；1945年8月以后，开始从事新闻工作，任滨海区党委机关报《滨海农村》编委以及新华社滨海支社的广播编辑，后任滨海支社主任，从此正式走上新闻工作岗位。

全面内战爆发后，组织上派他到滨海支前司令部和政治部创办支前小报，做好舆论动员工作；1948年10月调往《鲁中南报》主管分社编辑工作，后不久被调往鲁中南建国学校任副校长；次年12月任济南人民广播电台(后改名山东人民广播电台)副台长；1953年5月任中央人民广播电台组长；1954年11月，曾赴康藏公路沿途采访，在康藏、青藏公路即将全线通车之际，康荫一行人从康藏公路的起点一路采访至西藏自治区拉萨，著有《我们的康藏高原》一书。

在丰富自己的新闻实践的同时，康荫也不忘加强自己的理论文化知识学习。1955年前往中央高级党校新闻班学习，系统学习了新闻学、语言学、哲学、中共党史等，极大地提高了政治理论水平和专业知识；1958年初回到中央广播事业局任业务研究室的副主任，着手收集中国广播史料，开始从事广播史研究和新闻理论研究；1959年8月北京广播学院成立，被调任新闻系任副主任，主持全系日常工作。“文化大革命”开始后，被派去干校劳动锻炼和接受检查，1972年被“解放”后，先后在中央人民广播电台理论组和专题部工作。1978年调回北京广播学院新闻系任系主任，曾负责筹办《北京广播学院学报》事宜；1980年起任新闻研究所所长、副教授，创办《新闻广播电视研究》杂志，并开始指导硕士研究生；1987年晋升教授，此后一直活跃在新闻教学与新闻理论研究的前端，曾参与全国好新闻1—9届的评审、任北京(首都)新闻学会常务理事、《中国广播电视年鉴》编委、中国广播电视学会理事等。1991年离休。

2. 康荫的新闻思想

在长期的新闻实践和教学工作中，康荫形成了自己独到的新闻思想，大致可以分为以下几个方面：

(1)树立正确的新闻的本源观，坚持事实第一性，新闻第二性

对于新闻的本源，资产阶级新闻学和无产阶级新闻学秉持不同的观点。资产阶级新

闻学的一种代表性的说法是“好奇本能说”。据说，人一生下来就有一种对新闻的“嗜好”，而这种对新闻的“欲望”，是源于人们对事物的“好奇”和“兴趣”。而以毛泽东同志为代表的无产阶级革命家坚定地认为，客观实际是新闻的本源，新闻是客观事实的报道。关于新闻本源的两种不同说法，康荫认为这不是一般的新闻业务问题，而是无产阶级新闻学和资产阶级新闻学的一个重要问题；也不是一般的新闻学术之争，而是唯物主义和唯心主义的斗争在新闻本源问题上的反映。对于这两种争论，结合“文化大革命”时期出现错乱的新闻思想，康荫认为主要涉及以下几个重要方面：

第一，事实第一性还是新闻第一性。事实和新闻谁是第一性的问题，这是新闻学上首先要回答的问题。对这个问题的不同回答，是区分无产阶级新闻学和资产阶级新闻学的一个重要标志。唯物主义的回答是：新闻要用事实说话，客观事实是第一性的，新闻是第二性的，是从事实中派生出来的，是客观事物的报道。与此相反，唯心主义认为，世界的本源不是物质，而是精神，精神是第一性的，客观存在是第二性的，是思维、意识、精神的产物。康荫结合自己的新闻实践经历，深刻地阐明了新闻和事实的关系，他认为新闻是客观事物的反映，客观事物是不依赖于主观意识而存在的，是新闻的基础和报道的对象，没有报道对象也就没有新闻；同时，事实和新闻是矛盾的统一体，事实是源，新闻是流，这两者之间的差异和对立，仅仅限于是不是承认事实第一性、新闻第二性这个界限之内。新闻这种客观事实的报道的形式，属于意识形态范畴，具有鲜明的阶级性，党的新闻工作者必须深入实际，尊重群众的实践，坚持事实第一性，为无产阶级和广大群众服务。

第二，真实性第一位，还是政治性第一位。与事实第一性新闻第二性这个唯物主义本源论密切相连的，是新闻的真实性和政治性的关系问题。康荫认为，新闻的真实性与政治性是统一的，真实性是实在的，政治性是以事实为基础，也就是说是事实决定新闻的政治性，而不是政治性决定新闻的真实性。我们讲新闻真实性是第一位的，不是不讲政治性，恰恰相反，我们很重视新闻的党性和阶级性。我们的新闻报道，绝不是有闻必录的客观主义的东西，提倡什么，反对什么，赞成什么，不赞成什么，都要经过对事实的分析、挑选和综合，都要体现无产阶级的立场观点，宣传党的方针政策。

第三，实践是检验真理的唯一标准。康荫明确表明，实践是检验真理的唯一标准，也是检验新闻工作的唯一尺度，除此之外，没有、也不可能有第二个检验标准。新闻，是一种包含着客观内容和观念形态的报道手段，它是否正确地反映了客观实际，也就是说人们所反映出的这种观念形态是否同客观事物相符，这不能由客观事物本身去解决，更不能从思想或认识本身去寻找衡量尺度，而必须由实践来检验。思想或理论不是物质性的东西，而是精神性的东西，如果用来作为检验新闻报道的标准，也只能是从主观到主观，就会陷进唯心主义本源论。客观事物虽然是物质性的东西，是独立于人们的意识之外而存在的，但它也只是认识的对象，不完全具备实践本身所具有的特点，不会直接给予回答。新闻工作，事实是第一性的，真实性是第一位的，实践也是第一性的，判断新闻的本源论是唯物主义的，还是唯心主义的，不是看它的申明，而是要由实践来检验。

(2)始终坚持党性原则是新闻工作的原则

党性原则是马克思主义新闻思想的精髓，从马克思、恩格斯阐述党性原则的基本思想，列宁正式提出“党性原则”，毛泽东、邓小平等领导继承和发展党性原则，党性原则一直是我国新闻事业根本性原则。

康荫同样认为党性原则是新闻工作中的重要原则，他指出，对新闻党性这个基本原理和普遍法则持何种态度，就成为两种新闻思想的分野，用来指导新闻实践活动，也会出现两种不同的舆论导向，产生两种相反的社会作用。由此可见，党性原则举足轻重，至关紧要。新闻领域曾经出现的资产阶级自由化思潮泛滥，就是无视和否定党性原则所带来的必然结果；在政治动乱期间，一些新闻机构坚持党的领导，坚定贯彻中央制止动乱的正确决策，新闻舆论发挥了正向引导的积极作用，这则体现了坚持党性原则的必要性。

(3)不断丰富发展新闻工作的性质

康荫对新闻性质的认识不是一成不变的，而是在实践中不断地丰富发展。20 世纪 50 年代，康荫始终坚持认为报纸广播是阶级斗争的工具，他在《谈新闻作用问题》中指出“报纸和国家、军队、法庭一样，都是阶级对阶级实行专政的工具”。该提法是基于当时的政治环境提出的，有着历史的局限性。

1980 年他发表《新闻工作性质初探》，虽然此时他仍坚持“报纸广播是阶级专政的工具”，但赋予了该定义新的内涵，但是他仍排斥“阶级斗争”的说法，他认为阶级斗争的提法本身没有错，承认了报纸广播的阶级属性，但一味强调报纸广播是阶级斗争的工具就会对社会发展起到阻碍作用，报纸广播的职能不仅仅是阶级斗争，还有传播信息、舆论引导、建设社会文明等。

20 世纪 80 年代后期，康荫对新闻事业的性质的认识是主张把报纸广播自身特性与阶级性统一起来，对新闻事业的性质的提法也改为“自然属性和社会属性的有机统一”。康荫对新闻事业性质的认识，代表了我国新闻界对新闻事业的性质不断认识的一个缩影。

(4)新闻体制改革是深化新闻改革的关键

“体制”是国家机关和事业单位机构设置和管理权限的划分和规定。新闻体制正是新闻单位管理权限的一种格局。我国的新闻广播事业，以社会主义公有制经济为基础，向广大人民传播新闻信息，是人民群众表达意见要求的重要工具。

关于新闻体制改革，康荫认为，第一，要提高新闻宣传的公开程度，要让人民了解政务、党务和社会事务各方面的情况，为人民广开言路提供方便。第二，要加强新闻机制的民主意识，提高公开程度，这本身就是民主精神的体现；而我们对人民的意见和要求的重视程度是尊重和保障人民民主权力的一个尺度，也是社会民主政治建设的一个"窗口"。第三，还要坚持新闻报道的求实精神。党的新闻广播工作要有喜报喜，有忧报忧，向人民提供全部情况，由人民作出判断鉴别。第四，要加强新闻受众的参与性。

总的来说，新闻体制的改革，就是要确立人民在新闻事业中的主体地位，以劳动群众的意志为舆论的主要表达内容，发挥人民的舆论监督的主导作用，使新闻单位成为社会性的舆论"咨询"和群众性的"监察"机构。但是，新闻体制改革也不能光靠新闻单位，还要有健全的制度和立法的形式，需要社会各个方面的协调和配合，这是一个逐步深入和完善的过程。

(5)新闻自由是一种历史现象，是属于统治阶级的自由

改革开放以来，我国新闻学者也开始了对新闻自由理论的研究。20 世纪 80 年代末 90 年代初，随着我国新闻法工作的展开，开启了我国学者对新闻自由的探讨，康荫在其著述《论社会主义新闻自由的界限》和《略论新闻自由与党的领导》中发表了对新闻自由的一些看法。

首先，康荫认为，自由是历史发展过程中一种社会现象，有其特定的含义。而新闻自由也是一种历史现象，是因为新闻自由要受历史进程的限制。"新闻自由"的口号是最早是由约翰弥尔顿在《论出版自由》中提出来的，随后资产阶级运用"自由平等"的思想向封建统治阶级斗争，并建立了自身的政权，在当时，资产阶级所提出的"新闻自由、民主、平等"的思想是时代的进步。到了社会主义时期，无产阶级赋予了新闻自由更多的新的内涵，不仅为劳动人民提供了斗争的思想武器，更把少数人的自由变成了多数人的自由，使新闻自由真正地成为人民的权利。当社会发展到一定程度，进入共产主义后，当民主和自由成为生活中的常态时，也就不需要再争取新闻自由了。所以新闻自由是一种历史现象，它在历史上产生并在历史的推进中发展变化。

其次，新闻自由属于上层建筑，它是由一定的经济基础决定的，所以新闻自由服务于占生产资料的统治阶级。换言之，在阶级社会里，新闻自由带有阶级性，体现的是统治阶级的利益。比如，我国社会主义新闻自由就掌握在无产阶级手里，它体现的是广大人民群众的利益。

此外，康荫强调，社会主义新闻和言论自由，必须以共产党为领导核心，维护党的

集中统一，坚持社会主义方向，巩固人民民主专政，这是一个原则界限。他认为，我们必须服从党的领导，并把维护党的集中统一和人民行使民主自由权利结合起来；必须坚持党性原则，并把坚持新闻事业的党性原则和坚持新闻工作的群众性方针统一起来；也必须传播党的主张和意图，把宣传党的政策精神和反映人民的利益、愿望结合起来。这是被历史经验所证明了的社会主义新闻、言论自由的一条广阔道路。

(6)新闻道德建设是新闻重要课题

关于新闻道德建设，康荫提出，要加强思想建设和理论修养，这既是坚持新闻工作的党性原则是一个重要课题，同时也有利于开创社会主义新闻工作的新局面。

对我们新闻队伍来说，学习马列主义、毛泽东思想，牢固树立无产阶级的世界观和方法论。它能使我们认清党的新闻事业的根本宗旨、性质和使命，坚持党性原则这一新闻工作的核心，遵循新闻工作的客观法则，区别它的社会属性和自然属性，而不至于主次不分，甚至颠倒。同时也能使我们在新的情势下，既充分肯定党的新闻事业的主流，又善于辨别新闻思想上的某些错误倾向，对具体情况作出正确判断。

康荫也强调新闻准则的重要性，他认为，注重精神文明建设，高扬社会道德风范，是新闻的题中之意。对于新闻界出现的新观点、新闻的有偿性、商品性和交换性，康荫明确表示，对新闻与商品，要分清和明确两者之间的原则界限。“有偿”是物品的等价数值；“交换”系双方的交易换取，“商品”则是为交换而生产的物质产品。可见，新闻这种特殊的精神制品，就不属于交换、有偿、商品的经济领域，更不应“市场化”和“商品化”，所谓新闻的“商品性”，是把商品的一般等价交换的经济法则引进新闻领域所得出的一种错误观点。

(7)时代呼吁新闻教育坚持工确的方向

新闻教育是新闻事业的组成部分，直接为新闻系统培养后备力量，输送合格人才。回顾我国新闻教育事业的历程，面临过的严峻局面和考验，促使人们深思熟虑，吸取有益的经验教训。其中最根本的是：新闻教育和改革必须坚持正确的政治方向，这是时代的呼唤，也是人民的愿望。为此，康荫提出自己关于新闻教育的建议。

第一，德育为首，全面发展。德育本身是一个政治概念，包括政治思想和道德品质教育，因而德育为首，德才兼备，培养德、智、体全面发展的新型人才，这既是教育改革的基准点，也是新闻教育的基本目标。新闻教育的根本是坚持四项基本原则，坚定正确的政治方向，并针对当代学生思想开放、视野广阔、独立思考而又缺少辨别能力等特点，因势利导，使“自我设计”与党和国家大政方针的决策结合起来，把“自我价值”融合在建设四化、振兴中华的宏图里，并把“自我发展”同国家和人民的前途命运统一起来。这当然是一项艰巨的任务，但惟其如此，才能使学生从现象透视本质，从事态的发展纵观全局，遏思潮识别正误，从风浪看清方向，态度鲜明，立场坚定。

第二，重视基础，联系实际。“基础”是教育事业发展的根本和起点，对新闻教育来说，就是要重视社会主义新闻学的基本原理，基本原则和基本方针的教育，使学生的底子厚些，根基坚实些，起点高些，这是一项基础性的系统工程。另外，随着社会的发展，许多新闻学科的新问题也随之产生，新闻教学也必须联系实际，以基本原理和基本原则予以实事求是的回答。其实，新闻教学的首要任务在于引路，即以基本原理和基本原则引导和带路，坚持正确的政治方向。

第三，坚持党性，防微杜渐。新闻教育和改革，在坚持四项基本原则的前提下，需要开拓教学领域，丰富教材内容，改进教学方法，培养学生的主动积极和创新精神，以适应现代化建设的需要。无产阶级党性，是新闻事业诸种特性中最基本的特性，也是四项基本原则的集中体现，应成为新闻学基础理论教育的灵魂。“灵魂”正是新闻教育中起“主帅”作用的基本的政治思想因素。无产阶级的党性，犹如“望远镜”和“显微镜”，对新闻活动和理论研究中的资产阶级自由化，能起到防微杜渐的抑制和清除的重要作用。

第四，继承传统，开拓创新。我们党的新闻事业，自有其特色鲜明的优良传统和作风，是我们精神财富的组成部分。新闻活动和新闻教育，既要继承新闻工作的优良传统，又要更新观念开拓创新，两者相互联系，不能分割。这里所说的优良传统，诸如深入实际联系群众的作风，实事求是的科学态度，民主集中制的组织观念，克己奉公的职业道德等，是我们事业赖以发展的思想和精神支柱。在改革开放的形势下，宣传改革确要改革宣传，宣传开放也要提高新闻宣传的公开程度，不断创新发展。新闻活动和新闻教育，既要发扬优良传统，又要开拓创新，而继承是改革的基础，改革是优良传统的延伸，丰富和发展。如果破除了优良传统，抽掉了思想和精神支柱，那么改革创新就会背离正确的政治方向，脱离社会主义轨迹。

第五，改革教育，提高素质。我国教育事业发展很快，成绩显著，但存在着诸多问题，是一种“喜忧参半”的局面，新闻教育也不例外，如教育体制、办学环境、学生来源、师资素质、教学质量等。这就需要通过深化教育改革，逐步予以调整、完善和提高，扬其所长，避其所短，提高人才素质。

康荫的一生都致力于新闻事业的研究，无论时代如何变换，他对新闻事业的性质、宗旨、规律、原则和方向的认识上都没有动摇，是一位坚定的唯物主义新闻工作者。康荫的新闻思想不仅丰富，而且起到奠基性的作用。直到今天，他的新闻思想对新闻实践活动仍有着重要的指导作用，比如，在新闻事业在市场化的浪潮中仍要坚持正确的政治方向，对社会中出现的不良风气，新闻媒介要勇于揭露并加以引导；对官员腐败现象，新闻媒介要发挥舆论监督的作用；对新闻队伍中有偿新闻现象，新闻媒介要注重自身队伍的素质，培养一批高素质的人才队伍。

（田晓凤整理、张伟撰写）

6.1.4　苑子熙

苑子熙(1918—1992，见图6-5)，原名苑康年，笔名草火、朴纳等，河北高阳人。北京广播学院(现中国传媒大学)新闻系副主任、新闻研究所副所长。苑子熙一生致力于我国广播电视事业的发展，作为中国新闻传播教育的奠基人之一，苑子熙为我国广播电视新闻学、传播学等学科的教育作出了重要贡献。

图6-5　苑子熙教授

1. 苑子熙新闻教育实践

1918年，苑子熙出生于河北高阳，在动荡的战争年代里，苑子熙萌生了救国的思想。1940年，青年时期的苑子熙追求真理，投身革命，同年毕业于晋察冀十中师资班，参加了早期的革命运动表现出了对国家命运的忧患意识，具有老革命的作战经验。

1941 年 6 月，苑子熙加入中国共产党。1943 年，苑子熙开始从事党的新闻工作，自此开启了新闻工作生涯，他曾在冀中九地区地委机关报《团结报》担任记者、编辑，任冀中区党委机关报《冀中导报》编辑副组长。任新华社冀中分社记者，《河北日报》农村组副组长，《保定日报》编辑等职。为敌后抗日战争的宣传工作、党的新闻宣传工作作出了贡献。

中华人民共和国成立前后，苑子熙开始从事广播工作。1949 年 6 月，苑子熙任河北人民广播电台秘书科长、总编室副主任。1953 年，苑子熙担任中央人民广播电台农业组组长，1958 年调中央广播事业局研究室从事研究工作。

在长达 15 年的新闻实践中，苑子熙积累了丰富的新闻工作经验，对新闻理论、新闻教育工作的开展具有重要的作用。

1959 年，苑子熙开始在新创办的北京广播学院新闻系从事新闻教育活动，开启了其长达 30 年的新闻教育事业。在北京广播学院，苑子熙先后任新闻系编辑教研组长、广播业务教研室副主任、新闻系副主任、新闻研究所副所长等职务。自 1980 年开始，苑子熙开始培养硕士研究生，1983 年被聘为副教授，1985 年受聘为四川省广播电视新闻研究所咨询顾问。1986 年受聘为辽宁省广播电视系统省级专业技术职称任职条件评委会委员。1988 年，苑子熙被聘为教授，1992 年享受政府特殊津贴。

苑子熙一生奉献给了新闻业，获得新闻行业的诸多荣誉。曾获北京广播学院、北京市高教局、全国教育工会北京市委员会联合颁发的“为人民教育事业辛勤工作 30 年”荣誉证书和证章；获全国新闻工作者协会颁发的“为社会主义新闻事业作出了积极贡献”荣誉证书等。

苑子熙的著作集中在 20 世纪 80 年代后，研究的领域主要在广播电视新闻学、新闻理论、传播学等方向,- 对新闻实践具有指导性的意义。主要有《传播学若干原理与应用》《传播学专论与译评文选》《漫谈广播电视新闻》《美国新闻自由探析》《外国广播电视事业史》《新闻广播电视学——理论与应用研究》《美国新闻自由探析》《传播学若干原理与应用》等。

除了著书外，苑子熙还在《新闻学论集》《新闻广播电视研究》《中国广播电视年鉴》等刊物发表了《广播的对象性与针对性》《发挥广播的个性与特长》《世界电波战的新动向》《传播反馈的价值与效果的启示》等 30 余篇著作。

2. 苑子熙新闻传播思想

苑子熙认为新闻工作者要有事业心和进取心，把充实自己放在第一位，在这个基础上才能再出成绩、多出成绩，才能出一些有利于人民有利于社会的成绩，出一些有本专业特点能反映出规律性的学术价值较高的著作。

苑子熙的新闻传播著作主要集中在 20 世纪 80 年代，苑子熙编写出了北京广播学院传播学的教材，《传播学若干原理与应用》《传播学专论与译评文选》，还出版了关于广播电视新闻的理论著作，渗入研究西方新闻传播实践案例，选择性地批判了西方电视节目成功失败的地方，为我国新闻传播的实践总结了经验教训。

(1)传播学：筚路蓝缕

苑子熙是第一批将传播学引入中国的新闻教育者之一。中国的传播学是一门年轻的学科。1986 年，苑子熙编写了《传播学若干原理与应用》传播学教材，编选了当时包括陈力丹等学者的论文，出版了《传播学专论与译评文选》传播学教材，这两本书对于中国传播学教程的编写的发展具有奠基性的作用。《传播学若干原理与应用》将传播学的主要概念引入教材，所编写的方式简单易懂但是理论性又很强，苑子熙在此书中提出传播的概念：传播是信息分享的过程，传播的核心在于"通"，即受众了解传播者传播的内容。对于传播学的阶段、类型、效果、语言符号、环节、传播者的素养等进行分章阐述。在国内传播学还未成为学科之前，苑子熙编写的传播学教材对于当时新闻传播学教育具有很大的影响。

苑子熙选编的论文集《传播学专论与译评文选》选编了当时范东生、林珊、陈力丹等学者的论文，将"自由与责任""传播秩序""报刊四种理论""批判学派"等研究问题以论文的形式进行探讨，并且翻译了美国传播学学者施拉姆、麦克卢汉的理论，并对美国新闻学派进行了介绍，在全面引进传播学的当时具有较重要的作用。

1988 年，苑子熙参加了中国社会科学院新闻研究所召开的全国传播学研讨会，也就是中国的第一次传播学研讨会。会上讨论研究了传播学到底是不是一门新兴的学科，我们如何对待产生于西方的传播学，中国要不要开展传播学研究，以及怎样研究等一系列问题。此次会议的召开标志着传播学正式引入了中国。

(2)新闻理论与实践的研究

苑子熙拥有丰富的报刊、广播实践方面的经验，关于新闻理论的研究著作非常多，为新闻工作者提供了理论指导。

1985 年 12 月，苑子熙的专著《新闻广播电视学——理论与应用研究》出版，是我国内地第一本公开出版的个人新闻学术研究论文集，也是第一本把美学引入电子媒介的论著。1986 年该书获得北京广播学院著作一等奖。全书共 9 篇 17 章，内容涉及广播电视的特性与规律，如何借鉴外国办广播电视的技巧和手法，录音报道，理论广播与效果分析，记者工作的性质与道德情操，广播节目与新闻意境，办好广播电视节目的关键问题的探索在书中，苑子熙还介绍了广播的特性，对于实践中遇到的问题，新闻节目是否应该配乐进行了探讨，总结了国外电视节目《六十分钟》成功的经验，还对国内优秀广播节目评定的规则进行了总结。此外苑子熙的《漫谈广播电视新闻》在1989年出版，采用问答的形式对广播电视新闻的基本概念操作等进行了研究。

除了对于广播电视新闻理论的研究外，苑子熙对于新闻自由提出了其独到的看法，1985年出版的《美国新闻自由探析》(原载于《新闻广播电视研究》1982年第1期)开篇就提出了新闻自由的两面性，对美国新闻事业"独立性"进行探讨。还从世界"电波战"中探讨了媒介与国家的关系，认为媒体是国家的工具。前瞻性地提出了国家要建构强大的对外宣传系统，这样在国际舆论中取得优势地位。此外，苑子熙在80年代具有国际性视野，对世界"电波战"的研究，世界新闻秩序的建立、反法西斯联播、美国新闻界与总统的关系、美国商业电视新闻、"美国之音"华语广播的宣传手法、美国电视对青少年的影响、"美国之音"华语广播的国庆报道。

在新闻史方面，苑子熙1990年出版的《外国广播电视事业史》梳理了世界广播史、电视史。从广播的发明到美国、苏、英、法、德意日的广播的发展，调频广播、有线广播等的发展。在电视史方面，介绍了电视的起源、"二战"中的电视、彩色电视的发明、卫星通信。此外，苑子熙单独列章介绍了美国公共电视的由来与发展。

3. 苑子熙新闻教育思想

从抗日战争时代的新闻实践，到中华人民共和国成立后的广播工作，再到北京广播学院新闻系的教育工作，苑子熙坚持实践与理论的结合，他注重人才的培养、也注重理论的研究，长期的新闻工作实践和教育实践，苑子熙形成了系统的新闻教育思想，主要体现在以下几个方面。

(1)育人理念：要有高素养

新闻工作者要有与一般人不一样的素养，只有高的素养才能为早就新闻工作者不一样高的新闻作品，才能成为优秀的新闻工作者，思想水平包括政治水平、党性观念、也包括政策水平、文化知识、业务技能等，苑子熙认为："记者、编辑、导演、演员的业务水平在很大程度上取决于他的政治和政策思想水平。"

第一，新闻工作者需要有较高的思想水平，指的是"辩证唯物主义和历史唯物主义的思想"。它与唯心主义形而上学、孤立、片面地观察问题、反映问题的思想是对立的、排斥的。片面性是我们新闻报道的大敌，又是我们新闻报道的痼疾。其病根就是思想不正，作风不纯。医治这种病症的良药，就是学习辩证法、学习宣传政策和策略，深入社会、深入群众、深入调查研究。这就是要求新闻工作者必须具有马克思主义的理论修养、事求是的态度。"马克思主义是科学的世界观、方法论，不是僵化的、一成不变的教条。时代发展了、历史前进了、马克思主义理论也要发展前进。知识要换代，思想也得更新，学习过也必须再学习，再认识，提高思想认知水平。”端正思想、严谨作风，摆正个人与组织的关系和社会关系。

第二，新闻工作者的“政治素养或政治水平集中到一个焦点上是指和中央保持政治上的一致”。而这种一致的内容实质性内容，则首先是坚持四项基本原则，与实事求是思想路线的一致。这种思想的一致既是政治上一致的根本保证，也是政治上一致的最高体现。如果思想不一致，仅仅是政治上或组织上做到的服从，那是不够的。

第三，记者要有党性观念、党性原则。“记者要有党性观念，坚持辩证唯物主义、实事求是，必须与主观主义划清界限，必须深入调查研究，按客观实际反映问题报道新闻。”苑子熙认为，新闻教育工作者必须按照历史前进了的现实，把国内外一切人类发明或发现知识传授给新的一代，新闻工作者也要反映前进中的现实生活里先进和落后思想的矛盾斗争，以适应人民群众不断前进中的现实生活里先进和落后思想的矛盾斗争，以适应人民群众不断提高的精神、文化生活的需要。政治素养是新闻工作者新闻敏感性的来源，把握住政治的方向，才能更好地引导舆论。

第四，新闻工作者要有高的文化素养。苑子熙认为，文化素养高的人才能对知识有全面的把握，文化素养是新闻工作者的基本素养，记者要利用一切可以利用的时间读书看报，扩大知识面，在采访前要学习有关专业知识，以寻求和采访对象的共同语言。社会科学和自然科学知识丰富的记者，其思想境界、思考问题的方法也自然会宽阔些、深远些、丰富些。苑子熙举例，如果要采访数学家陈景润，而又不懂什么是“哥德巴赫猜想”，这种采访是难以进行的。

(2)培养方式：理论与实践的结合

苑子熙认为，新闻教育不仅仅是理论的学习，还要深入实践，在新闻的实践工作中才能全面掌握。

首先，要学习新闻的理论，总结事物发生的规律。在学习新闻理论中，新闻学子要掌握新闻的基本理论，新闻理论指导实践，新闻工作才能快速准确的进行，苑子熙认为新闻的学习中要善于“问”，只有提出了问题才表明你在思考，对很多观点是有独特见解的。苑子熙编写著作《漫谈广播电视新闻》《新闻广播电视学——理论与应用研究》等书，从新闻实践中的很多问题进行了理论探讨，为新闻学子提供了较为全面的理论参考。

其次，要虚心向在新闻广播电视第一线工作的同志们学习。苑子熙认为，广播电视记者“采访与写作不但要善于写文字新闻，还要善于录音采访和广播节目的制作”。因此要向一线的新闻记者学习各种新闻采写技巧，在苑子熙的教育生涯中，还请来了业界的新闻工作者给同学们分享了新闻工作中的问题，为新闻界培养了大批新闻人物。苑子熙以受众为本，在单向的传统传播时代，他提出广播电视要“满足群众的收听需要，在广播稿中，去掉长稿的习惯，转化成短稿，为他们提供准确、全面的信息”。注重受众的信息需求和收听体验，就当时来说，从实践的总结中为新闻学子提出了说新的观点。

再次，要“从实干做起，在实干中学习”。苑子熙认为，要想从事新闻工作，就应该多参加实践，从采写新闻做起，这是记者最基本的工作。在采写的基本功下，广播电视记者就需要练习现场口头报道新闻和口头发表评论的技能。在这些基本技能之下，苑子熙要求新闻工作者要向着“全能记者”的目标出发，集“记者、编辑、技术人员、司机、播音员、主任编辑的技能于一身”。

(3)业务素质和道德情操

苑子熙对新闻工作者的业务素质和道德情操提出了较高的要求，他认为，首先，新闻记者最基本的素养是新闻采访与写作，新闻工作者应该说真话，把握住新闻的真实性，真实是新闻的生命，记者在思想上和主观主义划清界限，深入采访，调查研究，按客观实际反映问题、报道新闻。新闻工作者的新闻报道要以真实为基础，不能报道虚假新闻。苑子熙认为“新闻记者应该是社会活动家”，要将真实的情况告知公众。

其次，新闻工作者要思想敏锐，对客观事物的变化反应快。特别是对于突发性新闻，要发现快，采、写、录制、编发更要快，使听众能听到本台的“最新消息”和“正在发生”的事实，满足听众的求新欲望。此外，还要有口头语言的表达能力和对新闻现场实况变化的应变能力。善于根据事实判断题材，决定采用恰当的表现形式。口齿伶俐、语言流畅，通俗易懂，富有亲切感。

再次，苑子熙还认为，记者还要具有跟踪采访和迅速搞清事实真相的本领。要有大无畏的精神，不论事情多复杂，阻力多大，都要追根问题、搞清是非曲直，对重大事件能进行及时的连续报道。新闻记者还要有全心全意为人民服务、不惜牺牲个人一切的无私无畏的勇气。不利用职务工作之便谋求私利。这是记者的作风需要，也是记者道德观和人格立场的根本。

苑子熙的一生是新闻理论与实践结合的一生，从实践到理论，从理论指导实践，为新闻学的教育贡献的一生。苑子熙在青年时段献身革命，投入新闻传播事业，为冀中地区抗日民族战争的宣传工作作出了贡献，在解放战争中的宣传具有重要作用。中华人民共和国成立后，为早期的广播事业作出了贡献。在理论教育生涯中，苑子熙在传播学、新闻学、广播电视学都作出了重要贡献，为北京广播学院培养了一批又一批的学子，他们活跃在新闻的一线，将苑子熙的新闻理念运用到了实践，对我国的新闻事业作出了巨大的贡献。

苑子熙坚持马克思新闻观，坚持新闻真实性原则，反对主观主义、反对片面性，追求实事求是、客观主义的报道。在广播电视新闻的培养上，对当时出现的许多现实问题进行探讨，强调受众的导向原则，去除生硬长篇的广播稿，提倡简单通俗的短篇广播稿，对新闻从业者提出了高的要求。在传播学上，苑子熙也是我国第一批将传播学引入国内的学者，其为北京广播学院学子编写的传播学教材具有历史参考价值。

（向青平）

6.2　口　述　史

6.2.1　方晓红与南京师范大学新闻传播教育

1. 早年间的求学与工作经历

1982 年，方晓红从武汉大学中文系毕业。她凭借在校期间的优异成绩顺利留校，并在中文系古典文学专业任教（见图 6-6）。当时，尽管改革开放的序幕已拉开，但全国的新闻学教育尚未完全开放。1983 年，教育部才正式开放新闻学教育，全国有少数高校率先获批，纷纷开始招收新闻专业本科生。武汉大学便是其中之一。获得批准之后，学校着手从中文系师资力量中抽调一批人组建新闻系。秉持着自愿原则，学院让老师们自主申请。新闻工作者的专业、干练，吸引了中文专业出身的方晓红。与此同时，中文系主任以及在中央电视台工作的好友，都鼓励她转入新闻系。于是，刚留校不久的方晓红主动向学校申请，并顺利成为一名新闻系的专业老师。就这样，她开始了一段与新闻教育工作的不

图 6-6　南京师范大学新闻与传播学院原院长方晓红教授

解之缘。

新闻系成立最初，任职教师只有八九个人，加上行政人员总共也就十多个人。此时新闻系与中文系也还有着紧密联系，开设的专业课主要依托文学课。这样的专业设置，有利于培养学生的人文素养。但新闻与中文毕竟是两个不同的学科，在这种情况下，转入新闻系的一些年轻老师们，开始了经常性的进修活动。方晓红热爱文学，在转入新闻系之后，她就思考着将自己所学专业与新闻这个新学科联系起来。恰逢电视文学兴起，她将首先将目光转向了广播电视领域的教育教学。当时的北京广播学院(现中国传媒大学)的广播电视专业在全国领先，恰逢武汉大学有合作关系，方晓红得以前往北京广播学院进修。

20 世纪 80 年代，越来越多高校本科生留校任教。在这种情况下，国家开始要求本科留校任教的老师参加进修班，提升教育水平。1985 年，武汉大学开办了文艺理论研究生进修班，并面向全国招生。原本想要前往别处攻读研究生方晓红，因为家庭因素打消了这个想法，最后决定留在武汉大学进修。据她回忆，武汉大学开设的这个进修班课程丰富，毕业时要求学术完成多篇论文。1985 年年底，方晓红便开始着手撰写结业论文。1986 年，方晓红在武汉大学文艺理研究生班学习结束，顺利毕业。

在武汉大学任教期间，除了完成学历深造，方晓红也一直潜心科研，最后凭借多项研究论文、专著成果评上了讲师。由于对广播电视领域倾注了较多的热情，她还需要经常与业界保持联系。电视台是她除了武汉大学，第二个经常要去的办公点。除了在新闻系上课，她还要以学者的身份参加电视台的评审、研讨等活动。每周都有几天时间辗转于武汉大学与电视台之间，由于两者距离较远，往返都需要过江。所以一般上午去，下午才能回。除了工作，已经“升级”为妈妈的方晓红还要照顾刚出生的儿子。每次周折往返，时常让她感到身心俱疲。在家人的劝说下，方晓红萌生了离开武汉，回到江浙工作的想法。经过深思熟虑，她向学院递交了申请。尽管当时系部领导一再挽留，但权衡之下她还是坚持离开，最后跟随爱人调到了南京，结束了在武汉大学多年的求学和任教生活。

2. 走进南京师范大学新闻教育岗位

1988 年，方晓红调入南京，最初在河海大学社会科学系任教。作为理工类院校，河海大学在当时并没有设立新闻系。所有人文社科专业均汇聚到一起，统一安排课程。她作为文科专业老师，需要给外文系等外专业学生上课，主要教大学语文、文艺理论等选修基础课。1993 年 3 月份，方晓红离开了河海大学，正式进入南京师范大学中文系新闻专业工作，开启了她在南京师范大学新闻教育岗位上 20 多年的教学科研生涯。

作为一所地方性师范院校，南京师范大学新闻学教育起步较早。1964 年 6 月，教育部批复江苏省委宣传部，同意在南京师范学院增设新闻专业。中间虽有过中断，但新闻教育的火种早已埋下。1977 年全国恢复高考，当时江苏省委宣传部的相关领导十分重视新闻人才的培养工作，便与南京师范大学联合创办新闻教育专业。学校开始招收新闻学专业学生 40 人，接受省委宣传部直接领导，新华日报社和学校联办共管，理论课程由学校承担，班主任、实践课程均由新华日报社负责委派。此后，南京师范大学新闻学教育曾中止一段时间，知道 1984 年在省委宣传部的直接干预下，才继续恢复招生。因为有古典文学的任教背景，进入南京师范大学新闻教育岗位后，方晓红开始教中国新闻史等课程。在教学中，她发现一些新闻学教材中存在不少的问题。于是，她向学院领导提议由新闻系老师们编写一套新闻史教材。这一提议也在新传院成立后得以实现。1995 年建院之初，方晓红着手编写《中国新闻史》教材，该著作后作为内部教材在多个场合被使用。因为脉络清晰、主干突出，内容删繁就简、短小精悍，这本书很受学生欢迎。该教材前后多次再版，并被遴选为“十一五”国家规划教材。

当时南京师范大学新闻专业隶属于中文系，不管老师还是学生，人数都相对较少。新闻系除了系主任郁炳隆，专业主任史老师、专业副主任鄢光让，还有陈昌凤(现清华大学新闻与传播学院副院长、教授)、周斌(现凤凰出版传媒集团总经理)、苏宏元(现华南理工大学教授)等。加上她自己，新闻专业的全部领导、老师一共不到 10 个人。进入中文系后，方晓红一方面要完成日常教学工作，一方面也继续自己的科研项目，并先后发表了多篇学术论文，撰写了专著成果。努力做好自己，是她自学生时代就秉持的观念。靠着突出的教学和科研能力，方晓红成为当时系里的骨干教师。进入南京师范大学工作后不久，她便被评为副教授。随后，她开始以新闻系副主任的身份接管系里的一些工作。1993 年，在系领导支持下，方晓红开始着手筹备南京师范大学新闻系硕士点的申报工作。从填写申请材料，到学院科研成果搜集，她一个人包揽了全部工作。但鉴于当时新闻系整体科研成果有限，所以申请一开始并没有通过。这也促使方晓红在后来主管学院工作后，重点抓教师队伍的科研能力。在她看来，科研的作用并不仅仅是辅助教学，更是学科实力的展现。

成为新闻系领导后，方晓红投身于院系的各项大小事务中。自 1993 年开始，南京师范大学新闻系开始在全省范围内开办新闻教育培训班。作为新闻系副主任，方晓红时常到全省各地出差，负责有关培训班的招生工作。此外，她还与郁炳隆、周斌等老师承担起培训班的教学与考务工作。由于当时院系机构设置不全，作为系副主任的方晓红还连续多年承担起给全系排课表的工作。但不管科研还是教学，不管是作为普通老师还是行政领导，方晓红都希望尽力做到最好。20 世纪 90 年代，随着国家对高校老师学历的要求不断提高，学校也开始响应国家要求，出台“青蓝计划”。学院领导让老师们着手准备申报读研。1996 年，此前已经在北京广播学院、武汉大学完成进修班的方晓红，此时主动申请申请考博。她说，希望自己能给系里其他年轻老师们树立榜样，“我告诉他们，我都能考，你们年轻老师更没问题！”考虑到系里还有诸多教学、科研工作，方晓红选择就近在南京读博。一次机缘巧合，她认识了南京师范大学文学院一名主攻古典文学的博导。因为一直喜欢文学，尤其是带有历史性的选题，方晓红便主动与这名老师联系。1997 年，方晓红顺利考入南京师范大学文学院。为了将古典文学与新闻学结合，她将研究对象落在了“晚清报刊与晚清小说之关系”上。借助这一选题，方晓红顺利拿到了博士学位。学无止境，在方晓红的教学生涯中得到了充分体现，拥有不同学科背景，也为她此后的科研之路打开了方向。

1995 年 4 月，学校在原新闻系和电教系的基础上，整合师资力量，正式成立新闻与传播学院。学院成立后，原电教系改为教育技术系，然后又以新闻系的名义成立了电视系，就这样学院一共划为三个系：新闻系、教育技术系和电视系。20 世纪 90 年代，尽管国家早已开放新闻学教育，但当时许多新闻专业的人更愿意去新闻媒体工作，导致高校中的新闻教师尤其匮乏。新传院成立之初，新闻系的老师还主要由原中文系新闻专业的老师组成。尽管师资有限，但这些老师们均来自北京大学、中国人民大学、复旦大学、武汉大学、北京广播学院等知名高校。其中一些人还有过一线媒体工作经历，比如苏宏元曾在电视台任职，鄢光让曾在《新疆日报》做过领导。相较新闻系，当时电视系的师资力量还相对薄弱，主要师资由以前给学校拍摄宣传视频的技术人员担任，或是由留校任教的学生组成。电视系一开始培养目标也不够明确，后来才逐渐完善起来。建院之初整个学院师生人数都很少，方晓红回忆，当时新闻系有 20~30 个人，电教系稍微多一点，但也就 30 个人左右。随着南京师范大学新闻与传播学院的独立，新闻学教育也在不断发展壮大。1996 年，学院成立第二年，在全院领导、老师们的共同努力下，学院终于成功申请到新闻学硕士点。这项在 1993 年就开始筹划的事情，最终尘埃落定。在当时，全国有新闻学硕士点的高校并不多。南京师范大学作为一所师范类院校，可以说走在了新闻教育前列。1997 年，即建院第三年，新闻与传播学院迎来了第一批新闻学硕士研究生。方晓红也在当年招收了 2 名研究生，开始了研究生的新闻教育工作。

3. 从新闻系主任到新闻与传播学院副院长

从新闻系副主任到主任，方晓红需要承担起更多工作。南京师范大学新闻系一直秉持着优秀的传统，作为新闻系主任，她的工作开始向全系倾斜。在她看来，作为系领导需要有能力统筹全局。“以前我只用对自己负责，我也相信自己能有这个自律做好。所以不管在工厂还是在武大读书的时候，我都能每年评优评先进。但现在我不仅要做好自己，还要对全院的老师、学生负责，更要对整个南京师范大学新闻学学科建设负责。”回忆当初的任职经历，方晓红坦言压力特别大。除了承担研究课题，方晓红还有教学任务、行政工作。在高强度的工作环境下，她负责的课题项目一直搁置。在一次学术交流期间，她认识了复旦大学教授李良荣。李良荣教授鼓励方晓红继续深造。为了能给自己一段时间沉淀下来，更好地进行学术研究，方晓红决定辞去新闻系主任一职，前往复旦大学做博士后研究。在复旦求学期间，除了导师李良荣，方晓红和多位新闻学院老师都保持着良好的学术交流，并对她从事的农村传播研究项目表示了认可。这一段博士后生活经历，不仅是对她个人学历的提升，更是一次南京师范大学新闻学专业形象的展现。

2002 年年底，方晓红从复旦新闻学院博士后流动站出站。之后，她回到南京师范大学新闻与传播学院接任副院长，开始分管科研工作。当时，学院的新闻专业已经小有名气，被列为江苏省“十二五计划”重点学科。但方晓红坦言，相较于现在，当时学院整体科研水平还相当有限。做了分管科研工作的副院长之后，她将工作重心放在了如何提升学院整体的科研实力上。其中最关键的，便是提升任教老师们的科研积极性。她通过一系列奖励措施，鼓励老师们发表学术论文、申请科研项目。当时，作为学科带头人的方晓红已经拿过国家级、省级课题，手中掌握了一笔科研经费。为了让老师们在做好教学工作之外积极投身科研，她把这笔经费分成了若干个科研方向，鼓励大家前去申报。上任后，她给全院老师开的第一个会，是教大家如何申报国家级课题，如何填写申请材料。她反复强调，研究课题一定要有自己的个性特色，有不可替代性才能脱颖而出，最终获得项目评审专家的认可。这是她从自己的课题申报过程中总结的经验，也是她在会上不断向学院老师们强调的。除了事无巨细地传授项目申报经验，她为了打消老师们的顾虑，多次鼓励大家发表论文，积极参加学术会议，争取在会上发言。在方晓红担任副院长分管科研工作后，南京师范大学新传院的科研水平得到了明显提升，这也为后续新闻学科的发展创造了良好的学术氛围。

4. 担任学院院长与南京师范大学新闻教育实力的整体提升

2005 年，方晓红被任命为南京师范大学新闻与传播学院院长。此后，在担任院长的 8 年时间里，她一直思考如何让南京师范大学的新闻教育实力迈上一个新的台阶，如何让南京师范大学新闻学院在全国新闻新闻教育界被广泛认可。为实现这一目标，她和学院的其他领导、老师一起，付出了极大的努力，牺牲了大量的生活时间。在她卸任院长的 2012 年，作为地方师范院校，南京师范大学新闻学科不仅成功申报获批了博士学位点，也被评为江苏省重点学科，在学生培养、师资队伍、课程体系、硬件设施、科研成果等各个方面均有了质的飞跃。回望这一段历史，方晓红谈论最多的，是自己的感激之情。她不仅感谢全院教师与学生的共同努力，更感谢来自全国各大兄弟院校的鼎力帮助。她说，南京师范大学新闻教育的发展，一路走来，离不开诸如武汉大学、复旦大学、清华大学、北京大学、中国传媒大学、华中科技大学等一批高校新闻院系及其相关学者的大力支持。

20 世纪 90 年代，初到南京师范大学不久的方晓红，在外出参加学术会议时，曾被与会者问到："南京师范大学也有新闻教育吗?"这句话给她留下了很深的印象。在就职学院院长后，她清晰地意识到，要想让南京师范大学的新闻教育有着更好的发展契机，既要提升整体科研与教育实力，也要积极"走出去"，在全国范围内展开广泛交流。为此，她从三个方面着手，从宏观上规划着学院的未来发展路径：一是学院的整体"亮相"，展示自身的努力与实力，与外界建立更多的互动关系；二是加强人才队伍建设，多角度、全方位地提升学院师资的教学科研能力，夯实发展基础；三是改善新闻教育的基本设施条件，为学生创造更好的学习环境。

从担任副院长开始，方晓红便积极鼓励学院的老师们能够走出南京师范大学，在全国各类学术场合中与其他学者展开交流合作。此外，她还通过召开全国性学术会议的方式，将全国各地的新闻传播专家学者邀请到南京师范大学展开学术讨论，让外界了解学院建设的具体情形。她认为，这样做不仅能提升学院师资自己的视野，也能够让学院的教师们在不同场合发出自己的声音，让别人更加了解南京师范大学新闻与传播学院。主持学院行政工作后，方晓红更加意识到这一点的重要。她曾带领骨干师资拜访过多所兄弟院校的师长，向他们展现南京师范大学新闻教育的整体实力，同时也向他们请教关于新闻教育发展问题的具体建议。

2005 年前后持续展开的新闻学博士点申报工作，是方晓红任职院长后面临的首个挑战。对于此项政策性契机，她格外重视。若能成功获批博士点，不仅是展示南京师范大学新闻教育整体实力的最佳机会，也是更好地推动学科建设，将南京师范大学新闻教育水平提上新台阶的最佳方式。为此，方晓红和当时的学院教师们做出了最大可能的集体性努力。

从学校学科的定位，到研究方向的设置，再到申报材料的填写等，每一个环节都不敢松懈。在盘点了新传院的整体实力后，方晓红表示，南京师范大学新闻教育应当明确两个基本定位：第一，我们不能仅仅将眼光局限在自己身上，而应当从全国范围的新闻教育现状上着眼，将南京师范大学新闻教育视为全国师范院校新闻教育发展的关键一环。换言之，南京师范大学新闻学科若能获批博士点，不仅是全国范围新闻教育对师范院校长期努力的肯定，也能反过来促进师范院校更加坚定自身开展新闻教育的决心。第二，在学科定位上，我们需要扬长避短，凸显自身的核心优势。结合自身及学院其他师资的科研现状，方晓红提出以农村传播为突破口，以发展新闻学为努力方向的基本思路。该思路较好地弥补了当时新闻教育界尚未充分重视的乡村领域，抓住了重要的学科建设缺口。这两点定位，给了南京师范大学新闻学科申报博士点的信心和勇气，也帮助南京师范大学新闻学科赢得了大多数评议专家的认可。南京师范大学获批新闻学博士点，在当年的新闻教育界是一项重大事件，给了学院不断追求超越的底气。从2006年开始，南京师范大学新闻与传播学院正式招收新闻学博士生，目前就职于浙江理工大学的陆高峰便是学院招收的第一个博士。

成功申报新闻学博士点之后，进一步强化学院人才队伍建设、提升新闻教育师资的整体实力，显得更加迫切。在方晓红的主持下，学院采取了三种办法以实现师资队伍的转型。首先，引导和帮助已有教师攻读博士学位，改善他们学历与学缘结构。借助本校的新闻学博士点，部分教师以在职方式在本校攻读了博士学位；另一部分教师则奔赴复旦大学、武汉大学等高校，接受新闻传播学博士教育。方晓红坦言，在南京师范大学新闻学博士点招生的初期，她曾招收数位本校教师，着眼点便在此处。其次，方晓红特别注重对高层次人才的引进。21世纪初，各大新闻院系的高级职称教师数量相对较少，南京师范大学也不例外。依托学院的共同努力，季宗绍、石坚等教授正式加入南京师范大学新闻与传播学院，带动了学院师资水平的整体提升。最后，学院还特别注重引进和培养青年学者，为新闻教育的可持续发展奠定基础，复旦大学的邹军博士、中国人民大学的刘继忠博士等也是在这一时期正式加入学院。目前，他们已经成长为南京师范大学新闻教育的中坚力量。

倡导教学与科研相结合，以科学研究促进教学水平，是提升师资实力的又一举措。借助新闻专业作为江苏省重点学科的建设支持，方晓红在研究经费、科研奖励、成果出版、学术交流等问题上，为教师们提供了最大程度的科研引导和帮助。短短几年时间，南京师范大学新传院的论文发表、专著出版、科研立项等，有了显著提升。为了帮助中青年教师推出自己的科研成果，提供展示自我的学术平台，学院于2005年规划出版了《当代传媒与社会丛书》。李培林教授的《读图时代的媒体与受众》、于德山教授的《当代媒介文化》以及俞香顺教授的《传媒·语言·社会》等，皆是丛书的重要组成部分。作为丛书主编，谈及出版初衷时，方晓红直言不讳地写道："为南京师范大学新闻与传播学院的(当时的)年轻教师出一套书，以激活并释放他们的科研能量，肯定并展示他们的科研实力，是笔者的一个心愿。"

改善新闻教育发展的硬件设施，是方晓红非常"喜欢"做的一件事。这既与她对新闻教育实践性要求的把握有关，也与她本人对于新事物的偏好有关。直到今天，方晓红对各类新媒体技术的最近发展总是饶有趣味，乐于尝试。在她的倡导和争取下，南京师范大学新闻与传播学院先后拥有了电话调查实验室、演播厅等当时较先进的教学设施。这些设施为当时学生的实践操作、科学调查提供了最新设备支持。2005年投资建立的电话调查实验室，是当时国内最早一批应用于新闻传播领域教学与科研的实验室，最初含有16台访问端、1台服务器，基本满足了当时的操作需要。国内多所新闻传播院系，都曾到此参观访问，交流建设经验。

除了改善教学科研设施，方晓红还与当时的学院领导一起，坚持为学院教师争取更好的办公条件。从最初聚处一室的办公状态，到逐步建立分工明确、职能独立的各个办公室，教师的工作环境有了明显改观。截至2012年，即方晓红担任南京师范大学新闻与传播学院院长的最后一年的9月，学院全体搬进了随园校区一栋独立的办公大楼当中。大楼中涵盖了教室、办公室、会议室和实验室等各项基础设备，为南京师范大学新闻教育工作的开展提供了更加优良的环境氛围，也为其未来的进一步发展贡献了基本的设置保障。

5. 退休后的教学活动与对新闻教育的长期思考

2012年年底，离开学院行政岗位后，她用一句"到什么山头，唱什么歌"表达了自己的豁然和轻松，并对自己的退休生活有着新的安排，将更多精力转向了学生指导与家庭生活。遇到学院年轻一届的领导班子成员向她咨询意见时，她也总是在力所能及的范围内，毫无保留地给出自己的意见和建议。虽不再参与行政工作，但她对南京师范大学新闻与传播学院的发展，仍抱有很大的期待。她希望学院的新闻教育在未来能"更上一层楼"，不仅要做到"有名""有分"，还要做到"有实"，稳扎稳打地苦练内功。她反复强调，作为地方性师范院校的新闻院系，在发展过程中不能限制自己的视野，满足已有成绩，应当放眼全国乃至更大范围的新闻传播教育学界，寻找自己的特色、优势和定位。只有坚持不懈地力争上游，积极进取，才能真正做到方汉奇先生曾经期许的那样，让南京师范大学的新闻教育立足于“全国新闻教育的第一方阵”。

现今，方晓红仍坚守在教育岗位上，南京师范大学新闻与传播学院本科生的“中国新闻史”、研究生的“传播研究方法”等课程，常由她担任主讲；硕士与博士研究生的培养工作，也在继续开展。通过引导学生参与科研项目、不间断地答疑辅导等方式，一批又一批的硕士、博士在她退休后走出了校园，走上了工作岗位。在学生们毕业论文后记中，我们常常会看到这样一句话，“遇见一个好的导师，是最幸福的一件事，我们无疑是幸福的”。方晓红对学生的关心，并不停留在知识的传授上，而是涵盖了日常生活的方方面面。跟随她学习几年的研究生们，不仅乐于和她讨论学问，享受那种“一针见血”的思想启发，也乐于和她谈论工作、家庭乃至情感，学习她对待生活的经验和智慧。高等教育的目的，在于培育一个个完整而独立的社会个体，不在于打造一台台装载专业知识的学术机器，方晓红深知这一朴素的道理。

在担任学院领导期间，方晓红提出了“求真善学”的口号，此项简洁明了的口号最终作为院训在学院沿袭至今。谈到该说法的由来，她表示，“求真”意味着新闻学子不仅要坚定不移地追求真的学问，更要在新闻实践中把握“真实”这样一条核心原则，这是新闻学子安身立命的根本；“善学”则意味着新闻教育不是填鸭式教学，而是要启发学生善于提出问题、善于反思实践，将“学”与“用”有机结合到一起。只要做到了这一点，学生在走出校门后，仍能在掌握学习方法的基础上，谋求更大的进步。

方晓红认为，新闻教育有其特殊性，这集中体现在它的应用性层面。新闻教育工作者首先应当承认这一点，让培养出来的新闻学子能够“为社会所用”。新闻教育如果仅仅向学生灌输一套理论，显然是不合适的，动手能力是任何院系新闻教育活动中都必不可少的一项基础工作。不过她同时也强调，作为经历了高等教育的新闻学子，必须是“有思想”“有想法”的，这一要求有时比培养动手能力显得更加迫切。“有思想”不是指能够探讨纯粹的理论概念，而是指对任何问题都能够给出自己独立的判断和认识。在她看来，走上新闻工作岗位的学生不能满足于做合格的“工匠”，他们需要对这个社会持有特定的看法，在活动中扮演者“设计师”的角色，贡献自己的思想。具体教学实践中，方晓红曾和学院的多位老师为本科学生开设新闻传播通识课程，该课程的目的，便在于培养学生的整体性视野，提升他们寻找问题、独立思考的能力。

数十年的高校生活中，方晓红的学术生涯与教育生涯，几乎与南京师范大学的新闻传播学科发展同步进行，嵌在同一条轨道里。在她个人经历中折射出来的，有南京师范大学新闻与传播学院20多年的演进脉络，有师范院校新闻传播教育筚路蓝缕的艰辛历程，也有当代中国新闻教育实践常态化、深度化和体系化的重要成就。教师是终身职业，在慢慢离开一线教学岗位的同时，方晓红依然对新闻教育活动倾注着热情，贡献着自己的思考和能量，是许许多多为新闻教育工作默默奉献的学者队伍中坚定的一分子。

（操瑞青　向莲君整理）

6.2.2　张国良教授访谈录

问：Buckingham 在《Media Education：Literacy，Learning and Contemporary Culture》一书中曾毫不留情地批判了旧有的“保护主义”(protectionism)及“批判分析”(critical analysis)的传媒教育取向，大力提倡以传媒制作为重心的传媒教学法(media pedagogy)，并指出要以“传媒教育新范式”取代以往保护主义和批评分析范式。您是否同意他的观点？

张：首先，需要厘清概念。“传媒(也就是媒介)教育”和“媒介素养”这两个概念是有同有异的，前者应是宽泛意义上的新闻传播教育，而后者一般作为民众的状况来理解。当然，从字面上看，也可以认为，两者的差异在于，一个强调过程，一个表现为结果。一个人，接受了传媒(媒介)教育，自然就具有了媒介素养，对吧？这样看来，两者似乎是一体的，但事实上，面向民众的媒介教育，通常被包含在媒介素养这一概念中，而专业化的，也就是面向高校新闻传播专业的媒介教育，则更习惯被称为新闻教育或传播教育(见图 6-7)。

图 6-8　上海交通大学媒体与设计学院原院长张国良教授

为什么会这样呢？顾名思义，面向全民的教育，作为一种狭义的传播教育，似乎是以媒介为中心的，即告诉大家怎么处理自己和媒介的关系，而广义的传播教育，涉及面就更加广泛了，因为传播并不仅限于媒介，还包括大众传播、人际传播、组织传播等多个维度和层面。

如此说来，我从事专业化的新闻传播教育工作，确实比较久了，但对于面向全民的教育即媒介素养，其实涉及不多。而Buckingham的重点在于媒介素养，媒介素养从20世纪30年代开始，经历了一些变化，一开始是保护主义，把媒介看成是恶魔，尤其是对青少年有很大的负面影响，但这种认识和观念，也不能说一无是处，因为即使在今天看来，青少年群体也是需要保护的，例如，限制过度的色情和暴力内容，建立电影的分级制度，但凡公共信息，还是应当适度净化，当然，过分强调保护，则又不合理了。

而所谓的批判分析视角，也就是建立在这一基础上的，即认为一个成年人，可以自己分辨，自己选择对他有用的信息。依我看来，分析(识别、分辨)其实是批判的前提，即受众先要学会分析，知道哪些是对自己有帮助的信息，哪些是没用或有害的信息，在这之后，才谈得上批判，即进一步认识到媒介所建构的现实，并不等于客观现实，从而，对媒介内容中的价值观，培养起一种批判能力。

当然，仅此还是不够的，因而，20世纪90年代以来，又开始提倡参与，不仅强调使用媒介，还倡导人们要认识到媒介的信息是多元的，作为公民，要具备一种使用、参与、行动的能力。Buckingham提到的制作，就是在这一层面上的期待，即不仅高校学生，作为社会一员的公民，也需要养成这种能力，会制作、生产各种媒介信息。到了新媒体时代，这种参与模式，就更有可能成为现实了，既然人人都拥有媒介，人人都可以成为记者，这种参与媒介、重在制作的行动，也就到达了一个新的阶段。

问：Buckingham曾经指出传媒教育的老师不仅要懂得教，还要思考为什么要这么教、希望达到什么目的、有什么理念和指导原则、用什么模式和方法最好。在您看来：国内传媒教育在这方面表现如何？传媒教育研究整体水平如何？如何实现传媒教育实践与研究的有效联动？

张：我相信，大多数老师在开设一门课时，都会思考教学的目的和意义，也就是说，思考新闻传播教育背后的理念，从而，在教学过程中，贯穿一定的价值体系，并在模式、方法等方面，体现出来。虽说都有所思考，但教师个体之间，也必定存在差异，从而，在各具特色的同时，自然也有深浅之别、高下之分。

就我的印象而言，对于新闻传播专业的教学问题，国内有一些学者比较关心，也不时可见到相关的讨论。但总的来说，无论是总体规划、全局思路，还是教学的各个具体环节，诸如课程、实践、教材、方法、经验、效果等，相关的思考、交流和研究都是不够深入的。造成这一现象的原因很多，一个比较重要的原因是，高等教育整体是偏科研、轻教学的，尤其表现在教师考核制度中，从而导致了教师个体不得不将主要精力放在了科研方面。

至于如何实现“新闻传播教育实践与研究的有效联动”？我觉得，两者之间原本就存在一种互动关系，实际情况如何，因人而异。一般来说，作为一名高校老师，如果科研水平过低，那么，教学质量也不可能很好。通常，科研水平高，意味着思维活跃，创新能力强，自然是有助于提高教学质量的，但如果备课不认真，或表达技巧有较大欠缺，那么，教学效果也是堪忧的。反过来说，如果教学态度认真，其实也有助于科研的发展，因为，老师在备课(与自己对话)和课堂教学(与学生交流)的过程中，往往会受到启发，重新审视已有的理论和方法，从中产生出思想碰撞的火花。

问：张昆教授在《新闻记者》(2017 年第 2 期)发表过一篇《我们需要什么样的新闻学院院长》一文，在传媒教育界引起较大共鸣。在您看来，一名优秀的新闻传播学院的院长应该具备哪些特质和要件？据您的观察，国内外新闻传播学院院长在任职条件、教育理念、学术科研等方面有何异同？

张：对于新闻传播学院来说，优秀院长的条件，与其他学院应该是大同小异的，概括地说，无非是四个字：德才兼备。当然，对“德”“才”的具体内涵，可以有许多演绎，就我(担任上海交通大学媒体与设计学院院长八年)的体会而言，最为重要的是：“公正”“民主”，这也是我为学院确定的十六字院训的首要两条(全文为：公正民主、求真务实、团结奉献、开拓创新)。

按我的理解，“公正”是“德”的核心，“民主”则是“才”的精要，也就是说，在本人熟知并遵循高等教育(在此又具体体现为新闻传播教育)规律的前提下，如何最大化地集思广益，贯彻“教授治学”——这就是作为一个(新闻传播学院)院长最应具备和发挥的才能。

正是在这样的理念推动下，上海交通大学的新闻传播学科发展比较迅速，短短几年内，就跻身于全国十强、世界百强之列。

实际上，就国内外高校和学科的比较而言，在“硬件”已几无差距的今天，主要问题也就在体制、机制、政策等“软件”方面了。目前的一个突出问题是，在高校行政化的局面下，“院为实体”难以落实，从而，不能不影响“教授治学”的实效。

问：本专业学生从事传媒行业越来越少，传播学教育需要做如何调整？

张：确实，时代正在发生巨变。一方面，新闻传播专业一直在扩招；另一方面，传统媒体江河日下。但我们学院很早就定位在了培养宽泛意义上的传播人才，所以，学生就业没有问题。诸如游戏公司、网络公司、各大企业的公关部门，包括各种各样的公众号，都体现了社会对传播人才的广泛需要。当然，作为一流高校的培养目标，理应更偏重基础，提高综合素质。

事实上，目前新闻专业显示出过剩现象，传播专业的适应面则广泛得多。但似乎有很多院校的专业名称还是“新闻”而非“传播”，尽管培养目标已不限于新闻人才，这就名不符实了，可能(对就业)多少还是有一点负面影响。

问：世新大学新闻传播学院原院长成露茜教授曾公开表示，任何大学的新闻传播教育机构如果不教专业技术，就不配做一个传播教育机构，但是如果只教技术，它不配做一个大学的机构。张昆教授也指出国内新闻传播学科，尤其是一流大学新闻传播教育普遍纠结于职业性和学术型的矛盾，建议一流大学新闻传播教育首先是研究型，其次是职业教育，应定位为研究型传媒职业教育(《新闻记者》，2016 年第 2 期)。此外，新闻学是一个讲求理论与实践并重的学科，当前我国高校传媒教育一方面实行与政府和媒体机构共建，另一方面在研究生教育阶段开展了学术型和专业型硕士。您对国内传媒教育的学术型和职业型两大取向有何构想？在具体的课程教学设置、师资队伍建设等，如何实现二者的有效整合？

张：对学术型硕士和专业型硕士培养“分流”的构想是合理的，尽管目前还处于摸索过程中。一方面，有关部门可能期待更合理地分配教育资源，更专业地培养不同层面的优秀人才；另一方面，也显示出教育改革的决心和理想，希望与国际接轨。但现实问题是，学术型硕士与专业型硕士的培养，尚缺乏明显不同的教学体系，两者的课程设置和培养方案，还需要进一步区分和完善。

问：您觉得这一做法对当前中国新闻传媒教育带来了何种契机？

张：这一做法本身就包含了应对就业状况的动机，所以，可以视为是一种来自实践的、推动教育改革的动力。

问：您认为没学好国外模式的原因是什么？

张：认识、条件、机制等，都还未到达可以很好配合的时机。举例来说，专业型硕士培养应紧贴实际，需要聘请大量的一线师资，但目前的体制机制却不允许，而且，入职升等体系对实务型老师也很不友好。其实，业界优秀人才大多愿意到高校兼职上课，且不太计较报酬，但也不能是无偿劳动，对吧？所以，这不是钱的问题，而是僵化的体制问题。

问：自 1980 年美国麻省理工学院媒体实验室 Media Lab 成立以来，美国大学的传媒学院纷纷建立各种新闻实验室和开展各种新闻技能培训，美传媒学院刮起实验风，工科生占领新闻系，其他还有南加州大学安纳堡创新媒体实验室、哈佛大学尼尔曼新闻试验室等。国内方面，北京师范大学新闻出版大数据用户行为跟踪与分析实验室，大数据传播实验室，您认为，传媒教育应如何应对新媒体技术的挑战？

张：依我之见，麻省理工那样的院校再优秀，（在新闻传播领域）也构不成主流，当然，其在媒体研究方面确有创新性。不过，各个学科、各个领域对媒体的定义不尽相同，例如，对设计学科而言，媒体就是一切可以用来表达设计创意的手段。

诚然，我们必须密切关注技术、大数据、虚拟现实、人工智能等等，但不能陷入唯技术论，也就是说，技术取向不可能成为新闻传播学科的主流导向，其主流导向一定是如何生产更好的内容，以及如何运用更好的手段与渠道来表现、扩散这些内容，从而，取得更好的传播效果。

另外，对于新闻传播研究来说，跨学科合作固然是非常必要的，但同时也应当承认，学科之间，尤其是文科与工科之间，以及学界与业界之间的合作，很不容易，业界往往要求几周、最长几个月就出成果，与学界的要求大相径庭，因而，对其中规律，还需要多加探索。

问：在这个传统媒体正在转型的时代，传媒发展日新月异，传播学课程体系是否也需要转型？如何把握与平衡传播学教育中的“变”与“不变”？

张：事实上，这种转型已在进行中，当然，现实和理想之间总是有距离的。一方面，身处新媒体时代，学生自然需要在适度的范围内，多学习和掌握一些新媒体技术，这不仅有助于自我学习能力的提升，还有助于其今后工作能力的拓展。

但依我看来，不变的东西可能更多，诸如思维能力、基础理论、人文关怀、社会责任感、沟通能力、写作能力、外语能力等。无疑，新媒体技术的发展对传媒业的影响巨大，机器人已经可以做到一般的发稿了，且优势在于处理数据，但机器人能否拥有人类那样的创新能力？我还是存疑的，让我们拭目以待吧。

问：近些年来，国内高校，尤其发达地区知名高校新闻传播学院引进了不少海外，以及港台地区高校的新闻传播学博士，极大地带动了国内新闻与传播学术研究与教学水平的提升，您认为，面对未来海外博士的竞争，国内高校传媒教育应如何提升博士培养质量？

张：近几年来，确实引进了很多海外人才，对国内教育和研究水准的提升有明显帮助，因而，国内院校发表SSCI/SCI论文的能力也大大提高了。这些海外人才还带了很多先进理念回来，包括教授治学、民主办学、学生为本、国际视野等，促进了我们的教学改革、科研创新以及学科建设。事实上，在各种因素的作用下，国内的硕博培养水准也有了明显提高，尽管目前海外人才的整体实力还比较强，但已不像过去那样占据绝对优势，国内也不断地涌现出了越来越多的优秀人才，前景可期。

问：您从事研究、教学工作已有许多年，在传媒研究领域硕果累累，孜孜不倦的教诲也使得一批批学子打下坚实基础，能否谈谈您多年工作的心得体会？

张：虽未经具体数据比较，但我指导的研究生应该是比较多的。1993 年和 1998 年分别开始指导硕士生和博士生以来，迄今已过去了 25 年和 20 年，粗略计算，培养了 130 多位，其中，博士 60 多位，硕士 50 多位，还有博士后 10 多位。在与学生相处过程中，主要有这样一些体会：

①兼容并包。作为导师，理应兼容并包。即，对各种类型的学生，采取包容的态度，也就是平等相处、教学相长的态度。这主要体现在研究方向和兴趣方面，应特别注重学生的想法，考虑学生的感受，不指令、不强迫学生做任何事。对我来说，最忌讳的就是强制性、高压性的师生关系，因为这不仅会扼杀学生的主动性，而且违背了天性和人道，将使学生丧失学习的乐趣。若能保持这种兼容并包的状态，师生关系自然就有了融洽的基础。

②因材施教。在具体的教学过程中，则应因材施教。当学生遇到问题时，引导他们思考，发现问题的关键所在，一同商量解决问题的办法。当学生迷茫、困惑时，根据对他们平时的观察，把握其性格特点，应用切实可行的话语或措施，鼓励他们，增加他们的信心。总之，在指导过程中，尽量根据学生的特点来促进他们成长，当然，尤其重要的是，帮助他们寻找、确定适合其自身特点的研究方向和论文题目。

③砥砺切磋。学生一般很年轻，遇到困难不乏打退堂鼓的念头，这时尤其需要导师的关心。记得有一位台湾博士生，入学几个星期后，感觉筋疲力尽。一方面，家务繁重，另一方面，当时两岸交通不便，尚需转道香港，费时费力，于是，产生了休学或退学的想法。我与她详细交谈，分析利弊得失，鼓励她不要轻易放弃，并提供了一些具体建议。最终，她坚持下来，顺利获得了博士学位。可见，当学生遇到难题的时候，很需要导师作为知心朋友，帮助其渡过难关。

④身教为重。所谓“己不正，何以正人”？“身教重于言教”，作为导师，以身作则十分要紧，绝不能说一套做一套。例如，导师希望自己的学生认真、严谨，则自己首先就要做到认真、严谨，为学生树立起榜样来。

⑤激励创新。有人问我，对学生有没有“责骂”的时候，我很惊讶。在我看来，导师与学生在人格上是完全平等的，何来“责骂”的资格和权利呢？因此，我在必须批评学生时，也尽量委婉，多采取建议的方式。这不仅有利于维护良好的师生关系，而且，有利于激励学生创新，尝试突破。同时，我倡导学生，在学术研究的道路上，要着力拓宽视野，将全球眼光和本土需要很好地结合起来，摒弃门户之见，切勿画地为牢，无论是西方还是东方学者，他们对理论的贡献，都应视为全人类的财富。

（金恒江、余来辉、丁梦提问　张国良回答）

第 7 章　名 师 风 采

7.1　方汉奇：师道尊严的个体呈现

图 7-1　中国人民大学荣誉一级教授方汉奇

生于 1926 年 12 月 27 日的中国人民大学荣誉一级教授方汉奇先生，2018 年继续招收“中国古近代报刊史”和“中国现当代报刊史”方向的新闻学博士研究生，是我国新闻传播教育界迄今年龄最大的在岗教师(见图 7-1)。

方先生 1950 年毕业于国立社会教育学院新闻系(后并入苏州大学)，进入上海新闻图书馆任研究组馆员，1951 年在上海圣约翰大学新闻系开始讲授新闻史专题。1953 年调北京大学中文系新闻专业任教，1958 年调中国人民大学新闻系任教。1972—1978 年再次到北京大学中文系新闻专业任教。1978 年，回到中国人民大学新闻学院(原称新闻系)执教至今。自 1951 年在高校开始讲授新闻史专题迄今，方先生从教超过 67 年，因而也是我国新闻传播教育界迄今从教时间最长、资历最深的教师。

作为一位新闻传播教育工作者，方先生多次获奖。例如，1987 年被评为全国优秀教师和北京市优秀教师，1991 年起获国务院颁发的政府特殊津贴，1996 年获韬奋园丁奖一等奖，1997 年再次被评为北京市优秀教师。2007 年获吴玉章优秀教学奖，2013 年获首届范敬宜新闻教育良师奖……方先生独著或主编的新闻史教材也屡次获奖。例如，《中国近代报刊史》1987 年获吴玉章奖新闻学一等奖。《中国新闻事业简史》1996 年获北京市哲学社会科学优秀科研成果一等奖。同年，《中国当代新闻事业史》获高校文科优秀教材一等奖。被教育部认定为研究生教学用书的《中国新闻事业通史》(3卷本)2002年获吴玉章奖新闻学一等奖，2003年获高校人文社会科学优秀科研成果一等奖。而迄今已经三次修订再版的《中国新闻传播史》——2005年则获“北京高等教育精品教材”奖……

7.1.1　师者

> 当老师没有其他的诀窍，就是要真爱这项事业，而不是将其仅仅当做一个“饭碗”。这样老师才会去认真地备好每一节课，才会将专业中的新变化融入到教学之中，才能对学生的人生和工作有所帮助。
>
> ——涂光晋①

作为一名老师，方汉奇认为：“在课堂上把课讲好，这是天经地义的事情，我是力求在这个基本环节上做到最好。”②有记者采访方汉奇：“新闻史在目前的新闻院系中是一个研究者公认的‘冷门’，在教学上也是一个‘冷门’，教师认为难教，学生学习的积极性也不高。您认为新闻史的教学应该如何改进?”他笑着说：“新闻史讲不好的老师应该‘打屁股’，一些理论课是不容易讲好的，因为抽象，或是学生在书上能看到，老师发挥的空间小、压力比较大。但历史课不同，历史上有趣的事情很多，怎么可能讲不好?”③

方汉奇这么说当然是有底气的——他自己的新闻史课就讲得让学生终生难忘。

1960年毕业的成美这样讲：

> 我记得方汉奇老师讲“中国报刊史”，常有许多生动有趣的材料，被称为“海内孤本”。有一次，他引用古代文献，介绍《京报》的出版情况，绘声绘色，听得大家

---

① 新闻学院举办教师学术沙龙　聚焦“新闻传播学科教学方法讨论与分享”[EB/OL].[2017-10-14].http://news.ruc.edu.cn/archives/183275.

② 周杨.五十八载像园丁一样耕耘——访中国人民大学新闻学院方汉奇教授[J].中国大学教学，2009,(12):31.

③ 周杨.五十八载像园丁一样耕耘——访中国人民大学新闻学院方汉奇教授[J].中国大学教学，2009,(12):5.

屏息无声，忘记了下课。①

1978年入学的学生如此说：

“曾被同学们估计为本学期最枯燥的课——新闻事业史，开学以来却受到同学们热烈欢迎。”

学生们欢迎方汉奇的课，因为他的课“不仅史料丰富，而且脉络清楚，使同学感到既生动丰富，又条理明晰”，在“六次课中他提到的各种办报人，以及与报刊宣传有关的人有近百人，有天才的宣传家，也有高明的骗子手，有奸臣，也有小偷，他们的生平，轶事、性格、趣闻被方老师信手拈来，稍加组织，复原成一个个有血有肉的人物……”

1987年进校的学生回忆道：

人大的老师们那时候上课经常会有一些课外的话题。比如方汉奇教授，他上的公开课教室往往被其他班级甚至其他系闻讯而来的学生挤满，窗户上有时都站着人。他喜欢在课前讲一些对社会政治的看法，并让学生提问和对话。一次一个学生发问，跟方教授正在发挥的话题大相径庭，方教授顿了一下说：“你跟我讲的，叫做裤裆里放屁，两岔了。”满堂顿时爆笑……②

1993年读博士学位的陈昌凤感叹说：

导师的课堂充满意趣。他信手拈来的掌故，时时引发满堂笑声；他史海钩沉的能力，常常令学生拍案叫绝。③

在“中国新闻史”课讲到对梁启超的评价时，导师批评梁任公开政论冗长之坏风，说他有韩愈之起势、却没有韩愈“止于不可不止”之决心。“那时有位叫蒋百里的，写了

① 成美. 岁月峥嵘情无价[M]//溢金流彩四十年(1955—1995)——人大新闻学院师生回忆录(内刊). 北京：中国人民大学新闻学院，1995：64.

② 《记忆》，见中国人民大学87级学生回忆录：《人大八七》，第42页。

③ 陈昌凤. 学术人生　庄谐有致——我的导师方汉奇先生[J]. 新闻与写作，2007，(9)：10.

一部5万字的《欧洲文艺复兴史》，请梁启超作序。梁启超‘纵笔所至，略不检束’，洋洋亦达5万字。蒋百里很为难，只得劝梁启超另出一本书，这便是较有分量的《清代学术概论》，这本书的序便由蒋百里作了。”这时，教室里已经笑声不止。导师又顺带一提：“蒋百里后来因故自杀，未遂住院，竟因祸得福，与护理他的日本护士恋爱了，他们以后生有一女，此女不是别人，正是著名科学家钱学森的夫人。”这曲里拐弯的历史，绕来绕去，又绕出一个“熟人”来，满教室又是瞪大了眼，一片恍然大悟的“哦——”①

事实上，方汉奇并不是一开始做老师就讲课讲得极好——当年刚到北京大学讲新闻史课时，由于留给他的备课时间只有七天，准备不充分，就仓卒登台，上课虽然没有多久，意见已经收到一堆，他因此也曾“有些苦恼”。② 为了讲好课，方汉奇不但旁听其他教学名师的课，而且摒弃照本宣科的做法，脱离讲稿，大开大合，课堂上，给学生“讲一桶水”，备课时，给自己“存十桶水”，由于各种史料早已烂熟于心，所以上课他敢只带几张卡片。

也正是因为方汉奇下苦功训练教学技能，后来听过他课的学生们才会感叹：“方老师的课虽然已告一段落，可是我们对他的风采仍感留恋。是啊，要是大学的课都能这样不就好了吗！”③

7.1.2 传道

> 古之学者必有师。师者，所以传道受业解惑也。
>
> ——韩愈

在韩愈所言“师者”的“传道”“受业”和“解惑”三责之中，“传道”居于首位。具体到方汉奇而言，其“传道”至少包括“为学之道”和“为人之道”。

如果师从方汉奇攻读博士学位，那么，在言及老师指导自己“为学之道”时，无论具体指导博士生如何因人而异，但是，有两点是相同的，一是开书单，写读书报告，二是每月面谈一次。

需要提问的是，为什么方汉奇在向博士生传授“为学之道”时，以这两个方面作为

---

① 陈昌凤. 亦庄亦谐方人生——导师方汉奇教授侧记[J]. 时代潮，1999，(9)：58-60.

② 方汉奇. 新闻史的几个园丁[M]//溢金流彩四十年(1955—1995)——人大新闻学院师生回忆录(内刊). 北京：中国人民大学新闻学院：55.

③ 祁林，陈湘安，鲁晓晨. 方汉奇老师的课讲得好[J]. 中国人民大学校刊，(596)，1980-12-23.

具体抓手?

对此，历史学家陈垣1961年与北京师范大学历史系毕业生的谈话或许可以作出回答。陈垣将“为学之道”概括为两点：“一、从目录学入手，可以知道各书的大概情况。这就是涉猎，其中有大批的书可以‘不求甚解’。二、要专门读通一些书，这就是专精，也就是深入细致，‘要求甚解’。”①

书海无涯，寿命有限，人必须将有限的精力花在“一部分”重要的书上，才有可能事半功倍而不是相反。目录学所要解决的就是让读书人知道该读“哪一部分”书，因此，“治学之士，无不先窥目录以为津逮”。② 方汉奇给博士生开书单，其实就是让博士生“从目录学入手”，以便知道新闻史研究的大概情况。方汉奇所开的书目不一定都是经典之作，但是，之所以有必要花精力去读一些“并非经典之作”的新闻史论著，是为了让学生明白新闻史研究是怎样一步一步走过来的。这其实就是章学诚所谓的“辨章学术，考镜源流”。而对于“辨章学术，考镜源流”而言，“不能仅仅将目录简单地当作簿记索引看，而要即类求书，因书究学。其要旨包括四个方面：其一，窥知门径，可以逐渐登堂入室。其二，把握学问的整体及其来龙去脉的大势。其三，可知全系统与各部分的关系。其四，可辨主干与枝蔓，分别主次轻重，有选择地着重阅读原创性的经典，以求执简御繁”。③

而对于陈垣所讲的“要专门读通一些书”，方汉奇不但在开的书单中，用着重号标出哪些书要重点“读通”，而且采用每月面谈一次的方式，来帮助博士生“读书”。方汉奇自言：“我们一般是一个月碰一次头，碰头的时候他们交读书报告，然后根据读书报告交换意见。当然事先会开阅读的书目，都是新闻史的家底儿，最基本的都要让他们看一些，像戈公振的《中国报学史》，搞新闻史的人都应该好好看一看。书目会随时调整，而且会根据不同的学生对象做一些增减。再就是根据他的研究题目、研究方向，缺什么补什么，需要什么关注什么。每个月半天……”④

方汉奇当年在国立社会教育学院读书时，校训是“人生以服务为目的，社会因教育而光明”，他接受的是“爱的教育”。这种“爱的教育”对方汉奇的影响，体现在他数十年的“为人之道”上。

---

① 陈智超. 励耘书屋问学记：史学家陈垣的治学[M]. 北京：生活·读书·新知三联书店，2006：2.

② 余嘉锡. 余嘉锡讲目录学[M]. 南京：凤凰出版社，2009：3.

③ 桑兵. 大众时代的小众读书法[M]//见桑兵，於梅舫，陈欣. 读书法. 北京：人民出版社，2014：19-10.

④ 陈娜. 史边余蕴——与方汉奇先生漫谈拾记[J]. 今传媒，2011，(6)：7.

关于“为人之道”，在“言教”方面，方汉奇开示学生要“与人为善，广结善缘”①。

在“身教”方面，方汉奇则视学生如自己的子女。除了学术研究上的精心指导之外，他不但用心地记着每个学生的生日，而且还会送生日礼物给学生。当有学生住院时，他带着夫人熬制的鸡汤前往探视。当有学生经济困难时，他会以适当的方式进行资助。当学生毕业时，他又像关心自己的孩子一样全力地为学生们的前途操心。

每年寒暑，方汉奇会外出度假数月，但对于自己家的保姆，却坚持照付全年的工资。对于自己住所的门卫，方汉奇不但在平时送东西关照其生活，而且在过年时还会发红包。

不但以一颗爱心对待自己的学生、家中的保姆和住所的门卫，对于陌生的求教和求助者，方汉奇亦向来采取扶之助之的态度，即使年届耄耋之年，仍然如此。因此，他家的书房兼会客厅，确实是“座上客常满，杯中茶不空”。这种数十年如一日“为善最乐”的习惯，使受过方汉奇恩惠者——不计其数。

当方汉奇过生日时，遍布海内外的“学生”，无论年轻还是年长，无论是“嫡传”还是“私淑”，皆以自己的方式向方汉奇表达感恩之情。2016 年，方汉奇 90 大寿时，身为湖北省政府参事的廖榆林，既写了回忆自己在北大期间受教于方先生的文章，又历时 8 月，数易其稿，精心填制“水调歌头”，以贺老师之生日：

> 报业千秋史，解惑大家功。冷门奇趣华彩，桃李遍寰中。专史拓荒总要，清史集刊列表，通史大王雄。事在人为也，门冷鼓热风。访欧美，旅日本，阅西东。耳闻目睹，实证史迹见真容。标榜当行铁臂，崇尚人文道义，千里觅师踪。望远登高处，霞彩耀苍松。

7.1.3 尊重

> 师术有四，而博习不与焉。尊严而惮，可以为师。
>
> ——《荀子·致士》

作为一位从事新闻史教学和研究的教师，“尊重史实”和“尊重他人”是方汉奇成为

① 引自邓绍根教授在《以兴趣为职业的“记”者：方汉奇传》出版座谈会上的发言（2015 年 12 月 20 日，中国人民大学明德主楼 1308 会议室）。

“名师”的重要原因。

对于“尊重史实”，如果用方汉奇的话来说便是“事实是第一性的”①。无论是进行新闻史学教学还是从事新闻史研究，首先要重视史料的搜集，他在写给博士生的邮件中幽默地说：“你现在是放网打鱼的阶段，先别考虑怎么做，怎么吃。是红烧，是熘炒，还是清炖。先把鱼呀虾的打上来再说。”②个人的学术观点必须根据掌握的史料“论从史出”，当掌握的史料发生变化时，学术观点自须随之变化。

例如——在研究执掌1949年以前的《大公报》时间最长的胡政之时，方汉奇曾指出：他是采访巴黎和会的唯一的一名中国记者。③ 然而，在2007年，方汉奇却发表了《谁采访了巴黎和会?》，文中说：“长期以来，我一直以为是天津《大公报》的胡政之，而且认为胡是采访这次和会的惟一的一位中国记者，最近看了一些材料，发现不对了，至少是没有完全说对。胡政之确实采访过巴黎和会，但他不是采访这次和会的惟一的一位中国记者。”④前，方汉奇认为“胡政之是唯一采访巴黎和会的中国记者”，乃是根据当时目力所及的史料所得出的结论；而认为“采访巴黎和会的中国记者并非只有胡政之一人”，则是根据新看到的史料所得出的结论——其尊重史实如此。

“尊重他人”——说起来容易，但做起来极难。既难在“尊重每一个人”，也难在能够“在每一次交往中都做到尊重”。方汉奇在生活中践行的便是“做起来极难”的不但“尊重每一个人”，而且“在每一次交往中都做到尊重”。

关于“尊重每一个人”，限于篇幅，在此仅举一例，2010年4月1日，方汉奇收到母校苏州大学发来的校庆邀请函，5月17—19日赴苏州大学参加校庆活动。苏州大学特地安排学生志愿者施松伯全程照顾方汉奇。方汉奇返回北京后，在5月21日的日记中写道：“赴附近书店买了一本张五常著译的《中国的经济制度》，拟寄赠日前为我服务的志愿者施松伯。”5月23日“赴校内邮局寄照片和一本书给苏州大学全程照顾我的志愿者施松伯”。5月31日，“得苏州大学志愿者施松伯短信，告知已收到前此寄给她的照片和书”。

关于“在每一次交往中都做到尊重”，以方汉奇与经常交往的弟子们为例，2015年11月3—15日，方汉奇应在暨南大学工作的弟子们邀请，来广州度假，在穗期间，弟子们殷勤招待。回京之前，方汉奇特地精心安排了一次答谢宴，于11月9日就开始了

① 方汉奇. 新闻史是历史的科学[M]//方汉奇文集. 汕头：汕头大学出版社，2003：4.
② 2016年12月3日方汉奇日记。
③ 方汉奇. 中国近代报刊史[M]. 太原：山西教育出版社，1981：746.
④ 方汉奇. 谁采访了巴黎和会[J]. 国际新闻界，2007，(8)：63.

解莱谱，“为星期日(11 月 15 日)的答谢宴会预作准备”，并于 2015 年 11 月 15 日设晚宴答谢众弟子的招待：“到邓绍根一家三口，蒋建国一家三口，蔡铭泽、李伊夫妇，我和方莺(方先生女儿)共十人……”①

7.1.4 严师

凡学之道，严师为难。师严然后道尊，道尊然后民知敬学。

——《礼记·学记》

正如“一个作家的权力在于他的作品”②，“教师存在的价值在于启迪学生的心智，在于栽培引导学生成才。学生是教师彰显其价值和存在感的名片”③。方汉奇培养的学生杰出者众多，在“栽培和引导学生成才”方面，他是一位“严师”。这里所说的“严”并非是指“严厉”，在赵玉明看来，“方老师”作为“严师”之“严”至少有三层含义——“严肃”“严谨”“严格”④：

一是严肃。方老师教一辈子书，认认真真培育了这么多人才，桃李满天下。他把这个工作作为一个严肃的工作。

方汉奇确实是将培育人才作为一个“严肃”的工作，以教学为例，他自言：“我对教学这件事比较重视，所以只要学校安排有教学任务，就全力以赴。”⑤“仅 1983—1984 学年，他就承担了‘中国新闻事业史’、‘中国近代报刊史’、‘新闻学专题’、‘中外新闻史专题’、‘中外资产阶级新闻思想研究’、‘名记者研究’等六门课程，担任全课程或部分专题教学任务。这些课程，有本科生的、研究生的，还有新闻教师进修的”，对于每一门课程，方汉奇“都极其认真，尽力讲好每一节课。他的课，内容丰富，材料翔实，深入浅出，生动活泼，深深地吸引着广大同学求教。”⑥

二是严谨。从治学上来讲，赵玉明认为，方老师非常严谨，一条消息、一件事情都

① 2015 年 11 月 9 日、11 月 15 日方汉奇日记。

② 舒晋瑜. 阿乙：一个作家的权力在于他的作品[N]. 中华读书报，2018-02-07.

③ 张昆. 新闻传播教育的支点错位[J]. 新闻记者，2017，(6)：80.

④ 赵玉明：《在〈治学与治己：方汉奇学术之路研究〉出版座谈会上的发言》，2013 年 12 月 27 日，中国人民大学新闻学院 611 会议室。

⑤ 周杨. 五十八载像园丁一样耕耘——访中国人民大学新闻学院方汉奇教授[J]. 中国大学教学，2009，(12)：31.

⑥ 辛办. 一个老知识分子的主旋律——记新闻系新闻事业史教研室主任方汉奇同志[J]. 中国人民大学校刊，1984，(683).

认真推敲。就说最早的报纸是哪一个——方老师有方老师的看法，李老师有李老师的看法，王老师有王老师的看法。在这样的一种气氛下，一直把它探讨下去。

对于赵玉明所谈的关于中国古代报纸相关问题的探讨，方汉奇回应道：关于中国古代报纸是什么时候开始的？我曾经写过文章，说是中国最古代的官报是唐朝的“进奏院状”，因为进奏院是封建官报体制中的一个重要的环节，这一点在宋朝体现得非常明显，有上都进奏院，管理120个进奏官，然后是门下省，由给事中负责编，然后送到枢密院去审，而后通过上都进奏院报行天下。但是唐朝的进奏院状和宋朝的进奏院状并不一样。唐朝的进奏官和宋朝的进奏官也不相同。因为唐朝还没有一个上都进奏院来管理这些进奏官。当时的权力是分散在地方的，进奏官的进奏状实际上是在首都的进奏官发给地方长官的情报。唐宋两朝的进奏院状是有区别的。而我的那个观点（中国最早的官报是唐朝的“进奏院状”），就没有能够把唐朝的进奏院状和宋朝的进奏院状区别开来。但是李彬就把唐代的进奏院状和宋朝的进奏院状作了区别——他认为唐朝的进奏院状是“新闻信”，我觉得他说得对——应该是“新闻信”。在后来的教学教材中，都采纳了他的观点。①

三是严格。赵玉明眼中的方老师，对于教书育人是非常严格的。在治学、为人、教学方面非常严格，使学生能够成长起来，真正成为这个学科各个方面能够担负起一定责任的人才。

关于方汉奇对学生要求严格，亦可由澳门大学教授林玉凤师从方汉奇先生攻读博士学位的经历得见一斑：第一年要写读书报告，我当时在澳门大学已经工作了，课很多，我记得每个月写一本还是两本，有一个月我反正没写出来，然后就告诉老师说——我这次来不及过来了，我说我没写好又没订好飞机票，老师说好，那下个月见。下个月见面的时候就补交了上个月的，我觉得老师好厉害（笑）——老师说，玉凤，以后澳门那边没飞机，你可以从香港飞，香港每天有5班。我说：哦。然后老师说，广州也有，你从澳门过关坐大巴到广州那个机场就能坐。我说：哦。老师又说，广州没有还可以从深圳过来，深圳每天有2班，你从澳门坐船过去就很方便。然后我就感觉这个老师好厉害（笑）——我以后就不敢再拖那个读书报告了。②

（刘泱育）

---

① 方汉奇．学术研究需要智慧和积累，但也需要有超越——在〈治学与治己：方汉奇学术之路研究〉出版座谈会上的发言[J]．新闻春秋，2014，（2）：89-90.

② 引自林玉凤教授在《以兴趣为职业的“记”者：方汉奇传》出版座谈会上的发言，2015年12月20日，中国人民大学明德主楼1308会议室。

7.2 刘海贵：为新闻教育激情澎湃

2016年9月9日，一篇题为《为师当如刘海贵》的文章刷爆微信朋友圈。复旦大学新闻学院一位毕业十余年的博士生，专程从外地回校看望大病初愈的刘海贵老师后所写的这篇文章，道出了每一位学子对老师的感激和挂念(见图7-2)。

图7-2 复旦大学新闻学院刘海贵教授

2016年11月29日，刘老师赴京领取“范敬宜新闻教育良师奖”，一贯低调行事的他又一次刷爆朋友圈，大家转评最多的一句话就是——实至名归！

2017年6月23日，复旦大学举行2017届学生毕业典礼，几位应届毕业生在刘老师学生群里的感言激起了太多的共鸣。那一晚微信群里异常热闹，学生们你一言我一语，如电影画面般串起了刘老师在复旦新闻执教的点点滴滴。

1929年至今，复旦新闻走过了近90年的风雨；1973至今，刘海贵老师在此读书、任教45年。弹指一挥间，他为新闻教育激情澎湃了大半辈子，陪伴复旦新闻走过了二分之一的光阴。

7.2.1 感念恩师：来自四面八方的暖言

作为一位享受国务院特殊津贴、在应用新闻学领域具有开创性贡献的著名专家，他编著的《中国新闻采访写作学》是全国新闻传播专业同类课程的首选教材，他的名字在众多新闻学子中如雷贯耳。温文尔雅、严肃认真是大多数人远观刘老师的总体印象；而走进刘门朋友圈，透过那些与刘老师朝夕相处过的学生的文字，一个更加亲和、执着和对学术、对事业如生命，永远充满热情的大师形象跃然纸上。

1. 精彩课堂

袖口微微挽起的白衬衣，目光亲切温和却透着坚定热爱，声音不缓不急却神采飞扬。“导语要钩魂动魄，紧紧抓住读者……”课堂上刘老师妙语连珠，张弛有度，案例信手拈来却又表达精准。刘海贵老师在复旦主授的新闻采访写作课，从20世纪80年代初起，几乎年年荣获“复旦大学优秀教学奖”，2003 年荣获首届“上海市精品课程”。学生们纷纷赞誉：听刘老师的课，既长知识，又是享受，从未有人迟到，更没有人早退，没有人不被他吸引和深深打动。2014 级博士生王晓宁回忆说，2000 年她在复旦进修时“蹭”刘老师的课，从此立下了考入新闻学院学习的梦想；这一梦想她努力了十余年，而今顺利毕业，是刘老师给了她坚持的力量。像王晓宁这样，在课堂与刘老师结缘，然后又把所学带到祖国各地的学子不在少数，他们很多现在已经成为中国新闻传播教育的中坚力量，有近 20 人在各地大学新闻传播学院担任院长、副院长或学科带头人，延续着培养未来新闻人才的重任。

2. 学术开明

刘老师常对大家说的一句话是：“做人和做学问是你们一辈子要做好的两件事。在学校是这样，走上社会更应是这样。”刘老师对学生的培养不局限在简单的“术”，更愿意给学生开辟一片广阔的天地，让他们自己去悟“道”。2009 级硕士生龚瀛琦感慨地说，当年毕业的时候不少人都建议她选择留校，而刘老师更明白她内心所想，鼓励道：“在哪里不是学不是干啊，外面的世界很广阔，你喜欢出去闯，就去吧。”如今，这位毕业生在业界干得风生水起。

3. 君子如玉

在精彩的课堂和严肃的学术之外，刘老师最让人敬佩的是他的为人师表和爱徒如子的博大情怀。对待学生，无论是本科生、硕士生，还是博士生、博士后，甚至是每一位进修教师、访问学者，他都尽可能做到有求必应、关爱有加。2009 级硕士生温永至回忆说：有一年圣诞同门聚会，那年冬天特别冷，几位同学在学习生活中遇到了一些烦心之事，始终闷闷不乐，刘老师都看在眼里。在合影留念的时候，刘老师主动拿起一顶圣诞帽戴在头上，说扮一次圣诞老人，把吉祥快乐带给每位同学。所有的人都非常感动，没想到平时治学严谨、不怒自威的刘教授竟然是如此幽默风趣、亲切随和。随后，他主动约请这些学生分别谈心，一一化解他们心中的烦恼。还有一位不愿透露姓名的学生说道：“刚入学时，家境非常贫困，到学校报到的时候钱款又丢失，所以每天三顿只能是向同学借来一些钱，买一些面包、饼干之类的食物充充饥而已，上课时总显得没精打采。刘老师察觉这一问题后，课后主动找我问询情况，在充分尊重我意愿的前提下给了我一笔可以解决一学期生活费的钱款。毕业 20 多年来，每每想起这一幕，我的眼泪就止不住地要往下掉。”多年来，刘老师这样悄悄资助过的学生有 30 多位。刘老师觉得：“学生离开自己的家乡和亲人来到上海，到复旦，到你这个学院，到你这个课堂求学。我们除了是师生关系，给学生传授知识以外，对学生还要有一种长者之爱。在学生背井离乡的几年里，作为老师就应该主动关心学生，做些他们的父母想做而做不到的事情。”

4. 爱岗敬业

2012级博士田静深情地说道：“抛开导师的身份不谈，单就一个人来说，刘老师身上充满了让人信服而又敬佩的个人魅力。”刘老师已经做过两次心脏手术，也曾两次胃出血，体质较差。他的身体是所有人最牵挂的，但是刘老师从未因为身体不适而有任何心理负担，依然承担着繁重的教学、科研和行政管理工作。2014级博士后张帆也心疼地说：“刘老师生病的时候，一直都拖着不去治疗，他选择的治疗时间就是放假。如2016年1月12日，他参加完学校学位委员会全体会议后，马上到上海市胸科医院办了入院手续，隔日上午就做了心脏防颤消融手术。寒假结束后，他又正常上班了。”2002年3月刚开学，刘老师在学院走廊不慎右腿骨折，绑上石膏后，医生建议他卧床休养数月，但他硬是拄着拐杖走进教室，一次不缺地将一学期的课程全部上完。望着拄着拐杖还那般神情专注授课的老师，听课的学生眼睛几乎都湿润了。

7.2.2 深水静流：四十年如一日地耕耘

一个人要留一时的好名声不难，难的是一世。无论学界、业界、同行、学生，提到“刘海贵”三个字都是充满肯定与信任，这一切都是与刘老师四十余年如一日地辛苦耕耘、默默奉献分不开的。2009年，复旦大学新闻学院80年院庆，出过一本学院教师论文选集，取名《深水静流》。一位长期采访教育条线的记者说道，“深水静流”这四个字，是对复旦大学新闻学院精神的高度凝练，也是对像刘老师这样的一线新闻教育工作者最贴切的形容。

刘老师从小勤奋好学，梦想将来能够考取在全国有相当影响力的复旦大学新闻系。然而“文革”开始，作为学生干部的他积极响应国家号召，刚刚初中毕业就去了安徽插队落户。离开上海时，别的同学都带了许多生活用品，他则把所有的中学课本都带了过去。白天努力干活，晚上在油灯下看书。出于对外界信息的渴望，他自告奋勇每周跑上二十里路去公社把生产队的报纸拿回来，然后每晚在油灯下一遍又一遍地翻阅，从中汲取各类信息和知识，并坚持写下一篇又一篇读报笔记。机会总是留给有准备的人！1973年，邓小平重新主持工作，启动了短暂的高考计划，多年的积累让知青刘海贵从几万名考生中脱颖而出，以安徽省第一名的成绩实现了自己的复旦新闻梦。

求学的机会来之不易。从此，教室、图书馆、食堂、寝室四点一线成了大学生刘海贵的标配。新闻是一个实践性很强的专业，在不断啃书的同时，刘海贵也很珍惜到媒体实习的机会。小实习在《文汇报》，大实习在《新华日报》，两次实习期的发稿量都名列报社前茅，不落后于一些正式记者，并有机会留下来工作。最终，刘海贵选择了留校做老师，并终生与复旦新闻相伴。那时是新闻业的黄金时代，学校的收入远远低于新闻机构，他也曾经有过数次调动去上海市主流媒体任职的机会，如1994年，上海市委宣传部新闻出版处处长位置空缺，组织上有意调他去任职；1995年上海6家专业小报合并成立报业集团，领导上意欲让他担任社长兼党委书记，但刘海贵都不为所动，最终还是选择坚守三尺讲台。刘老师说："我们那个年代的人，身上都有使命感。改革开放后，肯定需要我们的媒体在这一事业中承担起历史责任，那么培养一大批优秀的、有理想、有思想、有觉悟、有抱负的青年记者，就成了我们更需要担负的责任。"

留校40年，从青年助教到二级教授、博士生导师和复旦名师，是刘老师一片丹心育桃李，不断积极进取、默默奉献的激情岁月，也是他最值得骄傲与自豪的生命旅程。刚留校时，他常常主动承担一些难度较大的科研任务。例如系里编写新闻采访教材，刘老师就负责了"记者修养"等前人没有系统研究过的章节，这也直接影响了他后来的习惯，搞科研一定要搞前人没有涉及的东西，力争开辟一个新的领域。刘老师常常教导他的学生："学术研究就得有敢为天下先的'吃螃蟹'精神，要勇敢创新，总是跟在别人后面没意思，没出息！"

随着能力的提升，责任也变得越来越大。后来刘老师开始担任学院的领导工作，主管教学和行政，同时还要讲课和搞科研。在最初工作的二十几年，他几乎是没有娱乐活动的，每晚都要到一、两点钟才熄灯。上海《青年报》曾做过刘老师的一个专版，称他为上海高校文科青年教师中的"拼命三郎"。那时他出了很多科研成果，连续几年每年论文不少于20篇，还独自编著或参与主编了若干本教材，《中国新闻采访写作教程》《当代新闻采访》《中国现当代新闻业务史导论》《知名记者新闻业务讲稿》《新闻传播精品导读》《当代英美新闻传播高级实务译丛》《深度报道研究》《中国报业集团研究》……这些新闻学子们耳熟能详的教材和著作，都凝结着那段岁月的心血。据复旦大学出版社统计，刘老师所编著的采访写作类教材，成为他们所有书籍中销路最广的几本书之一，发行量已接近60万册。

如今，刘老师身上有了很多光环——曾任复旦大学新闻系副主任、新闻学院副院长等职务，现任复旦大学新闻学院学位委员会主席、院教授委员会主任、国家社科创新基地新闻传播与媒介社会化研究中心专家、国家社科重大项目首席专家等，兼任30余所高校和媒体兼职教授、特约研究员和顾问……可在与他的交谈中，他最喜欢的称呼还是最简单的"刘老师"。他感慨地说："所有的荣誉都会随着时间的消逝流散，唯有对学生的影响方能长久流传！"

这就是所谓的"深水静流"，润物细无声地影响着后继者们。2011级博后孙信茹无限感慨地说："刘老师平时话虽不多，但总是亲切、温暖，并富有哲理，给了我们无限前行的动力！"

7.2.3 负重前行：生命为新闻教育继续澎湃

熟悉刘老师的人都知道，他的身体不太好，且年近70，不适合四处奔波。但这么多年的责任使然，面对新媒体环境的变化，他总是忍不住想再为当前的新闻传播教育尽一份心。

40余年来，刘老师始终扎根新闻实务教育。他的理由很简单，新闻是实践性极强的学科，“采、写、编、评、摄”这些基本功是每一位新闻学子的看家本领。长期以来，学界和业界都公认，复旦大学新闻专业的毕业生业务能力很强，这是复旦大学新闻教育的一大特色。不过，当前传播技术和媒体环境的变化，对传统新闻传播院校的人才培养模式带来了巨大冲击。作为老牌的复旦大学新闻学院具有敏锐的触觉，在此大背景下必须不断求新求变。刘老师作为新闻实务方面的学科带头人，最近几年正抓住教育部要求全国高校新闻传播专业开设网络与新媒体课程的机遇，在对国内外相关教学和科研情况充分调查研究的基础上，率先拟出13本相关教材的书名和编写大纲，然后精心组织13位专家学者撰写，自己则担任执行总主编。目前，这套教材正陆续出版。

近十年来，刘老师还把目光聚焦于一个长期被忽视的学术领域——少数民族传播研究。他深感民族传播研究实质上是抢救性的工程，各个民族都有自己宝贵的民族文化和传播方式。但是，在今天的这个时代，很多民族的文化和传播方式面临失传的危险，所以组织力量为我国少数民族的传播和文化的传承作出贡献，是每一个新闻传播学者的时代责任。于是，刘老师又开始发挥当年“拼命三郎”的精神，带领团队在全国范围内率先开展了单个民族传播研究的梳理工作。这是一个前人没有太多涉及和积累的领域，开始的难度可想而知。从2008年起，几乎每一个寒暑假，刘老师都会和承担不同民族传播研究的团队成员到各地进行田野调查。2005级博士后庹继光回忆：8年前刘老师刚经历了心脏手术，身体尚未痊愈，他不顾医生劝阻按时飞到重庆，安排考察渝东土家族风情和民族传播重大课题开题事宜。辽宁、云南、贵州、甘肃……刘老师的足迹踏遍了祖国的许多边远地区，实实在在扛起了少数民族传播研究的大旗。目前，满族传播、傣族传播、土家族传播、侗族传播、维吾尔族传播、蒙古族传播、裕固族传播等一系列研究成果在相继问世。

“鹤发银丝映日月，丹心热血沃新花。”刘海贵老师虽然年近花甲，但是气色依旧红润，中气依旧十足！每天清晨，他依旧按时起床，开始一天的忙碌，他依然孜孜不倦地思考着，操劳着……他的一生注定要一直为中国的新闻教育澎湃！

（柳盈莹）

第8章 教授名录

蔡骐

蔡骐，男，出生于1966年5月。安徽芜湖人，史学博士。湖南师范大学新闻与传播学院教授、博士生导师，院学术委员会主任，文化与传播研究所所长，湖南省重点学科新闻传播学负责人，曾任湖南师范大学新闻与传播学院院长。1995年在复旦大学获博士学位后到湖南师范大学任教。1997年被确定为湖南省青年骨干教师培养对象。2000年被破格晋升为教授并赴美国从事访问研究，2002年首批进入湖南省哲学社会科学“百人工程”，2005年被确定为湖南省高校新闻传播学学科带头人，2010年入选湖南省“新世纪121人才工程”第一层次专家。2011年入选教育部新世纪优秀人才支持计划。

主要研究方向为新闻传播学及电视研究，已出版《媒介竞争与媒介文化》等专著6部，主编《现代西方大众文化丛书》《书山博士文丛》，在全国新闻传播类核心期刊上发表论文100多篇，其中有7篇论文被《新华文摘》全文详摘，7篇论文发表于中国新闻传播学最高刊物《新闻与传播研究》上，还有数十篇论文被“中国人民大学复印报刊资料”《中国社会科学文摘》《高等学校文科学术文摘》等复印或摘录。先后主持国家社科基金项目、教育部项目、国家广电总局项目以及湖南省社科基金项目等省部级以上课题10余项，获湖南省优秀社科成果奖一等奖1项，二等奖2项及三等奖1项，湖南省教学成果一等奖1项。教学科研之余，还担任了湖南省多家媒体的顾问及阅评人。

操慧

操慧，女，出生于1973年9月。四川成都人，文学博士。四川大学文学与新闻学院教授、博士生导师、新闻系主任。第九批四川省学术和技术带头人后备人选，中国中外文艺理论学会文化与传播符号学分会常务理事。

2000年7月留校至今，从事新闻传播教育，致力于新闻业务、媒介文化、新媒体与舆论引导、社区传播、传媒发展战略等领域的研究。主持并完成国家社科基金青年项目“新闻报道的亲和力研究”国家社科基金重大项目子课题“提升舆论引导力的新形势研究”；现主持国家社科基金一般项目“媒介融合背景下我国新型主流媒体的竞争力构建与评价研究”；主研其他省部级课题5项。出版《中国晚报文化研究——作为个案的〈北京晚报文化〉》《新闻报道的亲和力研究：理论、测评与对策》(第一作者)、《中国广播文化的建构》(第一作者)、《新闻采写教程(上下)》(第一作者)等学术专著和教材，在国内学术期刊上发表论文60余篇。研究成果曾获教育部人文社会科学优秀成果一等奖、四川省哲学社会科学优秀成果一、二、三等奖。主讲新闻采访、新闻评论、中国当代新闻、新闻采写研究等课程，主持的教学改革项目获得省级教改项目立项和校级教学成果奖一等奖；历获四川大学青年教师“十佳标兵”称号、优秀教师称号、“五粮春优秀教学奖”“十佳公共服务奖”、2009—2011年四川省教育工委优秀共产党员称号。

陈立强

陈立强，男，出生于1968年5月，湖南隆回人。2006年获中国传媒大学戏剧与影视学专业博士学位。天津师范大学新闻传播学院教授。曾供职湖南电视台卫星频道，做过记者、编导。2008—2009年曾担任中组部援助西部的“甘肃博士服务团”团长，挂职甘肃广播电影电视总台(集团)台长助理。第四届中国高等院校影视学会理事。

从事新闻实践近20年，有比较完整的影视从业经历，后转为新闻传播教育10余年，主要从事广播电视、新媒体视频、媒介文化等研究。先后主持教育部人文社科基金规划项目、天津市哲学社会科学规划项目、天津市文化艺术科学规划项目、天津市高等院校人文社会科学规划项目等6项。出版《电视剧理论与编剧技法》《电视频道的本体阐释与传播研究》《电视节目的传播机制》等学术专著，主编《电视编导实用教程》，在国内学术期刊上发表学术论文40余篇。主讲影视剧编剧技法、电视节目策划、电视频道研究等课程。

陈 龙

陈龙，苏州大学传媒学院院长，博士生导师，东吴智库传媒方向学术带头人，教育部高职高专广播电视教学指导委员会委员，中国传播学研究委员会副会长、江苏省传媒艺术研究会副会长、中国高校影视学会媒介文化专业委员会主任；江苏省“333工程”中青年科技带头人，江苏省青蓝工程优秀骨干教师，苏州市“姑苏宣传文化领军人才”，苏州市“东吴中青年学者”，苏州大学首批“东吴学者”。

研究领域为传播理论、传播与社会治理、新媒体舆论研究、媒介文化研究。著有《在媒介与大众之间：电视文化论》《当代传媒中的民粹主义问题研究》《传媒文化研究》《视觉文化传播导论》等专著十余种，在《新闻与传播研究》《国际新闻界》等刊物发表学术论文90余篇。主编、编著教材多部。主持国家社科项目4项(其中重点项目1项)、教育部重点项目1项、国家新闻出版广电总局重点项目1项、江苏省社科重点项目1项，国家外文局项目1项。获江苏省社科优秀成果一等奖1项，二等奖2项，其他社科成果奖多项。

陈新民

陈新民，男，出生于1967年7月。甘肃兰州人。兰州大学新闻与传播学院教授、副院长，硕士生导师。担任中国广播电视学会常务理事。

从事新闻传播教育28年，研究方向是传播理论、广播电视理论及新媒体理论。主持完成省部级社会科学规划项目3项，承担各类横向课题10余项。近年以来，在传播学领域发表权威、核心学术论文20余篇，是新闻传播学领域最早将西方民族志受众研究方法引介国内并从事相关研究的学者之一。目前为新闻传播学本科及硕士研究生开设传播学原理、传播学理论专题研究、传播文化论、传播媒介研究等课程，曾获得甘肃省教学成果一等奖。

陈祖继

陈祖继，男，1952年12月出生，教授、高级编辑、硕士生导师，现任四川传媒学院副校长、电影电视学院院长。

1989年前在西南交通大学任助教、讲师；以后在四川电视台任编剧，四川广播电视传媒研究所任副所长，四川广播电视报社任社长、总编辑；2004年9月至今在四川传媒学院任副校长兼电影电视学院院长，并担任四川广播影视高教学会副会长、四川省新闻教育学会副会长。

电视剧《长江第一漂》编剧之一，荣获第五届“金鹰奖”一等奖和第七届“飞天奖”特别奖；电视连续剧《财政局长》《呼唤青山》《金谷奇遇》编剧；影片《巴山女红军》编剧之一，荣获四川第八届巴蜀文艺奖；长篇报告文学《铁血》荣获四川省第三届文学作品一等奖，并被改编为同名25集电视连续剧；长篇报告文学《长江魂》荣获四川省优秀报告文学一等奖；纪实文学《尧茂书首漂长江记》荣获全国首届优秀图书“金钥匙”一等奖；编导纪录片《新中国第一路》《巴蜀金三角——广元》均荣获四川省优秀电视节目一等奖。合著出版理论专著《影视编剧教程》《新闻采写实用教程》《广播电视概论教程》；专著《微影筑梦》获中国高等教育影视研究学术著作二等奖。主持四川省特色专业建设项目、省级精品课程、四川省“高等教育质量工程”项目、省级卓越计划项目、省级教改项目各一项，荣获四川省政府教学成果二等奖，第七届“四川十佳优秀电视艺术工作者”称号等。

方雪琴

方雪琴，女，出生于1971年8月。河南南阳人，文学博士。河南财经政法大学文化传播学院教授，硕士生导师，副院长。兼任河南省新闻传播学专业教学指导委员会委员。曾经有近10年的媒体工作经历。荣获河南省学术技术带头人、河南省青年骨干教师等荣誉称号，入选河南省高校科技创新人才资助计划(人文社科类)项目、河南省宣传思想文化战线“四个一批”人才项目。研究专长在网络与新媒体传播、危机传播、传媒经济与文化产业等方面。研究成果两次获省级社会科学优秀成果二等奖，主持的教学改革项目获省部级普通高等学校教学成果奖一等奖。主持国家社科基金青年项目1项，主持省级项目多项，发表学术论文20余篇。

甘生统

甘生统，男，出生于1973年11月；青海湟中人，文学博士；青海师范大学新闻学院教授、硕士生导师、常务副院长；中国新闻史学会新闻传播教育史专业委员会常务理事，中国古代文论学会会员，中国《文心雕龙》学会会员，中组部“西部之光”项目入选者，青海省“135高层次人才”入选者，青海省新闻道德委员会委员。

甘生统教授长期担任本科生和研究生专业核心课的授课任务，致力于中国诗学、文化传播、新闻传播等领域为核心的研究方向和“义理、考据、辞章”相结合的研究路径。近年来，先后在《光明日报》《新华文摘》《求是》《江海学刊》《红楼梦学刊》《文汇报》《北方论丛》《文艺评论》等报刊发表论文近40篇，出版《皎然诗学渊源考论》《温文尔雅——温家宝总理引用诗文赏析》《文心雕龙咏惟》《中国古代文学理论批评专题》等6部著作，获各类学术奖多项，主持并参与国家级、省部级课题多项。甘生统长期从事新闻传播教育管理工作，承担了青海省唯一“部校共建”新闻学院的主持、筹备、协调、成立等各项工作，完成了青海师范大学“校媒共建”数字媒体产教融合基地建设(与教育部学校建设规划中心和凤凰集团共建)。在他的努力下，青海师范大学新闻学院成立仅仅两年就获批硕士学位授权点。

高 兰

高兰，女，出生于1958年12月3日。天津市人，文学学士，研究生学历。青海师范大学新闻学院教授、硕士生导师、写作教研室主任。中国写作学会会员，联合国教科文组织全球新闻教育改革中国专家组成员。

从教35年，致力于文学基础课程和新闻采写、新闻心理的研究和主讲。主要发表了《中国早期报刊史话》《浅谈网络对写作的影响和促进》《应用写作的教学艺术》《对地方院校新闻课堂教学改革的思考》《对在新闻教学中渗透政治思想教育的几点思考》《情感在文学创作中的表现和作用》《观察与文学创作的关系》等多篇论文，出版了《秘书写作教程》《应用文写作》《写作实践教程》《申论写作技巧指导》等多部专著；参编《当代应用文体写作通鉴》《秘书实用大全》《大学语文》等著作。曾主持、参与国家级、省级、校级多项课题的研究工作，参与PHE(提高高校贫困生能力项目)非师范专业新闻课程改革项目，青海高校“新闻采写教学团队”项目负责人。多年担任中文、新闻专业学生刊物《天风》《行走者》指导教师。多次获教学竞赛优胜奖，多次被评为优秀党员、社团优秀指导教师。是青海师范大学教学名师，2012年被评为校级师德标兵，2013年被评为青海省师德标兵，2013年10月获全国“师德标兵”称号。

高　炜

高炜，男，出生于1957年5月，山西保德人。内蒙古大学文学与新闻传播学院教授，硕士生导师。曾任内蒙古大学文学与新闻传播学院新闻学系主任。曾任中国高等教育学会新闻传播教育专业委员会理事，联合国教科文卫组织全球新闻教育改革中国专家组成员。

长期从事新闻传播教育及新闻传播理论、广告传播学的研究。主持省级社会科学基金课题多项。出版教材两部，在学术期刊上发表论文30余篇。研究成果曾经获得内蒙古自治区社会科学成果奖。主讲新闻学概论、媒介伦理学、广告学、公共关系学等课程，是内蒙古自治区精品课“新闻学概论”的主讲教授。主持的教学改革项目获得省部级普通高等学校教学成果奖三等奖。

顾雪松

顾雪松教授，女，博士，贵州财经大学文法学院院长，兼管传播系。在其带领下，传播系发展较快，具有广告学、传播学、网络与新媒体三个专业。出版了专著《旅游传播与少数民族乡村的变迁》，论文《从西江千户苗寨看旅游传播与中国少数民族乡村》获贵州省第十届哲学社会科学论文类三等奖。

关　众

关众，男，出生于1964年5月。吉林省长春市人，满族。吉林财经大学新闻与传播学院教授、院长。曾任视听导报社社长助理、编辑部主任，吉林财经大学新闻系主任、新闻与传播学院副院长。兼任吉林省传播学会副会长，长春市政协常委，长春市民盟常委、特聘专家，长春广播电视台特聘评审专家。

系经济学专业出身，又具有九年媒体工作经验。在视听导报社工作期间，发表各类新闻稿件百余篇，曾获中国广播电视学会奖励，其中，《华联股潮回望》等财经类新闻稿件获得一定的社会反响。在教学方面，讲授过“财经新闻概论”“新闻写作”“产权资本经营”“世界经济学”等十几门课程。在经济学、传播学方面均有涉猎，尤其在财经新闻领域有一定建树。出版过《经济系统与财经新闻》《媒体策划学概论》等专著。发表论文数十篇，其中《用经济系统论破解财经理论难题》，对于构建财经新闻理论框架，解决长期困扰财经新闻理论界的“‘财经’与‘新闻’两张皮”的问题，具有一定意义。

郭卫东

郭卫东，男，出生于1970年10月。山西襄汾人，新闻学硕士。现任山西传媒学院副校长兼新闻传播学院院长、教授、硕士研究生导师。兼任全国广播影视职业教育教学指导委员会秘书长、中国新闻史学会党报党刊研究会副会长、中国高等院校影视学会理事、山西省电视艺术家协会副主席、山西省广播电视协会常务理事、山西省教育厅党组联系专家。

从事新闻传播教育教学研究和管理工作20多年，关注广播电视和新媒体传播的研究与实践。主持完成了国家广电总局人文社科项目、教育部职业院校专业改革与实践项目、山西省哲学社会科学规划项目、省科技厅软科学项目、省教育厅教学改革项目等10余项研究课题。出版著作《广播电视新论》，主编教材《新闻概论》，参编《广播电视编辑记者播音员主持人业务指导用书》，在《现代传播》《中国广播电视学刊》等刊物发表学术论文10余篇。主持的教改项目分获山西省人民政府教学成果一等奖、二等奖，撰写的论文获山西省广播影视大奖决策类一等奖，主编的教材被教育部评为全国职业教育国家“十二五”规划教材。获得“山西省双师型教学名师”称号，并被山西省劳动竞赛委员会记一等功。获“山西省优秀教育工作者”的称号、获山西省131领军人才工程“优秀中青年拔尖创新人才”。

郭小平

郭小平，男，出生于1974年7月，湖北蕲春人，武汉大学新闻与传播学院硕士、博士，华中科技大学新闻与信息传播学院教授、博导，副院长、广电系主任，主要研究广播电视与新媒体、风险传播等。

2013年9月，入选“教育部新世纪优秀人才支持计划”；2014年5月，入选“华中学者”晨星岗；2015 年 5 月，入选湖北广播电视台长江传媒“晨晖学者”。兼任中国新闻史学会视听传播研究委员会副会长，湖北省新闻与传播教育学会副会长。2011. 9—2012. 9，兼任湖北广播电视台经济电视频道总监助理。

独立主持国家社科基金项目 3 项：2017 年重点项目“老龄化的风险议题、媒介话语转型与‘积极老龄化’社会建设研究”；2011 年后期资助项目“风险社会的媒体传播研究：社会建构的视角”；2008 年青年项目“风险社会与媒体的生态文明传播研究”。同时，主持国家广电总局部级课题、教育部“新世纪人才”项目、团中央青年研究项目、省社科基金各 1 项，参与国家级、省部级社科基金 10 余项。

曾获湖北省社会科学优秀成果奖二等奖、全国广播电视学术著作二等奖、湖北新闻奖二等奖。先后在《新闻与传播研究》《国际新闻界》《现代传播》《新闻大学》《中国电视》等杂志发表论文 60 余篇，出版《视听新媒体导论》《风险社会的媒体传播研究——社会建构论的视角》《环境传播：话语变迁、风险议题建构与路径选择》《重大突发公共事件中的广播电视舆论引导能力研究》等多本著作。主持湖北省精品资源共享课“电视专题与专栏”，获学校 2014 年本科高水平教学成果奖。

韩　强

韩强，男，1961 年 12 月生，新疆大学新闻与传播学院教授、硕士研究生导师。曾任新疆大学新闻与传播学院副院长，兼任教育部高等学校新闻传播学类专业教学指导委员会委员、中国传播学会第一届理事会副理事长、国家广播电影电视总局中国广播电视协会西部学术基地学术委员、西北大学“传播与西部地区社会发展研究院”学术委员会副主任及特聘研究员、《新疆大学学报》编辑委员会委员、新疆大学“新闻传播与民族地区社会发展”研究中心主任。

长期从事新闻传播教育，致力于新闻新疆跨文化传播、多民族地区新闻传播的研究。主持国家社会科学基金、新疆大学重大招标项目、新疆维吾尔自治区社会科学基金课题多项。公开发表论文 30 余篇，研究成果获新疆维吾尔自治区社会科学优秀成果奖、新疆大学教学成果奖、新疆大学社科成果奖多项。曾获新疆维吾尔自治区优秀硕士学位论文指导教师称号。

韩　隽

韩隽，女，出生于 1963 年 10 月，西北大学新闻传播学院教授，新媒体研究院副院长。曾任西北大学新闻传播学院新闻系主任，副院长等职。教育部高等学校新闻传播学类专业教学指导委员会委员，陕西省教学名师。兼任中国中外文艺理论学会文化与传播符号学分会理事，中国编辑学会网络编辑分委员会常务理事。陕西省新闻发言人基地教学负责人，陕西网络与信息化领导小组专家咨询委员会委员，陕西省应急管理专家组成员，陕西省舆情研究所研究员。

长期从事新闻传播教育，是改革开放恢复新闻学专业后陕西高校第一代专业教师。从教32年，讲授本科专业核心课程新闻编辑、网络新闻编辑评论、外国新闻史等。“报纸编辑”课程的教学创新与实践获得陕西省教学成果一等奖，“新闻编辑”为陕西省精品课程，《融媒时代新闻编辑课程群教学体系创新》获得全国新闻学与传播学教学创新项目优秀奖，曾获西北大学教学质量一等奖等。科研方向为新闻传播实务、新媒体与社会发展等，近年致力于地方政府新闻发言人制度建设和党政干部媒介素养应用研究，完成调研报告13篇，报告多次被国务院新闻办公室和省级主要领导批示，其间也承担了大量公益性专业社会服务工作。主持教育部人文社会科学基金、陕西省社会科学基金课题多项，出版《报纸编辑新论》《网络编辑》等学术专著、教材6部，在国内学术期刊上发表论文、报告70余篇，研究成果曾经获得陕西省社会科学成果奖多项奖励。

胡百精

胡百精，男，出生于1976年3月，吉林磐石人，文学博士。中国人民大学新闻学院教授、博士生导师、执行院长。兼任中国国际公共关系协会学术委员会副主任委员，中国新闻史学会传播学委员会副会长、公共关系委员会副会长。

主要从事传播学与公共传播研究，出版专著《说服与认同》《公共关系学》(第二版)、《危机传播管理》(第三版)、《中国公共关系史》、*The History of China's Public Relations*，主编“中国危机管理研究年度系列报告”(出版6部)、《敞开的品牌》等，译著有《舆论的结晶》《宣传》《取悦公众》《公共关系学》《每一分钟诞生一位顾客》，发表CSSCI、SSCI论文40余篇。主持国家社会科学基金、教育部人文社会科学基金、北京市社会科学基金课题多项，主持国家部委、大型企业横向课题30余项。曾获教育部人文社会科学成果奖、北京市社会科学优秀成果奖、霍英东青年教师奖、宝钢优秀教师奖、中国人民大学十大教学标兵等奖励和荣誉。

黄 葵

黄葵，女，博士，教授，贵州师范大学传媒学院院长。在其带领下，贵州师范大学传媒学院成为一支新锐力量，目前拥有两个二级学科硕士点：文艺与传媒、广播电视。2017年，传媒学院获批为中共贵州省委宣传部与贵州师范大学共建的教学单位。其研究成果2007年和2009年分别荣获贵州省第七次哲学社会科学优秀成果三等奖、贵州省第八次哲学社会科学优秀成果三等奖。

黄也平

黄也平，男，满族。1955 年 12 月出生于长春市，祖籍辽宁省辽阳市。吉林大学新闻与传播学院教授、博士生导师，传播学系主任，历史学博士。主要社会兼职：吉林省传播学会会长、中国高等教育学会广告教育专业委员会常务理事、全国大学广告艺术大赛组委会委员、“大广赛”吉林赛区组委会副主任、秘书长兼专家组组长。

1972 年中学毕业后，曾下乡到吉林省榆树县插队落户。1976 年 1 月，到长春日报社工作。曾任记者、编辑。1978 年，考入四平师范学院中文系读书。毕业后，到吉林省行政学院做教师。1990 年，考入吉林大学古籍所。师从著名历史学家、文献学家金景芳先生攻读博士学位。毕业后，留校任教至今。

主要从事传播学理论与实践，广告传播学等研究。先后主持了三项国家社科基金项目，在《中国社会科学》(英文版)、《文学评论》《历史研究》《现代传播》等期刊上发表论文近 200 篇。

季　涓

季涓，女，出生于 1964 年 12 月，宁夏银川人。宁夏大学新闻传播学院教授。

1987 年大学毕业后在宁夏广播电视台工作至 2005 年。在近 19 年的从业经历中，曾创办了宁夏第一个对外交流的专栏节目《窗口》，纪录片专栏节目《纪实 30 分》，专题性电视栏目《西部大开发》及访谈栏目《交流》，担任过节目主持人、编导、主编、制片人。期间拍摄的多部作品获得国家级、省级的奖项，并获省级宣传工作先进个人荣誉称号，2004 年被宁夏广播电视台聘为高级编辑。

2005 年调入宁夏大学，承担本科课程“电视新闻学”“纪录片创作”“主持人节目研究”及研究生课程“影视美学”的教学。2006 年被聘为宁夏大学新闻传播学院教授。曾在上海交通大学、中国人民大学做访问学者。

曾荣获优秀实习指导教师、优秀论文指导教师、优秀教学成果奖，指导学生获大学生科技创新一等奖，2010 年度获中国广播电视协会纪录片工作委员会中国城市影像大赛优秀指导教师奖。担任宁夏广播电视新闻奖评审专家。

季水河

季水河，男，出生于 1954 年 4 月，四川省邻水县人，中共党员。现任湘潭大学学术评价与发展委员会主任，二级教授、博士生导师。先后担任湘潭大学文学与新闻学院院长，教育部中文学科教学指导委员会委员、湖南省社科联副主席、国家社会科学基金学科评审组专家、湖南省重点学科建设委员会专家、湖南省人民政府学位委员会学科评议组成员、全国马列文论研究会副会长、全国毛泽东文艺思想研究会副会长、湖南省比较文学与世界文学学会会长等学术职务。

长期从事新闻美学、文学理论、比较文学方面的教学与研究。主持国家级、省部级教研、科研项目10多项，主讲国家精品课程1门，国家精品视频公开课1门，国家精品资源共享课1门。独著《新闻美学》《美学理论纲要》《多维视野中的文学与美学》等学术著作11部，主编、合著著作、教材20部，在《文学评论》《文艺研究》《中国人民大学学报》等刊物发表学术文章100多篇，共有著述近300万字。获省部级以上科研、教学成果奖励11项，其中，一等奖6项，二等奖4项，三等奖1项。曾获“全国优秀教师”“第五届全国高等学校教学名师奖”“享受国务院特殊津贴专家”“宝钢优秀教师奖”“首届湖南省普通高等学校教学名师奖”“湖南省优秀社会科学专家”等荣誉或奖励。

焦勇勤

焦勇勤，男，出生于1970年6月。山东济南人，文学博士。海南大学人文传播学院教授、硕士导师、院长。兼任海南省文艺家评论协会副会长、海南省影视家协会常务理事、海南省作家协会理事。

长期从事新闻传播教育，致力于文艺传播、影视传播学的研究。主持国家社会科学基金、海南省社会科学基金课题多项。出版《符号与记忆：黎族织锦文化研究》《宋氏家族与海南》《海南省文化产业发展研究报告》《海南民俗概说》等学术专著8部，在国内外学术期刊上发表论文、报告50余篇。研究成果曾经获得海南省社会科学成果奖多项。主讲文艺传播、影视传播等课程。

金 星

金星，男，出生于1963年10月，云南昆明人，专门史(广告史方向)博士。云南民族大学文学与传媒学院教授、硕士生导师，新闻传媒系系主任。兼任云南省高等学校新闻传播类教学指导委员会副主任，中国广告协会学术委员会委员，中国新闻史学会台湾与东南亚华文传媒研究会常务理事，云南省广告协会专家委员会常务副主任。

长期从事新闻传播教育，致力于中国当代广告史、广告文化和媒介批评研究，在CSSCI学术期刊发表论文20余篇，获得云南省哲学社会科学优秀成果二等奖1次，主编国家“十二五”规划教材《实用广告学教程》，荣获云南省高等学校优秀教材一等奖1次、获得云南民族大学优秀教师称号。参与云南省广告产业集群化和产学研合作的业界实践，参与组建昆明国家广告产业园区工作，主持搭建“云南省广告与品牌发展研究院”的产学研平台。主讲“媒介发展史”“中国近现代文化史”“广告学概论”“广告符号学”“广告媒体研究”等硕士和本科课程。

靖　鸣

靖鸣，男，1958年9月生，江苏淮安人，中共党员，现任南京师范大学教授、博士生导师、南京师范大学舆情与危机管理研究所所长、中国传播学会理事、中国新闻史学会会员、中国社会心理学会新闻与传播学委员会委员。曾任南京师范大学学位委员会委员。先后在中国新闻社广西分社和广西日报社从事新闻工作，在广西大学新闻传播学院、中国人民大学新闻学院、复旦大学新闻学院学习、进修。在广西工作期间曾经担任广西社会科学工作者联合会委员、广西思维科学学会常务副会长、广西写作学会新闻写作分会会长、广西大学新闻传播学院教授、广西师范学院新闻传播学院教授、院长等职。

主要研究领域：新媒体、舆论学、新闻发布与舆情处置、新闻传播实务。主持国家社科基金项目2项，主持省级社科项目3项，出版学术著作、教材18部，在《新闻与传播研究》《现代传播》《国际新闻界》《新闻大学》《武汉大学学报》等20多家学术期刊发表学术论文260多篇，获得广西和江苏省级社会科学研究优秀成果奖二等奖4项，三等奖4项。

兰东兴

兰东兴，男，1965年4月出生，教授，贵州民族大学传媒学院院长。研究方向为民俗文化传播，主持三项国家级课题：《西南少数民族口述传播史研究》(2007年国家社科基金西部项目)、《贵州少数民族村寨文化传承研究》(2012年国家社科基金西部项目)、《传统村落文化影像记录与传播研究》(2017年国家社科基金一般项目)。论文《新闻报道的角度、深度和可信度》，2015年被《新华文摘》全文转载。其专著《西南少数民族口述传播史研究》2015年获得贵州省哲学社科成果奖一等奖。在其带领下，贵州民族大学传媒学院2017年获批新闻传播学一级学科硕士点。

黎明洁

黎明洁，女，1964年出生，广西陆川县人。复旦大学新闻学博士，美国伊利诺伊大学香槟分校访问学者，现任广西大学新闻传播学院教授，兼任教育部高等学校新闻传播学类专业教学指导委员会委员，广西高等学校新闻传播学类专业教学指导委员会主任委员，广西大学学术委员会委员，广西大学学位委员会委员。获全国新闻出版行业领军人才称号。

1985年起从事新闻业务教学及科研工作，致力于新闻传播实务，新闻话语研究。曾在中国新闻社广西分社从事记者采编工作。出版专著3部，发表相关研究论文40余篇，代表作为《新闻写作与新闻叙述：视角 主体 结构》。多项成果获教育部高等学校科学研究(人文社会科学)优秀成果奖、广西优秀新闻论文一等奖、二等奖。国家特色专业广西大学新闻学专业建设项目负责人，广西大学广西舆情研究中心负责人，全国大学生素质教育精品通选课“新闻的背后”、广西区级精品课程“新闻采访与写作”主讲教师。获广西大学首届十大教学名师，主持、参与的教学项目获广西区级教学成果一等奖、二等奖。

李本乾

李本乾，男，传播学博士、管理学博士后。上海交通大学媒体与传播学院院长、二级教授、博士生导师。李本乾教授为我国培养的第一批传播学博士、国务院“政府特殊津贴”专家、第三批国家“万人计划”哲学社会科学领军人才、2017年中宣部“文化名家暨四个一批人才”理论界别专家、教育部“新世纪优秀人才”；担任国际传播学会(ICA)奥布里-费舍尔导师奖委员会委员(Aubrey Fisher Mentorship Award Committee)，教育部“全国卓越新闻传播人才教育培养指导委员会”委员；教育部“新闻与传播学科人才培养指导委员会”委员等多项职务。

曾担任过国家社科重大项目首席专家，主持国家社科、教育部人文社科、上海市社科、国家广电总局部级项目等各类课题30多项。主编《中国传媒国际竞争力研究报告》，出版《传媒经济与中国经济》《境外资本与中国传媒》《中国大众传媒议程设置功能研究》等学术专著、译著、教材近10部，在国内外重要学术期刊发表中英文论文80多篇。

研究成果曾荣获教育部“第六届高校科学研究成果奖(人文社科)”、教育部“全国高校艺术教育科研论文奖”、教育部和国务院学位委员会“全国优秀博士学位论文(提名)”等近30项奖励。其主讲的课程“传播学导论”立项上海市精品课程。作为教师获得过上海市教育委员会高校艺术教育科研论文一等奖(2次)、上海市教学成果二等奖。

李朝珍

李朝珍，女，出生于1976年2月，广西合浦人。现任教广西大学新闻传播学院，一级编导(正高职称)、主任播音员。

曾任广西电视台综艺节目主持人、栏目制片人，长期从事电视节目主持、栏目制片、品牌推广的研究和实践。连续两次代表广西参加2005、2006中央电视台春节联欢晚会。主持第九届金鸡百花奖电影节开幕式及颁奖典礼、中国-东盟博览会闭幕式晚会《中华情——中国东盟博览会盛典之夜》、广西壮族自治区成立五十周年庆祝晚会《山歌好比春江水》、“大地飞歌”南宁国际民歌艺术节开幕式晚会、广西庆祝中华人民共和国成立60周年诗歌朗诵会《向祖国倾诉》、广西庆祝建党九十周年大型文艺晚会《旗帜颂》等国家级、省部级大型庆典文艺晚会近百台。创建全国知名文化栏目《收藏马未都》和一批情感、互动类品牌栏目，策划制作大量高品质的人物访谈类节目。2013年7月调任现职从事播音主持艺术教育工作，主讲“播音发声”“电视播音与主持”等课程，发表一批相关论文。

主持和制作的节目获得国家级奖项4次、铜鼓奖1次、广西新闻奖一等奖2次、二等奖2次、三等奖2次。指导学生参赛获得国家级、省部级一等奖。个人荣获全国维护妇女儿童权益先进个人、广西广播电视十佳播音员主持人、广西壮族自治区“三八红旗手”等荣誉称号。

李　庚

李庚，女，出生于1973年10月，黑龙江哈尔滨人，文学博士，哲学博士后流动站出站。黑龙江大学新闻传播学院教授、硕士导师、副院长。一直从事新闻传播教育，致力于广播电视艺术传播的研究。主持黑龙江省社会科学基金、黑龙江省教育厅、黑龙江省艺术科学基金课题多项。出版学术专著《女性·历史·消费——当代电视剧的文化批判》，在国内外重要学术期刊上发表论文10余篇。研究成果曾获黑龙江省社会科学成果奖、黑龙江省高校人文社会科学成果奖、黑龙江省艺术科研优秀成果奖。

李林容

李林容，女，汉族，1974年12月生，重庆江津人，四川大学广播影视文艺学专业博士，现为西南政法大学新闻传播学院教授，博士生导师，广播电视与新媒体教研室主任。曾先后在中国人民大学、复旦大学进修。长期从事新媒体文化、广播电视理论方面的研究。承担新闻编辑学、新闻采访与写作、新闻理论前沿等本科、研究生的核心课程。

自2003年进入西南政法大学任教，迄今为止，已发表学术论文50多篇，其中，CSSCI期刊文章20篇，“中国人民大学复印报刊资料”全文转载1篇，新华文摘论点转载1篇。在课题方面，已主持并参与课题项目11项，其中，国家级课题5项，包括主持国家社科基金项目“微信与媒介生态环境建构”等；主持重庆市课题3项，主持校级重点课题2项。个人专著3部，包含《把脉我国电视节目娱乐化“症候”》等；编写教材3本，主编《新媒体概论》，撰写国家“十一”五规划教材《传媒文化与媒介研究》等。在获奖方面，2013年《浅析网络编辑的思维方法》获得第四届中华优秀出版物奖。2014年专著《中国电视娱乐文化批评》获得第八届中国高等院校影视学会“学会奖”优秀奖；2014《电视娱乐传播的社会价值与社会责任》获得第十三届全国广播电视学术论文三等奖；2014年荣获第四批重庆市高等学校优秀人才支持计划。在学术任职方面有：西南政法大学影视传播与新媒体研究院研究员，四川大学新闻传播研究所研究员；国家社科基金项目评审专家，教育部学位论文评审专家。

李明德

李明德，男，1959年8月生，陕西乾县人。任西安交通大学新闻与新媒体学院创院院长、教授、博导。曾参加校报编辑工作10年，创办《中国有线电视》杂志(1993)，参与创办西安交通大学新闻传播学硕士点(2003)，创建西安交大新闻与传播研究所(2008)，创建西安交大城市学院传播学系和传播学、网络与新媒体专业(2012)。现兼任中国新闻史学会传媒经济与管理研究会副会长、陕西省政府新闻发布工作专家组专家、陕西省委网络安全与信息化领导小组专家咨询委员会副主任兼意识形态专业分委会主任、中国高校科技期刊研究会技术期刊专业委员会副主任委员、陕西省科技期刊编辑学会理事长、陕西省传播学会副会长、《西安交通大学学报》(社科版)主编等。

出版教材、专著9部，其中，中国社会科学出版社出版的《仿像与超越：当代文化语境中的文学期刊》(2007)，被《光明日报》发表长篇书评予以推介；发表CSSCI论文50余篇，其中被《新华文摘》论点摘编6次，全文转载1次；主持完成国家和省市等课题15项。主编的期刊曾获教育部优秀科技期刊一等奖(教育部发文视同为科技进步一等奖，1999)，陕西省政府优秀学术成果(含优秀论文)奖7项(其中二等奖4项)，西安交大优秀教材一等奖。被评为陕西省重点领域顶尖人才、陕西省和全国优秀社会科学普及专家、陕西省首届科技期刊十佳主编。

李 珮

李珮，女，回族，生于1964年5月，重庆人，教授，博士生导师，西南政法大学新闻传播学院院长，新闻传播学学科带头人，西南政法大学教学名师，西南政法大学学位评定委员会委员，国家社科基金项目通讯评审专家，第四届全国教育改革创新优秀教师。

在新华社从事中国新闻对外报道18年，获得40余项各级新闻奖项，任新华社高级记者，并担任新华社重庆分社副总编6年；2004年加盟西南政法大学，2009年开始担任新闻传播学院院长和新闻传播学学科负责人，主持创建了西南政法大学新闻传播学一级学科硕士学位授权点和博士学位授权点。

主研方向为新闻学、对外传播以及网络舆论。在新华社工作期间，为中央高层决策推进西部大开发、改进国家对外宣传策略以及党报影响力等重大问题进行专题调研，形成有价值的研究报告，并多次得到中央高层领导的批示，主持了3项中宣部课题。

在西南政法大学从教以来，主持国家社科基金项目2项，主持重庆市重大委托项目“重庆广电改革发展与政策法规的调整”(已结项)。近五年，出版专著1部、编著2部、公开发表学术论文10余篇，并主编西南政法大学“新闻传播学系列丛书”3套(共36部)。

担任重庆市教育新闻研究会副会长、重庆市广播电视协会广播影视高等教育专业委员会副会长、重庆市重大决策网络舆情风险评估专家咨询委员会委员、新华网舆情监测分析中心专家委员会成员。2007年，被授予重庆市首批宣传文化“五个一批”人才称号，重庆市社科联会员，重庆市社科专家库第一批专家。

李　群

李群，男，出生于1978年7月。黑龙江省牡丹江人，史学博士。黑龙江大学新闻传播学院教授、硕士生导师。2007年，中国社会科学院研究生院毕业，获得史学博士学位，同年到黑龙江大学新闻传播学院工作。2009年进入黑龙江大学汉语言文学博士后流动工作，2011年完成研究任务出站。工作以来一直致力于新闻史、新闻学理论的教学与研究工作。对东北新闻史、黑龙江地方新闻史有专门研究。

主持或参与国家社科基金、黑龙江省社科基金、黑龙江省教育厅人文社科课题多项。出版专著《〈大公报〉政论研究——以“国家中心论”为中心》，在国内外学术期刊发表论文20余篇。研究成果获得黑龙江省哲学社会科学优秀成果奖、黑龙江省人文社会科学优秀成果奖、黑龙江省高校优秀科研成果奖多项。主讲新闻学概论、中外名记者研究等课程。多次在黑龙江大学教学评估中获得优秀。

李世举

李世举，男，生于1970年8月，宁夏石嘴山人，文学硕士，现任宁夏大学新闻传播学院三级教授、常务副院长、新闻传播学院学科带头人、民族地区传播与社会发展研究中心主任。担任宁夏回族自治区党委宣传部新闻阅评小组成员、宁夏新闻奖定评评委，中国新闻史学会少数民族新闻史专业委员会、中国高等教育学会新闻传播学专业委员会等学术组织的常务理事、理事。

1992—2000年先后任《石嘴山日报》记者、部门主任，曾获得自治区及以上级别新闻奖18次。2000—2005年任宁夏大学人文学院新闻传播系讲师、副教授，2005—2016年任大连民族大学文法学院新闻系副教授、教授，2007至2016年任大连民族大学新闻学专业负责人、新闻系主任，为大连民族大学新闻学专业人才培养方案制定、实验室建设、实习基地建设作出一定贡献。担任系主任期间，主持开展新闻学专业综合教学改革取得实效，获校级教研成果奖一等奖2项。

2000年进入高校，主要从事少数民族地区新闻传播事业研究。发表学术论文50余篇，独立、参与出版学术著作及教材6部，主持国家社科基金、教育部、国家民委等省部级及以上科研项目9项，获得国家民委社科成果奖、辽宁省社科成果奖二等奖、大连市社科进步奖二等奖等政府奖6项，多项调研报告获得有关部门采纳，其中有1项咨询报告被国家民委、中央办公厅采纳并获国家主要领导人批示。

李文冰

李文冰，女，出生于1973年1月，浙江传媒学院新闻与传播学院院长，文学博士，研究员，三级教授，硕士生导师。先后就读于浙江师范大学历史系、浙江大学法学院、武汉大学新闻学专业。浙江传媒学院学术委员会委员，浙江省一流学科新闻传播学新闻学方向带头人、浙江省优势专业广播电视学专业负责人。

入选浙江省“新世纪151人才工程”人才培养对象，兼任中国新闻史学会理事、浙江省广播电影电视学会常务理事、新闻专业委员会副主任，以及浙江省广播电视研究院研究员、中国广播电视协会媒介素养浙江研究基地研究员、嘉兴市政府新闻奖和广播电视新闻奖评委。主要研究领域为新闻传播教育、新媒体传播、媒介形象研究等。历任浙江传媒学院人事处处长、嘉兴市南湖区区委常委、副区长(挂职)等职。近年来主持和参与国家社科基金项目各1项，主持省部级社科基金项目3项，出版专著2部。作为主要成员荣获浙江省教学成果奖二等奖1项，浙江传媒学院教学成果奖一等奖1项。在《教育研究》《光明日报》(理论版)、《中国出版》《中国广播电视学刊》《新华文摘》、“中国人民大学复印报刊资料”人大复印《新闻与传播》等期刊、报纸发表(转载)论文多篇。

李　勇

李勇，男，出生于1976年8月。河南舞阳人，文学博士。河南大学新闻与传播学院校特聘教授，博士生导师，传媒研究所所长，中国社会科学院博士后，美国福特汉姆大学博士后访问学者，河南省一级重点学科河南大学新闻传播学学科带头人。兼河南大学校学术委员会委员、人文科学学部秘书长，新闻与传播学院学术委员会主任，中国新媒介文论学会常务理事、副秘书长、中国高校影视学会理事、河南省微影协会理事；入选教育部新世纪优秀人才计划，是河南省优秀青年社科专家、省宣传思想文化战线“四个一批”人才、省百名优秀青年社科理论人才、省高校哲学社会科学年度人物、省高校哲学社会科学优秀学者、省高校科技创新人才(人文社科类)、省教育厅学术技术带头人、省高校青年骨干教师等。

长期从事传播基础理论、媒介环境理论、媒介批判理论、媒介美学等研究。主持完成国家社科基金、教育部人文社科、中国博士后特别资助、省社科、省教改等十余项省部级及以上项目，出版著作《媒介时代的审美问题研究》《媒介美学与电影叙事》等，在《文学评论》《文艺研究》《现代传播》《哲学动态》《文艺理论研究》《社会科学》等期刊发表《图像表征的当代认识论危机》《媒介文化美学表征形式的当代嬗变》等学术论文 30 余篇，多篇被《新华文摘》、“中国人民大学复印报刊资料”等转载，获河南省社科优秀成果二等奖、三等奖等省级奖励 4 项。

刘宝林

刘宝林，男，出生于 1963 年 6 月。山西代县人，文学博士。海南师范大学新闻传播与影视学院教授，硕士研究生导师。曾任山西省广播电视厅《三晋声屏》编辑部副主任、主任兼《山西广播电视报》副总编辑、山西广播电视台总编室副主任。2013 年 4 月至今调任海南师范大学新闻传播与影视学院教授。

长期从事新闻传播理论、新闻传播史、广告学的研究。主持中国广播电视协会“从四川卫视在汶川地震的报道看媒介公信力和媒介素养”、中共海南省委宣传部“提升培育和践行社会主义核心价值观的户外宣传效果研究”课题多项。先后出版学术著作《电视节目形态三元结构论》《管理学概论》《电视与社会》等 8 部，在国内学术刊物发表论文 20 多篇。主讲广告学、电视节目策划、广播节目制作、社会学等课程。

刘　坚

刘坚，男，出生于 1956 年 10 月，北京人，文学博士。吉林大学新闻与传播学院教授、博士生导师，新闻学系主任，吉林大学新闻传播与广电艺术实验教学中心主任，现代传播研究中心副主任。兼任吉林省学位委员会第四届学科评议组成员、吉林省新闻道德委员会委员、吉林省社会舆论咨询组专家、吉林省传播学会副会长。

从事新闻传播学教育和新闻学、媒介文化理论研究。主持教育部人文社会科学基金项目、吉林省社会科学基金项目等多项研究课题。出版学术专著《媒介文化理论与当代文学观念》《现代晚报探索》，出版教材《新闻报道现代方法》。在学术期刊上发表新闻学、舆论学、媒介文化理论等方面的学术论文。研究成果多次获吉林省社会科学优秀成果奖。主讲新闻学概论、电视新闻学、新闻传播思想史、舆论学等课程，主持多项国家级和省级教学改革项目。

刘俭云

刘俭云，男，出生于 1953 年 11 月，江西萍乡人，历史学学士。西北民族大学新闻传播学院教授、硕士导师。曾任西北民族大学新闻传播学院院长，南京师范大学新闻传播学院教授。兼任中国高校影视学会民族影视专业委员会副理事长，中国新闻史学会民族新闻史研究会副会长。

曾长期从事新闻实业工作，在甘肃日报报业集团、读者出版集团、和讯网等新闻出版资讯机构长期服务。2003 年 11 月转入新闻传播教育行业，致力于文化传播、网络与新媒体等领域的研究。主持、参与国家社科基金、教育部人文社科基金、甘肃省社科基金课题多项。出版《广告理论与实务》《财经媒体：深度报道案例》《出版传播研究》《中国思想文化传播简明教程》《西方思想文化简论》《传播学导读》等学术专著或教材。在国内学术期刊上发表论文多篇。研究成果曾获得甘肃省社会科学成果奖和甘肃省高校社科成果奖。主持的教学改革项目曾获得省部级教学成果奖。

刘明洋

刘明洋，男，出生于 1965 年 4 月，山东安丘人，文学博士。山东大学新闻传播学院常务副院长，山东大学传播与媒介研究中心主任，教授、博士生导师。曾任《大众日报》理论评论部主任、政教新闻采编中心主任、经济新闻采编中心主任，大众报业集团编委。2013 年调入山东大学。兼任中国新闻史学会媒介法规与伦理专业委员会副会长、中国新闻史学会新闻传播教育史专业委员会常务理事、中国传播学会理事。

长期从事新闻实践工作，获得中国新闻奖、山东省新闻奖、精品工程奖多件。获山东省十佳新闻工作者称号。调入山东大学后，致力于新闻业务、媒介发展、品牌传播等领域的教学与研究。近 5 年来，主持国家社会科学基金项目 1 项，山东省社会科学基金项目 5 项(含重大委托)，省级重点委托课题多项。出版有《解读美国报纸——从新闻运作到产业扩张》《企业品牌传播革命》《成就卓越城市品牌》《报业发展战略与报业品牌经营》《党报主体角色建构——基于多媒体条件的报纸战略思维》《话媒视点——2016 新闻记忆》等著作。主讲新闻策划、品牌传播、新闻传播前沿等课程。系享受国务院特殊津贴专家、全国新闻出版系统领军人才、山东省智库高端人才入库专家。

刘　萍

刘萍，女，出生于1976年5月。黑龙江哈尔滨人，文学博士。黑龙江大学新闻传播学院教授、硕士生导师。长期从事新闻传播教育，主要学术方向为媒介理论与媒介文化，大众传媒与人的现代化等。主持或参与国家社科基金、教育部人文社会科学基金、黑龙江省社会科学基金等课题多项。出版学术专著《日常生活批判与民生新闻表达》，编著《播音主持能力与素质教程》。先后在《新闻大学》《现代传播》《中国社会科学报》等学术期刊发表论文20余篇，并多次被《新华文摘》《中国社会科学文摘》《高等学校文科学术文摘》等转载或摘编。专著曾获黑龙江省社会科学优秀成果奖一等奖，学术论文曾获全国新闻学青年学者优秀学术成果奖、黑龙江省社会科学成果奖、黑龙江省艺术社科优秀成果奖、黑龙江省高校人文社会科学研究优秀成果奖等奖项10余次。主讲新闻学概论、新媒体概论等基础理论课程，指导学生完成国家级创新项目，多次主持省级教学改革研究项目，并获得省级教学成果奖。被评为黑龙江省"六个一批"理论人才。

刘祥平

刘祥平，男，1977年10月出生，博士，贵州民族大学传媒学院新闻系主任。2010年初传媒学院成立，开始担任新闻系主任，目前本专业综合实力在全省新闻学专业中位居前列。主持两项国家课题，获贵州省第九次哲学社会科学优秀成果论文类三等奖、贵州省第十一次哲学社会科学优秀成果研究报告类三等奖；2016年入选首届贵州省高校哲学社会科学青年学术创新人才、第五批贵州省高校哲学社会科学学术带头人。

马池珠

马池珠，男，出生于1966年11月，山东莒县人，博士。山东师范大学新闻与传媒学院教授、博士生导师、院长、广播电视艺术学学科带头人。兼任中国高等学校影视学会理事、山东省高校影视传媒联盟会长、山东师范大学现代影视传媒研究中心主任。

长期致力于电视创作与传播、传统文化数字化保护与传承、农村远程教育等方面的研究。在农业电视创作、农业电视传播方面有较深入的研究，出版专著《农业电视创作与传播体系研究》等两部，主编教材5部；在EI、CSSCI、中文核心期刊发表论文30余篇；主持教育部人文社科项目、山东省重点发展研究项目、山东省社科规划项目等省部级科研项目10余项。创作电视作品300余部、集，在中央电视台等媒体播出电视作品54部，出版电视作品138部、集；获国家级政府奖5项，获山东省社会科学优秀成果奖1项，主持的教改项目获省级教学成果奖2项。

宁海林

宁海林，男，出生于1969年6月，哲学博士。宁波大学人文与传媒学院/新闻传播学院教授，新闻传播学研究所所长，宁波大学现代传播研究院执行院长，硕士生导师。2007年毕业于中国人民大学哲学院，获博士学位，2012年于浙江大学新闻传播学博士后流动站出站，2011—2012年在美国加州州立大学公派访学。先后在中国计量学院、浙江理工大学任教，现为浙江省高校中青年学科带头人，浙江省“新世纪151”人才(第三层次)，全国艺术科学项目通讯评审专家、国家社科基金成果鉴定专家，浙江省传播学学会、浙江省美学学会、中国软科学学会理事，美国 *Visual Communication Quarterly*(视觉传播季刊)、《浙江工业大学学报(社会科学版)》《包装工程》审稿人。

主讲过传播学原理、广告策划与创意、广告文案写作、广告媒体策划等本科生课程以及艺术哲学、新媒体艺术等硕士研究生课程。主要研究方向为视觉传播原理及应用、现代西方美学。出版专著《阿恩海姆视知觉形式动力理论研究》(人民出版社，2009)、《新闻图像在现代传播中的作用研究》(人民出版社，2014)；在《新闻与传播研究》《自然辩证法研究》《人文杂志》等期刊发表论文40余篇，多篇论文被“中国人民大学复印报刊资料”、人民网全文转载；主持完成国家社科基金课题“新闻图像在现代传播中的作用研究”、国家社科基金中华学术外译项目“中国美学史”，在研浙江省哲学社会科学规划课题“网络舆论视觉传播机制研究”，2011年获浙江省高校优秀科研成果二等奖。

欧阳霞

欧阳霞，女，中国海洋大学文学与新闻传播学院教授、硕士生导师、学科负责人。曾有10年新闻从业经历，青岛作家协会会员，媒体专栏作家。从事新闻传播教育，研究方向为应用新闻学、新闻心理学。主持国家社会科学基金项目“融媒体背景下新闻报道体系创新研究”，出版专著《新闻发现与表达》《新闻编辑学》，教材《新闻采访与写作》《报纸编辑》，其中《新闻采访与写作》(第一版、第二版)，已重印18次，被全国100多所高校选用为教材，影响力在国内该领域图书中名列前茅。曾获青岛社科优秀成果奖、学校本科教学成果奖、本科教学优秀奖、奖励教师基金奖、课程教学卓越奖等。作为中国海洋大学Global University专项学习项目带队老师，带领海大学生乘“和平”号邮轮从日本横滨出发，历时108天，行程5万多公里，环绕地球一圈，游历了24个国家，践行“读万卷书，行万里路”的教育理念，实现了中国高校师生首次环游世界。

濮端华

濮端华，男，出生于1971年1月。江苏海安人，军事学博士。国防大学政治学院教务处长、教授、博士生导师。1991年入伍，1991年5月入党。1996年毕业于南京政治学院军事新闻系。曾任南京政治学院军事新闻传播系主任，2017年9月调任现职。兼任中国人民解放军新闻奖评委，军队高级专业技术职称评委，全军对外宣传常备专家。

研究方向为军事新闻传播实务、军事对外传播。发表学术论文120余篇，主持参与并完成国家社科基金课题、全军规划课题、江苏省社科基金课题、上海市社科基金课题10余项。出版著作、教材6部，主要有《新闻学概论》《军事新闻采访与写作》《军事新闻写作》《新闻传播理论与实践》《军官媒介应对指南》等。主要承担“马克思主义新闻思想与当代新闻传播理论”“军事新闻传播业务研究”“军事新闻采访与写作研究”“媒介素养理论与实践”“名作与名记者研究”“军队新闻工作”“军事对外传播专题研究”等课程教学工作。被评为学院优秀教师。获军队院校育才银奖，享受军队优秀专业技术人才二类岗位津贴。荣立三等功3次。

齐爱军

齐爱军，女，出生于1967年2月。山东德州人，文学博士。烟台大学人文学院教授、硕士生导师、副院长。兼任中国高等教育学会新闻传播教育专业委员会理事，山东省新闻传播教学指导委员会委员。

长期从事新闻传播教育，致力于新闻理论、媒介文化的研究。主持国家社会科学基金、山东省社会科学基金课题3项，是“马工程”教材《新闻编辑》的编写组成员。出版《新时期新闻周刊的生存与发展》《社会转型期中国主流媒体发展路径分析》2部学术专著，在国内学术期刊上发表论文30余篇。研究成果曾经获得山东省社会科学优秀成果奖、山东省高等学校人文社科优秀成果奖多项。主讲新闻学原理、新闻精品分析、媒介产品开发与运营等课程。

任秀芹

任秀芹，女，出生于1963年10月。山东高密人，云南财经大学教授，硕士生导师。

长期从事新闻传播教育，致力于传播学原理、广告传播的研究。主持并参与省级及校级课题多项。主编、参与教材编写8部，在国内学术期刊上发表论文54篇。主讲传播学原理、文化传播理论与实务、新闻传播理论研究等课程，是校级精品课“广告文案写作”、重点课“传播学原理”的主讲教师。撰写的论文《频道形象宣传片的品牌传播范式研究》获得云南省哲学社会科学优秀成果二等奖。获得云南地矿奖教基金“优秀教学奖”和“红云园丁奖”荣誉。

商建辉

商建辉，1977年出生，河北蠡县人。1999年毕业于西北大学经济管理学院投资经济专业，获经济学学士。2002年毕业于河北大学新闻传播学院新闻学专业，取得文学硕士学位。2007年毕业于中国传媒大学电视与新闻学院传播学专业，获得文学博士学位。现任河北大学新闻传播学院教授、硕士生导师，兼任河北省新型智库——文化产业发展研究中心副主任、河北新闻教育学会秘书长、河北省传媒与社会发展研究基地副主任、保定社会发展研究院文化产业发展研究中心主任。

出版专著两部：《媒介问题内容产制研究——一种批判的视角》、《共赢：京津冀传媒战略联盟研究》。在《当代传播》《中国出版》《现代传播》《编辑之友》《出版发行研究》《新闻界》《传媒》《电视研究》《河北大学学报》(哲学社会科学版)等发表学术论文百余篇，所撰论文先后被“中国人民大学复印报刊资料”、《新闻与传播》《出版业》以及《中国新闻年鉴》等全文转载或收录。

主持国家社会科学青年基金项目“为盈利诉求与公共利益的平衡求解：媒介商业化的陷阱与出路”、河北社科基金项目“京津冀传媒一体化发展研究”“基于战略联盟的媒介融合研究”、河北省高等学校青年拔尖人才人项目“共赢：京津冀传媒战略联盟的构建、运营与管理研究”、河北省社会科学发展委托课题“完善河北文化产业投融资体制研究”等。主持横向课题“邯郸市丛台区文化产业十三五规划”“保定日报社《莲池周刊》发展战略研究”等。

石　磊

石磊，男，1970年1月出生，博士、教授、博士生导师，西南交通大学研究生院副院长(正处)、新媒体与文化研究中心(省重点智库)主任、校学位委员会委员。曾任四川日报社多部门负责人、《天府早报》副总编、川报集团传媒研究院常务副院长兼新闻界杂志总编，四川省委宣传部新闻处副处长，四川师范大学新闻与传播学院院长。

入选教育部新世纪优秀人才、教育部戏剧与影视学教学指导委员会委员、全国新闻出版行业领军人才、全国艺术硕士教学指导委员会专家、中组部教育部“西部之光”访问学者，四川省有突出贡献优秀专家、省专家评议(审)委员会成员，联合国教科文组织媒介素养教席成员，北京师范大学“中国文艺评论基地”特聘专家，西南交通大学学报(社科版)、四川师范大学学报(社科版)编委等。

主要从事新媒体、传媒文化等研究。获教育部社科优秀成果二等奖、三等奖各1次，四川省社科优秀成果二等奖3次、三等奖1次，获全国广播电视学术论文三等奖。独著入选四川省“十二五”本科规划教材。主持国家、教育部、省社科基金等全国和省部级项目6项、其他项目10多项。出版专著7部，发表学术论文40多篇，多篇被《新华文摘》、“中国人民大学复印报刊资料”全文转载或观点摘编。发表新闻作品200多万字，获全国新闻奖、四川新闻奖等省部级以上新闻奖20多次。牵头设立文艺与传媒文化博士方向。在四川师范大学，牵头申报获得全国首批戏剧与影视学一级学科硕士点，戏剧、戏曲、电影、广播电视4个专业硕士点。

孙　江

孙江，男，1967年5月出生。天津人，曾先后兼任两家中央级经济类媒体周刊主编，美国休斯敦大学访问学者、西安交通大学法学博士候选人，现任西北政法大学新闻传播学院教授、硕士生导师、院长，主要研究方向为环境法、传媒法与法治新闻、新闻传播教育研究等。主要社会兼职包括：中华全国法制新闻协会法制新闻理论研究专业委员会副主任委员、中国法学会法治文化研究会常务理事、中国文化网络传播研究会媒体融合专家委员会副会长、中国环境科学学会环境法分会常务理事、陕西省法学会传媒法治研究会会长等。

近几年先后主持或参与了多项国家级和省部级课题以及多个涉及环境法与政法舆情研究的横向课题。相关科研成果分别获得司法部、中国法学会、陕西省社科联颁发的奖项。独著、主编学术专著、集刊和教材十余部。在《光明日报》(理论版)、《法学杂志》《当代法学》《新闻界》《中国记者》和《新闻战线》等报刊发表数十篇学术论文。其中，多篇学术论文被“中国人民大学复印报刊资料”全文转载。

孙守安

孙守安：男，出生于1962年8月，辽宁省绥中县人；辽宁工业大学文化传媒学院院长，教授，硕士研究生导师。1984年毕业于辽宁大学哲学系，2004年毕业于清华大学人文社科学院哲学系。辽宁省哲学社会科学成果奖学科评审组专家；辽宁省普通高等学校新闻传播学类专业教学指导委员会委员；全国大学生广告艺术大赛专家委员会委员；大广赛辽宁省分赛区组委会副主任暨8届资深评委和省级优秀指导教师；辽宁省新闻工作者协会理论刊物《记者摇篮》编委会编委；《辽宁工业大学学报》哲学社科版编委会编委；锦州市国学研究会副会长；锦州市文联影视家协会副主席；锦州市广告协会副会长。《锦州大讲堂》《锦州市民讲堂》特邀专家及主讲教师。曾先后在香港中文大学、西班牙巴塞罗那大学从事学术交流与讲学活动。

主持省部级以上科研教研课题10多项，发表学术论文30余篇。主编、参编《广告文化学》《大道理的逻辑力量》《哲思的阶梯》等著作、教材5部，主讲广告策划学、广告文化学等本科生基础课、专业课10余门。主讲“科技哲学”“中国传统文化专题研究”“当代社会思潮”等硕士研究生课程5门。先后荣获辽宁省高等学校“两课”教学一等奖，辽宁省高等教育学会“十二五”优秀高等教育研究成果二等奖，锦州市第十三届哲学社会科学成果三等奖，辽宁省第十届、第十一届哲学社会科学成果三等奖。

汤书昆

汤书昆，男，出生于1960年6月。江苏省扬州市人。现任中国科学技术大学科技传播与科技政策系教授、博士生导师，中国科普作家协会副理事长兼科普教育专委会主任委员、省部级重点文科基地科技传播研究与发展中心主任、教育部高等学校新闻传播学类专业教学指导委员会委员、国际东亚纸质文物保护专家委员会委员。历任中国科学技术大学信息管理与决策科学系副主任、科技传播与科技政策系主任、知识管理研究所所长、人文与社会科学学院执行院长，第一届MPA全国教育指导委员会委员。

长期从事科技传播、知识管理、媒介管理、文化传播领域的教学与研究工作。主持国家科技支撑计划科技文化融合专项、国家出版基金重大专项、教育部国家文科基地重大项目等多项。出版《表意学原理》《技术传播时代的表意语言理论》《科技传播与当代社会》《传媒知识管理》《中国公民科学素质测评的理论与实践》《国家创新研究报告(2008)》等学术专著与教材16本，在国内外学术期刊上发表论文、报告80余篇。

曾获中国科学院优秀教师奖(1993)，享受国务院特殊津贴(2005)，获科技部全国优秀科普出版物奖(2012)。

唐海江

唐海江，男，1974年3月生，现任华中科技大学新闻与信息传播学院教授，博士生导师，副院长，华中科技大学双一流团队——媒介与文明学术前沿团队负责人；兼任中国新闻史学会外国新闻传播史委员会副会长，台湾世新大学舍我纪念馆协同研究员，武汉大学媒体发展研究中心研究员。先后在湖南师范大学政治学系、武汉大学新闻学院和中国人民大学新闻学院攻读学士、硕士和博士学位。2007—2008在台湾世新大学从事博士后研究。2011 年由湖南大学调入华中科技大学。

研究方向为媒介与文明、中国近现代报刊史、舆论史。围绕相关领域出版著作三部，在《新闻与传播研究》《国际新闻界》《现代传播》和《新闻大学》等权威期刊发表论文 30 余篇。代表性成果有：《清末政论报刊与民众动员》等著作，《造健全之舆论：清末民初士人对舆论的表述与群体认知》《同门、省界与现代政治价值认同：清末政论报人组织离合的政治文化分析》《党报"转型困境"的政治文化分析：以〈中央日报〉为中心》《正在构成的新闻史：社会建构论与中国新闻史研究》等学术论文。

2012 年入选教育部新世纪优秀人才支持计划，获"华中学者"称号；2015 年指导本科生论文获评湖北省优秀毕业论文；2016 年所撰写论文《造健全之舆论：清末民初士人对舆论的表述与群体认知》获评《新闻与传播研究》杂志年度十佳论文，并荣获第三届新闻传播学学会奖方汉奇奖。

陶喜红

陶喜红，1974 年 2 月出生，中南民族大学文学与新闻传播学院教授，新闻系主任，新闻传播学硕士点负责人，中国新闻史学会新闻传播教育史研究委员会常务理事，入选"国家民委中青年英才"培养计划人选（2016）。先后毕业于湖北大学新闻传播系和武汉大学新闻与传播学院，获得文学硕士学位（2003）和文学博士学位（2009）。2012 年进入中国传媒大学博士后流动站，从事博士后研究工作。主要研究媒介经营管理、媒介经济史。

主持国家社科基金青年项目"民国时期民营报业经营研究"，参与国家社科基金重大项目 2 项，主持教育部项目、湖北省社科基金项目、博士后面上项目、博士后特别资助项目等省部级项目 7 项。出版专著《中国传媒产业市场结构演变研究》（2013），在《新闻大学》《国际新闻界》《现代传播》等 CSSCI 来源期刊发表论文 40 多篇，部分论文被《新华文摘》《新闻与传播》《中国期刊年鉴》《新闻战线》《中国广播》等刊物转载与摘录。先后获得湖北新闻奖新闻论文（论著）奖二等奖（2010、2013）、第二届"全国新闻学青年学者优秀学术成果"（2014）、武汉市第十四次社会科学优秀成果奖三等奖（2015）、第十届湖北省社会科学优秀成果奖三等奖（2016）、第二届湖北省高等学校人文社会科学研究优秀成果奖二等奖（2016）等奖项。参与的项目两次获得湖北省高等教学成果奖二等奖（2009、2013），主持的项目"专业素质链与实践项目链相契合的新闻学专业实践教学体系改革研究"获得第八届湖北省高等学校教学成果奖二等奖（2018）。

田建平

田建平，男，出生于1963年5月，内蒙古包头人。历史学博士。现为河北大学新闻传播学院编辑出版研究所所长、教授、博士研究生导师，河北大学宋史研究中心研究员。中国新闻史学会党报党刊研究委员会常务理事。

1985—2001年，主要从事报纸采编工作，兼任出版社编辑。从事柔然史、编辑学及中华文明史研究。发表《略论柔然与北魏的关系》《论阿那瓌》《陈寅恪的治学精神与中国古代北方文化》等论文，出版学术著作《东亚文明系统论》。

2001年迄今，主要从事新闻传播学研究，具体研究方向为：新闻出版史、媒介史、编辑出版学、报纸副刊、宋史。出版学术著作5部：《元代出版史》《当代报纸副刊研究》《出版传媒研究》《晋察冀抗日根据地新闻出版史研究》《宋代出版史》(上下册)。

迄今发表学术文章160余篇，其中中文社会科学引文索引(CSSCI)40余篇。部分论文被《新华文摘》《中国历史学年鉴》《中国史研究动态》、“中国人民大学复印报刊资料”，以及日本、英国、匈牙利等国学术书刊转载、评介。主持人文社科课题主要有：2008年教育部人文社会科学研究规划基金项目“晋察冀抗日根据地新闻出版史研究”，2012年国家社会科学基金项目“宋代出版史研究(960～1279)”。

田秋生

田秋生，男，出生于1968年9月，江西赣州人，博士。广州大学新闻与传播学院教授、硕士生导师、院长。兼任中国高等教育学会新闻学与传播学专业委员会理事，中国新闻史学会媒介法规与伦理研究委员会常务理事、中国新闻史学会应用新闻传播学研究委员会理事、中国新闻史学会视听传播研究委员会理事、广东省新闻传播学类专业教学指导委员会委员。

长期从事新闻传播教育，致力于新闻生产、新闻传播史的研究。主持国家社会科学基金、教育部人文社会科学基金、广东省哲学社会科学基金课题多项。出版《市场化生存的党报新闻生产》《公共议题的媒介图景》《科技记者报道指南》《新闻学概论》等学术专著、译著、教材6本，在国内外公开出版的学术期刊发表论文40余篇。研究成果曾获得广东省哲学社会科学优秀成果奖、广州市哲学社会科学优秀成果奖。主讲新闻评论学、新闻学研究等本科、硕士生课程，获“广州市优秀教师”荣誉称号。

田中阳

田中阳，男，出生于1954年4月，湖南湘乡人。湖南师范大学二级教授，博士生导师。2001年3月至2012年7月担任湖南师范大学新闻与传播学院院长。现任省重点学科“新闻传播学”负责人、省教育厅研究基地“中国传播与现代化研究中心”负责人、“湖南省传媒发展研究基地”首席专家、新闻与传播学院学术委员会主任、中国近现代新闻传播史博士招生方向负责人、新闻传播学一级学科硕士点负责人。

长期致力于“传播与文化”关系研究、现代化历史进程中的中国新闻传播研究和基于新闻传播学科特点的通识教育的研究。主持国家社会科学基金、湖南省社会科学基金课题10余项，出版《蜕变的尴尬——对百年中国现代化与报刊话语嬗演关系的研究》、《承先启后的历史坐标——湖湘文化精神与“五四”时期湖南报刊互动关系研究》等专著八部，主编湖南省普通高等教育“九五”重点教材和湖南省高等教育21世纪课程教材各一部，发表论文150余篇，主编学术丛书7部。研究成果曾经获得国家教育部高等学校科学研究优秀成果奖(人文社会科学)二等奖1项、湖南省哲学社会科学优秀成果奖一等奖1项、二等奖2项、三等奖1项。主持的教学改革项目获湖南省高等教育省级教学成果奖一等奖，获湖南师范大学教学名师和师德标兵荣誉称号。

王春泉

王春泉，男，出生于1964年8月，陕西省大荔县人。西北大学新闻传播学院教授，新闻学、传播学硕士生导师，文艺与文化传播方向博士生导师，院长，西北大学新闻传播学院学术委员会主任委员。曾任西北大学新闻学院副院长、西北大学学术委员会科研分委员会委员、学位分委员会委员、教学分委员会委员。2016年7月起，担任新闻传播学院院长。兼任中国新闻史学会党报党刊研究分委员会副会长、陕西省延安精神研究会第四届理事会理事、中国广告学术委员会委员、《中国品牌年鉴》编委、《IAI中国广告作品年鉴》评委、陕西省广告协会常务理事、中国传媒大学党报党刊研究中心研究员、陕西省舆情研究中心研究员、台湾《新闻学研究》评审专家、台湾《传播文化与政治》编辑顾问、陕西省哲学社会科学重点研究基地暨陕西省文化传承类协同创新中心兼职研究员、西北大学哲学研究所研究员、西北大学延安精神与党的建设研究院主要成员。

长期从事新闻传播教育，主要学术兴趣有新闻史学研究、现代广告传播研究、新闻与传播教育研究。主持国家社科基金、陕西省社科基金项目等多项，是国家社科基金重大招标项目“多卷本《延安时期新闻传播文化史》”的首席专家。独立或以主要作者身份出版学术著作、教材11部，发表学术论文50余篇。研究成果曾获陕西省哲学社会科学优秀成果奖、陕西省普通高等学校优秀教材奖、陕西省教育厅人文社会科学研究优秀成果奖多项。主讲课程主要有中国新闻史、广告学概论、中外新闻史等。

吴 锋

吴锋，男，生于1977年。湖北郧西人，传播学博士。现任西安交通大学新闻与新媒体学院教授、博士生导师。曾先后在武汉、江苏工作。2015年经国家留学基金委公派前往美国密苏里大学新闻学院访学1年。2018年4月起担任全国首家文化创新驱动类开发区——西安曲江新区管委会副主任(挂职)，分管博士后创新基地和文化产业发展研究工作。兼任多家国际SSCI英文期刊审稿人，欧洲黑山大学经济系Media Dialogue期刊编委，国际中华传播学会终身会员、国际传播学会会员、科技部项目评审专家。

在华中科技大学新闻与信息传播学院攻读博士学位期间，师从著名媒介管理学者屠忠俊教授，从事报刊发行研究，出版了《报纸发行营销导论》是国内报刊发行领域最早的论著之一。近年来主要从事政治传播与舆论引导、新闻出版发行、文化产业与区域发展规划等问题的研究。注重向国际学术界讲述中国传播学理论故事，向国际学术界介绍中国总理新闻发布制度，发表SSCI收录权威英文论文4篇，连续多年受邀参加国际传播学会(ICA)年会大会并发表演讲，其中一篇英文论文获最佳论文奖，引起国际学术界的关注。在国内中文期刊上发表CSSCI论文30余篇，被“中国人民大学复印报刊资料”全文转载6篇。近5年主持完成国家级项目2项，教育部人文社科项目2项，其他省部级和地市级项目10余项。2014年获江苏省文化厅、江苏省社科联等奖励5项，2017年获中国新闻史学会优秀学术成果奖二等奖和陕西高校人文社科优秀成果奖二等奖。

王 芳

王芳，女，出生于1972年8月。湖北荆门人，经济学博士。兰州大学新闻与传播学院教授、硕士生导师。甘肃省高校新型智库“兰州大学社会舆论调查与舆情研判中心”主任，中宣部舆情局、甘肃省委宣传部、甘肃省委网信办舆情专家。

主要致力于舆论调查与舆情研究、发展传播学及危机传播研究。主持教育部人文社会科学规划基金项目、甘肃省社会科学规划基金项目多项，并参与多项国家社会科学基金及国家自然科学基金项目。独自著有《危机传播经典案例透析》一书，在学术期刊上发表相关论文20多篇。主讲广告调查与广告效果评估、传播研究方法、社会学及网络舆情调查方面的课程。

王 宁

王宁，男，江苏扬州人，1955年7月生于南京市，1989年获北京大学英文和比较文学博士学位，曾在北京大学、北京语言大学和清华大学任教。现任上海交通大学人文艺术研究院院长和致远讲席教授，教育部长江学者特聘教授，清华大学学术委员会委员，比较文学与文化研究中心主任，2000 年获国务院特殊津贴，2010 年当选为拉丁美洲科学院院士，2013 年当选为欧洲科学院外籍院士。担任六家国际权威翻译的 SSCI 或 AHCI 来源期刊合作主编、顾问或编委。学术兼职包括中国比较文学学会会长，中国中外文艺理论学会副会长，中国文艺理论学会副会长等。还担任国家社科基金中国文学组评审专家，教育部长江学者奖励计划文学与艺术组评审专家等。先后应邀赴四十多个国家的八十多所大学访问讲学、从事学术研究或出席国际会议。研究领域主要为文学和文化理论、影视和大众传媒研究、翻译研究、国家形象及海外传播等，曾获得挪威易卜生研究奖等国际知名奖项。独立完成或正在承担国家社会科学基金重大项目《马克思主义与世界文学研究》等十多项国家级和省部级项目。主要著作有《王宁文化批评学术文选》(四卷本，2000，2002)等 20 多种；此外，在国内外 80 多种期刊或文集中发表中英文论文 500 余篇，内含英文论文 130 余篇，其中 100 多篇收录国际权威检索数据库 A&HCI 和 SSCI。

王秋菊

王秋菊，女，1964 年生于河北省保定市，现河北大学新闻传播学院教授，网络新闻方向硕士研究生导师，主要研究方向为新媒体和社会舆情。2009 年入选国内青年骨干教师访问学者计划于中国人民大学新闻学院访学，主修网络传播。主要社会兼职：中国新闻史学会网络传播史研究委员会常务理事、中国新闻史学会舆论学研究委员会常务理事、新浪微博社区委员会专家成员、艾利艾(IRI)咨询特约分析师(2015—2016)、河北省青少年理论研究会理事、中国编辑学会电子与网络编辑专委会常务委员。2013—2014 年度被评为河北大学模范教师、“三育人”先进教职工。

著有《解密网编——网络编辑职业调查与解析》《网络舆论生成机制与引导研究》，出版教材《多媒体及常用软件应用》。主持“网络舆情研判与风险规避研究”“河北省网络文化产业创新发展策略研究”“网络舆论生成机制与引导规律研究”“微博舆情研判与疏导机制研究等省级项目；在核心期刊发表了“Alexa 在媒体网传播效果分析中的应用”等系列论文。著作《网络舆论生成机制与引导研究》获 2012 年网络传播学会年度学术大奖、第十四届河北省社科优秀成果奖。

王润泽

王润泽，女，出生于 1971 年 7 月。辽宁大连人，文学博士。中国人民大学新闻学院教授，博士生导师，副院长。中国新闻史学会副会长，中国新闻史学会台湾与东南亚华文新闻传播史研究委员会副会长,《新闻春秋》杂志主编。曾为美国哈佛大学访问学者,美国哥伦比亚大学孔子学院首任中方联络人;北京市第十三届政协委员。

长期从事新闻传播学的教育工作,致力于中国新闻传播史、外国新闻传播史的教学科研工作。主持国家社会科学基金、教育部人文社会科学基金等多项课题研究,是国家社会科学基金重大项目"百年中国新闻史史料整理与研究"的首席专家,参与中宣部"马克思主义理论研究和建设工程"重点教材修订,教育部"马工程"教材《中国新闻传播史》的编写工作。与方汉奇教授合作出版《民国时期新闻史料》《民国时期新闻史料续编》《民国时期新闻史料三编》《中国人民大学图书馆藏燕京大学新闻系毕业论文汇编》《中国人民大学新闻学院藏稀见民国新闻史料丛编》等五编、上百册,数千种文献史料;独著《北洋政府时期的新闻业及其现代化》《中国新闻媒介史》等,合著《中国新闻传播史新编》《中国新闻传播史(1978—2008)》等,发表各种学术论文百余篇,多为中国新闻史领域研究成果,其中多篇被《新华文摘》《社会科学文摘》《中国近代史》《新闻与传播》等转载。获2009年教育部新世纪优秀人才,2012年吴玉章青年学术成果奖、2012年北京市新闻出版界先进个人等多种奖励。

王韶春

王韶春,男,出生于1961年1月。辽宁昌图人,硕士研究生。沈阳工业大学文法学院新闻传播系三级教授、硕士生导师、文法学院书记、沈阳工业大学侨联主席。曾任沈阳工业大学文法学院教授、院长。2015年1月调任现职。系辽宁省优秀教师,辽宁省第十届教学名师,2017年9月2日在北京被授予"中国当代杰出广告人"。

主要社会兼职有:国家社科基金评审专家、教育部人文社会科学评审专家、中国广告教育研究会理事、中国广告年度案例大奖评委、中国大学生广告艺术节学院奖评委;教育部大学生广告大赛安徽赛区评委、辽宁省社会科学界联合会课题评审学科组专家、辽宁省委、省政府中青年决策咨询专家。

长期从事新闻传播教育教学,致力于品牌战略、文化创意产业的研究。2011—2017连续七年成功主持"辽宁省文化创意产业发展论坛";主编和编著《电视广告技术创作论道》等学术著作5部;主持、参加各类科研课题50余项;撰写并发表论文30余篇。三次获得辽宁省政府哲学社会科学成果二等奖和三等奖。

在广告策划、品牌策略、企业文化和媒介战略等领域有深入的研究和实践,策划、创意、导演企业电视广告专题片或专题节目50余部,为企业策划、创意广告100余条,为企业形象的塑造和产品的市场推广发挥了作用。

王卫明

王卫明，1976年出生，江西万载人，南昌大学新闻与传播学院新闻学系主任、教授、硕士生导师，中国传媒大学新闻学博士，中国新闻史学会应用新闻传播学研究委员会常务理事，江西省高校新闻研究中心专家委员，江西省“中华慈善奖”专家评委，《江西手机报》学术顾问，曾在新闻界担任记者、编辑、评论员，主讲新闻采写基础、高级新闻采编实务等课程，主持国家社科基金项目、省级教改课题等课题6项，发表论文130余篇，出版《通讯员新闻采写一本通》《高级新闻采编实务》《慈善传播》《中外新闻事业史》(国家级规划教材)等13部书籍，曾获江西省普通高校优秀教材评选一等奖、江西省社科优秀成果奖二等奖、江西省高校微课教学比赛二等奖、江西省高校省级教学成果奖二等奖、江西新闻奖三等奖等奖项。

王晓华

王晓华，女，出生于1964年12月，吉林辽源人，新闻学博士。深圳大学传播学院院长兼党委书记，长聘教授。曾任深圳大学传播学系主任、副院长、党委书记。现为教育部高等学校新闻传播学类专业教学指导委员会委员，教育部中日广告人才培养项目专家组成员，中国广告协会学术委员会委员，深圳市广告协会副会长，深圳市政府决策咨询委员会委员，珠海市政府决策咨询委员会委员。

长期从事传播学和广告学领域教学，致力于传播效果和广告效果研究。出版专著《媒介议程与公众认知——传播对人影响的实证研究》，撰写教材《广告效果》被评为国家“十二五”规划教材。在国内顶级学术期刊发表论文多篇；主持完成多项省部级以上科研和教研项目。聚焦改革开放的前沿城市发展中的新问题，利用自身社会学和新闻传播学交叉学科知识背景优势，先后设计多项服务地方政府的咨政服务项目，如广告监测体系、政府公益广告管理体系、舆情研究、公共文明指数研究与测评、宣传文化发展专项基金资助项目绩效评估体系与模型、阅读指数研究与测评等。其中连续实施超过5年、目前还在实施的有7项，最长的项目已经连续执行13年。项目的研究模型全部由其本人带领研究团队研发，都是开创性的应用研究。研究成果和解决方案全部被政府采用，并在长期监测实施效果的过程中不断优化，形成了广泛的影响，起到了知识服务社会的作用。两度获得深圳大学咨政服务贡献奖。

王哲平

王哲平，男，出生于1962年8月，浙江临海人。浙江工业大学人文学院党委书记、浙江工业大学影视传播与新媒体研究中心主任、二级教授，博士生导师。1983年毕业于江西大学（现南昌大学）中文系，获文学士学位；2002年毕业于复旦大学文艺学专业，获博士学位，2005年从复旦大学新闻传播学博士后流动站出站；2011年从浙江大学中国语言文学博士后流动站出站；2008年3月至2009年3月赴美国南加州大学安南伯格传播学院做访问学者。兼任浙江工业大学教学委员会委员、浙江工业大学新闻传播学硕士点负责人、浙江省重点学科（新闻传播学）带头人、浙江省特色专业（广播电视学）负责人、浙江省中青年学科带头人；兼任国家社科基金项目通讯评审专家，教育部人文社会科学研究项目评审专家，教育部学位与研究生教育专家库专家，国际美学学会会员，浙江省传播学会副会长，浙江省传播与文化产业研究中心学术委员。

在学术期刊发表论文近百篇，出版《中国教育电视：历史、现状与发展》《美国公共电视：观念、价值与规制》《电视节目策划新论》《广播电视概论》《中国古典美学“道”范畴论纲》等著作、教材10余部，科研成果获得全国性和省级以上奖励若干。主持国家社科基金项目、教育部人文社会科学研究项目和省级课题10余项。获国家社会科学规划办公室“认真负责的鉴定专家”“浙江省省级优秀教师暨浙江省高校优秀教师”、浙江省高校“三育人”先进个人、浙江省研究生教育学会教育成果二等奖等表彰。

乌　云

乌云，女，出生于1965年9月。内蒙古自治区鄂尔多斯市人，法学博士。内蒙古大学蒙古学学院新闻与出版学系教授，硕士研究生导师。长期从事新闻传播教学与科研，致力于蒙古族新闻传播史、媒介社会学以及国际传播研究。主持国家社科基金项目“近代中国蒙古文报刊史研究”以及内蒙古自治区社科规划项目“内蒙古新闻传播教育的发展现状与改革研究”“蒙古国涉华（区）舆情研究”。出版专著《近代中国蒙古文报刊研究》，编辑出版高校蒙古文统编教材《报纸编辑学》《传播学》《外国新闻传播史》等。在国内外学术刊物上发表论文近30篇。研究成果《内蒙古新闻传播教育发展现状与改革研究》等系列论文获内蒙古自治区哲学社会科学优秀成果政府奖三等奖，《报纸编辑学》获教育部优秀蒙古文教材二等奖。

吴文翰

吴文翰，女，出生于1973年2月。江苏泗阳人，文学博士。河南工业大学新闻与传播学院教授、硕士导师。河南省优秀青年社科专家，省社会科学百优人才，省教育厅优秀学者，中国高校影视学会媒介文化专业委员会理事。

长期从事新闻传播教育，致力于媒介文化、文化产业的研究。主持或参与国家社会科学基金、河南省社会科学基金、河南省政府决策课题多项。撰写等学术著作4部；在《现代传播》等权威期刊发表学术论文30余篇，其中10余篇被《中国社会科学文摘》、CSSCI等收录；研究成果曾经获得河南省社会科学优秀成果二等奖一项、三等奖二项，河南省教育厅社科成果特等奖一项，省教育厅、科技厅、优秀成果一、二等奖20余项。主讲“媒介文化研究”等课程，参与的教学改革项目获得省普通高等学校教学成果奖一等奖。曾获得河南工业大学教学大奖赛一等奖，被授予校教学标兵，并获得河南省青年骨干教师荣誉称号。

肖　青

肖青，女，出生于1977年8月。湖南湘潭人，法学博士。云南师范大学传媒学院教授，硕士生导师，学术委员会主任，兼任云南省高等学校新闻传播学专业教学指导委员会副主任，香港城市大学访问学者。

主要研究方向为媒介人类学、民族文化传播学。先后主持国家社科基金项目2项、云南省社科规划项目3项、云南省社科重大规划项目子课题1项，参与国家社科基金项目5项、省院省校合作项目1项、省社科规划项目1项。出版学术专著3部、合著9部，在《新闻与传播研究》《民族研究》等核心刊物上发表学术论文50余篇。主要承担新闻系本科生“新闻学概论”“新媒体概论”“电视文化学”“纪录片研究”“文化人类学”，硕士研究生“新闻传播思想史研究”“中国新闻史专题研究”“民族文化传媒化研究”等专业课程的教学任务。先后两次荣获云南省哲学社会科学优秀成果三等奖、云南省优秀博士论文奖、中国大学出版社图书奖优秀学术著作二等奖、云南省“五一巾帼标兵”、云南省高校“教学技术能手”、云南师范大学“伍达观奖教奖”、云南师范大学“红云红河园丁奖”。

谢清果

谢清果，男，出生于1975年9月。福建莆田人，哲学博士，历史学博士后。厦门大学新闻传播学院教授、博士生导师，厦门大学传播研究所所长，传播学学科带头人。华夏传播研究会会长、福建省传播学会常务理事、媒介文化研究会理事、《中华文化与传播研究》主编、《华夏传播研究》主编、《老子学刊》副主编、《道学研究》副主编、福建省高校新世纪优秀人才。

长期从事新闻传播教育，致力于华夏文明传播研究、海峡传播研究、科技传播研究、话语权研究等。主持国家社会科学基金、教育部人文社会科学基金、福建省社会科学基金课题等10余项。独著、合著、编著出版《华夏传播学引论》《华夏文明与传播学本土化研究》《中国近代科技传播史》《中国科学文化与科学传播研究》《和老子学传播》《两岸关系与新闻宣传研究》《台湾新闻观念变迁与两岸传媒交流前瞻》《大道上的老子——〈道德经〉与大众传播学》等学术著作、教材21部，在国内外学术期刊上发表论文120余篇。研究成果曾经获得福建省社会科学优秀成果奖三项，厦门市社会科学优秀成果二项。主讲“华夏传播概论”“中国传播理论”“新闻学概论”等课程，是厦门大学核心通识课程“华夏文明传播”的主讲教授。主持的教学改革项目“华夏文明与传播学中国化研究”获省教育厅立项、主持的教改成果“传播学中国化的新探索”获厦门大学教改成果二等奖。

谢宗贵

谢宗贵，男，出生于1965年10月，福建师范大学传播学院院长，博士生导师。兼任福建省新闻学会副会长、福建省传播学会常务副会长。2017年4月从《福建日报》引进福建师范大学工作。

在《福建日报》工作25年，担任过新闻记者、编辑、评论员，曾任《福建日报》评论部主任等职。新世纪以来专事新闻评论，撰写社论、评论员文章、长篇重要评论“闵仲平”文章、时评等各种评论260多篇。其中有近30篇新闻作品获省级新闻奖。撰写的两篇作品获得中国新闻奖二、三等奖，编辑的一篇作品获中国新闻奖二等奖。

在工作之余，注重研究新闻评论、新媒体等，先后发表十几篇论文。独立撰写新闻评论专著《新闻解读与评价》该书成为部分高校新闻学院的教材。在业界工作期间，先后被福建师范大学传播学院、协和学院、福建师范大学文学院聘为兼职教授，为学生讲授新闻评论、媒介素养课程等，为多个省直单位与地市开办讲座40多场。

曾获福建省“双十佳”新闻工作者提名奖；入选首批福建省新闻出版(版权)行业“新世纪高层次人才工程”中“优秀专业人才人选”、2014—2015年度福建省百千万工程人选；被评为2007—2010年度福建省新闻界先进工作者等。

邢云文

邢云文，男，出生于1969年10月，山西榆次人，法学博士，教授，博士生导师，山西大学党委宣传部副部长，2017年3月任山西大学新闻学院，副院长(主持工作)，兼任中国新闻史学会新闻传播教育史专业委员会常务理事。

主要从事马克思主义意识形态领域问题研究。系中央马克思主义理论研究与建设工程课题组成员，主持教育部人文社科基金重点项目、一般项目、专项委托项目6项，参与国家社科基金重大项目3项。发表学术论文30余篇，出版专著2部。研究成果获山西省哲学社会科学优秀成果奖，山西省“五个一工程”优秀理论文章奖等，系国内首部社会主义核心价值观电视专题片《国魂》总撰稿。2016 年入选山西省高校中青年拔尖人才，2017 年入选中宣部文化名家暨“四个一批”人才、国家“万人计划”领军人才。

徐新民

徐新民，男，汉族，1956 年 1 月出生于呼和浩特市，内蒙古师范大学新闻传播学院教授，硕士研究生导师。

现任内蒙古自治区新闻传播研究中心副主任、内蒙古网络文化协会理事、内蒙古文化影视艺术协会常务理事、内蒙古写作学会副会长，中国高等教育学会新闻学与传播学专业委员会理事，全国报告文学理论研究会理事。曾任内蒙古师范大学文学院新闻系主任。

1983 年毕业于北京师范大学中文系，1983—1987 年在内蒙古师范大学校报任编辑。1988 年至今，在内蒙古师范大学文学院和新闻传播学院任教。

讲授基础写作、写作技法、新闻采访、新闻写作、新闻摄影、特稿写作、深度报道等本科课程和文学创作论、报告文学创作研究、新闻实务研究等研究生课程。

主持和参与多项内蒙古自治区社科项目、教育部项目。主编的《20 世纪中国写作理论史研究》获内蒙古自治区第七届社科成果政府奖二等奖，主编的《基础写作学要义》获内蒙古自治区第六届社科成果政府奖三等奖。

主持创办内蒙古师范大学新闻学专业，成功主持申报内蒙古师范大学新闻与传播专业硕士学位授权点，助推创立内蒙古师范大学新闻传播学院。

徐新平

徐新平，男，出生于 1957 年 3 月，湖南祁阳人，新闻学博士。湖南师范大学新闻与传播学院教授，博士生导师，传媒伦理与法制研究所所长。曾任湖南师范大学出版社副总编辑，兼任中国新闻史学会常务理事。

自 1998 年开始从事新闻传播学教学工作，长期致力于中国新闻思想史和新闻伦理学研究。先后主持国家社科基金项目 2 项，主持省部级社科基金项目 4 项，参与国家社会科学基金重大项目 1 项，参与教育部人文社会科学重点研究基地重大项目 1 项，参与“马工程”教材的撰写工作 1 项。已出版《新闻伦理学新论》《维新派新闻思想研究》《中国新闻伦理思想的演进》《新闻与传播学专业毕业论文写作》《新闻伦理学教程》等著作和教材 7 种。在学术期刊发表论文 70 余篇，研究成果曾 4 次获得省部级优秀成果奖。

徐兆寿

徐兆寿，1968年生，甘肃凉州人，复旦大学文学博士。现任西北师范大学传媒学院院长、教授、博士生导师。甘肃省当代文学研究会会长，全国当代文学研究会常务理事，中国文艺评论家协会理事、甘肃省文艺评论家协会文学委员会主任。中国作家协会会员，甘肃省首批荣誉作家。教育部新世纪人才，甘肃省"四个一批"人才。《当代文艺评论》辑刊主编。

1994—1995年，曾在新华社工作一年。1995年至2004年，任《西北师大报》主编。1990年以来，在影视文化、当代文学、中国传统文化以及丝绸之路文化传播等领域努力钻研，共发表各类文章300多篇，出版著作31部。多次获得敦煌文艺奖、黄河文学奖、甘肃省哲学社会科学优秀成果奖，获得省级精品课程1项("中国传统文化")，获得第十八届甘肃省普通高等学校青年教师成才奖等。主持课题7项，其中主持国家社科基金项目1项，主持省部级课题2项。出版专著《中国现当代文学电影改编概论》《电影与文学的常道》。在《人民日报》《光明日报》《现代传播》《中国电视》发表20多篇文章。在丝绸之路文化与传播研究领域，主编《奔腾的河流——丝绸之路纪录片研究》《丝绸之路上的使者》《丝绸之路上的诗人》《往事如风——丝绸之路上的民族与王国》等著作，发表《鸠摩罗什》等长篇小说。

薛　可

薛可，女，出生于1966年4月，重庆人，管理学博士。上海交通大学媒体与设计学院教授、博士生导师，新闻与传播系主任，网络传播与社会发展研究中心主任。兼任中国新闻史学会新闻传播教育史研究委员会常务理事、Telematics and Informatics(SSCI)常务理事、*Journal of Computer-Mediated Communication*(SSCI)评审、*Journalism & Mass Communication Quarterly*(SSCI)评审、*Advertising Research*(SSCI)评审、*Journal of Conflict Management*(SSCI)评审、New Media Orientation Doctoral Deputy Supervisor, Department of Communication Science, Business School of University Twente(Netherlands)。美国麻省理工学院(MIT)高级访问教授(2014)；加拿大大不列颠哥伦比亚大学(UBC)访问学者(2009)、美国加州大学圣地亚哥分校(UCSD)访问学者(2008)，日本文部省吉田秀雄事业基金会特聘研究员(2003)。

长期从事传播学教育，致力于网络传播、人际传播、品牌传播等方面的研究。出版著作教材30多部，在中外核心期刊上发表学术论文100多篇，论文多次被"中国人民大学复印报刊资料"等引用。先后承担了国家社科基金重点项目、教育部人文社科基金项目、浙江广播电视集团融媒体推广项目等省部级纵、横项课题20余项。获教育部“新世纪优秀人才计划”资助，获上海市教育系统“三八红旗手”、宝钢教育奖、上海市后备领军人才、教育部优秀论文奖、全国教育科研创新成果一等奖、Outstanding Academic Papers on 4th Globe Communication Forum、上海市优秀教学成果奖、上海市优秀教材奖、上海市新闻奖、第27届华东地区优秀图书奖等各种奖励30多项。

严功军

严功军，男，出生于1973年10月，四川岳池人，文学博士。四川外国语大学新闻传播学院教授、硕士导师、院长。国家社科基金项目、教育部社科项目结题评审专家，中国新闻奖评委、中宣部讲好中国故事专家、中国认知传播学会副会长，中国传播学会、中国新闻史学会新闻传播思想史研究会、中国新闻史学会舆论学研究会常务理事。

长期从事新闻传播教育，致力于传播理论与实务、国际传播、对俄传播研究。主持国家社会科学基金、重庆市社会科学基金课题多项。出版《数字电视转型与产业发展研究——以重庆数字电视发展为例》《大众传播与少数民族地区和谐社会构建》《新闻记者岗位准入与退出制度研究》《变迁与反思：当代俄罗斯传媒转型透视》《当代中俄传媒转型比较研究》5部学术专著，发表各类期刊论文30余篇。研究成果曾经获得重庆市社会科学成果奖、中国新闻学会杰出成果奖。主讲传播学概论、新闻评论学等课程，是重庆市精品资源共享课“传播学概论”主讲教授。主持的教学改革项目曾获得重庆市教学成果三等奖。

杨效宏

杨效宏，男，1966年出生。甘肃省定西县人，文学博士。四川大学文学与新闻学院教授，广告与传播学系主任。四川大学教学指导委员会文科委员，四川大学创意产业研究所所长。国家广告研究院特聘专家，北京大学现代广告研究所研究员，“国务院关于推进文化创意和设计服务与相关产业融合发展的若干意见”咨询专家。中国广告教育研究会副会长，中国高等教育学会广告教育专业委员会副秘书长，中国新闻史学会广告与传媒发展史研究会常务理事，中国广告协会学术委员会常务委员。

长期从事传播学与广告学教育，致力于传播管理和广告营销、视觉文化传播研究。主持国家社会科学基金“‘一带一路’背景下中国故事传播影响力研究”和教育部人文社会科学基金、四川省社会科学课题等30余项，代表性著作有《媒介话语：现代传播中的个体呈现》《传播学关键术语释读》《广告诚信体系建构与监管路径创新》。发表学术文章《社会智能化过程中的反思性焦虑》《基于关联理论的“中国故事”传播效果认知研究》、

Dislocated character affirmation ——A Case Study Of Young Female Gamers' Identity in Online Game、《资源配置与广告产业关联效益的中国实践问题的理论探讨》等90余篇。主讲传媒经济学、视觉文化研究、广告营销学等课程。曾获得"中国广告学术发展杰出贡献人物奖"，2008四川大学优秀教师称号，2002四川省优秀教学成果二等奖。

姚 曦

姚曦，男，出生于1964年5月。湖南岳阳人，新闻学博士。武汉大学新闻与传播学院教授、博士生导师、副院长、广告系主任。任中国广告教育研究会副会长兼秘书长，中国广告与传媒发展研究会副会长，中国公共关系学会副会长，中国广告学术委员会副主任，中央电视台广告经营顾问，全国大学生广告艺术大赛评委。

致力于广告与传媒经济、品牌传播、公共关系的研究与教育。主持或参与国家社科基金、教育部人文社科重点研究基地重大项目等科研项目13项。在高教出版社等重要出版社出版《简明世界广告史》等教材、学术专著8本，在《新闻与传播研究》《新闻大学》等重要期刊发表学术论文60余篇。在中国广告公司经营管理体系建构、中国广告产业发展理论体系、数字营销传播、品牌的跨文化传播及传媒经济等领域进行了系统的理论探讨，提出了一系列命题和观点。主讲本科生课程广告学概论、公共关系学、营销企划实务；硕士研究生课程广告创意研究、广告运作与管理研究；博士研究生课程广告产业与媒介产业。主持的教学改革项目"数字传播时代广告学专业人才培养体系改革与创新建设"获得2016年湖北省教学成果奖二等奖。2016年被聘选为珞珈特聘教授；2017年被ADMEN国际大奖组委会授予"中国当代杰出广告人"荣誉称号；在中广协学委会成立30周年暨研讨会上荣获中国广告学术杰出贡献人物奖励；在2017年荣获湖北"荆楚广告名师"称号。

于全兴

于全兴，男，1962年4月出生于天津，河北东光人。天津师范大学新闻传播学院教授、硕士生导师、摄影系主任。曾任家庭报社主任记者、图片编辑、经营部主任。2004年4月调入天津师范大学。兼任中国摄影家协会会员，中国摄影家协会摄影教育、纪实摄影委员会委员，中国人口福利基金会荣誉理事、中国幸福工程组织工作委员会高级摄影记者，天津市新闻摄影学会副会长，全国摄影师职业高级考评员。

目前，主要从事公益影像的媒介传播研究和社会纪实摄影的具体实践以及教学工作。主持中国人口福利基金会幸福工程——救助贫困母亲行动、新媒体时代幸福工程影像的传播与实践等课题多项。出版《平凡的母亲》《中国母亲：幸福工程20年》等专著5

本，在国内外美术馆、博物馆、高等院校举办个人专题摄影展 20 余次，多幅作品被国内外美术馆、大学等机构收藏，在学术性刊物、图书、各种期刊上发表专题摄影作品 30 余件。研究成果获得第七届中国摄影金像奖、中国首届“侯登科纪实摄影基金奖”、中国摄影家协会“突出贡献摄影工作者”、第八届中华人口奖特别贡献奖等多项。主讲新闻报道摄影等课程，是校优秀通识课程“摄影作品赏析”的主讲教授。获得天津师范大学 2015 年度教学名师奖、天津师范大学优秀教师、天津市教育系统“教工先锋岗”先进个人，是天津市“五一劳动奖章”获得者。

于松明

于松明，新闻传播学教授、高级编辑，南京晓庄学院新闻传播学院院长。原为徐州市拔尖人才、徐州市优秀新闻工作者、徐州市十佳新闻工作者、徐州市政协常委，徐州广播电视台高级编辑、宣传策划部主任，先后从事报纸、电视新闻工作 20 多年，采写、拍摄、制作、编发了大量新闻作品，组织、策划、实施了众多大型报道和大型活动。出版通讯、报告文学集 2 部。在《中国电视》《中国广播电视学刊》《电视研究》《新闻记者》《当代电视》《新闻知识》《传媒观察》《中国广播影视》《网络传播》《青年记者》《江苏师范大学学报》等 20 多种国家和省部级新闻传播理论刊物发表业务论文 80 余篇，获得省市全国好新闻奖 30 多项，为江苏省“333 工程”首批科学技术带头人。

2006 年 10 月调入南京晓庄学院新闻传播学院，主讲新闻采访与写作、专题节目制作、广播电视节目推广与营销、新闻伦理道德与法规等课程。兼任中国高等教育网络与新媒体学会、江苏省影视传播学会、江苏省品牌学会等学会的常务理事（理事）和江苏省传媒教育学会副理事长、中国传媒艺术教育联盟副理事长。主持南京市哲社重大项目、江苏省教育厅哲社项目各一项，参与省厅级项目多项。主编江苏省高等学校重点教材 1 部。

曾　嘉

曾嘉，女，出生于 1967 年 4 月。重庆人，文学博士。国防大学军事文化学院教授，研究生导师。1990 年毕业于四川大学新闻系，主动申请到第二炮兵某基地，任新闻干事。1998 年 7 月毕业于南京政治学院，为全军首批三名军事新闻学硕士研究生之一。2011 年 6 月博士研究生毕业。

研究方向为军事新闻理论与实务。参与出版著作、教材 10 部，主要有《信息战中的文化力》《军事对外宣传 30 讲》《军事新闻写作》《军事新闻编辑》《电子媒介传播导论》《军事应用写作》《图文军事新闻写作》等。发表学术论文 50 余篇，参与完成全军重点课题、原总政重点课题、江苏省重点课题6项。主要承担“新闻采访与写作”“军事新闻写作”“新闻编辑学”“军队新闻工作”“军事新闻传播实务”“军事新闻采写与案例”“军事报道筹划与案例”“军事新闻编评与案例”“基层部队新闻报道的组织与策划”“部队新闻报道主要文体写作”“部队新闻报道主要文体写作的创新与发展”等课程。获国家、总政、江苏省、学院教学或科研精品一、二、三等奖10余项。荣立三等功1次，被评为学院优秀教师、优秀共产党员。荣获第七届中国新闻奖优秀论文奖。

曾润喜

曾润喜，男，出生于1984年4月，湖南邵阳人，管理学博士。重庆大学新闻学院“百人计划”学者，研究员、博士生导师。美国得克萨斯大学奥斯汀分校政治学系、香港城市大学媒体与传播系访问学者，重庆市青年联合会第四届委员会委员，中国新闻史学会网络传播史研究委员会秘书长，中国电子商务协会智慧城市委员会理事。

长期从事政策传播、新媒体与国家治理的研究。主持1项国家社会科学基金青年项目、2项国家社会科学基金重大项目子课题、1项重庆市社会科学基金重大项目、4项省部级课题一般项目。在《新华文摘》《政治学研究》《管理世界》《新闻与传播研究》《中国行政管理》《国际新闻界》《现代传播》《情报学报》《图书情报工作》等期刊报纸发表论文50余篇，在*Science*、《光明日报》等媒体发表评论多篇。曾获教育部博士生学术新人奖、湖北省优秀博士学位论文、中国舆论学研究杰出青年奖、中国新媒体传播学年会最佳教师论文奖、中国传媒经济年度观点奖、华中科技大学五四青年奖章等奖项。具有工业和信息化部、人力资源和社会保障部联合认证的计算机技术与软件专业技术资格工程师任职资格，为政府和企事业单位建设了多个信息管理系统，熟悉数据挖掘和社会计算技术。

曾振华

曾振华，1968年出生，江西泰和人，博士，江西师范大学新闻与传播学院院长、教授，江西省高校中青年骨干教师，江西师范大学江西省普通本科高校卓越新闻传播人才教育培养基地主任。主要社会兼职有：中国高校影视学会理事、中国传播学会常务理事、中国新闻史学会视听传播专业委员会理事、中国高等教育学会广告专业委员会常务理事、中国广告教育研究会常务理事、中国新媒体传播学会理事、江西省广告协会广告学术委员会主任委员、全国大学生广告艺术大赛江西赛区总负责人、江西省直邮协会常务理事。

主持江西省哲学社会课题3项；主持江西省科技厅招标课题1项；主持江西艺术规

划课题1项；主持江西省教育厅人文厅课题3项；主持横向课题5项。《消费主义与媒介素养教育的博弈难题》等在“中国人民大学复印报刊资料”《新闻与传播》全文转载。获江西省社会科学成果二等奖2次。领衔负责的广告学专业为江西省品牌专业(2003)、特色专业(2009)、江西省高校综合改革试点专业(2011)；主讲课程“广告学原理”为江西省优质课程。获得全国大学生广告艺术大赛“优秀指导教师”3次。2010年、2014年两次获江西省教学成果奖一等奖。主编出版了《广告学原理》和《市场调查与分析》2部教材，参编出版了《广告经营与管理》教材1部。《电视节目制作基础》获全国多媒体教育软件大赛高等教育组三等奖(2008)；指导学生作品《小鸡作画篇》获全国大学生广告艺术大赛一等奖(2009)。

张恒军

张恒军，男，出生于1972年11月。山东莱阳人，文学硕士。大连外国语大学文化传播学院教授、院长，中华文化海外传播研究中心主任，《中华文化海外传播研究》主编，辽宁省高校优秀青年骨干教师，辽宁省普通高等学校新闻传播学类专业教学指导委员会委员、中国新闻史学会全球传播与公共外交研究委员会常务理事、中国新闻史学会舆论学研究委员会常务理事、中国比较文学学会理事、辽宁省经济文化发展促进会副会长、大连市创意产业协会副会长兼秘书长、辽宁省社科院特邀研究员、暨南大学传播大数据实验室特聘研究员、中国国际广播电台节目测评专家。

主持国家社科基金重大项目子课题“国家价值观念国际传播的中外比较研究”、教育部国别和区域研究课题、部校共建项目等10余项研究项目。主持中央网信办委托课题等横向课题。出版专著《旅顺口与东北亚的空间想象》《跨文化视阈下的群体间交往研究》《中国城市形象的传播策略》《境遇与表达》《月亮摇晃着前进》等，主编《新闻学概论》等多部教材，主编《中国书法美术人物年鉴》等图书10余部。在各类学术期刊上发表论文50余篇。此外，在《中国青年报》、光明网等发表随笔、时评、专栏文章和文学作品百余篇。主讲本科生课程“中国新闻传播史”“全球新闻传播史”“马克思主义新闻观概论”等，硕士研究生课程“中华文化精神”“跨文化传播”等，博士研究生课程“国际传播学”等。工作以来，曾获得各类奖项20余项。

张晋升

张晋升，男，1964年出生，山西保德人，新闻学博士、教授、博士生导师。现任暨南大学新闻与传播学院副院长，兼任暨南大学传播与国家治理研究院常务副院长。社会兼职有教育部全国卓越新闻传播人才教育培养专家委员会委员，第25届、27届中国新闻奖评委，中国新闻史学会公共关系研究会常务理事，中国高校影视学会影视教学专业委员会常务理事、中国青少年宫协会儿童媒介素养研究中心顾问。广东省新闻学会副会长、广东省新闻道德委员会委员、广东省新闻传播学类专业教学指导委员会副秘书长、广东省数字出版产业联合会理事、南方舆情数据研究院专家委员会委员。入选国家新闻出版广电总局“2016 年度全国新闻出版行业领军人才”，获广东省“南粤优秀教师”称号和广东新闻“金钟奖”。

主要研究方向包括新闻传播业务、传媒经营管理、舆论学、危机传播。参与主持国家社科基金重大项目“提升中国政治话语体系的国际影响力研究”子课题，主持多项省级社科及教改项目。近 20 年来发表论文 50 多篇。参与组织的“暨大准记者南方训练营”获全国新闻学与传播学教学创新项目，参与申报的教学成果三次获得广东省高等教育教学成果奖一等奖。主编出版的教材和专著有《实用新闻写作》《准记者培训教程》《南方报业采编精英演讲录》《突发事件应对与企业传播》《广东省数字出版“十二五”发展战略研究报告》等。

张举玺

张举玺，男，1964 年 4 月出生，河南辉县人，新闻学博士。郑州大学新闻与传播学院教授、博士生导师、院长。曾任驻俄罗斯记者，2005 年 10 月回国工作，曾任河南大学传媒研究所所长、河南大学学术委员会人文科学学部秘书长、国家级河南大学新闻与传播实验教学示范中心主任、河南大学特聘教授、河南大学新闻与传播学院院长。2016 年 1 月调任郑州大学新闻与传播学院常务副院长、9 月任现职。兼任河南省新闻传播类专业教学指导委员会主任、河南省宣传思想文化战线“四个一批”人才、河南省高校科技创新人才、河南省高校哲学社会科学优秀学者；教育部全国卓越新闻传播人才教育培养专家委员会委员、国家社科基金项目通讯评委、国家社科基金项目最终研究成果鉴定专家，中国新闻史学会常务理事、外国新闻史研究会副会长。

主持国家社科基金项目 4 项，教育部和河南省基金项目 5 项，是国家社科基金重大招标课题“中俄媒体合作与国际舆论话语权构建研究”的首席专家。出版《中俄新闻文体比较研究》《中俄现代传媒文体比较研究》《中俄现代新闻理论比较》《中俄新闻功能比较研究》《苏联晚期媒介生态与体制》《中俄教育管理体制比较》等学术论著 17 部，在国内外学术期刊上发表论文 50 余篇，在《南方日报》《南方周末》《21 世纪经济报道》，以及俄罗斯《世纪日报》《莫斯科华人报》等国内外媒体上发表新闻作品 2000 余篇。研究成果曾经获得河南省教育科学成果奖、河南省社会科学成果奖 4 项。

张明新

张明新，男，1978年出生，湖北枝江人，新闻学博士。华中科技大学新闻与信息传播学院教授、博士生导师、院长。兼任中国新闻史学会公共关系研究委员会副会长兼秘书长、华中科技大学国家传播战略研究院研究员、华中科技大学政治传播学术前沿创新团队负责人。是2014年度国家"万人计划"(国家高层次人才特殊支持计划)青年拔尖人才支持计划入选者，国家社科基金通讯评审专家，教育部博士学位论文通讯评议专家，海内外多家学术期刊通讯评审人。学术年刊《新闻与信息传播论坛》副主编、蓝皮书《中国国家形象传播报告》副主编。

长期致力于政治传播与国家传播战略、新媒体的采用与效果、传播社会学等领域的研究和教学工作。主持国家社科基金、教育部人文社科基金等多项研究课题。在 *Telematics and Informatics*、*Chinese Journal of Communication*、*Information Research*、《新闻与传播研究》《新闻学研究》《传播与社会学刊》《开放时代》《公共管理学报》等知名期刊发表研究论文100余篇，出版《参与型政治的崛起》《媒体竞争分析：架构、方法与实证》《中国社会化媒体发展报告》《转型社会的媒介景观》等学术著作多部。研究成果多次获得湖北省社会科学成果奖、中国新闻史学会新闻传播学学会奖、新闻传播学权威学术期刊《新闻与传播研究》年度优秀论文奖等学术奖励。

张品良

张品良，1959年出生，湖南浏阳人，江西财经大学人文学院新闻学系教授，二级教授，博士生导师。1984年7月本科毕业于江西师范大学，2000年3月研究生毕业于江西省委党校。系江西省高校新闻传播学学科带头人、江西省传播学会副会长、江西财经大学学术委员会委员。主要从事马克思主义新闻思想、政治传播、网络传播等领域的教学与研究。讲授过马克思主义新闻思想、马克思主义新闻经典原著导读、网络文化传播等课程。主持完成国家社会科学基金项目"中央苏区马克思主义大众化的传播理论研究"(重点项目)和"从苏区到延安马克思主义新闻思想中国化的历程及经验研究"，以及教育部人文社会科学等省部级项目15项。在《新闻与传播研究》《当代传播》等刊物上发表学术论文116篇，其中有10余篇论文被"中国人民大学复印报刊资料"全文转载；出版个人学术专著《传播学视域下的中央苏区马克思主义大众化》《网络文化传播：一种后现代的状况》等6部；主编大学教材5部，论著成果共计300余万字。研究成果获得8项省部级优秀成果奖，其中有江西省优秀教学成果一等奖、江西省社会科学优秀成果二等奖、中国马克思主义研究基金会优秀成果二等奖等。

张振亭

张振亭，1979年出生，河南民权人，南昌大学新闻与传播学院教授、硕士研究生导师，先后毕业于华中师范大学、华中科技大学；新闻学博士。江西省宣传文化系统“四个一批”人才、南昌大学青年赣江学者。获江西省社会科学优秀成果奖三等奖，江西省高校科学研究优秀成果奖(人文社会科学)二等奖。马克思主义理论研究和建设工程重点教材编写专项《中国新闻传播史》编写组成员。曾先后到铭传大学、乔治·华盛顿大学、乔治·梅森大学交流访问；并赴武汉电视台、台湾中时电子报、TVBS、三立电视、中天电视、江西日报社、美国国家公共电台(NPR)、美国报业协会(NAA)、洛杉矶时报、CCTV北美分台、凤凰卫视美洲台等进行业务交流学习。多次为纪委、宣传、文化等部门、单位授课，探讨危机公关与媒体应对、新媒介环境下的新闻宣传等专题内容。出版专著2部，合著2部，副主编教材1部，主持国家社会科学基金项目1项、省级人文社会科学研究项目6项，发表学术论文30余篇。

赵　航

赵航，男，1945年出生天津，原籍浙江，南开大学中文系毕业。曾任南开大学中文系编辑出版学教研室主任、文学院传播学系主任等职，教授。天津市学位委员会学科组成员，《中国编辑》杂志编委，教育部、新闻出版总署评审委员，多所高校特聘教授。

自1984年始，受教育部指令创办高等教育编辑出版学专业，系国内此专业创办人之一。长期致力于编辑出版领域的教学与科研，获诸多省部级、天津市及本校的表彰。策划并主持了全国首套高校编辑出版学专业教材《编辑教学丛书》。参加国家教委“八五”规划教材、新闻出版署专业系列教材(辽宁教育出版社，1995)、全国出版专业职业资格考试用书(崇文书局 、中国大百科全书出版社，2003)编审。我国首部《普通编辑学》的撰写与编审(中国人民大学出版社，2011)。

著有《编辑应用写作》《选题论》《审读论》等。发表编辑出版学专业科研论文及编辑出版高等教育研究论文数十篇。此外，还有文史类论著、论文，以及小说、散文、剧本等创作发表出版。

赵雅文

赵雅文，男，出生于1963年8月，辽宁锦州人，新闻学博士。天津师范大学社会科学处处长，新闻传播学院教授、博士生导师。兼任中国网络传播学会常务理事、国家社科基金项目通讯评审专家、天津市网络安全和信息化工作特聘专家，天津市中国特色社会主义理论体系研究中心研究员。

长期从事新闻传播教育，致力于政治传播、网络及新媒体、媒介经营与管理等研究。主持参与国家社科基金项目、教育部人文社科专项、天津市哲学社会科学规划重点项目、天津市教育科学“十二五”和“十三五”规划重点课题多项。独著《全球化与国际平衡传播》《博客：生性・生存・生态》，以及《传媒软力：媒介经营管理的理论与经典案例》等专著、教材多部。在《新闻与传播研究》《新闻大学》《现代传播》《新闻记者》《当代传播》《新闻界》等国内权威学术期刊上发表论文 50 余篇，专著《全球化与国际平衡传播》获省级社科优秀成果奖三等奖。“我国高校传媒人才培养质量分析与模式研究”获省级优秀调研成果奖，“开放新闻课堂，突出专业实践”和“高师教学实践课的训练模式”分获省级优秀教学成果二、三等奖。

赵　瑜

赵瑜，女，出生于 1978 年 9 月，浙江杭州人。复旦大学新闻与传播学博士，浙江大学工商管理博士后。现任浙江大学传媒与国际文化学院院长助理，浙江大学影视艺术与新媒体系主任。浙江省社科联之江青年学者，先后赴荷兰乌特列支大学和英国牛津大学访学。目前担任凤凰卫视浙江记者站、浙江卫视、浙江影视(集团)有限公司等媒体顾问，担任中国新闻史学会视听传播分会副秘书长，中国新闻史学会应用新闻传播学研究委员会副秘书长，浙江省纪录片协会副秘书长等学术兼职。目前也是浙江卫视《新闻评说》节目评论员。

主要研究专长为新媒体、广播电视运营实务、文化创意产业创新管理等。近 3 年出版《从数字电视到互联网电视——媒介政策范式及其转型》《中国蓝——省级卫视创新发展的浙江实践》等学术专著。近期承担了《传媒业转型策略与成长模式研究》等项目，结合传播学和管理学的研究方法和理论范式，在新媒体组织变革和伦理等方面做了相关研究。

郑保章

郑保章，男，出生于 1964 年 6 月。河北武邑县人，管理学博士。大连理工大学人文与社会科学学部教授、博士生导师、分党委书记、国家级文科综合实验教学中心主任、新闻传播学学科点负责人。曾有过 13 年的新闻从业经历，先后担任地方党报多个编辑部门主任，创作了数百万字的新闻作品，其中 20 余次获省级以上新闻奖。1999 年进入大连理工大学从事教学工作，先后担任该校新闻传播学系副主任、主任、人文学院副院长、院长，2015 年 1 月任现职。兼任中国新闻教育学会理事，中国科学传播与科学教育专业委员会副理事长、中国新闻史学会应用新闻传播研究委员会理事、大连市记协副主席等。

长期从事新闻传播实践及教育，致力于新闻传播理论及实务、科学传播学、媒体经营与管理的研究。主持国家社会科学基金、教育部人文社会科学基金、中国科协及辽宁省社科基金多项。出版《大众传媒时代媒介歧视问题研究》《全球化与大众传播》《新闻脑》《广播电视媒体经营与管理》《广播电视新闻采访与写作教程》等专著、教材十五本，在国内外学术期刊上发表论文、报告120余篇，其中5篇被《新华文摘》中国人民大学报刊复印资料全文转载。研究成果曾经获得辽宁省、大连市社科成果奖，其主编的《电视专题与电视栏目》获辽宁省“十二五”规划教材。

支庭荣

支庭荣，男，出生于1969年12月。江苏淮安人，文学博士、图书情报与档案管理博士后。暨南大学新闻与传播学院教授、博士生导师、执行院长。曾任陕西师范大学新闻与传播学院副院长。入选教育部新世纪优秀人才支持计划、广东特支计划宣传思想文化领军人才。兼任中国高等教育学会新闻传播教育专业委员会常务理事、中国新闻史学会视听传播研究委员会会长、全国卓越新闻传播人才教育培养指导委员会委员、广东省记协常务理事、广州市新闻学会副会长、广州市社科联常务委员。

长期致力于传媒经济学、传媒社会学的教学与研究。主讲马克思主义新闻观、媒介经营管理等课程。主持国家社会科学基金3项，是国家社会科学基金重大招标课题“互联网群体传播的特点、机制与理论研究”的首席专家。在学术期刊上发表论文、学术随笔140余篇，出版《大众传播生态学》《媒介管理》《传播与认知科学》《娱乐产业经济学》等专译著、教材9本，其中《媒介管理》入选“十一五”国家级规划教材。与北京市记协合编《中国媒体融合发展报告》蓝皮书2016卷和2017卷。获教育部全国优秀教材二等奖、教育部高校人文社会科学成果三等奖、广东省哲学社科成果二等奖、优秀皮书报告奖三等奖、中国传媒经济年度观点奖。作为主要成员完成的教学改革项目3次获省级教学成果奖一等奖。

周茂君

周茂君，男，出生于1963年10月，重庆人，传播学博士，武汉大学新闻与传播学院教授、博士生导师，珞珈特聘教授，武汉大学媒体发展研究中心研究员，中国新闻史学会新闻传播教育史研究委员会副会长，主要从事广告传播、媒介经管和新媒体研究。主持国家社科基金项目“中国新媒体广告规制研究”、教育部人文社科重点研究基地重大项目“媒介融合视域下我国传统媒体转型及制度创新研究”、教育部人文社科研究“十五”规划项目“WTO 与中国广告管理体制的改革”和教育部实验教改项目、湖北省社科基金项目、湖北省教改项目等 10 多项。主持编写“十五”国家级规划教材《广告经营与管理》，主编《新媒体系列丛书》一套 10 本；出版专著 1 部：《中国广告管理体制研究》；出版教材 4 部：《广告管理学》《广告经营与管理教程》《广告法规与管理教程》《新媒体概论》；发表《我国传媒产业经营政策及影响》《我国报刊发行体制改革的构想》《“网红”现象的三维视角解读》等论文 50 多篇。

周荣庭

周荣庭，男，出生于 1969 年 12 月，浙江东阳人，管理科学与工程博士。中国科学技术大学科技传播与科技政策系教授、博士生导师、主任，文化与旅游部沉浸式媒体技术重点实验室主任，终身学习实验室执行主任，先进技术研究院新媒体研究院院长；兼任中国传播学会副理事长、中国科技新闻学会常务理事、中国科技新闻学会科技传播理论专委会副理事长、中国新闻文化促进会组织传播专委会副理事长，安徽数字创意产业联盟会长。

长期从事网络出版、数字媒体、科技传播等领域的研究，曾赴美国麻省理工学院、哈佛大学、德国海德堡大学、日本早稻田大学、日本电气通信大学访学和讲学。主持国家社科基金项目、国家软科学项目、国家科技支撑计划科技文化融合专项、文化部文化创新工程项目多项。出版《互联网+公益》《运营数字媒体》《网络出版》《信息技术及其应用》等学术专著、译著与教材 8 本，并在国内外发表论文 100 多篇。主讲数字媒体制作与经营、网络传播与新媒体、文化哲学等课程。在中国科学技术大学先进技术研究院创建的新媒体研究院，致力于新媒体领域产学研领域的一体化创新实践。曾获省部级优秀社会科学成果二等奖(2005)，高等学校优秀教材二等奖(2015)。

邹振东

邹振东，男，出生于 1965 年 9 月 24 日，湖南新化人，历史学博士。厦门大学新闻传播学院特聘教授、博士生导师、厦门大学舆论研究中心主任、两岸关系协创中心研究员。享受国务院政府津贴，福建省哲学社会科学领军人才，福建省“四个一批”人才，全国十佳百优电视理论工作者、福建省双十佳新闻工作者、厦门市拔尖人才。曾任厦门广电集团副总编辑、厦门卫视创办者之一、首任总监、厦门市电视艺术家协会主席。兼任中国新闻史学会舆论学研究委员会常务理事、人民网新媒体智库顾问、中国应急管理委员会网络舆情专家委员、中国应急管理委员会社区安全专家委员、《东南学术》编委、

《台湾研究集刊》编委。

致力于舆论哲学、新媒体与舆论、台湾选举与舆论、媒介理论与实务的研究。主持国家社会科学基金特别委托项目“舆论形态的价值谱系与主流舆论的价值传播研究”，主持国家社会科学基金重点项目“两岸共同舆论场构建研究”和福建省社科基金重大项目“弱传播理论和当代中国的传播实践”。在《国际新闻界》等刊物发表论文 20 篇，论文获全国性奖项 3 项、省市社会科学优秀成果奖 4 项，主编《电视媒介质量管理》《2005 台湾问题研究报告》，独著《台湾舆论议题与政治文化变迁》获福建省社会科学优秀成果一等奖。其电视作品曾获包括中国新闻奖在内的全国级奖励 30 余项、省级奖励 60 余项，获评 2016 年新浪微博热点人物、2016 年中国新媒体百大人物(新榜)、2015 年度自媒体人(凤凰网、一点资讯)、2012 年凤凰网十大洞察力博主。

第9章 院长论衡

9.1 新院长施政方略

9.1.1 米博华：新闻传播教育的变化、坚持与机遇

图9-1 复旦大学新闻学院院长米博华

世界变化太快，中国发展太快，新闻传播知识更新太快。"三快"叠加，感到目不暇接、迷茫困惑：媒体格局或已是官方和民间相结合，舆论生态或已是多元多样相兼容，受众对象或已是高度差异化与分众化，传播技术或已是大数据与智能化……虽然各种学术研讨会、新书发布会发布大量信息，但已是雾里看花甚至一头雾水。

需要静下来理出头绪。

能够为新闻传播的教学科研提出新判断、新思路、新观点最好。理不出，至少应该明白哪些误区应该避免，哪些根本应该坚持，那些机遇不能错过(见图9-1)。

1. 不要迷失在技术陷阱里

互联网及移动客户端，搅乱了百多年来新闻传播基础理论和业态模式。

新闻媒体的"三大板块"——报纸、电视、广播，面临着无法回避的挑战。因为移动客户端可以集成"三大板"块所有文字、图像、声音信息，更具有自媒体所独有的即时发布、互联互通等多种传播功能。

新闻学专业知识"三大部类"——采访、编辑、评论，也不再具有过去的含义。"不

到现场不写稿”的规则被部分改变，正像新闻摄影似乎已经不再是一种专业技能。而据说智能机器人很快就可以做到，根据新闻线索找到可靠信源，瞬间合成一篇新闻报道。

这一切很自然地使人想到，新闻传播的范式和业态难道真的被颠覆了吗？

没错，变化的基因一直在围绕着永恒这一轴心转动。变化最为明显的，首先是“受众”概念可能被“用户”意识所取代，注册、浏览、转载以及用户规模、用户黏性成为媒体面对的一大问题。其次是现代传播技术扑面而来，图文、视频、音频、数据图表动态呈现，大数据、云计算、虚拟现实广泛应用，媒体作为载体必须快速应对，否则就会被淘汰。还有就是，用户和媒体互动已经成为常态，渗入到新闻信息产品生产传播的个环节……总之，当今新闻单位和院所90%以上的课题，与媒体融合有关。

当然，很多听起来很时髦、很新颖而在细思详审中又不知所云新名词新观点，使人感到原本简单的问题是不是弄得过于复杂了。或许可以这样想：并非所有变化都有意义，并非所有改进都是突破，并非所有时尚都反映趋势。同样地，我们在高度重视互联网时代技术进步同时，也必须清醒地意识到，哪些在变，哪些没有变？在变与不变中，应该有怎样的认识路径与因应之策？

以“新四大发明”中的手机支付为例。移动手机可以瞬间完成“缴费”，但财富依然需要劳动交换获得。正像从实物交换到纸币交换，改变的是支付方式而不是商品本身。质次价高的商品不会因支付方式的改变而改变。

这一现象告诉我们，忽视乃至拒绝承认以互联网为载体的传播技术和传播方式带来媒体格局巨变，是不明智的；但仅仅从技术角度解释互联网极其媒体融合，是愚蠢的。在中国，新闻舆论工作现在或将来都是国家治理的一部分。正像当下大家所见，“两会”的议题、议程是新闻和舆论主角，而新闻采写方式、传播方式、呈现方式，是为两会这一“新闻”主体服务的。符合逻辑的说法是，两会因新媒体技术进步而被传播得更快更广更准，而不是新技术才凸显“两会”意义。

新闻理论和实践的拓展、新闻教学和科研的推进，都不会改变这一定位。

切不可迷失在技术陷阱里。

2.“真问题”可能被忽视了

国家发展目标和国家治理任务，决定了新闻舆论工作和新闻教学、研究基本走向。从这个意义上说，客观现实是第一性的；换言之，国家形象、社会声誉不是仅仅靠新闻报道就可以塑造的。

因此，必须清楚认知在当下国家大局中，新闻舆论工作的“级次”：国家长治久安——执政党地位——经济社会发展目标——意识形态工作——新闻舆论工作——新闻传播学教育与科研。这样，我们就会清楚知道自己在国家大局中所在位置，知道能够干什么，应该干什么？不会忽视了属于自己应该面对任务，也不会由于定位失准而在国家工作大局手忙脚乱。

——体认基于中国基本国情的新闻传播理论和实践。新闻理论和实践包括实务和教学，应该围绕中国特色社会主义理论、道路、制度而展开、而深化。这是主线。西方新闻传播学理论，只能作为一种“借镜”而非业务主体，只能作为技术引进或吸收或而非主义或立场。

——体认新闻传播理论和实践是中国特色社会主义事业一部分，必须服务于国家改革发展稳定大局，工作是否富有成效，这也是衡量标准。立场观点方法不符合甚至妨害这个大局的，都应该及时予以矫正。可以说，互联网时代的最大变化，是传播技术、传播手段、传播方式、传播渠道的变化，而政治家办新闻的基本遵循没有变。

——体认新闻工作和新闻传播学教育是意识形态工作。淡化意识形态的观点，是不符合实际的；“去意识形态”的主张，其实质是另一种“意识形态化”。明确指出新闻理论和实践的意识形态属性，对于坚持党对意识形态工作领导，坚持正确舆论导向，通过卓有成效新闻舆论工作，增强国家凝聚力和动员力，有效应对各种挑战困难、克服各种危机风险，极为重要。

——体认新闻理论和实践必须传播社会主义核心价值观，追求真善美，抵制假恶丑，使全体人民在理想信念、价值理念、道德观念上，有共识、有目标、有追求、有榜样。这一点无需多说。

概言之，不论传播技术、传播方式、传播途径发生怎样变化，不论媒体融合与媒体格局呈现怎样形态，以上几点恐怕依然是新闻传播理论和实践的核心问题；其他问题应该围绕着这些基本问题而破题、而拓展。

3. 正视新闻传播教育欠缺

新闻教育主要任务之一，是为各种各类媒体以及相关行业培养高素质专业人员。近年来，学生所学专业与实际就业情况产生较大差异。一种是，虽然是新闻传播专业的毕业生，但就业岗位与新闻媒体关系不大。一种是，虽然学的是新闻传播学，但到新闻媒体工作后感到所学专业与实际工作需要不大相符。这里讨论的是第二种情况。

就专业人才而言，新闻媒体是需求方，新闻院校是供给方；供给方与需求方紧密对接，才是良性供需关系。反之，供需不相符，则反映了某些方面、某种程度错位。不少新闻单位反映，新闻院校毕业生到媒体工作，往往需要在政治素质、社会责任、业务实战、职业养成这几个主要方面进行“二次加工”。当然，要求理论与实践、教育与就业、书本与实战等完全吻合，是不现实的，但至少要清醒认识到，必须弥补种种错位，不能不予理睬、自说自话甚至与新闻教育的本意和目标渐行渐远。

新闻传播学人才培养目标，是中国特色社会主义事业的参与者、建设者、贡献者，而非旁观者、抱怨者甚至是质疑者。所以，教育当然要与中国特色社会主义事业息息相关，也当然要服务于国家现代化建设的战略目标。新闻舆论工作是社会工作，在认识和反映社会生活方面会有不同认识、不同观点；有时看法甚至会截然相反，这不奇怪。但在维护国家根本利益，维护改革发展稳定大局等重大问题上，必须有鲜明的、正确的政治立场。这是新闻人才培养的出发点和落脚点。

新闻舆论工作掌握一定传播资源，具有较强话语权和社会影响力，不能以单纯技术工作视之。因此，新闻教育的一个基本要求，就是要对学生进行社会责任感教育。牢记中国新闻工作者的职业理想和责任：传播党的政策主张，记录时代风云，推动社会进步，守望公平正义，做一个有抱负、有志向、有追求、有担当的新闻工作者。同时，也应该把个人建功和立业、贡献与报酬、责任和利益统一起来。

媒体格局快速变化的情势，对专业人才培养提出新要求，就是要培养大批全媒型、专家型人才。在这方面，新闻传播教育还有不少不适应之处。理论准备不足，学科建设滞后，教材更新缓慢，师资力量偏弱软等，尽管这些多是由于快速发展带来的难以避免的“成长烦恼”，但必须引起高度关注，并下工夫加以解决。

还有，就是新闻工作者的职业道德建设。这更多涉及新闻单位的制度管理以及专项治理，这里就不展开论述了。

由业界而学界，由办报而教书，尤感虽然术业不同，但道理相通。感触最深的是，恐怕不能像办工学院那样办人文学科，不能用医学实验方式推进马克思主义新闻观工程，不能像培养工程师那样培养新闻记者，不能像考核政府部门政绩那样评价教师和教育的成绩。

（米博华）

9.1.2 郑保卫：愿为民族地区新闻教育振兴再做些贡献

2017 年 12 月，广西大学以特聘“君武荣誉教授”的身份将我引进广西大学，并聘我为新闻传播学院院长，同时兼任广西大学马克思主义新闻观研究中心主任。27 日，学校在融媒体中心为我举行了隆重的聘任仪式。当我接过赵跃宇校长颁给我的院长聘书时，觉得沉甸甸的。我很感谢学校领导的信任，为我提供了一个发挥余光余热的工作平台(见图9-2)。

图9-2　广西大学新闻传播学院院长郑保卫教授

1. 断不开的民族情结

这段时间很多人问我，为什么都70多岁了，退休后还要选择到远离北京的广西工作？我想来想去，觉得最充分的理由，还是多年来形成的“民族情结”，这是促使我最终下决心的重要原因。

这些年我们中国人民大学新闻学院在赵启正院长的倡导和引领下，把支援民族地区新闻教育作为服务国家、服务社会的一项重要工作。2009年，由赵启正院长提议，我们联合14个民族地区新闻院校组建了中国少数民族地区信息传播与社会发展论坛，我作为论坛负责人协助赵院长做了一些具体工作。我们举办论坛，出版《中国少数民族地区新闻传播发展报告》和《中国少数民族地区信息传播与社会发展论丛》，为民族地区的新闻教育、传媒业发展做了一些有益的工作，受到了民族地区新闻院校老师和同学们的认可与肯定。

另外，这些年我们中国人民大学还先后同西藏民族大学、新疆大学、新疆财经大学、宁夏大学等民族地区新闻院校建立了支援与合作关系，我都在其中承担了一些工作。特别是作为对口支援单位的西藏民族大学新闻传播学院，我曾兼任过学院新闻传播与西藏社会发展研究所的名誉所长，每年都要去帮助他们做些工作，前几年还受聘担任了该校2011协同创新平台的首席专家。

这次我来广西大学工作，也得到我原先所在学校和学院领导的支持。中国人民大学新闻学院已同意将对广西大学新闻传播学院提供援助和开展合作，作为人民大学支援民族地区新闻教育的举措之一。

通过这些年的工作，我深切感受到，离开民族地区的经济社会发展，我们国家建设发展的战略目标，包括小康社会、和谐社会建设，以及实现中国梦都是不可能的。所以我愿意在自己的晚年为振兴民族地区新闻教育再做些力所能及的工作。

另一个更加直接的原因，是这些年来我同广西大学结下的特殊情谊。20多年来，无论是曾建雄当新闻系主任，还是商娜红当院长期间，他们都请我来讲课，承办我主持的民族新闻论坛和新闻学传播学学科发展论坛，对我的工作给予了很多支持和帮助。我总想着应该有所回报，这次终于找到了机会。

2. 强烈使命感的激励

广西大学的新闻教育起始于1972年，迄今已有40多年的历史，当年是全国高校中仅有的少数几个新闻学专业之一，1986年获得硕士学位授权时，全国也只有少数几所高校有此殊荣。因此，应该说广西大学新闻传播学院有着很好的办学传统，也积累了许多办学经验。然而，由于种种原因，同一些发达地区新闻院校相比，目前在整体发展和综合实力上还有不少差距，这与广西大学作为“211”大学，特别是作为“双一流”建设大学的地位很不相称，同老师和同学们的期待也相距甚远。因此，亟待迎头赶上，实现快速发展。

2018年元旦后，我带着新的使命和任务到校履新。通过跟学院领导班子成员的交谈，以及同一些老师、同学的座谈，我感觉得到大家心劲都很足，都希望能够尽快改变现状，实现新的发展。说实话，这让我很受鼓舞和激励，当然也感受到了巨大压力。我想，我既然接受了校长颁发的院长聘书，就要义不容辞地承担起作为院长应该承担的使命与责任，同大家一起把学院建设好发展好。

经过一段时间的观察和思考，我认识到，当下广西大学新闻传播学院的发展正面临着难得的历史机遇。首先，从大环境看，国家对广西发展的战略定位和整体谋划，为全区的经济社会发展描绘了宏伟蓝图，提供了强大动力，广西的未来发展前景广阔。

其次，从中环境看，自从进入国家“双一流”建设高校之后，当下广西大学发展势头强劲。全校师生员工在十九大精神的鼓舞下，正朝着建设“布局合理、特色鲜明的一流综合性研究型大学”的目标加速前进。

再次，从小环境看，新闻传播学院借助部校共建，依靠自治区党委宣传部和学校党委的领导与支持，按照学校“以一流为目标，以学科为基础，以绩效为杠杆，以改革为动力”的整体思路，制定了“立足广西、服务全国、辐射东盟、面向世界，努力建成学科布局合理、具有南疆地域特色的教学研究型新闻传播学院而奋斗”的发展规划，为进一步腾飞发展吹响了进军号。

在这样的背景下，只要全院师生员工进一步明确方向，精准定位，发挥优势，突出特色，整合好各种资源，注重内涵式发展，就一定能够弯道超车，实现跨越式发展。

我想，我从事新闻教育工作已近40年，当过系主任、研究生部主任、教育部重点研究基地主任，还担任了全国新闻学研究会会长和教育部社科委的学部副秘书长兼新闻传播学科召集人，积累了一些经验和资源。我可以充分利用这些经验和资源，在推进学院发展、学科建设、队伍打造和学术攻关等方面做好谋划，尽我所能做些实实在在的工作。

3. 发挥好教师的主体地位

要实现学院的发展目标，关键是要靠全院教职工的共同努力。我想，作为院长重要的是要充分尊重并调动起学院领导班子，以及全体老师的积极性，团结他们携手前进，共同奋斗，一道去实现学校为我们新闻传播学院所设定的发展目标。

多年来的经验告诉我，在学院工作中，主体应该是老师。因此工作重点应该是抓好教师队伍建设。在经过一番调研后，我感觉学院师资队伍的基础不错，条件很好。目前在任的大多数老师具有博士学位，而且很多出自名校和名师，有着很好的发展潜力，只要激励老师们的进取精神，引导大家奋发向上，便可以使他们得到快速提升和进步。于是，我在全院教职工大会上谈了我对学院发展的规划与思考，并对老师们提出了希望和要求。

我希望老师们能够做到“志高、心静、学深、业精”，即要志存高远，静下心来，认认真真教好书，踏踏实实做好学问，不断加强理论修养，增强知识涵养，成为自己所从事的研究领域的专家。同时，还要勤奋敬业，精于业务，要努力成为自己所承担的教学及其他各项工作领域的行家里手，用精湛的业务能力赢得学生的认可与尊重，获得同行的肯定与赞许。

2018年寒假前，我在全院教师会上提出，要过一个学术化的假期和春节，希望老师们在假期里多花些时间用在申报课题和撰写论文上。老师们积极响应。春季开学检查时，大多数老师完成了任务，全院成功申报国家社会科学基金项目的数量超额完成了学校下达的任务。

4. 把工作重心放在服务学生上

当老师近50年，我深知学校工作的重心在学生，因为学校一切工作都是为学生服务的，工作效果如何最终也要通过学生的质量体现出来。因此，关心学生，为学生服好务是学校工作的重中之重。通过与学生的交流和座谈，我对学生的情况也有了一些了解。我觉得，新闻传播学院1000多名学生，无论在本科生还是研究生中，都蕴藏着很高的学习积极性和很强的上进心，学生们对学院的发展也都有很大期待。如果引导得当，可以激发他们的学习热情。

因此，在全院学生大会上，我帮助同学们分析面临的形势，找准自己的学习定位和发展方向，并用“铸魂、励志、厚学、重习”四个词来激励同学。希望同学们能够努力锻铸灵魂，用马克思主义新闻观武装自己的头脑。同时要磨砺意志，坚定志向，自觉自愿地去经风雨、见世面，受锻炼，努力把自己锻造成一个能吃苦、会耐劳、敢担当、有作为的人。此外还要勤于学习，勤于实践，努力掌握将来从事新闻传播及其他相关工作所需要的各种理论知识和实践能力，使自己成为合格的、党和人民放心的新型新闻人才。

5. 整合资源实现新发展

为了进一步明确定位，发挥优势，突出特色，我同班子成员一起对原有的学术资源进行了整合，提出了设立“一院四中心”的学科建设思路，即建立广西大学新闻与传播研究院，下设四个研究中心：马克思主义新闻观研究中心、东盟传媒与中国—东盟区域传播研究中心、民族新闻与文化传播研究中心和气候与健康传播研究中心，将老师们都整合其中，与相应的教学机构尽可能实现对接与联通，使老师们可以把研究成果用来更好地为提高教学质量和水平服务。

为使班子成员和骨干老师能够开阔眼界，增长知识，进一步增强创新意识，明确发展方向，春季开学后，我带领部分班子成员和骨干老师先后到复旦大学、上海交通大学、暨南大学、深圳大学，和中国人民大学、清华大学、中央民族大学等校的新闻院系考察访问，学习他们在教学改革、学术研究、学科建设、人才引进、部校共建等方面的经验，从中找出自己的差距，进而明确发展的方向，增强前进的信心。

我还趁在南宁主办教育部语言文学、新闻传播学和艺术学学部“2018年中国新闻学传播学学科发展论坛”的机会，同时举办了“广西大学新闻传播学院专家咨询会”，请与会专家就学科发展和学院建设等问题为我们号诊把脉，提意见建议，进一步明确了工作思路和发展方向，坚定了乘势而上，加快发展的信心。

如今，我国新闻与传播教育一方面正面临着新媒体时代带来的巨大挑战，另一方面也面临着进入中国特色社会主义新时代后，国家全力实现新的飞跃和发展所带来的难得机遇。在此背景下，我们广西大学新闻传播学院只要紧紧依靠全院师生的共同努力，进一步明确方向，精准定位，发挥优势，突出特色，加强资源整合，注重内涵发展，就一定能够尽快改变现状，实现新的发展。

我愿意在我的晚年，用我的不懈努力，为广西大学，同时也为民族地区新闻教育的振兴再做些有益的工作！同时，也期待东部地区、发达地区的新闻院校，能够对西部地区、欠发达地区，特别是民族地区的新闻院校提供更多支持和帮助，以便大家携手并进，共同促进我国新闻与传播教育的繁荣和发展。

（郑保卫）

9.1.3　胡百精：开启“双一流”时代的新闻传播教育

我们可以用社会转型、民族复兴、全球化、互联网革命、媒介融合、“双一流”建设乃至更多关键词来描述新闻传播教育当下改革和发展的语境。每个关键词都会提供一种视角、图景和路径，召唤一种使命和担当。这也显示了改革的复杂性和艰巨性，剧变中的传媒生态和传播格局为新闻传播教育施加了空前的不确定性。正是在这样的背景下，中国人民大学新闻传播学科进入国家“双一流”学科建设序列，并在教育部第四轮学科评估中获评 A+。反观之，作为“双一流”建设和 A+学科，中国人民大学新闻传播教育必须解释和解决前述背景提出的一系列重大、基本问题(见图 9-3)。

图 9-3　中国人民大学新闻学院执行院长胡百精教授

从中国人民大学新闻学院近年改革实践和“双一流”学科建设的情况看，以下关键问题或有共性，需要中国新闻传播教育界共同面对和响应：

1. 传统的创造性转化

中国人民大学新闻传播学科始建于1955年，随后汇聚了燕京大学、北京大学和中国人民大学三校新闻教育资源，根底坚实、学脉深远。在中华人民共和国成立后的各个历史时期，中国人民大学新闻传播学科都为新闻教育和传媒事业发展作出了公认的引领性贡献。一个“老学科”之所以能够真气盈贯、持续创新、奋力向上，首先要归功于生生不息的优良传统。

一是“养成”文化与生态式进化。学术、学者、学科的功力、德性和气象，皆需持久养成。人文社会学科的发展尤其如此，学科特色和整体实力绝非一时可成。60多年来，中国人民大学新闻传播学科一直秉承养成个体、培育生态、共同体式进化的教育理念并力行之。个体如一棵树，学科如一处林，多样共进，生生不息。当学科成为一个生态，它就有了足够完整、充分、自主的系统更新功能。个体必须根深叶茂，必须极致发挥智慧、勇气和创造力才能在林间安身立命，集体必须极致包容、开放、向上，才能林间花满，各得其所而又皆大欢喜。

二是坚持人才培养本位。学科的历史是师生共同书写的。中国人民大学新闻传播学科从一座山峰走向另一个山峰，很多情况下是靠学生、校友的支持和支撑。有些山峰其实是校友登上去的，他们的荣光辉映了母校。《实践是检验真理的唯一标准》《东方风来满眼春》等深度影响社会发展进程的辉煌历史篇章，皆出自中国人民大学新闻人之手。历史会偶然垂赐一些机会，但是类似文章的书写、传播及其对社会发展的有效介入，也有其必然性。中国人民大学新闻传播学科始终把人才培养放在第一位，致力于培养有担当、有灵韵、有整体的理解力和判断力，有卓越的专业能力的思想者和行动派。他们的笔头和镜头再伸入一些，就会看见真相和本质；他们的笔头和镜头再开阔一些，就会看见历史、时代的大图景，以及人在其中的命运和选择。这显然不是新鲜的教育方针，我们只是希望大学如其所是，不忘初心，立德树人。

三是围绕重大、基本问题推进学术创新。在学术研究方面，中国人民大学新闻传播学科的传统是重视基础史论研究，围绕本学科的根本和主流问题持续深入，坚持走在正道上、大道上。即使是前沿实务领域的研究，中国人民大学新闻传播学科的学者们也相对更关切核心问题的规律性解释和理论建构，而不是纠缠于边缘问题、表面问题或阶段性问题。也正因为如此，中国人民大学在马克思主义新闻思想体系研究、新闻学与传播学本体理论研究、中外新闻传播史研究、媒介融合理论研究、公共传播理论研究等领域形成了鲜明特色和突出优势。

2. 面向未来的学科创新

随着互联网时代的来临，全球新闻传播业发生了颠覆性巨变，新闻传播教育亦受到剧烈冲击，走到了传承与创新、理论与实践、学科自足与交叉融合等多元复杂关系重构、再造的十字路口。在传统报业和广电业急剧衰退、技术革命和媒介融合充满不确定性、传播生态急剧变化的境况下，“我们向何处去?”中国人民大学新闻传播学科积极谋划、布局面向未来的学科提系，确立了对内重构、对外拓展的总体发展思路。

对内重构包括三个改革路径：一是通过充足的经费投入、有效的团队协同，每年重点建设5门以上学科基础课，以在5年内完成30门以上核心课程体系再造，这些课程要完整呈现本学科基础性的理论谱系、知识地图和能力养成路线图；二是打通学科内部的专业壁垒，不再按照传统的媒介形态细分专业，而是建立多元敞开的学程或专业课程包；三是改变以专业或专业方向划定学生类型的传统培养方案，逐步转向以“项目—任务”“兴趣—专长”为导向的学生培养模式，以最大限度地实现个性化培养和因材施教。

举例言之，从2017级开始，一名新闻学院的本科生不再被分配至新闻学、传播学、广告学、广播电视学等传统壁垒分明的传统专业，而是可自主选择进入如下五个学习共同体：新闻传播学群、新闻学—法学实验班、新闻学—国际政治实验班、未来传播学堂、学术拔尖人才实验班、融媒体技术与创意传播实验班等。

对外拓展也主要包括三个路径：一是跨界，如与腾讯共建新媒体内容生产课程，与网易共建新媒体技术课程，与今日头条共建新媒体实务课程共享平台，后者在完成课程开发后将之共享给全国新闻传播院系，以发挥“双一流”学科建设的示范、引领作用；二是跨学科，全面升级新闻学—法学、新闻学与国际政治跨学科联合人才培养实验班，以共享师资、共建课程包、共同组织工作坊等更加灵活、丰富的方式推进跨学科联合培养；三是跨文化，充分利用校、院两级国际合作项目和社会捐助项目，设立旨在培养数字化、国际化领英型人才的来传播学堂项目，实质性探索、构建“双一流”人才培养模式。

此中，有两个关键问题需要厘清：一是学科主体性与学科融合的关系，二是学界与业界的关系。每一个自主自足的学科，皆需首先确立本学科的核心观念、经典理论和专业能力体系，投入充分的人、财、物资源进行重点、优先建设。而在今日融合创新的大时代，一个学科的主体性和合法性不再单纯来自独善其身的能力，而恰恰表现在学科的敞开性上，即本学科与关联学科相互整合融通的可能性。一个学科的开放性越强，越是被其他学科需要，越能成就其自身的主体性和核心价值。新闻传播学科亦复如是，在强基固本的前提下，理应实质性推进跨学科融合，在学科对话、价值共创中实现人才培养和科学研究的观念与模式创新。

学界与业界的关系亦应重构。近年来，新闻传播教育界和业界中有一个观点颇为流行："教育已经落后于实践了！"这一看法表达了人们对传媒教育发展的忧思，也犯了简单二元论的错误。教育界与业界未必是非前即后的二元关系。在人才培养方面，学界有时恰恰要守在原地，不忘立德树人之初心，致力于培养求是、担当、有灵韵、有美感、有德性、有抱负的厚重人才，而不是为业界输送内容生产车间的技工；在理论研究方面，学术的价值也未必在于领跑业界或尾随其后做出总结，而应站在高处，引导业界向着灯塔去，甚或对其在价值、德性和文化上的偏向做出批判。学界和业界各有其价值、功能和逻辑，以对话、合作、共赢的眼光处理二者关系，才能实现术业互通、共创未来。

3. 构建中国新闻传播学术话语体系

扎根中国大地办大学，以人类命运共同体的眼光创建世界一流学科，并非一个抽象的教育方针和方向，而是新时代中国高等教育必须真切、实在把握的战略路线图。中国的传统、发展和变革为新闻传播学科的理论创新提供了比西方世界可能更复杂、更独特、更宝贵的现实背景、对象和资源，中国对世界秩序和全球公共空间的积极介入也提供了观察、分析人类文明交往的全新可能性。对始终守望时代前沿的新闻传播学科来说，新时代潜蕴着理论创新的巨大机会。在构建中国新闻传播学术话语体系——响应和解释中国问题方面，在创建全球新闻传播理论体系——反映和应对新世界主义的现实问题方面，我们理应有更大作为。

为了响应新时代的召唤，中国人民大学新闻传播学科制定、推行的学术创新计划主要包括三个方面：

一是规划、布局学术创新领域。这既包括马克思主义新闻观、新闻与传播基础理论、新闻传播史、媒介融合、公共传播研究等传统优势领域的强化，也指向未来媒体与智慧传播、互联网新闻学、互联网社会治理、传播与社会心理、视觉文化与创意传播等若干前沿新兴领域。如是领域的建设和拓展，皆须遵循如下原则：以马克思主义新闻观为指导，尊重学术和学科规律，建设主流并引领主流，聚焦重大、基本的理论和现实问题，在坚守学科主体性的同时推进跨界跨学科跨文化合作，推动思想体系、话语体系和方法体系创新。

二是培育新时代的新闻传播学科学术共同体。这主要包括五项建设内容：传承、光大学术养成文化，静养大师，扶持青年，打造团队，培育学派；面向全球引进本学科拔尖学术人才；面向心理学、社会学、法学、政治学和计算科学等关联学科引进跨学科融合型人才；调整和优化学科治理结构，服务学术研究和人才培养模式创新；营造安宁、美好、自由的学术共同体文化。

三是实施科研创新赋能计划。这主要涉及机制和平台建设问题，重点举措包括：实施弹性的科研绩效奖励计划，助力创新性成果产出而又不唯绩效至上；开辟宽裕的政策空间，为团队协作、跨学科协同创新提供平台、经费和其他有效支持；建立科研与教学良性互动和反哺机制，平衡学术发展与教书育人的关系。

学术、学科的发展从来离不开国家、民族和社会的整体进步。随着中国在新一轮全球化进程中为人类文明作出更大贡献，随着中华民族的伟大复兴和社会建设的全面革新，中国新闻传播学科有机会、也有能力成为世界一流学科。当然，新闻传播学科亦应主动担当新时代的建设任务，不辜负、担得起人才培养和理论创新的使命。

（胡百精）

9.1.4　韦路：打造传媒创新创业人才的摇篮

浙江大学新闻学科源于1928年国立浙江大学文理学院中国语文学科，始于1958年杭州大学新闻学系，创建于2006年的浙江大学传媒与国际文化学院，在首任院长徐岱教授、继任院长吴飞教授的带领下，从无到有，从小到大，经过十数载的筚路蓝缕、风雨兼程，已经发展成为国内领先、国际知名的传媒教育重镇，成为拥有4个教学系、5个研究所、2个博士点、6个硕士点的跨学科建设高地，在海内外享有盛誉。在2017年QS世界大学学科排名中，浙江大学首次进入传播与媒体研究专业全球前150名，在上榜的中国大陆高校中名列第4，在学术成果和学者影响力等硬指标方面更是位居榜首。身为浙江大学传媒与国际文化学院的一员，我感到无比荣耀和自豪(见图9-3)！

图9-3　浙江大学传媒与国际文化学院院长韦路教授

当然，在国际格局风云变幻、传媒发展

剧变转型的当下，学院也面临不少的挑战。在浙江大学加快建设中国特色世界一流大学的进程中，如何将学院的人才培养、科学研究和社会服务再推上一个新的台阶，是新一届管理团队和全院师生共同面临的问题。浙江是一片创新的沃土，浙大要成为中国创新的引擎。最近，浙江省政府、浙江大学、阿里巴巴共同出资打造之江实验室，对标世界一流、突出浙江特色，将成为杭州城西科创大走廊的“核心灵魂”，成为汇聚全球科研人才的开放型创新基地。在这一背景下，作为新任院长，我的愿景是，浙江大学传媒与国际文化学院要成为中国乃至世界传媒创新创业的人才摇篮、科研引擎和智库基地。

1. 遵循十六字建设思路

要实现这一愿景，我们将遵循“创新驱动、以人为本、交叉取胜、主流引领”的建设思路，紧扣我国传媒领域的重大问题与国家需求，瞄准国际发展前沿，利用综合交叉优势，打造一支对新闻学和传播学具有深入研究力、影响力乃至领导力的高水平学术梯队，深化政产学研用相融合，培养一流人才，产出一流成果，贡献一流思想，作出一流贡献，使学科总体水平位居国内领先地位、跻身国际先进行列。

创新驱动。秉承“求是创新”的浙大校训，以创新为核心理念，驱动人才培养、科学研究和社会服务。学院要培养有创新精神、有创造能力、有独立思想、有社会担当的全媒体创新人才。这不仅是传媒行业发展的需要，更是中国特色社会主义文化建设的需要。要通过制度建设，使创新成为学院的一种文化，甚至成为学院的基因。

以人为本。以人才培养为第一要务，始终将培养一流人才作为学科发展之本，努力构建四个课堂的创新教育生态圈，加强多学科交叉人才培养卓越中心的建设，增进与浙江大学创新创业学院和创新创业研究院的互动，探索全媒体创新人才培养的浙大模式，鼓励学生到国家最需要的地方建功立业，真正成为推动国家发展和社会进步的栋梁之才。

交叉取胜。继续发挥浙江大学的多学科优势，在现有交叉研究的基础上，加大交叉学科人才的引进力度，与计算机学院、控制学院、公共卫生学院、管理学院等共建交叉研究中心，以培养交叉学科博士生为主，向硕士和本科阶段延伸，力争在国际传播能力研究、网络传播平台研究、全球传播战略研究等核心领域取得重大创新性突破。

主流引领。促进学科交叉融合发展，最终目标是提升学科在主流领域的影响力和话语权。在推动交叉创新的同时，始终重视学科基础的夯实。鼓励教师，特别是青年教师在本学科核心研究领域潜心探索，扎实钻研，打造学术精品，贡献具有重大理论价值和现实意义的标志性成果，使本学科成为国内公认、国际领先的一流学科。

2. 打造五个方面发展路径

在以上“十六字方针”的指引下，我们将从以下几个五个方面出发，汇聚优质办学资源，选择合理发展路径，力争使学院成为中国乃至世界传媒创新创业人才培养的摇篮。

第一，优化学科布局，打造全球传播优势特色学科方向。浙江大学是全国学科门类最齐全的大学之一。学院要继续发挥浙江大学的多学科优势，在现有交叉研究的基础上，加大交叉学科人才的引进力度，提高交叉研究中心的建设水平。学院现有一个一级学科新闻传播学，下设新闻学、传播学、电视电影与视听传播学三个二级学科，以及美学二级学科，同时与计算机科学与技术、控制科学与工程等学科具有密切合作关系，在发展全球传播领域具有得天独厚的学科优势。未来，将围绕中国国际传播能力建设的总目标，重点推进国际传播能力研究、网络传播平台研究、全球传播战略研究三个核心研究领域的发展，力争在上述领域取得重大创新性突破。

第二，建设一流队伍，培育优势特色交叉创新团队。瞄准国家重大战略需求或基础理论重大突破，整合各相关学科资源，重点打造国际传播能力研究、网络传播平台研究、全球传播战略研究 3 个交叉创新研究团队，大力引进和培育各领域的领军人物和学科骨干，加大非华裔外籍教师的引进力度，优化现有教师结构，推动学科与浙江日报报业集团和浙江广电集团之间的人员互聘交流工作制度化、常态化，建设集理论研究、应用研究、政策研究于一体的一流师资队伍，孵化一批国家级和省部级重大研究项目，形成若干重大研究成果，为国家和地方经济社会发展作出实质性贡献。学院要通过制度建设，使创新成为学院的一种文化，甚至成为学院的基因。例如，进一步改革评价激励机制，提高创新教育，如实践导师、竞赛导师、SRTP 导师的绩效比例，重视研究成果的质量而非数量，提高创新性应用项目的评价比重，鼓励产学研用相结合，等等，促进创新创业人才脱颖而出。

第三，重视立德树人，探索传媒创新人才培养模式。学院要培养有创新精神、有创造能力、有独立思想、有社会担当的传媒创新人才。这不仅是传媒行业发展的需要，更是以信息传播为中心的整个信息社会的需要。学院将发挥“第一课堂”的主渠道作用，丰富“第二课堂”的校内实践，拓展“第三课堂”的境内实践，加强“第四课堂”的海外交流，构建全过程的创新教育生态圈。充分借助教育部浙江大学卓越新闻传播人才教育培养基地，进一步优化专业结构和培养体系，健全新闻传播学科人才培养的知识图谱，在夯实通识教育基础的前提下，明确专业教育的目标与路径，特别强调口语、写作等核心能力的培养，批判思考、研究方法等核心素养的形成，以及交叉学科理论与知识的学习，真正体现浙江大学传媒专业学生宽基础、强专业、懂交叉的培养特色。建设20门核心品牌课程，在课程大纲、参考文献、案例资源、翻转教学等方面，达到国际一流水平。同时，继续加强多学科交叉人才培养卓越中心的建设，增进与浙江大学创新创业学院和创新创业研究院的互动，探索传媒创新创业人才培养的浙大模式。通过这些措施，培养德智体美全面发展、具有全球竞争力的高素质传媒创新人才和领导者。

第四，加强国际合作，打造国际一流学科发展平台。稳步推进一流学科伙伴提升计划，继续深化“五个一”工程，重点打造浙大-宾大-威斯康星铁三角，办好三校合作的英文季刊 *Communication and the Public*，以及围绕该刊组织的“传播与公共性国际学术研讨会”和三校合办的“国际前沿传播理论与研究方法”高级研修班，争取在3~5年内使该刊成为SSCI收录期刊。以浙江大学公共外交与战略传播研究中心为平台，与两校开展全球传播领域的合作研究，进一步提升该优势特色学科的学术水平。积极参与浙大-柏林自由大学联合学院在海宁国际校区的立项和建设工作，整合学院国际汉语教育等相关专业资源，与柏林自由大学共建面向留学生的“中国学”本科专业。继续拓展与UCLA戏剧电影电视学院的合作。与此同时，继续办好《中国传媒报告》《马克思主义美学研究》和 *China Media Research* 三份学术刊物。

第五，深化部校共建，加强马克思主义新闻观引领。继续发挥浙江省部校共建“1+X”模式中“1”的示范作用，统筹整合浙江日报报业集团、浙江广电集团等有关新闻单位的优势资源，带动省内部分专业设置对口、教学基础较好、学生规模较大的新闻院系的发展，将浙江省部校共建新闻学院院长论坛拓展为浙江省部校共建新闻学院联席会议，加强省内共建高校之间的交流与合作，逐渐完善具有浙江特色的部校共建新闻学院机制，推动形成高等新闻传播教育与新闻实践相互贯通、深度融合、协同发展的新格局。落实部校共建研究基地建设，围绕马克思主义新闻观教学与研究、融合时代的传媒转型与发展，以及新媒体环境下的全球传播等重大议题展开研究，为浙江省乃至全国传媒行业发展和社会治理创新提供决策参考。深化同各级政府有关部门、企事业单位、国内外学术机构的联系与合作，积极为业界提供策划、咨询和业务，打造国内领先、世界一流的传媒研究智库，在媒体深度融合发展、影视文化产业发展、国际传播能力建设等方面，为国家重大决策提供参考。

千里之行，始于足下！浙江大学传媒与国际文化学院的全体师生已经创造了辉煌的历史。我相信，只要浙大传媒人风雨同舟，齐心协力，一定能够开创更加美好的明天。

（韦　路）

9.2　卸任院长感言——吴飞：厚德博识、自由容忍

浙江大学传媒与国际文化学院成立于2006年，其中，新闻学科于1958年创办，是国内最早开设新闻教育的单位之一。作为国内传媒教育的重镇之一，近年来，学院在海内外的声誉和影响不断提升。在2017年QS世界大学学科排名中，浙江大学传播与媒体研究专业排名全球前150名，中国大陆名列第四，在学术成果和学者影响力等硬指标方面更是位居国内榜首。虽然学院的规模并不大，与国内外一流的新闻传播学院也有很大的差距，但学院的发展后劲足，我坚信学院会越办越好。中国新闻史学会新闻教育学专业委员会会长张昆教授再三邀请，让我写一点从事行政职务的感受，推脱不得只好从命了(见图9-4)。

图9-4　浙江大学传媒与国际文化学院前院长吴飞教授

我是1995年担任院长助理的，开始兼职从事行政管理工作，先后担任过系所的负责人。从2006年起我还是先后担任了浙江大学传媒与国际文化学院副院长，2010年担任常务副院长(同时兼任中山大学传播与设计学院常务副院长)，2013年出任浙江大学传媒与国际文化学院院长，直到2017年上半年我辞去院长一职并获得学校批准(此前我已经向学校分管领导和组织部领导再三请辞，但未获准)。可以说，行政工作非我所欲也，亦非我所擅长的，所以我以下讲的，不过是自己从事行政工作的一点心得而已，不

当之处请大家见谅。

9.2.1 最难的挑战是自己的性格

对我来说，担任行政管理工作是一项挑战，因为我性格比较内向，不敢也太擅长于陌生人交流。但要做好行政工作，首先只要突破自己的性格障碍，与老师交流，同学交流，与学术圈同仁交流，甚至还需要与一些可能合作的对象交流。每一次与人交流对我来讲都是一场艰难的心路历程。如果可以提前准备，我会将自己需要讲的内容写几条在纸上，或在心里打几遍腹稿，以免对话时手忙脚乱。细想来，我是一位很好的副职人选，因为我长于干具体的工作，这大概也是我虽然不乐意做行政，但一直被拖进行政领域的主要原因吧。

当然，内向的人并不是一点长处都没有，我感觉自己更敏感，是一位很好的听众，很容易理解和掌握谈话对象经常是委婉表达背后的真实意图，所以对方并不需要太多的言说，我便可以开始思考处理的方案了。

9.2.2 最有效管理的方式是民主

高等学校，尤其是浙江大学这样的大学，我所服务的对象是一流的老师和一流的学生，他们都有自己的主见，都有对各种事情精到的判断能力。尽管偶尔也会有人可能难免要站在自己团队或者个人利益的角度来思考问题，但大多数情况之下，他们是比较理性的，是可以沟通的。基于这一考量，无论是我担任系主任，研究所所长，还是院长，力推的都是民主治理的方式。当然对民主理论的理解，并不等于民主实践的娴熟。民主治理模式是一个逐渐学习和探索的过程。那么如何将民主治理落到实处呢？这几年我从以下几个方面做了一点探索：

其一，开放透明是基石。民主最基本的要素就是有公开透明的决策机制和利益分配机制，没有信息的公开，民主就是一句空话。无论参与者智商有多高，能力有多强。盲情下都是没有民主的。我主政期间力推的事务之一就是财务的完全公开。每一项收入和每一项支出都由相关的财务管理者列出清单，允许全院的老师查询。年度财务预算，都以项目申请的方式向全院教职工开放，在充分讨论的基础之上，经由学院教授委员会全体大会通过后，才正式形成年度的财务预算方案。同时我们学院还建立了财务审查小组，每年年末在教职工大会上提交他们的审查报告。

其二，完善各种规章制度。建章立法是国家治理的要务，其实一个学院的治理也是一样的。学院善治必须有完善的规章制度，无论是教职工的聘任、评优、晋升以及职称评定，或者是学生的评奖评优，学位管理，学业管理都需要比较细致的、完善的规章制度，并且需要按照规章制度来实施。近几年来，我们学院几乎完善了各领域的规章制度的建立，如此形成了良好的法治环境。

其三，坦诚沟通是有好的方式。学院的规模虽然不大，但麻雀虽小，五脏俱全，所面临的矛盾和困难也不少。而且每一个人的性格不同，利益诉求也有差别，所以每一个问题都是一个新的问题，解决的方案自然没有一个固定的模式。倾听和沟通，以及必要的移情换位思考，就会变成一个非常重要的且行之有效的手段。一般而言，知识分子不喜欢花太多的事情在没有意义事情上，所以我理解，如果有矛盾，对于当事人来说都是大事。就我做院长的这几年的经历看，大多数情况之下，老师们反馈的意见往往不是学院层面不太可能解决的，如职称晋升就是最主要的矛盾之一。因此，需要尽可能地将学校的相关政策解释清楚，同时也需要与教师一道向学校相关部门反馈相关信息。虽然仍然会有老师不理解，但至少可以做到问心无愧。在很多的情况之下，院长就是一座桥梁，或者是一个耐心的听众，所有的问题和矛盾都会集中反馈到这儿，但问题的处理同样也是需要一个开放的过程，沟通就是掌握信息全貌的必要手段，毕竟决策也只有在信息全面的基础之上实施才有可能是科学的。院长是一个中介者，上情下达、下情上传的中介者。近几年国家相关部门出台了各种动作，如部校共建、学科评估，有些任务并非每一位教职工都乐意参与，怎么办？除了沟通之外，还是沟通。

其四，努力激发同事和学生的热情。学院不是少数几个管理者的学院，是全体教职工和学生共同的家园，因此学院的良好运行就需要充分激发大家的参与热情。浙江大学传媒与国际文化学院如果说这几年在圈子里有一些影响力，最主要的是充分发挥了师生的积极性。比如团队建设，我们广泛收集大家的意见，在多次讨论的基础上才形成方案；读书会因为有一批青年老师的支持，方能持续……我知道相对威权的治理，比较容易做事且做成事，毕竟资源是有限的，集中有限的资源做成几件事威权在比较容易取得效果，但这不是我追求。我不看重任期内的所谓政绩，因为本来就没有权力的欲望，因为我并乐意与同事和同学们一道去做一些意义的事，乐意去探索与众不同的治理模式。

9.2.3　最需要的坚守是仰望

我当年给学院立的教训是“厚德博识、自由容忍”，我注意到我们学院新的官网这几个字已经没有了，新班子确立的学院的发展思路是“创新驱动、以人为本、交叉取胜、主流引领”。显然，新的发展思路更贴近地气也更明确。但接地气与仰望并不矛盾。

作为一个自然的观景者，登上高山之巅，仰望星空，也许并不困难。但精神领域的仰望，有时会点格格不入，这是从事行政工作比较难处理的。行政工作需要贴地气，需要解决具体的问题，而且现在每一位行政工作人员都很忙，没完没了的会议，无穷无尽的表格在等他们去处理，因此在很多情况之下，似乎没有时间让他们去仰望星空了——只能埋头拉车，却不能抬头看路。我认为，这种埋头拉车的状态，是做不好行政工作的，因为好的行政管理都必须仰望。

习近平总书记提出“人民对美好生活的向往，就是我们的奋斗目标”，在我看来这就是一种仰望。

学院院长虽然不是什么大官，但对一个学院的师生来说，影响也会相当大。如何管理好一个新闻传播学院，窃以为在当下，最需要是仰望的能力，因为处理日常的事务的能力人人都有，但仰望并非人人可达。

近几年来，为落实办院愿景，我策划并组织了一系列的学术活动，如“浙大传播大讲堂”“卓越传媒人大讲堂”“学术午餐会”“读书会”，组织了公益性面向全国青年学者的“国际前沿传播理论与研究方法高级研修班”、“传播与公共”工作坊、创办*Communication and the Public*英文刊物，与威斯康星大学-麦迪逊分校传播艺术系和宾夕法尼亚大学安伦伯格新闻学院建立了与“国际一流伙伴计划”，创办“全媒体高峰论坛”……所有这些，都是希望浙江大学传媒与国际文化学院有自由开放的学术环境，有国际视野，并且与业界有密切的互动关系。这些项目，得到了学院师生的大力支持，目前大多变成了校园品牌性的文化与学术活动。

9.2.4 最要紧的是人才队伍

人才是当今社会最重要的竞争资源，只有一流的学者，才可能会有一流的学院。但一流的人才的引进并不是一件很容易的事情，所以我担任院长期间，将学院人才队伍的建设重点放到了对有潜力、有前途的中青年人才的引进和培养方面。近几年，浙江大学传媒与国际文化学院引进了一位长江学者，培养了一位青年长江学者，引进了将20位青年才俊。应该说，浙江大学的青年人才队伍在国内新闻传播学院算得上是比较豪华的阵营了，其中一些青年学者已经有相当的知名度和影响力了。

我肯定不是一位出色的院长，但我担任院长期间可以说勤勉努力，力争不辱使命。应该说，我的探索得到了同事和同学们的支持，我所在的班子也被评为浙江大学优秀班子，我也被评为优秀中层干部。某一年学校组织部门进行的民主测评，同事们给了我很高的评价，得分达到99.5，这是我欣慰的。我相信浙江大学传媒与国际文化学院会越办越好！

（吴　飞）

第10章　新闻传播教育史钩沉

10.1　二进中南海——忆两次永远难忘的新闻教育工作会议

在我近40年的新闻教育工作中，参加了许多次有关新闻教育工作方面的会议，而其中有两次会议是使我终生难忘的。一次是1983年5月至6月，在北京出席由中共中央宣传部和教育部联合召开的全国新闻教育工作座谈会；一次是1984年10月至11月，到北京参加的中国新闻教育学会成立大会。这两次会议，不仅使我学习到了许多宝贵的东西，而且使我有幸两次走进中南海，受到中央领导同志的亲切接见。

10.1.1　一进中南海——全国新闻教育工作座谈会

1983年5月25日至6月2日，中共中央宣传部和教育部联合召开全国新闻教育工作座谈会。当时，我们四川大学新闻专业刚刚招收了第一届本科即1981级学生30名和新闻干部专科班学生60名不久，学校批准正式成立了中文系新闻教研室，我任教研室副主任，新闻专业教学工作正式开展不到两年，新闻教育工作中的许多问题都非常需要学习和请教。学校和系领导，都十分重视这次会议。在我赴京参会前，分管文科工作的校党委副书记、副校长许琦之，专门找我去他办公室，嘱咐我一定要认真参加好这次会议，虚心学习别人的经验；中文系党总支书记程述章、系主任唐正序也叮咛道：这次派你代表新闻专业去开会，责任重大，一定要认真开好，把会议精神很好地带回来。

带着领导和师生们的嘱托，我于5月25日飞抵北京，到北京大学未名湖畔的外宾招待所报到。会务组的同志们非常热情，接待安排得很周到，使人有一种“宾至如归”之感。

出席会议的正式代表共49人，包括全国高校新闻系或新闻专业的负责同志，全国主要新闻单位负责人，以及一些省、市主管新闻宣传和教育工作的领导同志。会议期间，时任教育部副部长彭珮云、中宣部新闻局局长钟沛璋、教育部高教司司长夏自强作了主要报告，著名新闻教育家温济泽、王中，中国人民大学新闻系主任余致浚，复旦大学新闻系副主任董荣华和新闻界老总编辑戴邦、刘爱芝、金照、安岗等作了主要发言，与会代表围绕新闻教育的发展和新闻教育的改革等问题展开了热烈的讨论。大家都谈到，中央召开这样专门研究新闻教育的盛会，中华人民共和国成立以来还是第一次，足见对新闻及新闻教育工作的重视。代表们回顾了我国新闻教育事业发展的历程，交流了当前各新闻专业办学的情况，提出了一些亟待解决的问题。新闻界的同志们也向与会代表介绍了全国新闻事业蓬勃发展的大好形势和新闻人才的需求状况。会议开得很热烈、活跃。

这次会议讨论和制订了我国新闻教育发展规划，提出要加速发展新闻教育，有计划、有步骤地培养新闻人才，包括：扩大招生人数；增设新的专业点，争取在全国每个省、市、自治区，凡是有条件的综合大学，都逐步设置新闻专业；改变专业单一的状况；多层次的培养新闻干部；加强在职新闻干部培训工作等。会议还强调要积极进行新闻教育改革，不断提高教育质量，包括加强对学生的思想政治教育，把德育放在首位；从实际出发，改革招生、分配制度；加强教学工作，改革教学内容和方法；积极开展科学研究，尽快编写出全套新闻学教材；加强师资队伍建设，大力提高教师水平等。

正是这次会议后，中共中央宣传部和教育部于 1983 年 9 月 10 日联合下达了《关于加强新闻教育工作的意见》的正式文件，有力地促进了全国高校新闻教育的蓬勃兴起和发展，也才出现了今天这样新闻教育繁荣与昌盛的喜人局面。①

与会期间，中共中央书记处和宣传部的负责同志把会议代表请到中南海做客。大家怀着无比崇敬的心情参观了毛泽东主席故居。我看到这位世纪伟人的藏书室非常简朴，一边摆着一个大办公桌，一边放着一张大床，而床上大部分地方堆满了各种各样的书籍。毛主席艰苦朴素、学而不倦的伟大精神，给我们留下了深刻的印象。中共中央宣传部部长邓力群同志，还在中南海大礼堂和全体代表们合影留念，并与大家亲切座谈。座谈中，邓力群同志指出，新闻教育要大力发展，要有计划、有步骤地培养一大批合格的人才来充实、壮大我国的新闻队伍。新闻教育要讲究高质量，要把好招生这一关，认真搞好教学的每一个环节。从事新闻工作人员，必须具备坚强的党性，必须博学多识，并有较强的独立工作能力。他还指出，新闻教育需要一大批热心家，高校和新闻单位要紧密合作，共同努力为国家培养出更多高水平的优秀新闻工作者。他希望我们的新闻队伍培养出一批像范长江同志那样的记者。

这次会议除大会发言和交流外，各兄弟院校之间会下的交流也使我受益极大。使我非常高兴的是，这次会上又见到了我 1980 年 9 月至 1981 年 7 月在复旦大学新闻系进修

① 关于加强新闻教育工作的意见[M]//中国社会科学院新闻研究所. 中国新闻年鉴 1984. 北京：人民日报出版社，1984：59.

时的系主任王中教授。当年他给我们讲授“新闻理论研究”课，其思维之敏捷、知识之渊博、教学方法之灵活以及对学生既严格又慈爱的态度，都给我留下了很深的印象，这次见到他，虽然觉得老了不少，走路还拄着拐杖，但仍然精神矍铄，讲起话来铿锵有力、深刻感人。在简短的交谈中，他一方面为我们川大中文系新闻专业已经开始招收了本科生感到高兴，另一方面强调说：新闻和文学不尽相同，既有联系又有区别，办新闻专业一定要注意突出新闻的特点，一步一步地把新闻专业课程开设齐，讲好，花大力气认真加强新闻理论、业务和新闻史的教学工作。他的这一观点，对于我们后来在教学工作中，既坚持注重发扬学校文史哲基础牢固的优势，又始终坚持强化新闻专业课教学、加强新闻学理论与实际紧密结合的教学思路，起到了很好的指导作用。又如，和我同住北京大学外宾招待所一个套间的张颂老师，当时任北京广播学院播音系主任。在日常交谈中，我向他请教了许多关于新闻教育尤其是广播电视教学工作的问题，他都毫无保留地告诉我。他圆润、铿锵、有力、悦耳的声音，和蔼可亲的面容，至今没有忘记。

从北京返校后，我立即向校、系领导和新闻专业教师汇报了会议情况和中央领导同志的重要指示精神。学校结合我们新闻专业的实际情况，进一步充实和完善了教学计划，采取多项措施贯彻会议精神。学校新闻专业经过 1982 年停止招生、总结经验后，1983 年秋季恢复招生，并从此年年招生，不断扩大和进步！

10.1.2　二进中南海——中国新闻教育学会成立大会

1984 年 11 月 2 日，我第二次走进中南海。这次是作为出席中国新闻教育学会成立大会的代表，与全体与会人员一道走进中南海接受中央负责同志的接见。

当时，全国已有 27 所高等院校设有新闻教育，其中新闻类的系 15 个，新闻类的专业 15 个，在职专职教师 611 名，在校学生达 5346 名。① 我们四川大学中文系新闻专业，就是其中 15 个新闻类专业的一个。这次会议正是在全国新闻教育积极发展的背景下召开的。从 10 月 30 日开始，一共开了 4 天。会议在北京工人体育场附近的电子工业部招待所举行。除全国设有新闻系或新闻专业的高校的代表外，新闻界的老前辈和一些主要新闻单位的负责人也参加了会议。会议总结了自 1983 年全国新闻教育座谈会以来新闻教育事业迅速发展的情况，交流了各新闻系、专业教学和研究工作的经验，探讨了努力提高新闻教育质量的具体措施。同时，为了进一步探索我国新闻教育改革的经验和规模，加强新闻院、系之间的合作和与新闻界的联系，不断提高新闻教学和科研水平，正式成立了中国新闻教

---

① 洪一龙. 1984 年我国新闻教育事业发展概况[M]//中国社会科学院新闻研究所. 中国新闻年鉴 1985. 北京：中国新闻出版社，1985：11.

育学会，并选举温济泽为会长，甘惜分、王中、洪一龙为副会长。选举王中、甘惜分、张保安、张默、郑兴东、洪一龙、徐震、温济泽、裴达为常务理事，选举郑兴东为秘书长，我和一些高校新闻院系和专业负责同志当选为理事。会议还讨论和通过了《中国新闻教育学会章程》，确定学会的宗旨是：团结、组织全国新闻教育工作者，交流和探讨高等新闻教育的经验和规律，提高新闻教学和科研的水平，为改革和发展我国社会主义新闻教育事业、建设具有中国特色的马克思主义新闻学作出贡献。

11 月 2 日，会议闭幕前，胡乔木同志在中南海会议厅接见了全体代表。会见在十分亲切的气氛中进行，来自全国各地的与会代表一一起立作自我介绍，然后胡乔木同志请大家发言，并听得十分专心、认真。最后，乔木同志发表了讲话。他说，当前全国各行各业都要为经济建设服务，新闻教育也要增加这方面的内容。新闻工作者应当关心和了解经济工作，培养对经济工作的兴趣和热情，努力熟悉经济界的方方面面，写出更多更好的经济新闻。他指出，新闻教育培养的人才不仅要掌握新闻业务的基本技能，还要有宽广的知识面，既懂得经济、法律、文学、历史等社会科学的知识，还要懂得一些自然科学方面的知识。此外，还应当接触社会生活的各个方面，对各种事物都有广泛的兴趣。他还说，新闻教育不要过于专业化，如果过于专业化，那么它的适应范围就缩小了。他殷切希望新闻教育工作者解放思想，不断创造新经验，为国家培养出更多德、智、体全面发展的优秀新闻人才。胡乔木同志讲完话后，还在会议厅外的草坪上和全体代表合影留念。站在第一排的，除胡乔木、邓力群同志外，还有温济泽、甘惜分、钟沛璋、洪一龙、何梓华、董荣华等领导和新闻系负责同志，赵玉明、郑兴东、虞达文老师等和我站在第二排。这张照片，我一直珍藏着。

参加这两次重要会议，给我感受最深的体会是：第一，中央领导同志十分重要新闻教育工作，在会议上反复强调了办好新闻教育的重要性，这使我深感作为一名新闻专业教师的光荣和责任之重大。第二，新闻单位负责同志和新闻界对新闻教育工作寄予厚望，迫切需要我们为蓬勃兴起和发展的新闻传播事业培养更多优秀的人才。第三，老牌名校新闻院系的领导和老师们，十分热诚关心与支持我们新建的新闻专业，例如与会的中国人民大学、复旦大学和北京广播学院新闻系的同志们，充满热情地给我们提供了许多办好新闻专业的宝贵经验和方法。新老院系新闻专业的老师们十分团结，互相帮助，坦诚相见。所有这些，不仅使我在新闻传播教育工作中长了见识、增了经验、强了信心，而且也成为之后几十年来一直激励着我在新闻传播教育工作中不断探索、前进和坚守的巨大鼓舞力量！

（赵玉明）

附录：

中国新闻教育学会

通　讯

第一期

学会秘书处编印　　一九八四年十二月五日

胡乔木、邓力群同志
接见中国新闻教育学会代表谈话纪要

（一九八四年十一月二日）

一九八四年十一月二日，中共中央政治局委员胡乔木同志，中共中央书记处书记、中宣部部长邓力群同志在中南海接见了参加中国新闻教育学会成立大会的全体代表。

在听取了我国新闻教育事业的发展状况、新闻队伍的现况和需求后，胡乔木同志说：广播电视，还有出版事业都是重要的方面，新闻要跟上新的信息技术。现在世界上，编辑、排版等采用了新技术，中国现在还未能实行，要向这个方面开拓，不然我们的新闻学就要落后于时代。最近在科学会堂举办新技术革命、信息技术展览，你们也可以去参观一下。我昨天去看了一次，开阔眼界，增加了好多知识。各位都是新闻系的领导者，了解现代信息技术发展状况与各方面应用很重要。

新闻系要加强经济的教育，今天报上发表邓小平同志在中央军委座谈会上讲话，提到各行各业都要为经济建设服务，这不排斥其他方面。如果我们对经济工作了解太少，或者说我们的学生对经济工作的兴趣比较淡薄，这就有缺陷。我知道有一位在新闻战线工作很久的同志，他在上海工作很久，就是对经济缺乏兴趣。我说你是在上海这个经济中心、最大的工业城市工作，对经济工作没兴趣，这就很不合适了。我们希望新闻专业的学生都要养成了解经济工作、关心和热心经济工作的兴趣。当然也要对老师、主任、教授提出这个要求。经济建设离不了科学和技术，在现代科学技术突飞猛进的时代，如果对科学技术缺少常识，有些新闻就要写错，这是必然的。有的记者没有数学概念，经常把一百搞成一千，一千搞成一百。前不久《参考消息》登过这么一条消息。介绍摩洛哥，说这个小国警察多得惊人，八人中就有一个警察，全国有三百多个警察，而前面又说这个国家的人口是两万五千人，这就对不拢了。我们写稿的同志对这样简单的乘除法都没有概念，就这样写出来了。这是题外话，不是贬低《参考消息》编辑的工作成绩。

报纸上也常常出现这样的错误，这是因为我们的记者编辑，对数字没有明确的概念，因为他们没有或很少受过这方面的教育。比如中学学了，到大学丢了，就会发生问题。有时不是自己写的，编辑需要做一番核对，不然会闹笑话。鲁迅早就说过，学文学的人不能只懂得文学，也要学自然科学。确实是这样，把新闻教育过于专业化，结果适应性反而狭小，这是需要研究的问题。

当然，我们需要有一个马克思主义的基本视点，同时懂得新闻写作的基本技巧，此外要增加社会各方面的知识，也包括比如法律的常识。我们培养出来的新闻干部确实需要多方面的知识。虽然不能在四四年内开很多的课，但我们应鼓励学生自己阅读各方面的书，无论是社会学方面，还是科学技术方面。至少要有丰富的常识，如历史、地理的常识，这样写起新闻来就不会太枯燥。毛主席当年写的占领南阳的新闻就没有几个人能写出来，我也写不出来，因为我的历史知识、地理知识都不如毛主席。我们希望把新闻写得丰富多彩，叫人看起来有广泛的兴趣，有较强的吸引力，没有多方面的知识作基础就不容易写好。要使我们教出来的学生有吸收各方面知识的兴趣，有追求知识的渴望，这样才能成为优秀的乃至于著名的记者。历史上和当代的出名的记者都具备各方面的知识。新闻系不仅要培养学生写新闻，还要培养学生写评论。写评论也是一样，而且更加需要有多方面的知识。

大学毕业，毕业这个词在英语里另外一个含义是开始工作，在学校里是做工作的准备。要培养他们多方面的兴趣，学习不要过于单一。生物进化学说认为，有些动物的发展，在某些方面过于特殊，以至不能造应环境，形成所谓特异化观象。据有些学者说，恐龙就可能是这样灭绝的，孔雀的尾翼过长，不利于快走避敌。它现在没有灭绝，主要是依靠人类的保护。新闻专业的学生要有广泛的兴趣，这不是你愿意不愿意的问题，因为社会生活本身就非常广泛。我们要反映广泛的社会生活，自己就不得不对各方面的情况、知识、问题都有相当的兴趣。我们的广播电视同样要适应多方面的观众听从的兴趣，这是新闻教育需要解决的问题。

一个同志跟我说起他听昨天广播的感受，我在这里“贩卖”一下。昨天最大的新闻应该是甘地夫人遇刺，可是我们的广播把它放在后面，因为要先报国内新闻。电视也是一样。我们把我们的新闻发言人说对甘地夫人遇刺逝世表示哀悼的新闻放在前面，而把甘地夫人遇刺的新闻放在后面，这是我们长期养成的习惯，当然一般情况下可以这样。现在出现了一件全世界关注的重大事件，是不是可以有所变化，这里也有个解放思想的问题。我们也需要有些灵活反应。关于这个问题，中央很早就有过这样的原则，说把国内事情放在前面，六十年代又提过这个问题，但是这个原则不能成为一个框框，要灵活反应。这个问题我不是代表中央说话，平时难有机会见到大家，今天说一些即兴的话，究竟这问题应该怎么处理，我们另外再研究。

胡乔木同志还谈到了大学培养编辑人才的问题。他说：现在书和刊物的编辑需要量很大，书刊编辑比编报纸要夏杂，需要的训练要复杂得多。新闻事业、新闻教育在繁荣起来，全国出版书刊的数量也大大增加，而且还在继续增加。编辑工作人员的缺乏是个很突出的问题，所以要在大学新闻系或者中文系办编辑专业。

邓力群同志对大学新闻系学生的外语水平、自然科学知识以及增设选修课等问题十分关心，他询问了这方面的情况。最后，他提出要注意在大学生中发展党员的工作，他说：《人民日报》前些时发表社论，提出在青年中注意发展党员工作，这个社论是乔木同志起草的。现在问题的严重性是青年党员在党内的比例不是逐年增加，而是减少，有的地方现在已减少到百分之二。你们新闻系既然过去有好传统，党员比较多，应该把过去的传统经验总结一下。当然各大学各系各专业都要注意，首先你们带个头。

中国新闻教育学会在京成立

中国新闻教育学会于一九八四年十一月二日在北京正式成立。中共中央政治局委员胡乔木，中共中央书记处书记、中宣部部长邓力群当天下午在中南海亲切接见了参加学会成立大会的全体代表，发表了重要讲话。(讲话另发)

中国新闻教育学会是首都七所高等院校新闻系(专业)根据一九八三年全国新闻教育工作座谈会的意见发起并筹备的。全国三十所高等院校新闻系(专业)的代表参加了大会。

大会经过充分讨论，通过了《新闻教育学会章程》，选举了学会理事。

老新闻教育工作者和首都各新闻单位负责人温济泽、陈翰伯、顾执中、周新武、戴邦、肖岩、刘爱芝、佘世光、王立行、洪一龙、刘艺、曲建崇、陈济等参加了成立大会。他们对新闻教育学会的成立表示热烈祝贺，对改革新闻教育提出了许多宝贵意见。

陈翰伯是解放初期北京新闻学校副校长，他说，我是一个退伍的记者，已经几十年不在新闻界工作，对新闻教育却是一直关心的。他说，报纸、广播、电视不仅要搞好国内宣传，而且要面向世界，以后还会有越来越多的人去国外工作，新闻教育要全面考虑这些情况。

原民治新闻专科学校校长，八十七岁高龄的顾执中在讲话中强调新闻教学不能脱离新闻实践。他说，新闻系的实验室不是在学校，而是在社会。新闻系要加强与新闻单位的联系，教师不仅要传播新闻知识，也要参加实践工作。

温济泽在讲话中对新闻教育学会的工作提出三点希望：(1)新闻学是党性十分强的

科学，又是时代气息十分强的社会科学，新闻工作如何在第三次腾飞中起鼓动、宣传、组织的作用，是新闻教育学会要研究的课题。(2)要用多种方式、多层次的教育结构大量培养新闻人才，以满足新闻事业发展的需要。(3)新闻学科的发展要有广阔的基础。搞现代化，广播、电视很重要。新闻教育要跟上现代化步伐，要搞好教育改革。课程设置、教学内容都要运用新的手段，补充新的知识。

北京广播学院的第一任院长周新武同志说，这一两年他到过许多地方，普遍反映新闻干部缺乏，尤其是电视干部更缺，他希望新闻教育单位要重视对广播、电视干部的培养。

全国记协新闻学院院长肖岩说，新闻教育改革迫在眉睫。目前新闻教育存在着两脱离现象。一是高校教师脱离新闻实践，二是各科教材隔离。她说，新闻系教师要立足于本专业，而又需要其他学科的广博知识。教师要接受新知识，也要进实验室，学会运用现代化的信息技术。记协应吸收新闻系教师轮流参加记协组织的实践活动。

刘爱芝代表《光明日报》《中国青年报》《北京日报》祝贺中国新闻教育学会的成立。他希望学会研究新闻改革问题。他说。现在有些现象很值得人们研究，比如，大报办不过小报，日报办不过晚报。他说，对新闻理论和实践中存在的问想，都应该解放思想，加以探讨。

首都新闻学会副会长戴邦在发言中说，目前新闻教育事业落后于新闻实践。新闻研究生去新闻单位实习，往往感到速度跟不上。速度问题归根到底是宣传质量问题。技术革命给新闻事业带来很多课题，更新新闻教育设备应提到重要日程上来。

中宣部新闻局洪一龙在发言中强调培养新闻师资的重要性。他说，从去年全国新闻教育工作座谈会到今天才一年多的时间，新闻教育事业有了很大的发展。除几个省，全国大部分省市都办起了新闻系或专业。现在重要的问题是如何保证质量。新闻教育学会要培养合格的师资。他希望几所老的新闻院校(系)都能办师资进修班，要齐心协力地来培养，造就一支宏大的新闻干部队伍。

中国人民大学副校长谢韬到会祝贺并讲了话。

中国高等教育学会会长蒋南翔、北京市新闻学会向大会发来贺信。陕西省社科院顾问、新闻研究所所长何微发来了贺电。

中国新闻教育学会召开第一次理事会议

中国新闻教育学会十一月二日在京召开了第一次理事会议。

经过协商，选举温济泽为会长，甘惜分、王中、洪一龙为副会长，王中等九人为常

务理事。并一致通过提名，敦聘张友渔、胡绩伟等十五人为学会顾问。(名单另发)

会议还讨论了学会今后的工作。为了推动新闻学研究，繁荣新闻学，会议认为学会有必要创办一个新闻学术刊物。现在起着手筹备，待条件成熟时创刊。会议决定一九八五年春天，在广西或其他地区召开第一届年会，讨论包括教学计划在内的新闻改革问题。

(感谢中国传媒大学赵玉明教授提供此珍贵史料)

10.2　《马克思恩格斯报刊活动年表》编写出版始末

《中国新闻传播教育年鉴》主编张昆老师，约我写一篇当年读研究生时编写《马克思恩格斯报刊活动年表》一书情况的文章。我一听，有点犯难，因为要写这篇文章，首先要找到原书，而我已多年没有见到过自己早先收藏的这本书了。于是，我开始从家里到学校，翻箱倒柜地找。

由于1981年我研究生毕业走上工作岗位后已经换了好几个学校，先是到国际政治学院新闻系任教，1986年调到新华社中国新闻学院，2002年又作为引进人才回到母校中国人民大学工作，这期间搬了几次家，家什物品搬动较大，要找到这本书很不容易。

然而"功夫不负有心人"，后来总算在家里旧书架的里层找到了。我高兴地拿起书一看，发现原本白色的书皮已经泛黄，书脊也已被翻破。打开书，只见扉页上有我写的"郑保卫一九八二年十一月二十六日出书纪念"的文字。看着这些，我的思绪一下子回到了多年前那段让我迄今难以忘怀的研究生学习岁月。

10.2.1　重返母校读研

1978年，我考上中国人民大学新闻系的研究生，这让我激动不已。因为我终于又能够重新回到阔别8年的母校学习了。我是1964年以第一志愿从福建考上中国人民大学新闻系的。来到首都北京，来到仰慕已久的中国人民大学新闻系，眼看自己中学时代立下的学新闻、当记者的梦想有机会实现了，当时心里的那股高兴劲就甭提了。

然而，让我没有想到的是，学了不到两年，1966年初夏，"文化大革命"开始了。我们这些青年学生霎时间便被卷入了这场无休止的政治运动之中。学校停课了，学业中断了，本该 1969 年毕业的我们，又被留下搞了一年“斗批改”①，直到 1970 年才毕业离开学校。

本来自己心想，大学毕业当记者的愿望这下该可以实现了，然而没想到按统一计划分配到辽宁工作的我，按照当时辽宁省的有关规定，却被分到大连市五十六中学当了老师，而且一干就是 8 年。

这 8 年中，虽然不能专业对口搞新闻，使我心里感到有些失落，但出于对学生和家长的责任感，我的工作很投入。在五十六中，我教过语文、政治，当过共青团书记，最后还做了副校长，被评为市、区优秀教育工作者。但即使这样，在我内心深处对新闻的热爱与追求，却始终没有改变。当时我经常在校内外拍一些照片，还在学校举办过摄影作品展览。另外，有时我也为新闻媒体写些稿件，有的稿件还被《人民日报》、中央人民广播电台等中央媒体刊发和播出。我一直盼望着有一天能有机会重新实现我的新闻理想。

机会还真来了！粉碎“四人帮”后，母校老师给我提供了一个信息：1973 年人民大学停办之后，新闻系成建制地并入北京大学中文系后建立的新闻专业，要招收研究生。听到这个消息，激动得我好几天没睡好觉。我想应该抓住这个机会，于是我把以前的听课笔记和学习资料找了出来，开始了考研准备。

当时我已经被任命为中学副校长，工作很忙，我只能尽量安排好工作，抽空学习。在仓促准备的情况下，我匆匆参加了考试，然而没想到竟然顺利通过了初试。6 月底，我接到了北京大学的复试通知。7 月中旬，我们参加复试的 9 个人在北京大学见面时，大家聚在一起，怀着同样的理想和激情，都希望能够借助国家振兴科学与教育的战略决策，获得学习深造的机会。记得当时我曾作诗一首表达自己的这种心情：

燕园从来多知识，科学友朋常来去；
妖氛霸道闲十年，今日“老九”又重聚。
“蝙蝠楼”②上论今古，未名湖畔传笑语；
侪辈不才却有志，愿为四化献胆力。

① “文革”期间极“左”路线下在学校中开展的一项政治运动，其主要内容是“斗争”“批判”和“改革”所谓“旧的教育制度”。

② 复试期间，住北大燕园斋楼，内有蝙蝠无数。每到夜晚，蝙蝠在楼堂内飞舞，时而还会往人们被窝里钻，给我们留下了很深的记忆。

幸运的是，那年正赶上中国人民大学复校，北京大学中文系新闻专业要回归中国人民大学新闻系。而复校后的中国人民大学决定扩招研究生。结果，9 人中我和童兵等 8 人有幸被录取。就这样，我荣幸地成为中国人民大学复校后招收的首届 108 名研究生中的一员。

这段本来看似与本文主题关系不大的经历，其实却是当年我能够顺利完成《马克思恩格斯报刊活动年表》一书编写工作的重要背景。因为正是这段经历才使得我后来有机会，并且有动力和毅力，编写出这本年表来的。

10. 2. 2　通读马恩全集

1978 年 10 月入学后，因为我和童兵"新闻理论"科目的考试成绩好，我们被甘惜分老师收到了门下，师从他研究新闻理论。没想到，这竟然成了我们后来几十年始终没有改变过的专业方向和事业追求。

3 年的研究生学习生活十分艰苦。我们几个研究生都已过而立之年，年龄最大的已经 40 岁。大家都是不分平时和假日，尽可能地多读书，多学习，总想把被"文化大革命"耽误的时间补回来，总想为将来从事新闻工作多做些知识和能力储备。"为国追科学，春风正有时"，是那时我们这些研究生学习报国的一种理念和境界。

入学后第一次跟甘老师见面，他给我和童兵确定的具体研究方向是"马克思恩格斯新闻理论与实践"。他对我们说："要研究新闻理论，首先要了解我们的老祖宗马克思和恩格斯，要弄清他们的报刊活动经历，弄清他们的新闻理论观点，这样才能结合我们中国的国情做好新闻理论研究。"

为了做好研究，他交给我们的第一项任务就是通读《马克思恩格斯全集》，并要求我们在此基础上梳理出马克思和恩格斯一生的报刊活动与新闻观点。当时已经出版的《马克思恩格斯全集》是 39 卷，我们花了大半年时间一边通读，一边按照新闻史方汉奇老师教我们的方法作读书卡片，把马克思和恩格斯重要的报刊活动及主要新闻观点都摘录下来，分类记录在卡片上。

通读《马克思恩格斯全集》实在不是件容易的事。

一是条件差。当时中国人民大学刚复校，学校图书馆的藏书不多，查阅和借阅也有不少限制，这对我们阅读和作卡片都带来许多不便。那时候不像现在，如果没有书和相关资料，可以从网上搜，想记录下来，可以用手机拍照，也可以敲到电脑上。我们需要一本书一本书地去查、去翻、去摘抄。为了解决阅读和研究上的不便问题，后来我们决定自己去中国书店购买《马克思恩格斯全集》的旧书。那时一本全集旧书的价钱是七角钱。这在现在看来似乎不算什么，可当时我们带薪学习的月薪才五十几块钱，除去留给家里孩子的花销，自己手头每月仅有 20 元左右，用于支付饭费便所剩无几了。但为了学习和科研，我们只好“紧缩银根”，硬是一本一本地，几乎买齐了我们想要的书。

二是时间紧。那时候学习任务重，我们要上的课程多，特别是外语，因为已经十多年没怎么用过了，要捡起来需要化笨工夫去读、去背、去记、去练。于是，我们要把除上课和每天坚持锻炼外的其余所有时间，都用来通读全集。我们读研时，改革开放之风已开始在校园出现，学校里和电影院时不时地会有些解禁的电影可以看，研究生宿舍的公共活动间已经装上了黑白电视，每到周末校园里还有舞会……而这些我们都要舍弃。那时，我们每天基本上是宿舍—教室—图书馆一条线的活动范围。日复一日，月复一月，我们一直在沿着这条线走着，忙着。

三是能力有限。通读《马克思恩格斯全集》需要有一定的知识储备，如果对当年马克思和恩格斯生活年代的情况及其生平经历不熟悉，如果不掌握与研究相关的各种历史、地理、文化和语言方面的知识，要做好研究，完成年表的编写任务就很困难。于是，我们一边通读，一边恶补相关知识。我们收集到了当时能够找到的，已经出版的马克思恩格斯生平事业年表、马克思和恩格斯的传记、新发现的手稿，以及一些相关的资料，认真地阅读、记录、思考，以便准确地去认识和了解马克思恩格斯当年报刊活动的背景，理解和把握他们提出的一些新闻观点的内涵及意义。

总之，通读的过程是辛苦的，因为这期间我们几乎牺牲了所有的休息日，放弃了所有的娱乐活动。当然，这个过程也是快乐的，因为通读全集使我们熟练地掌握了马克思和恩格斯几乎全部的报刊活动经历，了解到了他们许多重要新闻观点提出的过程及背景。在我们心中，马克思和恩格斯成了我们天天能够见面的朋友。我们感觉好像是跟他们一起想方设法地在《莱茵报》去为贫苦群众代言，一起不惧艰险地在《新莱茵报》去经历人民革命的战斗风云，一起毫不留情地在《社会民主党人报》去同形形色色的反社会主义势力斗争。每当在通读和研究过程中有了新的发现、新的理解、新的认识时，我们就会高兴地一起交流、切磋学习和研究心得。那种心里的充实感、获得感，让我们由衷地高兴。

在即将读完《马克思恩格斯全集》正式出版的前 39 卷时，甘老师又告诉我们，说全集的后 11 卷中央编译局已经翻译出来了，他已联系好，让我们去看。于是，我们便每天往返于西郊的中国人民大学和城里西城区的中央编译局之间，继续完成通读任务。

就这样，我们用了一年多的时间终于通读完了《马克思恩格斯全集》50 卷，做了几千张卡片，把马克思恩格斯一生重要的报刊活动及其主要新闻观点都摘录了下来。后来，我们又根据甘老师的要求按照年表的形式，在毕业前编写出了 40 万字的《马克思恩格斯报刊活动年表》一书。

10.2.3　感谢历史眷顾

我很佩服张昆老师的学术眼光。此书1982年由中国人民大学出版社出版时，是作为“校内用书”内部出版的。因为仅限于内部使用，书的印数不多，见过的人很少，手头有此书的人更是屈指可数。可以说如今已经没有几个人还能够记得这么本书了。张昆于20世纪80年代曾在中国人民大学攻读研究生，他从新闻史学者的视角，希望能够“史海钩沉”，发掘这本书的史料价值及现代意义，这不仅是对我们作者，也是对中国新闻学术史的一种责任和尊重。

现在看来，这本书无论是在我国新闻出版界，还是在国际新闻出版领域都应该是有一定地位的。10年前，即2008年，我应邀到德国参加学术活动，顺便前往仰慕已久的马克思故居瞻仰。来到故居，我看到陈列柜里摆着世界各国出版的有关马克思的出版物。我向管理人员打听，有没有像我们所编的《马克思恩格斯报刊活动年表》这类的书，他们的回答是“没有”。当时我的心里忽然生出一种自豪和欣慰。

我想到，我们出于自己学习需要，不经意间编写的这本书，可能不仅是我国，而且也是世界上唯一的一本以年表形式，介绍马克思和恩格斯一生报刊活动与新闻观点的书。它的出版，可以说填补了我国马克思恩格斯新闻理论与实践研究和马列著作出版的一个空白。一个研究生，能够在学习期间完成这样一件有意义的工作，实在是可遇而不可求的事。

今年是马克思诞辰200周年，我在撰写纪念论文、整理将由人民出版社出版的《马克思主义新闻观文论》书稿的过程中，忽然想到，如果能够将此书作为纪念马克思诞辰200周年的系列图书公开出版，那不是纪念马克思诞辰的一种最好方式吗？于是我向人民出版社推荐，并得到了他们的支持。

现在回过头来重新评价这本书，认识其价值和意义，我感觉到有一种幸运感，因为是历史的眷顾，才使我和童兵能够一道完成这样一项有意义的工作。

尤其是通过通读全集和编写年表，不但使我对马克思恩格斯的报刊活动与新闻思想有了全面的把握和了解，学到了知识，增强了理论修养，而且使我领略了他们的道德品行，感受到了他们的人格魅力，思想上有了很大的收获和提高。马克思和恩格斯的道德品行和高尚精神像一盏明灯，也像一杆旗帜，这些年始终在引领着我，成为激励我坚守马克思主义立场，自觉学习、研究和传播马克思主义新闻观的不竭动力，这是一开始时我所不曾预料到的。

作为伟大的革命家、政治家、思想家和理论家，马克思和恩格斯在新闻领域都有着独特经历与特殊贡献。特别是马克思，他一生唯一的正式职业就是办报纸。他把报刊作为自己从事革命活动的思想武器和政治阵地。在一生波澜壮阔的革命斗争中，他创办、主编和参与编辑的报刊有十几家，关心和指导过的工人报刊多达数十家，还先后为许多国家的近百家报刊撰过稿。

1883 年 3 月 14 日，马克思与世长辞，这位“当代最伟大的思想家停止思想了”(恩格斯语)。3 天后，在伦敦海格特公墓，人们为他举行了简朴的葬仪。恩格斯在墓前所致的悼词中，高度评价了马克思伟大的一生，介绍了他在理论著述和革命实践方面为人类作出的重要贡献。

在恩格斯简短的悼词中，却有一长段是历数马克思一生所创办和编辑过的报刊的：“最早的《莱茵报》(1842)，巴黎的《前进报》(1844)，《德意志—布鲁塞尔报》(1847)，《新莱茵报》(1848—1849)，《纽约每日论坛报》(1852—1861)。”一年后，恩格斯为纪念马克思逝世一周年撰写的文章又以《马克思和〈新莱茵报〉》为题。恩格斯如此看重马克思的报刊活动，足见在马克思一生的革命生涯中，其报刊活动所占的重要位置。

马克思是从参加报刊活动开始自己的革命政治活动的。他始终把报刊作为从事革命斗争的锐利武器，作为进行理论著述和思想宣传的重要工具，作为保持同党和群众联系的桥梁与纽带。可以说马克思几乎一生都在和报刊打交道。他把报刊活动看作是自己革命活动极其重要的组成部分。他通过报刊活动来阐述和宣传共产主义理论，指导和推动国际工人运动和社会主义运动。如果离开大量的报刊活动，那么他的革命活动(从对革命运动的具体指导到用以武装千百万革命者的理论创造)就将失去重要的思想武器和舆论阵地。因此，对马克思来说，革命家、政治家、思想家、理论家，与报刊活动家和宣传家是集于一身的。

而且，正是长达半个世纪的报刊活动，为马克思的革命活动提供了思想武器，为其世界观转变营造了现实环境，为其新闻思想形成奠定了实践基础，为无产阶级政党报刊开创了优良传统，为马克思主义新闻观开拓了发展道路，这是马克思对无产阶级和社会主义新闻事业作出的杰出的历史性贡献。

恩格斯同样有着丰富的报刊活动经历。他从青年时代就开始投身报刊活动，并且一生也都没有离开过报刊工作。1838 年，18 岁的恩格斯便开始为报刊撰稿；他跟马克思一样是《莱茵报》的年轻作者；1848 年，他同马克思一起创办了无产阶级机关报《新莱茵报》；晚年他同马克思共同指导欧美国家的一些工人政党报刊。而正是指导德国社会民主党机关报《人民国家报》和《社会民主党人报》等工人政党报刊的实践，使他对无产阶级党报的工作原则和活动规律有了深刻理解和准确把握，进而提出了一系列重要的新闻观点，为马克思主义新闻观的形成作出了卓越贡献。

总之，马克思和恩格斯一生中都与报刊有着不解之缘。因此，了解马克思和恩格斯的报刊活动便可以寻觅到他们一生革命政治活动的轨迹，也可以认识到他们一生理论创造和思想建树的成就。可以说，报刊是洞见马克思和恩格斯战斗一生的最理想的窗口。

《马克思恩格斯报刊活动年表》全面、系统地梳理了他们一生的报刊活动，以及他们在报刊活动实践中所提出的一些新闻理论观点，而且以年表的简洁形式客观地呈现出来，它可以为学习和研究马克思恩格斯的新闻实践与新闻思想提供有益的帮助。

在回顾《马克思恩格斯报刊活动年表》编写和出版始末的时候，我特别怀念和感恩甘惜分老师。甘老师是我国新闻理论大家、党报理论的奠基者和马克思主义新闻思想研究的开创者。作为我的研究生导师，是他引领我走上了学习和研究马克思恩格斯新闻理论与实践的道路，而且培养了我的研究兴趣，使得“马克思恩格斯新闻理论与实践”，成为我后来40年中一直坚持的研究方向。

在3年的研究生学习期间，特别是在通读全集和编写年表期间，甘老师给我和童兵很多具体指导。他亲自帮我们联系中央编译局，使我们能够在第一时间阅读到刚刚翻译出来的《马克思恩格斯全集》后11卷，即40~50卷的文稿。最后，他还为我们编写的年表书稿作序，可以说对我们真是关爱备至。

在甘老师去世的前一年，即2015年的元旦，我去看他，他赠我一幅字，上面写的是“立足中国土　请教马克思”。我理解老师的意思，他是让我继续立足中国大地，紧密结合中国实践，虚心向马克思求教，把马克思主义新闻思想研究坚持做下去，特别是在马克思主义新闻观中国化和构建中国特色社会主义新闻学方面继续作些贡献。

如今，我已进入古稀之年。回望过去，我感觉很充实。因为在半个多世纪新闻追梦的路上，我一直在努力着，始终未敢懈怠。展望未来，我依旧信心百倍。我会不负甘老师的期待，牢记党和人民的嘱托，在传承马克思主义新闻观、构建中国特色社会主义新闻学方面向着新的目标继续前行。

（郑保卫）

10.3　白纸描图平地高楼——中国广告博物馆创办记①

中国广告博物馆作为中国广告行业唯一的学术性、专业性和公益性博物馆，从概念缘起到场馆落成，从一穷二白到行业地标，经历了十多年的艰辛跋涉和跌宕波折，确实是“不在其中者，难解其中味”。作为中国广告博物馆的创始人之一同时也是现任中国广告博物馆馆长的黄升民教授，在 2014 年 5 月中国广告博物馆主体场馆封顶之际，特意写了十篇“平地如何高楼”的连载回忆录，其中深情回顾：“许多事情，其实都是从摸索开始，一点点地积累，迂回曲折地前进，中国广告博物馆就是一群‘执著’的人，秉持着学院一贯的‘说干就干，边想边干’的实践精神，创造的中国广告史上的一个奇迹——白纸描图，平地高楼……”

10.3.1　白纸描图：“三剑客”与一个造馆的梦想

新世纪之初，中国广告业实现了标志性突破，全国广告业营业总额突破千亿元大关，这标志着中国广告业成为成熟的产业。同时，全球化和数字化的浪潮也滚滚而来，如何应对变革成为当时的时代命题。另外老一辈广告人的手稿、藏品正在流失，新一代广告人的活动无处存放。在中国广告业处于传承和开创的历史节点，一个承载行业历史，梳理发展脉络，提供研究基础，启示发展思路的知识装置和平台就显得尤为重要。

当时广告学界的“三剑客”，现中国传媒大学广告学院院长丁俊杰、现中国广告博物馆馆长黄升民、《国际品牌观察》杂志社原社长刘立宾一拍即合，经过几番讨论与碰撞，于 2005 年 8 月，在《国际广告》杂志上刊登文章，发出“时代呼唤广告博物馆”的正式宣言，并从不同角度阐释了中国广告博物馆的建设初衷和使命。原文摘要如下：

广告博物馆是传承广告精神文明的重要载体，如今国内的广告业，许多从业者

---

① 中国广告博物馆是专注于广告历史、广告艺术、广告民俗、广告工业、广告科学等见证物进行搜集、保存、研究、传播和展览，以供专业研究者及普通民众使用，同时进行广告专业教育、调查研究、启蒙教育等必要的工作，并以对这些资料进行调查研究为目的的永久性公益机构。中国广告博物馆由中国传媒大学广告学院、广告行业发起人代表等共同发起筹建。在数字资源库建设、藏品体系建设、重点学术研究等方面，取得一系列成果，填补了国内广告史学方面的多项空白。

参考资料：“平地如何高楼”见黄升民博客；“追梦三曲”为 2016 年国际创享节黄升民主旨发言；“百年学院千年树”为 2017 年广告教育论坛黄升民主旨发言。

更多的是迷失在日常繁琐的业务中，疲于奔命，没有崇高的专业理想，没有为广告而痴、为广告而狂的专业精神，专业教育也只重视操作层面，忽略了精神层面的传承。同时行业成熟度的一个重要标志就是是否建有属于行业自身的博物馆或博物馆性质的机构。一个行业没有自身藏馆，说明这是一个没有记忆的行业，一个没有记忆的行业是没有发展前途的行业。(丁俊杰)

建设广告博物馆的构想源自一种责任感，是每一个广告人投身广告多年之后自然而然便积淀下来的一种责任感。我们不是国内第一个想建广告博物馆的人，但是我们倒是第一个下定决心从现在开始、从零开始着手去做的人。中国传媒大学作为信息传播研究领域的学术重镇，与传媒业的关系既深又广，同时中国传媒大学的广告专业是一个集教学、科研和产业化综合一体运作的实体，有理想也有实力为中国广告业的发展留下一点声音，留下一些史料，实现追求与理想的载体。(黄升民)

建设广告博物馆，重要的是为中国广告业打造六大工程：抢救工程、民俗工程、形象工程、传记工程、学术工程和世纪工程。(刘立宾)

此宣言一出，一呼百应，引起广告界志士仁人的广泛关注，很多广告老前辈和行业担当者纷纷加入。

10.3.2　壁垒千仞："一群人"燎原星星之火

做什么的理念有了，怎么做的思路也有了，但是一无钱，二无地，怎么办？首倡者黄升民教授说，那就团结行业里最宝贵的财富——人。只要有人的支持，有人的力量，就能跬步千里。于是，三位首倡者提出了一个大胆的想法，成立中国广告博物馆发起人组织，团结行业里最有担当和责任心的一群人，每年召开一次发起人大会，用"滚雪球"的方式推动博物馆的概念落地和梦想实现。

2005年11月6日上午，中国广告博物馆第一次发起人大会正式召开，那一刻现在回想起来依然激动人心。三位首倡者：丁俊杰、黄升民和刘立宾早早来到会场。时任中国广告协会副会长、原国家工商行政管理总局广告监管司司长刘保孚，时任北京电通广告有限公司副董事长、原北京广告公司总经理姜弘，原电通北京事务所所长八木信人，时任中央电视台广告部副主任何海明，时任海润集团副总裁谭希松，时任北京广告公司广告公司总经理胡纪平，时任国安文化传媒投资有限公司总裁鄢钢，时任北京歌华文化发展集团副总经理陈鹤彪，时任智得沟通事业股份有限公司董事总经理张白清，时任上海师范大学人文与传播学院副院长金定海，时任央视——索福瑞媒介研究有限公司总经理王兰柱，时任龙之媒书店董事长徐智明，以及当时的广东省广告有限公司、未来广告有限公司、海润新时代广告有限公司、实力媒体克顿咨询公司、歌华文化发展集团、梅高(中国)广告公司、奥美地亚文化传播公司、北京人民广播电台、广州日报社等机构纷纷到会，并在中国广告博物馆成立倡议信上郑重签下自己的名字(见图 10-1)。

图 10-1　中国广告博物馆第一次发起人大会与会代表合影

此次会议可以说是吹响了博物馆建设的第一声号角，对今后博物馆的建设影响深远。此次会议确立了中国广告博物馆建设的组织机构和管理章程，明确了中国广告博物馆发起人大会为博物馆的领导组织，筹委会和秘书处在发起人组织的领导下开展具体工作。会议推选丁俊杰为筹委会会长，刘立宾为副会长，黄升民为秘书长，刘保孚、姜弘、八木信人等 4 人为顾问，戴书华、王建琪、鄢钢、刘燕、高峻、莫康孙等 28 人为首批发起人兼筹委会常委。

自此，中国广告业最有担当的一群人，秉持初心，风雨兼程，点燃了博物馆事业的星星之火。从筹建至今，已经召开了十四次发起人会议，并且在 2018 年 1 月 11 日召开的第十四次发起人大会上，中国广告协会、中国商务广告协会、中国广告主协会三大协会正式一起加入中国广告博物馆，创造了中国广告博物馆新的历史时刻。

10. 3. 3　以梦为马：三驾马车拉动的寻梦之旅

广告博物馆的发起人和筹备团队以梦为马，在没地没钱的情况下，“莫问生死但问耕耘”，开展“三驾马车”的建设，推动博物馆进入开疆拓土的阶段。

一是全面系统化的开展广告藏品建设工作，打造行业最大的广告作品数据库和专业文献资料馆。2006 年 3 月 19 日召开的第二次发起人会议，审议通过了《申报、藏品征集、资金募集、管理方法草案》和《筹备理事会章程草案》等方案，并举行了首批 26 件广告藏品的捐赠仪式。通过后续扎实的对全国范围的广告藏品分布的探查，对存世的老广告作品、手稿、实物进行的记录、鉴定和收藏，创建了中国广告文物、孤品索引的数据库。截至目前，已经初步完成1911—1948年民国时期、1949—1978年30年间、1979年至今中国改革开放以来三个代表性时期的广告藏品序列和文献典籍收藏。

作为博物馆，物理空间毕竟有限，“我们需要创造空间无限的数字广告博物馆”，广告是人类智慧的结晶，而广告作品是最形象的诠释时代的方法，也是记录历史和文明的方式之一。广告博物馆要将这些碎片化的创意永久地凝固下来，让后人能够直观地了解到不同历史时期的社会生活图景。2006年，黄升民馆长战略性启动了广告数据库的建设工程，数字化的采集、存储和管理广告作品，建立广告资源的大数据。2006年8月在中国传媒大学召开的“广告人才培养大会”上，广告数据库的1.0版本首次亮相，引起了很多广告专业高校老师的关注。至今，该数据库已经完成明清时期至今贯穿百余年、涵盖16个产品大类、20种媒体类别的广告作品近13万条，并获批文化部2016年度国家文化创新工程。

二是夯实根基性的广告史学研究，填补一系列专业空白。广告博物馆通过开展扎实的口述史研究项目，2006年7月出版了第一部完整的广告通史专著——《中国广告图史》。2007年4月在第三次发起人大会上启动了“中国广告三十年”的课题研究和文献纪录片的拍摄工作，抢救并积累了一大批一手的研究史料。2016年博物馆还启动了北京社科基金项目——“基于数字博物馆平台建设的北京老字号挖掘保护与文化创新研究项目”，致力于挖掘和保护老字号的一系列文物史料，探寻文化创新之路。

三是打造品牌活动，“以展带藏”，“以藏带展”。2006年开始，中国广告博物馆开创了“广告作品研讨会”系列活动，旨在搭建学界和业界对广告创意进行研讨的桥梁，探索广告作品的评估体系的建立。先后举办了“蓝道作品 创意撩人”研讨会(2006年3月30日)、“品牌维他命——维护品牌的力量”作品研讨(2006年6月15日)、“卓越品牌·创意中国——见证与卓越形象“橙”长录”作品研讨会(2006年11月30日)、“感受经典·品味原创北京东方捷先广告创意评析会”(2007年6月4日)等。

2011年，博物馆的筹建工作进入第6个年头，需要有一个向社会交代的展览，而且距离中国广告恢复30年已经过去两年，广告博物馆在前期研究的基础上积累了丰富的史料和成果，如果可以展出，则可以开创性的向公众展示中国当代广告的发展变迁和消费生活的流变。万事俱备，但是缺乏场馆。怎么办？黄升民馆长创造性地提出筹款租地办首展。时任北京歌华文化发展集团总经理的王建琪，也是博物馆的发起人，给予了支持和合作。就这样，2011年12月，由现任中国广告博物馆副秘书长刘英华教授任策展人的中国广告博物展的首展《中国广告——当代中国社会文化和消费生活的镜像与流变》在北京歌华大厦13楼租地展出。此次展览通过“服饰、饮食、居住、交通、器用”5个方面，近600余件平面、影视、广播广告作品，诠释社会生活发展和变迁，体现广告对于中国当代社会发展的价值和意义。此展是中国广告史上首个完整的全图景展，后来还被邀请到上海师范大学(2016年2月)和荷兰海牙(2015面3月)进行巡展。此展可以说是中国广告博物馆寻梦之旅的重要转折，为博物馆的场馆落地起到了开山作用。

10.3.4　平地高楼：从700多平到2800平的创举

从2005年3位首倡者提出建设广告博物馆，在缺钱少人的情况下，大家无问东西，做事先行，在学术研究、藏品积累、展览交流方面都积累了大量成果，中国广告博物馆的概念业已影响深远，但是最核心的场馆，却一直没有着落。每年的发起人大会都是借用广告学院的场地，大量的资料也只能暂存在广告学院的档案馆里。馆长黄升民为此四处奔走，寻找机会。从2008年北京公交总公司在高碑店附近的“718”厂房，到中国传媒大学的44号楼、旧图书馆，再到南磨房乡的广告产业园，可以说是花明柳暗，一波三折。2013年，终于确立了场馆建址——中国传媒大学的45号楼。这是一个合计不到800平方米的小楼，其中的一个阶梯教室占据了大半，楼中还有一棵树，又占去若干空间。但是事在人为，广告博物馆一路走来，不都是在不可为中而为吗？经过大胆的设计和改造，2014年春天开始正式动工，2014年5月14日主体工程封顶，2014年9月正式投入使用，博物馆“从七八百平方米变成了2800多平方米，有长廊，有中庭、户外广场、数码互动厅、数字馆、报告厅、文献资料室，还有天光长廊再加大展厅，全了”。“而且保留了中庭的‘独立之榆’，象征着博物馆人独立自主的精神，预示着中国广告博物馆的百年基业，万年常青。”

2014年9月20日，是中国传媒大学建校60周年的纪念日，中国广告博物馆开馆暨新馆落成仪式正式举行(见图10-2)，《浮光掠影广告流年——年历中的广告印迹”博物馆开馆展暨赵琛藏品展》同时开幕。展品以年历为主题，以“浮光掠影，广告流年”为线索，通过1905年到1976年连续72年的系列年历广告呈现了我国广告业的发展历程，折射出政治、经济、文化以及消费形态的变迁。此次展品相当大一部分是国家二级文物。丁俊杰教授在开幕式上感慨万千：“中国广告博物馆筹建十年，终于迎来自己的开馆典礼和新馆落成，应该说，这对于中国广告行业而言，是一个非常具有历史性、标志性的事件，在各界领导、各界朋友的帮助下，我们终于有了自己的行业博物馆，中国广告业有了自己的历史家园，中国广告人终于有了自己的寻根基地。”

图 10-2　中国广告博物馆新馆外景

黄升民馆长也谈道："中国广告博物馆是属于广告学院的，也是属于整个广告行业的，更是属于整个世界的!"博物馆自正式开馆以来，通过跨行业、跨领域、跨地区的资源联合，成为融合业界、学界、政界、企业界各方资源的综合性服务平台，是集藏、展、会、教四大功能于一身，学术性、产业性、文化教育使命为一体的现代博物馆。目前已经举办了 18 次具有国内外影响力的展览和活动，累计参观人数达 20000 多人次，极大地促进了中国广告专业的交流和行业的发展：

①《"浮光掠影广告流年——年历中的广告印迹"博物馆开馆展暨赵琛藏品展》(2014 年 9 月 20 日)

②《汽车轮子上的"中国梦"汽车广告展》(2014 年 9 月 20 日)

③《生长"GROW"——中国传媒大学广告学院设计系十五年教学成果展》(2015 年 1 月 14 日)

④《"互动图形"设计作品展》(2015 年 3 月)

⑤《王老吉百年品牌文化成就展》(2015 年 4 月 22 日)

⑥《旮旯展》(2015 年 4 月 22 日)

⑦《现实书写：朱维理艺术创作回顾展》(2015 年 9 月 23 日)

⑧《中国 4A 十周年广告作品展》(2015 年 10 月 29 日)

⑨《遇见世界最美的设计——国际设计大师海报邀请展》(2016 年 3 月 23 日)

⑩《娃哈哈品牌文化展》(2016 年 4 月 27 日)

⑪《无形之行——中国传媒大学广告学院设计系 2016 毕业作品展》(2016 年 5 月 11 日)

⑫《电通 · 中国广告教育合作项目 20 周年展》(2016 年 5 月 27 日)

⑬《IAI 国际广告奖全国广告展》(2016 年 6 月 21 日)

⑭《拨动互动之弦："以_乘"LxU 5 周年展 &〈媒介〉5 年探索互动营销汇报展"》(2016 年 11 月 30 日)同时举办"让信息更动人——LxU 内容营销与设计创新"分享会

⑮《"字道 2017"系列巡展展览》(2017 年 3 月 11 日)

⑯《第九届中国传媒趋势论坛暨"〈媒介〉眼中的传媒十五年"主题展 》(2017 年 4 月 12 日)

⑰《空想现实主义——肖虎招贴艺术展》(2017 年 10 月 11 日)

⑱《品牌基因 价值进化——首届家电及消费电子品牌建设管理高峰论坛暨成就展》(2017 年 10 月 31 日)

"是人必有梦，广告梦中生"，中国广告博物馆的诞生就是一个造馆梦想不断实现的过程，中国广告博物馆成立以后，又为广告业提供了圆梦的舞台，比如"王老吉的百年品牌梦""中国 4A 的'创意'引领梦""娃哈哈的民族品牌梦""电通的'卯榫'梦""中国家电品牌崛起梦"等。

2017 年 3 月，中国广告博物馆又新提出了四个伟大的"喜马拉雅山"梦，暨通过《中国广告四十年》纪录片的拍摄，再现中国广告、百姓生活、社会变化和国家崛起的 40 年征程，"挖掘 40 年来四个领域积淀的知识涌流，通过数据库的空间管理，使之具有不断循环的自然生长的生命力"，"让世界看到中国伟大的创意、伟大的品牌、伟大的媒体和伟大的人民"。

空间是有限的，然而，时空交汇的舞台是无限的，从巨量生产到智能展示，再到无限服务，中国广告博物馆现在、未来就是这样的舞台。

（黄爱武）

10.4　跨越时空的“大篷车课堂”

10.4.1　1990年启程的一场不曾停歇的旅行

机长宣布飞机需要临时降落时，我与坐在旁边的漂亮蒙古姑娘相谈正欢。“飞机快没有燃料了，”她说。

所有的蒙古乘客开始大声跟乘务员讲话。“乘务员说我们从乌兰巴托起飞前机械师给飞机加的燃料不够支持这次长途飞行，”我身边的姑娘冷静地向我解释道。

几分钟后，这架苏联时代的螺旋桨飞机在一条狭窄的、未修整的土跑道上安全降落。这里是一个几个月前被苏联军队遗弃的旧军用机场。“苏联红军留下了几桶汽油，应该足够让我们飞到科布多”，机长试图让乘客平静下来。

加油期间我走下了飞机。广阔草原的另一边，我看到了一座古城废墟，高大的城墙裹在护城河中间。“那是什么？”我问道。“那是乌里雅苏台，”同机的一位蒙古外交部官员回答说。从18世纪早期到20世纪早期，乌里雅苏台曾经是外蒙古与西伯利亚南部最重要的军事要塞与最繁忙的买卖城。从其东部穿过杭爱山可以到达库伦（现在的乌兰巴托），西部穿过阿尔泰山脉到达新疆，东南部穿越戈壁沙漠通往北京，北部穿过唐努山可以到达唐努乌梁海。

到科布多的这次旅行是联合国教科文组织（UNESCO）项目的一部分，名为“丝绸之路的整体研究：对话之路”。在1990年夏天，我作为联合国教科文组织的青年学者，参加了它为期两年的丝绸之路考察。在世界著名的历史学家和考古学家艾哈迈德·哈桑·丹尼教授的带领下，我们考察了4条古丝绸之路：穿过中国西部的沙漠之路，从威尼斯到大阪的海上之路，位于苏联的草原之路以及位于蒙古的阿尔泰山路。

1990年当我从西安出发时，身上带着3台相机、500卷胶卷、1捆圆珠笔、1打新笔记本以及1个老式的打字机。陕西省省长白清才在西安的西门为参与考察的每一位学者颁发了一张唐朝官方的护照复制品，表示我们是合法的西行者。但是1400年前，玄奘去往印度时却是偷偷摸摸地从西安出发，因为当时唐太宗禁止国人出关。玄奘说服了玉门关的守卫才成功偷渡出国。在中亚和南亚旅行了17年之后，玄奘回到西安，撰写了《大唐西域记》。在这本12万字的书中，玄奘描写了中南亚的地理、交通、气候、商品、人民、语言、历史、政治、经济、宗教和文化，范围覆盖现在的新疆、阿富汗、吉尔吉斯斯坦、塔吉克斯坦、乌兹别克斯坦、巴基斯坦、印度、尼泊尔和斯里兰卡。玄奘在书的开头写道："我在这里叙述的从未被叙述过，并且和你们从前耳闻的有所不同。我的书记录了帕米尔高原之外的几乎所有地方。本书纯粹记录我所见到的，没有任何夸张或修饰。"

我不清楚玄奘是如何记录并保存下他的见闻的。在他的年代，并不存在可以随时随地记录的微博等工具。他一定有极好的记忆力。但是我并不相信自己的记忆。我随身携带记事本，现场记录下所有我看到、听到的有意义的细节，并保持着写日记的习惯。现在，通过微博或微信等社交媒体的普及，似乎人人都在写日记，但是与玄奘的写作相比，现在大多数作家写微博更多的是为了表达自己的偏见和愤怒，而不是记录历史。

10.4.2　摆脱刻板成见的"慢新闻"教学

打开毡房的门，看到金色的阳光在图瓦共和国辽阔的草原上跳跃。明媚的晨光下，叶尼塞河在雪山脚下静静地流淌。这是我们抵达图瓦之后的第一个早晨，此前取得签证邀请花费了两年时间，路上则坐了 7 个小时的飞机加 12 个小时的汽车，2012 年夏天我带着 20 名学生来到曾经的唐努乌梁海。

"起床了，你们这些懒虫。"我在营地里挨个毡房敲门，不想让学生错过这么棒的照相机会。我背着自己新买的尼康相机独自走到叶尼塞河河畔。1 个小时之后我回到营地，所有毡房内仍没有起床的迹象。我推开了男生住的毡房的门。他们正躺在床上玩自己的苹果手机。

当今中国，许多人像我的学生们一样，习惯在床上看微信或微博。人们早上起床之后，没有时间上厕所、刷牙、洗澡甚至穿衣服。人们一边揉着眼睛，一边把枕边的手机打开。一天的生活从浏览微信或微博开始。为了努力成为第一个知道新闻并把自己的口水第一时间粘到一条新闻或微博下面，很多中国人几秒钟就低头看一眼手机。要想在这个疯狂的媒体世界中生存下去，记者们似乎别无选择，只能通过热炒明星、性、丑闻、隐私和暴力事件来吸引眼球。中国记者和新闻教育者便是在这种媒体背景下进行报道和教学，也难怪关于"新闻正在死去"的讨论越来越多。评论家越来越怀疑新闻学能否作为深度学习与深度写作的一部分。

微博并没有掌管世界，微博最终会被一种"慢新闻"超越，这是一种有深度、有文化、增长见闻、教育性强、值得思考并且可读性强的新闻写作。

自 1999 年从新华社来到清华大学，我创建了"大篷车课堂"并始终把在亚洲边地的大篷车课堂教学当成自己的生命。大篷车追随着法显以及其他人的脚步行走在亚洲边地。很多年里，我最好的朋友杨明皓(Miles Young)先生为这门旅行研讨课提供了支持。而我第一次想到要开办一个行走在路上的课堂，是 19 年前与时任清华大学校长王大中的一次会面。

那是 1999 年的一个夏夜。我在清华大学甲所的一间餐厅中坐着，餐厅周围环绕着茂密的灌木丛与古树。核科学家王大中院士在那里请我吃饭。那天早上，王校长在校长办公会上决定聘任我为清华大学国际传播研究中心的主任。

“你认为一个好记者的标准是什么?”王校长问我。

我从包里拿出两本书：《找回中国昨日辉煌》和《梦幻尼雅》。“这两本书是我多次去亚洲内陆和边境的旅行日记。”我说：“我想让清华的新闻学生学习一种慢新闻，也就是说学生们要撰写和发表自己的作品可能需要好几年的时间，就像我的这些日记一样。”

“我将用一支笔、一个记事本和两本古书在清华开启一种全新的新闻教育，”我说道：“那两本古书是法显写在 5 世纪早期的《佛国记》和玄奘写于 7 世纪的《大唐西域记》。”

“你为什么选两本古书作为新闻系学生的指定读物?”王校长问。

“中文里的‘记者’这个词，‘记’是动词，‘者’是指人。记者就是记录的人，”我解释说：“如果我们读这些伟大的旅行者或者说‘记者’写的书，就能够更直接地掌握进行珍贵历史记录的基本要素。”

我运用自己在新闻领域学习、工作和教学的 30 多年经验，在“慢新闻”的采访和写作方面进行了实践。每年在遥远、孤寂的亚洲边地开办为期 1～2 周的手工作坊期间，我让学生用亲身体验的方式学习中国古代的新闻写作艺术——“记”，即纯粹的描写与无偏见的记录，没有鼓动性的语言，没有意识形态标签，也没有隐藏的商业或政治议程。在踏上旅程之前，我会要求学生阅读一些经典的新闻式作品，如《佛国记》和《大唐西域记》。这些书不是历史的“第一稿”，而是作为历史的终稿为后人提供了珍贵的记录。举例来说，为了确保自己的记录精确，玄奘用他的步长来测量距离。在他 17 年跨越 138 个国家的旅行中，他测量的误差小于 1 英里(约 1.61 千米)。法显和玄奘的写作是叙述性的旅行日记，即对其旅行经历的仔细记录，写作中包含丰富的地理与人文信息。他们用自己的一手观察来描写中亚与南亚，书中充满了不寻常的景象与生动的细节。如果翻译成现代汉语或者英语，这些文字绝不会枯燥无味，而是非常吸引人且容易阅读的。

与现代新闻强调批评一切、怀疑一切、轻蔑他人、侵犯隐私不同，在法显和玄奘诚实的写作中，他们倡导同情心和慈悲心这种人类的普世价值。新闻报道不是给人带来痛苦与摧毁他人平静的生活，而应该是摧毁他人的痛苦。好的新闻永远是在苦海中飘零的人的避难所。

“大篷车课堂”自 1999 年创建以来，出征 20 多次，积累了几十万字的游学笔记和纪实作品，为 500 多名青年学生带来值得回味一生的实践体验。“大篷车课堂”从 2007 年开始由我与 Miles Young 教授共同主讲，2016 年 Miles Young 出任牛津大学 New College 院长之后，现在由我独立主讲，同时邀请文学、历史、考古、艺术、政治、经济等领域专家学者参与讲座。2018 年“大篷车课堂”被评为“清华大学挑战性学习课程”，并立项开展“挑战性学习课程的推广模式研究”。2017 年团中央对参加“大篷车课堂”的西南政法大学团队给予了特别表彰。2015 年清华大学出版社出版了我和学生们达 1500 页的行走笔记《写在亚洲边地》。原清华大学人文学院学生、现任《青年参考》总编辑的包丽敏在参加“大篷车课堂”后说：“我想将这两周来的日日夜夜仔细地存放到心中，滤去浮华，留下最纯净、最动人、最真实的东西，供我一生怀念。”原清华大学新闻与传播学院学生、现任《人民日报》记者的陆娅楠说：“背着背包行走在路上，泥土、沙尘、阳光和风雨让我们掌握了生活中最重要的技巧，也帮助我在以后的人生中更胜一筹。”

10.4.3　以实践为主的“作坊式”教学

在一家破旧旅馆昏暗的灯光下，我坐在床上听学生们的汇报。学生们围坐在我床边的地上。那是 2002 年，我带领着 20 名大一新生在四川省西部的藏区上采访写作研讨课。

“你今天为什么没有采到故事？”我问仇檀，一个来自北京的女生。我给她的任务是写一篇关于藏族人计划生育的故事。

“我坐了一天的拖拉机到山里的一个村子，见到了一些人，但是我没找到跟村民说话的机会，我以前从来没有跟陌生人说过话。”她说着，红彤彤的脸蛋越发红了起来。

接下来的整个晚上我都在用自己在世界各地旅行的经验，指导学生怎样跟陌生人接触和讲话。第二天晚上天黑之后，我们都在餐桌旁焦急地等待仇檀，这时她突然跑了进来，大声宣布：“我有故事了。”

“一开始，村长很不愿意回答我关于计划生育的问题。但是聊了一会儿之后，他向我透露了一个秘密：‘安全套对我们村子里的妇女来说从来都不管用。她们把安全套都煮着吃了，可还是会怀孕。’”

大多数跟随我的“大篷车课堂”旅行的学生是大学一年级的新生。在过去的学习中他们更多的是被动地接受知识和死记硬背课本，大多数人是第一次体验这种实践式教学。跟随“大篷车课堂”旅行时，学生们会以两三人的小组为单位行动。白天，学生们在边远山村行走并与陌生人说话。他们不仅学习与外部社会交流，还学会在小组内持续地交换想法和经验。晚上，所有小组都回到营地（这个营地可能是一顶毡房、一间咖啡屋或者一家旅馆），汇报他们白天发现的一个有趣的人或者故事。教师以旁观者和组织者的身份听取学生们的报告。他并不会做出任何评判，但是会用指导性的问题打断学生，来帮助他们找到故事的焦点，或是挖掘更多细节，或是形成一个更相关的写作主题。

学生在"大篷车课堂"的学习中一个非常重要的元素就是"学徒"身份。学生与经验丰富的记者和从业者一起旅行、工作。20 世纪 90 年代早期，与伟大的巴基斯坦历史学家和考古学家丹尼教授在丝绸之路上旅行的两年中，我一直把自己当成他的徒弟。白天我观察他做田野调查，早上和晚上我会帮助他搬运沉重的行李。我们一路在喀什、阿什哈巴德、撒马尔罕和布哈拉等地停留时，丹尼教授都会凭借自己对中亚历史的广泛了解，将那些有趣的、重要的、相关的故事讲给我听，勾起我的好奇心，并让我更加渴望阅读、学习和写作中亚的历史和故事。

许多年后，当我带领着自己的学生行走在路上时，一直都以丹尼教授为榜样。当我们到达塔克西拉、阳关、罗布泊、楼兰、贝加尔湖、哈卡斯和图瓦等重要地点时，我的"大篷车课堂"就会停下车轮和脚步，在当地找一块草地、一顶蒙古包、一个古墓地、一座古城遗址，现场授课，尽我的力量激起学生对亚洲边地的阅读和写作的兴趣。

亚洲边地是一间激动人心的课堂，也是新闻学教育的一间巨大的实验室。学生们阅读、讨论、听我讲课的地点不是在温暖的教室，而是在长城上、雪山上、蒙古包内、佛塔下、沙漠的水潭旁、白杨树的树阴下、集市的茶馆里或者博物馆的木乃伊旁边。与学生一起旅行时，教师的职责就是激发学生对所有他们看到、听到的事物的好奇心。在学生记录这些有意义的画面、见过的人和听到的话的过程中，教师应该提供持续的指导来帮助他们。

在"大篷车课堂"上路之前，学生们必须完成所有关于他们要写作的地方的课前阅读。不过课前阅读对这些精通社交媒体的学生来说往往是一个问题。他们对人文、历史、地理类的书籍读得越来越少。但是，为了能够在采访中提出准确的问题，并在荒凉的亚洲边地写出具有人文关怀的故事，学生们别无选择，只能阅读大量的中外书籍。

教师必须跟随至少一组学生，并聆听他们的采访。如果学生问出了不合适的问题，教师应该即刻在现场提出正确的问题，并纠正学生的错误。晚上回到营地之后，由教师负责组织并引导讨论。教师安静地聆听学生们汇报自己白天的发现和所得。在讨论结束之前，教师会帮助每一名学生确认一个故事的思路，作为学生第二天进一步调查的主题。

在网络普及的今天，学生的写作貌似十分容易，通过关键词或相关词检索很容易地围绕一个主题，用一串串专业术语、一堆堆学术套话，堆砌起一篇万言书。但是，许多学生不会使用简洁、清晰和充满人性的语言文字，准确记录和直接描写人类的日常生活、文化历史和社会政治活动，而这种写作却是人文教育的根本。在丝绸之路上教采访写作不仅是写今天的故事，也是写明天的历史。什么是真实的新闻和历史？客观存在的原生态的、没有经过文字和图像加工的新闻和历史，是学生走到这些亚洲边地，亲眼看到的、亲身采访到的，没有经过大众媒体和网络修饰和过滤的事实。“大篷车课堂”带着学生去没有听说过的地方，学生不带偏见地去采访，完全是好奇心激发的。学生在宁静的原野里采访、上课、写作，不仅能准确真实记录亲眼所见、亲耳所听，最重要的是，学生在学习一种善良的、有尊严的、有智慧的、微笑的、幽默的、有思考的、不冲动的原创写作。那是一种摆脱大众媒体和网络肤浅、浮躁和暴戾的真诚写作。

在这个媒介化社会中，学生可分为两种类型。人数多的那一类会对外来文化做出直观回应，并反映在他们的思维与写作上，他们容易看到表面的东西，写的文章没有深度，写新闻更是太快、太冲动，不去花时间思考。只有少部分学生在旅行和接触外来文化的过程中会有分析性的回应，这第二类人的思想有深度得多。“大篷车课堂”将学生的头脑当成身体上的肌肉一样进行锻炼，训练学生用更理性的分析方式看待不同的文化，用自己的双眼去观察生活在不同环境下的人们，摆脱大众媒体刻板成见的束缚去搜寻异国他乡的故事。“大篷车课堂”是一次师生共同的探索，是由好奇心驱使的开阔眼界的旅行，其目的在于拓展学生的视野并提高其思考和写作能力。

对于我所倡导的新闻实践教学，美国著名新闻教育家、斯坦福大学传播系教授William Woo 曾评价：“李希光的课程对我来讲一直是重要的，我在斯坦福大学自己开设的课上，引进了李希光在教学上的许多原理。他的‘动手式教学法’超过了我所知道的美国任何新闻学课程。”英国威斯敏斯特大学新闻学教授 Hugo de Burgh 说：“我惊叹地发现，李希光的教学方法是中国和欧洲古老哲学家的教学方法与富有魅力的实用技能的美好结合。李希光的教学方法一定会得到亚里士多德和孔夫子的认同。”我主讲的“新闻采访与写作”课在 2004 年被评为国家精品课程。我一直倡导并推进“学在路上”“在战争中学习战争”的新闻教育理念，鼓励学生通过实践掌握采访写作的核心本领，运用“师傅带徒弟”的“作坊式”教学带领学生走出课堂寻找陌生人的故事。

10. 4. 4　跨文化对话和跨学科学习的课堂

自 1999 年以来，“大篷车课堂”每年平均带着 20 多名学生在亚洲边地的沙漠、海上、草原、山地丝绸之路上读书、采访、写作，进行地理、历史、人文、艺术、政治、经济等跨学科知识的学习和调研。教学团队带着累计超过 500 名学生，用自己的双脚、双眼寻找真相，并用自己的思维去解构当代媒体和学界关于生活在亚洲边地上的人的“神话”。借用古代商人和朝圣者的“大篷车”概念，我与 Miles Young 教授共同指导这个

“充满思想火花的大车店”。“大篷车课堂”旨在通过去亚洲边地旅行、阅读并撰写其风土人情来鼓励跨文化对话。清华大学老校长陈吉宁称赞这门课，是教学生跨越自己的国籍和文化背景，站在他国的视角去观察和思考。

“大篷车课堂”开设两年时，清华大学的老校长顾秉林专程到密云听我的教学示范课，并确定我主讲的“走在路上的叙事艺术”为清华大学首批新生研讨课。在中国步入世界强国的今天，大学生应该用一种什么样的胸怀去看世界、看自己的国家、看自己的周边邻居？中国发展从过去的融入世界到今后的引领世界，所需要的骨干人才，不仅要关心中国，也要关心世界；不仅要研究发达国家，也要关注发展中国家；要能够跨越自己的国籍和文化背景，站在整个世界的视角去观察和思考。

“大篷车课堂”对于不同专业背景的学生具有同样的跨学科素质教育的意义。它把学生们带到亚洲边地有两层意义：一是中国中心看边地；二是边地中心看中国。究竟谁是谁的边疆和域外边地？这是让学生站在不同的位置去理解不同文化和民族的中心、边疆、边陲、边地、国家、世界和天下。把课堂搬到异乡、陌生的丝绸古道上去讲，这是在培育一种胸怀和价值。“大篷车课堂”上课的地点均在历史上和现实中跟中国密切相关的地方。在亚洲边地上课，会发现中国的文化与世界文化的直接联系，从希腊文化、印度文化、波斯文化到阿拉伯文化，从佛教文化、萨满文化、伊斯兰文化到基督教文化是如何与中国本土文化交流的。亚洲边地的“大篷车课堂”也是一种大视野审视和思考中国边疆重大问题的极佳观察点，从这里可以发现现实的“一带一路”国家与中国的密切关系。

18 年来“大篷车课堂”出征 20 余次。无论是在世界屋脊的帕米尔高原、犍陀罗文化圣地、俾路支斯坦、戈壁沙漠、楼兰古城，还是在西伯利亚铁路、乌苏里江、贝加尔湖、漠北草原，学生们都需要花很长时间来阅读，还需要采访各式各样的当地人，并在写作前进行头脑风暴讨论，旅行结束时则要完成每日的采访手记和一篇纪实作品。“大篷车课堂”创建以来经历了诸多考验，有经费上的、教学改革上的、目的地风险上的，等等，但从未间断。清华大学老校长陈吉宁在 2014 年为《写在亚洲边地》撰写的序言中说，我高兴地看到清华有李希光这样的教师，他不仅不知疲倦地带着一批又一批学生奔赴千里之外实地写作，大量批改作业，还有心地把 15 年来的学生作业积攒下来，编成这本书。我祝贺《写在亚洲边地》一书的出版，祝福“大篷车课堂”在古老的丝绸之路上走得更远、走得更宽。

（李希光）

10.5　跌宕一生的回顾——姚福申教授口述实录

1955 年我毕业于上海中学(见图 10-3)。该校地处闵行郊区，学生几乎都是住校的，这样也就养成了我独立生活的能力和与伙伴们友好相处的人际关系。考进上海中学不容易，所以相对而言学生的智商和素质都比较高。学校纪律严明，学生以成绩优良为荣，学风与学习环境都非常好。师生关系融洽，一位数学老师知道我喜欢文学，会主动将家藏的文学书籍推荐给我阅读。老师也比较开明，允许甚至鼓励学生提出与自己不同的看法进行探讨。除了节假日，每天都有早自修和夜自修，同学们完成作业后，可以有大量时间根据各自爱好用于自学，从而培养了学生的自学能力和独立思考精神。上中学生普遍成绩优良，因而也就有了作为上中一员的自豪感和优越感。当时大多数学生重视理科，考进清华、哈工大等理工科名校的很多，我则偏爱文科，考取了复旦新闻系。与我同时进新闻系的上中应届毕业生共有三名，遗憾的是，我与另一名同学蒋定国都在“反右运动”中被划为“右派”。据我所知，上海中学毕业生中被划为“右派”的比例还是很高的，这可能与我们在中学时代养成的优越感和独立思考习惯都有点关系吧!

图 10-3　复旦大学新闻学院姚福申教授

10.5.1　校园生活并不宁静

在复旦大学入学报到时，需要交纳许多证件，如高中毕业证书、户口迁移证等。当办完各种手续，承办人将所有材料放进写有名字的牛皮纸档案袋时，我突然意识到，自己已跨入成人社会，今后对我有利或者不利的所有材料，都将塞进这只档案袋里，它将形影不离地伴随着我，影响我的一生。

就在进入大学的1955年，肃反运动开始了。上海中学那位借书给我的数学老师叫励乃骥，抗战时期曾作为高级技术人员被国民党政府派往苏联，亲历了惨烈的卫国战争，参加过斯大林的红场大阅兵，还珍藏着那张观礼券。然而，那段原以为是光荣的履历，此时成为历史问题，被带走审查，此后便再也没听到他的消息。高中时坐在我前排的余安东同学，其父亲是复旦著名教授余上沅，他与杨帆是师生关系。余上沅曾帮助过做地下工作的杨帆，中华人民共和国成立后，他成为上海市公安局长杨帆的座上客。“潘杨事件”发生后，他被关押审查。我进入复旦大学不久，新闻系的著名教授赵敏恒被捕，罪名是“国际间谍”。室友周仁寿同学亲眼目睹了公安人员去教师宿舍查抄赵敏恒家的场面，他向我们绘声绘色地讲述了整个过程。虽然这些都是发生在我们身边的变故，但我们当时都还是懵懵懂懂的青年学生，并没有感受到运动的压力，总觉得自己在红旗下长大，历史清白，父母也都没有任何政治、历史问题，这些政治运动离我们很遥远。“龚品梅反革命集团”被破获后，52级凌宏俊学长写了一个关于龚品梅的活报剧，我被选中出演主角龚品梅。活报剧极尽讽刺挖苦之能事，赢得大家哄堂大笑。我们正是以这种看热闹的心态来对待这一场又一场政治运动的。

10.5.2　“反右”斗争在劫难逃

1956年11月初，我因患视网膜脱离症在广慈医院(现名瑞金医院)住院开刀。先后动了两次手术，住院约2个月。因病休时间超过整个学期的三分之一，按学校规定休学1年。由于休学，在“帮助党整风”期间没有发表过任何言论，本来或许可以逃过“反右”这一劫。可是，我写给同学的一封私人信件却惹了祸。那时，“反右”斗争刚开始，我在给同学费修竹的信中表示了对批判者的不满。我认为，“右派分子”讲的是肺腑之言，批判者也知道他们讲的是逆耳的忠言。但为了讨好领导，批判者曲解人家的用意，断章取义进行狠批猛斗，很是无耻。信中表示：“如果我是重磅炸弹，愿意与无耻之徒一起毁灭。”在政治运动的高压态势下，他被迫将这封本属于私人的信交了出来，于是，我就大祸临头了。

新闻系“反右”领导小组得到信后，便勒令我返校参加运动。一到学校，批判我的大字报就满天飞。很快，我就被宣布为“右派分子”。

被打成右派后，本系同学对我趋避唯恐不及，而其他系的同学看了批判我的大字报后，却有人觉得我讲的话很有道理，便有了与我交往的冲动。这些人中，有“右派”，也有的不是“右派”，有经济系、历史系的，也有数学系、物理系的。我被孤立后，当然也想得到友情的温暖，便分别与这些学生私下有所往来，而且交往的人越来越多。通过相互交流，我才知道，他们和我一样，自己讲话的原意遭批斗者故意曲解，断章取义，意在罗织“反党”罪行。这使我深刻地感悟到，“反右”斗争是一场将“人民内部矛盾”错作“敌我矛盾”的错误政治运动，因此确信“右派”一定会平反的，但没想到纠正如此明显的错误竟要长达 22 年之久。

1978 年 4 月，中共中央做出了“全部摘掉右派分子帽子”的决定。我因 1970 年 1 月被定为“现行反革命”判刑 7 年，虽然刑期已满，仍然享受不到右派分子重新安排工作的待遇。1979 年 1 月，形势有了新的变化。来了一名总场管教科的干部，郑重地向我宣布，复旦大学已经对我作了“右派问题改正”的决定。然而，我的处境并没有得到任何改善，依然是以“刑满释放分子”的身份在劳改农场服劳役。不过那时“走资派”早已平反，我对自己的“反革命案”的平反充满信心。同年 4 月，终于等来了上海市中级人民法院宣告我无罪的判决书，认定我在“文革”中的反革命案是件错案。此时我已 44 岁了，身陷囹圄长达 22 年。既然右派是错划的，反革命也是搞错的，应该能离开劳改单位重返社会了，然而，我还是无法离开白茅岭农场，因为当年复旦大学给劳改局要求遣送我劳动教养的报告并未撤销。又过了一段时间，校方仍无动静，劳改农场领导特批我回上海要校方撤销对我的劳教处分。于是我回沪与复旦大学人事处长交涉，要求撤销当年的处分，这时他们才意识到还得向劳改局办理撤销手续，这一拖又是几个月。好在那时形势又发生了新的有利于我的变化，学校既然承认“右派”是错划的，那么大学生应属于干部编制，我的工作该由上海市人事局来安排，这就比“给出路”政策时由劳动局来安排好多了。当我向校方提出要求工作问题时，人事处长斩钉截铁地回答说此事不由他们来管，于是只得回家待业，一等又是半年多。

按当时的程序，我的材料先送到新闻系，如果新闻系不要，就安排到图书馆工作。那时王中老师已经复出，担任新闻系主任兼复旦大学分校校长。虽然 20 多年过去，他对我还有印象，说我的文字水平要比工农兵大学生高，决定让我回新闻系工作。因为只读了一年多大学，没什么学历，就被安排在资料室当普通职员。王中老师还特意要我当他的秘书，代他写写回信，其实我心里清楚，他是想给我一个头衔吧！

那时相辉堂(当时叫登辉堂)旁边有一排三幢两层楼的房子，中间那一幢南面一半是哲学系，北面一半归新闻系。楼下是新闻系办公室，楼上为阅览室，书库就在办公室的对面。学业已荒废了20多年，根本谈不上什么专业知识，是资料室给我创造了得天独厚的自学环境，对学业上的帮助极大。资料室工作并不紧张，任何人都能胜任，如果能静下心来钻研学问，是个绝佳的机会。

10.5.3　探幽发微乐在其中

“反右”斗争和“文革”十年使我对政治运动心有余悸，为避开敏感的现实政治，选择了中国古代新闻史作为自己的研究课题。因为中国是历史悠久的文明古国，史料丰富堪称世界之最，而在“厚今薄古”的方针下又是被忽视的领域，我的古文基础相对较好，这便成了我选择古代新闻史作为研究方向的理由。

我国研究古代新闻史的学者不多，作过较系统性研究的也就只有戈公振、方汉奇、黄卓明等几位。我原本只想在他们研究的基础上提供一些新的史料，做做拾遗补阙的工作，让中国古代新闻史的内容更丰富、更充实些。可是当我深入探索下去时，发觉那些视为定论的东西在第一手资料面前显得如此可疑和毫无说服力。例如中国新闻史的开山鼻祖戈公振曾提出，邸报汉代就有了。外国新闻史专家史密斯也认定，邸报起源于汉武帝时代。他们共同的理由是，《汉书》中有关于“邸”的记载，“邸”类似于现在地方政府驻京办事处，其职能之一便是“通奏报”。戈公振和史密斯对“通奏报”一语的理解是：地方官员的奏章通过邸呈上去，中央政府的邸报则通过邸递下来。但是我发现《汉书》中“奏报”一词很常见，指的就是奏章。譬如“奏报闻”一语，意思就是皇帝已看到奏章了。在整个《汉书》中，找不到“邸报”这个词，再追溯下去，真正的“邸报”竟然出现在唐朝末年，是“邸吏状”“邸吏报状”的简称。于是我在1981年《新闻研究资料》总第9辑上发表了第一篇论文《关于邸报若干问题的探索》，由于所有论据都源于第一手史料，证据充分，邸报始于唐末已成为中外史学界的共识。

我对学术研究的第一点体会便是：做学问要重视实物和第一手资料，那是最有说服力的。更要有点怀疑精神，前人的结论，即使是权威的断言也未必可信，可疑之处需要通过自己的努力去证实或证伪，新的创见往往就在这一念之间。

我对学术研究的第二点体会是：要有相邻学科的广博知识作为基础，才能使自己的科研根底显得厚实，取得更佳的成绩。研究古代新闻史，除了潜心阅读古籍外，还得关注考古学上的新发现，它往往可以提供我们新的视野和新的研究方向。例如，秦始皇统一天下后，曾向全国发布一篇40字的诏书，这篇重要诏令在史籍中没有记载，可是在考古发现的秦代所有度量衡标准件上都有。在铜尺标准件上，这40字诏书是用刀刻上去的，而在标准量具陶斗上则是将该诏书用四字一组的十枚印章敲印上去的，然后再烧制而成。古代秦人便是以度量衡标准件为载体将秦始皇统一天下和划一度量衡制度等特大新闻向全国传播的。我把这些考古学上的成果，引用到新闻史上，那就是最早向全中国发布的新闻了，而且还是首次运用了活字印刷的先进方法。

在资料室工作的五、六年里，精神上最放松，享受着在古代新闻史研究中探幽发微的乐趣。

1985 年夏，考虑到出版界编辑人员青黄不接的实际需要，新闻系开设了书刊编辑专业。此时，系主任王中教授已经退了下来，由著名杂文家徐震(笔名公今度)担任系主任。鉴于我在中国古代新闻史研究上的一些成绩，徐震老师要我担任“中国编辑史”一课的老师，同时，将我原来的职员编制改为教师编制，并得到学校的批准。我明知教一门新课比资料室工作辛苦得多，但毕竟挡不住想一显自身价值的那种欲念的诱惑，便答应担任教职。书刊编辑专业主任是林帆老师，随即任命我为副主任，参与该专业的筹建工作。经校长华中一特批，给了我讲师职称。

林老师虽是专业主任，但不承担教学任务，主要工作是联系出版界专业人士来授课，我与另一位专职教师吴圣苓老师则具体出面邀请。罗竹风、刘达临、巢丰、江曾培、郝铭鉴、张玟、徐庆凯、曹湘依、吴添汉、周志高、张森等专家都曾应邀来校上课，确实在一定程度上缓解了师资不足的困难。该专业有三门主课，即“编辑学概论”“编辑应用文写作”和“中国编辑史”。“编辑学概论”最初由上海人民出版社编审张玟主讲，一年后由吴圣苓老师来承接这门课；“编辑应用文写作”一直是《书法》杂志主编吴添汉老师任教；“中国编辑史”的讲授则由我来承担。

《中国编辑史》的撰写原是出于教学需要。作为通史来说，不仅只局限于史实的收集、考订和整理，还需对编辑工作的发展规律进行探索和阐述。根据唯物史观，编辑活动的演进应该是与物质生产水平的发展同步的。因此我认为编辑工作的进步，应与作为文学载体的物质材料演变有关，与图书生产手段从手抄到印刷的进步有关，与出版物的复制方式与发行方式的变化有关。因此根据文学载体的物质材料变化，将殷商至西周(公元前 17 世纪至公元前 8 世纪)这一千年间定为龟册时期，其载体为甲骨、玉版、钟鼎；将春秋至西晋(公元前 8 世纪到公元 3 世纪)定为简册时期，也有一千多年，其载体为竹简、缣帛；将西晋以后定为纸书时期。又参照纸质书籍的生产手段和复制、发行方式的演进，细分为手抄复制时期、手工印刷时期和机器印刷时期。从书籍的物质材料和工艺手段的演进中，阐述编辑事业的发展规律，使这本教材的理论水平有了相应的提高。

书刊编辑专业于 1989 年划归为中文系去办，我又开始教一门新课“副刊研究”。报纸的读者除了对新闻和评论有共同需求外，还有文化方面和娱乐方面的需求，副刊正是为满足这方面需要而生产的报纸衍生物。副刊虽然属于报纸的一部分，却具有相对独立的文化色彩和编辑构思，并与时代的政治、经济相适应。此时新兴的电子媒介正在崛起，我已感觉到电子媒介对副刊也构成了威胁，曾经盛行一时以新闻摄影为主要内容的画刊已被淘汰。在查阅早期副刊时，我发现了百年前中国第一代报人的许多诗词和文章。我从中整理出很多鲜为人知的报界史料，再根据这些尘封已久的资料写成文章发表，使当年活跃于上海报坛的袁祖志、蔡尔康、高太痴、李伯元、何桂笙、周忠鋆等人的事迹得以昭彰。我深深感到，早期报纸的副刊是值得我们去深入开发的富矿。

10.5.4　学术争论风波一场

1996 年退休后，应新任院长陈桂兰老师之聘担任《新闻大学》杂志主编。这是一本由国家教育部主管、复旦大学主办的全国新闻核心期刊，许多名牌大学在学术评审时将之定为权威刊物，因此，稿源是不成问题的。如果只是想编一本四平八稳的期刊倒也并不难，然而想办得有新意、有创见、有学术价值，那就不太容易了，有时无意中还会得罪人。比如，我察觉以往《新闻大学》上许多书评，总是为新书唱赞歌，几乎不提及该书尚有哪些可改进的地方。作为学术刊物的书评，总应该高屋建瓴在阐述其优点的同时，指出尚可进一步提高之处，从而推动学术研究向纵深发展。想不到，我的这番议论既得罪了前任编者，更让用笔名撰写书评的前辈师长深感不快。尽管我的用意是改进工作，却不能不谴责自己的莽撞。尤为常见的是，作者是我的师长或好友，但投寄的稿件并不精彩，限于篇幅没有采用，对方肯定会不开心。后来，我看到国际上办学术性刊物，通常会采取由专家匿名评审的方法，这样既显得严谨，又客观公正，更具说服力，作者也无话可说。于是，《新闻大学》也率先采用这一方法，这一做法得到了大家的认可，至今仍在使用。

在主编《新闻大学》的最初几年，我特别小心谨慎，生怕在政治上出现差错，总是将代表中宣部的观点的文章放在最前面。然而，学术刊物毕竟需要理性探讨，要有不同意见的碰撞，所以，接下来便刊登一些学界人士感兴趣的学术探讨文章，对此，新闻学研究者们对该刊也颇多好评。时间长了，我觉得，不同见解的学术性探讨理应是理论刊物的主要任务，便逐渐松弛了以往那种小心谨慎的态度。

1998 年，时任中国社会科学院新闻研究所所长的喻权域先生，将香港回归前夕与香港新闻界谈话的内容整理为《对新闻中一些基本问题的看法》一文，寄给陈桂兰院长。陈院长把文稿转交给我说："看看能不能在《新闻大学》上发表?"我看了以后，当然清楚该文明显带有官方色彩，政治性很强，然而从学者的科学性视角来看，其见解显得过"左"，有些说法很牵强，便对陈院长说："这篇文章我们不能登，登了以后，恐怕读者会有反感。"她也同意，此事便搁置下来。过了一段时间，喻先生又将文稿修改后再次寄给陈院长。该文虽属私人谈话性质，却是对刚回归的香港新闻界人士的公开讲话，其意义不言自明，且又寄了两次，我们也就不能不发了。发表后，新闻界的反响很大，有位新闻学术刊物的主编气愤地说：《新闻大学》发表这种文章，有失“刊格”。许多新闻界的老前辈对这篇文章也颇有意见。

接着李位三、孙旭培、张允若、刘建明等学者也都针对喻文的其他问题，发表各自不同的意见，与喻先生商榷。我倒是希望有人支持喻先生的观点，以体现学术争鸣的良好氛围，使讨论更加深入。遗憾的是，竟然没有收到一篇支持他观点的文章。孙学宝先生的文章略有不同，他也并非赞同喻先生的看法，主要是对孙旭培先生的文章有意见。即使如此，我还是将该文发表了。在刊登争鸣文章时，也曾考虑到让争辩双方尽量心平气和地说理，比如孙旭培先生的那篇文章，我接受了四川《新闻界》主编何光珽学长的意见，作了些修改，努力将文章的语气改得平和一些，但要彻底改变文章的气势很难。考虑到这种“一面倒”的局面继续发展下去的话，会变成对喻先生的围攻，于是我们决定，在刊登喻先生两次答辩文章后，结束这场学术争论。这次学术争鸣在《新闻大学》上持续了四期，感觉上有点仓促，然而该刊物是季刊，时间跨度并不短，总共持续了一年时间。当时，学术界对这场辩论反映还是很好的。

然而，事隔不到半年，中央某部门在“吹风会”上提到《新闻大学》鼓吹西方新闻自由，宣称要封掉《新闻大学》。“吹风会”上的通报不仅在新闻界流传，还在各级社科院内部传达，于是好多同学和朋友纷纷来电关心此事。我当然也很焦虑，甚至至今还有点内疚，那就是给信任我的陈院长增添麻烦了。恰巧教育部部长陈至立来上海商讨上海第一医科大学与复旦大学合并事宜，复旦大学党委书记秦绍德就此事向她汇报说：“最近两年《新闻大学》杂志我已亲自查阅了一遍，不存在政治问题，完全属于学术讨论性质。什么是政治问题，什么是学术问题，应该相信我在这方面还是有鉴别能力的。”于是，陈部长要秦书记专为此事写个报告，由她带上去给专管教育文化事业的中央领导人李岚清同志。在秦绍德书记的党性担保下，一场风波就这样平息了。

由于自己的不谨慎招惹了麻烦，为此，我于 2000 年提出了辞职请求，但秦绍德书记要我继续编下去，于是又编了几年。直到接替陈院长的黄芝晓教授从院长任上退下，《新闻大学》主编的工作才由他来承担。

10.5.5　如沐春风师恩难忘

自 1985 年转为教师编制后，短短 8 年时间里，我由一名图书管理员晋升为享受国务院特殊津贴的教授。如此平步青云，也曾一度沾沾自喜。然而人贵有自知之明，冷静下来一想，固然自己在学术上确也取得一些成绩，但成果并没有如此突出，是与新闻系、新闻学院的老领导和前辈师长对我的爱护和提携分不开的。他们是王中老师、徐震老师、丁淦林老师、余家宏老师、宁树藩老师、叶春华老师等。我曾想书面向他们表示感谢，却始终没能说出口，现在有的已经谢世，在世的也已重病缠身。新闻学院的老同志们心里都很清楚，在历次政治运动和“文革”的互斗模式下，他们之间是存在着不同程度的隔阂和矛盾的，然而他们对我关爱和支持的态度却完全一致。不仅因为我没有参与学校的历次政治运动，不存在矛盾纠葛；更重要的是，他们心里都认为我秉性耿直，在极“左”路线下长期遭受不公正的对待，同情我的遭遇，当可以帮一把的时候，就义无反顾地给予我支持。这反映了前辈学者人心善良的一面，即使我以前因正直而吃亏，现在却在一定程度上作了弥补。

落实政策刚回新闻系时，主持研究生工作的“余大帅”(余家宏教授的昵称)让我跟1979级研究生陈大维、秦绍德、李良荣等一起听课，以提高业务水平。后因自己的研究方向确定为古代新闻史，主要得靠自学，才自动放弃继续听课。编写的教材《中国编辑史》出版时，考虑到余老师是主攻新闻理论的，没有送给他。直到该书获得了吴玉章奖，评委会要我将推荐者奖金带给他时，才知道是他自己买了《中国编辑史》，看了觉得很好，推荐给吴玉章奖评审委员会。从这一事例中足以说明，他是一位德高望重的宽厚长者，乐于奖掖后进的老前辈。

在前辈学者中，与我最接近和最谈得来的是宁树藩先生。当年宁先生是资料室主任，我是他的部下。一次他对我说：“研究新闻史，只要你肯花工夫，就会有收获；花几分工夫，就有几分收获。”累积了数十年的经验之谈，在不经意中说出，使我对新闻史的研究有了信心，这句话直接影响了我此后数十年的科研生涯。宁先生比我大16岁，是位离休干部，无论在资历上还是学术上都当之无愧地可以作为我的老师。但他没有给我上过课，我们之间只是同事关系，因此平时交谈就比较随便，处于一种亦师亦友的状态。他说与自己教过的学生没法探讨学问，因为人家碍于师生情面不会提出相反的意见，更不会直接反驳你的观点，而我则没有这种顾忌，所以他喜欢与我探讨学术问题，甚至外出开会，也要与我安排在同一个房间，以便探讨争辩。

在学术探索的道路上，给予我最大鼓励和帮助的是方汉奇老师。从1979年年底到1985年年初，我一直在资料室工作，主要致力于中国古代新闻史的研究。当时，方老师已是中国新闻史学界公认的一代宗师，正在主持《新闻学论集》新闻史方面的编审工作。我早期的许多论文都是经方老师推荐发表的。更难得的是，有些文章我还提出了与他不同的看法，他不以为忤，反而给予赞赏。方老师在读了我的《〈开元杂报〉考》一文后写道：“我和福申同志无一面之雅，但是神交已久。他的治学态度是严谨的。他所写的文章，论证绵密，言必有证，时有创获，不落前人窠臼，是很可钦佩的。”方老师给我的揄扬，使我有了莫大的信心，敢于在学术研究的峻峭山峦中继续攀登。《中国编辑史》的获奖也要感谢方老师的大力支持。他是吴玉章奖的评委之一，在评审过程中，有人提出《中国编辑史》讲的是书刊编辑，应属于出版学范畴，不该放在新闻学著作中评。方老师则认为，新闻编辑与书刊编辑同根同源，作为新闻学书籍并无不可。评委会同意方老师的看法，该书获得了吴玉章奖中的新闻学优秀成果奖。

在教学科研方面对我有过很大鼓励和帮助的，还有一位忘年之交胡道静先生。上世纪70年代初，我与他相识于提篮桥监狱，同囚一室半年多。那时我还浑然不知他是一位资深的新闻工作者和成绩卓著的新闻史研究者。

我在和前辈学者的交往中，不断得到他们的关爱、鼓励和提携，有一种如沐春风的感觉。深深地体会到，他们在学术上的成就是和他们的人品分不开的。我们不仅要学习前辈师长渊博的知识、严谨和勤奋的学风、锲而不舍的敬业精神，更要学习他们与人为善、奖掖后进和学术民主的大家风范。

在师长们的启迪下，我对自己的学生也是持关心、鼓励和欣赏的态度。30年前，我在写作课上对某位学生的文章说过的赞赏的话，他至今还记在心上，并且成为自己充满自信、奋发向上的动力。

（姚福申口述　叶冲、闵圣芊、顾文剑整理）

10.6　学生是教师的最大财富——纪念因公殉职的天津师范大学许椿老师

2011年12月20日15时，许椿老师在授课时突发脑溢血倒在讲台上，经35个小时抢救无效不幸去世，终年53岁。许老师人生的最后一句话留在了他心爱的讲台上："对不起大家，我不能给你们上课了。"

噩耗传来，亲朋好友、全国广告学界业界同仁无不为之扼腕叹息，数百人从外地赶到天津吊唁，两千多名学生自发举行追思会。朋友们编撰出版纪念文集《许给春天——许椿老师五十三载大爱人生》(企业管理出版社，2012)，收录领导、同事、师生、亲友在内120余位作者撰写的追思文章，以及许椿老师生前论文、博文摘录，共计58万字。

屈指一算，我与许椿相识、相知29年矣。1982年我从复旦大学新闻学系本科毕业分配到天津师范大学任教，入职第一天就接手他所在的新闻学专业1980级任班主任。

这个班是天津师范大学恢复新闻学专业招生后首个本科班，已经大三的许椿是班里的学习委员。毕业后他留校任教，我们成为同事。我俩同龄，我比他小数月，他尊我为师，我称他为兄，亦师亦友彼此相知。许椿去世后，我在《中国记者》撰文(《中国记者》2012年第2期)，深切悼念这位英年早逝的好同事(见图10-4)。

图10-4　2005年10月，孙瑞祥与许椿第四届全国广告教育研究会学术年会

10.6.1　殚精竭虑：开创天津广告学专业教育

1983年，我国当代第一个广告学专业创立于厦门大学。天津师范大学是国内较早开展广告学教育的高校，天津首个广告学专业1992年创立于天津师范大学，许椿是主要创办人之一和首任专业主任。1983年，时任天津师范大学新闻学专业主任的赵传蕙老师邀请中宣部新闻局洪一龙老师来学校作了“日本广告行业现状与中国广告的发展”专题讲座，作为大三学生的许椿聆听了讲座并对广告产生了浓厚兴趣。1984年，留校任教的许椿到中国社科院研究生院新闻学系研究生班学习，并任班长。在京期间，他参加了教育部、国家工商总局举办的为期三个半月的首届“全国广告专业培训班”，还在《人民日报》和日本电通北京事务所实习。1985年，眼界大开的许椿回到学校，先是利用业余时间开设“广告基础知识”讲座，随后又给新闻学专业1984级学生开设广告学选修课，成为天津高校讲授广告学课程第一人。由此，他与广告学教育结下难以割舍的机缘，直至生命的最后一刻。

为了办好地方院校的广告学专业，许椿殚精竭虑、乐此不疲。他曾对我说过，人这一辈子只能干好一件事，我就认准广告了。从此他心无旁骛，思考最多的是如何把广告学专业办好，把教师队伍带好，培养出优秀的广告人才。他遍访国内名校名师讨教问题，取得经验，广结人脉。1999 年，中国广告教育研究会成立大会暨第一届广告教育学术研讨会在厦门大学召开，天津师范大学成为研究会发起单位之一，许椿当选常务理事，天津师范大学广告学专业逐渐在国内广告教育界小有名气。

作为天津首个广告学专业主要创办人之一和首任专业主任，他自觉肩上担子的沉重。多年来，他潜心研究，深入挖掘天津广告丰富的历史文化资源，为广告学教育研究积累宝贵史料。2004 年是天津建城(设卫)600 周年，他借此机会，梳理了现当代天津广告业与广告教育的百年沧桑史，完成了具有珍贵史料价值的《天津广告地方志》初稿编写，发表于 2003 年《广告人 · 中国》系列丛书内。他还主编了《中国广告文化史纲》(天津社科院出版社，2008)，作为副主编出版了《广告管理与广告法规》(天津人民出版社，1996)、《广告策划创意学》(天津人民出版社，2007)等论著、教材。

自 1992 年广告学专业创立起，许椿不惮其劳，带领一支年轻的广告教育团队把一个地方大学的广告学专业办得风生水起，特色鲜明，令同行称道。标志性成果包括：2005 年创立"中国广告历史文化博物馆"，这是国内高校首个广告博物馆；2007 年广告学专业被批准为天津师范大学首批本科特色专业；2010 年广告学专业获批天津市品牌专业，是天津市唯一广告学品牌专业；2008 年"广告策划创意学"课程荣获天津市级精品课称号，他是核心成员；2013 年"广告学专业实践教学模式创新与实践"荣获"全国新闻学与传播学教学创新项目"奖(中国高教学会新闻学与传播学专委会和教育部新闻传播学教指委颁发)。2017 年广告学专业获批天津市"十三五"应用型专业建设单位。该专业是中国高等教育学会广告教育专业委员会常务理事单位、中国新闻史学会广告与传媒发展史研究会常务理事单位、"全国大学生广告艺术大赛"天津赛区承办单位。许椿老师曾被中国广告协会授予"中国杰出广告人""中国十大广告学人""中国广告学术 20 年 20 人"称号，2010 年荣获天津师范大学"教学名师"称号。

10. 6. 2　身体力行：倡导以专业竞赛为载体的实践教学

我对许椿颇为了解，不仅因为早年我做过他的班主任，还因为许椿去世后有一段时间由我接任广告学系主任和专业建设负责人，对许椿的广告教学理念和独特的实践教学做法有了更加直观的感受和认识。许椿是一个多才多艺、勤于钻研、勇于实践的匠心之人。他 15 岁就入工厂务工，先做烧火工、修配工，后为钳工，其间还搞成两项小发明被单位记功授奖。据朋友说"文革"中他还因写过批判"四人帮"的大字报遭关押数月。

在大学读书时，他参与创办《天津教育报》，显露了新闻学子的独特眼光和才华。入职后他兼任中文系团总支副书记、学校团委副书记，他还担任过业余围棋教练、国家一级裁判，参加过中日围棋擂台赛裁判工作，组建过天津市大学生围棋协会。在全民经商的大潮中他也不甘示弱，做广告、做设计、做家具、经营咖啡厅，还开过印刷厂。1985年初，在许老师的倡议和不辞辛苦的奔走下，天津师范大学新闻学专业还成立了被称为新中国第一家由高校创办的新闻通讯社——求实新闻社。

也许与他的这些特殊经历相关，许老师一贯倡导实践教学并身体力行。至今成为美谈的，是他当年发起的“今日塞上行”自行车骑行壮举。1987 年，为了纪念抗日战争全面爆发五十周年和范长江赴大西北采写名篇《塞上行》五十周年，他和另一位老师带领新闻学专业等 11 名大学生组成“今日塞上行”自行车考察队。7 月 9 日起，他们一路翻大山，越黄河，穿沙漠，最终抵达目的地延安和西安。历时 38 天，骑行 2530 公里，写下数万字考察日记。仅仅依靠从学校地理系复印的两份十万分之一地图、两个指南针，外加几根绳索、刀具、军用铁锨便艰辛地走完全程，海内外多家媒体都报道了这一英雄壮举。上世纪 80 年代，天津师范大学社会实践活动闻名全国，积累了丰富成果。1992年天津师范大学编写《大学生社会活动指南》一书，由天津人民出版社出版，编者署名“乔国春”，其中“春”字指的就是许椿(许椿本名“许春”)。

广告教育的特点是什么？如何培养德才兼备的应用型创新型广告传播人才？这是许椿时常思考的问题。多年广告教育实践使他总结出一套以专业竞赛为载体的实践教学模式，并且身体力行付诸行动。早在 1999 年，许椿就带领学生参加了中国广告协会创办的首届中国大学生广告节“学院奖”和台湾中国时报主办的广告“金犊奖”。据《广告人》社长穆虹女士介绍，许椿为学院奖的发展壮大提出许多金点子，作出了卓越贡献。名声远播的“全国大学生广告艺术大赛”就是在许椿等老师积极倡导下设立的。据“大广赛”组织者刘瑞武老师回忆，在 2004 年一次全国广告研讨会后，许椿约了几位高校老师找到她，提出创办一个由高校组织的全国性广告赛事的想法。在教育部主管部门支持下，2005 年“大广赛”正式开启，许椿是“大广赛”组委会成员之一，作为主要参与人制定了“大广赛”章程和竞赛规则。

特别值得一提的是一项不为外人所知的“‘肆玖牛’广告策略奖”竞赛活动的创立。许椿一直想在教学中加强对学生的实战训练，他把这一想法向好朋友台湾企业家张百清先生、《广告人》社长穆虹女士提出，他们三人一拍即合，于 2007 年设立该竞赛，至今已举办十届。该竞赛最初只为天津师范大学广告学专业学生独家量身定制，后扩大规模改由天津师范大学和天津工业大学两校学生对垒。在国内蔚为大观的各类专业竞赛中，该奖项可谓独树一帜，体现了许椿老师和他朋友们的良苦用心。

多年来，许椿带领天津师范大学广告团队累计获得 42 项国家级竞赛等级奖，其中 8 项全国金奖、一等奖，百余项全国优秀、入围奖，180 余项天津市等级奖和优秀奖，获奖的综合等级和总数量名列全国高校广告学专业前列。由许椿手把手指导的学生参加专业竞赛，实现了“金犊奖”“学院奖”“大广赛”三大赛事的金奖大满贯，这在全国高校是仅见的。在一次“大广赛”的颁奖盛会上，他把半个班的同学带上了人民大会堂的最高领奖台，同行们纷纷祝贺天津师范大学取得的骄人成绩。

许椿是副教授、硕士生导师。梳理他的科研与教学改革成果，大多与广告专业人才培养与实践教学相关。比如，他主持的省部级研究课题“广告专业人才培养研究”“创意产业广告人才培养体系研究”等。在教学实践中，他积极推进以专业竞赛为实践教学平台，以市场调查项目为创新教学平台的“双平台应用实践培养模式”。他将广告专业教育与创新创业教育紧密融合，用来自市场的真实任务使学生尽快掌握专业技能，让多数学生在大三结束时基本达到广告行业能力要求，在毕业之前，使学生成为“准专业人士”。他还积极探索以专业竞赛促教学改革，鼓励学生跨校合作联合完成作业，规定年轻教师必须要有广告实务经验。他提出不仅可以用策划和设计代替毕业论文，而且专业竞赛获得大奖者可以免写毕业论文。一系列教学改革组合拳取得显著效果，多年来，在学校各方面大力支持下，他带领广告教学团队探索出一条实践教学的成功之路，广告学专业学生就业率排名一直处在天津师范大学各专业前列。

10.6.3　文如其人：嬉笑怒骂皆成文章

许椿老师是性情中人，近一米八的个头，膀阔腰圆，力大身沉，一副近视眼镜，常年一袭中式打扮。从没见他穿过皮鞋、打理过发型，胡茬儿也从未见他刮干净过。学生和友人尊称他“许爷”，他还真有点“爷”的范儿。时常见他右手夹一支“永不熄灭”的卷烟，左手提一柄塑料水壶奔走在办公室与教学楼之间，特立独行、洒脱不羁。他生性好辩，又时有口吃，虽常遭友人取笑，但却从不介意，一副憨态可掬、风趣幽默、不紧不慢、谦谦君子的样子。

许椿是天津师范大学教学名师，他讲课个性鲜明，常有惊人之语，从不循规蹈矩。他的不少“经典语录”常被粉丝们传至网络不胫而走，至今在网上还能找到很多关于他的“段子”。他开设的“广告学概论”课程荣获天津师范大学第一批优秀课程称号，一些外专业甚至外校学生常以能挤进教室“蹭”一次他的课而备感自豪，课后一定不忘在博客里炫耀一番。

许椿除了主讲“广告学概论”外，早在 1986 年就开始给新闻学专业开设“新闻评论学”课程。他紧密结合时政和学生思想实际，自编讲义，授课内容年年出新，深受同学们欢迎。1987年他参加了在武汉召开的全国首届新闻评论学研讨会并发表论文，与全国高校同行一直保持密切联系，经常切磋交流教学经验。他主讲新闻评论学课程的一大亮点，就是自己坚持评论写作实践，将自己的写作实践融入课堂教学。他经常用个人微博平台发表评论文章，然后把自己的博文拿到课堂上作为批判的靶子供同学们讨论，以此进行新闻评论训练，收到了很好的效果。

说到许椿的微博文章，需要着重记录一笔。我们常说"文如其人""嬉笑怒骂皆成文章"，这两句话用在许椿身上再贴切不过了。我做了一个统计，许椿自2008年7月17日开始以"马背上取天下"为名，在新浪博客发表微博文章，直至去世前的2011年12月16日止，共计发表微博文章223篇，既有时事评论、文化随笔，也有历史回溯、生活感悟，洋洋洒洒50余万字，颇具史料与文学价值。这些文章我一一拜读，一些观点虽有褊狭甚至属于"歪理邪说"，但不乏真知灼见。他的文章不唯上，不唯书，不媚俗，不哗众，坚持以自家笔墨画自家山水，酣畅淋漓，直抒胸臆，自成一格，赢得众人喝彩，八方围观。

如今，这些微博文章还挂在网上，这里随手抄录几篇文章的标题："党报新闻评论的文化责任""心理有问题的人眼睛里什么都是问题""人若是懒惰，体制没有用""什么是学者""诚信的重要""作弊开除与'受教育权'""广告有师识——广告人出师表""给2005级广告专业同学的一封信""大学生应该牢记的三句话""那时侪辈正年轻——20世纪80年代天津师范大学社会实践活动的回忆""最早的也是唯一的大学通讯社——求实新闻社""'文革'时的野营拉练""'文革'时的排队买东西""我的抽烟理论与实践""我的喝酒理论与实践"……

10.6.4　大爱无疆：学生是教师的最大财富

许椿本名许春，蒙古族，出身书香门第，少小经历坎坷。在南开大学工作的父母早年被打成"走资派""右派"，11岁的他回老家河南插队落户，是当时全国300名小知青之一，15岁返津进入工厂务工。早年艰难的生活与丰富的阅历造就了他乐观向上、愈挫愈奋、豁达包容、乐于助人的品性。在27年的教师生涯中，他把全部爱心都倾注给了学生，他经常自豪地说，学生是教师的最大财富。

27年间，许椿教过的学生达数千人（包括自学考试生、夜大学生），他积累了2600余名历届学生的有效通讯录，他和毕业多年的学生时常通话，问问工作怎么样，是否恋爱、结婚、生子，每每听说他们在工作中取得些许成绩，他看上去总是比谁都兴奋。他对在校生更是了如指掌，可以随口叫出他们的姓名，说出他们来自哪个市、县，有什么特点。他办公室的门常常是敞开的，里面像个热闹的集市，同学们排着队和他交流，他给予学生的不仅仅是知识和技能，更有慈父般的关爱。

同学们印象最深的，是他常嘱咐同学们一定要牢记的三句话：性格决定命运，细节决定成败，态度决定一切。他说，“方法比知识更重要”这一观点固然正确，但是比方法更重要的是一个人的性格、细节、态度。他说，在他所建的毕业学生信息库里，几乎所有的例子都可以说明性格、细节、态度对个人发展的重要性。这三句名言一直被广告学系师生传颂，还挂在办公室的墙上引为座右铭。他在《给 2005 级广告专业同学的一封信》中激励同学们：不希望将来有同学用父母的钱买房子，更不赞成期望找一个好单位，等单位分房子。我很希望你们将来都自己买房子。每个月几千块钱按揭，是压力也是一种生命动力！

许老师对学生的爱有目共睹。人们无法记清，他解决过多少贫困孩子生活上的难题，他给多少学生发去过生日祝福，他帮助过多少学生找到实习和工作单位。经费紧张时，他多次自掏腰包带领学生赴外地参加中国广告节等实践活动。同事们给他的评价是：“带领学生获大奖最高最多，为学生花钱最多，奉献的时间最多，受到的学生爱戴最多，他爱学生胜过爱自己的孩子”；“在学院，对历届学生叫得上名字，为学生推荐工作最多，骂学生最狠，与毕业生联系最密切，都是许椿”。2012 年 2 月，许老师的爱徒、广告学专业 2008 级王功同学因荣获专业竞赛大奖由企业出资赴南极参加科考。启程前同学们特意制作了一面印有许椿头像素描的广告系横幅由王功带到南极展示，师生们纷纷在横幅上签名，寄托对许老师的怀念，这一幕至今令人感动。

如今在天津师范大学，许椿老师的爱心和奉献精神得到了传承发扬。众多天津微博文章校友和爱心人士发起创立以许椿命名的奖学金、奖教金，包括“80 新闻班 · 许椿奖学金”“84 新闻班 · 许椿新闻传播教育发展基金”“许椿广告教育发展基金”。

（孙瑞祥）

第 11 章　他山之石：海外新闻传播教育扫描

11.1　美国密苏里新闻学院媒介融合教育的做法与经验

1908 年，美国教育家沃尔特 · 威廉姆斯(Walter Williams)在密苏里州的哥伦比亚市，创办了密苏里新闻学院，提出新闻教育的“密苏里方法”(The Missouri Method)——“学习新闻的最好方式是实干”。作为世界上第一所新闻学院，密苏里新闻学院被誉为“美国新闻记者的摇篮”，自成立以来，一直致力于为新闻界培养杰出人才和为公众提供最优质的新闻内容，是全美第一个颁发新闻学学士学位、第一个颁发新闻学硕士学位，第一个颁发新闻学博士学位的新闻学院。

11.1.1　密苏里新闻学院及其与中国新闻教育的渊源

密苏里新闻学院目前设置媒介融合、杂志新闻、摄影新闻、报刊与数字新闻、广播电视新闻、战略传播共 6 个专业，30 余个专业方向。目前学院拥有全职教师 100 余人，兼职教师 30 余人。全职教师中，有新闻从业经历的教师占 92%。①

密苏里新闻学院现拥有在美国新闻教育界较有影响的“雷诺兹新闻研究院”(Donald W. Reynold Journalism Institute, RJI)，美国的“调查记者与编辑协会”(Investigative Reporters and Editors, Inc., IRE)、“计算机辅助报道协会”(The National Institute of Computer -Assisted Reporting, NICAR)、“全国报业协会”(The National Newspaper Association, NNA)等亦设在该学院。学院还负责全球范围内的摄影竞赛“国际年度照片”(Pictures of the Year International, POYI)，以及“密苏里荣誉奖章”(The Missouri Honor Medal)的评审、颁奖工作。

---

① 史利红、苏世军．中美顶尖新闻学院教师队伍比较及启示．新闻与传播研究，2015，(10)：74.

密苏里新闻学院与中国的新闻教育有着悠久的合作历史。1908 年，密苏里新闻学院招收的第一届学生中，即有一名中国留学生黄宪昭。1912 年，黄宪昭毕业后回国担任燕京大学新闻系主任。中国最早的两所新闻系，上海圣约翰大学新闻系(成立于 1921 年，后并入复旦大学新闻系)和燕京大学新闻系(成立于 1924 年，后并入中国人民大学新闻系)均在密苏里新闻学院的帮扶下建立。两所学校曾参考密苏里新闻学院的课程设置，与密苏里大学互换学生和教师。中国现代政治史学家萧公权、曾任中央时报社社长的马星野，都曾在密苏里新闻学院留学。如实地报道了中国革命并在西方社会产生深远影响的《西行漫记》，其作者爱德加·斯诺(Edgar Snow)先生，便是从密苏里新闻学院肄业的校友。斯诺曾奔赴中国的抗日前线，多次深度采访中国共产党的高层领导人，客观真实地报道了中国人民为抗日战争所作出的贡献，以及为争取自由独立新生活所做的努力。

11.1.2　媒介融合对密苏里新闻学院传统教学的冲击

近些年来，媒介融合浪潮冲击着世界范围内的新闻业，改变了传统的新闻生产方式和生产流程。正如《融合新闻导论》(*Convergent Journalism: An Introduction*)一书作者所指出的那样：单个的背包记者(backpack，即掌握了多种媒介技能的“全能”记者)对于报道较小规模的新闻事件或处于较小市场的地方新闻媒体是比较合适的，如果是大型的媒介集团，或者是报道规模较大的、内容比较复杂的新闻事件，就需要以多人组成的跨媒体的“超级团队”来承担融合新闻的任务。① 媒介融合对包括密苏里新闻学院在内的美国高等院校的新闻传播教育提出了诸多挑战，主要表现在：一是媒介融合对新闻人才的专业素质提出了新要求。在“人人都是传播者”的互联网时代，准确、全面、客观成为新闻的稀缺要素，对新闻事实的求证与核实能力，以及树立新闻专业权威性的能力，成为媒介融合背景下新闻人才最重要的专业素质。二是课程设置难以满足培养媒介融合人才的需求。在 2005 年以前，密苏里新闻学院的课程设置多围绕传统媒体展开，对融合媒体有所涉及，但数量不多。有限的新媒体课程无法适应媒介融合对人才培养的需求。三是师资队伍的知识结构难以适应媒介融合课程的讲授。尽管密苏里新闻学院有较高比例的师资拥有新闻从业经验，但较多的师资来自传统媒体，由新媒体从业者转型为师资的较少，师资队伍难以胜任媒介融合课程的讲授。

11.1.3　密苏里新闻学院开展媒介融合教育的做法

2005 年，为适应媒介融合对新闻教育的挑战，密苏里新闻学院成立了融合新闻系，

---

① 蔡雯．从“超级记者”到“超级团队”——西方媒体“融合新闻”的实践和理论．中国记者，2007，(1)：80-82.

并设立了媒介融合专业。

1. 课程与学分设置

媒介融合专业共设融合摄影新闻学、融合广播报道与制作、融合电视报道 3 个专业方向。结束前两个学年的课程学习后，学生即可选择感兴趣的专业方向继续进行第三、第四学年的学习。每个专业方向均要学习三大核心课程："融合报道""融合编辑与制作""融合媒体报道、编辑与营销"。除 47 学分的通识课程(包括英语、数学、生物、物理、社会科学等)之外，每个专业方向均需修满 31 个新闻类课程学分。课程及学分要求如表 11-1 所示。

表 11-1　　**密苏里新闻学院媒介融合专业方向、课程及学分要求**

专业方向	先修新闻类课程（第一、第二学年）	必修新闻类课程（第三、第四学年）	选修新闻类课程（第三、第四学年）
融合摄影新闻学方向	1. 美国新闻史(3 学分)或图片新闻史(3 学分) 2. 传播法(3 学分) (先修课程：6 学分)	1. 融合报道、报纸报道二选一(3 学分) 2. 摄影新闻学基础(3 学分) 3. 摄影新闻学高级技术(3 学分) 4. 摄影新闻机构(3 学分) 5. 融合编辑与制作(3 学分) 6. 融合媒体报道、编辑与营销(3 学分) (必修课程：18 学分)	1. 从莫罗到莫尔：优秀的新闻记者在读什么(3 学分) 2. 计算机辅助报道(3 学分) 3. 商业与经济报道(3 学分) 4. 多媒体规划与设计(3 学分) 5. 信息图表(3 学分) 6. 多媒体可视化编辑(3 学分) 7. 图片新闻电子化(3 学分) 8. 新闻图片史(3 学分) 9. 国际期刊组织(3 学分) 10. 参与式新闻(3 学分) 11. 互联网法(3 学分) 12. 高级全球融合新闻(3 学分) 13. 网络受众发展(3 学分) 14. 新闻实习(3~6 学分)(3 学分) 15. 理解受众(3 学分) 16. 图片与可视化编辑(3 学分) 17. 广电新闻高级互联网应用(3 学分) 18. 媒介管理与领导力(3 学分) (选修课程：不少于 7 学分)

续表

专业方向	先修新闻类课程（第一、第二学年）	必修新闻类课程（第三、第四学年）	选修新闻类课程（第三、第四学年）
融合广播报道与制作方向	1. 美国新闻史(3学分)或图片新闻史(3学分) 2. 传播法(3学分) (先修课程：6学分)	1. 传播实践(3学分) 2. 新闻制作(3学分) 3. 融合报道(3学分) 4. 融合编辑与制作(3学分) 5. 融合媒体报道、编辑与营销(3学分) (必修课程：15学分)	1. 健康报道技巧(2~3学分) 2. 计算机辅助报道(3学分) 3. 调查性报道(3学分) 4. 商业与经济报道(3学分) 5. 多媒体策划与设计(3学分) 6. 信息图表(3学分) 7. 多媒体可视化编辑(3学分) 8. 媒体与国际议题(3学分) 9. 跨平台全球新闻(3学分) 10. 参与式新闻(3学分) 11. 互联网法(3学分) 12. 高级全球融合新闻(3学分) 13. 网络受众发展(3学分) 14. 新闻实习(3~6学分) 15. 理解受众(3学分) 16. 广电新闻高级互联网应用(3学分) 17. 媒介管理与领导力(3学分) (选修课程：不少于10学分)
融合电视报道方向	1. 美国新闻史(3学分)或图片新闻史(3学分) 2. 传播法(3学分) (先修课程：6学分)	传播实践(1学分) 广播新闻Ⅱ(3学分) 广播新闻Ⅲ(3学分) 融合报道(3学分) 融合编辑与制作(3学分) 6. 融合媒体报道、编辑与营销(3学分) (必修课程：16学分)	1. 新闻制作(3学分) 2. 高级新闻报道(3学分) 3. 从莫罗到莫尔：优秀的新闻记者在读什么(3学分) 4. 健康报道技巧(3学分) 5. 计算机辅助报道(3学分) 6. 调查性报道(3学分) 7. 商业与经济报道(3学分) 8. 多媒体规划与设计(3学分) 9. 信息图表(3学分) 10. 多媒体可视化编辑(3学分) 11. 国际议题报道(3学分) 12. 跨平台全球新闻(3学分) 13. 参与式新闻(3学分) 14. 互联网法(3学分) 15. 高级全球融合新闻(3学分) 16. 网络受众发展(3学分) 17. 新闻实习(3~6学分) 18. 理解受众(3学分) 19. 广电新闻高级互联网应用(3学分) 20. 媒介管理与领导力(3学分) (选修课程：不少于9学分)

2. 媒介融合师资的引进

2005年，媒介融合系成立之初，仅有迪恩·米尔斯(Dean Mills)、迈克·麦金(Mike McKean)和琳达·克拉克斯伯格(Linda Claxberg)3名教师。其中，迈克·麦金曾在美国广电媒体工作过，后被引进密苏里新闻学院担任广电系主任；迪恩·米尔斯曾任《巴尔的摩太阳报》的驻外记者，后被引进密苏里新闻学院任院长；琳达·克拉克斯伯格曾在美国多家电台、电视台任记者与新闻编辑，现任学院副院长兼融合新闻系主任。琳达在教学中注重广电媒体与新媒体的融合互动，承担了多门媒介融合课程。自媒介融合系成立后，密苏里新闻学院先后引进了凯伦·米切尔(Karen Mitchell)，以及素有"媒介融合采访女皇"之称的维多利亚·林(Victoria Lin)、《芝加哥论坛报》数据新闻编辑的艾米·西蒙斯(Amy Simons)、曾任《哥伦比亚密苏里人报》执行总编鲁本·斯德恩(Reuben stern)。以上人士已经成为媒介融合系的专职教师。除此之外，媒介融合系还长期聘请newly. com网站的编辑担任兼职教师。目前，该系已经有17名师资，其中专职教师9人，来自媒体或网站/公司的兼职教师8人。

3. 强化实践的人才培养模式

密苏里新闻学院的新闻人才培养模式——"密苏里模式"强调的"在专业媒体获得一手训练"(Hands-on training in professional media)、"在做中学"(Learning by doing)等理念，在媒介融合人才的培养上得到延续。对于媒介融合人才的培养，密苏里新闻学院采取"团队授课"加"校园实践"的模式。在课程学习上，相当一部分专业课以"团队授课"的方式完成，如：由3名专业课教师加上多名业界人士组成的授课团队，分别承担基础知识的讲授和与课程相适应专业实践训练。专业实践训练形式多样，既有赴媒体的实习、实训，亦有在业界人士带领下完成一个实践项目的选题、策划、执行、评估等工作。"校园实践"主要在密苏里新闻学院拥有的8家校园媒体(见表11-2)进行。密苏里新闻学院拥有全美高校中类别较为完备的校园媒体，这些校园媒体的运行、管理以在校学生为主，相关教师和来自业界的人士提供指导。类别完备的校园媒体，为媒介融合专业的学子提供了全面而充分的专业训练。

表11-2　**密苏里新闻学院的校园媒体**

媒体名称	业务定位
传媒策划公司：Adzou	以公共关系、广告、市场营销的专家与学生主体，为相关公司或组织提供策划与创意

续表

媒体名称	业务定位
社区报纸《哥伦比亚密苏里人报》：*Columbia Missourian*	成立于 1908 年的一家社区报（*Community Newspaper*），以报道密苏里州哥伦比亚市的社区新闻为主。为适应新媒体时代读者的阅读需求，创办了网站 www. missouri. edu. com，开发了适用于 Kindle、Ipad 等设备阅读的电子报，创办网络论坛"From Readers"以收集读者/网民的反馈意见、建议，为读者/网民参与传播提供平台
"全球记者"新闻编辑室 Global Journalist	作为融合新闻的生产平台，为广播、纸媒、手机媒体全提供数字化内容
KBIA-FM 广播	美国国家公共广播（NPR，National Public Radio）的附属电台之一，为听众提供传统长篇广播故事的同时，亦为网站提供音、视频或文字故事
电视台：KOMU TV-8	美国高校唯一一家商业电视台，同时作为 NBC 和 CNN 的附属电视台。节目覆盖哥伦比亚 15 个地区的 4000 余户家庭
广告公司：Mojo-Ad	代理广告业务，关注青年群体消费行为及市场分析
杂志：Vox Magazine	聚焦于人文、自然环境，并刊登观点、评论、生活小窍门等内容的生活类杂志
"密苏里商业警报"新闻编辑室：Missouri Business Alert	报道密苏里州的商业新闻的网络平台，以提供极具冲击力的、及时的文章和视频新闻为特征

（郑素侠）

11.2　日本上智大学新闻传播教育概况

上智大学是日本最古老的基督教教会大学之一，是日本顶尖私立研究型大学。上智大学新闻学系历史悠久，是日本新闻教育的标志性机构。

11.2.1　上智大学新闻学系的发展历史

财团法人上智学院成立于 1911 年，1913 年 4 月依据日本《专业学校令》成立了包含哲学科、文科、商科的上智大学，1928 年依据《大学令》成立文学系和商学系，1932 年

4 月 1 日专业部新闻学专业开始正式招生，日本的新闻学专业从此诞生。

1948 年根据当时的学制改革政策，新闻学专业升格为学系，招生 40 人。1967 年新闻学系的纪要性研究刊物《传播研究》创刊。1971 年开设新闻学硕士课程，招生 10 人。1974 年大学院文学研究科开设新闻学专业博士课程，招生 3 人，以培养新闻学领域科研、教学方面的国际尖端人才为目的。

曾任上智大学新闻学系主任的武市英雄教授，将上智大学新闻学系 1931—1981 年的历程分为 4 个阶段。第一阶段：以德美折中的瑞士苏黎世大学新闻学系课程设置模式为参照的发端阶段；第二阶段：伴随学制改革，从专业部新闻科升格为文学院新闻学系，是为充分发展阶段；第三阶段：新闻学系不再仅研究报纸、广播电视，还抓住了相关联的传播理论、心理学、社会学、政治学、经济学、文化人类学、哲学等，形成综合而广泛的学术研究领域的阶段；第四阶段：在立足于第三阶段教育方针的基础上，为了迎接新媒体时代的到来，进行了部分课程的微观调整，新闻学跨学科的特色和国际性成为上智大学新闻学系这一阶段的一大特色。20 世纪 80 年代以来，上智大学新闻学系面对社会需求，调整课程结构，以培养具有媒介基本素养的普通公民为特色，可以视为第五阶段。

11.2.2 上智大学新闻传播教育的理念

与东京大学新闻研究室以研究为主的目的不同，上智大学新闻学专业的创立以培养新闻记者为第一目的，但是它的人才培养以培养学生的社会批判能力和监督社会的使命感为核心，实施比较宽厚的素养教育，并不重视采、写、编、评、摄等新闻业务的教学。

上智大学新闻学系是日本传统教育理念与德国、美国两种不同文化理念交融的产物，它力图调和学术与职业两种不同价值诉求。上智大学新闻学专业创设之初的课程安排，参考了折中德国和美国新闻教育模式的瑞士苏黎世大学新闻教育的模式。所谓瑞士模式的新闻学课程体系，是奥斯卡·维特修坦（Oscar wittshotan）教授 1903 年在苏黎世大学创建的。当时，德国的新闻学以新闻理论和历史研究为中心，美国新闻学相对地强调新闻事业的实务教育，瑞士苏黎世大学新闻学系的课程体系，综合了德美两国的特点，所以小野秀雄称之为“德美折中的苏黎世模式”。小野秀雄注重新闻记者品行的养成及其对报纸本质的认识，重点设置了与新闻记者工作密切相关的政治学、经济学、社会学、文学、历史等基础修养课程①，设置的专业课程有“编辑论”“销售论”“日本议会

---

① 上智大学. 2015 年度卒業·修了者進路状況報告書，2016 年（35）. [EB/OL]. [2015-10-28]. http：//www.sophia.ac.jp/jpn/career/itd24t0000002vk4.pdf.

史”“报纸广告”“印刷史·技术”“新闻研究”“新闻法”以及实习课等。

武市英雄在回顾 20 世纪 80 年代上智大学新闻学系的历史时，着重强调了新闻学具有的跨学科性质，认为不论任何时期，掌握广博的基础知识都应该是上智大学新闻学系人才培养方案的核心内容。80 年代的新闻学系毕业生，要修满 136 学分，其中除去基础课程、保健体育课程和外语课程之外，专业课程有 80 学分。

随着信息科学的普及，上智大学新闻学系的培养目标已经从当初的“以培养新闻记者为唯一目的”，发展为“重视具有正确判断能力社会人的培养”①，逐步提高了对新闻修养教育的重视程度。在上智大学新闻学系的课程体系中通识课程和选修课程比重逐渐增加，目前全校性质的通识课程要求有 36 学分，其他专业或者院系的跨学科课程要求有 12 学分。这与上智大学新闻系培养适应信息社会需要的具有一定传播修养的国民、不以培养上手快的技术性人员为宗旨的指导思想相一致。

11.2.3　上智大学新闻学系的现状

目前，在日本的 500 多所大学中，设立“新闻学系”的仅有上智大学和日本大学。在高度发达的媒体社会中，上智大学新闻学系秉持小野秀雄先生创办初期折中美国、德国的教育理念，重视“既不偏向理论，也不偏向实践的宽厚的教育”②。应对新媒体时代，新闻学系以培养立志成为新闻、出版、广播、广告领域的人才和具备较高的沟通能力以及媒体素养的企业人士、社会人作为培养目标。研究范畴也从报纸、广播、出版、电影、广告等大众媒体扩展到电信、互联网等新媒体传播平台，侧重新媒体的社会功能及其产生的社会影响研究。

随着新媒体的深入发展，迫使学生学习更丰富的媒介知识，提升综合素养才能适应现实生活的需要。根据培养目标，学生需要从新闻学“理论与实践”的双重属性出发，进行宽泛而平衡的学习。从 2016 年开始，新闻学系招生人数由 80 名增加至 120 名，设置“媒体通讯”“新闻业”“信息社会信息文化”三个专业。1 年级主要学习传播学的基础理论、基本资料调查和电视节目制作的理论与方法。2 年级以后在必修课中也安排了新闻业界、大众媒体的历史、理论以及国际传播论的内容。2 年级开始小班研讨授课制，学生在各自选择的课题研究中，学习相关理论，提升媒介批判能力以及现实社会与媒介关系的研究能力。4 年级完成毕业论文的写作。

目前新闻学系有专职教师 10 人，以 50 岁以上为主，即 20 世纪 50 年代出生 5 人，

---

① 马嘉. 学术与职业——日本高等新闻教育研究[M]. 北京：人民出版社，2009：134.
② 马嘉. 学术与职业——日本高等新闻教育研究[M]. 北京：人民出版社，2009：139.

60年代出生4人，70年代出生1人；从学位取得情况看，具有博士学位6人，硕士学位2人，学士学位2人；从学缘结构来看，30%的教师来自上智大学新闻学专业，40%的教师最后学历来自新闻传播学相关专业，法学专业2人，经济学、社会心理学、社会文化学、政策研究专业各1人。从职称情况来看，教授占比70%，副教授20%，讲师10%。具体师资情况如表11-3所示。

表11-3　**上智大学新闻学系专职教师基本情况**

职称	姓名	学位(专业)	主要研究方向
教授	碓井広義	博士(政策研究)	媒体与文化、节目制作论
教授	小此木潔	学士(经济学)	新闻业在解决危机和社会问题中的责任
教授	音 好宏	博士(新闻学)	媒体论、信息化与社会变动、信息产业论
教授	鈴木雄雅	博士(新闻学)	媒体学、新闻学的历史·社会史、大洋洲地区研究
教授	田島泰彦	硕士(公法学)	媒体伦理法规中表达自由、人权研究
教授	水島宏明	学士(法学)	电视、网络等的新闻理论、贫穷与媒体
教授	渡邊久哲	硕士(社会心理学)	舆论研究、社会调查、营销管理、广播电视理论
副教授	阿部るり	博士(社会文化学)	种族、性别视角的媒体社会学研究
副教授	柴野京子	博士(学环信息学)	以出版为中心的近现代媒体产业、流通、文化研究
助教	国枝智樹	博士(新闻学)	公共关系论、广告史研究

新闻学系毕业生确立的就职目标除了传统的报纸、广电、电影、出版、广告等大众媒介企业之外，还有与通信、调查、网络等相关的广义的媒体信息产业。据统计，新闻学系每年在传统媒体(报纸、广电、出版、广告)就职的占40%左右，有50%则在网络新媒体、一般企业、行政、非营利组织就职，10%的学生选择考研深造。宽泛的就业领域是新闻系人才培养适应新媒体时代社会需求的反映。

在日本，可供各个高校毕业生选择的大众传播业相关产业统称为“信息通信业”，包括固定·移动电子通信业、公共·民间有线广播电视业、软件业、信息处理·提供服务业、网络服务业、影视信息制作·供给业、语音信息制作业、报纸、出版、广告制作等诸多行业。据统计，上智大学2016届整体就业率为97.3%，文学院就业率为83.8%，其中86人在信息通信业就职，新闻学系24人在相关单位就职，占比30%，较2015年有所减少。上智大学 2015 届整体就业率为 98. 1%，为近 3 年来最高，其中文学院就业率为 89. 4%，88 人在信息通信业就职，约占 19. 1%，其中新闻学系有 37. 5%，有 33 人。具体如表 11-4 所示：

表 11-4　　近两年上智大学各学系毕业生信息通信行业就职情况统计表

学院	学系	2015 届（2016 年 3 月统计）		2016 届（2017 年 3 月统计）	
		信息通信业人数	占比（%）	信息通信业人数	占比（%）
神学院	神学系	3	0. 9	5	1. 3
	合计	3	0. 9	5	1. 3
文学院	哲学	12	3. 6	13	3. 4
	史学	2	0. 6	4	1. 1
	国文学	12	3. 6	11	2. 9
	英文	15	4. 6	20	5. 3
	德文	4	1. 2	7	1. 9
	法文	10	3. 1	7	1. 9
	新闻学系	33	10. 1	24	6. 4
	合计	88	27	86	22. 9
综合人类科学院	教育学	6	1. 8	9	2. 4
	心理学	7	2. 1	6	1. 6
	社会学	11	3. 4	14	3. 7
	社会福祉学	4	1. 2	10	2. 7
	看护学	0	0	0	0
	合计	28	8. 6	39	10. 3
法学院	法学系	22	6. 7	25	6. 6
	国际关系法学系	9	2. 8	14	3. 7
	地球环境法学系	7	2. 1	4	1. 1
	合计	38	11. 7	43	11. 4
经济学院	经济学系	24	7. 4	33	8. 8
	经营学系	20	6. 1	24	6. 4
	合计	44	13. 5	57	15. 1

续表

学院	学系	2015 届(2016 年 3 月统计)		2016 届(2017 年 3 月统计)	
		信息通信业人数	占比（%）	信息通信业人数	占比（%）
外语学院	英语学系	24	7.4	25	6.6
	德语学系	9	2.8	7	1.9
	法语学系	4	1.2	4	1.1
	西班牙语学系	6	1.8	4	1.1
	俄罗斯语学系	2	0.6	10	2.7
	葡萄牙语学系	6	1.8	12	3.2
	合计	51	15.6	62	16.4
国际教养学院	国际教养学系	20	6.1	24	6.4
	合计	20	6.1	24	6.4
理工学院	物质生命理工学系	10	3.1	6	1.6
	机能创造理工学系	9	2.8	14	3.7
	信息理工学系	34	10.4	41	10.9
	电气电子工学系	1	0.3	/	/
	合计	54	16.6	61	16.2
合计		326	100	377	100

（马　嘉）

11.3　法国格勒诺布尔-阿尔卑斯大学的信息与传播学研究和教育

11.3.1　法国信息与传播学科研究兴起和学科建立

法国信息与传播学诞生于 20 世纪 60 年代末。3 位先驱人物罗伯特·埃斯卡皮(Robert Escarpit)、让·米哈(Jean Meyriat)和罗兰·巴特(Roland Barthes)为寻求学术界对信息领域研究工作的认可，尤其是为了规范一些技术专科大学(IUT)传授的新课程，如：新闻学、书籍出版、传媒与表达技巧等，提出在大学咨询委员会(CCU)中设立一个全新的学科。

1971 年年底，由罗伯特·埃斯卡皮主持的技术专科大学国家教育委员会提出建立信息与传播学组别。这个议案很快得到了多所大学董事会的支持。与此同时，一系列宣传准备活动也在跨学科的工作者中展开。

1972 年，巴黎人文学院（MSH）举办会议，会议成立了一个信息与传播学委员会，由让·米拉领导、13 位成员组成，并明确了会议的三项主要任务：第一，在大学咨询委员会中创立一门新的学科。在相继排除"表达学""告知学"等名称后，会议最终将新学科命名为"信息与传播学"；第二，促使信息与传播学科获得博士学位授予权；第三，在国家科学研究中心（CNRS）中设立相应的分支机构。这次会议，在今天被视为法国信息与传播学的"奠基性会议"。

1975 年，一项修改大学咨询委员会组成的决议将信息与传播学设为第 52 组（1981 年变更为第 71 组）学科。未久，根据 1974 年 4 月法国对博士教育体制的改革，从 1975 年开始，波尔多第三大学、社会科学高等学院、格勒诺布尔第三大学、尼斯大学和巴黎第四大学成为第一批获准授予信息与传播学的高等深入研究文凭①和第三阶段博士文凭的大学。至此，信息与传播学委员会组建信息与传播学学科和成立相应分支机构的目标已初步实现。

1975 年 11 月，信息与传播学委员会组织了题为"信息学与传播学之间关系"的研讨会，系统地对信息传播学领域内的相关议题展开讨论。1978 年，该委员会成为学术性协会，并更名为法国信息与传播学学会（SFSIC），同年在法国贡比涅（Compiègne）举办了首届信息与传播学（Info-com）大会。此后，信息与传播学会每两年组织一次会议，组织传播学界的教师、研究人员、业界专家和博士生就研究情况、学科的发展与变革展开讨论，迄今为止共召开过 16 次会议，每次的参与人数都超过 300 人。

自 1975 年学科建立以来，在法国信息与传播学学会的大力推动下，教师和科研人员的能力不断提升，数量也稳步增长，学科领域发生了重大变革。教师人数从原有的 27 人，增长为 1992 年的 257 人、1996 年的 363 人和 2000 年的 450 人。研究领域与法学、政治学等人文社会科学紧密相连，显示了特有的跨学科性。

从 1985 年起，信息与传播学会不断发布官方文件，明确学科研究范围的必要性，强调学科的科学性与结构化。目前，法国信息与传播学会围绕以下 7 个主要方向开展科学研究：

---

① 高等深入研究文凭（DEA）：diplôme d' études approfondies，学制一年，通过论文答辩获得该文凭后即可拥有攻读为期三年博士文凭的资格。

组织化的信息与传播学过程与实践(由组织传播学研究小组负责);

信息与传播学史(由科学实践与理论研究小组负责);

媒介话语(由媒体分析与研究小组负责);

新发现与扩散(由网络研究小组负责);

培训市场(由培训工业化研讨研究小组负责);

媒介化概念与构成(由媒介化与文化研究小组负责);

传播国际化的构成、流动与参与者(由国际化分析研究小组负责)。

11.3.2　专业开办和教育铺开

格勒诺布尔大学(格勒诺布尔-阿尔卑斯大学)是法国一所历史悠久的国立综合大学，位于格勒诺布尔市，由23所学院和研究机构、80座研究实验室构成。它于1339年由多菲内公国大公亨伯二世(Humber II)建立，初期设置有医学、文学、教会法和民法四个专业。

14—19世纪，格勒诺布尔大学由于与同时期的瓦伦斯大学和巴黎大学不分伯仲而极具盛名，吸引了一大批优秀学生前来求学，其中包括至今耳熟能详的商博良(Jean-François Champollion)、司汤达(Marie-Henri Beyle)和柏辽兹(Hector Louis Berlioz)。1367年大学被迫关停，后多次开放，法国大革命期间又再次消失在人们的视野中。1968年法国爆发的学生运动使学校分裂为三所不同的大学：医学院发展为傅里叶大学(格勒诺布尔第一大学)，经济与法律学院发展为格勒诺布尔第二大学，文学院发展为格勒诺布尔第三大学(1987年更名为司汤达大学)。3所大学于2016年再次合并，改名格勒诺布尔-阿尔卑斯大学。

"信息传播学"作为一门极具法国特色的学科，自1975年组建至今，只经历了短短40余年的时间，却以其惊人的影响力与社会学、心理学、文化人类学、政治学、信息论、系统论、控制论等众多学科彼此联系，相互渗透。实际上，法国也是最早和唯一一个在传播学中引入"信息"概念并将信息学与传播学这两个具有本质区别的学科联系在一起的国家。根据法国信息与传播学学会(SFSIC)2010年发表的调查显示，法国46%的信息与传播学教育由公立大学提供，主要集中于硕士和博士教育阶段，根据不同的高等教育机构、专业和研究方向，能够赋予的硕士文凭多达400多种。

格勒诺布尔传播与媒体学院是法国最早开设"信息与传播学"专业的学院之一，也是除巴黎地区外在该领域教育和研究水平最高的学府。该学院有在读学生近400人，设有传播学、新闻学、企业传播等专业方向，此外，还包括一所传播学研究实验室GRESEC(Groupe de recherche sur les enjeux de la communication)，实验室目前拥有65名博士生和 38 名教师研究人员。除了与各大企业保持合作外，学院还积极开拓与不同国家，特别是拉丁美洲和非洲国家发展国际合作，积极参与国外大学的专业课程建设与研究。另外，学院还拥有一个联合国教科文组织“国际传播学”教席(Le Chaire UNESCO en Communication Internationale)，是法国首个也是唯一一个传播学领域的教席。每年格勒诺布尔传播与媒体学院都会邀请在该领域享有国际盛誉的客座教授前来为博士生授课。

1. 本科生教育阶段

格勒诺布尔-阿尔卑斯大学传播与媒体学院提供从本科三年级至博士阶段不同层次的专业教育，本科前两年的教育，由其他相关学院提供。此外，还针对社会群体开办了继续教育。传播与媒体学院希望在帮助学生了解并掌握信息与传播技术的基础上，培养他们对社会政治、经济、文化以及公民社会的思考能力。在教学内容上，除了教授信息与传播学基本理论与方法，也会提供大量与业界相关的实践类课程供学生选择。

格勒诺布尔大学信息与传播学专业的本科生在一、二年级只接受最基础的通识教育，信息与传播学的专业理论知识和方法论将纳入第三年的课程中，为学生未来的进一步学习和研究打下实践和理论基础。本科三年级的教学主要包括信息与传播学理论、实践等专业课程，由两个学期、60 个学分构成，每个学期各 30 学分，由三大模块构成，详情见表 11-5。

表 11-5　**格勒诺布尔传播与传媒学院信息与传播学本科三年级每个学期的教学模块设置情况**

<table>
<tr><td colspan="2">基础教育模块 = 18 学分</td></tr>
<tr><td colspan="2">现代外语教育模块 = 3 学分</td></tr>
<tr><td rowspan="2">补充教育模块 = 9 学分(3×3)</td><td>预专业化模块 = 6 学分(2×3)</td></tr>
<tr><td>横向选修模块 = 3 学分</td></tr>
</table>

预专业化模块的设置是为了学生能够通过 2～3 门课程更好地了解信息与传播学的各专业领域，例如组织传播、数字传播、新闻学等，让他们能够清晰地了解到自己的学习研究方向并获得相应的专业知识，为以后的学习、研究和就业奠定坚实的专业基础。

只有具有本科二年级的知识水平，并已修满 120 个学分的传播学专业的二年级学生、预科生，以及拥有 DUT 和 BTS 文凭的毕业生或是其他相关领域的学生方可申请进入本科三年级(最后一年)学习。传播与媒体学院教育委员会则会根据申请者的个人材料进行遴选，决定候选人是否被录取。对于中国学生来说，想要申请成为该专业的本科生，还必须通过法国高等教育署的"Etudes en France"系统提交个人申请，在满足申请条件的同时递交相关材料，并等待校方审核。为保证九月顺利入学，申请人需在同年三月前递交申请，学校会在六月底做出答复，决定是否录取申请人。除专业水平要求外，对外国学生另有语言方面的要求，本科阶段要求法语等级达到欧洲共同语言参考标准 B2 水平。

学院 86%的毕业生选择了继续深造，其中 88%决定留在格勒诺布尔大学攻读硕士学位，选择并不局限于本专业；另一部分毕业生则选择了直接就业。因为了解企业、地方行政机构、文化机构等的传播规律，也掌握一定的传播策略与实践能力，毕业生均能够较好地融入职业环境。

2. 研究生教育阶段

格勒诺布尔传播与媒体学院的信息与传播学硕士教育则主要针对具有一定学科基础的成年学生和社会人士。通过两年的课程，培养该领域内的专业工作者和研究人员。该专业共有 5 个方向可供选择，具体方向和相关课程如表 11-6 所示：

表 11-6　格勒诺布尔传播与传媒学院信息与传播学硕士阶段教育方向与课程设置情况

专业方向	公共课程	专业课程
信息与传播-公共传媒	信息与传播学理论、媒体与新媒体、组织与传播、传播策略、数字技术、应用符号学、田野调查方法等	公共和政治传播、数字化写作、可视化传播与数字媒体、文化与公共行动、数字遗产和档案、媒体制作、管理，内部传播与公众咨询等
企业传播		市场营销、人力资源与内部传播学、品牌符号学、企业诊断学、企业传播学实践、危机传播管理等
科技与文化传播		科学新闻实践、科技传播机构，职业与就业环境、科学，媒体与传播、公共领域科技、科学，社会与经济创新等
政治与体制传播		管理学、政治传播学、传播，市场与民主、政治传播与管理、政治传播与数字媒体等
数字与可视化传播		多媒体基础、视听基础、图像文化、数字视听制作、互动多媒体设计、文化产业和创作等

硕士申请者必须至少拥有在相关领域内的国家本科文凭或国外同等教育程度文凭，或在相关领域具有一年以上的专业工作经验。进入硕士二年级同样要求学生要么通过本专业硕士阶段第一学年的考试，要么拥有等同于法国四年高等教育的国外文凭，或在相关领域具有一年以上的专业工作经验。中国学生则通过法国高等教育署递交申请，方法与申请本科阶段学习相同，但法语等级要求达到欧洲共同语言参考标准 C1 水平，对英语没有硬性要求。

根据学院安排，所有信息与传播学的硕士生在两年内都必须至少实习一次，第四个学期不安排课程，部分学生选择利用这段时间进行长期实习，完成毕业作品，也有学生选择自己感兴趣的研究方向，撰写毕业论文。毕业论文获得 14 分(20 分满分)及以上同时硕士二年级的平均成绩不低于 12 分并且有具体导师接收的情况下，可向博士生学院提交候选人资格，申请成为 GRESEC 实验室的博士研究生。

博士阶段学习包括两部分，一是完成大学内博士学校教育框架下的教学内容，二是完成博士论文，研究时长至少 3 年。格勒诺布尔大学的信息与传播学博士教育与 GRESEC 实验室的研究活动密切相关。GRESEC 实验室被法国政府认可为接收信息与传播学专业研究硕士和博士生的专门团队，同时它也是格勒诺布尔大学的语言、文学、人文社会科学博士学校的组成部分之一。每年大约有 50 名博士生在此从事研究工作，其中 12~15 人获得各项不同的经费支持，包括研究补贴、签署研究协议、生源所在地的奖学金，等等。从 20 世纪 90 年代至今，超过 100 篇、涵盖信息与传播学各大方向的博士论文在传播与媒体学院通过答辩，GRESEC 实验室的名声也在国内外都得到了广泛的认可，成为法国信息与传播学领域最具有“生产力”的研究所之一。

在就业去向上，信息与传播-公共传媒方向的硕士毕业生未来就业方向最为广泛和多样化，包括在非政府组织和社区中担任宣传负责人，担任项目经理、研究员、记者、编辑、媒体公关、媒体策划人、新闻发言人等。这些职业遍布国家和国际公共层面的各个领域：文化、健康、风险、环境、交通、可持续发展等。其他硕士方向的毕业生，也因自身专业的差异而各自有所侧重。科学与文化传播方向的硕士毕业生可以在科学传媒与科学文化领域(科学博物馆、技术博物馆、科学文化中心等)就业，也可以在公立科研机构，或者隶属于企业的科研实验室从事专门的研究工作；企业传媒方向的硕士毕业生则更多从事面向基于企业的各类与传播相关的职业，负责企业内部传播、外部传播、国际交流、对外关系和公共关系，担任企业记者、活动项目经理、社区传播经理等职务；政治与体制传播方向的硕士毕业生就业出路侧重于政治领域，在国际政府部门或非政府组织担任宣传官员，在政治或公共机构担任传播顾问、新闻发言人、媒体策划人、政治传播问题的专门研究人员；数字与可视化传播方向的硕士毕业生就业主要集中在视频传播(可视化项目经理，制作助理，导演，后期制作助理，音像制作助理等)和多媒体传播(多媒体、网络、数字、数码项目经理，多媒体、电子学习、界面设计师，多媒体传播设计负责人，多媒体总监，网络设计师，UX 界面设计师等)两块。

3. 学术研究与领军人物

格勒诺布尔-阿尔卑斯大学的 GRESEC 实验室是 1978 年由伊夫·戴拉海(Yves de la Haye)和贝尔纳·米涅(Bernard Miège)创立，是法国最早研究公共传播的实验室之一。实验室的研究重点集中在与社会政治、经济与文化发展相关的各类传播学问题，主要包括以下四个方向：信息、传播与文化的工业化；社会领域的媒体化与公共化；信息与传播技术的社会基点；知识、信息与文献。GRESEC 实验室自创立以来就十分注重经验(基于调查或语料库分析)与理论相结合、个人研究与集体工作相联系的研究理念。

1996 年，GRESEC 实验室搬迁至位于格勒诺布尔市郊厄兹罗勒(Echirolles)的传播与媒体学院。1997 年，联合国教科文组织在 GRESEC 设立“国际传播学”教席，每年都邀请在国际上享有盛誉的客座教授前来为博士生授课。这是法国首个也是唯一一个传播学领域的教席。教席设立初期，一直由 GRESEC 实验室主任贝尔纳·米涅负责。2005—2009 年，他将接力棒交予克劳迪娜·卡尔鲁厄(Claudine Carluer)教授。2009 年之后，则由本莱德·卡比多世(Bertrand Cabedoch)教授担任该项目负责人。格勒诺布尔-阿尔卑斯大学的国际传播学教席旨在落实由联合国和经合组织等提出的南南合作与三方合作计划。教席指导委员会确定的三大目标分别是：分享和传播知识；丰富硕士和博士阶段的教育和发展各项合作关系；提供该领域内的科学专业知识。2016 年，GRESEC 实验室和“国际传播学教席”的客座教授是来自巴西圣保罗大学的信息与传播学教授伊丽莎白·萨德·考瑞娅(Elizabeth Saad Corrêa)。考瑞娅教授主要从事数字传播、在线新闻以及战略传播的研究，曾是《数字传播趋势》(第二卷)①、《社交网络中信息的可见性与消费》②等 5 本科学著作的合作者，在各类学术期刊和学术会议上发表过超过 100 篇传播学领域相关学术论文，以及超过 60 篇其他相关领域的学术论文。作为此教席的客座教授，Elizabeth Saad Corrêa 分别开展了题为“中心性，横向性，复原性：对数字当代性的三个条件和传播学认识论的反思”“今日新闻学：巴西和拉丁美洲的问题和研究”和“创

---

① 《数字传播趋势》(第二卷)：著作原名 *Tendências em comunicação Digital-Volume* 2，2017 年由(里斯本)二十一世纪媒体(Media XXI)出版社出版。

② 《社交网络中信息的可见性与消费》：著作原名 *Visibilidade e consumo de informações nas redes sociais*，2016 年由圣保罗大学传播与艺术学院出版社(ECA-USP)出版。

新与网络新闻：讨论社交商业设计模型”的多个针对博士生与硕士生的专题研讨会。2017 年“国际传播学教席”的客座教授则是来自于加拿大蒙特利尔魁北克大学传播学院公共与社会传播学系的克里斯提安·阿戈巴布利(Christian Agbobli)教授，他的主要研究领域是跨文化与国际传播，也是该学院跨文化与国际传播研究小组的联合负责人，在相关领域出版过《国际传播与跨文化交际：认识论视角与实践领域》①、《殖民认同与传播学》②等 4 本专著以及超过 50 篇的期刊与会议论文。

GRESEC 实验室主要研究现代传播工具(无论是它们是否以物质书写载体的形式呈现)的产生、发展，和它们在复杂社会背景下的存在状态。其主要研究议题如表 11-7 所示：

表 11-7　**格勒诺布尔大学 GRESEC 实验室四大研究方向简介**

GRESEC 实验室研究方向	
文化、信息与传播的工业化	信息的演变同文化演变类同，都是通过文化、社会政治、社会和经济等方面来引出所谓运作的社会逻辑，这种逻辑或多或少将社会各角色的战略方法引申至一种长期规划中。研究特别关注传播网络的逐渐形成，这些网络加速了工业化和传播工具的发展，构成了想象中的工业化的强大载体
社会领域的媒体化与公共化	在传播技术和政策的影响下，公共空间的外延不断延展，而内涵则日渐碎片化。基于此，该方向主要研究在此大环境下公共领域的重构。研究对象相对丰富，包括地方媒体、传播政策、公共传播、科学传播或企业传播，及其与公共领域的变迁之间的关联
信息与传播技术的社会基点	该研究方向认为，信息与传播学已经在研究计算机工具的使用方面建立一定的学科合法性。从 20 世纪 90 年代研究这些所谓的“新”信息与传播技术(NTIC)到研究计算机信息与传播技术(TIC)，如何以整体的方式理解信息与传播实践的技术化成为研究者感兴趣的话题。20 多年来，GRESEC 实验室的许多著作集中在将技术的逻辑串联到不同的形式社会、文化和政治媒介中，这些领域包括：远程教育、健康、大众休闲与娱乐、知识传播、文化、城市和领土、组织等

① 《国际传播与跨文化交际：认识论视角与实践领域》：著作原名 *Communicationinternationale et communication interculturelle：regards épistémologiques etespaces de pratique*，2011 年由魁北克大学出版社出版。

② 《殖民认同与传播学》：著作原名 *Identitésdiasporiques et communication*，2013 年由魁北克大学出版社出版。

续表

GRESEC 实验室研究方向	
知识，信息，文件(CID)	这个主题的研究涉及信息处理，知识表达和信息实践，尤其是在专业和职业信息领域。为了进行该主题的研究，研究者使用到不同的概念和方法论工具，包括自动语言处理方法，文档处理，知识表达，实践和使用分析

为了更好地推动以上四个主要的核心领域研究，GRESEC 实验室设立了以下 8 个研究项目：工业化媒体与文化产品的创造与消费、信息与文化工业化框架中的文化多样性、社会问题的公共建构、新闻出版与职业变迁、屏幕书写、情感传播与组织、人文与数码、职业信息。经过一段时间的运作，这些项目均取得了较好的阶段性研究成果。

GRESEC 实验室长期致力于跨学科、跨学校以及跨国合作研究。实验室与加拿大的传播、信息和社会研究中心(CRICIS)，巴黎第十三大学的信息与传播学实验室(LabSIC)，比利时的新信息技术、传播、创新和变革研究实验室(Lentic)等机构关系紧密，推进了一系列国际研究合作的开展；与政府部门(国家电影中心、媒体发展局、国家视听研究所、罗纳-阿尔卑斯大学科学研究所等)、一般性组织(MAFI 基金会、ANENA 雪和雪崩研究组织等)和电信运营商(法国电信和法国布依格集团)等保持着长期的合作关系。此外，GRESEC 实验室还与委内瑞拉中央大学、巴黎第十三大学、刚果金萨沙大学、墨西哥国立自治大学和突尼斯马努巴大学新闻传播学院开展了一系列学术交流活动。

谈到法国信息与传播学教育与 GRESEC 传播学实验室，就不得不提贝尔纳·米涅——法国传播学思想领军人物之一，现任格勒诺布尔-阿尔卑斯大学信息与传播学名誉教授(Professeur émérite)，GRESEC 传播学实验室的核心成员之一，也是格勒诺布尔大学出版社“传播、媒体与企业”书系的合作出版主任。米涅毕业于巴黎政治学院，拥有经济学博士学位和文学与人文科学博士学位，是法国国家骑士勋章获得者。GRESEC 实验室由他一手创办，并从 1978 年初建至 2002 年一直担任实验室主任，专门负责“文化和信息产业化”研究。米涅于 1998 年至 2002 年间担任法国信息与传播学学会主席，至今仍为该学会荣誉主席，这期间还兼任格勒诺布尔第三大学校长。1997—2005 年，他出任联合国教科文组织国际传播学教席负责人。

贝尔纳·米涅在传播学领域从事了近 40 年的科研和领导工作，出版了约 15 本专著作品，发表了约 30 篇研究报告和 200 多篇刊登于不同期刊的学术文章，指导过 105 篇博士论文。他的研究领域包括文化与创意产业、信息与传播技术的社会基点、企业与传播和传播学思想(信息与传播认识论)。主要作品有《传播学思想》《信息-传播和知识的客体》《被传播学征服的企业-第三册：技术创新与社会基点下的信息与传播技术》《当代公共空间》《聚合的面具：科学、产业和设施调查》等。

贝尔纳·米涅来曾经多次来华进行学术交流，在中国传媒大学等学校进行了一系列有关于欧洲传播学发展、主要思想流派以及文化工业化等相关主题的学术交流活动。

(姜　熙　蔡　雯)

11.4　威斯敏斯特大学的新闻传播教育①

威斯敏斯特大学，前身是 1838 年建成的英国第一所工艺学校——皇家理工学院(the Royal Polytechnic Institute)，1992 年 12 月 1 日被命名为威斯敏斯特大学(University of Westminster)。

威斯敏斯特大学的新闻传播教育设在媒体、艺术与设计学院(School of Media，Arts & Design)，该学院位于哈罗校区，是欧洲最多样化组合的教育机构之一。它的前身叫创造性与传播行业学院。

11.4.1　学院知名度

威斯敏斯特大学的新闻专业始于 1922 年，是这所大学最好的专业之一。在几次全国性研究评估调查(1992、1996、2001、2008)中，媒体、艺术与设计学院都取得了媒体研究方面的最高排名。2008 年 12 月，英国官方机构公布了几年一度的科研考评报告(Research Assessment Exercise，RAE)，其中部分内容对英国各大学媒体传播专业的学术研究水平进行了全面而详细的评估，威斯敏斯特大学以较大优势名列第一名。科研评估(RAE)是对各院系提交的所有科研成果按五个级别进行打分。五个级别分别是："4★"世界领先水平、"3★"国际优秀水平、"2★"国际认可水平、"1★"国家认可水平以及"0"无级别。在最近的 2014 年国家研究评估(The Research Excellence Framework，REF)中，媒体、艺术与设计学院取得了全面的优秀成果，其中 80%以上的研究成果，影响力

① 本书的撰写参考了威斯敏斯特大学 2018 年本科生和硕士研究生的招生手册及威斯敏斯特大学媒体、艺术与设计学院网站的内容。

和环境被评为“世界领先”或“国际优秀”。

由英国《独立报》(Independent)参与制订、发表于2013年的《完全大学指南》(Complete University Guide)对英国大学进行排名。该排名的所有数据来源于英国高等教育统计署，基于以下九个指标：学生满意度、研究质量、入学标准、师生比例、学术服务开支、学校设施开支、优等学位比例、毕业率和就业率。威斯敏斯特大学的传播学和媒体研究专业排名在全英国第14位。

威斯敏斯特大学自己制作的2018年招生宣传手册中列出的排名是《卫报大学排名(2017)》和QS大学排名(2016)。该手册标明，《卫报大学排名(2017)》将威斯敏斯特大学的新闻、传播和公共关系课程排在英国最好的课程之列。而QS排名榜将威斯敏斯特大学的媒体、艺术与设计学院列在全世界30个顶级院系之一(全英国有3个)。

11.4.2　专业与教学

威斯敏斯特大学在媒体、艺术与设计学院下设5个学科部，涉及的学科包括：艺术与设计、时尚、新闻和大众传播、音乐、摄影与电影。有4000名学生和250名教师。每年收到9000多份申请，学生来自50多个国家和地区。学生学费分两类：英国与欧洲的学生每学年学费为7750~9000英镑，海外学生为12250~15000英镑。

本科阶段的课程，设计类开设动画、混合媒体艺术、平面传播设计、插图与视觉传播等专业；时尚类开设时尚采购管理、时尚设计、时尚营销与推广、时尚商品管理等专业；电影、电视与动画类开设当代媒体实践、电影学、电视制作等专业；新闻与大众传播类开设数字媒体与传播、新闻学、广播与数字制作、电视制作等专业；音乐类开设商业音乐、商业音乐表演等专业；摄影类开设当代媒体实践、摄影学等专业。

本科学制一般为全日制3年。所有课程都是由业内专家和顶级媒体学者讲授的、被媒体行业广泛认可的课程。不同的专业有不同的教师团队，例如，新闻与大众传播、电视电影和动画的教师团队包括专业研究人员、讲师和从业人员。来校的行业访问人员，包括制片人、剧作家、导演、摄影师、编辑、产品设计人、音响合成和产品经理等也被邀请指导学生。

硕士研究生阶段的课程，艺术与设计招收2类硕士：互动媒体实践硕士、创意实践研究型硕士；时尚招收2类硕士：时尚商业管理硕士、男装硕士；电视、电影与动画招收1类硕士：电影、电视与动画硕士；新闻与大众传播招收13类硕士：传播学硕士、传播政策硕士、多样性与媒体硕士、国际传媒硕士、国际媒体商业硕士、媒体与发展硕士、媒体管理硕士、“媒体，宣传和社会变革硕士”、多媒体新闻硕士——广播电视方向、多媒体新闻硕士——报纸杂志方向、公共关系硕士、社交媒体，文化与社会硕士、数字及互动叙事试验硕士；音乐招收 2 类硕士：音效制作硕士、音乐商业管理硕士；摄影招收 2 类硕士：纪录片摄影与新闻摄影硕士、摄影艺术硕士。

硕士研究生学制一般学制为全日制 1 年，兼职 2 年。教师来自威斯敏斯特大学传播与媒介研究所(CAMRI)的团队。课程分为核心模块和选修模块。核心模块通常为 3~5 个，与基本理论、研究方法、毕业论文或毕业设计有关；选修模块通常 8~18 个，涵盖本学科领域的基本知识，如相关理论、政策、策略、方法、技能等。教学以讲座或讨论会的形式进行。

学生毕业时需提交硕士毕业论文或毕业设计。如，传播学硕士毕业论文一般 15000 单词，必须是在导师指导下的原创。内容涉及形塑政治、经济、文化和社会因素的大众媒介实践和媒介实践效果，包括媒介文本及其受众的接受等。毕业设计没有明确的字数限制，但它是在导师的帮助下，对学生运用理论、研究和综合能力来分析行业中的实际问题并加以解决的能力的检验。

11.4.3　实习实践

150 多年来，威斯敏斯特大学在新兴技术和现代职业实践训练课程开发领域一直居于领先地位。该校曾获得国际贸易女王企业奖；《金融时报》连续 4 年将该校列为英国顶尖的“现代”大学。

威斯敏斯特大学媒体、艺术与设计学院不仅培养学生进入创意产业，并且塑造和引导他们。学院提倡和鼓励富有反思精神的创意行业。

学院的摄影棚、工作室和实验室都是按行业标准设计的，在这里，学生可以得到最接近真实职场环境的工作体验。周围都是十分敬业的艺术家、制片人、新闻工作者、设计师和音乐家，他们专心致志进行最高水平的创作。学生将有机会和他们在项目上合作，或参加他们的团队工作。约 65%的毕业生毕业后直接进入媒体或艺术领域工作，他们任职的企业包括索尼英国、英国广播公司、英国天空电视台、独立制作公司和众多的杂志社、报社、网站等。

2005 年，威斯敏斯特大学在媒体、艺术与设计学院成立了中国传媒中心。中心除了进行学术研究之外，还一直为中国国务院新闻办、中央电视台、上海广电集团和湖南广电以及英国外交部等机构提供培训课程，培养电视制作领域的相关人才。

11.4.4　教学设施

威斯敏斯特大学媒体、艺术与设计学院在媒体与设计的研究方面，曾荣获“世界最顶尖水平”的荣誉。该院主张高水平研究和高水平教学相结合，与相关行业联系紧密，在多学科广泛领域内具有一流的资源和设施，能够提供充满活力而多样性的、技术和学术相结合的教学实践。很多毕业生进入了创意产业的高层。

学院的教学设施是为创意教育度身定制的，比如多机位电视摄影棚、广播设备和多媒体新闻工作间等。时尚和艺术专业的设施对外开放。电影专业有自己的摄影棚、一系列工作室和影视音乐设施。音乐专业拥有 12 个专业录音棚，有自己的演出场地。广播专业有 3 个设备精良的自助录音、编辑室，电视和广播目前向全校播放，也正在计划发展到网络在线广播。摄影教学可谓占地广袤、设备讲究，摄影棚、暗房、打印和后期设施都是一流的，学院还新近投资安装了最先进的数码影像设备。3 个专业时尚摄影棚都装备有数码成像设备。平面设计、动画设计、艺术和设计专业也更新了设备。

（廖声武）

下篇　成果与政策

第12章　学科与专业建设

12.1　教育部第四轮学科评估与新闻传播学的未来发展

“2017”是中国高等教育的一个里程碑，也是新闻传播学科建设的里程碑。2017年9月21日，教育部官微公布了“双一流”建设名单，确定了42所一流大学、95所一流学科建设高校，其中中国人民大学、中国传媒大学的新闻传播学进入一流学科建设名单。12月28日，教育部学位与研究生教育发展中心（以下简称“学位中心”）公布了第四轮学科评估（China Discipline Ranking，CDR）结果。2017年，国务院学位委员会还组织了新增学位点审核工作；2018年1月8日，国务院学位委员会公布了新增学位点审核的结果，其中新闻传播学新增8个一级学科博士点，2个二级博士点升级为一级博士点。双一流名单确定、学科评估结果公布、新增学位点审核是2017年中国高等教育的三件大事。第四轮学科评估因为和双一流、博士点相关联，所以它的影响力不是短期的、暂时的而是长效的、可持续的。就新闻传播学科来说，第四轮学科评估将在相当程度内影响学科资源的分配和学科未来的发展方向。

12.1.1　第四轮学科评估的指标体系与新闻传播学的评估数据

第四轮学科评估是一个复杂而漫长的系统工程。2016年4月22日，学位中心发布了《全国第四轮学科评估邀请函》，这是第四轮学科评估正式启动的标志。在此之前，社会舆论就高度关注“双一流”建设，舆论普遍认为第四轮评估将会与“双一流”名单确定挂钩。因此，很多高校从2015年12月份就开始了学科评估的动员，一些高校从2016年春节前就组织人马，用第三轮学科评估的表格进行试填。2016年4月22日，第四轮学科评估终于在全国范围内展开，全国具有学位点的高校都积极参与。从2016年4月22日到2017年12月28日，学科评估至少历时20个月。在学科评估结果迟迟未能公布的情况下，社会舆论对评估过程和结果多有质疑和猜测；但学科评估结果发布后，舆论对评估结果的反映总体上是正面的、积极的，评估结果有效地给高校学科建设提供了强大的推动力。

1. 第四轮学科评估的指标体系及评估结果的发布

第四轮学科评估数据显示，2016 年我国“在学研究生人数 198.11 万，授予博士、硕士学位人数 56.39 万，分别比 2012 年增长 15%和 16%。我国已经成为世界排名第二的研究生教育大国”①。自 20 世纪 80 年代我国研究生教育重新起步以来，我国的研究生教育和学科建设随着经济发展的步伐不断前行，并且在总量和规模上逐渐赶上了西方国家。总量的扩张必须有内涵作保障，只有对内涵做出客观准确的评价，中国的学科才能真正成为世界的一流。因此，自 2004 年始学位中心就开始组织学科评估，期望对高校的学科水平进行“体检”和“诊断”，通过对学科发展的综合评估和质量检测，找出学科发展的短板和软肋，引导和帮助高校的学科建设向“内涵式发展”转变。第四轮学科评估在总结前三轮学科评估的基础上，对评估的指标体系做出了更加精细的设计。和前三轮评估一样，第四轮评估的指标体系保持了“师资队伍与资源”“人才培养质量”“科学研究水平”“社会服务与学科声誉”4 个一级指标框架基本不变，根据不同门类学科的差异，设计了人文、社科、理工、农学、医学、管理、艺术、建筑、体育 9 套指标体系框架。新闻传播学划归文学门类，采用的是第一套评估指标体系(见表 12-1)。

表 12-1　　**第四轮学科评估指标体系(一)**
(哲学、文学、历史学门类)

一级指标	二级指标	三级指标	三级指标说明
A. 师资队伍与资源	AI. 师资质量	S1. 师资队伍质量▲	提供师资队伍的年龄结构、学历结构、学缘结构、职称结构、海外经历等基本情况；提供 20 名骨干教师(其中青年教师不少于 6 名)情况(年龄、学科方向、学术头衔、学术兼职等情况)和团队情况，由专家对教师队伍水平、结构、国际化情况等进行综合评价
	A2. 师资数量	S2. 专任教师(设置上限)	本学科专任教师总数。此指标设置“上限”，超过“上限”均为满分

① 教育部．学科建设与国家发展同步共频——党的十八大以来学科建设情况综述［EB/OL］.［2018-01-08］. http：//www.moe.gov.cn/jyb_xwfb/gzdt_gzdt/s5987/201712/t20171228_323246.html.

续表

一级指标	二级指标	三级指标	三级指标说明
B. 人才培养质量	B1. 培养过程质量	S3. 课程教学质量	①国家级教学成果奖、研究生教育成果奖、省级(按省做标准化处理)及军队教学成果奖 ②国家级精品视频公开课、国家级精品资源共享课、教育部来华留学英语授课品牌课
		S4. 导师指导质量▲(试点)	对在校生进行问卷调查，考察导师对学生的指导情况
		S5. 学生国际交流	①赴境外学习交流连续超过 90 天的学生 ②来华学习交流连续超过 90 天的境外学生(含授予学位学生) ③中外合作办学机构/项目质量
	B2. 在校生质量	S6. 学位论文质量	全国博士学位论文抽检情况
		S7. 优秀在校生▲	列举 15 名优秀在校学生并简要介绍其在学成果(如参加竞赛获奖、参加重要科研项目、取得重要科研成果、创新创业成功、获得科研获奖或其他荣誉称号等)，由专家进行评价
		S8. 授予学位数(设置上限)	授予博士和硕士学位人数，此指标设置“上限”，超过“上限”均为满分
	B3. 毕业生质量	S9. 优秀毕业生▲	提供近四年毕业生的总体就业情况(就业率、就业去向、就业质量等)，并列举 20 名近 15 年优秀博士、硕士毕业生，由专家进行评价
		S10. 用人单位评价▲(试点)	提供一定比例的毕业生及其工作单位联系方式，学位中心直接联系

续表

一级指标	二级指标	三级指标	三级指标说明
C. 科学研究水平 (含教师和学生)	C1. 科研成果	S11. 学术论文质量△	①在A类期刊上发表的论文 ②其他20篇高水平论文(国内期刊论文不少于8篇，每位教师最多填写5篇)，由专家参考论文引用、期刊档次等情况对论文的实际水平进行评价
		S12. 出版专著	近四年出版的学术专著(包括著、译著、编著)入选国家社科文库或被翻译为外文的专著加分
		S13. 出版教材	近四年出版的“十二五”国家级规划教材
	C2. 科研获奖	S14. 科研获奖	①教育部高校科研成果奖(人文社科) ②省级科研获奖、国家民委民族问题研究成果奖
	C3. 科研项目	S15. 科研项目(含人均情况)	①国家社会科学基金、全国教育科学规划课题、国家自然科学基金、国家软科学研究计划、教育部人文社会科学研究项目、全国高校古委会项目、国家清史纂修工程项目 ②省部级及重要横向科研项目(限填30项)
D. 社会服务与学科声誉	D1. 社会服务贡献	S16. 社会服务特色与贡献▲	提供学科在社会服务方面的主要贡献及典型案例，包括但不限于：弘扬优秀文化，促进社会精神文明建设；举办重要学术会议，创办学术期刊，引领学术发展；推进科学普及，承担社会公共服务；发挥智库作用，为制订政策法规、发展规划、行业标准提供咨询建议并获得采纳等，由同行专家进行评价
	D2. 学科声誉	S17. 学科声誉▲	同行和行业专家参考《学科简介》(包括本学科的定位与目标、优势与特色、人才培养目标、学科方向设置、国内外影响等)，对学术声誉和学术道德等进行评价

从第一套指标体系看，第四轮评估包含4项一级指标、10项二级指标、17项三

级指标。表中标“▲”的为主观评价指标，标“△”为部分主观评价指标。如果将一个“▲”计为“1”，一个“△”计为“0.5”的话，则 17 项具体评价指标中有 7.5 项主观指标，9.5 项客观指标，指标体系的客观化率为 55.88%。学位中心公布了指标体系的产生过程。学位中心在评估前，采取课题委托、一线调研和专项调研等形式，对第三轮学科评估的指标体系不断进行完善，最终由本学科专家分别确定指标的权重。在调研过程中，学位中心“在 16 个省市区召开 18 场全省范围内的指标体系调研会，听取了 200 余所高校的 800 余名专家、校长及 40 余位省市区教育厅代表的意见建议”①。参评高校数据填报进入系统后，学位中心又采用数据标准检查、证明材料核查、公共数据对比、重复数据筛查、信息网上公示和重点数据抽查六大举措，对申报单位的数据进行全面检测，确保参评数据的准确与公正。虽然学位中心宣传学科评估是“第三方评估”，但在中国特殊的教育体制下，学科评估依然具有很浓的官方色彩。在市场与行政的相互配合下，经过 15 年的艰苦努力，学位中心的评估终于创出了“中国特色、世界影响”的品牌。

由于第四轮学科评估社会极其关注，所以教育部官网在发布评估结果时做了重点处理。12 月 28 日，教育部官网首页是以“全国高校学科评估结果｜科研单位学科评估结果｜答记者问｜党的十八大以来学科情况综述｜专家文章”的方式发布的。点开“专家文章”，里面共有 4 篇稿件，分别由清华大学教育研究院常务院长史静寰、浙江大学副校长严建华、上海市教委主任苏明和中国学位与研究生教育学会会长赵沁平四位专家撰写。通过答记者问、学科发展综述和专家分析文章，评估数据发布单位不仅充分阐述了学科评估的意义，而且公开了学科评估整个过程的不少细节，从而使评估结果具有更强的权威性和公信力。赵沁平在他的文章中指出：“面对我国研究生教育发展速度快、建设体量大、发展起点不平衡的情况，建立由‘政府、高校、社会’共同参与的评估与质量保障体系至关重要。政府开展行政审批与合格性评价，聚焦于监督管理和资源配置；高校开展自我评价，聚焦于人才培养、学科建设和自我完善；专门机构开展第三方评价，聚焦于质量监测和外部引导。三者各有侧重，有机协调，共同构成有效的研究生教育质量保障体系。”②这段话比较清晰地指出，学科评估是政府指导下的第三方机构评估，评估过程有效实现政府、高校、社会的良性互动，最终目标是建立研究生质量保障

① 黄宝印，林梦泉，任超，陈燕．努力构建中国特色国际影响的学科评估体系[EB/OL]．[2018-03-15]．http：// www.jyb.cn/zggdjy/bqgz/201803/t20180315_708180.html.

② 赵沁平．立足中国 放眼世界 中国学科评估的战略选择[EB/OL]．[2017-12-28]．http：// www.moe.gov.cn/jyb_xwfb/moe_2082/zl_2017n/2017_zl86/201712/t20171228_323262.html.

体系(见图 12-1)。

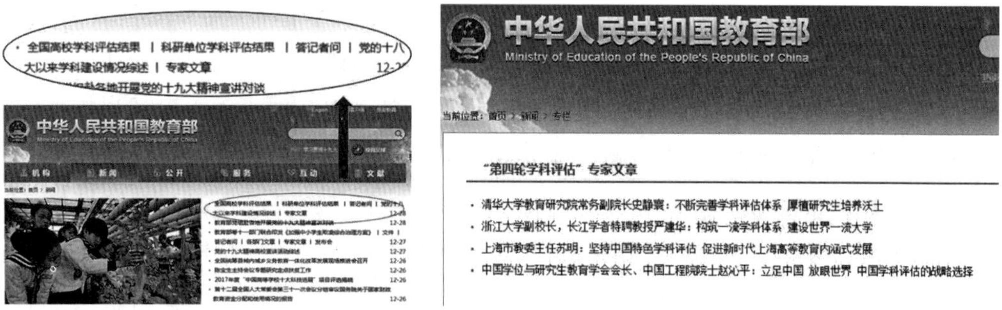

图 12-1　教育部官网发布第四轮学科评估的结果

2. 新闻传播学在第四轮学科评估中的主要数据

国内外有各种各样的大学排行榜，但中国的学科评估自有它的影响力。从前三次学科评估来说，因其“官方色彩”，其影响力已为政府、高校和社会所重视。第四轮评估因为“双一流”的背景，其影响力更大、高校参与更积极。第四轮学科评估是在 95 个一级学科(不含军事学门类等 16 个学科)范围内开展的，全国共有 513 个单位，7449 个学科参与了此轮评估。第四轮评估已经成为学科评估的“中国模式”，评估结果将评价、指导和激励中国大学学科的发展。

和前三轮学科评估结果呈现有所不同，此轮学科评估淡化了高校的具体得分和排名，首次采用“分档”的方式公布评估结果。“不公布得分、不公布名次，不强调单位间精细分数差异和名次前后。”①学位中心按照“学科整体水平得分”的百分比，将每个学科参评单位的 70%分为 9 档公布：前 2%(或前 2 名)为 A+，2%~5%为 A(不含 2%，下同)，5%~10%为 A-，10%~20%为 B+，20%~30%为 B，30%~40%为 B-，40%~50%为 C+，50%~60%为 C，60%~70%为 C-。在第四轮学科评估中，全国 17 所拥有新闻传播学博士授权资格的高校全部参评，部分新闻传播学硕士授权单位也参加了评估，全国新闻传播学学科参评单位共计 81 所。新闻传播学评估结果如表 12-2 所示。

① 高靓，王家源．全国第四轮学科评估结果出炉[EB/OL]．[2017-12-29]．http：//www.moe.gov.cn/jyb_xwfb/s5147/201712/t20171229_323332.html.

表 12-2　　**新闻传播学(0503)学科评估结果**

评估档次	学校代码及名称
A+	10002 中国人民大学、10033 中国传媒大学
A	10246 复旦大学、10487 华中科技大学
A-	10003 清华大学、10248 上海交通大学、10486 武汉大学、10559 暨南大学
B+	10001 北京大学、10269 华东师范大学、10280 上海大学、10284 南京大学 10319 南京师范大学、10335 浙江大学、10384 厦门大学、10610 四川大学
B	10075 河北大学、10357 安徽大学、10459 郑州大学、10532 湖南大学 10542 湖南师范大学、10558 中山大学、10590 深圳大学、10718 陕西师范大学
B-	10271 上海外国语大学、10285 苏州大学、10403 南昌大学、10422 山东大学 10475 河南大学、10561 华南理工大学、10730 兰州大学、90021 南京政治学院
C+	10015 北京印刷学院、10027 北京师范大学、10030 北京外国语大学、10065 天津师范大学、10140 辽宁大学、10611 重庆大学、10652 西南政法大学、10697 西北大学
C	10052 中央民族大学、10053 中国政法大学、10183 吉林大学、10247 同济大学 10252 上海理工大学、10560 汕头大学、10593 广西大学、10698 西安交通大学
C-	10011 北京工商大学、10055 南开大学、10270 上海师范大学、10370 安徽师范大学 10511 华中师范大学、10635 西南大学、10673 云南大学、10755 新疆大学

全国有 81 家单位参与新闻传播学的评估，学位中心最终公示了 56 家单位，基本上是前 70%获得了公示。此轮评估中有 A+档高校 2 所、A 档高校 2 所、A-档高校 4 所；从 B+到 C-档，每档高校均有 8 所。除前面 3 个 A 段位区分明显外，后面每个段位有 8 所高校，评估的分数和名次确实得到了淡化。这种公布方式反映出高校学科建设水平的实际变化，满足了社会对高等教育的知情权，也避免了每个高校在具体得分上的纠结。

12.1.2　评估指标体系的完善与新闻传播学四轮评估数据的比较

学科评估是以《学位授予和人才培养学科目录》为划分标准，对全国具有研究生培养和学位授予资格的一级学科进行整体性水平评估。最新的《学位授予和人才培养学科目录》是由国务院学位委员会和教育部于 2011 年共同颁发。自 2002 年以来，学位中心共组织了四轮学科评估，每轮评估参评学科不断增加，评估的影响力持续扩大。第四轮评估有 513 个单位 7449 个学科参评，参评单位比第三轮增加了 76%。具有博士学位授权学科参评率达到 94%。第四轮评估结果已经成为学科水平的重要指标，甚至成为高校学科未来发展的生命线。下面根据四轮学科评估的数据，对新闻传播学科的发展进行对比分析。

1. 评估指标体系在四轮学科评估中不断完善

学科评估是对高校学科建设的整体性评价，学位与研究生教育是学科评估的核心和重点，学位与研究生教育又是高等教育金字塔的顶端。我国对高等教育的传统评价侧重于主观评价，2002 年开始的学科评估采用量化处理的方式，通过设计科学的、系统的测量指标，对具有学位点的高校进行系统性评价。随着大数据时代的到来，社会各界更加倾向于通过指标化、数据化的方式对社会进行评价和管理。第一轮学科评估的指标显示的还是“粗线条”，到第四轮评估时，指标体系已经变得较为精细和完善。第一轮学科评估有四个一级指标，它们是学术队伍、科学研究、人才培养和学术声誉。此后虽经历三轮学科评估，但评估的一级指标却维持了相对稳定，并在稳定的基础上进行了必要的完善(见表 2-3)。

表 12-3　**四轮学科评估一级指标的设计情况**

评估轮次	一级指标体系			
第一轮评估	学术队伍	科学研究	人才培养	学术声誉
第二轮评估	学术队伍	科学研究	人才培养	学术声誉
第三轮评估	师资队伍与资源	科学研究	人才培养质量	学科声誉
第四轮评估	师资队伍与资源	人才培养质量	科学研究水平	社会服务与学科声誉

虽然学科评估的一级指标保持相对稳定，但二、三级指标却在不断调整和完善。比较四轮学科评估的指标体系主要有以下变化：

(1)评估指标体系中二、三级指标不断调整

第一轮评估有 9 个二级指标，26 个三级指标；第二轮评估有 6 个二级指标，26 个三级指标；第三轮有 16 个二级指标，没有三级指标；第四轮评估有 10 个二级指标，17 个三级指标。第二轮评估有 26 个得分点，指标显得过于零碎；第三轮、第四轮评估分别有 16 个和 17 个得分点，评估指标相对科学与合理。

(2)学术队伍从重“帽子”向重“队伍”转变

第一轮到第三轮评估中，师资队伍中的各种头衔直接是得分点。第一轮、第二轮学术队伍中均有三个三级指标，且三级指标的内容是一样的，即中国科学院、中国工程院院士数；长江学者、国家杰出青年基金获得者数；百千万人才工程一二层次入选者、教

育部跨世纪人才、新世纪人才数。对于新闻传播学科来说不存在院士教师，因此专家教师情况主要指的是后两种人才。第三轮评估二级指标中有“专家团队”，指标说明中对专家团队作了说明：①千人计划、长江学者、国家杰青、百千万人才工程国家级人选、国家教学名师，全国十大杰出青年法学家获得者等；②教育部创新团队。对于新闻传播学来说，专家团队增加了千人计划、国家教学名师和教育部创新团队。第三轮学科评估简况表第一项“师资队伍与资源”的第一个表格就是“专家”；到了第四轮学科评估各种“帽子”明显淡化，三级指标中没有直接出现专家得分点。第四轮评估简况表第一项仍然是“师资队伍与资源”，其中第一个表格是专人教师基本情况，第二个表格是骨干教师与团队情况。在骨干教师团队情况中有教师姓名、出生、职称、学历、学术头衔、海外经历等 13 个填报内容，其中学术头衔指的就是各种带“帽子”的人才。在实际评估中，“师资队伍质量”采用同行专家主观评价。显然，各种人才仍然是专家评价的重要考虑因素，但这样的指标处理方式明显淡化了“唯帽子论”。

(3)重视人才培养

第四轮学科评估在一级指标的处理中，将“人才培养质量”排在了“科学研究水平”之前，这显示了指标体系凸显了对人才培养的重视。从第一轮到第三轮评估，“人才培养质量”主要考核教学成果奖、论文质量和授学位数，第三轮增加了“学生国际交流情况”。这种指标只重客观化的数据，不见“人”这个庞大的能动的对象。第四轮评估增加了“优秀在校生”“优秀毕业生”指标，并由同行专家对人才培养质量进行主观评价；增加了“用人单位评价”(试点)，即学位中心通过网上问卷调查，直接获取用人单位对毕业生的评价。学位中心表示，“第四轮学科评估首次对用人单位开展大规模满意度调查。结果显示，用人单位对研究生的整体满意度高达 98%”①。

(4)评价体系渐趋稳定

四轮学科评估中“科学研究”的评价体系相对比较稳定，主要考察论文、专著、教材、获奖和项目。前三轮评估在论文发表方面，明确考察 SCI、SSCI、AHCI 等海外论文发表情况；第四轮评估淡化了海外发文情况，增加了“A 类期刊上论文的发表情况”。因社会舆论对 A 类期刊的遴选存有争议，最终 A 刊发文没有明确作为评估指标，而是结合论文发表总数与 20 篇“代表性论文”，采用客观评价与同行专家主观评价相结合的方式，兼顾了论文发表数量和质量的平衡。

---

① 教育部．学科建设与国家发展同步共频——党的十八大以来学科建设情况综述［EB/OL］．［2018-01-08］．http：//www.moe.gov.cn/jyb_xwfb/gzdt_gzdt/s5987/201712/t20171228_323246.html.

(5)评价指标逐渐完善

第四轮评估将“学科声誉”一级指标修正为“社会服务与学科声誉”，设置“社会服务特色与贡献”和“学科声誉”两个三级主观评价指标。“社会服务”要求填报主要贡献和典型案例，包括举办学术会议、创办学术期刊、推进科学普及、发挥智库作用等内容。高等教育有教学、科研和为社会服务三大功能。近年来，随着社会发展的加速和社会治理的现代化，高校服务于社会，做政府智库的功能不断增强。第四轮评估指标体系与时俱进，很好地契合了高等教育发展现状，体现了新时代学科内涵建设的新特色。

2. 新闻传播学参与一至三轮学科评估的基本数据

目前学科评估总共进行了四轮七次，评估的时间分别为2002—2004年、2007—2009年、2012年、2017年。和其他学科一样，新闻传播学每一轮参评单位都在稳步增加。第一轮参评单位有9个，第二轮有30个，第三轮63个，第四轮达到81个。随着高校对评估工作的重视、参评单位的不断增多，学科评估的指标意义更强。

2002—2004年学位中心启动了首轮学科评估，新闻传播学共有9个单位参评。当时全国有4个一级学科博士点(中国人民大学、复旦大学、武汉大学和中国传媒大学)，参评者有2个(中国人民大学、复旦大学)。二级学科博士点有3个(中国社会科学院、华中科技大学和清华大学)，参评者有2个(华中科技大学和清华大学)。此外，全国还有5所具有硕士学位授权资格的单位参评。对于新闻传播学来说，首轮学科评估参评单位虽然很少，但参评高校的实力总体比较强，因此首轮评估具有很好的激励作用。评估结果一方面对高校学科建设有促进作用，另一方面也鼓励了其他高校参与后续的学科评估。首轮评估分项指标得分精确到小数点后两位，整体得分精确到小数点后一位，因此学科评估总体排名也较为精确，没有出现并列排名现象。如厦门大学(70.1)与暨南大学(70.00)、北京印刷学院(61.1)和广西大学(60.0)得分接近，但排名却得到了区分(见表12-4)。

表12-4　**第一轮学科评估新闻传播学评估结果**

学位授予单位名称	整体水平		分项指标							
			学术队伍		科学研究		人才培养		学术声誉	
	排名	得分	排名	得分	排名	得分	排名	得分	排名	得分
中国人民大学	1	98.0	2	90.00	1	100.00	1	100.00	1	100.00
复旦大学	2	90.8	1	100.00	2	89.04	2	77.37	2	98.97
清华大学	3	76.4	3	75.88	3	78.07	4	63.62	3	88.04

续表

学位授予单位名称	整体水平		分项指标							
			学术队伍		科学研究		人才培养		学术声誉	
	排名	得分	排名	得分	排名	得分	排名	得分	排名	得分
华中科技大学	4	71.2	7	70.71	6	66.84	3	63.59	4	84.35
厦门大学	5	70.1	4	74.55	5	67.93	6	61.91	5	77.12
暨南大学	6	70.0	5	74.19	4	67.97	5	62.46	6	76.68
四川大学	7	67.6	6	73.18	7	66.56	7	61.62	7	70.33
北京印刷学院	8	61.1	8	64.86	8	60.36	9	60.00	9	60.00
广西大学	9	61.0	9	60.00	9	60.00	8	61.05	8	62.95

2007—2009 年，学位中心组织了第二轮学科评估。第二轮评估时新闻传播学有 6 个一级学科博士点，参评 6 个；有 8 个二级学科博士点，参评 5 个。此外，全国有新闻传播学一级学科硕士点 28 个，参评 12 个；二级硕士点(新闻学或传播学)70 个，参评 8 个。第二轮学科评估新闻传播学参评单位 31 个，全国较有实力的新闻传播学学位点大多参评，学科评估开始发挥它的评价功能，并逐渐受到政府、高校和社会的关注。第二轮评估结果公示前，学位中心首先向各参评单位反馈了各自的数据，并向参评单位发布了反馈评估结果的函。学位中心的反馈函中指出，学位中心可以通过签署协议的方式为参评单位提供《学科评估分析报告》，“将根据参评单位的需求，对评估结果及反映学科发展状态的数据进行深度挖掘分析，为参评单位提供学科评估分析服务”①。该轮评估不再进行精细排名，评估整体水平得分保留到整数，因此此轮评估出现了很多并列排名的现象(见表 12-5)。

表 12-5　　**第二轮学科评估新闻传播学评估结果**

排名	学校代码及名称	学科整体水平得分
1	10002 中国人民大学	85
2	10033 中国传媒大学	83
	10246 复旦大学	

① 教育部学位与研究生教育发展中心．关于反馈第二轮第二批学科评估结果的函[EB/OL].[2009-01-13]. http：//www.chinadegrees.cn/xwyyjsjyxx/zlpj/xksppm/dtxx/265943.shtml.

续表

排名	学校代码及名称	学科整体水平得分
4	10003 清华大学	75
	10486 武汉大学	
6	10335 浙江大学	73
7	10001 北京大学	72
	10284 南京大学	
	10487 华中科技大学	
10	10384 厦门大学	70
11	10252 上海理工大学	69
	10559 暨南大学	
13	10248 上海交通大学	68
	10610 四川大学	
15	10065 天津师范大学	66
	10269 华东师范大学	
	10532 湖南大学	
18	10053 中国政法大学	65
	10285 苏州大学	
	10459 郑州大学	
	10497 武汉理工大学	
	10652 西南政法大学	
23	10247 同济大学	64
	10491 中国地质大学	
	10593 广西大学	
	10611 重庆大学	
	10681 云南师范大学	
	10718 陕西师范大学	
	10730 兰州大学	
30	10140 辽宁大学	63
	10200 东北师范大学	

2012 年，学位中心按照 2011 年颁布的“新学科目录”组织了第三次学科评估。在该轮评估中，新闻传播学有 48 家学位授予单位自愿参评，具有博士授予资格的 18 个单位(15 个一级点，3 个二级点)有 15 家参评，山东大学一级博士点未参评，中国社会科学院、南京政治学院 2 个二级博士点未参评。另有 22 家硕士学位授予单位参评，参评总数达到 48 家。在该轮评估中，“全国高校中的国家重点学科参评率为 93%，博士一级授权学科的参评率为 80%”①。新闻传播学全国重点学科参评率为 100%，博士一级授权学科参评率为 93%。该轮评估的学科整体得分继续“取整”，因此学校最终得分依然出现不少并列的现象。该轮评估因为参评高校增多，评估指标科学性增强，学科评估结果开始成为全社会关注的衡量高校学科水平的重要指标，各省教育主管部门、全国各高校均开始重视本地、本校的学科排名，并通过研究评估排名来促进本地本校的学科建设(见表 12-6)。

表 12-6　**第三轮学科评估新闻传播学评估结果**

排名	学校代码及名称	学科整体水平得分
1	中国人民大学	92
	中国传媒大学	
3	复旦大学	90
4	武汉大学	84
5	清华大学	81
	华中科技大学	
	四川大学	
8	北京大学	79
	暨南大学	
10	上海交通大学	77
	上海大学	
	浙江大学	
13	华东师范大学	75
	南京大学	
	厦门大学	

① 陈英文．高校学科实力的省域比较研究——基于 2012 年学科评估的背景[J]．教育科学，2014，(2)：13.

续表

排名	学校代码及名称	学科整体水平得分
16	河北大学	73
	南京师范大学	
	湖南大学	
19	北京印刷学院	71
	安徽大学	
	河南大学	
	陕西师范大学	
23	上海理工大学	70
	郑州大学	
	西南政法大学	
	西北大学	
27	上海师范大学	69
	上海外国语大学	
	兰州大学	
30	北京外国语大学	68
	中国政法大学	
	天津师范大学	
	中南财经政法大学	
	重庆大学	
	西南大学	
36	中国农业大学	66
	中央民族大学	
	内蒙古大学	
	辽宁大学	
	东北师范大学	
	上海财经大学	
	河海大学	
	浙江工业大学	
	中国地质大学	
	成都理工大学	
	云南师范大学	
	重庆工商大学	
48	渤海大学	63

3. 新闻传播学参与第二至第四轮学科评估的数据比较

从四轮学科评估对学科整体水平的公示看，第一轮评估采用的是精确计算的方式排名，每个参评高校均有自己独有的名次。第二轮、第三轮采用"取整"计算学科整体水平得分，因此第二、第三轮高校整体排名中并列现象较多。第四轮评估没有公布具体的学科得分，不再强调精细的差距和名次的前后，而是采取"分档"的方式公布了学科评估的结果。按照第四轮学科评估的分档规则，新闻传播学A类(包括A+、A、A-)高校8所，从B+到C-每个档次均为8所高校。下面我们按照每8名为一个段位(考虑名次并列情况)，对第二至第四轮评估结果进行比较分析，考察四轮学科评估中新闻传播学学科实力的变动情况。因为第一轮参评学科过少，所以不将第一轮评估结果作为比较对象。首先看三轮评估中A类学科排名变动情况(见表12-7)。

表12-7　**第二至第四轮学科评估A类排名变动情况**

高校名称	第二轮前八名	第三轮前八名	第四轮前八名
中国人民大学	●	●	●
中国传媒大学	●	●	●
复旦大学	●	●	●
清华大学	●	●	●
武汉大学	●	●	●
浙江大学	●	▽	▽
北京大学	●	●	▽
南京大学	●	▽	▽
华中科技大学	●	●	●
四川大学	▽	●	▽
暨南大学		●	●
上海交通大学	▽	▽	●

在第二至第四轮的学科评估中有6所高校稳居前8名(中国人民大学、中国传媒大学、复旦大学、清华大学、武汉大学、华中科技大学)。如果将每轮评估中始终居于A档的高校与A类方阵设定的上榜数量(即8个)的比视为该方阵的稳定性(stability)，则A档高校的稳定性为St=6/8=75%。A类方阵中有2所高校2次进入前8名(北京大学、

暨南大学)，3 所高校 1 次进入前 8 名(浙江大学、南京大学、上海交通大学)。如果仅从前 4 名考察的话，有 3 所学校稳居前 4，即中国人民大学、中国传媒大学、复旦大学。在三轮评估中两个理工类高校新闻传播学表现突出：华中科技大学第二轮评估是并列第 7，第三轮上升为并列第 5，第四轮和复旦大学进入 A 档(俗称并列第 3)；上海交通大学第二轮评估并列第 13，第三轮评估并列第 10，第四轮评估进入 A－档(俗称并列第 5)。

根据第四轮评估的分层标准，B 类每档 8 个高校。下面分别将第二、第三轮评估中的 9~16、17~24、25~32 分别看成 B+档、B 档、B－档，我们从三轮评估各方阵高校的变化可以看出全国新闻传播学金字塔中间层整体实力的基本变化情况(见表 12-8)。

表 12-8　　**第二至第四轮学科评估 B+档排名变动情况**

高校名称	第二轮 B+高校	第三轮 B+高校	第四轮 B+高校
厦门大学	●	●	●
上海理工大学	●	▽	▽
暨南大学	●	△	△
上海交通大学	●	●	△
四川大学	●	△	●
天津师范大学	●	▽	▽
华东师范大学	●	●	●
湖南大学	●	●	▽
上海大学	未参评	●	●
浙江大学	△	●	●
南京大学	△	●	●
河北大学	未参评	●	▽
南京师范大学	未参评	●	●
北京大学	△	△	●↓

(注：●表示该校评估所在档次，△表示该校在此轮评估进入上一档次，▽表示该校此轮评估滑入下一档次)

B+档中，有 3 所学校没有参加第二轮学科评估，三轮评估稳居 B+档的高校仅有 2 所(厦门大学、华东师范大学)，该方阵的稳定性为 St = 2/8 = 25%；每轮评估的变动性均为 75%。该方阵有 2 所高校 2 次进入 A 类方阵，4 所高校 1 次进入 A 类方阵；2 所高校 2 次下移到 B 方阵，2 所高校 1 次下移到 B 方阵(见表 12-9)。

表 12-9　　　　　　**第二至第四轮学科评估 B 档排名变动情况**

高校名称	第二轮 B 高校	第三轮 B 高校	第四轮 B 高校
中国政法大学	●	▽	▽
苏州大学	●	未参评	▽
郑州大学	●	●	●
武汉理工大学	●	未参评	▽
西南政法大学	●	●	▽
同济大学	●	未参评	▽
中国地质大学(武汉)	●	▽	▽
广西大学	●	未参评	▽
重庆大学	●	▽	▽
云南师范大学	●	▽	▽
陕西师范大学	●	●	●
兰州大学	●	▽	▽
北京印刷学院	未参评	●	▽
安徽大学	未参评	●	●
河南大学	未参评	●	▽
上海理工大学	△	●	▽
西北大学	未参评	●	▽
河北大学	未参评	△	●
湖南大学	△	△	●
湖南师范大学	未参评	未参评	●
中山大学	未参评	未参评	●
深圳大学	未参评	未参评	●

在三轮评估中，B 档有 3 所高校 2 次没有参加学科评估，9 所高校 1 次未参加评估。在 B 档中，稳定该方阵的只有郑州大学、陕西师范大学，该方阵的稳定性为 St = 2/8 = 25%，每轮评估的变动率也为 75%。B 档有 1 所高校 2 次进入上一方阵，2 所高校 1 次

进入上一方阵；5 所高校 2 次下移下一方阵，9 所高校 1 次下移下一方阵(见表 12-10)。

表 12-10　　　　**第二至第四轮学科评估 B-档排名变动情况**

高校名称	第二轮 B-高校	第三轮 B-高校	第四轮 B-高校
辽宁大学	●	▽	▽
上海师范大学	未参评	●	▽
上海外国语大学	未参评	●	●
兰州大学	△	●	●
北京外国语大学	未参评	●	▽
中国政法大学	△	●	▽
天津师范大学	△	●	▽
中南财经政法大学	未参评	●	▽
重庆大学	△	●	▽
西南大学	未参评	●	▽
苏州大学	△	未参评	●
南昌大学	未参评	未参评	●
山东大学	未参评	未参评	●
河南大学	未参评	△	●
华南理工大学	未参评	未参评	●
南京政治学院	未参评	未参评	●

三轮评估中 B-档有 4 所高校 2 次未参加评估，7 所高校 1 次未参加评估。B-档没有一所高校稳居这一方阵，该方阵的稳定性 St=0。该方阵有 6 所高校 1 次进入上一方阵，1 所高校 2 次下移下一方阵，7 所高校下移到下一方阵。下面将相关数据整合到三轮学科评估整体变动情况表中，从中我们可以得出一些变化规律(见表 12-11)。

表 12-11　　　　**第二至第四轮学科评估整体变动情况**

	参评率	稳定性	上升情况	下移情况
A 类方阵	全部参评	75%	—	4 所高校 2 次下移，1 所高校 1 次下移

续表

	参评率	稳定性	上升情况	下移情况
B+方阵	3 所高校未参加第二轮评估	25%	2 所高校 2 次进入 A 类，4 所高校 1 次进入 A 类	2 所高校 2 次下至 B，2 所高校 1 次下至 B
B 方阵	3 所高校 2 次未参评，9 所高校 1 次未参评	25%	1 所高校 2 次进入 B+，2 所高校 1 次进入 B+	5 所高校 2 次下至 B-，9 所高校 1 次下至 B-
B-方阵	4 所高校 2 次未参评，7 所高校 1 次未参评	0	6 所高校 1 次进入 B	1 所高校 2 次下至 C+，7 所高校 1 次下至 C+

如果将全国学科比喻成金字塔，那么占据金字塔顶层的是一些名校，他们借助学校和学科资源优势，稳居在 A 类方阵。因为自身学科的优势，A 类方阵对评估的积极性较高，参评率达到了 100%。在 B 类三个方阵中，稳定性很小，到 B-方阵几乎无稳定性。在 B 类方阵中，几乎没有一所高校能稳定上升或稳定居于某个位置，流动性成为金字塔中层的主要特点。当然，客观、量化指标有其不足之处，数据并不能完全反映全国新闻传播学科的整体状况，但数据总是能够说明很多问题的。从四轮学科评估的总体状况来看，学科竞争程度不断加大，处于中下层高校要想有所作为必须付出更大的代价。

12. 1. 3　第四轮学科评估的影响及其对新闻传播学科的效应

第四轮学科邀请函指出，该轮评估坚持“科学客观、严谨规范、公开透明、自愿参评”的原则。如果说前三轮学科评估有较大“自愿性”，那么第四轮评估因为“双一流”的背景，全国具有学位点的高校均显示出不同程度的“紧迫感”。学位中心的新闻发布指出，该轮评估主要有 5 个程序：信息采集、信息核实、主观评价、权重确定和结果产生，其中每个环节均有大量细致的工作，尽可能确保评估的客观、准确和有效。总体上看，第四轮评估指标更加科学、严谨，社会舆论对第四轮评估总体是肯定的，学科评估达到了以评促建的效果。

1. 第四轮学科评估影响力与社会舆论的反响

近年来，国际上较为认可和关注的大学排行榜有四个，即 USNews(USNews 发布)、THE(泰晤士高等教育发布)、QS(QS 教育集团发布)和 ARWU(上海交大软科发布)，其中 THE 仅对主动要求参与排名的高校进行排名。国内流行的还有武书连排行、中国校友网排行、武汉大学排行等。这些机构发布的高校排名虽良莠不齐，但在高等教育市场化的环境下均有一定影响。教育部学位中心的评估因有“官方”的影子，所以评估的影响力逐轮放大。第四轮评估恰逢“双一流”建设启动，社会舆论对第四轮评估高度关注。在以往经验和舆论压力下，此次评估在指标的系统性、数据的权威性、方法的科学性和程序的规范性方面均有加强，这使第四轮评估的影响超出了学科建设的范畴。

前三轮评估多少存在资源和成果的重复计算。第四轮评估实行“捆绑参评”的原则，任何参与学科评估的高校均以“学科门类”为单位，参评的学科门类下所有学科必须全部同时参评，高校报送的参评数据经过系统进行“重复性”筛查。参评成果按照获得时的“产权单位”进行认定，剔除非“人事关系时间”内取得的成果进入材料。允许重要成果、标志成果多学科分拆使用，按照成果贡献率折算，鼓励多学科协同研究的取向。精细化的数据处理防止了数据的重复，有效阻止了拼凑材料的现象，抑制了为评估突击“抢帽子”的人才无序流动。评估初期社会舆论高度关注评估的科学与公正，评估结果发布后大多数人接受了评估数据，社会舆论的反响总体上是积极的、肯定的。第四轮评估使学位中心的评估影响力远超各种社会机构的排行榜，学位中心的评估真正成为评估中的中国模式、中国标准。

第四轮评估伴随着“双一流”遴选。“双一流”是中国高等教育资源的再分配，而且分配的规模和力度史无前例。教育部部长陈宝生曾指出：“双一流”将“是动态的，不是终身制，一个周期不合格，我们重新确定。这意味着双一流建设，不能再讲一遍‘985’‘211’的故事。”①也许因为舆论的压力太大，第四轮评估的数据处理经历了漫长的过程，最终导致“双一流”名单在学科评估结果之前公布。前后顺序的倒置似乎拆除了“第四轮学科评估”与“双一流遴选”之间的逻辑关系，但依然有人认为第四轮评估可能已经在双一流遴选中发挥了作用。“双一流”名单公布后，教育部相关发言人肯定了“第三轮评估”在其中的作用。虽然没有证据证明第四轮评估对“双一流”遴选产生多大影响，但第四轮评估一定对今后“双一流”建设和考核产生重要作用。

2. 第四轮学科评估与新闻传播学的学科竞争态势

“双一流”建设使全国各地进入了新的一轮人才竞争，各省市纷纷提出建设本省一流大学、高水平大学的目标。第四轮学科评估公布后，很多省市均把评估结果作为确定本省学科建设的重要参考指标。可以肯定地说，该轮学科评估后我国高校的学科综合能力、自主创新能力、学科特色建设和协同融合能力、国际学术影响等均会有长足发展。

---

① 张烨．“双一流”遴选重在多元客观评价[EB/OL]．[2018-01-08]．北京：人民网，http://edu.people.com.cn/n1/2017/0307/c367001-29129953.html

新闻传播学利用对接国家发展的需要，在人才培养、学术研究、社会贡献和国际影响等方面不断扩大影响，最终创造出区域性、全国性和世界性的一流学科、优势学科。

(1)全国学位点建设将由外延扩张转向内涵建设

1984 年，中国人民大学和复旦大学招收了全国第一批新闻学博士生，当时新闻学还是文学门类下的二级学科。1997 年新闻传播学升格为一级学科，此后新闻传播学博士点建设稳步推进。2018 年 1 月 8 日，国务院学位委员会公布了新增学位点审核名单。自此，除南京政治学院二级点未升一级点外，全国新闻传播学一级学科博士点达到 25 家(如下表所示)。这是新闻传播学学科发展在部校共建大背景下出现的跨越式发展。此次审核中，有 20 所高校获得学位点自主审核单位。因此，在未来几年内，会有若干高校自主设立新闻传播学一级学科博士点，一级学科博士点总数还将有所增加。复旦大学在双一流建设中提出了“三个一流”，即一流人才质量，一流科研成果，一流社会贡献，并将人才质量放在首位。华盛顿大学的 Maresi Nerad 教授将博士生教育划分为 4 个阶段：知识消费者、知识生产者、独立研究人员和专业职业生涯。①我国新闻传播学博士点布局到位后必将转向内涵的建设，必将把博士生培养的质量放到突出的位置。英国牛津大学中国研究中心 Janette Ryan 教授指出：“牛津大学 41%的学生是国际学生，68%的研究生是国际学生，48%的员工是国际员工。”②按照这个标准，我国进入“双一流”名单的很多高校还有很长的路要走(见表 12-12)。

表 12-12　**全国新闻传播学博士点布点情况表**

评审审核时间	新闻传播学一级博士点	新闻传播学下二级博士点	
		新闻学	传播学
1984		中国人民大学 复旦大学	
1998		中国传媒大学 中国社会科学院	中国人民大学 复旦大学
1999		武汉大学	

① 付鸿飞，李明磊．“双一流”建设背景下研究生教育发展新趋势[J]．学位与研究生教育，2018(1)：74.

② 付鸿飞，李明磊．“双一流”建设背景下研究生教育发展新趋势[J]．学位与研究生教育，2018(1)：74.

续表

评审审核时间	新闻传播学一级博士点	新闻传播学下二级博士点	
		新闻学	传播学
2000	中国人民大学 复旦大学		
2003	武汉大学 中国传媒大学	华中科技大学	清华大学
2005	清华大学 华中科技大学	暨南大学 四川大学 南京师范大学 南京政治学院	厦门大学 北京大学 浙江大学 上海大学
2010	暨南大学 四川大学 厦门大学 北京大学 浙江大学 上海大学 华东师范大学 山东大学 河北大学		
2017	中国社会科学院 南京师范大学 天津师范大学 上海交通大学 安徽大学 南昌大学 郑州大学 湖南师范大学 深圳大学 西南政法大学		

(2)各地学科竞争加剧，地区差距、校际差距会不断拉大

改革开放以来中国经济持续增长，这给“双一流”建设奠定了良好的经济基础。从

目前已经出台的政策和各地高水平大学建设方案来看，无论中央政府还是地方政府对高水平大学的投入都是巨大的。这种巨大的资金投入和资源配置将进一步拉开学科之间的差距，使强势学科能够快速成长，最终能够成为世界一流学科或有影响的学科。上海市出台《上海市深化高校改革建设高水平地方高校建设试点方案》，“在人事薪酬、财务资产、人才培养、国际交流、基本建设等方面给予有力的‘放权松绑’。同时，引导学校完善内部治理，为学科持续发展提供有力的制度支撑”①。新闻传播学传统上有“南北两大重镇”之说，即南方有复旦大学新闻学院，北方有中国人民大学新闻学院。然而，在“双一流”建设中只有中国传媒大学、中国人民大学两个学科进入，社会舆论因此对复旦大学新闻学院多有同情。2017 年 12 月 29 日，复旦大学向社会公布了“双一流”建设方案，明确要率先进入世界一流、跻身世界顶尖。复旦大学的建设方案明确建设人文、社科、理科、工科、医科 5 类 27 个一流学科，其中社会科学类包括新闻传播学。中国人民大学在双一流建设方案中提出要完善“主干的文科、精干的理工科”的学科体系，促进马克思主义理论、法学、新闻传播学、统计学等优势学科继续保持国内领先地位，争取到 2020 年进入世界一流；在 2037 年建校百年之际处于世界一流前列，形成相关学科领域的“人大学派”。2017 年 10 月 13 日，中国人民大学新闻学院召开学科建设专题工作会，执行院长胡百精表态：“将着重协调内部重构与对外融合、浑厚基础与前沿应用、中国特色与世界一流的重大关系；确立多元复合、根基厚重、担当使命、与时代同行的人才培养本位；创新布局主动建设型科研体系，形成以新闻传播为根本，公共传播、战略传播、创意传播并举的整体学科架构；整体提升学科实力和影响力。”②在武汉大学双一流建设方案中，图书情报与数据科学成为世界一流学科建设目标学科。新闻传播学虽然没有纳入世界一流学科建设名单，但武汉大学新闻与传播学院已经召开专门的学科建设会议，作为老牌的新闻学院，武汉大学的新闻传播学一定会有更强势的动作。在清华大学发布的双一流建设方案中，学科建设方案被概况为“四大学科领域、20 个学科群、8 个学科”，其中新闻传播学位于文科领域的公共政策与管理学科群。双一流建设的巨额资金投入和一流高校的远景规划设计，将会使这些高校的新闻传播学科更加快速地发展，当然这也会拉大地区和院校之间的差距，给其他高校增添更多的学科建设的压力。

---

① 苏明．坚持中国特色学科评估 促进新时代上海高等教育内涵式发[EB/OL]．[2018-01-08]．https：// www. moe. gov. cn/jyb_xwfb/moe_2082/zl_2017n/2017_zl86/201712/t20171228_323263. html.

② 华文．中国人民大学召开新闻传播学科建设专题工作会[EB/OL]．[2018-01-08]．https：// www. sohu. com/a/198108086_661660.

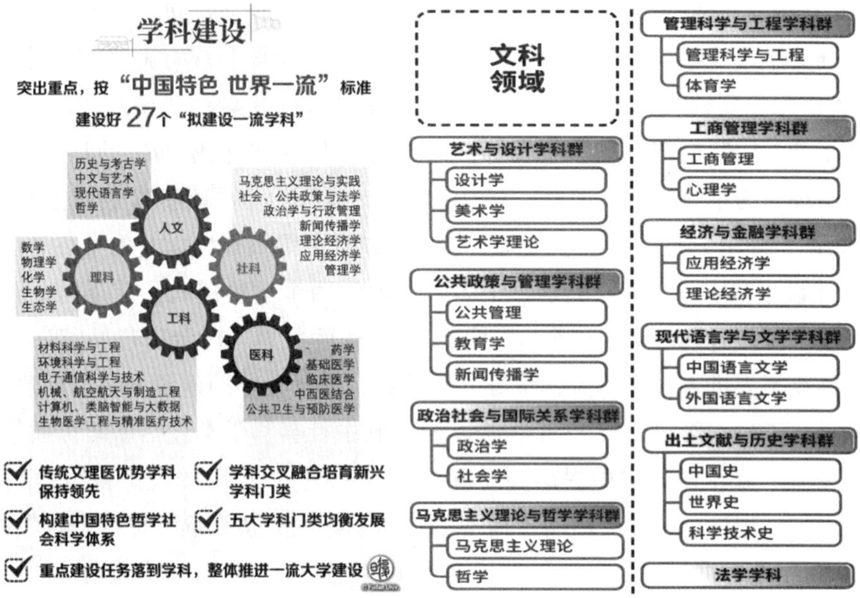

图 12-2　复旦大学、清华大学“双一流”建设方案中新闻传播学的位置

(3)国内高校将会在科研与人才上展开激烈竞争

学科评估将是“双一流”的重要考核指标，也会影响“双一流”名单的调整。项目、成果和获奖是科研的“三驾马车”，也是学科评估最核心的指标，它们将会成为高校科研竞争的主要对象。第四轮评估“数据显示，各参评学科获得国家级竞争性科研经费5097亿元，其中自然科学4771亿元、人文社会科学达到326亿元。高校是各类科研项目的主要承担单位，以国家自然科学基金项目为例，高校占80%以上，依托高校建设的国家重点实验室占总数的60%以上”①。从全国竞争性科研经费投入来看，人文社会科学不到自然科学的1/10；按照80%的比例，高校人文社科四年获得竞争性科研经费约为260亿元，其中每年经费约为65亿元。考虑到高校和学科因素，一般学校新闻传播学科获得科研经费的难度已经很大。目前人文社科项目最重要的是国家社科基金项目，各地高校为了下一轮评估必将展开激烈的科研竞争。科研成果最重要的是高质量的论文。第四轮学科评估将《新闻与传播研究》《国际新闻界》《新闻大学》和《现代传播》认定为A刊。虽然学位中心在舆论的压力下取消了A刊指标，但就新闻传播学科来说，4本

① 教育部．学科建设与国家发展同步共频——党的十八大以来学科建设情况综述［EB/OL］．［2018-01-08］．http：//www.moe.gov.cn/jyb_xwfb/gzdt_gzdt/s5987/201712/t20171228_323246.html.

A 刊在学科内有广泛的认同度，A 刊发文的多少代表了高校科研成果的水平。鉴于学科评估的指标和国际化的要求，全国高校已经在 CSSCI、SSCI 和 A 刊发文中各显身手。因为要和其他学科竞争，新闻传播学在教育部社科奖评选方面依然处于弱势，今后各地高校会在教育部社科奖、教改奖等奖励方面激烈竞争，并且会蔓延到省市相关奖励的竞争中。

学科建设是一项长期的马拉松工程，一所高校要想短期内有所长进，只能在“挖人才”方面下工夫，新闻传播学科也不例外。在双一流和学科评估之后，全国高校人才流动的速度明显加快，人才的价码不断提高，甚至有“哄抬物价”之嫌。近年我国出现了各种人才“帽子”，一般可分高端人才和四青人才两大类。高端人才有中科院院士、工程院院士、长江学者特聘教授及讲座教授(简称“大长江”)、“杰青”、万人计划领军人才(包括科技创新、科技创业、哲学社科、教学名师、百千万工程，简称“万人领军”)。四青人才包括青年千人计划(简称“青千”)、优秀青年科学基金(简称“优青”)、“万人计划”青年拔尖人才(简称“青拔”)和长江学者青年学者项目(简称“青年长江”)。各种人才头衔既是对人才水平的认定，也是人才市场价值的指标。在竞争激烈的人才市场，“戴帽子”的人才可以将“帽子”兑换成身价、科研经费和住房。当然，“帽子”也是学科评估的重要指标，虽然第四轮评估没有将“帽子”直接写进指标中，但“帽子”依然是主观评价的重要标准。

(4)社会服务成为竞争新指标，智库建设成为社会服务的重点

复旦大学在“双一流”建设方案中提出：“加快构建中国特色哲学社会科学体系，着力推出一批代表中国人文社会科学最高水平的学术作品，加强海外中国研究中心布局，构建国际智库网络，提升国际学术话语权和影响力。”中国人民大学“双一流”方案中提出了学科建设的四个特色，其中一项就是要成为“党和国家科学决策的重要智囊”。北京师范大学“双一流”方案中建设六个学科群，其中有一个学科群为“国家治理与社会发展领域的学科群”。北京师范大学的这个学科群不包括新闻传播学，但新闻传播学理应囊括在这个学科群内，或者说成为这个学科群的成员是新闻传播学奋斗的目标。学科评估对社会服务的强调是顺应了国家发展的大势，而学科评估对社会服务指标的完善将会指引高校加强智库建设的步伐。

第四轮学科评估突出了人才培养的重要性，但因为人才培养的指标难以客观化，所以学科评估很难对人才培养进行精确测量。近年高校普遍追求国际化，这无疑顺应了中国崛起的需要，但高等教育国际化同样很难用几个指标来衡量。按照教育部的规划，“双一流”不再实行终身制，将以五年为一个周期进行动态调整，而学科评估成为“双一流”重要的检测标准。按照学位中心的安排，2022 年将进行第五轮学科评估。相信在即

将到来的第五轮学科评估的竞争性将比现在更加激烈，各地高校都在为下一轮评估“打翻身仗”做扎实的工作。

（骆正林）

12.2 “双一流”建设与新闻传播学科领域的一流学科建设

12.2.1 “双一流”建设的总体概况

建设世界一流大学和一流学科，是党中央、国务院做出的重大战略决策，对于提升我国教育发展水平、增强国家核心竞争力、奠定长远发展基础，具有十分重要的意义。2015 年 10 月 24 日，国务院发布《统筹推进世界一流大学和一流学科建设总体方案》提出总体目标：推动一批高水平大学和学科进入世界一流行列或前列，加快高等教育治理体系和治理能力现代化，提高高等学校人才培养、科学研究、社会服务和文化传承创新水平，使之成为知识发现和科技创新的重要力量、先进思想和优秀文化的重要源泉、培养各类高素质优秀人才的重要基地，在支撑国家创新驱动发展战略、服务经济社会发展、弘扬中华优秀传统文化、培育和践行社会主义核心价值观、促进高等教育内涵发展等方面发挥重大作用。到 2020 年，若干所大学和一批学科进入世界一流行列，若干学科进入世界一流学科前列。到 2030 年，更多的大学和学科进入世界一流行列，若干所大学进入世界一流大学前列，一批学科进入世界一流学科前列，高等教育整体实力显著提升。到本世纪中叶，一流大学和一流学科的数量和实力进入世界前列，基本建成高等教育强国。

经过长达两年的酝酿讨论，“双一流”建设在 2017 年进入实操阶段。2017 年 1 月 25 日，教育部、财政部、国家发展改革委印发《统筹推进世界一流大学和一流学科建设实施办法(暂行)》，提出坚持扶优扶需扶特扶新，按照“一流大学”和“一流学科”两类布局建设高校，明确建设高校将实行总量控制、开放竞争、动态调整。办法指出，一流大学建设高校应是经过长期重点建设、具有先进办学理念、办学实力强、社会认可度较高的高校，须拥有一定数量国内领先、国际前列的高水平学科，在改革创新和现代大学制度建设中成效显著。一流学科建设高校应具有居于国内前列或国际前沿的高水平学科，学科水平在有影响力的第三方评价中进入前列，或者国家急需、具有重大的行业或区域影响、学科优势突出、具有不可替代性。办法提出，设立由政府有关部门、高校、科研机构、行业组织人员组成的世界一流大学和一流学科建设专家委员会，来论证认定标准，并遴选产生拟建设高校名单。列入拟建设名单的高校须自主确定建设方案，并组织相关专家对其进行深入论证，经高校报所属省级人民政府或主管部门审核通过后，报教育部、财政部、发改委，最终由国务院批准。

2017 年 9 月 20 日教育部、财政部、国家发展改革委公布的“世界一流大学和一流学科建设高校及建设学科名单”。一流大学建设高校为 42 所，其中，北京大学、中国人民大学、清华大学等 36 所高校为 A 类，东北大学、郑州大学、湖南大学、云南大学、西北农林科技大学、新疆大学这 6 所高校为 B 类。北京交通大学、北京工业大学、中国科学院大学等 95 所高校为“一流学科建设高校”。这其中，中国人民大学是一流大学建设高校 A 类 36 所高校之一，而中国传媒大学是一流学科建设 95 所高校之一。根据名单，中国人民大学的新闻传播学进入“双一流”建设学科名单，中国传媒大学列入“双一流”建设学科名单的分别是新闻传播学、戏剧与影视学。

12. 2. 2　中国人民大学的一流学科建设

2017 年 10—12 月，中国人民大学召开了 8 次推进一流学科建设工作会，在全校范围内开展了一流学科建设大调研。12 月 28 日，《中国人民大学一流大学建设高校建设方案》正式公布，提出近期、中期及远期目标：学校进入世界一流大学行列，保持和巩固在中国人文社会科学高等教育领域的领军地位，关键学科领先优势不断加强，综合实力和国际竞争力进一步提升；在此基础上，进一步强化在中国人文社会科学高等教育领域的领军地位，综合实力和国际竞争力显著提升，全面建成“中国特色、世界一流”大学，实现“百年人大计划”，为我国基本建成高等教育强国发挥重要作用。学科建设总体规划为：按照“突出优势、拓展领域、完善体系”的总体原则，发挥马克思主义学科的引领作用，不断完善“主干的文科、精干的理工科”学科布局与学科发展体系，不断推进学科体系、学术体系、话语体系建设和创新，努力构建“基础学科健全扎实、重点学科优势突出、新兴学科和交叉学科创新发展”的学科体系。

《中国人民大学一流大学建设高校建设方案》三次提及“新闻传播学”。在“指导原则”中提出：正确处理“重点突破”与“全面提升”的关系，聚力优势学科，着眼全面提升。根据国家“双一流”建设专家委员会认定标准确定的哲学、理论经济学、应用经济学、法学、政治学、社会学、马克思主义理论、新闻传播学、中国史、统计学、工商管理、农林经济管理、公共管理、图书情报与档案管理 14 个全国领先学科为建设重点，进一步完善“主干的文科、精干的理工科”学科体系，凝练学科发展方向，做强优势学科，扶持特色学科，全面提升学科整体实力和水平。

在“学科建设总体规划”中提出：打造学科“珠峰”，进入世界一流。集中优势资源，加大支持力度，促进马克思主义理论、理论经济学、应用经济学、法学、政治学、社会学、新闻传播学、统计学、工商管理、公共管理等优势学科继续保持国内领先地位。《中国人民大学新闻传播学一流学科建设规划》提出核心目标：建设具有世界一流水平、服务国家和社会发展重大需求的“国家新闻传播教学科研创新引领平台”。

2020年建设目标：贯彻落实党和国家立德树人的教育方针和建设中国特色人文社会科学的总体要求，牢牢把握正确的办学方向，以马克思主义新闻观为引领，创新学科发展观念、体制和机制，提升学科整体实力，强化学科特色；建设一流师资队伍，推进人才培养和科学研究综合改革与机制创新，提升办学效益和成果转化效率；打造新兴学科增长点，实现学科局部领域的实质性突破，部分指标达到世界一流水平。经过未来三年或更长一段时间的努力，把该学科建设成为新闻传播领域领袖人才培养基地、学术创新基地、社会服务与国际交流的引领性平台。

2030年建设目标：经过15年或更长一段时间的努力，中国人民大学新闻与传播学科将建设成为：一是中国新闻与传播高端创新型人才的培养基地——胜任党和国家的新闻舆论工作需求，胜任新闻传播事业的改革创新和可持续发展，胜任国家传播力建设和跨文化交流需求；二是中国特色新闻与传播理论创新重镇——推动新闻与传播历史和基础理论研究创新，推动融媒体时代新闻传播实务和公共传播实务研究创新，推动文化传承和社会服务的观念、体制和机制创新；三是中国与世界新闻传播教育交流的重要窗口和平台，多项学科评估指标进入世界前列，获得有重要影响力的国际学术话语权。

21世纪中期的建设目标：通过持续、深化综合改革，于中华人民共和国成立一百周年之际，中国人民大学新闻传播学科将实现学科发展理念、治理结构、管理机制、服务流程的全面优化，在人才培养、科学研究、社会服务、文化传承、国际交流诸领域达到世界一流水平。

基于前述总体目标，从历史和现实基础出发，新闻传播学科“双一流”建设的重点内容、目标和主要措施包括：

在人才培养方面，中国人民大学新闻传播学科将持续推动媒介融合人才培养模式创新，努力造就面向主流、国家急需的高级创新型新闻专业人才和公共传播人才。创新本科人才培养机制，实现知识训练、能力养成和价值塑造协调并彰的教育模式；改革研究生培养机制，拓展培养模式、提升培养质量；推动跨学科人才联合培养机制创新，建成若干跨学科人才“实验班”和工作坊。根据上述人才培养目标，未来三年新闻传播学科的人才培养将重点建设“一个体系、一套机制、一个平台”：一个“融媒体导向的新闻与传播课程体系”，一套人才培养“特色机制”，一个“支撑平台”。支撑平台，包括新闻传播实验教学中心、新闻传播文献资料中心、新闻传播案例库等。

在科学研究方面，保持以马克思主义新闻观为引领的史论研究优势，加强新兴学科增长点的培育，产生标志性科研成果，引领学科发展，服务国家建设和全球化背景下的文明交往。为此，需在如下方面发力：①加强学术话语体系创新，培育和凝聚学科特色，推出拥有重大影响力、发挥学科引领作用的标志性学术成果。②积极展开各项学术活动，建设有利于教师成长、学术交流的良好学术环境和氛围。③建立激活学术创新的制度保障。

在社会服务方面，积极推进学院对国家建设、社会发展的各项工作，回馈社会、促进国家的现代化发展。主要内容包括：①全面深化与北京市委宣传部的“部校共建”工作，促进科研成果面向新闻传播实践应用的转化。②人才输出、观念与知识输出为主要形态，形成一套有效的社会服务体系和一个初具规模的智库平台。③在新时期继续以多种形式扮演孵化器的角色，服务和引领全国新闻传播教育发展。④深化同业界合作，联合培养人才、进行科研产出。

在学科内部的文化传承与创新方面，开展中国共产党新闻教育 80 年的历史、中国新闻传播事业的文化传承脉络的梳理和研究。推动该学科影响力的外化，增进民族与国家文化传承、跨文化传播交流。

在师资队伍建设方面。将继续坚持以人为本的学科发展方针，全面加强师资队伍建设，创造良性的师资管理与服务机制。队伍建设的目标是：形成一支结构合理、精诚协作、国际化程度高、富有创造力的掌握新闻传播中国问题话语权的一流学术团队。主要建设措施包括：①进一步改善师资队伍结构，加强师资队伍的整体实力和水平。②形塑团队意识，开创中国人民大学新闻传播学科的整体繁荣气象。③加强师资队伍与新闻实践的对接，提高教师对新闻传播发展前沿和趋势的把握和实践教学技能。④创造健康的人才发展环境，通过内部管理机制和评价机制的改革，形成良性竞争，促进队伍活力。

在国际合作与交流方面。围绕中国人民大学新闻传播学科整体发展需要和不同师生群体的特点与需求，依托现有资源，加强与世界一流新闻院系和国际性新闻传播研究学术组织的科研、教学领域交流，满足师生的国际化需求，提升中国人民大学新闻传播学科的国际化水平与国际影响力。①在学术交往方面，创办专注中国新闻传播研究的、符合国际标准的英文学刊。提高国际一流新闻传播院系学者前来中国人民大学短期讲学与长期驻校的频次。②在科研国际化方面，鼓励中国人民大学新闻传播学科中青年教师和博士研究生提升科研国际化水平。设置海外一流新闻院系博士生短期驻校计划，为中国人民大学新闻传播学科博士研究生开展国际合作研究创造机会。③在教学培养国际化方面，利用现有资源，充分提升本科生、硕士研究生与博士研究生培养的国际化程度；同时，为国家的“一带一路”倡仪培养海内外新闻传播人才。

基于前述战略目标、环境、条件和建设内容，中国人民大学新闻与传播学科“双一流”建设的预期成效如下：

①学科总体水平与实力。构建国家新闻与传播教学科研创新引领平台，学科整体实力保持国内领先地位，部分学科领域和学术指标达到国际先进水平。

②人才培养预期成果。构建适应、支撑党和国家新闻舆论事业需要，连接中外、沟通世界的领英型新闻传播人才培养体系；响应国家战略和社会重大需求，尊重学科发展规律，初步建成和持续完善新时代新闻传播课程体系；构建有中国特色，跨界、跨学科、跨文化的拔尖本科人才培养特区，并形成对内辐射、对外示范效应；构建以专业化、高质量、创新型为导向的研究生培养体系；建设媒介融合与公共传播时代的经典和前沿教材体系。

③师资队伍建设预期成果。实施“卓越新闻传播学术人才登峰计划”，建成一支结构合理、精诚协作、国际化程度高、富有创造力的一流学术团队。合理扩大师资队伍规模，培育中青年杰出学者，锻造团队，建设国内领先并拥有广泛国际影响力的学术方阵。形塑10个以上优秀教学团队、5个以上品牌学术团队，推出标志性的教学和科研成果。

④科学研究与社会参与预期成果。培育有中国特色的新闻与传播学术话语体系，构建响应、服务国家战略和社会重大需求的学术创新机制；坚持以马克思主义新闻观为指导，全面培育、实质创新中国特色新闻与传播学术话语体系；提升整体优势，凝聚学科特色，培育新兴增长点，保持领先地位；开展重大科研项目攻关，持续产出标志性学术成果。积极争取更多、更高层次的科研立项，组建高水平学术团队，围绕重大理论和现实问题开展科研攻关；构建积极有效的社会参与机制，打造新闻与传播领域的国家级智库。

国际交流预期成果。构建与国际一流新闻传播学科的广泛、实效合作机制，提升该学科国际化水平，扩大国际学术话语权；与20～30个国外学校建立稳定的学生国际交流机制，国际学生比例大幅提高；通过走出去和引进来，全面提升教师的国际化程度；持续举办有重要国际影响力的学术论坛，打造中外学者交流、合作的品牌平台，展示中国新闻与传播学术研究成果的重要窗口；创办拥有广泛国际影响力的英文学术期刊，输出中国学术话语。

支撑平台建设预期成果。构建复合型、生态化的教研、实验和文献平台。加强中国人民大学新闻传播学科产学研支撑平台建设，为教学、科研和成果转化提供强有力的支持和保障，打造品牌研究机构和国内领先的学科支撑平台。建设马克思主义新闻观研究中心、新闻传播实验教学国家级示范中心、中国人民大学新闻与社会发展研究中心以及新闻传播数字文献中心。

12.2.3　中国传媒大学的一流学科建设

2017 年 11 月 6 日，中国传媒大学新闻传播学一流学科建设方案讨论会在新闻传播学部召开。时任校长胡正荣出席并解读《新闻传播学一流学科建设方案》。会议主要围绕新闻传播学一流学科建设的具体措施进行深入探讨，规划 2017—2020 年的学科发展方向和主要目标。与会专家们认为，马克思主义新闻观在十九大成功召开之后更具时代意义和中国特色，应该积极弘扬习近平新时代中国特色社会主义新闻思想，让新闻传播学更好地服务社会和国家。同时，未来传播、交叉学科、人工智能与智媒体、全球传播等话题也是会议讨论的重点内容。

关于新闻传播学一流学科建设，中国传媒大学提出：将始终以马克思主义新闻观为指导，立足新闻传播重大理论问题和实践问题，秉持“大传播、全媒体”理念，以顺应传统媒体和新兴媒体融合转型、服务传媒与社会发展、提升国家传播能力为宗旨，致力建设具有中国特色、中国风格、中国气派，国内领先、国际一流的新闻传播学科。

1. 新闻传播一级学科建设的特色

(1)建设思路

以世界一流学科建设引领健全学科生态体系，带动学校整体发展。坚持“基础学科入主流、优势学科创一流、交叉学科领潮流”的建设思路，面向国家重大战略需求，面向经济社会主战场，面向世界科技发展前沿，突出建设的质量效益、社会贡献度和国际影响力，突出学科交叉融合和协同创新，突出与产业发展、社会需求、科技前沿紧密衔接，深化产教融合。优化学科结构，凝练发展方向，突出建设重点，创新组织模式，打造更多学科高峰，带动学校发挥优势、办出特色。

中国传媒大学的新闻传播学科是新中国设立的首批新闻传播学科点，60 多年来培养了大批复合型、创新型高层次人才，为党和国家新闻传播事业及经济社会发展作出重要贡献；现为国务院学位委员会新闻传播学科评议组召集人单位，教育部新闻传播学教学指导委员会主任委员、秘书长单位，中宣部、教育部全国卓越新闻传播人才教育培养指导委员会主任委员、专家委员会主任委员单位，引领推动中国新闻传播学科体系、学术体系、话语体系建设。作为“中国广播电视及传媒人才摇篮”，该校站在学校层面梳理了新闻传播学一流学科的建设基础。

(2)优势特色与成就

该学科致力于信息传播领域高层次人才培养和科学研究，已建设有以信息传播为特色的综合性学科群。所属二级学科和学科方向之间相互支撑、协同发展，构建起良好的学科发展生态，构筑有国内最齐全的新闻传播学二级学科体系，覆盖传媒内容、渠道、平台、经营、管理所有环节。

拥有一批国内顶尖、国际知名的学者，梯队搭建比较完善，理论学养深厚，专业能力比较突出，国际化水平较高。有“长江学者”3人、“国家教学名师”1人、“百千万人才工程”国家级人选3人、“全国优秀教师”2人、中宣部“四个一批”理论人才2人、“北京市教学名师”3人、教育部“新世纪优秀人才”13人。传播学和广播电视新闻学教学团队为国家级优秀教学团队。

科研多点开花，学术成果经世致用，在学界和业界具有标杆性和引领性。该学科办有中文社会科学引文索引(CSSCI)收录的学术期刊《现代传播》《现代出版》，集刊《中国新闻传播研究》等；拥有多个高级别研究机构，近几年获70余项国家级科研项目，包括国家社科基金4项重大项目、4项重点项目。2015年获批“马工程”重大委托项目“中国特色社会主义新闻传播理论的构建”，主持起草《公共文化服务保障法》《国家基本公共文化服务指导标准》，参与起草《文化部“一带一路”文化发展规划(2016—2020年)》；由师生团队拍摄制作的《走进和田》入选第十三届精神文明建设“五个一工程”(2012—2014年)，在深圳山体滑坡事件、“东方之星”客轮翻沉事件等重大突发事件的应急处置中为政府提供舆论引导方案。

已培养一大批专家型、全媒型的新型传媒人才，遍布全国乃至世界各地。毕业生获多项国内外重要奖项，包括“五个一工程奖”“长江韬奋奖”“艾美奖”等。承办国家重点援外项目“发展中国家国际传播硕士班”，已招收147名留学生，遍及四大洲的50多个国家。初步实现人才培养与科研国际化，学术话语权及影响力稳步提升。是中宣部、教育部“国际新闻传播后备人才”3个硕士培养单位之一，拥有该学科全国最大规模的留学生研究生教育体系。

(3)国际影响

大格局、全视野，国际化水平一马当先。自20世纪60年代开始非通用语国际传播人才培养，1982年开设国际新闻专业，是国家国际传播人才培养示范基地，已有半个多世纪，多达30余个语种的国际传播人才培养史。目前拥有包括英语和18个非通用语专业，具备“理实并重”“国际视野”“复合融通”的专业优势。其中斯瓦希里语、葡萄牙语等语种专业均为中国首创。已开设国际新闻传播硕士(IJC)、发展中国家国家传播硕士班(商务部委托院外项目)、中加全球传播双硕士项目班(与加拿大西蒙菲莎大学合作)三个全英文授课硕士项目，拥有该学科全国最大规模的留学生研究生教育体系；发起组建的“传媒高等教育国际联盟”有 27 个国家与地区的 65 所知名传媒院校加盟，覆盖全球四大洲，已与英国、法国、加拿大、比利时、澳大利亚等国家大学建立新闻传播学双博士、双硕士联合培养机制。

(4)发展潜力

该学科发展具有深厚的发展底蕴和基础。经过 60 多年的建设，该学科已在国内形成二级学科、学科方向最齐备，人才培养最全面、科学研究最多元的学科结构体系，其中新闻学是国家级重点学科、国家级特色专业，传播学是国家重点培育学科；在 2012 年第三轮学科评估中，与中国人民大学新闻传播学并列第一；作为一级学科，新闻传播学是北京市重点学科，拥有新闻传播学博士后流动站。近年来，配合传统媒体与新兴媒体的融合引发新闻传播学教学研究生态的重大调整，该学科已储备一批以中青年教师为主、高学历、国际化、学养深厚、经世致用的师资队伍，并相应建立相互支撑、各有所专的科研机构与平台，服务学科建设、人才培养、科学研究创新。在如何准确把握媒体融合大势，赢得大数据时代传播科技和传媒教育的主动权，该学科大有可为。该学科所拥有的英语和 18 个非通用语国际传播人才培养体系及根据国家需求正在新增非通用语的多语种人才培养布局，将助力国家“一带一路”倡议的实施和“亚太联动”构想的实现，具有独特的先发优势和深厚的历史底蕴。

(5)面临的机遇挑战

该学科发展“顶天立地”，与党和国家发展战略设计联系紧密。党和国家提出要加快构建中国特色哲学社会科学，对新闻传播学科提出了新的时代要求。构建中国特色的新闻传播理论体系，指导新闻传播实践的发展路径，引领新闻传播人才的培养方向，壮大中国新闻传播事业，创新对外传播话语体系，发出有全球影响的中国声音，既为该学科发展指明方向，也提供了重要发展契机。

当前，全国各层次的新闻传播高等教育发展迅速。据统计，截至 2016 年，全国有 681 所大学开设了新闻与传播类专业，覆盖新闻学、传播学、广播电视新闻学、广告学、编辑出版学、网络与新媒体、数字出版 7 大新闻传播类的本科专业布点数已经达到 1244 个。在“双一流”建设的目标下，要求该学科在全国高校新闻传播学科林立中，突出优势、拓展领域、补齐短板、完善体系，探索构建出中国特色、中国标准的新闻传播学科体系、学术体系和话语体系，引领示范中国新闻传播学发展。

此外，推动传统媒体和新兴媒体的融合发展是党中央着眼巩固宣传思想文化阵地、壮大主流思想舆论作出的战略性部署。该学科更要抢抓融合发展战略机遇，响应政策号召、深化融合理念、拓展技术应用、完善队伍建设、增强主流媒体的影响力，为我国新闻舆论工作创新、国家传播能力建设、国际话语权提升提供学术支持。

2. 新闻传播学一流学科建设的预期成效

(1)学科水平

保持现有基础和传统优势，继续巩固新闻传播学国内第一的地位，学科内部结构进一步完善、师资队伍进一步优化，在国内外学界和社会上的美誉度和影响力明显提升；适应全媒体时代的要求，新的学科方向融合交叉增长，融入国际话语体系，学科整体排名进入世界一流行列。

(2)人才培养

为国家培养出一批政治立场坚定、具有全球视野和中国特色的全媒型、专家型复合新闻传播人才；为世界其他国家培养一批拥有中国情怀、精通理论与实务的国际传播人才。在数字新闻传播人才、视听媒体传播人才、全球新闻传播人才、网络空间安全人才培养等方面，确立我国传媒人才培养的最高水准，对标世界一流传媒人才标准，体现学校的鲜明特色，人才培养与社会需求的匹配度全面提升。

(3)科学研究

推出一批具有创新性、前沿性、标志性的科研成果，创建具有中国特色的新闻传播学科体系、学术体系和话语体系。出版国际版教材和专著，在国际新闻传播学界权威期刊发表系列高质量论文，在全球新闻传播学界提高能见度和影响力。在视听媒体传播、马克思主义新闻观、网络空间与互联网治理等学科方向上，积极发挥成果对学术同行的引导力、对国家和政府决策的影响力，建立学术共同体、新兴学会及新兴学术期刊。

(4)社会贡献

结合国家发展战略与中国社会发展状况，成为国内外传媒行业的顶级战略咨询智库机构。完成一批党政机关、传媒机构以及国际国内社会组织委托的咨询项目。定期出版一批有影响力的研究报告，为中国媒体、企业、民间组织提高国际话语权意识、提升中国国家形象提供知识服务。就全球新闻传播新秩序建构提供中国智慧、中国方案。推动网络空间与互联网治理的学科应用，形成该学科建设的跨区域社会服务模式与教学模式。

(5)国际影响

建成较为成熟的、具有全球影响力的跨学科专业体系；建立有数个中外合作办学、合作研究的重要平台，学科在全球范围内具有较强的话语权和影响力，成为中国传媒教育和研究的代表。持续吸引广大发展中国家和部分发达国家学生前来学习，成为全球新闻传播人才培养的重要基地。在全球新闻传播理论体系、话语体系建构方面具有较强理论和话语供给能力，一系列在国内具有影响力的理论创新、案例与学术成果，在国际上实现多语种国际扩散；有多名学者享有较高国际知名度。

3. 新闻传播学一流学科建设的改革任务举措

(1)加强和改进党对高校的领导

坚持党委的领导核心地位，保证校长依法行使职权。建立健全党委统一领导、党政分工合作、协调运行的工作机制，把握好集体领导、科学决策和党政合作三个关键点。健全学校党委与行政议事规则和决策制度，建立责任追究制度，坚持科学决策、民主决策、依法决策。探索建立学校法人治理结构，完善协调运行机制，加强学术组织建设，提高学校民主管理水平。发挥教代会及群众组织作用，健全师生员工参与民主管理和监督机制。

(2)完善内部治理结构

加快形成以学校章程为统领的完善、规范、统一的制度体系。依法依章程自主办学，自觉履行社会责任。完善政治纪律、组织人事纪律、财经纪律，把纪律挺在前面，对失职失责行为按规定严格问责。以学校章程为准则，坚持立改废释并举，全面清理各项规章制度、管理文件。对自主招生、资产财务、后勤管理等重要领域，以及学术委员会、理事会建设等关键环节，抓紧制定或修订具体规定。加强自我约束和管理，提升依法治校水平。

(3)实现关键环节突破

深化本科人才培养模式改革，实行研究生导师选任与考核制度，推进研究生分类培养，构建全方位的就业创业促进体系。深化人事制度改革，推进职员制改革，健全教师队伍分类管理制度，健全考核和流转退出机制。建立导向明确、激励约束并重的科研评价考核方法，推进高水平智库建设，健全科研成果转化机制，完善产学研协同机制。改革资源配置和管理模式，拓宽多元化筹资渠道，提高学校产业增效能力，不断增强自身造血功能。

(4)构建社会参与机制

调动学校、学部(院)两级筹资积极性，增强学校多元化筹措办学资源的能力。建立高效的理事会成员权利和义务项目清单，使其成为学校实现科学决策、民主监督、社会参与的重要组织形式和制度平台。围绕学校学科专业建设和产业发展，大力支持校友创新创业。探索“互联网+校友(会)”的校友服务和联络模式。推动学部(院)和科研单位发展基金的设立和运行，扩大学生创新创业基金规模。加强内部管理，把学校教育基金会做强做大。

(5)推进国际交流合作方面

大力推进实质性国际合作，深化国际合作办学内涵和服务体系建设。创新国际化教学与科研模式，实现国际化办学的常态化和标准化。加大资助力度，鼓励教师赴国外讲学或进行学术研究。以“传媒高等教育国际联盟”为基础，拓展和提升国际交流质量和深度。加大力度引进优质智力资源，建立境外培训和研究基地，开展国际性课题研究，提高科研工作的国际化水平。积极拓展国际合作与交流的经费渠道，进一步提高学生国际交流规模。

（刘义昆）

12.3　本科专业认证：首批三所学校的尝试

本科专业认证是教育部高等教育教学评估中心依照认证标准对专业人才培养质量实施的外部评价过程，旨在证明专业现在和在可预见的将来能够达到既定的人才培养质量标准。开展专业认证就是要为学生毕业以后所从事的工作提供教育质量保证。只有经过可靠的认证机构所认证的专业才能被行业和社会承认，培养出来的学生也才会得到用人单位的认可。本科专业认证(第三级)是目前国家本科专业认证体系中最高层次的认证，目的是通过认证培育和打造一批中国特色、世界一流的专业，示范并引领全国高校本科专业更快、更好、更高地发展。专业认证的指导思想是：以评促强，追求卓越。认证对象是经教育部备案或审批已有 5 届毕业生的本科专业，培养质量和社会声誉高的普通高等学校本科专业。

2017 年，相继有中国传媒大学新闻学专业、中山大学新闻学专业、暨南大学新闻学专业和广告学专业作为“教育部普通高等学校本科专业认证(第三级)”首批试点接受了专业认证。

12.3.1　中国传媒大学新闻学本科专业认证

中国传媒大学新闻学本科专业是在原北京广播学院新闻系的基础上发展而成，是新中国新闻学教育历史最长久的院系之一，自 1959 年 9 月开始招收本科生至今，已培养了 4000 余名优秀毕业生。作为国家级特色专业的新闻学本科专业，依托于位列全国高校排名第一的新闻传播学一级学科，根植于中国传媒大学在传媒领域的学科特色和综合优势，在中国新闻学本科人才培养中占据非常重要的地位。

鉴于悠久的历史与优异的成绩，中国传媒大学新闻学本科专业被选为全国第一家新闻学本科专业试点，同时也成为全国人文社会科学专业领域暨新闻传播学专业领域首个试点。中国传媒大学新闻学本科专业借此次认证之机，一方面规范本专业当前以及可预见的将来能够达到既定的人才培养质量标准，另一方面旨在与国外顶尖新闻学教育接轨，朝世界一流新闻学专业迈进。

中国传媒大学新闻学本科专业认证历时 7 个月，经历了取经摸索、自查自评、全校联动和验收总结四个阶段。

1. 取经摸索阶段(2016 年 11 月—2017 年 1 月)

为了做好全国首家新闻学本科专业认证工作，2016 年 11 月，新闻学专业负责人方毅华与新闻学院本科教学办主任谢丹参加了由中国教育部高等教育教学评估中心举办的为期 2 天的专题培训会。会后，两位老师向新闻学院领导汇报了培训会内容，学院立即组建新闻学院新闻学本科专业认证工作小组，由新闻学院院长刘昶担任组长，副院长丁迈担任副组长，新闻学专业负责人方毅华担任总协调。工作小组下设写作组、专家组和行政组：写作组负责专业认证重点任务《自评报告》的写作，由 4 名新闻学专业一线专业教师构成；专家组负责专业认证工作中有关学科发展历史、专业培养方案等内容的核实与认定；行政组负责专业认证整个过程中的内勤工作。

由于此次专业认证是新闻传播学专业领域首个试点，没有经验可借鉴，因此，新闻学院新闻学本科专业认证工作小组决定采取“走出去”的方式，派写作组 4 名成员于 2017 年 1 月初赴上海华东理工大学，向教育部评估中心高级培训师、全国工程教育认证协会化工制药类专业认证分委员会委员乐清华教授取经。在与乐清华教授的座谈中，写作组 4 名成员明确了此类专业认证的“产出导向”和“学生为中心”特点，并就《自评报告》写作、支撑材料梳理与评价、专家组验收等诸多环节进行了咨询与讨论。写作组 4 名成员返回北京后，立即向工作小组领导汇报了取经过程，工作小组内部很快就《自评报告》写作任务分工、专业认证工作整体时间表两项紧迫议题达成了一致意见。

鉴于此类专业认证的“产出导向”和“学生为中心”特点，工作小组分别于 2017 年 1 月 7 日和 1 月 14 日对新闻学专业 2008 级本科毕业生和 2010 级本科毕业生进行了座谈，从培养目标、专业定位、社会需求、毕业后走向、专业特色与优势和用人单位反馈等方面进行了面对面交流，获取一手反馈资料，为《自评报告》中“培养目标”和“毕业要求”的设定奠定了基础。

2. 自查自评阶段(2017年2月—4月中旬)

2017年农历新年一过，写作组成员就各自负责撰写内容与专家组成员进行了咨询与讨论，并根据讨论结果，梳理出了“自查自评”阶段的工作重点与难点。2017年春季开学第一周，新闻学院院长刘昶在学院例会上进行了全院教师动员，同时对新闻学专业23名专任教师进行了专门动员与工作安排。

在“自查”阶段，23名专任教师对认证所覆盖的4年内的22门课程的教学大纲、笔试试卷和非笔试论文进行了整体、系统化梳理。一方面，根据专业认证要求，按照统一模板，重新修订教学大纲；另一方面，根据“产出导向”原则，按照统一评价指标，翻阅过去4年的笔试试卷与非笔试论文原件，一一计算课程目标达成度。

为了帮助新闻学专业23名专任教师尽快进入专业认证状态，明确自身及所开设专业课程在整个新闻学本科专业课程体系中的位置，完成教学大纲修订和课程目标达成度计算的工作，新闻学院新闻学本科专业认证工作小组以每隔2周开一次全体新闻学专业教师会议的方式，敦促并指导每位教师参与和完成专业认证的相关工作。

在“自查”阶段，工作小组继续紧扣“学生为中心”，以发放问卷的形式，分别对新闻学本科专业“在校生”和4年内的“毕业生”进行满意度调查；与此同时，对这些毕业生的“用人单位”进行用人单位满意度调查，旨在从学生角度和用人单位角度发现本专业培养过程中所存在的问题、尚待完善之处。

在23名专任教师进行自查工作的同时，写作组在工作小组领导与专家组的协助下，开始了专业认证的“自评”任务，即《自评报告》的撰写。由于《自评报告》所涵盖的培养目标、毕业要求、课程体系、师资队伍、支持条件、质量保障与学生发展7个部分相互勾连，尽管写作组4名成员有任务分工，但在“自评”阶段，基本保持着每天沟通、每周开会讨论的节奏。

在“自查自评”阶段，新闻学本科专业认证工作小组继续采取“走出去”方式，派写作组4名教师参加了2017年4月10日在北京友谊宾馆举行的“教育部专业认证学校自评辅导答疑会”；同时采取“请进来”方式，于2017年4月21日邀请国家高等教育教学中心专业处处长盛敏及评估中心其他专家组成员、华东理工大学乐清华教授来新闻学院进行座谈，针对《自评报告》写作和专家组进校验收进行专门指导。

3. 全校联动阶段(2017年4月下旬—5月上旬)

尽管中国传媒大学新闻学本科专业认证的直接对象是新闻学院的新闻学专业，但是，在新闻学本科专业的4年培养周期中，在课程设置上，不仅包含由新闻学院新闻学专业 23 名专任教师开设的专业课程，还包括思想道德修养和法律基础、中国近现代史纲要、外国文学史、古代汉语、大学生就业指导等通识类课程，大学计算机（文科类）、网页设计及制作等实践课程以及大学英语课程。在支持条件上，除了新闻学院，还涉及全校其他行政与业务部门。因此，新闻学本科专业认证需要新闻学院、外国语学院、文法学部三个基础教学单位、就业指导中心等行政部门与计算机中心、图书馆等教学保障单位进行协调合作。

为了确保新闻学本科专业认证有序、高效、高质量地开展，2017 年 4 月 26 日，中国传媒大学校长办公室印发了《关于做好新闻学专业认证有关工作的通知》，来自全校不同学院和部门的教师组成了 6 个相关工作组。其中，认证工作领导小组由胡正荣校长任组长，领导认证工作并召开工作会议；认证工作小组则由教务处许一新和新闻学院刘昶院长担任组长，组内共有 25 位老师，负责贯彻落实工作部署、制订认证工作计划等工作。另外，综合协调小组、接待与后勤保障组、联络组、宣传组也各自承担了不同的分工。至此，新闻学本科专业认证正式进入全校联动阶段。

在此期间，中国传媒大学校领导组织了三次全校范围内的工作协调会。认证工作主体单位新闻学院与马克思主义学院、外国语学院、文法学部等通力合作，给新闻学本科专业开设课程的相关教师根据要求，分别完成了教学大纲修订与课程目标达成度计算工作。与此同时，教务处、人事处、财务处、招生办、学生工作处、教学督导办公室、学生国际交流部、就业创业指导中心和党委宣传部等党政部门以及图书馆、计算机中心、电视台等教学保障单位都给予了大力支持。

在这一阶段，认证工作主体单位新闻学院于 2017 年 5 月 3 日召集了目前本科在读的四届新闻学专业学生，进行了新闻学本科专业认证的说明与动员，再次体现了“学生为中心”的认证精神。与此同时，作为专业认证重点任务的《自评报告》经过近半年的撰写，于 5 月初提交，并在收到初步反馈意见后及时进行了修订，最终于 5 月 10 日正式提交了《自评报告》。

4. 验收总结阶段（2017 年 5 月中旬）

2017 年 5 月 16—19 日，教育部高教评估中心组织专家莅临中国传媒大学，对新闻学本科专业进行了为期 4 天的现场考查。暨南大学党委书记、副校长林如鹏担任认证专家组组长，组员分别为中国人民大学教授倪宁、武汉大学教授石义彬、云南大学教授单晓红、中国企业报李锦、深圳广电集团新媒体中心梅宏，教育部高等教育教学评估中心周爱军副主任指导现场考查工作。

5 月 17 日上午，中国传媒大学新闻学本科专业认证专家见面会在明德楼 918 会议室召开。胡正荣校长，学校教务处、新闻学院以及相关职能部门负责人参加了见面会。见面会由专家组组长林如鹏主持，期间，中国传媒大学新闻学专业负责人方毅华对自评报告在相关经费数字、新闻学专业在校本科生人数、数据新闻报道专业方向、课程目标达成度、质量保障体系运行有效度等方面进行了补充说明。

5月17日上午见面会一结束，专家组成员就分头开始了现场考查工作。一方面，他们走访了实践实验教学中心(中传电视台)、图书馆、传媒博物馆和新闻学院数字媒体实验室，现场考查新闻学本科专业学生培养的支持条件；另一方面，专家组通过听课看课、文卷审阅、学生访谈、教师访谈等方式考查与评议了新闻学本科专业的专业教学情况。

考查期间，专家组共听课看课12节次，调阅毕业论文设计63份、试卷18人次460本，访谈学生59人次、教师31人次、专业负责人2人次、学院领导4人次、相关校领导和职能部门负责人13人次，访谈校友代表30人次、用人单位22人次，走访考查学校基础教学设施和专业实验室共9处。

经过为期两天半的现场考查，5月19日上午，中国传媒大学新闻学本科专业认证专家意见反馈会在明德楼报告厅召开。认证专家组全体成员、教育部高等教育教学评估中心周爱军副主任、中国传媒大学胡正荣校长、新闻学院领导班子及全体教师、学校相关职能部门负责人、各学部(院)主要负责人、教学秘书、理工学部和艺术学部专业负责人、教务处全体工作人员参加了此次反馈会。会议由专家组组长林如鹏主持。

林如鹏代表专家组发言，认为中国传媒大学新闻学本科专业的培养目标基本符合学校发展特点与趋势，而且做到了定期评价与更新。在课程体系方面，总体合理，并能够做到定期调整。在师资方面，师资雄厚，教师授课水平较高，教师尤其对学校教师发展中心的定期培训机制表示满意。在支持条件方面，实验实训条件较为充足。在质量保障体系方面，已经初步建立了校院两级的质量保障体系。在学生发展方面，学生毕业要求达成度较高，用人单位普遍反馈学生动手能力强。专家组同时认为，新闻学本科专业仍需在师资、学生能力和质量保障体系三方面持续改进。在师资方面，专任教师高水平的学术发表，尤其是国际发表能力仍待提高。在学生能力方面，仍需在通识类课程和新闻传播学基础课程方面为学生提供更多的选择空间。在质量保障体系方面，尽管目前已经初步建立了校院两级的质量保障体系，但实施过程仍比较粗放。鉴于此，专家组建议，在课程体系、师资结构和学生发展三方面继续优化与完善，大力改善新闻学本科专业办学条件，进一步细化质量保障体系。

之后，专家组成员倪宁、石义彬、单晓红、李锦和梅宏，分别就课程体系、师资队伍、培养目标与达成度、教师与教学资源的保障度和学生发展反馈了现场考查结果，并提出了评价意见与建议。

中国传媒大学校长胡正荣在发言中感谢了教育部评估中心的信任，将全国首个人文社会科学专业的认证试点放在了中国传媒大学；感谢专家高密度、高效率的工作，利用敏锐的眼光和专业的判断，指出了学校发展中存在的问题，提出了具有针对性和操作性的意见建议。他表示，要以此次专业认证为契机，在个案情况中找出普遍意义，针对存在的问题，在学校层面进行系统性的研究，找到系统性的解决办法，紧紧围绕双一流建设的目标和任务逐步开展工作和深化改革，全面提高学校学科建设水平和整体办学能力，为“双一流”建设贡献力量。

教育部高等教育教学评估中心周爱军副主任发表总结讲话，他表示，此次认证工作意义重大，作为人文社会科学专业第一次认证，传媒大学敢为人先，是非常成功的试点案例。他希望学校能够以此次认证为动力，进一步明确高校的任务和要求，提高人才培养能力，落实以学生为中心、以产出为导向、持续改进的教育理念，加强软硬件建设，创新培养模式，改进教学方法，不断提升学校的专业建设和整体教育教学水平。

中国传媒大学新闻学本科专业认证标志着专业认证在我国人文社科领域暨新闻传播学专业领域的启动，这既对我国新闻传播学专业认证的机制、流程、标准等进行了探索，以期提升我国新闻传播学教育水平，与国际顶尖新闻传播学教育接轨；更为今后全国高校人文社科专业认证提供了可资借鉴的经验，可谓意义非凡。

12. 3. 2　中山大学新闻学本科专业认证

2016 年 9 月，中山大学确定新闻学专业参加教育部“普通高等学校本科专业认证(第三级)”的工作。

1. 开展自评自建

(1)学校高度重视、进行部署安排

2016 年 9 月，中山大学组织专业教师、学生和相关工作人员共同参与评建工作。学校要求组织参评专业填报有关数据信息，并对照专业认证标准要求，通过举证方式，详细说明为了达成专业人才培养目标所开展的具有自身特色的教学活动及相应成效，包括培养方案的制定与实施、各教学环节的安排与保障、教学质量保障体系的建立和运行等。在参评材料的收集和整理过程中，要阐释清楚专业培养目标与培养效果的达成度，专业定位与社会需求的适应度，教师及教学资源的支撑度，质量保障体系运行的有效度，学生和用人单位的满意度。

此外，学校还要求学院撰写《自评报告》，这是评建工作的主要内容。通过《自评报告》撰写，要梳理总结参评专业在人才培养理念、培养过程、培养效果方面取得的成绩和存在的问题，并提出相应的调整改进措施。

(2)接受教育部专题培训

2016年9月，传播与设计学院院长组建工作组，负责本科教学的副院长直接负责此项工作，核心成员有新闻系主任、办公室主任以及部分骨干教师。2016年11月初，由学院院长、书记带队，副院长、系主任和办公室主任以及部分教师前往北京参加教育部举办的“本科专业工作认证”的培训与交流会议，学习如何进行学科的自我评价、如何撰写自评报告以及自查问题。

(3)与国内外同行进行交流

2016年11月，工作组参观与走访了中国人民大学新闻学院、清华大学新闻传播学院等新闻院校，围绕新闻专业建设和发展进行交流和取经。

12月，学院还对美国和英国多所高校的新闻传播学专业培养方案和课程体系进行研究与分析，并与美国威斯康星大学、明尼苏达州立大学，以及我国香港中文大学、香港城市大学、香港浸会大学、台湾世新大学、台湾政治大学等高校新闻传播学院进行交流访问，并先后就培养方案向学院兼职教师美国亚利桑那州立大学财经新闻学院 Andery Lecky 教授、美国哥伦比亚大学新闻学院 Norboren Berkeley 教授等征求建议。

(4)启动自评报告写作

2016年11月中旬，由新闻系主任与骨干教师共5位人员成立了《普通高等学校本科专业认证(第三级)自评报告》撰写团队。根据教育部的认证准则，每个认证专业必须按照认证标准逐条自证达成情况，认真梳理存在的主要问题，并提出改进措施。报告结构依照认证标准顺序，分成八个方面，包括培养目标、毕业要求、课程体系、师资队伍、支持条件、质量保障、学生发展及自选特色项目等，每一部分包括达标情况、主要问题、改进措施三方面内容。《自评报告》须对照专业认证的标准要求，通过举证的方式，详细说明为了达成专业人才的培养目标所开展的具有自身特色的教学活动及其成绩。

《自评报告》还要求以“五个度”为主线进行展开论述。这五度分别包括：阐明专业培养目标与培养效果的达成度，专业定位与社会需求的适应度，教师及教学资源的支撑度，质量保障体系运行的有效度，学生和用人单位的满意度。报告须明确清晰给出专业自画像，并重点关注课堂教学质量、教师教学主体责任落实、实践教学水平及质量保障体系建设情况。对于回避、掩盖问题和不足的专业，将被要求重新修改自评报告或中止进校考查。

报告强调以问题为导向，专业主动开展自评自查，发现问题和不足，并采取积极行动整改。报告内容按照指导书要求，紧扣认证标准，逐条用数据和事实举证达成情况、存在的主要问题及采取的改进措施，总篇幅不超过 5 万字。与标准无关内容或不能覆盖全体学生的少数“标志性成果”不列入报告。

(5)由学院办公室成立教学素材整理团队

《自评报告》所列举证数据和事实要求客观真实，以学校填报的专业教学基本状态数据为基础，与《专业教学基本状态数据分析报告》相印证，为认证专家进校开展现场考查提供有效支撑。同时，报告还要求附录各部分的支撑材料清单，为此，学院办公室成立了由教务、学工等在内的工作组，主要收集、整理、分类处理包括相应原始教学基本状态数据、教学文档、教学管理文件、毕业要求和课程评价、问卷调查等教学素材在内的所有原件资料，并放置齐全，以备学校和教育部的检查。具体进度包括：

2016 年 11 月—2017 年 3 月，与在校学生、毕业学生以及用人单位进行充分联系，让对方知晓专业认证工作的相关内容，获得相关方面对于专业的相关建议、意见等。

2016 年 11 月中旬—2017 年 5 月 21 日，每周定时召开认证工作会议，讨论工作内容、调整工作节奏与进度，协调各方关系，收集信息。

2016 年 12 月—2017 年 4 月，规范与管理新闻学专业的教学工作，培训授课教师按照教育部提供的模板重新编辑和完善各项教学材料，尤其是教学大纲、考试计分、质量分析等。认真计算各个科目与课程的《毕业要求达成度水平》，以此校验学科和课程是否完成了各项毕业要求。

2017 年 3—5 月，反复修订《自评报告》，并请同行给出评阅修改意见。该报告的基本要求是：“观点明确，内容完整，层次清楚，数据准确，依据充分，佐证有力，评价恰当，总篇幅不超过 5 万字。”2017 年 3 月初，《自评报告》出初稿；3 月中旬，教育部评估中心组织专家对《自评报告》进行审核，并提出了若干修订意见，学院根据专家审核意见对《自评报告》存在的问题进行修改或补充材料。3 月中旬，请同行提出评阅意见；4 月初，邀请教育部专业认证专家乐清华教授来学院进行疑点讲解与教学管理培训。4—5 月，自评报告经前后 8 稿的修订，总文字量近 15 万字。

2. 接受现场考察

2017 年 5 月 23—26 日，教育部评估中心组织专家进入学校对新闻学专业进行为期三天的评估、考察与认证。相关准备和组织工作如下：

①准备 2 间专家组专用工作室。一间备在参评专业所在学院，室内备有供专家查阅的自主报告支撑材料及有关教学文档、教学管理文档等资料，如学生的作业及评分标准、试卷及试卷分析、报告及评分标准、论文及评分标准、毕业要求达成评价及结果分

析、调查问卷及结果分析等；另外一间备在专家住地宾馆，室内备有投影仪、打印机、电脑等。

②准备案头材料和必要的办公用品。专家房间配备必要的办公用品，包括工作电脑、办公文具等；案头材料包括专家工作生活指南、自评报告、教学状态数据分析报告、进校一周课程表、校领导名单、主要职能部门名单、院系负责人及教务管理人员名单、专业教师名单、学生名单、实习实训基地名单、就业单位名单等，供专家组抽取部分进行访谈。

③组织相关人员参加访谈会、座谈会和反馈会。组织了若干场“多对一”“一对一”的访谈会，参加人员分别包括院系、专业负责人以及骨干教师；同时，还组织了若干场座谈会，参加人员包括在校学生、用人单位代表等。

④学院还安排青年教师配合专家组进校考查工作，包括经费预决算、食宿、用车、听课、走访、座谈以及与学院的各方联系与资源调配工作等。

⑤遵守认证工作有关纪律，不安排与认证无关的活动。专家组进校考查所产生的费用由国家认证专项经费列支，学校不承担相关经费开支。

3. 工作总结

此次专业认证是以“问题为导向”的专业自评自查，自查专业的培养目标、培养方案、培养过程和培养结果是否达到专业认证标准所规定的要求，专业的师资队伍、办学条件、质量保障机制是否能有效地支撑培养方案的实施和培养目标的达成；根据自查发现的问题，进行有目的的改进和建设。

通过此次专业认证，有力地促进了该校新闻学专业的教学规范管理和培养质量提升，强化了新闻专业教师对教学效果、培养产出等问题的高度重视，整体提升了新闻传播教育的质量意识和管理水平，并对后续院内开展传播学专业认证起到很好的借鉴和示范作用。

回顾此次专业认证，存在的主要不足包括：在培养方案与课程体系的设置、教学质量评估、毕业就业反馈过程中即使有相关意识和行为，但仍缺乏引入第三方参与的问询制度；学院层级虽有建立较为完整的培养与教学的管理制度，但未能充分执行到位和落实到细节上，这使得教学质量的监控存在即时性和碎片化的特点，缺乏长期、系统的教学质量监控机制等。今后，该院将建立相关的问询机制、教学质量监控数据库等，通过交流、访问和问询的方式与同行、用人单位和校友进行沟通，同时还利用各种机会吸收和借鉴全球新闻传播教育的先进理念和前沿实践。

12.3.3　暨南大学新闻学和广告学本科专业认证

暨南大学新闻学专业和广告学专业是目前全国同类专业中率先参加中俄联合认证的专业。广告学专业也是全国同类专业中首个接受本科专业认证(第三级)的专业。

1. 高度重视，深入调研，学习经验

暨南大学新闻学和广告学本科专业认证工作从 2017 年 7 月 15 日正式启动，校党委书记林如鹏教授作了专业认证的动员报告。他指出，此次认证的基本理念是：第一，以学生为中心。围绕培养目标和全体学生学习成果要求的达成进行资源配置和教学安排，并将学生和用人单位满意度作为专业评价的重要参考依据。第二，结果导向教育。强调专业教学设计和教学实施以学生通过教育过程最后所取得的学习结果为导向，并对照毕业生核心能力和要求，评价专业教育的有效度。第三，持续质量改进。强调专业必须建立有效的质量监控和持续改进机制，能持续跟踪改进效果并用于推动专业人才培养质量不断提升。专业认证标准由培养目标、毕业要求、课程体系、师资队伍、支持条件、质量保障、学生发展 7 个项目及 1 个自选特色项目构成。其中，毕业要求 9 条为学生毕业时必备的知识、能力、素质要求。专业应在覆盖认证标准 9 条毕业要求基础上，制定体现专业特色的毕业要求。标准项之间的逻辑关系为：以学生为中心，以培养目标和毕业要求为导向，通过适当的师资队伍和教学资源配置保证各类课程教学的有效实施，并通过完善的内部和外部质量保障机制保证持续改进，最终使学生培养质量满足要求。专业认证程序包括申请与受理、自评自建、材料审核、现场考查、结论审议、结论发布、状态保持 7 个阶段。评议结果分为“通过，有效期 6 年”“有条件通过，有效期 6 年”“不通过”三种。动员会议之后，学院教师开展了认证准备工作。认证重点考察专业培养目标与培养效果的达成度、专业定位与社会需求的适应度、教师及教学资源的支撑度、质量保障体系运行的有效度、学生和用人单位的满意度。

7 月 21 日，暨南大学新闻与传播学院执行院长支庭荣率教学访问团来到中国传媒大学考察其新闻学国际专业认证工作。参与此次考察的还有暨南大学新闻与传播学院副院长张晋升、副院长邓绍根、校教务处教学质量科科长于祥正、广告系副主任朱磊、教科办秘书王娅婕。

2. 撰写修改《自评报告》，整理支撑材料

8 月 5 日，新闻学、广告学专业核心教师团队开会讨论《自评报告》撰写情况，并分配了具体任务，教科办工作人员则开始准备《自评报告》的支撑材料。9 月 2 日，为体现

“学生为中心”理念，新闻学和广告学专业分别召开毕业生代表和用人单位座谈会，并发放了调查问卷。9 月 10 日，暨南大学新闻与传播学院邀请了中山大学龚彦方教授介绍中山大学传媒与设计学院的专业认证经验。9 月 14 日，该院召开了不同年级的新闻学和广告学在校生座谈会，就学生学习、人才培养方案和课程设置等问题进行了交流。9 月 17 日和 10 月 13 日，该院分别邀请了中国传媒大学传刘年辉老师和张晓红老师前来指导并与两个专业的教师就《自评报告》撰写进行经验交流。9 月 20 日，新闻学和广告学《自评报告》初稿完成。9 月 29 日，教育部反馈《自评报告》修改意见。10 月 15 日，《自评报告》交教育部。

10 月 20 日，国家高等教育教学评估中心副主任周爱军、教育部高校教学评估中心专业评估处处长盛敏及评估中心其他专家组成员莅临新闻与传播学院，就新闻学、广告学参加中俄联合国际专业认证标准的达成要求、完成指标及目标预期与学院教师进行了深入交流。支庭荣院长介绍了新闻与传播学院的历史渊源和发展轨迹，并且以新闻学为例，从整个专业的培养计划、毕业要求、课程体系、师资力量、支持条件、质量保障、招生就业、内外联招的特色培养项目等方面，展示了学院高度符合社会需求的人才培养模式与学科教育科研实力。周爱军主任根据教育部的相关指示和高等教育发展的现状及方向，提出教育要面向社会需求、面向标准体系、强化课程目标、注重教师责任、改进评价标准，形成健康可持续的教学文化理念，并且从教学观念转变、教学模式调整、课程改革、评价机制四大方面指出具体的支撑条件。盛敏处长对专业认证工作提出必须做好三个准备：一是思想认识的准备，必须是全体教师、全体学生、全部过程的全员、全面地长期深度参与过程；二是材料的准备，学院要按照认证标准，系统梳理已有的材料，找准问题，提出改善意见，完善没有做到的材料；三是组织管理准备，强调专业认证工作对完善学校专业培养体系和管理体系的重要性。

3. 全校协调，专业师生全员投入认证工作

10 月 19 日，暨南大学召开全校范围内的新闻学广告学专业认证协调会，党委书记林如鹏教授希望有条不紊地推进专业认证工作。

为保证新闻学、广告学专业认证工作持续推进，10 月 26 日，教育部高校教学评估中心专业评估处处长盛敏、华东理工大学教授乐清华、中国人民大学新闻学院教授倪宁等专家到访暨南大学新闻与传播学院，与全院教师就新闻学、广告学专业认证的自评报告撰写情况进行研讨。会议聚焦新闻学专业认证自评报告中存在的问题和改进的方向，专家逐章对点剖析，并就具体问题作出明确判断和指引。盛敏指出本次点对点的辅助指导工作实际作为专业认证的技术支撑，希望大家以研讨的方式进行深入交流，以解决问题为实际导向。她从教育部专业认证工作的要求出发，提出全员、全体、全过程的工作理念，解释了专业认证工作应答式的认证方法，强调向外、向下、横向、纵向比较的培养体系，强调培养机制的重要性。乐清华就新闻学专业认证自评报告中的问题和不妥之处提出具体的修改意见和改进方案。其中，重点针对认证报告中的培养目标、毕业要求、课程体系、支持条件及质量保障等章节中出现的逻辑问题、表述问题作出具体回应，并且强调培养目标、毕业要求、课程体系的支撑关系和对应关系，围绕核心的目标定位、专业特色、课程大纲、课堂教学等问题展开详细论述。倪宁以业内专家和认证工作实际检查专家的双重视角分析整个自评报告，他指出新闻学专业的简介逻辑不够清晰、人才培养目标模糊、专业课程过多等问题，并且就以上问题提出切实可行的修订方案。三位专家从专业认证工作产生的实际效果的角度，一致强调学生导向、社会需求、教师责任、课堂教学的重要意义和作用，并且认为暨南大学新闻与传播学院的专业认证工作不要回避原有的问题，而要积极发现问题，提出具体的改进措施，形成全过程、可持续的认证机制。

自 10 月 27 日开始，再次向毕业生和在校生发放专业认证的问卷调查，更新认证数据。10 月 31 日，新闻学、广告学专业老师重新整理核心课程教学大纲、课程评价报告和毕业论文指导记录。11 月 15 日，新闻学、广告学专业核心团队教师审议通过了《自评报告》(定稿)和报告英文版。

11 月 24 日，中国传媒大学新闻学院刘昶院长、丁迈副院长，新闻学专业负责人方毅华教授，以及新闻学院教师艾红红、丰纯高，学生工作办公室陈逸飞莅临暨南大学新闻与传播学院，与新闻学、广告学专业相关领导教师就办学教学、专业认证工作展开深入交流。双方还就专业认证的相关事项展开商讨，尤其针对专家入校的实际情况，中国传媒大学新闻学院一方分享了专家联络人、专家开会、专家听课看课、专家核查资料、专家行程安排的实际经验。

11 月 30 日，全院师生在学校大礼堂召开了迎评动员大会，向新闻学、广告学专业在校本科生传达了专业认证理念和汇报了专业认证准备情况，希望他们以昂扬向上的积极风貌投入认证工作之中。

12 月 1 日，全校再次召开专业认证相关部门协调会，张宏副校长对迎评工作做了精心周到的安排布置，各单位部门表示全力全体动员，配合新闻学、广告学的专业认证工作。

4. 积极配合认证专家做好实地考查工作

12 月 4—7 日，由中国人民大学倪宁教授、武汉大学姚曦教授、深圳大学王晓华教授、俄罗斯人民友谊大学 Barabash Victor Vadimirovich 教授、莫斯科国立语言大学 Guseinova Innara Alievna 教授、深圳广电集团新媒体中心总经理梅宏、北京日报社社长助理刘顺发组成的新闻学专家组，由中国传媒大学丁俊杰教授、复旦大学黄瑚教授、厦门大学黄合水教授、圣彼得堡国立大学 Rysakova Polina Igorevna 教授、俄罗斯人民友谊大学 Muzykant Valerii Leonidovich 教授、《光明日报》副总编辑刘伟、《深圳日报》常务副总编辑沈贤志组成的广告学专家组进校开展了专业认证实地考查工作。在入校前，专家组认真审阅了暨南大学新闻学和广告学专业自评报告和教学状态数据分析报告等材料，通过电话等方式对用人单位和毕业生进行了访谈和调查。

12 月 5 日，教育部高等教育教学评估中心副主任周爱军主持了专业认证专家见面会。中俄联合认证专家组全体成员，中国教育部高等教育教学评估中心和俄罗斯国家认证中心有关负责同志，暨南大学党委书记林如鹏、副校长宋献中、副校长张宏出席会议。

12 月 7 日，暨南大学新闻学、广告学本科专业认证(第三级)中俄联合认证专家意见反馈会召开。反馈会由中国传媒大学丁俊杰教授主持。暨南大学相关职能部门负责人、各学院主管教学工作的副院长和教科办主任、新闻学和广告学专业师生参加会议。专家组本着实事求是的态度，结合深入暨南大学以及新闻与传播学院各个层面认真考察本科教学工作的真实感受，对暨大新闻学和广告学专业提出了丰富的意见和建议。

中国人民大学倪宁教授代表新闻学专业专家组反馈了总体评估意见，他认为，暨南大学新闻学专业办学历史悠久，积淀深厚，一直高度重视本科人才培养，注重实践教学，关心境内外学生的成长，专业培养方案和课程体系总体上较为合理，能够基本支撑毕业要求的达成；师资队伍综合素质较高；人才培养的支持条件较优越；质量保障体系运行具有成效；毕业生和用人单位满意度较高。新闻学专业确定的培养目标，契合国家、地方以及港澳台地区的发展需要，符合学校的发展定位和办学宗旨，专业特色及优势明显。随后，姚曦、王晓华、Vadimirovich、Alievna、梅宏、刘顺发等专家分别从一流本科人才培养、办学目标与发展定位、培养方案、师资队伍建设、教学团队建设、教学质量保障等方面，反馈了考察、审核、评价意见及建议。

中国传媒大学丁俊杰教授代表广告学专业专家组反馈了总体评估意见，认为暨南大学广告学专业顺应数字化时代发展，侧重数字营销传播，注重创新人才培养训练模式，体现了由传统广告教育向数字营销传播教育迅速转型的优势和特色，指出广告学专业形成了完善的产、学、研协同育人机制，在培养方案上体现了厚基础、重素质、强能力、立前沿的理念，理顺了通识教育、基础教育、专业教育、实践教育内在的逻辑关系。随后，黄瑚、黄合水、Igorevna、Leonidovich、刘伟、沈贤志等专家分别从实验条件、师资队伍、课堂教学、实习基地建设、国际交流等方面反馈了考察、审核、评价意见及建议。

林如鹏在讲话中代表学校感谢两个专家组和全体参与评估的同志的辛勤付出。他指出，暨南大学将以专业认证为契机，全面贯彻党的教育方针，全面落实立德树人根本任务，夯实人才培养的中心地位，不断提升人才培养质量，为实现国家现代化和高等教育内涵式发展努力作出更大的贡献。

教育部高等教育教学评估中心专业评估处处长盛敏、俄罗斯国家公共认证中心副主任 Galina Motova 为暨南大学颁发中俄联合国际认证现场考察证书并作讲话。

（龚彦方　邓绍根等）

12.4　本科专业调整

根据最新调查，最近三年代表各大高校的新闻院系新闻传播专业并没有明显的增减与整合现象，目前仅收集到中山大学传播与设计学院、河南大学新闻与传播学院对其本科专业进行了调整。下面就专业调整理由、专业调整过程、专业调整目标以及未来展望四个方面进行综述。

12.4.1　专业调整背景

中山大学传播与设计学院成立于 2003 年，同年，经教育部批准设立新闻学专业并开始招收本科生。基于中山大学的综合型研究大学的特色以及该学院新闻学专业独特的发展历史，该院在制定学院各个专业培养目标时，充分考虑了与国际一流大学接轨。

2015 年 12 月—2016 年 3 月，中山大学要求各个学科人才培养和专业调整的总体部署要结合本专业的专业画像重新进行全面的调整与规划，向国际一流的综合型研究大学发展，提升本科深造率。在此要求下，该院打破了原先按照媒体介质和类型来划分的专业原则，将原有的 3 个系、5 个专业方向进行了重新整合，将新闻学专业与网络与新媒体专业（包括数字媒体、视觉传播方向两个专业方向）合并，将传播学专业（包括影像传播、政务传播方向两个专业方向）与公共关系学专业进行合并，同时规划了包括新闻实务、新媒体设计、新闻业研究等课程模块的“新闻学”专业，以及包括公共传播、视觉传播与应用传播研究等课程为核心的“传播学”专业。调整后的新闻学专业、传播学专业，既强调面向所有介质和平台培养互联网背景下的公共新闻传播的应用型人才，也强调培养具备科学素养和深入思考能力的研究型人才，务必令本科培养体系更符合当前互联网信息社会的各种需求，提升了培养目标和方式的前瞻性和引领性。

河南大学新闻与传播学院成立于2002年。2003年，该院获批播音与主持艺术专业，学制是艺术类四年本科，培养方向承袭此前的广播电视新闻专业，作为普通本科专业招生，培养方向调整为广播电台电视台采访编辑人才。该院自2000—2010年间，以“广播电视新闻学”这一专业名称列入河南省普通高等教育招生计划进行招生，每年招生人数在30~50人。2011—2016年，在河南省高招计划中，广播电视新闻学与新闻学、广告学和编辑出版学一起列在“新闻传播学类”下面，进行大类招生，入校第二学年根据学生意愿再从大类的几个方向选择专业。

12.4.2　专业调整过程

在培养目标制定和修订的过程中，中山大学传播与设计学院成立了课题组对美国、英国以及中国港台地区等十几所高校的新闻学、传播学专业培养方案和课程体系进行研究与分析，如美国密苏里大学、哥伦比亚大学、纽约大学，中国香港中文大学等高校。之后，学院在办学过程中也与多所国际高校如美国威斯康星大学、明尼苏达州立大学，新西兰奥克兰理工大学传媒学院，法国斯特拉斯堡大学等校师生进行了交流访问，从中获得了改进培养目标和培养体系的建议。另外，还先后就培养目标征询在该院兼职的外教，如美国亚利桑那州立大学财经新闻学院 Andery Lecky 教授、哥伦比亚大学新闻学院 Norboren Berkeley 教授的建议。

2016年9月，该学院暂停公共关系学、网络新媒体两个专业的招生，正式将新闻学、传播学、公共关系学和网络与新媒体四个本科专业压缩为“新闻学”和“传播学”两个专业，其中，新闻学专业吸纳了原网络与新媒体专业中有关新媒体模块课程，传播学专业则吸收原来影像传播专业中视觉传播研究以及保留公共关系专业原有的企业传播的课程模块。

同时，该学院对这两个专业进行差异化的培养定位：①二者均以新闻传播学作为学科基础。②应用性的程度有所不同：新闻学强调应用性与基础性并重；传播学更强调其作为基础学科的定位。③对应的行业有所不同：新闻学具有较为明确的行业对应性，对应于专门主流媒体等从事信息传播事业的机构，包括互联网公司和自媒体机构等。传播学所培养人才外延更宽，适用于更广泛的社会组织的需要，如政府、企业和非营利组织等。

河南大学新闻与传播学院在2011年又获批了“广播电视编导”专业（按艺术类招生，

授艺术学学士学位），此专业和广播电视学同为一个基层教学组织，该系的老师身兼两个专业的教学任务，十分繁忙。同时，在媒介融合的背景下，广播电视学的培养目标与新闻学有较大重合，在实践技能方面，又与广播电视编导专业有很大的相似度。自 2001 级按新闻传播类招生后，在二年级分专业时报广播电视学专业的人数相比其他几个专业要少。在这种情形下，该院决定取消广播电视学专业，让该专业的老师们集中精力办好广播电视编导专业。

2017 年的专业设有新闻学、广告学、编辑出版学、广播电视学、播音与主持艺术、广播电视编导。2017 年，该院经过调研分析，决定取消广播电视学专业，增设网络与新媒体专业，目前新专业已报教育部批准，2018 年纳入本科生招生计划。

12. 4. 3　专业培养目标

中山大学传播与设计学院适时调整和完善了两个专业的培养目标和毕业导向，体现了对当前新闻传播行业发展变化的前瞻性认识，力图走出以服务于传统媒体为核心培养去向的传统定位，更加重视新媒体，引入以互联网为中心的新闻传播教育，培养学生适应新媒体传播的方式、技术和思维。

具体而言，新闻学专业的培养目标包括以下三个方面：

①新闻学专业培养以马克思主义新闻观为指导思想，符合中国特色社会主义时代需要，深刻理解与掌握新闻专业主义知识体系，具有深厚的人文关怀、公共精神与科学素养，以开放的视野和高度的热情拥抱互联网时代急剧变化的新闻业的高级实践人才。

②新闻学教育旨在培养学生深刻理解互联网条件下新闻业变迁的现实，认识其中不同的形态与发展规律，掌握相关的理论知识，熟悉影视操作技术与交互创意设计，夯实与之匹配的各项新闻实务的基础，以全面适应变化中的现实需求。

③教育的目标是培养学生具备历史发展的眼光和辩证逻辑思维的能力，学会分析与解决信息传播在当代社会变革中所遭遇的现实问题，并在未来的竞争中成为这一行业的领军人物。

传播学专业的培养目标包括以下三个方面：

①传播学专业要应对移动互联时代新的传播范式与机制，强调学科的基础教育，确立学术批判精神，培养学生深厚的人文素养与公共情怀，建立与社会变迁密切相关的问题视野，以及面对社会发展的实践方法。

②传播学教育旨在促进学生理解与认识媒介和传播对于个体、行业以及社会所产生的深刻影响，洞察互联网等新兴媒体在这一过程中的革命性作用，揭示视觉在整合与体验信息时的现实意义，通过视觉传播研究、应用传播策略、效果与用户分析等来培养学

生分析与解决在信息传播过程中所遭遇的现实问题的能力。

③教育的目标是要造就具备专业洞察力、批判力以及执行力，积极参与并推动和社会变迁密切相关的传播行业的发展的卓越领导者。

河南大学新闻与传播学院自广播电视新闻学专业开始招生以来，该专业的培养方案根据学科发展需要进行了数次调整，但课程设置都是围绕广电新闻人才的基本素质展开。除了学校开设的公共基础平台课，如英语、计算机应用、马克思主义教育、体育等以外，该院根据新闻传播大类的培养需要还开设了多门学科基础平台课，如中外文学、社会学、新闻学和传播学概论、中外新闻传播史、媒介伦理法规、媒介经营与管理、数据统计与分析等。在此基础上，再开设专业基础平台课和专业选修课。专业基础平台课含广播电视概论、中外广播电视史、新闻采访与写作、视听语言、电视摄像、数字音视频剪辑、广播电视新闻学、广播电视文稿写作、电视节目策划、广播电视节目制作等。专业选修课的开设紧紧围绕时代发展对广播电视专业人才的需求展开，开设了新媒体节目形态、图文设计、新闻摄影、网络新闻实务、广播电视新闻现场报道、网络舆情调查与分析、公共关系学、影视广告设计与制作、广播电视前沿讲座等。

自 1995 年第一届毕业生始，该专业为国家级、省市级培养了大批优秀播音主持人才，其中包括中央电视台任鲁豫、荣嵘、张峭等，中央人民广播电台何曼、毛强、蔡明、姬晨等，河南电视台马晓红、段晓华、刘雯、韩佳、林泉等，省外省级电台电视台王维琳、韩娇、李琳、马磊等。

12. 4. 4　未来展望

据了解，中山大学传播与设计学院对培养方案进行了较大的调整和改革，即培养“融合型”和“实践与学术并重型”的人才。“融合型”指培养互联网时代的复合型、高素质的实践性人才，在注重传统新闻专业能力的同时也要引导学生建立起新闻业新的、开放式的关系思维；在互联网开放式、多节点的传播空间中打破传统新闻机构内容生产的路径依赖，引入受众为中心，注重互动和参与的互联网新闻传播生产方式教育，让学生在新型信息生态环境中进行信息收集、整合、评鉴与传播。它强调的是文理融合，人文与科技融合，以及传统媒体与新媒体融合。“实践与学术并重型”则意在培养学生应对新媒体时代之技能的同时，强调通过学术探究培养学生对于互联网对传播行业的革命性影响的前瞻性认识和洞察能力，强调行业领军人才培养所应具备的认知能力和情怀素质。该专业点是国内最早进行这一定位的新闻传播学院之一，在全国高校发挥了一定的引领作用。

据了解，河南大学新闻与传播学院对于新增加的网络与新媒体专业，目前没有成立基层教学组织，考虑暂时依托学院的教育厅科研平台——河南省教育新媒体暨舆情中心来开展工作。如果网络与新媒体专业 2018 年列入招生宣传，学生将在 2019 年分专业时可以选报该专业，届时该专业将按照网络与新媒体专业的培养方案进行教学。

（龚彦方　严　励）

12.5 部校共建新闻学院与新闻人才培养

2001 年 12 月 24 日，上海市委宣传与复旦大学签署协议，共建复旦大学新闻与传播学院，开启了全国“部校共建”的先河。签约仪式上，时任中共上海市委副书记的龚学平在讲话中强调，“共建”这一与时俱进的重大举措是为了“培养造就新世纪合格的党的新闻工作者”①，时任复旦大学党委书记的秦绍德在讲话中亦指出，“共建”是“为党培养更多合格的新闻宣传工作者”②。作为新闻人才培养模式改革的一项重大举措，由中宣部、教育部联合发起的“部校共建新闻学院”，已经对当下的新闻教育产生深刻影响。

12.5.1 “部校共建新闻学院”的时代背景

继上海市委宣传部与复旦大学共建新闻学院 12 年之后，2013 年 6 月 9 日，教育部、中宣部联合印发了一份《关于加强高校新闻传播院系师资队伍建设 实施卓越新闻传播人才教育培养计划》(教高[2013]7 号)的文件。文件称，要积极探索高校与宣传部门、新闻单位联合培养新闻传播人才的新模式；教育部、中宣部对入选“卓越新闻传播人才教育培养计划”的中央部委所属高校给予经费支持；各省(区、市) 给予入选的地方高校经费支持。文件同时指出，提高新闻传播人才培养质量的首要任务就是加强马克思主义新闻观教育，把马克思主义新闻观教育融入新闻传播人才培养全过程各环节，深入推进马克思主义新闻观进教材进课堂进头脑，引导学生始终坚持新闻工作党性原则，坚持正确政治立场政治方向。加强新闻职业精神职业道德教育，引导学生秉持新闻职业操守，履行新闻工作社会责任，增强做好党的新闻工作责任感使命感。几乎与此同步，中宣部、

① 龚学平. 在上海市委宣传部与复旦大学共建新闻学院签约仪式上的讲话[J]. 新闻大学，2002，(1)：1.

② 秦绍德. 在市委宣传部与复旦大学共建新闻学院签约仪式上的讲话[J]. 新闻大学，2002，(1)：7.

教育部组织全国14所高校新闻传播院系专家学者、中央新闻单位资深编辑记者参加编写《实践中的马克思主义新闻观》案例教材，面向高校新闻传播院系师生、广大新闻采编人员推广使用。

2013年12月13日，中宣部、教育部印发《关于地方党委宣传部门与高等学校共建新闻学院的意见》(中宣发〔2013〕34号)，要求“每个省(区、市)党委宣传部门都应和高等学校重点共建一个新闻学院”，“原则上中央主要新闻单位也应与高等学校共建一个新闻学院”。① 为推动部校部校共建工作，12月20日，中宣部、教育部在复旦大学召开现场会，总结、推广上海市委宣传部与复旦大学共建新闻学院的做法与经验，指出要把部校共建作为战略任务、基础工程，遵循新闻教育规律、遵循新闻人才成长规律，发挥业界学界各自优势，携手培养有正确立场、人民情怀、责任担当的一流新闻人才。② 会上，确定首批10个省市(北京市、江苏省、山东省、安徽省、湖北省、广东省、吉林省、四川省、海南省、重庆市)作为试点率先开展共建，其他地方和中央新闻单位积极跟进。截至2017年12月底，已经有59所高校与地方省委宣传部或中央媒体签署共建协议，如表12-13所示③：

表12-13 **“部校共建新闻学院”高校名单(2001—2017)**

省份 (自治区、直辖市)	共建高校名称	共建新闻学院数量
北京市	中国人民大学、中国传媒大学、清华大学、北京大学、中国政法大学	5
上海市	复旦大学、上海交通大学、同济大学、华东师范大学、上海大学	5
天津市	天津师范大学	1
重庆市	重庆师范大学、重庆工商大学	2
河北省	河北大学、河北师范大学	2

---

① 中共中央宣传部、教育部文件(中宣发[2013]34号)：《关于地方党委宣传部门与高等学校共建新闻学院的意见》的通知。

② 中央推广上海宣传部与复旦共建新闻学院经验[N]. 东方早报，2013-12-21.

③ 教育部未提供具体统计数据。此数据由作者根据自各高校官方网站发布的新闻稿，逐省(自治区、直辖市)统计后，累计而得。“部校共建”仅限于各省(自治区、直辖市)的党委宣传部或中央媒体与高校共建新闻学院；地方媒体与高校共建新闻学院、各省的市委宣传部与高校共建新闻学院，不在统计之列。

续表

省份（自治区、直辖市）	共建高校名称	共建新闻学院数量
山西省	山西大学	1
辽宁省	辽宁大学	1
吉林省	吉林大学、东北师范大学、吉林师范大学	3
黑龙江省	黑龙江大学	1
江苏省	南京大学、南京师范大学	2
浙江省	浙江大学	1
安徽省	安徽师范大学、安徽大学	2
福建省	厦门大学、福建师范大学	2
江西省	南昌大学	1
山东省	山东大学	1
河南省	郑州大学、河南大学	2
湖北省	武汉大学	1
湖南省	湖南大学、湖南师范大学、湘潭大学	3
广东省	暨南大学	1
海南省	海南师范大学	1
四川省	四川大学	1
贵州省	贵州大学、贵州师范大学、贵州民族大学	3
云南省	云南大学	1
陕西省	陕西师范大学、西安交通大学、西北大学	3
甘肃省	西北师范大学	1
青海省	青海师范大学	1
内蒙古自治区	内蒙古师范大学、内蒙古大学	2
广西壮族自治区	广西大学、广西师范大学、广西民族大学、广西艺术学院、广西财经学院、广西师范学院	6
西藏自治区	西藏民族大学	1
宁夏回族自治区	宁夏大学	1
新疆维吾尔自治区	新疆大学	1

12.5.2　部校共建的人才培养目标

本节选择 10 所院校的“共建协议”“实施方案”等进行分析，以从中管窥部校共建的新闻人才培养目标。10 所共建高校设定的人才培养目标如表 12-14 所示：

表 12-14　**部校共建的人才培养目标(10 所)**

高校	共建单位	人才培养目标
复旦大学	上海市委宣传部	培养有正确立场、人民情怀、责任担当的一流新闻人才
中国人民大学	北京市委宣传部	创新新闻人才培养模式，促进业界与学界互动
清华大学	人民日报社	“素质为本、实践为用，面向主流、培养高手”
北京大学	新华社	以马克思主义新闻观为指导，国内领先、国际有影响力的新闻与传播学院
北京师范大学	光明日报社	培养具有马克思主义新闻观的卓越新闻传播人才
中国政法大学(新闻传播学院更名为“光明新闻传播学院”)	光明日报社	培养具有深厚的法学素养、知识基础宽、综合素质高、操作能力强、能够适应未来媒体机构和其他社会组织多媒体综合传播需要的高层次专门人才
武汉大学	湖北省委宣传部	培养服务于国家特别是湖北省新闻事业发展、具有正确价值判断的一流人才
南京大学	江苏省委宣传部	培养优秀的党的新闻宣传工作者、新闻传播教育和研究人才
四川大学	四川省委宣传部	培养具有鲜明的政治立场、深厚的群众感情，政治强、基础厚、能力优、会创新、适应广的高素质新闻传播专业人才
郑州大学	河南省委宣传部	具有马克思主义新闻观、具有良好业务能力和理论素养，能够满足媒体发展和社会需求的新闻传播优秀人才

从表 12-14 可以看出，参与共建的各高校在人才培养目标的设置上与中宣部〔2013〕34 号文件中关于部校共建新闻学院的人才培养目标大体一致。

①将新闻人才的政治素质置于首位。各高校均提出培养具有坚定政治立场和马克思

主义新闻观的新闻人才。为培养未来新闻人才的政治素质，一些高校陆续开办了马克思主义新闻观系列讲座，或创办研究和实践基地，如南京大学的“马克思主义新闻观系列培训讲座”、四川大学的“马克思主义新闻观与中国当代新闻”系列讲座、郑州大学的“马克思主义新闻观系列讲座”、广西大学的“马克思主义新闻观研究与实践基地”等；同时，一些高校还将“马克思主义新闻观”“马克思主义新闻思想”等课程列为学科基础平台课程，成为新闻传播学类专业的必修核心课程。

②对新闻人才的业务素质亦有强调。除加强新闻人才的政治素质教育外，一些共建高校亦强调新闻人才要动手能力强，能够适应全媒体时代对复合型采编人才的需求。为此，借助“共建”提供的资金支持，以及宣传部门在政策上的支持，各高校相继与本地媒体单位签订实践基地协议，聘任传媒骨干担任实践导师，为学生实践提供了保障。

12.5.3　部校共建新闻学院工作进展情况

1. 部校共建新闻学院工作推进会持续召开

2013 年 12 月，中宣部、教育部在复旦大学召开“部校共建”现场会，强调发挥业界学界各自优势，携手培养有正确立场、人民情怀、责任担当的一流新闻人才。继此次现场会之后，中宣部、教育部分别于 2015 年、2016 年在南京、郑州召开了两次共建工作推进会，总结交流部校共建经验做法，研究深化共建工作的有效举措。

(1)南京会议

2015 年 4 月 27 日，中宣部、教育部在南京大学召开部校共建新闻学院工作推进会，提出应进一步创新新闻人才培养模式，推动新闻教育改革发展，为党的新闻事业发展提供坚实有力的人才支撑。中宣部副部长蒋建国，教育部党组副书记、副部长杜玉波出席会议。

会议认为，部校共建全面开展一年多来，各地各单位牢牢把握正确培养方向，扎实推进重点工作，着力促进业界与学界互动、理论与实践结合，在学科建设、人才培养、科研创新、基础设施建设等方面取得了重要阶段性成果。会议建议，各高校要扎实抓好部校共建这项战略任务、基础工程，坚持以马克思主义新闻观教育为核心，遵循新闻教学科研规律和新闻人才成长规律，聚合业界学界优势资源，协力培养卓越新闻传播人才。要加快完善部校共建机制，搭建互利共赢的平台，深化院媒合作，建强一批新闻学院，推动部校共建不断上台阶上水平，构建新闻教育与新闻实践相互贯通、深度融合、协同发展的新格局。

江苏省委常委，宣传部长王燕文在报告中指出，部校共建高校要用马克思主义统领新闻教育实践和新闻理论研究，着力“孵化”出具有坚定信仰、忠诚于党和人民新闻事业的可靠接班人；以改革创新精神探索共建新路，以务实过硬举措优化共建资源，以科学高效机制激发共建合力，让部校共建之路越走越宽广。

(2)郑州会议

2016年6月17日，中宣部、教育部在郑州大学召开部校共建新闻学院工作推进会。主要内容是深入学习贯彻习近平总书记系列重要讲话特别是党的新闻舆论工作座谈会重要讲话精神，总结交流部校共建经验做法，研究深化共建工作有效举措，更好培养、造就高素质新闻后备人才。中宣部副部长、国务院新闻办主任蒋建国，教育部副部长林蕙青出席会议。

会议认为，两年多来，部校共建工作在全国范围内稳步推进，高校马克思主义新闻观教育明显加强、教学科研条件明显改善、学生社会实习实践水准明显提升，初步形成了一些各具特色的共建模式，取得了明显成效。会议号召部校共建高校继续把部校共建作为重大战略、基础工程扎实推进，紧紧抓住马克思主义新闻观教育这一核心任务，着力推动新闻教育与新闻实践良性互动，教育引导学生树立正确观念、提高业务技能。要探索新闻教育方向重点，在新闻事业发展急需的全媒型人才、国际传播人才培养方面取得更大成效。

新华社原总编辑、时任郑州大学新闻与传播学院院长的南振中作了《“勿忘人民”：新闻后备军的“军魂”》的主题报告。报告指出，任何一所学校，偶尔冒出一两个“尖子人才”并不困难，但部校共建期待的是卓越新闻人才的成批涌现。他建议各共建高校：立德树人，把“勿忘人民”锻造成新闻后备军的军魂；协同共享，发挥业界学界优势资源的“嫁接效应”；扎实推进，谨防部校共建的机遇变成“不会孵化的蛋”。

2. 部校共建“复旦模式”成效卓著

作为部校共建的“领头羊”和“排头兵”，复旦大学复新闻学院“部校共建”主要集中于三个项目：复旦大学上海新媒体实验中心建设、马克思主义新闻观教育、提升国际传播能力①：

(1)新媒体实验中心建设

复旦大学上海新媒体实验中心的建设于2015年正式启动。在共建框架之下，上海市网信办、东方传媒集团(SMG)、上报集团等深度介入项目建设，阿里体育、网易、新

① 此部分内容主要来源于尹明华. “部校共建”的实践探索——以复旦大学新闻学院为例[J]. 新闻与写作，2017，(4)：14-17.

浪、彭博和智慧树网等网络平台与新媒体实验中心开展了各种形式的合作。在新媒体实验中心，师生可以通过云共享的方式，随时随地通过多种终端设备接入到新媒体实验中心，实现全媒体内容生产、数据汇聚、教学应用、受众实验、研究分析、技术研发、成果展示与服务社会等功能。

(2)马克思主义新闻观教育

为适应新媒体时代马克思主义新闻观教育需要，复旦大学新闻学院将“马克思主义新闻思想”课程升级为“国家精品资源共享课”，列入复旦大学新闻学院学生必修课程，且所有教学文件和教学视频实现网络共享；出版《马克思主义新闻观纲要》读本，以满足传媒业界的学习培训和高校青年学生学习的需要。

2016 年 5 月，复旦大学新闻学院联合清华大学新闻传播学院，共建“中国特色社会主义新闻学联合教学研究基地”；2016 年 12 月，复旦大学主办了大型学术会议“马克思主义新闻观与中国媒介化社会建设研讨会暨第二届民意中国论坛”。

此外，复旦大学还举办了首届面向全国 30 所高校教师的马克思主义新闻观教学培训工作坊；与国家新闻出版广电总局合作，于 2016 年 10 月完成第一期 200 名新入职记者编辑的马克思主义新闻观培训。

(3)提升国际传播能力

“部校共建”以来，复旦大学新闻学院着力与国际和台港澳地区著名新闻传播院系建立各类交流合作关系，搭建国际化人才培养平台。截至 2017 年，复旦大学新闻学院已与美国哥伦比亚大学新闻学院、密苏里大学新闻学院、英国伦敦政治经济学院、法国巴黎政治大学等 40 多个国家和地区的一流院系建立了人员交流和项目合作关系；已有 150 余位同学攻读完成复旦大学新闻学院与英国伦敦政治经济学院(LSE)、法国巴黎政治大学开展的国际传播与媒体的硕士双学位项目。

此外，复旦大学新闻学院已连续 4 年举办“新媒体与全球信息社会的公正传播”学术研究营，邀请多位海外社会学、传播学领域的著名学者执教，已培养来自海内外 100 多所知名院校的学员 500 多名。

3. 其他部校共建高校稳步推进

除复旦大学之外，其他部校共建高校亦在中宣部、教育部的资金、政策支持下获得较快发展，并取得较为显著的成效。如：

北京市委宣传部与中国人民大学共建新闻学院，成立“中国人民大学马克思主义新闻观研究中心”，中心旨在通过课题、论坛等学术活动和信息资源建设，汇聚该领域的专家队伍智慧和文献数据，逐步搭建马克思主义新闻观的思想知识聚集平台。

人民日报社与清华大学共建新闻与传播学院，双方共建“马克思主义新闻观与新闻教育改革研究中心”和“清华大学—人民日报社媒体融合发展研究中心”，推动马克思主义新闻观和采写编评实务类课程的共建，以及学生实习就业、媒体融合研究等的合作。

新华社与北京大学共建新闻学院，致力于建设“一个智库”——国际传播研究中心，打造“两个基地”——教学实习基地、从业人员培训基地。

光明日报社与中国政法大学共建光明新闻传播学院，将智库建设作为一项重要内容。光明日报社与中国政法大学共建的“明政智库”自成立以来，结合中国政法大学的研究特色，举办“法治中国”系列论坛多场。

湖北省委宣传部与武汉大学共建新闻与传播学院，以马克思主义新闻观教育为主要抓手，面向新闻学子开设“马克思主义新闻观大讲堂”；共建“实践中的马克思主义新闻观”精品课程、组建马克思主义新闻理论研究团队、开发马克思主义新闻观文献信息平台等。

广东省委宣传部与暨南大学共建新闻与传播学院，面向新闻学子开设“国情教育系列讲座”，通过强化学生的国情观念，加深学生对马克思主义新闻观的认识；依托广州市舆情与社会管理人文社科重点基地，编写《广东舆情动态》和《舆情观察》，为广东省新闻宣传工作提供智力支持。

江苏省委宣传部与南京大学共建新闻与传播学院，制订了“紫金人才计划”，在新闻传播学院建成人才特区，着力打造高素质教师队伍。开设“实践中的马克思主义新闻观”课程，邀请省内主要新闻单位名记名编带着案例来主讲。共建“江苏省新闻人才培训基地”，联合主办新闻从业人员培训班。

四川省委宣传部与四川大学共建新闻学院，施行“双导师制”，聘请媒体优秀记者、编辑担任新闻学子的“第一导师”；开展“重走范长江之路”系列新闻实践教育活动，以继承和发扬范长江精神，培养范长江式的新闻工作者。

河南省委宣传部与郑州大学共建新闻与传播学院，创办了“穆青新闻实验班”，以“勿忘人民”指导新闻人才的培养；共建研究型智库“中原传媒研究院”，为传媒业提供咨询服务；举办马克思主义新闻观系列讲座、“传媒专家进课堂”系列活动近百场。

（郑素侠）

第13章　本科人才培养

13.1　新闻传播类网络公开课建设

2018年第四轮学科评估中，81所高校参评，最终56所高校的新闻传播学专业进入70%，并被重新划分为9(A+AA-、B+BB-、C+CC-)个等级。此次新闻传播专业本科课程建设情况，以此为框架进行整理，共收集了这56所高校的52门新闻传媒类在线开放课程。

总体来说，这56所高校的新闻传播类公开课建设水平参差不齐，大部分学校有相关课程且能在各大公开课资源平台获得，其中复旦大学等学校还为这些精品课程等公开课建立了单独的网站，但也有一部分学校未能建立新闻传播类公开课程。接下来，简要分析这52门公开课程资源的具体情况。

在分析之前，简要介绍一下52门公开课的来源。这些课程来源于爱课程网(旗下资源共享课、视频公开课、中国大学MOOC)、超星尔雅、学堂在线、智慧树、超星学术视频、精品课网以及各大学校及其新闻传院官网。整体来说，这56所高校的新闻传播类公开课资源呈现以下特点：

13.1.1　整体特征

1. 在数量上，B等级(含B)以上与B等级以下的学校之间两极分化严重

56所进入第四轮学科评估70%的高校中，在上述各大公开课程网站和学校官网中，仍有25所高校没能找到新闻传播学的公开课程资源。① 其中，新闻传播学科等级为C、

① 这25所高校是中国政法大学、吉林大学、同济大学、上海理工大学、汕头大学、西安交通大学、南开大学、北京工商大学、重庆大学、深圳大学、华南理工大学、兰州大学、北京外国语大学、辽宁大学、新疆大学、西南大学、云南大学、郑州大学、陕西师范大学、河南大学、南京政治学院、上海师范大学、南京师范大学、湖南师范大学、华东师范大学。

C-类的有 16 所。而在这 52 门课程，只有 10 门课程来自 B-及其以下等级的学校，42 门课程来自新闻传播专业等级为 B 级及以上等级的学校，占 80%。值得一提的是，目前表格中，A+和 A 等级的四所学校的公开课资源平均有 3 门。在收集时，笔者发现这四所学校特别是中国人民大学新闻学院、复旦大学新闻学院还有许多公开课程资源，考虑到年代久远未列入表格。

2. 在内容上，传播和新媒体类课程资源丰富，而新闻实务类较少

52 门公开课的内容比较丰富，既包括狭义上与新闻传播相关的新闻采访、评论、新闻传播理论、新闻传播史、新闻伦理与法规、新闻摄影、网络传播等内容，还包括广义上与新闻传播相关的视觉文化、影视艺术、广告、新媒体等内容。具体来说，传播和新媒体类课程比较多，占比约 54%，而有关新闻实务类新闻记者的基本功——采访与写作、新闻采访学、新闻摄影、双语主持与新闻现场报道、新闻评论、国际新闻报道双语课程、新闻编辑：理论与实务、新闻采访与写作、新闻采访学的仅 9 个，占比为 17%。值得一提的是，传播影视艺术类作为新闻传播学科的延伸，有 5 门课程，占比为 9. 6%。

13. 1. 2　局部情况

1. 2017 年新增的新闻传播类国家精品在线开放课程仅 5 门，与往年相比，增长幅度较小

在教育部公布的《2017 年国家精品在线开放课程名单》中，本科课程有 468 门，新闻传播类课程有 5 门，分别是清华大学的新闻摄影、传播学原理，浙江大学的新媒体概论，湖南大学的广告创意学和中山大学的新媒体素养，占比仅为 1%。根据教育部公布的名单，2009 年国家精品在线开放课程（本科）有 404 门，新闻传播类有 4 门，占比 0. 99%；2010 年国家精品在线开放课程（本科）有 438 门，新闻传播类有 4 门，占比 0. 91%。

当然，在这 56 所高校的 52 门公开课中，新增的 5 门精品课的占比也仅为 9. 6%。

2. C、C-类等级高校新闻传播类公开课建设水平不均衡

此次被评估为 9 等的 56 所高校中，有 16 所高校为 C、C-类等级，只有 4 个学校有公开课资源，其中 C 等级的广西大学和 C-等级的安徽师范大学均有两门课程，分别为新闻采访与写作、中国新闻事业史和摄影构图、新闻采访学，达到了 A 类学校水平（见表 13-1）。

表 13-1　　新闻传播类网络公开课课程情况

开设院系	课程名称	课程负责人及教学团队简介	课程概述	教学大纲
评估结果为 A+的院校				
中国人民大学新闻学院	新闻记者的基本功——采访与写作①	张征，中国人民大学新闻学院教授，博士生导师	该课程围绕新闻记者的两项基本功——采访与写作进行讲授，让学生形成记者编辑的核心素质—发现新闻的能力，体验做一名职业记者的职业精神和职业准则，掌握职业记者必备的两项基础业务操作技能——新闻采访和报道文体的写作，以实现“了解新闻事业、树立新闻理想、掌握新闻操作”三位一体的教学目标	该课程共分为“如何发现新闻”“采访的任务与环节”“采访的原则与技巧”“消息写作的理念和方法(上)”“消息写作的理念和方法(下)”“通讯的采访与写作”6 讲，每讲结合经典报道案例，通过讲述记者编辑发现新闻的能力，逐步拓展到采访的方式、原则和技巧，最后深入到新闻(消息和通讯)的写作
中国人民大学新闻学院	生活中的传播学②	胡百精，中国人民大学新闻学院教授，博士生导师，现任新闻学院执行院长	—	—
中国人民大学新闻学院	新闻理论③	陈力丹，中国人民大学荣誉一级教授、新闻与社会发展研究中心研究员。主要研究方向是新闻理论、中外新闻史、传播学、舆论学	让学生比较系统地掌握新闻理论的基本框架和主要内容，能够比较充分了解中国新闻业的现实及对新闻工作的基本要求，能够确立合理科学的马克思主义新闻观，为成为社会主义新闻传播业合格的实际从业者或研究者打下比较坚实的理论基础	主要包括上篇“作为文本的新闻(News)”和下篇“作为事业的新闻(Journalism)”两大部分

① http：//www. icourses. cn/cuoc/。
② http：//mooc. crup. com. cn/course/32。
③ http：//www. ycmooc. com/course/140。

续表

开设院系	课程名称	课程负责人及教学团队简介	课程概述	教学大纲
中国人民大学新闻学院	外国新闻传播史①	陈继静，中国人民大学新闻学院教师，主讲外国新闻传播史、中国新闻传播史、专业英语、媒介素养、新闻传播史论精要等课程	该课程面对新闻学专业学生，是本科生必修课中唯一一门全面系统介绍全球新闻传播历史的课程。通过本课，学生可以了解新闻业作为一门现代专业形成发展的过程，也可系统了解自古至今外国同行在新闻实践中的成败得失	该课程将让学生了解世界传播史的分期，能够分析传播史与人类历史的互动，熟知现代报纸、广播、电视的诞生及其传遍全球的基本过程，能运用理论知识初步解释报业的发展阶段、广播电视的产权体制、媒介集团的兼并现象 对各国新闻体系的特征、新闻自由的程度有基本的认识
中国传媒大学	传播学概论②	课程负责人胡正荣，中国传媒大学副校长，教授、博士生导师，教育部人文社科重点研究基地——广播电视研究中心主任 课程团队：胡正荣、张磊、周亭、姬德强、刘杰锋、唐晓芬、李继东、龙耘	该课程希望使学习者掌握传播学的基本知识，包括传播的历史、特点及形态；熟悉信息传播的过程及模式、传播过程中各要素的相互作用；透过传播表象，掌握传播原理及规律，并能用抽象的原理，分析现实生活中的实际问题	该课程分为10讲：第一讲传播学史，第二讲人类传播的历史，第三讲传播的材料，第四讲传播类型，第五讲传播过程，第六讲传播者，第七讲传播内容，第八讲传播媒介，第九讲受众，第十讲传播效果
中国传媒大学	广告学概论③	课程负责人丁俊杰，广告学教授、博士生导师 课程团队：丁俊杰、康瑾、杨雪睿、文春英、张豪、张津、王奕、江绍雄	课程深入浅出地剖析了广告活动的本质，全面介绍广告活动的历史、现状与趋势，系统讲授广告主体的组成、特征和规律以及相互关系。课程立足中国当代广告，同时介绍世界广告的最新发展情况和最新理论动向	该课程分为五讲：第一讲广告概述，第二讲广告历史，第三讲广告与经济和社会，第四讲广告与传播和营销，第五讲广告产业和广告业务

① http：//www. ycmooc. com/course/134。
② http：//www. icourses. cn/sCourse/course_3317. html。
③ http：//www. icourses. cn/sCourse/course_3319. html。

续表

开设院系	课程名称	课程负责人及教学团队简介	课程概述	教学大纲
中国传媒大学	新闻理论①	课程负责人雷跃捷，中国传媒大学传播研究院院长兼舆论研究所所长，教授、博士生导师，主要从事新闻传播理论的研究与教学工作；同时兼任国家教育部新闻学学科教学指导委员会副主任委员 课程教学：雷跃捷、丰纯高、郎劲松、刘自雄	该课程以马克思主义新闻观为指导，以有中国特色的社会主义新闻理论为主要教学内容，同时努力吸取和融合当代国内外相关学科的学术研究新成果，密切关注新闻传媒的发展动向，以培养学生正确的新闻价值观、业务观，并以提升学生追踪实践发展和进行理论思维的能力为目的	该课程分为 13 讲：第一讲绪论，第二讲新闻本源，第三讲新闻真实，第四讲新闻价值，第五讲新闻事业，第六讲新闻工作的党性原则和基本方针，第七讲新闻宣传，第八讲新闻舆论导向，第九讲新闻舆论监督，第十讲新闻出版自由，第十一讲新闻法治，第十二讲新闻事业管理，第十三讲新闻队伍建设
评估结果为 A 的院校				
复旦大学新闻学院	马克思主义新闻思想②	课程负责人童兵，复旦大学新闻学院新闻传播学博士后流动站站长 课程教学团队：童兵、张涛甫、马凌、高敬文、陈建云、林溪声	该课程将系统介绍马克思主义经典作家关于新闻传播活动及其规律的观点与学说，为媒介化社会中的当代大学生提供解读、分析新闻传播现象的理论与方法，增强同学们识别各种新闻思潮和理论是非的能力，进一步领会、把握新闻与政治的独特关系	该课程分为 10 讲：第一讲绪论，第二讲马克思主义新闻学创立的背景和条件，第三讲马克思主义新闻学的哲学基础、第四讲马克思恩格斯的新闻论著与马克思主义新闻学的形成，第五讲列宁的新闻论著及其对马克思主义新闻学的发展，第六讲毛泽东新闻论著及其对马克思主义新闻学的发展，第七讲中国共产党其他领导人的新闻思想(上)，第八讲中国共产党其他领导人的新闻思想(下)，第九讲以马克思主义新闻观为指导建构新闻传播规范，第十讲讲座及讨论课程

① http：//www.icourses.cn/sCourse/course_6204.html。

② http：//www.icourses.cn/sCourse/course_2458.html。

续表

开设院系	课程名称	课程负责人及教学团队简介	课程概述	教学大纲
复旦大学新闻学院	传播学概论①	课程负责人廖圣清，主讲教师有殷晓蓉、沈国麟、邓建国。这些教学队伍成员都具有传播学博士学位，拥有新闻学、传播学、哲学、语言学等多学科复合交叉背景	该课程注意采用日常生活案例、经典案例，形象生动、严谨地讲解概念和理论，组织同学进行新媒介技术应用的小组作业。通过本课程的学习，同学能够了解(大众)传播学的基本概念、知识和原理；把握实现有效传播的基本技能和技巧；培养发现问题、分析问题、解决问题的能力	该课程分为10讲：第一讲导论，第二讲理论与科学研究方法，第三讲什么是传播，第四讲传播的结构与功能，第五讲媒介技术与大众传播时代，第六讲媒介与社会，第七讲大众传播的内容，第八讲大众传播的受众，第九讲大众传播的效果，第十讲大众传播学的未来
华中科技大学新闻与信息传播学院传播	社会进程中的公民表达②	赵振宇，教授，博士生导师，研究方向为新闻评论、新闻传播策划、程序理论、新闻改革。现任华中科技大学新闻评论研究中心主任	该课程主要介绍了培养公民表达基本素质的意义和方法，帮助大家学会运用现代传播工具和途径真实有效地表达自己的意愿，促进社会和谐有序发展	该课程分为5讲：第一讲公民表达的科学精神，第二讲公民表达的民主意识，第三讲公民表达的独立品格，第四讲公民表达的宽容胸怀，第五讲今天，怎样讲好真话
华中科技大学新闻与信息传播学院传播	传播的历程③	张昆，教授，博士生导师，研究方向为新闻传播史、政治传播学	该课程勾勒了人类传播的历史，从原始时代的口语传播、古代社会的文字传播、到近代社会的印刷传播、现代社会的广播电视传播以及当代的网络新媒体传播，全面覆盖，脉络明晰。对于增强传媒工作者的理论基础，提升一般公众的媒介素养，具有一定的参考价值	该课程分为7讲：第一讲传播的起源，第二讲多彩的文字传播，第三讲印刷技术与社会革命，第四讲报纸大众化浪潮，第五讲广播的崛起，第六讲电视时代，第七讲新媒体与网络化社会

① http：//jpkc. fudan. edu. cn/s/351/main. htm。

② http：//www. icourses. cn/web/sword/portal/videoDetail？ courseId=ff8080814a9 a89f8014a9e28324a0212#/？ resId=ff8080814a9a89f8014a9e2919bd0214。

③ http：//www. icourses. cn/web/sword/portal/videoDetail？ courseId = 544b9fbd-1395-1000-8aca-da5eb8a4b98b#/？ resId=544f023d-1395-1000-8d74-da5eb8a4b98b。

续表

开设院系	课程名称	课程负责人及教学团队简介	课程概述	教学大纲
华中科技大学新闻与信息传播学院传播	网络与新媒体应用模式①	李卫东，管理学博士，传播学博士后，现为华中科技大学新闻与信息传播学院传播系教授、博士生导师	该课程旨在培养学生的应用模式创新设计能力，全面深入地归纳了信息获取、电子商务、互动交流和网络娱乐四类一级应用模式的基本概念、发展趋势和原子应用模式类型，详细讲述了各原子应用模式的基本原理和运营战略，囊括了大量具有创新性和发展潜力的典型案例	该课程分为 9 章，依次为网络与新媒体概述，网络与新媒体的应用理论模式，网络与新媒体的信息获取应用模式，网络与新媒体的电子商务应用模式，网络与新媒体的交流互动应用模式，网络与新媒体的娱乐应用模式，网络与新媒体的应用形态战略，网络与新媒体的应用入口战略，网络与新媒体的应用开放战略
评估结果为 A-的院校				
清华大学新闻与传播学院	新闻摄影②	梁君健，博士，清华大学新闻与传播学院副教授。研究兴趣集中在影视传播、媒介与社会、影视人类学等方向	该课程主要提供两方面的训练：一是基本的摄影原理和技能的训练；二是图像表达能力和图像新闻敏感性的训练	该课程的内容从以下 10 个方面展开，依次为新闻摄影、定义、新闻性、真实性、形象性、主题和形式、瞬间的把握、关心人、五要素、摄影伦理
清华大学新闻与传播学院	传播学原理③	崔保国，清华大学新闻与传播学院教授。主要从事传播学理论和传媒经济管理的研究和教学工作。	该课程旨在帮助学生系统掌握传播学知识，提高传播能力，训练学生的理论思维能力	该课程分为 10 讲：第一讲传播论，第二讲传媒论，第三讲信息论，第四讲传播者与传播制度，第五讲受众研究，第六讲传播效果，第七讲国际传播，第八讲传播研究方法与流派，第九讲现代传播的十大原理，第十讲传播学研究专题

① https：//www. icourse163. org/course/HUST-1001672006。

② http：//www. xuetangx. com/courses/course-v1：TsinghuaX+40670453X_p1+sp/about。

③ http：//www. xuetangx. com/courses/course-v1：TsinghuaX+30670043X+sp/about。

续表

开设院系	课程名称	课程负责人及教学团队简介	课程概述	教学大纲
上海交通大学媒体与设计学院	广告策划与案例分析①	阎峰，上海交通大学媒体与设计学院新闻与传播系副教授、硕士生导师，主要研究领域包括：新媒体传播、广告学、创意社会与创意经济	该课程主要介绍了广告策划，以具体案例及经典广告视频形象生动地讲述了有关广告策划的内容，同时从消费者的角度，创意路径和广告媒介和新媒介方面进行了具体阐述	该课程分为41集：1~29集为广告策划与案例分析，30~33集为消费者洞察，34~36集为创意路径，37~38集为创意思维，39~41集为广告媒介
上海交通大学媒体与设计学院	人际传播学②	课程负责人薛可，新闻与传播系主任、网络传播与社会发展研究中心主任、博士生导师 课程团队：薛可、余明阳、吴月华、牟怡、萧冰	该课程主要分为理论和实践两大部分，以实现人际传播学的全面教学。采用案例教学、情景模拟、课堂讨论等教学方法，加深学生对理论内容的理解	该课程由四大模块组成：(一)人际传播基本理论，包含人际传播学的概念、相关理论、发展轨迹；(二)人际传播的模式，包含人际传播的范式解读、心理特质和人际传播模式的优化；(三)人际传播的能力，含有人际传播主体解析、客体认知、互动架构等内容；(四)人际传播途径的训练，包含人际传播语言的互动、礼仪的训练和人际传播中障碍的解读
上海交通大学媒体与设计学院	传播学导论③	课程负责人李本乾，上海交通大学媒体与设计学院院长、教授、博士生导师。研究方向为：传播理论、媒介经济与管理、计算传播、传播效果 课程团队：李本乾、张国良、薛可、李晓静、王积龙、王昊、邓林、朱金玉	该课程重点讲述传播理论和大众传播研究，使学生了解信息与传播、符号与传播、传播过程、传播媒介、传播类型，以及大众传播理论与实践等。通过该课程的学习，能够使学生对传播学有较全面的理解和认识，加深对人类传播现象的自觉认识和确定自身的发展方向	该课程分为8讲：第一讲传播与传播学，第二讲传播的结构与功能，第三讲传播技术的发展，第四讲大众传播媒介的自由与责任，第五讲现代社会中的大众传播媒介，第六讲传播内容的中介、载体与表达，第七讲大众传播的受众，第八讲大众传播的效果

① http://video.chaoxing.com/serie_400008560.shtml。

② http://smd.sjtu.edu.cn/ic/index。

③ http://smdcourse.sjtu.edu.cn/。

续表

开设院系	课程名称	课程负责人及教学团队简介	课程概述	教学大纲
武汉大学新闻与传播学院	新闻采访学①	课程负责人夏琼，武汉大学新闻与传播学院教授、博士生导师，主要研究领域为新闻传播实务、健康传播及政府危机公关 课程团队：夏琼、罗以澄、陈刚、强月新	新闻采访学是新闻学中一门重要的分支学科。它是研究新闻记者认识、把握客观事物、采掘新闻素材的基本原理、基本方法与技巧的应用科学。新闻采访学的任务，是研究新闻采访活动的现象，揭示新闻采访活动的内在规律，从而科学地概括出反映这一活动规律的知识体系，并确立实施这一活动应有的行为规范，更好地指导新闻采访实践	该课程分为 16 讲：第一讲导论，第二讲学习新闻采访学的意义与方法，第三讲新闻采访活动的性质、特征与路线规定，第四讲新闻记者的职能与修养，第五讲新闻事实的识别及其方法，第六讲新闻选题的确定及其方法，第七讲新闻采访的工作程序及方法，第八讲新闻采访的工作程序及方法，第九讲新闻访问活动及其方法，第十讲新闻观察活动及其方法，第十一讲搜集、寻找新闻线索，第十二讲采访大纲制作，第十三讲新闻选题策划，第十四讲模拟记者招待会，第十五讲人物专访，第十六讲新闻观察
暨南大学新闻与传播学院	新闻事业经营管理②	课程负责人林如鹏，新闻学教授，博士生导师。多年来从事新闻传播学的教学与科研工作，尤其专注于新闻业务与媒介经营管理方向的研究 课程团队：林如鹏、范以锦、张晋升、支庭荣、陈致中、王玲、黄雅、谢雨萌、李兆聪、韩丙祥	新闻事业经营管理是一门从管理学角度探讨媒介运作和市场竞争的专业课程，该课程一方面让学生全面接触管理学、战略学、市场营销学等专业知识，另一方面结合这些知识来探讨传媒的实际运作和管理状况，并兼顾较新的媒介产业化、集团化、网络化等议题，为想要学习经营管理知识的同学奠定了必要的基础	该课程分为 16 讲：第一讲绪论，第二讲媒介经营管理思想演进，第三讲媒介经营战略概述，第四讲媒介经营战略与市场分析，第五讲媒介经营战略制定与实施，第六讲媒介产品策划，第七讲媒介采编管理，第八讲媒介内容营销，第九讲媒介广告营销，第十讲媒介品牌管理，第十一讲媒介人力资源管理，第十二讲媒介领导，第十三讲媒介产业化与集团化经营，第十四讲新媒介与媒介网络经营，第十五讲广东报业的发展历程，第十六讲广东报业的市场竞争

① http：//www. icourses. cn/sCourse/course_3226. html。
② http：//www. icourses. cn/sCourse/course_2133. html。

续表

开设院系	课程名称	课程负责人及教学团队简介	课程概述	教学大纲
评估结果为B+的院校				
北京大学新闻与传播学院	从传播学视角解读中国①	龚文库，北京大学新闻与传播学院传播学系教授，曾任该院常务副院长。研究领域为传播学、国际关系与国际传播、翻译与传播、说服学与宣传战略、国际文化交流	该课程从传播学、文化研究等学科的角度解读当代中国。看似分散的话题却指向同一目标：一个中国学者从个人观察的角度帮你了解中国的历史、社会、文化和沟通方式	该课程分为六讲：第一讲北京大学与当代中国（上），第二讲北京大学与当代中国(下)，第三讲中国人怎样追求幸福，第四讲食、文化、传播(上)，第五讲食、文化、传播（下），第六讲新媒介事件与中国形象：2008北京奥运案例
上海大学上海电影学院	中国新闻与传播思想史研究②	许正林，曾任上海大学影视学院副院长，现任上海大学影视学院教授、博士生导师	—	该课程有33集。讲述了“说服术”与“士”的兴起，商人的生活方式、信仰与传播观念、行为，观念史研究对象的界定，中国新闻与传播思想史研究思想史的基本范式和核心问题，思想史研究的方法和理论工具等内容
南京大学新闻传播学院	网络传播③	课程负责人杜骏飞，新闻传播学教授、博士生导师，现为南京大学新闻传播学院执行院长。研究领域为互联网与中国问题，媒介政治学，新闻理论，传播研究方法 课程团队：杜骏飞、秦州、巢乃鹏、王蕾、祁林	该课程以课堂教学为主，实践性教学为辅，使用了灵活的教学手段和教学方式，并辅以内容丰富和形式多样的网络教学方式	该课程分为五个模块：(1)绪论，从信息时代的宏观历史和网络发展的总体规律上，阐述了理解网络传播核心观念的路径。(2)介绍互联网的历史、技术原理及传播方式。(3)涉及传播学理论，探讨网络传播的特征、信息使用方法，受众心理，以及网络传播在学理意义上对传统传播学的革新意义。(4)涉及意识形态，分析网络传播的政治、伦理和法律内涵。(5)涉及应用知识，着重讲解网络新闻、出版、广告、文娱和社区发展

① http：//www.icourses.cn/web/sword/portal/videoDetail？courseId = ff8080814a10b463014a144f1e6202c7#/？resId=ff8080814a10b463014a1450275502cc。

② http：//video.chaoxing.com/serie_400006205.shtml。

③ http：//www.njude.com.cn/jingpin2008/wlcb/kcms-1.htm。

续表

开设院系	课程名称	课程负责人及教学团队简介	课程概述	教学大纲
浙江大学传媒与国际文化学院	新媒体概论①	韦路，美国华盛顿州立大学传播学博士，浙江大学传媒与国际文化学院院长，教授，博士生导师，新闻传媒与社会发展研究所所长，教育部新世纪优秀人才。主要研究领域为新媒体的采纳、使用和社会影响	该课程在探讨新媒体的概念、特征、形式、内容和历史的基础上，同时关注新媒体的采纳、扩散、伦理和法制，以及新媒体在政治、经济、文化和社会结构上对社会的影响。课程有助于学生掌握新媒体的相关概念和理论，理解新媒体在社会控制和社会变迁中的重要角色	该课程分 8 周完成，内容依次为新媒体导论、新媒体与社会的关系、新媒体的采纳与扩散、新媒体的伦理与扩散、新媒体的社会结构影响、新媒体的政治影响、新媒体的经济影响、新媒体的文化影响
浙江大学传媒与国际文化学院	数字化生存②	韦路	该课程旨在通过对数字化时代的媒介、内容、受众、效果和素养进行探讨，帮助青年学生和普通公众加深对当前数字化时代的理解，增进与数字化媒体的良性互动，最终提升数字化生存的能力与质量	该课程分 6 讲：第一讲概论：数字化生存；第二讲媒介：媒介即信息；第三讲内容：精英与草根；第四讲受众：变化的概念，第五讲效果：魔弹的迷思；第六讲素养：生存或毁灭
厦门大学新闻传播学院	社交媒介与公共关系③	宫贺，厦门大学新闻传播学院广告系助理教授。研究方向：社交媒介情境下的应用传播，跨文化公关，健康传播	该课程旨在让学生了解目前新媒体或社交媒介情境下，公共关系理论与实践两个层面发生的新变化，引导学生思考这些变化对我们的生活实践和理论研究产生的影响	—
厦门大学新闻传播学院	新马克思主义新闻理论与实践④	阎立峰，厦门大学新闻传播学院教授，博士生导师。主要研究方向为新闻学、广播电视学	该课程意在塑造学习者具备马克思主义新闻理想和理念。通过现实的具体案例将马克思主义抽象的精髓进行具象化的表达和呈现，以便学习者理解领悟	—

① https：//www. icourse163. org/course/ZJU-21002。
② http：//metc. zju. edu. cn/mooc/voc/xinwen. jsp。
③ http：//course. xmu. edu. cn/meol/jpk/course/layout/newpage1/index. jsp？ courseId = 15854。
④ http：//course. xmu. edu. cn/meol/jpk/course/layout/newpage/index. jsp？ courseId = 21155。

续表

开设院系	课程名称	课程负责人及教学团队简介	课程概述	教学大纲
四川大学文学与新闻学院	大众传播学①	课程负责人李苓，四川大学文学与新闻学院传播系主任。研究方向为大众传播学、编辑出版学 课程团队：李苓、李春霞、徐沛、张燕、王炎龙、段弘、陈翔	该课程主要讲授大众传播研究的一般理论，大众传播的发展历史，代表性人物，经典的传播学理论，典型的传播理论模型，传播形态的分类，传播学研究的四个领域，传播学流派，传播研究方法，以及与大众传播研究相关的诸种理论	该课程分为8讲，同时配有6个实践项目：第一讲大众传播学导论概述，第二讲大众传播系统理论，第三讲大众传播的社会功能，第四讲大众传播的控制，第五讲信息的交流与符号理论，第六讲大众传播媒介及相关理论，第七讲受众研究，第八讲大众传播效果研究
评估结果为B的院校				
河北大学新闻传播学院	中国新闻事业史②	课程负责人田建平，河北大学新闻传播学院教授 课程团队：田建平、都海虹、张金凤、刘莹、张晓伟、乔云霞	该课主要讲述报刊、广播、电视、新闻网络发展演变的规律，历史的经验与教训，前辈新闻工作者的好思想、好作风，启迪学生的心灵，为学生今后从事新闻工作打下坚实基础	该课程分13讲：第一讲中国古代的新闻传播事业，第二讲近代新闻事业的传入，第三讲民族近代新闻事业的产业，第四讲清末民初新闻事业的发展，第五讲新民主主义时期的新闻事业，第六讲大革命时期的新闻事业，第六讲大革命时期的新闻事业，第七讲十年内战时期的新闻事业，第八讲抗日战争时期的新闻事业，第九讲人民解放战争时期的新闻事业，第十讲中华人民共和国成立初期的新闻事业，第十一讲全面建设社会主义时期的新闻事业，第十二讲“文化大革命”时期的新闻事业，第十三讲社会主义现代化建设新时期的新闻事业

① http：//cc. scu. edu. cn/G2S/Template/View. aspx？ action = view&courseType = 1&courseId = 1442&ZZWLOOKINGFOR = G。

② http：//course. jingpinke. com/details？ uuid = ef3fd01e-127b-1000-a963-b7b5f3b2d8d7。

续表

开设院系	课程名称	课程负责人及教学团队简介	课程概述	教学大纲
安徽大学新闻传播学院	当代媒介素养①	姜红，安徽大学新闻传播学院院长、教授、博士生导师 研究领域：新闻传播观念，传播与社会思潮，媒介批评	该课程从媒介素养教育的基本理念与要求出发，力图帮助大学生和社会公众理性地认识媒介、解读媒介、探索媒介、反思媒介与应对媒介，最终在“媒介化社会”中智慧生存	该课程分为 6 讲：第一讲媒介化社会的公民素养，第二讲认识媒介——哪种媒介与你有缘？第三讲解读媒介——媒介在告诉我们什么？第四讲探索媒介——谁在决定媒介的选择？第五讲反思媒介——媒介需要品格吗？第六讲应对媒介——如何通过媒介化解危机？
湖南大学新闻传播与影视艺术学院	广告创意学②	李正良，湖南大学新闻传播与影视艺术学院教授，硕士生导师。主要研究方向为广告传播、文化产业	该课程坚持学理性和实践性相结合，专业性和通识性相统一，运用大量优秀广告作品和实践案例，趣味十足讲述广告创意知识，展现广告创意魅力	该课程计划讲授 11 个方面的主题，包括广告创意源头、广告创意思维、广告创意方法、广告创意元素、广告创意达人、广告创意未来等方面
中山大学传播与设计学院	新媒体素养③	张志安，中山大学传播与设计学院院长，教授、博导 主要研究方向：新闻生产社会学、媒介融合、互联网与国家治理	该课程重视多元观点与宽阔视野，重点以鲜活的案例进行引入和探讨，并超越简单现象，试图帮助选修者建立必要的网络素养，从而懂得更加理性、成熟地使用网络	课程分 9 周完成，内容依次为：互联网革命及影响；未来新闻业与未来受众；网络舆论：真实或虚幻；如何避免“刻板印象”；互联网假新闻：辨识与应对；网络中的“煽色腥”；新媒介与消费生活；新媒介与公民赋权；新媒介与公益动员

① http：//www. icourses. cn/web/sword/portal/videoDetail？ courseId = ff8080813febeff5013ff0df03f4009e#/？ resId = ff8080813febeff5013ff0dffd9d00a0。

② https：//www. icourse163. org/course/HNU-10016920020。

③ https：//www. icourse163. org/course/SYSU-136001。

续表

开设院系	课程名称	课程负责人及教学团队简介	课程概述	教学大纲
中山大学传播与设计学院	深度报道①	张志安	该课程试图结合生动鲜活的案例，总结一线记者的宝贵经验，从新闻生产的具体过程来介绍深度报道的独特理念和实践策略	该课程分为5讲：第一讲深度报道的内涵与追求，第二讲深度报道的消息源，第三讲深度报道的采访突破，第四讲深度报道的写作策略，第五讲特稿写作
中山大学传播与设计学院	视觉文化批评②	冯原，教授、硕士生导师，广东省美术家协会理论委员会委员	该课程内容既包括建筑、城市、景观、居所等空间对象；也包括艺术、影像、声音和肢体语言等表意符号体系。其目标在于呈现出塑造视觉表象的社会力量与历史过程	该课程分为五讲：第一讲样式与观念：如何解读建筑的意义；第二讲建筑史的“镜像”：挪用、匹配与象征；第三讲依附的表征：民族式建筑在中国的命运；第四讲认同与误读：建筑演进中的文化冲突与融合；第五讲节约与炫耀：形象竞赛与建筑生产
中山大学传播与设计学院	视觉文化研究③	杨小彦，教授、博士生导师。中山大学传播与设计学院副院长、创意媒体设计系主任，研究兴趣：视觉文化研究、城市学研究、艺术理论	该课程介绍了视觉文化的基本概念与文本、米切尔的“图像理论”、透视法、视觉权力与视觉快感、视觉的身体性质、视觉性与符号学、视觉的谱系、拉康的镜像理论、视觉化的分裂症呈现、自恋利比多与性利比多的动态对立与攻击、存在主义解释的困境、狂想的权力、图形与文明等	该课程分为20集：1~9集为视觉文化的基本概念与文本，10~16集为拉康的镜像理论，17~20集为狂想的权力

① http：//www. icourses. cn/web/sword/portal/videoDetail？ courseId = ff80808148abfc560148b0ad375e01ac#/？ resId = ff80808148abfc560148b0af953301ae。

② http：//www. icourses. cn/web/sword/portal/videoDetail？ courseId = 9ff0c74e-1327-1000-91fd-4876d02411f6#/？ resId = cfdad2ca-1333-1000-08ea-1d109e90c3cf。

③ http：//video. chaoxing. com/serie_400008624. shtml。

续表

开设院系	课程名称	课程负责人及教学团队简介	课程概述	教学大纲
评估结果为 B-的院校				
上海外国语大学新闻传播学院	双语主持与新闻现场报道①	邓惟佳，女，上海外国语大学新闻传播学院副教授，硕士生导师，上海外国语大学新闻发言人 研究方向：广播电视理论与实务、媒介与文化研究、跨文化传播、网络与身份认同等	该课程结合理论总结和实践操作，让学生初步掌握跟电视主持与现场报道相关的各种因素对语言表达的影响，电视节目语境对主持和现场报道语体的基本要求，分析各类不同节目主持的语体特征和艺术风格，初步掌握各类节目的主持能力和对整个节目的驾驭能力，培养和训练用双语进行新闻现场报道的能力，初步掌握新闻直播报道的技巧和能力	该课程的内容主要分两部分。第一，节目主持艺术的理论部分：(1)主持人节目和节目主持人的阐述；(2)普通话正音与训练；(3)英语演讲的技巧；(4)分析新闻评论类、社教类、综艺娱乐类和谈话类四种节目形态的主持风格和特色(其中包括能力训练)；(5)讲授双语新闻现场报道的内容、技巧和核心理念。第二，主持能力的实践部分：课堂、课后由学生自己模拟主持各类节目，进行新闻现场报道的反复训练，新闻情境和实战演练，教师从旁给予指点和帮助
上海外国语大学新闻传播学院	广告创意与表现②	课程负责人陈正辉，上海外国语大学传媒学院教授，广告学系主任，数字传播与营销研究中心主任 课程团队：陈正辉、姜智彬、顾明毅、崔莉萍、金慧、朱科、盛颖妍	该课程主要是帮助学生建立创意思维的习惯，厘清广告创意的过程，初步接触不同媒体形态的广告创意方法，熟识不同媒体形态的广告表现形式	该课程由 8 讲组成：第一讲广告创意概述，第二讲广告表现策略，第三讲公益广告创意，第四讲平面广告创意，第五讲广播广告创意，第六讲电视广告创意，第七讲户外广告创意，第八讲网络广告创意

① http：//cc. shisu. edu. cn/G2S/site/preview#/rich/v/122514？currentoc = 372。
② http：//cc. shisu. edu. cn/G2S/site/preview#/rich/v/120527？currentoc = 925。

续表

开设院系	课程名称	课程负责人及教学团队简介	课程概述	教学大纲
上海外国语大学新闻传播学院	大众媒体引论①	课程负责人陈沛芹，上海外国语大学新闻学院硕士生导师、中国国际舆情研究中心副主任，入选上海市优秀人才计划"浦江人才计划" 课程团队：陈沛芹、Dane S. Claussen、刘佳	该课程将介绍传统媒体(杂志、书籍、报纸、广播、电影和电视)和新媒体(有线、卫星、计算机媒体、交互式电视、互联网和数字通信)。媒体理论、通信基础设施以及新闻和公共关系、新闻和广告等议题也讨论的对象	该课程分15讲：1. 课程导论，2. 历史中变化的媒介，3. 媒介经济，4. 媒介与社会：批判研究，5. 书籍和杂志，6. 报纸，7. 关于国际媒体的电子杂志制作，8. 广播和录制音乐，9. 电影和电视，10. 互联网和电话，11. 原文缺，12. 期中展示，13. 公共关系，14. 广告，15. 期末复习
苏州大学凤凰传媒学院	创意、视觉、营销、传播——理解广告②	胡明宇，文学博士，苏州大学凤凰传媒学院副教授，硕士研究生导师，广告系副主任 研究方向：户外广告规划管理、文学广告与大众文化、编辑出版	该课程整合广告学概论、广告策划与创意、广告与消费心理学、新媒体广告等课程的精华内容，通过大量广告案例，向学生解释大众传媒时代与新媒体时代的"广告现象"，帮助学生理解"广告现象"、认识"广告现象"以及抓住广告信息传播的本质	该课程分为10讲：(1)广告营销传播；(2)广告策划：从静态到动态；(3)广告创意(上)：a good idea；(4)广告创意(下)：与实践的巧妙结合；(5)互动广告：创新设计；(6)比较广告：比什么与怎么比？(7)植入式营销：创新与挑战；(8)数字营销：数字分析与行为洞察；(9)互联网广告：从PC互联到移动互联；(10)行动力：公益广告的未来
南昌大学新闻与传播学院	中国电影史话③	沈鲁，南昌大学新闻与传播学院影视传播系教授、硕士生导师、北京师范大学电影学博士。目前主要从事影视史论、影视产业的教学与研究工作	该课程以中国电影的历史发展为经、人物与作品为纬，以通俗而不失品位、简洁又不失准确的话语方式，将不同时代光影艺术的喜怒哀怨、人性挣扎、情感跌宕、社会冲突、审美流变等娓娓道来	该课程分为8讲：第一讲电影进入中国，第二讲早期上海电影的流光溢彩，第三讲似水流年沪港台，第四讲人民电影的新时代，第五讲"第五代"导演的横空出世，第六讲香港电影黄金期，第七讲台湾新电影的追求与影响，第八讲新世纪华语电影产业的崛起

① http：//cc. shisu. edu. cn/G2S/site/preview#/rich/v/50665？ref=&currentoc=626。

② https：//www. icourse163. org/course/SUDA-1001754219。

③ http：//www. icourses. cn/web/sword/portal/videoDetail？ courseId = ff8080814963c052014963dff52f0041#/？resId=ff8080814963c052014963e47e250043。

续表

开设院系	课程名称	课程负责人及教学团队简介	课程概述	教学大纲
山东大学新闻传播学院	新闻评论①	教学团队成员为谢锡文、倪万、邱凌、王华、唐锡光。本教学团队学缘构成丰富，学科背景多元，包括新闻学、传播学、影视文学、文化产业管理等学科	通过该课程的学习，使学生较为全面地获知新闻评论发展的历史、现状与趋势；了解新闻评论写作或制作的主要环节与基本程序；熟悉不同媒介、不同体裁样式新闻评论的基本概念、特点、写作（或制作）的要求与方法	该课程分为 15 讲：第一讲绪论，第二讲新闻评论的回顾与发展，第三讲选题立论的根据与要求，第四讲新闻评论的标题与结构，第五讲说理论述的原则与艺术，第六讲新闻评论的语言与文风，第七讲配发言论的效应与依据，第八讲社论、评论员文章，第九讲短评，第十讲编者按语，第十一讲专栏评论，第十二讲新闻评述，第十三讲杂文，第十四讲广播新闻评论，第十五讲电视新闻评论
评估结果为 C+的院校				
北京印刷学院新闻出版学院	传播学研究②	魏超，北京印刷学院广告学教授，硕士研究生导师	该课程研究人类一切传播行为和传播过程发生、发展的规律以及传播与人和社会的关系，尤其研究社会信息系统及其运行规律	该视频课程分为 42 集，第 1~5 集为笑的来由与意义，第 6~9 集为字符与语言，第 10~13 集为视觉的转向，第 14~17 为说真说假，第 18~21 为流言与谣言，第 22~25 集为从“恶搞”到“狂欢”，第 26~29 集为人群与大众，第 30~33 集为博客，第 34~37 集为领袖的魅力，第 38~42 集为温柔敦厚

① http：//course. sdu. edu. cn/G2S/Template/View. aspx？ action = view&courseType = 1&courseId = 261&ZZWLOOKINGFOR = G。

② http：//video. chaoxing. com/schooldetail_200000033_0_3_0. shtml#zuixin。

续表

开设院系	课程名称	课程负责人及教学团队简介	课程概述	教学大纲
北京师范大学艺术与传播学院	戏剧影视学导论①	课程负责人周星，北京师范大学艺术与传媒学院教授，博士生导师，艺术教育研究所所长 教学团队：周星、张燕、王利丽、王宜文、郑欢欢	该课程主要围绕戏剧与影视学一级学科展开，涵盖电影学、戏剧学、播音与主持艺术学、广播电视艺术学、影视摄影与制作、表演学等多个学科。课程主要讲授这些科学的门类划分、历史沿革、知识体系、发展前沿、人才培养策略、师资概况等基本内容	该课程分为10讲：第一讲课程总论，第二讲戏剧学导论，第三讲电影学导论，第四讲动画学导论，第五讲戏曲学导论，第六讲表演学导论，第七讲影视摄影与制作导论(上)，第八讲影视摄影与制作导论(下)，第九讲广播电视学导论，第十讲播音与主持艺术学导论
北京师范大学艺术与传播学院	中国电影艺术史②	周星	该课程主要讲授中国电影从无到有、从无声到有声、从黑白到彩色的历史进程，以及重要的影片类型导演作品，在主要依据历史分期的纵向教学模式基础上，将类型题材的范畴巧妙引入教学过程，并全新贯通中国电影史	该课程分为9讲：第一讲中国电影史概述，第二讲武侠类型，第三讲现代动作类型，第四讲喜剧类型，第五讲伦理类型，第六讲战争类型，第七讲农村(乡土)类型，第八讲都市类型，第九讲爱情类型
天津师范大学新闻传播学院	当代新闻传播③	刘卫东，政治学博士，博士生导师(兼)。天津师范大学新闻传播学院首任院长	—	该课程共33集：第1集为当代新闻传播绪论，第2~6集为新闻传播本体论，第7~10集为新闻传播客体论，第11~15集为新闻传播主体论；第16~17集为新闻传播载体论，第18~19集为新闻传播媒体论，第20~24集为新闻传播过程论，第25~28集为新闻传播受体论，第29~30集为新闻真实论，第31~33集为新闻价值论

① http://www.icourses.cn/web/sword/portal/videoDetail? courseId = ff8080814c267a8a014c6eb1f4e633f3#/? resId=ff8080814c267a8a014c6eb2fc4133f5。

② http://www.icourses.cn/sCourse/course_3826.html。

③ http://video.chaoxing.com/serie_400004602.shtml。

续表

开设院系	课程名称	课程负责人及教学团队简介	课程概述	教学大纲
西南政法大学全球新闻与传播学院	国际新闻报道双语课程①	课程负责人李韧，硕士生导师。资深媒体人，重庆首份社区报创办人。专业方向：新闻业务、国际新闻、社区新闻 教学团队：李韧、Hannah Keisker、陈丽丹	战争已经离我们很远，但站在全球语境下锻炼自己的新闻实务能力，观察国际局势，思考新闻业的发展，正是这门课程希望实现的目标。我们不仅要学习如何在不同的文化、社会、经济和政治制度下获取和分析信息，而且还要分析当代国际新闻报道的潮流，为我们未来的职业生涯奠定基础	该课程分 14 周完成，具体内容为：第一周课程概览；第二周国际新闻报道的重点；第三周传媒巨头对国际新闻市场的争夺；第四周国内媒体国际竞争状况分析；第五周驻外记者；第六周国内主流媒体驻外现状；第七周澎湃新闻的教训；第八周新闻编译：原则、方法和实践；第九周报道法庭；第十周国际灾难报道；第十一周记者安全；第十二周个案研讨：美国女记者巴格达绑架案的教训；第十三周国际自由撰稿人；第十四周国际新闻学期项目成果汇报与展示
西北大学新闻传播学院	新闻编辑：理论与实务②	郑萍，西北大学新闻传播学院教授，硕士生导师，西北大学西部广播电视研究所所长 研究方向：广播电视理论与实务、传媒公共领域	该课程是新闻学专业的基础必修课程，力争反映中国新闻编辑工作的最新成果和发展趋势。以案例教学结合理论讲授教学方式，辅以相关实践环节，使学生全面掌握新闻编辑工作的各项基本业务	该课程系列教学内容分为 12 章，分别是：新闻编辑工作概论、媒体定位与设计、新闻报道策划与组织、新闻稿件选择与分析、新闻稿件修改、新闻标题制作、报纸版面设计。课程结束后，综合实践练习 6 学时。授课和实践过程中，将广播电视新闻编辑和网络编辑穿插于相关课程中。实践课 12 学时

① http：//cc. swupl. edu. cn/G2S/site/preview#/rich/v/126022？ currentoc = 85。

② http：//course. jingpinke. com/details？ uuid = b1b3ae51-122c-1000-9a7a-144ee02f1e73。

续表

开设院系	课程名称	课程负责人及教学团队简介	课程概述	教学大纲
评估结果为 C 的院校				
中央民族大学文学与新闻传播学院	广告学概论①	王斌，中央民族大学文学与新闻传播学院广告学教研室成员，主要研究领域为数字时代的广告与品牌传播、文化创意产业理论与实践、商业视频的创作等	广告学需要结合传播学和市场学。传播学着重分析和研究传播过程的五个方面（五个 W），就是传播者、信息、接受者、媒介、效果。市场学则重视广告与市场营销策略的关系。该课程主要是从传播学的原理来讲广告，把广告看作是一种信息传播手段	该课程共 64 集：1～5 集为广告概述，6～11 集为整合营销传播视角下的广告，12～21 集为广告发展简史，22～23 集为广告的功能，24～25 集为广告的环境，26～31 集为广告主体，32～35 集为广告客体，36～39 集为广告与品牌，40～41 集为广告调查，42～46 集为广告策划，47～56 集为广告创意，57～60 集为广告文案写作，61～64 集为广告媒体策划
广西大学新闻传播学院	新闻采访与写作②	课程负责人黎明洁 课程团队：黎明洁、苏华、刘洪、岳晓华、于起翔、蒋钦挥	该课程是新闻专业的 15 门核心课程之一。通过学习新闻采访与写作这门课程，能正确判断新闻价值，发现新闻，掌握新闻采访写作的基本规律和方法，写出符合要求的新闻作品，并能在学完该课程后，在公开报刊上发表一定量的消息	该课程总共 120 学时。其中理论讲授 80 学时，实践 37 学时。第一部分新闻采写基础理论，讲授 14 学时。第二部分新闻采访，讲授 60 学时，实践 21 学时。第三部分新闻写作，讲授 46 学时，实践 16 学时。37 实践学时的安排穿插在整个学期，具体时间和节数以教学内容和学生掌握的程度灵活掌握，以配合学生的理解和操作训练

① http：//video. chaoxing. com/serie_400001589. shtml。

② http：//course. jingpinke. com/details？ uuid＝c46e1798-1231-1000-a8e0-144ee02f1e73。

续表

开设院系	课程名称	课程负责人及教学团队简介	课程概述	教学大纲
广西大学新闻传播学院	中国新闻事业史①	课程负责人商娜红，曾任广西大学文化与传播学院党委书记、广西大学党委常委、副校长 课程团队：商娜红、刘晓慧、王辉、李庆林、郭丽华、易文	中国新闻事业史是为新闻专业学生开设的一门专业基础课。该课程比较系统地讲授从古代到现代中国新闻事业的发展、演变的历史过程。通过该课程的学习，可使学生了解我国新闻和新闻传播活动发生、发展及其规律	该课程按按时代先后分四大模块：①“中国古代新闻传播”模块：绪论；中国古代的新闻传播。②“中国近代新闻事业”模块：中国近代报刊的产生；维新运动中的国人办报热潮；辛亥革命时期的新闻事业；民国初期的新闻事业。③“中国现代新闻事业”模块：五四时期的新闻事业；中国共产党成立初期和大革命时期的新闻事业；十年内战时期的新闻事业；抗日战争时期的新闻事业；人民解放战争时期的新闻事业。④“中国当代新闻事业”模块：基本完成社会主义改造时期的新闻事业；全面建设社会主义时期的新闻事业；“文化大革命”时期的新闻事业；社会主义现代化建设中的新闻事业；台湾、香港、澳门的新闻事业
评估结果为 C-的院校				
安徽师范大学新闻与传播学院	摄影构图②	课程负责人刘刚，安徽师范大学教育科学学院摄影系主任、副教授 课程团队：刘昊、刘和海、孙树群	该课程是摄影专业基础课之一，其主要任务是通过摄影构图的学习和训练，使学生掌握一定的摄影构图法则和形式，以及相关艺术之间的关系，从而提高学生的艺术修养和鉴赏水平，自觉地将艺术修养应用到实际的拍摄之中	该课程分为6讲：第一讲为什么是摄影构图，第二讲摄影画面的构成要素，第三讲取景与构图，第四讲摄影构图相关的形式法则，第五讲摄影构图的手段也与技巧，第六讲构图形态及其功能

① http：//course. jingpinke. com/details？ uuid＝c46efd25-1231-1000-0a9d-144ee02f1e73。

② http：//210. 45. 192. 19/kecheng/2007xiaoji/14/home. htm。

续表

开设院系	课程名称	课程负责人及教学团队简介	课程概述	教学大纲
安徽师范大学新闻与传播学院	新闻采访学①	课程负责人沈正赋，安徽师范大学新闻与传播学院副院长、新闻学教授、新闻传播学硕士生导师 课程团队：沈正赋、袁立庠、张泉泉、闻娱、马梅、翟光勇、马原	该课程的教学主要从三个方面展开：一是讲授新闻采访理论，二是讲授新闻采访方法，三是将采访方法应用于学生的模拟采访活动之中，注重教学的实践环节，让学生在实践中逐步消化、理解和运用这些理论和方法	该课程分上篇：新闻采访理论篇；下篇：新闻采访方法篇。上篇共3章：第一章绪论，第二章新闻记者及其职业特点，第三章新闻采访的历史、性质及其要求。下篇共4章：第一章新闻采访的前期准备，第二章新闻采访的方式，第三章新闻采访的方法，第四章采访活动的分类
华中师范大学新闻与信息传播学院	新闻伦理与法规②	课程团队：江作苏、陈科、张勇军、李理、甘丽华	该课程将带领大家探寻新闻职业的道德共识，学会分析新闻伦理争议的源头，同时在中国新闻传播法的框架下，审视新闻传播活动过程中各类主体的法律关系。对于新媒体所带来的一系列新问题，也会有极大的启发	该课程分为7部分，分别为导论、国家与个人篇、识别新闻篇、传播行为篇、自我保护篇、权利与责任篇、总结篇，学时安排为每周40~60分钟

（龚彦方　何治民）

13.2　2017年传媒类国家级实验教学示范中心建设

2017年是《国家级实验教学示范中心管理办法》实施的第一年，教育部年内两度发文，要求各国家级实验教学示范中心建设单位提交并公示2016年度和2017年度的考核

① http：//chmxw. ahnu. edu. cn/。

② https：//www. icourse163. org/course/CCNU-1002085010。

报告。2017 年没有新的国家级实验教学示范中心或实践教学基地获批，对现有中心的年度考核、规范管理、安全监督，以及实验室建设由虚拟实验中心立项建设向虚拟实验教学项目建设推进是 2017 年度的主要工作。

13.2.1　2017 年教育部实验室建设发展规划的主要变化与要求

1. 国家级实验教学中心建设更趋规范

自 2005 年开始，为贯彻落实国务院批转教育部《2003—2007 年教育振兴行动计划》和教育部第二次普通高等学校本科教学工作会议的精神，推动高等学校加强学生实践能力和创新能力的培养，加快实验教学改革和实验室建设，促进优质资源整合和共享，提升办学水平和教育质量，教育部决定在高等学校实验教学中心建设的基础上，评审建立一批国家级实验教学示范中心。要求实验教学示范中心具有先进的教育理念和实验教学观念，先进的实验教学体系、内容和方法，先进的实验教学队伍建设模式和组织结构，先进的仪器设备配置思路和安全环境配置条件，先进的实验室建设模式和管理体制，先进的运行机制和管理方式，显著的实验教学效果和显明的特色。① 实验教学示范中心的类型以物理、化学、生物、力学、机械、电子、计算机、医学、经济管理、传媒、综合性工程训练中心等学科和类型为主，重点是受益面大、影响面宽的基础实验教学中心。第一批国家级实验教学示范中心只批准了物理、化学、生物、电子电工四个类别。在 2006 年进行的第二批实验教学示范中心审批立项名单中，武汉大学新闻传播实验教学中心成为首个国家级传媒类实验教学示范中心。

2012 年，教育部为深入贯彻落实《教育部关于全面提高高等教育质量的若干意见》(教高〔2012〕4 号)和《教育部等部门关于进一步加强高校实践育人的若干意见》(教思政〔2012〕1 号)文件精神，根据《教育部 财政部关于“十二五”期间实施“高等学校本科教学质量与教学改革工程”的意见》(教高〔2011〕6 号)，经研究决定，在地方和军队所属高等学校范围内建设一批专业类实验教学示范中心。在教高〔2005〕8 号文件基础上，重点突出“实验室资源有效整合，教学科研有机结合，学校与社会、军队协同育人”等特色。

经过十余年数次申报与评审，共有 20 余个新闻传播相关实验室成为国家级实验教学示范中心，如表 13-2 所示：

---

① 教育部关于开展高等学校实验教学示范中心建设和评审工作的通知[EB/OL]. [2018-05-12]. http://old.moe.gov.cn//publicfiles/business/htmlfiles/moe/moe_1073/201001/79341.html.

表 13-2　　　　国家级实验教学示范中心批准情况

批准时间	中心名称	批准时的称谓
2006	武汉大学新闻传播学实验教学中心	第二批国家级实验教学示范中心(传媒类)
2007	中国传媒大学广播电视与新媒体实验教学中心、华南师范大学信息传播实验教学中心、安徽大学新闻传播实验教学中心	2007 年度国家级实验教学示范中心(传媒类)
2008	东北师范大学传媒实验教学中心、河南大学新闻与传播实验教学中心、暨南大学媒体实验教学中心、南京大学传媒实验教学中心、陕西师范大学数字传媒技术实验教学中心、上海理工大学现代出版印刷实验教学中心、天津师范大学新闻传播实验中心、浙江师范大学信息传播实验教学中心、中国人民大学新闻传播实验中心	2008 年度国家级实验教学示范中心(传媒类)
2009	复旦大学新闻传播实验教学中心、深圳大学传媒实验教学中心、云南大学新闻传播实验教学中心	2009 年度国家级实验教学示范中心(传媒类)
2012	中国传媒大学动画与数字媒体实验教学中心、上海外国语大学媒体融合实验中心、中南财经政法大学传媒与艺术实验中心	“十二五”国家级实验教学示范中心
2013	浙江传媒学院电视编辑与导播实验教学中心、黄冈师范学院传媒与艺术实验教学中心	2013 年国家级实验教学示范中心
2016	北京师范大学传媒与艺术实验教学中心、河北师范大学新闻与传播综合实验中心	2015 年国家及实验教学示范中心

2016 年 12 月 3 日，教育部办公厅公布了《国家级实验教学示范中心管理办法》(教高厅〔2016〕3 号)(后简称《办法》)，明确了国家级实验教学示范中心的建设目标、主要任务、管理职责、立项与遴选、运行与管理、考核与调整等方面的内容，并自公布之日起施行。《办法》明确了“示范中心实行‘教学为主、开放共享、定期评估、动态调整’的运行机制，坚持育人为本，创新引领，科教一体，产教融合”。《办法》明确了教育部作为示范中心宏观管理部门、省级教育行政部门以及高等学校作为示范中心建设和运行管理的主体，各自的主要职责。在申报条件上，除了培养目标、教学体系、人才队伍等方面的基本要求外，《办法》还明确了“近 4 年未发生安全责任事故”，“申请立项时，应已

经使用申报名称运行 4 年以上，同时获得省级示范中心称号 2 年以上”等具体要求。在运行与管理方面，《办法》要求建设单位“成立由校级领导牵头，教务、人事、财务、学科、实验室等管理部门参加的示范中心建设和运行管理委员会”，“实行高等学校领导下的主任负责制”，并成立教学指导委员会，教学指导委员会主任和委员由高等学校聘任，并明确教学指导委员会主任一般应由非示范中心所在高等学校人员担任。在示范中心的示范引领作用方面，《办法》中除了开发课题、学术交流之外，特别提出“积极承担国内高等学校(特别是西部地区高等学校)实验室人才培训和培养任务”。

2017 年 4 月和 12 月，根据《教育部办公厅关于印发〈国家级实验教学示范中心管理办法〉的通知》(教高厅〔2016〕3 号)的要求，教育部办公厅连续下发《教育部办公厅关于提交 2016 年度国家级实验教学示范中心年度考核报告的通知》《教育部办公厅关于提交 2017 年度国家级实验教学示范中心年度考核报告的通知》两个文件，强调“每年组织对本校国家级实验教学示范中心(以下简称示范中心)进行年度考核，并将考核结果与年度报告一并报省级教育行政部门和教育部备案”。并提供了年度报告撰写模板，要求对国家级实验教学示范中心的“人才培养工作和成效，教学改革与科学研究，人才队伍建设，信息化建设、开放运行和示范辐射，示范中心大事记，示范中心存在的主要问题，所在学校与学校上级主管部门的支持，下一年发展思路”等八个方面的情况进行总结，并提供了数据表格进行基本数据汇总和统计。

应当说，自 2005 年开始审批立项建设国家级实验教学示范中心建设之后，教育部办公厅在不同的年度进行了年度考核报告的提交工作，随着《国家级实验教学示范中心管理办法》的施行，年度考核成为实验教学中心管理工作的常态，使实验教学中心建设更趋规范。

(2)虚拟实验室建设由虚拟实验中心向虚拟实验教学项目推进

2013 年 8 月 13 日，教育部高等教育司下发关于开展国家级虚拟仿真实验教学中心建设工作的通知，为贯彻落实《教育部关于全面提高高等教育质量的若干意见》(教高〔2012〕4 号)精神，根据《教育信息化十年发展规划(2011—2020 年)》，经研究，决定开展国家级虚拟仿真实验教学中心建设工作。虚拟仿真实验教学依托虚拟现实、多媒体、人机交互、数据库和网络通讯等技术，构建高度仿真的虚拟实验环境和实验对象，学生在虚拟环境中开展实验，达到教学大纲所要求的教学效果。根据文件精神，虚拟仿真实验教学中心建设内容为：虚拟仿真实验教学资源；虚拟仿真实验教学的管理和共享平台；虚拟仿真实验教学和管理队伍；虚拟仿真实验教学中心的管理体系。

2014 年教育部办公厅下发关于开展 2014 年国家级虚拟仿真实验教学中心建设工作的通知。2015 年，教育部办公厅下文批准了清华大学数字化制造系统虚拟仿真实验教学中心等100个实验教学中心为国家级虚拟仿真实验教学中心，其中与传媒领域相关的是中国美术学院的跨媒体艺术虚拟仿真实验教学中心。2016年，教育部办公厅下文批准了北京大学考古虚拟仿真实验教学中心等100个国家级虚拟仿真实验教学中心。

2017年，教育部办公厅下发文件《教育部办公厅关于2017—2020年开展示范性虚拟仿真实验教学项目建设的通知》(后简称《通知》)，启动2017—2020年开展示范性虚拟仿真实验教学项目建设，虚拟仿真实验教学项目要求紧紧围绕立德树人根本任务，适应经济社会快速发展对人才培养的新要求、现代大学生成长的新特点、信息化时代教育教学的新规律，以提高学生实践能力和创新精神为核心；以现代信息技术为依托，以相关专业类急需的实验教学信息化内容为指向，以完整的实验教学项目为基础，建设示范性虚拟仿真实验教学项目，推动高校积极探索线上线下教学相结合的个性化、智能化、泛在化实验教学新模式，形成专业布局合理、教学效果优良、开放共享有效的高等教育信息化实验教学项目示范新体系，支撑高等教育教学质量全面提高。虚拟仿真实验教学项目的建设内容主要包括：以学生为中心的实验教学理念、准确适宜的实验教学内容、创新多样的教学方式方法、先进可靠的实验研发技术、稳定安全的开放运行模式、敬业专业的实验教学队伍、持续改进的实验评价体系、显著示范的实验教学效果等方面。其中，虚拟仿真实验教学项目的研发要以完成教学要求和内容为目标，综合应用多媒体、大数据、三维建模、人工智能、人机交互、传感器、超级计算、虚拟现实、增强现实、云计算等网络化、数字化、智能化技术手段，提高实验教学项目的吸引力和教学有效度。同时，《通知》以附件形式公布了《2017—2020年示范性虚拟仿真实验教学项目建设规划》，明确了60类专业分年度建设规划，新闻传播学归为文学类，将于2019年和2020年分期建设各20个，共40个示范性虚拟仿真实验教学项目。

2017年8月，教育部办公厅下发《关于开展2017年度示范性虚拟仿真实验教学项目认定工作的通知》，正式拉开了示范性虚拟仿真实验教学项目建设的序幕。

(3)实验室安全工作要求更加规范、细致

2017年2月16日，为深入贯彻落实党中央、国务院领导同志关于安全生产工作的系列重要指示精神，按照教育部关于切实维护高校安全稳定的统一部署，通过加强高校教学实验室安全工作，不断提高师生安全意识，增强师生安全防护能力，提升高校校园安全和人才培养整体水平，教育部发布《教育部办公厅关于加强高校教学实验室安全工作的通知》。

该通知对相关工作提出了深化认识，增强安全红线意识；强化担当，健全安全责任体系；细化管理，完善安全运行机制；创新举措，推进安全宣传教育；突出重点，开展安全专项检查；多方联动，提高安全应急能力；齐抓共管，夯实安全工作基础等要求，要求高校“根据‘谁使用、谁负责，谁主管、谁负责’的原则，逐级分层落实责任制”，强调“要建立学校教学实验室安全工作年度报告制度”，并附录了《高等学校教学实验室安全工作部分法律、行政法规、部门规章和国家强制性标准目录》，明确了高校安全工作的标准。

2017 年 12 月 7 日，教育部发布《教育部办公厅关于提交 2017 年度高校教学实验室安全工作年度报告的通知》，要求从高校教学实验室发展和安全工作基本状况、安全责任体系和运行机制建设情况、安全宣传教育情况、安全专项检查情况、安全应急能力建设情况、教学实验室安全工作信息化建设情况、安全工作存在的主要问题、安全工作的典型经验八个方面报送高校教学实验室 2017 年度安全工作情况。

13.2.2　2017 年各国家级实验教学示范中心运行的总体情况

依据各实验中心的官网，我们汇总了它们截至 2017 年的发展情况详见表 13-3，表 13-4。

表 13-3　　新闻传播学类实验教学中心一览

名　　称	网址
武汉大学新闻传播学实验教学中心	http：//jclab. whu. edu. cn/
中国传媒大学广播电视与新媒体实验教学中心	http：//medialab. cuc. edu. cn/
华南师范大学信息传播实验教学中心	http：//202. 116. 45. 198/cbzx/
安徽大学新闻传播实验教学中心	http：//xwcb. ahu. edu. cn
东北师范大学传媒实验教学中心	http：//medialab. chsnenu. edu. cn/
河南大学新闻与传播实验教学中心	http：//sfzx. henu. edu. cn/
暨南大学媒体实验教学中心	
南京大学传媒实验教学中心	http：//media. nju. edu. cn/
陕西师范大学数字传媒技术实验教学中心	http：//szcm. snnu. edu. cn/
上海理工大学现代出版印刷实验教学中心	
天津师范大学新闻传播实验中心	
浙江师范大学信息传播实验教学中心	http：//xxcb. zjnu. edu. cn/
中国人民大学新闻传播实验中心	http：//jcrlab. ruc. edu. cn/
复旦大学新闻传播实验教学中心	http：//xwsys. fudan. edu. cn/
深圳大学传媒实验教学中心	http：//clc. szu. edu. cn/

续表

名　　称	网址
云南大学新闻传播实验教学中心	http：//www. jclab. ynu. edu. cn/
中国传媒大学动画与数字媒体实验教学中心	—
上海外国语大学媒体融合实验中心	—
中南财经政法大学传媒与艺术实验中心	http：//newslab. znufe. edu. cn/
浙江传媒学院电视编辑与导播实验教学中心	http：//syjx. zjicm. edu. cn/
黄冈师范学院传媒与艺术实验教学中心	http：//61. 136. 178. 248/yuanxi/mtcb/
北京师范大学传媒与艺术实验教学中心	http：//www. art. bnu. edu. cn/ny/
河北师范大学新闻与传播综合实验中心	http：//xcsy. hebtu. edu. cn/

表 13-4　　**实验教学中心(部分)下属实验室(机构)一览**

名　　称	下属实验室(机构)
武汉大学新闻传播学实验教学中心	摄影实验室
	多媒体实验室
	广播编辑实验室
	电视编辑实验室
	高清演播厅
中国传媒大学广播电视与新媒体实验教学中心	语言录音实验室
	广播直播实验室
	广播非编实验室
	音频非编实验室
	音乐录音实验室
	摄影基础实验室
	电视对编实验室
	视频非线编实验室
	演播馆
	电视节目制作实验室
	新媒体应用实验室

续表

名　　称	下属实验室(机构)
安徽大学新闻传播实验教学中心	美术室
	音频实验室
	广告观察室
	广告实验室
	舆情与区域形象研究中心
	北大方正新闻传播实验中心
	华奇非线性编辑室
	虚拟演播室
	基础非线编实验室
	线编实验室
	苹果实验室
	摄影实验室
	摄像实验室
	广播实验室
	新闻传播实训平台
东北师范大学传媒实验教学中心	形体室
	数字化包装实验室
	高清非编网络实验室
	包装实验室
	传媒实验教学中心语音训练实验室
	索贝高清非线性编辑网络实验室
	影视节目审片室
	摄影实验室
	多讯道数字环绕声实验室
	化妆实验室
	大洋非线编辑实验室
	多媒体网络实验室
	播音实验室
	总监控室
	数字化高清演播实验室
	播音实验室
	影视配音实验室
	数字音频实验室
	虚拟演播实验室
	灯光实验室
	数字高清演播厅

续表

名　　称	下属实验室(机构)
河南大学新闻与传播实验教学中心	广电传媒与音像制作实验室
	广告创意与设计实验室
	编辑出版实验室
南京大学传媒实验教学中心	新闻采编实验室
	影像新闻实验室
	电视编辑实验室
	学院综合演播厅
	计算传播实验室
陕西师范大学数字传媒技术实验教学中心	摄录像技术实验室
	摄影技术实验室
	灯光构图实验室
	网络非线性编辑实验室
	计算机技术应用实验室
	电子排版实验室
	拉片实验室
	电视播音实验室
	广播播音实验室
	综合演播厅
	新闻舆情调查实验室
	全媒体发布实验室
天津师范大学新闻传播实验中心	摄影实验室
	演播室
	多媒体机房
	非线性编辑实验室
	线性编辑实验室
	播音实验室
	暗房
	大学生创新工作坊

续表

名　　称	下属实验室(机构)
浙江师范大学信息传播实验教学中心	计算机媒体实验室
	知识媒体实验室
	平面设计实验室
	动画实验室
	常规媒体实验室
	广告调查实验室
	线性编辑实验室
	非线性编辑实验室
	摄影实验室
	电视演播实验室
	音频实验室
	教育新媒体实验室
中国人民大学新闻传播实验中心	电视直播间
	图片编辑实验室
	摄影灯光室
	摄影暗房工作室
	苹果机工作室
	平面编辑实验室
	跨媒体实验室
	非线性编辑实验室
	网真电视演播厅
	录音室
	传播学实验室
复旦大学新闻传播实验教学中心	视频制作实验室
	媒介融合实验室
	摄影棚
	传媒与舆情调查研究中心
	公共传播培训中心

续表

名　　称	下属实验室(机构)
深圳大学传媒实验教学中心	摄影实验室
	视觉传达基础实验室
	视觉传达效果实验室
	平面及多媒体实验室
	新闻采编实验室
	苹果系统及多媒体实验室
	电话调查实验室
	电视演播厅
	电视虚拟演播厅
	虚拟现实实验室
	数字录音室
	数字播音室
	影音编辑室
	高清编辑室
	线性编辑室
	媒体资源管理室
	媒体节目采集室
	融合媒体基础实验室
	创意工作坊
	器材管理室
云南大学新闻传播实验教学中心	电视实验室
	广播实验室
	广告设计与报刊编辑排版实验室
	社会信息调查与研究实验室
	数字媒体实验室
	摄影实验室
	少数民族传播教学资源库

续表

名　称	下属实验室(机构)
中南财经政法大学传媒与艺术实验中心	报刊编辑实验室
	广播编辑实验室
	电视采编实验室
	摄影艺术实验室
	广告设计实验室
	作品视听实验室
	虚拟演播实验室
	二维动画实验室
	三维动画实验室
	动画后期制作室
	动画音频实验室
	集群渲染实验室
	动画音效实验室
	定格动画实验室
	非线性编辑实验室
浙江传媒学院电视编辑与导播实验教学中心	电视编辑与导播示范中心
	HDV 非线性编辑网络教学实验室
	摄像综合实践实验室
	演播室照明实验室
	影视摄影灯光实验室
	录音与音频编辑实验室
	数字立体声编辑录音实验室
	同期录音实验室
	高清 3 讯道移动演播综合实践实验室
	视听观摩室

续表

名　　称	下属实验室(机构)
北京师范大学传媒与艺术实验教学中心	北国剧场
	何思敬讲堂
	演播室
	传媒效果实验室
	京师美术馆
	录音棚
	多媒体会议室
	苹果计算机实验室
	专业琴房
	音乐排演厅
	教学研修室
河北师范大学新闻与传播综合实验中心	演播厅
	新闻演播室
	虚拟演播室
	仿真演播室
	非线性编辑实验室
	非线性编辑制作室
	三维影视数字包装实验室
	媒介融合实验室
	舆情调查实验室
	深度访谈实验室
	人像摄影实验室
	广告摄影实验室
	影视数字采集实验室
	形体训练室
	影视化妆实验室
	融媒体实验室
	录音室
	数字音频制作室
	语音训练室

注：以上资料均来自相关实验教学中心网站。

在表11-3中实验教学中心网站上，可公开查阅年度报告。其中，武汉大学新闻传播学实验教学中心、安徽大学新闻传播实验教学中心、陕西师范大学数字传媒技术实验教学中心、黄冈师范学院传媒与艺术实验教学中心的年度报告为2017年度，中国人民大学新闻传播实验中心、复旦大学新闻传播实验教学中心的年度报告为2016年度。

（倪　万）

13.3　新闻传播学院创新创业团队建设

1. 大学生创新创业建设综述

有关大学生创新创业建设的理论研究和实践探索最早兴起于美国。1947年，哈佛大学商学院的迈赖斯·迈斯(Myles Mace)教授开设了一门“新创企业管理”课程，这被视为创新创业建设在高校的首次出现。相比较而言，我国的大学生创新创业建设起步较晚。清华大学于1998年主办的全国首届“创业计划大赛”拉开了中国大学生创新创业教育的序幕。此后，由共青团中央、中国科协、教育部、全国学联以及地方人民政府联合主办，每两年举办一次的“挑战杯”全国大学生系列科技学术竞赛(包括“挑战杯”全国大学生课外学术科技作品竞赛和“挑战杯”中国大学生创业计划竞赛，前者简称为“大挑”，后者简称“小挑”)将中国的大学生创新创业建设推向新的阶段。

近年来，党中央、国务院高度重视高校创新创业建设工作。2015年两会上，李克强总理在政府工作报告中指出要把“大众创业、万众创新”打造成推动中国经济继续前行的“双引擎”之一。2015年，国务院办公厅出台了《关于深化高等学校创新创业教育改革的实施意见》，整个2015年，中央政府出台的关于高校创业政策文件就有十项之多。2016年，国务院办公厅对高校创新创业教育改革做了全面部署，教育部认真贯彻落实，23个省份和101所中央高校完成创新创业教育方案，并公布了50所全国创新创业典型经验高校名单。多所大学成立了创业学院。2016年，我国建设万名创新创业导师人才库，高校创新创业课程全部纳入学分管理。

本节选择12所高校新闻传播学院，在其官网以“创新”“创业”为关键词检索，爬虫爬取相关新闻；在新传学院官方微信公众号搜索创新创业相关信息；在“挑战杯”官网、“国家级大学生创新创业训练计划平台”等网站搜索高校新闻传播学院项目情况；在百度中以“某高校新闻传播学院创新创业”为关键词进行检索。剔除不相关内容后，对该校新闻传播创新创业团队建设进行总结梳理，选取部分典型学生创新创业团队简述其建设特色，希望管中窥豹，以见全国高校新闻传播学院创新创业团队建设概况。

2. 高校大学生创新创业建设特色列表

通过查阅官网介绍、相关新闻报道，我们汇总提炼了全国部分典型高校新闻传播学院创新创业团队的建设情况及特色，详见表 13-5。

表 13-5　**全国部分典型高校创新创业团队建设特色**

大学名称	大学新闻传播学院创新创业团队建设情况及特色
清华大学	相较于学校整体以生物医药、科技智能等学科为主的创新创业情况，能够发挥新闻学科优势创业项目较少，少数新传创新创业团队中，学科交叉为其建设特色
复旦大学	创新创业团队建设总体上数量较少，新闻报道不多，但也有少数创业成功典例
中国传媒大学	联合企业开展各项创业项目，并辅以奖金、赞助等支持，新闻传播学部创新创业人数较多，文化传媒公司的蓬勃发展是其特色
中山大学	传播与设计学院以科技、创意、设计为特色，依托珠三角进行创新创业团队建设
华南理工大学	以新媒体创新创业、策划、整合传播等为特色。自下而上进行创业变革的“燧石模式”是一大亮点
深圳大学	2016 年之前全校创业成果突出，近年未见特色与较优秀的新传创新创业团队
汕头大学	通过国际交流，开阔眼界，学习并吸收国际先进创业理念进行创新创业，同时依托珠三角地理位置进行特色民俗创新创业活动
中国人民大学	积极参加各项创业赛事活动，特色不明显，较为偏向自媒体创业
武汉大学	新闻传播学科创业数量不多，较偏向互联网跨学科创业
华中科技大学	体现了工科背景下文科学院的特色
浙江大学	依托杭州电子商务等良好创新创业氛围发展，特色为互联网融媒、活力
南京大学	以影视、创意营销、数字媒体产研中心为特色

3. 大学新闻传播学院学生创新创业情况概述及特色

以下将重点介绍代表性的学生创新创业团队，并分析其特色。

(1)清华大学新闻传播学院创新创业情况

清华大学在创新创业方面做出了一系列努力，包括“挑战杯”、启迪孵化器、创业课程、高校创新创业教育联盟等。近 5 年来，学校重点打造了“兴趣团队”“创+”“iCenter 创客空间”和“x-lab”等“创意、创新、创业”三创平台，推出“校长杯”创新挑战赛、清华创客马拉松、清华创客日等赛事和活动，承办中美青年创客大赛。

清华新传目前主要有两个途径发展创新创业：一类是举办创新创业课堂，一类是依托清华 x-lab 进行创新创业。即，清华大学创意创新创业教育平台，依托经济管理学院及清华的强大校友资源发展。

一是举办创新创业课堂。

2010 年，清华大学新闻与传播学院招收新闻与传播专业硕士之后，就在课程设置中突出了创业型课程，包括：传媒创新与创业、媒介经营管理研究、中外传媒业案例研究、传媒经济研究、整合营销传播、财经新闻数据挖掘、企业传播、公共关系与战略传播、文化创意产业。学院同时要求专业硕士的毕业设计突出创新与创业。

如 2014 年开设的“传媒创新与创业”课堂，涉及互联网创业、传媒运营创新、传媒资本运作等主要领域。邀请创业前线人士授课，接触最实用资讯，如姬十三(果壳网 CEO、科学松鼠会创始人)；方三文(雪球财经创始人、网易前副总编辑)、张锐(春雨医生创始人、网易前副总编)、蒋志高(《南方能源观察》执行总编辑)等传媒业界精英面对面交流，传授创新创业知识。同时酝酿开设与大数据的挖掘与运用相关的课程。与此同时，学院聘请了一批顶尖的业界兼任导师来加强师资力量。

二是依托清华 x-lab 进行创新创业。

清华 x-lab 成立一年后(即 2014 年 4 月)，与法学院、新闻与传播学院签署了共建院系合作备忘录，自此清华 x-lab 中 14 个学院抱团，吸引一些著名的创投机构，比如红杉资本等，以“校长杯”为主要成果展现形式举办比赛，将创新创业项目曝光、优化分析，并与市场相对接。“校长杯”创新挑战赛是唯一一个面向清华学生、校友、教师的创新创业项目的年度评选活动。

清华 x-lab 有官网、微信公众号，定期举办的赛事和经管学院的相关课程。邀请著名投资人、创业行业领先者等进行演讲，国务院前财务部部长等各方面人才进行讲话。还有清华本身的清华科技园等专业优势。但在新闻报道中抢眼的创新创业团队中，以生物医药、科技智能等为主，新闻专业的优势和特色化创业较少。

当下是互联网蓬勃发展的时代，新闻传播学生创业也可发挥优势特长，比如清华大学“校长杯”创新挑战赛50强(2014年5月12日)中就有新闻传播学院学生参与的两个项目：一是“采遗网”(公共管理学院、热能系、新闻传播学院)，二是“大管家”校园信息平台”(经管学院、新闻传播学院、机械学院)。

第二届十强中没有新闻传播学院团队入围(2015年05月26日)；第三届和第四届没有公布入选项目学生所在学院。但第三届50强项目中有两项与新传学院直接相关，分别是：《好玩表演——互联网影视招募、发行和营销》《光麦传播——大地上的分众传媒》。第四届有文创、教育两个板块适合新闻传播学院学生创业。

学科交叉给新传创业提供一个方向，也使其在其他团队有立足，跨学科交叉创业。比如第一届“校长杯”50强中的“采遗网”，是新闻传播学院与公共管理学院、热能系共同创业，“大管家”校园信息平台是经管学院、新闻传播学院、机械学院”共同创业。

清华x-lab创意创新团队和创业企业领域细分中，主要包括互联网和信息技术、医疗健康、环保能源、先进制造、消费服务、教育和文化创意、新媒体、游戏领域，后三者与新闻传播学院相关。

(2)复旦大学新闻传播学院创新创业情况

据统计，近几年复旦大学毕业生每年直接创业的人数约30名，在校生的创业规模也在20人左右，创办企业涉及咨询服务、信息技术、生物医药、新媒体、材料技术、设备仪器等多个领域。其中，新媒体与新闻传播相关。尽管复旦大学新闻传播学院创新创业团队建设总体上数量较少，少见于新闻报道，但也有少数创业成功典例。

2001级国际经济与贸易专业来自多哥的校友阿慕由，在复旦继续攻读传播学专业博士之余，成功创办了一家网站设计发展公司，主要从事商务信息咨询等业务，并尝试与不同类型的公司合作，已在业内树立起了一定的口碑。

复旦大学新闻传播创新创业团队主要依托复旦大学自身优势进行建设，一是各类项目、创业园及课程设置；二是各类沙龙及论坛；三是资金支持。

一是各类项目、创业园及课程设置。

在项目方面，复旦大学承担“本科生学术研究资助计划”“望道”“曦源”以及“登辉”等项目，同时还有“国家大学生创新创业实验计划”“上海市大学生创新活动计划”“创青春”全国大学生创业比赛、“互联网+”全国大学生创业比赛、“科创行动”“光华公司”“光华创新学院”“中国高校创新创业教育联盟”的副理事长单位、上海市高校创新创业教育联盟的理事长单位(常务副校长包信和院士为理事长)。

复旦大学在1999年提出并创办了“学生学术科技创新行动计划”，支持学生课外学术科技创新活动。新闻学院设有模拟分中心，参加该活动的新院同学在新闻学院团委学生会的组织下参加项目的立项答辩，中期报告和结项答辩。

在创业园方面，可供大学生科技创业的孵化园区有国家级复旦科技园、复旦科技园众创空间、国家级复旦软件园、国家级复旦科技园创业中心、复旦枫林科技园等，与杨浦区形成“复旦创业走廊”。

构建“创新创意创业”课程体系。培养跨院系、跨学科、跨专业的创新型人才；开设“创新创意创业大讲堂”；引进海外“创新创意创业”优质课程。

2015 年成立的复旦大学创新创业学院，学生可在保留原专业学籍的同时，经申请遴选后可成为创新创业学院学生。其中的文化创意部分与新闻传播学院相关，但目前新闻及官网还未见新闻传播学院学生团队项目入驻。

二是各类沙龙及论坛。

首先是复旦大学校友创新创业沙龙。根据沙龙不完整参会名单，唯一与新传相关的是第七期活动沙龙中，上海酱紫音乐文化传播有限公司执行董事周晶校友参与会议，其余未见新闻传播学院学子参与会议。在新闻报道里出现的人物中，新闻传播不是主流，生物、计算机软件工程等较多，其次是管理学院、创新创业学院。

其次是由腾讯微信和复旦青年创业家教育与研究发展中心联合打造的 2015 复旦大学管理学院创新创业系列论坛，其中亦未见新闻传播学院创新创业团队身影。

三是资金支持。

首先是 2005 年，得到了上海市大学生科技创业基金的支持；2006 年成立的复旦创业基金，作为非盈利性质的公益性天使基金，为学生创业者提供资金支持。

由新闻学院校友许可、龚瀛琦创办的品质生活用品消费指南“清单”如今能积累下 25 万微信公众号粉丝，正得益于复旦创业基金在草创时期的支持：不仅给予 10 万元信用贷款，还将“清单”推荐给了杨浦科技创业中心这一创业孵化基地，间接使“清单”在参与孵化基地路演时得到了日后获经纬中国天使轮投资的机会。

其次是复旦大学新闻学院创建的复金创新型人才培养基金，主要用于培养产学研结合的创新型传播人才。大金(中国)投资有限公司为基金先期投入 100 万元，后期将根据项目设计和开展情况追加投入。

最后是新闻学院与凯立广告(上海)有限公司共同成立的复旦大学新闻学院 K&L 创业奖学金，用于支持有成熟创业计划且有一定创业实践经验的同学。

(3) 中国传媒大学新闻传播学院创新创业情况

根据 2016 年中传就业创业指导中心学生创业情况调查结果，学校共有创业在校生 73 人，各学院均有正在创业的学生，其中 MBA 学院、新闻传播学部、经济与管理学院人数较多，学生的创业类型主要围绕文化创意产业，具体涉及影视剧制作、移动新媒体、互联网等领域。就业创业指导中心主任林林表示："学生创业项目主要围绕'文化产业''互联网+'与'贸易'三大主题，涵盖 APP 研发、影视作品制作、内容生产、餐饮、教育等方面。"

在中传创新创业团队中，总体以经管学部较多，新闻传播学院较少，而新传创业又以传媒、新媒体、摄影为主。如新闻传播学部的"北京仙鸟悦歌文化传媒有限公司"，获评"2017 年北京地区高校大学生优秀创业团队"一等奖，公司专注于宣传片、微电影、广告片、纪录片、新媒体创意视频拍摄制作等，聚焦法律、医疗两大领域，累计招聘该校在校生或毕业生达 30 余人以全职、实习、兼职等形式参与项目制作。

新闻传播学部"思高乐传媒"获得"2016 年北京地区高校大学生优秀创业团队"一等奖，项目负责人为新闻传播学部 2013 级传播学博士郭泽德。该团队已建立了学术中国、质化研究、知深、出版排行榜等微信平台，以及学术中国、知深两个网站。其中"学术中国"是唯一进入微信 500 强的学术类微信平台。

此外，还有其他类型的创新创业，如"不知名茶"工作室创始人，2010 级国际新闻专业的王晓湘通过"众筹包茶山"的方式，在两年之内将公司的产业从一座小茶山发展到 1000 座山再扩大到一整片茶林，公司市值超过两亿元。王晓湘认为，创业过程中最重要的是要相信自己"从心而生的能量""未来的十年在我们手中"。她提到，在她与一些投资人接触的过程中发现，有很多投资人虽然手握重资，却极为看重能把握时代脉搏的年轻人。因此，作为年轻人，"敢作敢为敢玩"的魄力最为重要。

2015 年，学校首批 12 个大学生创业团队顺利入驻西校区文化创意产业园。首批入驻的创业公司团队为北京利涉川文化传播有限公司、北京三通视动科技有限公司、北京儿图科技有限责任公司等，分别来自新闻传播学部、艺术学部、理工学部、文法学部、播音主持艺术学院、经济与管理学院以及文化发展研究院等多个学部(院)。创业公司类型以文化创意类为主，兼具科技类。

2016 年中国传媒大学评选"学生创新创意创业实践项目"和"学生创新创业工作支持项目"。其中，新闻传播学部"中传创业大讲堂·企业家进校园"项目被评为"学生创新创业工作支持项目"；新闻传播学部赵鹏菲的创业企业"移动端新媒体产品制作"获得校一等奖；新闻传播学部邢天宇的创业企业"Vision Youth——青年影像爱好者的影展平台"获得校二等奖；新闻传播学部卢希的创新创意团队《露西映像》获得校三等奖；新闻传播学部崔啸行的创新创意公益项目"'一家一'流动儿童关怀"获得校三等奖。

(4) 中山大学传播与设计学院创新创业情况

中山大学现已建立包括"国家级大学生创新创业训练计划""广东省大学生创新创业训练计划""中山大学大学生创新训练计划"和"中山大学实验室开放基金项目"等多层次

多平台的大学生创新实践能力训练体系。学校还努力打造“三个特色”育人平台：一是依托工商管理一级重点学科，设立实体化创业学院，以双学位、双专业模式吸纳全校各专业学生修读“创业黄埔班”，打造精英教育模式；二是依托国家大学科技园设立“大学生创业园”，通过设立创业基金、创业导师、租金优惠等方式，打造创新实践孵化平台；三是依托毗邻港澳台的优势，打造有国际影响力的大学生区域性竞赛品牌。学校承办了由霍英东教育基金会主办的粤港澳教育合作与创新创业论坛。

“中山大学 2017 年大学生创新创业训练计划和实验室开放基金项目”中有两项来自传播与设计学院。分别是吴玉双负责的省级创新训练项目——“VR 技术为新闻影像发展带来的可能性”和吴海婷负责的国家级创新训练项目——“中国城市网民性格画像分析——基于微博、官方微信公众号、贴吧的舆情分析”。

尽管数量不多，但其走出了中山大学传播与设计学院的自身特色，以下是部分团队示例。

传播与设计学院蔡亚毅、赵炜玮、陈楚君、冯敏莎、胡励滢 5 名同学所在团队以及指导老师黄志青，入围微软精英大挑战总决赛。5 名同学分别属于硬糖 Hardcandy 以及 I so团队，两支队伍在项目创意提交阶段都获得了“最佳创意奖”。硬糖 Hardcandy 以声音网站为载体，用原始的自然声音唤起人们对于环境的感知和体会，并整合国内外环保组织资讯，传达环保理念。I so 团队通过实证调研分析，发现学生打印资料造成了巨大的纸张浪费，由此开发了一个简单易用的打印格式设置软件 SaveWord，通过一键优化打印格式即可节省纸张。两支队伍在中期项目执行以后双双晋级十强。

第十一届“挑战杯”广东省大学生课外学术科技作品竞赛中，学院公共传播学系硕士研究生林炜双、肖永鸿，本科生杨涵、杨晓君、马璟熙，在廖为建教授、张宁副教授的指导下，参赛作品《网络群体性事件的逻辑——基于珠三角的调研》受到好评，斩获广东省赛二等奖。该作品结合网络群体性事件这一政府关切议题，选取广州、深圳、珠海、佛山、江门、东莞、中山、惠州和肇庆为代表城市，研究地方政府在 2008—2010 年间所处理的网络群体性事件，分析珠江三角洲网络群体性事件发生的原因，探讨地方政府在应对方面的成功经验、存在的不足，并提出相应的政策建议。

艺术设计学本科生黄祖莹、刘欢、凌通、关咏熙的参赛作品《立式饮水机的人机学评析与改进设计》在科技发明类中脱颖而出，获得广东省赛三等奖；该作品运用人机工程学的相关知识对市场上的立式饮水机进行剖析，根据分析的结果和思路进行产品的人性化再设计。作品科学合理地提出了立式饮水机的改进设计和结构设想，创造性地提出了饮水机水桶倒置下置式结构以及构建了一整套合理的解决方案；如运用气压制动技术解决饮水机的供水问题等，还阐明了如何应用电子感应和控制技术。使产品不仅体现物质功能，更关注人的精神需求，注重产品给人生理、心理方面的感受，让产品达致安全环保、美观舒适的系统优化，延伸出与使用环境相适应的独特魅力感。

在第二届广州高校学生知识产权创新赛中，学院12件作品榜上有名，“大学城轻量化空轨交通系统设计”获得金奖，学校科技处还为参赛同学免费申请专利。2011年广东省大学生创新实验项目中，学院本科生参与的科研项目里共两项获推本年度省级项目。

(5)华南理工大学新闻传播学院创新创业情况

华南理工大学新闻传播学院学生创新创业团队主要有三类：一类是作为华工新媒体创新创业典范的燧石村；二是依托各类训练项目及大赛，如国家级大学生创新创业训练计划、中国大学生公共关系策划创业大赛；三是与百度合作进行内容创业。

首先是华工新媒体创新创业典范燧石村。燧石村是新闻学院内一个真正由学生创立、报道新闻的实践平台。“不止有新闻”是燧石村的口号，但新闻是他们真正的立足点。燧石村一开始就定位于不止报道有关大学生的新闻，而是报道大学生应该关注的新闻，从校园小黄车到杨箕村的拆迁，从美国大选到韩国萨德。燧石村创立伊始就摆脱传统媒体形态桎梏，摸索新媒介形态下新闻教育的可能性。学生自主运营进而获得学院认可，最终成功申请华南理工大学国家创业实践项目。这种自下而上的改变既能减小变革的阻力又能充分调动学生实践的积极性。燧石模式或可成为国内新闻院校教育改革的一个小小尝试。

在裸贷漩涡中，其深度报道《裸贷风云：消费主义狂潮下的互联网意淫》获得广东省大学生新闻作品一等奖；《争议〈刺死辱母者〉：南周稿件操作专家谈》一文获得学界业界多位老师转发；《燧石专递丨喻国明：非理性非逻辑的表达在互联网时代产生影响力》获得专业媒体《时代周报》转发，并引发广泛讨论。推出视频团队费时2个多月完成天光墟拍摄。由15级学生组成的视频团队“八筒”完成多篇人物记录访谈。

其次是各类训练项目及大赛。一是国家级大学生创新创业训练计划，包括2017年胡丽娟负责的创新训练项目“传统文化类电视综艺节目产学研用创新路径研究”、张舜琪负责的创新训练项目《广州舶来史迹中的跨文化元素及其传播价值研究——以海上丝绸之路为视角》、虞智颖负责的创新训练项目《新媒体语境下文化类节目发展策略研究》、佟佳弘负责的创业训练项目《八杯咖啡校园漫谈平台》。

二是中国大学生公共关系策划创业大赛。在第五届中国大学生公共关系策划大赛中，队长李天词带领的学生团队“扑咚”获得一等奖，在张庆园老师的指导下，围绕上汽集团的产业特点，以“move for life”为主题，为上汽员工和公关大众构建了一个可以共同、持续参与的公益平台，并设计了完整的平台传播方案。获奖选题涉及上汽集团公益平台策划、家乐福食品安全推广项目、上汽集团品牌形象传播方案、安利针对“90后”

的传播策划等内容。

在第六届中国大学生公共关系策划创业大赛中，队长杜宇星带领的团队“小冰球”以“推广公益活动‘绽放她力量’ 树立良好企业形象”为主题获得一等奖；队长王然带领的团队“三缺一”以“连片扶贫，串链成心”为主题获得三等奖。

最后是学院与百度合作进行全国大学生创新创业大赛。进行内容创业，挂牌成立百神传媒内容孵化实验室，院企双方共同培育和孵化高校优质内容创业项目。

(6)深圳大学传播学院创新创业情况

深圳大学学生团队创新创业建设有深圳大学学生创业园、产区、深港大学生创新创业基地等，国家教育体制改革领导小组办公室曾以“深圳大学：推动创新创业教育‘五个转变’”为题，单篇推介了深圳大学创新创业教育改革经验和做法，并经中央有关领导签发，以《教育体制改革简报》形式印发全国。

深圳大学传播学院与株式会社电通公司多次展开合作，共同举办了多场讲座和创意人才培训活动，为我国广告专业创意创新创业型人才培养模式改革提供了有益借鉴。“电通创新人才培训营”活动是电通·中国广告人才培养基金项目的重要一环，旨在使参加活动的指导教师深刻理解何为创新、如何培养与指导创新型广告创意人才，并更好地指导本年度参加电通创新人才培训营的学生队伍。

2015年，深圳大学新闻学与传播学的创新训练项目中，冼嘉韵负责了“基于线上平台的家居装饰设计销售一体化”项目。项目产品链融合了多种形式的自媒体作为品牌宣传推广的途径，提供全方位的产品讯息和服务；不同于其他微商、电商中海量信息的复杂性和无序性，其提供的产品组合都经过具有艺术设计专长人士的精心挑选和个性化设计。

2016年，孙土健负责的创业实践项目“大学生家教服务平台”基于传统家教模式，整合了线上线下的教师家长资源，借鉴O2O模式，开发出具有数据库快速匹配系统的微信平台。该平台具备三大特色功能：一是快速匹配功能：利用网络后台技术高效实现家长需求与老师资源双向匹配；二是双向评价系统：交易双方在完成合作后可于本平台进行评价；三是社区功能：家长可以分享交流教育经验，还可与教师进行互动。

(7)汕头大学新闻传播学院创新创业情况

汕头大学长江新闻传播学院创新创业团队有着较为鲜明的特色，注重多元文化、国际交融。有较多国际出访学习机会，如2017年汕大10名师生在美国旧金山湾区为期12天的考察与报道，成员们访问了Intel、谷歌等硅谷高科技公司和创业团队；学院10名学生在老师带领下到美国乔治·华盛顿大学里学习三周，探访创新创业活动；学院师生18人到韩国首尔参加AAJA(美国亚裔记者协会)的N3con(New Now Next Conference)会议。

新闻学院学生创新创业团队建设途径上主要是参加各类创新创业大赛，内容上主要是依托珠三角地理位置进行的特色民俗创新创业活动。

首先是途径上，学院学生项目“潮汕地区非物质遗产影像化”和“你好，大艺术家团队”获得广东省首届“彩虹计划”——艺术与文化十佳公益二十四佳称号。新闻学院 12 级广告专业的詹妮、黄欣怡和李梦涵，荣获第十三届中国大学生广告艺术节学院奖秋季赛——腾讯视频命题组营销策划铜奖。新闻专业的胡淑娟在大广赛中与徐怀组队，凭平遥古城策划案《最青春醉平遥》获得了广东赛区三等奖。她表示，在策划中充分发挥了新闻学院学生那种善于观察和发现的优势，把创意做好，尽量以最简洁的设计形式去表达广告创意。施秋鸿、何锦婷、张秋宁、周俊、李伟权等同学组成的参赛小组获第一届中国 OOH 青年广告创意大赛三等奖。

其次是内容上，依托珠三角地理位置进行的特色民俗创新创业活动。以学院学生魏思为首的 5 位同学开展了“潮汕地区麻风病村之历史研究”项目获得首届广东省大学生创新年会“最受欢迎项目”。广东省大学生创新实验项目“关于学生群体的媒介素养教育调查——以汕头市为例”，项目成果论文获第三届媒介素养教育国际学术研讨会接纳。

新闻学院 2016 年大学生创新创业训练项目主要包括“寻找汕头工匠精神”“引领环保低碳新风尚，推动汕大校园分类垃圾桶设置”“潮汕嘻哈音乐人”“发展汕头夜市——基于对台湾夜市的经验借鉴”“汕大书籍交流平台”“汕大流浪动物救助计划”“迷”“卤鹅炼成记——以澄海卤鹅为例推广潮汕美食文化”“对女大学生人身安全受侵问题的探究”“童理心三集动画”“‘祭拜与信仰’——潮汕地区祭拜文化考察”“孩子眼中的新鲜事”“大学生创新创业项目的媒体宣传新改革”“汕大校园体育媒体”“以深圳文化创意园为例，探索汕头市 1860 创意文化园的创新发展模式”。

此外，还有 2015 年张丽萍负责的创新训练项目“潮汕青年自媒体‘汕头奴仔担吕知’品牌建设”，项目打造潮汕本土的新媒体品牌，以在本地和外地求学的潮汕年轻人为主体，搭建一个共享资讯、情感交流的平台。2016 年周文敏负责的创新训练项目“寻找汕头工匠精神”，该项目是一个立足汕头本土，以弘扬工匠精神为目的，结合长江新闻与传播学院培养全媒体人才的理念，坚持正能量的项目。项目和汕头日报社合作，寻访汕头 20 位工匠，从工匠精湛技艺及其对技术精益求精的态度出发，提炼出新时代的工匠精神。项目寻访的工匠涉及多个领域，主要以新时代的工匠为主，例如无人机设计师等工匠。2017 年沈晓娜负责的创新训练项目“‘你好，我们来自台湾’——台湾青年创业报道”，在两岸新政策的背景下，项目希望能通过实地走访与调研，深入挖掘台湾青年在大陆创业的故事，一方面了解各地政府对台湾青年的创业优惠政策是否有所成效，另一方面从台湾青年的视角探究他们对在大陆创业的亲身感受。

(8)中国人民大学新闻传播学院创新创业情况

中国人民大学通过学生就业指导中心、校友办、文化科技园等部门向学生提供创业服务，积极参与“挑战杯”和“创青春”全国大学生创业大赛；举办校级创新创业活动，如“创新杯”中国人民大学学生课外学术科技作品竞赛，中国人民大学学生“创业之星”大赛等；与企业联合举办创业活动，如“京东杯”中国人民大学学生“创业之星”大赛；成立中国人民大学“创业联盟”。

2017年，新闻学院学生在全国大学生课外学术科技作品竞赛、创业计划竞赛、数据新闻大赛等各类学术竞赛和社会实践中取得多项荣誉。左杰、李子宜等获得第六届大学生公共关系策划创业大赛银奖，林俊鹏等获得铜奖，另有多名同学分获一二三等奖。此外，新闻学院在第十九届“创新杯”中国人民大学学生课外学术科技作品竞赛中收获颇丰。

在第七届“京东杯”中国人民大学学生“创业之星”大赛上，新闻学院许哲获得“最具创业潜能奖”。在第八届“京东杯”中国人民大学学生“创业之星”大赛上，新闻学院2015级硕士研究生周晓辉所率领的团队获得“最具创业潜能奖”。周晓辉创业团队的创业项目为“一号哨位”，是一个目前有70多万粉丝的自媒体平台，该平台以生产军事军旅类内容为主，通过投放广告、生产周边衍生品等方式进行盈利。

此外，还有大学生创新创业训练计划项目，如2017年陈思含负责的“微博视角下的消费者维权——着眼于经营者名誉权与消费者言论自由的平衡”。

(9)武汉大学新闻传播学院创新创业情况

武汉大学搭建创新创业平台、建设指导老师团队、举办各种创新创业活动和赛事。2016年“创青春”全国大学生创业大赛中，武汉大学获得4项金奖：运动感知和位置服务平台、武汉珈和科技有限公司珈和农情监测平台、印刷光电——碳系水性导电油墨、侠客行——一种基于餐桌虾壳二次资源利用的环保帮扶公益项目。获得2项银奖：多功能光伏玻璃减反射膜镀膜液的开发、武汉印链科技有限公司印刷企业订单管理与自动化解决方案。在“创青春”全国大学生创业大赛MBA专项赛中，武汉大学选报的“哒呤APP”项目获得金奖。

武汉大学新闻传播学院开设“e咖”创业课堂，定期邀请业界知名专家、媒体人作为创业导师讲学。如邀请《第一财经日报》前总编辑、自媒体公众号“秦朔朋友圈”的创办人秦朔讲述“创业：从一到1”；邀请盖范APP首席内容官、前网易新闻中心主编、副总监王一波。此外还定期举办“珞新读书会”，分享创业的经验常识与方法思维，如邀请李小曼老师分享加拿大作家阿利斯泰尔·克罗尔与本杰明·尤科维奇共同著作的《精益数据分析》。

在2011年全球大学生创业挑战赛(IBTEC)上，新闻与传播学院2008级广告学专业本科生秦璇和其他两名学生组成的中国武汉大学代表队获得冠军，顺利拿到5万美金的奖金。该项目是由计算机学院在读博士生余伟创办的“社交专业图形图像处理网站——改图网”。改图网不仅能够克服现有图像处理流程复杂的缺点，还能够为客户个性化图像定制提供优秀的解决方案。

(10)华中科技大学新闻传播学院创新创业情况

华中科技大学开创“创+沙龙”作为特色创业经验分享平台，邀请了包括硅谷创业教父霍夫曼、杭州代码狗科技有限公司CEO覃健祥在内的多名大咖分享创业经验；开办创新与创业管理辅修专业；开办武汉华工科技企业孵化器(华中科技大学企业孵化器)并开设“科技创业”课程；建设大学生创业小区和创业社区；组织学员参加创业精英训练营；定期主办校内大学生创业计划挑战赛；创新“两课、两区、两营、一赛”的大学创业孵化模式。

新闻传播学院的广播电视新闻学14级研究生孙愉、播音与主持13级本科生申曦霖参与的海投网(大学生求职系统)项目获得“挑战杯”大学生创业计划竞赛金奖，新闻学13级研究生周建行参与的奇米网络项目获得创业实践挑战赛金奖，播音与主持12级本科生曹壮壮参与的面向零售业的大数据分析引擎与技术服务项目获得“挑战杯”大学生创业计划竞赛银奖。

华中科技大学新闻与信息传播学院举办“青春·创业·梦想”互联网创业者与高校学子面对面活动；在“第三届电通·创新人才训练营”中新闻与信息传播学院学子李卓菲、宋爽、刘佳馨、朱佩玲、杜晏楠、石家建6人荣获全场创新奖；在“娃哈哈·首届全国名校广告创意精英赛”上，学院广告1401班邱成、黄尤嘉，广电1401班陈佳雨，传播1401班徐炜楠等同学组成的团队摘得精英赛创意银奖。

2017年，蔡译萱负责的国家级大学生创新训练项目“萱草大学生形象设计工作室”，主要向在校师生传播健康的、美好的个人形象设计理念，并为他们在需要的时候提供专业服务和帮助，项目采用互联网思维和线上线下双线交流的模式。

(11)浙江大学新闻传播学院创新创业情况

浙江大学传媒与国际文化学院学生自发组织大学生创业服务公益平台，第一期“清媒煮酒”创业沙龙中，中国第一高端生活移动社区YHOUS创始人、浙江大学99级广电专业校友王亮分享大学生创业经验；JUNPING治愈系护肤品牌创始人、浙江大学99级广告专业校友方俊平先生则提出可以借助社交媒体，利用“产品——服务——口碑”整合营销的闭环路径打造品牌。

在第三届中国“互联网+”大学生创新创业大赛中，新闻学院 2015 级本科新闻专业的王方同学凭借《立地为闻，新闻与我在路上》荣获第九届浙江省大学生职业生涯规划与创业大赛(A 类)二等奖。第三届中国“互联网+”大学生创新创业大赛中，新闻学院 16 级广告学本科生李晨啸凭借“StepBeats——运动创作音乐 AI 平台 Step Beats 项目”获得金奖。

作为创业“新四军”中的重要一派，“浙大军”的成功激励越来越多的年轻人投身于创新创业。在相互交流环节，果莱网络科技创始人、浙江大学 14 级广电硕士生顾寒欣，DUK 达客创始人、浙江大学 13 级广告专业本科生朱闻琪分享了自己的创业经历。

2017 年周江伟负责的国家级大学生创新训练项目“融媒时代的电影产业模式变革”，以目前中国大陆电影的主要制作—宣发形式为基础，对其所涉的各个环节都加以相对深入的分析，从而使媒体融合时代的中国电影产业模式得到相对清晰的呈现，以求对产业上下游进一步拓展发展空间，延伸产业融合的深度和广度有所帮助。此外，通过对以百度、阿里巴巴、腾讯、搜狐、优酷土豆等为代表的互联网公司介入电影产业的步骤、方法做个案研究，对所得模式进行验证。此外，还有何艺璇负责的国家级大学生创新训练项目“社会资本对情感性和行动性社会支持程度的影响——以微信平台的捐助性众筹为例”。

(12)南京大学新闻传播学院创新创业情况

南京大学新闻传播学院创新创业团队建设主要依托南京大学双创基地，2017 年以来文化创意产业平台通过建设影视、戏剧、美术、创意营销、数字媒体、城市与建筑设计六大产研中心，推动文创项目开发和团队建设，取得了一定成果。其中影视、创意营销、数字媒体产研中心这三项内容是与新闻传播学院的专业教学与实践直接相关的，戏剧、城市与建筑设计与其间接相关。

一是影视产研中心。影视产研中心的重点项目之一为“大学英雄”。“大学英雄”是南京大学新闻传播学院学生发起的人物短视频产品，专门拍摄国内外高校中有思想、有创造、有故事、有情趣，能引发思考与共鸣的老师或学生。2017 年 9 月 25 号实验版上线，播放量达到 166 万次。2017 年 11 月 8 号“大学英雄”正式上线，每两周更新一期，截至 12 月 16 号，共推出四期，总播放量达到 360 万，平均单期播放量达到 90 万。截至 2017 年 12 月，已经拍摄了 4 期视频，主人公分别为《蒋公的面子》的作者、南京大学学生温方伊；民间建筑的观察者、清华大学学生徐腾；“南京长江大桥记忆计划”提出者、南京大学教授鲁安东；南京城墙的保护者、曾任南京大学教授朱偰。“大学英难”项目定位清晰、内容丰富，赢得了业内的口碑，12 月 20 日被腾讯授予高校类最佳运营奖。

二是创意营销产研中心。主要包括几部分，首先是推进以《2017 中国数字营销白皮书》为代表的学术著作与论文的出版与发表，推进产学研一体化建设。南京大学奥美创意研究院联合中国商务广告协会数字营销研究中心、《数字营销》杂志社正式发布《2016 中国数字营销蓝皮书》，逐年记录与研究数字营销行业状况。

其次是开办各类课程，帮助学生开阔眼界，培育创新创意人才。如奥美创意讲座，从 2015 年开始，邀请奥美集团各个事务部的总监及业务精英，为同学们开展理论与实践相结合的讲座，包括品牌构筑、数据营销、创意文案、策划、执行等多个角度；如纯正英文创意课，2017 年，奥美行销亚洲——环太平洋地区总裁 John Goodman 带来第一讲“数字化、全球化和大创意(Globalizaion，digitalization and Big Idea)”主题讲座；如纽约广告节创意公开课，邀请到众多的传媒广告界资深领袖与同学们分享从业经验；如“数字营销新趋势”课程，与虎啸数字营销课程合作，邀请虎啸实战专家为同学们分享营销领域的最新案例和行业热点，营销前沿话题尽收囊中。

然后是继续积极参与以第十届全国大广赛为代表的、一系列的创新创业比赛，推进南京大学南雍广告创意分社的壮大与创意输出。南雍社广告创意分社前身为南京大学广告学社，主要组织广告创意活动、广告讲座等学生实践活动。2017 年，南雍社广告创意分社在学院老师和业界创意人员的建议与帮助下，开展了一种全新的实践活动形式“模拟广告公司”，使同学们能够尽快融入实践与真正的广告行业中，完善自己对于广告行业的认识。

最后是推进以广告精英夏令营为代表的、一系列的国际交流与考察活动。为学生开辟国际化视野与沟通平台，也为南大在国际广告教育行业赢得声誉和尊重。

三是数字媒体产研中心，主要包括以下几个项目：首先是“家书”，该项目是南京大学新闻传播学院师生打造的全国首档大学生与父母的对话音频栏目。截至 2017 年 12 月，“家书工作室”共发布 150 期有声节目，在蜻蜓 FM 平台上的订阅数超 50 万，收听人数达 1200 万，已成为一档具有全国影响力的原创音频节目。工作室完成了家书文创产品的设计，用于家书品牌的线上下活动推广，并与南京大学出版社签订了《南大家书——不可不知的 95 后心声》一书的出版合同，搭建的 App 也已完成框架调试。

其次是“杜课”，由杜骏飞教授创建、面向新闻传播专业学生的人文公益类微信公众号“杜课”在过去一年继续发力，至今已推送 300 余期，在清博指数排行榜多次位居同类产品第一名。它们或点击数万，或广受业界、读者好评。

还有从 2017 年 10 月创办至今，由南京大学新闻传播学院及其他院校学生组成的“NJU 核真录”工作室，致力于在“后真相时代”，进行“事实核查”的实践，核查内容范围涉及时政、商业、环境、就业等多个领域，核查对象包括政府官员、企业、企业家等。

由南京大学新闻传播学院王辰瑶教授亲率学生团队共同打造的学生媒体"新记者"，现已成长为极具影响力的校园媒体。目前，南京大学新记者人数规模已达 50 余人，由热点报道部、特别报道部、新闻策展部、数据可视化部、非限定作品部、评论部六大部门共同组成，拥有微信公众号、新浪认证微博、网站等全媒体传播渠道。

最后是百度校园与南京大学新闻传播学院合作打造百家号——"大学新闻"。目前，"大学新闻"运营团队正在积极举办首届中国大学生校园媒体大赛，现已吸引国内上百支校园媒体团队参与。

四是戏剧产研中心。首先是舞台剧项目：《特洛马克》《炸锅》《杂音》；其次是剧情片、纪录片项目：《之子于归》《去沧州》；再次是"南雍剧作社"项目：2017 年邀请香港著名电影编导唐季礼先生来基地开设讲座一次，并向他颁发客座导师聘书，为南京金橡树影业有限公司的电视剧项目培训学生编剧 4 人，为央视的电视剧项目培训学生编剧 2 人；最后是 2018 年计划：组织一次微电影创作大赛，为地方政府或企业创作形象宣传片，或拍摄微电影，邀请编导名家开设专题讲座，承接电影或电视剧创作项目，召开剧本研讨会或剧本研创学术研讨会。

五是美术产研中心。重点项目为南雍名人雕塑工程，2017 年成果包括两方面：其一为建设写意雕塑数据库；其二为和企事业单位合作举办 3 个省级以上展览，使得同学的作品有良好的平台，并能通过这些平台走向市场。

六是城市与建筑设计产研中心。2017 年，"可沟通城市设计事务所"立项了可沟通城市实验室项目，由南大建筑与城市规划学院(发起人鲁安东教授)、现代工程应用科学学院、新闻传播学院、艺术研究院四个学院联合进行。

在未来的 2018 年，南京大学新闻传播学院将继续依托文化创意产业平台，推动学生创新创业发展，进一步拓展知识边界，完成更多的创新创意设计成果，培养更多的创新创业人才。

4. 总结及展望

高校创新创业团队建设主要包括三部分：一部分是各类大赛，如"大学生创新创业训练计划""挑战杯""创青春"等项目创新创业团队建设；一部分是双创示范基地中的高校示范基地建设及新建的各类创业学院；一部分是高校自发进行的创新创业活动，如清华自身举办的比赛"x-lab"校长杯，如深圳大学创业园。

国内高校创新创业团队中，较优秀的通常是管理学院、经济学院，或是大学新设置的创业学院，比如以管理学院为依托的中山大学创业学院。在 12 所高校内部主流的创新创业团队中，新闻传播学院的身影出现频率较低。中国传媒大学、汕头大学是例外，这两所学校新闻传播学院学子创新创业团队建设较好，有着鲜明的特色。

由此可以窥见，国内主要新闻传播学院创新创业团队建设与热能、人工智能、科技及大数据等部分理工科相比，没有太大优势，但由于互联网时代蓬勃发展，新闻传播学院创新创业建设有了新出路。有的高校主要是自媒体建设，走内容创业路线；有的是文化传媒公司，走文化创意产业路线；有的是不同学院凝聚力量跨学科结合。

新闻传播行业在这个大环境内，创业形势也有了一些变化。从 2013 年开始逐渐出现新闻传播创新创业团队至今，没有受到总体创业环境弱化太大的影响，互联网创业持续发展，新闻传播迎着自媒体的风口，在内容创业、互联网新媒体创业及跨学科创业上应大有可为。

内容创业符合现今及未来发展的趋势，百度携手各大高校的新传学院，整合百度内容生态资源与高校资源，进行征文活动的刊发。“百度——全国大学生内容创新创业大赛”是由百度校园联合南京大学双创示范基地共同主办，中国网络传播学会协办，面向全国大学生的一项互联网内容创新创业大赛。

此外，刺猬公社也组织过大学生创新创业活动，由刺猬公社、每日人物及 AI 财经社主办，蚂蚁金服商学院特别支持的校园非虚构故事大赛由数百家校媒组织联合发起，面向所有本科院校(包括港澳台和海外)的全日制学生(包括本硕博)，在职学生和已毕业人士不得参加。

国内高校新闻传播学生团队创新创业建设，主要依托不同高校自身资源、优势及地理位置等，与时代发展也有一定的相关性。在如今移动互联网、大数据、人工智能浪潮一波又一波的冲击下，作为高校新闻传播专业学生，未来媒体行业的中坚力量，如何能够抓住机遇，与时俱进，及时学习吸收先进的科学技术、创业理念，并将其与媒体行业结合起来，进行创新创业，是当代每一个准媒体从业者所要思考的问题。

（赵　泓　张梦莉）

13.4　“电通·创新人才训练营”开展情况

日本电通公司自 1996 年起便与中国教育部共同实施在中国广告教育与人才培养领域的活动。在“大众创业、万众创新”背景下，为提高我国高校广告传媒专业的创新能力和人才培养质量，教育部与日本电通公司于 2015 年开始举办“电通・创新人才训练营”。训练营每年举办一届，旨在通过对广告创意领域的前沿理论与实际案例的集中讲解与实践，拓展学生视野、提升专业技能、激发创新意识，全面提升我国广告高等教育领域创新人才培养能力。

“电通・创新人才训练营”自 2015 年首次举办以来，已成功举办 3 届，分别由中国传媒大学、上海外国语大学、深圳大学承办。

13. 4. 1　首届训练营开展情况

首届“电通・创新人才训练营”于 2015 年 7 月 18 日至 20 日在中国传媒大学举行，训练营由教育部和日本电通公司主办，中国传媒大学承办。

首届训练营由日本电通公司选派的授课讲师和中国 10 所高校的师生组成，采取 72 小时制强化培训的方式，通过授课、小组演练与小组展示三个环节，最终评选出优胜奖和创新奖。

电通选派的授课讲师为电通创意总监森口哲平和体验设计工作室成员岩下智、坂本雄祐、宫田应大。

参与学生为来自北京大学、清华大学、中国人民大学、中国传媒大学、北京工商大学、中央民族大学、中国政法大学、北京理工大学、北京邮电大学和北京工业大学等 10 所高校的广告、传播、新媒体、信息技术等专业本科三年级的学生，参训的学生和带队老师近百人。

7 月 18 日，训练营正式开幕。在 7 月 18—20 日的 3 天时间内，株式会社电通的森口哲平等四位讲师分别讲授“体验设计与创新”“项目调查与创意表现”“创意过程（概念随机组合）”“项目执行”等创新课程，展示了大量最新案例，用生动有趣的互动游戏传授了利用身边事物进行创新的方法。10 所高校学生以 10 个团队的形式全程认真参与讲座、和授课教师充分互动，取得了较好的学习和训练效果。在最终的创意项目实战演练中，北京工商大学团队设计的无人机雨伞项目获得“创新奖”，其余团队获得“优秀奖”。

13. 4. 2　第二届训练营开展情况

由教育部与日本电通公司主办、上海外国语大学和苏州独墅湖科教创新区承办的“第二届电通・创新人才训练营” 于 2016 年 10 月 13 日至 16 日在苏州高教园区举行。

此次电通创新人才训练营共有 72 位高校师生参与，分别来自复旦大学、上海外国语大学、上海大学、华东师范大学、上海师范大学、华东理工大学、南京大学、浙江传媒学院、浙江工业大学、中国美术学院、苏州大学、西交利物浦大学。训练营为各高校广告学子带来了全新的设计与商业视角。同学们在分析现实生活的需求基础上充分发挥想象力，在专业讲师的指导下将初具雏形的创新商业设计不断打磨，最终在比稿中呈现一场创意盛宴。

第二届训练营采取“72 小时封闭式强化训练”和最终 24 小时限时创新设计比稿的形式，电通公司来自于东京总部的 XDS 总监森口哲平、数码技术策划总监坂本雄祐、艺术总监樋口裕二、传播设计专家工藤尚弥从全球传播实践的高度，以“创新”为题阐述广告业界最新的创意潮流和商业解决方案。在三天的培训中，四位电通创意导师与同学们分享了他们在商业模式设计、引爆社交媒体的策略、事物和体验的设计原则以及构思方法训练与最新科技方面的最新成果。工藤尚弥指出在社交媒体上要实现爆炸性的轰动效应，需要抓住用户情感高扬的诉求和吸引媒体关注两个角度。坂本雄祐通过创造不存在的新事物的卡片游戏，与同学们探讨了什么是灵感，并指出通过寻找事物之间的关联性，将已存在的要素大胆地组合会创造出绝妙的新创意。樋口裕二提出设计的本质在于寻找符合品牌理念的解决现实问题的解决方案，并以鲜活的案例阐释了体验的设计与物品设计的方法。

在终极比稿命题发布后，12 支队伍进行独立构思并与电通创意导师进行三轮讨论，不断优化最初的构想，各高校队伍发扬拼搏精神，在有限时间内将创意水平发挥到最大程度。发表当日，会场内洋溢着庄重和轻松的气氛，充满信心整装以待，以现场情景模拟、工作原理展示和诙谐歌曲等方式展示各自的创意，并专注地听取其他参训队伍的创新设计分享。在最终的评奖环节，电通导师高度评价了此届参训大学生的创意，认为中国大学生的创新精神日益提升，并表示很期待今后各项创意投入真正的实践中。最终，来自浙江传媒学院的团队以悬空婴儿车(BB Fly)的创意斩获全场创新奖，其余团队获得优秀奖。

13.4.3　第三届训练营开展情况

长期以来，电通在日本国内外展开了许多公益活动，已走过 20 年历程的“电通・中国广告人才培养基金项目”成为其中最具代表性、成效最大、意义最深、参与人数最多的项目。随着近几年来科学技术的进步和媒介环境的变化，传统的广告传播业表现出了一定的局限性，业界面临着转型和创新的压力，因此，举办“电通创新人才训练营”是回应时代需求的举措，而此届训练营不再只是面向学生的短期活动，不仅加入了对教师的培训，还在为期半年的活动时间内提供长期的指导和帮助。

第三届训练营在前两届的基础上进一步扩大范围、深化内容，扩展为企划阶段和实践阶段两大部分。第一阶段的企划是以培训班的形式进行，旨在使参加活动的指导教师深刻理解何为创新、如何培养与指导创新型广告创意人才，并能更好地指导本年度参加电通创新人才训练营的学生队伍，参训对象为国内 40 多所高校年轻教师。第二阶段由日本电通公司选派的授课讲师和在 40 多所高校中通过企划案选拔出的中国 8 所高校的师生，采取 72 小时制强化培训的方式，通过授课、小组演练与小组展示三个环节，最终评选出优胜奖和创新奖。此次训练营活动自 2017 年 4 月启动，全国近 40 所高校参与。电通专家为参与高校提供了 8 周远程课程和远程指导，各高校于 7 月提交了创意方案，经过电通专家严格公正的评审，最终选拔出此次受邀赴苏州参加训练营的 8 所高校团队。

1. 第一阶段：教师训练营

2017 年 4 月 6—7 日，由中国教育部、株式会社电通共同主办、深圳大学传播学院承办的第三届“电通创新人才训练营”第一阶段企划案正式启动，参训的高校指导教师培训班在深圳大学图书馆南馆报告厅举行。来自全国近 40 所高校的 50 多名教师接受了为期两天的创新培训。此次活动不只是广告专业的培训，更关注广告产业如何在创新中获得新机会、实现新发展，推动了“大众创业、万众创新”背景下高校广告专业教学工作的改革和创新。

在两天的培训中，电通 XDS 团队总监森口哲平为教师们介绍了该项目的宗旨内容和指导的方法。通过小组讨论的方式，他与教师们互动交流，讲解创新者应有的素质、指导者应有的态度及创新方法论，并一同参观了全球最具创新能力的硬件公司加速器“HAX”。森口先生说，在任何一个时代，为了下一代的生存，新的职业、新的事业、新的生活都需要被不断孕育出来，创新可能成为一种商业形式，也可能成为新的社会形态，老师们要为下一代寻找新的发展道路。

2. 第二阶段：72 小时实践训练

2017 年 9 月 26—28 日，由教育部与株式会社电通主办，深圳大学、苏州独墅湖科教创新区承办的第三届“电通 · 创新人才训练营”第二阶段在苏州举行。通过前期策划案的提交，电通在参赛的 40 所高校里选拔出厦门大学、复旦大学、安徽大学、中国传媒大学、北京工业大学、北京工商大学、上海师范大学、华中科技大学的 8 个团队参加了本次创新训练营。

此次训练营电通选派的授课讲师为电通创意总监森口哲平、体验设计工作室平面设计师岩下智、数码策划技术师坂本雄祐、市场营销策划人泷口友香。四位讲师分别讲授了“逆转”“分解”“逆算”“结合”等独创的创新创意方法，用生动有趣的互动游戏传授了利用身边事物进行创新的工具和方法，并依此提出独特的商业计划。每个团队运用方法创新思考，进行了精彩的创意提案。在最终的创意项目提案环节中，厦门大学团队设计的“Dressing”项目获得“优秀奖”，获得前往日本电通总部交流访问的机会，其余团队以创意作品获得“创新奖”。

13.4.4　活动成果

“电通·创新人才训练营”是在以往电通讲座和论坛基础上的创新之举，旨在搭建日本电通公司一线精英与中国广告专业学生创意交流的新平台，结合“大众创业、万众创新”精神，提高中国高校广告专业的创新能力和人才培养质量。训练营的成功举办，为新时期新媒体、广告与创意类人才培养进行了有益尝试，也为中外教育合作开拓了新模式，活动受到了各方高度评价。

通过对活动结束后的问卷调查和活动结束后的采访，整理出学生们对训练营的评价和建议。

首先，参训学生表示收获大、满意度高。每届训练营结束后，承办方都会面向受训学生进行问卷调查。参训学生普遍对活动的内容设置、活动组织、学习效果等均表现出较高的满意度。如首届训练营的问卷结果显示，学生对内容设计的评价“内容丰富”“贴近实际”“案例典型”“形式生动”，平均得分分别为4.38、4.57、4.63、4.58(满分为5分)，4个方面的分数分别达到了满分的87.6%、91.4%、92.6%和91.6%，满意度接近或超过90%，尤其是对课程在案例选择方面满意度最高。关于课程内容的调查中，学生给出了内容充实、形式多样、新鲜有趣、活动组织细致精心等评价。学员们表示学习到了创意思考方法、创新能力、团队协作，以及拓宽了视野。并且参加人员全部想在之后和家人、朋友、学校的同学进行分享。有学生还想将在训练营学习到的训练方法传授给师弟师妹进行训练。

其次，带队老师在教学方法方面受触动，有益于今后广告教学。会务人员通过个别接触的形式收集了各校带队老师的感受。带队教师普遍反映，三天训练营节奏紧凑，内容充实。尤其是在两个方面受启发最大：第一，接触到了电通公司的最新案例，其中很多案例是电通讲师亲身参与的，其中的创新、创意方法十分具有启发意义；第二，电通讲师创新的授课方式，对改进我们的广告教学十分有参考意义，如电通讲师引入的卡片组合的创意方式、卡片游戏式创意等环节，很好地活跃了课堂气氛，启发了学生的创新思维，有利于今后广告类课程的教学改革和创新。

再次，电通公司的讲师和工作人员对中国各高校学生的素质和水平给出很高评价。在训练营期间，各高校团队与电通讲师进行了充分沟通，增进了双方的了解。各高校学生展现了突出的团队合作精神、创新精神，展现了当代中国大学生良好的精神风貌和专业水平。电通讲师对各高校高水平的创意和提案表示惊讶，给予很高的评价。其中，不少团队的最终提案已经基本达到可以直接商业化运用的程度。训练营的训练也给电通讲师留下了深刻印象。

（赵新利）

13.5　“方大曾校园行”公益计划纪实(2015—2017)

2015 年 9 月，“方大曾校园行”公益计划首站活动在清华大学正式开启，直至 2017 年 6 月 10 日，活动圆满收官于范长江新闻学院。历经两年时间，该公益计划走进国内外 20 所大学，以讲座、展演、交流会等形式，让更多的在校学子认识方大曾，了解方大曾，学习方大曾，重现抗战中一个人的命运和那段国家危亡的历史。

这个活动的发起人，是中央电视台高级编辑、《寻找方大曾》纪录片导演、《方大曾：消失与重现》《方大曾：遗落与重拾》专著作者冯雪松先生。他历经近 20 年的时间，不间断地追寻方大曾的踪迹。

每到一站，冯雪松都亲自讲解方大曾当年鲜为人知的英雄事迹，并与各校师生开展深入交流和专业互动，借此弘扬和传播新闻人的职业道德与专业精神，提倡爱国、敬业、责任、担当，用榜样的力量传递正能量，为青年学子将来步入社会提供借鉴和帮助，延续国家记忆，传承民族精神。

13.5.1　方大曾其人：时年 25 岁的战地记者，失踪已近 80 年

方大曾，原名方德曾，笔名小方，1912 年出生于北平外交官家庭，是杰出的摄影家、中国战地记者先驱。他是“卢沟桥事变”后第一位抵临前线报道的记者，被摄影史家称为“中国的罗伯特 · 卡帕”，其摄影作品在当时已经显现出国际水准。

在摄影史上，一般认为，为中国留下珍贵影像资料的大多是外国人，如法国著名摄影家亨利 · 卡蒂埃-布列松、马克 · 吕布等人。国人长期对过去本土摄影家的缺位有一种莫大的遗憾。然而方大曾的存在与显现，让越来越多的人对中国摄影有了底气和信心。以当时中国摄影的条件来看，方大曾几乎是凭直觉在摄影，其作品中灌注了丰富的情趣和悲天悯人的情怀，在经意与不经意之间，他用镜头留住了一个时代。

作为青年摄影家的方大曾，“人品纯正，热情，精力充沛……好像总是在走路，奔忙，不知疲倦”。他关心底层百姓的苦难生活，用相机记录了20世纪二三十年代中国北方的社会民生。对于战事的追逐，方大曾也抱有极大的热忱。1931年“九一八”事变后，国难当头，方大曾以相机和文字为武器，为抗日救亡而奔走，留下了很多反映抗日题材的摄影作品，如《日军炮火下的宛平城》《奋勇杀敌的二十九军》等。1936年绥远抗战爆发，方大曾去往前线采访，活跃于长城内外，写下多篇附有摄影作品的通讯，如《绥远的军事地理》《绥东前线视察记》等。1937年7月10日“七七事变”爆发后第三天，方大曾即前往卢沟桥采访，发表了详尽的长篇报道《卢沟桥抗战记》。然而，好景不长，1937年9月30日，方大曾在《大公报》上发表的《平汉北段的变化》，是其最后一篇见诸报端的文章。时值25岁的方大曾，在河北蠡县发出该篇报道后至今杳无音讯。

常年在激战前沿阵地勇敢坚守的方大曾，留下了大量反映前线战况的珍贵摄影作品和新闻报道。他透过自己的目光，描述着七八十年前国难当头的中国大地，凭借枪林弹雨中的镜头，记录下抗战初期一个国家的遭遇。他的作品被中外媒体广泛采用，成为世界详细了解中国抗战发端的第一手消息。他所传递出的珍贵影像史料，鼓舞了中国军民抗战士气，振奋了民族精神，引起了当时国际社会的关注，为中国摄影史和中国战地报道增添了重要篇章。

中国新闻史学界泰斗、中国新闻史学会创会会长、中国人民大学一级教授方汉奇先生表示：“方大曾有关卢沟桥事变和抗战前线的一大批新闻照片，是对伟大的全民抗战的忠实纪录。它体现了抗日军民抵御外侮、敌忾同仇的民族精神，鼓舞了士气和斗志，也保存了许多拍自第一现场的珍贵画面，具有重要的历史文献价值。我们为历史上有过如此杰出的新闻摄影记者感到骄傲。”

2006年，方大曾的家属将他遗留下来的、历经动荡、艰难保存半个多世纪的837张原版底片，无偿地捐献给了中国国家博物馆收藏。

13.5.2　冯雪松的坚守：“寻访方大曾”之路，一走就是20年

冯雪松与方大曾的不解之缘始于20世纪末。1999年年初，时任中央电视台社教中心专题部《美术星空》栏目编导的冯雪松，在办公室里收到了一份由时任中国摄影出版社副社长陈申先生发来的传真，内容是希望合作推广一本关于抗战初期战地摄影记者方大曾的书籍。这是冯雪松生平第一次听到“方大曾”的名字。看到这份传真他觉得有温度、有兴趣，感到方大曾是一个极具价值的历史人物，然而当时的人们对这个人物知之甚少。冯雪松凭借对未知领域的探索欲和强烈的职业敏感，他果断地抓住了这次因缘际会，从此开启了对方大曾长达近20年的寻找之旅。

在网络还不普及的世纪之交，查找方大曾的相关资料十分不便，再加上当时的文献对他的记录极少，没有人物生平，零碎的介绍加起来不足一百字。冯雪松只能从图书馆的旧刊中搜寻方大曾的踪影，他蛰伏于北京图书馆的旧刊库，历经四个半月时间，做了20多万字读书笔记，渐渐勾勒出方大曾的战地足迹。

一个偶然的机会，冯雪松听闻方大曾的妹妹方澄敏尚存有方大曾曾拍摄的837张底片，他喜出望外，择日上门拜访。当时，这位85岁老人抱着哥哥照片热泪不止的场景，令时仅20多岁的冯雪松终生难忘，于是，他决意以方大曾为选题拍摄纪录片。

冯雪松把那些散落在不同报刊上的文章聚拢起来，按照时间顺序整理出方大曾当年走过的战地路线图。照此路线，冯雪松重新上路，展开田野调查，寻找有关他的一切线索。他数次往返于保定、石家庄、太原、大同、蠡县……4000多公里的行程，从哪到哪，坐什么车，完全依照当年。

寻访途中，冯雪松经历重重困难。比如，路途奔波，经费不足，被视作假记者，资料匮乏，信息断裂，等等，使得其一线调查一次次陷入困境。在历经八个多月的拍摄和编辑中，冯雪松亲自对百余位战争亲历者、专家学者进行过访问，最终，纪录片《寻找方大曾》终于在2000年11月8日新中国首个记者节这一天在中央电视台播出，并一举获得第十五届全国电视文艺星光奖。

在纪录片拍摄过程中，抽丝剥茧的探寻与发现，令方大曾身上的职业素养、新闻理想、爱国情怀等光芒愈发闪耀。冯雪松越来越觉得，寻找方大曾的价值不可低估。“当前社会的浮躁，使年轻记者们坚持新闻理想越发艰难，软新闻、假新闻腐蚀着媒介环境，职业道德的缺乏危害着社会公信力。如今的新闻界太需要像方大曾这样坚守理想的年轻人。”为了让新闻界涌现更多“方大曾”，冯雪松表示还要继续把追寻的道路走下去。

2014年，冯雪松将方大曾的珍贵资料和自己的寻访经历整理成《方大曾：消失与重现》一书出版。该书在学界、业界引起了一波延续几年的“方大曾热”。著名新闻史学家方汉奇先生见到这本书格外激动，并提笔写下了感言：“冯雪松的这部专著《方大曾：消失与重现》，把湮没了八十多年的一位杰出的新闻工作者和摄影记者方大曾推到了历史的前台，让他的名字开始为公众所知晓，这是对中国新闻事业史人物研究和中国战地新闻摄影史研究的一大贡献。”此外，冯雪松还计划捐出书籍全部版税设立“方大曾基金”，用以鼓励年轻记者们坚守新闻理想。

2017年12月，《方大曾：消失与重现》的姊妹篇《方大曾：遗落与重拾》也出版。经过近三年的准备和写作，冯雪松从新近发现的方大曾遗物、遗照入手，经实地踏查、求证，运用最新研究成果及新史料、新线索，近一步走进小方丰富的个人世界，并梳理出他的师友圈、社交圈及鲜为人知的特殊经历，把方大曾的人物形象更加完整、立体地展现出来。

在冯雪松的努力下，方大曾纪念室也于 2015 年 7 月 7 日在保定光园落成。该纪念室经多方共同努力，历时半年完成。方汉奇先生为纪念室题写匾额。冯雪松自己表示，十几年来，从纪录片《寻找方大曾》，专著《方大曾：消失与重现》，到方大曾纪念室，再到“方大曾校园行”公益计划，通过不断地努力、发掘、推广，方大曾的生命轮廓和精神面貌逐渐清晰，重新回归当代人的视野，这既是对先辈的缅怀，更是出于对未来的责任。

中国新闻史学会原副会长、中国新闻教育学会常务理事、华中科技大学新闻与信息传播学院博导吴廷俊教授高度赞扬了冯雪松的追寻之举：“冯雪松寻找方大曾的行动体现了做新闻史研究的正道。他翻阅旧书报，进行田野调查，掌握第一手资料，是治史的基础。写作时，尽量按照冷静、客观的原则，尊重史料，不要妄加臆断。对于访谈的素材，尽量保持原汁原味，不任意改写。这是治史的原则。他走进历史，同历史人物进行对话，在同历史人物的对话中，找到研究的动力，更是难能可贵的。”2016 年 4 月，在中国新闻史学会第二届新闻传播学学会奖的榜单上，冯雪松的纪录片《寻找方大曾》和专著《方大曾：消失与重现》荣膺“组委会特别奖”，再次收获了来自中国新闻学界的崇高敬意。

经过近 20 年的寻找，冯雪松从“小冯”变成了老冯，“小方”也由寥寥数字的介绍成为逐渐为公众所知晓、形象更为立体的榜样人物。寻找方大曾的队伍在不断壮大的同时，冯雪松也很清楚，自己所寻找的已经不再只是方大曾，而是他的精神以及他所代表的正能量，“那是一种爱国、奉献、有责任、有担当的进步青年的精神力量，这样的精神可以超越时空来影响当下”。

下一步，冯雪松的计划也还有很多，包括将方大曾收入《中国大百科全书》，建立方大曾基金，设置“方大曾奖”，鼓励年轻新闻人参与制作关于方大曾的话剧等。他表示，只要方大曾还未找到，他的追寻就要一直继续下去。

13.5.3　“方大曾校园行”：既是追忆历史，更是烛照未来

通过多年“寻找方大曾”的经历与心得，冯雪松顿悟出，让“方大曾”进校园，让更多未来的新闻人学习方大曾的新闻理想和职业精神，是对方大曾当年壮怀激烈的爱国情怀的最好纪念。于是，他组织发起了遍布全国的“方大曾校园行”公益计划。

该计划的时间之所以定于 2015 年 9 月起至 2017 年 7 月止，是因为 2017 年 7 月是“卢沟桥事变”80 周年和方大曾诞辰 105 周年纪念日。在这个计划中，冯雪松先后走完全程 20 所大学，以讲座、展演、交流会的形式，通过“寻找方大曾”“一个人和一个时

代”“方大曾的家国情怀”等不同主题，从“方大曾是谁”“关注民生的摄影师”“一个人的绥远之行”“消失的战地足迹”“家人的等待”和“我们的寻找”等多个角度，重现抗战中一个人的命运和那段国家危亡的历史。

2015 年 9 月 23 日，“方大曾校园行”公益计划在清华大学正式启动，开启活动第一站。来自媒体界人士、多个新闻院校的师生聆听了“寻找方大曾”讲座，共同缅怀方大曾，探讨当代传媒人应有的职业精神和专业素养。中国新闻史学会会长、清华大学新闻学院副院长陈昌凤教授在致辞中表示，78 年前的方大曾以镜头、作品展示家国情怀，78 年后的今天，冯雪松以“校园行”的形式传承这种精神，两代记者实现了“隔空对话”，这是对历史的铭记，更是对未来的启示。

“方大曾校园行”公益计划随后分别走进中国传媒大学、北京大学、解放军南京政治学院、复旦大学、暨南大学和汕头大学。冯雪松先生通过自己多年的寻找经历，带领师生一同感受消失沉寂了近 80 年的方大曾，引导同学们在了解其事迹的同时，也对自己进行一个反观和审视。暨南大学新闻与传播学院副院长张晋升教授在听完讲座后感慨道：“短暂的生命竟能有如此丰富的职业经历、厚重的人生体验和时人无法比拟的新闻业绩，靠的是什么？——情怀、理想、信念和奉献。唯有以国为家的情怀，心中才能装得下整个世界；唯有矢志不渝的新闻理想，人生才能找到奋斗的目标；唯有坚定自觉的职业信念，青春才能绽放出永恒的光辉；唯有孜孜不倦的全能奉献，个人才能肩负起时代赋予的历史使命！”

2016 年，“方大曾校园行”又先后走进中央民族大学、厦门大学、河北大学、重庆大学等七所高校。冯雪松与青年学子们分享小方的传奇经历，细致地讲述了方大曾消失与“重现”的故事，并鼓励他们学习小方的责任与担当，将新闻理想与民族命运和时代精神紧密相连。

2016 年 9 月 25 日，“方大曾校园行”走进第 11 站天津师范大学。此站是唯一入选“方大曾校园行”公益计划的师范类院校。在讲座的互动环节中，在场的同学们围绕新闻理想、职业困惑、寻找的意义、寻找的方法等话题提出了许多问题，冯雪松一一对其作出了精彩的解答。在回答有同学提出的“青年学子如何加入寻找方大曾的队伍”这一问题时，冯雪松说：“每位同学手里都有相机，都有微信和微博，把这个故事传播开来，就是加入了寻找方大曾的队伍。”此外，该站“方大曾校园行”还有一个亮点，上海锦绣文章出版社作为刚荣获第十一届全国少数民族文学创作“骏马奖”的作品《方大曾：消失与重现》的出版方，此次专程派该书的责任编辑姚琴琴女士来到现场，公益捐赠 50 本专著给该校图书馆作为馆藏，以便青年学子进一步了解两代记者关于家国情怀与职业理想的追寻之旅。

2017 年 5 月 10 日，“‘二战’中的中国记者方大曾”学术讲座在纽约州立大学孔子学院举行，此活动为“方大曾校园行”计划的第 18 站。讲座上，冯雪松通过一组组珍贵的照片，一个个引人入胜的故事，让外籍学子很快进入历史场景。纽约州立大学孔子学院学生何塞·冈萨雷斯在听完讲座后感叹道：“我对方大曾十分敬佩，他对人类和世界的贡献超越了许多同时代的人。”

2017 年 6 月 10 日，“方大曾校园行”公益计划在四川内江范长江新闻学院迎来“收官之站”。范长江长子范苏苏、方大曾外甥张在璇以及十余位范长江新闻奖获得者来到现场支持，一同见证了这项影响广泛的公益计划圆满落幕。当天上午，在四川内江范长江纪念馆还一并举行了《解读方大曾：方大曾作品及范长江新闻奖得主的阅读笔记》的首发仪式。此书是方大曾的首部作品合集，由冯雪松主编，中国新闻史专家方汉奇题写书名，范苏苏作序，具有较高的历史文献价值及研究价值。对“方大曾校园行”公益计划选址于范长江家乡收官的美妙安排，中国新闻史学界泰斗方汉奇先生评论说：“范长江、方大曾两位当年的战友能在内江相聚，将是新闻史上的一段佳话。”

“方大曾校园行”公益计划虽已落幕，但冯雪松仍先后收到澳门大学、澳门科技大学以及广东等一些高校的讲座邀请，对此，冯雪松表示，他会把方大曾的校园之旅持续进行下去，把方大曾的新闻素养和充满正能量的家国情怀传递给更多的学子，去吸引、集聚更多的青年加入到“追寻方大曾”的队伍中来。

（高　杏　张德胜）

第14章　新闻传播教育改革前沿

14.1　中国人民大学新闻学院的改革探索

中国人民大学新闻学院始建于1955年，整合了燕京大学新闻系、北京大学中文系新闻专业的师生等资源与学脉，形成了自己的独有办学风格，在教育部全国新闻传播学科综合实力评估中长期排在第一名。目前学院是国家“双一流”建设单位、教育部人文社会科学重点研究基地中国人民大学新闻与社会发展研究中心依托单位、中国高等教育学会新闻学分会会长单位、国家级实验教学示范中心所在单位，与国际多所著名新闻传播院系有着密切的交流合作关系。

近一段时期，随着中国社会各领域以及传媒业所发生的各种深刻重大变化，学院一直积极应对，在教学科研方面大胆探索，推出了一系列改革措施，并取得了初步成效。

14.1.1　人才培养改革探索

1. 理念变革

中国人民大学新闻学院培养本科生与研究生两类人才，而针对这两类人才，学院培养的总目标是：落实立德树人根本任务，实现知识训练、能力养成和价值塑造协调并彰，造就融媒体时代的高端复合型新闻传播人才、公共传播人才以及科学研究人才。这些人才信仰坚定，实事求是，知行合一，德性与智识全面发展；拥有卓越的专业能力，坚守专业精神和理想，积极进取，勇于创造；树立公共精神和人类命运共同体情怀，堪为国民表率和社会栋梁。

而结合社会与行业发展以及国际新闻传播教育的最新趋势，本着中国人民大学本科人才培养路线图的精神，新闻学院目前的本科生培养理念在进行变革，即从“专业——方向”式培养模式向“兴趣—专长”、“项目—任务”式培养模式转变。学院本科培养打破几十年来一直实行的大二分专业的模式，学生入学后不再分专业，他们可以在所有课程包内按兴趣与专长选课，然后毕业前认定专业。另外，他们还可以按自己的兴趣与专长，进入“新闻学—法学”、“新闻学—国际政治学”实验班和未来传播学堂人才培养等项目，接受跨学科、跨文化与跨媒体的综合型培养。

2. 人才培养新举措

(1)本科生培养模式改革

①不分专业培养。为贯彻中国人民大学本科人才培养路线图中学生要有“宽口径、厚基础”的精神，结合媒体融合的行业发展实践，新闻学院从2017级本科开始，采取不分专业的培养模式，以往是学生进入大二后将根据自己的选择分流进各专业，在专业内进行培养，所修课程相对局限于该专业，而这样形成的知识体系，肯定也相应偏窄，不适应当前融媒体运作的实践，现在不分专业后，所有学生的专业课除学科基础课外，将在新闻与传播学大学科之下全部课程包中按自己兴趣选择，而到了大四毕业之前，学院会按照学生选择的课程的偏向认定其专业，只要学生修够了拿到学位的学分总额，同时修了新闻学、传播学、广播电视学、广告学任一专业所指定的3~4门主干课，则就可以认定其是该专业的，从而拿到该专业的毕业证，以应对其就业需求等。而由此，也实现了“宽口径、厚基础”培养人才，以适应融媒体时代的人才技能需求，而由此也实现了“兴趣——专长”式培养意图，达到个性化培养与因材施教的效果。

②设置专门的人才培养项目。自2011年开始，学院面向社会、行业与学科变革的主流趋势，结合中国人民大学本科人才培养路线图“宽口径、厚基础”培养学生的精神，启动跨学科、跨文化、跨学业两界整合资源的工作，针对学生的兴趣、特长推出一系列特制的人才培养项目。具体如下：

跨学科实验班。学院自2011年开始，与中国人民大学法学院、国际关系学院进行学科联合，开设了“新闻学—法学”实验班和“新闻学—国际政治”实验班。此举旨在培养具有新闻传播学与法学、新闻传播学与国际政治学综合知识的高端复合型人才。毕业时他们会获得文学学士和法学(副)学士两个学位。每个实验班每届两个学院各推出15人，由双方学院在报名的学生中遴选。毕业生适宜在新闻媒体从事法治新闻报道、国际新闻报道，还可以从事与法律、外交事务相关的工作，以及在相关领域从事教育与科研工作等。目前，这两个实验班的毕业生就业情况很好，也受到用人单位的好评。

“未来传播学堂”项目。自2016年起，学院整合社会资源，开设了“未来传播学堂”本科人才培养高端项目，社会企业赞助资金1亿元人民币，将历时10年时间，造就数字化、国际化的新闻与传播领英人才。该项目的培养核心理念是“科技、创意、领导力”，旨在通过课程体系改造提升、行业实践资源整合、派赴国外名校留学(半年以上)、全球招聘名师授课等方式，选拔和培养高级创新型人才。每一级学生数为 30 人左右，面向以新闻学院为主的整个中国人民大学大一新生选拔。

“学术拔尖人才培养计划”项目。该项目在本科大四获得保研资格的同学中遴选有学术志向、潜质和积累的同学，学院给予经济资助以及其他学术研究优良条件，以培养学术拔尖人才，为未来的新闻传播学科造就高水平学术人才与师资，该项目自 2017 年启动，目前已经遴选出第一批学生。

“厚重人才成长支持计划”项目。该项目是中国人民大学以本科人才培养路线图为导引，跨越专业界限、激发学生兴趣、着力打造的第二课堂学生综合发展项目，其宗旨在于倡导学生多途径、多样化成长，养成更高的综合素质。新闻学院会在学校该项目资源的基础上，结合自身学科特色配套相关资源(如假期社会考察报道等)，最终遴选合格同学参与锻炼。

(2)研究生培养中的变革

新闻学院在研究生培养上也在积极谋划变革，目前一个主要的举措是增设了“一带一路”全球新闻传播(全英文)硕士项目，该项目由学院与外交部合作，招生面向全球，重点面向“一带一路”沿线国家。该项目全程采用英文教学，第一年以课堂教学与国内实践为主，第二年以论文撰写或完成毕业设计为主，毕业生将获得中国人民大学专业硕士学位。该项目服务国家的“一带一路”倡议以及全球化时代国家对外传播等重大战略，能培养具有国际视野、学术素养高、实务能力强的复合型新闻传播人才，同时也在“双一流”建设时代助力新闻学院学科建设与国际化水平升级。2018 年 2 月，该项目第一批硕士已经入学。

(3)课程设置变革

新闻学院在课程设置方面的变革主要体现在本科方面，主要有以下几种：

①开设工作坊。2010 年，学院面向实践前沿操作业务以及新技术、新设备等的使用设计了工作坊课程，每个工作坊共两学分，由学院教师或外聘专家作为导师，带领同学们共同研究、动手操作。每年大约有 8 个工作坊，主题有融媒体视觉表达、漫画人设运营、微信公号运营、微电影拍摄、VR 技术与设备、广告创意等。工作坊课程一般分两个学期完成，一个是老师们讲解理论与训练操作，1 学分；另一个是学院另派专门教师带领与指导同学完成参加全国性大学生比赛的相关作品，也是 1 学分。近几年来，工作坊的学生作品在全国大学生公共关系创业策划大赛、大学生广告艺术大赛、数据新闻等大赛上屡获佳绩，获得了包括一等奖在内的诸多奖项。

②实施“新闻传播学科核心与特色课程创新计划”。2017 年 10 月，学院启动“新闻

与传播学科核心与特色课程创新计划”，该计划是顺应当前传播技术变革、社会转型以及全球化发展大趋势，大力提升改造现有课程和根据需要建设新课程，最终重构学院的本科教学课程体系。其建设对象包括两部分，一部分是核心课程，主要选自学院 2017 年新修订本科生培养方案中的学科基础课；另一部分是特色课程，主要选自新修订培养方案中的 6 个专业课程包，这些课程更为倾向行业与学科前沿。“创新计划”采用申报范围划定、教师自主申报的原则，老师们申报的课程通过遴选后，将获得 10 万元的经费资助，在立项时和验收合格后分期拨付，资助周期为 1 年。该计划拟连推 5 年，大致更新学院 30 门左右课程。

③增加实验课数量。当前，新闻与传播学科越来越具有文理工交融的趋势，在学生的知识结构中，掌握一定的 VR、AR、AI 以及计算机编程等技术越来越重要。为此，学院动员教师增开了系列新的实验课，如影像技术、计算机编程技术课等，为的是增加学生“知识内存”中的技术含量，促进教师的教学、研究工作，学院给开这些课的教师配备一定的资金与实验室平台等。

④恢复“基础写作”课。中国人民大学新闻学院的新闻传播教育起源于新闻学，其立身之本还是新闻学，新闻学的核心是学生的采写编评技能，毕竟新闻传播教育最核心的任务就是为社会培养新闻传播人才。近几年来，学院进一步明确新闻学在学院新闻传播教育中的核心地位，提出要加强新闻学教育，其基本思路是采写编评新闻业务课要在学科基础课中加量，要让学院所有本科生不管是什么专业，都要修够相当数量的采写编评技能课。而在采写编评课中，写作课是很基础的一门，因为它锻炼的是学生的文字表达能力，而为了进一步夯实学生文字表达能力，学院特地于 2017—2018 学年春季学期恢复了多年前开设的“基础写作”课，专门聘请文学院写作教研室的教师来给同学们上，该课程由新闻学院与文学院共同研究开设，面向全体本科生，并将在最近期的培养方案修改中进入学科基础课。

⑤在毕业论文基础上增加毕业设计。长期以来，本科生对毕业论文有一些反映，认为其形式固定、单一，不能体现新闻传播学科操作性强、传媒业内部不同类别产品形态不同的特点。对此，学院经缜密研究，决定学生在毕业前也可采用毕业设计形式、通过提交一定规格的作品来获得成绩，其作品有新闻报道、广告文案、广告创意作品、音视频作品以及畅销书策划等，而且可以以小组的形式完成提交，而若以小组形式提交，各成员可以提交同一作品，但大家必须交自己的文字表述——介绍自己在作品中所承担的那一部分工作以及自己对作品的理解等。由此，学生在毕业之前这一项目上就有了更多样的选择，更能满足自己的兴趣、特长，更能激发他们投入热情。

14.1.2　科研管理改革探索

在科研管理方面，学院主要的改革是拟订了科研发展规划与实施了科研创新赋能计划。

1. 拟订学院科研发展规划

2017 年年底，学院通过全体教师以及党政联席会的充分讨论，制订了科研发展中长期规划，该规划根据学院老师学术研究既有方向与志趣、新闻传播学科研究的主流趋势以及学院的科研战略定位等，拟订了若干主攻方向，这些方向，既包括马克思主义新闻观、新闻与传播基础理论、新闻传播史、媒介融合、公共传播研究等传统优势领域，也指向未来媒体与智慧传播、互联网新闻学、互联网社会治理、传播与社会心理、视觉文化与创意传播等前沿新兴领域。这些主攻方向，将以团队的形式展开研究，而且团队的构成将是学院教师老、中、青三代的有机组合。

2. 实施科研创新赋能计划

为使学院整个科研队伍更好更多地推出成果，以及使学院的科研工作更符合既定的战略方向，学院于 2017 年年底经多轮研究，拟订了新的科研创新赋能计划，这主要涉及机制和平台建设问题，重点包括：实施弹性的科研绩效奖励计划，助力创新性成果产出而又不唯绩效至上，其奖励的特点又主要有三：第一，内容完备，奖励事项包括著作、论文、课题、获奖、官方咨询报告、参加学术会议资助等各种类型；第二，奖励人员更加全面，包括本、硕、博在校学生等；第三，奖励金额相较以往有较大幅度提高。这一新的奖励计划的实施，极大地调动了学院科研队伍的积极性。另外，这个科研创新赋能计划还有一个重点是开辟宽裕的政策空间，为团队协作、跨学科协同创新提供平台、经费和其他有效支持。

14.1.3　国际化拓展探索

新闻学院目前充分认识到，为了新闻学院以后的发展具有更宽广的视野以及获得更高端优质的资源，在当前全球化日益深入的形势下，必须实质性地提升自身学科建设和人才培养的国际化水平。为此，新闻学院主要采取了以下三项举措。

1. 确定了国际化拓展战略

未来一定时期，将主要在以下三方面努力寻求突破：第一，深化与国际一流新闻传播院系的有效合作；第二，大力引进国际化人才，包括国际一流师资(含中外籍人士)的引进和中长期合作团队引进；第三，进一步推动师生“走出去”，如组织师生团队启动“一带一路”沿线国家的新闻传播事业考察等。

2. 增加留学生的招生人数

新闻学院目前有本、硕、博留学生超过 100 人，未来一段时期，还要继续增加，要随着学院的师资以及其他办学资源的改善，在几年之内实现留学生总数达到 150 人左右，大幅度提高全体学生中留学生的比例。

3. 加大其他类外籍学生的培养力度

一直以来，新闻学院承担着为国家培养外籍媒体等从业人员的任务，尤其自 2014 年以来，新闻学院加大了这方面的工作力度，与中国外交部、驻外使馆、记协等机构合作，密集开展了各类长、短期的“一带一路”等国家媒体骨干培训项目，至今已培训了来自 20 多个国家的 130 余名媒体骨干，并取得了良好的社会反响。最近的 2017 年秋冬季，中国驻巴基斯坦大使馆、驻印尼大使馆又委托新闻学院承办为期 10～14 天的短期培训项目等。

(中国人民大学新闻学院)

14.2　复旦大学新型新闻传播人才培养经验

复旦大学新闻学院作为历史最悠久的新闻教育机构，素有“复旦新闻馆，天下记者家”美誉，曾为中国新闻业界和学界培养了一大批优秀人才，但在新传播革命的强劲冲击之下，这家中国新闻传播教育的摇篮，也面临着前所未有的冲击。为此，近年来，该院一直在探索新闻传播教育转型，在办学定位上作了较大调整。该院的目标定位是：培养适应新传播时代要求的优秀新闻传播人才，造就复合型优秀专业人才，必须是思想、能力、技术三位一体的。

首先，在思想维度，包括文化、价值观、专业理念、职业伦理这四个向度。在文化和价值观方面，需要在大学生人生观、价值观塑型最为关键的时期，让学生确立开放、包容且有价值主见、判断力的价值理念。其中，包括对中国文化和价值的理解和认同。

专业理念和职业伦理的养成是通过系统的学习和扎实的专业训练，将新闻传播领域的专业理念和职业伦理，教给学生。就像律师、医生等职业一样，新闻传播作为一种职业和专业，长期以来，已经形成了一整套的专业理念和职业伦理，这也是培养优秀新闻传播人才不可或缺的。

其次，在核心能力维度，一个专业和职业需要培养学生的核心能力。有了这些核心能力，将来学生进入社会和职业场域，借此安身立命。优秀的新闻传播人才，需要经过逻辑思维能力、反思批判能力、信息获取能力、沟通能力、表达能力的训练。课程设计需要围绕锻造学生的上述核心能力为目标，无论是通识教育、学院平台课，还是专业必修、选修课，都要围绕历练上述核心能力这一重点。

再次，技术维度，主要包括媒介表现技术、可视化技术、信息采集挖掘技术等，也就是说，让我们的学生能够充分利用新媒体技术手段从事新闻传播活动和实践。

14.2.1　以马克思主义新闻观为基准，扣好价值观的扣子

这一代大学生成长于物质和资讯富足的时代，他们应该拥有更好的身心禀赋，而且他们赶上了互联网的大潮，作为新媒体的“原住民”，他们对新媒体的理解和体验会有与生俱来的优势，传播的开放性对于他们来说触手可及。只要他们愿意，他们就可以在现实空间和虚拟空间中走得很远。这代大学生正处价值成长的“易感”期，他们一方面会在敏感的好奇心驱动之下，被形形色色的知识和多元的价值观点牵绊注意力；另一方面，由于缺乏截断众流的定力和判断力，也易被悦目或动听的价值理念、观点分散注意力，致使坚守主流价值观基本盘的难度相对较大。在互联网这所开放的大学里，大学生面临的知识和价值选择更多，诱惑更大，也容易被网络上“看上去很美”的风景抢走注意力。如果他们在大学课堂中获得的知识和价值不够稳固结实，就易于与网上超载的流动性知识、价值发生“对冲”，稀释价值教育的效果。

我们需要用马克思主义新闻观对新一代的新闻传播学子中进行价值导航和专业定位。如何迎难而上，将大学生从偏见中拽出来？复旦大学新闻学院一直重视马克思主义新闻观教育。在平台建设、课程建设、教材建设、团队建设、马克思主义新闻观教育研究以及培训推广方面，全方位推进，经过十多年的探索，收获了一些经验，取得了一定成效。

首先，注重价值逻辑和专业逻辑的有机结合。马克思主义新闻观集价值观教育和专业教育于一体，二者相互支撑，形成拱门结构。不少大学生对马克思主义新闻观有先入为主的偏见，这是客观存在的事实。但他们的偏见并不是牢不可破的，以理服人，把马克思主义新闻观的理论逻辑讲清楚了，学生还是愿意接受的。因此，马克思主义新闻观

教育，对教师的要求会很高：一是要求教师做到明道、信道；二是要求教师善于把道理讲清楚，易于在学生思想中“着床”。其次，敢于直面问题，善于释疑解惑。马克思主义新闻观不是盆景，不是坐而论道，有其结结实实的现实性。这就要求马克思主义新闻观教育敢于正面问题，面对峥嵘的现实、撕裂的社会价值景观，不回避敏感、尖锐甚至争议性的问题。唯此，才能彰显马克思主义新闻观的理论锋芒和魅力。再次，强调带入感。即在马克思主义新闻观教育中，注重把学生带入生动的理论现场和问题情境中，让理论接地气，从而拉近马克思主义新闻观与大学生的距离。在马克思主义新闻观课堂上，结合当下的一些热点事件进行分析，将学生带入到问题现场，让学生各抒己见，交流论辩，教师因势利导，用贴身的理论和方法，把事件的结构和脉络讲清楚。此外，注重互动性。马克思主义新闻观教育不是一次“着床”成功的，也不是仅靠单向传播可以奏效的。再好的价值和理论，都不能“千里走单骑”，需要有双向互动。该院的马克思主义新闻课程注重与学生的互动，宽容学生的质疑，善解其困惑，尊重其诉求，意在实现可观的教育预期。

14. 2. 2　通过课程改革，再造专业知识谱系

复旦大学新闻学院面对新闻传播业态的深刻变革，一直致力于缩小与巨变业态环境差距，通过课程改革和专业教育转型，培养符合时代需要的新型新闻传播人才。课程改革第一步是：打破新闻传播学类各专业的内部壁垒。先是从改革招生方式入手，实行新闻传播学大类招生，即把新闻传播学类各专业整合为新闻传播学大类进行招生，规定学生进校学习两年后再进行专业分流，旨在让学生对各专业有所感受、有所认识后进行自主选择，解决了以往高中阶段进行专业选择的盲目性与不合理性。第二步，跨出专业围城，自 2012 年起，实行 2+2 跨学科教学培养模式。2+2 跨学科教学培养模式，是指：把四年制本科教学培养过程分成 2 个为时 2 年的阶段：在第一个“2”阶段(即第一、第二学年)，要求新闻传播学各专业学生任选 1 个非新闻传播类专业，并系统修读该所选专业的主要课程；在第二个“2”阶段(即第三、第四学年)，要求学生在系统修读一门非新闻传播类专业的主要课程的基础上，进一步修读新闻传播学科的各类课程，并在教师的指导下完成所学两个专业的理论、知识与技能的复合。目前，可供学生选择的跨学科专业有社会学、经济学、法学、中国语言文学、政治学与行政学、国际政治学、行政管理学与电子信息科学与技术 8 个。新闻传播专业学生根据自己志愿在上述 8 个专业方向中选择其中一个专业修读。

在专业课程设置上，该院废止了各专业原有的教学培养方案、制定适用各专业的新闻传播学(一级学科)教学培养方案，实行跨专业的新闻传播学大类教学模式。在课程

设置上，新教学方案设计出 3 个递进式层级：一是新闻传播学大类必修课程，包括“马克思主义新闻思想”“媒介融合”等课程，旨在为新闻传播学各专业学生打下厚实的新闻传播学科的理论与知识根基；二是新闻传播学大类选修课程，按照新闻与信息的生产与传播的实际状况分为新闻传播、艺术传播、公共传播、商业传播 4 个模块，供新闻传播学各专业学生自主选择与修读；三是新闻传播学类各专业必修课程，供各专业学生修读。此外，该院还允许任意专业的必修课程必须作为其他专业的选修课程对其他专业学生开放。

2016 年，复旦大学新闻学院开始新一轮的课程改革，此次改革的核心任务，就是因应融合媒介时代新闻传播专业教育发生的深刻变化，对新闻、传播、广电、广告四个专业课程，进行大幅度系统改革，再造专业课程体系。

14. 2. 3　探索新型专业实践能力培养模式

在移动互联时代，新闻传播专业教育的最大短板就是按固有模板培养出来的学生专业能力远远跟不上专业实践需要。复旦大学新闻学院专业课程体系改革显著缩小了与实践之间的落差，实现了专业能力水平、结构的跨越升级。凡是业界需要的能力，复旦大学新闻专业教育完全可以有效供给。因为，开放、深度融合的专业课程体系，可以全方位与移动互联时代对接。

传统媒体时代新闻传播专业课程体系是：专业课程+实习模式。专业课程是封闭式教学，在岸上学游泳，与专业实践脱节；在课程之外，就是靠 4 个月大实习、40 天小实习解决学生的专业实践实训问题。专业实践平台主要靠外部支持，借助大实习、小实习，把学生“寄养”在校外实践基地。这种专业实践模式严重限制了学生全方位专业能力的培养，很难适应移动互联时代的专业要求，为此，该院颠覆传统专业课程体系，打破封闭的专业课堂和固化的专业实践模式，对学生的思维、知识、能力、技术作出全面改造。

近 5 年来，该院致力于探索移动互联时代新闻传播教育新路径，聚焦新闻传播专业实践课程体系改革这一当前中国新闻传播教育的最大短板，率先改革，尝试为中国新闻传播专业教育开出新路。

1. 业务课程改革

近年来，复旦大学新闻学院实施“专业课程”与“专业实践”双面作业，双轮驱动，共同发力，里应外合，形成专业实践课程体系的优化配置。秉承专业课程与专业实践彻底贯通，实现课程与实践的深度融合，理论与实践无缝对接的原则，对专业课程体系进行全面改造，让专业课堂成为开放式课堂，业界可以“无时差”进入专业课堂。通过国情教育课、业界进课堂、工作坊等方式，改变此前专业课程由教师唱独角戏的教学模式。国情教育系列讲座。课程邀请上海有关部委办局领导和复旦大学知名专家学者参与授课，课程内容讲求理论与实践相结合，历史与当下相结合，国情与市情相结合。新闻学院将国情教育课纳入到专业课程培养体系。总编进课堂系列讲座。围绕当下传媒业界前沿理论和实践议题，邀请国内知名媒体的总编、社长进入新闻学院课堂，植根于新闻学院自身独特的学科定位、办学传统、人才培养目标和教学实际，整合校外丰富的传媒业界资源，统筹规划。该课程的最大特色是立足高端、着眼前沿、实践性强。专业实践工作坊旨在强化新闻学院同学们掌握移动互联时代前沿专业知识，提高实践操作的专业能力，新闻学院按照专业和课程需要，开设一系列的专业工作坊。如广电系“广播电视节目构成”邀请包括灿星等业界一流无脚本娱乐制作公司和幻维等国内一流后期公司的资深业者开设的“无脚本娱乐创意工作坊”。再如，新闻评论工作坊邀请了《中国青年报》知名评论员曹林和《南方周末》首席评论员戴志勇授课。

2. 探索专业实践新路

实现专业实践常态化、媒体化，让学生可以随时随地浸泡在专业实践中，做到在专业深水区游泳。为此，该院为学生度身打造了 3 大专业实践平台：复新传媒、记录中国、复旦新闻中心。2013 年起，该院成立融合媒体专业实践平台——“复新传媒”，作为学生常态化专业实践平台，由学院统一指导，学生独立运作、自我管理。“复新传媒”旨在搭建起校园里“实习基地”，让学生不出校园就能进行专业化实践。相比传统 40 天的小实习+4 个月的大实习模式，新的专业能力培养模式将专业实践的周期扩充为大学四年，学生可在校园就地专业实践，做得理论和实践的无缝衔接。经过四年的建设，复新传媒已成为集内容生产(新媒体节目制作、学生微电影、创意广告策划制作、纪录片策划制作等)、传播渠道搭建(全媒体推广方案)、大型活动策划执行等业务于一体的常态化专业实践平台。

复旦大学新闻学院联合澎湃新闻网联手推出“记录中国”专业实践项目。澎湃新闻网派出骨干记者参与现场指导，并开辟“记录中国”专栏呈现该项目报道成果。该项目将业界资源导入，让学生“走出去”，在教学、实践之间建立起“旋转门”和“亲水平台”，让学生像真正的专业记者一样去一线调查采访，独立操作完成选题，最后在“融合媒体”发布作品，适应移动互联时代新闻生产的样式特色和接受规律。“记录中国”项目大获成功。2016 年，“记录中国”专业实践项目以“精准扶贫”为报道主题，让学生用专业的方式把握一个个贫困案例，用专业眼光“精准”理解一个个具体贫困故事，最终用“融合媒体”新闻报道的形式呈现出来。报道项目组兵分六路前往贵州、甘肃、云南、安徽、浙江五省六地展开新闻报道活动，累计往返行程近 29000 公里，共发表深度报道 14 篇。2017 年“记录中国”专业实践项目聚焦“高考恢复 40 周年”“西南联大建校 80 周年”“复旦大学西迁 80 周年”等议题。该项目共有 30 位同学、5 位专业教师和 4 位澎湃新闻网骨干记者参与，其中 12 位同学参与纪念“高考恢复 40 周年”报道项目，于 2017 年 5、6 月份在全国范围内先后采访了数十位 77、78 级考生，形成 9 篇报道在澎湃新闻发表。“西南联大建校 80 周年”报道组 18 位同学分成 4 个项目组，在专业教师和澎湃记者的带领下分别奔赴北京、长沙、昆明、蒙自、重庆北碚等地，查阅历史档案，走访历史遗迹，采访历史亲历者与研究者，深度发掘，完成 6 篇媒体融合的深度报道，在澎湃新闻连续推出，形成很好的社会反响。新闻中心是复旦大学校级常态化专业实践平台，有学校主页、官方微信、官方微博、校刊《复旦》、复旦大学广播台等多种媒体组成。该中心多数学生记者、编辑来自于复旦大学新闻学院，绝大多数的业务骨干均来自该院。复新传媒与复旦新闻中心有密切的业务互动，优势互补，复新传媒为复旦新闻中心培养、输送了诸多优秀专业骨干。复旦大学新闻传播专业实践改革成果获得 2017 年上海市教学成果一等奖。

（复旦大学新闻学院）

14.3　深圳大学传播学院的改革与探索

作为特区大学的新闻传播教育，紧密结合深圳创建中国特色社会主义示范区和国家创新型城市的重大需求，立足改革开放实践，把握国际传播态势，坚持跨学科融合、产学研融合。近年来，深圳大学传播学院在课程改革、毕业设计和服务地方经济建设方面作出了一些成效显著的探索与尝试。

14.3.1　拥抱媒体融合，课程改革探索先行

为适应当前的融合媒体形势，实现人才培养的与时俱进，近年来，深圳大学传播学院在课程改革方面积极进行了探索。

一是制定了《深圳大学传播学院本科教学改革方案》，强化学生的融合教育。

为引进国际经验，解决传统二学期制课程节奏慢、教学效率低下、教学和实践脱节、培养的人才难以适应当今媒体融合趋势的问题，学院多次召开了教授、院教指委参

加的教学改革讨论会，讨论如何适应当前的融合媒体形势，改变短板、创新人才培养。2016 年 12 月学院出台了《深圳大学传播学院本科教学改革方案》，积极进行课程改革，强化学生的融合媒体教育。

融合媒体教育课程类型包括：系列讲座、创作工作坊、研究工作坊、定制化职业培训、社会调研、学科竞赛等。一般由各专业学系、实验中心、研究中心(所)计划开设、跨院系协作开设、校企合作开设、教师自由组合开设，集中在小学期(每年 6 月 10 日至 7 月 10 日)进行。课程开设不限专业、不限年级、不限课时、不限地点(特殊课程要求除外)。它每年 3 月先作计划申报，明确教学责任主体、教学具体目标、教学规程和内容、教学实施计划(时间和地点)、教学资源安排、教学成果或成绩考核。要求每个学生修满 3 学分。该方案从 2016 年开始实施，目前仍在逐步的调整和完善。

融合媒体课程改革的思路是，大量压缩专业必修(核心)课，增大专业选修课、自由选修课的比例，增设融合教学课程。目前课程体系实施“通识教育”“专业教育”“融合(专项)教育”三位一体教改计划。

通识教育的课程设置上学院从学科专业特点出发，重点地设置三个通识教育课程模块：人文艺术、社会科学、思维方法论；专业课程体系设置为专业核心课程(必修)、专业选修课程(限选)两个系统，限选课程由本专业学生在本专业开设的限选课程目录内自由选修；融合教育课程在于培养适应融合媒体时代需求的复合型、通适型传播人才，培养适应社会化传播大环境需求的创造型、特异型人才，以跨界融合的学习和实践途径来实现能力整合、知识创新、业务创新和竞争力聚焦。

二是增设短课，引进业界人才进课堂，紧跟产业前沿。

为紧跟产业前沿，每年增设部分短课。各专业可将一定数量的业界前沿团队推荐给学院，学院教学指导委员会经过审核，确定哪些团队或课程可以列为短课的专项教学，同时学院也挖掘各种资源，每年聘请一定数量的国际各领域知名教授来校开设短期课程。

三是实行三学期制，解放教师和学生，破除学界与业界的藩篱。

在教学管理相对封闭的大学教育体系中，如何将最鲜活的产业前沿探索带进课堂？学院尝试和探索了三学期制的教学改革。一般性的常规教学内容在两个长学期内完成。但在每学年春季学期的最后四周设立为小学期。利用小学期聘请一定数量的国际名师开设国际化专题课程，邀请业界各类团队开设专项技术训练课，学生可以打破专业、年级界限，以兴趣为出发点选择各类课程或实训。学院教师作为组织和管理者参与这些教学项目，和学生一起学习新思维和新技术。

这样学生可以从刻板的教学管理中解放出来，给他们提供完全按照自己的兴趣爱好选择学习内容的机会，使他们从要求学习变成我要学习，燃起了他们的学习热情，曾经出现了课程项目一公布出来便一抢而空、一席难求的局面；同时也消除了教师在教学时对业界前沿内容感到困惑的焦虑，教师只需完成自己擅长的教学内容，做好科研工作，而业界动态与前沿则由业界教学团队来完成讲授，这样国际知名学者和业界人士可以周期性地在学院得以任教，节省了人力资源成本，教师和学生双双解放，破除了学界与业界的藩篱，真正落实了融媒体人才的培养。

14. 3. 2 写论文改为出作品，毕业设计改革开全国风气之先

深圳大学地处改革开放前沿城市，传播学院从创立之初就秉承国际学术视野和地方产业环境，放眼全球关注世界名校的学科发展之路，扎根当地深耕地方产业发展对人才的需求，在两者之间建立平衡，依此大胆进行创新和尝试，将写论文改为出作品，毕业设计改革领全国风气之先，并形成了两大亮点：

1. 学院在全国首倡毕业设计改革，创新引领二十年

学院从 20 世纪 90 年代就开始进行毕业设计改革，一改毕业论文为毕业设计，强化学生的实践和动手能力，在实战中检验学生的创新、创意和创业能力，取得了较好的实际效果。毕业设计改革目前已持续 20 年，指导学生完成实战性大型设计 488 项，这一改革得到了教育部教学评估专家的高度肯定，成果获评广东省级教学成果一等奖，两次获评全国新闻传播学教学创新项目奖，一直以来改革为全国同行所瞩目。

1997 年开始学院在各专业进行毕业设计改革，项目形式包括广告策划设计、品牌设计、新闻深度报道、电视纪录片、剧情片、网络新媒体产品研发、网络运营方案等，相当部分项目成果被委托单位采纳，或在大众媒体发表。

毕业设计的时间跨度长达近半年，从大四上学期的 11 月持续到下学期的 4 月。毕设任务由学生自由组合成小组集体完成，每组 4～6 人，需要较深层次的合作与协作。毕设选题须经指导老师和毕设综合指导小组审核，以保障选题的现实可行性、政治安全性。毕设综合指导小组一般由全系教师外加业界专家组成，定期召开集体指导会为学生指导毕设项目，及时提供咨询指引。毕设作品形态涵盖移动智能终端 APP、品牌推广、新产品设计、社会热点问题深度报道、各种类型短片等。一些毕设项目组还增设了学生创业项目的设计和推广，非常接地气。

最后环节为毕业设计答辩，现场邀请业界专家和相关企业负责人进行点评，对于一些效益明显的毕设项目，相关企业有时现场洽谈签约，或与小组毕业生签约就业。一年一度的毕业设计答辩成了深圳大学校园一道特别靓丽的风景，吸引了传媒业界、用人单

位以及兄弟院校的热烈关注。近年来有中国传媒大学、华中科技大学、华东师范大学、中山大学、华南理工大学、河南大学、西北民族大学、新乡学院等数十所高校在毕业答辩现场进行了观摩，这些高校中的部分被邀专家对学生的毕设作品进行了充分的肯定。

毕业学子受到海内外主流媒体、网络新媒体、政府部门和许多企事业单位的欢迎。新华社、中国新闻社、凤凰卫视、南方传媒、香港《明报周刊》、深圳广电集团、深圳报业集团、腾讯、百度、阿里巴巴等，都活跃着学院培养的优秀学子，他们已经成为南方传媒和创意产业的中坚力量。

2. 毕设改革结硕果，改革经验得到系统总结

毕业设计取代了毕业论文，最大的变化是：学生自己组织团队，跑市场，谈项目，做调查、策划、设计、制作，找客户鉴定，最后公开答辩。传播学院毕业设计改革20年，这些经验、这些“套路”，早已形成了沉甸甸的积累。目前新闻系率先整理改革成果，将全系毕设的新闻深度作品汇聚编辑出一套丛书即将付梓，丛书分为两个部分：一个部分是教师们指导新闻毕业设计的经验和理论总结。从毕业设计的宗旨、选题、采访、写作、编辑、制作、指导到评审、答辩一应俱全，一以贯之。另一个部分则是历届毕业学生的三十多篇新闻深度报道和专题纪录片成果，分为三个主题专辑：“人文部落”“社会脉动”和“前沿观察”。这些作品第一次以完整面貌公开呈献给读者。少数作品曾经以精选的形式刊载于报刊，如“正在消逝的渔村”“深圳逃港潮”“深圳填海三十年”“体验当入殓师”等主题作品呈现的或是深圳的时代脉搏，或是深圳的社会问题，或是人间温情，或是学子们的良知担当与改革探索，当时刊发后都曾引起过不小的轰动。这套丛书呈现的是传播学院毕业设计的根本理念、系统化的经验总结，更是将理论、经验、措施、案例、效果、社会反响系统整合起来的传播学院教改20年结出的硕果。

14.3.3　立足特区，产学研成果积极服务于地方经济发展

扎根特区，全方位、多角度、持续性为深圳改革和创新发展服务。该学科承担了社会舆情调研、广告监测、公益广告管理、城市公共文明测评、全民阅读指数、宣传文化绩效评估等120余项政府和社会委托课题，不少项目持续时间达十几年之久，近五年来，共计承担各类地方服务项目金额达1914万元。发挥了重要的决策咨询作用，为党和政府高度信赖。

社会需求凸显现实问题，经世致用体现学术价值。学院地处特区，牢记使命，树立了“实学兴邦，互惠共赢”的社会服务理念，从2002年起，有计划地建设了电话调查和网络调查实验室、数字媒体实验室、数字化广告监测中心、数字影视制作系统等基础设

施；健全了项目委托制、招投标制、知识产权保护制、保密制等，为市委市政府、各系统部门、媒体集团和骨干企事业单位提供服务，为特区全面深化改革增创新优势献计献策。其中持续性的、影响比较大的地方性服务内容有如下几个方面：

1. 持续 14 年为深圳市出具舆情分析报告，提出舆论应对建议

学院于 2003 年建设了在国内高校中领先的 CATI 系统(电脑辅助电话调查系统)。从 2004 年起进行深圳市社情民意调研，以提高深圳市政府分析舆情和应对舆情的能力。这项服务至今已经持续 14 年，每年提交 42 期专项调查，至 2017 年年底共完成了 588 份专题舆情分析报告。

另外，这项服务也提升了该院产学研一体化的整体水平。如参与项目服务的研究生不仅学习 CATI 系统的运行，还能学习抽样调查、问卷设计、统计分析报告撰写，培养敏锐观察社会和分析政策的能力。在此基础上课题组成员发表了多篇研究论文，并出版了相关专著。该服务在主要城市中处于领先地位，国家多个部委、兄弟省市以及兄弟院校曾组织前来学习考察。

2. 解决了深圳市广告监测的难题，开创了高校深度参与大城市公益广告传播管理的全新模式

学院应深圳市工商局要求，从 2005 年起，负责设计并管理运行数字化广告监测中心，这是全国最早建立的政府与高校合作，集监测、分析、科研为一体的独立第三方机构，负责对全市媒体发布的广告进行全天候全方位监测。该院组织开发了监测软件、广告法规数据库、违法案例库、智能化监测报告系统和广告监测预警系统，实现了每日监测广告量约 7400 条的高效率。向市场监管部门发出广告监测日、周、月、季、年报和专项报告，大大提高了对违法违规广告的处罚精准度。

2012 年后监测研究重心转向监管难点的网络广告。项目组通过对腾讯等网络广告大户以及电子商务网站的调研，厘清了网络广告的内涵和外延，明确了广告执法监管的边界，在网络广告治理框架、不同市场主体的法律责任、行政能动执法三个方面提出了监管策略和方法。这些研究成果不仅直接用于深圳网络广告监管执法，而且为全国人大修订广告法提出了建议。

从 2013 年起，为大力推进公益广告传播，学院在市委宣传部领导下依据地方法规，研究制定了《深圳市公益广告管理实施细则》，并由政府主管部门发布。建立了深圳市公益广告管理中心，具体实施对公益广告的管理，包括建立专门的管理网站深圳公益广告管理网，科学核定公平分配媒体资源，评审公益广告作品，组织公益广告创作活动和培训，开创了高校广告学科深度参与大城市公益广告传播管理的全新模式，很多省市相关部门前来深圳调研取经。项目组目前正和政府主管部门一起，研究起草深圳市公益广告相关法规，通过地方立法形式将公益广告作为传播社会主义精神文明的主要途径。

3. 有效推动了深圳城市公共文明建设、基层社会建设和城市全民阅读

学院于2009年受深圳市文明办的委托，设计了深圳市公共文明指数测评执行方案，经2010年市委五届第十次常委会审议通过，以评促建，成为推动深圳市公共文明建设的主要工具。该项服务至今实施了9年，目标是借助可量化的指标体系，定期衡量市民文明素质和城市文明水平，及时发现政府公共服务中存在的问题和薄弱环节。学院作为独立第三方负责执行测评。接受测评的有深圳10个行政区和24个政府窗口服务部门。课题组每个季度采取电话访问、现场抽样问卷调查以及现场暗访考察等方法，每次调查量达到4000人以上。

2012年，深圳市为加强街道基层的文明建设，委托学院承担了“深圳市基层(街道)文明创建和社会建设基本工作测评指标体系”项目的研究。课题组遵循了科学性、导向性、针对性和可操作性原则，设计了包括惠民生、保民安、稳民心、聚民智、借民力和修民德等测评内容的测评体系，涵盖了基层社会建设中最基本和群众最关心的工作。这一测评体系已经于2014年2月由深圳市委、市政府发文实施。

2014年学院接受深圳市阅读联合会委托，研究推出了“深圳阅读指数”，每年度测评公布。这是国内首创的阅读指数评估模型，当年在全国推出形成很大反响，广州市、杭州市相关部门曾对该模型进行过考察和借鉴。它为深圳获得联合国全民阅读典范城市提供了重要支持。

除了上述地方服务，学院在地方治理、城市文明建设方面还开展了政府重点窗口单位群众满意度测评、居民安全感满意度调查、妇女工作改革创新课题、公共文明建设长效机制研究、商事登记制度改革效果评估、全市重大改革项目征集等系列服务；在传媒创意产业方面开展了如下系列服务，如社区报发展模式研究、宣传文化事业发展专项基金绩效评估、世界创意城市比较研究、社会各阶层文化需求调研、消费者满意度调查、文化产业创业创意人才调研、各区文化事业发展“十三五”规划、电子商务市场基础调查、区级公共文化微信公众号与流媒体平台开发、文化义工服务微电影拍摄等。

(深圳大学传播学院)

14.4　北京师范大学专业硕士人才培养的创新与实践

北京师范大学新闻传播学科的历史可以追溯到 1993 年创立的编辑出版学专业。该学科于 1993 年招收编辑出版学术硕士，2003 年调整为传播学专业，同年设置传播学一级学科硕士点，招收新闻传播学硕士。2014 年 11 月，为落实中宣部、教育部关于地方党委宣传部门与高等院校共建新闻学院的意见，北京师范大学与光明日报社合作共建新闻传播学院。20 多年来，培养各类新闻人才 2000 多人。同时在中国语言文学专业下招收文化传播方向博士，目前已招收 10 届。

学院新闻与传播专业硕士人才培养全面贯彻党的教育方针，落实立德树人根本任务，立足学界业界发展最前沿，培养适应当代新媒介环境和文化产业发展需要，具有马克思主义新闻观、掌握现代新闻传播理论和知识，具备文化创意思维能力以及媒体实践经验，能够从事多种媒体专业工作的具有良好职业素养的高层次应用型人才。

14.4.1　专业硕士培养目标

该院专业硕士的培养目的是具备较强的新媒体操作技能，能够适应当代复杂的传播环境需要，并具备一定的新闻传播理论知识与素养的复合型、前沿型人才。在人才的培养上，主要突出以下几个方面：

1. 聚焦传媒发展前沿

新闻传播学是一个开放的学科，与社会时刻保持着紧密的互动。因而，在新闻传播人才的培养上不能沿用传统的人才培养模式，与国际国内传媒业发展前沿结合起来，保持密切的互动，教授给学生当下最新的传播理论、研究方法与传播技能，才能够使学生在学术研究、专业技能与素养上保持较强的竞争力。

一是把握国际最新的学术研究动态。知识爆炸的时代，学科知识的变化日新月异，学科理论的更新一日千里，因而不能紧守原来的一亩三分地，而应该与国际前沿动态保持密切的联系，时时更新知识。

二是掌握先进的传播技能。目前，互联网、移动互联网、物联网、AI、VR/AR、大数据等信息技术发展非常迅速，而数据新闻、VR 新闻、算法推荐等对新闻传播行业的转型起着非常重要的影响。掌握最新的信息传播技能，适应新的传播环境，对于专业硕士来说意味着拥有更强的竞争力。

三是学会运用先进的研究方法。学科交叉与融合的趋势使得新闻传播学的研究方法面临着重大的挑战，物理学、认知神经科学、大数据分析等为新闻传播学的研究提供了更多元的方法与模型，并日益受到社会各界的关注，这也使得我们的专业硕士至少要对这些研究方法与思维方式有一定程度的把握，并能够较为熟练地使用其中的一些技巧与方法。

2. 新媒体思维

新媒体不仅仅是指载体的进化，更是从思维、逻辑和行为上的整体进化，这也是新媒体人才培养的基础和出发点。

一是注重开放性。新闻传播学是应用性、实践性很强的学科，人才的培养不能闭门造车，而应该以开放的心态迎接来自社会各方的力量，尤其是来自新媒体行业、公司、研究机构的力量，开展深层次的、充分的、广泛的交流与合作，建立开放式的人才培养体系，共同打造新时代的新闻传播人才。

二是突出交叉性。新闻传播学院是一个新成立的学院，包袱小、负担轻，便于在新的领域中进行探索与拓展。在人才培养上更强调要办出专业特色，突出跨学科、交叉化的特点，在新闻传播学科基础课程建设的同时，引入心理、艺术、信息技术、市场营销等学科优质内容，真正培养宽口径、厚基础，一专多能型的人才。

三是强调创新性。新媒体环境下，人才的培养不能再按照老的思维方式来训练、培养学生，而应该采用多种灵活的方式将学生纳入专业学习与实践的氛围，将学习、实践、创新结合起来，并加以培育与孵化，形成有价值、有影响的品牌，从而激发学生的积极性、主动性与创造性。

3. 执行力和动手能力

专业硕士的培养，首要强调其执行能力与动手能力，也是专业硕士竞争力的表现方式。新媒体环境下，专业硕士的培养更需要注意以下几点：

一是自主的学习能力。能够针对特定的问题与现象，提出自己的研究设想与研究计划，付诸实践，并通过研究与分析得出自己的结论。

二是较强的操作能力。在专业技能上，专业硕士的培养要与行业需求同步，能够掌握从业所需要的新媒体操作技能，如无人机、VR、数据新闻等，更好地适应未来的职业需求。

三是灵活的策划能力。针对未来复杂多变的工作环境，能够根据工作要求策划有传播价值与社会价值、文化价值的选题或项目，能够组织相关的人员自主承担项目的策划、申请、执行等工作环节，并卓有成效地完成项目。这些项目可以是 VR 作品拍摄、数据新闻作品制作、影视作品策划，等等。

14.4.2　培养模式的创新与实践模式探索

1. 1+1 导师制

学院建立健全校内外双导师制，以校内导师指导为主，校外兼职导师为辅。校外兼职导师为新闻出版业界具有高级专业技术职务的专家学者，参与学术前沿讲座、专业实习指导、论文指导等多个培养环节的工作。

学院现有专任教师 18 人，其中正高职称 11 人，副高职称 5 人，讲师 2 人。已有 30 余位各类媒体高管担任校外兼职导师，真正实现专业硕士教育“双导师制”。校外导师主要参与课程建设、举办讲座讨论以及学生的实习、论文的指导工作。具体做法有：由业界导师主讲的“媒体发展前沿讲座”为必修的学位专业课，已列入专业硕士培养方案中。学院不定期邀请校外导师开展专题讲座，内容涉及马克思主义新闻观系列教育、媒介心理学与线上行为研究前沿等。

2. 建立面向业界发展前沿的训练体系

当前，新闻传播学的学科理论架构与实践环境都在面临着巨大的挑战与转型，为了提升学生的理论基础与实践能力，学院积极调整课程体系，开设前沿课程，推动学科的交叉化与融合。强化实验室建设，实现学生科研创新能力提升与实验项目的有机结合，推动人才培养上层次、见实效。同时抓紧实习基地的建设，开展多种实践活动，为学生的实践提供宽松而有效的环境。

(1)增加了大数据分析与应用等前沿课程

以 2014 年的建院与 2015 年的教学大纲调整为契机，学院对专硕的课程体系进行了大幅度的调整。在强化新闻传播理论、新媒体技术、传播伦理、传播研究方法等专业学科知识教学的同时，大力推进数据挖掘、用户画像、即时体验等方面优势课程的建设，提高学生对于市场、产品与用户的敏感性，培养学生的独特竞争力。在现有课程体系中，新闻出版方向的“大数据开发与应用”“传播效果研究”“传播研究方法”“媒介融合研究”“社交媒体研究”和互联网产品经理的“用户体验”“体感交互”等课程，都明显地体现出前沿性的特性。

(2)实验室训练

学院以实验室的建设来带动研究生培养上台阶、上档次。两年来，在这方面的工作已初见成效。

一是建立了一批前沿性的高、精、尖实验室，省部级的实验室主要有国家新闻出版广电总局新闻出版大数据用户行为追踪与分析重点实验室”和北京市重点实验室“融媒体传播实验室”。同时还有“认知神经传播学实验室”“人工智能与未来媒介实验室”(与微软、封面新闻联合成立)、“云平台实验室”“传播效果实验室”“VR/AR 创作实验室”以及“北师大-蓝鹰视频大数据挖掘研究示范基地”等，主要面向 AI、大数据以及未来影像的研究，具备了国内领先水平。

二是以实验室项目实施推动研究生的培养。学院要求学生参与导师的课题中，在课题的推进中进行实战与训练。通过项目的推动，这些学生基本上掌握了实验设备的操作技能、新媒体设备的使用技能以及运用新研究方法进行科研创新的技能。

三是轮训。以实验室为平台，研究生自动根据其研究的不同需要，进入不同的研究室进行研究、学习。学生在第一年级就学会了 SPSS、R 语言等基础的技能，可以参与不同实验室的项目，而在不同的实验室，会组织学生进一步学习 METLAB 和 Phython 等软件的使用。学习期间基本要求学生在多个实验室中进行轮训，基本掌握实验设备、仪器的使用技巧，并展开课题研究。

3. 搭建校内新媒体练习平台

(1)VR 实践活动

面向新媒体，面向新媒体行业，培养应用型、复合型人才是学院专硕培养的一个重要方向。2015 年作为媒介发展领域中的“蓝海”，VR 受到了学界、业界的广泛关注。随着 VR 产业的蓬勃发展，专业人才短缺、内容产出不足、产学研结合度低等问题纷纷出现。新闻传播学院瞄准这一契机，迅速联系多家国内顶尖的 VR 技术公司，聚焦 VR 创作、VR 新闻实践，积极推动研究生领域内的 VR 教研创新工作，取得了实质性进展和良好效果。VR 实践活动主要有以下特点：一是建立 VR 创作实验室，加快产学研一体化进程；二是率先开办“ VR 创作工作坊”，解决专业培训人才短缺问题；三是创办“中国 VR/AR 创作大赛”品牌，鼓励虚拟现实创作；四是举办“ VR 沙龙”及“ VR 创作研讨会”等，提升学生的视野；五是开办有特色的 VR 实践活动，提升学生的动手能力。

(2)瞭望工作室

独立之后，学院成立了“瞭望融媒体工作室”，以建成学院对外宣传的重要窗口，以“专业、迅时、宣传”为目标，着力打造传统媒体与微信、客户端、官方网站相融合的全媒体工作模式。在这里既有人文情怀与国际视野并存的学院杂志、严肃认真的官方网站、清新敏锐的铁狮 NEWS 公众号和迅时活泼的官方微信，又有专业技术过硬的美工部。工作室共吸纳 60 余名同学参与，其中专硕学生成为采写、编辑、报道的主力军。通过工作室的建立，形成采写编宣信息一体化制作、一口径对外的工作格局，最大限度地扩大优质资源的传播影响力。

4. 前沿学术活动的熏陶

学术讲座是学生拓展知识的第二课堂。学院开展多样丰富的学术活动，在老师牵头和指导下，由专业硕士和学术型硕士共同主办。学生参与学术活动全过程，前期直接与业界人员沟通对接，策划文案、设计宣传品，后期进行网络直播，撰写新闻稿等。学院学术氛围浓厚，学生在收获知识之外，也充分锻炼实践能力。学院目前已形成了几个有影响力的品牌学术活动，包括京师中国传媒智库发布平台、京师传媒大讲堂和人工智能与未来媒体大讲堂等。

5. 广泛建立实习基地

新闻传播学院注重学生的社会实践与专业技能培养，为此，学院构建建立多元化的实习基地，总数达 20 多家。实习基地可以分为四类：一是常设性实习基地。学院与光明日报社是共建单位，《光明日报》成为常设性的实习基地。二是与中央级媒体实习基地，与人民日报社、中央电视台、新华网、中国青年报社、中国教育电视台、中国教育报刊社等合作，建立专业实习基地。三是新媒体实习基础。学院主要发展方向是新媒体，因而与在京的新媒体公司进行了广泛的联系，并在一些行业领先的新媒体公司中设立了学生的实习基地。如微软、暴风影音、封面、一点资讯、百度、腾讯等。四是校内实习基地。充分动员校内资源，搭建日常实践平台。

6. 国际交流拓宽视野

学院面向海外发展，建立了良好的对外交流合作通道，与海内外多所学术机构保持学术往来。

(1)小学期国际课程

建院以来，学院充分利用了小学期空余时间，为学生开设国际化的小学期课程。学院与国外的著名新闻传播院校、科研机构建立了广泛的合作关系，组织国际高水平的研究学者为学生提供最新的国内外前沿理论动态，讲授新的研究方法，讨论新的研究方向。

(2)塔夫茨大数据暑期学分项目

学院大力开展海外交流合作，拓展学生国际化视野。学院积极与海外高校、实验室展开合作，努力拓展交流空间。2017 年与塔夫兹大学签订协议，进行学生交流，互认学分。学校、学院共配给了 58 万元学生国际交流专项经费，该项目中 20 多名专硕同学于 2017 年暑期到美国参加了为期 6 周的大数据项目暑期班。课程的讲授采取了全英文授课的方式，在双方教师的共同努力之下，取得了非常理想的效果。此外，学校还与英国伦敦公共关系学院巴厘岛分校合作开展了暑期交流项目。

(3) 国际学术会议

随着新学院建设的推进，云平台实验室、认知神经传播学实验室、传播效果实验室的建设再上台阶，专业硕士相继进入不同的实验室，在指导老师的指导下从事科研活动，并取得一些成果。同时，学院建章立制，出台相应政策，为学生参与国际国内重要传播学会议提供资金支持，大力鼓励硕士参与国际高水平会议。2014 年以来已经有 4 名硕士同学在国际会议上发表了论文，其中段泽宁、孙琳等 3 名硕士参加了国际顶级传播学会议 AEJMC 并发表了论文。

14. 4. 3　计划开展的工作

1. 互联网产品经理专业硕士

为了适应新媒体的发展趋势，促进人才培养的前沿化、社会化与专业化，2017 年新闻传播学院在新闻与传播专业硕士下设立互联网产品经理方向。该项目主要培养能够真正负责互联网产品的计划和推广，以及互联网产品生命周期的演化，最大限度地实现互联网产品的市场价值与社会影响的高端互联网经营管理人才。经过努力，该项目顺利通过，并以总收费 12 万元成为国内新闻传播领域收费最高的专硕培养项目。2018 年，互联网产品经理开始面向社会招生。

2. 设计专业硕士创意创业基金

为了给专业硕士提供更好的实践环境，学院争取学校研究生院的支持，并预备投入一定的资金，建立专业硕士的创业基金，为专业硕士的创意与创业提供资金支持。希望通过对学生创意创业的支持，推动专业硕士的创意创业热情，涌现出一批具有专业特色的、社会影响较大的项目，形成品牌效应与榜样作用，推动专业硕士人才培养上档次、见实效。该项目从 2018 年起开始实施。

（北京师范大学新闻传播学院）

第 15 章　研究生教育

15.1　研究生教育概述

2017 年全国新闻传播学研究生教育在动态调整中平稳增长，走内涵式发展道路，体现出发展新特色。党的十九大报告对中国高等教育提出了加快一流大学和一流学科建设，实现高等教育内涵式发展的要求，国务院学位委员会积极落实十九大报告精神，要求各大高校和科研机构进一步加强学位授权点建设，做好研究生培养工作，不断提高培养质量。在国家“双一流”名单和全国第四轮学科评估背景下，不少高校主动撤销大量学位点，走内涵式发展道路，提高高等教育质量成为中国高校的奋斗目标。学位授权审核改变了过去以分配数量指标为主的审核方式，更加突出质量在审核工作中的主导作用，补短板强弱项，着重解决研究生教育发展中存在的区域不平衡、边疆民族地区比较薄弱、对行业支撑还存在空白等突出问题，坚持稳中求进，深化供给侧结构性改革，促进研究生教育内涵式发展。2017 年全国新闻传播学研究生教育发展新特点具体表现在以下四个方面：

15.1.1　硕士专业学位教育受到高度重视

2017 年 4 月 14 日，国务院学位委员会学科评议组、全国专业学位研究生教育指导委员会工作会议在京召开。教育部副部长杜占元出席会议并讲话。各学科评议组召集人、各教指委主任委员或副主任委员、各教指委秘书长、有关部委司局负责同志参会。会议传达了国务院学位委员会第三十三次会议精神及刘延东同志重要讲话精神，交流了工作经验，听取了对学位与研究生教育工作的意见建议。杜占元回顾了我国学位与研究生教育发展历程，深刻指出我国学位与研究生教育正处于内涵发展转型的新阶段。面对更高要求、更加艰巨的发展任务，他希望两个专家组织进一步规划引领学科的内涵发展，进一步加强对研究生教育内涵发展有关问题的研究，积极参与研究生教育的重大改革。他强调，要坚决落实“服务需求、提高质量”的内涵发展理念，进一步发挥中国特色的专家组织的重要作用，主动作为，携手共进，共同推进学位与研究生教育事业内涵发展的新征程。

在2016年12月9日第二届全国新闻与传播专业学位研究生教育指导委员会第一次工作会议在北京大学召开后，2017年12月15日，第二届全国新闻与传播专业学位研究生教育指导委员会第二次工作会议暨第二届MJC研究生教育工作研讨会在暨南大学隆重举行，并加强了新闻与传播专业学位研究生教育的专题研讨。全国新闻与传播专业研究生教指委秘书长谢新洲教授指出：2017年是全国新闻与传播专业研究生教指委成立的第六个年头，此届会议是教指委成立以来规模最大的一届，恰逢党的十九大胜利召开，具有重要意义。教指委在2018年的工作重心将集中在招生培养、师资建设、教学资源和评估工作等方面。

第二届全国新闻与传播专业学位研究生教育指导委员会第二次工作会议暨第二届MJC研究生教育工作研讨会分为全体大会、工作会议和分组讨论等环节，来自全国99所高校的180多位与会代表参加了会议。12月9日上午9—12时召开了全体大会。教育部学位管理与研究生教育司研究生培养处处长郝彤亮列举了许多数据，指出专业学位硕士研究生的招生数量占比已达47%，不仅完善了学位授权体系和教育制度，还不断探索建立多部门参与的联合培养模式，取得的成绩十分显著。下一步应以服务需求、提高质量为核心推动专业学位研究生教育的内涵式发展，要着力培养社会主义核心价值观，继续创新人才培养模式，推动课程体系建设及加强师资队伍建设。国家新闻出版广电总局人事司培训一处处长张兆刚指出，要深入学习贯彻党的十九大精神，准确把握新闻与传播专业人才培养目标；群策群力，努力提升新闻与传播硕士专业质量；以党的十九大精神为根本指引，推动教指委工作再上新台阶。暨南大学党委书记林如鹏教授在致辞中对各位教指委委员和与会代表表示了热烈欢迎，并介绍了暨南大学新闻传播学研究生招生规模达到220人，展现出良好的发展势头。他希望全国新闻与传播研究生教育界的同行集思广益，共谋发展，共同开创新闻与传播专业学位研究生教育的新局面。

北京大学新闻与传播学院联合该校的医学部进行跨专业联合培养健康传播专业硕士、复旦大学新闻学院开展国际双学位全媒介传播专硕培养、北京师范大学新闻与传播学院立足新媒体思维着力培养专硕的执行能力和动手能力、厦门大学新闻与传播学院将教学和科研进行有机结合等，为与会代表提供了新闻与传播专硕培养的新视野和新思路。暨南大学新闻与传播学院副院长张晋升教授作了《新闻与传播专业硕士培养的理念创新和路径探索》的报告，介绍了该院新闻与传播专硕培养的创新理念，确立“协同平台育人”的培养理念。有效利用媒体和社会用人单位实践资源方面的优势，让媒体、政府部门和企业直接参与人才的培养过程，为研究生提供多样化的实践平台和内外一体的成长环境，让他们在一种协同运作的平台、良好的氛围和变异的环境中耳濡目染、潜移默化，不断提高其学习能力、创新能力和综合素质。阐述了该院新闻与传播专硕发展新思路，培养学生的“三项基本能力”——“具备适应新闻内容创新的过硬的语言文字表达能力、洞察社会的特有视觉和方法的能力、把握新闻发展趋势的创新能力”；实现“三个转变”。在培养模式上强调内外兼顾、师生互动和学以致用。在教学内容上注重强化贴近新媒体技术、贴近媒体实践、贴近学生需求的鲜活内容。在教学方式上注重学生在各个实践环节的训练，形成新闻报道、媒体运作和社会调研的实战能力。

全国新闻与传播专业学位研究生教指委举行工作会议，讨论了核心课程教材建设、联合培养基地遴选与评估工作、案例库建设、专业学院教师师资队伍的建设、授权点评估标准修订和专业学位评估六个议题。其他参加研讨会的代表以“MJC 研究生培养模式的改革与发展”为主题，分成五个小组，就招生情况、培养方案、师资队伍建设、案例库建设与案例教学推广和实践基地建设等议题进行了分组讨论。各组研讨气氛热烈，与会代表们分享了经验，交流了困惑，明确了目标，坚定了进一步办好新闻与传播专业学位研究生教育的信心。

15.1.2　学位授权点专项评估工作进展顺利

2017 年 3 月 3 日，国务院学位委员会、教育部发布《关于开展 2017 年学位授权点专项评估工作的通知》(学位〔2017〕第 11 号)，专项评估由国务院学位委员会办公室负责，委托国务院学位委员会学科评议组(以下简称学科评议组)和全国专业学位研究生教育指导委员会(以下简称教指委)组织实施。专项评估主要检查参评点研究生培养体系的完备性，包括师资队伍(队伍结构、导师水平)、人才培养(招生选拔、培养方案、课程教学、学术训练或实践教学、学位授予)和质量保证(制度建设、过程管理、学风教育)等。具体评估指标与内容，由学科评议组、教指委结合人才培养特点分别制订。要求学科评议组、教指委于 2017 年 8 月 31 日前将评估报告报国务院学位委员会办公室。评估报告应包括参评点评估结果(附原始表决结果)、评估意见和处理建议等。2017 年学位授权点专项评估工作中，并没有针对新闻传播学学位授权点接受专项评估。但是，全国新高校和科研机构的新闻传播学学位授权点都根据《关于开展 2017 年学位授权点专项评估工作的通知》精神，按照师资队伍(队伍结构、导师水平)、人才培养(招生选拔、培养方案、课程教学、学术训练或实践教学、学位授予)和质量保证(制度建设、过程管理、学风教育)等具体评估指标与内容进行了专项自我评估。

2017 年 11 月 29 日，暨南大学举行了新闻传播学一级学科博士学位授权点自评估专家评审会。评估专家组经过听取自评报告、材料审查、现场提问、师生座谈、实验设施考察等环节。评估专家组通过对学位授权点工作情况的评估，认为新闻传播学一级学科学位授权点是暨南大学的优势学科，依托暨南大学的侨校资源和广东传媒产业创新发展平台，利用部校共建新闻学院和广东省高水平大学建设的契机，在高层次专业人才培养方面具有独特的资源优势和良好的办学条件。学位点培养目标明确、定位符合社会发展对人才的需求；导师队伍年龄结构、学源结构、学历职称及生师比均符合要求；在承担国家及省部级科研项目、发表高水平论文、公开出版专著、教学科研获奖以及开展国内外学术交流等方面显示度较高。在人才培养方面，学位点优质生源率较高、生源结构合理，培养经费、教学平台、国内外学术交流以及奖助体系等机制保障有力。学位论文的工作流程、质量保证以及对导师的选聘考核也有相应的管理措施。总体看来，学位点建设定位明确、措施到位、效果明显，表现优秀。同时，该学位点的培养方向有待进一步凝练，学科特色应进一步彰显。对学位点的持续改进计划，专家认为应注重研究生的内涵式发展，讲求培养目标的达成度和培养过程的科学性。要健全研究生导师考核激励机制，强化导师和研究生在科研方面的贡献度。

2018 年 1 月 14 日，浙江大学国际文化传播学院举办新闻传播学/新闻与传播专业学位学科评审会议，参与评审会议的专家随时就感兴趣的话题展开讨论，既分享各自院校的宝贵经验，也直面师资队伍建设、人才培养、科学研究等方面所面临的困惑。这些宝贵经验包括专业硕士课程设计与对业界需求的对接、科研奖励与课题申报的组织以及职称评审中对科研成果质与量的平衡等。另一方面，参与评审的专家亦表达了对目前高校“重研轻教”的担忧，而胡百精教授则分享了中国人民大学培育 30 门核心课程的经验。此外，评审专家和该院教师也就新闻传播人才培养的基本方向、专业硕士的毕业考核方式等问题展开了热烈的讨论。针对新闻传播学一级学科和新闻与传播专业学位的建设情况，与会专家表达了一致肯定，认为相关学科“‘以创新驱动、以人为本、交叉取胜、主流引领’为建设思路，致力于培养卓越新闻传播人才和文化艺术人才，其发展目标定位符合国家对新闻传播产业的宏观布局，在人才培养、科学研究和学术交流方面走在了全国同类学位授权点的前列”。

2018 年 2 月 27 日，国务院学位委员会、教育部发布《关于下达 2017 年学位授权点专项评估结果及处理意见的通知》，规定：评估结果为“合格”的学位授权点，可继续行使学位授权。评估结果为“限期整改”的学位授权点，自发文之日起进行为期 2 年的整改，2018 年招生工作结束后暂停招生。整改结束后接受复评，复评结果为“合格”的恢复招生，复评结果达不到“合格”的撤销学位授权。限期整改的博士学位授权点，其同一学科的硕士学位授权点继续行使硕士学位授权并招收硕士研究生。由于在 2017 年学位授权点专项评估中，没有新闻传播学科学位授权点，是新闻传播学/新闻与传播专业学位授权点专项的自我评估。

15.1.3　学位点动态调整成效显著

2016 年，博士硕士学位授权学科和专业学位授权类别动态调整(以下简称“学位点动态调整”)工作开始全面实施后，在各省级学位委员会和学位授予单位共同努力下，学位点动态调整工作成效显著，激发了办学活力，优化了学科结构，研究生教育主动服务经济社会发展需求的能力得到提高。2017 年，学位点动态调整工作明显提升了力度和强度，成效更为显著。

3 月 13 日，国务院学位委员会第三十三次会议审议通过《博士硕士学位授权审核办法》，规定：博士硕士学位授权审核(以下简称“学位授权审核”)是指国务院学位委员会依据法定职权批准可授予学位的高等学校和科学研究机构及其可以授予学位的学科(含专业学位类别)的审批行为。学位授权审核包括新增学位授权审核和学位授权点动态调整两种方式。新增学位授权审核分为新增博士硕士学位授予单位审核、学位授予单位新增博士硕士一级学科与专业学位类别(以下简称“新增博士硕士学位点”)审核、自主审核单位新增学位点审核。学位授权点动态调整是指学位授予单位根据需求，自主撤销已有博士硕士学位点，新增不超过撤销数量的其他博士硕士学位点的学位授权点调整行为。新增学位授权审核由国务院学位委员会统一部署，每 3 年开展一次。

2017 年 3 月 17 日，国务院学位委员会发布《关于开展 2017 年博士硕士学位授权审核工作的通知》(学位〔2017〕第 12 号)。根据国务院学位委员会第三十三次会议决议和《国务院学位委员会关于印发〈博士硕士学位授权审核办法〉的通知》(学位〔2017〕9 号)，决定 2017 年开展博士硕士学位授权审核工作。提出五点要求：①学位授权审核工作必须全面贯彻党的教育方针，以推动研究生教育内涵发展为目的，以激发活力为导向，以优化结构为重点，坚持服务需求、提高质量，加强省级统筹，强化自律监管，依法依规开展。②2017 年博士硕士学位授权审核分为新增博士硕士学位授予单位审核、学位授予单位新增博士硕士一级学科与专业学位类别(以下简称“新增博士硕士学位授权点”)审核、自主审核单位确定。各类审核工作的具体要求和程序按照《2017 年学位授权审核工作总体要求》执行。③坚持需求优先，紧密围绕国家战略和经济社会发展，统筹规划，科学布局，优先新增国家区域发展重点领域、空白领域和急需领域的学位授权。新增硕士学位授权点以应用型为主，重点新增硕士专业学位授权点。④强化质量导向，新增博士硕士学位授予单位审核、新增博士硕士学位授权点审核、自主审核单位确定均须严格按照《学位授权审核申请基本条件》(试行)执行。西部地区和民族高校在申请新增博士硕士学位授予单位和新增博士硕士学位授权点时，申请条件可降低 20%。从严控制新增博士硕士学位授予单位和自主审核单位。⑤加强省级统筹，各省级学位委员会根据国家和本区域经济社会发展对高层次人才的实际需求，制定学位点申报指南，组织实施本地区学位授权审核工作，负责接收申请和资格审查。

同时，国务院学位委员会颁布了《2017 年学位授权审核工作总体要求》，分别制定了新增博士硕士学位授予单位审核工作要求》，明确了申请范围：新增博士硕士学位授予单位审核原则上只在普通高等学校范围内进行。申请博士学位授予单位的高校须符合《新增博士学位授予单位申请基本条件》，申请硕士学位授予单位的高校须符合《新增硕士学位授予单位申请基本条件》；规定了评议程序及方式：①学校申请。普通高等学校向本地区省级学位委员会提出申请，提交《新增博士硕士学位授予单位申请报告》和《申请新增博士硕士学位授予单位简况表》。②省级学位委员会核查材料并确定申请资格。省级学位委员会将申请高校的申请材料(《新增博士硕士学位授予单位申请报告》《申请新增博士硕士学位授予单位简况表》)在本省(区、市)教育主管部门官方网站上向社会公开，并按有关规定对异议进行处理。省级学位委员会对申请高校的申请材料进行核查，确定符合申请资格的高校名单。③省级学位委员会组织评议。省级学位委员会组织专家评审组对符合申请资格的高校进行评议，一般不进校考察，获 2/3(含)以上成员同意视为评议通过。评审组成员应从省级学位委员会委员、博士学位授权高校校领导、国务院学位委员会学科评议组(以下简称“学科评议组”)成员、全国专业学位研究生教育指导委员会(以下简称“专业教指委”)委员中聘请，人数不少于 15 人。④国务院学位委员会审批。国务院学位委员会组织专家评审组对省级学位委员会上报的拟新增博士学位授予单位和按需推荐的拟新增博士硕士学位授予单位进行限额复审。复审采取通讯评议的方式进行，表决结果获 2/3(含)以上成员同意视为复审通过，通过的单位确定为拟新增博士硕士学位授予单位。评审组成员从博士学位授权高校校长、学科评议组召集人、专业教指委主任委员与副主任委员及秘书长中聘请。经省级学位委员会推荐的符合硕士学位授予单位申请基本条件的学校，无重大异议的，直接确定为拟新增硕士学位授予单位。拟新增博士硕士学位授予单位名单，经不少于 10 个工作日公示后，由国务院学位委员会审议批准。

国务院学位委员会制定的《新增博士硕士学位授权点审核工作要求》规定：第一，申请范围。新增博士硕士学位授权点只在具有相应学位授权的学位授予单位内进行，不包括已转制为企业的学位授予单位。博士学位授予单位可申请博士、硕士学位授权一级学科或专业学位类别，硕士学位授予单位可申请硕士学位授权一级学科或专业学位类别。申请学位授权点需满足相应一级学科或专业学位类别的申请基本条件。高等学校现有二级学科学位授权点在下次学位授权审核结束后将不再保留，符合相关一级学科申请基本条件的，一般应申请新增一级学科学位授权点。第二，评议程序及方式。省级学位委员会制定申报指南；学位授予单位申请；省级学位委员会核查材料并确定申请资格；省级学位委员会组织评议；国务院学位委员会审批。

国务院学位委员会制定的《自主审核单位确定工作要求》规定：第一，申请范围，符合《自主审核单位申请基本条件》的学位授予单位可提出申请。第二，评议程序及方式有如下几种：单位申请；省级学位委员会核查材料并确定推荐名单；国务院学位委员会审批。同时，国务院学位委员会制定了《申请新增博士硕士学位授予单位简况表》《现有学位授权点骨干教师基本情况汇总表》《申请博士学位授权一级学科点简况表》《申请硕士学位授权一级学科点简况表》《申请博士硕士专业学位授权点简况表》《申请开展学位授权自主审核单位申请报告撰写提纲》《申请开展学位授权自主审核单位简况表》等。

《学位授权审核申请基本条件（试行）》规定了新闻传播学（0503）一级学科博士学位授权点申请基本条件：第一，学科方向与特色。①学科方向。新闻学、传播学、广播电视学与数字传播、广告学与传媒经济学 4 个学科方向中，至少有 2 个主干学科方向，且至少具有新闻学、传播学其中 1 个。根据申请单位的学科优势，或结合其他相关优势学科，自设 1~2 个学科方向。②学科特色。申请单位应结合自身的综合优势、研究基础，有明确的学科定位，符合全球化与网络时代背景下传媒发展的规律和态势，能够注重基础理论创新，培养具有较高理论水平和研究能力的研究型人才，在学界和业界有良好的声誉。第二，学科队伍。①人员规模。师资队伍有良好的人才梯队作为支撑，专任教师中，不同学科方向的人员需占一定比例。其中，高级职称比例不低于 65%，正高级职称占高级职称比例不低于 35%。人员配备既突出重点学科方向，同时也兼顾其他学科方向，梯队结构均衡合理。②人员结构。专任教师中，获博士学位人员比例不低于 65%，45 周岁以下的原则上应具有博士学位，具有外单位博士或硕士学位的比例不低于 35%。③学科带头人与学术骨干。学科带头人应具有正高级职称，至少主持过 1 项国家级课题、1 项省部级重点课题，获得 1 项省部级及以上教学科研奖励。学术骨干不少于 3 人，应具有副高级以上职称，主持过一项省部级及以上课题。学科带头人及学术骨干应完整培养不少于 2 届硕士生，并在同学科或相近学科博士点参与过博士生培养。第三，人才培养。①培养概况。应有五届以上硕士毕业生。每年硕士学位授予人数原则上不少于 20 人。②课程与教学。硕士生培养方案完备；教学大纲编写规范；案例内容丰富、新颖，可满足课程教学的需求。有一定数量的专业核心课程。拟定的博士研究生培养方案、培养目标和培养方式等科学合理，拟开设的系列课程应覆盖本学科基础理论与方法、体现学科发展特色、研究实际问题为导向，教学课程能够围绕培养单位的专业方向展开前瞻性设计，课程教学注重基础理论的掌握和研究能力训练，专业主干课程应有多位主讲教师。博士生与硕士生专业课程要有衔接，但在结构和层级上应拉开距离。③培养质量。硕士毕业生的职业发展总体上以其所属学科专业方向为主，就业情况良好，社会满意度较高。有一定数量的硕士生毕业后升学继续攻读国内外博士研究生。在学硕士生在本专业领域应发表一定数量有较高水平的论文或取得其他科研成果和奖励。

第四，培养环境与条件。①科学研究。近五年承担科研项目数量充足、科研经费充裕；专任教师主持项目年均科研经费达到人均 5 万元；主持省部级以上科研项目不少于 20 项(并有一定数量国家级科研项目)；研究生导师应具有至少一项完成或在研的省部级以上课题；近 5 年，获得过省部级以上奖励。②学术交流。近五年，主持召开本学科及相关学科国际及全国学术会议，并与国内外高校开展学术交流与合作项目。有支持研究生参加国内外学术交流的相关政策，积极组织和鼓励学生参加各类学术活动，有一定比例的研究生参加国内外学术交流活动。每年有一定数量的研究生能在国内或国外的学术会议上发表论文。③支撑条件。有专门用于研究生教学科研的平台、基地和实验室，有丰富的新闻传播类图书资料和数据库，有一定数量国内外新闻传播学期刊与数据库。有完善的奖助学金制度、学风和学术道德建设制度及研究生学位管理机构。

《学位授权审核申请基本条件(试行)》规定了新闻传播学(0503)一级学科硕士学位授权点申请基本条件：第一，学科方向与特色。①学科方向。新闻学、传播学、广播电视学与数字传播、广告学与传媒经济学 4 个学科方向中，至少有 2 个作为主导学科方向，并根据申请单位的学科优势，或结合其他相关优势学科，自设 1~2 个学科方向。②学科特色。教学及科研应充分发挥申请单位的学科特色及优势，在巩固自身优势的基础上，结合社会需求，整合其他相关学科资源，开创新的交叉学科方向。第二，学科队伍。①人员规模。专任教师不少于 20 人，人员配备既突出优势学科方向，同时兼顾其他学科方向，人才梯队结构均衡合理。②人员结构。专任教师中获博士学位人员的比例不低于 50%。特色学科方向或前沿学科方向中，需有一定比例人员具有新闻传播从业经历。③学科带头人与学术骨干。每个学科方向至少有 1 名学科带头人、2 名学术骨干。学科带头人及学术骨干应在相应领域出版过代表性专著或主编过教材，承担过国家级或省部级社科项目，并在权威期刊上发表过高水平学术论文。学科带头人应具备硕士生导师资格和博士学位，在同学科或相关学科硕士点担任硕士生导师，并培养过 3 届以上硕士研究生；学术骨干应至少具备硕士生导师资格并在同学科或相关学科硕士点担任硕士生导师。第三，人才培养。①课程与教学。硕士专业课程应致力于培养应用与研究并重的复合型人才，以学科方向为单位建设硕士生课程体系，使学生掌握马克思主义基本理论和专业知识，具有较高的基础理论知识和实际业务技能，并熟练掌握一门外国语言。课程体系每年必须进行论证，根据实际情况做适当调整。②培养质量。本科毕业生的职业发展总体上以其所属学科专业方向为主，就业情况良好，社会满意度较高。优秀毕业生在新闻传播领域工作业绩突出，有一定比例的本科生毕业后升学继续攻读国内外硕士研究生。本科生或相关学科硕士生积极参与专业竞赛和科研工作。申请单位获得至少 1 项省部级及以上教学成果奖。

第四，培养环境与条件。①科学研究。近五年，主持科研项目年均科研经费达到人均 2 万元及以上；主持省部级及以上科研项目不少于 15 项；近五年，获得过省部级以上奖励。②学术交流。申请单位积极主办、承办学术会议和学术交流活动。近五年本学科主持召开国际学术会议、全国学术会议 3 次及以上，与国内外高校院系开展学术交流与合作项目达到 20 次及以上。学校积极支持研究生参加国际学术交流或交换项目，为其提供信息等服务，并有专门的费用支持。③支撑条件。学科拥有至少 1 个省部级以上教学科研平台或研究基地，有独立的图书阅览室，文献资料、数据库丰富，有完善的图书资料查询借阅系统，人员配备、管理方式等方面能为学术研究提供支持。具有完善的奖助学金制度，奖助力度和覆盖面较大。学风和学术道德建设制度完善。

《学位授权审核申请基本条件》(试行)规定了新闻与传播(0552)专业学位类别硕士学位授权点申请基本条件：第一，专业特色。注重创新能力和实践能力，突出办学特色，并有结合地区特色的专业方向设置。有与新闻传播行业相关企业和机构具有长期合作的有效机制和措施，积极引导相关单位参与培养全过程。第二，师资队伍。①人员规模。专兼职师资队伍学科知识结构合理，具有丰富教学经验并能切实保证新闻与传播专业硕士学位研究生培养质量。专任教师不少于 20 人，来自新闻与传播行业相关部门具有丰富经验的兼职指导教师不少于 10 人，落实双导师制度。②人员结构。师资队伍年龄结构合理，30~50 岁教师的比例不低于 50%；任课教师中教授的比例不低于 30%，获得硕士及以上学位的比例不低于 60%，具有博士学位的比例不低于 40%。③骨干教师。至少有 2 名骨干教师。近 5 年内，骨干教师需在 CSSCI、SCI、SSCI 收录的期刊上发表论文不少于 5 篇；作为课题负责人至少承担 1 项省部级及以上科研项目；获得过省部级二等奖及以上奖项者或获得省部级精品课程奖励的，部分条件可以放宽。第三，人才培养。①课程与教学。研究生培养方案科学合理、具有可操作性，课程设置、教学组织切实体现应用导向、职业需求和执业目标。每门核心课程及重要必修课程须配备 2 名以上具有较丰富实践教学经验的专任教师。理论教学形式多样，实践教学时间充足。严格执行双导师制度。研究生在校期间，须参与 1 项以上与新闻与传播专业有关的科研工作或实践工作。②培养质量。近 5 年本专业或相关学科获得省部级及以上教学成果奖励数量不低于 1 项。近 5 年的毕业生得到业界广泛认可，有一定的代表人物和作品。有近 5 年毕业生的就业情况统计数据，有相对完备的研究生教育质量保障与监督制度。第四，培养环境与条件。①科研水平。与新闻与传播行业或管理部门在教学、科研及人才培养等方面有较稳定的合作关系。②实践教学。能为培养新闻与传播专业硕士提供较好的社会实践与教学场所。有丰富实践经验、较高学术水平或技术专长的专家，能够讲授专业课程，指导专业学位研究生。有不少于 3 家长期稳定的教学实践基地，要提供和保障所有新闻与传播专业硕士开展实践的条件，确保实践教学质量。③支撑条件。申请单位应已有新闻与传播学科硕士授权点；或具有完整的培养新闻与传播学专业本科生的经验，至少有 5 届本科毕业生。有一定数量和较高标准的新闻与传播专业硕士专用教室、实验室等。能为新闻与传播专业硕士提供便捷使用校园网络和信息资源等条件。一是有较为丰富的新闻与传播专业及相关领域专业图书资料。有完善的奖助学金制度和创新创业等方面的管理措施。设立专门的管理机构，配备专职管理人员，制定完善的培养流程和配套管理文件，具有保障稳定专硕教师队伍建设的经费，尤其配有保障业界导师队伍建设的专项经费，保证培养质量。

《学位授权审核申请基本条件》(试行)规定了出版(0553)专业学位类别硕士学位授权点申请基本条件：第一，专业特色。出版硕士专业在培养目标、课程设置、教育模式、质量标准上更突出职业要求，将学术性与实践性紧密结合，为出版和文化教育部门提供编辑、复制、发行、管理以及新媒体出版、出版产业融合发展等方面所需要的复合型、应用型人才。出版硕士毕业后要能获得国家出版职业资格证书。应已经自设“编辑出版学”“出版发行学”“数字出版”等与出版专业密切相关的学科方向。第二，师资队伍。①人员规模。专任教师不少于 12 人，校外行业教师不少于 12 人。②人员结构。专任教师中，中青年教师的比例不低于 50%；具有副高职称以上的比例不低于 50%，获得硕士学位以上的比例不低于 70%，获得博士学位的比例不低于 30%。有与出版相关实践经验教师的比例不低于 40%。出版硕士专业的每门核心课程及重要必修课程须配备 2 名以上具有较丰富教学实践经验的教师授课。鼓励行业导师与学校教师联合授课。担任出版硕士专业学位的论文指导教师，必须具有较好的出版专业教学或出版实践经验，并承担过一定的出版研究课题。有一定数量的来自出版单位、具有丰富经验的副高以上职称专家作为兼职指导教师，协助指导出版硕士论文。③骨干教师。骨干教师不少于 4 名，每人承担过省级以上科研项目 1 项以上，年均高水平研究成果不少于 1 项；至少有 1 人以上在与出版相关的省级以上学术团体中担任理事以上的职务；指导过本单位或外单位编辑出版学或其他相关本科专业的毕业论文；每年指导的出版硕士专业学位研究生不超过 6 人，在外单位指导出版硕士专业学位研究生不超过 2 人。第三，人才培养。①课程与教学。已招收、培养编辑出版学专业的本科生 6 年以上。与出版单位共同研究、制定并实施培养方案，包括课程设置、教学组织、实习实践等。与出版单位在教学、科研及人才培养等方面有较稳定的合作关系，能为培养出版硕士提供较好的社会实践与教学场所。能掌握一定数量和较高质量的案例教学的素材，具有案例教学的基本条件。采用案例教学的课程应不少于 2 门。课程设置、教学内容、教学组织要切实以出版应用为导向，以出版职业需求为目标，以出版综合素养和应用知识与能力提高为核心，保证研究生经过系统的课程学习，能熟练掌握出版专业的基本知识，并具有从事出版工作的实践能力。课程应注重培养出版硕士生解决实际问题的能力。通过相应课程的学习，形成良好的政治和文化素养，能独立策划、编辑、营销出版物，能利用新媒体技术制作电子出版物，并能胜任出版单位有关部门的管理事项。②培养质量。毕业的本科生或相关专业的研究生受到用人单位的好评。编辑出版学专业本科生或相关专业研究生在校期间参加过省级以上与出版相关的创新创业、实务竞赛等，并获奖；或在省级以上刊物上发表过学术论文。第四，培养环境与条件。①科研水平。近 3 年，承担过省级(含省级以上学术团体)科研课题，获得过省级(含省级以上学术团体)以上科研成果奖励，人均发表高水平学术成果不少于 1 项。②实践教学。与出版单位合作建立实习基地，保证每个出版硕士生能在基地得到实习。入学前不具备出版行业实践经验的学生，入学后要从事不少于 6 个月的专业实习。采用双导师制的培养模式，由学校导师和行业导师联合培养，能为每个学生配备 1 个校外行业导师。每个校外导师参与指导的出版硕士生不超过 6 人。每年应定期邀请出版单位有丰富实践经验的副高以上职称人员，到学校开展学术讲座，扩大学生的视野。每年的学术讲座活动不少于 5 次。③支撑条件。一是有用于研究生培养的出版专业实验室，并与出版单位共建 3 个以上的实习基地。申请单位应具有丰富的图书资料，图书总量在 50 万册以上、期刊 500 种以上、专业数据 20 种以上。其中，出版专业相关的图书不少于 20000 册、期刊不少于 30 种、专业数据库不少于 5 个。二是奖助体系完备。具备较好的校风，校纪明确。有严格的专业学位研究生培养管理制度，设立专门机构和人员从事专业学位研究生的管理工作。

2017 年 4 月 6 日，国务院学位委员会办公室发布了《关于做好 2017 年博士硕士学位授权审核专家评议工作的通知》规定：2017 年博士硕士学位授权审核工作已由国务院学位委员会部署开展，国务院学位委员会学科评议组(以下简称“评议组”)和全国专业学位研究生教育指导委员会(以下简称“教指委”)将承担相应任务。为做好学位授权审核专家评审工作，请评议组成员和教指委委员按如下要求执行：一是履职尽责。贯彻落实党中央、国务院的战略部署，从学位与研究生教育全局出发，充分考虑我国研究生教育的宏观布局与结构，做到坚持标准、客观公正、合法合规。二是学习贯彻有关文件精神。认真学习《博士硕士学位授权审核办法》《国务院学位委员会关于开展 2017 年博士硕士学位授权审核工作的通知》等文件。三是严格自律。严守政治纪律、组织纪律、工作纪律。四是支持省级学位委员会的工作。

5月19日，国务院学位委员会发布《关于做好博士硕士学位授权学科和专业学位授权类别动态调整工作的通知》，规定：各省级学位委员会应加强对本地区内学位点动态调整工作的统筹指导，引导学位授予单位增列本地区急需、空白的学位授权点，硕士点增列以应用型为主；对学位授予单位拟增列与本地区经济社会发展需求不相适应或学生就业困难的学位授权点，省级学位委员会可不同意其调整。未参加过专项评估的学位授权点和在学位授权点合格评估中被评为“限期整改”的学位授权点，学位授予单位可申请撤销，但不能将其调整增列为其他学位授权点，撤销的学位授权点数纳入省级统筹增列。学位点动态调整工作每年开展一次。

在国务院学位委员会上述文件精神指引下，各省级学位委员会于2017年5月31日前发布本地区学位授权审核申报指南；各个高校科研机构积极申请，并于7月31日前完成了申请材料申报工作。在各省级学位委员会统筹规划和精心组织下，2017年博士硕士学位授权审核工作进展顺利。至10月，审核工作已进入评审阶段。10月19日，国务院学位委员会又颁布了《关于持续做好博士硕士学位授权审核工作的通知》，重申平稳推进学位授权审核工作，增强全局观念，保证审核工作严肃公平，杜绝干扰，严守评审纪律。10月31日，各省级学位委员会将本地区评审结果及相关申请材料、审核工作总结报告(应含申报指南、审核工作方案)报送至国务院学位委员会办公室。全国各省级学位委员会汇总后拟新增新闻传播学一级博士学位授权点(21家)，分别是：吉林大学、东北师范大学、辽宁大学、中国社会科学院研究院、天津师范大学、陕西师范大学、新疆大学、上海交通大学、上海外国语大学、安徽大学、郑州大学、河南大学、南昌大学、南京师范大学、重庆大学、西南政法大学、湖南大学、湖南师范大学、华中师范大学、中山大学、深圳大学。拟新增新闻传播学学术硕士学位授权点(25个)，分别是：吉林师范大学、中国农业大学、北京语言大学、中央财经大学、中国社会科学院研究生院、天津外国语大学、西安外国语大学、上海社会科学院、上海政法学院、上海体育学院、华东政法大学、东华大学、赣南师范大学、四川外国语大学、四川省社会科学院、贵州民族大学、贵州财经大学、贵州大学、云南师范大学、中南民族大学、武汉体育学院、华中农业大学、湖南理工学院、广东外语外贸大学、广西师范学院等。拟新增新闻与传播专业硕士学位授权点(59个)，分别是：齐齐哈尔大学、哈尔滨师范大学、吉林师范大学、吉林财经大学、辽宁师范大学、辽宁工业大学、辽宁工程技术大学、北京联合大学、中国政法大学、中央财经大学、北京外国语大学、北京交通大学、北京信息技术大学、西安财经学院、甘肃政法学院、青海师范大学、宁夏大学、上海师范大学、上海理工大学、上海外国语大学、上海政法学院、华东政法大学、华东大学、温州大学、浙江工商大学、浙江理工大学、宁波大学、淮北师范大学、河南财经政法大学、中原工学院、安庆师范大学、闽南师范大学、福建师范大学、扬州大学、江苏师范大学、南京财经大学、南京林业大学、南京航空航天大学、鲁东大学、济南大学、中国海洋大学、重庆工商大学、重庆交通大学、重庆师范大学、成都学院、四川省社会科学院、贵州大学、云南民族大学、云南师范大学、武汉纺织大学、湖北文理学院、吉首大学、湖南科技大学、长沙理工学院、湖南理工学院、湖南商学院、汕头大学、深圳大学、广西师范学院。

2017 年的授权审核工作经过了省级学位委员会制定申报指南、学位授予单位申请、省级学位委员会核查材料并确定申请资格、省级学位委员会组织评议、国务院学位委员会组织复审、国务院学位委员会对拟新增学位授权点进行公示、国务院学位委员会正式审批 7 个环节，为落实高质量发展要求，此次学位授权审核从条件标准、政策导向、专家机制方面对新增博士、硕士学位授权点进行了严格把关。在评审中，国务院学位委员会委托教育部学位与研究生教育发展中心组织专家，对新增博士学位授权点进行了通讯评议。评议采取票决制，并按规定进行公示。共有 1145 名学科评议组成员、专业学位教指委委员参加评议。经各省推荐和材料核查，进入专家复审程序的新增博士点 1429 个，通过复审和公示 655 个，通过率为 45.8%。其中，通过的博士点中原有二级学科博士点升级为一级学科博士点 283 个，完全新增的一级学科(专业学位)博士点只有 372 个，通过率仅为 26%。二级学科博士点升级后，一级学科博士点覆盖范围内的二级学科博士点不再保留，对应减少 321 个二级学科博士点。

2018 年 2 月 17 日，国务院学位委员会发布《关于下达 2017 年动态调整撤销和增列的学位授权点名单的通知》，公布了经国务院学位委员会第三十四次会议审议批准的 2017 年动态调整撤销和增列的学位授权点名单，共有 25 个省(区、市)的 129 所高校大幅撤销 340 个学位点。

此外，共有 24 个省(区、市)的 87 所高校增列了 184 个学位点。增列的学位点数量大大少于撤销的学位点数量。增列较多的省(区、市)包括：北京市 20 个、河北省 19 个、甘肃省 17 个、河南省 17 个等。增列学位点较多的高校包括：兰州交通大学 9 个、云南大学 7 个、西北农林科技大学 6 个、石河子大学 6 个等。值得关注的是，本次清华大学、浙江大学等高校均新增部分一级博士点，其中浙大更是一口气新增 5 个一级博士点。而在此次增列的新闻传播学科学位点有：首都经济贸易大学(新闻传播学，硕士一级)、同济大学(新闻与传播，专业硕士学位点)、安徽财经大学(新闻与传播，专业硕士学位点)、福建师范大学(新闻与传播，专业硕士学位点)。

2 月 27 日，国务院学位委员会发布《关于下达 2017 年审核增列的博士、硕士学位授权点名单的通知》(学位〔2018〕9 号)，公布了经国务院学位委员会第三十四次会议审议批准的 2017 年审核增列的博士、硕士学位授权点名单。其中新增新闻传播学一级学科博士学位授权点 8 个(名单见后)，已有二级学科新增新闻传播学一级学科博士学位授权点 2 个(名单见后)，新增新闻传播学一级学科硕士学位授权点 14 个(名单见后)，已有二级学科新增新闻传播学一级学科硕士授权点 10 个(名单见后)，新增新闻与传播专业学位(0552)授权点 55 个(名单见后)，新增出版专业学位(0553)授权点 9 个(名单见后)。3 月 27 日，国务院学位办经公式后，正式对外公布了 2017 年审核增列的博士、硕士学位授权点名单。

15. 1. 4　新闻传播学类研究生培养质量提升

全国各个新闻传播学研究生论坛逐渐成熟，学术品牌日渐形成，学术研讨持续升温，新闻传播学博士生逐渐成为研究的重要力量。

2017 年 5 月 7 日，第四届华南新闻传播学科研究生学术论坛在中山大学传播与设计学院召开。此次论坛的主题为“融合与创新：新传播业态”，论坛共收到了来自中国人民大学、复旦大学、浙江大学、南京大学、武汉大学、中山大学、暨南大学、西北政法大学等 54 所高校的 147 篇稿件，经过严格的匿名筛选，35 篇稿件最终入围宣讲交流环节。5 场论坛主题分别为：媒体转型与新闻生产、媒介融合与专业意识、社交媒体与公共传播、互联网与社会转型、媒介演化下的受众与舆论。来自各个高校的研究生们针对不同的主题分享了自己的研究成果，会议现场学术交流气氛浓厚，思想碰撞的火花随处可见。点评老师们肯定了青年新传学子对于新传播业态的关注和思考，认为此次论坛涌现出许多时新性的研究和发现。

为了深切缅怀何先生的新闻业绩和教育贡献，追思学习何先生为我国新闻事业发展不懈奋斗的高尚品格，西北政法大学联合《中国记者》杂志社主办，西北政法大学研究生院、西北政法大学新闻传播学院、中国政法大学出版社共同于 6 月 25 承办首届“何微新闻奖”新闻传播学科研究生论坛，共收到了包括北京大学、北京工商大学、重庆大学、中山大学等全国各地高校博士和硕士研究生稿件分别为 12 篇和 96 篇。整个会议分为了四个主题进行发言，共有 12 位学者表述了自己的学术观点。学者们围坐一桌进行发言，学术大咖进行了精彩的点评。学术思想碰撞出火花，参会人员都得到了极大的精神收获。

10 月 21—22 日，第二届西部地区传媒类研究生学术年会在陕西师范大学召开。年会围绕“新传播 · 新交往：全球化时代的一带一路与社会发展”主题，分一带一路下的中国故事表达、一带一路下的国家形象建构、一带一路下的五通战略布局、一带一路下的国际舆论再造、一带一路下的文化产业协助、一带一路下的传播理念重构 6 个方面进行了研讨。

2017 年 10 月 28 日，江苏省第四届传媒学科研究生论坛在南京师范大学随园校区拉开帷幕。此次论坛以“信息传播技术与社会记忆建构”为主题，来自清华大学、复旦大学、浙江大学等近 40 所高校的百余名师生对媒介发展与社会记忆建构展开热烈的讨论，奉献了一场思维碰撞的学术盛宴。此次论坛获得了全国各大高校新闻专业研究人员的广泛参与，入选的 80 篇论文划分为“新技术与记忆建构”“国际传播中的民族国家记忆”“社会事件的媒介时代记忆”“大众传播媒介与记忆建构”“重大史实的社会记忆建构”“新传播环境下的记忆建构”“影视作品中的记忆建构”“新视域下的研究议题转向”8 个专题。专家学者们在圆桌会议中各抒己见，学思碰撞，高潮迭起。

11 月 10—11 日，中华新闻传播学术联盟第九届研究生学术研讨会暨青年学者论坛在香港城市大学媒体与传播系举行。中华新闻传播学术联盟由中国传媒大学新闻传播学部、复旦大学新闻学院、香港城市大学媒体与传播系、台湾大学新闻研究所、澳门大学传播系五所新闻传播教育机构组成。第九届研究生学术研讨会以“新兴媒体：传播、交流与互动”为主题。该届学术研讨会将为新闻与传播学研究生提供交流和展示学术成果平台，邀请知名学者举办研究工作坊，帮助研究生提高新闻与传播学研究水平和论文的能力，提升论文在重要新闻与传播学学术期刊的采用率，欢迎中华新闻传播学术联盟成员学校的在读硕士和博士研究生投稿。同时接受非联盟学校研究生投稿。研讨会同时接受中文和英文论文。

复旦大学新闻学院坚持 17 年举办“中国新闻传播学科研究生学术年会”，体现了复旦新闻在弘扬新闻传播专业精神上的努力，为同学们提供了思想碰撞的平台。同时，参会者们都拥有较高的学术热情，难能可贵，期望同学们能够不断积累，永葆初心。2017 年 11 月 18 日上午，第十七届中国新闻传播学科研究生学术年会暨 2017 年复旦大学博士生学术论坛之新闻传播学篇在复旦大学新闻学院教学楼 101 室拉开帷幕。来自全国各地高校的 40 余名研究生汇聚一堂，与来自复旦大学、华东师范大学、东华大学、上海社会科学院等多所高校老师就“移动互联时代的中国传媒变革”主题开展为期两天的学术研讨。

12 月 1 日至 3 日，武汉大学全国网络传播博士生论坛暨第八届华中地区研究生新闻传播学术论坛在武汉大学举行。论坛围绕“新媒体环境下的传播实践与理论想象主题”，从新媒体的传播理论问题研究、新媒体与风险传播、人工智能与传播、大数据时代的新闻传播、新媒体与受众研究、新媒体与国际传播六方面进行了深入的研讨，此次论坛共吸引了海内外 53 所高校的共 139 位博士和硕士研究生来稿，多位知名学者与15位获奖研究生在为期两天的论坛中分享了自己的研究成果，并进行了精彩的对话与交流。

2017年12月2日，由陕西师范大学新闻与传播学院承办的新闻传播思想史研究委员会专题工作坊暨新闻传播学研究生教育论坛正式召开，此次论坛的主题是“重访经典：传播研究的里程碑”，旨在通过重访经典，对既往传播研究进行总结，寻求传播研究的新起点。会议中各位传播学教育者对之前自己的教育方法进行了分析总结，同时也是互相学习的过程，最后对今后的传播学研究生教育有了大致的方向：要培养有较强研究能力的从业人员。

2017年12月9—10日，安徽省第九届新闻传播学科研究生论坛开幕式在安徽大学举行。此届论坛主题为“新媒介·新技术·新视野：新闻传播与社会变革”，论坛共收到来自全国76所高校和研究院所的236篇论文，经严格匿名评审，最终51篇论文入围。来自复旦大学、武汉大学、南京大学、中国传媒大学、中国人民大学、台湾大学、世新大学等高校的同学参加了此次论坛宣讲。“安徽省新闻传播学科研究生论坛”最初是由安徽大学新闻传播学院学生自主倡议、组织和筹办的学术交流活动，论坛自2005年开设以来，至今已走过12个年头，目前已经成为具有全国影响力的研究生学术论坛。

12月9日，首届长江中下游新闻传播学学科研究生论坛在江西师范大学新闻与传播学院举行。论坛共吸引了来自武汉大学、北京师范大学、贵州民族大学、西安理工大学、江西财经大学等各地高校40余名研究生参加。

此外，还有北京大学新闻传播学博士生学术论坛、清华大学新闻传播学博士生学术论坛、中国传媒大学的全国新闻学与传播学博士生学术研讨会、暨南大学新闻与传播学院研究生学术论坛。其中，中国传媒大学的全国新闻学与传播学博士生学术研讨会从2007年举办首次开始延续至今，一直秉承为推进新闻传播学博士研究生的学术成长，探索符合中国特色的新闻传播高学位教育中把握问题的学术意识和学术方法，增进校际间博士研究生的学术交流，相互砥砺，相互学习，共同提高为宗旨。此外，在一些重要的新闻传播学年会中，设有专门的博士生论坛。如2017年8月18—19日，由中国新闻史学会、郑州大学主办，郑州大学新闻与传播学院、新华社·郑州大学穆青研究中心承办，中国新闻史学会16个二级分会协办的“中国新闻史学会2017年学术年会”在河南省郑州市黄河迎宾馆盛大举行。在两天会议日程中，年会设有1个主题论坛、18个分论坛、27个分会场，举行了主题论坛、专题论坛、特邀论坛和平行论坛等近40场活动。来海内外新闻传播学界329个新闻传播机构的1300余名专家学者群贤毕至，共襄新闻传播学术盛会。会议期间，学术年会专门举办了“规律·前沿·结构·反思”博士生论坛。美国新闻与大众传播教育委员会历史分会会长、美国密苏里大学张咏教授，美国哥伦比亚大学 Richard John 教授为博士生作了主题学术报告。

15.2　2017 年新设博士点、硕士点统计

根据教育部网站 2018 年 1 月 8 日数据，依据《博士硕士学位授权审核办法》，国务院学位办对各省(区、市)推荐的新增博士硕士学位授予单位、博士硕士学位授权点、自主审核单位的审核结果予以公布，详见表 15-1~表 15-5。

表 15-1　**2017 年新增博士学位授权点审核结果**
(已有二级学科授权点新增为一级学科授权点 2 个)

学科代码及名称	单位代码及名称	不再保留的二级学科授权点
0503 新闻传播学	10319 南京师范大学	050301 新闻学
	80201 中国社会科学院研究生院	050301 新闻学　050302 传播学

表 15-2　**2017 年新增博士学位授权点审核结果**
(新增一级学科授权点 8 个)

学科代码及名称	单位代码及名称
0503 新闻传播学	10065 天津师范大学
	10248 上海交通大学
	10357 安徽大学
	10403 南昌大学
	10459 郑州大学
	10542 湖南师范大学
	10590 深圳大学
	10652 西南政法大学

表 15-3

2017 年新增硕士学位授权点审核结果

（已有二级学科授权点新增为一级学科授权点 10 个）

学科代码及名称	单位代码及名称	不再保留的二级学科授权点
0503 新闻传播学	10019 中国农业大学	050302 传播学
	10277 上海体育学院	050302 传播学
	10504 华中农业大学	050302 传播学
	10524 中南民族大学	050302 传播学
	10603 广西师范学院	050301 新闻学
	10657 贵州大学	050301 新闻学
	10681 云南师范大学	050301 新闻学
	80201 中国社会科学院研究生院	050302 传播学
	87903 上海社会科学院	050301 新闻学
	89101 四川省社会科学院	050301 新闻学

表 15-4

2017 年新增硕士学位授权点审核结果

（新增一级学科授权点 14 个）

学科代码及名称	单位代码及名称
0503 新闻传播学	10032 北京语言大学
	10034 中央财经大学
	10068 天津外国语大学
	10203 吉林师范大学
	10255 东华大学
	10276 华东政法大学
	10418 赣南师范大学
	10522 武汉体育学院
	10543 湖南理工学院
	10650 四川外国语大学
	10672 贵州民族大学
	10724 西安外国语大学
	11835 上海政法学院
	11846 广东外语外贸大学

表 15-5　**2017 年新增硕士学位授权点审核结果**

（新增专业学位授权点 64 个）

专业学位类别代码及名称	单位代码及名称
0552 新闻与传播(55)	10004 北京交通大学
	10030 北京外国语大学
	10034 中央财经大学
	10053 中国政法大学
	10154 辽宁工业大学
	10165 辽宁师范大学
	10203 吉林师范大学
	10207 吉林财经大学
	10231 哈尔滨师范大学
	10252 上海理工大学
	10255 东华大学
	10270 上海师范大学
	10271 上海外国语大学
	10276 华东政法大学
	10287 南京航空航天大学
	10298 南京林业大学
	10320 江苏师范大学
	10327 南京财经大学
	10338 浙江理工大学
	10351 温州大学
	10353 浙江工商大学
	10372 安庆师范大学
	10373 淮北师范大学
	10402 闽南师范大学
	10423 中国海洋大学
	10427 济南大学
	10451 鲁东大学

续表

专业学位类别代码及名称	单位代码及名称
0552 新闻与传播(55)	10465 中原工学院
	10484 河南财经政法大学
	10495 武汉纺织大学
	10531 吉首大学
	10534 湖南科技大学
	10536 长沙理工大学
	10543 湖南理工学院
	10554 湖南商学院
	10560 汕头大学
	10590 深圳大学
	10603 广西师范学院
	10618 重庆交通大学
	10637 重庆师范大学
	10657 贵州大学
	10681 云南师范大学
	10691 云南民族大学
	10746 青海师范大学
	10749 宁夏大学
	11079 成都学院
	11117 扬州大学
	11232 北京信息科技大学
	11406 甘肃政法学院
	11417 北京联合大学
	11560 西安财经学院
	11646 宁波大学
	11799 重庆工商大学
	11835 上海政法学院
	89101 四川省社会科学院

续表

专业学位类别代码及名称	单位代码及名称
0553 出版(9)	10140 辽宁大学
	10319 南京师范大学
	10427 济南大学
	10559 暨南大学
	10574 华南师范大学
	10592 广东财经大学
	10602 广西师范大学
	10674 昆明理工大学
	10691 云南民族大学

15.3　新闻传播学学术硕士布点列表

全国新闻传播学学术硕士点共 126 个，按学校名称的音序排列如下：

表 15-6　**全国新闻传播学学术硕士布点列表**

序号	学科代码及名称	授权单位名称	授权类别
1	0503 新闻传播学	安徽大学	硕一
2	0503 新闻传播学	安徽师范大学	硕一
3	0503 新闻传播学	北京大学	硕一
4	0503 新闻传播学	北京工商大学	硕一
5	0503 新闻传播学	北京交通大学	硕一
6	0503 新闻传播学	北京师范大学	硕一
7	0503 新闻传播学	北京外国语大学	硕一
8	0503 新闻传播学	北京印刷学院	硕一
9	0503 新闻传播学	北京邮电大学	硕一
10	0503 新闻传播学	北京语言大学	硕一

续表

序号	学科代码及名称	授权单位名称	授权类别
11	0503 新闻传播学	渤海大学	硕一
12	0503 新闻传播学	成都体育学院	硕一
13	0503 新闻传播学	大连理工大学	硕一
14	0503 新闻传播学	电子科技大学	硕一
15	0503 新闻传播学	东华大学	硕一
16	0503 新闻传播学	东北师范大学	硕一
17	0503 新闻传播学	福建师范大学	硕一
18	0503 新闻传播学	复旦大学	硕一
19	0503 新闻传播学	赣南师范大学	硕一
20	0503 新闻传播学	广西大学	硕一
21	0503 新闻传播学	广州大学	硕一
22	0503 新闻传播学	广东技术师范学院	硕一
23	0503 新闻传播学	广东外语外贸大学	硕一
24	0503 新闻传播学	广西师范学院	硕一
25	0503 新闻传播学	广西艺术学院	硕一
26	0503 新闻传播学	贵州大学	硕一
27	0503 新闻传播学	贵州民族大学	硕一
28	0503 新闻传播学	河北大学	硕一
29	0503 新闻传播学	河海大学	硕一
30	0503 新闻传播学	河南大学	硕一
31	0503 新闻传播学	河北经贸大学	硕一
32	0503 新闻传播学	黑龙江大学	硕一
33	0503 新闻传播学	湖北大学	硕一
34	0503 新闻传播学	湖南大学	硕一
35	0503 新闻传播学	湖南理工学院	硕一
36	0503 新闻传播学	湖南理工学院	硕一
37	0503 新闻传播学	湖南师范大学	硕一
38	0503 新闻传播学	华东师范大学	硕一
39	0503 新闻传播学	华东政法大学	硕一

续表

序号	学科代码及名称	授权单位名称	授权类别
40	0503 新闻传播学	华南理工大学	硕一
41	0503 新闻传播学	华中科技大学	硕一
42	0503 新闻传播学	华中农业大学	硕一
43	0503 新闻传播学	华中师范大学	硕一
44	0503 新闻传播学	吉林大学	硕一
45	0503 新闻传播学	吉林师范大学	硕一
46	0503 新闻传播学	暨南大学	硕一
47	0503 新闻传播学	江西财经大学	硕一
48	0503 新闻传播学	江西师范大学	硕一
49	0503 新闻传播学	兰州大学	硕一
50	0503 新闻传播学	辽宁大学	硕一
51	0503 新闻传播学	南昌大学	硕一
52	0503 新闻传播学	南京大学	硕一
53	0503 新闻传播学	南开大学	硕一
54	0503 新闻传播学	南京师范大学	硕一
55	0503 新闻传播学	南京政治学院	硕一
56	0503 新闻传播学	内蒙古大学	硕一
57	0503 新闻传播学	清华大学	硕一
58	0503 新闻传播学	厦门大学	硕一
59	0503 新闻传播学	山东大学	硕一
60	0503 新闻传播学	山西大学	硕一
61	0503 新闻传播学	山东师范大学	硕一
62	0503 新闻传播学	陕西师范大学	硕一
63	0503 新闻传播学	汕头大学	硕一
64	0503 新闻传播学	上海大学	硕一
65	0503 新闻传播学	上海财经大学	硕一
66	0503 新闻传播学	上海交通大学	硕一
67	0503 新闻传播学	上海理工大学	硕一
68	0503 新闻传播学	上海社会科学院	硕一

续表

序号	学科代码及名称	授权单位名称	授权类别
69	0503 新闻传播学	上海师范大学	硕一
70	0503 新闻传播学	上海体育学院	硕一
71	0503 新闻传播学	上海外国语大学	硕一
72	0503 新闻传播学	上海政法学院	硕一
73	0503 新闻传播学	深圳大学	硕一
74	0503 新闻传播学	四川大学	硕一
75	0503 新闻传播学	四川省社会科学院	硕一
76	0503 新闻传播学	四川外国语大学	硕一
77	0503 新闻传播学	苏州大学	硕一
78	0503 新闻传播学	天津师范大学	硕一
79	0503 新闻传播学	天津外国语大学	硕一
80	0503 新闻传播学	同济大学	硕一
81	0503 新闻传播学	武汉大学	硕一
82	0503 新闻传播学	武汉理工大学	硕一
83	0503 新闻传播学	武汉体育学院	硕一
84	0503 新闻传播学	西北大学	硕一
85	0503 新闻传播学	西南大学	硕一
86	0503 新闻传播学	西安交通大学	硕一
87	0503 新闻传播学	西安外国语大学	硕一
88	0503 新闻传播学	西北政法大学	硕一
89	0503 新闻传播学	西南交通大学	硕一
90	0503 新闻传播学	西南政法大学	硕一
91	0503 新闻传播学	湘潭大学	硕一
92	0503 新闻传播学	新疆大学	硕一
93	0503 新闻传播学	新疆财经大学	硕一
94	0503 新闻传播学	云南大学	硕一
95	0503 新闻传播学	云南师范大学	硕一
95	0503 新闻传播学	浙江大学	硕一
97	0503 新闻传播学	浙江工业大学	硕一

续表

序号	学科代码及名称	授权单位名称	授权类别
98	0503 新闻传播学	郑州大学	硕一
99	0503 新闻传播学	中南大学	硕一
100	0503 新闻传播学	中山大学	硕一
101	0503 新闻传播学	中国传媒大学	硕一
102	0503 新闻传播学	中国地质大学	硕一
103	0503 新闻传播学	中国科学技术大学	硕一
104	0503 新闻传播学	中国科学院大学	硕一
105	0503 新闻传播学	中国农业大学	硕一
106	0503 新闻传播学	中国青年政治学院	硕一
107	0503 新闻传播学	中国人民大学	硕一
108	0503 新闻传播学	中国社会科学院研究生院	硕一
109	0503 新闻传播学	中国政法大学	硕一
110	0503 新闻传播学	中南财经政法大学	硕一
111	0503 新闻传播学	中南民族大学	硕一
112	0503 新闻传播学	中央财经大学	硕一
113	0503 新闻传播学	中央民族大学	硕一
114	0503 新闻传播学	重庆大学	硕一
115	0503 新闻传播学	重庆工商大学	硕一
116	050302 传播学	成都理工大学	硕二
117	050302 传播学	华南师范大学	硕二
118	050302 传播学	南京理工大学	硕二
119	0503 新闻传播学	东北财经大学	硕二
120	0503 新闻传播学	海南师范大学	硕二
121	0503 新闻传播学	北京体育大学	硕二
123	0503 新闻传播学	华侨大学	硕二
124	0503 新闻传播学	青岛大学	硕二
125	0503 新闻传播学	河南工业大学	硕二
126	0503 新闻传播学	河北师范大学	硕二

15.4　新闻与传播专业硕士布点列表

全国共有119个新闻与传播专业硕士点，具体如表15-7所示：

表15-7　**全国新闻与传播专业硕士布点列表**

序号	学位授予单位名称	学科名称
1	安徽大学	新闻与传播
2	安庆师范大学	新闻与传播
3	北京大学	新闻与传播
4	北京交通大学	新闻传播学
5	北京交通大学	新闻传播学
6	北京联合大学	新闻与传播
7	北京师范大学	新闻与传播
8	北京外国语大学	新闻传播学
9	北京外国语大学	新闻传播学
10	北京信息科技大学	新闻与传播
11	成都学院	新闻与传播
12	电子科技大学	新闻与传播
13	东北师范大学	新闻与传播
14	东华大学	新闻与传播
15	复旦大学	新闻与传播
16	甘肃政法学院	新闻与传播
17	广西大学	新闻与传播
18	广西师范学院	新闻与传播
19	广西艺术学院	新闻传播学
20	贵州大学	新闻与传播
21	哈尔滨师范大学	新闻与传播
22	河北大学	新闻与传播
23	河南财经政法大学	新闻与传播

续表

序号	学位授予单位名称	学科名称
24	河南大学	新闻与传播
25	黑龙江大学	新闻与传播
26	湖南大学	新闻与传播
27	湖南科技大学	新闻与传播
28	湖南理工学院	新闻与传播
29	湖南商学院	新闻与传播
30	湖南师范大学	新闻与传播
31	华东师范大学	新闻与传播
32	华东政法大学	新闻与传播
33	华中科技大学	新闻与传播
34	华中师范大学	新闻与传播
35	淮北师范大学	新闻与传播
36	吉林财经大学	新闻与传播
37	吉林大学	新闻与传播
38	吉林师范大学	新闻与传播
39	吉首大学	新闻与传播
40	暨南大学	新闻与传播
41	济南大学	新闻与传播
42	江苏师范大学	新闻与传播
43	江西师范大学	新闻与传播
44	兰州大学	新闻与传播
45	辽宁大学	新闻与传播
46	辽宁工业大学	新闻传播学
47	辽宁师范大学	新闻传播学
48	鲁东大学	新闻与传播
49	闽南师范大学	新闻与传播
50	南昌大学	新闻与传播
51	南京财经大学	新闻与传播
52	南京大学	新闻与传播

续表

序号	学位授予单位名称	学科名称
53	南京航空航天大学	新闻与传播
54	南京林业大学	新闻与传播
55	南京师范大学	新闻与传播
56	南开大学	新闻与传播
57	内蒙古大学	新闻与传播
58	宁波大学	新闻与传播
59	宁夏大学	新闻与传播
60	青海师范大学	新闻与传播
61	清华大学	新闻与传播
62	厦门大学	新闻与传播
63	山东大学	新闻与传播
64	山东师范大学	新闻与传播
65	山西大学	新闻与传播
66	陕西师范大学	新闻与传播
67	汕头大学	新闻与传播
68	上海大学	新闻与传播
69	上海交通大学	新闻与传播
70	上海理工大学	新闻与传播
71	上海师范大学	新闻与传播
72	上海外国语大学	新闻与传播
73	上海政法学院	新闻与传播
74	深圳大学	新闻与传播
75	首都师范大学	新闻传播学
76	四川大学	新闻与传播
77	四川省社会科学院	新闻与传播
78	苏州大学	新闻与传播
79	天津师范大学	新闻与传播
80	温州大学	新闻与传播
81	武汉大学	新闻与传播

续表

序号	学位授予单位名称	学科名称
82	武汉纺织大学	新闻与传播
83	西安财经学院	新闻与传播
84	西安交通大学	新闻与传播
85	西北大学	新闻与传播
86	西南政法大学	新闻与传播
87	新疆财经大学	新闻传播学
88	新疆大学	新闻与传播
89	扬州大学	新闻与传播
90	云南大学	新闻与传播
91	云南民族大学	新闻与传播
92	云南师范大学	新闻与传播
93	长沙理工大学	新闻与传播
94	浙江大学	新闻与传播
95	浙江工商大学	新闻与传播
95	浙江理工大学	新闻与传播
97	郑州大学	新闻与传播
98	中国传媒大学	新闻与传播
99	中国海洋大学	新闻与传播
100	中国科技大学	新闻与传播
101	中国人民大学	新闻与传播
102	中国政法大学	新闻传播学
103	中山大学	新闻传播学
104	中央财经大学	新闻传播学
105	中原工学院	新闻与传播
106	重庆大学	新闻与传播
107	重庆工商大学	新闻与传播
108	重庆交通大学	新闻与传播
109	重庆师范大学	新闻与传播
110	北京印刷学院	出版

续表

序号	学位授予单位名称	学科名称
111	暨南大学	出版
112	南京师范大学	出版
113	辽宁大学	出版
114	济南大学	出版
115	华南师范大学	出版
116	广东财经大学	出版
117	广西师范大学	出版
118	昆明理工大学	出版
119	云南民族大学	出版

15.5　新闻传播学一级学科博士点列表

2017 年新增博士学位授权点审核结果(已有二级学科授权点新增为一级学科授权点 2 个)，2017 年新增博士学位授权点审核结果(新增一级学科授权点 8 个)，详见表 15-8。

表 15-8　　**新闻传播学一级学科博士点列表**

序号	单位名称	序号	单位名称
1	中国人民大学	14	山东大学
2	中国传媒大学	15	河北大学
3	复旦大学	16	中国社会科学院研究生院
4	武汉大学	17	南京师范大学
5	清华大学	18	国防大学
6	华中科技大学	19	天津师范大学
7	北京大学	20	上海交通大学
8	四川大学	21	安徽大学
9	浙江大学	22	南昌大学
10	暨南大学	23	郑州大学
11	厦门大学	24	湖南师范大学
12	上海大学	25	深圳大学
13	华东师范大学	26	西南政法大学

15.6　2017 年毕业博士及博士论文题目

2017 年毕业的博士，所撰写的学位论文选题丰富多元，具体如表 15-9 所示：

表 15-9　　新闻传播学博士生学位论文篇目

学校名称	姓　名	博士论文题目
中国人民大学新闻学院	李　鹏	大数据视角下的中国政府传播创新研究
	陈晓林	2008 年以来台湾主流报纸关于大陆报道研究——以《联合报》和《自由时报》为例
	王　一	大数据传播影响力五级体系研究
	房宪鹏	电信政策对传媒产业发展的影响研究
	张大森	互联网环境中美国新闻教育的改革趋向研究
	王庆起	YY 虚拟社区社会互动研究
	秦　汉	中国新闻媒介体制：构成分析与可能演进
	陈　曦	中国“雾霾”环境议题的多元对话研究：本土公共性对话的现实困境与理想机制
	肖江波	中国近代新闻真实的实践嬗变(1872——1912)
	牛　天	公共卫生事件的媒体呈现研究
	王海涛	基层社会治理视域下社区媒体研究
	吴佳珅	当代中国职业评论员研究
	翁之颢	传媒转型进程中的个体代价研究
	陈　姚	中国网络安全的话语研究
	林羽丰	人际传播与传统生活的维系
	朱汉祺	国家软实力与对外传播的失衡及再平衡：中美日三国对东南亚国家传播力比较研究
	赵立敏	汉传佛教在华早期跨文化传播研究
	孔　彬	大数据视角下智能电视传播特征的要素研究
	熊　壮	记者的认知不协调及其消除策略研究
	徐　智	社交媒体用户的广告回避研究
	马　慧	关系赋权：网络空间的新型权力范式
	刘　旸	演化经济学框架下媒介生态的重构
	彭　莹	知识型分享经济语境下的数字出版产业
	胡杨涓	基于虚拟社群的自媒体生产研究
	张　超	数据新闻生产研究
	刘文红	数据新闻生产机制研究

续表

学校名称	姓 名	博士论文题目
复旦大学新闻学院	常姗姗	中国国家形象的跨文化传播研究——以《纽约时报》2015“他塑”为例
	王梅芳	景观社会中时尚传播的价值建构
	洪芳琪	多重视野下的郎静山——郎静山摄影艺术之研究
	阿慕由	对视与沟通：西非经济共同体视域中的中国形象——以多哥共和国为例的研究
	陆 臻	资本、技术与网络文学——中国大陆网络小说商品化进程考察
	汪 伟	看得见的革命：中国革命的视觉象征(1937—1949)
	段书晓	“列强”形象考：近现代媒体图像中的“列强”表征
	林颖颖	扩招后上海报纸高校新闻生产研究——以《解放日报》《文汇报》《新民晚报》《新闻晨报》为研究个案
	江 娟	身体与死亡：不同传播实践中的生死观建构——以我国殡葬改革为个案
	李 暄	“挂在天空的耳朵”：民国上海广播研究
	张梅芳	腾讯商业生态系统的形成、构造与运行
	周睿鸣	转型：新闻业创新与新闻专业主义再思考——一项基于《澎湃新闻》的案例研究
	戴宇辰	遭遇“视差之见”：齐泽克对大众文化的三重诊断
	曾 薇	中介化视域下的手机与现代都市生活方式
	马 溧	互联网时代文化分层蜕变研究——以娱乐时空传播模式进化为主线
	王晓宁	穆青新闻职业观研究
	胡 月	网络剧：作为受众话语表达的实践
	秦朝森	媒介与山东任城四镇的基督教传播实践研究
	施 畅	复魅空间：虚拟世界的幻想技术及文化

续表

学校名称	姓　名	博士论文题目
中国传媒大学	刘　华	孙中山新闻宣传思想研究
	宋　歌	我国教育电视台体制机制转型研究
	荣　翌	《人民日报》群众路线实践研究
	卜晨光	身份、话语及价值认同：建国十七年时期人民广播播音员群体研究
	王　杨	微信社交网络中的关系建构研究
	郭　英	《人民日报》农民工媒介形象建构研究(1978—2016)
	邢　祥	网络段子的民意表达研究
	尹宏伟	新媒体新闻生产研究
	柳　帆	移动互联时代的体育传播研究
	孙鹿童	英国社区广播发展研究
	李凌达	数字传播时代的文化安全
	严　俊	报业全媒体内容生产机制研究
	罗姣姣	中国电视综艺发展史研究
	甘　露	泛传播环境下媒介社会认同问题研究
	邱　慧	弱势群体利益表达的新媒体渠道研究
	徐　瑶	媒介演进下中国当代社会粉丝文化研究
	韩　岳	对话与整合：国际合拍纪录片跨文化传播研究
	史哲宇	互联网传播对中国纪录片发展影响研究
	程潇爽	龙之影：美国涉华电视纪录片中的中国形象研究(1960—2016)
	邢　星	后经典叙事学视域下的媒介微叙事研究
	刘靖轩	文化学视野下广告影响的研究
	高晓虹	新时期我国电视剧的发展与变革研究(2012—2016)
	马雅虹	电视批评理论的构建
	贺心颖	曹聚仁报刊活动与思想研究
	孙桂杰	赛博空间：移动互联网时代的游牧空间——一个媒介环境学的视角
	康　健	中国政府官员口语表达能力研究
	管　璘	泰拉尼安传播思想研究

续表

学校名称	姓　名	博士论文题目
中国传媒大学	王艳丹	战略传播视角下的城市文化传播研究——以长三角地区城市为例
	李翔宇	美国亚太再平衡战略背景下的中国公共外交运用研究
	李唯梁	中国新闻传播学译著出版研究：生产机制与影响因素分析
	黄　冬	美国社交网络中的中国国家形象——以 Twitter 为例
	何　瑶	互联网时代美国文化外交研究
	源　贞	政治传播中的第一夫人现象研究
	徐　健	中美健康传播发展的比较研究：以《生命时报》和《纽约时报》为例(2012—2016 年)
	刘　雯	后冷战时代中美关系中危机事件的美国媒体呈现——基于《纽约时报》报道的研究
	HUSSAIN, ZAFAR	Objectivity in Journalism: Reporting and Factors Affecting journalists and Journalism in Pakistan
	张凌霄	媒介环境学派研究
	陈清洋	中国网络视听媒介规制研究
	朱逸伦	中国动画价值传播的历史省察
	解庆锋	信念沟假说的中国本土化检验——以新疆为例
	陈培婵	空间生产视角下的望京社区传播生态研究
	张　渤	新加坡华语电视传播生态研究——多元文化主义视域下的文本生产与受众解读
	付若岚	全球气候报道研究——基于议程建构与框架选择的视角
	祖　昊	政治传播的结构要素研究
	蔡晓宇	版权管理体制改革研究
	林　楷	社会化媒体对出版活动的影响研究
	李婷婷	新制度经济学视野下的中印媒体腐败比较研究
	THORPE, OSHANE SANTINA	Hegemonic Defeasance: An Analysis of News Media Framing of China and the Chinese in the Anglophone C
	GWENZI, KAINE	Media Systems and Politics in Zimbabwe: Understanding the Role of Media in Political Campaigns from

续表

学校名称	姓　名	博士论文题目
中国传媒大学	NASEER, MOAZZAM	Digital Age of Netizens in Pakistan: How Digital Media and Social Media Help University Students of Islamabad for Civic Engagement and Political Participation
	Juma, Abdulla Mohammed	Constructive Journalism for Development Communication in Zanzibar: Concepts and Approaches
	张洪磊	我国西南部区域对外传播发展研究
	QAMAR, AYESHA	Multiple News Media Podium and Consumption: A repertoire approach in Pakistan
	吕梦艺	电子游戏之美学初探
	俞　锫	技术视角下音像制品的发展研究
	宋向阳	中国八十年代戏剧叙事伦理研究
	蒋　蕊	严肃游戏设计研究——以三元中心严肃游戏设计法为例
	朱小枫	图画转向语境下的电子游戏视觉性研究
	李佳佳	基于 Web3.0 时代的智能个人助理交互设计研究——以"具身"会话式智能个人助理为例
	周建新	群众文化视角下中国电视文艺需求—认同对位模式研究
	王同媛	中国电视剧冲突叙事及其审美文化分析
	张　琼	20 世纪 30 至 60 年代好莱坞电影音乐生态的建构与解析
	帅　景	河北电视剧发展史研究
	张　晗	中国网络剧叙事线索研究
	徐玉梅	焦虑与慰藉——"都市异乡人"电视剧的叙事观念
	刘书亮	元动画研究
	陈京炜	虚拟现实语境下数字影像交互研究
	张璐璐	中国魔幻电影类型研究——基于电影数字技术与东方神怪美学的建构
	刘晓丹	面向产业链的中国动画形象拓扑设计研究
	纪晓宇	数字互动艺术审美场理论基础研究
	石蒙蒙	回归与启航——岳州窑陶瓷发展研究
	林吉安	中国电影放映史研究(1897—1949)

续表

学校名称	姓名	博士论文题目
中国传媒大学	朱萍	中国早期电影批评发展研究(1897—1937)
	庞博	假面的告白：好莱坞电影中“蛇蝎美人”之造型研究
	仲梓源	新世纪以来国产喜剧电影小人物形象的喜剧性建构
	韩晓强	电影中的影子现象研究
	郃颖波	理念到路径——媒介融合背景下影视艺术的跨媒介叙事研究
	宋晓星	美国情景喜剧中的女性形象研究——以女性主义为视角
	赵冰	美日动画电影母题研究
	哈澍	美国儿童电视节目教育模式研究
	许博	“互联网+”时代我国电影产业资本运营研究
	薛枝	汉英人称指示语对比研究
	武学军	电视体育解说语体研究
	张远	东北解放区戏剧研究
	李衍妮	“形+名”双音节结构的隐喻研究——以结构中的温度词和颜色词为准
	伊人	俄汉颜色词对比研究
	王锦丽	二十世纪中国文学中的纽约想象
	周红照	中文评价本体研究及系统应用
	胡正艳	在线医患会话的计量语体研究
	杜慧敏	现代汉语语篇关联成分研究
	李影	汉语拒绝行为的表达研究
	刘宾	现代汉语否定研究：句法分布与生成机制
	苗德成	计量分析中的维吾尔语谚语研究
	张婧	央视《新闻联播》节目的标题语言特点研究
	卢彬	播音主持作品鉴赏研究
	龙煦霏	我国财经节目主持发展研究
	张庆	主持人话语形象研究
	王文艳	播音主持人才培养模式研究——以中国传媒大学播音主持艺术学院为例
	张玉河	语境文化背景下电视谈话类节目的传播影响力研究

续表

学校名称	姓　名	博士论文题目
中国传媒大学	王春婵	中外重大国际电影节主持比较研究
	邢梦莹	中国电视纪录片解说发展研究
	孔清溪	中华老字号品牌文化传承研究——以北京老字号品牌为例
	郑苏晖	互联网背景下的消费者增权理论与实践研究
	孙晓博	媒体融合环境下电视媒体的广告经营研究
	程　弓	我国银行业品牌发展历程——以四大国有商业银行的品牌化道路为例(1979—2016)
	高　阳	专卖制度下的当代中国卷烟品牌传播研究(1982—2016)
	胡　睿	三联生活周刊汽车广告镜像的阶层构建研究(1995—2015)
	刘　祥	“广告”概念在中国的流变(1842—2015)
	董　妍	品牌对国家形象认知的建构机制研究
	Yao，Xin	企业社会责任与企业经营的融合性分析
	吕明杰	我国有线电视网发展历程与策略研究——内容运营视角下的实证考察
	吕艳丹	当代中国企业品牌经营发展历程研究
	施宪棋	两岸广告代理商选择虚拟现实、扩增实境营销之研究
	王　康	媒介融合背景下电视节目的多屏互动效果研究
	张　楠	基于产业链角度下中国视频平台升级模式策略研究
	封　英	北京市城镇居民文化消费影响因素研究
	桑子文	中国网络文学 IP 的影视转化机制研究
	李　喆	我国传媒融合的产业制度边界
	赵　丹	基于投融资视角的电视剧项目价值评估研究
	昝小娜	互联网资源整合功能的资源位模型研究
	林振宇	中国城市品牌形象构建及其综合评测体系研究
	张　芃	城市更新背景下的文化产业发展研究——以海峡两岸旧城改造为例
	宋晓玲	农村文化资源活用的方式与路径——文化型农村一、二、三产业融合发展研究
	熊海峰	城市公共文化设施的社会化运营研究
	刘京晶	我国政府购买公共文化服务的模式研究——基于市场化程度的视角
	柳　杰	我国文化创意人才激励机制研究——基于政府宏观管理的视角
	赵朝峰	文化创意人才的“树形培养模式”研究
	张　贝	重大突发事件舆论引导主体协同机制研究
	周　君	现当代艺术的音响演变研究
	张维娜	3D 环绕声系统声场升维技术及其审美价值研究
	张若琦	网络用户习惯对艺术消费的影响研究
	王巍寅	互联网时代 PGC 与 UGC 互动创作模式研究
	李一君	民族书写、文化景观与身份想象——新世纪中国少数民族题材电影研究
	卢　翮	民间神祇与中国古典戏剧形态研究
	郭霁虹	景观演出美学三论

续表

学校名称	姓　名	博士论文题目
北京大学新闻与传播学院	商　伟	抗战时期党报马克思主义中国化实践：《大众日报》研究(1939—1945)
	潘　飞	赋权与反赋权——公民媒介近用权探究
	陈　思	中国网络视频产业链研究
	杨　睿	从规制的权力到赋权的博弈——新媒介环境下公共传播之可能
	沈　清	公众对中国广告产业发展的影响研究
	彭　婷	新中国电影家庭镜像的流变
	楊欣茹	1960年以来台湾青春电影的流变
	姚　雪	“走出去”背景下中国当代小说英译版的读者研究
清华大学新闻与传播学院	金玟佑	全球化语境下多元文化的突破：以“韩流”为例
	梁悦悦	全球本土化语境下的马来西亚华语电视变迁
	杨　扬	透视创意设计的传播要素和运行机制
	毛　伟	“一带一路”全球传播战略研究
	张　琛	中国网络视频业的发展与治理研究
	虞　鑫	流动的公共领域：当代中国媒介化政治研究
	朱星宇	新媒体构建“中国梦”国际形象的研究
	刘　健	中国电视剧在越南的传播研究
	陈　保	农民手机使用对巴基斯坦信德省农业发展的影响
	钟　德	论中国媒体的软实力——以拉丁美洲媒体对中国的报道为
	凌　云	数据新闻的本质及其客观性探究
中国社会科学院研究生院	李　平	中国深度报道发展研究
	曹　昂	流动女工健康话语的建构与传播研究
	王晓艳	儿童媒介素养评估：基于成都金牛区媒介素养教育试验的个案研究
	田颂云	延安时期《边区群众报》研究
	马　凯	媒体社会责任研究——以当代中国的相关实践为考察对象

续表

学校名称	姓　名	博士论文题目
华中科技大学信息与新闻传播学院	黄朝钦	公共性视域下社会化媒体的公共表达的研究
	段　勃	比较视域下的中美调查性报道研究
	朱田凤	风险传播受众分层论
	曹　霞	社会嵌入视域下的电视媒体传播关系构建
	杨　娟	民国时期新闻评论理念研究
	范孟娟	社交媒体用户互动机制及关系转化研究——以微博微信为中心
	吴柳林	从独白到对话：现代广播电视传播话语体系建构研究
	曾欢迎	以人为中心——梵·迪克建构主义传播思想研究
	方　晨	詹姆斯·W. 凯瑞的新闻历史观研究
	崔汝源	后 9. 11 时代中美国家传播战略比较研究(2001—2015 年)
	陈旭光	网络流行体研究
	胡建斌	春节故事传播战略研究
	张　雯	风险传播中网民在线评论行为研究：情境分析的视角
	梁媛媛	跨媒介叙事视域下的 IP 运营模式研究
	杨　逍	政治倾听：理论探索与实证考察
武汉大学新闻学院	谈浩渊	中国谶言传播研究
	王　巍	转型发展的报纸竞争战略《南方周末》个案研究(2006—2016 年)
	乔同舟	弱者之争：公案舆论中的身份政治研究
	熊　英	个体财富观念表达研究——基于自媒体财经评论的考察与分析
	吴　俊	互联网背景下的电视变革研究
	黄毛毛	基于人因工程的数字学习空间建构研究
	欧　霞	品牌体验对客户感知价值、品牌偏好与品牌忠诚度的影响研究
	王　媛	夹生：一个乡村共文化群体的日常交流与冲突协商——以酉阳土家基督徒为个案
	徐　迪	公民网络政治参与行为的社会网络分析——H 省 J 事件的个案研究
	张　蓓	中国外交部新闻发言人的议程设置与话语修辞研究——以新闻发言人答记者问(2011—2015)为例
	郑忠明	新闻的知识特性研究——基于知识社会学视角

续表

学校名称	姓　名	博士论文题目
武汉大学新闻学院	田忠卿	论我国电视对外传播观念的嬗变——以中央电视台为例
	贾　军	媒体智能化背景下的新闻生产研究
	杨逐原	作为劳动的传播：技术-权力关系中的网络用户劳动及其报酬研究
	姚　鹏	政务新媒体绩效评估研究
	黄丽媛	自媒体成长性实证研究
	周立春	中国广告产业集群创新的影响机制研究——基于多维邻近的理论视角和国家广告产业园的实证分析
	权　玺	基于自组织理论的平台媒体演化研究
	晋艺菡	广告舆论的社会功能研究
	李斐飞	价值重构——数字时代广告公司商业模式创新研究
	简予繁	中国广告产业统计分类标准与统计调查方案研究
	祝兴平	社会风险网络传播中的集体行动与情感动员
	夏　琳	中国广告产业发展问题研究——基于发展经济学视角
	姜　欣	改革开放以来中国体育传播的多元考察与反思——一种传播政治经济学的研究视角
	张钢花	中国报纸灾难报道中的灾民呈现
	谭文若	争议性事件中的老年群体的媒介形象呈现与认同
	申　勇	文化软实力视阈下央视国际传播力构建研究
	陈志鹏	财经新闻数据可视化研究
	张勇军	重连用户：媒介角色与用户需求互动研究
	贠翔悦	基于认知心理学的学龄前儿童电视节目生产研究
	陈　波	话语流变与社会变迁——中国电视谈话节目研究
	李振中	电视对农传播创新发展研究——基于 CCTV-7 对农传播的实证分析
	曾振华	大数据背景下的品牌管理研究
	李　静	气候变化政治的再现：对国内媒体气候变化报道的框架分析(2010—2015)
	李春玲	中国广告产业结构演进研究——基于结构效应的分析视角

续表

学校名称	姓　名	博士论文题目
暨南大学新闻与传播学院	杨　晟	外国人在华拍摄纪录片中的中国形象研究(1949—1976)
	朱　戈	中国1980年代电影消费与日常生活转型
	许　珍	民国时期广州报刊与女性形象呈现研究(1923—1936)——以《广州民国日报》为例
	许高勇	民国时期报刊阅读史研究(1912—1927)
	杨　萍	风险沟通视角下的环境传播主体互动及其机制研究
	张晋升	舆论引导和公众参与
	熊科伟	文化批判理论视角下的电视与八十年代中国现代化话语研究
	曹　轲	台湾解严解禁时期的媒介语言研究
	郭亦乐	党报经济新闻报道框架研究——以《南方日报》为例
	黄志青	虚拟现实对文化遗产传播的重构
	黎　斌	海外少儿电视节目的"生产场"研究
	周　萱	回归后香港报业生态研究
	田俊雄	台湾媒体对地方政府治理评监之研究
	贺权修	台湾文化创意产业营销动态能力之研究：知识观点
	郑哲彰	社会变迁视域下的台湾广播业发展研究
厦门大学新闻传播学院	李　啸	美国记者俱乐部研究
	王　洁	仪式的解构与建构——我国新闻发布会历史研究
	方　芳	台湾本土英文报纸发展研究
	何　白	中国网络视频产业发展研究——基于产业融合的分析
	郑　天	新时期的传播战役——以中国人民抗日战争暨世界反法西斯战争胜利70周年为例
	杜广中	中国传统说服传播的深层结构研究——以《资治通鉴》为中心

续表

学校名称	姓　名	博士论文题目
四川大学文学与新闻学院	薛　晨	日常生活的传播符号学研究
	何一杰	论“噪音”：符号表意中的无意义元素问题研究
	朱婧雯	国家意识形态的视像表征与泛媒介生产：电视新闻评论的话语功能研究———以中央电视台为例
	舒三友	新媒介环境下职业新闻人复杂性思维方式研究
	郝飞婷	媒介融合语境下的我国电视新闻话语研究
	姜　海	健康传播视域下我国艾滋病议题的媒体建构研究(1985—2015)
	车南林	中国媒体国际合作研究
	陈云萍	文化与科技融合视域下文化产业研究——以科技城绵阳为例
	赵唯阳	美国第一夫人网络媒介形象研究
	梁旭艳	场景传播的空间关系研究
	王诗秒	电视时间性——一种电视本体论的构想与求证
	张炳杰	自由的幻象：网络游戏对玩家的控制
	谢杨柳	澳大利亚社区电台研究
	陈芊芊	后现代转向：21 世纪以来中国家庭伦理剧的女性身份认同
	杨　恬	在美中国旅居者在社交媒体上的自我呈现行为研究
浙江大学传媒与国际文化学院	吴　妍	社会传播网络与民族村寨文化的现代建构研究——基于贵州岜沙苗寨的民族志阐释
	赵　璐	社会化媒体使用的政治效果研究：以导向需求为调节变量
	张佳佳	邵氏电影：“ 文化中国 ” 的想象与建构
	江素珍	社会变迁与话语生产——《中国青年报》中的“青年”话语研究(1951—2015)
	郭小春	媒介尺度论：媒介全球化背景下的地理尺度与中国国际传播战略
	谢　点	社交媒体空间的国际传播格局及其影响因素——基于国家、媒介、个体的多层面实证分析
	姜　波	游戏玩家社会资本的形式、积累与转化——以 MMORPG 为例
	李思思	赛博空间中韩流迷群的身份认同建构——以 Running Man 迷群为例
	王　昀	作为风险的新媒介：线上内容生产与公共性文化研究

续表

学校名称	姓　名	博士论文题目
南京师范大学新闻与传播学院	阎　安	空间视域下城市广电媒体发展研究——以长三角城市台为例
	卜新章	《人民画报》涉农报道中农民幸福的媒介话语建构研究
	汤天明	政治的图解：摄影中的视觉政治——1949—1976 年的中国摄影
	高山冰	民国南京临时政府新闻管理体制研究
	操瑞青	“有闻必录”：一个中国新闻口号的兴衰
	夏　羿	中国共产党画报发展研究(1921—1949)
	虞文俊	旅大租借地媒介统制研究
国防大学	苏　娟	美国电影中“英雄形象”传播研究
上海大学电影学院	邓　昕	兰德尔柯林斯互动仪式链理论研究
	郜　明	批评理论视角下广告文化的哲学解读——意识形态传播模式在广告文化领域的应用研究
	皇甫晓涛	二十世纪美国广告创意观念的流变与价值研究
	范定希	B2B 品牌形象建构与传播研究
	任中峰	春秋会盟的沟通机制
	李大元	新型城镇化及新媒介环境下“智慧乡村”建设研究
	魏殿林	话语与霸权：美国崛起过程中的会展沟通策略研究
	胡思思	当前西方广告音乐研究
	李　灿	媒体融合环境下电视真人秀的创制及生态格局研究
华东师范大学传播学院	魏少华	对话理论视域下的中国社交媒体“话题”功能研究
	LE LAN HUONG	越南华文报发展历史研究
	任占涛	动画形式的民族化：中国动画戏曲元素研究
	郑广嘉	新媒体时代环境运动的媒体图像传播与意义建构
	万喃喃	21 世纪以来我国大学生形象的仪式传播
	张国伟	马克思主义著作在中国的出版与传播(1899—1945)
	孟令光	中国广告企业集团化发展进程研究(1978—2016)
	阴雅婷	中国当代品牌文化传播变迁研究——基于广告传播的视角(1978—2015)
	周佳鹂	生成的隐匿与彰显：德勒兹影像论的双重面向

续表

学校名称	姓　名	博士论文题目
河北大学新闻传播学院	邸敬存	媒体表达侵害公共秩序的表现形式与规制研究
	肖　钧	全媒体环境下我国体育类电视节目创新发展研究
	阮黄梅	越南新闻出版职业道德建设研究
山东大学新闻传播学院	孟　婷	中国大陆体育纪录片发展史研究(1949—2016)——基于媒介社会学视角的考察

(邓绍根)

第16章　博士后流动站

中国博士后制度是改革开放的产物，是在计划经济体制向市场经济体制过渡的初期逐步创立起来的。1984年10月7日，著名物理学家李政道先生向邓小平同志建议，在中国设立博士后制度。1985年以来，中国博士后事业从无到有，历经三个发展阶段。1985—1988年是中国博士后事业创立阶段。1985年由原国家科委牵头，组成了全国博士后管委会，统一组织和协调全国博士后工作。1985年全国博士后管委会首批批准在72个单位设立了102个博士后流动站，这些流动站大多集中在理科。为了给博士后研究人员创造较好的工作和生活环境，全国博士后管委会会同教育部、人事部、公安部、商业部等，就博士后研究人员及其配偶和子女户籍管理、劳动人事关系、住房、上学、工资、职称评审等一系列问题做出了明确规定。这些政策与规定，初步构成了具有中国特色的博士后制度的基本框架。

1988—1998年，是中国博士后事业稳步发展阶段。1988年后，博士后工作划转国家人事部负责。在各有关方面的积极支持和配合下，博士后工作稳步发展，规模不断扩大。陆续进行了三次较大规模的设站工作，设站学科从理科逐步扩展到理、工、农、医、哲、法、文、教育、经济、历史、军事、管理12个学科门类的78个一级学科，设立流动站总数达到近800个，形成了比较完整的流动站工作网络。1990年开始进行了国家、地方、设站单位三级管理改革试点，逐步下放管理权限，在保证博士后质量的前提下，相继出台了一些促进博士后事业发展的改革措施，使博士后招收和管理方式、投资渠道逐渐多样化。为促进产学研结合，加速培养更多的优秀人才，1994年决定在企业设立博士后科研工作站，越来越多的博士后研究人员走入企业，成为博士后事业新的生长点。自1988年以来，招收博士后人数迅速增加，平均每年增长约23%，到1998年年底，每年招收人数达2000多人。随着博士后规模的扩大，博士后工作在科技、教育、人才培养等方面发挥着越来越重要的作用。

1998年至今，是中国博士后事业改革提高阶段。自1998年以来，全国博士后管委会通过大量调查研究工作，为适应市场经济条件下主体多元化、需求多样化的要求，明确提出了要通过进一步改革创新，建立起政府宏观调控、分级分类管理、运转高效灵活、适应社会主义市场经济发展要求的、具有中国特色的博士后管理体制的任务，初步形成了企业与高等学校、科研院所的合作机制，使生产、科研紧密联系，使人才培养、科研开发，成果转化、企业技术进步等融为一个整体。2001 年，全国博士后工作会议召开，制定了《博士后工作“十五”规划》，重新修改颁布了《博士后管理工作规定》，并进一步制定了《博士后管理工作实施细则》。目前，改革完善博士后制度，推动博士后事业不断持续发展的潮流正在兴起。2006 年 9 月，财政部印发《关于进一步推进博士后事业发展增加经费投入的函》(财行〔2006〕263 号)，决定从 2006 年起以国家财政拨款作为博士后科学基金资助金。9 月，经财政部同意，博士后基金资助强度由一等 3 万、二等 2 万、三等 1 万调整为一等 5 万元，二等 3 万元，取消 3 等，并对基础性、原创性和公益性的研究给予适当倾斜。同时，经财政部批准，博士后科学基金设立特别资助，对在站期间取得重大自主创新研究成果和在研究能力方面表现突出的博士后进行奖励资助，资助金额 10 万元。2012 年，经财政部同意，博士后基金面上资助由一等 5 万元、二等 3 万元提高至一等 8 万元、二等资助金 5 万元，特别资助由 10 万元提高到 15 万元。2013 年，为宣传、固化博士后研究人员优秀学术成果，中国博士后科学基金会试点开展博士后研究人员优秀学术专著出版资助工作，并决定从 2014 年开始实施“西部地区博士后人才资助计划”。

正是在中国博士后事业改革提高阶段，复旦大学新闻传播学博士后流动站是 1999 年 9 月正式挂牌成立的，当时是中国唯一的新闻传播学博士后流动站，掀开了中国新闻传播学博士后培养的序幕。1999 年 10 月，陆地博士从中国人民大学新闻学院毕业后进站做博士后。在站的两年间，他潜心研究国内外电视产业的发展规律，除撰写了 20 余万字的研究主报告外，还在全国省级以上学术刊物上发表论文 21 篇。2001 年 9 月，在复旦大学新闻学院举行的成果鉴定会上，中国第一个新闻传播学博士后陆地的出站报告《中国电视产业发展的危机与转机》通过鉴定。以我国著名新闻学家丁淦林教授为首的专家组成员一致认为，陆地的研究报告《中国电视产业发展的危机与转机》是迄今为止国内第一部系统研究中国电视产业发展危机的专题报告，有很强的理论性和前瞻性；第一次明确、系统地提出了中国电视产业发展的 4 大危机和 3 大转机，并在大量的调查研究和数据分析的基础上，进行了令人信服的论证，有较强的针对性、可操作性和现实意义。2003 年 10 月，国家人事部和全国博士后管委会于正式批准在中国人民大学设立新闻传播学博士后科研流动站，并于 2004 年度开始接收首批新闻传播学博士后研究人员。此后中国传媒大学、清华大学先后建立了博士后流动站。至 2013 年已有 12 家设站单位，2015 年达到 14 家，2016 年达 17 家。2017 年，中国新闻传播学博士后培养取得新突破，表现出新特点。

第一，中国新闻传播学博士后培养日益受到重视。2017 年 3 月 13 日，人力资源社会保障部、全国博士后管理委员会颁布《关于贯彻落实〈国务院办公厅关于改革完善博士后制度的意见〉有关问题的通知》，提出了优化博士后工作平台建设、严格博士后人员招收管理、提升博士后工作服务水平、发挥博士后设站单位主体作用等要求；通知希望各地、各部门要充分认识做好博士后工作的重要意义，加强组织领导，明确职责分工，积极协调配合，形成工作合力，共同推动博士后工作科学发展，更好地发挥博士后制度在培养高层次创新型青年人才、推动大众创业万众创新中的独特作用。

全国各大新闻院校和传媒集团高度重视博士后培养工作，纷纷设立新闻传播学博士后流动站或工作站，旨在培养、吸收和造就高层次的优秀新闻人才，为国家新闻领导部门、新闻决策部门、新闻管理部门、新闻业务部门、新闻教育部门及中国传媒和世界传媒业培养高级新闻人才。新闻传播学博士后教育的过程是让那些进入博士后流动站的人员完成一个"由学习者到研究者的完全转变"。正如李政道先生对博士后的期许："博求创新发明、士皆国家精华、后辈青出于蓝。"通过博士后培养，凝聚和吸引人才，在使用中培养人才，把人才的培养和使用结合起来。通过设立并建设好一批高水平的流动站和工作站，筑巢引凤，把海外留学博士和国内优秀博士引导、调配到国家建设最需要的地方，使其人尽其才、才尽其用；通过增加投入、加强培养，使得博士后研究人员在实际工作中得到锻炼成长。

第二，中国新闻传播学博士后规模保持不变。据不完全统计，至目前为止已有 17 家新闻院校设立了新闻传播学博士后流动站，与 2016 年规模保持不变，具体博士后设站单位和进出站情况如表 16-1 所示：

表 16-1　**2017 中国新闻传播学博士后进站出站情况表**

序号	设站单位名称	在站人数	进站人数	出站人数
1	复旦大学	34	9	7
2	中国人民大学	10	3	2
3	中国传媒大学	47	5	3
4	清华大学	13	4	5
5	暨南大学	9	1	1
6	华中科技大学	5	0	1
7	上海大学	6	3	0
8	武汉大学	3	2	0

续表

序号	设站单位名称	在站人数	进站人数	出站人数
9	北京大学	4	1	1
10	厦门大学	1	0	1
11	中国社会科学院	2	0	1
12	四川大学	20	0	2
13	山东大学	5	1	0
14	浙江大学	5	2	0
15	北京师范大学	7	4	2
16	中山大学	1	1	0
17	苏州大学	2	2	0

虽然，2017 年中国新闻传播学博士后规模保持不变，但也出现了新情况。如北京大学汇丰商学院招聘博士后研究人员，从事与新闻学与传播学相关的研究和教学工作，参与汇丰商学院新闻与传播硕士(财经传媒方向)相关的研究和教学工作，参与视觉传播实验室和网络数据实验室的教研和建设工作等。具体方向为：

①应用新闻学：具有良好的应用新闻学理论与方法训练，关注并了解新闻行业和产业的最新变化，能够带领和指导学生进行新闻实践。②新媒体研究：具有新媒体技术实践和研究背景，包括编程、数据分析、数据可视化、无人机、VR 等，能够带领和指导学生进行新媒体实践；且提供深圳市与北京大学博士后常规待遇，根据项目工作情况酌情提供额外补助和津贴。

第三，传媒集团博士后工作站与新闻院校的新闻传播学博士后流动站合作日益紧密，形式日益多样化。2008 年 6 月，经国家人力资源和社会保障部、全国博士后管委会批准正式设立博士后工作站。为服务传媒集团转型发展，2017 年深圳报业集团博士后工作站与复旦大学新闻传播学博士后流动站，联合招收若干名熟悉和涉猎互联网及新媒体领域的博士后入站开展课题研究。招收博士后研究课题如下：手机终端的党报融合传播研究；媒体融合的大数据应用研究；传媒产业投融资研究；文创产业与传媒集团价值链对接；报业转型期企业文化建设。该工作站也提出了专业要求：大数据开发与运用、计算机、云计算、法学、社会学、经济学、管理学、新闻学及传播学等专业背景。

2010 年 8 月 31 日，国家人力资源和社会保障部正式批准山东省新闻出版广电局设立博士后科研工作站。建站以来，工作站紧密联系山东新闻出版广播影视改革发展实际，力争将工作站打造成重要的参谋咨询平台、战略发展与研究开发平台、人才培养和储备平台、改革实验平台、理论研究与对外交流的平台，为山东新闻出版广播影视的中长期发展提供参谋咨询服务。该博士后工作站的合作院校主要有清华大学、北京大学、复旦大学、中国人民大学、浙江大学、中国传媒大学等国内著名高等院校，聘请国内新闻传播学界的一批学术权威和顶级专家任联合培养导师，并逐步发展成全国新闻传播学、广播电视艺术学的重要理论阵地。2011—2016 年，工作站招收 6 批共 10 名博士后入站，并有 10 个方面的课题研究深入展开，其科研成果结合山东新闻出版广播影视的发展实际，具有一定的前瞻性、实用性、针对性和可操作性。在站期间，多名博士后获得中国博士后面上资助项目及山东省创新项目，而出站博士后的论文成果也已出版成集。在 2015 年度全国博士后设站单位综合评估中，工作站被评为良好等级；2016 年 7 月被山东省人社厅评为全省博士后科研工作站优秀单位及优秀管理工作者。2017 年山东省新闻出版广电局博士后招收第七批博士后科研人员，招收人数为 2 名，研究周期为 2 年，课题研究方向为：新兴智慧媒体架构及发展趋势研究——以山东广电为例；网络自制剧与鲁剧创作比较研究。

据不完全统计，目前与新闻院校的新闻传播学博士后流动站合作招生的传媒集团博士后工作站还有如下单位：国家新闻出版广电总局广播科学研究院博士后科研工作站、安徽日报报业集团博士后科研工作站、上海文广新闻传媒集团博士后科研工作站、广州日报报业集团博士后工作站、大众报业集团博士后工作站、解放日报报业集团新闻传播学博士后工作站、湖北日报传媒集团新闻传播学博士后工作站、南方日报报业集团新闻传播学博士后工作站、中国电影艺术研究中心博士后科研工作站、中国国际广播电台博士后科研工作站、深圳广播电影电视集团博士后科研工作站等。

除了招生外，一些新闻高校新闻传播学博士后流动站也不断创新合作形式。如 2017 年 3 月，由南网传媒公司、暨南大学联合建设的“广东省博士后创新实践基地”正式揭牌，该基地将面向社会招收博士后研究人员开展科研工作，为南方电网品牌建设提供高层次人才资源和智力支持。南网传媒公司先后与清华大学新闻与传播学院、暨南大学新闻与传播学院等单位建立战略合作关系，在课题研究、人才培养等领域取得丰硕成果。2016 年 12 月，该公司联合暨南大学申报的“广东省博士后创新实践基地”获广东省人力资源和社会保障厅批复。作为传媒领域的科研创新平台，博士后创新实践基地的建设，是助推南网品牌建设的里程碑事件，将有利于促进南网品牌价值提升、南网传媒公司创新发展。同时，基地也是对南网以往科技创新平台的有益补充，有利于借助新闻传播的力量，为南网科技创新营造良好氛围。

第四，新闻传播学科博士后申报中国博士后科学基金积极性提高，成效也更为显著。中国博士后科学基金分为面上资助和特别资助两种：①面上资助，中国博士后科学基金会组织专家通讯评议。专家评议均采取网上评议，其中专家通讯评议采取匿名评议形式，评审专家由中国博士后科学基金会从中国博士后科学基金评审专家数据库中随机选聘。其通讯评议标准如表 16-2 所示：

表 16-2　**中国博士后科学基金面上资助通讯评议标准**

序号	项　目	评审标准说明	等级	分　数
1	申请人学术水平和科研能力	对同组申请人进行比较和评分	高	30~21 分
			中	20~11 分
			低	10 分(含)以下
2	申请资助项目的创新性	学术思想有重要创新，具有重大科学意义或应用前景，可能带来科学技术或学术研究的突破性进展；研究目标明确、内容具体，近期可望取得重大进展；研究方法、计划和技术路线有重要创新、合理、可行	好	60~46 分
		学术思想有创新(或有一定特色)，具有较重要的科学意义或应用前景；研究目标比较明确、内容比较具体，近期可望取得较大进展；研究方法、计划和技术路线有特色、合理、可行	中	45~26 分
		属跟踪研究，但有一定的新意，有一定的科学意义或应用前景；研究目标基本明确、内容适当，可望取得一定进展；研究方法、计划和技术路线基本合理、可行	差	25 分(含)以下
3	项目基础条件	依据项目基础条件进行比较和评分	好	10~8 分
			中	7~3 分
			差	2 分(含)以下

②特别资助。中国博士后科学基金会先组织专家通讯评议，再组织专家会议评议。对于专家会议评议，中国博士后科学基金会按申请人申报项目所属一级学科对申请材料进行分组。每个评审学科组按照一级学科聘请 5 名以上专家，一般组内每个一级学科至

少聘请一名同行专家。根据各一级学科参评人数，将资助名额按比例分配至各一级学科。组织召开专家评审会议。评审专家在网上审阅材料，投票确定拟资助人员。特别资助通讯评议标准如表 16-3 所示：

表 16-3　　**中国博士后科学基金特别资助通讯评议标准**

序号	评审标准说明	分　数
1	通过申请人的学术研究经历和已经取得的科研成果等情况，评价其学术发展的基础条件	20 分
2	通过所申请课题在学术思想或理论方法等方面的创新点，评价申请人的科研创新能力	35 分
3	通过所申请课题的科学意义或应用前景等情况，评价申请人选题的前瞻性和实用性	25 分
4	研究目标明确，研究方法、计划和技术路线正确，近期可望取得重要进展，申请人选题可行	20 分

2017 年 5 月 8 日，根据《中国博士后科学基金资助规定》，中国博士后科学基金对第 61 批面上资助专家评审结果进行了公示。根据公示结果，经核实 14 人不符合资助条件。该批次实际资助博士后研究人员 3442 人，其中一等资助 689 人，每人 8 万元；二等资助 2703 人，每人 5 万元。“西部地区博士后人才资助计划”50 人，每人 5 万元。北京大学宋江立等 3442 名获资助人员名单予以公布(见表 16-4)。

表 16-4　　**2017 年中国博士后科学基金第 61 批面上资助新闻传播学科人员名单**

序号	姓名	设站单位名称	一级学科	资助等级
1	陈静静	中国国际广播电台	新闻传播学	1 等
2	彭　智	中国科学院心理研究所	新闻传播学	1 等
3	吴世文	武汉大学	新闻传播学	1 等
4	杨庆国	深圳广播电影电视集团	新闻传播学	1 等
5	曹晶晶	北京师范大学	新闻传播学	2 等
6	易　耕	清华大学	新闻传播学	2 等
7	徐艺心	中国人民大学	新闻传播学	2 等
8	刘鸣筝	东北师范大学	新闻传播学	2 等

续表

序号	姓名	设站单位名称	一级学科	资助等级
9	曾琳智	复旦大学	新闻传播学	2等
10	张晓佳	复旦大学	新闻传播学	2等
11	孟　笛	华东师范大学	新闻传播学	2等
12	刘　展	华东政法大学	新闻传播学	2等
13	郭习松	南京大学	新闻传播学	2等
14	李育菁	南京航空航天大学	新闻传播学	2等
15	黄　清	浙江大学	新闻传播学	2等
16	欧阳敏	武汉大学	新闻传播学	2等
17	银　浩	四川大学	新闻传播学	2等
18	刘　焕	西安交通大学	新闻传播学	2等

2017年6月，根据《中国博士后科学基金资助规定》，中国博士后科学基金第10批特别资助对北京大学许明等833名拟资助博士后研究人员进行了公示，其中2名博士后研究人员已出站，按规定不再予以资助(见表16-5)。该批次资助博士后研究人员831人，每人资助15万元。

表16-5　**2017年中国博士后科学基金第10批特别资助新闻传播学科人员名单**

序号	姓名	设站单位名称	一级学科
1	曹光煜	北京师范大学	新闻传播学
2	胡　栓	复旦大学	新闻传播学
3	刘建新	华中科技大学	新闻传播学
4	黎　藜	暨南大学	新闻传播学

2017年11月，中国博士后科学基金根据2017年度工作计划，对第62批面上资助专家评审结果进行了公示。公示期间，有2人已退站，其资助资格被取消。该批次实际资助博士后研究人员3445人，其中一等资助502人，每人8万元；二等资助2943人，每人5万元。“西部地区博士后人才资助计划”50人，每人5万元。共3445名获资助人员获得资助(见表16-6)。

表 16-6　**2017 年新闻传播学科中国博士后科学基金第 62 批面上资助人员名单**

序号	姓名	设站单位名称	一级学科	资助等级
1	李　乐	复旦大学	新闻传播学	1 等
2	赵 宜	上海大学	新闻传播学	1 等
3	李小迟	中国传媒大学	新闻传播学	2 等
4	朱瑞娟	中国传媒大学	新闻传播学	2 等
5	黄　艳	复旦大学	新闻传播学	2 等
6	季凌霄	复旦大学	新闻传播学	2 等
7	栾殿飞	复旦大学	新闻传播学	2 等
8	沈汪兵	河海大学	新闻传播学	2 等
9	林　颖	福建师范大学	新闻传播学	2 等
10	马晓乐	山东大学	新闻传播学	2 等
11	刘　辉	深圳市创新投资集团有限公司	新闻传播学	2 等
12	曾元祥	四川大学	新闻传播学	2 等
13	任天浩	西安交通大学	新闻传播学	2 等
14	申　楠	西安交通大学	新闻传播学	2 等
15	朱多刚	西安交通大学	新闻传播学	2 等

2017 年新闻传播学科博士后申报中国博士后基金积极性明显提高，成效也更为显著。虽然 2017 年新闻传播学科博士后获得中国博士后基金特别资助仍为 4 人，一等面上资助人员也仍为 6 人，人员数量没有增加；但是，新闻传播学科博士后获得 2017 年中国博士后科学基金二等面上资助的人员与 2016 年 17 人相比，有了明显的提高，达 27 人，净增 10 人，成效非常显著，使得 2017 年新闻传播学科博士后获得中国博士后基金资助人员达创纪录的 37 人之多，这说明新闻传播学科博士后投入科研的积极性有了提高，科研实力得到提升，科研成果也更具成效。

（邓绍根）

第17章　获奖情况

17.1　吴玉章人文社会科学奖

为纪念无产阶级革命家、教育家、历史学家、语言文字学家、中国人民大学第一任校长吴玉章同志，中国人民大学于1983年设立了吴玉章奖金基金，2002年更名为吴玉章基金。现吴玉章基金委员会名誉主任为李鹏、宋平与袁宝华同志，马凯同志任主任。

吴玉章基金设立“吴玉章人文社会科学优秀成果奖”“吴玉章优秀教学奖”“吴玉章优秀科研奖及吴玉章奖学金”。2012年，吴玉章基金首度设立“吴玉章人文社会科学终身成就奖”。吴玉章人文社会科学优秀成果奖，面向全国，主要奖励国内有重大影响的优秀哲学社会科学论著，旨在促进我国哲学社会科学的发展和繁荣。吴玉章人文社会科奖每五年评选一次。现评奖学科为马克思主义理论、哲学、教育学、历史学、中国语言文学、新闻学、经济学和法学8个学科，每个学科设特等奖、一等奖各1项，优秀奖2~3项，青年奖1项。其中青年奖要求作者年龄在45岁以下(含45岁，以参评作品发表时的实际年龄计)，如有合作者亦须符合年龄条件。自1987年至今，该奖已颁发了6届，郭沫若、吕叔湘、胡华、金冲及、胡绳、王钟翰、王力等一批著名社会科学家先后荣获该奖项，产生了巨大的社会影响，已成为全国性哲学社会科学研究较高规格的奖励。

2017年3月，吴玉章基金委员会发出《第七届吴玉章人文社会科学奖评奖公告》，公告规定：此次评奖范围为2011年1月—2015年12月期间公开出版的上述8个学科的学术专著。参加评奖的专著，应坚持以马克思主义为指导，有重要的学术价值和社会影响，对本学科建设与发展作出突出的贡献，对我国社会主义现代化建设事业发挥积极的推动作用。此次评奖的程序是：首先专家推荐或网络同行提名，再由评审组评定，最后基金委员会审定。专家推荐候选著作的截止日期为2017年4月30日。9月28日，第七届吴玉章人文社会科学奖和第六届吴玉章人文社会科学终身成就奖在北京同时揭晓，并在中国人民大学举行了颁奖典礼。该届终身成就奖分别授予新闻史学家方汉奇和经济学家刘诗白；陈先达等学者的 53 项学术成果获得第七届吴玉章人文社会科学奖；其中一等奖 13 项，优秀奖 30 项，青年奖 10 项。新闻传播学者获奖情况如表 17-1 所示：

表 17-1　　**2017 年吴玉章人文社会科学奖(新闻传播学)获奖者**

序号	获奖者	奖项	成果
1	方汉奇	第六届吴玉章人文社会科学终身成就奖	
2	郭庆光	第七届吴玉章人文社会科学奖一等奖	《传播学教程》(第二版)
3	隋　岩	第七届吴玉章人文社会科学奖优秀奖	《符号中国》
4	杨保军	第七届吴玉章人文社会科学奖优秀奖	《新闻观念论》
5	张小琴	第七届吴玉章人文社会科学奖优秀奖	《电视修辞学》
6	赵永华	第七届吴玉章人文社会科学奖优秀奖	《大众传媒与政治变迁——聚焦独联体国家“颜色革命”》
7	邓绍根	第七届吴玉章人文社会科学奖青年奖	《中国新闻学的筚路蓝缕：北京大学新闻学研究会》
8	殷 乐	第七届吴玉章人文社会科学奖青年奖	《电视娱乐：传播形态及社会影响研究 》

第六届吴玉章人文社会科学终身成就奖获得者方汉奇，著名新闻史学家。1926 年 12 月生，广东普宁人，中国人民大学荣誉一级教授、中国新闻史学会荣誉会长。曾任国务院学位委员会第三届文学学科评议组成员及该委员会第四届新闻传播学学科评议组召集人，是新闻传播学学科的首届学科评议组召集人。他创立的中国新闻史学会，是目前新闻传播学唯一的一级学会。1991 年起享受国务院颁发的政府特殊津贴。

方汉奇先生从事中国新闻史教学与研究工作 66 年，曾先后在圣约翰大学新闻系、北京大学中文系新闻专业和中国人民大学新闻系任教，是我国新闻教育界从事中国新闻史教学与研究工作时间最长、发表新闻史著作与论文最多的著名新闻史学家。他是中国新闻史学科领军人物，他坚持马克思主义新闻学立场，构筑出新中国新闻史学科基础框架，具有明显的中国历史文化特色，为有中国特色的新闻史的研究奠定了基础。他认为新闻史属于历史科学中的文化史的范畴，新闻史的研究必须坚持马克思主义的历史物主义和辩证唯物主义的原则，既要反对“右”的也要反对“左”的思想影响。在新闻史研究工作中，他提出了加强重点报纸的个案研究，加强新闻史人物的研究，加强报刊业务史的研究，加强地方新闻史的研究，加强中华人民共和国成立以来新闻史的研究，加强重大报道战役的研究，以及加强新闻史料的搜集、甄别、整理、出版工作等建议。

方汉奇自中学时代开始集报，到北京大学任教后，他将自己珍藏的3000余种珍品报刊捐献给了北京大学中文系新闻专业资料室，1955年两校院系合并后，转归中国人民大学新闻系资料室收藏。为我国新闻史料的集藏作出了重要的贡献。方汉奇编写的《中国近代报刊史》一书对中国近代新闻事业的产生和发展作了科学、系统的记述，涉及报刊500余种，报人1500余名，纠正前人著述失误200余处，受到海峡两岸新闻学界高度评价和国外新闻学界的注意，被认为是继1927年戈公振的《中国报学史》之后又一中国新闻史权威著作。

方汉奇先生还先后撰写《中国古代的报纸》《中国新闻事业简史》《中国近代报刊史》《报史与报人》《中国当代新闻事业史》《中国新闻事业通史》等数部教材和著作，发表新闻史论文300多篇。其中《中国新闻事业通史》(三卷本)是集全国50余位专家学者的力量共同完成的，由他担任主编，该书于2002年获吴玉章奖新闻学一等奖，获第十三届中国图书奖，2003年获高校人文社会科学优秀科研成果一等奖。2013年该书又被Enrich Professional Publishing出版社翻译为10卷本英文著作，全球发行，成为世界范围内研究中国新闻史的经典文献。

方汉奇先生长期从事新闻史教学和研究工作，笔耕不辍、桃李满天下。曾两次被评为“北京市优秀教师”(1987、1997)；一次被评为“全国优秀教师”(1989)。已经培养了45个新闻史方向的博士(仍有七名在读)，至今还在从事博士生的教学工作，是当代中国新闻史学界的泰山北斗。

第七届吴玉章人文社会科学奖一等奖获得者郭庆光，男，1956年出生于山东，毕业于中国人民大学新闻系和日本东京大学新闻研究所，中国人民大学新闻学院教授，两次出任中国人民大学新闻学院院长和执行院长，第五、第六届国务院新闻传播学科评议组成员、全国考委新闻类专业委员会主任、北京市网络协会监事长、教育部专业硕士教学指导委员会副主任等。2004年获北京市优秀新闻工作者称号，2007年享受政府特殊津贴。获奖成果《传播学教程》(第二版，中国民大学出版社，2011)，是我国最早较系统、科学地阐释传播学的著作，该书出版后在学界和社会上均产生了较大影响。《中国人文社会科学图书学术影响力报告》(2011)显示，该书影响力在新闻传播学科位居《鲁迅全集》之后排名第三，在图书馆情报学科排名第九。《传播学教程》作为新闻传播学的基础著作在学界、新闻媒体、公共关系和广告、互联网业界都有着广泛的知名度和影响力。它运用国内外传播学研究的最新成果，结合新媒介技术的发展，阐释人类社会的信息传播现象，注重概念的明晰性和理论的系统性，对现代信息社会中的人内传播、人际传播、群体传播、组织传播、大众传播、网络传播、国际传播与全球传播等领域中的许多理论和现实课题进行了深入的剖析，从而勾勒出传播学的基本理论体系和框架，对西方传播理论进行汲取、批判和扬弃，对传播学在我国的发展起到了重要的推动作用。

第七届吴玉章人文社会科学奖优秀奖获得者隋岩，男，1966年6月出，辽宁大连人。中国传媒大学教授，《现代传播》主编，文科科研处处长。获奖成果《符号中国》(中国人民大学出版社，2014)，主要贡献是超越经典符号学的理论创新，将符号学与传播学嫁接，从含指项中推导出“借力传播与合力传播”，从能指的丰富性推导出“选择性传播”，从元语言推导出“部分传播整体”，从微观能指系统与宏观能指系统推导出“协同传播”。从同构推导出“霸权式传播”等原创命题。对“引得符指项”“同构”“元语言机制”“自然化机制”“普遍化机制”等经典符号学家没能说清楚的概念做了清晰而深入的理论阐释；质疑、发展并突破了罗兰·巴特、雅各布逊的某些命题假说，提出“能指的丰富性”“含指项中的意义移植”“含蓄意指与隐喻共同构建意义传播的自然化机制”“元语言与换喻共同构建意义传播的普遍化机制”等原创命题，丰富、发展了经典符号学理论。该书另一个贡献是，对中国传播实践进行符号理论与传播理论嫁接审视，厘清了符号学中晦涩的术语理论，令被诟病为晦涩难懂的符号学重获新生；又将隐匿在不同领域且纷乱复杂的社会现象，经由符号传播理论的阐释，拨云见日。该书的第三个贡献就是论证选择易于被世界普遍接受的企业符号、符号、民间符号、平民符号，这些符号就在世界人民的身边，就在普通人的日常生活中，不空洞、不教条、不乏味、不虚假、不拒人千里，并从强符号理论上予以论证。

第七届吴玉章人文社会科学奖优秀奖获得者杨保军，男，1962年10月生，陕西富平人。中国人民大学新闻学院教授，博士，博士后，博士生导师；学术委员会副主任，教育部重点研究基地“中国人民大学新闻与社会发展研究中心”学术委员会委员，“马工程”首席专家；《国际新闻界》副主编。获奖成果《新闻观念论》(复旦大学出版社，2014)，全书由导论、正文(上中下三篇共十一章)和结语构成，总字数68.5万。《新闻观念论》围绕两个核心问题——何谓新闻观念，当今时代中国需要什么样的新闻观念展开论述。《新闻观念论》认为，完整的新闻观念，是新闻认识观念与新闻价值观念的融合统一；同时，在方法论视野中，新闻观念还是主体从事新闻活动的方法论观念。《新闻观念论》从新闻关系论出发，对新闻观念与新闻行为、新闻制度、新闻业的关系做了比较深入的分析；对新闻观念与其他社会观念之间的相互关系也做了比较系统的阐释，认为新闻观念在社会观念系统中具有相对独立性，与社会整体观念、各个领域观念始终处于互动之中。《新闻观念论》还针对新的媒介生态环境与新闻传播图景，对职业新闻与民众新闻的基本关系进行了探析，认为民众新闻与职业新闻各有自身的特征、自身的功能，不可能互相替代，它们都有自身存在的根据和理由；职业新闻观念与民众新闻观念之间的关系会越来越成为重要的问题。著名新闻学者童兵教授认为：《新闻观念论》“立意高远，探究精深，为新闻观念研究提供了一定开创性的框架，具有重要的学术价值”。著名新闻学者陈力丹认为：“《新闻观念论》全面系统探讨了新闻观念体系的一系列基本问题……提出了许多有见地的具有创新意义的观点和看法。”

第七届吴玉章人文社会科学奖优秀奖获得者张小琴，女，1966 年 5 月生，山东蓬莱人，1985 年，1988 年于山东师范大学获得文学学士、文学硕士学位。1988—1995 年，任《山东文学》杂志编辑。1993—2001 年，任山东电视台《道德与法制》《金剑之光》栏目主持人、制片人。2001—2004 年于中国传媒大学攻读博士学位。2001—2011 年，兼任央视《新闻调查》《讲述》《心理访谈》栏目主持人、出镜记者。2004 年进入清华大学新闻与传播学院任教，现为研究员、副教授，博士生导师，清华大学文科建设处副处长，文化创意产业发展研究院副院长，中国新闻史学会新闻教育史研究委员会副会长。曾获中宣部“五个一”工程奖、全国广播电视节目主持人“金话筒奖”，曾多次获得中国新闻奖。主要研究方向为影视传播、新媒体，已出版著作有《电视修辞学》《电视节目新形态》《手机：个人移动多媒体》等。获奖成果《电视修辞学》(清华大出版社，2013)，是一部扎实的基础理论著作，具有目前中国电视研究所迫切需要的学理性和系统性。作者从修辞学角度切入，对电视的本质属性进行了理论抽象和概念界定，对认识电视本体，了解电视现象，解释电视规律，具有重要的理论价值。全书结构严谨，自成体系，奠定了中国电视修辞学的基础，中国新闻与传播领域的创新之作。著作者在观察研究大量电视现象的基础上，论证了所有电视制成品的修辞性，指出所有电视节目的生产过程都是修辞过程，每一文本虽然体裁题材各不相同，但都是修辞产品，它们共同建构了充斥屏幕的电视现实和电视真理；在这一基本立论的基础上，对电视如何解释现实、建构现实、传达意义进行了详尽解析并从修辞学角度对电视艺术与非艺术的分野、电视艺术形成的内在机制进行了探索，形成了完整的电视修辞学理论框架。从理论建设本身来说，该成果将建立中国电视修辞学的基本理论和体系；同时，以修辞解电视，透过芜杂的电视现象观察电视本质，并在此基础上对电视文本和电视艺术现象进行分析，具有重要的方法论意义，将为今后的相关研究提供基本概念、范畴和方法。从学术研究的社会影响来说，电视修辞学可以增强受众的媒介素养，帮助公众理解电视如何左右着人们对世界的理解；可以帮助制作者和创作者了解电视修辞的原理和手段，更好地运用电视语言，因此具有一定的现实意义。

第七届吴玉章人文社会科学奖优秀奖获得者赵永华，女，1971 年 11 月生，辽宁省抚顺人，新闻学博士，先后毕业于中国人民大学外语系、北京大学俄语系、中国人民大学新闻学院，获学士、硕士、博士学位。现任中国人民大学新闻学院教授、博士生导师，中国人民大学新闻与社会发展研究中心研究员，并担任外国新闻史研究会副会长，“中俄新闻教育高校联盟”召集人。获奖成果《大众传媒与政治变迁——聚焦独联体国家“颜色革命”》是国内第一本从新闻传播学角度阐释“颜色革命”的专著。同时，也是第一本廓清了格鲁吉亚、乌克兰、吉尔吉斯斯坦的传媒体制特点和媒体发展情况的专著。该书从中国的角对独联体国家的传媒变迁以及大众传媒对“颜色革命”的影响进行了剖析，总结了独联体国家的政治传播经验，以此丰富了政治传播理论的内容。该书通过细致的梳理，展现出不同类型的转型国家的传媒发展模式。转型期的独联体各国的媒介生态各具特色，格、乌、吉三国大众传媒在政治变迁中也有着不同的具体表现，这方面的资料在我国几乎是空白，该书则夯实了这一领域的研究基础。该书把关于转型新闻体制的研究扩展到独联体国家。该书的研究结论对我国的新闻管理、对外传播、国家安全等部门的政策制定具有一定的参考价值。

第七届吴玉章人文社会科学奖青年奖获得者邓绍根，男，1974年1月生，江西石城人，中国人民大学新闻学院博士研究生毕业，北京大学历史系博士后，暨南大学新闻与传播学院教授、博士生导师、副院长、暨南大学杰出青年学者、中国新闻史学会联席秘书长、常务理事，主要从事新闻传播史论研究教学工作。获奖成果《中国新闻学的筚路蓝缕：北京大学新闻学研究会》(清华大学出版社，2015)深入系统地研究了北京大学新闻学研究会创办发展过程，全面分析了该会导师和会员情况，细致研究该会会刊《新闻周刊》和师生教学相长的研究成果《新闻学》内容，恰如其地评价北京大学新闻学研究会历史地位和历史作用及其社会影响。著作运用知识社会理论来研究分析北京大学新闻学研究会研究历史地位、历史作用和影响，使得北京大学在中国新闻史上“四个第一”的论述具有了学理根据，更加有说服力。尤其“筚路蓝缕，以启山林”，恰如其分地反映出北京大学新闻学研究会在中国新闻教育开端和中国新闻学兴起过程中的历史地位，将北京大学新闻学研究会研究推向了一个更高的学术水平。作者从2008年详尽地爬梳了《北京大学日刊》上关于北京大学新闻学研究会152则相关史料，编辑出版《徐宝璜新闻学论集》和《邵飘萍新闻学论集》书籍，十年来发表了十篇与北京大学新闻学研究会相关的论文，该著作是作者十年研究的学术结晶，更是一部“板凳需坐十年冷”的学术范例。在中国新闻教育和新闻学研究即将百年诞辰之际，著作具有较强的现实意义。

第七届吴玉章人文社会科学奖青年奖获得者殷乐，女，1972年11月生，安徽安庆人。中国传媒大学文学博士。现为中国社会科学院新闻与传播研究所研究员，媒介研究室主任，新闻学与传播学博士生导师。社科院创新项目“国内外新闻与传播前沿问题追踪研究”“互联网治理与新媒体研究”首席研究员。研究方向为广播电视、媒介、文化和社会研究。获奖成果《电视娱乐：传播形态及社会影响研究》(中国社会科学出版社，

2011)从学理层面分析娱乐这一当代社会实践中影响面最广的领域，将娱乐作为一种社会文化和交往实践进行历时及共时研究，力求建构一个科学系统的媒介娱乐研究理论体系，并对媒介实践和文化实践有所助益。该书一是提出并论证了娱乐研究的两个基本路径，以游戏、故事与景观为关键词在美学、社会文化及媒介视野方面全面辨析了娱乐的形态演变，提出并分析了媒介、受众、娱乐变迁阶段，拓展了理解娱乐的基本路径。二是提出并分析了电视娱乐传播的全球模式与中国道路。注重全球娱乐模式和中国道路的对照研究，并在娱乐研究中创新提出“形态要素”“叙事传播链”等概念，以三个主要叙事传播链为线索阐释电视娱乐叙事传播的形态结构。三是所有节目分析均来自于一手视音频资料及相关文献，加之深度访谈和小型调查，清晰勾勒英、美、日、韩、中各国电视娱乐在媒介传播体系、文化体系的发展脉络，研究整体娱乐节目传播形态的变迁和社会、文化影响。四是深入考察了电视娱乐与经济生产方式的关系、电视娱乐对特定社会群体尤其是青少年文化身份认同的影响，以及娱乐在公共利益服务及文化软实力构建中的作用，尤其深入关注青少年娱乐消费中的迷文化，分析了青少年迷者的类别及行为特征，并提出电视娱乐对主流文化的影响是在疏离——建构的持续性的张力关系中完成的。对漠式创意产业、青少年迷文化、娱乐在提升中国文化软实力中的角色作用等的分析均有突破。

(邓绍根)

17.2 中国新闻史学会“新闻传播学学会奖”

中国新闻史学会“新闻传播学学会奖”旨在通过评选、奖励新闻与传播学研究的优秀成果，凝聚学界力量、弘扬学术精神，激励学术新人的成长，促进中国新闻与传播学的深入开展。该学会奖由新闻与传播学界国家一级学会中国新闻史学会主办，由教育部高等学校新闻传播学类专业教学指导委员会合办。

中国新闻史学会第三届“新闻传播学学会奖”评选于2016年12月15日启动，发出征集通知，“新闻传播学学会奖”限于新闻学与传播学研究领域，所设奖项如下：“优秀学术奖”：一等奖2件(新闻学与传播学相关成果1件，新闻与传播史专项成果1件)、二等奖5件(新闻学与传播学相关成果4件，新闻与传播史专项成果1件)、三等奖10件(新闻学与传播学相关成果8件，新闻与传播史专项2件)；评选2015年1月1日—

2016年12月31日期间发表于国内国际学术期刊的论文、国内外出版社出版的著作，每项奖项中同学科著作类作品不超过1件。“优秀学术奖”的评选对象是新闻学与传播学研究的论文、著作，将采用个人自荐(需新闻与传播学领域2位专家推荐)，或者中国新闻史学会常务理事或教指委委员推荐、二级学会推荐等方式共同产生候选人，由评审专家匿名评审，最后由评审委员会和专家组讨论确定。“方汉奇奖”，即新闻与传播史专项成果奖。以中国新闻史学会创始人方汉奇先生命名的此奖项，目的是鼓励新闻与传播史的研究。新闻与传播史类研究成果，除可申请新闻学与传播学相关成果奖项外，同时可申请此专项奖。所设奖项以学术质量为评判标准，若申报成果数在评审后未达到获奖数量，奖项可空缺。“卓越学术奖”：1项。“卓越学术奖”的成果不设出版年限限制，限当代出版的新闻学与传播学类著作。“卓越学术奖”由会长、副会长提名产生候选人，由评审委员会和专家组讨论确定。“杰出青年奖”：1位。评选40岁及以下有优秀研究成果、学术声誉良好、业绩突出的年轻学者(按2017年3月31日及之前生日为限计算年龄。需提交最近3年内的代表作3件)。“杰出青年奖”的评选对象是新闻学与传播学领域的青年学者，将由青年学者本人提出申请，并由3位学会常务理事或教指委委员推荐(推荐信)产生候选人，由评审委员会和专家组讨论确定。“终身成就奖”：1~2位。奖励年龄在70岁及以上、从事新闻与传播教学研究30年以上，学术声誉良好、有优秀研究成果的学者(按2017年3月31日及之前生日为限计算年龄)。“终身成就奖”由会长、副会长提名产生候选人，由评审委员会和专家组讨论确定。

2017年2月28日截止征集；4月5日完成专家双盲式评审；4月9日在清华大学举行定评会；4月15日在长沙召开的常务理事会上审议通过。2017年4月17日—4月24日公示。8月20日，在郑州举办了隆重的第三届学会奖颁奖典礼。

中国新闻史学会第三届“新闻传播学学会奖”获奖名单如下：

17.2.1　优秀学术奖·新闻学与传播学

一等奖

陈力丹(中国人民大学新闻学院)：《党性和人民性的提出、争论和归结》，载《安徽大学学报(哲学社会科学版)》2016年第6期。

二等奖

吴锋(西安交通大学新闻与新媒体学院)、赵红(美国密苏里大学新闻学院)：*How to Respond to Journalists' Questions? A New Method to Examine Premiers' Aggressiveness at Chinese Press Conferences* (1993—2015), Asian Journal of Communication, 26(5), pp. 446-465.

陈刚(武汉大学新闻与传播学院)：《共识的焦虑：争议性议题传播的话语变迁与冲

突性知识生产》，北京：人民出版社，2016年。

涂凌波(中国传媒大学)：《现代中国新闻观念的兴起》，北京：中国传媒大学出版社，2016年。

王洪喆(北京大学新闻与传播学院)：《从“赤脚电工”到“电子包公”：中国电子信息产业的技术与劳动政治》，载《开放时代》2015年第3期。

三等奖

董天策(重庆大学新闻学院)：《从网络集群行为到网络集体行动——网络群体性事件及相关研究的学理反思》，载《新闻与传播研究》2016年第2期。

吴小坤(华南理工大学新闻与传播学院)：《潜行的力量：ICT精英如何嵌入并影响社会运动》，载《新闻与传播研究》2015年第11期。

戴佳、曾繁旭(清华大学新闻与传播学院)：《环境传播：议题、风险与行动》，北京：清华大学出版社，2016年。

闫岩、刘骏(武汉大学新闻与传播学院)：*Effects of Media Exemplars on the Perception of Social Issues with Pre-Existing Beliefs*, *Journalism & Mass Communication Quarterly*, 93(4), pp. 1026-1049.

张硕勋、王晓红(兰州大学新闻与传播学院)：《大众传播与西部民族地区社会变迁——以甘肃藏族地区为例》，北京：民族出版社，2015年。

丁方舟(上海社会科学院新闻研究所)：《“理想”与“新媒体”：中国新闻社群的话语建构与权力关系》，载《新闻与传播研究》2015年第3期。

徐桂权(中山大学传播与设计学院)：《从群众到公众：中国受众研究的话语变迁》，北京：人民日报出版社，2016年。

李艳红、陈鹏(中山大学传播与设计学院)：《“商业主义”统合与“专业主义”离场：数字化条件下中国新闻业转型的话语形构及其构成作用》，载《国际新闻界》2016年第9期。

17.2.2　优秀学术奖·方汉奇奖(新闻史专项)

一等奖

俞凡(中国海洋大学文学与新闻传播学院)：《新记〈大公报〉再研究》，北京：中国社会科学出版社，2016年。

二等奖

秦宗财(安徽师范大学新闻与传播学院)：《明清文化传播与商业互动研究：以徽州出版与徽商为中心》，北京：学习出版社，2015年。

三等奖

郭恩强(华东政法大学人文学院)：《作为关系的新闻纸：〈申报〉与晚清义赈》，载《新闻与传播研究》2016年第6期。

唐海江(华中科技大学新闻与信息传播学院)：《“造健全之舆论”：清末民初士人对于“舆论”的表述与群体认知》，载《新闻与传播研究》2016年第12期。

17.2.3　卓越学术奖

闵大洪(中国社会科学院新闻与传播研究所)，关于新媒体传播的三部著作：
《传播科技纵横》，北京：警官教育出版社，1998年；
《数字传媒概要》，上海：复旦大学出版社，2003年；
《中国网络媒体20年(1994—2014)》，北京：电子工业出版社，2016年。

17.2.4　杰出青年奖

刘涛(暨南大学新闻与传播学院)。

17.2.5　终身成就奖

郑兴东(中国人民大学新闻学院)；
刘树田(兰州大学新闻与传播学院)。

(邓绍根)

17.3　宝钢优秀教师奖①

17.3.1　2017年宝钢优秀教师奖概况

宝钢教育奖是由国有重要骨干企业宝钢集团有限公司独家出资设立，中央政府支持指导，专家咨询策划，高校积极参与的全国最具知名度的教育奖项之一。宝钢教育奖设宝钢优秀学生奖、宝钢优秀学生特等奖、宝钢优秀教师奖、宝钢优秀教师特等奖项，每年评颁一

① 资料来自：中国人民大学新闻学院官网、复旦大学官网、宝钢教育奖官网。

次。宝钢优秀教师奖是用以资助全国高等教育战线优秀科研教师的专门奖项。金额为 1 万元/人，年资助名额 200～300 名；宝钢优秀教师特等奖：金额为 10 万元/人，名额 10 名。2017 年度宝钢优秀教师奖于 11 月揭晓，李俊峰等 6 名教师获得 2017 年度宝钢优秀教师特等奖，张平文等 12 名教师获得 2017 年度宝钢优秀教师特等奖提名奖，房静远等 249 名教师获得 2017 年度宝钢优秀教师奖。在新闻传播学专业方向上，中国人民大学新闻学院副院长周勇教授、复旦大学新闻学院传播系主任廖圣清教授获此殊荣。与上 2016 年人数相比，新闻传播学获奖教师有所减少，获奖教师数量偏少，显示出在该奖项评选中，新闻传播学教育的影响力仍有待进一步提高，学科优秀教师仍有得奖的上升空间。

17.3.2　2017 年宝钢优秀教师奖新闻传播学获奖教师

1. 周勇

周勇，中国人民大学新闻学院副院长、教授、博士生导师、视听传播研究中心主任，中国高等教育学会新闻学与传播学专业委员会秘书长，中国人民大学新闻与社会发展研究中心研究员、"教育部新世纪优秀人才"。周勇教授主要承担"电视新闻报道""音频视频内容制作""广播电视新闻报道前沿"等课程的教学工作，在广播电视新闻理论与实务、视觉传播效果等研究取得了一系列科研成果：

著作：

《影像背后：网络语境下的视觉传播》，北京：中国传媒大学出版社，2014 年。

《路径与抉择：主流电视媒体网络视听节目发展战略研究》，北京：中国传媒大学出版社，2013 年。

《理解电视：从理论到方法的路径》，北京：中国广播电视出版社，2012 年。

论文：

《大数据驱动下的视频内容生产模式探索》，载《新闻与写作》2015 年第 5 期。

《"收视率"不再为王 大数据时代视听传播效果评估的重大变革》，载《新闻与写作》2014 年第 11 期。

《谁在控制西藏问题的话语：涉藏报道的路径依赖与效果生成》，载《国际新闻界》2014 年第 4 期。

《视觉传播语境下战争报道的框架建构与效果生成》，载《当代传播》2013 年第 3 期。

《从"受众"到"使用者"：网络环境下视听信息接收者的变迁》，载《国际新闻界》2013 年第 2 期。

《多级传播路径下的网络视听信息影响力评估体系建构》，载《现代传播》2013 年第

3期。

“Under the Weather”：The WeatherEffects on U. S. Newspaper Coverage ofthe 2008 Beijing Olympics. MassCommunication and Society，15：4，pp. 559-577.

《电影框架与大国形象建构》，载《现代传播》2012年第3期。

To name or not to name：a cross-cultural comparison of on-air attribution in US and chinese TV news. Asian Journal of Communication，Vol. 21，No.（2），2011.

作为负责人主持的课题有：

“基于大数据的视听传播效果研究”（国家社科基金重点项目，在研）；

“涉藏信息传播的路径依赖及效果生成”（国家社科基金重大委托项目年度招标课题，已结项）；

“大国崛起语境下的视觉传播与身份认同”（教育部“新世纪优秀人才”支持项目，在研）；

“主流电视媒体网络视听节目发展研究”（国家广电总局社科课题，已结项）。

获奖情况：

国家级精品课程（“新闻评论”）主讲教师之一，曾获中国人民大学教学优秀奖、中国人民大学优秀教学成果奖、“中经报联”优秀教师奖、2017年宝钢优秀教师奖。

2. 廖圣清

廖圣清、博士、教授、博导，复旦大学新闻学院传播学系主任、复旦大学信息与传播研究中心主任助理、复旦大学台湾研究中心副主任、上海市高校新闻传播学类教学指导委员会秘书长。主要研究方向有西方媒介效果研究、大学生移动媒体APP使用研究、媒介碎片化使用研究等。廖圣清主要承担“传播学概论”“精确新闻报道”“传播学研究方法”等主干课程教学。所承担的“传播学概论”为复旦大学校级精品课程、上海市级重点建设课程、上海市级精品课程。

廖圣清教授在教学实践中，善于科研成果及时转化为教学资源，主持国家社科重点项目“传播秩序视野下的网络强国战略研究”，以及国家社科重大项目子课题、国家社科等课题多项，出版论著多项。他重视利用第二课堂加强同学的理论探究，引导学生策划报道、开展调查采集数据、分析数据、撰写报道或报告，《沪上大学毕业生就业信心调查》《浦东20年发展报告》等报道、报告被新华社《瞭望东方周刊》主流媒体全文刊发或递交有关部门供决策参考，为业界所关注和称赞。廖圣清教授还担任复旦大学信息与传播研究中心主任助理，协助主任创办“中外新闻传播理论与方法”暑期学校，至今举办了 12 届，为全国培训了逾千名博士生和青年教师，荣获复旦大学研究生教学成果奖一等奖。认真履行上海市高校新闻传播学类教学指导委员会秘书长职责，推进上海市高校新闻传播学类院系教学工作，其教学成果荣获国家教学成果奖二等奖、上海市级教学成果奖特等奖、复旦大学教学成果奖一等奖、二等奖。

著作：

《20 世纪 90 年代西方大众传播学研究》，上海：复旦大学出版社，2012 年。

论文：

《新媒介技术环境下上海大学生的意见表达研究》，载《新闻大学》2017 年第 12 期。

《群体性事件中参与主体的策略演化博弈分析——一种社会网络视角》，载《新闻大学》2016 年 12 月。

《大学生 APP 使用状况调查——基于上海的实证研究》，载《暨南学报》2016 年第 3 期。

《媒介的碎片化使用：媒介使用概念与测量的再思考》，载《新闻大学》2015 年第 11 期。

《传播与大学生对“中国梦”的认知》，载《新闻大学》2015 年第 1 期。

《网络使用、社会支持与主观幸福感：以大学生为研究对象》，载《新闻与传播研究》2014 年第 6 期。

《上海新闻工作者的新闻道德认知与实践——2013 年上海新闻道德状况调查报告》，载《新闻记者》2014 年第 3 期。

作为负责人主持的课题有：

“中国发展第三代移动通讯技术应用研究”（国家社科基金项目）；

“西方媒介效果研究的现状与发展趋势”（教育部人文社科基金项目）；

“手机短信传播与群体性突发事件参与”（上海社科基金项目）；

“当代西方大众传播学发展趋势研究”（上海浦江人才基金项目）。

获奖情况：

上海市第十一届哲学社会科学优秀成果获三等奖、复旦大学教学成果奖二等奖、复旦大学研究生教学成果奖一等奖、2017 年宝钢优秀教师奖。

（齐　辉）

17.4 第五届范敬宜新闻教育奖

范敬宜先生是我国声誉卓著的新闻工作者和卓有建树的新闻教育家。为继承和发扬范敬宜先生的新闻教育思想，推动中国新闻教育事业发展，人民日报社、经济日报社、国家外文局、辽宁日报传媒集团、大众报业集团、海南日报报业集团和清华大学新闻与传播学院7家单位，于2012年共同发起倡议设立“范敬宜新闻教育基金”，并于2013年开始在全国开展范敬宜新闻教育奖的评选工作。

范敬宜新闻教育奖是目前国内唯一面向全国高校新闻学子、教师以及业界人士的教育奖，自2013年以来已经连续举办5届，共有41名学子、11位教师、7位业界人士荣获这项荣誉。范敬宜新闻教育奖坚持“面向主流，培养高手”的评选标准，坚持公平、公正、公开的评审原则，在新闻学界和业界树立了良好的公信力，产生了广泛而积极的社会影响。

第五届范敬宜新闻教育奖于2017年9月1日开始启动并受理申报，并通过各种媒体形式在学界和业界广泛传播。9月30日为单位推荐和个人申报截止日，10月进行专家评审和基金理事会审阅。为了保证评奖的公开性和公正性，11月21日至11月29日，清华大学新闻与传播学院网站和人民网同时对获奖名单进行公示，广泛听取社会意见。

2017年12月10日上午，第五届范敬宜新闻教育奖颁奖仪式暨新闻传播学科高峰论坛在清华大学主楼接待厅举行，清华大学党委副书记邓卫，全国人民代表大会教育科学文化卫生委员会主任委员、范敬宜新闻教育基金理事会理事长、清华大学新闻与传播学院院长柳斌杰，《人民日报》副总编辑张首映，中国记协党组成员、书记处书记张百新等出席会议并致辞。经济日报社社长张小影、国家外文局副局长王刚毅、大众报业集团副总编辑郑立波、新京报社社长宋甘澍等与会嘉宾为获奖者颁奖或观礼。来自业界的媒体总编、部分新闻院系的院长、第五届范敬宜新闻教育奖的获得者及部分师生代表共150多人出席颁奖典礼和论坛。

经资格审查、专家评审和范敬宜新闻教育基金理事会通过，第五届范敬宜新闻教育奖获奖者名单如下(按姓拼音首字母音序排列)：

新闻学子奖：(10名)

班志斌	男	重庆大学	硕士三年级
谷　琛	男	中国传媒大学	硕士三年级

顾桥孜	男	中国人民大学	硕士二年级
何欣禹	女	清华大学	硕士三年级
李颖迪	女	武汉大学	本科三年级
苏有鹏	男	四川大学	硕士一年级
汤禹成	男	复旦大学	本科四年级
王江涛	男	暨南大学	硕士三年级
王颜玉	女	华中科技大学	本科四年级
王宇澄	女	上海交通大学	硕士二年级

新闻教育良师奖：(1 名)

范以锦　　男　　暨南大学　　教授

新闻教育良友奖：(2 名)

曹　林　　男　《中国青年报》编委　　高级编辑
陆小华　　男　新华社音视频部主任　　高级编辑

获奖者简介

班志斌　(重庆大学新闻学院)

从要成为采访“大场面”“大事件”的名记者，到如今留心身边的平凡“小事”，这一大一小间的转变，是班志斌的新闻理想逐渐落地的过程。

这个时代有很多大问题，班志斌从生活中找寻新闻热点。他掷地有声、直抵人心的评论常常出现在《人民日报》的评论版上。文字朴实、切入点细微，却有着对全局的把控。从身边事中挖掘新闻，完成接地气儿的作品。

班志斌用行动践行着“贴近实际、贴近群众、贴近生活”的新闻思想。

谷琛　(中国传媒大学新闻传播学院)

忧怀天下新闻情，投身媒体新时代。谷琛，怀着对传媒和技术的热爱，努力创造出适合新媒体时代的传播方式。

他带领自己的技术团队精心设计、反复探索，一个个生动可爱的“长征路上小红军”的形象以微信“表情包”的形式呈现。之后，他根据习近平总书记的讲话，与团队成员又设计出了《学习锦句》微信表情包。

谷琛多次创新性地尝试，使得重大事件更容易被理解、被铭记，其尝试是社交媒体环境下重大主题报道的传播方式创新。

顾桥孜 （中国人民大学新闻学院）

新闻理想在高中时期开始萌芽，顾桥孜用自己刻苦的学习及丰富的新闻实践经历不断浇灌、滋润着这颗幼苗。

在《经济日报》《人民日报》海外版实习期间，他共发表了新闻作品15篇，其中5篇是关于环境治理、科技创新等重大议题的报道。实习经历让他感受到，在社会喧嚣中新闻业的责任重大。

纵使新闻无学、新闻消亡的论调充斥于社会，顾桥孜依然坚守自己的新闻初心，并坚信“优秀的人就该去学新闻、做新闻”。

何欣禹 （清华大学新闻与传播学院）

从略带苍白的简历和对新闻业的陌生，到如今拥有多家主流媒体实习经历，并发表数十篇高质量的新闻作品，何欣禹怀着对新闻的热爱，在成为一名优秀记者的道路上不断努力前行。

在新华社、《中国青年报》等媒体实习期间，她参与了多起重大事件的调查性报道。用朴实的文笔、客观的态度报道了虚假考研网站等诸多热点事件，部分报道还推动了问题的解决。

何欣禹将自己的调查性报道看做是苍茫大海上的一朵浪花，浪花虽小，但不断堆积，总能汇聚成一股力量，推动社会前行。

李颖迪 （武汉大学新闻与传播学院）

从最初采访时的稚嫩与青涩，到参与重大事件报道时的自信和专业，两年多的时间，丰富的新闻媒体实践见证了她在能力与认知上的成长。

参与报道2016年武汉暴雨、2017年武汉市政府“留住百万大学生”政策以及武汉市火车站面馆血案等重大事件，李颖迪在较短的新闻学习和实践中，完成了大量揭露事实真相和社会问题的报道。

无论社会如何变化，李颖迪希望自己依旧能够保留一份在奔跑中坚守的笃定，一份在躁动中自持的初心。

苏有鹏　（四川大学新闻学院）

不仅要关注眼前的0.5平方米，更要关注九百六十万平方公里土地上的喜怒哀乐，苏有鹏看到了更远的远方。

作为云南大学新闻学院第一批海外实习生，苏有鹏曾奔赴缅甸仰光金凤凰中文报社实习。他长期关注缅北战乱，多次深入中缅边境难民营，采访当地民众，记录下果敢战争带来的影响；他关注少数民族社工和边疆地区大学生的成长，将祖国边陲地带的发展带进了公共视野，引发人们的关注。

胸怀祖国和天下，苏有鹏将自己的家国情怀投身于新闻实践中，并不断为之努力奋斗。

汤禹成　（复旦大学新闻学院）

作为复旦大学的优秀学生标兵，汤禹成不但学习成绩优秀，还是校园媒体新闻中心部主任。带着对记者这份职业的敬畏与热爱，带着与生俱来的那股“倔”劲儿，他扎扎实实地推进每一篇报道的诞生。

在媒体实习期间，他蹲点采访、仔细观察、敏锐洞悉，用高质量的作品展现了自己较高的新闻业务能力。在外媒实习，他努力做好中西沟通的桥梁，帮助国外记者更加客观全面地了解中国，讲述中国故事。

汤禹成用自己行动践行着“叩问人性善恶，辑录时代烙印，助益家国日新”的奋斗目标。

王江涛　（暨南大学新闻与传播学院）

百余篇的新闻作品和数十项的新闻业务奖励是王江涛热爱新闻事业、积极投身新闻实践的最好证明。

从大二开始的新闻实践经历，王江涛渐渐形成了对法治、社会治理等问题的关注偏好。多次参加法院庭审，采写法制新闻；对法外之地的“行乞”行为进行科普性的报道，用新闻传播捍卫依法治国。

面对社会矛盾和问题，王江涛客观评论，呼吁理性对话和沟通，展现了一个新闻人在社会争议性话题上的审慎、客观与理性。

王颜玉 （华中科技大学新闻与信息传播学院）

创办院刊是王颜玉新闻实践的萌芽，也是她一路坚持做新闻的开端。

走出校园，在《新京报》等媒体实习期间，王颜玉参与完成了“河北超级工业污水渗坑”等 20 多篇有社会影响力的调查性报道。她还是善写评论的高手，习惯对人与事背后隐匿的真问题进行思考。在《新京报》评论版和“沸腾”专栏，发表评论稿件 20 余篇，透过事实表象，为读者呈现更加深刻的观点。

王颜玉用实际行动追寻自己的梦想——写不易碎的新闻，写不速朽的评论。

王宇澄 （上海交通大学媒体与传播学院）

带着对传媒和互联网技术的兴趣，王宇澄曾在多家媒体的新媒体部门实习，独立负责媒体的微博、微信等社交媒体的运营，使多家媒体的社交平台的关注量大幅上涨，收效显著。

在熟练掌握互联网传播技能的同时，王宇澄不断提升自己的新闻素养及写作能力，她独立采写具有突出社会意义的报道，发表数十篇有社会影响力的文章。

认认真真写好每一个字，仔仔细细核实每一个信息点，这是王宇澄对待每一篇报道的态度，也是王宇澄一直坚守的记者本分。

新闻教育良师奖

范以锦 （暨南大学新闻与传播学院）

作为老新闻人，范以锦从记者到报社领导再到高校教授，都未曾改变内心深处对新闻事业的热爱，对新闻人才培养的热情。

自 2007 年担任暨南大学新闻与传播学院院长以来，范以锦教授始终关注传媒前沿的变化，在教学中传播新的理念和知识；他视学生为知己，以良好的道德和业务素养影响学生；他创办“准记者南方训练营”，培养具有实战能力的准新闻人；他通过微博、微信等新媒体与新闻学子和记者交流，互动内容已集结成书——《新闻“微”茶座》，成为国内首部新闻类的全微博体书籍。

范以锦教授在进入高校后，在新闻人才培养方面倾注大量心血，为培养优秀的新闻工作者作出了突出贡献。

新闻教育良友奖

曹林　（中国青年报社）

作为《中国青年报》的编委，曹林为新闻学子们所熟知的身份是评论课的老师和讲座嘉宾。

在繁忙的工作之余，曹林连续多年在北京大学、中山大学等高校讲授新闻评论课程，以媒体人的独特身份与视角对课程大胆创新，使课程成为学生评论实践的平台。有的学生因此走上评论写作的岗位，四年来学生们在中央各大媒体发表的数百篇新闻评论也已结集成书出版。

自 2011 年以来，曹林还在全国数十所高校做过近百场讲座，成为业界与学界沟通的桥梁。

陆小华　（新华社）

从新华社新闻研究所所长，到新华社音视频部主任，对陆小华来说，始终不变的是与学界的密切联系与沟通。

30 年来，陆小华经常参与到清华大学、北京大学、中国传媒大学、中国政法大学等高校的新闻教学和研究活动中，热心指导学生们的新闻实践和学术研究，支持协助新闻传播学年轻教师的教学和研究活动。他将自己丰富的传媒实践经验以及对传媒发展的前瞻性思考毫无保留地带到学界，传递到青年学生中。

陆小华始终坚持新闻实践与学术研究的结合，新闻实践与人才培养的结合，真正成为新闻教育的良师益友。

（王健华）

第18章　学 生 竞 赛

18.1　大学生广告艺术大赛

全国大学生广告艺术大赛(简称“大广赛”)是由中国高等教育学会、教育部高等学校新闻传播学类专业教学指导委员会主办，全国大学生广告艺术大赛组委会组织，中国传媒大学、大广赛文化传播(北京)有限公司承办的全国高校文科大赛。大广赛是迄今为止全国规模大、覆盖高等院校广、参与师生人数多、作品水准高的国家级大学生赛事，逐渐发展成为广告及相关专业实践教学改革的试金石、检验平台。2017年(第九届)大广赛的主题口号为“创意我挑战”，共设平面、视频、动画、互动、广播、策划案、营销创客、公益8种创作形式，覆盖全国29个赛区，31个省、市、自治区，共有1301所高校(2819所学院)参赛，参赛学生超过80万。最终评选出一等奖60组、二等奖199组、三等奖573组、优秀奖2486组及2组全场大奖。限于篇幅，此处列出第九届大广赛一等奖获奖名单①，如表18-1~表18-4所示：

表18-1　　**第九届(2017)全国大学生广告艺术大赛平面类一等奖名单**

序号	参赛编号	作品名称	作者姓名	指导老师	所属院校
1	A01-01-009-0004	照亮黑的纯粹	谢　菲	钱　皓	北京化工大学机电工程学院
2	A01-09-002-0006	你努力的样子，很美	康　瑜	韩　晟	上海视觉艺术学院设计学院

① 营销创客类一等奖空缺。

续表

序号	参赛编号	作品名称	作者姓名	指导老师	所属院校
3	A01-11-008-0008	vivo 照亮你的美	季慧雯	赵智慧	浙江工业大学之江学院人文学院
4	A01-13-010-0009	意料之外	傅楚琪　苏明明	李　双	福州大学工艺美术学院
5	A01-16-004-0010	字说 vivo 篇	齐　婕　田　航	朱丹君	河南科技大学艺术与设计学院
6	A01-20-031-0032	美丽一小“部”	韦昌杆　李军成	邓海贝	南宁学院文学与艺术设计学院
7	A02-08-031-0023	吃平遥、看平遥	张　涛	孙　妍	哈尔滨华德学院艺术与传媒学院
8	A02-11-013-0108	平遥古城旅游文创产品设计	金　灵　潘梦利	黄慧君	浙江农林大学艺术设计学院
9	A02-13-030-0004	平遥有礼	凌　晔	韦锦城	莆田学院艺术系
10	A02-19-064-0017	逛不尽的平遥	黎思园　陈绮璇	韩大勇	广东轻工职业技术学院艺术设计学院
11	A02-26-029-0054	体味平遥之美	罗　快	赵继荣	兰州文理学院美术学院
12	A03-01-004-0012	“酵”健康	马思浓	耿　涵	北京交通大学建筑与艺术学院
13	A03-01-052-0154	娃哈哈酵素包装设计	杜　磊	刘秀伟	北京印刷学院设计艺术学院
14	A03-07-001-0012	叫醒服务	王　鑫	纪东琪	吉林大学应用技术学院
15	A03-10-045-0001	娃哈哈 AD 钙奶陪我们一起长大	葛倩敏	高明珍	南京信息工程大学传媒与艺术学院
16	A04-16-004-0007	复合型人才篇	齐　婕　田　航	朱丹君	河南科技大学艺术与设计学院
17	A05-06-001-0046	装得下，世界就是你的	张绍杰	张　耿	大连理工大学建筑与艺术学院
18	A05-06-025-0045	爱华仕——旅行篇	李明琪	孙立新	沈阳航空航天大学设计艺术学院
19	A05-11-007-0008	包山容海	黄　愉	陈星海	浙江工业大学艺术学院

续表

序号	参赛编号	作品名称	作者姓名	指导老师	所属院校
20	A05-11-013-0157	旅行小分队	袁莉娜　陈诗雨	黄慧君	浙江农林大学艺术设计学院
21	A05-19-008-0025	装你所想	李孝阳	叶明辉	深圳大学艺术设计学院
22	A05-20-003-0031	你的世界只差一个“它”	王宏伟　蓝　秀	赵勤恒	桂林电子科技大学艺术与设计学院
23	A07-15-005-0002	“相同”的名字	张思维	李　歌	青岛大学美术学院
24	A07-15-031-0022	中国精神	崔楷若	李　楠	齐鲁工业大学艺术学院
25	A08-27-020-0001	厉害了我的理想	高世伟　毕峰源	孙　利	乌鲁木齐职业大学
26	A09-14-037-0012	创意我闪耀	余旋阳　赖　平	周　升	南昌师范学院美术系
27	A10-07-011-0011	JAG 字母系列	刘铭晶　李　潇	王丽娜	长春工业大学人文学院
28	A11-07-001-0029	用心改变未来	樊美琪　刁　鹤	姜　明	吉林大学文学院
29	A12-13-028-0026	三千古韵，一步平遥	董　晨		闽江学院中文系

表 18-2　**第九届(2017)全国大学生广告艺术大赛视频类影视作品一等奖名单**

序号	参赛编号	作品名称	作者姓名	指导教师	所属院校
1	Ba01-01-050-0011	vivo 广告——邂逅版	王　猛　徐　彤 刘　晨　郝　旭	张　鑫	北京城市学院艺术设计学部
2	Ba01-13-001-0004	另一个自己	张十五郎　葛静 赵秀丽　刘闻莺 耿润平	王　晶	厦门大学新闻传播学院
3	Ba01-17-045-0001	vivo 照亮你的美之夜晚篇	韩单玲	刘梁超	三峡大学科技学院文法系
4	Ba03-06-002-0004	老妈叫我吃水果	许宇真　洪嘉伟 姜　杨	张冠男	大连理工大学城市学院艺术与传媒学院
5	Ba03-18-021-0012	畅饮酵苏活力复苏	雷晨旭　钱　浩 吴益飞　吴姝锦 刘明康	盛忆文 廖　健	长沙学院艺术设计系
6	Ba04-12-035-0002	还有多少机会	张艺洁　夏清然	杨龙飞	铜陵学院文学与艺术传媒学院

续表

序号	参赛编号	作品名称	作者姓名	指导教师	所属院校
7	Ba05-08-009-0008	总要装的不一样	杜铭心　那纹齐　武梦娇	栾慧勇	东北农业大学艺术学院
8	Ba07-06-024-0007	中国精神之孝、悌、忠、廉	周彦萌　朱净顺　郑佳琪	刘　耘	辽宁工业大学艺术设计与建筑学院

表 18-3　**第九届(2017)全国大学生广告艺术大赛视频类微电影作品一等奖名单**

序号	参赛编号	作品名称	作者姓名	指导教师	所属院校
1	Bb01-09-002-0002	真正的照亮你的美	郑伟辉　杨胤杰	韩　晟	上海视觉艺术学院设计学院
2	Bb01-09-005-0001	我的世界里你最美	谈家辰　叶晓妮　姚静夜　倪昊莹	沈　唯	华东理工大学艺术设计与传媒学院
3	Bb03-19-012-0002	不想见血就喝酵苏	王　卉　许思敏　邓子雯　陈枫洋		华南农业大学艺术学院
4	Bb03-21-104-0004	哈童年	沈红梅　杨　鑫　杨　菲　熊慧敏　李仕刚	田思源　张善诚	四川电影电视学院
5	Bb07-22-006-0008	我在城楼观山景	赵梓辰　周　雯	葛文治	重庆邮电大学传媒艺术学院

表 18-4　**第九届(2017)全国大学生广告艺术大赛动画类一等奖名单**

序号	参赛编号	作品名称	作者姓名	指导教师	所属院校
1	C01-18-021-0003	V 行动	晋功祥　吴晨阳　蒋佳佳	黄　佳　贺　溪	长沙学院艺术设计系
2	C04-12-080-0001	别人家的孩子之翻身篇	徐庆雅　张学贤　王子文	张婧婧　林荣妍	安徽新闻出版职业技术学院
3	C05-07-036-0881（原编号 Ba05-07-036-0003）	装得下世界就是你的	刘丽娜　闫姝玥　刘筱妤	李金穗	吉林动画学院动画艺术学院
4	C07-02-006-0008	平凡而伟大的忙碌	戚　龙　耿宝忠　王衍鹏	徐丕文	天津工业大学计算机科学与软件学院

表 18-5　　　**第九届(2017)全国大学生广告艺术大赛互动类一等奖名单**

序号	参赛编号	作品名称	作者姓名	指导教师	所属院校
1	D01-11-007-0002	关于 美是什么	孙卯宁	吕月米	浙江工业大学人文学院
2	D01-20-022-0018	时光影像馆	陈书维 毕　成 陈艺丹	周景秋 韦　维	广西艺术学院影视与传媒学院
3	D05-11-024-0006	装得下，世界就是你的	吴敏霞 谢灵飞 薛丽丹	蒋　述	温州大学人文学院

表 18-6　　　**第九届(2017)全国大学生广告艺术大赛策划案类一等奖名单**

序号	参赛编号	作品名称	作者姓名	指导教师	所属院校
1	F03-09-018-0010	“一带一路”上的“甜蜜”	黑钰婕　傅祎玮 齐　琪	张　华	上海师范大学人文传播学院
2	F03-18-019-0004	AND YOU	王　岚　代　晗 肖月华　徐　萌 邹馨影	刘　振 刘　颖	湖南师范大学新闻与传播学院
3	F02-07-011-0004	生意人间	马嘉宝　杜　喆 宣建婷　朱玉多 齐　奇	邵鸿雁 杨松明	长春工业大学人文学院
4	F05-14-034-0007	装够了没 爱华仕营销策划案	邱明斐　刘融荣 颜诗静　庄丹丹 邓雨轩	万　燕 黄　华	宜春学院文学与新闻传播学院
5	F01-17-004-0003	“玩”美主义	王梦妮　王佩蕙 胡　洵　曲贝佳 叶开成	钱　正	武汉理工大学文法学院
6	F04-20-005-0001	练就火眼金睛	刘坤龙　杨德平 都　寒　韩　琪 代媛媛	何德珍	桂林理工大学人文社会科学学院

表 18-7　　　第九届(2017)全国大学生广告艺术大赛广播类一等奖名单

序号	参赛编号	作品名称	作者姓名	指导教师	所属院校
1	E02-15-001-0002	平遥古城三部曲	付骄阳　胡子傲 张明宇	包　宇 张文祥	山东大学文学学院
2	E02-17-001-0005	你会不会跟我去平遥?	田佩雯　黄邹文姣 罗楚江	王　晔	武汉大学新闻与传播学院
3	E02-18-029-0003	梦游平遥	郭晓阳　胡　奇	陈　云	中南林业科技大学音乐学院
4	E05-06-006-0039	妈妈的唠叨	刘晨曦　谷昂赛 俞梦婕	李大为 于凤静	大连民族大学文法学院
5	E05-07-001-0273	口袋世界	程爱琪　胡琳彤 王洪慧	鞠惠冰 赵元蔚	吉林大学文学院
6	E05-10-032-0071	好男友	汪　静　吴若菡 王慧琳	唐丽雯	南京林业大学人文社会科学学院
7	E05-18-019-0024	爱华仕·能容方能从容	滕文琪　吴　惠 祁　钰	张国光	湖南师范大学新闻与传播学院
8	E07-16-033-0113	中国精神,伴你远行	蔚黛君　郭亚莉 戎国英	王　昉	南阳师范学院新闻与传播学院

(易文)

18.2　中国大学生计算机大赛

中国大学生计算机设计大赛是由教育部高等学校计算机类专业教学指导委员会、软件工程专业教学指导委员会、大学计算机课程教学指导委员会、文科计算机基础教学指导分委员会联合主办。2017 年(第 10 届)中国大学生计算机设计大赛共分 10 个组别,分别为软件应用与开发类、微课与教学辅助类、数字媒体设计类普通组、数字媒体设计类专业组、(数字媒体设计类)动漫游戏组、(数字媒体设计类)微电影组、(数字媒体设计类)中华民族文化组、软件服务外包类、计算机音乐创作类普通组、计算机音乐创作类专业组。共有2455件作品分获一、二、三等奖，其中一等奖作品168件。限于篇幅，此处列出一等奖获奖名单，如表18-8所示：

表18-8　2017年(第10届)中国大学生计算机设计大赛一等奖获奖名单

序号	大类	小类	作品编号	作品名称	参赛学校	作者	指导教师
1	计算机音乐(普通组)	视频音乐	34534	The Blooming Sea—基于体感交互的响应式音画互动装置	江南大学	李金颖 麦家燊 郝思正	昃跃峰 陆　菁
2	计算机音乐(普通组)	视频音乐	36027	翱翔	中国人民解放军海军航空大学	杜振恺 张博恒 徐　瑞	王丽娜 张　杰
3	计算机音乐(普通组)	原创歌曲	35841	梦，远方	浙江传媒学院	仪入元 孟晋羽	唐佳丽
4	计算机音乐(普通组)	原创歌曲	36075	错步	大连理工大学	黄逸歆 杨运美 王晓惠	姚翠莉 金　博
5	计算机音乐(普通组)	原创歌曲	36199	乌鸦	辽宁石油化工大学	高嘉仪 于钧宇 成永哲	金万成 王宇彤
6	计算机音乐(专业组)	视频音乐	36194	口无遮拦	中国传媒大学	盛聪尔	王　铉
7	计算机音乐(专业组)	视频音乐	36195	错音	浙江音乐学院	侯智鹏	段瑞雷 黄晓东
8	软件服务外包	大数据分析	32963	“析影”电影大数据分析系统	广东外语外贸大学	陈　戈 陈晓婷 方莹莹 方洁梅 周莹莹	蒋盛益
9	软件服务外包	大数据分析	34242	基于关键区域的良好驾驶技术挖掘与评价系统	重庆大学	李嘉敏 杨智凯 程小桂	曾令秋

续表

序号	大类	小类	作品编号	作品名称	参赛学校	作者	指导教师
10	软件服务外包	电子商务	32446	定制化虚拟样板间	中南财经政法大学	周　威 张慧玲 张怡天 戴玉昭 陈瑞祥	屈振新 杨　璠
11	软件服务外包	其他	32286	基于混合交通的最佳出行方案规划系统	湖南中医药大学	姜怀琛 匡康明 刘吉玉 李　敏 刘艳梅	刘　伟 梁　杨
12	软件服务外包	物联网应用	32243	武陵山片区物流服务管理平台	怀化学院	张泽旭 罗　超 朱凌轩 陈建杨	赵嫦花 姚敦红
13	软件服务外包	物联网应用	32293	基于物联网技术的智慧会展监管系统	华中师范大学	郭霄宇 张　昶 杜媛媛 徐雅静 曹　钦	杨　青 姚华雄
14	软件服务外包	物联网应用	36144	云叶自助打印终端机	中国人民大学	杨文清 宗巍阳 盛天阳 龙辉洋 胡玳豪	焦　敏 周小明
15	软件服务外包	移动终端应用	26590	阿姨来了	南通大学	赵英全 袁智丹 窦祖俊 彭超华 曹　燕	陈　翔 何金凤

续表

序号	大类	小类	作品编号	作品名称	参赛学校	作者	指导教师
16	软件服务外包	移动终端应用	29348	掌上签到应用开发	东南大学成贤学院	王揆豪 计俊康 洪鑫鑫	操凤萍 朱　林
17	软件服务外包	移动终端应用	32210	3D电子积木	华北理工大学	韩金铖 尹　豆 苏慧航	刘亚志
18	软件服务外包	移动终端应用	35580	走呗	成都大学	杨子皓 张馨月 杨馨茹	张修军 熊丽娟
19	软件应用与开发	Web应用与开发	26036	剪纸乐园	东南大学	吉轩帆 吴小宝 王　鑫	丁　彧 陈　伟
20	软件应用与开发	Web应用与开发	27026	聚合支付	大连东软信息学院	杨茜茹 朱文韬 赵　建	肖　飞 车艳茹
21	软件应用与开发	Web应用与开发	27349	方和公益网络健身平台	沈阳建筑大学	万　旬 安　迪 王世茹	任　义 张　晶
22	软件应用与开发	Web应用与开发	27448	网络安全态势感知与资产审计系统	江苏科技大学	董炳希 赵志强 狄新艺	张　静 王　艳
23	软件应用与开发	Web应用与开发	27937	面向移动智能设备的Web篮球战术板	沈阳工业大学	刘昕禹 周才人 王　琛	邵　中 牛连强
24	软件应用与开发	Web应用与开发	28425	基于HTML5的web钢琴	安徽科技学院	王振远 王慈成	赵　靖 葛　华
25	软件应用与开发	Web应用与开发	31356	天网——基于区块链技术的电子证照平台	中南财经政法大学	涂智潇 李紫薇 袁　钺	屈振新

续表

序号	大类	小类	作品编号	作品名称	参赛学校	作者	指导教师
26	软件应用与开发	Web 应用与开发	33569	基于数据挖掘的教学评价系统	北京科技大学	赵吉彤 武健宇 邵瑞航	武航星 屈 薇
27	软件应用与开发	Web 应用与开发	34522	基于机器学习的空气质量 PM2.5 分析与预测系统	上海开放大学	王 锐 刘磊廷	王 磊
28	软件应用与开发	Web 应用与开发	35312	i-acupuncture	解放军第二军医大学	姚乃心 罗怡平 张秉哲	郑 奋
29	软件应用与开发	Web 应用与开发	35329	“洞察”漏洞风险监测工具	重庆邮电大学移通学院	徐滔屿 方雯玲 谭成浩	张 炼 陈仲华
30	软件应用与开发	管理信息系统	29077	凌志图书管理系统	大连理工大学	吴世哲	姚翠莉 金 博
31	软件应用与开发	管理信息系统	29768	高校教师个人教学科研成果管理系统	武汉理工大学	张艳菲 吴 昊 赖红彬	江长斌 李 宁
32	软件应用与开发	管理信息系统	31489	ADam——基于深度学习的视频评价与智能决策系统	武汉大学	杨伊迪 朱思宇	江聪世 黄建忠
33	软件应用与开发	管理信息系统	33234	蜂鸟速递-智能无人机物流管理平台	江西师范大学	戴梦轩 张 艳 黎地忠	龚 俊
34	软件应用与开发	管理信息系统	34208	城市之眼	同济大学	梁海伦 韦 锦 崔 航	王睿智
35	软件应用与开发	物联网与智能设备	30077	基于物联网的沿海湿地环境监测系统	盐城工学院	高子仪 叶 阳 高建军	邵 星 王翠香

续表

序号	大类	小类	作品编号	作品名称	参赛学校	作者	指导教师
36	软件应用与开发	物联网与智能设备	32547	智慧大棚	江西理工大学应用科学学院	张　轩 陈谷洋 刘　洋	邓达平 邓小鸿
37	软件应用与开发	物联网与智能设备	32769	智能出行盲杖	长沙理工大学	邹颖权 张　峰 何健伟	熊　兵
38	软件应用与开发	物联网与智能设备	34894	智慧云安防	上海师范大学天华学院	许亚峰 卢懿凡 刘宇培	周丽婕 刘彩燕
39	软件应用与开发	物联网与智能设备	35037	基于物联网大数据应用的智能车位共享平台	上海师范大学天华学院	赵相崇 丁童心 姚睿宇	邱欣寅 许晓洁
40	软件应用与开发	物联网与智能设备	35212	可移动式智能垃圾箱	德州学院	丁帅营 张　帅 洪传奇	张俊亮 王丽丽
41	软件应用与开发	物联网与智能设备	35971	基于物联网的无人船控制系统	广州大学华软软件学院	赖俊委 岑佳潼	刘雪花
42	软件应用与开发	移动应用开发（非游戏类）	26041	纸飞机	东南大学	李朝华	陈　伟
43	软件应用与开发	移动应用开发（非游戏类）	26478	新疆中小学汉语课文辅助学习 APP	新疆师范大学	程大雷 赵　壮 沈瑞琳	任　鸽 杨　勇
44	软件应用与开发	移动应用开发（非游戏类）	26583	智慧安监	南通大学	曹凯博 茅家伟 顾　群	陈森博 何海棠
45	软件应用与开发	移动应用开发（非游戏类）	30114	抢车位	辽宁工业大学	宫雷雷 李　镭 任玉莹	褚治广 李　昕

续表

序号	大类	小类	作品编号	作品名称	参赛学校	作者	指导教师
46	软件应用与开发	移动应用开发（非游戏类）	33251	兼果壳——大学生快捷兼职平台	江西师范大学	熊　宽 杨雨鑫 熊　涛	彭雅丽
47	软件应用与开发	移动应用开发（非游戏类）	34263	馨家	重庆大学	张佳锐 户维波 张盛瑶	张　程
48	软件应用与开发	移动应用开发（非游戏类）	34536	煤矿虚拟开采系统	河南理工大学	李保锟 李建镖 张永杰	安葳鹏
49	软件应用与开发	移动应用开发（非游戏类）	34540	玩转工程制图	河南理工大学	陈柯瑶 李　春 程　璞	侯守明 魏　锋
50	软件应用与开发	移动应用开发（非游戏类）	35313	医院院内三维导航智能服务系统	解放军第二军医大学	鲁晋方 杨心月 陈业浩	郑　奋
51	软件应用与开发	移动应用开发（非游戏类）	35620	Weco课堂	深圳大学	曾志平 罗子健 骆晓鹏	涂相华
52	软件应用与开发	移动应用开发（非游戏类）	36067	基于物联网的仓库安全监测系统	西南民族大学	苏国庆 刘鑫宇 曾登苑	罗　洪 杜　诚
53	数媒设计动漫游戏组	动画	25797	失控	辽宁科技学院	刘春宇 王得懿 龚　旭	庄奎龙 顾吉胜
54	数媒设计动漫游戏组	动画	30184	谁来保护我——穿山甲	辽宁工业大学	葛仁闯 祝嘉辉 宫利曼	赵　鹏
55	数媒设计动漫游戏组	动画	31167	眼镜与狗	安徽师范大学	吴　鑫	孙　亮 单　峰

续表

序号	大类	小类	作品编号	作品名称	参赛学校	作者	指导教师
56	数媒设计动漫游戏组	动画	31457	人情鸟	中南民族大学	周镇康 李宇航 高志鹏	陈建强
57	数媒设计动漫游戏组	动画	33476	林中鸟	通化师范学院	袁　野 张思雨	李沚沭
58	数媒设计动漫游戏组	动画	34052	回家	宁波大学	项珍珍 杨　梅 李　蓉	邢　方
59	数媒设计动漫游戏组	动画	35273	共处	浙江传媒学院	江　毅 马春鑫	柳执一
60	数媒设计动漫游戏组	动画	35487	蛇·笛	西北大学	任呢喃	温　雅
61	数媒设计动漫游戏组	动画	35982	没有杀戮	广州大学华软软件学院	钟方揆 占金鑫 李锐杰	唐增城 梁志敢
62	数媒设计动漫游戏组	动画	36240	何处惹尘埃	厦门理工学院	胡木子 谢周豪 唐　鑫	杨　东 牛雪彪
63	数媒设计动漫游戏组	动漫衍生品	29160	白灵	武汉理工大学	李淼森 丛日玉 裴雪莹	周　艳
64	数媒设计动漫游戏组	数字漫画	28916	小女孩的噩梦	安徽大学江淮学院	杨树港 汪　洪 何佳慧	权歆昕 姚　瑶
65	数媒设计动漫游戏组	数字漫画	30404	同源共生	东北大学	赵芷莹 王凯雯 昌　进	霍　楷
66	数媒设计动漫游戏组	数字漫画	31521	“军犬”豆豆养成记	解放军电子工程学院	张敬惟 杨金辉	姜　越 朱灿伟

续表

序号	大类	小类	作品编号	作品名称	参赛学校	作者	指导教师
67	数媒设计动漫游戏组	游戏与交互	25570	喵喵咖啡厅	三峡大学	胡　帅 江婉千	王俊英
68	数媒设计动漫游戏组	游戏与交互	29284	盲人与狗：导盲犬	东北大学	吴嘉琪 谷祖安 崔子源	王英博
69	数媒设计动漫游戏组	游戏与交互	31111	环游历险之三心二意	湖北理工学院	余　意 李　琛	吕　璐 倪　波
70	数媒设计动漫游戏组	游戏与交互	32343	动物联萌	华侨大学	何嘉涛 张超阳 谢思宗	柳　欣
71	数媒设计普通组	产品设计	31631	AR 儿童日历	武汉体育学院	陈　苗 谢勐奥 杨丽媛	茅　洁 张　操
72	数媒设计普通组	交互媒体	33773	物种物语	云南警官学院	王诗颖 王惟瑜	郭红怡 殷启新
73	数媒设计普通组	交互媒体	34715	海豚小站	上海商学院	明　凤 仲静茹	刘富强 许洪云
74	数媒设计普通组	交互媒体	35623	一条导盲犬的使命	深圳大学	黄可欣 李杨贝贝	张永和
75	数媒设计普通组	数码摄影及照片后期处理	29256	替代品	东北大学	王　誉 肖　杨 刘家成	霍　楷
76	数媒设计普通组	数码摄影及照片后期处理	35525	守·望	成都医学院	张亚琴 李贯钊 雷仁国	杨　勇 任　伟
77	数媒设计普通组	图形图像设计	26066	和谐无价	南京农业大学	尚奇奇 靳宇航 薛冰琛	朱淑鑫
78	数媒设计普通组	图形图像设计	29498	生命·和谐	东北大学	蔺倾程 袁梓馨	霍　楷

续表

序号	大类	小类	作品编号	作品名称	参赛学校	作者	指导教师
79	数媒设计普通组	图形图像设计	33775	相知	周口师范学院	王小卉 李岩岩	张锦华
80	数媒设计普通组	图形图像设计	33919	童趣	中华女子学院	魏　玮 廖　缘	乔　希 李　岩
81	数媒设计普通组	图形图像设计	34658	祈祷	德州学院	辛　会 刘瑛瑛 路平平	王付山 董　卉
82	数媒设计普通组	图形图像设计	35884	无地自容	广东外语外贸大学	徐俊华 张钰茹	陈仕鸿
83	数媒设计微电影组	纪录片	28057	半壁门东	南京大学金陵学院	陈柳宏 李金枫	蒋晓艳
84	数媒设计微电影组	纪录片	28302	小院里的泥人王	沈阳师范大学	冯浩然 张　凡 倪荣成	国玉霞 王剑辉
85	数媒设计微电影组	纪录片	31473	旺嘟	中南民族大学	房　欣 潘雪晴 朱　勃 张九歌 唐　鹏	吴　涛
86	数媒设计微电影组	纪录片	31545	末艺	池州学院	朱洪星 杨　兆 何禹歆 曲林壮 汪丹蘋	刘贵梅 王国瑞
87	数媒设计微电影组	纪录片	33216	华言之韵——方言	吉林华桥外国语学院	王诗语 朱梦瑶 杨馥榕	王菲菲 梁　燕
88	数媒设计微电影组	纪录片	35135	记忆重庆	重庆大学城市科技学院	曾培鑫	邵文杰 王　丽

续表

序号	大类	小类	作品编号	作品名称	参赛学校	作者	指导教师
89	数媒设计微电影组	纪录片	35593	传承者	西北民族大学	王　阳 张一鸣 陆　毅 唐　发 巴桑旺堆	王　玉 唐仲娟
90	数媒设计微电影组	数字短片	26330	杆秤·匠心	华中科技大学	董方红 易若彤 赵金玉	胡　怡
91	数媒设计微电影组	数字短片	29889	捏合	南京邮电大学	陈苏伦 王　蓉 霍　蓓 吴宇灵 焦亦熙	卢　锋
92	数媒设计微电影组	数字短片	30174	绢丝重彩 盛唐遗风	辽宁工业大学	李可欣 岳　桐 宋　潍 吴星驰 叶红建	刘　耘
93	数媒设计微电影组	数字短片	30331	千年徽韵，魅力剪纸	合肥工业大学（宣城校区）	董昊东 任梦佳 容轩宇 王世可	黄明永 耿晓鹏
94	数媒设计微电影组	数字短片	31955	高山流水觅知音	华中师范大学	赵小雅 张媛媛 汪腾浪	赵肖雄
95	数媒设计微电影组	数字短片	34441	“香”见恨晚	北华大学	于　博 王振明 原嘉信 顾维彬 刘明良	刘　爽 王立国

续表

序号	大类	小类	作品编号	作品名称	参赛学校	作者	指导教师
96	数媒设计微电影组	微电影	26523	高山流水	华中科技大学	罗奕琛 梁俊雄 李奕辰 张海涛 余　乔	胡　怡
97	数媒设计微电影组	微电影	28461	明夕何夕	怀化学院	黄　敏 邹　丽 陈赛君 粟冰峰 曹　琼	卢友敏 姚劲松
98	数媒设计微电影组	微电影	31951	不忘初心	吉首大学	戴城乡 李　婕 向晓岚 苗　杰 欧阳沁怡	杨　波 麻明友
99	数媒设计微电影组	微电影	34339	等风来	福州外语外贸学院	张　勐 许　谋	庄立文
100	数媒设计微电影组	微电影	36242	松脂灯	厦门理工学院	叶星铄 苏雅文 申　鑫 孙文静 李　杰	刘景福 江　南
101	数媒设计中华民族文化组	动画	28443	戏说关东糖	湖北理工学院	耿志豪 亢艳丽 赵　芳	胡伶俐
102	数媒设计中华民族文化组	动画	29407	“琢湄映景”畅园建筑场景漫游	东北大学	尤瀚霆 肖天舒 徐鸿飞	霍　楷 李宇峰

续表

序号	大类	小类	作品编号	作品名称	参赛学校	作者	指导教师
103	数媒设计中华民族文化组	动画	31974	《髹》——楚漆器纹样在创意实验动画中的应用与研究	华中师范大学	李　智 管　凯 廖世聪	何　宇
104	数媒设计中华民族文化组	动画	34439	彩云之南 魅力村寨	云南财经大学中华职业学院	尹　榕 周　英 吴　肖	王　良 刘昶孜
105	数媒设计中华民族文化组	动画	35535	弘扬羌族文化——羌寨神话故事手游	成都信息工程大学	朱慧群 钟以琛 阎　欢	吴　琴 陈海宁
106	数媒设计中华民族文化组	交互媒体	28437	曾侯遗韵——曾侯乙墓青铜器三维虚拟展示系统	湖北理工学院	李念苒 张旭东	刘满中
107	数媒设计中华民族文化组	交互媒体	29545	数字博物馆	三江学院	韦　晨 李　旺 朱　成	周志奇 张惠莉
108	数媒设计中华民族文化组	交互媒体	31383	百越服志-金秀瑶服	北京服装学院	欧阳剑 何佳敏 徐　晶	熊红云 刘正东
109	数媒设计中华民族文化组	交互媒体	32359	基于VR的国家级非遗传承平台——以提线木偶为例	华侨大学	亓米雪 吴育淞 欧信飞	王华珍
110	数媒设计中华民族文化组	交互媒体	34727	衣韵	上海商学院	王文超 黄锋锋	徐继红 李智敏
111	数媒设计中华民族文化组	交互媒体	35315	梦醒时分——在那遥远的地方	解放军第二军医大学	陈文进 郭明明 吴昊远	郑　奋
112	数媒设计中华民族文化组	交互媒体	35617	风雨碉楼	深圳大学	张　智 林卓权 伍尚滔	曹晓明 田少煦

续表

序号	大类	小类	作品编号	作品名称	参赛学校	作者	指导教师
113	数媒设计中华民族文化组	图形图像设计	28922	时语之南柯一梦	安徽大学江淮学院	胡恩丽 王丫欢子 王雨晴	闻　佳 马小娅
114	数媒设计中华民族文化组	图形图像设计	28923	闽忆圆里土楼主题公园	安徽大学江淮学院	梁炬锋 郭雪婷 宛　鑫	吴向葵 权歆昕
115	数媒设计中华民族文化组	图形图像设计	29414	唐风华韵 盛世霓裳	东北大学	贾品第 吴佳怡 赵晨旭	霍　楷
116	数媒设计中华民族文化组	图形图像设计	33327	瓦影猫语	云南民族大学	包珂睿 杨王成 李秋蓉	蒲　羽
117	数媒设计中华民族文化组	图形图像设计	34943	中华大协奏	福建工程学院	田嘉文 邹　远 杨柳青	武志军 邱志荣
118	数媒设计中华民族文化组	图形图像设计	35621	潮汕知英	深圳大学	林涵青 赵怡然 丘传欣	余晓宝
119	数媒设计中华民族文化组	图形图像设计	35882	祥龙九子日用品设计	成都大学	王静贤	王婧劼
120	数媒设计专业组	产品设计	26264	室内人宠互动产品设计	沈阳工学院	王宪庆 刘好奇 吕荣平	于　皓 蔡学静
121	数媒设计专业组	产品设计	28065	光与影——天鹅空气加湿器	安徽大学	吴晶晶 李翔宇 马　洋	岳　山
122	数媒设计专业组	产品设计	35643	“触摸灵魂”濒危野生动物夜灯	西北工业大学明德学院	吕木知 葛义祯	冯　强 白　珍

续表

序号	大类	小类	作品编号	作品名称	参赛学校	作者	指导教师
123	数媒设计专业组	交互媒体	28673	万物居所	皖西学院	沈志辉 马洁莹 杨茂军	金 萍
124	数媒设计专业组	交互媒体	30166	和谐共生	辽宁工业大学	王靖宇 韦佳宏 郭彩云	杨 晨
125	数媒设计专业组	交互媒体	32336	VR 马戏团交互游戏	华侨大学	亓米雪 吴育淞 白武广	王华珍
126	数媒设计专业组	数码摄影及照片后期处理	28910	陪伴	安徽大学江淮学院	曹笑笑 黄海燕 顾 静	姚 瑶 许 婧
127	数媒设计专业组	数码摄影及照片后期处理	29300	万物生	东北大学	朱家莹 古德宏 李婉旖	霍 楷
128	数媒设计专业组	图形图像设计	26370	神奇动物在这里	沈阳城市建设学院	曲若诚 李佳育 王馨莹	杨越茗
129	数媒设计专业组	图形图像设计	26374	如影随形	沈阳城市建设学院	李 哲 陈丽奇 周佳林	陈禹竹 王 珏
130	数媒设计专业组	图形图像设计	27432	手的使命	沈阳建筑大学	张诗雯 高 琳 黄 莹	高 品 李 刚
131	数媒设计专业组	图形图像设计	29288	和谐	东北大学	陆展煊 崔曦文 许健垚	李宇峰
132	数媒设计专业组	图形图像设计	29453	赞歌	东北大学	罗章强 宁宇时 蔺倾程	霍 楷

续表

序号	大类	小类	作品编号	作品名称	参赛学校	作者	指导教师
133	数媒设计专业组	图形图像设计	29473	生命礼赞	东北大学	郭鹏飞 郃易萱 罗泺诗	霍 楷
134	数媒设计专业组	图形图像设计	29937	当我消失不见	武汉理工大学	方嘉声 王子为	郑杨硕
135	数媒设计专业组	图形图像设计	30156	大脸妹的奇幻之旅	辽宁工业大学	郭 泽 华婷婷	王小丽
136	数媒设计专业组	图形图像设计	30804	人与动物和谐相处-保护动物原创涂鸦插画	南京晓庄学院	范吴财禄	李 金 王 乐
137	数媒设计专业组	图形图像设计	35511	橘子和她的小黑猫-表情包	西北大学	唐成旭 汪子欣	温 雅
138	微课与教学辅助	汉语言文学	25916	《九日齐山登高》微课堂——古人的重阳节	辽宁师范大学	朱俊华 贾 楠 陈 虹	戴心来 刘 陶
139	微课与教学辅助	汉语言文学	33326	雁门太守行	武警后勤学院	张昊琛	杨依依 程 慧
140	微课与教学辅助	汉语言文学	33337	女书	北京体育大学	金 莹 李珈瑶	刘 正
141	微课与教学辅助	汉语言文学	33600	孔雀东南飞之赋比兴手法赏析	北京科技大学	雷玉婷 朱 炜 李 妍	屈 薇 李新宇
142	微课与教学辅助	汉语言文学	35608	趣学称谓	深圳大学	林丽燕 邵 欢 李嘉慈	程国雄
143	微课与教学辅助	汉语言文学	35618	羊续悬鱼	深圳大学	洪东虹 刘天伊	廖 红
144	微课与教学辅助	计算机基础与应用类	25597	数据结构中希尔排序的分析与应用	石河子大学	易佳昕 徐 祥	吴 琼

续表

序号	大类	小类	作品编号	作品名称	参赛学校	作者	指导教师
145	微课与教学辅助	计算机基础与应用类	27548	二进制及进制转换——“零一君”与“十朵花”的爱情故事	南京大学金陵学院	陈　越 房　楼	张沈梅 王　玲
146	微课与教学辅助	计算机基础与应用类	28238	人工智能中的深度增强学习	沈阳师范大学	陈明月 张佳鑫 周竞驰	邹丽娜 崔黎黎
147	微课与教学辅助	计算机基础与应用类	28401	JAVA 多线程的创建	江苏开放大学	周扬扬 刘　涵 夏威伟	赵书安
148	微课与教学辅助	计算机基础与应用类	31483	失而复得——U 盘文件误删恢复方法及原理	中南民族大学	尤志兵 田　野 樊世勋	万力勇 魏晓燕
149	微课与教学辅助	计算机基础与应用类	31906	《搞好关系三部曲》——关系数据库的三个范式	华中师范大学	辛若雯 张文霄 佘静雯	杨九民 杨　琳
150	微课与教学辅助	计算机基础与应用类	31907	小规则 大智慧——初探蚁群算法	华中师范大学	陈鑫奕 戴晨艳	杨　琳
151	微课与教学辅助	计算机基础与应用类	33591	聪明的小灯	北京科技大学	王蕾祺 樊　婧 卢思含	万亚东 李　莉
152	微课与教学辅助	计算机基础与应用类	33595	从分数背包学贪心算法	北京科技大学	李奥星 李晓翠 沈一佳	李新宇 黄晓璐
153	微课与教学辅助	计算机基础与应用类	34624	没那么难，也不简单——初识 C 语言指针	重庆三峡学院	蔡卿鹏 李鑫鑫	罗卫敏
154	微课与教学辅助	虚拟实验平台	25838	基于 Unity3D 的船用小型设备基础操作虚拟实验平台	大连海事大学	德　洋 苏立臣 盛昊天	朱　斌

续表

序号	大类	小类	作品编号	作品名称	参赛学校	作者	指导教师
155	微课与教学辅助	虚拟实验平台	26484	运动学虚拟实验平台	新疆师范大学	阿卜杜赛米·麦麦提 乌麦尔江·玉叁 马依尔·图尔迪	马致明
156	微课与教学辅助	虚拟实验平台	34517	喷油泵虚拟实验平台	北华大学	杜　欢 袁鑫群 贺增峰	庞钦存 孙　艳
157	微课与教学辅助	虚拟实验平台	35322	基于虚拟现实技术的人体解剖和手术实验平台	解放军第二军医大学	胡　星 严均益 孔维诗	郑　奋
158	微课与教学辅助	中小学数学及自然科学	26197	生命的历程——花与果	华中科技大学	刘燕宁 白　絮 曾紫薇	王朝霞
159	微课与教学辅助	中小学数学及自然科学	27138	奇妙的分形	辽宁师范大学	吴　婷 杨　月 燕郑男	刘　陶
160	微课与教学辅助	中小学数学及自然科学	28245	简单小型标本的制作	沈阳师范大学	尹岳琦 滕　扬 史贝尔	刘　冰 王连彦
161	微课与教学辅助	中小学数学及自然科学	28528	千以内数的认识	安庆师范大学	郭　霞	杜杉杉
162	微课与教学辅助	中小学数学及自然科学	29223	地球的地质作用	东北大学	江炜琳 潘香羽 汪思达	于瑞云 谢　青
163	微课与教学辅助	中小学数学及自然科学	29236	勾股定理	泰州学院	张力超 姚　宇 赵玉红	张学茂

续表

序号	大类	小类	作品编号	作品名称	参赛学校	作者	指导教师
164	微课与教学辅助	中小学数学及自然科学	29368	5分钟了解你的泌尿系统	徐州医科大学	李　翔 李巧利 刘正立	姜　嘉 王翔宇
165	微课与教学辅助	中小学数学及自然科学	31486	伤口的愈合	中南民族大学	许　梦 龚新琳 何姗珊	魏晓燕 万力勇
166	微课与教学辅助	中小学数学及自然科学	34473	chemjoy 学园	华东师范大学	关钰千 陈　宁 尹一冰	蒲　鹏 戴李君
167	微课与教学辅助	中小学数学及自然科学	35454	弧度制之圆心角、弧长、圆的半径三者之间的关系初探	西华师范大学	李王芳 罗佳倩 刘　丹	熊　华 谭代伦
168	微课与教学辅助	中小学数学及自然科学	35592	补体系统的溶菌作用	川北医学院	皮宇豪 徐忠云	刘正龙

（何志武）

18.3　中国大学生公共关系策划大赛

中国大学生公共关系策划创业大赛由中国国际公共关系协会主办。2017 年（第 6 届）大赛的主题为“创意、创新、创业——未来公关的想象”。最终评选出 2 个金奖，5 个银奖、8 个铜奖和 1 个全场大奖，如表 18-9 所示：

表 18-9　　**2017 年（第 6 届）中国大学生公共关系策划创业大赛获奖名单**

学校	团队名	案例名称	奖项
清华大学	KO 干部团	像素种籽年度品牌推广传播方案	全场大奖
浙江传媒学院	五花肉	“完美青年家”全球青年领袖实验室年度公关传播策划案	金奖

续表

学校	团队名	案例名称	奖项
厦门大学	M 工作室	Beautiful Now！绽放，就现在	金奖
中山大学	platane	L. E. A. F 计划	银奖
复旦大学	旦壳儿 STUDIO	“匠心在你每移瞬”广汽品牌形象推广全媒体策划案	银奖
中国人民大学	supersophomore	北京保研公益基金会年度公益策划	银奖
东华大学	松茸经纪人组	《京东菌，让扶贫鲜声夺人》	银奖
西南大学	视界	种籽之家，耕耘完美	银奖
海南大学	Atelier-布黎	海南省保亭贫困县——黎锦特色工艺品电商品牌塑造	铜奖
中国传媒大学	汶川良心	绽放她力量	铜奖
国际关系学院	胖达公关小姐	“广汽 En Route · 一点纯粹”城市纯色艺术季全媒体活动策划	铜奖
中山大学	MERCURY	“动无忧 · 爱无界”北京保研公益基金会年度公益策划	铜奖
东华大学	不能说的秘密	醇蜜轻活力	铜奖
中国人民大学	五可奉告组合	欧莱雅青年“可持续性消费理念”线上传播方案	铜奖
厦门大学	今日梦想家	想象力学企划	铜奖
天津师范大学津沽学院	港铁三角	盱眙小龙虾——“夜游侠”	铜奖

（何志武）

18.4 大学生广告艺术节学院奖

18.4.1 项目概述

中国大学生广告艺术节学院奖（以下简称“学院奖”）是目前国内唯一由国家工商总

局批准、中国广告协会主办、广告人文化集团承办、创意星球网全程执行的国家级权威广告专业奖项。学院奖每年分为春、秋两个赛季，号召全国各高校大学生为国内外知名企业进行命题式创意，为广告、市场营销、传播、艺术、设计、新媒体、动画等相关专业在校大学生打造专业的大学生创意赛事，在中国传播与广告相关专业院校、学生中间具有广泛的影响力。近年来，学院奖的品牌与影响力已经走出中国内地，创意作品不但频频受邀参加国际性的青年创业作品展，更有来自包括港、澳、台等地区及海外的院校参与比赛。

18.4.2　数读“学院奖”

“学院奖”始创于 1999 年，历经 18 年 15 届沿革，在全国各高等院校中深入人心，其影响已从高校延伸至广告行业，成为行业遴选人才，企业获取新鲜创意，品牌探索年轻化的重要途径。

截至 2017 年，第 15 届“学院奖”春秋两个赛季活动圆满落幕，“学院奖”赛事大数据显示，目前参赛院校已经覆盖全国 23 个省、4 个直辖市、4 个自治区、2 个特别行政区以及海外的共计 1240 多所高校的 2578 个院系，该年度共有超过 150 万名师生参赛，影响力触达近千万大学生。

2017 年，第 15 届学院奖春秋两个赛季，走进全国 30 多个城市，50 多所高校，举办了超过 60 场巡讲活动，携手近 40 个著名企业品牌，邀请百名广告行业大咖，与超过 5 万名学子面对面解析命题，分享创意。全年收获来自全国各高校参赛学生的近 40 万件创意作品，再次创下同类赛事中参赛作品数量的新高。

18.4.3　项目特色

中国大学生广告艺术节学院奖由启动仪式、高校巡讲、作品评选和颁奖盛典等几大活动组成，各项活动既独具特色，又串珠成链，共同构成了以学院奖为中心的系列学生创意与实践活动，各项活动将在全国高校中掀起一波又一波的狂潮，令学子们感受无穷的广告魅力。

1. 以赛代学，具有深远的教学意义

(1)丰富教学资源，升级教学体系

对于教学层面，学院奖的命题形式、优秀作品、传播内容都可成为优质的教学案例。特别是在传播学科的教学过程中，学院奖为学科教育提供了业内一线的资源与经验，通过一次赛事，能使企业、媒介深入校园，走进课堂，将优质的传播内容直观的展现在大学生面前，这种将行业资源转化为教学资源的形式有助于学科的优化与进步，而作为成功案例，大赛的优质内容可以直接转化为书本内容，有利于教学升级。

(2)所学落到实处，丰富实战经验

能够在不脱离课堂的情况下学习到课堂之外的一线行业知识，为学生提供了更大的课堂，并完成一个从学习到实践再到学习的环节，最终让学生在获得实际经济利益的同时学习到更有用的知识，为将来就业乃至创业打下基础。

2. 促进就业，具有积极的社会价值

“学院奖”顺应“大众创业、万众创新”的国家战略，利用赛事与校园有机集合将创意任务分配给创意群体，激发其创业热情，积极营造中国广告业中青年群体创新创意的社会氛围，促进创意和创业相融合。为众多有能力、有智慧、有创新精神的青年创业团队提供创业孵化阵地。

同时，学院奖还为获奖学生、优秀指导教师量身打造了“创意创客联盟”“实学讲堂”“金牌指导教师实训营”等活动，让参赛师生与广告大师级人物面对面学习交流，了解广告行业一线动态，学习创意技巧，聆听创意理念，走进顶级广告传媒公司，体验一流广告创意人、创意团队，积累经验，开阔眼界，受到了参与师生的一致好评。

18.4.4 赛事运营

1. 坚持全程免收作品参赛费的基本原则，努力优化赛程和赛事设计

中国广告协会成立专门赛事管理部门，通过互访、座谈、调研等方式，加强与社会化赛事组织机构和基层团组织的交流研讨，了解、借鉴他们的办赛经验和做法，结合协会实际工作和中国广告业发展的实际情况，反复推演、完善赛程、赛事活动安排及各种比赛事标准。

2. 加大各类资源整合力度，拓宽宣传渠道

为整合行业中小企业发展、创业人才培育政策，在奖项开展的过程中积极邀请各媒体、专业的社会化公司、互联网公司进行分工协作，保证赛事的有序进行。同时，各奖项分别以官方网站、官方微博、微信等形式设立自媒体传播平台，同时努力搭建起立体化的传播网络，邀请广大知名媒体如中央电视台、人民网、腾讯、今日头条等媒体，对赛事进行持续的推广和传播，形成了良好的社会认知度和口碑。

3. 组建公正权威的赛事评审机构

为确保评选出的作品具有典型性，经得起市场检验，协会针对不同奖项分别组建了专业化的评审团，由广告创意专家、市场营销专家、广告主、专业学者差异化构成，许多评委多次担任国内外创意类赛事的评审工作，并在业界有较高威望。

18.4.5 阶段性成果

1. 项目成果显著

针对全国大学生开展的中国大学生广告艺术节学院奖，每年可收到学生创意作品近40万件。以2017年度两个赛季为例，学院奖共收到来自40余家企业的赞助资金，共计向全国获奖的大学生发放奖金约200万元，向千位获奖师生发放了奖杯及获奖证书。

广告业是创意产业发展中不容忽视的一大行业，为整合行业发展、人才培育政策，邀请社会各界力量成为各项目的协办单位和承办单位；为搭建立体的宣传网络，除构建了赛事官方自媒体宣传平台外，还邀请电视、报刊、互联网等媒体机构对各项赛事进行持续报道(见表18-10)。

2. 项目操作规范

(1)项目选择公平性

各项赛事坚持公平、公正、公开的原则，严格标准，以质论奖。机构设置健全，确保大赛有序，公平、公正、公开进行。各项赛事设立统一领导小组，分别设立组委会、评审委员会、秘书处等。

(2)努力优化赛程和赛事设计

通过互访、座谈、调研等方式，加强与社会化赛事组织机构和基层团组织的交流研讨，了解、借鉴他们的办赛经验和做法，结合中国广告协会工作和行业发展实际，反复推演、完善赛程、赛事活动安排及各种比赛事标准。

(3)接受媒体监督、社会监督

各赛事通过赛事官方网站、官方微博和微信服务等方式持续披露奖项动态信息，并与社会公众进行沟通，发布相关赛事资讯及结果，同时通过电视、报刊、互联网等媒体的新闻传播，树立良好的赛事形象，开展生动活泼的赛事宣传活动。

表 18-10 **第15届学院奖(春季赛)获奖名单(金奖及全场大奖部分)**

获得奖项	作者学校	作者	指导老师	作品类别	作品名称	命题企业
全场大奖	青岛科技大学崂山校区	尹　彤　刘孝波 刘浩天　张　晋	陈福宝 葛　卉	微电影	“吃奶的劲儿”究竟有多大?	蒙牛-焕轻
策划全场大奖	湖南科技大学	林　焰　庄濛遥 杜徐丽　卿　静	郭娟	营销策划	恕我直言	碧生源
金奖	重庆邮电大学	闫柳含　张嘉忆	段妍坤	平面广告	我要瘦!	碧生源
金奖	泉州师范学院	黄廷毅　庞红玉 王婉虹　林　敏 郭梓仪	黄书娴	影视广告	享瘦生活	碧生源
金奖	长春师范大学	逯　瑶	申　琳	平面广告	出行的选择	布丁酒店
金奖	泉州师范学院	李海文　陈炎森 谢晓青　蔡雪玲 孟　影	彭锦逵	营销策划	布丁，刚刚好	布丁酒店
金奖	吉林大学珠海学院	赵常虹　刘佳武 沈　浩　聂立轩 温泽宇	王艺锦	影视广告	为大众设计的小众空间	布丁酒店
金奖	青岛科技大学崂山校区	张鑫如		广告文案	时间会说话	创意星球网
金奖	福建师范大学协和学院	陈瑞婷　林芳霖	彭　姝	平面广告	爱要及时说	创意星球网
金奖	黑龙江大学	雷雯雄　张嘉伟 马　娜　李　锐 宋衍初	崔德群	影视广告	通顺街盲道纪实	创意星球网
金奖	山西大学商务学院	张文婷　孙冰欢	张瑞颖	广告文案	心甘情愿被你指指点点	海滨消消乐
金奖	南昌大学	陈怡华		平面广告	痛饮海滨假日	海滨消消乐
金奖	华南师范大学	周慧欣　李　洁 杨　可　李旖彤	莫丹丹	影视广告	沉浸欢乐 消除烦恼	海滨消消乐
金奖	青岛科技大学崂山校区	唐　荣　马文倩 迟雪妮	胡　航	广告文案	浴血奋战	恒安七度空间
金奖	浙江理工大学科技与艺术学院	周旭依	于　洋	平面广告	汪禹治水篇、孟姜喵哭长城篇	恒安七度空间
金奖	池州学院	孟　曦　李　涛 胡兴彪	张媛媛	影视广告	小汪+小喵	恒安七度空间

续表

获得奖项	作者学校	作者	指导老师	作品类别	作品名称	命题企业
金奖	西安理工大学	惠宏斌	彭敏	平面广告	呵护	华润紫竹-毓婷
金奖	上海大学(宝山校区)	许凯豪　井宇娟　蔡天成	查灿长	营销策划	情书的名义——“毓婷”品牌校园推广策划案	华润紫竹-毓婷
金奖	河南理工大学	范琳林　张桃丽	李盛楠　张晓恰	影视广告	爱之交响曲	华润紫竹-毓婷
金奖	郑州工业应用技术学院	任晓娟	刘　林	产品/包装设计	宛若新生	京润珍珠
金奖	中央财经大学	栗　妍　谷正凯　卜　凡	宫丽颖	平面广告	珍珠姑娘熬夜面膜平面设计	京润珍珠
金奖	浙江传媒学院	边夏晴　刘晓妍　马梦琪　吕文雨　张曦允	蒋　辰	微电影	京润夜魔法	京润珍珠
金奖	中南林业科技大学	黄　凯	缪玉波　曹　阳	移动交互广告	小胖妞的熬夜日常	京润珍珠
金奖	浙江大学城市学院	章晨朱　牟晓凡　李志坚　王鑫鑫　金思琪	骆小欢	营销策划	白夜	京润珍珠
金奖	重庆大学	江岑晨		广告文案	女神感冒送快克，否则哪来小快克	快克药业
金奖	浙江师范大学	陶　佳　吴佳薇	李　然	平面广告	快克，让病菌也束手无策	快克药业
金奖	河南工业大学	王小长　卢菡清　明梦杰		设计类	小快克表情包及扩展品应用	快克药业
金奖	闽南师范大学	邱海冰　陈惠云　郑惠婷　王书伟	魏巧俐	影视广告	喊麦 快克姐	快克药业
金奖	连云港师范高等专科学校	杨天意	荆　翡	广告文案	一方之艺，大方之家	蒙娜丽莎瓷砖
金奖	西安工业大学北方信息工程学院	卢　宁	薛芙蓉	平面广告	就这么简单	蒙娜丽莎瓷砖
金奖	西安工业大学	张海星　张　咪	冯　琨　郑迎艳	影视广告	温馨之“家”	蒙娜丽莎瓷砖

续表

获得奖项	作者学校	作者	指导老师	作品类别	作品名称	命题企业
金奖	华东师范大学	陆妩敏		平面广告	牛奶没选对，身体自然不对	蒙牛-新养道
金奖	广东白云学院	郑小晶 林子沣	徐莉 项德娟	平面广告	此时不“贷”，更待何时	名校贷
金奖	江苏宿迁学院	冯振原 董夏峥 杨慧 戴琼	赖小萍	营销策划	蓄势“贷”发	名校贷
金奖	广东技术师范学院	林洁 林炯锋 邓悦东 姚伟芳 张培	赵志勇	影视广告	你离理想只差一个名校贷	名校贷
金奖	江汉大学文理学院	杨璐	刘菲菲 丁燕 肖瑾	平面广告	盼你	盼盼食品
金奖	长春工业大学	洪嘉楠 侯雅惠 于雪 高聪 陈敏霞 安琪	李宝林 刘爽 沈月娥	营销策划	童年味道	盼盼食品
金奖	中国传媒大学南广学院	罗佳宜 陈姝钰 郑丽婕	赵立立	影视广告	爱情只能独享，面包可以分享	盼盼食品
金奖	长春师范大学	逯瑶	申琳	平面广告	TA 本来想买一辆车	奇瑞汽车
金奖	长春师范大学	周雨欣 李露洋 李欣洋 徐婷婷 阮赵梁	申琳	营销策划	第一次	奇瑞汽车
金奖	北京交通大学	佟宛凇 刘树松	魏昀赟	影视广告	偷懒的总监	奇瑞汽车
金奖	福建农林大学东方学院	王依丹	刘馨灿	包装设计	趣味 RIO	锐澳鸡尾酒
金奖	广州大学	张锦源 朱村辉 楚晓杏	陈广英	平面广告	RIO-不	锐澳鸡尾酒
金奖	中央民族大学	金慧政 黄珊珊 吴桢妮 杨丽坤	沈虹	营销策划	不完美·刚刚好	锐澳鸡尾酒
金奖	重庆理工大学	吴奔 刘子瑜 刘亚楠	张锐	影视广告	RIO——我，就要酷	锐澳鸡尾酒

续表

获得奖项	作者学校	作者	指导老师	作品类别	作品名称	命题企业
金奖	云南师范大学	吴春桃	赵莹	平面广告	太阳雨——自然	太阳雨太阳能
金奖	华南师范大学	郑　玮　李　滢 叶炜钰　罗杨极	莫丹丹	影视广告	小黑云洗澡记	太阳雨太阳能
金奖	内蒙古师范大学	马　悦　冀娅华 王晓慧	门小勇	平面广告	我的青春正当红	王老吉
金奖	武汉纺织大学	汪金凤　刘　念 刘梓馨　吴　闯 孙　梦	熊　蕾 冯　易	营销策划	拯救爆炸的你——王老吉营销策划案	王老吉
金奖	浙江财经大学东方学院	汤哲菲　袁海茜 陈亚楠	胡　悦	广告文案	鲜啤四季	燕京啤酒
金奖	上海交通大学	夏源源	王　炜	平面广告	天鲜配	燕京啤酒
金奖	重庆人文科技学院	潘　昭　任泓霖 陈政瀚　孙　绫	罗　森	微电影	因梦不凡	燕京啤酒
金奖	四川农业大学	余　灯	徐一茗	包装设计	燕庄芝麻酱包装设计	燕庄油脂
金奖	浙江财经大学东方学院	邵恬恬	李　旦	广告文案	芝麻大的事儿	燕庄油脂
金奖	四川农业大学	程　翔	刘　颖	平面广告	燕庄芝麻油	燕庄油脂
金奖	河南大学	李姗姗　刘　迪 牛　琦　张　旭	王　轩	影视广告	进击的宿管老师	燕庄油脂
金奖	湖南文理学院	孔思辰　高盛辉 蒋　帆	苏　杰 熊跃珍	原创 IP 设计	“小赤郎”上烟 IP 形象	印赞
金奖	福建莆田学院	许　渊	韦锦城	平面广告	母亲的咳嗽	樱雪电器
金奖	长春师范大学	曹　婷	徐北春 申　琳	广告文案	做有价值的“二货”	转转
金奖	广州大学华软软件学院	林力为　陈伟森	辛志亮	漫画设计	转转三国	转转
金奖	内蒙古科技大学	闫凯丽	刘　薇	平面广告	转转 激发“它”尘封多年的小宇宙	转转
金奖	浙江工业大学	汪飞帆　张若禺 梁颖霞		影视广告	玩“赚”青春	转转

表 18-11　**第 15 届学院奖(秋季赛)获奖名单(金奖及全场大奖部分**

第 15 届学院奖(秋季赛)部分获奖名单

获得奖项	作者学校	作者	指导老师	作品类别	作品名称	命题企业
全场大奖	青岛科技大学崂山校区	郑紫薇	胡　航	广告文案	原来是这样的海洋	上海海昌海洋公园
策划全场大奖	泉州师范学院	赵梓慧　王　森　倪　雯　周子涵　王欣雅	彭锦逵	营销策划	亲爱的“妖精”	修正药业
金奖	吉林工商学院	陈　晗	闫月珏	广告文案	只护肤，不打脸	百雀羚
金奖	四川农业大学	曾　悦	刘　颖	影视广告	等	百雀羚
金奖	北京师范大学珠海分校	黄琪月　李家玲　林道韵	范雪兰	平面广告	去乌美白，蜍晦存清	百雀羚
金奖	中国传媒大学南广学院	陈昱涵　杨　凯　荣敏行　洪光磊　郭　威	张晓丽	公益类	我不是你的影子	观池影业
金奖	成都艺术职业学院	贾艾灵　简梦瑶	彭　缔	平面广告	陪伴与守护	恒安七度空间
金奖	青岛滨海学院	袁凤仪	公　静　范雪峰	营销策划	亲爱的铲屎官	恒安七度空间
金奖	浙江大学城市学院	高茹忆　王楠楠		影视广告	有品位	恒安七度空间
金奖	广东轻工职业技术学院	梁泽基　陈康帅　王　斯	陈　蓓	H5 移动交互	快乐一触即发	吉人乐妆
金奖	天津电子信息职业技术学院	孙弘哲　闫　伟　石金叶	丰　勇	影视广告	撕享家公司	吉人乐妆
金奖	长春师范大学	姚俊严	申　琳	广告文案	吉人乐妆，撕享家	吉人乐妆
金奖	江西应用科技学院	张立婷　孙青霞　谢玉贤	温郭英	平面广告	拒绝“标签”	吉人乐妆
金奖	四川音乐学院	陈　旭　陈璟莹　杨芷菡　代含宇　周　也	姚　恒	影视广告	舒尔佳 放心吃	鲁南制药-舒尔佳
金奖	安徽财经大学	刘　陆　陶梦雅　王佩佩　许　敏	冯雅颖	营销策划	减肥难？JUST SO(瘦)SO(瘦)	鲁南制药-舒尔佳
金奖	宜宾学院	白明皓　袁　雪　孔　洁	周　萌	平面广告	为你拦截多余的 30%	鲁南制药-舒尔佳
金奖	宁波大学	郭宇阳　杭金磊	关　鹏	平面广告	年轻，放开闯！	奇瑞汽车

续表

获得奖项	作者学校	作者	指导老师	作品类别	作品名称	命题企业
金奖	浙江传媒学院	梁启航　谢梦瑶 李遇见　赖诗雨 黄琪雅	方　腾	营销策划	拯救“不玩美”	奇瑞汽车
金奖	广西大学，广西师范学院	文青雨　郑传莉 甘海璇　刘征艺 莫寒琳	黄楚飞	影视广告	完美选择	奇瑞汽车
金奖	内蒙古民族大学	王　檬	李　哲	平面广告	梦趣	上海海昌海洋公园
金奖	长春师范大学	郝梦莹　张　超	申　琳	微电影	去梦开始的地方	上海海昌海洋公园
金奖	重庆交通大学	冯淑贞　徐琴琴	陈　倩	平面广告	点点退你	丝路贵人
金奖	连云港师范高等专科学校	杨天意	荆　翡 周燕弟	广告文案	用今天的消费，买下明天的欢喜	丝路贵人
金奖	四川农业大学	周盈印　尹　雪 王　惟　强久拉姆	陈辛灵	营销策划	每个人心里都住着一个妖怪	腾讯新闻
金奖	武汉华夏理工学院	姜漪雯　刘　洁 占雨婷　王亚豪 刘　洋	吴杨婷 侯国栋 苏浩男	短视频	同志与艾共生二十余载	腾讯新闻
金奖	南昌大学	刘　敏　秦绍强 黄雨婷　潘桌玲 欧阳珊珊	刘西平	影视广告	扶我起来，我还能再摆 500 个 pose	修正药业

（袁　健）

第19章　科学研究

19.1　新闻传播学类国家社科基金项目立项课题的统计分析(1991—2017)①

国家社会科学基金(The National Social Science Fund of China，简称国家社科基金)项目是当前中国哲学社会科学领域最高级别的研究项目，对于哲学社会科学的发展具有重要的导向作用。该基金设立于1991年，是国家支持哲学社会科学基础研究的重要方式，在国家社科基金资助下出版的各类成果也代表着中国哲学社会科学研究的水平和方向。通过对国家社科基金资助项目的量化分析，可以看出国家对学科建设的基本导向，有助于弄清楚学术研究的现状、方向、热点和问题，进而为学术研究和学科发展提供相应的参考。新闻传播学是应用性较强的学科，近年来学科布局不断完善，人才队伍逐渐增加，国家社科基金项目的资助数量和力度随之提升，分析该学科国家社科基金立项状况，将有助于更清楚地认识该学科的学术研究状况。

19.1.1　数据来源与研究方法

本章数据来源于国家社科基金网站项目数据库②，主要研究对象为国家社科基金重大项目、重点项目、一般项目、青年项目、西部项目(2004年设立)、后期资助项目(2004年设立)、中华文化外译项目(2010年设立)、其他项目(包括委托项目以及国家社科基金项目成果文库等)。其中，2004年设立的西部项目主要目的在于促进西部地区学术发展，涉及的区域仅为西部的13个省、自治区、直辖市，后来扩展到中部少数民

① 本章为中南民族大学中央高校基本科研业务费专项资金资助项目“中国媒介经营史”创新团队的阶段性成果。

② 国家社科基金项目数据库：http：//fz.people.com.cn/skygb/sk/index.php/Index/index。

族地区(如恩施土家族苗族自治州)。本章研究样本为1991—2017年国家社科基金数据库中新闻传播学类项目，不包含重大项目的子课题。借助Excel表格，对27年来该学科所有国家社科基金资助项目进行统计分析，以便全面地考察该学科研究的现状、热点和规律。有以下几点需要说明：一是本章主要针对新闻传播学学科项目做了统计，新闻传播学学者获得的其他学科国家社科基金项目并没有纳入本次的统计范围。二是由于部分国家社科基金重大项目的学科归属不明确，属于交叉项目，其主持人长期从事新闻传播学研究，在此次研究中将其归为新闻传播类项目。三是本章在确定国家社科基金项目主持人所属机构的时候，只精确到学校，没有具体到所属学院，这样，如果出现其他学科的学者获得新闻传播类的项目，也会纳入该校的项目总数。

19. 1. 2　立项情况的描述性分析

1991—2017年，全国共批准了各类国家社科基金项目58192项，其中新闻传播类1518项，占全国总量的2. 61%。从1991年起，中国新闻传播类国家社科基金项目立项数量呈稳步增长的态势。

1. 立项项目数量统计

1991—2017年，新闻传播类国家项目年均立项56. 22项。1991年，国家社科基金刚刚设立，新闻传播学立项数量较少，只有3项；1997年，全国新闻传播学学科立项8个，占全国项目总数的1. 30%；2017年，全国新闻传播学学科共有192项国家社科基金项目获得立项资助，比1991年增长了63倍，占全国立项项目总数的3. 31%。由此可见，随着新闻传播学学科的成熟，其研究队伍不断壮大，国家社科基金的资助数量和资助力度大幅度上升。从表19-1和图19-1可以看出，新闻传播类国家社科基金项目立项数量较多，从1991年到2017年，年均增幅为17. 35%。其原因主要有两个方面：一是国家对于哲学社会科学研究的资助力度不断加大。二是新闻传播学学科队伍不断壮大，影响力不断提升，需要更多的项目和资金以支持学术研究的开展。

20世纪末，在全国各学科中，新闻传播学的学科规模相对较小，其师资队伍人数有限，国家社科基金项目的资助力度和覆盖面比较小。21世纪后，各类新媒体不断涌现，传媒的社会影响力越来越大，新闻传播学学科办学规模不断扩大，科研实力逐渐增强，国家社科基金项目的资助力度也呈大幅度提升。尤其是2011年之后，该学科国家社科基金项目每年立项超过100项，已经形成较为稳定的资助体系。不过，与应用经济、中国文学、法学和哲学等学科相比，新闻传播学类国家社科基金项目数量还存在较大的差距。在历年国家社科基金立项的26个学科中，应用经济、中国文学和法学排在前三甲，其立项总数分别为5742项、4583项和4398项，年均立项数分别为212.67项、169.74项和162.89项，在国家社科基金资助的所有26个学科中排名第14位，参见表19-2。

表19-1 **历年国家社科基金新闻传播学立项课题数量统计表**

年份	数量(项)	增长率(%)	年份	数量(项)	增长率(%)
1991	3	—	2005	28	7.69
1992	10	233.33	2006	41	46.43
1993	5	-50.00	2007	50	21.95
1994	5	0.00	2008	50	0
1995	2	-60.00	2009	61	22.00
1996	19	850.00	2010	89	45.90
1997	8	-57.89	2011	110	23.60
1998	9	12.50	2012	117	6.36
1999	10	11.11	2013	132	12.82
2000	14	40.00	2014	159	20.45
2001	14	0	2015	160	0.63
2002	18	28.57	2016	166	3.75
2003	20	11.11	2017	192	15.66
2004	26	30.00			

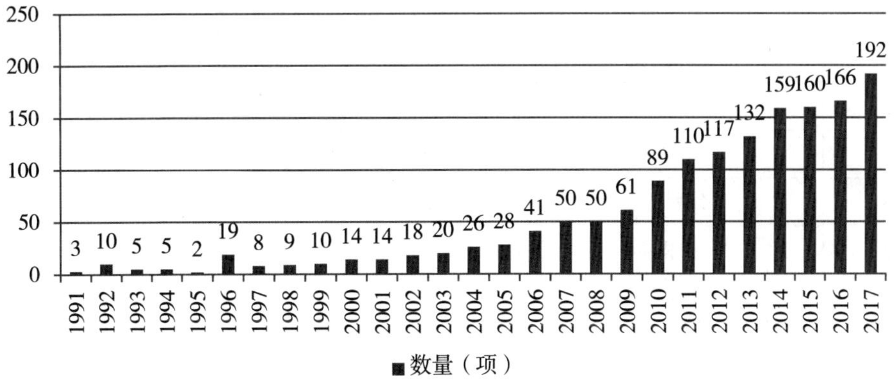

图19-1 历年新闻传播类国家社科基金项目数量变化趋势(1991—2017)

表 19-2　　　　国家社科基金各学科立项总数量统计(1991—2017)

序号	学科	立项数量(项)	所占比例(%)	年均立项数量(项)
1	应用经济	5742	9.87	212.67
2	中国文学	4583	7.88	169.74
3	法学	4398	7.56	162.89
4	哲学	3898	6.70	144.37
5	语言学	3604	6.19	133.48
6	中国历史	3549	6.10	131.44
7	理论经济	3357	5.77	124.33
8	社会学	3208	5.51	118.81
9	民族问题研究	3002	5.16	111.19
10	管理学	2909	5.00	107.74
11	马列·社科	2743	4.71	101.59
12	政治学	2180	3.75	80.74
13	图书馆、情报与文献学	1680	2.89	62.22
14	新闻传播学	1518	2.61	56.22
15	国际问题研究	1512	2.60	56.00
16	教育学	1501	2.58	55.59
17	体育学	1481	2.55	54.85
18	党史党建	1424	2.45	52.74
19	外国文学	1407	2.42	52.11
20	宗教学	1270	2.18	47.04
21	世界历史	1038	1.78	38.44
22	人口学	703	1.21	26.04
23	考古学	654	1.12	24.22
24	统计学	651	1.12	24.11
25	艺术学	129	0.22	—
26	军事学	63	0.11	—

从项目类别来看，27年来，一般项目的立项数量最多，达到779项，占新闻传播类国家社科基金项目总数的51.32%；其次为青年项目，共有428项，占立项总数的

28.20%。两者合计1207项，占立项总数的79.51%。其余的依次为重点项目、西部项目、后期资助项目、重大项目、中华学术外译项目、其他项目(委托项目、国家社科基金文库)等，合计311项，占立项总数的20.49%(见表19-3和图19-2)。

表19-3 **各类项目所占的比重(1991—2017)**

项目类别	数量(项)	占比(%)
一般项目	779	51.32
青年项目	428	28.19
重点项目	104	6.85
西部项目	85	5.60
后期资助项目	55	3.62
重大项目	54	3.56
中华学术外译项目	7	0.46
其他项目	6	0.40

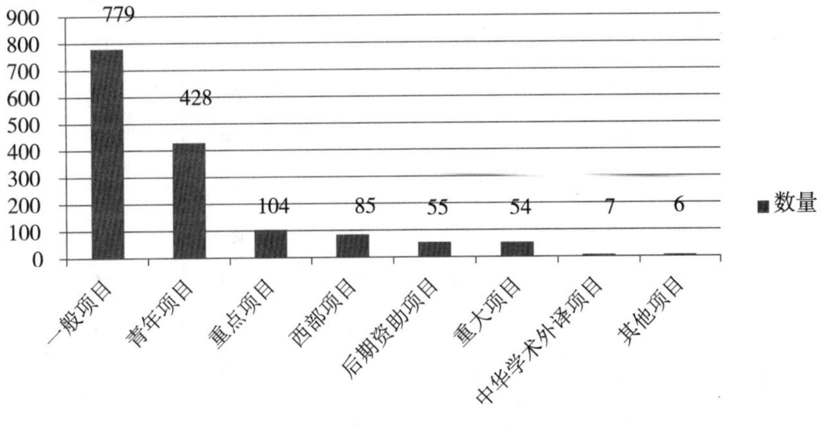

图19-2 项目类别分布图

2. 立项区域分布

从区域分布来看，27年来，北京、上海、江苏、湖北等省、直辖市立项项目总数均超过100项，合计714项，占立项总数的47.04%，属于第一梯队，相关数据参见表 19-4；广东、四川、浙江、湖南、重庆、河南、陕西、江西、新疆等省、自治区、直辖市的立项数量在 40~99 项之间，合计 504 项，占立项总数的 33.20%，属于第二梯队；福建、安徽、云南、广西、山东、河北、甘肃、黑龙江、天津、辽宁、内蒙古、贵州、吉林等省、自治区、直辖市的立项数量在 10~39 项之间，合计 275 项，占立项总数的 18.12%，属于第三梯队；西藏、宁夏、山西、青海、海南等省、自治区的立项数量在 1~9 项之间，合计 25 项，占立项总数的 1.65%，属于第四梯队。由此可见，新闻传播学类国家社科基金项目的区域分布存在明显的不平衡特征。全国高校比较多的区域、新闻院系办学水平较高的区域所获得的资助较多，而西藏、宁夏、山西、青海、海南等西部地区或者新闻院系数量较少的地区，所获得的资助较少。从图 19-3 可以看出，各个区域新闻传播类国家社科基金项目立项数量存在明显的区域聚集情况。

表 19-4　**国家社科基金新闻传播学立项课题区域分布统计表**

序号	地区	项目数(项)	占比(%)	序号	地区	项目数(项)	占比(%)
1	北京	350	23.06	17	广西	26	1.71
2	上海	146	9.62	18	山东	20	1.32
3	江苏	113	7.44	19	河北	19	1.25
4	湖北	105	6.92	20	甘肃	18	1.19
5	广东	87	5.73	21	黑龙江	18	1.19
6	四川	64	4.22	22	天津	17	1.12
7	浙江	61	4.02	23	辽宁	16	1.05
8	湖南	58	3.82	24	内蒙古	16	1.05
9	重庆	54	3.56	25	贵州	15	0.99
10	河南	50	3.29	26	吉林	13	0.86
11	陕西	45	2.96	27	西藏	9	0.59
12	江西	43	2.83	28	宁夏	5	0.33
13	新疆	42	2.77	29	山西	5	0.33
14	福建	37	2.44	30	青海	4	0.26
15	安徽	33	2.17	31	海南	2	0.13
16	云南	27	1.78				

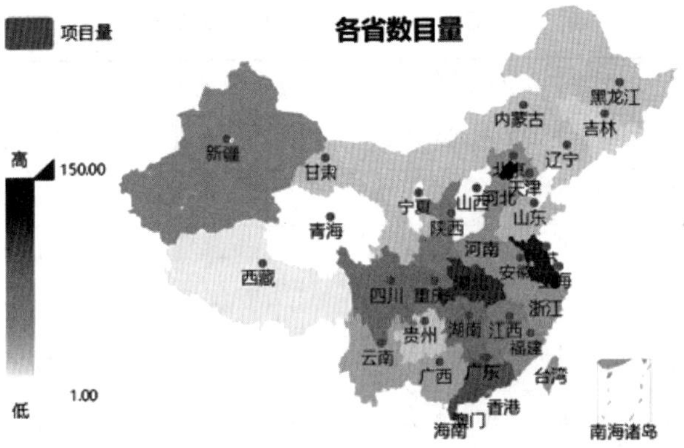

图 19-3　国家社科基金新闻传播学立项课题区域分布图

3. 立项单位及其隶属系统

从立项单位来看，新闻传播类国家社科基金项目承担单位的分布较广，全国共有324个单位承担过国家社科基金项目，其中，有273所高校获得过新闻传播类国家社科基金项目。目前，全国681所高校开设了1244个新闻传播类本科专业点。① 在开设新闻传播类专业的高校中，有40.09%的高校承担了新闻传播类国家社科基金项目。通过表19-5可以看出，主持20项以上新闻传播类国家社科基金项目的单位有15家，分别为中国传媒大学、中国人民大学、南京大学、复旦大学、武汉大学、中国社会科学院、华中科技大学、暨南大学、上海交通大学、南京师范大学、清华大学、四川大学、浙江大学、南昌大学、郑州大学等。主持10项以上的单位共有40家。其中，中国传媒大学以其整体优势位居第一，共主持57项；中国人民大学排名第二，共有43项；南京大学、复旦大学和武汉大学分列3~5名，分别主持38、36、29项。立项超过4项的单位总共有115家，占立项单位总数的35.49%。

新闻传播类国家社科基金项目的研究主体相对较为集中，高校为主力军，一共主持1343项，占总数的88.47%；中国社科院和各省市社科院共主持66项，占总数的4.35%；机关、党校主持58项，占总数的3.82%；媒体机构主持43项，占2.83%；其余有8项，占0.53%(见表19-6)。在高校系统中，35所985高校主持437个项目，21所985平台高校主持148个项目，217所非985高校拿到758个项目。

---

① 2017年12月10日，教育部高等学校新闻传播学类专业教学指导委员会第九次全体会议暨国务院学位委员会新闻传播学学科评议组工作会议在清华大学召开，胡正荣教授在工作报告上透露，全国有681所大学开设了1244个本科专业点，在校教师有7000人。

表 19-5　**立项数超过 4 项的单位一览表**

单位	数量	排名	单位	数量	排名	单位	数量	排名
中国传媒大学	57	1	江西师范大学	10	38	华侨大学	5	75
中国人民大学	43	2	北京师范大学	9	41	吉林大学	5	75
南京大学	38	3	华南理工大学	9	41	吉首大学	5	75
复旦大学	36	4	苏州大学	9	41	江西财经大学	5	75
武汉大学	29	5	天津师范大学	9	41	首都经济贸易大学	5	75
中国社会科学院	28	6	云南师范大学	9	41	西北师范大学	5	75
华中科技大学	27	7	北京工商大学	8	46	西南大学	5	75
暨南大学	27	7	对外经贸大学	8	46	湘潭大学	5	75
上海交通大学	26	9	广西大学	8	46	扬州大学	5	75
南京师范大学	24	10	贵州民族大学	8	46	中国科学技术大学	5	75
清华大学	24	10	山东大学	8	46	中国政法大学	5	75
四川大学	24	10	西藏民族学院	8	46	中南大学	5	75
浙江大学	22	13	云南大学	8	46	中央民族大学	5	75
南昌大学	20	14	中南民族大学	8	46	中国劳动关系学院	5	75
郑州大学	20	14	中山大学	8	46	中国国际广播电台	5	75
厦门大学	19	16	重庆大学	8	46	中国中央电视台	5	75
安徽大学	18	17	北京外国语大学	7	56	北京邮电大学	4	95
华东师范大学	17	18	大连理工大学	7	56	东华大学	4	95
新疆大学	17	18	广东外语外贸大学	7	56	广西师范大学	4	95
新华社	17	18	上海外国语大学	7	56	河南财经政法大学	4	95
湖南师范大学	16	21	新疆财经大学	7	56	衡阳师范学院	4	95
西南政法大学	16	21	中南财经政法大学	7	56	昆明理工大学	4	95
国家新闻出版总署	16	21	北京交通大学	6	62	山西大学	4	95
河北大学	14	24	东北师范大学	6	62	上海理工大学	4	95
深圳大学	14	24	福建师范大学	6	62	上海政法学院	4	95
上海社会科学院	14	24	哈尔滨工业大学	6	62	四川师范大学	4	95
河南大学	13	27	湖北大学	6	62	四川外语学院	4	95
西北大学	13	27	兰州大学	6	62	塔里木大学	4	95

续表

单位	数量	排名	单位	数量	排名	单位	数量	排名
浙江传媒学院	13	27	南京财经大学	6	62	同济大学	4	95
北京大学	13	27	南开大学	6	62	西北政法大学	4	95
四川省社会科学院	12	31	上海财经大学	6	62	西南科技大学	4	95
华中师范大学	11	32	石河子大学	6	62	浙江工业大学	4	95
内蒙古大学	11	32	西安交通大学	6	62	浙江理工大学	4	95
陕西师范大学	11	32	西南民族大学	6	62	中央财经大学	4	95
上海大学	11	32	安徽省社会科学院	6	62	中国青年政治学院	4	95
人民日报社	11	32	电子科技大学	5	75	国家广播电影电视总局	4	95
国防大学政治学院	11	32	黑龙江大学	5	75	中国外文局	4	95
北京印刷学院	10	38	华东政法大学	5	75			
湖南大学	10	38	华南师范大学	5	75			

表 19-6　　**新闻传播类国家社科基金项目隶属系统统计表**

隶属系统	项目数	占比
高校	1343	88. 47
社科院	66	4. 35
机关/党校	58	3. 82
媒体	43	2. 83
其他	8	0. 53

4. 项目负责人情况

1991—2017 年，共有 1325 名研究者主持过新闻传播类国家社科基金项目。有 5 名研究者曾经主持 4 项新闻传播类国家社科基金项目，占总人数的 0. 38%，项目负责人分别为丁柏铨、张举玺、张昆、李希光和陈培爱。有 29 名研究者曾主持过 3 项新闻传播类国家社科基金项目，占总人数的 2. 19%，项目负责人分别为钟瑛、王天根、陈龙、张国良、杜骏飞、董广安、郭可、韩丛耀、胡正荣、匡文波、刘军、童兵、姚德权、张志强、赵化勇、赵振祥、朱国圣、阿斯买・尼亚孜、陈堂发、陈信凌、孟建、隋岩、方晓红、郭小平、蒋建国、蒋晓丽、支庭荣、倪延年和欧阳宏生（见表 19-7）。这些学者在相对稳定的领域里持续耕耘，取得了较为丰硕的研究成果。有 118 名研究者曾经主持过 2 项新闻传播类国家社科基金项目，有 1172 名研究者曾经主持过 1 项新闻传播类国家社科基金项目。上述表明，新闻传播类国家社科基金项目负责人的分布比较分散。如果按照全国有 7000 名新闻传播类教师来计算，该学科有 18.93%的教师曾经主持过新闻传播类国家社科基金项目。

从项目负责人的职称分布来看，教授和副教授是国家社科基金项目的研究主力，前者承担了 618 项，占 40.71%，后者承担了 582 项，占 38.34%；中级职称研究人员承担了 311 项，占 20.49%；初级职称及其他合计承担了 7 项，占 0.46%。由此可见，高级职称研究者是新闻传播类国家社科基金项目研究的主力军，两者合计占了 79.05%的比例(见表 19-8 和图 19-4)。近年来，大批青年博士入职高校与科研机构，极大地提升了科研队伍的研究活力，中级职称研究人员成为新闻传播类国家社科基金项目研究的新生力量。

表 19-7　**主持 3 项以上课题负责人情况**

序号	姓名	主持次数	年份	主持人单位	序号	姓名	主持次数	年份	主持人单位
1	丁柏铨	4	2001 2005 2011 2016	南京大学	5	陈培爱	4	1994 2006 2010 2013	厦门大学
2	张举玺	4	2008 2011 2015 2017	河南大学 郑州大学	6	钟　瑛	3	2006 2007 2013	华中科技大学
3	张　昆	4	1996 2001 2006 2011	武汉大学 华中科技大学	7	陈　龙	3	1998 2005 2012	苏州大学 苏州大学 苏州大学
4	李希光	4	2004 2007 2008 2014	清华大学 西南政法大学	8	王天根	3	2013 2013 2015	安徽大学

续表

序号	姓名	主持次数	年份	主持人单位	序号	姓名	主持次数	年份	主持人单位
9	董广安	3	1997 2005 2014	郑州大学	19	赵振祥	3	2011 2014 2017	厦门大学 厦门理工学院
10	郭　可	3	2006 2014 2014	上海外国语大学	20	朱国圣	3	2004 2006 2010	新华通讯社
11	韩丛耀	3	2007 2011 2014	南京大学	21	阿斯买·尼亚孜	3	2002 2006 2011	新疆大学
12	胡正荣	3	1996 2002 2012	中国传媒大学	22	陈堂发	3	2006 2012 2015	南京大学
13	匡文波	3	2002 2005 2011	中国人民大学	23	陈信凌	3	2004 2012 2015	南昌大学
14	刘　军	3	2006 2009 2014	对外经济贸易大学	24	杜骏飞	3	2005 2011 2011	南京大学
15	童　兵	3	1993 2008 2012	中国人民大学 复旦大学	25	方晓红	3	1999 2003 2013	南京师范大学
16	姚德权	3	2003 2010 2017	湖南大学	26	郭小平	3	2008 2011 2017	华中科技大学
17	张志强	3	1996 1999 2002	南京大学	27	蒋晓丽	3	2008 2008 2015	四川大学
18	赵化勇	3	2000 2004 2008	中国中央电视台	28	孟　建	3	1998 2009 2011	南京大学 复旦大学

续表

序号	姓名	主持次数	年份	主持人单位	序号	姓名	主持次数	年份	主持人单位
29	倪延年	3	2007 2013 2013	南京师范大学	32	蒋建国	3	2008 2013 2016	暨南大学 华南理工大学
30	欧阳宏生	3	2007 2013 2017	四川大学 成都学院	33	支庭荣	3	2004 2009 2015	暨南大学 陕西师范大学 暨南大学
31	隋　岩	3	2014 2015 2015	中国传媒大学	34	张国良	3	1996 2009 2014	复旦大学 上海交通大学 上海交通大学

表 19-8　　**项目负责人职称分布**

职称	数量(人)	占比(%)
初级	2	0. 13
中级	311	20. 65
副高级	582	38. 91
正高级	618	39. 97
其他	5	0. 33

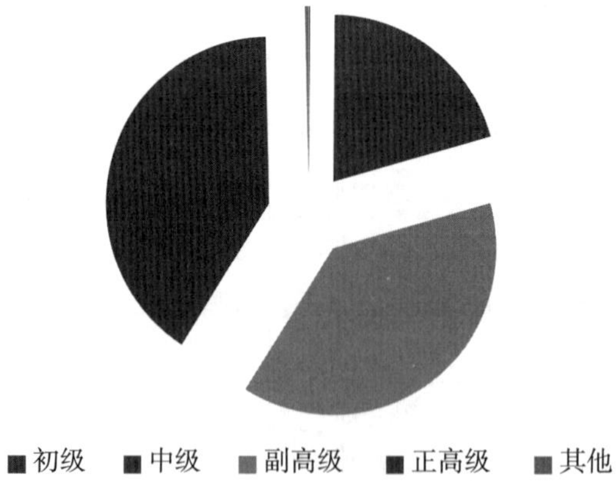

图 19-4　项目负责人职称分布图

5. 项目的主题内容

(1)学科方向分布

从项目所属的学科方向来讲，传播学及其相关研究占据较多的学术资源，共有982项，占新闻传播类国家项目的64.69%；新闻学共有248项，占16.34%；广播电视方向有129项，占8.50%；广告学有56项，占3.69%；出版发行方向有103项，占6.79%，参见表19-9；从中可以看出，新闻传播类国家社科基金项目的学科方向分布呈现出如下特点：

一是传播学方向的研究受到重视，学术界对于该学科方向投入较多研究力量。该方向具有较大的包容性，容易与其他学科交叉融合，拓展新闻传播学研究的领域，使学科显得更有活力，为学科的发展壮大提供了强大的动力。当然，从立项课题也可以看出，该学科的项目显得比较分散，主题不集中，学科基础理论建设还很不够。今后需要更加重视学科基础理论的研究，而不是一味地扩大领地。如果学科本身的理论基础没有打牢，研究领地的扩展没有实质性意义，反而会分散研究精力。二是新闻学研究保持稳定发展的态势，但随着传统媒体的转型，这方面项目增长趋势放缓，逐渐转向新媒体新闻实务研究。三是广播电视、出版发行和广告学方面的项目数量偏少，在一定程度上影响了这几个学科学术研究的推进。在今后的学术资源分配中，一方面，可以适当增强广播电视、广告学和出版发行方面的研究力量；另一方面，研究者可以多和其他学科结合起来展开研究，寻找新的研究视角，使学术研究更有深度。

表19-9 **项目主要研究方向**

学科类别	数量(项)	占比(%)
新闻学	248	16.34
传播学	982	64.69
广播电视	129	8.50
广告学	56	3.69
出版发行	103	6.79

(2)关键词分析

为了分析新闻传播类国家社科基金项目所关注的热点问题，我们借助图悦热词分析工具抓取了1518个项目的关键词，剔除一些没有明确指向、意义不明的词语，比如“对策”“视域”“下网”等。由于该工具所抓取的大多为2个字的词语，我们又采取人工的办法抓取了一些有学术意义、字数较多的词语，最终生成了关键词词频分布表，保留 10 次以上词频的词语。从表 19-10 可以看出，新闻传播类国家社科基金项目关键词词频呈现出如下特征：

一是“传播”“媒体”“新闻”等新闻传播学领域最基本的术语被多次提及。其中，“传播”一词出现了 495 次，是被提及最多的词语，“媒体”一词出现 300 次，“新闻”一词出现 216 次。其他如“网络”“文化”“舆论”“媒介”“新媒体”等词语出现了 100 次以上。二是“国家形象”“媒介融合”“舆论引导”“文化传播”“对外传播”等能够显示较为明确研究领域的词语被多次提及，说明这些领域是当前学术界关注的热点。三是随着媒介技术变革，传媒业态也发生了巨大变化，新闻传播类国家社科基金项目给予了较多回应，在关键词中得到一些体现，比如“网络”“新媒体”“大数据”“微博”“社交媒体”(参见表 19-10 和图 19-5)等众多热词频现，由此说明，在新兴媒介的影响下，一系列的变革话题成为学术界关注的热点。

表 19-10　　　　**关键词词频分布表(10 次以上)**

关键词	词频	关键词	词频	关键词	词频	关键词	词频
传播	495	舆论引导	43	青少年	23	新闻史	13
媒体	300	政治	43	突发事件	23	美国	13
新闻	216	文化传播	41	国际传播	23	传播效果	13
网络	194	互联网	41	社交媒体	20	出版业	12
文化	160	民族	38	一带一路	19	新闻事业	12
舆论	124	大数据	37	传播学	18	报纸	12
媒介	123	少数民族	33	期刊	16	价值观	11
新媒体	102	新闻传播	32	社会主义	16	公众	11
传媒	90	对外传播	31	宣传	16	品牌	11
出版	89	广播	30	党报	16	文化建设	11
信息	66	报刊	28	新闻报道	15	农民工	11
电视	66	政策	28	报业	14	影像	11
舆情	58	政府	27	中国共产党	14	数字化	10
广告	51	微博	26	受众	14	谣言	10
国家(中国)形象	44	主流媒体	25	大众传播	14	话语体系	10
媒介(媒体)融合	44	广播电视	24	日本	14	话语权	10
舆论引导	43	大众传媒	24	边疆	13	网络传播	10

图 19-5　新闻传播类国家社科基金项目热词权重图

(3)项目的研究主题

20 世纪 90 年代以来，新闻传播学在中国学术界引起广泛的关注，这方面的研究越来越多。尤其是传播学理论具有明显的交叉学科特征，与社会学、政治学、经济学、管理学等各个学科广泛融合，因此新闻传播类国家社科基金项目的研究领域也相对较广，其研究主题体现出交叉性、创造性、广泛性和分散性等特征。通过关键词分析以及系统梳理发现，新闻传播类国家社科基金项目聚焦于新闻舆论、传媒发展、文化建设、政治传播、新闻史学等领域，为新闻传播学理论与实践研究提供了有力的支持。

①新闻舆论：原理、舆情与应对。新闻舆论引导是大众传媒的重要功能，这既是基本的新闻传播理论问题，也是新闻传播实践中重点关注的话题。每逢国内政治、经济、文化等领域出现重大改革、发生重大公共事件时，大众传媒就会通过报道新闻、解释政策等方式引导舆论；在中外政治交往、经济贸易和文化交流中，大众传媒同样扮演着舆论引导者的角色。20 世纪 90 年代以来，社会经济、政治和文化等领域的改革不断深入，传媒的新闻舆论引导功能是中国特色社会主义建设中重要的一环。进入 21 世纪，各种新兴媒介的影响力越来越明显，新闻舆论呈现出一些新的特征，学术界对这方面的问题也给予了更为广泛的关注。1991—2017 年，全国共有 299 项国家社科基金项目聚焦于新闻舆论理论与现实的问题，主动探讨新闻信息传播，为舆论引导提供理论支持。

新闻舆论原理是比较受学术界重视的，新闻传播类国家社科项目主要从舆论导向、新闻舆论观念、舆论安全、舆论引导规律、传媒公信力、影响力等角度展开研究，此类研究重视对新闻舆论引导的基本原理、核心观念和变动规律的探讨，并为新闻舆论引导实践提供参考。如“社会主义市场经济条件下大众传播媒介的舆论导向研究”(1994)、“电视传播的思想文化导向研究”(1997)、“党的主流媒体的公信力与影响力研究”(2009)、“网络舆论引导规律研究——以网络信息传播侵权与管理为例”(2009)、“社会网络中的舆情演变机制研究”(2011)、“我国网络媒体公信力研究”(2013)、“当代中国社会主义核心价值观与媒介引导研究”(2013)、“十八大以来中国共产党新闻舆论观研究”(2016)等。这些项目立足于新闻舆论，从理论上阐释新闻舆论导向、舆论引导规律、新闻舆论思想等基本问题。

中国历来重视新闻舆论引导工作，因而舆情应对并有针对性地提出解决方案自然成为学术界十分关注的话题。在历年的国家社科基金项目中，学者们往往结合具体问题、事件来研究舆情现状，分析其存在的具体问题，如“突发事件、媒体互动与政府应对研究”(2007)、“突发公共事件中网络舆论表达与规范”(2009)、“西部地区群体性事件中的网络舆情研究”(2010)、“边疆民族地区舆情分析及媒体舆论引导机制研究”(2012)等。此类研究，学者们往往比较重视对舆情应对机制的思考，多数项目落脚于实际应用中。因此，舆论引导对策的研究成为众多项目的主要内容，如“重大突发事件中新闻报道的快速反应机制研究”(2006)、“新形势下提升舆论引导力对策研究”(2008)、“甘肃藏区社会舆论的形成机制及电视媒体引导策略研究”(2010)、“突发危机事件中群体应激行为演化机制及干预对策研究”(2012)、“美国‘中国通’国际社交媒体涉华舆论中国观、影响路径及引导策略研究”(2017)等。这类课题重在对策和具体实施方案，针对性较强，为新闻舆论引导提供参考。

以舆论引导为主题的国家社科基金项目表现出如下特点：一是27年间，此类项目的研究主题发生了阶段性的变化。1991—2004年，此类项目比较注重基础理论方面的研究，如新闻舆论的功能、新闻舆论导向、新闻舆论观念等方面的研究。2005—2009年，学术界比较关注国际舆论、对外传播和新闻舆论的影响力、引导力等方面的研究。2010—2017年，网络、新媒体舆情、群体性事件的舆论引导、政府舆情应对策略等成为学术界重点关注的研究领域。可见，舆论引导与经济、政治、文化环境存在紧密的联系，外部环境的动态变化最终会促使舆论引导相关的研究能够与时俱进。二是此类研究项目与国家发展战略、重大公共事件、社会热点问题等紧密相连。比如，“一带一路”倡仪下媒体传播力建设、重大突发事件中的舆论引导等，这些都是学术界对重大问题的回应。三是此类项目重在对策研究，体现其实用价值。据统计，在以新闻舆论为主题的国家社科基金项目中，70%的项目涉及对策研究，目的在于为政府部门、传媒机构提供对策建议，为其改善新闻舆论引导水平提供参考。

②传媒发展：变革、融合与创新。1991—2017年，中国新闻传播业经历了较大的变革，其中传媒转型发展与变革成为学术界比较关心的研究课题。27年来，有221项国家社科基金项目聚焦于这一主题。具体来讲，主要研究方向包括媒介技术变革、媒介制度变革、媒介管理方式改革、传媒发展模式转型、媒介融合发展、媒介生产流程变革等。

20世纪90年代至今，传媒经历了产业化发展、集团化变革、媒介技术变革、媒介融合等，由此传媒转型发展成为学术界较关注的重要话题，不少学者主动回应传媒变革。1978年以来，中国开启了传媒市场化、产业化发展之路，到20世纪90年代，传媒市场化、产业化发展已取得了较大进展，传媒盈利能力不断提升，不少传媒机构积累了较为充裕的资金，为传媒集团化建设奠定了基础。自从1996年广州日报报业集团成立以来，传媒集团化建设成为中国传媒产业的重大改革议题，报业集团、期刊集团以及广播电视集团纷纷成立，传媒产业化、集团化发展以及由此带来的相关的业务改革成为学术界热议的话题。此类研究课题有30多项，其研究的主题包括集团化发展的理论、政策以及管理体制变革等；传媒组织变革、传媒经营方式变革、入世对传媒产业发展的影响、传媒的资本运营等。此类选题重在应用，其研究取向有两种，一种是传媒改革、传媒集团化建设的战略层面研究，比如“中国的新闻改革”(1992)、“传播媒介集团化研究”(1999)等；另一种是传媒改革或者集团化建设中的具体问题，属于战术层面的研究，如“我国新闻出版业融资：模式·运行·调控问题研究”(2003)、“民营资本、国际资本进入我国传媒业情况与影响研究”(2006)等。

21世纪后，媒介技术变革大大丰富了媒介形态，以互联网为平台的各种新兴媒介不断涌现，传媒发展呈现出新的态势，移动媒体、手机媒体、动漫产业、数字出版等成为学术界关注的新热点。媒介技术变革背景下，媒介融合成为大势所趋，媒体机构既面临巨大的挑战，又面临难得的发展机遇，因此几乎所有的传统媒体都在关注媒介融合，并在实践中探索数字化转型与融合发展路径。关于媒介融合的发展策略或者以媒介融合为研究背景的项目有70余项。其研究主题有三类，一是新兴媒介产业专题研究，如“手机媒体及其管理研究”(2005)、“动漫内容创意产业研究”(2010)等。二是研究媒体融合的现状、过程与问题，如“新媒介和传统媒介融合研究——以媒介生产融合为例”(2008)、“‘三网融合’对传统媒介和网络媒介管理体制与监管机体制的影响及其对策研究”(2011)、“基于媒介产业之融合特征的一站式版权交易平台研究”(2014)等。三是将媒介融合作为研究背景，探讨媒介技术变革对传媒产业改革的影响，如“‘三网融合’背景下的广电制播分离改革研究”(2010)、“‘三网融合’”背景下的网络视频发展战略研究(2012)等。媒介融合不仅仅涉及技术问题，还涉及不同部门和产业之间的融合、产业政策的调整等，融合过程比较复杂，这方面的研究一直持续至今，热度不减。

在传媒变革过程中，如何在体制机制、经营行为等方面不断创新，是决定传媒实现转型的关键因素。学术界比较重视研究新闻传媒改革中所表现出来的体制机制创新、经营行为创新等，这与早期学界关注点有所不同。早期学界比较关心多媒体技术、数字化转型中的经营创新等，如“多媒体技术与新闻传播”(1996)、“新闻传播手段的数字化：现状透析与发展预测”(1998)等。后来学界更关心媒介融合过程中的管理创新、经营模式创新等，如“基于媒介融合的版权许可制度创新研究”(2015)、“传媒产业破坏性创新管理研究”(2017)、“UGC 媒体语境下的信息变异与治理研究”(2014)、“国有转制传媒企业特殊管理股制度构建的政策路径研究”(2014)、“互联网逻辑下主流媒体融合模式与创新机制研究”(2015)、“作为媒体跨界融合创新范例的‘中央厨房’模式研究”(2017)等。

涉及传媒发展的相关研究项目具有如下特点：一是此类选题紧密关注传媒自身发展问题，为传媒改革提供了参考。20 世纪 90 年代以来，传媒业经历了市场化、产业化、集团化、数字化等多重变革，媒介转型成为大势所趋，传媒的体制机制、经营行为不断创新，学术界积极回应传媒变革，用了大量的学术资源聚焦这些热点问题，为传媒改革提供了强有力的智力支持。二是此类课题往往会借助经济学、管理学等学科领域的理论，拓展了新闻传播领域的研究视野。三是此类课题涉及的研究领域较为广泛，既有传统媒体、新兴媒体，又有其他产业，如动画产业、电信产业、旅游产业等，这些产业与传媒产业也存在紧密的联系。另外，此类项目的研究主体也比较广泛，除了高校的科研人员之外，国家新闻出版广电总局、新华社、人民日报社等管理机构和媒体机构的研究人员也加入进来，为项目研究增添了活力。

③文化建设：观念、行为与对策。改革开放以来，精神文明建设和文化发展受到越来越多地关注，大众传媒在这方面起到举足轻重的作用，新闻传播学术界给予了较多关注。从新闻传播类国家社科基金项目的综合分析可以发现，1991 年以来，在文化建设方面共有 200 个项目，主要集中在媒介文化发展、民族文化和农村文化观念变迁、文化产业发展、跨文化传播、对外传播、文化软实力建设和精神文明建设等方面。

文化的发展首先需要的是观念和思想的转变，我国学者在媒介文化及民族、农村文化观念变迁上所做出的思考值得肯定。如“跨国传播与中国民族文化观念的变迁”(1999)、“民族文化原传介质研究”(2006)、“少数民族文化传播的大众媒介化研究”(2010)、“乡村文化符号传播中的时间介质研究”(2016)、“中尼印藏族乡村影像的本土化表达与跨文化传播的多点民族志研究”(2017)等。另外，学者们不仅从媒介发展形态上探索文化的发展，还从媒介应用领域、话语、符号、行业管理等多重角度展开研究。在文化发展形态上的，既有史料研究，又有前沿预测，如“电视文化论”(1998)、“中国近代(1840—1919)图像新闻出版史研究”(2007)、“网络文化通论”(2011)、“视觉修辞的理论、方法与应用研究”(2014)、“‘互联网+’时代电视媒体的转型研究”(2016)等。在媒介应用领域里，学者们对纪录片、电视剧、出版发行等文化现象都做了一定程度的探究。如“电视娱乐节目：传播形态及社会影响研究”(2003)、“电视创新与西部文化的现代化——兼论加入WTO后西部电视的发展方向”(2003)、“网络游戏对青少年社会化的影响”(2006)、“出版文化的理论建构研究”(2009)、“数字化时代中国出版文化研究”(2014)、“虚拟现实技术下提升出版物传播效果研究”(2017)等。此外在媒介话语、符号和行业管理上学者们也较为关注，如“媒介话语：语言与意识的博弈”(2005)、“当代中国文化对外传播话语创新研究”(2012)、“大众传播符号研究”(2008)、“国外新闻传播行业管理及自律研究”(1999)、“文化产业背景下中国电视的媒体责任问题研究”(2013)、“传媒公共文化服务制度建构研究”(2013)等。

文化建设往往通过具体的行为表现出来，而大众传媒在文化的生产、保护与传播中的作用不容忽视。在新闻传播类国家社科基金项目中，学术界关注了品牌推广、文化生产、文化传承保护、文化传播等领域。在品牌传播上，有“国家文化产业战略视野中的媒介品牌建设研究”(2010)、“中国品牌国际传播中的文化符号生产与认同机制研究”(2011)等。在文化产业上，有“文化产业振兴规划实施效果评价体系及测度研究”(2010)、“我国文化创意产业园区发展现状、趋势及对策研究”(2012)、“海峡两岸文化创意产业合作研究”(2013)等项目。在文化传承保护上，有“大众传媒与西藏传统文化的保护和发展研究”(2011)、“数字出版模式下少数民族地区文化传承的版权问题研究”(2016)、“少数民族网络社群与文化遗产活态传承创新研究”(2017)等。在文化传播上，有“民族文化传播与边疆少数民族和谐文化建设”(2008)、“少数民族文化传播的大众媒介化研究”(2010)、“跨文化传播中的中国国家形象建构研究”(2011)、“网络虚拟社区中的亚文化传播研究”(2014)、“孔子学院与韩国世宗学堂的文化传播机制比较研究”(2015)等。

改革开放、加入世贸、全球化浪潮袭来、“一带一路”、共同体建设等，都离不开战略层面的指导。伴随着时代背景的变化，我国学者重点探讨了文化软实力建设和对外传播策略及战略，主要体现对内和对外两个方面。对内如“我国文化软实力发展战略研究”(2007)、“中国特色网络文化建设和管理发展战略研究”(2007)、“我国文化创意产业园区发展现状、趋势及对策研究”(2012)、“沿边开放民族地区文化传承与文化安全战略研究”(2013)、“‘一带一路’背景下中国纪录片的跨文化传播战略研究”(2017)等。对外如“我国对外传播文化软实力研究”(2008)、“实施文化‘走出去’战略，增强新疆主流媒体对外传播影响力研究”(2010)、“国家形象建构与跨文化传播战略研究”(2011)、“中国与‘一带一路’沿线支点国家文化产业优先合作领域的战略选择研究”(2016)、“‘一带一路’视域下中国对南亚战略传播研究”(2017)等。

在新闻传播学研究中，学者们对于文化发展战略、媒介文化发展等都给予一定的关注。这方面的国家社科基金项目呈现出以下几点特征：一是文化建设方面的项目受到重视，集中体现为立项数量呈递增状态，2011 年以来，共立项 141 项，比 2011 年之前增加了很多。随着文化发展在国家软实力建设中的地位日益提升，预计未来几年中此类项目依然会呈增加趋势。此外，在新闻传播类重大项目中，文化建设类项目共有 17 项，占 31.5%。二是随着全球化的深入，对外文化传播及跨文化传播类的项目所占的比重较大，这类项目有 55 项，表明国家比较重视通过媒介树立中华文化的国际形象。三是民族问题、农村问题及青少年问题依然是学界关注的重点。集中体现为：边疆少数民族文化的建设引起较多学者的注意力，如新疆、云南、西藏、内蒙古等地的文化发展引起较大关注，在“一带一路”的推动下，边疆少数民族文化发展必然成为社会关注的热点。另外，在新型城镇化和美丽新农村的政策引领下，农村观念变迁和村落文化发展已经引起广泛关注。

④政治传播与国际传播：理念、实践与战略。政治传播是传播学研究中历久弥新的重要议题，传播学的奠基人物哈罗德·拉斯韦尔(Harold Lasswell)、保罗·拉扎斯菲尔德(Paul Lazarsfeld)等，都曾经以政治传播作为重要的研究领域，这一传统一直沿袭至今。在中国，新闻传播学界历来比较重视大众传播的政治功能，这方面的研究颇受重视。20 世纪 90 年代以来，中国改革开放取得积极的成效，国际传播与对外宣传成为中国新闻传播领域比较关注的话题，这方面的研究项目也比较多。1991—2017 年，关于政治传播与国际传播方面的国家社科基金项目总共有 245 项，这些项目主要从国家形象传播、政治理念传播、对外传播战略、国际传播能力建设等角度展开，既有顶层设计方面的研究，又有对策建议方面的研究，学者们积极为国家的发展出谋划策，体现出本学科研究者的责任担当。

近年来，政治传播方面的国家社科基金项目比较多，其关注的焦点有国家形象传播、政治理念传播和政治参与等。一是国家形象传播专题研究。1991—2017 年，国家、政府、政党等形象传播成为热点话题，在新闻传播类国家社科基金项目中，此类项目共有 51 项。其中，关于国家形象的项目 40 项，政府、政党、区域形象的项目有 11 项。如“对外传播中的国家形象设计”(2005)、“形象的力量：国家形象的视觉呈现与传播策略”(2011)、“国家形象建构与跨文化传播战略研究”(2011)、“跨文化传播中的中国国家形象建构研究”(2011)等，这类选题多从传媒的角度思考国家形象的顶层设计，为国家对内对外塑造真实、良好的形象提供理论支撑。二是政治传播理论。中国特色政治传播理论研究是新闻传播学学科的重要话题，也是指导政治传播实践的理论基础，从2011年之后，这方面的课题有所增加。如“中国特色政治传播理论与策略体系研究”(2011)、“舆论格局的嬗变与地方政府执政理念研究”(2012)、“政治传播与主流意识形态话语体系构建研究”(2015)、“新型主流媒体与国家意识形态传播研究”(2015)、“社交媒体环境下的政治传播研究”(2016)等，这方面的课题涉及面比较宽，研究传媒在政治理念传播中的地位、功能与原则，为建构中国特色政治传播理论体系奠定了基础。三是政治传播的行为与对策研究。如“农村基层党的执政能力建设中大众传媒的应用——西部农村党员干部现代远程教育研究”(2005)、“党的执政能力建设与大众传媒关系研究”(2005)、“信息稳定视角下政府、媒体和民众良性互动模式研究”(2011)、“政治传播视域下中西微博运用对策研究”(2012)、“微博时代政民沟通的困境与出路研究”(2012)、“新媒体时代政策传播的路径和效能研究”(2013)等。此类选题注重从政治传播实践中总结出存在的问题，为指导政治传播行为，优化政治传播效果提供参考。

国际传播是新闻传播学领域中重要议题之一，这方面的国家社科基金项目有101项，其主要聚焦于国际传播理论、国际传播实践和国际传播对策等方面。一是国际传播理论研究。如“国际传播学科发展前沿研究”(2011)、“我国国际传播话语体系建设的理论创新研究”(2013)、“中国国际传播学术话语体系建构研究”(2015)、“中国品牌国际传播中的文化符号生产与认同机制研究”(2017)等，此类课题偏重国际传播的理论研究，有助于加强国际传播理论体系建设。二是国际传播实践的研究与评价。如“提升中国互联网国际传播力研究”(2010)、“我国纪实影像的国际传播与影响力研究”(2011)、“‘中国发展道路’的国际影响力与国际传播话语权”(2012)、“国际传播背景下的动画作品价值观输出、传播及影响研究”(2015)、“十八大以来中国共产党执政形象的国际传播与塑造”(2017)等，此类选题重视分析各种国际传播在实践中的运用，对其传播力、传播效果做出评价，为国际传播主体改进传播行为提供参考。三是关于国际传播对策的综合研究。如“国际舆情分析和我国对外宣传策略研究”(2006)、“国际媒体，中国声音——中国传媒国际影响力研究及对策分析”(2007)、“新语境下中国广播电视对外传播战略与对策研究”(2011)、“国际传播发展新趋势与加快构建现代传播体系研究”(2012)、“在华外国人媒体使用特点与国际传播受众效果提升路径研究”(2013)、“本土媒体报道国际新闻的跨文化伦理问题与解决路径研究”(2016)等，此类选题针对国际传播中存在的各类问题进行专题研究，为改进国际传播方式、优化国际传播效果提供借鉴。

关于政治传播与国际传播方面的国家社科基金项目具有如下特点：一是此类选题对于国家战略传播的顶层设计有一定的帮助，国家的支持力度比较大，仅仅是国家重大项目和重点项目就有 45 个。二是此类项目注重对策与建议方面的研究，81%的项目落脚点在于对策和建议方面，其研究目的在于为国家和相关部门开展政治传播和国际传播实践提供参考。三是此类项目研究议题广泛，政治传播研究涉及政治传播主体、政治传播客体和政策传播内容等，尤其是政治传播的内容，涉及经济、政治、文化等方方面面。

⑤新闻传播史：主体、问题与行为。任何一门学科离不开历史研究，新闻传播学概莫能外。新闻传播史、新闻传播理论和新闻传播实务成为早期新闻传播学学科重点关注的三个领域。1989 年 4 月，由著名新闻传播史学者方汉奇、宁树藩等教授倡导成立的中国新闻史学会是新闻传播学领域唯一的全国一级学术团体。多年来，新闻传播史研究蔚然成风，其优良传统一直延续至今，为中国新闻传播学科的发展提供了强有力的学理支撑。1991—2017 年，新闻传播史方面的国家社科基金项目共有 193 项，其中，重大项目 7 项，重点项目 11 项，一般项目 110 项，青年项目 38 项，后期资助项目 11 项，西部项目 15 项，中华学术外译项目 1 项。这些项目主要研究全国或者部分区域的新闻传播史、外国新闻传播史等方面，有通史、编年史、断代史等，研究领域和视野较为宽广，题材丰富多彩。

20 世纪 90 年代以来，中国新闻传播史的研究精彩纷呈，对于新闻事业发展史、新闻史人物等方面的关注较多。从研究区域上来看，有针对全国新闻传播事业的研究，如“中国新闻事业编年史”(1992)、“中国电视史”(2001)、“中国民营报业研究”(2002)、“中华民国新闻史研究”(2013)等；有针对特定区域新闻传播事业的研究，如“山西新闻史研究”(2003)、“陕甘宁边区新闻事业研究”(2004)、“江西苏区新闻事业研究”(2004)、“天津新闻传播史”(2006)、“中央苏区红色文化传播研究”(2012)；也有针对其他国家新闻传播史展开研究的，如“东盟国家新闻事业历史和现状”(1992)、“苏联传媒体制研究”(2015)、“美国传播理论史研究”(2017)等。从研究内容上来看，对新闻传播事业发展进行综合研究的项目居多，总共有 82 项，占 42.49%，还有部分项目对历史上的新闻传播者、典型媒体等做个案研究。总体上来讲，对传媒、传播者等传播主体的研究占据较多的学术资源，而其他类型的新闻传播史项目主题相对比较分散。

有不少项目关注新闻传播史上的理论问题，既拓展了新闻传播史的研究视野，也为新闻传播理论史研究奠定了基础。这些项目以具体的理论问题为切入口，结合大众传媒的信息传播活动展开研究，如“马克思主义新闻思想发展史”(1992)、“抗战时期中国共产党在重庆的舆论话语权研究”(2008)、“民族影像与国家形象塑造：新时期少数民族题材纪录片变迁和传播研究(1979至今)”(2011)、“近现代传媒与中国西藏的社会变迁研究”(2013)、“晚清时期新闻思想研究”(2014)、“百年中国新闻史论梳理与检讨研究”(2015)、“传播与控制：中国法律媒介史考述”(2015)、“抗战时期陕甘宁边区中国共产党媒体的社会动员研究”(2015)、“从苏区到延安时期马克思主义新闻思想中国化的历程及经验研究”(2016)等，这类课题的大量出现，说明研究者并没有将研究视野局限于新闻事业本身，而是从具体的问题入手，或者就交叉学科的问题展开研究，为新闻传播史研究提供了丰富的营养。

新闻传播者的新闻传播行为是学界关注的重要话题之一，不少项目聚焦于此。如“抗战时期桂林进步报人群体新闻活动研究”(2010)、“甲午战后日本在长江流域办报活动及涉华舆情研究”(2013)、“美国新闻处在华活动研究(1946—1949)”(2014)、“对华文化战略下近代日本人在华北的办报活动与舆论宣传战研究”(2014)、“‘五四’以来外国人在华新闻与文化传播活动研究”(2014)、“抗战时期陕甘宁边区中国共产党媒体的社会动员研究”(2015)、“近代日本对华新闻调查活动研究”(2017)、“日俄两国对近代东北的侵略与舆论争锋研究(1894—1932)”(2017)。新闻传播主体的传播行为与社会环境、媒体的导向等因素紧密相连，因而此类项目并非单纯地研究新闻活动本身，而是从多方面展开研究，但往往以新闻传播行为为项目研究的主要切入点。

27年来，新闻传播史的研究在内容、视角和方法上均有一定的拓展，主要表现在以下几方面：第一，学者们的研究视野不断拓宽，不仅仅关注新闻事业本身的发展，还关注了与新闻事业相关的其他话题。如“中国新闻传播研究方法演进史研究”(2012)、“中国近代报刊阅读史及其史料库建设(1815—1919)”(2015)、“中国新闻史史料学建设研究”(2015)、“20世纪中国播音史史料学研究”(2015)、“中国近代广告史史料整理与研究(1840—1949)”(2015)等。第二，过去的新闻传播史研究主要关注的是文字内容，渐渐地有一些学者注意到了声音、图像方面的史学研究。如“民国广播事业史研究”(2015)、“中国播音史研究”(2017)、“战后日本二战题材的纪录片研究”(2016)、“中国印刷史图鉴”(2006)、“中国现代(1919—1949)图像新闻传播史研究”(2011)、“中国新闻漫画发展史”(2011)、“新中国连环画传播史研究”(2016)等。第三，有部分学者尝试用新的方法来研究新闻传播史，比如一些学者运用口述史方法来研究新闻史，使新闻传播史料的获取途径更加多样，如“西南少数民族口述传播史研究”(2007)、“当代杰出新闻学者口述实录研究”(2010)、“中国当代新闻界人物的口述史研究”(2012)、“中国出版人口述史研究及数据库建设”(2016)、“中国当代广告口述史(1979—2010)”(2016)、“中国当代动画口述史(1979—2016)”(2017)等。

6. 重大项目的立项情况

国家社科基金重大项目主要资助各个学科领域的重大理论和现实问题研究，对项目承担团队有较高的要求。新闻传播学学科与社会现实紧密联系，重大项目往往能够帮助党和政府解决新闻信息传播领域的重大现实问题，其应用价值尤为明显。

(1)重大项目立项情况的描述性分析

2004—2017年，全国共批准立项的国家社科基金重大项目2227项，其中新闻传播类重大项目有54项，占重大项目总数的2.42%，参见表19-11。在新闻传播类重大项目中，新闻传播史论研究项目12项，占22.22%，其余的项目多偏重应用研究，如文化建设方面的研究项目占31.5%，另有一些项目既有理论研究，也有应用研究。从项目主持人所属机构来看，中国传媒大学、南京大学、上海交通大学各5项，复旦大学、北京大学各4项；暨南大学、中国人民大学、清华大学各3项；华中科技大学、华南理工大学各2项，南昌大学、华东师范大学等18个单位各1项，参见表19-12。杜骏飞、李希光、唐润华、谢耘耕、关世杰等学者曾经主持过2项国家社科基金重大项目。

表19-11　　**新闻传播类重大项目立项情况一览表**

序号	立项时间	项目名称	负责人	专业职务	工作单位
1	2004	马克思主义新闻观研究	邵华泽	正高级	中国记者协会
2	2004	新型传媒的引导和管理问题研究	尹韵公	正高级	中国社会科学院
3	2005	网络社会的传播控制研究	杜骏飞	正高级	南京大学
4	2007	互联网管理与中国特色网络文化建设	钟　瑛	正高级	华中科技大学
5	2007	中国特色网络文化建设与管理战略研究	刘正荣	正高级	国务院新闻办互联网新闻研究中心
6	2008	我国对外传播文化软实力研究	关世杰	正高级	北京大学
7	2008	舆论引导力与社会舆情预警系统研究	李希光	正高级	清华大学
8	2008	新形势下提升舆论引导力对策研究	蒋晓丽 侯雄飞	正高级	四川大学
9	2009	中国媒体国际传播能力建设战略研究	唐润华	正高级	新华通讯社
10	2009	突发事件网络舆情预警指标体系研究	谢耘耕	正高级	上海交通大学
11	2009	我国文化产业政策研究	熊澄宇	正高级	北京大学

续表

序号	立项时间	项目名称	负责人	专业职务	工作单位
12	2010	新形势下提升国际传播能力的战略研究	姜加林	正高级	中国外文局对外传播研究中心
13	2011	跨文化传播中的中国国家形象建构研究	张　昆	正高级	华中科技大学
14	2011	国家形象建构与跨文化传播战略研究	孟　建	正高级	复旦大学
15	2011	中国特色政治传播理论与策略体系研究	荆学民	正高级	中国传媒大学
16	2011	突发公共事件舆情应对与效果评估信息平台建设研究	官建文	正高级	人民网股份有限公司
17	2011	网络游戏对青少年发展的影响与引导研究	杜骏飞	正高级	南京大学
18	2012	下一代互联网与我国参与建构世界信息传播新秩序研究	崔保国	正高级	清华大学
19	2012	坚持马克思主义新闻观与完善舆论引导格局研究	童　兵	正高级	复旦大学
20	2012	“走基层、转作风、改文风”与加强和改进新闻舆论工作研究	秦绍德	正高级	复旦大学
21	2012	国际传播发展新趋势与加快构建现代传播体系研究	胡正荣	正高级	中国传媒大学
22	2012	我国文化走出去工程的政策体系优化研究——以电影、电视剧、动画和出版为样本的比较分析	刘海贵	正高级	复旦大学
23	2013	中华民国新闻史	倪延年	正高级	南京师范大学
24	2013	微博微信公共事件与社会情绪共振机制研究	陈力丹	正高级	中国人民大学
25	2014	多卷本《中国新闻传播技术史》	韩丛耀	正高级	南京大学
26	2014	多语种涉华国际舆情案例数据库建设研究	郭　可	正高级	上海外国语大学
27	2014	增强中国对外传播文化软实力深度研究	关世杰	正高级	北京大学
28	2014	中华文化的海外传播创新研究	郭镇之	正高级	清华大学
29	2014	加快推进传统媒体和新兴媒体融合发展研究	严三九	正高级	华东师范大学
30	2014	健全坚持正确引导舆论的体制机制研究	李希光	正高级	西南政法大学
31	2014	大数据环境下舆情分析与社会治理创新研究	谢耘耕	正高级	上海交通大学

续表

序号	立项时间	项目名称	负责人	专业职务	工作单位
32	2014	传播当代中国价值观念与加强我国对外话语体系建设研究	单世联	正高级	上海交通大学
33	2014	中国影视文化软实力提升的战略与策略研究	胡智锋	正高级	中国传媒大学
34	2015	中央苏区红色文化传播的历史经验研究	陈信凌	正高级	南昌大学
35	2015	互联网群体传播的特点、机制与理论研究	支庭荣	正高级	暨南大学
36	2015	互联网群体传播的特点、机制与理论研究	隋　岩	正高级	中国传媒大学
37	2015	中国特色国际新闻传播人才的培养模式与创新研究	高晓虹	正高级	中国传媒大学
38	2015	不列颠图书馆藏中国近代珍稀文献辑录、校勘并考释	王天根	正高级	安徽大学
39	2015	互联网与表达权的法律边界研究	陈堂发	正高级	南京大学
40	2015	百年中国新闻史史料整理与研究	王润泽	正高级	中国人民大学
41	2015	提升中国政治话语体系的国际影响力研究	林如鹏	正高级	暨南大学
42	2015	大数据时代中国形象数据挖掘理论、方法和应用研究	葛　岩	正高级	上海交通大学
43	2016	G20峰会国家对外传播理念与机制研究	胡邦胜	正高级	中国国际广播电台
44	2016	中俄媒体交流、战略传播与全球治理中制度性话语权的构建研究	赵永华	副高级	中国人民大学
45	2016	孔子学院跨文化传播与管理研究	安　然	正高级	华南理工大学
46	2016	十八大以来中国共产党新闻舆论观研究	丁柏铨	正高级	南京大学
47	2016	多卷本《中国报刊阅读史》	蒋建国	正高级	华南理工大学
48	2016	当代中国文化国际影响力的生成研究	许正林	正高级	上海大学
49	2017	汉语异域传播与中国文化影响模式研究	姚君喜	正高级	上海交通大学
50	2017	“一带一路”背景下中国价值观的国际传播研究	唐润华	正高级	大连外国语大学
51	2017	多卷本《延安时期新闻传播文化史》	王春泉	正高级	西北大学
52	2017	周边传播理论与应用研究	陆　地	正高级	北京大学
53	2017	中俄媒体合作与国际舆论话语权构建研究	张举玺	正高级	郑州大学
54	2017	视觉修辞的理论、方法与应用研究	刘　涛	正高级	暨南大学

表 19-12 **新闻传播类国家重大项目主持单位一览表**

单位	数量	排名
中国传媒大学	5	1
南京大学		
上海交通大学		
复旦大学	4	2
北京大学		
暨南大学	3	3
中国人民大学		
清华大学		
华中科技大学	2	4
华南理工大学		
南昌大学	1	5
华东师范大学		
南京师范大学		
大连外国语大学		
安徽大学		
人民网股份有限公司		
上海大学		
上海外国语大学		
四川大学		
西北大学		
西南政法大学		
新华通讯社		
郑州大学		
中国国际广播电台		
中国记协		
中国社科院		
国务院新闻办互联网新闻研究中心究中心		
中国外文局对外传播研究中心		

(2)重大项目的关键词

从新闻传播类国家社科基金重大项目关键词词频来看，“传播”一词出现频率最高，达到25次，“文化”一词出现13次，“新闻”一词出现9次，“国际”“舆论”“战略”分别出现8次、7次和6次。“舆论引导”“互联网”“舆情”等均出现5次；“国际传播”“网络”“中国特色”等均出现4次；“跨文化传播”“新闻传播”“舆论引导”“文化软实力”“国家形象(中国形象)等均出现3次参见表19-13。由此可见，文化传播、国际传播、新闻传播、新闻舆论引导、国家形象传播等是近年来新闻传播类国家社科基金项目研究中的重点。

表19-13　**重大项目关键词词频**

关键词	词频	关键词	词频
传播	25	跨文化传播	3
文化	13	新闻传播	3
新闻	9	舆论引导	3
国际	8	文化软实力	3
舆论	7	国家形象	3
战略	6	话语权	2
舆论引导	5	国际影响力	2
互联网	5	群体传播	2
舆情	5	价值观	2
国际传播	4	话语体系	2
网络	4	大数据	2
中国特色	4	马克思主义	2

(3)重大项目的研究主题

新闻传播类国家社科基金重大项目重在应用，在54个重大项目中，应用类的项目有40个，占74.07%。重大项目的研究主题主要集中于以下几方面：

一是舆论引导、舆情分析等方面的项目。如“舆论引导力与社会舆情预警系统研究”(2008)、“新形势下提升舆论引导力对策研究”(2008)、“突发事件网络舆情预警指标体系研究”(2009)、“突发公共事件舆情应对与效果评估信息平台建设研究”(2011)、“坚持马克思主义新闻观与完善舆论引导格局研究”(2012)、“微博微信公共事件与社会情绪共振机制研究”(2013)、“多语种涉华国际舆情案例数据库建设研究”(2014)、“健全坚持正确引导舆论的体制机制研究”(2014)、“中俄媒体合作与国际舆论话语权构建研究”(2017)等。此类项目聚焦于国内、国际舆情，并力图建立舆情预警指标体系、效果评估信息平台、数据库建设等，重在为国家新闻舆论引导提供参考，具有重大的现实意义。这类课题是国家重大项目关注的重点，符合国家稳定发展的需要。在传媒业态不断变化的情况下，这方面的研究将依然是新闻传播类国家社科基金关注的焦点。

二是传媒与文化建设方面的项目。如“互联网管理与中国特色网络文化建设”(2007)、“中国特色网络文化建设与管理战略研究”(2008)、“我国对外传播文化软实力研究”(2008)、“跨文化传播中的中国国家形象建构研究”(2011)、“国家形象建构与跨文化传播战略研究”(2011)、“我国文化走出去工程的政策体系优化研究——以电影、电视剧、动画和出版为样本的比较分析”(2012)、“增强中国对外传播文化软实力深度研究”(2014)、“中华文化的海外传播创新研究”(2014)、“中国影视文化软实力提升的战略与策略研究”(2014)、“中央苏区红色文化传播的历史经验研究”(2015)、“当代中国文化国际影响力的生成研究”(2016)等。此类项目聚焦于媒介文化建设、中华文化对外传播以及媒介文化功能等，为文化强国建设提供理论支撑。文化建设功能是大众传媒的重要社会功能之一，传媒所塑造的信息环境是推进文化建设的巨大动力，加强这方面的研究是国家建设文化强国的战略需求。

三是新闻传播史论方面的项目。如“马克思主义新闻观研究”(2004)、“网络社会的传播控制研究”(2005)、“中国特色政治传播理论与策略体系研究”(2011)、“中华民国新闻史”(2013)、“多卷本《中国新闻传播技术史》”(2014)、“百年中国新闻史史料整理与研究”(2015)、“互联网群体传播的特点、机制与理论研究”(2015)、“十八大以来中国共产党新闻舆论观研究”(2016)、“多卷本《中国报刊阅读史》”(2016)、“周边传播理论与应用研究”(2017)等。此类选题注重新闻传播理论和新闻传播史研究，有助于丰富新闻传播学学科基础理论。总体上来说，这类项目的数量还比较少。尽管新闻传播学是实践性很强的学科，但是学科基础理论方面的研究不足，往往会制约学科的壮大，从长远发展的角度来讲，这方面的研究要大大加强。

四是传媒发展与管理方面的项目。如“新型传媒的引导和管理问题研究”(2004)、“中国媒体国际传播能力建设战略研究”(2009)、“新形势下提升国际传播能力的战略研究”(2010)、“国际传播发展新趋势与加快构建现代传播体系研究”(2012)、“加快推进传统媒体和新兴媒体融合发展研究(2014)等。此类项目注重传媒管理、传媒传播能力建设以及传媒自身转型发展等方面的研究。就目前的立项情况来看，这方面的研究以一般项目和青年项目居多，重大项目则较少涉及。

7. 结论及进一步的思考

(1)研究结论

总体上来说，新闻传播学类国家社科基金项目呈现出如下特点：

①从研究主题上来讲，新闻传播类国家社科基金项目比较重视新闻舆论引导、新闻传媒发展、大众传媒与文化建设、政治传播与国际传播、新闻传播史等研究领域，这几个方面的研究占据了主要的学术资源。新闻传播类国家社科基金项目以应用型研究为主，辅之以理论研究。这些项目对于改进国家新闻舆论宣传工作、推动文化发展与政治传播等方面有较大帮助。

②从研究主体上来讲，研究队伍比较庞大，以高校研究者为主，辅之以社科院、党校、媒体等其他研究机构。高级职称研究者是新闻传播类国家社科基金项目的主要研究力量，青年研究队伍的增势较好，学科发展潜力较大。新闻传播类国家社科基金的研究主体在区域上、研究机构上存在着明显的集中趋势。排名前 10 位的省、自治区、直辖市获得的项目占项目总数的 71. 87%，而排名后 10 位的省、自治区获得的项目只占项目总数的 6. 72%，表现出明显的区域不平衡特征。

③从项目数量上来看，新闻传播类国家社科基金项目增长势头强劲，已经形成了非常稳定的资助体系，对于新闻传播学学科的发展起到重要的指引作用。作为实践性很强的学科，新闻传播学的学术研究给经济社会发展带来较大的帮助。不过，与应用经济、文学等学科相比，新闻传播类国家社科基金项目数量还有继续提升的空间。

(2)进一步的思考

从新闻传播类国家社科基金项目立项的情况来看，有以下几点值得反思：

一是要做好学科规划，摒弃纯粹实用主义，充分发挥国家社科基金项目的引导作用。在人文社会科学学术研究中，国家社科基金项目具有明显的导向作用。尽管国家社科基金项目的经费资助力度与国家自然科学基金项目和一些横向项目相去甚远，但其隐形价值远远超出项目经费的物质支持。在绝大多数高校和科研机构，研究人员的职称晋升、科研考核以及学术荣誉的授予等往往与是否获得国家社科基金项目资助紧密相连。这也容易滋生学术功利性现象，部分学者为了获得国家社科基金项目，往往不能沉下心来做更深入的研究，易引发学术研究的浮躁之风和实用主义。与其他学科相比，中国新闻传播类国家社科基金资助项目的产出力偏低，发表的高层次论文偏少。① 这在一定程

① 李燕 . 新闻学与传播学国家社科基金论文产出力研究[J]. 西南民族大学学报(人文社科版), 2010, 31(4): 228-231.

度上会导致研究者降低学术评价标准，不利于学科发展水平的提升。另外，有不少项目从题目上来看具有一定的趋同性，甚至类似的题目多次被立项，持续数年。① 因此国家社科基金在管理上，应当做好宏观规划，尽量避免低水平重复立项现象。对于研究者来说，一旦获得国家社科基金项目，他们往往需要3~6年时间才能完成项目的研究任务。如果仅仅是为了获得项目而不注重自身发展的规划，就会导致学风浮躁，影响整个学科的发展。

二是新闻传播学类国家社科基金项目以应用型项目居多，基础理论研究有待加强。有研究者通过调查得出："中国新闻传播学研究的视野、范围拓展了，但深度不足，学术水平不高。"②之所以出现这种情况，与基础理论研究不足存在一定的关系。新闻传播学学科的应用性较强，此类项目较多属于正常现象。但从学科发展的角度来讲，基础理论研究是一个学科被认可、具有影响力的关键要素。目前，在已经立项的新闻传播类国家社科基金项目中，基础理论项目涉及较少，新闻传播学学科的理论建设仍有较大缺口。关于受众理论的研究课题只有14项，关于传播效果理论的研究项目也很少，究其原因，这些项目需要投入大量的调查，并且很难在理论上有所推进。因此，要主动发挥国家社科基金项目的导向作用，大力支持基础理论研究，引导学术界沉下去"打深井"，这样才能使整个学科立足更稳，在理论建设上有更大的创建。

三是要在国家社科基金的资助下，真正建立有活力的学术共同体，形成较为成熟的学科范式，推动学科跨越式发展。新闻传播类项目的主题大多紧扣现实，视角多样，研究主题相对较为分散，不利于学术共同体的形成。与理工科相比，新闻传播学研究团队之间的合作相对较少，如果能够在国家社科基金项目的基础上组建团队，形成有一定影响的学术团体，对于新闻传播学学科的发展则具有较大的推动作用。"新闻传播学与其他学科相比，缺乏自身系统的学理。在我国，这个学科严格说并没有形成体系，学术研究方面也没有形成与众不同的学科话语，更没有形成学派。"③目前，新闻史学术共同体、传播理论学术共同体等正处于发展之中，新闻传播学的研究范式的跨学科影响力比较小。因而学术界若能充分利用国家社科基金项目的资助，有意识

---

① 刘雪梅．近十年来新闻学与传播学研究动态与趋势——基于1999—2009年国家社科基金资助项目的分析[J]．广州大学学报(社会科学版)，2012，11(2)：53-56.

② 廖圣清，申琦，柳成荫，李硕德，秦悦，秦绍德．中国大陆新闻传播学研究十五年：1998—2012[J]．新闻大学，2013，(6)：80.

③ 陈力丹．新闻传播学学科建设若干问题的思考[J]．新闻记者，2017，(9)：70.

地加强配合，形成具有广泛影响力的研究范式，将对于推进新闻传播学学科的发展具有深远的意义。

（陶喜红　党李丹①）

19.2　国内新闻传播学四大名刊学术论文统计分析

19.2.1　2016年学术论文统计分析

1. 数据来源与处理

本节数据来源主要为"CNKI 中国引文数据库"，具体来说，选取2016年4种新闻传播学A类国内期刊作为数据来源，分别为《新闻与传播研究》《国际新闻界》《现代传播》和《新闻大学》。本节检索并统计了这4种期刊于2016年CNKI所刊载的论文(会议综述、访谈录、茶座、编译等除外)及引文数据，共获得796篇文献与792条引文数据。"CNKI 中国引文数据库"中检索表达式为：被引文献来源="2016—2016 新闻传播学 A类期刊"；引证文献来源="2016—2017 新闻传播学学来源期刊"；论文发表时间="2016—2017"；论文被引年份="2016—2017"。检索时间为2017年8月10日。图19-6反映了4本期刊2016年发文量占比情况，《现代传播》2016年发文量占全部发文总量的一半有余，而《新闻与传播研究》《国际新闻界》和《新闻大学》这三种期刊2016年发文量相当，比例在发文总量的15%上下。

2. 核心研究机构分析

一个学科的发展，离不开众多研究机构的努力与付出。经统计，在2016年，共有568家教学科研机构为新闻传播学研究的发展添砖加瓦，其中180家以论文第一作者所署机构出现。根据论文署名，对研究机构进行了归并，即不区分一级机构下设的不同二

① 感谢湖北大学新闻传播学院曹鹏老师、中南民族大学管理学院于同洋老师在数据处理上给予的帮助；感谢中南民族大学文学与新闻传播学院的硕士研究生王若扬、高群、宁静文、汪莉、李宁、赵倩、孙川等同学帮助搜集、整理数据。

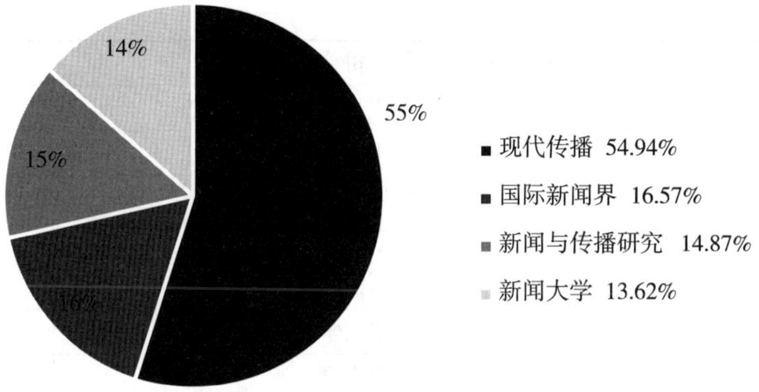

图 19-6　各刊发文量占比

级机构。如中国传媒大学新闻传播学部、中国传媒大学艺术学部均作为统一的一个机构。本排行剔除了非新闻传播院校，结果如表 19-14 所示：

表 19-14　**机构全年发文量总览**

排序	研究机构	发文量
1	中国传媒大学	124
2	中国人民大学	50
3	复旦大学	32
4	华中科技大学	25
5	北京师范大学	20
5	暨南大学	20
5	武汉大学	20
8	北京大学	17
8	中山大学	17
10	华东师范大学	15
11	南京师范大学	14
11	厦门大学	14
11	上海大学	14
11	中国社会科学院新闻与传播研究所	14
15	上海交通大学	13
15	深圳大学	13
15	浙江大学	13
18	清华大学	12

续表

排序	研究机构	发文量
18	重庆大学	12
20	四川大学	11
21	华南理工大学	10
21	南京大学	10
21	浙江传媒学院	10
24	郑州大学	9
25	苏州大学	8
26	福建师范大学	7
26	江西师范大学	7
26	天津师范大学	7
26	中南民族大学	7
30	湖南大学	6
31	安徽师范大学	5
31	北京工商大学	5
31	广东外语外贸大学	5
31	湖南师范大学	5
31	山东大学	5
36	华东政法大学	4
36	西北师范大学	4
36	云南大学	4
36	中国青年政治学院	4
36	中国政法大学	4
41	东北师范大学	3
41	湖北大学	3
41	华中师范大学	3
41	南京航空航天大学	3
41	山西传媒学院	3
41	上海社会科学院新闻研究所	3
41	上海师范大学	3
41	中央民族大学	3
49	重庆工商大学	3
50	安徽大学	2
50	澳门科技大学	2

续表

排序	研究机构	发文量
50	北京第二外国语学院	2
50	北京电影学院	2
50	北京外国语大学	2
50	东北财经大学	2
50	对外经济贸易大学	2
50	广西大学	2
50	河南大学	2
50	华南师范大学	2
50	吉林大学	2
50	兰州大学	2
50	辽宁大学	2
50	南昌大学	2
50	南京信息工程大学	2
50	南京邮电大学	2
50	南开大学	2
50	陕西师范大学	2
50	汕头大学	2
50	上海外国语大学	2
50	四川外国语大学	2
50	台湾世新大学	2
50	同济大学	2
50	温州大学	2
50	西安外国语大学	2
50	西北政法大学	2
50	新疆艺术学院	2
50	扬州大学	2
50	浙江工业大学	2
50	中国地质大学(武汉)	2
50	中国文化大学(台湾)	2

续表

排序	研究机构	发文量
81	安徽农业大学	1
81	宝鸡文理学院	1
81	北京交通大学	1
81	北京联合大学	1
81	北京市社会科学院传媒研究所	1
81	北京邮电大学	1
81	电子科技大学	1
81	赣南师范大学	1
81	广东财经大学	1
81	广州大学	1
81	海南师范大学	1
81	河北大学	1
81	怀化学院	1
81	淮北师范大学	1
81	淮阴师范学院	1
81	济南大学	1
81	江南大学	1
81	江苏师范大学	1
81	临沂大学	1
81	鲁东大学	1
81	南京财经大学	1
81	南京理工大学	1
81	南京艺术学院	1
81	南京政治学院	1
81	齐鲁工业大学	1
81	青岛大学	1
81	曲阜师范大学	1
81	三明学院	1
81	山东财经大学	1

续表

排序	研究机构	发文量
81	山东师范大学	1
81	上海理工大学	1
81	上海政法学院	1
81	上饶师范学院	1
81	沈阳师范大学	1
81	首都经济贸易大学	1
81	首都师范大学	1
81	四川传媒学院	1
81	四川师范大学	1
81	天津大学	1
81	武汉纺织大学	1
81	武汉体育学院	1
81	西安建筑科技大学	1
81	西安交通大学	1
81	西京学院	1
81	西南交通大学	1
81	西南科技大学	1
81	西南民族大学	1
81	香港浸会大学	1
81	新疆财经大学	1
81	新疆大学	1
81	信阳师范学院	1
81	浙江理工大学	1
81	浙江师范大学	1
81	浙江外国语学院	1
81	郑州师范学院	1
81	中国科学技术大学	1
81	中国劳动关系学院	1
81	中南财经政法大学	1

续表

排序	研究机构	发文量
81	中央财经大学	1
81	中央美术学院	1

通过表 19-14 可知，2016 年我国新闻传播学主要研究机构有中国传媒大学、中国人民大学、复旦大学等。其中，中国传媒大学作为我国顶尖的新闻传播专门院校，共有 4 个二级机构发文数量在 10 篇及以上(新闻传播学部 38 篇、艺术学部 27 篇、经管学部 12 篇、文法学部 12 篇)，全校合计发文总数为 124 篇；北京师范大学有 2 个二级学院，其中艺术与传媒学院发文 10 篇，全校合计发文 20 篇。通过发文作者数量可以看出，机构发文量与作者数量成正比关系，也就是说高水平研究学者的规模直接推动了机构科研成果数量的提升。

3. 核心研究队伍分析

有学术影响力的作者群体的状况集中体现了学科科研实践的趋向，是某一学科领域科研活动的缩影之一，通过对作者群体进行研究，可以把握学科科研活动的深度和广度，对于科研活动的管理、组织、协调和引导都有积极的意义。经过对所收集数据的统计，在 2016 年，共有 1133 位作者(其中 258 家教学科研机构的 691 位作者作为第一作者发文)在新闻传播学 A 类期刊上发文，共同推动了新闻传播学研究的深入发展。

(1)研究队伍中的核心作者

一门学科的建设与发展离不开学科的领军人物。在学科的发展过程中，基于“优胜劣汰、适者生存”，总会有一些研究人员通过自身努力，在科研成果、人才培养、团队建设和平台建设等方面脱颖而出，成长为学科的“执牛耳者”，领导与引领学科学术共同体的成熟与进步，凸显学科“制高点”和“突破口”地位。学科领军人物有多个维度来评判，但研究成果数量与质量是一个核心指标，表征了学术共同体的公认程度。通过对研究论文的统计分析，基本上可以找出某一时期内某一学科的领军人物。高产作者，表明某一学者在某一时期内一直勤于思考、敏于学习、笔耕不辍，研究成果丰硕；高被引作者，表明某一学者在某一时期内的学术理论、学术观点、研究方法等得到学术同仁的肯定与借鉴，研究成果社会影响力大；学术团队的核心，表明某一学者在某一时期内注重学术团队的建设与交流，并在学术团队中成为中坚力量。如果一个作者既是高产作者，又是高被引作者，同时又是学术团队的核心，可以认为是新闻传播学研究队伍中的领军人物。

高产作者可以直接以在2016年发表的论文数来衡量，论文总数排在前列的为高产作者。高被引作者，则以作者在2016年所发表的全部论文至2017年8月10日的总被引频次来衡量，排在前列的为高被引作者。学术团队的核心，以作者在合作网络与共被引网络中是否处于核心节点来衡量。根据所收集的数据，在2016年国内新闻传播学的高产作者如表19-15所示（以论文所署第一作者计算）。从表19-15可以看到，高产作者全部拥有高级职称（其中正高职称作者15位，副高级职称作者4位），在新闻传播学科领域发挥着高级学者中流砥柱的重要作用。

表19-15　**2016年新闻传播学研究高产作者（相同篇数者以作者姓名拼音顺序为序）**

序号	排序	作者	发文量	机构	职称
1	1	郭小安	4	重庆大学新闻学院	研究员
2		张志安	4	中山大学传播与设计学院	教授
3		郑保卫	4	中国人民大学新闻学院	教授
4	2	邓绍根	3	暨南大学新闻与传播学院	教授
5		丁汉青	3	中国人民大学新闻学院	副教授
6		胡百精	3	中国人民大学新闻学院	教授
7		荆学民	3	中国传媒大学文法学部	教授
8		刘　涛	3	暨南大学新闻与传播学院	教授
9		潘祥辉	3	华东师范大学传播学院	副教授
10		谭　天	3	暨南大学新闻与传播学院	教授
11		王积龙	3	上海交通大学媒体与设计学院	副研究员
12		肖　俏	3	山西传媒学院	副教授
13		杨保军	3	中国人民大学新闻学院	教授
14		喻国明	3	北京师范大学新闻传播学院	教授
15		张国涛	3	中国传媒大学学报编辑社	研究员
16		张　昆	3	华中科技大学新闻与信息传播学院	教授
17		张淑华	3	郑州大学新闻与传播学院	教授
18		张咏华	3	上海大学上海电影学院	教授
19		赵云泽	3	中国人民大学新闻学院	副教授

被引用表达了施引作者对被引文献观点或成果的认可。引文网络中，这些著作被引

频次高的作者被认为其文章观点或数据为更多后来的研究提供了支撑，可视为对学科的发展作出了更大的贡献。表 19-16 为 2016 年新闻传播学研究论文总被引前 20 位作者名单。

表 19-16　**2016 年新闻传播学研究论文高被引作者**

序号	排序	作者	总被引量	机构	职称	发文量
1	1	张志安	15	中山大学传播与设计学院	教授	4
2	2	胡百精	14	中国人民大学新闻学院	教授	3
3		胡翼青	14	南京大学新闻传播学院	教授	2
4	3	黄　旦	13	复旦大学新闻学院	教授	2
5		彭　兰	13	清华大学新闻与传播学院	教授	2
6	4	沈正赋	12	安徽师范大学新闻与传播学院	教授	1
7	5	刘　涛	11	暨南大学新闻与传播学院	教授	3
8		陆　晔	11	复旦大学新闻学院	教授	1
9		向安玲	11	武汉大学信息管理学院	硕士生	1
10		熊　茵	11	江西师范大学传播学院	副教授	1
11	6	郑保卫	9	中国人民大学新闻学院	教授	4
12	7	蒋晓丽	8	四川大学文学与新闻学院	教授	2
13		李红涛	8	浙江大学传媒与国际文化学院	副教授	1
14	8	方　洁	7	中国人民大学新闻学院	讲师	1
15		郭全中	7	国家行政学院社会和文化教研部	教授	1
16		胡　钰	7	清华大学新闻与传播学院	教授	2
17		黄楚新	7	中国社会科学院新闻与传播研究所	研究员	2
18		童　云	7	安徽大学新闻传播学院	讲师	1
19		王洪喆	7	北京大学新闻与传播学院	讲师	1
20		王　喆	7	浙江传媒学文化创意学院	讲师	2

对表 19-15、表 19-16 所列数据求交集，同时出现在两个名单中的“双高”(高产、高总被引)作者有 4 位：张志安、郑保卫、胡百精和刘涛。

为了界定学术团队的核心，根据所收集的数据，利用 CiteSpace III 制作了作者及被引作者知识图谱，如图 19-8 所示。

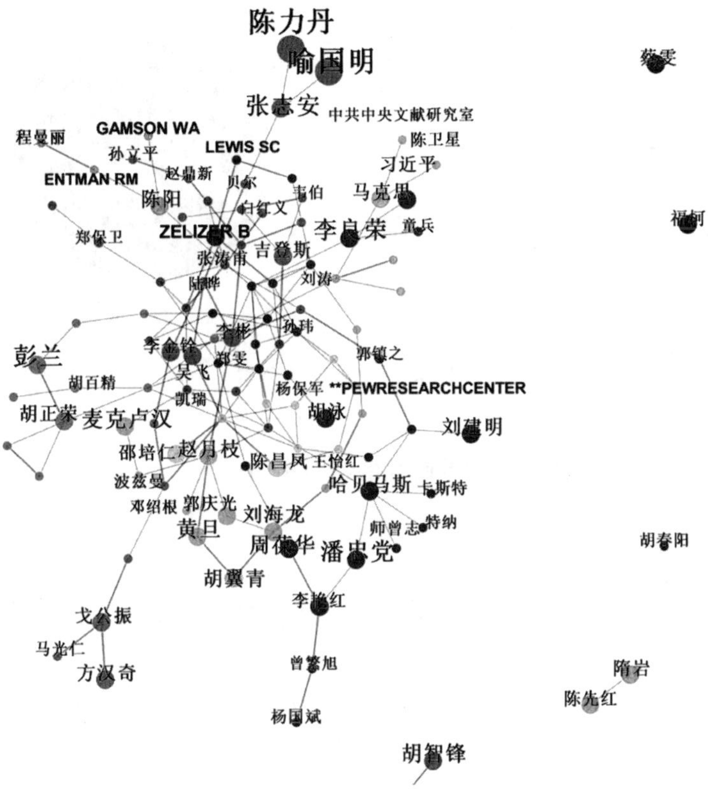

图 19-8　2016年新闻传播学研究作者及被引作者知识图谱

图 19-8 列出几个比较大的作者聚类群，如形成了分别以喻国明、陈力丹、彭兰、潘忠党、张志安、李良荣、黄旦、胡智峰、周葆华、刘建明、胡翼青、刘海龙、陈阳、赵月枝、方汉奇、胡泳、胡正荣等为中心的作者群。这表明，这些作者论著较多或论著被引较高，对 2016 年我国新闻传播学研究的发展起到了重要作用。

(2)研究队伍的职称分布

一个学科学术共同体的发展与壮大，既离不开领军人物的引领作用，同样也是各研究层次学者共同努力的结果。

对所收集到 796 篇文献的作者职称进行统计，其中高级职称(教授、研究员等)、副高级职称(副教授、副研究员等)、中级职称(讲师、助理教授、助理研究员等)以及博士生、硕士生作为第一作者的发文量情况可用图 19-9 说明。

从图 19-9 可以看出，301 篇文章的第一作者拥有高级职称，占总数的 1/3 强，235 篇文章的第一作者拥有副高级级职称，略低于总数的 1/3。这表明在新闻传播学研究领

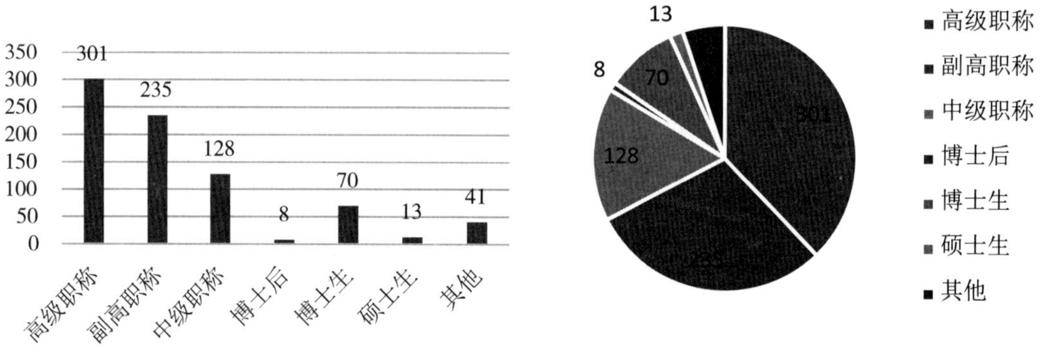

图 19-9　作者职称分布

域，副高级及以上水平的作者是领域研究的绝对主力。

4. 主要研究内容分析

2016 年，全球在经济、科技、文化、教育等领域取得了突飞猛进的成绩。新闻传播学作为一门与科技、文化、经济等紧密关联的学科，在研究上遵循"百家争鸣、百花齐放"，研究内容呈现出社会化、技术化、人文化、交叉化、国际化的发展态势。虽然学者们从不同角度切入研究，产生了众多细分的研究领域，但在研究方向上还是有一定的聚焦性，研究重点具有一致性。同时，基于对外部环境的即时反应，研究前沿具有时效性。

(1)研究重点分布

关键词是作者对文章核心研究内容的精炼，高频关键词在一定程度上能反映学科的研究重点。本节根据高频关键词来确定 2016 年新闻传播学的研究重点。对 CNKI 期刊论文关键词进行整理排序，将专指性不强的"传播""传播学"排除后，列出排在前 25 位的高频关键词如图 19-10 所示。

为更直观地展示高频词，探测学科领域研究重点，在 CiteSpace III 导入数据，其他设置参数不变，节点类型选为关键词(Keyword)，运行程序，生成图 19-11 所示的关键词共现知识图谱。

从图 19-10 和图 19-11 可以看出，国内众多新闻传播学研究人员将研究重心扩展到新媒体、媒介融合、移动互联网、跨文化传播及数据新闻生产等研究领域。这表明 2016 年我国新闻传播学学科与时俱进、立足实践，形成了瞄准前沿、学以致用的研究特色。

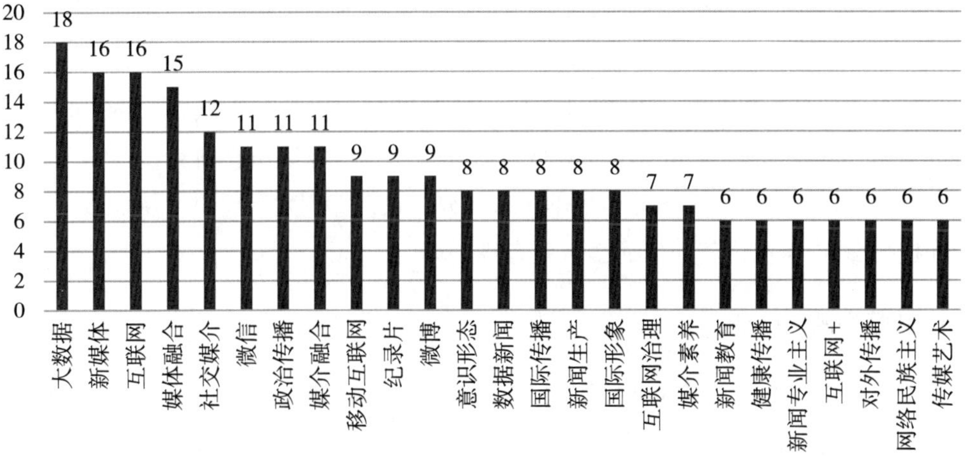

图 19-10　新闻传播学高频关键词(前 25)

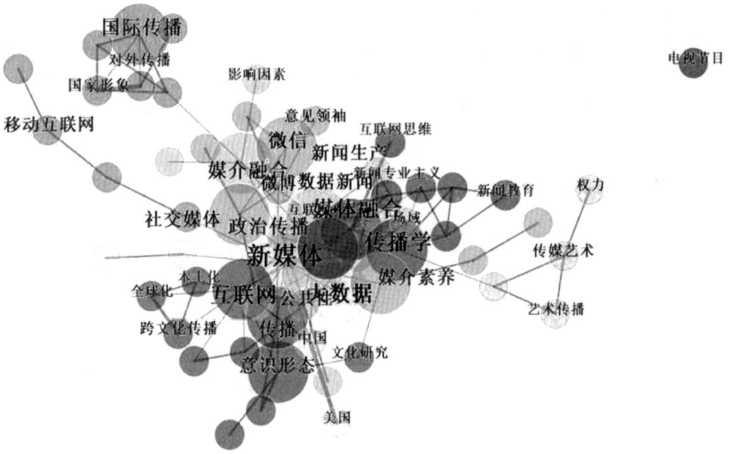

图 19-11　关键词共现知识图谱

5. 结语

2016 年，我国新闻传播学各研究机构、学术同仁群策群力，在党和国家相关方针政策引导下，紧扣时代脉搏，勇攀学术高峰，取得了突出的成就。研究机构核心化、领军人物挑大梁、青年才俊露头角、研究重点聚焦化、研究前沿时代化、顶尖论文受追捧、热点论文引潮流，为新闻传播学学科建设交上了一份满意的答卷。展望学科发展与建设，有理由相信，新闻传播学研究又将登上一个新的层级。

19.2.2　2017 年学术论文统计分析

本节利用信息计量学相关原理与方法，借助可视化文献分析软件 CiteSpaceIII，对2017 年新闻传播学 A 类期刊(国内)文献从研究机构、研究队伍、研究内容、关键论文等方面进行分析，以期揭示新闻传播学学科研究现状，探测发展趋势，从而较为全面地认识和把握 2017 年国内新闻传播学研究态势。

1. 数据来源与处理

此处数据来源主要为“CNKI 中国引文数据库”，具体来说，选取 4 种新闻传播学 A 类国内期刊作为数据来源，分别为《新闻与传播研究》《国际新闻界》《现代传播》《新闻大学》。本节检索并统计了这 4 种期刊于 2017 年 CNKI 所刊载的论文(会议综述、访谈录、茶座、编译等除外)及引文数据，共获得 737 篇文献与 412 条引文数据。“CNKI 中国引文数据库”中检索表达式为：被引文献来源 =“2017—2017 新闻传播学 A 类期刊”；引证文献来源 =“2017—2018 新闻传播学学来源期刊”；论文发表时间 =“2017—2018”；论文被引年份 =“2017—2018”。检索时间为 2018 年 5 月 5 日。图 1 反映了 4 本期刊2017 年发文量占比情况：《现代传播》共发文 430 篇，发文量占 2017 年全部发文总量的一半有余；而《新闻与传播研究》发文 90 篇，《国际新闻界》发文 113 篇，《新闻大学》发文 104 篇，这三种期刊 2017 年发文量相当，比例在发文总量的 13%上下。

2. 核心研究机构分析

经统计，在 2017 年，新闻传播学 A 类期刊论文的作者来自于 523 家教学科研机构，其中论文第一作者所署机构 175 家。根据论文署名，对研究机构进行了归并，即不区分一级机构下设的不同二级机构。如中国传媒大学新闻传播学部、中国传媒大学艺术学部均作为统一的一个机构。2017 年，以论文第一作者所署机构名称统计，剔除了非新闻传播院校后，全年的机构发文名单如表 19-17 所示。

表 19-17　**2017 机构全年发文量总览(以汉语拼音首字母排序)**

排序	大学及研究机构	发文量
1	中国传媒大学	89
2	中国人民大学	48

续表

排序	大学及研究机构	发文量
3	复旦大学	26
3	华中科技大学	26
5	暨南大学	19
5	清华大学	19
5	武汉大学	19
8	南京大学	18
8	中山大学	18
10	厦门大学	17
11	北京师范大学	16
11	上海交通大学	16
13	南京师范大学	14
14	四川大学	13
15	重庆大学	12
16	华东师范大学	11
16	浙江大学	11
18	福建师范大学	10
18	湖南师范大学	10
18	华南理工大学	10
18	中国社会科学院新闻与传播研究所	10
22	北京大学	9
22	深圳大学	9
24	安徽大学	8
25	陕西师范大学	6
25	上海社会科学院新闻研究所	6
25	苏州大学	6
25	郑州大学	6
29	北京交通大学	5
29	华中师范大学	5
29	南京财经大学	5

续表

排序	大学及研究机构	发文量
29	扬州大学	5
33	北京外国语大学	4
33	吉林大学	4
33	江西师范大学	4
33	兰州大学	4
33	山东大学	4
33	四川外国语大学	4
33	西北师范大学	4
33	浙江传媒学院	4
41	河南大学	3
41	湖南大学	3
41	南昌大学	3
41	山西传媒学院	3
41	上海体育学院	3
41	同济大学	3
41	西安交通大学	3
41	西南大学	3
41	西南政法大学	3
41	云南大学	3
41	中南大学	3
52	安徽师范大学	2
52	安庆师范大学	2
52	北京电影学院	2
52	北京工商大学	2
52	对外经济贸易大学	2
52	广州大学	2
52	国家行政学院	2
52	河海大学	2
52	湖北大学	2

续表

排序	大学及研究机构	发文量
52	华侨大学	2
52	济南大学	2
52	美国康奈尔大学	2
52	辽宁大学	2
52	南京政治学院	2
52	山东师范大学	2
52	山西师范大学	2
52	上海财经大学	2
52	上海大学	2
52	上海师范大学	2
52	上海外国语大学	2
52	首都经济贸易大学	2
52	首都师范大学	2
52	四川师范大学	2
52	武汉理工大学	2
52	武汉体育学院	2
52	西北大学	2
52	西北民族大学	2
52	西北政法大学	2
52	西南交通大学	2
52	香港中文大学	2
52	信阳师范学院	2
52	烟台大学	2
52	云南师范大学	2
52	浙江工业大学	2
52	中国农业大学	2
52	中国青年政治学院	2
52	中国社会科学院大学	2
52	中央财经大学	2

续表

排序	大学及研究机构	发文量
52	中央民族大学	2
52	美国威斯康星大学	2
92	安徽财经大学	1
92	澳门科技大学	1
92	北京联合大学	1
92	北京师范大学—香港浸会大学联合国际学院	1
92	北京语言大学	1
92	成都大学	1
92	成都理工大学	1
92	大理大学	1
92	大连理工大学	1
92	东莞理工学院	1
92	东华大学	1
92	佛光大学	1
92	丹麦哥本哈根大学	1
92	广东财经大学	1
92	广东外语外贸大学	1
92	广西大学	1
92	贵州民族大学	1
92	国际关系学院	1
92	哈尔滨工业大学	1
92	海南师范大学	1
92	河北大学	1
92	河南工业大学	1
92	黑龙江大学	1
92	湖北民族学院	1
92	湖南省社会科学院	1
92	华北电力大学	1
92	华东政法大学	1

续表

排序	大学及研究机构	发文量
92	淮北师范大学	1
92	吉首大学	1
92	江苏师范大学	1
92	江西财经大学	1
92	辽宁师范大学	1
92	临沂大学	1
92	美国爱荷华州立大学	1
92	闽江学院	1
92	南京晓庄学院新闻传播学院	1
92	南开大学	1
92	曲阜师范大学	1
92	厦门大学嘉庚学院	1
92	山东财经大学	1
92	山东艺术学院	1
92	山西大学	1
92	陕西西京学院	1
92	台湾世新大学	1
92	天津师范大学	1
92	武汉纺织大学	1
92	西安石油大学	1
92	新疆财经大学	1
92	燕山大学	1
92	英国斯旺西大学	1
92	云南民族大学	1
92	长安大学	1
92	长春工程学院人文社会科学部	1
92	中国海洋大学	1
92	中国科学院心理研究所	1
92	中国劳动关系学院	1
92	中国人民公安大学	1
92	中国社会科学院马克思主义研究院	1

续表

排序	大学及研究机构	发文量
92	中国社会科学院信息情报院	1
92	中国政法大学	1
92	中南财经政法大学	1
92	中南民族大学	1
92	重庆工商大学	1

通过表 19-16 可知，2017 年我国新闻传播学主要研究机构有中国传媒大学、中国人民大学、复旦大学、华中科技大学等。其中，中国传媒大学作为我国顶尖的新闻传播专门院校，共有 89 篇论文刊发。值得一提的是，2017 年多家海外教学科研机构参与我国新闻传播研究，如美国康奈尔大学(2 篇)、威斯康星大学(2 篇)、爱荷华州立大学(1 篇)，英国斯旺西大学(1 篇)，丹麦哥本哈根大学(1 篇)等。

3. 高产作者分析

经过对所收集数据的统计，2017 年，共有 1042 位作者(其中 175 家教学科研机构的 649 位作者作为第一作者发文)在新闻传播学 A 类期刊上发表了文章。其中的高产作者如表 19-18 所示(以论文所署第一作者计算)。

表 19-18　　**2017 年新闻传播学研究高产作者(以汉语拼音首字母排序)**

	排序	作者	发文量	机构
1	1	刘　涛	4	暨南大学新闻与传播学院
2		刘　勇	4	安徽大学新闻传播学院
3	3	白红义	3	上海社会科学院新闻研究所
4		肖燕雄	3	湖南师范大学新闻与传播学院
5		薛　可	3	上海交通大学媒体与设计学院
6		严三九	3	华东师范大学传播学院
7		杨保军	3	中国人民大学新闻学院
8		张志安	3	中山大学传播与设计学院
9		朱至刚	3	厦门大学新闻传播学院

续表

	排序	作者	发文量	机构
10	10	常　江	2	清华大学新闻与传播学院
11		陈力丹	2	中国人民大学新闻学院
12		陈先红	2	华中科技大学新闻与信息传播学院
13		单　波	2	武汉大学新闻与传播学院
14		单　凌	2	复旦大学新闻学院
15		邓建国	2	复旦大学新闻学院
16		丁柏铨	2	南京大学新闻传播学院
17		丁汉青	2	中国人民大学新闻学院
18		董媛媛	2	北京交通大学语言与传播学院
19		冯建华	2	中国社会科学杂志社
20		辜晓进	2	深圳大学传播学院
21		郭全中	2	国家行政学院社会和文化教研部
22		韩晓宁	2	中国人民大学新闻学院
23		贺明华	2	安庆师范大学传媒学院
24		胡百精	2	中国人民大学新闻学院
25		胡易容	2	四川大学文学与新闻学院
26		胡翼青	2	南京大学新闻传播学院
27		贾鹤鹏	2	康奈尔大学传播学系
28		蒋晓丽	2	四川大学文学与新闻学院
29		金恒江	2	上海交通大学媒体与设计学院
30		匡文波	2	中国人民大学新闻学院
31		李华君	2	华中科技大学新闻与信息传播学院
32		李良荣	2	复旦大学新闻学院
33		李　沁	2	中国人民大学新闻学院
34		李卫东	2	华中科技大学新闻与信息传播学院
35		林升栋	2	厦门大学新闻传播学院
36		刘鸣筝	2	吉林大学新闻与传播学院
37		刘　娜	2	武汉大学新闻与传播学院

续表

	排序	作者	发文量	机构
38	10	卢春天	2	西安交通大学人文学院
39		卢家银	2	中山大学传播与设计学院
40		罗　昕	2	暨南大学新闻与传播学院
41		骆正林	2	南京师范大学新闻与传播学院
42		毛章清	2	厦门大学新闻传播学院
43		倪延年	2	南京师范大学新闻与传播学院
44		聂静虹	2	中山大学传播与设计学院
45		潘忠党	2	美国威斯康星大学-麦迪逊校区传播艺术系
46		彭华新	2	深圳大学传播学院
47		秦朝森	2	复旦大学新闻学院
48		曲　慧	2	中国人民大学新闻学院
49		芮必峰	2	安徽大学新闻传播学院
50		申　琦	2	华东师范大学传播学院
51		史安斌	2	清华大学新闻与传播学院
52		孙有中	2	北京外国语大学国际新闻与传播学院
53		王积龙	2	上海交通大学媒体与设计学院
54		王继先	2	南京师范大学民国新闻史研究所
55		王润泽	2	中国人民大学新闻学院
56		王维佳	2	北京大学新闻与传播学院
57		王咏梅	2	山东大学新闻传播学院
58		吴　飞	2	浙江大学传媒与国际文化学院
59		徐敬宏	2	北京师范大学新闻传播学院
60		闫　岩	2	武汉大学新闻与传播学院
61		颜景毅	2	郑州大学新闻与传播学院
62		杨　颖	2	清华大学新闻与传播学院
63		易旭明	2	上海师范大学人文与传播学院
64		余　红	2	华中科技大学新闻与信息传播学院
65		张爱凤	2	扬州大学新闻与传媒学院

续表

	排序	作者	发文量	机构
66	10	张步中	2	华南理工大学新闻与传播学院
67		张辉锋	2	中国人民大学新闻学院
68		张　杰	2	河海大学公共管理学院
69		张　晶	2	中国传媒大学
70		张　伦	2	北京师范大学艺术与传媒学院
71		张　梅	2	福建师范大学传播学院
72		张梓轩	2	北京交通大学语言与传播学院
73		朱丽丽	2	南京大学新闻传播学院

4. 主要研究内容分析

高频关键词在一定程度上能反映出学科研究重点，本节根据高频关键词来确定2017年新闻传播学的研究重点。对CNKI期刊论文关键词进行整理排序，将专指性不强的“传播”“传播学”“新闻”“媒体”等词汇排除后，列出排在前25位的高频关键词如图19-12所示：

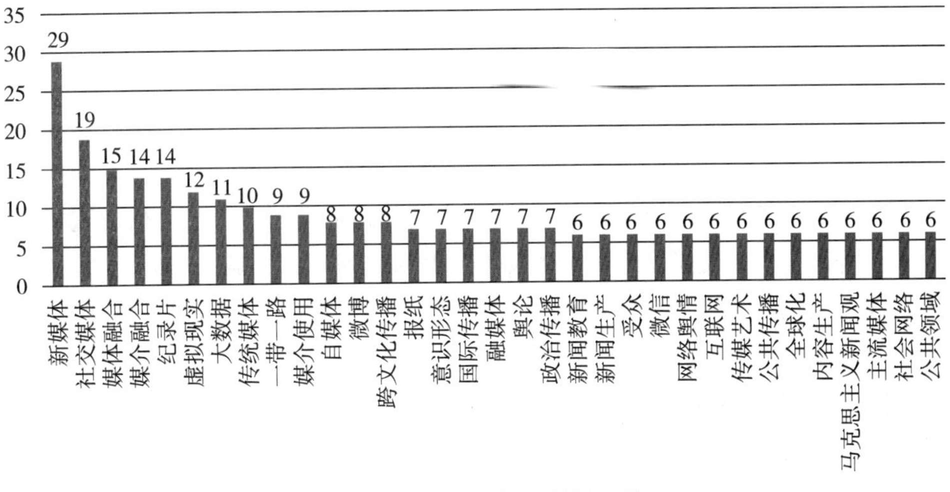

图19-12　新闻传播学高频关键词(前33)

为更直观地展示高频词，探测学科领域研究重点，在CiteSpaceIII导入数据，其他设置参数不变，节点类型选为关键词(Keyword)，运行程序，生成图 19-13 所示的关键词共现知识图谱。

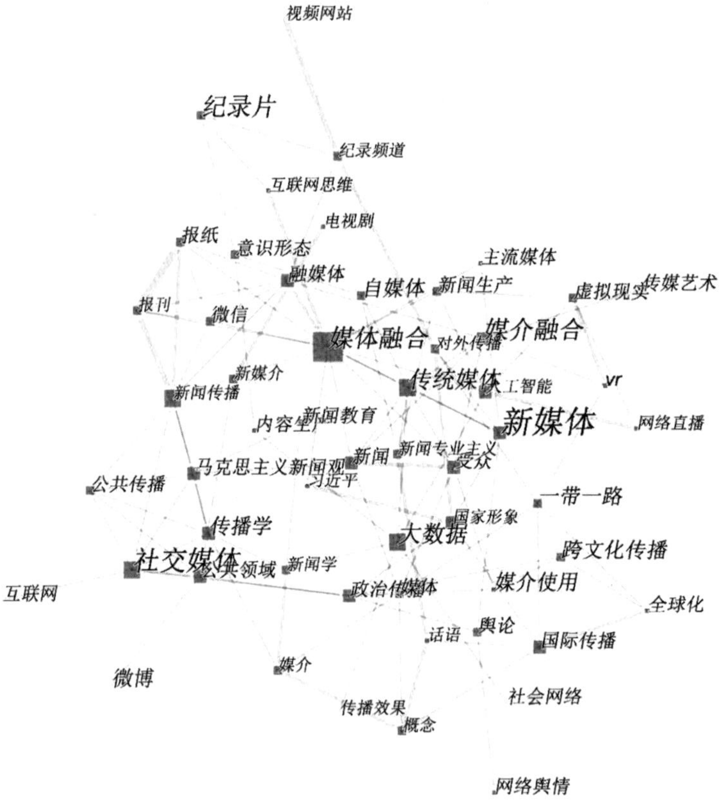

图 19-13　关键词共现知识图谱

从图 19-12 和图 19-13 可以看出，国内众多新闻传播学研究人员将研究重心扩展到新媒体、媒介融合、社交媒体、自媒体及大数据利用等研究领域。这表明 2017 年我国新闻传播学学科与时俱进、立足实践，形成了瞄准前沿、学以致用的研究特色。

根据高频关键词网络共现做聚类分析，生成图 19-14 所示知识图谱。可以发现，2017 年我国新闻传播学研究主要关注社交媒体、新媒体、纪录片、国际传播、媒介融合、报纸、虚拟现实这 7 个领域。

5. 2017 年新闻传播学关键研究论文分析

在 2017 年，新闻传播学 A 类期刊共发表 737 篇关于新闻传播学的论文。在这些论

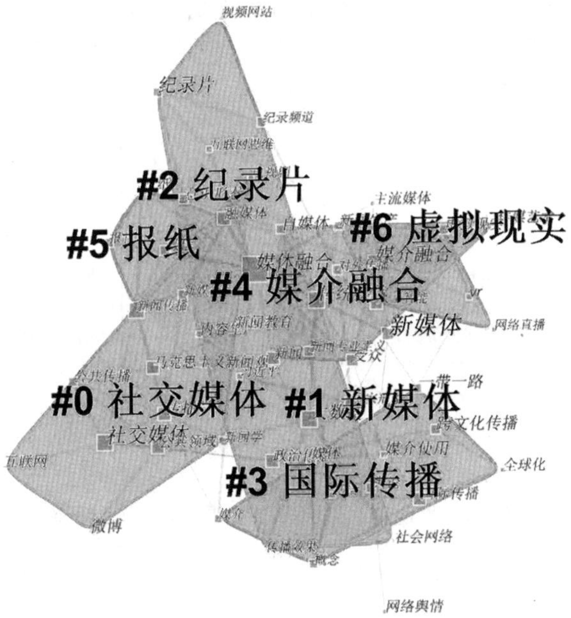

图 19-14　关键词聚类知识图谱

文中，有些论文通过引证关系，成为高影响力的论文，成为这一时期内反映新闻传播学研究动态与发展趋势的关键论文。

(1)高被引论文

基本科学指标数据库(Essential Science Indicators，ESI)设计了“高被引论文”这一指标，即指发表于 10 年、最多 11 年内各领域中被引用次数前 1%的文章。高被引论文具有学科导航作用，对相关学科和领域也有一定的辐射功能，高被引论文揭示着学科研究方向，一定程度体现了学科研究热点。借鉴这一思路，依照共时百分比的计算方法来确定 2017 年新闻传播学顶尖论文，即把 2017 年至今被引频次前 1%的论文作为顶尖论文。具体来说，根据 CNKI 引文数据库检索所得引文数据，对 2017 年新闻传播学 A 类期刊论文进行统计分析，将被引频次排在前 1%的论文视为 2017 年的高被引论文。普莱斯认为在科学论文集合中，只有有限的论文被引用，而新发表而又被较多引用的论文更是极少数。引文网络中，这些被引频次高的小部分论文可视为学科的新的生长点，成为热门的科学前沿。

截至 2018 年 5 月 5 日，全部 737 篇文章中有 215 篇论文被引用，总引用次数为 477 次。经过计算，论文被引频次前 1%基准线为 5，整理共有 17 篇论文，生成表 19-19 所示的 2017 年新闻传播学研究高被引论文列表。

表 19-19　　**2017 年新闻传播学研究的高被引论文**

	排序	题名	被引次数	作者	来源	发表时间
1	1	未来传媒生态：消失的边界与重构的版图	25	彭　兰	现代传播	2017/1/15
2	2	后真相与政治的未来	16	胡　泳	新闻与传播研究	2017/4/25
3	3	智能化：未来媒体的发展方向	11	胡正荣	现代传播	2017/6/15
4	4	智媒时代的新闻生产：自动化新闻的实践与思考	10	许向东 郭萌萌	国际新闻界	2017/5/23
5	5	新闻教育亟待探索的主要问题	9	蔡　雯	国际新闻界	2017/3/23
6	6	新闻专业主义是媒体精英建构的乌托邦	8	吴　飞 龙　强	新闻与传播研究	2017/9/25
7		从宣传到霸权：社交媒体时代“新党媒”的传播模式	8	龙　强 李艳红	国际新闻界	2017/2/23
8	8	走向公共：新闻专业主义再出发	7	潘忠党 陆　晔	国际新闻界	2017/10/23
9		为媒介技术决定论正名：兼论传播思想史的新视角	7	胡翼青	现代传播	2017/1/15
10	10	一个线上公祭空间的生成——南京大屠杀纪念与数字记忆的个案考察	6	李红涛 黄顺铭	新闻与传播研究	2017/1/25
11		新时期主流媒体的价值坚守与融合创新	6	李艾珂	现代传播	2017/4/15
12		中国虚拟现实（VR）产业发展现状、问题与趋势	6	高红波	现代传播	2017/2/15
13		媒介融合语境下新闻职业权威的话语建构——基于 48 家媒体 2016 年新年献词的话语研究	6	张志安 章　震	现代传播	2017/1/15
14		电视文化类节目的嬗变轨迹及文化反思	6	颜　梅 何天平	现代传播	2017/7/15

续表

	排序	题名	被引次数	作者	来源	发表时间
15	15	2016 年中国电视收视市场观察	5	封　翔	现代传播	2017/4/15
16		相融相生与关系重构：论媒体融合的进路与近路	5	李明海 董小玉	现代传播	2017/1/15
17		数字优先的报业转型逻辑	5	辜晓进	现代传播	2017/1/15

根据表 19-19 分析可知，2017 年新闻传播学研究的 17 篇顶尖论文中，从作者来看分布比较平均，未出现高被引文章显著集中于少数作者的情况。从期刊来看，《现代传播》占 10 篇，从侧面说明了此刊在我国新闻传播学领域的重要性和权威度。

(2)“热点”论文

热点论文能够反映学科最新的科学发现和研究动向，表明该研究取得了突破性进展，其成果引发了相关领域的研究热点，从而有利于进一步跟踪学科发展趋势。本节借鉴 ESI 高被引论文的做法，用下载量来确定热点论文，具体来说，从 CNKI 中国引文数据库检索所得下载数据，对 2017 年新闻传播学 A 类国内期刊论文进行统计分析，将被下载总量在 10 位的论文视为热点论文，生成表 19-20 所示的新闻传播学研究热点论文。

表 19-20　　**新闻传播学研究热点(高下载量)论文**

排序	题名	下载次数	作者	来源	发表时间	被引
1	未来传媒生态：消失的边界与重构的版图	5536	彭　兰	现代传播	2017/1/15	25
2	“后真相”时代的中国新闻业	3607	张　华	新闻大学	2017/6/15	7
3	多元化、精细化与范式创新：2016 年新媒体研究的特点与进路	3502	苏　涛 彭　兰	国际新闻界	2017/1/23	2
4	2016 年中国的新闻学研究	3275	陈力丹 陈　辉	国际新闻界	2017/1/23	4
5	后真相与政治的未来	3257	胡　泳	新闻与传播研究	2017/4/25	16

续表

排序	题名	下载次数	作者	来源	发表时间	被引
6	传播学研究范式的创新：以媒介接触与使用的研究为例——用户媒介接触与使用的研究范式及学术框架	3178	喻国明 何其聪 吴文汐	新闻大学	2017/2/15	4
7	2016年中国的传播学研究	2703	熊 壮 方 惠 刘海龙	国际新闻界	2017/1/23	1
8	像爱护爱豆一样爱国：新媒体与“粉丝民族主义”的诞生	2640	刘海龙	现代传播	2017/4/15	3
9	反转的是信息而不是新闻——框架理论视阈下微信公众号推文的文本结构与内容属性分析	2582	邓秀军 申 莉	现代传播	2017/1/15	4
10	技术驱动下传媒经济研究的转向与进路——2016年中国传媒经济研究的热点、框架与逻辑演进	2431	赵 睿 喻国明	国际新闻界	2017/1/23	3

6. 结语

2017年，我国新闻传播学院校、研究机构的学术同仁，潜心研究，取得了突出的成就，为新闻传播学学科建设作出了新的贡献。研究领域不断拓展，研究队伍中新人实力不凡，充分展现了学科发展与建设所蕴含的潜力，期待新闻传播学研究在未来取得更多值得学术界瞩目的成果。

（曹 鹏 廖声武）

第 20 章　新闻教育研究与研讨

20.1　新闻传播教育论文(2017)

20.1.1　新闻传播教育论文目录(2017)

按姓氏拼音排序

1. 艾娟，传馨．新媒体传播环境下的传媒教育思考——访湖南师范大学新闻与传播学院副院长肖燕雄教授[J]．今传媒，2017，25(6)：1-3.
2. 艾涓，东方绪．新闻传播理论在传媒教育中的实践——专访北京师范大学新闻传播学院执行院长喻国明教授[J]．今传媒，2017，25(3)：1-5.
3. 白净．新闻传播实务教学的保障机制[J]．青年记者，2017，(13)：62-63.
4. 白净．新闻专业教育如何应对融媒科技的挑战？——新闻传播实务教学论坛综述[J]．新闻记者，2017，(4)：91-94.
5. 蔡雯．将马克思主义新闻观教育落实到新闻人才培养中[J]．新闻战线，2017，(15)：38-40.
6. 蔡雯．新闻教育亟待探索的主要问题[J]．国际新闻界，2017，39(3)：6-18.
7. 蔡雯．马克思主义新闻观对于新闻编辑的指导意义——编写马克思主义理论研究和建设工程教材的一点思考[J]．当代传播，2017，(5)：10-12.
8. 崔瑜．混合式教学法在高校教学改革中的应用——以“新闻采访与写作”课程教学为例[J]．兰州教育学院学报，2017，33(3)：117-119+122.
9. 车传锋．改革广播电视专业教学模式　适应数字媒体时代要求——评《广播电视学概论(第 4 版)》[J]．新闻记者，2017，(1)：97.
10. 陈昌凤．技术创新与专业坚守：新闻传播教育何去何从？[J]．全球传媒学刊，

2017，4(4)：1-10.
11. 陈昌凤，王宇琦．互联网时代的融媒教育：美国经验及其启示[J]．传媒，2017，(21)：13-14.
12. 陈刚，张梦鸽．大数据营销传播实战教学创新的北大模式[J]．传媒，2017，(21)：9-12.
13. 陈海波．大传播下新闻理论教学“翻转课堂”的建构——以《新闻学概论》为例[J]．阴山学刊，2017，30(3)：97-100.
14. 陈涵．新媒体语境下“新闻采访与写作”课程教学方法改革研究[J]．记者摇篮，2017，(9)：11-12.
15. 陈浩．体育新闻报道对体育教育及体育文化传播的影响——评《体育新闻报道》[J]．新闻爱好者，2017，(2)：106.
16. 陈菁瑶．浅谈地方高校新闻理论类课程教学过程中的困境与思考[J]．传播与版权，2017，(5)：143-144+148.
17. 陈玲．广播电视节目编导课程的参与式教学改革研究[J]．西部广播电视，2017，(13)：46-47.
18. 陈璐．“头脑风暴法”在“广告创意”教学中的应用[J]．传媒，2017，(13)：77-78.
19. 陈明．民族高校马克思主义新闻思想教学十年回顾[J]．中国地市报人，2017，(Z1)：89-90.
20. 陈敏．媒介融合环境下新闻评论的教学探索[J]．新闻与写作，2017，(5)：94-96.
21. 陈琪．媒介融合背景下新闻编辑教学构想探析[J]．新闻研究导刊，2017，8(10)：287.
22. 陈强．记录中国新闻传播教育历史与现实的著作——评《中国新闻传播教育年鉴(2016)》[J]．新闻与写作，2017，(7)：89-91.
23. 陈少林．论新闻传播教育中的社会学转向[J]．今传媒，2017，25(10)：160-161.
24. 陈文耀，刘芸．融媒时代新闻采编工作室实践教学研究[J]．新闻传播，2017，(15)：58-59.
25. 陈雪．广告设计教学中的创意思维培养研究——评《广告设计教程》[J]．新闻与写作，2017，(12)：114.
26. 陈奕．基于品牌传播视角的应用型本科高校新闻传播理论教学改革探讨[J]．东南传播，2017，(3)：101-102.
27. 陈媛．基于新媒体时代探究广告设计教学的创新[J]．吉林省教育学院学报，2017，33(11)：81-83.

28. 陈云萍．全球化时代国际传播教育研究[J]．新闻知识，2017，(2)：67-69.
29. 陈震寰．基于创新能力提升的广告策划课程教学改革研究[J]．中国市场，2017，(6)：217-218.
30. 陈志生．全媒体时期体育赛事传播立体化对新闻专业教育产生的影响[J]．北京体育大学学报，2017，40(11)：86-92.
31. 褚梦宇．探究广播电视编导专业实践教学模式——评《广播电视编导教程》[J]．新闻爱好者，2017，(8)：98.
32. 揣美丽．浅谈黄天鹏的新闻教育观[J]．今传媒，2017，25(11)：166-167.
33. 传馨．网络传播环境下传媒教育改革的新理念——专访南京大学新闻与政治研究所所长陈堂发教授[J]．今传媒，2017，25(4)：1-3.
34. 戴丹．高校教师教学发展中心的新媒体传播探析[J]．传媒，2017，(20)：82-84.
35. 党江华．新闻传播学“链接式教学”的探索与应用[J]．今传媒，2017，25(11)：126-127.
36. 邓海婷．本科院校广播电视新闻专业教学创新探析[J]．采写编，2017，(4)：170-171.
37. 邓绍根．2016 年中国新闻传播学研究生教育的新变化[J]．新闻与写作，2017，(8)：37-41.
38. 邓庄．媒介融合背景下地方高校新闻实践教学的困境与对策[J]．传播与版权，2017，(12)：156-158.
39. 丁洁．移动互联时代广告文案课程教学目标的构建与实现[J]．传媒，2017，(4)：75-78.
40. 丁越．广播电视编导专业的实践教学体系构建策略分析[J]．吉林广播电视大学学报，2017，(12)：81-82.
41. 董婧，宋子节．北京大学广告学系大数据营销传播实战教学纪实[J]．中国广告，2017，(9)：131-134.
42. 董旭．对媒介趋势下新闻传播教学改革的探讨[J]．当代教育实践与教学研究，2017，(12)：65.
43. 窦晓进．独立学院广告专业教学模式的现状及对策研究[J]．今传媒，2017，25(9)：139-140.
44. 窦玉英，张孟军．新闻教学中新案例的引用[J]．采写编，2017，(5)：37-39.
45. 范东升．新闻教育的“医学院模式”[J]．青年记者，2017，(28)：62.
46. 范明献．新闻教育时代转型的焦点问题与高校专业改革的实践取向——以四所知名新闻院校广播电视学专业教育为例[J]. 新闻大学，2017，(5)：120-128+152.
47. 方洁，胡文嘉. 全球数据新闻教育：发展特征与未来趋势[J]. 国际新闻界，2017，39(9)：134-151.
48. 冯帆. 融媒时代的新闻史教学：固本与培元[J]. 青年记者，2017，(36)：97-98.
49. 冯帆. 机器写作热潮下高校新闻传播教育路径的思考[J]. 新闻论坛，2017，(1)：48-51.
50. 冯娟，潘君. “互联网+教育”新路径：基于众包平台的广告专业实践教学模式[J]. 东南传播，2017，(3)：103-104.
51. 冯小霓. 新闻教学理论实践有机结合的探索——以郑州大学西亚斯国际学院新闻传播学院“每周评报”为例[J]. 新闻爱好者，2017，(7)：72-75.
52. 符欲静. 新闻写作教学中学生实践能力的培养路径[J]. 新闻传播，2017，(10)：23+25.
53. 高晓虹，赵希婧. 融合时代新闻传播教育的坚守与创新[J]. 新闻与写作，2017，(1)：22-25.
54. 高有祥. 论地方院校新闻传播和传媒艺术教育的创新创业人才培养[J]. 现代传播(中国传媒大学学报)，2017，39(3)：148-152.
55. 管文娟，姜小凌. 地方高校新闻传播类专业“讲、练、展、评”教学模式建构初探——以湖北文理学院为例[J]. 湖北文理学院学报，2017，38(10)：78-82.
56. 郭占锋，张和荣，姚自立. “传播社会学”课程教学方法探究[J]. 黑龙江教育(高教研究与评估)，2017，(1)：3-6.
57. 韩玄飞. 新闻媒体中“双创”报道与创新教育[J]. 传播与版权，2017，(8)：11-13.
58. 何明. 新媒体时代体育院校新闻传播类课程教学方式的改革与创新[J]. 西部学刊，2017，(1)：55-58.
59. 贺明华. 美国新闻传播教育认证标准的再修订解析[J]. 现代传播(中国传媒大学学报)，2017，39(10)：148-154.
60. 贺明华. 试论四种新闻教育范式及转换[J]. 国际新闻界，2017，39(3)：19-41.
61. 何艳，林刚，谭励. 数字时代广告全案例教学资源平台构建——基于创意传播管理的理论视角[J]. 广告大观(理论版)，2017，(6)：75-80.
62. 何滢，王亚男. 广告学复合型人才培养课程教学改革——以湖南工程学院为例[J]. 湖南工程学院学报(社会科学版)，2017，27(2)：85-89.
63. 何玉巧. “互联网+”时代民办高校新闻传播学专业实践教学创新探索[J]. 新闻研究导刊，2017，8(22)：272-273+293.

64. 侯晓辉．“全媒体”语境下新闻实务教学的改革与探索——以精品视频课《新闻采访与写作》的建设实践为例[J]．今传媒，2017，25(11)：160-161.
65. 胡百精．新闻传播教育改革中的若干基本问题[J]．青年记者，2017，(34)：64-65.
66. 胡春秀．新机制高校新闻传播教育融合发展问题与方向探索——四川省新闻教育学会 2017 年年会暨川渝新闻传播教育发展研讨会纪要[J]．新闻界，2017，(5)：107-108.
67. 胡鸿影．广告学专业实践教学改革初探[J]．牡丹江大学学报，2017，26(5)：176-179.
68. 胡鸿影．基于学生实践能力培养的广告学专业教学改革——以闽南师范大学为例[J]．凯里学院学报，2017，35(2)：135-139.
69. 胡正荣．面向融媒时代的新闻传播教育[J]．新闻与写作，2017，(4)：1.
70. 黄道华．应用网络直播平台进行新闻传播教学成效研究——以新闻出版类继续教育为例的调查[J]．中国出版，2017，(8)：31-34.
71. 黄宏．融合媒介生态链背景下我国新闻传播教育的危机和出路[J]．劳动保障世界，2017，(11)：51-52.
72. 黄洪珍，胡潇雨．地方高校新闻传播教育发展建议[J]．新闻前哨，2017，(10)：84-87.
73. 黄洪珍．湖南高校新闻传播教育的现状、问题与建议[J]．新闻战线，2017，(8)：38-40.
74. 黄媛媛．广播电视学专业教学与校园影视媒体创作联动研究[J]．西部广播电视，2017，(14)：55+66.
75. 黄志敏，王敏，李薇．数据新闻教育调查报告[J]．新闻与写作，2017，(9)：17-24.
76. 纪楠．全媒体时代新闻传播学专业成人实践教学模式探索[J]．视听，2017，(12)：227-228.
77. 贾乐蓉．俄罗斯高等新闻教育：历史溯源、变迁及特点[J]．现代传播(中国传媒大学学报)，2017，39(8)：150-154.
78. 蒋谊．全媒体时代摄影专业人才培养路径研究[J]．传媒，2017，(18)：78-81.
79. 金琛，张贤，冯慧珠．美国哥伦比亚大学新闻教育的改革实践[J]．新闻战线，2017，(14)：127-128.
80. 金玲，周茜滢．民族院校新闻传播实践教学自媒体平台建设路径探析——以湖北民族学院微信公众号“The News”为例[J]．西部广播电视，2017，(20)：79-80.

81. 金石．论少数民族新闻教育中“双语文”教学的作用及地位[J]．新闻论坛，2017，(5)：66-69.
82. 剧静宜．新媒体环境下地方院校新闻学教学改革模式初探[J]．新闻传播，2017，(11)：95-96.
83. 柯泽，卫白鸽，王恩，侯丹．探索新闻传播实践教学、案例教学新模式——以西北政法大学80周年校庆节目创作实践教学创新为例[J]．中国记者，2017，(11)：75-78.
84. 赖黎捷，李瑞芬，周晶，曾蒸．基于真实任务和真实评价的新闻实践教学探索——以重庆新闻学院“新闻1+1”活动为例[J]．重庆师范大学学报(社会科学版)，2017，(6)：81-86.
85. 雷珺然．关于新闻传播教育模式转型的思考[J]．文学教育(下)，2017，(5)：114-115.
86. 李彬．我们需要这样的新闻学院院长——读张昆《我们需要什么样的新闻学院院长》有感[J]．新闻记者，2017，(3)：35-36.
87. 李川川．台湾新闻教育的特色与启示[J]．传媒，2017，(16)：85-87.
88. 李德团．广告学专业实践教学反思[J]．青年记者，2017，(2)：118-119.
89. 李方海．体验与勾连：应用型本科院校新闻专业实践教学模式探索[J]．江苏第二师范学院学报，2017，33(2)：94-97.
90. 李非霏．传播学视阙下慕课的教育传播模式思考[J]．今传媒，2017，25(2)：101-102.
91. 李嘉卓．新闻教育，路在何方[J]．新闻与写作，2017，(4)：4.
92. 李莉．浅谈“广告摄影”课程结合地方旅游特色的教学实践改革与应用——以宜春学院广告学专业为例[J]．视听，2017，(12)：223-224.
93. 李明德．新闻传播教育中的矛盾与冲突[J]．青年记者，2017，(7)：68-69.
94. 李明文，柏茹慧．新闻教育研究的几个基本问题[J]．传播与版权，2017，(6)：153-156.
95. 李强．媒介融合时代美韩新闻学教育比较[J]．青年记者，2017，(9)：97-98.
96. 李盛龙，吴小叶．西部民族地区高校新闻传播教学实训的问题及对策——以贵州为例[J]．东南传播，2017，(4)：121-123.
97. 李韬．广播电视编辑教学改革初探[J]．西部广播电视，2017，(23)：86+90.
98. 李喜根．媒体发展态势与新闻传播教育改革[J]．全球传媒学刊，2017，4(4)：40-52.

99. 李小琴．浅析新媒体时代体育新闻采访教学实践改革[J]．今传媒，2017，25(5)：159-160.
100. 李雅婷．构建适应职业需要的新闻教学管理体系——以新闻传播专业教育为例[J]．西部广播电视，2017，(2)：35-36.
101. 李艳梅．SWOT 分析框架下地方院校新闻传播教育的转型发展[J]．今传媒，2017，25(11)：154-155.
102. 李瑜．高校新闻专业实践教学存在的问题与对策[J]．新闻研究导刊，2017，8(11)：277.
103. 李梓畅．基于 OBE 理念的《新闻评论》案例教学——谈地方高校新闻专业《新闻评论》教学策略[J]．湖南科技学院学报，2017，38(9)：146-147.
104. 廖旭东．培养应用型新闻传媒人才教学模式初探[J]．西部广播电视，2017，(12)：16-17.
105. 林颖颖．“我相信训练和专业操守”——张力奋谈新闻教学与实践[J]．新闻与写作，2017，(3)：59-63.
106. 刘芳．广告创意课项目式教学方法研究[J]．辽宁科技学院学报，2017，19(6)：91-93.
107. 刘峰，郝红霞．基于场景的新闻传播移动化教学路径[J]．青年记者，2017，(29)：111-112.
108. 刘国强．新闻传播教育的难点与教改探索[J]．青年记者，2017，(22)：68-69.
109. 刘海明．新闻教育的改革向度[J]．新闻与写作，2017，(9)：30-35.
110. 刘洪．翻转教学模式，真学、真懂、真用——从广西大学实践看马克思主义新闻观教学模式新探索[J]．中国记者，2017，(8)：35-38.
111. 刘佳蓓．成舍我的新闻教育观及其局限[J]．青年记者，2017，(18)：102-103.
112. 刘建秋．网络时代新闻传播学基础课的教学探析[J]．东南传播，2017，(6)：135-137.
113. 刘立荣．融媒体时代的新闻教育改革探析——基于问卷法和访谈法的研究[J]．新闻论坛，2017，(5)：93-96.
114. 刘蒙之．媒体人才需求及对新闻教育的启示[J]．青年记者，2017，(16)：62-63.
115. 刘琴．作品驱动新闻实践教学探索[J]．青年记者，2017，(2)：120-121.
116. 刘庆振．“互联网+”背景下新闻传播教育的供给侧改革[J]．教育传媒研究，2017，(2)：9-13.
117. 刘山河．民办高校传媒类专业马克思主义新闻观教育研究初探[J]．教育发展研究，

2017,(S1):38-40.
118. 刘晓静．艺术传播概论课程教学体系的完善与创新[J]．新闻传播，2017，(4)：87-88.
119. 林楠．媒介融合背景下高校网络新闻传播课程教学实践探析[J]．现代交际，2017，(24)：23-24.
120. 林渊渊．北卡罗来纳大学的新闻专业技能教育考察[J]．青年记者，2017，(18)：100-101.
121. 陆洪磊．探索媒介融合新形势下的新闻教育改革——清华大学新闻与传播学院建院15周年"全球院长论坛"综述[J]．全球传媒学刊，2017，4(3)：138-147.
122. 陆佳怡，董颖慧．探索与创新：美英知名新闻学院的数据新闻教育[J]．新闻战线，2017，(1)：142-145.
123. 陆学莉，缪章艳．应用型高校新闻学课程教学改革与反思[J]．合肥师范学院学报，2017，35(2)：116-120.
124. 鲁艳敏．新闻传播教育如何适应新媒体时代的要求[J]．传媒，2017，(21)：8.
125. 罗彬，方佳辰．新媒体时代少数民族地区高校新闻教育改革路径探析——以新疆高校为例[J]．视听，2017，(10)：213-214.
126. 骆欣．新闻传播教育模式的选择："术"VS"道"——基于陕西高校新闻传播类专业调研[J]．陕西教育(高教)，2017，(2)：36-37.
127. 罗艺．论专业实践在新闻传播学教学中的作用——以独立实践课和学科竞赛为例[J]．今传媒，2017，25(5)：152-154.
128. 罗奕．供给侧改革下广告学专业理论课程教学探索[J]．今传媒，2017，25(1)：18-20.
129. 骆正林．我国新闻学教育模式的历史选择与当代创新[J]．现代传播(中国传媒大学学报)，2017，39(8)：145-150.
130. 骆正林．我国师范院校新闻传播教育的现状、问题及发展建议[J]．新闻大学，2017，(1)：132-139+152-153.
131. 吕萌，饶伟．全媒体环境下新闻传播实验教学的发展与转型[J]．实验室研究与探索，2017，36(10)：279-282.
132. 吕正兵，何村．地方高校的新闻教育如何接地气[J]．教育现代化，2017，4(39)：110-111.
133. 马锋．媒介变革与新闻传播教育"迁移"[J]．青年记者，2017，(31)：59-60.
134. 马伟．基于融媒体时代的新闻学专业教学探究[J]．西部广播电视，2017，(22)：

62-63.

135. 马学林．地方院校《新闻写作学》课程教学改革路径解析[J]．东南传播，2017，(11)：140-141.

136. 马弋飞．新闻教育改革要有“国情意识”[J]．青年记者，2017，(31)：5.

137. 毛琦．当前新闻理论课程教学的问题与方法[J]．青年记者，2017，(23)：130-131.

138. 聂绛雯．广播电视编导专业开放式实验教学改革探究[J]．视听，2017，(11)：227-228.

139. 潘源．“以赛促教、以赛促学”对地方应用型高校广播电视学专业教学模式的改革[J]．新闻知识，2017，(4)：60-62.

140. 彭祥明．融媒体时代新闻传播教育的坚守与创新[J]．西部广播电视，2017，(7)：65.

141. 郄建业，李旭．交叉、融合与协同——对全媒体视野下新闻传播学教育跨学科的思考[J]．传媒，2017，(18)：90-93.

142. 乔婕．民族地区新闻传播教育现状分析[J]．青海师范大学学报(哲学社会科学版)，2017，39，(6)：157-160.

143. 覃晴．“微”传播时代如何优化新闻理论教学设计[J]．传媒，2017，(5)：77-79.

144. 任孟山．新闻评论课程：教什么与学什么[J]．新闻与写作，2017，(5)：92-93.

145. 尚京华．跨媒体传播与高校新闻学课程体系重塑[J]．现代传播(中国传媒大学学报)，2017，39(6)：163-165.

146. 司红霞．跨文化传播的广播电视语言教学类节目研究[J]．当代电视，2017，(2)：60-61.

147. 苏黄菲菲．试论新媒体时代广告设计教学的改革创新[J]．新闻研究导刊，2017，8(6)：280.

148. 孙傲飏．新闻学专业实践教学中的现代教育方法运用[J]．教育现代化，2017，4(13)：151-152+186.

149. 孙会．互联网时代微信助力下的问题式教学法建构与创新——以《中外广告史》教学为例[J]．广告大观(理论版)，2017，(6)：81-85.

150. 山彤彤．“后喻时代”高校教育传播的媒介趋势探究[J]．广州广播电视大学学报，2017，17(5)：34-37+108.

151. 邵静．美国新闻传播学教育的现状、趋势与启示[J]．新闻大学，2017，(4)：132-138+152.

152. 申玲玲，王翎．案例教学在新闻传播学院专业教学中的实践[J]．新闻研究导刊，2017，8(6)：20-21.
153. 沈艺虹．基于新媒体的高校新闻教育转型研究[J]．山东理工大学学报(社会科学版)，2017，33(3)：93-96.
154. 石姝莉，王月．实践教学资源整合：我国新闻传播教育改革路径探究[J]．新闻世界，2017，(3)：71-74.
155. 汤天甜，冉桢．新闻传播人才培养模式创新与教学改革研究——基于大数据背景[J]．西南交通大学学报(社会科学版)，2017，18(3)：8-14.
156. 唐毅，马佳明，俞雷．新媒体直播报道对新闻采访教学的若干启示[J]．今传媒，2017，25(11)：162-163.
157. 滕文莉，杨程茜．新媒体时代地方院校新闻采访课程教学改革与探索[J]．今传媒，2017，25(11)：156-157.
158. 田秋生，熊琦．传统新闻传播教育的接续与再造[J]．广州大学学报(社会科学版)，2017，16(7)：81-85.
159. 童兵．把马克思主义新闻观教育落到实处[J]．新闻与写作，2017，(9)：50-54.
160. 童兵．马克思主义新闻观：推动媒体融合发展和新闻教育改革的指导思想[J]．新闻与写作，2017，(4)：41-45.
161. 童兵．新闻传播学学科体系的观察与思考[J]．南京社会科学，2017，(1)：8-15.
162. 王斌，戴梦瑜．创业新闻：新闻人才培养的“破坏性”创新[J]．中国大学教学，2017，(3)：47-55.
163. 王继先．民国新闻高等教育的“政校模式”略论——以马星野的新闻教育实践为视角[J]．新闻大学，2017，(5)：45-51+147-148.
164. 王健华，徐梦菡．范敬宜的新闻和教育思想与实践[J]．现代传播(中国传媒大学学报)，2017，39(6)：148-152.
165. 王凯，陈明令．体育新闻传播的特征、人才能力要求与体育新闻传播教育供给侧改革——基于奥运传播的观察[J]．南京体育学院学报(社会科学版)，2017，31(2)：7-13.
166. 王丽芳．互联网思维在新闻专业信息化教学中的运用[J]．青年记者，2017，(35)：114-115.
167. 王敏．突破“新闻室”的界限——虚拟新闻室实验及其对新闻教育的启示[J]．传媒，2017，(19)：83-85.
168. 王敏．“部校共建”模式下的马克思主义新闻观教育研究——以武汉大学新闻与传播学院为例[J]. 教师教育论坛，2017，30(9)：82-86.
169. 王润泽，陈颖川．媒体转型时期新闻学教育更应夯实文史哲基础[J]. 教育传媒研究，2017，(3)：12-16.
170. 江卫东．新闻史教学在当下面临的问题与对策[J]. 新闻知识，2017，(11)：70-73.
171. 王霞，王娟，赵志明．融合新闻人才的培养及其教学模式[J]. 新闻传播，2017，(15)：6-7.
172. 王晓乐．新闻教育下一程改革的路径与关键[J]. 青年记者，2017，(10)：68.
173. 王玉霞．互联网背景下“广告学”翻转课堂教学模式研究[J]. 牡丹江大学学报，2017，26(1)：139-141.
174. 王子妤，胡艺凡．互联网时代新闻教育改革方向探究——英美名校改革实践调研[J]. 今传媒，2017，25(7)：168-170.
175. 文红．媒介融合背景下地方高校新闻教育改革探析[J]. 传媒，2017，(14)：86-88.
176. 吴鼎铭．高校马克思主义新闻观教学体系的理念与设计研究[J]. 东南传播，2017，(8)：149-151.
177. 吴飞，祝旸彤．新媒体对于新闻实务及新闻学科教学的影响[J]. 教育传媒研究，2017，(2)：20-22.
178. 吴惠凡．融媒体时代新闻实务教学的创新与思考[J]. 新闻知识，2017，(5)：69-72.
179. 吴健民．新媒体环境下高校新闻摄影教育现状及对策[J]. 中国报业，2017，(16)：51-52.
180. 夏建军．“以赛促学”模式在广告课程教学中的实践与反思——以全国大学生广告艺术大赛为例[J]. 传媒，2017，(8)：76-79.
181. 肖飞．融合背景下新闻传播教育的社会角色设定与思维方式训练[J]. 传播与版权，2017，(5)：151-153.
182. 贤娟．《广播电视新闻采访与写作》实践类课程教学改革创新研究[J]. 西部广播电视，2017，(10)：24-26.
183. 谢丹，丁迈．专业认证：我国新闻学专业教育质量保障的创新之维[J]. 现代传播(中国传媒大学学报)，2017，39(10)：143-147.
184. 谢丹．专业认证背景下新闻学专业人才培养目标的改革初探[J]. 西部素质教育，2017，3(19)：5-6+9.

185. 谢丹 . OBE 理念下新闻专业培养目标的建构与改革[J]. 今传媒，2017，25(10)：60-62.
186. 谢太平 . 以学术阅读为路径的翻转式课堂——关于新闻传播学硕士相关理论课程教学的思考[J]. 青年记者，2017，(8)：111-112.
187. 谢耘耕，万旋傲 . 关于中国舆论学知识体系建设和人才培养的思考[J]. 新闻大学，2017，(5)：8-13+145.
188. 徐剑锋 . 高校新闻发言人媒介素养的教育与培养路径探索[J]. 陕西教育(高教)，2017，(11)：32.
189. 徐琼 . 基于建构主义学习理论的新闻学课程教学[J]. 青年记者，2017，(11)：108-109.
190. 徐赛华，张翔 . 基于电商视觉信息传达的教学改革实践研究——以“移动广告策划与设计”为例[J]. 牡丹江大学学报，2017，26(12)：136-139.
191. 徐卫华 . 高校课题教学的理念与实践探究——以《广告法规与管理》为例[J]. 浙江传媒学院学报，2017，24(5)：115-119.
192. 晏菁 . 创意传播管理思想指导下的广告策划与创意教学实践[J]. 广告大观(理论版)，2017，(1)：78-82.
193. 严卿方 . 浅析广告视觉传播课程的教学改革[J]. 教育现代化，2017，4(45)：122-123.
194. 姚嘉 . 新媒体环境下美国新闻教育的改革实践——基于对主流新闻研究机构与院校的分析[J]. 新闻战线，2017，(12)：124-125.
195. 杨丽娜，宋依洋 .“互联网+教育”背景下独立学院新闻人才培养的创新探索——以辽宁师范大学海华学院为例[J]. 西部素质教育，2017，3(15)：130-131+136.
196. 杨梦蕾 . 媒介融合趋势下新闻专业的教学创新[J]. 新闻研究导刊，2017，8(12)：279.
197. 杨亚阁 . 新媒体时代的体育新闻教育改革策略[J]. 传媒，2017，(20)：85-87.
198. 杨叶玲 . 大学生媒介依赖对新闻传播教育的影响[J]. 新闻战线，2017，(4)：118-119.
199. 杨祖叶，马兢 . 民办高校广播电视编导专业实践教学模式现状探析[J]. 西部广播电视，2017，(23)：77-79.
200. 尹正阳 . 创新传媒人才培养模式的几点认识——以内蒙古大学新闻与传播专业硕士教学为例[J]. 新闻论坛，2017，(5)：118-119.
201. 尹志山 . 关于国外新闻传播教育的发展动向及经验借鉴[J]. 视听，2017，(9)：

200-201.
202. 应克荣．新闻学专业实践教学模式探析[J]．淮南师范学院学报，2017，19(2)：139-142.
203. 余来辉，李德团．基于 OBE 模式的广告学专业课程实践教学改革与实践——以《品牌策划专题》为例[J]．南方论刊，2017，(12)：104-107.
204. 余林．基于集成化理念的融合新闻传播教学管理改革[J]．新闻知识，2017，(4)：57-59.
205. 于英格．人文主义视角下新闻史教学模式创新研究[J]．传播力研究，2017，1(10)：191+193.
206. 邹益明．一部全面总结中国体育新闻教育的著作——评《三十而立——中国体育新闻教育 30 年》[J]．传媒，2017，(8)：94.
207. 赵红香．融媒时代应用型民办高校新闻传播教育转型探究——以吉林省民办高校为例[J]．新闻研究导刊，2017，8(21)：49.
208. 赵俊丽．全媒体时代传播媒介课程教学改革研究[J]．西部广播电视，2017，(19)：72-73.
209. 赵立敏．广告学实践教学中存在的问题及对策[J]．新闻世界，2017，(2)：89-91.
210. 赵振宇，刘义昆．据“势”行事，以事成“势”：新闻评论特色教育体系的构建与实施[J]．现代传播(中国传媒大学学报)，2017，39(8)：155-157.
211. 张成军．论实践教学平台的构建对广播电视编导专业教学的现实意义[J]．吉林广播电视大学学报，2017，(10)：48-50.
212. 张金桐，景义新，李剑欣．视听新媒体环境下广播电视学的教学改革目标与路径[J]．中国大学教学，2017，(4)：60-64.
213. 张晋升．新闻传播实务教学面临的挑战与转型[J]．青年记者，2017，(19)：67-68.
214. 张晶晶．从“法治新闻”到“法治传播”——一种专业传媒教育的转型[J]．青年记者，2017，(6)：99-101.
215. 张昆．新闻传播教育的支点错位[J]．新闻记者，2017，(6)：79-84.
216. 张昆．新闻理想与教育情怀——写在《三思新闻教育》付梓之前[J]．新闻与写作，2017，(8)：49-52.
217. 张昆，王宇婷．“后喻文化”背景下的新闻教育[J]．新闻与写作，2017，(4)：5-9.
218. 张昆．关于设立新闻传播学科冠名教授席的思考[J]．新闻与写作，2017，(6)：54-57.

219. 张昆．我们需要什么样的新闻学院院长？[J]．新闻记者，2017，(2)：44-48.
220. 张丽妍．以新闻学为例探讨双语教学与专业英语教学的衔接——评《新闻传播专业英语》[J]．新闻爱好者，2017，(1)：102.
221. 张鹏．新媒体广告课程的混合式教学模式探索[J]．新闻世界，2017，(12)：94-96.
222. 张泉泉．用人文主义深化新闻专业教育——反思新闻无学论的意义转向[J]．当代传播，2017，(4)：34-35+68.
223. 张蕊．论广播电视新闻专业课堂教学的创新与实践[J]．西部广播电视，2017，(24)：78-79.
224. 张蕊．大数据时代新闻传播学教学改革研究[J]．西部广播电视，2017，(23)：42-43.
225. 张士勇．广告学专业课程双向性需求实践教学模式及特色[J]．教育理论与实践，2017，37(9)：61-62.
226. 张双昊．应用型本科广告学专业教学模式创新探究——基于"学生学习性投入"理论[J]．白城师范学院学报，2017，31(11)：82-85.
227. 张涛甫．传播新业态倒逼新闻传播教育转型[J]．青年记者，2017，(21)：4-5.
228. 张天培．融合传播时代新闻教育的"变革者"——张志安访谈录[J]．新闻战线，2017，(3)：54-57.
229. 张婷．媒介融合背景下的新闻传播与新闻教育[J]．新闻传播，2017，(17)：54-55.
230. 张晓旭．大数据环境下辽宁地区新闻教育所面临的挑战与对策[J]．渤海大学学报(哲学社会科学版)，2017，39(5)：155-156.
231. 张旋．刍议广电新闻教育在融媒时代面临的困境[J]．新闻窗，2017，(3)：68.
232. 张祎．报网融合背景下新闻编辑教学改革[J]．新闻研究导刊，2017，8(11)：275.
233. 张媛，赵茹．媒介变革时代的新闻理念与实践——《新闻采访写作》课程教学改革路径探析[J]．今传媒，2017，25(3)：146-148.
234. 张占杰．《中国新闻传播史》教学新模式探析[J]．河北广播电视大学学报，2017，22(6)：72-75.
235. 张政法．正本清源：口语传播教育的三重维度[J]．现代传播(中国传媒大学学报)，2017，39(9)：153-155.
236. 张志安．对新闻传播实务教学改革的思考[J]．青年记者，2017，(13)：61-62.
237. 郑波．"美第奇效应"对传媒教育创新的启示[J]．现代传播(中国传媒大学学报)，

2017，39(1)：165-166.
238. 钟蔚文，王彦．传播教育者要警惕“训练无能”——台湾政治大学传播学院名誉教授钟蔚文谈治学与从教[J]．新闻记者，2017，(12)：29-33.
239. 周德仓．少数民族新闻传播教育之民族特色[J]．西部学刊，2017，(12)：75-78+88.
240. 周高琴．媒介融合背景下地方高校新闻教育的现实困局与发展进路[J]．传播与版权，2017，(3)：147-150.
241. 周欢．浅析媒介融合背景下高职新闻教育的转型之路[J]．当代教育实践与教学研究，2017，(8)：3+61.
242. 周洪波．非艺术类广告学专业广告设计课程教学探索与实践[J]．巢湖学院学报，2017，19(5)：141-145.
243. 周珂．新闻传播课程教学中思想政治教育资源的挖掘探析[J]．西部广播电视，2017，(21)：33+35.
244. 周庆安．“后真相”时代国际新闻教育反思[J]．青年记者，2017，(22)：66-67.
245. 周婷婷．圣约翰大学新闻教育的历程[J]．新闻大学，2017，(4)：124-131+152.
246. 朱建霞．新媒体时代高校广告设计教学改革的趋势[J]．新闻爱好者，2017，(12)：82-84.

20.1.2　重要论文全文转载①

新闻教育亟待探索的主要问题

蔡　雯

文章来源：蔡雯．新闻教育亟待探索的主要问题[J]．国际新闻界，2017，39(3)：6-18.

作者简介：蔡雯，中国人民大学新闻学院教授，博士生导师。

【摘　要】我国新闻教育在媒介融合发展新时期面临新的问题和挑战。本文对具有共性的重要问题进行归纳和分析，包括新闻教育规模及人才培养定位、新闻教育的创新与守成、师资队伍建设、复合型人才培养、专业硕士教育、资金与实验条件保障等，并

① 此处收录 10 篇，按姓氏拼音排序，参考文献均未保留。

在此基础上提出对策性的思考和建议。

【关键词】新闻教育；改革；问题

在新媒体环境下，新闻与传播业呈现出前所未有的快速变化和复杂局面。行业变迁与社会资源的重新配置，使新闻教育改革不断面临新的问题和难点。新闻院校已经获得的教育成果各具特色，而亟待探索的问题却很有共性。本文就其中最重要的几方面问题进行讨论。

一、新闻教育规模及人才培养定位

我国新闻与传媒业进入新的发展时期后，人才需求方面的变化有两个方面值得关注，一是专业新闻媒体所需要的人员结构出现变化，特别是对新闻采编人才的选拔越来越多地由以往侧重于新闻传播学科转向更广泛的学科领域，政治学、经济学、法学、社会学、历史学等学科培养的学生都是新闻媒体单位的选择对象，而且越是重视专业性新闻传播的媒体在这方面越是需要与所报道领域相关的专业背景的从业人员。因此，新闻与传播学科的本科教育规模相对于这种变化明显表现出过剩态势。我国新闻传播学科的办学规模应该控制在什么水平，目前还不是非常清晰，有待该学科的专业指导委员会及教育学会等组织机构以及研究人员展开相关的跟踪调查和分析。

对于从事新闻人才培养的各新闻传播院系，在这样一个已经超规模发展的新闻传播教育体系中，则面临着如何进行人才培养定位的问题。据 2013 年统计数据，中国有 1080 个新闻传播类本科专业，分布在 637 个学校；93 所学校设有新闻传播学硕士点，17 所院校设有一级博士点，在校大学生约 20 万人；有近 5000 名在校专职教师服务于新闻传播教育。也就是说，中国有四分之一多的高校涉足新闻传播教育，包括“985”高校、“211”高校、一般高校、独立学院等。到 2015 年，开设新闻传播类专业的高校增加到 681 个，专业分布点增长到 1244 个，短短两年中就增加了 164 个，在校本科生也增加到 23 万人。对这种状况，很多新闻传播教育人士认为问题不少，如华中科技大学新闻与信息传播学院院长张昆认为，有两个问题值得注意：一是人才培养严重滞后于业界的需求，业界实践已经远远地抛离了教育界：全球传播、大数据、数据新闻、社交媒体、文化产业、政治参与、社会转型等，大多数学校的新闻院系没有跟上；大多数高校的新闻院系仍苦于专业细分化与融合化的矛盾难以自拔。二是学术生态的恶化。新闻传播学科在高校整体学科格局中的地位每况愈下，新闻传播学科对整个人文社会科学的贡献度没有提升甚至在下降，新闻传播学科与其他学科之间的差距越来越大，与其他学科的对话日益艰难。这些问题的根源在于新闻传播教育的定位不准，思路不清。几乎所有的高校，一流的、二流的、三流的，都是同一个定位，而这个定位都是由来于新闻传播教育的职业型特征，千篇一律，没有区隔，没有个性，没有特色，以致受到社会各界的批评(张昆，2016)。其实，定位不清晰的问题也从另一个角度反映了新闻教育规模扩张过快的弊端。一些并不具备办学条件的院校跟风开设新闻传播院系或专业，对人才培养的方向和路径缺乏科学严谨的调查论证，盲目照搬一些老牌新闻学院的思路和做法，最终导致缺乏特色，培养出来的学生也缺乏竞争力。

二、新闻教育的创新与守成

什么需要变革，什么应该坚守，是近年来新闻教育界一直讨论的问题。创新的各方面表现及成果本文限于篇幅不加论述。需要关注的是，新闻传播院系纷纷加大课程改革力度，热衷于加强新技术新媒体内容的教学时，可能产生的问题。已经有学者提出："当新媒体迅速崛起时，传统的职业传媒人似乎已经被搅得心神不宁，表现出渠道崇拜之下的忙乱，缺乏职业传媒人的淡定和对传播内容的精细打磨和把关，因而屡屡表现出有失真实、有失准确的业余水准，反过来给新闻传播教育提出了警示：'固本'教育必须成为共识。"(何志武，2016)确实，新闻传播教育应用性较强，具有面向具体行业和岗位的职业教育特征，在新闻传播教育综合改革中有不少人主张按照新闻传播业对大学生提出的职业能力和职业素养的要求，调整新闻传播类专业人才培养的目标、课程体系和教学内容，使新闻传播教育改革表现出技能化和工具化的趋势，如一些高校在课程结构与课程体系调整时，凡与新闻传播理论和技能无直接关系的各类公共课能不开尽量不开，能少开的尽量少开。尤其是文史类、管理类、艺术类的课程，在人才培养方案修订中，被大量剔除出去。这种做法堪忧。

不能否认，培养新闻传播人才需要紧跟传媒业发展步伐，加强对学生的专业知识、职业技能和职业素养的教育，帮助他们理解和掌握最新的技术工具和业务技能。但是新闻传媒为公共利益服务的根本属性还要求其从业者对社会有全面、深刻、准确的认识，承担社会瞭望者的责任。新闻传播教育必须帮助学生形成宽阔的知识视野和人格品德修养。创新与守成这对矛盾，在一所新闻传播院系的改革方案中主要体现为，是以培养学生深厚的人文素养、丰富的社会知识为目标，还是以培养学生的新闻专业素养和技术能力为重点？如果是后者，显然难以保证学生在未来更加专业化的工作领域中有发展后劲；如果是前者，新闻学院办本科教育还要更多地依赖兄弟学科的教育资源来支持，如复旦大学新闻学院的"2+2"培养模式、中国人民大学新闻学院的双学位实验班模式，以及西方国家很多新闻传播学院的本科课程有一半甚至70%由其他学科来提供，都体现了这一特点。这种教育模式虽然与培养目标(复合型、厚基础)是相符的，但在现实操作中，由于课程资源的配置是跨学科的，新闻学院对教育质量的控制难度很大。

三、师资队伍建设

新闻传播类专业应用性很强，但从目前我国新闻传播院系的师资情况来看，比较突出的问题是难以保证从事新闻传播业务课程教学的师资的数量和质量。新闻传播学科的师资队伍建设一直没能解决重学术资历和学位、轻实践经验的问题。如大多数新闻院系招聘教师以获得博士学位为必备条件，更适合讲授业务课程的业界优秀人才因为没有博士学位难以转入教学岗位，这严重影响了实务类课程的教学水平。在结构组成上，擅长基础理论研究和教学的人多，能够教授业务实践类课程的人少；高学历的人多，有业界工作经验的人少。出现这种状况的主要原因是，我国对于包括新闻传播学科在内的各学科专业水平的评价，按照目前通行的标准和办法，主要是学术导向。如在师资队伍考核方面，重视学历学位，重视来自海外的博士研究生；重视学术论文的发表，尤其是SSCI、CSSCI期刊论文的发表；重视重大课题、研究经费，以及学术奖项等。近年来各高校片面追求研究生学位点，特别是追求博士点，更加导致与技能、专业知识相关的要素在整个评估体系中所占的权重很低，如学生质量，课程水平，实务课程教师的业界经历、实验实践环节等。

在我国教育管理部门的学科评估指标这一“指挥棒”下，在高校行政化管理还没有真正得到纠正之前，师资结构这一难题或将继续存在下去。此外，对于已经在岗的教师，业绩考核、职称晋升中重科研、轻教学的问题也较普遍存在，尤其青年教师受此影响，不得不把大量时间放在撰写论文和专著上，没有时间到传媒单位参与实践，也缺乏指导学生动手实践的热情，最终可能导致理论研究与实践相脱节，论文数量上去了，真正有价值的成果并不多；更大的受害者是学生，他们得不到老师更多的关心和指导，高校教育事实上背离了其培养人才的宗旨。师资建设的另一个问题是，科班出身的新闻传播学博士、博士后在现有的教师团队中所占比例很高，他们在理论研究方面具有优势，但普遍缺乏媒体从业经验和复合型知识背景。因此要鼓励高学历、长于理论研究的年轻教师到新闻传媒一线参与实践。

四、复合型人才培养和专业硕士教育

对于“复合型人才”的培养在新闻教育界内部获得了高度的重视，但也有不同的声音，如有学者将此视为新闻传播学科建设的一种“迷思”，认为：“‘复合型’人才的提法

反映了我们对于互联网背景下新闻传播专业人才的一种定位，不能说毫无价值。但仔细分析，所谓‘复合型’，目前主要从两方面理解：一是掌握多种媒体技能(技法)这主要是报纸、广电以及所谓的新媒体传播技能；二是掌握多学科知识。就前者，所谓的新媒体技能本身就是一个黑洞。互联网的组合化创新使得媒体形态层出不穷，技法的掌握已经是难以跟上，盲目跟从这种技法已经不太现实。就后者，知识的细分本已使知识难以穷尽，而总体化趋势更是意味着多学科、跨学科知识也难以应对。因此，所谓复合型人才，就变成了一个看似新颖却又自相矛盾的一个命题。”(唐海江，2016)这种疑问值得思考。从人才培养的现实情况来看，新闻传播院系培养掌握多学科知识的复合型人才较之培养掌握多种媒体技能的人才难度更大，因为这项任务仅仅靠新闻传播学科自身难以完成，跨专业的合作是必由之路。已经有一些高校的新闻传播学院做出了各种尝试，如复旦大学的“2+2”培养模式，中国人民大学新闻学院跨专业联合培养的实验班探索等。国内对复合型人才培养的关注点比较集中体现在新闻学+法学、新闻学+经济学(金融、财经)、新闻学+国际关系、新闻学+体育、新闻学+计算机等专业复合上，这些复合培养与新闻传播较为重要的报道领域相对应，对培养从事法制新闻、财经新闻、国际新闻、体育新闻、科技新闻和新媒体传播的专业新闻人才具有重要价值。

目前在复合型人才培养方面面临的主要问题主要表现在以下几个方面：

第一，培养规模有限，并不能保证大多数学生获得同样的机会，这与新闻业发展对复合型人才的需求增长还很难匹配。第二，由不同的学院(专业)共同承担人才培养工作，虽然能够在课程设置上统筹两个专业的教学资源，形成联合培养机制，但具体到教学层面，要真正做到两个专业的知识相交融却非常困难。第三，跨专业培养复合型新闻人才，还需要防止出现某些偏差，以致背离新闻教育的宗旨和目标。一个偏差是以其他专业教育冲淡新闻专业精神和新闻伦理教育；另一个偏差是职业取向的引导失效，如近年来财经新闻的毕业生多数选择了到金融行业就业，只有少部分选择媒体单位，实际上与新闻人才培养的初衷相背离，需引起重视。第四，跨专业培养在各方面教育资源的配置与保障方面需要有不同于单一学科培养的思路和办法。如体育新闻人才培养作为复合型人才培养的一部分有其特殊性。

2010 年，教育部批复并设立了新闻传播学专业硕士，重点培养实务型和专业型人才，学制两年，实行双导师制，成为我国新闻传播学教育改革的一个重大举措。但从近几年的情况来看，专业硕士教育还存在一些亟待解决的问题。如人才培养定位还不够清晰；课程设置还不够完善；在导师制度上，“双导师”制在我国新闻传播院校中虽然得到普遍推广，但对业界导师的考核体系尚不完善，缺乏有效的激励和惩罚机制，等等。

五、资金与实验条件保障

新闻教育改革离不开先进的媒体实验室、成熟的学生实践基地、高质量的摄像、剪辑等采编设备。媒体技术发展迅猛，实验设备的更新速度不断加快，全媒体教学和实践教学对技术与资金的需求也越来越大。据报道，2015 年我国财政性教育经费在 GDP 中占比 4.15%。这仅满足了基本的教育需求，对于新闻传播教育领域，资金不足一直是众多新闻院系在教学改革中面临的棘手问题。尤其是很多地方性院校中的新闻院系，专业设备短缺，设备状况不良，全媒体教育还停留在口号和规划上。即便是一些重点高校，也普遍存在不能及时跟进业界变化，购买引进新技术产品的情况，实验教学因此存在严重的滞后性。

此外，因为制度管理不完善，导致学生借用设备手续繁杂、流程冗长，接触使用演播室和实验室的成本过高，造成了资源空置浪费等问题，也直接制约了新闻教学改革。相比之下，美国一些新闻传播学院中新技术新设备的应用更能够紧跟业界的前沿步伐，如苹果手表、Oculus Rift(头戴式 3D 虚拟显示器)和新技术产品的问世，掀起了技术课程的热潮，像南加利福尼亚大学的“谷歌眼镜”课，密苏里大学的“机器人新闻写作”课，哥伦比亚大学的“传感新闻”课和“数据调查报道”课等引起了广泛的关注。2011 年，香港城市大学媒体与传媒系也投资上千万，为新启用的邵逸夫创意媒体中心引进数码媒体教学与研究设备(王君超，2011)，打造全媒体教学与实践平台。

解决资金短缺与实验条件落后的问题，既需要国家教育管理部门和各高等院校加大对新闻传播学科的支持力度，也需要新闻传播院系自己动脑筋想办法，如加大与媒体、企业的合作，获得更广泛的支持和资金、设备的资助；加强校友联络工作，通过建立基金会获得资金捐助，改善办学条件等。

技术创新与专业坚守：新闻传播教育何去何从？

陈昌凤

文章来源：陈昌凤．技术创新与专业坚守：新闻传播教育何去何从？[J]．全球传媒学刊，2017，4(4)：1-10.

作者简介：陈昌凤，清华大学新闻与传播学院常务副院长，教授。

【摘　要】该文以世界一流大学新闻学院的教育实践为例，围绕新闻传播的专业性回答三个重要的问题：什么是新闻传播的专业性？如何培养学生的新闻专业性？新闻传播教育该如何适应新的新闻实践并革新专业性？文章提出，数据教育可以成为当今新闻传播教育的一个抓手，培养和提升学生专业技术能力、产业知识与商业智慧。

【关键词】专业性；新闻教育；技术创新；数据教育

在信息传播飞速变迁的今天，新闻教育如何适应时代、如何发展创新模式成为新闻教育亟待解决的问题。有学者认为，新媒体技术引爆了颠覆式革命，使新闻传播教育与新闻传播业态的鸿沟空前拉大，新闻传播教育界的反应相对迟缓、变革意识不强，与业界和社会需求差距甚巨(张涛甫，2017)；有学者认为，人才培养严重滞后于业界的需求，业界实践已经远远抛离了教育界：例如在全球传播、大数据、数据新闻、社交媒体、文化产业、政治参与、社会转型等领域，大多数学校的新闻院系没有跟上新闻传播实践的发展和需要(张昆，2016)；新闻教育与市场脱节，割裂新闻专业理念的培育和新闻传播技术的培养，培养方案陈旧落后，专业师资结构不合理，理工科背景教育的师资严重缺乏(孙晓彦，2015)；有学者认为，新闻教育亟待探讨的共性问题包括新闻教育规模及人才培养定位、新闻教育的创新与守成、师资队伍建设、复合型人才培养、专业硕士教育、资金与实验条件保障等(蔡雯，2017)。

新闻教育中有一个永恒的话题，即专业性，不同时代的学者们先后论述过。无论技术如何变迁、时代如何发展，新闻传播的专业性是需要坚守的。什么是新闻传播的专业性呢？新闻专业性是不是有一个亘古不变的界定？不同时代背景是否赋予其不同的内涵？新闻传播教育又该如何去适应和革新专业性呢？在中国提出建设双一流教育建设目标的背景下，本文以世界一流大学新闻学院的教育实践为例，探讨这些问题。

一、新闻专业性及其养成

笔者在此谈的是“专业性”而不是“专业主义”，主要聚焦于新闻传播的实践，探讨目前新闻职业化、专业观念与新闻传播教育实践的互动关系。此外笔者认为，新闻专业性的建构并未达到理想的“主义”，其基本的内涵也模糊不清、变迁不定，很难称作“新闻专业主义”。

在我国，尽管新闻业已经置身于前所未有的危机之中，学界和业界却在愈加热烈地讨论“新闻专业主义”。自 2017 年以来，专业与学术刊物和微信公号又有多篇文章在论说“新闻专业主义”，并迅速地分化为学界与业界两种话语立场，几乎无法调和，或者说学界本来也不想调和，业界则执意认为存在调和必要。从学界的源流来说，新闻专业主义从未被完整建设；从业界的角度来说，无论是“报道最基本的事实”，还是发表“负责的言论”，无外乎“抗议”。新闻院校碍于专业所限、学科壁垒、师资力量，并不能教授专业主义；而媒体行业，并不能负责地、稳定地产出专业主义的成果(宋志标，2017)。

专业性既包括职业的独特性、具有的社会声誉，也包括业务的专门性知识和技能(需要专门训练而掌握的)，还包括专业机构为了保证业务运行而实施的机制、从业者应当践行的伦理准则(Larson，1979)。从新闻实践中演进而来的新闻专业性，一直是与时俱进的，既包括具有标识性的独特性、业务知识和技能，也包括机制、伦理观念等不同层面的内涵。可以说，与其他专业一样，专业性是新闻业标识、存在的合法性，是其维护尊严的基础。

过去我们一直强调新闻专业性是一个形而上的概念，是高于实践、技能的观念层面的概念。实际上，它从来都不可能脱离实践和技能，它之所以独立成为职业，自然就是有专业的实践和技能的。实务是基础，没有这个基础，新闻观念又从何谈起？但是我们许多学者至今还是不屑于将实务技能的培养视为高等教育的目标，不肯承认“术”是基础。许多新闻学的教师长期，甚至完全脱离实践和业务，只是做形而上的学问，教学也与现实的、活生生的实践脱节。我国长期以来师资的实务背景缺乏、学院的同质化成为发展的障碍。如今许多新技术带来的技能需求，多数新闻院校已经完全不能跟进，学生或从业者只能依靠自己的自学、不成体系的短期班的培训。在美国，新闻“数字证书”学习成为热潮，都是社会或学院的临时培训完成的。前述芬伯格开创了波因特研究院的学习网站“新闻大学”(News University)，在大学新闻教育之外另辟蹊径，并且给新闻传播学教师开设了网上培训课程。新闻专业教育到底如何系统地加强新技术方面的培养呢？

二、新闻教育界用什么与业界对话？

曾有专文介绍当今美国10个新兴新闻岗位，包括《今日美国》新闻网设的受众分析员(Audience Analyst)、应用技术创新引领员(Creative Lead of Applied Technologies)，CNN等设的参与编辑(Engagement Editor)、社会发现总监(Director of Social Discovery)，此外《华尔街日报》设有移动项目经理(Mobile Project Manager)、《华盛顿邮报》设有直播编辑(Live Editor)、《赫芬顿邮报》设有虚拟现实编辑和拼接员(VR Editor and Stitcher)等岗位。从中可见传统媒体对于技术性人才的需求越来越大，即使是传统的编辑岗位，也赋予了更多的洞察力、内部协调的职责，而且用户需求、体验和互动应是当下新闻产品制作与传播的核心考虑因素。近20年来，专业新闻媒体所需要的从业者的学科背景，已经从新闻传播学，转向更多元的学科领域，包括政治学、经济学、法学及其他各类人文社科领域，如今又加上了信息、计算机工程等领域。

在信息传播飞速变迁的今天，如果还是以传统的、静态的眼光去看待新闻业，用传统的客观、中立、不偏不倚的特性，以惯常程式化的新闻生产视角去理解新闻业的专业性，显然很难符合新业态下新闻业的逻辑。比如，新闻生产正在从组织化变迁为个体化，内容创业者、自媒体人已经掠去了大量的注意力；技术正在深深影响信息的生产，比如大数据、智能化、移动技术，已经在改变生产的内容、形态，并且重塑生产者—消费者的概念与关系；互联网正在颠覆传播观念，甚至在号称最具专业性的国际主流新闻媒体网站上，都很流行“原生广告”，等等。因此，专业性已经不能仅仅停留在传统的概念与逻辑上，业界的要求已经不同于传统，如果我们仍然只是使用熟悉的定义、术语和原理，去诠释不断变革中的新闻业和信息传播，就很难反映变迁中的现实、跟上业界发展的步伐。

为此，新闻与传播教育也必须跟上业界的发展步伐，并且要努力具有前瞻性。不要用新闻专业性是外在于实践、高于实践的“理念”作为借口。专业性或专业主义从来无法外在于新闻业，它是深深根植于实践之中的。哥伦比亚大学新闻学院院长 Nicholas Lemann 在 2009 年接受纽约时报采访时将新闻教育概括为 3 个方面：培养技能、价值观和智力素养。技能教育是专业教育的重要组成部分，并且通过它才能体现出新闻学的价值观。

国际知名的新闻与传播学院向来有偏学术型、偏实践型、偏人文素养型等不同类型。哥大有偏实践的传统，但哥大新闻学院 Nick Lemann 院长在 21 世纪改革中一度以重视素养型教育为其新方向，于 2005 年新推出文学硕士项目，大有宣告坚守传统、不向潮流低头之势，强调培养学生的理解能力、解读能力，以弥补素养方面的不足。但是 2010 年 Lemann 院长在公开演讲中又指出：新闻业需要能迅速上手的从业者，新闻学院应将实践搬进课堂；越来越多的毕业生从事新闻和信息创业，新闻学院要提供创业课程；优质内容仍然是重要的，新闻学院要培养学生基本的技能……他在 2012 年卸任之时强调说：学院最大的事莫过于数字革命，已经有好几代人在为之努力。2011 年秋季起，哥大开设了新闻与计算机双学位硕士项目，帮助学生成为“新闻应用程序的数据开发专家”。哥大的课程包括人工智能、自然语言处理、机器学习等高难度的课程。领先的新闻传播院系不约而同更新课程，走向更融合的道路。一大潮流是文理工融汇，尤其是新闻传播学与计算机专业的融合（陈昌凤、张小琴，2014）。哥伦比亚大学开设的计算机与新闻专业，成为一个标志。

新闻传播学界需要不断更新理念和技能，加强与科技领域的融合，才能与飞速发展的业界展开对话。凯文·凯利称：“科技正在将所有生物的思维缝合在一起，把世界包裹在电子神经构成的振荡外套中。”科技是生命的延伸，它与生命一样需要提高效率、增加机会、提高自发性、提高复杂性、提高多样性、提高专门化、提高普遍性、增加自由、促进共生性、增加美感、提高感知能力、扩展结构、提高可进化性(凯文·凯利，2011)。如果通过广泛跨学科的努力，将这些提高用以提升新闻传播领域的教育与实践，将会有广阔的前景。目前的困难是，相关的学科如计算机、信息工程、心理学等硬科学领域是强势学科，新闻传播这类软学科与之相比，处于明显弱势，很难真正平等合作，更难达到交叉融合。只有少数优势学院如哥伦比亚大学新闻学院目前跨学科做得比较得心应手。

三、技术潮流中新闻教育的一个抓手：数据教育

新技术潮流中新闻教育要培养学生哪些方面的专长？简言之，包括以下几个方面：基本的人文与科学素养、专业责任与担当、专业技术能力、产业知识与商业智慧(了解业态、用户)。前两者在传统新闻教育中一直是加以强调的(其中科学素养未引起足够重视)，而后两方面则是我们一直缺乏重视的。

数据类信息已经被普遍化运用的今天，学生的数据素养、运用和分析能力还需强化。即使在美国，这类教育也严重缺乏。2015 年，美国奈特基金会资助的一项研究显示：在调查的 113 个美国新闻与传播教育项目(约占美国参与 ACEJMC 评估项目的四分之一)中，未开设数据和计算技能(data and computational skills)的新闻课程占 47.79%，其余项目开设了一门至数门数据和计算的新闻课程：约 23.9%开设一门(通常只是介绍性课程)，12.4%开设 2 门，15.9%开设 3 门及以上。编程类课程，87.6%的项目未开设，5.3%开设一门，4.42%开设 2 门，2.7%开设 3 门及以上。

一些领先的院系已经在加强这方面的要求和教育。在美国排名前 15 名的综合大学中，仅有一所大学开设了新闻与传播类本科，就是西北大学梅迪尔学院。该院在经过学科的整合之后更名为“梅迪尔新闻、媒介、整合营销传播学院”，其课程设计体现了对媒介产业以及与此相关的数据挖掘、分析和算法设计能力的重视。该院本科各专业方向均开设了 6 门左右的核心课程，并开设了丰富的选修课程。该院将算法、编程、数据挖掘的相关课程纳入培养方案中，在本科和硕士培养中均重点培养学生运用新形态传播技术的能力。梅迪尔学院硕士项目的必修课程，除了媒介伦理法规课程以外，学生还必须从四门数据素养课程中任选其一，这四门数据素养课程包括：公司数据报道、受众观察、内容分析以及数字媒体报道。

数据教育可以成为目前技术紧迫态势下新闻传播教育的一个抓手，由此去培养和提升学生专业技术能力、产业知识与商业智慧。目前，一些非专业院校开设的继续教育项目，如欧洲新闻中心(EJC)、波因特新闻大学(Poynter News University)、国际记者网

(ijnet)、数据学院(School of Data)等项目的在线教育可以为专业教育提供很多启发。大学与社会力量合作开展的记者和新闻机构培训项目，如得州大学奥斯汀分校新闻学院与奈特基金会于 2012 年合作开设的奈特新闻中心(The Knight Center for Journalism in the Americas)，已经积累了一定的教育经验。数据教育在新闻传播领域，应包括目前已经在实践中提炼出来的理念、方法和技能，以及向未来探索的价值观与深度开发，要创设新型的课程体系来培养学生的数据素养，挖掘、理解和运用数据的能力与方法，数据时代的价值观与伦理准则，新的规制政策，从而更好地理解信息生产的社会意义、信息与用户的关系、生产者—消费者的关系以及媒体的商业运行规律与规则，并融会贯通去创新、创业。

新信息环境下我国专家型新闻传播人才的培养模式探讨

邓建国

文章来源：邓建国．新信息环境下我国专家型新闻传播人才的培养模式探讨[J].新闻大学，2017，(2)：133-138+152.

作者简介：邓建国，复旦大学新闻学院副教授。

【摘　要】本文从信息环境的最新发展(信息爆炸、信息超载、信息疲惫)出发，指出人们正在呼唤新的信息秩序出现。这一秩序将是 Web1.0“有序”和 Web2.0 的“多样”的结合。在创造这一新信息秩序的过程中，具有宽厚的学识基础、独立的思考能力、熟练的理论应用水平、精深外语(英语)能力，学有专长而又一专多能的专家型新闻传播人才将成为稀缺品。文章以哥伦比亚大学新闻学院文学硕士项目为例，探讨了新时期我国专家型新闻传播人才培养的必要性和可能模式。

【关键词】新闻传播教育；专家型新闻传播人才；信息新秩序；Web2.0

随着中国硬实力的增加，国家对软实力的需求随之增强，笔者亟待提出新的高端新闻传播人才战略，其中扩大和加强专家型人才培养尤其重要。本文首先从新媒体演进所导致的信息环境的变化论证专家型新闻传播人才优势的凸显，然后以美国哥伦比亚大学新闻学院的新闻学硕士(文学硕士)项目为案例阐述如何培养专家型新闻传播人才。

一、Web2.0 深化背景下的信息超载凸显专家知识的优势

在我国，如果从 2002 年“博客元年”算起，2016 年是我国进入 Web2.0 时代的第 14

个年头；发达国家进入 Web2.0 时代的时间则更长。走出信息高度同质化的 Web1.0 进入信息丰富的 Web2.0，网民曾一度为之欢呼。但在 14 年后的今天，每天有 2.5 亿张照片上传到 Facebook，864 万小时的视频上传到 You Tube，2940 亿封电子邮件被收发；中国 5 亿微博微信用户，每天信息发布量超过 200 亿条。这导致了“大数据”的产生，其存储量已经从 TB 级别升至 PB 级。信息从丰富到超载，其负面影响也日益让人烦恼和疲惫，频生摆脱之意。比如，在 Twitter 上，由于信息庞杂，相关性低，体验差，其用户黏性和新注册用户数量已经出现下降。为了保持增长势头，这些社交媒体的功能和界面变得越来越复杂，让用户不知所措，反过来又加剧了用户的逃离。

由于信息过载，网民应接不暇，其有效注意力时间(attention span)在进一步缩短。研究发现，2000 年时，人的注意力集中时间是 12 秒；到 2012 年，已经下降到 8 秒(作为比较，金鱼为 9 秒)；互联网上有 17%的网页，网民在其上的停留时间少于 4 秒。随着信息给人们带来的边际效应的递减，用户对“信息丰富”的态度也已出现了变化。我认为，类似于黑格尔的正、反、合的历史发展规律，网民对信息量的态度经历了三个发展阶段：(1)Web1.0 阶段(1995—2002)：内容稀缺但有序，网民渴望获得更多的信息；(2)Web2.0 阶段(2002—2013)：内容多样但无序，网民欣喜于拥有更多的信息；(3)We1.0+Web2.0 阶段(2013 年至今)：网民疲劳于过多的信息，希望找到好的应对方法，渴望出现兼有 Web1.0 和 Web2.0 特征的信息新秩序。笔者认为，以上第三阶段中出现的信息新秩序中的应有之义是，当互联网数据量或信息量多至人类个体的感官已经无法直接对之进行描述、解读、分析和理解时，便会重新产生对专家知识(expertise)的需求。

二、移动信息新秩序：从信息、知识、洞见到智慧

对信息的“群体过滤”(collective filtering)的需求和解决机制在网络空间一直就存在，如“大众点评网”或“豆瓣”等信息互荐网站，但这些网站并不能完全解决信息过载的问题。2013 年前后，有人提出“长新闻”(long-form journalism，通过纸质小册子或 Kindle 阅读器发布的长篇优质新闻)和“数字斋戒”(digital sabbath)等概念，并出现了一些帮助网民过滤信息的网站和工具，包括改良的 RSS 新闻聚合器，如 Flipboard、Pulse 和 Zite 等，它们在后台聚合社交媒体的多样内容，前台则以传统纸媒方式有序而美观地呈现这些内容；基于用户行为数据的新闻客户端，如“今日头条”，号称“你感兴趣的才是头条”。各社交媒体也开始提供各种形式的聚合新闻。但这些机制或工具，其内容或者靠用户自我选择，或者靠算法自动实现，均缺乏人工专业把关，造成信息庞杂，同质化严重，与用户的相关性低；内容推送也多为随机，排版混乱，可读性很低。所以网民在对

以上技术工具和服务的新鲜感丧失之后，便很少再打开它们，结果造成内容到达率极低。

在这种背景下，也就是在 2013 年左右，由专业新闻生产机构支持的强调信息过滤、分析、整合和结构化呈现的数字“Curation 新闻”应运而生。同时也出现了一批便利网民和新闻记者对网络信息进行“curation”的网站，如 storify. com 和 scoopit. com 等。

“Curation 新闻”强调对新闻的专业筛选、视觉化呈现和专家解读，又被称为“新闻策展”。实际上，新闻策展的历史与新闻业一样悠久。它类似于我国门户网站上的“新闻策划”，指记者和编辑对不同来源信息进行的阅读、选择、排除、组织和集中呈现的过程。不同的是，过去的“Curation 新闻”主要发生在专业新闻机构内部——记者和编辑阅读和挑选大量媒体内部生产或者通讯社提供的信息，然后将它们组合成一篇“干净”的新闻报道，最后作为成品展示在纸媒传播给读者；这样的筛选过程是内部的、封闭的，不为外部读者所知晓，更无读者参与。现在，由于有了更多的公开的数字化新闻来源，新闻的筛选与呈现变得前所未有的便利，内容生产者可以检索、挑选、整合、呈现和链接多种内部和外部新闻源，指引读者自己去阅读，新闻生产也因此变得更加透明和更具参与性。

所谓“Curation 新闻”实际上就是在海量移动信息环境下，新闻编辑具有的专业新闻解读能力的回归和再次凸显。笔者认为，在正在成形的未来新闻生产中，在新闻传播的六个要素中，机器人将主要负责回答何人(who)、何事(what)、何时(when)、何地(where)等问题，而关于何因(why)和如何(how)的问题，却只有具有专业知识的人类记者编辑才能回答，这也是使数据变成信息、知识，直到洞见和智慧的必由之路。

三、专家型新闻传播人才需要具备的素养

在回答记者的问题“作为未来的新闻人，需要具备哪些素质来应对这个大变革的时代所给予的挑战”时，中国著名新闻史学家方汉奇先生回答说：要有比较好的人文社会科学的基础，一定的自然科学知识，知识面要宽一点，视野要开阔一点，笔头要过硬，最好能熟练掌握一门外语，以及最新的传播手段。方先生说得很全面。我结合李普曼的成长背景就此进行一些补充和详述。

专家型新闻传播人才需要具有强烈的读书阅世的兴趣和能力，有着宽厚的学识基础。以李普曼为例。他出生于纽约商人之家，就读于哈佛大学，受教于哲学家约翰·杜威、乔治·桑塔亚纳等著名教授，同退休的哲学家威廉·詹姆斯几成忘年交。他曾热情探索社会主义、费边主义；李普曼还同政界人士积极交往谈话和聊天，喜欢结识那些思想观点举足轻重的人，这种社交生活的安排，事实上是他工作的一部分。他也是静心浸

泡图书馆的“铁屁股”，文史哲的经典著作啃了无数。他屡遇名师，腹笥丰厚，富有思考能力，这奠定了他作为一个优秀时评人的坚实基础。

专家型新闻传播人才需要学有专长，在某一方面有着可以展示出来的专业知识(expertise)。现代社会是“风险社会”，各种风险事件层出不穷，如航班失联、核电厂泄露、化工厂爆炸、金融诈骗、网络黑客等；现代社会也是全球化社会，交通和传播技术的存在使得世界范围内的人员、资金和物资的流动，增加了各国之间的相互依赖，也导致了风险事件之间的“蝴蝶效应”。风险事件爆发后往往会迅速引发国际新闻战，造成新闻解读框架之间的竞争，这时具有相关领域专业知识的记者往往能成为注意焦点和舆论引导者。

专家型新闻传播人才应具备较强的独立思考和逻辑分析能力。李普曼作为一名时事评论家，其文章之所以能具有高度的公信力，一方面是因为他和政界交往，乃至密切合作；更重要的是他是一名有着独立精神的时局瞭望者，他并不随便妥协以求与官方同调，不愿为了“合作愉快”而丧失个人的独立思考和判断。独立思考能力的核心是逻辑分析能力(critical thinking)。具有较高逻辑分析能力的新闻传播者通常能迅速判别带着政治和商业宣传目的的机构和个人所发出的言论中的逻辑谬误，而不受其左右，更不为其代言。现代信息环境充满着各种劝服意图，其中常常隐藏着各种逻辑谬误，如非黑即白、乐队花车、赌徒谬误、诱导性问题、滑坡谬误、诉诸感情、错误归因、稻草人等。对这些逻辑谬误具备识别和驳斥能力是成为专家型新闻传播人才的前提条件。

专家型新闻传播人才需要具备娴熟的理论应用能力。很多人对理论存在偏见，认为其凌空蹈虚，将简单问题复杂化，对实践缺乏指导价值。但是，正如传播学的先驱库尔特·勒温(Kurt Lewin)所言，“没有什么比一个好的理论更具有实用价值”。换句话说，好的理论内在就是实用的。国际传播的相关各学科(如传播学、政治学、国际关系等等)中有着很多简明而解释力强的理论框架。如新闻传播学中极为简明实用的理论就包括拟态环境理论、黄色新闻、社会责任论、新闻专业主义、意见领袖、媒介依赖、社会建构、符号互动、议程设置理论、框架理论、显化理论、涵化理论、沉默的螺旋、群体极化等等。一个好的理论，其最大的好处是，它来自于现实而经由研究者的提炼而高于现实，它是一个内在自洽，能自圆其说的体系。具备好的理论水平，新闻工作者就不会一叶障目，而能见微知著，能更好地连接微观、中观和宏观，更加从容的描述、解释和预测客观世界。

专家型新闻传播人才需要具备精深的外语水平。学者 Geoffrey Nunberg 和 Hinrich Schütze(1997)发现，万维网上约有 80%的内容是英文；2003 年一个名为“网络电脑图书馆中心”的机构也发现互联网上约有 72%的内容为英文。这意味着，对于专家型记者编辑，尤其是从事国际新闻传播的记者编辑，精深的外语能力(目前以英语为主)是其必要条件。目前，我们在培养新闻传播人才时，要么对英语水平的要求不够，要么仅仅强调英语能力，甚至将语言能力等同于国际传播能力。笔者认为，专家型新闻传播人才必定是能从人类共同的文化遗产获得滋养的人；能跨越不同语言和文化获得信源、撰写报道、进行交流、引领舆论的人。

四、如何培养专家型新闻传播人才：哥大新闻学院的 4+5+1 模式

最能体现“培养专家型记者”理念的是哥伦比亚大学新闻学院的 4+5+1 模式，即 4 年本科、5 年新闻工作经验、1 年新闻硕士培养的 MA(master of arts)模式。该硕士学位项目设立于 2005 年，硕士项目学生必须全日制在读，学时除去假期共为 9 个月(8 月底到第二年的 5 月)。项目入学要求学生具有本科学位，至少 5 年新闻工作经验，可以选择在 4 个方向之一深造：政治、艺术与文化、科学、健康和环境、商业与经济。该项目的口号是：深度、强度和专业水平(depth，rigor and expertise)。

该项目是在美国报业危机初显时，哥大新闻学院的应对措施之一，当时 Facebook 和 Twitter 等社会性媒体尚未出现。项目目标是要培养专家型记者，要求学生具有对复杂议题进行细致入微的剖析和报道的能力，生产出“让受过良好教育的读者(观众或听众)能颇有趣味地消费的内容，或者能让相关领域的专家认为信息丰富和有思想的内容”。这些记者专业知识丰富，头脑敏锐，方法得当，能而且敢于向各行各业的精英提出内行的问题，能够对新闻事件进行较专业、深入和全面的分析和解读，能够充分甄别和拆解不同新闻来源背后的利益关系，披沙拣金，拨云见日。

总结而言，日益严重的信息超载问题使得我国新闻传播院校，特别是具有实力和资源的名牌新闻传播学院，有必要重新思考自己的人才培养定位，要结合自己的优势与不足，做到有所为和有所不为。而培养专家型新闻传播人才的必要性已经重新凸显，要有“以一当十”的意识，而不能全是虾兵蟹将；专家型新闻传播人才的培养是一个系统工程，它不能受制于现有的人才培养机制，而要突破现有框架，创新模式；课程和师资设置要多样灵活，视野开阔而深邃。在信息泛滥、利益交葛的传播环境中，具有宽厚的学识基础、独立的思考能力、熟练的理论应用水平、精深外语(英语)能力，学有专长而又一专多能的专家型新闻传播人才将成为稀缺品。他们将成为在信息迷雾中拨云见日、激浊扬清的主要力量。

新闻教育时代转型的焦点问题与高校专业改革的实践取向

——以四所知名新闻院校广播电视学专业教育为例

范明献

文章来源：范明献．新闻教育时代转型的焦点问题与高校专业改革的实践取向——以四所知名新闻院校广播电视学专业教育为例［J］．新闻大学，2017，（5）：120-128+152.

作者简介：范明献，中南大学文学与新闻传播学院副院长、副教授，传播学博士。

【摘　要】随着数字科技冲击引发的媒介生态和社会系统变革，内地高校新闻教育面临着时代课题和紧迫的转型问题。本文聚焦我国高校新闻教育转型的焦点问题，并在对四所知名新闻院校广播电视学专业教育调研基础上，试图描绘出专业新闻教育改革的实践取向。新闻教育转型的焦点问题有：在为谁培养人上的职业机构面向和社会面向问题；媒介适应面上的全媒体、跨媒体争论；人才知识宽度的学科交叉复合问题；如何培养人层面的培养模式问题。高校专业改革实践取向为：从面向传媒行业定位的“专业对口”转向为社会上一切新闻传播岗位培养人才的“专业对位”；在人才媒介适应性上，偏向于一专多能，强调基础技能优势和新媒介适应能力；跨学科培养未成主流，但部分引入其他学科课程呈新常态；培养模式上存在大类培养、跨学科复合培养和专业培养三种模式。

【关键词】新闻教育转型；媒介适应性；跨媒体；跨学科；培养模式

面对新技术引发的变化，我国新闻本科教育有两个响应路径：一是开办网络与新媒体、数字出版等新专业，一是立足于原有专业设置进行改革探索。其中，广播电视学本科专业改革就是颇具代表性第二种路径实践。广播电视学专业原为广播电视新闻学专业，2012 年教育部改为现名，现有 234 家本科教学办学点。10 多年来，广播电视学本科专业的教改实践，是我国新闻本科教育时代转型的缩影和典型代表。

本课题组在 2015 年 6 月到 2017 年 1 月间，调研了中国人民大学、复旦大学、武汉大学、中国传媒大学的广播电视学专业。课题组围绕新闻教育转型的焦点问题，与专业负责人和骨干教师座谈、深访，查阅一手材料，从培养目标、课程设置、培养模式等方面获取专业改革直接经验信息。

一、新闻教育时代转型的焦点问题

在新闻教育的改革探索中，“为谁培养人”是首要的问题，面对媒介化社会新的人才需求现实，这个问题有了新答案。中国人民大学新闻学院执行院长郭庆光教授认为专业新闻教育“将承担起培养新型专业新闻工作者和向公众普及新闻素养、媒介素养的双重任务”。中国人民大学新闻学院副院长蔡雯教授在 2015 年 10 月 24 日中国人民大学主题为“转型与创新中的新闻传播教育”新闻与传播论坛上明确提出，新闻传播教育的使命包括两个方面：第一，既培养新闻媒体需要的专业人才，也为非新闻机构培养公共传播人才；第二，既培养职业传播者，也培养全体民众的媒介素养与传播能力。复旦大学新闻学院院长尹明华认为新闻教育“既为媒体机构培养专业优秀人才，也能满足整个处于变化中的社会对传播人才的需要”。中山大学媒体与设计学院院长张志安主张要“面向社会培养公共传播人才，而非只是面向机构培养职业新闻人才”。中国传媒大学南广学院教授金梦玉主张，毕业生可以适应媒体、企业、社会机构等各个行业的新闻报道、政治宣传、企业传播、市场推广的需要。

培养什么样人的问题，也即人才培养的知识能力素养结构问题，涵盖了新闻教育中一系列问题，其中之一便是新闻人才培养的媒介适应面。现有新闻教育专业设置依据的传统新闻业的行业分工和媒介类别，新闻学、广播电视、网络新媒体专业分别对应相应行业，人才培养侧重于为单一媒介服务。在当前媒介融合趋势下，新闻专业人才培养的媒介适应面和适应能力成为新闻教育时代转型的一大焦点课题。

人才培养的媒介适应面是当前新闻教育改革的一个焦点问题，主流的观点主张要实现高校新闻教育目标适应媒介融合的时代转型，转变目前高校新闻教育为单一媒体培养人才的目标定位。跨媒体培养成为较多的观点，全媒体记者、多面手媒体人，是相对激进的主张。但也有较多声音倡导一专多能的人才培养目标，强调基础新闻能力，同时注重网络新媒体技术适应能力的培养。培养专才还是博才，这是新闻教育的传统问题，在当下有了新的讨论语境和话语变异。

在怎样培养人——人才培养目标定位的实现路径层面，国内新闻教育界也有诸多争论，其中的焦点问题是人才培养模式。一种是坚持专业培养，但也主张适应媒介融合趋势进行必要的课程体系调整。一种主张进行大类培养，大学低年级不分专业，执行同样的培养方案和课程学习，高年级进入各个专业学习。另一种主张跨学科复合培养模式，在新闻专业课程体系外引入其他学科课程体系，本科阶段进行两个专业课程体系学习。比如中国人民大学新闻学院从 2011 年起，与法学院、国际关系学院分别联合培养法学与新闻学、国际政治学与新闻学双学位的本科生。多元新闻教育培养模式讨论，集中体现了新闻教育领域对新媒介技术驱动下新闻传播实践变革的响应路径。

二、四所高校广播电视学专业培养特点和改革取向

所调研四所高校广播电视学专业，近年来在培养目标、课程体系、培养模式方面进行了不同程度的调整和改革，一定程度上反映了国内新闻教育对为谁培养人、人才培养的媒介适应性、知识学科复合交叉、怎么培养人等时代转型焦点问题的响应取向。

(一)为谁培养人——人才培养就业目标取向

中国传媒大学限定于广播电视新闻传播和管理机构；武汉大学定位于广播电视机构及其他新闻宣传部门，中国人民大学和复旦大学行业面更广，既有广电、新闻传媒单位，也有党政机关企事业单位。就业去向岗位定位中，中传较为纯粹，为采编制作等实务岗位，武汉大学和中国人民大学除了实务岗位外增加了管理岗位，复旦大学多了宣传、公关部门岗位。看来较多高校的行业去向不再限于广电机构，甚至扩展到传媒业之外，岗位定位也较为宽泛，除了新闻传播实务和管理外，宣传、公关岗位也得到重视。

毕业生就业去向与本专业的传统培养目标中新闻传媒机构的行业就业定位相比，多少有点“专业不对口”。但从就业岗位来看，基本还属于与专业相关的传播岗位，可以说是“专业对位”。这种学生毕业去向反映了社会人才需求的变化。高校新闻教育工作者对顺应社会需求调整培养目标取向存有共识。复旦大学新闻学院黄瑚教授表示：我们既培养做新闻的，也培养对付做新闻的；无论是媒体人还是对付媒体的人，高校要培养的就是懂媒体的人。

中国人民大学郭庆光教授提出了“人大新闻”的“双重任务和使命”：为专业媒体输送专业人才，同时也着眼于社会，培养拥有高素质的自媒体人才。

(二)人才培养的媒介适应性取向

中国人民大学、武汉大学、中国传媒大学定位于广播电视新闻传播人才，复旦大学虽未明确，但调研中对培养方案中“高素质专门人才”解释为广播电视的专门人才。四所高校都突出广电新闻传播的应用型人才定位。在对“培养什么样的人”的回答中，四所高校都落脚在广播电视专门人才的定位上，区别于其他新闻专业教育的媒介维度。

在调研中，几所高校的专业负责人均强调培养“一专多能”的人才定位。中国人民大学新闻学院周勇教授认为：数字技术融媒体趋势下，新闻传播人才的基本技能需要不变；虽然媒体不同，基本技能通用；广电专业要强调专业视听技能，不能培养成万金油，要一专多能；适合媒介发展需要，引导学生加强跨媒体技能训练。中国传媒大学新闻传播学部电视学院曾祥敏教授认为：新媒体只是一个平台，我们永远赶不上技术的更新，只能加强基本素质培养，强调一专多能。中国传媒大学新闻传播学部孙振虎认为：

媒体融合改变的只是传播方式，而不是内容生产方式，坚持基本的技能不动摇，广播电视新闻的基础仍然是写作、采访，应强调基础性能力培养，同时培养学生的新媒体适应能力。

四所高校均重视学生的新闻基础实践能力培养，采写编评、策划编导主持、摄像编制这些涉及新闻基本技能的课程，四所高校都安排了超过总学分 10%以上的必修学分。其中，中国传媒大学尤其强调学生专业写作能力和电视创作能力的培养，必修课中开设有消息写作、特稿写作和电视写作课程，还开设有电视节目制作技术、电视影像语言、电视画面编辑、电视编导、DV 创作训练等必修课程，选修课程开设创作训练、作品赏析、技术制作类多达 28 门课程。

四所高校普遍开有新媒体课程，不过学分要求不高，课程开设门类较少，一般开设有概论类课程和实务技术类课程。在调研中，四所高校专业负责人也强调，除了增设新媒体类课程外，已有课程中也注意增加或更新新媒体相关知识内容。可见各高校有意识地培养学生新媒介平台内容呈现和多媒体表达能力，注意广播电视学专业学生的新媒介适应能力培养。

(三)人才培养的知识复合与跨学科取向

四所高校专业培养方案的知识能力素养定位中，“广博”“宽厚”“全面”是高频词。中国人民大学、复旦大学、武汉大学强调复合型知识结构，中国传媒大学也强调“广博的知识面”。知识能力素养不只限于新闻传播学科，复旦大学还特别要求具有系统的“其他相关学科的理论、知识和技能”。通识课程与跨学科交叉课程设置情况直观体现知识面及跨学科培养方面高校的做法。

四所高校都开设有思政、英语、计算机、体育、军事类课程，开设学分在 26~36 之间，其他通识课程开设各有侧重。中国人民大学开设有经典历史阅读、原著经典选读、公共艺术、科学人文方法课程；武汉大学设置有交流写作、数学与推理、自然与工程、研究与领导、艺术与欣赏等类；中国传媒大学开设有 17 个学分的汉语言、文学类课程。四所高校，通识类课程学分所占总学分比例在 32%~38%。通识教育还是专业教育，一直是国内新闻教育的一个争议话题，四所高校较高比例的通识课程学分设置，足见广播电视学为代表的新闻专业教育对通识课程的重视。

(四)人才培养模式取向

四所高校广播电视学专业所采取的人才培养模式，可归结为三类：复合专业模式、大类培养模式和专业培养模式，代表了国内高校专业培养模式的多元情形。三种培养模式中，复旦大学的专业复合模式，跨学科专业教育体系的引入，学科跨度较大，需要依赖学校其他学科专业教育资源；中国人民大学和武汉大学的大类培养模式，是近年来设有新闻传播学院的培养单位，在新闻教育改革中偏好采取的模式，这种模式发挥了学院学科优势，突出了宽口径的培养目标，淡化专业，强化了学科基础，适应了融合媒介时代传媒人才的多媒介技能知识的需求。专业培养模式，需要有充沛的师资和教学条件，学生的广电专业素养培养得到了强化。

三、高校新闻教育转型的实践取向

当前新闻教育面临着四大时代课题：在培养目标上是坚持行业取向还是扩大社会面向，在媒介适应方面是否进行全媒体或是跨媒体培养，在知识学科层面是否进行跨学科培养，选择什么样的培养模式。我国高校新闻教育10年来在响应新媒介时代的改革实践中，在对时代转型课题的回答中，显现出专业教育的取向和未来走向。

“专业对口”曾经是新闻传播专业就业定位的潜台词，在新闻传媒行业就业是专业和学生的共同期望。新技术驱动下新闻传播人才需求发生了急剧变化，新闻传媒行业人才需求萎缩，媒介化社会驱使下社会众多领域和行业涌现大量新闻传播岗位。“专业对口”对大多数高校来说，已经不能准确描述新闻专业教育的目标取向，更恰当的应是“专业对位”——瞄准包括新闻传媒业在内的一切社会领域的新闻传播岗位。广播电视学专业的培养目标取向，也不仅仅包括广播电视业，应该面向社会中一切与视听信息传播相关的岗位。

在媒介适应层面，从四所高校教育实践来看，全媒体主张是未能落地的美丽梦想，“万金油”式培养并不受欢迎，更受认可的取向是“一专多能”，并且强调新媒体的适应能力。不过，传统的专业内涵需要重新定义。广播电视学专业的媒介面向，不能框限在传统的广播电视，而是新媒介生态下的视听媒介，广电专业的专业能力，不能自我设限为视听媒介传播能力，而是视听信息采集、生产、处理、传播能力，尤其要强调学生网络新媒介平台的视听信息传播能力。

专业培养、大类培养、复合专业培养，是当下和今后较长时期并存的三种新闻教育培养模式。跨学科复合专业培养，需要跨学科力量和学校层面的支持，要求高、难度大，少数高校会持续尝试。大类培养需要新闻传播学科综合实力支持，设置有新闻传播学院的综合学科力量强的高校偏好选择。专业培养模式，那些办学历史悠久、专业师资力量雄厚和办学条件充足的高校，会坚持优势保持专业培养体系；另外，缺乏其他学科实力支持，且新闻传播综合实力欠缺的专业，可能不得不选择专业培养模式。

未来新闻专业教育，在响应新媒介时代教育转型主题方面，不太会如同全媒体、跨学科培养改革呼声那样进行激进调整，但应主动响应新媒介时代新型媒体人知识能力结构变迁和媒介化社会新的新闻传播人才的培养需要，保留原有专业设置框架的基础上重新定义专业的内涵和外延，在培养目标去向、媒介适应力、知识结构方面持续做出适应性变革。

试论四种新闻教育范式及转换

贺明华

文章来源：贺明华．试论四种新闻教育范式及转换[J]．国际新闻界，2017，39(3)：19-41.

作者简介：贺明华，安庆师范大学传媒学院副教授。

【摘　要】基于新闻学知识体系及新闻概念，新闻教育主要有四种范式：专业新闻学教育、政策新闻学教育、公共新闻学教育和批判新闻学教育；四者共同构成了一个完整的新闻教育体系。在新媒介技术语境下，要突破新闻教育的困境，需强化专业新闻学教育，维持政策新闻学教育，积极发展公共新闻学教育，平衡批判新闻学教育；新闻教育不仅需要理想主义和人文情怀，也需要多元开放的视野和取向。

【关键词】新闻教育；新闻学科；教育范式

在新媒介技术语境下，中国传统新闻教育正面临巨大挑战。从目前来看，新闻教育研究大致存在三种偏向：一是偏向于微观研究；二是偏向于二元对立思维；三是对范式的认识存在线性发展的进化论思维偏向。基于新闻教育范式转换的重要性和已有研究的三种偏向，有必要从学理上结合中外新闻教育发展的历史与现实，来探讨新闻教育范式发展规律。基于库恩范式与学科的关系，我们把新闻教育范式界定为：它是建立在新闻学知识体系基础上，新闻教育群体在新闻教育活动中共同遵循的教育信念、话语与规范，并由此形成共同的看待新闻教育问题的方式、分析问题的框架和与之相适应的技术架构。其内在的结构是新闻教育理念、话语与技术体系，外在的表现是新闻教育共同体及其组织。新闻学知识为新闻教育范式提供了重要的理论和思想资源，但新闻教育范式毕竟与新闻学知识是两个概念。不同的教育范式在教育理念、话语和技术上各有不同的共同遵守的规范和标准。

一、专业新闻学教育范式

专业新闻学范式是建立在实用主义哲学基础上，以职业教育作为核心概念，以业界新闻专业主义观念和操作技术为主要教学内容而形成的范式。

专业新闻学教育肇始于 19 世纪末 20 世纪初的美国，正值美国历史上的进步主义运动、实用主义哲学盛行时期。如果要追溯其存在的理论依据，当属重视行动经验、强调实效创新的实用主义哲学。这个时期的美国正处于社会转型时期，各种社会问题层出不穷，整个社会处于“失范”状态。在新闻界，记者收受贿赂，炮制新闻；报业受到强力经济团体的渗透；报馆老板私人利益左右编辑工作。

出于新闻界自身的追求，1912 年，美国哥伦比亚大学新闻学院在普利策资助下，建立了哥伦比亚大学新闻学院，确立了以新闻专业主义为旨归的培养模式。普利策相信，新闻职业意识一经形成，就具有约束力，使报业成为独立的专业。专业新闻学教育不仅是业界自身的追求的需要，同时也是新闻界自身健康有序发展的需要，乃至是创建有序社会的需要。

1947 年，美国芝加哥大学校长罗伯特·哈钦斯领导的“新闻自由委员会”在《一个自由而负责的新闻界》报告中，建议将自己的职能视为从事专业化水平的公共服务。新闻专业主义最终发展成为诠释和评判美国新闻事业的主导话语，作为以新闻专业主义为思想精髓的专业新闻学教育走向成熟。

中国专业新闻学教育渊源于民国新闻界和新闻教育界人士对专业性的追求。徐宝璜对新闻的定义彰显了民国时期的中国报人对“专业性的客观中立”的职业追求。《大公报》总主笔张季鸾秉持的“言论自由、职业独立、客观中立、社会责任”及“不党、不卖、不私、不盲”的精神，正是专业新闻教育的思想精髓。戈公振认为报纸不应该“只作为一个商业团体利益的代表，或是一个宗教团体利益的代表”。为此，大学教育可以也应该为培养“无偏见的记者”尽责任。

当时的美国哥伦比亚大学新闻学院对专业新闻学教育的影响也不可小觑。哥伦比亚大学新闻学院先后派遣 13 名校友前往民国新闻界传经送宝。1936 年，《大公报》仿照哥伦比亚大学新闻学院普利策奖的做法，设立了大公报文艺奖金。但是，当时的中国战乱纷繁，国民党不断加强新闻控制，专业新闻学教育昙花一现，“似乎处于缺位状态”。

直到 20 世纪 90 年代后期，西方“新闻专业主义”概念被引进，但是在政治控制与商业收买的双重挤压之下，新闻专业主义的努力进退维谷，步履维艰。正如新闻专业主义在中国的命运一样，专业新闻学教育仍旧处于非主流，甚至边缘状态。

专业新闻学教育的核心概念是“职业教育”。职业教育有两种不同形式：一种是专门教育，如英国的“学徒式”记者培训方式、日本的社内教育、德国的“记者学校”；另一种是专业教育，是一种培养专门职业人才的专业性的高等教育。专业教育的目标是培养能够胜任专业工作的实践者。当前，我国专门的职业新闻教育不完善，不受重视，处于新闻教育的末端，不被社会认可；而专业的高等新闻教育在现行大学体制下又多重

“学”轻“术”，专业新闻学教育受到严重影响。新闻教育所面临的这种处境，使新闻教育两头失落。基于此，我国新闻教育职业化程度不够高、不够强、不够精，尚需加强专业新闻学教育。

二、政策新闻学教育范式

政策新闻学教育坚持新闻教育为国家服务，为政府机构或宣传部门提供智力和人力保障。从我国新闻教育历史来看，政策新闻学教育是伴随着中国近代现代性的追求和现代民族国家的崛起而确立起来的教育范式。在上世纪前期，中国新闻教育机构多为私立，官办的新闻教育机构较少。当时由国民党创办的中央政治学校新闻系，与一般大学的新闻系不同。其宗旨是就是要“阐扬主义，宣传国策”，“改良中国的新闻事业，树立三民主义的文化基础”；其使命是培育国际宣传任务的高级新闻人才。该新闻系特别开设宣传新闻学课程。

在中国共产党领导下的新闻教育则以马克思主义思想为指导，政策新闻学教育是其主导范式。1941 年中共中央宣传部发布的《关于党的宣传鼓动工作提纲》明确指出：培养掌握马克思列宁主义而又富有实际工作经验的宣传干部是其重要任务。20 世纪 80 年代以来，中国新闻教育始终坚持马克思主义新闻思想，为党和国家的新闻事业培养了大批优秀的新闻工作者，为中国新闻事业的发展作出了巨大贡献。马克思主义新闻观教育成为新闻教育的核心概念和重要内容。在当下，在主流媒体单位和新闻行业组织内，马克思主义新闻观教育是培训和学习的重要内容。

政策新闻学教育是以新闻业官方性质、新闻教育机构公有制为其制度前提。在公有制为主导的高等教育体制下，政府是一个特别重要的行动者；它自上而下行使其巨大的权力；试图控制高等教育系统动力的一切方面，如入学机会、课程学位要求、考试制度、教学人员的聘任和酬报等；它通过拨款或其他手段直接影响高等教育的投入、生产和产出过程。不过，在政府控制模式下，大学机构容易同质化，因为政府把高等教育看作一项同质的事业，不承认高等教育的松散结合和多维的性质。

实际上，新闻教育机构公有制仅仅是政策新闻学教育范式存在的基本制度，其根本还在于国家主义理论下的党国体制。党国体制是国家主义的一种特殊形式。它来源于马克思列宁主义和苏联的实践，其理论基础是列宁的《国家与革命》。中华人民共和国成立后，党国体制成为国家治理的主导模式。

随着科学技术的发展和市场经济的世界性扩张，随着全球性的国际组织在国际事务中日益发挥着举足轻重的作用，国家主义受到全球主义的严峻挑战。但是，国家主义依然根深蒂固，国家的历史作用远未终结，国家主义尚有不言而喻的现实合理性：国家依旧是最基本的政治单元，国家依旧是国际关系的主角和最基本的行为体，国家主义在发展中国家仍然有广泛的影响和功用。我国作为发展中国家，国家主义情结依然有其历史与现实的合理性。当然，承认这种合理性并不意味着无保留地接受这种国家主义。因为当一个国家近乎垄断教育权威并由国家意志主导一切教育事务时，它几乎完全排除来自受教育者、家庭、学校和社会对教育的合理干预。在这种情况下，教育最容易成为国家意志的工具。为此，我们需要坚持全球主义与国家主义并存的前提下，倡导全球主义观照下的国家主义，发展在全球主义观照下的政策新闻学教育。

三、公共新闻学教育范式

对于公共新闻学教育，大致存在两种理解：一是指为新闻媒体以外的其他社会组织机构培养公共传播人才；二是指新媒介技术语境下，对普通公民参与新闻传播活动的“新闻生产力”的开发与培养。公共新闻学教育范式与科技的发展，以及以此为基础的传播学研究紧密相关。科学主义是公共新闻学范式的哲学基础。

公共新闻学教育对科学技术的重视，一方面体现了科学主义的哲学观念，另一方面又与20世纪60年代以来兴起的专业化跨学科研究运动一脉相承。跨学科教育是公共新闻学教育的核心概念。“未来的传播学领域将聚合起更多的学科背景，面对人类与大千世界的广泛而复杂的联系，借助多元学科知识、使用多元科学工具与方法，深入探讨信息传播和系统控制的特点与规律，建造起更具说服力和适应度的理论体系。”

在美国，公共新闻学教育的确立大致经历了三个阶段：一是从专业新闻学教育向新闻传播教育嬗变的阶段。自1947年，传播学教育创立，传播学进入新闻学院，同新闻学勾连在一起，新闻教育主流逐渐从传统的培养报纸记者的职业性方向，转向更广阔的公共空间。二是公共与参与新闻探索阶段。20世纪80年代末至90年代初，美国新闻界兴起了公共新闻运动；在新技术语境下，公共新闻后来发展成为公民新闻(CivicJournalism)，或称为公共与参与新闻。三是公共新闻学范式的形成与确立阶段。新世纪以来，网络移动媒体技术、大数据、虚拟智能技术的发展，媒介生态呈现出新的景观。美国各新闻学院为适应新变化，开始了面向未来的新闻教育改革尝试，提出了一系列新的教育改革主张，如新闻教育服务于社区、开设媒介融合课程、开展跨学科的新闻教育、设立新媒体实验室与创新项目，开始创业新闻教育等。

虽然传播学引入后，国内也出现了与美国相似的新闻传播教育景观，但实际上，在马克思主义新闻观指导下的政策新闻学教育始终占主导地位。从政策新闻学教育向公共传播学教育彻底转换，由于现实的国情和语境，其转换的道路艰难且漫长；但是从短期来看，我们不妨政策新闻学教育与公共新闻学教育并存，一方面维持政策新闻学教育的传统，另一方面大力发展公共新闻学教育；互相取长补短，又相互制约影响，共同促进新闻教育良性发展。

四、批判新闻学教育范式

批判新闻学教育是以高等教育认识论和人本论为理念，以民主教育为核心概念，以新闻传播学批判理论为话语而建构起来的新闻教育范式。批判新闻学教育拒绝新闻教育为传媒业、国家集团、商业利益服务，它着眼于人的自身的发展；其主要目的在于培养学生的批判思维和民主意识；一方面强调学术研究对真理的追求，坚守现代大学精神，以达到价值的自由；另一方面重视人生的价值与尊严，重视人的自由发展的需要。批判新闻学教育体现了寻求独立、追求真理和终极价值、追寻高深学问的古典大学精神，体现了教育的人本主义精神。

批判新闻学教育主要有两种高等新闻教育形态：一是学理研究的形态。如德国和日本的高等新闻教育。日本高等新闻教育选择了德国古典大学的新闻教育理念和模式作为样板。大学标榜自己通识教育的特征，突出培养具有媒介素养和批判精神的公民的基础修养。二是社会文化批判的形态。如美国新闻教育之父布莱耶开创的传统。布莱耶重视学生理性批判能力的培养，给予学生最重要的训练是批判性地思考新闻，而不是实践技能；大学新闻教育的方向是“博”而不是“专”。它把新闻教育的合理性由专业化需要推广到社会文化的发展和民主政治的健全。

在中国，批判新闻学教育可追溯到张扬民主和科学精神的“五四”新文化运动，集中体现在 1918 年北京大学新闻学研究会的创立。研究会修改后的宗旨是：“研究新闻学理，增长新闻经验，以谋新闻事业之发展。”早期的中国新闻教育属于职业教育，但也不乏社会文化批判思想，主要表现在：一是新闻教育具有民主主义的文化倾向；二是新闻教育重在立人；三是对西方报纸民主自由的批判。

不论在中美，批判新闻学教育被排拒是一个较为普遍性的现象。但是批判新闻学教育彰显的是古典大学对终极价值的追求精神，倡导的是人类亘古不灭的人文主义精神。在科技、权力和功利泛滥的时代，它寄托着人类对美好理想社会的向往和憧憬，是人类对自身全面发展的精神支柱和力量。无论我们怎样规避或忽视它的价值，它必然是新闻教育不可或缺的灵魂。

以上四种新闻教育范式中，专业新闻学教育和政策新闻学教育具有较明显的工具性，公共新闻学教育和批判新闻学教育具有较强的反思性和人文色彩。四种范式之间并非独立或并列或对立的关系。如果把四种教育范式用一个同心圆来表示：专业新闻学范式位于圆的中心，着眼于新闻业；其外围是政策新闻学范式，着眼于国家；再外围是公共新闻学范式，着眼于公共社会；最外围是批判新闻学范式，着眼于人的发展和整个人类的发展。四种范式构成了一个完整的新闻教育范式体系。

我国新闻学教育模式的历史选择与当代创新

骆正林

文章来源：骆正林．我国新闻学教育模式的历史选择与当代创新[J]．现代传播(中国传媒大学学报)，2017，39(8)：145-150.

作者简介：骆正林，系南京师范大学新闻与传播学院教授、博士生导师。

【摘　要】我国新闻学教育始终与国家和民族的命运相联系。20世纪初新闻学教育开始在华夏大地生根开花，早期新闻教育的创始者选择了美国密苏里大学的新闻教育模式；中国共产党则借鉴苏联共产主义新闻教育模式，从解放区开始逐渐建设起中国社会主义新闻学教育体系。当前中国与世界几乎同步进入信息化时代，中国的社会环境与媒体环境已经没有了向外借鉴的土壤，中国的新闻传播教育必须创造属于自己的新模式。正在形成的中国新闻传播教育模式具有意识形态性、人文性、公共性和社会性等特点，这些特点之间还有很多价值冲突和发展悖论的地方。解决这些冲突和悖论的过程，就是中国新闻传播教育模式不断成熟与成型的过程。

【关键词】新闻教育；教育模式；密苏里模式；苏联模式；马克思主义新闻观

我国新闻学教育变革的直接动力来源于媒介产业的发展。网络技术的不断发展导致了媒介社会化和社会媒介化，媒介不再仅是上层建筑的构成部分，而且成为联系世界的关系中枢。随着新闻传播权力向社会分散，各种社会机构均可参与新闻生产，新闻学教育感受到了“四面楚歌”。新闻传播人才进入体制内媒体越来越少，更多学子进入市场从事社会传播、公共传播等岗位。费正清曾用“冲击—反应”模式解释中国近代化过程，他认为中国近代化的动力是对外来文化冲击的反应。今天，中国新闻学教育模式的变化也是“冲击—反应”的结果，这种冲击反应既有外生的压力、也有内生的压力。

一、我国早期的新闻学教育

民国初年，中国社会经历了由传统封闭向被迫开放转型，中国高等教育在此背景下也开启了近代化进程。在中西文化的争论和碰撞中，一些新式大学被创办起来，大学普遍注重引进西学，中国的高等教育逐渐顺应了国际潮流。同时，在辛亥革命前后出现了第二次办报高潮，革命派创办的报刊更加注重舆论宣传，积极向西方报刊学习新闻业务和宣传技巧。报刊的风起需要一批有担当的报人，因此，新闻教育逐渐被报人和学人关注。1918 年北京大学新闻学研究会成立，这是中国新闻教育起步的重要标志。

李金铨教授认为，民国时期的中国新闻教育是从美国横向移植过来的。美国大学的新闻教育是从中西部公立高校开始的，中国的新闻教育却起源于当时首屈一指的北京大学，这和美国精英大学对新闻教育的态度形成了鲜明对比。美国新闻教育有哥伦比亚模式和密苏里模式；中国大学采用的是密苏里模式，这也是历史和现实的种种机缘，使中国的新闻学教育最早选择了职业教育模式，并由此确立了早期新闻教育的基本目标、教学体系和研究方法。

在新闻职业教育理念的指导下，民国初年的新闻学教育逐渐发展起来。民国初年新闻教育主要集中在北京、上海、南京、广州和重庆等少数重要的大城市，办学的模式也灵活多样，国立、外资、民营等各种方式都有。“有的是美国直接投资办学，如燕京大学新闻系、圣约翰大学新闻系；有的是由美国学成归来者创办的新闻教育，如徐宝璜(北京平民大学报学系创始人，由美国密西根大学毕业）、汪英宾(上海南方大学报学系创始人，美国密苏里新闻学院毕业)等。哥伦比亚大学新闻学院曾协助中央政治学校创办新闻学院。”新闻教育单位除了引进美国的教材和参考书外，还不断将国外的新闻理论、新闻教材进行本土化改造。1918 年徐宝璜开始编印《新闻学》，并在四易其稿后，于 1919 年年底正式出版。其后任白涛、邵飘萍、伍超、戈公振等先后出版了新闻学教材或著作，基本形成了从理论、业务到历史的教材体系。

二、我国社会主义新闻学的形成

我国社会主义新闻学教育是从解放区开始的，新闻学教育的任务也是在无产阶级办报实践中提出的。社会主义新闻事业与国统区的美式新闻教育模式不同，它除了强调新闻学教育的实用性和职业性外，更加重视意识形态教育和舆论宣传教育。中国社会主义革命和建设过程，深受苏联社会主义模式的影响。新闻事业、新闻教育和政治体制联系紧密，因此，我国社会主义新闻教育也深受苏联模式的影响。

中国社会主义新闻事业和新闻教育，是在借鉴苏联模式的基础上逐渐成形的。1942 年，经过延安《解放日报》的改版，中国共产党基本认识了新闻媒介的性质和功能，形成了中国共产党的党报理论体系，确立了党性原则在新闻宣传工作中的重要地位。20 世纪 40 年代的新闻界整风运动，也加速了苏联报刊理论在中国的本土化步伐。从此中国共产党将新闻媒体作为重要工具，加强党委对新闻媒体的行政领导。中华人民共和国成立前，社会主义新闻教育就已经起步：1939 年，延安中国女子大学开办过新闻短训班；1945 年年底范长江支持筹建了华中新闻专科学校，该校在异常艰苦的条件下坚持办学五年；1946 年华北联合大学也曾开设过新闻等。

1949 年，中华人民共和国成立后，原国统区美式新闻教育退出了历史舞台，学习苏联的新闻工作经验和新闻教育模式，成为建设社会主义新闻事业的重要任务，甚至在 1952—1955 年间一度出现全盘苏化的现象。上个世纪五六十年代，国家曾派出一批人赴莫斯科大学、列宁格勒大学新闻系学习，其中很多人后来成为新闻院系的教学和科研骨干。在 1954—1955 年间，人民出版社翻译出版《联共(布) 中央直属高级党校新闻班讲义汇编》第一、第二集和苏联国家政治书籍出版局编辑的《布尔什维克报刊文集》，作为全国新闻界与大学新闻系学生的学习用书。此后相当长的时期内，我国高校新闻学专业教学主要采用苏联教材，“由马恩列斯有关新闻工作的语录加上联共(布) 有关新闻工作的决议组合成书，缺乏系统性、规律性”。新闻学研究也拘泥于研究革命导师的办报思想。复旦大学王中教授曾编写过《新闻学原理大纲》，结果在全国受到了大批判，“‘新闻改革理论家’变成全国唯一的‘右派理论家’”。我国新闻界曾经学习过 20 世纪 20 年代列宁的办报思想和 30 年代斯大林的办报思想，但因为马克思著作的翻译问题，“直到 1958 年我国新闻学者才开始认识了解马克思新闻学著作，到 1979 年年底，才开始系统地研究马恩新闻思想”。经过“文革”等一系列政治运动，新闻媒体成为政治斗争的舞台，报纸不断宣传“千万不要忘记阶级斗争”“防止资本主义复辟”等政治口号，新闻学基本成为政治学的附庸或婢女，新闻学没能获得一个独立的学科地位。

我国新闻与传播学教育长期只有新闻学教育，学科建设更是处于极低的水平，学术界普遍不承认新闻学拥有独立的学科位置。1982 年全国高等院校一共只有 16 个新闻院、系、专业点和 1585 名本科、专科学生。“文革”前的 1961 年，复旦新闻系曾经招过两名硕士生，这也是中华人民共和国成立后前 30 年招收的仅有的两名研究生。1977 年恢复招收新闻研究生后，中国社会科学院、中国人民大学、复旦大学都开始招收新闻学研究生。此后，新闻学博士研究生教育也发展起来了。

20 世纪 80 年代中后期，美国新闻学与传播学知识大量涌进，无论在课程、教材建设，还是在研究方法、选题确定等方面，美国模式受到了更多的重视。进入 90 年代后，苏联的新闻传播理念依然发挥作用，美国的传播学研究范式进入中国，新闻与传播教育逐渐走上了融合发展的道路，即体制保障的苏联模式与实践主导的美国模式长期并存。进入 21 世纪后，信息传播成为整个社会的需求，传播学研究快速发展，正如李良荣教授指出的那样，“传播学研究在野蛮生长，新闻学研究不断萎缩”。

三、媒介融合与我国新闻学教育模式的创新

中国新闻传播教育模式建设需要坚持意识形态的核心地位，需要加强马克思主义新

闻观和舆论观教育，在此基础上不断拓展新闻学教育和研究的新领域。政治性要求是新闻传播教育的重要变量，它的力量大小和作用方向随着政治体制的改革而变化，新闻教育系统需要在和相关部门的协调、谈判中消化这种变量。实践挑战是新闻传播教育创新的直接变量，新闻教育单位需要根据社会需要，在教学理念、师资队伍、教学内容、实践教学等环节进行深入的研讨和全面的改革。新媒体的冲击、社会的多元需求、教学模式的陈旧等问题，吸引了很多专家学者的注意，他们开出的药方具有很好的参考价值，有待新闻教育单位在实践中去检验和推广。

改革开放以来，中国新闻传播教育一直在探索自己的模式，这种探索有两个重要特色：一是承认传统新闻教育的意识形态性，探索现代新闻教育如何贯彻意识形态的要求；二是加强专业和学科建设，满足产业发展和社会进步对人才培养的需要。这种“双管齐下”的改革探索，均带有明显的国家干预色彩。2013 年，在总结上海经验的基础上，“部校共建”开始在全国得到推广。部校共建加强了党政部门对新闻院校的领导，一定程度上提高了新闻学的学科地位；对很多新闻院系来说，共建成为他们重要的身份待遇，是获取体制内资源的最好渠道。

媒介融合的产业状况给新闻学带来巨大冲击，但国家对新闻教育管理的惯性，决定了在未来一段时间内，新闻学仍可居于“新闻学与传播学”的领头位置。经过长期的教育实践，新闻学储备了一支重要的学科队伍和一群知名的专家学者，很多重要的专业和学科资源仍在新闻学名下，如重点学科、重点专业、品牌专业等。党政部门习惯于让新闻学承担意识形态教育功能，新闻学的内涵不再是传统新闻学的含义，而是“常态新闻学 + 部分传播学(尤其是政治传播学）”的结合。

新媒体对人类社会关系的重构，加大了整个社会对新闻学专业人才的需求。在传统媒体的黄金时代，新闻学主要为体制内媒体培养采编人才，教育单位均以培养多少著名记者、高级官员作为教学业绩的重要指标。当代新闻学教育需要回应政府、企业和市场的需要，打开传统专业教育狭窄、封闭的边界，将新闻传播向公共传播、社会传播和传媒经营方向外移，奔向开放的、具有无限潜力的“蓝海”。当代新闻学教育除了培养传统的编辑、记者外，还需要培养更多的舆情分析、信息报送、媒体公关、新闻发布，以及社会化媒体的制作、管理和经营人才。未来新闻学专业的毕业生不仅会出现记者和官员，而且会出现类似于乔布斯、马云式的人物。因此，当代新闻学专业的培养目标不再仅仅为传统媒体培养人才，而是调整、扩大成为职业新闻媒体、政府信息部门、企事业单位、新媒体机构等培养具有互联网思维、一专多能的新闻传播人才。在新的专业教学目标的引领下，新闻学专业逐渐形成了七大课程模块。在媒介融合的新时代，新闻学教育的内涵变得更加丰富。

马克思主义新闻观教育是新闻学专业教育的基础和前提，是今后管理部门考核学科发展和共建成果的重要指标。马新观课程的任务有：加强马克思主义经典文献的阅读，加强社会主义核心价值观教育，加强民情、社情、国情与网络安全教育，帮助学生把握新闻传播的相关法律法规，增进新闻学子对国家和民族的情感认同、政治认同、思想认同和理论认同。新闻学专业既是人文科学也是社会科学，因此需要培养学生的人文精神和科学素养。因此，新闻学专业需要选择性地开设社会学、心理学、政治学、历史学、文化学等方面的课程，尤其注重人文社科经典文献的阅读，加深学生对人类情感和生存智慧的体验，培养他们积极的人生态度和浓郁的人文情怀。

新闻学专业最早是在纸媒的基础上产生的，后在满足不同媒体新闻传播的基础上，形成了一整套的理论、业务和史论课程体系。新闻曾因关注社会、纪录历史、监督权力，而被西方社会美誉为“第四权力”。因此，传统新闻学教育有浓厚的人文学科的色彩，注重培养学生的职业技能、新闻伦理和专业主义精神。当前新闻传播类课程需要跟上时代步伐，对课程教学内容进行大规模的更新和改造，但课程的基本体系依然有价值，尤其不能丢的是新闻专业主义的培养。随着网络与新媒体的发展，网络舆情对社会治理构成巨大压力。因此，我国新闻学教学逐渐强化了公共传播类课程的教学，如舆论学、危机公关、新闻发布、舆情研判与分析等，关注舆论、舆情成为当代中国新闻学教学和研究的重要特色。

正在形成的新闻学教学模式有几个清晰的发展脉络：一是强调意识形态对新闻教育的要求，二是坚守传统新闻教育的专业主义精神，三是舆论舆情成为专业教学的增长点，四是数据分析、新闻可视化受到更多的重视等。目前新闻学教育所呈现的这几个特点，还有很多价值冲突和发展悖论的地方，这些冲突和悖论仍需要新闻传播学者在实践中去解决。

新闻传播人才培养模式创新与教学改革研究

——基于大数据背景

汤天甜　冉　桢

文章来源：汤天甜，冉桢．新闻传播人才培养模式创新与教学改革研究——基于大数据背景[J]．西南交通大学学报(社会科学版)，2017，18(3)：8-14.
作者简介：汤天甜，重庆大学新闻学院副教授，博士。

【摘　要】新闻传播领域正在经历着一场由大数据技术所引发的变革，大数据技术在新闻生产方式等方面对新闻业产生了颠覆性的影响。而当前我国的新闻传播教育存在着专业设置与新媒体发展脱节、课业设置与业界需求脱节等诸多问题，如何培养出适应时代发展的新闻传播人才成为亟待解决的问题。在科学技术飞速发展的背景下，新闻传播教育的革新应当充分发挥大数据的技术优势，相关院系可从大数据进行教学模式分析、改革课程培养体系、推进跨学科教育、加强校企合作、加强学生的实际操作能力等方面入手，有针对性地培养大数据分析创新型人才，从而实现人才培养和教学的改革。

【关键词】大数据；新闻传播；人才培养；教学改革

大数据技术为新闻业注入了新的技术力量，新闻报道在某种程度上得以摆脱传统采编方式所带来的报道偏差与失实，同时使得报道具有了预测的新功能。大数据也对传统的新闻作业流程产生了颠覆性影响，如何对数据进行深度挖掘、分析与可视化是相关新闻从业者不得不面对的挑战。这些都对新闻从业者的能力提出了更高的要求，因此我们必须在深刻理解大数据的基础上，对新闻传播教育进行一番反思与革新，以期培养出符合时代发展要求的新闻传播人才。

一、大数据背景下的新闻传播人才培养：现状、问题与回应

我国的新闻传播类专业处于飞速发展的态势，但与此相对应的是学生的就业情况同专业的蓬勃发展不相匹配。大数据同新闻业的发展已经紧密地结合在了一起，其对新闻从业者的能力和素质提出了更高的要求。当前部分国内新闻传播院系也已经开始了相关的探索，这在一定程度上为我国新闻传播教育的革新提供了宝贵的经验。

(一)专业发展与人才培养存在的问题

从我国目前新闻传播类专业发展来看，呈现出遍地开花的态势，各大院校均开设有新闻传播类及其相关专业。当前我国新闻传播类专业数量已经达到七个，分别是新闻学、广告学、

广播电视学、传播学、编辑出版学、网络与新媒体、数字出版，而相关专业的学生人数则更为惊人。据统计，截至 2015 年年底，我国共有 681 所高校开办了新闻传播类相关专业，七个专业布点数达到 1244 个。新闻传播类专业在校本科生达到 23 万人，约占高校在校本科生总数的 1.4%。新闻传播类专业学生数量虽然极为庞大，但其专业本身的就业情况却同其学生数量的“宏伟”不相匹配。根据教育部高等学校新闻传播学类专业教学指导委员会在 2013 年年底在全国范围内的关于新闻传播教育的专项调研，当前我国新闻传播类专业学生的就业主要呈现以下几个问题：主流媒体就业率较低、用人单位对毕业学校的层次要求较高、就业质量不理想、就业地区不均衡、用人单位对专业

认知不足等。如何在传播泛化的融合时代，精准定位新闻传播专业的核心能力，并打通与之相关的师资配备、课程设置、实践学习等环节，使整个新闻传播教育形成一个衔接有序、内容合理的体系，是值得思考的迫切问题。

（二）大数据技术对新闻传播人才培养提出了新要求

大数据时代的新闻生产与变革对新闻从业者的素质和能力提出了更高的要求。大数据意味着一种全新的思维方式，具体在新闻传播领域来说，大数据时代的新闻生产可归结为海量数据的采集、挖掘与可视化三个步骤，这都同以往传统媒体时代的信息采集、编辑与发布有着明显的差异。这就要求新闻从业者要具备适应时代和技术发展的素质与能力，特别是与数据相关的素质与能力。

1. 新闻从业者应当具有数据意识

传统媒体时代新闻从业者的职业讲求“用事实说话”，对于事实的呈现也多用文字、音视频等形式，运用因果关系来告知一条信息或讲一个故事。而在以大数据技术为背景的新媒体时代，相关关系正在逐步取代因果关系，成为信息书写与呈现的最主要的形式。大数据对于新闻业的影响，集中地体现在信息获取渠道方面。习惯于使用文字来叙述事实的新闻从业者应当及时转换自己的思路，逐步培养数据意识，在丰富新闻书写方式的同时也使自己紧跟时代的步伐。

2. 新闻从业者应当具有数据挖掘、分析与可视化的能力

当前我国新闻从业者多为文科类学术背景，新闻院系的课程内容也多是以新闻传播理论外加采写编评，鲜有院系开设社会调查与统计分析类的课程，遑论对于数据的挖掘等具有理科性质的课程内容。大数据自有其价值性的一面，但如果没有专业人士对其进行挖掘、分析，并以一种清晰易懂的可视化形式将其呈现给受众，那么即使是再海量的数据也毫无价值可言。

因此，在大数据时代，新闻从业者应当较为系统地掌握数据挖掘、分析与可视化的相关知识，并运用自己通过专业训练所练就的新闻敏感与对受众心理的了解，将数据所呈现的事实与受众的信息需求进行无缝对接，从而达到改进新闻报道形式、优化受众体验、减少因文字的模糊性所造成的误差等目的。

3. 新闻从业者应当具有技术整合的能力

大数据技术在某种程度上可以被视作新媒体技术发展的一个缩影，它构成了推动新闻业进行技术革新的重要层面，但却不是唯一的层面。虚拟现实、视频直播、算法推荐、游戏新闻等新传播技术或新闻报道模式同样对新闻业具有重要影响。在新技术层出不穷，发展速度日新月异的情况下，新闻从业者诚然应当积极接纳技术的进步，但也不应成为追逐技术的“技术奴隶”，毕竟对于受众来说，获知信息并由此消除内心的疑虑

与不确定性，是新闻永远的使命。新闻从业者应当认清新闻事业发展中的“变”与“不变”，在积极使用先进技术推动新闻报道质量的同时，也要注意对技术进行整合使之服务于新闻报道，而不是成为被技术架空乃至裹挟的“技术奴隶”。当然，这对新闻从业者来说无疑是一个非常高的要求。如何在知识、学术背景已经相对成熟、固化的情况下，学习一种迥异于先前思维方式和行为模式的新技术，这对于每个稍有资历的新闻从业者来说都是一个问题。这个问题也有待于学界和业界的进一步实践研究。

(三)大数据背景下国内外高校的专业改革

虽然大数据理念是近年才被明确提出，但其应用却已在国外部分高校得以实现。据相关统计资料显示，早在 2007 年，美国北卡罗来纳州立大学的高级数据分析研究院就已开设“数据分析科学”这一专业。2011 年秋季，美国哥伦比亚大学开设了 4 学期的新闻与计算机双学位的硕士项目，旨在帮助学生成为“新闻应用程序的数据开发专家”。此外，哥伦比亚大学的商学、国际公共事务管理、法学、宗教学也已经或即将被引入与新闻学的双学位项目。国内新闻传播教育对于大数据的研究的起始时间虽然相较国内其他文科专业的起始时间较早，但真正在专业课程设置上加入与大数据密切相关的内容则经过了一系列的实验和探索。国内高校对于大数据的关注还体现在建立相关实验室上。

三、大数据在新闻传媒教育的应用：一条可操作道路的探寻

从当前我国的媒介生态环境及新闻传媒教育教学实际出发，可从以下四个方面进行改革：

(一)运用大数据进行教学模式分析

大数据意味着海量的数据，它不仅是我们所处的时代背景，同时也是一种可用的工具。

教师也可以利用大数据对当前的教学模式进行分析，以科学有效、有针对性地进行培养模式与教学改革。具体来说，对于教师而言，可以利用大数据搜集所需的课程资料、对学生进行管理，通过大数据获得教学效果的评价等，也就是利用大数据实现“教学资料搜集→教育教学→学生管理→教学效果反馈”的全过程。

(二)改革课程培养体系

教育界是社会敏感雷达探测器，人才培养的最终目的还是要适应社会的需求。因此，高校的课程培养体系也要根据时代的需求来相应的制定。我国早期的新闻学由中文系分支而来，就目前的新闻传媒教育来看，不少高校的新闻传媒专业与中文系统筹规划在人文学院之下，这使得我国的新闻学教育与传统的文科教育没有明显的界线，多为理论性的指导，而缺少对现实传媒环境的观照。随着新技术的快速发展，新闻传播学的研

究应当着眼未来，并从人文学科的研究取向逐步转变为社会科学的研究取向。在大数据背景下，我国的新闻传媒教育应当重新审视所处的媒介生态环境，对新媒体、新技术有深刻的认知并据此制定符合时代需求的课程培养体系。

我国的新闻传播类专业课程设置具有很强的相似性，大体可以归结为以新闻传播理论为代表的理论课程和以采、写、编、评、摄为代表的实务课程。课程培养的核心能力是使用文字来记录事实或发表评论。新闻传播教育改革的一个方向，应当在精准把握专业核心能力的基础上，让学生广泛涉猎专业以外的知识和技能，特别是与现今社会发展紧密相关的新知识、新观点、新技能和新方法，为学生的思维能力培养和知识面拓宽搭建平台，达到专业课程设置紧跟乃至引领社会发展趋势的目的。

(三)加强跨学科教育

大数据时代一个突出的特点是对复合型人才有着大量的需求。新闻传媒专业现今来看属于应用社会科学的范畴，除了基本的理论和技能外，要想真正在行业内有所建树，从业者还需要具备开阔的视野和广泛的涉猎面。在大数据背景下，跨学科的知识面，特别是理工科知识背景显得尤为重要。无论是在采访中可能会涉及的政治、经济、科学等相关话题，还是在新闻生产中使用到的图表制作、可视化等技术，都离不开跨学科的教育。我国的新闻传媒从业人员大多是文科出身，数据处理能力相对缺乏，而通过无序的数据呈现出有序的新闻作品正是大数据时代对新闻传媒从业者的基本要求。所以除了传统的业务和理论学习，新闻传媒专业应当增设“数据处理”“数据挖掘”“计算机编程”等理工科的课程，培养学生的数据意识和数据能力。

(四)加强校媒合作，搭建实训平台

解决业界与学界的脱节是历来新闻传播教育中的难题，尤其在当前的大数据背景下，传统的新闻传媒行业正在进行一场根本性的革命，而在某种程度上高校的新闻传媒教育又滞后于新闻业界的发展。在此种背景下，高校应加强与媒体的合作，搭建实训平台，使学生在实习过程中充分把握大数据时代媒体的运行规律及掌握相关的操作技能，这是每个新闻传播学院都应当重视的问题。在校企合作方面，已经有不少高校的新闻传播学院与媒体签署了相关的协议，采取联合培养的模式，有针对性地培养大数据分析应用型人才。对于新闻传播人才的培养，政府也同样给予了高度关注，其中“部校共建新闻学院”成为官方推进新闻传播学界与业界互动融合的最引人注目的事件。早在2001年，作为国内共建新闻学院的先行者，上海市委宣传部就与复旦大学签署了共建协议，在其新闻学院设立院务委员会。2013年年底，中宣部、教育部联合发出《关于地方党委宣传部门与高等学校共建新闻学院的意见》，并在上海召开部校共建新闻学院现场会，拟在全国推广“部校共建新闻学院”的模式。此后，北京大学与新华社、清华大学与人民日报社、中国人民大学与北京市委宣传部、南京大学与江苏省委宣传部相继宣布“共建新闻学院”，“部校共建新闻学院”模式基本覆盖国内新闻传播专业领先的高校。

四、新技术背景下新闻传播教育的变与不变

在技术不断更新换代的今天，新闻界如何保持与时俱进，已经成为学界和业界共同关心的话题。就传统媒体特别是纸媒拥抱新媒体而言，就有业界人士称：“纸媒不进行改革是等死，进行改革是在找死。”然而技术的革新终究是不可逆转的趋势，而在技术的更新中部分传统媒体的死亡也应当被视作正常的现象。对于新闻传播教育而言，拥抱新技术则与提高专业培养质量是同等重要的事情。在新技术背景下进行专业改革与提高专业培养质量并不是相对立的；相反，积极拥抱新技术有利于提高专业培养的质量。但这里需要指出的是，在积极拥抱新技术的同时我们也应当打破对技术的迷思：新技术诚然代表了行业的发展趋势，也在某种程度上表现出了迥异于以往的思维方式与操作方法，但我们不应当陷入对于技术的盲目崇拜中，理性审视与研究新技术的特点，有针对性地将其与新闻传播教育结合起来才是变动时代下新闻传播教育改革的最具理性的选择。

新闻传播学学科体系的观察与思考

童　兵

文章来源：童兵．新闻传播学学科体系的观察与思考[J]．南京社会科学，2017，(1)：8-15.

作者简介：童兵，复旦大学资深特聘教授，志德书院院长、博士生导师。

【摘　要】历史悠久的中国传统文化、西方新闻传播思想的进入和马克思主义新闻思想的普及，是中国新闻传播学学科体系建设的三个渊源和资源。梳理从新闻学、传播学到新闻传播学的学科衍变，有许多经验和教训需要总结。呼吁在落实习近平关于构建中国特色哲学社会科学，推进学科体系、学术体系、话语体系建设进程中，克服新闻传播学学科边界不清、概念不明、关系不当等问题，使新闻传播学学科体系建设有大的改观和提升。

【关键词】中国文化；新闻传播学；学科体系建设

习近平《在哲学社会科学工作座谈会上的讲话》中指出：“要按照立足中国、借鉴国外，挖掘历史、把握当代，关怀人类、面向未来的思路，着力构建中国特色哲学社会科

学，在指导思想、学科体系、学术体系、话语体系等方面充分体现中国特色、中国风格、中国气派。”习近平对哲学社会科学发展的期待，也包含着对新闻传播学学科发展的期待。

仔细研读习近平的讲话，对新闻传播学的发展创新考察，对这门学科有直接和重要影响的涉及学科体系、学术体系、话语体系、教材体系和评价体系五个主要体系。笔者在本文中主要讨论新闻传播学的学科体系构成和创新发展的相关问题。

一、中国新闻学学科的渊源

从源流考察，中国新闻传播学的学科体系有三个渊源，它的形成和发展也有同样的三种资源。

在中国新闻学研究刚刚起步的时候，人们就指出新闻记者和史官的工作是密不可分的，中国的历史记事传统可以滋润中国新闻事业。对于信息传播来说，中国人有着厚重的文化积累。我国古代，尤其是儒家思想中所蕴含的言责观念及言论，弥足珍贵。中国古时不仅把言责看得比言权更重要，而且非常重视言的真实与明确，所以自古以来历朝历代都有史官之设。长久以来，中国史官形成了自己特有的工作方法和记史传统。就工作而言，史官的工作主要有两种，一是逐日记录当时发生的天下之事，以后又延及修史；二是访查考证史料真伪以明今鉴外。史官最可歌颂与发扬之传统，就是不虚善不隐恶之直书精神，“宁可兰摧玉折，不作瓦砾长存”。史官的这种传统，被认为是当代新闻记者不可或缺的基本素质。

中国新闻学科的另一个渊源，是西方现代新闻传播思想的传入。如果说，从先秦至明清中国已经发生着一般传播思潮的衍变，使这一漫长的数千年成为中国新闻传播思想的孕育期；那么，从清朝后期至进入 20 世纪的半个多世纪的时期，则是中国新闻传播思想的萌芽期，国人的新闻传播思想在这几十年中外报刊实践的基础上，已有不少光辉的、富有启迪性的、但又不系统不完整的论述与阐发。近代中国新闻传播思想的发生，同中国最早的现代报业的出现——首先是外国传教士的报刊活动是紧紧结合在一起的。外国传教士怀着各自复杂的目的，为中国带来第一批现代报刊，也传递着西方早期的办报理念。

中国新闻学科的另一个渊源，是马克思主义学说，特别是马克思主义新闻观在中国的传播。马克思主义以《共产党宣言》出版为标志，诞生于 19 世纪 40 年代。中国第一批无产阶级报刊的先声当数创刊于 1915 年 9 月 15 日的《新青年》。1918 年 11 月，《新青年》编撰者之一李大钊在杂志上发表了两篇政论《庶民的胜利》和《布尔什维主义的胜利》，标志着在中国传播马克思主义的开端。“五四”前夕，李大钊又将由他轮值主编的

《新青年》6 卷 5 号编成《马克思研究》专号，目的是向国人介绍“世界改造原动的学说”。这从一个方面，说明了马克思主义思潮对中国先进知识分子和报刊工作者的影响。1921 年 7 月 23 日中国共产党成立。第一次党代表大会通过的文件表明，马克思主义新闻观已经对中国共产党及党的报刊产生了直接的影响。

回看中国新闻学学科体系的渊源，主要就是以上三个：历史悠久的中国文化积累、西方现代新闻传播思想的传入、马克思主义特别是马克思主义新闻观在中国的传播。这三支文化的交融、互补、冲突，推动着中国新闻学科的发生、演革和发展。

二、中国新闻学学科的发生发展与曲折历程

学科者，按照学问的性质而划分的门类，而学问则是正确反映客观事物(即学问所研究的客体)的系统知识。由是观之，一门学问积累到一定程度，即对该客观事物的研究有了相当的深度和广度，累积了一定的认知成果，便有可能开始形成相应的学科。新闻学学科体系的发生和发展，行走的正是这样一条道路。

(一)新闻学学科的最初分类

这一时期新闻学著述甚丰，七个方面的内容初步架构新闻学学科体系的七个方面：

新闻学概论，理论新闻学的基础理论研究部分；

新闻事业概论，理论新闻学的媒体研究部分，其中有同媒体运作相关的新闻法、新闻自由等内容；

新闻记者与通讯员，理论新闻学的从业者研究部分；

新闻业务，应用新闻学的采访、写作、摄影、编辑、评论、新闻资料工作、新闻作品分析等部分，广告学和报刊发行及读报用报等也列入该部分；

世界新闻事业历史与现状，历史新闻学的世界史部分；

中国新闻事业历史与现状，历史新闻学的中国史部分，新闻界人物、报刊史及广播史也列入此部分；

参考工具书，应用新闻学的一部分。

(二)美英新闻思潮的进入和新闻学研究的展开

这一时期，美英新闻思潮随着新闻事业的发展得到较快的延展，重要的新闻观点有这样几个方面：

报纸起源于人的“新闻欲”；

报纸的性质是公共性和营利性；

新闻定义和新闻价值；

新闻自由、新闻法制与新闻伦理；

新闻学是一门科学。

当时许多中国新闻学者经过对上述五个方面观点的讨论，终于得出结论：新闻学是一门科学。最具代表性的学者是刘元钊，他的代表性著作是《新闻学讲话》。刘元钊在这本书中讲清了三个问题：新闻有学，新闻学应该是一门独立的科学，新闻学在当时还没有成熟为一门成熟的科学。

中国的新闻学学科建设遇到各种阻力和障碍。开始是国民党新闻统治的确立和法西斯新闻思潮的影响。后来是中华人民共和国成立后极“左”思潮的干扰，使得新闻学学科建设难以在平和的学术环境下展开，直至1968年7月22日《人民日报》传达最高领导人的“最新指示”，干脆取消新闻教育。在这种指导思想下，加上又有人批评大学新闻系培养不出新闻记者，新闻又“无学可言”，所以在《人民日报》开展关于“社会主义大学应当如何办”的讨论时，驻复旦大学工人、解放军毛泽东思想宣传队发表文章说，我们主张彻底革命，有些系，如新闻系，根本培养不出革命的战斗的新闻工作者，可以不办。1969年，在这种舆论导向下，北京广播学院停办。1972年，包括新闻系在内的我国第一所文科大学——中国人民大学停办。在此前后，许多学校的新闻专业被迫下马，新中国历经艰辛发展起来的社会主义新闻教育事业由此步入低谷，新闻学科建设实际上处于完全停顿，甚至倒退的状况。

三、传播学的进入和新闻传播学学科体系建设

“文革”结束，共和国新闻事业面临着重建家业、再塑新闻形象、恢复学科建设的紧迫任务。党的十一届三中全会之后，经济改革启动，在它的推动下，新闻改革开始酝酿和出台。新闻改革的主力军是数十万新闻工作者。由于新闻事业的急速发展，这支庞大的队伍还来不及进行严格的训练和培养，而其中个别人的新闻素质以至政治素质又不符合要求。这些也给新闻改革带来不少困难。对这支队伍进行思想教育和业务培训，也要求新闻教育和新闻学研究有大幅度的进展。

改革开放为西方新闻学的引进提供了良好条件，中外新闻学学术交流活动日益活跃。1981年11月，中国和澳大利亚新闻界人士在北京联合举办新闻学研讨会，中国和西方国家的同行第一次坐在一起，探讨新闻学问题。1982年5月，传播学集大成者之一、美国著名学者施拉姆在其弟子、香港中文大学教授余也鲁的陪同下来华访问，此行被称为传播学进入中国的“破冰之旅”。这年11月，全国第一次传播学座谈会在北京召开，会议确定了“系统了解，分析研究，批判吸收，自主创造”的我国研究传播学的基本态度。现在看，这个方针还是正确的、可取的。这年年底，出版了《传播学(简介)》，这是中国大陆公开出版的第一本传播学著作。

1982 年 6 至 8 月，由北京新闻学会发起，中国社会科学院新闻研究所(现改名新闻与传播研究所)、人民日报社等参加，实施大规模的“北京市读者、听众、观众调查”，这是中国第一次采用传播学的受众调查方法进行的受众调查。以此为开端，新时期的受众研究和受众学建设上马，以后每年都有一批相当规模的传媒与受众调查活动展开。1986 年 5 月，在安徽黄山召开了首届全国新闻受众研究学术讨论会。同年 10 月，中国第一所舆情与传媒调查研究机构——中国人民大学舆论研究所成立，该所于 1988 年实施了影响广泛的“首都知名人士龙年展望”调查。至此，新闻学在拓展了传播学以及受众学之后，又延拓了舆论学原理与方法的学科研究。

1983 年 3 月，在北京举行“纪念马克思逝世 100 周年全国新闻学术讨论会”。这是我国第一次举行大规模的马克思主义经典作家新闻思想研讨会。这年年底，在长沙举行纪念毛泽东 90 诞辰全国新闻学术讨论会。这两次会议，摒弃了过去研究马克思主义经典作家著作的“十三经注疏”式的方法，联系实际，敞开思想，倡导以马克思主义的立场、观点和方法解决中国实际问题、深化新闻学研究的新学风。

1985 年 4 月，“世界新闻新秩序讨论会”在北京举行，这是中国新闻学术界最早关注和研究自 60 年代以来全球新闻传播秩序，呼吁发展中国家联合起来，打破西方新闻霸权的一次会议。这次会议，对于开拓国际新闻传播新学科建设，具有积极意义。

从 1986 年起，全国哲学社会科学规划领导小组设立社会科学基金，其中新闻学科在“七五”“八五”“九五”15 年间，对经申请和批准的新闻学课题总支持力度达 150 万元以上。教育部(原国家教委)从 1996 年开始，组织人文社会科学研究规划项目申报工作，新闻学和传播学也列于其中。应该指出，这两个规划及经费支持，对新闻传播学学科建设的拓展，发挥了重大作用。

1988 年 10 月，由华中理工大学(后改名华中科技大学)发起，在武汉召开全国首届新闻学新学科学术讨论会，大会交流的多篇论文涉及多种新闻学新学科和交叉学科，如新闻哲学、新闻心理学、新闻经济学、新闻管理学、新闻伦理学、新闻法治学、新闻社会学、新闻美学、新闻统计学、新闻广告学等 30 门学科。这次会议和会后相关学者的持续努力，对新闻传播学学科的拓宽和深化有着重要意义。

这里还有必要指出，改革开放以来的新闻传播学教育的持续发展，极大地推动着新闻学学科自身的拓展。1983 年 5 月，中宣部和国家教委在北京召开中华人民共和国成立以来第一次全国新闻教育工作会议，规划新闻教育发展和讨论新闻教育改革。在会议推动下，一批新的专业和新的课程出台，如国际新闻、新闻摄影、播音、电视编辑、电视导演、广告学等专业；传播学、公共关系学、新闻美学、新闻管理学等课程。

1984 年，中国人民大学、复旦大学开始招收新闻学专业博士研究生，当年共招收 2

名，于1985年入学。1988年首批博士生毕业，中国开始有自己培养的最高层次的新闻专业人才，表明中国新闻学的学科层次有了新的提升。

1997年，国务院学位委员会颁布研究生专业目录，新闻学由过去的二级学科调升为一级学科，列为“新闻传播学”，下设新闻学和传播学两个二级学科。这标志着经过近20年努力，我国新闻教育水平和新闻学学科建设水平均有重大提升，也预示着新闻传播学在21世纪将有新的发展。

同研究生专业目录改革相比，新闻学本科的专业目录没有作相应的改变。从那时到今日，研究生目录中最高层次或者说这一学科的最高称谓是“新闻传播学”，而本科目录中相应的是“新闻学与传播学”，这集中反映出新闻学学科结构与体系的边界不清和概念不明，突出说明新闻传播学的学科框架有待清晰、调整和厘清。

进入21世纪以来，这种状况基本没有改变。从学科体系看，多数学校的学科架构是新闻传播学下设置新闻学与传播学，新闻学下设置新闻理论、中外新闻史、应用新闻学(新闻采访学、新闻写作学、新闻编辑学、新闻评论学、新闻摄影学、广播电视学等)。传播学下设置传播理论、中外传播史、应用传播学(广电采写、广电编辑、广电评论、播音主持等)、广告学、公共关系学、网络传播学。

这样的学科体系架构，存在不少矛盾和逻辑上的混乱。广播电视专业，是以传媒介质而分的，它同新闻或传播是什么关系？广告学和公共关系学列于传播学是否合适？还有一些其他学科在新闻传播学中占有的分量越来越多，比如舆论学原理和方法，舆论引导、舆论监督、舆情调研等实务知识，要不要设置在新闻传播学中？这些都需要认真地对待，下工夫进行研究和调整，尽快梳理出一个新闻传播学学科体系的路线图。

新闻传播教育的支点错位

张　昆

文章来源：张昆．新闻传播教育的支点错位[J]．新闻记者，2017，(6)：79-84.
作者简介：张昆，华中科技大学新闻与信息传播学院教授，博士生导师。

【摘　要】在网络时代，大学新闻传播教育对社会的有序运行和文化的传承具有重要的意义。然而在技术革命和社会转型的背景下，新闻教育系统的三大支点，即教师、学生和人才市场发生了错位，由此滋生了新闻传播教育领域的一系列问题，如定位模糊、质量下降、就业困难、师生疏离等。唯有坚持教师的主体地位，围绕并且服务于学生这个中心，发挥人才市场对教育资源配置的引导作用，才能使新闻传播教育复归正途，满足社会和传媒行业的人才需求。

【关键词】新闻教育；学生；人才市场

在媒介化社会，新闻传播教育扮演着重要的角色。它承担着向社会输送职业传媒人的责任。但凡经济发达、信息化程度高的国家，都会有发达的新闻传播教育。新闻传播教育作为现代大学教育的主要分支，本身也是一个完整的系统。如果把新闻传播教育界视为一个平面，那么这个平面就是建构在三个重要的支点之上。犹如几何学告诉我们的，非共线的三个点确定一个平面。这三个支点是什么？愚意以为是教师、学生和人才市场。这三者的关系正常，新闻传播教育就能够顺利发展；如果关系颠倒了，新闻传播教育就会出现种种问题。观之今天的新闻传播教育，可谓问题丛生，困难重重，推其大原，在于这三者关系的错位。

一、新闻教育常态下三大支点

教育是千秋大业。古人云，“十年树木，百年树人”。而教育的正常运行，首先取决于教育的主体——教师。教育的天职是传承文化，培养人才。历史上虽然不乏自学成才者，但是从社会文化传承的历史意义上讲，没有教师，就没有教育；没有教育，文脉就会断绝。但教师存在的价值在于启迪学生的心智，在于栽培引导学生成才。学生是教师彰显其价值和存在感的名片。教师因学生而存在，学生因教师而成才。教师与学生的关系是教育过程中一对基本的矛盾关系。

如果说教师是教育过程的主体，那么学生就可以说是教育活动和教育过程的中心。学校的一切工作，教师的一切工作都要围绕学生、围绕着学生培养、围绕着学生成才来展开。在知识社会，学校特别是大学被视为是一个大规模的标准化的人才工厂，而学生就是其主要的产品。大学的核心，一切都是为了学生的成才。评价大学的绩效、大学的好坏的重要标准之一，就是这所学校培养了多少优秀的学生，这所学校的校友们在国际国内社会扮演着什么重要的角色，为社会发展和文化昌明作出了哪些突出的贡献。学生在教学过程中的中心地位，在市场经济条件下更为突出。教师所以能够在大学这个象牙之塔安身立命，学生在其中起到了重要的作用。

学生是学校工作的中心，是教师的工作对象，也是学校最重要的终极产品。但是这个人才产品，是否能够适应社会的需要，是否能够为社会所接受，才是问题的关键。人是人类社会历史的主体，历史的延续取决于一代一代的接班人在保证自己生存的同时，是否能够传承前辈创造的文化。如果回答是肯定的，这样的人才产品才是社会所需要的。若大学培养的正是社会需要的人才，学生的专业能力和知识结构、学生的综合素养能够胜任社会分配给他的工作，社会或者职场必定会以开放的胸襟欢迎、拥抱这些学生。

由此可见，在现代大学教育中，教师是学校教育的主体，学生是学校工作的中心，学校的一切工作必须围绕着学生教育运转。而学生的培养目标、学生的知识与能力规格，必须适应社会的人才需求，只有适销对路的人才产品才能受到社会的欢迎。而学校的产品只有适销对路，人才产品才能源源不断地流向社会而不致产生积压或过剩。因为有了优秀的人才，社会的发展才有了绵绵不绝的动力。同时，学校也能够从社会获得更多物质资源的反哺，于是学校才能步入良性的人才生产循环。

教师、学生与人才市场的三角关系，不仅对一般教育而言具有普遍的意义，对于新闻传播教育更是如此。无论是国内还是欧美新闻传播事业发达的国家，新闻传播教育的繁荣莫不是建立在这种良性关系的基础之上。上世纪末本世纪初，在改革开放、经济发展的背景下，中国大学新闻传播教育迅猛发展，新闻传播专业教学点遍地开花，有超过四分之一的高校创办了新闻传播类专业，在校新闻传播专业大学生由几百人增长到20余万人。其重要的原因便是中国新闻传播事业空前繁荣的拉动，正是这种繁荣发展产生了对职业新闻传播人才的巨大需求。新闻教育发展与新闻传播行业的繁荣相得益彰，彼此互助，实现了共赢。在这个过程中，新闻院系的教师也得以分享发展的红利，作为学校教育产品的新闻传播的专业学生们，也获得了施展抱负的广阔天地。

二、当下新闻传播教育支点的错位

置身今天的信息化社会，审视我们的新闻传播教育界，会发现存在着诸多问题，如教育与业界的脱节、人才培养质量的下降、学生能力与知识结构的不合理、就业水平不高等等，社会的批评，学生和家长的质疑不绝于耳，新闻传播业界的满意度也有所下降。其原因虽然多种多样，但最主要的还是三大支点的错位。

在常态的教育体系中，教师是教育过程的主体，主体决定着教育的展开和结局，决定着学生的知识与能力规格，决定着社会需求的满意程度，但是这个主体必须围绕着一个中心工作，这个中心就是学生。教师的一切工作都是为了学生的成才，都是为了学生能够满足社会的人才需求。可是在当下新闻教育领域，教师队伍的工作似乎并不是完全意义地围绕着学生展开，似乎并不是完全根据人才市场的需求在培养和塑造学生，教师自我成长、自我价值的实现，自身利益的追求似乎成了其职业行为的基本动力。一些教师自身的利益格局、思维方面的惰性，越来越成为教学改革的阻碍。在师资队伍中，年轻者，加入教育行业时间不长者，或许更容易对时代的诉求做出敏感的反应，主动地摄取新知，探索驾驭新的传播技术，拓展自己的思维空间，努力开设新的课程；而资历越深，历史越久，地位越高者，可能在知识与能力的转型方面，困难越大，阻力越大。

从学生方面来看，在常态教育的格局下，学生是学校工作的中心，是学校能够提供给社会的主要产品，也是学校教育的基本目的。可是现在，学生在教育过程中的中心地位越来越淡化，越来越模糊。因为在越来越多的高校，特别是重点高校中，真心地以教学为本、以教学为业的教师在师资队伍中的比例在持续地下降，人才培养作为教师本职工作的重要性也大不如前。教学工作说起来重要，但是在学校的考核评价中，科研的权重越来越大。在这种情况下，教师们很难把精力分配到学生的身上，而不得不关注自身。另一方面，由于中心地位的削弱，自然会影响到学生的主动性、积极性和创造性，学生们学习兴趣缺乏，对学习之外的事物则充满了好奇。

教师和学生好像行进在两条平行的轨道上，没有交集，从而影响到师生互动、教学相长。那么人才市场呢？市场上需要什么规格的人才，教育部门自然会根据这一要求配置相应的师资和物质资源。市场需求有一种强大的传导力量，直至生产部门在生产资料、生产过程中做出相应的调整。可是当下的新闻传播教育界，似乎并没有展示人才市场的这种引导力量。需求侧没有能够影响到供给侧。市场的人才需求的变化没有及时传导至教育领域，没有形成对教育领域的压力、牵引力和驱动力，也就是说，人才市场没有发挥其最终决定人才生产的作用，以至于教育领域中，教师的主体地位过度强化，甚至在一定程度上扮演了学校中心的角色，教师在教育教学方面的责任弱化，其自我发展、自我实现的诉求成了其职业行为的主要驱动力。另外，学生在学校、在教学过程中的中心地位在弱化，学校系统、教师并不是心甘情愿地围绕着学生在运转，人才培养作为学校、教师基本工作的定位越来越淡化，学生主动学习的积极性、创造性也弱化了。

三、为什么会出现支点错位？

首先，狂飙突进的传媒转型，将新闻传播教育系统远远地抛在了后面。在 20 世纪末 21 世纪初，基于信息传播技术的突破，网络传播迅速崛起，各种新的媒介形式如互联网、移动互联网、数字电视网络、博客、微博、微信、客户端等，雨后春笋般遍地生长。在网络新媒体的冲击下，传统媒体陷于停滞、甚至萎缩状态。不同性质的媒体之间的渠道融合正在如火如荼地进行，新闻生产的流程在再造，内容生产的机制在转型，人们信息消费的形式与渠道在变化，传媒单位的岗位设置及其技能要求也在发生深刻的变化。这种变化必然会对新闻传播教育界提出新的要求，期待新闻院系在专业设置、课程体系、知识能力规格、培养模式、教学环节等方面做出相应的改变。可是，传媒系统急剧变革并没有及时拉动新闻传播教育系统，新闻传播院系与业界的距离渐行渐远。

其次，高等教育改革严重滞后。20 世纪 80 年代以来，中国的改革开放全面推进，社会系统的各个子系统、各个要素无不受到波及，从政治到经济、文化各个领域，都发生了深刻的革命，以致整个社会产生了颠覆性的变化。在外部世界今非昔比的情况下，教育系统特别是高等教育领域俨然是一个世外桃源。高等教育领域的管理制度、运行机制、人事政策、教育模式、质量评价、资源分配等，基本上沿袭了传统的做法，行政主导了学术学科，而求稳又是最基本的权力逻辑。所以，尽管政治、经济、军事、外交、文化等领域都换了人间，而教育领域依然故我，基本上没有感受到变革的压力。

再次，是人性弱点的因素。如前所述，教师是教育系统的主体，教师决定了教育、决定了学生的发展空间。教师作为学生的引路人和启蒙者，本来应该走在社会的前面，走在学生的前面。对新闻传播类专业而言，教师更应该走在新闻传播行业的前面，与时俱进，日新又日新。可是教师也是人，是人就会有人性的弱点，就会有惰性。正如大家所知的，最近十多年新闻传播行业在信息技术革命驱动下的急剧变革，完全超越了人们想象的极限。在上个世纪末，人们极少能够想象到今天的信息传播生态。而新闻传播院系的教师们，其主体部分都是在 20 世纪末或 21 世纪初毕业的，他们的知识与能力结构在相当程度上过时了，并不是学生和社会所急需的。因为这些原因，新闻教育界面对外界火热的现实，缺少一种内生的革新冲动。在教师、学生和人才市场三大支点的关系方面，学生作为教育活动的中心地位被大大削弱。

四、复位：新闻传播教育当务之急

如前所述，三大支点的错位严重地影响到新闻传播教育系统的稳定运行，动摇了新闻传播教育的根基。要改变这种现状，愚意以为，应该综合施策、统筹应对。

首先，当务之急是打开封闭的教育之门，让高校直接感受到社会的脉动，使社会的人才需求成为教育资源配置的决定性引导力量。新闻教育界目前的问题在相当的程度上来源于高等学校与社会系统的疏离，大学自成一体，与社会大系统基本上处于隔绝状态。一方面教育系统应该主动开放，倾听社会、行业对传媒人才的特殊诉求，了解当下人才培养规格与需求的差距达到了何种程度。另一方面，教育行政管理部门应该制定引领高校开放的可操作的具体政策，对于主动开放、积极适应的高校予以物质的激励；反之，则给以必要的处罚。学校敞开了大门，外部与内部，学校与社会就能够实现空气对流，能量交换，心灵感应。社会、行业的人才需求自然就容易落实到学校的培养方案之中。

其次，回归教育的本质，落实以学生为中心的教育理念，强化学生的中心地位。教育的本质是使人成为人，即是使学生成为一个大写的人、一个舒展的人，一个人格健全、恣肆汪洋的人。俞敏洪说过这么一句话，可以说是对这个本质的注解：“教育的本质应该是培养一个人格健全，加上知识结构完整的人，同时还要加旺盛的求知欲、创新能力和探索未知世界的能力。”这是教育的本质使命。围绕着这个使命，为师者须聚精会神地唤醒学生的灵魂。正如德国存在主义哲学家雅斯贝尔斯所说：“教育的本质意味着：一棵树摇动一棵树，一朵云推动一朵云，一个灵魂唤醒一个灵魂。”老师们要致力于唤醒或启迪学生的灵魂，不仅要有这种自觉意识，更重要的是，在学校层面还需有一种可操作性的制度安排。

再次，强化师者的使命感和责任意识，完善自我，提升境界，让爱心、责任、义务，贯彻到教书育人的实践全过程。教师是教育的主体，教师的水准决定了学生能够成长的高度和广度，这是毋庸置疑的。从历史进化的角度看，教师在人类文明传承中的角色更是不能忽视。所以教师应该有更加强烈的使命感和责任感，为了学生，为了社会，为了明天，老师们应该与时俱进，不断地完善自我，让爱心、责任、知识丰富自己的内心，掌握新技术、新技能，勇敢地以今日之我告别昨日之我。这种觉悟在今天这个瞬息万变的信息时代，对于新闻教育领域的从业者尤其重要。没有这种自觉、没有这种觉悟，承担传道授业职能的师者，就难以战胜自我、超越自我、回应社会的期待。

据“势”行事，以事成“势”：
新闻评论特色教育体系的构建与实施

赵振宇　刘义昆

文章来源：赵振宇，刘义昆．据“势”行事，以事成“势”：新闻评论特色教育体系的构建与实施[J]．现代传播(中国传媒大学学报)，2017，39(8)：155-157.

作者简介：赵振宇，系华中科技大学新闻评论研究中心主任、教授、博士生导师；刘义昆，系中国地质大学(武汉)艺术与传媒学院副教授，华中科技大学新闻评论研究中心研究员。

一、我们为什么要抓新闻评论特色教育

新闻评论一直被视为媒体的灵魂与旗帜。在媒体技术赋权的网络时代，意见表达呈现出主体碎片化、诉求冲突化、方式激烈化等特征。时代的发展进一步凸显了新闻评论的重要性，社会对新闻评论人才需求不断增大。但新闻评论人才培养却并不能满足现实需要，呈现出与时代脱离、与实践脱节的总体特征。为此，华中科技大学新闻学院在新闻评论人才培养上进行长期不懈地实践探索与理论总结，率先在国内构建了包括组建新闻评论社团、开办新闻评论方向班、成立新闻评论研究中心和打造精品特色课四位一体

的新闻评论人才培养的创新体系。

华中科技大学“新闻评论人才培养创新体系的构建与实施”教学研究成果具有以下特色和建树：一是实现了新闻评论人才培养理念的创新与拓展。意在从根本上解决传统上把新闻评论作为技能进行教学的局限问题。二是实现了新闻评论人才培养体系的系统性革新。譬如，在课程体系方面，新闻评论班开设了一门主体课加八门专题课的课程体系。三是实现了新闻评论人才培养和教学研究的协同推进。该校成立的新闻评论研究中心成为新闻评论教学与研究的交流平台，并为新闻评论人才培养提供理论支持。四是在探索“新闻评论人才培养创新体系的构建与实施”的过程中，取得了一系列有较大影响的教学和科研成果，培养了一大批新闻评论实践与教学人才。鉴定委员会一致认为，该教学成果达到了国家级优秀教学成果奖的水平。

在中国新闻传播的历史进程中，由于新闻评论的独特影响力，它一直被视为媒体的灵魂与旗帜。在当下网络时代，意见表达呈现出主体碎片化、诉求冲突化、方式激烈化等特征。现实需求进一步凸显了新闻评论的重要性，社会对新闻评论人才增量不断扩大。但新闻评论人才培养却远远不能满足现实需要——全国 326 个新闻专业本科教学点，绝大多数只开设一门评论课；2553 所大学大多只有大学生记者团。在新闻传播类院系，大多只把新闻评论作为一门写作技巧课来讲授，有的还将其与编辑学合为一门课；讲授内容有限，师资队伍不足，除两三所新闻学院有两位以上评论老师，绝大多数只有一位老师讲授和兼授新闻评论课；讲授课时有限，评论教学课堂与社会实践相差甚远，不利于学生更全面、更深入地观察和认识社会。

二、理念先行，据“势”行事：新闻评论特色教育的理论前提

新闻传播业包括新闻评论的迅速发展得益于两点：一是科学技术的发展与普及，先进的信息载体为迅速传播提供了可能；二是社会交往中的文化沉淀，由于不同立场、不同观念、不同心理和不同文化素养，对相同的传播信息会产生不同的认同感。只有从这样的战略高度来审时度势，即仔细观察和分析时局，评价和把握发展趋势才能做好我们所从事的每一项具体之事。所谓据“势”行事，即遵循当下形势和发展趋势的要求做好每一件具体事情；以事成“势”，即发挥聪明才智，创新方法和手段，使我们所干之事能形成气势，从而达到我们所追求的目标。

(一)新闻评论：一项需要普及和提高的公民素质

新闻评论应该是现代公民需要普遍掌握和提高的公民素质。在新媒体时代，传播由单向变为双向互动，新闻评论主体单一化的状况已经彻底改变，表达的场域被大幅拓宽。作为一种意见表达的具体形式，新闻评论发源于人类本性中压制不了的本能——人

类普遍而持久的追求文明和进步的好奇心。因此，在新媒体时代，将新闻评论作为一种公民素质进行培育，已是不可回避的时代课题。时代的发展已经并将继续告诉我们，新闻评论已然成为全民的一项需要普及和提高的媒介素质，在这种形势下，新闻传播类高校难道不该更加重视和改革传统教学模式么？

(二)专家咨询：明确特色培养目标和途径

有了良好的愿望，还需要有实现的可能性。为了找到新闻评论班的最佳办学思路和方法，我们面向全国高校、媒体和研究单位专家发函予以咨询。除了内地的专家，还有日本龙谷大学国际文化学院卓南生教授、香港凤凰卫视评论员何亮亮等为我们创办评论方向班奉献了他们的宝贵思想。

目标：培养什么样的人才。从专家学者们提出的培养目标来看，他们对未来新闻评论者的素质要求是比较高的，既重政治思想素质，又求社会道德良心，还要求知识结构合理、知识积淀丰富并呈现出开放、递增、创新的状态。可以看出，培养出合格的新闻评论者并非一日之功，大学的教育只是引领学生走入新闻评论的殿堂大门，至于能否登堂入室，还需要更长的时间、更多的历练和更辛勤的积累。

途径：实施什么样的培养方式。就培养的具体方式，专家学者们意见不同。一种观点认为应该实施课题型教学，在教学实践中探索积累新闻评论班的教学经验并形成系统的理论，以指导后续教学；一种观点认为要夯实基础，应该通过讲授、研读或观摩名家作品以及专业基础课的教学来进行；一种观点认为必须强化实践，多开展实际的新闻评论写作与摄制，激励学生积极参与新闻采编、社会实践与社会调查；一种观点认为要先“统”后“专”，知识面的拓展和普通专业知识的学习应当在大一和大二完成，大三着重于学生专业知识和思想认识的深化，同时掌握新闻评论写作的技能和方法，即具备将所学的知识转化为撰写新闻评论的实际能力；还有专家建议采取本硕连读方式或在研究生中设立新闻评论班。

授业：设置什么样的课程。对于课程设置，有专家认为，文史哲的基础知识课在评论写作中很重要，有必要加强这方面的教学；也有专家认为，有必要开设“言论史”方面的课程，以促进学生对世界评论发展过程的了解、对当代评论发展的了解；还有人认为，要开设思维逻辑训练、社会调查、时事政治等与新闻评论工作紧密相关的实用课程；有专家从更为具体的角度提出，要设置语言文字训练和古典论说文名篇赏析课程，以解决当前新闻评论语言干涩的弊病；还有的学者从更高层面提出，应该开设新闻伦理学的课程，以提高新闻评论者的敬业精神与公正评论的态度和修养。

积累：读什么样的书。专家学者们建议，要多读古今中外优秀言论范文、全国每年获奖的优秀评论作品、当代中国社会问题分析及时政方面的书籍以及文学、政治、法律、哲学、历史、经济、社会学、伦理学、社会心理学等方面的经典著作。

（三）搭建平台：促进人才培养与教学研究协同推进

为了更好地实现特色办学、更好地吸引国内高校和媒体有效资源，促进我国的新闻评论教育、实践和研究的发展，16 年来，我们先后与媒体和高校联合举办了七届新闻评论高层论坛，分别以“中国新闻评论的现状与发展”“城市党报的新闻评论研究”“政治文明进程中的中国新闻评论”“社会转型期新闻评论与舆论引导”“党报评论与‘走转改’活动”“新媒体时代新闻评论后备力量的培养”“自媒体新闻评论发展现状与问题”为主题，探讨新闻评论的当下形势、未来发展与人才培养。

我们还结合特色教育中的实践和理论问题，先后召开“新闻评论团三年会”“首届新闻评论班教学研讨会”“新闻评论特色教育十年会”“新闻评论特色教育十五年会”“湖北省新闻评论教学实践与人才培养研讨会”“新闻评论开放教育建设会”等，对我国新闻评论教学进行研讨交流，对学校新闻评论特色教育进行总结与推广。据强月新、刘莲莲在《新世纪以来国内新闻评论研究的回顾与展望》(《武汉大学学报》，2013 年第 6 期）一文中的调查，华中科技大学团队发表的新闻评论论文位居全国第一。

三、特色取胜，以事成“势”：新闻评论教育的创新实践

再好的理念、再宏伟的蓝图，如果不付诸实践也只能是一句空话。我们力图从以下几个方面来实现自己的目标。

（一）创新评论人才培养方式和课程设置

在全国 2000 多所高校只有大学生记者团的情况下，2001 年华中科技大学新闻与信息传播学院发起与校党委宣传部共同组建“华中科技大学新闻评论团”，面向全校学生，此举开创了全国高校新闻评论教学改革的先河。2012 年由评论团发展为“华中科技大学评论学社”，获得学校立项资助，成为“校园文化品牌建设”项目。2016 年获全国高校校园文化建设优秀成果一等奖。

2005 年秋季，新闻与信息传播学院列入招生计划开办新闻评论方向班，为全国首家。新闻评论方向班在大一下学期按教务处规定转专业时面向全校(包括新闻学院）学生进行招生。这一方面使新闻评论方向班根据学生兴趣组建而成，另一方面是新闻评论方向班学生拥有了不同的学科背景。评论班每期招收 20 人，借鉴研究生培养模式，采取导师制予以培养。

全面改革新闻评论的课程设置。全国 300 多个新闻专业本科教学点，绝大多数只是将新闻评论作为一门业务课程，新闻评论方向班则开设了一门主体课(40 课时）加八门专题课(每门 16 课时）的课程体系：新闻评论学概论、新闻评论的思想与思维、社会认

识发现、新闻评论佳作跟踪评析、中外新闻评论比较、广播电视与新媒体评论、法制评论、经济评论、文艺评论等多门评论专业课程，使之形成教学特色。

(二)拓展和完善新闻评论教学方式

我们除了完善课程体系，增加师资和课时外，还对新闻评论的教学作了改进。评论课安排每周两次学生参与互动的环节，一次是“每周时评荟”，介绍点评上周发生的重大新闻及评论训练和提高学生对新闻事件的即时点评能力和对已发评论的鉴赏能力。一次是“学习与思考”，对已经发表的评论研究论文和著作进行不同观点、不同提法、不同论述的比较研究，从理论层面、从宏观大局上帮助同学们把握新闻评论的现状和趋势，提高研究新闻评论的能力。在新闻评论经典作品案例数据库方面，已收集百年来有影响的评论作品 1000 多篇，收集 26 届中国新闻奖大部分的获奖评论作品，收集普利策获奖评论作品 300 多篇，并能进行英汉对照阅读。我们还将建设和完善网络舆情实验室、案例数据库，建设新闻伦理案例数据库，配合课程设置，建立了课程网站，开通了微信公号。网络舆情实验室设有 20 多部电话，可以组织学生对热点事件进行全国性的舆情调查。

(三)加强教材创新和师资队伍建设

教材是教学的基础。为了让学生拥有一本时代性、指导性较强的教材，结合多年的教学和实践经验，2005 年本文第一作者出版了新著《现代新闻评论》(武汉大学出版社出版)。2009 年该书经修改后的第二版被列为普通高等教育“十一五”国家级规划教材。2014 年在清华大学出版社出版了《新闻评论通论》。学院开设的 1 门主课加 8 门专题课程，除了新闻学院老师讲授外，还邀请马克思主义学院和文学院老师加盟，形成了多学科 10 位老师组成的教学团队。一些没有业界经历的新闻评论课教师被派往媒体进行实训。我们先后邀请《人民日报》《中国青年报》《南方日报》《光明日报》《湖北日报》、湖北电视台、武汉电视台、《长江日报》等媒体的评论员来校进行了新闻评论业务讲座。

(四)努力为媒体服务，推动媒体评论生产

大学教育不仅需要培养学生熟悉社会适应社会的能力，还要帮助同学们用所学知识服务于社会和时代，这是老师和学生们的共同任务。十多年来，学院师生通过调查研究、发表论文、会议座谈和现场参与等方式，与《人民日报》《中国青年报》《杂文报》《湖北日报》《长江日报》《武汉晚报》《新闻战线》《新闻与写作》《嘉兴日报》等媒体进行合作，或推出专栏专版、或对版面内容提出建议、或帮助组建新闻评论部，这些做法受到中宣部、国家新闻出版广电总局、中国记协、中国社会科学院新闻所和高校、媒体的关注和好评。自 2007 年开始，帮助《嘉兴日报》组建新闻评论部，实施“评论记者”工作机制。时任中华全国新闻工作者协会书记处书记顾勇华，中国社会科学院新闻所长尹韵公，新华社国内部副总编辑徐兆荣，中国人民大学高钢、涂光晋教授等认为，“评论记者”工作机制在评论领域独树一帜，非常值得学习。

回顾十多年我们走过的路，我们深深地认识到，必须据“势”行事，以事成“势”，达到我们的目标。据“势”行事、以事成“势”至少要做好以下几方面的工作。一是积小事成大事，聚大事成气势，由量变到质变，让我们的每项具体工作都符当下和未来发展的需要。二是在纷繁复杂、千变万化的事情中选择最能反映本校特色、适应时代需要、凸显自身优势、能够干得好的事情，集中人力、物力和智慧将其办好，使其在有限的时空中产生势在必行的一种迅猛之力。三是在处理“事”与“势”的关系中特别要注意对时间的认识和把握。马克思曾在《资本论》中说过：时间实际上是人的积极存在，它不仅是人的生命的尺度，而且是人的发展的空间。时间代表着时机和机遇。一切事物的发展变化都离不开时间，抓好特色教育更是如此。我们要有这样的紧迫感，这个理念要表现在我们探索特色教育的全过程之中。

20.1.3　观点摘要(21 篇)

李彬．我们需要这样的新闻学院院长——读张昆《我们需要什么样的新闻学院院长》有感[J]．新闻记者，2017，(3)：35-36.

一位合格的、称职的新闻学院院长应该具备三个条件：政治、业务、行政。具体如下：首先，中国的新闻学院院长要具备高度的政治意识、政治觉悟、政治眼光与政治胸怀，一句话，懂政治、讲政治。这个政治指的是马克思主义政治、中国特色社会主义政治，包括兼济天下的历史使命感、社会责任感、职业荣誉感等。其次，新闻学院院长需要具备良好的专业水平和专业声誉。一位合格的、称职的新闻学院院长如同船长，起码应该是水手中的高手，应具有令人心服口服的专业本领。最后，新闻学院院长自然得有相应的行政素质与行政能力。行政方面的资质概括起来为“德才”二字。“德”是指为人为官的品行、节操、胸襟、气量等，“才”是指协调阴阳的行政才干。新闻学院院长需要德才兼备或德胜于才。

胡百精．新闻传播教育改革中的若干基本问题[J]．青年记者，2017，(34)：64-65.

面对新闻传播教育改革中的若干问题，中国人民大学新闻学院采取如下做法：加大教学投入、执行人才培养项目、传承和发扬学院的优秀传统来实质性确立人才培养的中心地位；进行学科内部重构，弱化“专业—方向”的人才培养方案，推行“兴趣—专长”“项目—任务”导向的人才培养机制；在抓好核心课程的基础上，积极推动跨界、跨学科、跨文化培养模式创新，解决学科外部拓展和学科合法性问题；引进有技术背景的师资，与业界共建相关课程，每年开办 10 个左右的专题工作坊，平衡厚重人才培养和前沿实务训练的关系；科研取向是抓住最基本、最重要的主流问题持续突破，不为假问题、片面问题和表面问题所惑；构建中国新闻传播学术话语体系，做到既有“中国特色”，又接近“世界一流”。

周德仓．少数民族新闻传播教育之民族特色[J]．西部学刊，2017，(12)：75-78+88.

随着少数民族新闻传播研究的深化，少数民族新闻传播教育也成为新闻传播教育必须面对的一个重要课题，这也是少数民族新闻传播人才培养的现实呼唤。少数民族新闻传播教育有着历史的必然性，它既是中国新闻传播的现实，也是中国新闻传播本土化的一个途径。少数民族新闻传播教育应呈现出鲜明的民族特色：学科方向面向民族地区传播需要、课程设置凸显民族文化素养、编辑民族语言专业教材、“汉—民”两种语言兼通的教师、人才培养目标双语兼通、教学方式突出实训。少数民族新闻传播教育的走向：一是准确定位、明确目标；二是凸显民族文化特色；三是在双语传播人才培养方面实现突破；四是从民族化、本土化的视角构建新闻传播学科；五是构建现代民族教育体系。

张志安．对新闻传播实务教学改革的思考[J]．青年记者，2017，(13)：61-62.

新闻传播业态在发生变迁，新闻生态系统和行业正在进行重构，这给新闻教育带来挑战。在这样的新形势下，新闻实务教学的改革方向，我有三点建议：第一，实务和方法的有效对接。教师自我知识更新要跟得上媒体的发展和变化，教学中要强调方法论和认识论，教学方法需要和社会科学的多种方法甚至大数据挖掘等文理交叉的方法有效地结合。第二，实践和实验打通。在实践和实验教学并重的探索中，内容产品需要技术和可视化呈现，数据挖掘的方法也特别重要，实务课应考虑与实验教学更紧密的结合。第三，技术与人文结合。技术在新媒体人才培养中占据越来越大的比例，但必须有人文思考，有人文理念，我们要警惕对技术的盲目追逐和过度炫耀。任何时候，都要用人文精神和价值反思去引领技术的运用和实践。

谢耘耕，万旋傲．关于中国舆论学知识体系建设和人才培养的思考[J]．新闻大学，2017，(5)：8-13+145.

随着舆论的社会力量不断放大，重要性不断凸显，舆论学也被认为是社会科学研究领域的一门显学。然而，舆论学研究理论尚不成体系，研究方法也遭遇了前所未有的困境，传统民意调查方法和大数据分析结果均难以准确预测舆情发展实际结果。该文尝试探讨舆论学科知识体系的建设问题，认为在理论体系上应吸纳多学科理论并不断检验和发展原有理论，拓宽舆论学研究范畴；在方法体系上应重新审视现有研究方法的不足，引进多元研究方法反复论证问题，构建综合舆论框架；并加强舆论学在现实社会中的应用研究，发展舆论管理的实务教育。除此之外，舆论学学科发展和知识体系建设还需要合理的人才培养体系和组织资源的支持，具体包括教材编撰、学术交流平台建设、出版刊物、国际交流和合作四个方面。

范以锦．宽口径就业背景下的“学以致用”[J]．新闻与写作，2017，(4)：10-13.

在互联网兴起之后的万物皆媒的时代，新闻传播专业的学生就业面越来越宽泛，供求关系越来越捉摸不定，新闻院系在本科教育层面如何解决“学”和“用”的问题成为新的时代问题。学以致用，不是“理论”和“实践”的简单叠加，而是要发现不足及时调整知识结构。宽口径就业成趋势，拓宽知识面才能适应。这需要学生自身的努力，也需要新闻教学机构有组织的进行教学改革。如复旦大学新闻学院实行“2+2”培养模式，前两年让学生在社会学、经济学、电子信息科学等专业中选择一个学习，后两年才开始新闻学专业培养方案学习。多学科的背景，不仅可以培养复合型人才，也可以培养专家型记者，让学生在具有媒介素养基本功的同时和自己的专长相结合，尽量做到“一专多能”或“两专多能”。

李明德．新闻传播教育中的矛盾与冲突[J]．青年记者，2017，(7)：68-69.

关于就业，国家在关注整体就业率的同时，理应将专业就业率也纳入对学校和学科贡献的评价指标体系之中。高校应转变传统思维，不以毕业生就业数量论英雄，而应将专业就业率的提升作为持之以恒的努力目标，让名媒体人成为一所学校最有说服力的媒体品牌。关于教师，理论和实践仍存在一些矛盾：一是新闻理想和现实要求之间存在矛盾。在现实媒体报道中，常常受到外界的人为干预，这给教师的授课带来困扰。二是缺乏对业界导师切实可行的评价标准。多数高校对业界导师的考核标准和校内导师并无二致，仍然是论文、专著、科研项目等。对于其新闻作品获奖、社会影响等并不看重。三是课程内容的更新问题，要做到与时俱进。关于新媒体，要在课程认识、讲授中尽快地将其融合、衔接进来。

陈虹．“四跨”：全球新闻传播人才培养的创新[J]．青年记者，2017，(1)：58-59.

华东师范大学传播学院积极实践全球新闻传播人才的“四跨”培养理念——跨学科、跨文化、跨领域和跨媒介。人才选拔与课程设置的跨学科模式，注重学生的外语基础能力及多学科思维方式，培养学生的信息收集、甄别能力以及专业技能。全英文教学的跨文化模式，适应跨文化传播语境，真正形成跨文化思维方式。实践课程的跨领域模式，聚焦学生新闻实践能力的培养和媒体实战经验的积累。创新人才培养的跨媒介模式，培养学生掌握传统媒体和新媒体的传播思维和模式。跨学科强调多元学科知识架构，跨文化强调多种文化思维之间的灵活转换，跨领域聚焦学生实践能力的培养，跨媒介要求全球新闻传播人才掌握传统媒体和新媒体的传播思维和模式，实现多元文化交融沟通上的“大传播”。

陈刚．关于广告教育数字化转型的思考[J]．新闻与写作，2017，(10)：31-35.

互联网正在深刻改变广告业态，在广告与媒介、企业、消费者的关系开始重构的数字时代，面对互联网带来的这场整体性变革，从理论创新到教育模式改革，北京大学广告教学正在探索适应自身发展特色的模式。广告教育数字化转型的两个关键是理论创新把握整体性变革的方向，阶段性策略推动广告数字化转型的落地执行。广告教育的数字化转型需要在互联网的阶段性变化和广告教育的可执行可操作中寻找结合点，探索完善最合适的方式。广告教育数字化转型的三个维度：扩展广告教育的宽度、增加广告教育的厚度、提升广告教育的硬度。在推动广告教育变革的过程中存在各种各样的困难，主要表现为如下两个方面：首先，新的广告理论体系还在探索中；其次，欠缺进行数字营销教学的广告师资。

陈晓伟．互联网思维、大影像思维与跨界思维——当下广播电视学专业变革的新视角[J]．郑州大学学报(哲学社会科学版)，2017，50(5)：133-136+160.

在互联网的冲击下，大众媒介生态发生了很大变化，为使广播电视学专业长久散发活力，使毕业生以独有的专业优势应对职场竞争，广播电视学专业亟待变革发展的思路，寻求新的专业定位。互联网思维、大影像思维、跨界思维提供了新的视角和思维方式。互联网思维，创新专业建设思路，包括 C2B 思维(客体主体化)和平台思维。大影像思维，人才培养定位于媒介通才教育，概括而言就是指在影像思维的基础上，将语言、文字、声音和影像综合展现的一种思维方式。跨界思维，专业教学打破边界。跨界思维可以运用到教学内容、教学方式、教学管理等各个方面。当然，跨界思维要持续有效运用到教学当中，需要管理制度的保障、主题式教学内容以及跨界师资团队做支撑。

褚凰羽 .“OBE”理念下地方高校广播电视专业实训课程体系建设探析[J]. 传媒，2017，(4)：73-75.

“OBE”(Outcom Based Education)教育作为一种现代教育理念，其特点是以学习为导向来组织、实施和评价教育效果。“OBE”教育理念和当下高校广播电视专业人才培养存在较强的适用度，可为其实践教育体系改革提供一个具有较强可操作性的模型和框架。在广电专业实践教学模式构建中，基于产出优化创新课题教学实践，建立校内“工坊式”实践平台、重视互联网思维、建立开放的全媒体实训平台，是以结果为导向重构实训课程体系的关键。在对结果的考核评估中，重视多元评价体系的构建，增强实训效果的可视性和评判性，将使专业改革更适应传媒行业的需求。对广播电视专业实践教育结果的评估，可将实践作品质量、课堂表现、随堂测试、实验报告、学生自评互评等评价指标纳入到学生成果评价体系中来。

邓绍根 .2016 年中国新闻传播学研究生教育的新变化[J]. 新闻与写作，2017，(8)：37-41.

改革开放近 40 年来，中国新闻传播学研究生教育健康发展，逐步建立起健全、完善的硕士、博士、博士后培养体系。2016 年，中国新闻传播学研究生教育整体运行平稳，在“动态调整”中有序发展。新闻传播学硕士研究生教育关键词是“动态调整”和“学位评估”。这些举措有利于优化高校学科布局，优化高等教育结构，对于解决高校改革发展中的教学资源分散、人才培养质量不高等痾症大有裨益。博士研究生教育格局基本不变，在“动态调整”中有序发展。博士点之间的经验交流活动明显加强，部分高校开始实行博士生申请审核制；在博士生培养方面，各高校拥有较为具体和严格的要求和标准。博士后培养取得新突破，表现出稳中求进、高度重视、改善待遇和成效显著等新特点。

李卫东，邓雯 . 应用模式创新设计能力：网络与新媒体专业培养的核心目标[J]. 现代传播(中国传媒大学学报)，2017，39(4)：148-153.

网络和新媒体专业能否培养出杰出的创新型人才，关系到中国能否在未来引领互联网发展的潮流。该文采取文献资料分析法和实地研究方法，走访了南京大学新闻学院、浙江大学传媒与国际文化学院、浙江日报传媒集团、江苏卫视等高校和传媒机构，研究发现：多数中国内地网络和新媒体专业以培养网络和新媒体的使用者为目标，仅有少数学校致力于培养新型网络应用的创造者和设计者；多数内地高校的培养方案和课程体系忽视了对应用模式创新设计能力的培养。网络和新媒体专业应以培养应用产品的创新设计人才为目标，把应用模式创新设计能力作为期核心竞争力。网络和新媒体专业的课程体系，可总体由基础理论课程包、应用产品概念设计课程包、应用产品详细设计课程包、应用系统开发课程包、应用产品的管理课程包构成。

武慧芳，鄢睿．分子化与扁平化：地方院校新闻业务课改革探析[J]．传媒，2017，(23)：85-87.

传媒行业的剧变给新闻传播教育带来了冲击和挑战，基础薄弱的地方高校更是危机四伏。该文认为要找到融媒人才的精准定位，即培养基本素质扎实、基本技能过硬的应用型人才，强化宽口径就业的能力。在教学上实施分子化，拆解组合业务课程，给教师最大的转型学习空间。其路径和模式是，由几名在相关领域各有所长的老师组成一个教学团体，必要的话请业内人士加入，这样每个老师的领域更加具体和细化，掌握新知识的程度也更加精深。其还有一个潜在的优势，即可以实现“课程包”的自由组合，这样更加灵活，也更能适应不断变化的业界形态。调整人才培养方案，使整个人才培养扁平化，深度介入社会。把学生带入社会实践中，直接与社会岗位对接，此外还有项目制和工作坊的形式。

王敏．突破“新闻室”的界限——虚拟新闻室实验及其对新闻教育的启示[J]．传媒，2017，(19)：83-85.

虚拟新闻室是通过对社交媒体和移动互联网技术的运用，完全基于网络空间进行新闻生产的一种学生媒体实验，消灭物理空间意义上的新闻室是其最突出的变革。其创新意义如下：一是批判性的新闻观念的塑造；二是报道视角的非主流化；三是移动式新闻生产和参与式新闻。这一实验挑战了以往将学生媒体视为在校园内、初级的、模拟的新闻编辑室的观念，显示出学生媒体完全可以脱离职业新闻生产的既定框架，以一种更加个性化、创新性的方式来做新闻，形成一种开放式、移动化、草根性、批判性的新闻生产。基于此，从空间视角重新思考新闻业的一些基本理念，进而反思新闻教育的范式转型，虚拟新闻实验室提供了一种非常有启发意义的探索。

谢丹，丁迈．专业认证：我国新闻学专业教育质量保障的创新之维[J]．现代传播(中国传媒大学学报)，2017，39(10)：143-147.

我国新闻学专业认证处于试点启动阶段，以美国新闻与大众传播教育认证委员会的认证为参照，通过对我国新闻学专业认证的组织体系、认证标准和认证程序进行对比探讨，该文提出我国实施新闻学专业认证的必要性和适用性。必要性在于可以打破传统格局，协调效率和公平；提高专业教育准入门槛，促进从同质化向个性化发展；契合时代和社会需求，使专业教学改革更加具有针对性。适用性在于首先，新闻学专业虽然属于人文领域，但相对于美学、哲学等其他文科专业来说却带有极强的应用性特征，与人民生产生活更加紧密；其次，新闻学教育的专业性是有社会共识的。当然新闻学开展专业认证也有其特殊性，一是坚持意识形态的问题，二是对实证主义的辩证应用。

王斌，戴梦瑜．创业新闻：新闻人才培养的"破坏性"创新[J]．中国大学教学，2017，(3)：47-55.

在新媒体技术快速发展的背景下，新闻教育应该对整个传媒生态发生的巨变做出响应，通过引进创新创业理念提升高校新闻传播类专业学生对行业变革的认知能力、提升学生走向社会时的就业竞争力。该文对创业新闻教育实践的四种主要形态及其特点进行了分析：专门硕士项目、双学位教育、课程项目、证书教育。对创业新闻教育开展成熟的纽约城市大学进行了个案研究，发现其师资非常雄厚：跨学科专业知识丰富，交叉领域研究较多；多为资深媒体从业者，实战经验丰富；媒体创业经历丰富，社会资源雄厚。核心课程也是特点鲜明：一是课程设置科学，逻辑严密；二是重视知识掌握和现实运用的结合；三是强调新媒体平台和互联网技术在创业中的应用。这些经验和模式为我国开展创业新闻教育提供了参考。

罗自文．首席信息官：后大众传播时代新闻传播人才培养的目标转型[J]．新闻与写作，2017，(9)：25-29.

传统的大众媒体的影响力日渐式微，网络媒体、社会化媒体等新媒体层出不穷，大众传播逐步让位于分众传播、小众传播乃至于个性化传播，社会已经进入后大众传播的新媒体信息化时代。针对后大众传播时代传媒和传播的双重泛化，新闻传播教育的培养目标应该是从之前的编辑记者调整到首席信息官上来。为实现这个目标，我国高校首先要动态调整人才培养重点，新闻传播院系应针对人才需求趋势，逐步增加培养舆情分析和专业信息生产和管理人才的比重。其次，与培养目标相适应，重构课程体系和教学内容。即将新闻采编环节、媒体运营平台双重分割的课程进行整合；开设专业模块，拓展学生能力的广度和深度。最后，以学生为中心，着力推行双创教育，提高学生的信息传播管理能力。

徐琼．基于建构主义学习理论的新闻学课程教学[J]．青年记者，2017，(11)：108-109.

建构主义学习理论认为，学习者不是知识的被动接受者，而是知识的主动建构者，外界施加的信息只有通过学习者的主动建构才能变成自身的知识。基于建构主义学习理论的新闻学课程教育，该文提出四个路径：一是创建多层次的学习情境。具体为创设学习的社会大背景、创设学习的专业大背景、创设适宜的课堂情境。二是提供充足资讯，指导自主学习。有针对性地补充学习资料和练习题，同时提供充足的参考资料。三是组织协作式研究性训练。课堂内，学生组成研究小组，对近期热点进行研究、分析和思考；课堂外，参与当地媒体评报组，每月为当地媒体撰写评报意见。四是探索有效的教学效果评价体系。综合采用形成性评价和总体性评价，主要考察学生的学习参与度以及运用理论分析新闻现象的能力。

甄巍然，白贵，彭焕萍．技术仿真 思维跨域 伦理嵌入——新闻业裂变背景下传媒人才培养的三维方向[J]．新闻记者，2017，(3)：37-42.

在新媒体技术推动下的媒体融合背后暗含着一个不可忽视的现实：新闻业裂变悄然而至。它体现为："融媒型"传播平台中的行业裂变；媒介微化与角色分化中的职业裂变；传媒产业图景下新闻专业主义被"边缘化"问题中的专业裂变。行业裂变和职业裂变体现了技术和思维变革的两种朝向，即表现在物(或渠道)的技术的更新与人(或传播者)的思维跨越相结合的外在和内在因素，加之专业裂变所暴露的新闻伦理淡漠问题，为新闻院校提出了传媒人才培养的三维方向与路径：行业裂变催生传媒人才培养的技术朝向，搭建技术仿真平台；职业裂变倒逼传媒人才培养的思维朝向，强化思维跨越；专业裂变强化传媒人才培养的伦理朝向，核心价值的嵌入。

高晓虹，赵希婧．融合时代新闻传播教育的坚守与创新[J]．新闻与写作，2017，(1)：22-25.

该文旨在立足融合传播发展语境，探索新闻传播教育的目标、体系与方法，提出了坚守与创新并进、传承与发展并举的观点。结合理论和案例，文中认为，置身新媒体环境，新闻院校开展教学研究与人才培养工作，一要树立服务国家战略的教育思想与奋斗目标，发展马克思主义新闻观，引领国际传播新方向，开创舆论引导新格局；二要完善适应媒介发展需求的教学内容与培养体系，学习新技术、编撰新教材、探索新领域，为新时期的人才培养奠定基础；三要创新学科发展，建设一支学界和业界相结合的师资队伍，培养一批具有"新闻+"能力、具备视听传播跨界优势的复合型人才，支持新闻传播事业更快、更好地向前发展。

（陶喜红）

20.2　新闻传播教育专著介绍(2017)

1. 张昆．三思新闻教育[M]．武汉：华中科技大学出版社，2017

《三思新闻教育》立足教育的本原，对新闻教育之正道展开了全方位、历时性的探讨，勇气非凡、意义深远。作者张昆先生扎根新闻教育30多年，曾先后担任武汉大学新闻学院院长、华中科技大学新闻与信息传播学院院长，因此，该书所写多为经验之谈。

然而，作者并不囿于过往，常常显露出自我革命的勇气，触笔现实、直指问题，彰显新闻教育家的理想与情怀。他曾说："目前的实际情况，与我们的想象和期待有相当大的距离。在当今中国的新闻教育界，几乎所有的新闻传播院系，无论是培养模式、课程体系、教学过程，还是教材讲义，其基本的价值导向却是现实主义，以体制接纳作为人才评价的基本准则，以认同现实和合理性论证作为其职业使命。""目前新闻院系所看重并且致力于满足的恐怕是现实的需要、上面的需要、政治的需要、内部的需要。正是这些需要正在压缩理想主义的空间，挫伤了独立思考的自由精神。"此外，书中还指陈"当前的新闻教育界洋溢着一种盲目的技术崇拜热"，"流行着技能教育至上的趋势，课程体系主要围绕着新闻传播的业务流程设计，在教学过程中，在课堂内外，都强调实践环节，强调第二课堂，强调深入新闻传播的业务流程"。呼吁"发展受教育者的人性，完善他们的人格，提升他们的道德修为"，进而提出了"健全人格"的四大标志："主动而非被动的""独立而非依附的""中和而非偏执的""果断而非犹疑的"。

作者清醒地认识到“教育之本在于教师，从某种意义上说，有什么样的教师，就有什么样的学生，教师的水平从根本上决定了学生的水平，教师的品质决定了学生的规格”。因此，要培养卓越的新闻人才，就必须建设高水平的师资队伍。而“对于武汉地区的高校，与沿海、北上广地区的高校竞争，没有丝毫的地缘优势可言。在体制内可以操作的各种手段，都难以与沿海、北上广的一流高校相匹敌”。因此，作者在华中科技大学新闻与信息传播学院尝试实施了“冠名教授制度”，即“设置 10 个冠名教授席，分为两个层次，一为 10 万元，二为 5 万元。10 万元 4 个席位，5 万元 6 个席位”。

总之，该书自出版以来好评如潮，作者本人也备受称道。刘道玉认为“他是一个理想主义学者，追求完满的新闻传播教育”。李培根觉得“中国真需要这样理性的、有情怀的学者！”

2. 联合国教育、科学及文化组织．联合国教科文组织新闻教育新课程纲要［C］．刘利群，赵津，等，译．北京：中国传媒大学出版社，2017

联合国教科文组织编写的这本《新闻教育新课程纲要》，出版于 2013 年，2017 年由刘利群等译成中文在中国出版。该书命意“新课程纲要”，既是相对 2007 版《新闻教育课程模板》而言，也是因应本世纪新形势之故，时任教科文组织传播与信息部助理总干事的贾尼斯·卡克林斯开篇即言：“受技术革命迅猛发展和 2008 年全球金融危机的影响，全球的新闻教育正在发生显著变化。从那时起，各国（特别是发达国家）的媒体机构也不得不在压力下不断调整策略，以适应新的现实。更重要的是，这种变化也为新闻教育带来了全新的挑战，特别是对新闻课程的战略反思。本书是联合国教科文组织应对这些挑战的产物。”

该书汇集了十门课程教学大纲，它们分别是“媒体可持续发展”“数据新闻学”“跨文化新闻学”“社区电台新闻”“全球新闻”“科技新闻”“性别和新闻”“人道主义新闻”“人口贩卖报道”“安全与新闻业”。“这些大纲是联合国教科文组织在国际实践的基础上制定的标准。”在法克逊·班达看来，“专业的新闻标准对于媒体系统是必不可少的，其可以促进民主、对话和发展”，乃是因为“通过提高新闻教育的质量，新闻教育工作者和学生会有更好的机会在新闻体制层面影响新闻生产。反过来，由这些训练有素并具有批判意识的记者组成的编辑室和工作队伍很可能对民主进程和社会发展产生积极影响”。

与法克逊·班达的乐观态度有所不同，康卡迪亚大学的金索克则“怀疑(大纲)术语和概念的通用性”，不仅呼吁“同行在新闻学教学中进行‘协商’”，而且呼吁“创建符合地区特点且有效的新闻项目”。

译者相信：“此次《联合国教科文组织新闻教育新课程大纲》的翻译和出版将给我国的新闻教育业带来新的启发。”

3. 张文红．新媒体时代下的新闻出版教育研究[C]．北京：中国传媒大学出版社，2017

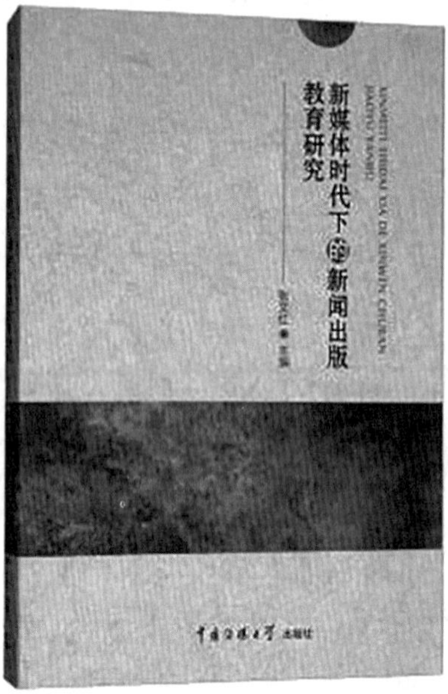

该书基本上是北京印刷学院新闻出版教育的成果汇编，仅有少数文章来自其他院校，大致涵盖“人才培养”与“课程建设”两大主题。

在“人才培养”方面，既总结了本科生培养工作中的心得体会，也对研究生培养工作有所涉及。张文红以北京印刷学院第一届韬奋实验班为例，对该校卓越出版人才工作进行了总结与思考。他认为，“从人才培养效果看，第一届韬奋实验班取得的成绩远远优于新闻出版学院其他班级”，以考研为例，“该班几乎一半同学考上了研究生(该校整体考研率在10%左右)”。在谈及培养经验时，他表示：“为把第一届韬奋实验班的培养方案做好，学校先后召开了‘卓越新闻传播人才教育培养计划’研讨会和‘韬奋实验班培养方案’研讨会等多场专题会议，数十位业界专家和学界专家参与了韬奋实验班培养方案的研讨论证，大到课程体系整体设计，小到每门课程讲述内容都反复讨论，专家参与有效保证了韬奋实验班的培养方案的科学性和前沿性。”南开大学的刘运峰谈到了出版专业硕士书刊纠错能力的培养，着重强调了“三个意识”的培养，即：“培养尊重作者而不迷信作者的意识”，“培养学生的‘杂学’积累意识”，“培养学生为书刊纠错的意识”。

在“课程建设”方面，主要探讨了出版物营销实务、数字版权管理、数字媒体概论、新媒体写作等课程教学方面的改革创新。

4. 胡德才，余秀才．新媒体时代的新闻传播教育[C]．武汉：武汉大学出版社，2017

该书是一本会议论文集，所收论文来自“网络新媒体教育及实验室建设与发展论坛(2015)”。该会由中南财经政法大学新闻与文化传播学院主办，旨在“解决新媒体时代媒介变迁对新闻传播教育带来的巨大挑战，不断提高教学质量，培养适应新媒体时代媒介融合发展所需要的新型新闻传播人才，同时也为(中南财经政法大学)‘传媒与艺术实验中心’国家级实验教学示范中心汲取建设和发展的经验”。

董天策在《探索媒体融合时代新闻传播教育改革与创新——重庆大学新闻学院的认识与实践》一文中指出：“融合新闻记者，俗称背囊记者(backpack journalist)，国内亦称为全媒体记者，希望新闻专业学生掌握全面的多媒体技能，能够同时承担文字、图片、音频、视频等报道任务，为多种不同媒体提供新闻作品。这个构想很美妙，然而可能吗？不排除某些新闻工作者和新闻学生能够成长为这样的记者，但对大多数人来说，这其实是一个不可能完成的设想。”进而提出，“媒体融合时代的卓越新闻传播人才应当是复合型、应用型、创新型的专业人才”。

强月新在《模式与理念：实验教学与新闻传播人才培养思路》一文中将传统新闻传播人才培养模式概括为两种：“其一，‘重理论、轻实验’的综合大学人才培养模式”；“其二，‘重实验、轻理论’的新闻传播专门人才培养模式，它以一些专科性的大学为代表”。在作者看来，“上述两种新闻人才培养模式，既各具特色，又存在明显缺陷”。因此，需要创新新闻传播人才培养模式，“将‘厚基础’与‘重实验’二者结合起来”。而要实现模式创新，首在革新理念，“只有人才培养理念转变了，才能带来人才培养模式的真正改变”。文章突出介绍了武汉大学新闻与传播学院的“一体两翼”“大实验观”等新型人才培养理念。“所谓‘一体两翼’，指高校新闻传播教育的中心工作和主要任务是‘传授知识、培养合格新闻传播人才'，这个目标主要通过'两翼'——'夯实基础'和'提高能力'来实现。"所谓"大实验观"，就是"将'专业主干课程实验教学''专业赛事''学生专业社团活动''学生暑期社会实践项目''大学生创新实验项目'和'专业实习'等内容纳入实验教学的范畴，让新闻传播学科实验教学成为贯通'课堂、校园、媒体与社会'的整体实验观"。

诚如胡德才所言："反复阅读本次论坛留下的一篇篇论文，愈发觉得像一粒粒散落在海滩上五光十色的珍珠。"的确，该书的闪光点绝不止上述两文，只是限于篇幅不能一一介绍。

5. 张梅珍．全媒体时代的传媒发展与新闻传播教育重构[C]．武汉：武汉大学出版社，2017

该书是一本会议论文集，所收论文来自"湖北省高等教育学会新闻与传播教育专业委员会2016年年会暨传媒转型与新闻传播教育重构论坛"。该会由中国地质大学(武汉)艺术与传媒学院承办。据悉，"与会师生对'传媒转型与新闻传播教育重构'的讨论主要集中在媒介观察、热点聚焦和人才培养三个方面"。因而，该书据此分作"媒介观察""热点聚焦"与"人才培养"三个部分。可见，该书仅"人才培养"部分关涉新闻传播教育。

"人才培养"部分收录的论文大致涵盖人才培养、课程建设以及实践教学三个主题。在人才培养方面，张梅珍以中国地质大学(武汉)新闻传播教育为例，"从理论研究与实践探索两个层面探讨了媒介融合时代背景下理工科院校的新闻传播人才培养规律与路径"。在课程建设方面，主要涉及新闻理论与业务课程的教学改革与创新。在实践教学方面，着重探讨了全媒体时代中国新闻传播实践教育的不足及改进路径。

（张继木）

20.3　新闻传播教育学术会议综述(2017)

2017 年，我国新闻传播教育的发展势头依旧迅猛、成果丰硕。伴随着党的十九大的胜利召开，新闻传播教育组织和院校紧紧围绕会议精神，进行了积极探索。新闻传播教育组织在总结往年经验的基础上开阔视野，对中国的新闻教育事业进行了一系列富有创新性的尝试。教育部高等学校新闻传播学类专业教学指导委员会和全国新闻与传播专业学位教育指导委员会等工作会议的召开，从总体上对我国新闻传播教育的现状进行把握，促进了新闻传播教育教学改革与创新，搭建起了学术交流与咨询服务的平台。我国的新闻传播院校在促进学科建设和人才培养上不断努力，以“立德树人”为目标，在丰富新闻传播教育理论的同时，不断探索新闻传播教育的实践性和应用性，为中国的新闻传播事业进步作出了极大的贡献。中国人民大学、中国传媒大学、复旦大学等知名院校依然走在新闻传播教育的前列，它们结合自身特点，吸收教学实践经验，围绕学科发展和建设要求，提出了一系列建议和举措，对我国新闻传播教育事业发展起到了示范作用。

20.3.1　新闻传播教育组织的相关会议

我国主要新闻传播教育行业组织 2017 年召开会议的情况，在本书第 5 章中有详细介绍。这里主要介绍全国新闻与传播专业学位教育指导委员会的会议活动作为补充。

2017 年 12 月 15 日，第二届全国新闻与传播专业学位研究生教育指导委员会第二次工作会议暨第二届 MJC 研究生教育工作研讨会在暨南大学举行。会议由全国新闻与传播专业学位研究生教指委副主任委员、中国传媒大学高晓虹教授和北京大学陆绍阳教授先后主持，来自全国 99 所高校的 180 多位代表参加了会议。

会议中，全国新闻与传播专业研究生教指委谢新洲秘书长代表教指委做了工作报告。他指出，教指委在 2018 年的工作重心将集中在招生培养、师资建设、教学资源和评估工作等方面。国家新闻出版广电总局人事司培训一处处长张兆刚处长在会议中谈了几点想法，他指出，要深入学习贯彻党的十九大精神，准确把握新闻与传播专业人才培养目标；群策群力，努力提升新闻与传播硕士专业质量；以党的十九大精神为根本指引，推动教指委工作再上新台阶。教育部学位管理与研究生教育司研究生培养处处长郝彤亮，指出专业学位硕士研究生的招生数量占比已达 47%，不仅完善了学位授权体系和教育制度，还不断探索建立多部门参与的联合培养模式，取得的成绩十分显著。下一步应以服务需求、提高质量为核心推动专业学位研究生教育的内涵式发展，要着力培养社会主义核心价值观，继续创新人才培养模式，推动课程体系建设及加强师资队伍建设。

此外，会议还讨论了核心课程教材建设、联合培养基地遴选与评估工作、案例库建设、专业学院教师师资队伍的建设、授权点评估标准修订和专业学位评估等议题。与会代表以“MJC 研究生培养模式的改革与发展”为主题，就招生情况、培养方案、师资队伍建设、案例库建设与案例教学推广和实践基地建设等议题分享了经验，交流了困惑，明确了目标，坚定了进一步办好新闻与传播专业学位研究生教育的信心。

20. 3. 2 新闻传播教育院校的相关会议

1. 中国人民大学新闻学院

①“马克思主义新闻观教育与中国人民大学”专题研讨会。2017 年 5 月 9 日，“马克思主义新闻观教育与中国人民大学”专题研讨会在中国人民大学新闻学院举行。学院离退休教师方汉奇、何梓华、郑保卫、陈力丹等与会发言。

中国人民大学执行院长郭庆光教授强调了马克思主义新闻观对新闻学科建设的重要性，他指出，中国人民大学的新闻教育要坚持在坚守中改革，既要坚守马克思主义新闻观指导下的中国特色社会主义新闻人才培养的宗旨和理念，又要注重媒介技术和全球化趋势的发展变化，全面创新新闻传播教育。

方汉奇教授在发言中提出，学院应增加更多的投入和规划，以加强团队建设。同时，理论研究和教学工作应做到与当前的局势紧密结合，在坚持马克思主义新闻理论基本原则的基础上，充分理解和利用新的传播技术以实现更好的发展。

②中国人民大学新闻界校友论坛(2017)。2017 年 10 月 3 日，中国人民大学新闻界校友论坛(2017)举行。论坛以“与时代同行”为主题，共议新闻传播事业与新闻传播教育的改革和发展。方汉奇、何梓华、赵启正等出席论坛。

赵启正院长指出，当前加强新闻传播人才培养，要站在观察全球全社会的高度，具备信息收集、知识把握、跨文化交流的能力；要针对新闻传播学科体系庞大、综合性强的特点，努力以哲学的思维进行高度提炼和整体建设。方汉奇教授指出，新闻传播学科教学研究也要紧跟，并应有所超前才能适应新闻传播事业的发展。学院要重视图书资料对一线教学和学习研究的支撑作用，要继续用好中国人民大学新闻系资料室的丰富储藏，推进资料室建设，让资料室和实验室比翼双飞。何梓华认为中国人民大学新闻传播学科进入“双一流”学科建设，有三点需要考虑：一是培养国家最急需的人才，这是中国人民大学新闻学院一贯的传统；二是如何保持自己的学科特色；三是如何培养教师队伍和加强教师队伍建设。

在此次论坛中，中国人民大学各届校友各抒己见，不断为中国人民大学新闻学院的建设添砖加瓦，为更好地建设母校的新闻教育事业起到了促进作用。

③中国人民大学新闻学院 2017 年本科人才培养工作会议。2017 年 11 月 29 日，中国人民大学新闻学院召开 2017 年本科人才培养工作会，介绍中国人民大学新闻传播学科面向“双一流”建设的本科人才培养路线。新闻学院执行院长胡百精，副院长周勇、张辉锋、王润泽，党委副书记赵云泽出席会议。大会由新闻学院党委副书记蒙彬主持。

执行院长胡百精以“本科、本事、本分事”为主题，从内部重构与外部拓展、厚重基础与前沿应用、中国特色与世界一流三个方面讲解了本科人才培养路线规划。对内，将打通专业壁垒，转向“兴趣—专长”“项目—任务”型培养机制，倡导自主选择、因材实施、全面发展；对外，实现跨界、跨学科、跨文化拓展。致力于培养有使命、有担当、有灵韵和美感、有整体的理解力和判断力、有专业理想和抱负、有卓越专业能力的厚重人才，并通过实务与实验课程更新、工作坊教学、校友共同体与业界共建等路径培养前沿应用能力，赋予学生解析中国问题、具备世界眼光的素养。

此外，此次大会表彰了在教学一线取得优秀成果的教师和学生，鼓励更多的师生积极为本科人才培养提出意见建议，参与到学院发展和学科建设中来。

2. 中国传媒大学

①2017 国际传媒创新创业教育论坛。2017 年 5 月 19 日，由中国传媒大学、北京天洋蜂巢科技有限公司主办，中国传媒大学艺术学部承办的“2017 国际传媒创新创业教育论坛”在中国传媒大学成功举办。

此次论坛邀请了来自多个国家的传播教育专家、传媒院校负责人、传媒业界精英、创业教育专家、成功投资人等，分享传媒创新创业教育成果；探讨 VR/AR/MR 应用领域发展趋势，体验 VR/AR 应用前沿技术产品；展示国际智能新媒体创新项目，并邀请国内外投资界精英现场点评。

此次论坛还包括“国际工作坊创新分享会”“国际智能新媒体创新论坛”“国际创新创业教育专题会议”等几个分论坛，众多嘉宾畅所欲言、共同交流，展望传媒领域未来的创新发展趋势。

②新闻传播学一流学科建设方案讨论会。2017 年 11 月 6 日，中国传媒大学新闻传播学一流学科建设方案讨论会在新闻传播学部召开。会议由新闻传播学部副学部长何苏六主持。会议上主要围绕新闻传播学一流学科建设的具体措施进行深入探讨，规划 2017—2020 年的学科发展方向和主要目标。

校长胡正荣出席并解读《新闻传播学一流学科建设方案》，该方案是对中国传媒大学新闻传播学未来发展的愿景，此次会议需出台细化实施方案，启动新闻传播学一流学科建设。在学科体系的发展上，教师们建议从清晰的构架和体系之下布局科学研究，以学术著作和教材的方式来带动体系，明确目前体系上的蓝图设想，争取在2020年之前形成固化成果，建设系统新课程，创造清晰的学术标签和有分量的国际可见度。

3. 复旦大学：一流新闻传播学科建设专题工作会议

2017年11月1日，复旦大学新闻学院召开一流新闻传播学科建设工作会议，复旦大学校文科科研处处长陈玉刚应邀到会并讲话，会议由新闻学院院长米博华主持。

会议提出要在以下四个方面下大力气，争取实现突破：一是精准把握时代发展规律，持续优化学院资源配置，服务于学科的更好发展，服务于老师们的治学研究，促进各科研团队向新闻传播学科发展趋势，向一流学科的建设要求看齐，不断释放活力，发挥优势。二是坚持立足一流学科需要，加快构筑学科人才高地，比照一流学科建设的需要，一方面要高起点、高标准延揽海内外高水平人才，另一方面要多关注、多支持现有教师队伍的成长和发展，培育一批高端研究人才，培养多位著名教学名师，打造新闻传播人才的高地、高峰和高原。三是率先打破学科专业壁垒，互融共通服务国家需求，以新的研究视角，以新技术为推动力，积极发挥复旦的新闻传播学科的示范引领作用，进一步整体提升复旦新闻学院研究的影响力。四是找问题理思路有效发力，扬优势补短板出好成果，确立自身在大传播格局、新传播格局中的定位，着重练内功，在新闻传播学科理论研究、服务国家新时代发展过程中，取得一系列标志性的研究成果。

4. 华中科技大学：新闻评论东湖论坛暨第二届华中科技大学新闻评论开放教育建设会

2017年11月24日，来自新华社、人民网、财新传媒等众多媒体的40多位专业评论员会聚在华中科技大学，与华中科技大学的一些专家教授围绕“新媒体时代的话语形态与主流声音”展开认真讨论，就华中科技大学新闻评论教育发展出谋划策。9位新闻评论界精英受聘加盟华中科技大学新闻评论教育工作。

湖北省委宣传部处长涂博文对华中科技大学新闻与信息传播学院和评论学社这些年来在新闻评论、新闻教育和传播学等方面作出的贡献表示祝贺，他认为新闻是一个有态度的问题，这个态度体现在新闻评论方面，重视新闻评论教育在当前非常有必要，湖北省委下一步要和华中科技大学合作共同建设新闻评论教育，以最大的努力给予支持。

下午的“开放教育”论坛由华中科技大学新闻评论研究中心主任顾建明教授主持。

顾老师认为新闻评论界是一个大系统，高校新闻评论专业教育包含于其中。所以，无论是学科建设还是人才培养，高校的新闻评论教育都应该自觉地置身于整个评论界，实行开放的新闻评论专业教育。为此，高校要建立一种机制，能够盘活新闻评论业界的资源，能够集纳评论员们的智慧和创造，从而搭建出高水平的教育平台，以更好地培养出理想的新闻评论专业人才。

评论界专家刘洪、秦平、潘洪其、胡印斌等人就"新媒体时代评论的变化、评论的实际作用、评论职业操守、评论写作技巧、评论人生的酸甜苦辣"等议题与研究生深入讨论，会场气氛热烈！

5. 清华大学新闻与传播学院：第五届范敬宜新闻教育奖颁奖仪式暨新闻传播学科高峰论坛

2017 年 12 月 10 日上午，第五届范敬宜新闻教育奖颁奖仪式暨新闻传播学科高峰论坛在清华大学举行。清华大学党委副书记邓卫，清华大学新闻与传播学院院长柳斌杰，《人民日报》副总编辑张首映，中国记协党组成员、书记处书记张百新等出席会议并致辞。

邓卫指出，设立范敬宜新闻教育奖不仅是为了准确把握范敬宜先生的办学思想和新闻教育理念，更要推动形成新闻教育的共识。张首映认为，强国需要强媒，强媒彰显强国，强国强媒为新闻研究带来机遇，也为高校的新闻教育提出新的要求。柳斌杰总结到，范敬宜新闻教育奖体现了新闻学子、新闻良师、新闻良友共同的新闻梦想、新闻追求，要不忘初心，继续按照评奖标准评好办好范敬宜新闻教育奖，使之成为中国新闻教育界的一面旗帜，发挥好导向作用和榜样作用。

随后，举行的"双一流使命 · 未来型教育"新闻传播学科高峰论坛中，与会嘉宾以双一流建设背景下面向未来的新闻传播教育为主题，进行了深入的交流探讨。

6. 上海交通大学媒体与设计学院：建院 15 周年大会暨新时代中国特色新闻/设计教育改革论坛

2017 年 10 月 28 日，上海交通大学媒体与设计学院建院 16 周年，来自海内外的嘉宾和校友 500 余人相聚上海交通大学闵行校区，欢叙既往，畅想未来。

当天还举行了新时代中国特色新闻/设计教育改革院长论坛。来自全国知名高校的 50 余位新闻传播、设计学院、研究机构负责人汇聚一堂，共同研讨十九大之后中国特色新闻教育改革大计。专家们表示，中国特色社会主义进入新时代，新闻传播学界应该从党和国家的工作重点出发，坚持马克思主义新闻观的价值引领，坚持独立自主，实践创新，与借鉴国外经验相结合，走中国特色发展道路。新闻传播学界应深入研究中国问题，努力提供中国方案，贡献中国智慧，构建中国原创、世界共享的传播理论。

7. 暨南大学新闻与传播学院：与中国传媒大学新闻学院的办学教学、专业认证工作交流会

2017 年 11 月 24 日，中国传媒大学新闻学院与暨南大学新闻与传播学院办学教学、专业认证工作交流会在暨南大学新闻与传播学院举办，双方就相关问题展开深入交流。

中国传媒大学新闻与传播学部新闻学院院长刘昶教授指出大学高等教育不能办成大专职业技能教育，强调大四需要开设专业课程，简要介绍关于工作坊、海外游学、国外教授讲座等构成的小学期制度，提出注重专业技能、专业担当、专业能力与知识熔于一炉的“工匠精神”。阐释“顶天立地”的办学方针，即结合国家发展战略与“接地气”的办学方法。同时，他也指出中国传媒大学闻学院课程设置老化等问题，尤其在进入一流学科建设行列和专业认证成功之后，说明更需严格要求，经受考验。

中国传媒大学丰纯高副教授提出专业进入一流学科以后，面临更大的教学压力，尤其是高分考生对课堂的期待感更高，面对实操性相对弱化的史论课程和基础课程，获得感较低。暨南大学新闻与传播学院副院长邓绍根教授就这个问题，提出在课堂教学过程中，综合运用学生的专业技能，充分发挥学生的业务能力，分享个人教学的实际经验。

会议双方还就专业认证的相关事项展开商讨，尤其针对专家入校的实际情况，中国传媒大学新闻学院一方分享了专家联络人、专家开会、专家听课看课、专家核查资料、专家行程安排的实际经验。

8. 浙江大学传媒与国际文化学院：“媒介融合变革时代的新闻传播教育改革”高峰论坛

2017 年 4 月 22 日，“媒介融合变革时代的新闻传播教育改革”高峰论坛在杭州举行。此次论坛由浙江大学传媒与国际文化学院发起，浙江省委宣传部、浙江日报集团、浙江广电集团作为学院共建单位，协力主办。近百名来自全国各高校和媒体单位的学界、业界代表聚焦新媒体课程组设计、课程国际化水平提升等核心问题，就未来新闻传播教育发展趋势展开讨论。

暨南大学新闻与传播学院院长范以锦教授在发言中提出，目前，新闻学生就业面越来越广泛。由于媒体、党政机关、企业、新媒体岗位对内容操作有不同要求，因此要培养内容操作的应变能力。新闻学生更要有“内容置换”能力。新闻学生要通过“综合知识+媒介素养+兴趣爱好”的模式培养做内容的能力，从而具有过硬的语言文字表达能力、善于分析问题的能力和连接服务对象(用户)的能力。

浙江日报报业集团总编辑鲍洪俊提出，传统媒体和新媒体已经进入深度融合时代，全新体制机制产生五类人才刚需：原创精品内容的策划生产者、一专多能的全媒体记者、善于设置议题的观点生产者、具有全球眼光的对外传播者、作风深入的建设性舆论监督者。

不忘初心，砥砺前行。习近平总书记多次指出，建设富强、民主、文明、和谐、美丽的现代化社会主义强国，需要继续大力发展中国特色社会主义高等教育事业。党的十九大强调，着重建设一批具有重大国际影响力的一流大学、一流学科，重点培养新时代中国特色社会主义建设事业的可靠接班人。在学习贯彻党的十九大精神的背景下，新闻界和新闻教育界都要更加坚持和发展马克思主义新闻观，要努力探索和把握新时代的新闻传播规律，共同构建和推进中国特色新闻学的学术体系和新闻教育体系。新闻传播学已经进入改革创新时期，要注重依托相关学科寻求融合拓展，根据自身条件选择路径把学科做强。在当下学术环境中，应进一步提升新闻传播学的专业性，完善中国新闻传播学理论体系。在学科布局和学科治理架构调整中，应通过顶层设计推进学科整合。在教材建设、人才培养、评价体系等方面，要重视思想引导，重视新闻理想、职业伦理的养成，坚持以本科教学为本，加强技能训练，增强实践能力。伴随着新闻传播教育事业的进步，我们将迎来一大批有使命感、有担当、有美感和有卓越专业能力的拔尖人才，在新的一年，我国的新闻传播教育组织和新闻传播教育院校，会继续为培养新时代的全球化人才，提供中国特色的人才成长方案、机制和平台而继续努力！

(李　文　周　怡　苏清华)

第21章　中国新闻传播教育大事记(2017)

2017年1月

1月3日，“史量才新闻与传播学院揭牌仪式暨浙江理工大学校庆120周年史量才学术研讨会”在浙江理工大学举行。

1月7日，“‘一带一路’软力量建设高端论坛暨教育部人文社科重点研究基地跨学科智库联合体启动仪式”在中国传媒大学举行。

1月8日，“2016中国传媒法治发展年度研讨会暨中国传媒法影响力人物及十大传媒法事例发布会”在北京广播大厦召开。

1月9日，由中国社会科学院文学研究所、中国新闻史学会、河南大学主办的首届媒介生态学高层论坛在河南大学举办。

1月12日，“国家传播创新峰会暨中国国际传播研究系列成果发布会”在中国传媒大学举行。教育部人文社科重点研究基地中国传媒大学国家传播创新研究中心团队在会上发布了《中国国际传播发展报告(2016)》(国际传播蓝皮书)、《2016年度中国企业与中国城市的国际传播力报告》。

1月12日，由国务院学位委员会新闻传播学学科评议组主办、中山大学传播与设计学院承办的全国新闻传播学硕士点课程交流会在中山大学举行。

1月14日，华南理工大学举办“全球传播与公共外交理论建设高端研讨会”。研讨会上，中国新闻史学会全球传播与公共外交研究委员会正式宣布成立。

2017年2月

2月8日，“2017中国高校新闻扶持计划”正式启动，该活动由共青团中央学校部指导，中国青年报社、中国高校传媒联盟主办，百度公益赞助。

2月8日，北京市新闻工作者协会、社会科学文献出版社、暨南大学新闻与传播学院联合发布了《媒体融合蓝皮书：中国媒体融合发展报告(2016)》。

2月19日，习近平总书记在党的新闻舆论工作座谈会上的重要讲话发表一周年之际，人民日报社在北京主办了移动创新传播论坛。

2 月 23 日，吕新雨就任华东师范大学传播学院院长。

2 月 27 日，第一届“讲好中国故事”创意传播国际大赛启动仪式暨专家研讨会在北京举行。

2 月 27 日，由中国公共外交协会主办、中国人民大学新闻学院承办的 2017 年“中国发展研究与媒体交流”系列讲座开班仪式在中国人民大学举行。

2017 年 3 月

3 月 14 日，“中国食品药品安全与健康传播研究中心”成立仪式在北京师范大学举行。

3 月 16 日，第四届中国大学生新媒体创意大赛颁奖典礼在中国人民大学举行。此届大赛作品共计收到包括中国人民大学、南开大学、北京师范大学、暨南大学等在内数十所高校的 400 余部作品，其中 40 余部作品脱颖而出。

3 月 17 日，国双科技有限公司向中国传媒大学教育基金会捐资暨“融媒体大数据实验室”成立揭牌仪式在中国传媒大学举行。

3 月 18 日，第十四届中国大学生广告艺术节学院奖秋季赛颁奖典礼在北京梅地亚中心举行。

3 月 18—19 日，由中国新闻史学会应用新闻传播学研究委员会主办、汕头大学长江新闻与传播学院承办的“新闻传播实务教学论坛(2017)”在广东省汕头市召开。

3 月 20 日，兰州大学新闻与传播学院召开全体教职工大会，学校党委宣布杜生一同志为新闻与传播学院党委书记兼常务副院长。

3 月 23 日，博鳌亚洲论坛 2017 年年会“媒体领袖圆桌会议”在海南博鳌召开。

3 月 23—25 日，第 25 届中国国际广播电视信息网络展览会(CCBN2017)在北京举办。

3 月 24—26 日，由全球修辞学会和国家传播学会主办、陕西师范大学新闻与传播学院承办的“第二届国家传播学高层论坛”在西安举行。

3 月 30 日，第二届“新闻与传播学学会奖”组委会特别成就奖获得者于友先生逝世，享年 101 岁。

3 月 30 日，《中国广告四十年》纪录片拍摄启动暨学术筹备会议在中国广告博物馆召开。

3 月 30 日，中国社会科学院国家治理研究智库舆情研究部揭牌仪式在北京举行。

3 月 30 日，国家新闻出版广电总局首批新闻出版业科技与标准重点实验室“新闻出版大数据用户行为跟踪与分析实验室”及“国家新闻出版广电总局新闻出版大数据应用重点实验室合作联盟”签约仪式在北京师范大学举行。

2017年4月

4月8日，中国新闻史学会新闻传播教育史研究委员会第二届第六次常务理事会暨《中国新闻传播教育年鉴》编委会第三次会议在浙江万里学院召开。

4月12日，由内蒙古大学文学与新闻传播学院与新华社中国经济信息社内蒙古中心共同建设的“内蒙古大数据舆情智库暨社会调查研究中心”揭牌仪式在呼和浩特举行。

4月13日，国家新闻出版广电总局出版融合发展(人教社)重点实验室揭牌仪式在人民教育出版社举行。

4月13—14日，中国人民大学新闻学院张辉锋、赵永华、贾文山教授等参加了在俄罗斯圣彼得堡大学举办的“当代世界的大众传媒·第56届圣彼得堡读书节”国际学术会议，并与该校签订了有关教学科研、师生交流互换等方面的合作协议。

4月13—14日，由中国教育国际交流会、中国传媒大学、同济大学主办的“第二届全国高等艺术与传媒教育跨境办学能力提升研讨会暨海外学习平台建设推进会”在北京举行。

4月14日，“第二届中国VR/AR创作大赛启动仪式暨VR/AR发展论坛”在北京师范大学举行。

4月15日，中国新闻史学会常务理事会第五届第五次会议在长沙召开。来自全国新闻院校、新闻研究机构及媒体单位的42位常务理事出席了此次会议。同期召开的还有由中国新闻史学会和湖南师范大学新闻与传播学院联合举办的马克思主义新闻观学术研讨会。

4月15—16日，首届国家品牌传播研讨会暨第四届品牌传播论坛在安徽师范大学召开。

4月17日，中国人民大学新闻学院赵永华教授的专著《在华俄文新闻传播活动史(1898—1956)》俄文版由俄罗斯尚斯国际出版社出版。

4月17日，中国新闻史学会第三届“新闻传播学学会奖”评选结果公示。中国人民大学新闻学院教授陈力丹获“优秀学术奖·新闻学与传播学”一等奖，中国人民大学新闻学院教授郑兴东、兰州大学新闻与传播学院教授刘树田获“终身成就奖”。此外，学会还公示了该年度“优秀学术奖·方汉奇奖(新闻史专项)”“卓越学术奖”“杰出青年奖”等。

4月18日，《光明日报》在京召开思想理论融媒体传播工程发布会暨光明智库成立大会。来自全国思想理论领域的 100 多位专家学者出席大会。

4 月 19 日，第二届中国媒体非洲报道高层论坛暨首届中非报道奖颁奖典礼在清华大学举办。

4 月 20—21 日，由中国传媒大学和韩国高等教育财团主办，亚洲传媒研究中心、艺术学部、移动互联与社会化媒体研究中心、英文期刊 *Global Media and China* 编辑部、传媒高等教育国际联盟共同承办的第十二届亚洲传媒论坛在北京举办。

4 月 21 日，国家新闻出版广电总局数字出版司、信息中心领导在北京印刷学院就国家数字复合出版系统工程实验室建设举行工作推进会。

4 月 21 日，第二十六届时报金犊奖创意分享会在安徽大学举行。

4 月 22 日，由北京师范大学和陕西师范大学联合举办，北京师范大学智慧研究院、陕西师范大学新闻与传播学院和教育部虚拟现实应用工程研究中心共同承办的“一带一路战略下文化与教育高端论坛”在西安举行。

4 月 22 日，由青海民族大学文学与新闻传播学院、土库曼斯坦国别研究中心共同举办的“首届土库曼斯坦国别研究国际学术研讨会”在青海民族大学举办。

4 月 22—27 日，中国传媒大学新闻传播学部师生代表团参加了在美国拉斯维加斯举办的美国广播电视教育学会(Broadcast Education Association，简称 BEA)2017 年年会暨美国广播电视展(NAB Show)。

4 月 22 日，由中国高校影视学会主办，中国高校影视学会青年研究会与暨南大学新闻与传播学院承办的中国高校影视学会第五届中国影视青年论坛在暨南大学召开。

4 月 22 日，“红色传承：马克思主义与中国新闻传播学”研讨会在重庆大学举行。来自中国人民大学、复旦大学、清华大学、中国传媒大学等 30 多所高校的专家学者参加了此次研讨会。

4 月 22 日，由昆明理工大学艺术与传媒学院、复旦大学出版社有限公司主办，云南省高等学校新闻传播类教学指导委员会协办的“新闻教育改革高峰论坛”在昆明理工大学举行。

4 月 25 日，由中国公共外交协会中国-南亚东南亚新闻交流中心主办，中国人民大学新闻学院承办的中国-南亚东南亚新闻交流 2017 项目“媒介沙龙”第一期“国际合作传播：理念与经验”在中国人民大学举行。

4 月 25 日，北京印刷学院与湖北省新闻出版广电局联合举办的 2017 年湖北省新闻出版广电行业青年骨干出版编辑培训班在北京印刷学院开班。

4 月 26 日，北京时间融媒体平台与北京外国语大学国际新闻与传播学院《107 调查》共同签约组建北京时间校园新闻站。

4 月 26 日，第二届桂子山大学生电影节暨第二十四届北京大学生电影节华师分会场开幕式在华中师范大学举行。

4 月 26 日，在 2017 中国网络版权保护大会上，人民日报社等 10 家主要中央新闻单位和新媒体网站联合发起的“中国新闻媒体版权保护联盟”宣告成立。

4 月 27 日，广西壮族自治区党委宣传部、广西电视台、广西民族大学共建传媒学院协议签订暨揭牌仪式在广西民族大学举行。

4 月 28 日，第二期“互联网+城市未来”圆桌思想会在中山大学举行，此期圆桌思想会主题为“透明 vs. 遮蔽：互联网的伦理边界”。

4 月 28 日，北京印刷学院与国家新闻出版广电总局信息中心战略合作协议签署仪式在国家新闻出版广电总局举行。

4 月 29—30 日，由意大利博洛尼亚大学孔子学院与中国人民大学新闻学院联合主办的第三届“向世界传播中国”国际学术研讨会在意大利博洛尼亚举行，此次研讨会主题为“‘一带一路’与中国故事叙述”。

2017 年 5 月

5 月 3 日，“中国凉都 · 生态水城”2017 年全国高校大学生社会实践微拍大赛开幕式在贵州省六盘水市举办，国内外近百余所高校共 300 多名大学生代表共同参加此次微拍大赛。

5 月 7 日，第四届华南地区新闻传播学科研究生学术论坛在中山大学传播与设计学院举行。

5 月 9 日，新华社发布消息：中央宣传部、中央编办、财政部、人力资源和社会保障部近日联合印发《关于深化中央主要新闻单位采编播管岗位人事管理制度改革的试行意见》，要求既充分发挥事业体制凝聚人才的重要作用，又善于运用灵活用人机制激发新闻舆论工作队伍活力，探索新形势下吸引使用人才、评价激励人才、培养管理人才的有效措施，增强新闻舆论工作队伍事业心、归属感、忠诚度，为新闻事业长远健康发展提供坚实有力的人才支撑。

5 月 9—11 日，由暨南大学新闻与传播学院、郑州大学穆青研究中心和郑州大学新闻与传播学院 18 名师生组成的“重走穆青路”社会实践采访团队来到兰考县，寻访当代著名新闻记者穆青的采访足迹，感悟焦裕禄精神的时代价值。

5 月 10 日，由中国公共外交协会主办、中国人民大学新闻学院承办的 2017 年“中国发展研究与媒体交流”系列讲座之“一带一路创新与中国新经济合作”在中国人民大学举行。

5 月 10 日，“内蒙古传播大数据研究中心”“中蒙俄舆情研究中心”揭牌仪式暨部校共建“萧乾实验班”开班仪式在内蒙古师范大学举行。

5 月 10 日，广西壮族自治区党委宣传部、广西日报社与广西师范大学共建新闻与传播学院签字仪式在广西师范大学举行。

5 月 12 日，“《世界新趋势：‘一带一路’重塑全球化新格局》(Creating a Megatrend: the Belt and Road)新书首发式”在北京外国语大学举行。

5 月 13 日，“第二届中国政治传播研究学术论坛”在中国传媒大学召开。来自新华社、中央编译局、中国社会科学院、中国人民大学、清华大学、复旦大学等单位的近百位学界与业界的专家、学者与会交流。

5 月 13 日，中国传媒大学与美国密歇根州立大学传播艺术与科学学院就中外合作办学等一系列教学、科研合作项目进行谈判，并达成合作协议。

5 月 13 日，由中国新闻史学会与华南理工大学新闻与传播学院、计算机科学与工程学院共同举办的“大数据、科技与媒体未来”跨界学术会议在广州召开。

5 月 14 日，中国人民大学新闻学院原党总支书记傅金铎同志逝世，享年 90 岁。

5 月 14 日，“首届政治与传播研究生论坛”在中国青年政治学院举行。

5 月 15 日，“一带一路”影视文化传播论坛在西北师范大学举办。

5 月 17 日，国家突发事件舆情应对研究中心揭牌、签约仪式在中国传媒大学举行。

5 月 17 日，中国互联网协会、国家互联网应急中心在京联合发布《中国移动互联网发展状况及其安全报告(2017)》。

5 月 18 日，郑州大学获批“河南省全媒体科普传播中心建设基地”。

5 月 19 日，“2017 国际传媒创新创业教育论坛”在中国传媒大学举办。

5 月 19 日，华中师范大学媒介伦理与媒介管理研究中心成立。

5 月 19—21 日，由江西师范大学传播学院和华中科技大学新闻与信息传播学院联合主办的第七届新闻评论高层论坛在南昌举行。

5 月 20 日，清华大学新闻与传播学院举办建院 15 周年系列学术论坛，来自海内外的新闻与传播学院院长、专家参加了“全球院长论坛”“马克思主义与中国特色新闻学研讨会”“传媒发展论坛”，来自新闻业界的专家还参加了“新闻业务教育论坛”。

5 月 20 日，中国新闻史学会中国特色新闻学研究委员会在清华大学正式揭牌成立。

5 月 26 日，香港与内地高校师生交流计划之“2017 香港大学生摄影营”和“2017 香港大学生新媒体创意营”的开营仪式在中国传媒大学举行。

5 月 27 日，“首届中华文化海外传播大连论坛”在大连外国语大学举办。

5 月 27 日，陕西师范大学新闻与传播学院国际非虚构写作研究中心与中国复兴文明文化产业集团、西北大学历史文化研究院、文化遗产数字化国家地方联合工程研究中心签订《丝路大遗址》纪录片剧本撰稿协议。

5月27日，“全国第二届新闻学博士生学术年会(2017)”在中国传媒大学举办。此届年会主题为“时空感更迭与新闻学创新”。

5月27日至29日，中国认知传播学会2017年学术年会(第四届)暨国际认知传播高端论坛在南开大学举行。

2017年6月

6月2日，中国人民大学新闻学院与石景山中译语通公司签署《“中国人民大学新闻学院——中译语通”全球新闻大数据实验室共建方案》。

6月2日，2017年传媒学科组国家级实验教学示范中心主任联席会在华南师范大学召开。

6月3日，由西安交通大学新闻与新媒体学院主办的“网络与新媒体专业建设与学科发展”高峰论坛在西安举行。

6月5日，国家新闻出版广电总局下发《关于公布2016年度全国新闻出版行业领军人才遴选结果及已入选领军人才考核通过人员名单的通知》(新广发〔2017〕91号)，2016年共有233人入选“全国新闻出版行业领军人才”，其中14人来自高等院校。

6月5日，2017“看中国·外国青年影像计划(甘肃行)”活动于西北师范大学启动。

6月6日，由中国传媒大学和京东集团共同成立的“中传-京东大数据联合实验室”发布了成立以来的首个研究成果——《互联网+中国品牌创新发展报告》。

6月9—11日，第二届中国国际舆论学年会暨东北亚国际舆情学术研讨会在大连外国语大学召开。

6月10日，新闻与传播心理学理论与实践发展论坛在中国传媒大学举办，该论坛由中国社会心理学会传播心理专业委员会与中国传媒大学共同主办。

6月10日，由中国社会科学院新闻与传播研究所、中国社会科学出版社主办，郑州大学新闻与传播学院承办的《中国新闻传播学年鉴》第二届编辑出版研讨会在郑州大学召开。

6月12日，古立峰担任四川大学文学与新闻学院党委书记。

6月12—13日，“数字形态与中国经验”：传播与公共性国际学术会议在北京举行。

6月12—16日，信息社会世界高峰会议(World Summit on the Information Society，简称WSIS)在瑞士日内瓦召开，汕头大学国际互联网研究院在会议期间举办了主题为“走出多方主义和多边主义的二元对立：如何客观理解中国网络治理”的工作坊。

6 月 16 日，由中国传媒大学新闻传播学部、中国网络视听节目服务协会、央视市场研究股份有限公司(CTR)、中央电视台广告经营管理中心、中央电视台电视研究编辑部联合主办的“智慧融媒体系列研讨活动之融媒体营销”在中国传媒大学举行。

6 月 16 日，北京外国语大学与中国外文局签署战略合作框架协议。双方将在学科建设、重大课题项目合作、人才培养与队伍建设、新媒体产品创新以及国际与交流合作等方面开展全方位合作。

6 月 17 日，“浙江大学戏剧的媒体创意与传播学术论坛”在杭州举行。

6 月 17 日，“陕西师范大学马克思主义新闻观中国化研究中心成立仪式暨首届马克思主义新闻观中国化学术年会”在陕西师范大学举行。

6 月 17 日，由深圳大学、中华传播学会主办，深圳大学传播学院承办的“数字媒体与产业创新”第一届深圳国际传播论坛在深圳举办。

6 月 18 日，2013—2017 年教育部高等学校新闻传播学类专业教学指导委员会第七次全体会议暨国务院学位委员会新闻传播学学科评议组工作会议在中国传媒大学举行。

6 月 18 日，武汉大学媒体发展研究中心(CSMD)、武汉大学新闻与传播学院主办的“2017 中国传播创新论坛”在武汉举行。

6 月 19 日，西北大学新闻传播学院与西部网(陕西新闻网)校媒合作签约仪式在西北大学举行。

6 月 23 日，上海理工大学举行非遗数字化传播研究中心揭牌仪式。

6 月 23—25 日，由中国新闻史学会全球传播与公共外交学术年会主办的“2017 首届中国全球传播与公共外交学术年会”在浙江大学紫金港校区紫金港国际饭店召开。期间 2017 中国新闻史学会全球传播与公共外交研究委员会常务理事会议也顺利举行。

6 月 25 日，2017“新媒体，新文化与乡村传播”国际论坛在华中农业大学举办。

6 月 25 日，全国首届“何微新闻奖”青年学者与学科创新发展建设论坛在西北政法大学举办。

6 月 26 日，以“共享・智能・移动”为主题的“《中国新媒体发展报告(2017)》发布暨新媒体发展研讨会”在北京举行。

6 月 26 日，教育部高等学校动画、数字媒体专业教学指导委员会 2017 年度主任委员工作会议暨教指委江苏省专家小组成立会议在南京艺术学院召开。

6 月 28 日，由北京师范大学新闻传播学院、云堆新媒、北京师范大学新媒体传播研究中心共同举办的“2017 社会化媒体营销论坛”在北京举行。

6 月 30 日，教育部人事司宣布了中共教育部党组关于中国传媒大学领导班子干部调整的决定，任命姜绪范同志为中共中国传媒大学委员会委员、常委、副校长，免去袁军同志中共中国传媒大学委员会委员、常委、副校长职务(另有任用)。

2017年7月

7月1日，2017(第二届)全国党报网站高峰论坛暨内蒙古自治区成立70周年媒体融合研讨会在呼和浩特举行。该论坛主题为“深度融合 创新发展——党报网站如何找准角色定位”。

7月1日，由中国新闻史学会传媒经济与管理研究委员会主办的“2017中国传媒经济高峰论坛——传媒产业‘深改’方向与路径”在华中科技大学举行。

7月1日，由人民网研究院组织相关领域的专家、学者、业界人士及政府管理人员撰写的《中国移动互联网发展报告(2017)》正式发布。

7月1日，由中国高校影视学会举办、中南民族大学文学与新闻传播学院承办的首届全国大学生少数民族题材影视作品大赛颁奖典礼在武汉举行。

7月3日，由北京市网信办、首都互联网协会党委党校、中国人民大学新闻学院联合举办的北京属地主要网站网络信息服务从业人员培训班开班。

7月3—8日，由中国新闻史学会网络传播研究会、重庆大学社会科学学部、重庆大学新闻学院共同主办的第三期“网络与新媒体讲习班”在重庆大学举行。

7月4日，全国哲学社会科学规划办公室公布了《关于2017年国家社科基金年度项目和青年项目立项名单的公示》，2017年国家社科基金年度项目共立项3193项，其中“新闻学与传播学”学科立项122项。

7月4日，全国哲学社会科学规划办公室公布了《关于2017年国家社科基金年度项目和青年项目立项名单的公示》，2017年青年项目共立项1096项，其中“新闻学与传播学”学科立项39项。

7月4日，2017年度国家社会科学基金西部项目立项结果公布，2017年西部项目共立项492项，其中“新闻学与传播学”学科立项11项。

7月4日，首届中国特色新闻学高级研讨班在清华大学新闻与传播学院举行开班仪式。

7月4日，中央民族大学文学与新闻传播学院与北京电视台全媒体平台“北京时间”在中央民族大学签署战略合作协议。

7月7—8日，第十二届中国传媒年会在贵阳举行。年会以“媒体深度融合与大数据”为主题。

7月8日，以“讲好湖北故事 ·传播湖北声音”为主题的国际华文媒体论坛在武汉举行。

7 月 12 日，创新背景下的内蒙古新闻传播学教育研讨会暨内蒙古新闻传播学教育联盟第二次会议在内蒙古师范大学召开。

7 月 14 日，第二十五届海峡两岸大学生新闻营开营仪式在浙江大学举行。

7 月 16—20 日，国际媒介与传播研究学会(IAMCR)2017 年会在位于加勒比海南端的哥伦比亚海滨城市卡塔赫纳举行。此次年会的主题为“文化、政治与传播的转型，新媒介、新疆域与新话语”。中国传媒大学、北京师范大学、华东师范大学等高校参与了此次年会。

7 月 18 日，胡百精任中国人民大学新闻学院执行院长，王润泽任新闻学院副院长，赵云泽任新闻学院党委副书记。

7 月 21 日，中国传媒大学互联网信息研究院公布了新闻客户端信息生态指数首期月度评估结果。

7 月 22 日，“一带一路”与跨民族传播学术研讨会在内蒙古师范大学举行。开幕式上，暨南大学新闻传播学院与内蒙古师范大学新闻传播学院共同发布《内蒙古自治区全球媒介形象报告》。

7 月 26 日，第八届“中国传媒领袖大讲堂”在上海交通大学拉开帷幕。

7 月 27 日，教育部社科司发布《教育部社科司关于 2017 年度教育部人文社会科学研究一般项目立项的通知》。其中，新闻学与传播学立项规划基金项目 29 项，青年基金项目 39 项；交叉学科/综合研究中与新闻传播研究有关的 15 项。另外，西部和边疆地区项目立项新闻学与传播学项目 5 项，新疆项目立项新闻学与传播学项目 1 项。

7 月 27 日，贵州省部校共建新闻学院工作推进会在贵阳召开。中共贵州省委宣传部在 2014 年与贵州民族大学共建新闻学院的基础上，又与贵州大学、贵州师范大学签署部校共建新闻学院协议。

7 月 27—28 日，由国务院新闻办公室主办，中国外文局和外文局对外传播研究中心承办，山东省人民政府新闻办公室、烟台市人民政府新闻办公室、山东大学新闻传播学院协办的第五届全国对外传播理论研讨会在烟台举行。

7 月 29 日，由中国新闻史学会舆论研究委员会、上海市哲学社会科学创新研究基地、上海交通大学舆论学研究院、《新媒体与社会》集刊编辑部主办的“第七届新媒体与社会发展全球论坛”在上海举办。

7 月 30 日，由中国传媒大学承担、中国公共关系协会委托并联合主编的公共关系蓝皮书《中国公共关系发展报告(2017)》专家研讨会暨第一次编委会在北京召开。

7 月 31 日，由上海交通大学舆论学研究院、《新媒体与社会》编辑部主办，上海交通大学媒体与设计学院协办的第六届“新媒体与社会发展”全国研究生学术论坛在上海举办。

2017年8月

8月4日，第四届中美媒体论坛在夏威夷东西方研究中心举办。

8月11日，中国人民大学媒体融合实验室入选“2017年北京市媒体融合发展重点实室”。

8月12—13日，第五届传播视野下的中国研究论坛(2017)暨“近代中国的传媒、文本与社会变迁”学术研讨会在西安举行。

8月12—13日，由湖北民族学院文学与传媒学院和华中师范大学新闻传播学院联合主办的第三届中韩影视国际论坛在湖北民族学院举行。

8月16日，以“安全新秩序连接新机遇”为主题的第三届中国互联网安全领袖峰会(Cyber Security Summit 2017，简称CSS2017)在北京召开。

8月18—19日，中国新闻史学会2017年学术年会在郑州举办。此次年会由中国新闻史学会、郑州大学主办，郑州大学新闻与传播学院、新华社·郑州大学穆青研究中心承办，以“全球视野·中国体系——面向未来的新闻与传播学研究”为主题，共举行了近40场主题论坛、专题论坛、特邀论坛以及平行论坛，来自海内外100多所大学的1300位学者与会。

8月19日，第三届“新闻传播学学会奖”颁奖典礼在中国新闻史学会2017年学术年会上举行。

8月19日，由人民日报社和深圳市委、市政府联合主办的“你就是我·我就是你——2017媒体融合发展论坛”在深圳举行。

8月20日，中国新闻史学会常务理事扩大会议决议成立学术咨询委员会。

8月23日，由《钱江晚报》、小时传媒和中国人民大学共同举办的“智新时代——新媒体产品北京发布会”在京举行。

8月25日，由国家互联网信息办公室指导，中国经济网和内蒙古自治区网信办、中共呼和浩特市委、呼和浩特市人民政府共同承办的第十七届中国网络媒体论坛在呼和浩特举办。

8月26日，由中国传媒大学国家传播创新研究中心和厦门大学新闻传播学院共同主办的“2017中国传播论坛暨金砖国家传媒国际研讨会”在厦门大学举行。来自金砖五国以及芬兰、英国、土耳其等国的80余位学者出席了此次研讨会。

8月26—31日，第六届“新媒体与全球信息社会的公正传播”学术研究营在复旦大学新闻学院举办。

8 月 30 日，韦路任浙江大学传媒与国际文化学院院长兼党委副书记，王庆文任学院党委书记兼副院长。

8 月 30 日，“聚焦中国”系列活动在第 74 届威尼斯电影节拉开帷幕。中国传媒大学新闻传播学部派代表团参加。

8 月 31 日，跨媒体出版北京市重点实验室 2017 年学术委员会会议在北京印刷学院召开。

2017 年 9 月

9 月 1 日，浙江省新媒体专业委员会成立，这是中国记协在国内的首个省级新媒体专业委员会试点。

9 月 5 日，由中国传媒大学新闻传播学部传播研究院非洲传媒研究中心承办的外交部“中非联合研究交流计划”项目——“中国媒体与社会发展”非洲学者访华团项目启动仪式在中国传媒大学举行。

9 月 5 日，北京市媒体融合发展重点实验室“融媒体创新传播实验室”首次研讨会在北京师范大学举行。

9 月 5 日，以“一带一路与海外华文新媒体”为主题的第二届海外华文新媒体高峰论坛在成都举办。

9 月 10 日，由中国国务院侨务办公室、福建省人民政府、中国新闻社主办的第九届世界华文传媒论坛在福州开幕。

9 月 12 日，第二十七届中国新闻奖评选结果开始公示。会议评选出中国新闻奖获奖作品 300 件，其中特别奖 4 件，一等奖 52 件，二等奖 92 件，三等奖 152 件。

9 月 12 日，复旦大学聘任人民日报社原副总编辑米博华为新闻学院院长，原院长尹明华任党委书记。

9 月 13 日，中国日报社与上海外国语大学在上海举行共建新闻传播学院签约仪式。

9 月 13 日，由中非新闻交流中心、中国-南亚东南亚新闻交流中心主办的“金砖国家领导人厦门会晤媒体报道分享会”在中国人民大学新闻学院举行。

9 月 15 日，由中国传媒大学校新闻传播学部非洲传媒研究中心举办的“媒体与社会发展”学术访华团项目结项会暨“中非传媒研究国际研讨会”在中国传媒大学举办。

9 月 16 日，由封面传媒、微软和北京师范大学共同发起的“人工智能与未来媒体实验室”正式挂牌成立。这也是全国首个关注“AI+媒体”的实验室。

9 月 16—17 日，第八届中国少数民族地区信息传播与社会发展论坛在银川举行，此次论坛主题为“传播、转型、融合、发展”。

9月18日，由深圳市酷开网络科技有限公司与中国传媒大学合作建立的首家智能大屏新生态实验室在北京正式挂牌。

9月19日，华南理工大学成立广东省大数据与计算广告工程技术研究中心。

9月19日，吴建安任上海理工大学出版印刷与艺术设计学院党委书记。

9月20日，教育部、财政部、国家发展改革委印发《关于公布世界一流大学和一流学科建设高校及建设学科名单的通知》，公布世界一流大学和一流学科（简称“双一流”）建设高校及建设学科名单。中国人民大学和中国传媒大学的新闻传播学学科入选“双一流”建设学科。

9月20日，根据全国哲学社会科学规划办公室公布的《2017年国家社科基金后期资助项目立项名单》，经专家评审、社会公示并报全国哲学社会科学规划领导小组批准，该年度共有487项后期资助项目获准立项，其中，新闻学与传播学10项。

9月20日，由中华人民共和国国家互联网信息办公室指导、浙江大学传媒与国际文化学院、钱江晚报社主办、新华网协办的第二届中国大学生新闻评论大赛结果出炉，共60名同学获奖。

9月20日，重庆大学新闻学院与澳大利亚科廷大学媒介文化与创新艺术学院签署网络传播硕士（Master of Internet Communication）联合培养协议。

9月21日，李怡任四川大学文学与新闻学院院长，张莹任学院党委副书记兼纪委书记，胡易容、周维东、张放任副院长。

9月22日，随州市与华中科技大学新闻与信息传播学院签署战略合作协议，共建“华中城市传播智库”。

9月22—24日，第二届计算传播学年会暨工作坊在南京大学举行。

9月23日，由华中科技大学新闻与信息传播学院与复旦大学新闻与信息传播研究中心共同举办的“媒介、叙事与城市传播理论研讨会”在华中科技大学举行。

9月23—24日，信息传播技术与中国历史——第三届中国新闻史青年学者论坛在华中科技大学举办。

9月25日，重庆大学新闻学院与西班牙布朗卡纳·拉蒙优伊大学（BLURL）国际关系和新闻媒体学院签署本科生交换项目。

9月26日，北京市委宣传部与中国传媒大学签署部校共建新闻传播学部框架协议。

9月28日，第七届吴玉章人文社会科学奖和第六届吴玉章人文社会科学终身成就奖在中国人民大学揭晓。其中，新闻传播学科获奖成果共计7项，方汉奇教授获第六届吴玉章人文社会科学终身成就奖。

9月28日，由暨南大学新闻与传播学院、人民网舆情监测室、社会科学文献出版社合办的“2017 年《中国网络社会治理研究报告》发布会暨互联网治理研讨会”在北京举行。

9 月 28 日，中共河南省委宣传部与河南大学共建新闻与传播学院签约仪式暨院务委员会第一次全体会议在河南大学举行。

2017 年 10 月

10 月 3 日，中国人民大学国家传播战略研究中心宣布成立。

10 月 3 日，在庆祝建校 80 周年之际，中国人民大学举办新闻界校友论坛(2017)。

10 月 11 日，中共吉林省委宣传部与中国传媒大学签署战略合作协议。

10 月 14 日，密歇根州立大学传播艺术与科学学院与华中科技大学新闻与信息传播学院签署国际学术合作协议。

10 月 14 日，以“广播电视与新媒体转型发展”为主题的广播电视与新媒体转型发展高峰论坛暨中国广播电视学与新媒体研究分会 2017 年年会在杭州召开。

10 月 14—15 日，第三届中国传媒法治建设高峰论坛在西安市举办。会议主题为“转型与重构：新传播生态中的中国传媒法治建设”。

10 月 14—15 日，第十届中国青年传播学者论坛在中国传媒大学举办。此次会议主题为“十年的回顾：中国传播研究的问题与转型”。

10 月 14—15 日，中国高等院校影视学会第十七届年会暨第十届中国影视高层论坛在苏州举行。其中，媒介文化专业委员会成立大会暨“2017 媒介文化论坛”于 10 月 14 日举行。10 月 14 日晚，中国高校影视学会举行了第十届学会奖、第七届学院奖、第二届学人奖颁奖典礼。

10 月 15 日，中山大学传播与设计学院将于 2018 年起开始正式招收新闻与传播专业硕士大数据传播方向研究生，系全国新闻传播学领域的首个大数据传播专业硕士方向。

10 月 20 日，中国高等教育学会新闻学与传播学专业委员会在中国人民大学新闻学院召开常务理事会议，就新闻传播学科建设展开研讨。

10 月 20—22 日，2017 年全国第二届大数据产业暨新媒体教育发展高峰论坛会议在西安科技大学举行。

10 月 21 日，在中国高等教育学会新闻学与传播学专业委员会的发起下，由中国人民大学新闻学院联合“今日头条”头条学院共同举办的高校新闻传播学科新媒体实务课程共享平台建设研讨会在京举行。人大—头条新媒体实务课程共享平台正式成立。

10 月 21—22 日，第二届西部地区传媒类研究生学术年会在陕西师范大学新闻与传播学院举行。

10 月 21—22 日，“重访黄金时代：媒介社会学经典的再诠释”工作坊在浙江大学传媒与国际文化学院举办。

10 月 22 日，主题为“创意、创新、创业——未来公关的想象”的第六届中国大学生公共关系策划创业大赛总决赛暨颁奖典礼在厦门大学举办。

10 月 22 日，第十二届中国(北京)国际大学生动画节奖项在中国传媒大学揭晓。

10 月 26—28 日，由高等学校国家级实验教学示范中心联席会传媒组主办、浙江传媒学院承办的“媒体融合实践教学模式创新研讨会”在杭州举行。

10 月 28 日，第十届公关与广告国际学术论坛(10th PRAD)、第二届中国新闻史学会公共关系分会年会(2nd PRSC)暨第四期战略传播与公共关系工作坊在武汉举行。

10 月 28 日，“2017 中国传媒经济与管理年会暨第二届江苏传媒产业发展论坛”在南京大学举办。

10 月 28 日，由中国新闻史学会媒介法规与伦理研究委员会主办，山东大学新闻传播学院、山东大学传播与媒介研究中心承办的“媒介化社会背景下的新闻伦理构建研讨会”在山东大学召开。

10 月 28 日，江苏省第四届传媒学科研究生论坛在南京师范大学举行。

10 月 28 日，上海交通大学媒体与设计学院建院 15 周年大会暨新时代中国特色新闻/设计教育改革论坛在上海交通大学举行。

10 月 29 日，第三届中国广告名人堂揭晓暨颁奖典礼在上海举行，中国传媒大学广告学院院长丁俊杰教授入选。

10 月 29 日，“2017 年中国东部传媒艺术高端论坛”在南京师范大学举行，论坛主题为“媒介融合：媒体生机与人民影视剧生产”。

10 月 29 日，中南财经政法大学新闻与文化传播学院新闻传播教育二十周年庆典暨“新媒体时代的新闻与传播”学术研讨会在该校举行。

10 月 31 日，由一点资讯发起的“一点学院・百校万人计划”启动仪式暨首场落地活动在中国人民大学举行。

2017 年 11 月

11 月 3 日，首届“食品安全风险交流与策略传播”国际工作坊在北京大学举办。

11 月 3—5 日，由中国高等教育学会新闻学与传播学专业委员会新闻学组主办、西南政法大学新闻传播学院承办的第十届(2017)中国新闻学年会在重庆举办，会议主题为“使命与担当：保卫、创新、发展中国新闻学”。

11 月 4 日，由中国高校影视学会民族影视专业委员会、西藏民族大学主办的第三届民族影视高端论坛暨中国高校影视学会民族影视专业委员会 2017 年会在西藏民族大学举行。

11 月 4—5 日，第十三届全国网络编辑年会暨 2017 年数字出版与新媒体研讨会在广西民族大学召开。

11 月 4—5 日，中国高校影视学会广播专业委员会第一届理事会第二次会议暨第二届中国广播创新发展高端论坛在安徽师范大学举行。

11 月 4—5 日，第十届世界华文传媒与华夏文明国际学术研讨会在广东外语外贸大学举行。

11 月 5 日，中国高等院校影视学会影视产业与管理专业委员会第二届学术年会在浙江海宁举行。

11 月 5 日，中国传媒大学新闻传播学部举行“新挑战 · 新坐标：传播学教育发展论坛 2017”和拉美传播研究中心揭牌仪式。

11 月 5 日，以“出版人才专业培养与继续教育”为主题的第六届韬奋出版人才高端论坛在济南举行。

11 月 9 日，由中国电视艺术家协会、中共深圳市委宣传部等单位联合主办的第 23 届中国纪录片学术盛典颁奖典礼在深圳召开，共 38 部纪录片获奖。

11 月 9—12 日，由中国民族博物馆、中国人类学民族学研究会民族影视与影视人类学专业委员会主办的“第二届中国民族志纪录片学术展”在北京举办。

11 月 10 日，中国社会科学院新闻与传播研究所、中国社会科学院新媒体发展研究中心在北京组织召开《中国新媒体发展报告》（2018）选题研讨会。

11 月 10 日，由中国传媒大学新闻传播学部主办，中国网络视频研究中心承办的“2017 中国网络视频秋季高峰论坛暨中国短视频与直播联盟启动仪式”在中国传媒大学举办。

11 月 11 日，由上海交通大学媒体与设计学院与国际传播学会（ICA）共同主办的“2017 新媒体国际论坛 ”在上海举办。此次大会主题为“智媒时代：交流与协商”。

11 月 11—12 日，由中国新闻史学会传播学专业委员会主办，浙江大学传媒与国际文化学院、浙江大学宁波理工学院传媒与设计学院承办的 2017 年中国传播学论坛暨“新世界主义视野下的传播与人类命运共同体学术研讨会”在宁波举行。

11 月 12 日，由华中科技大学主办、国家传播战略协同创新中心（SCS）和华中大新闻与信息传播学院协办的第五届国家传播战略高峰论坛在华中科技大学举行。此次会议的主题是“全球治理、国际舆论与传播战略”。

11 月 12—13 日，中国高等教育学会新闻学与传播学专业委员会第七届理事会第五次全体会议暨学术研讨会在杭州举行。会议的主题是“跨媒体、跨学科、跨文化：新闻传播教育的变革与创新”。

11 月 14 日，第二届中国 VR/AR 创作大赛“金铎奖”颁奖典礼在北京师范大学举办。

11 月 14 日，第四届红枫大学生记者节启动仪式在湖南大学举行。记者节的主题为“梦之使责，爱之担当”。

11 月 15 日，复旦大学新闻学院与中央电视台外语频道(CGTN)战略合作签约仪式在复旦大学举行。

11 月 16 日，由中国外文局对外传播研究中心、中国新闻史学会公共关系研究委员会、华中科技大学新闻与信息传播学院与中国网共同主办的“第一届讲好中国故事创意传播国际大赛”颁奖典礼在北京举行。

11 月 16 日，中国高等院校影视学会播音主持专业委员会成立大会暨第一届理事会第一次会议在中国传媒大学召开。

11 月 17 日，全国哲学社会科学规划办公室公布了《2017 年度国家社科基金重大项目立项名单》，最终立项数量为 331 项。其中新闻传播与文化类项目共 15 项。

11 月 17 日，媒体教育联盟会议暨第三届中国数据新闻大赛在武汉大学落下帷幕。

11 月 17—19 日，第一届中国品牌传播青年学者论坛暨第五届品牌传播论坛在华中科技大学举行。

11 月 18 日，北京工商大学艺术与传媒学院举办第七届全国经济新闻改革与发展研讨会暨第五届全国大学生经济新闻作品大赛颁奖会。

11 月 18 日，汕头大学国际互联网研究院发布《G20 国家互联网发展与治理报告》。

11 月 18 日，经教育部国际司批准，由中国传媒大学、日本早稻田大学、复旦大学三校共同主办的“2017 年中日媒体研讨会”在中国传媒大学举行。

11 月 18 日，第十七届中国新闻传播学科研究生学术年会暨 2017 年复旦大学博士生学术论坛之新闻传播学篇在复旦大学举行。

11 月 18—19 日，中国新闻史学会新闻传播思想史研究委员会 2017 年会暨第四届中外新闻传播思想史高峰论坛在厦门大学举行，会议主题为“技术 · 媒介 · 伦理：传播思想史上的技术神话与伦理反思”。

11 月 19 日，由同济大学与英国全球中国研究院共同主办的 2017 中外传媒比较研究国际学术会议在上海举行。会议主题为“交流与比较：中外传媒及其教研的新趋向”。

11 月 19 日，中国社会心理学会大数据网络心理学专业委员会(筹)首次工作会议在中山大学传播与设计学院召开。

11 月 20 日，清华大学范敬宜新闻教育奖评选组委会公布第五届范敬宜新闻教育奖评选结果。

11月20日，教育部社会科学司发布2017年度教育部人文社会科学重点研究基地重大项目立项结果通知，共有136项教育部人文社会科学重点研究基地重大项目和11项中国共产党革命精神与文化资源研究中心项目批准立项，其中与新闻传播学科相关的项目共有5项。

11月20日，由中国外文局主办的2017年全国外宣工作协作会在合肥召开。中宣部副部长、国务院新闻办公室主任蒋建国在会议上指出，在中国特色社会主义新时代，外宣工作要传播好中国新时代声音，讲述好中国新征程故事。

11月21日，第八届中国国际新媒体短片节高校日活动暨中国传媒大学青年影像创作与国际传播平台启动仪式在中国传媒大学举行。

11月23日，中原传媒研究院成立仪式在郑州大学举行。

11月24日，以“智媒时代：新闻业再出发”为主题的2017中国新闻业研究圆桌论坛在中山大学传播与设计学院召开。此外，圆桌论坛还举行了《中国新闻业年度观察报告2017》首发仪式。

11月24日，“一带一路”国家记者“中国发展研究与媒体交流”2017中国人民大学培训项目结业仪式在中国人民大学举行。

11月24日，第九届全国大学生广告艺术大赛颁奖典礼暨第十届全国大学生广告艺术大赛启动仪式在全国政协礼堂举行。

11月24日，新闻评论东湖论坛暨第二届华中科技大学新闻评论开放教育建设会在华中科技大学举行。

11月24—26日，第九届跨文化传播国际学术会议在武汉大学召开，此次会议主题为“一带一路、多元文化主义与跨文化传播”。

11月25日，第二届中国舆论学年会开幕式在河南大学举行，同时举办了河南省教育新媒体暨舆情研究中心揭牌仪式。

11月25日，中国新闻史学会党报党刊研究委员会成立大会暨“中国共产党新闻理论与实践”学术论坛在南昌大学举行。

11月25日，第六届中国传媒经济年会在中国传媒大学举行。年会的主题是“大数据与媒体融合”。

11月25日，由广州大学、台湾世新大学和香港浸会大学共同主办的“粤港台传媒转型”学术研讨会暨首届岭南传媒研究生系列论坛在广州举行。

11月25日，“媒介融合与软实力提升”第六届重庆新闻传播研究生学术论坛在西南大学举行。

11 月 25 日，由中国人工智能学会主办的“2017 年第五届全国大学生数字媒体科技作品及创意全国现场总决赛”在上海大学举行。

11 月 25—26 日，中国广告协会学术委员会成立 30 周年庆祝专题论坛暨 2017 年全国广告学术探讨会在北京举办。

11 月 26 日，以“新时代网络空间治理”为主题的第四届互联网与国家治理智库论坛在中山大学举行。同日，中山大学互联网与治理研究中心作为“广东省社会科学研究基地”正式揭牌；由该中心推出的《互联网与国家治理发展报告(2017)》和国内第一份《中国互联网治理指数报告》也于当日举办了首发仪式。

11 月 26 日，以“‘一带一路’与品牌中国”为主题的“2017 清华国家形象论坛”在清华大学举办。

11 月 27 日，《出版概论》新书发布会暨全媒体时代新闻出版教材建设研讨会在北京印刷学院举行。

11 月 28 日，CC-Smart 新传智库在北京师范大学发布《网络视听蓝皮书：中国互联网视听行业发展报告(2017)》。

11 月 28 日，北京外国语大学国际新闻与传播学院与中国人民大学出版社联合举办“丝绸之路对话”照会签署仪式暨《世界的未来》新书发布会。

11 月 30 日，中国广播电影电视社会组织联合会公布第十届全国广播影视学术著作评选结果，共 27 部优秀作品获奖，其中，特别奖 2 部、一等奖 3 部、二等奖 10 部、三等奖 12 部。

11 月 30 日，由国务院新闻办公室主办，上海外国语大学承办的首届亚洲新闻传播学院院长论坛在上海开幕。来自亚洲 22 个国家和地区的近百位新闻传播学界专家学者与会。

11 月 30 日，以“新使命 · 新视界 · 新动能”为主题的第五届中国网络视听大会在四川成都召开。

2017 年 12 月

12 月 1 日，中国网络视听节目服务协会互联网电视工作委员会成立。

12 月 1 日，教育部社科司发布了《关于 2017 年度教育部哲学社会科学研究重大课题攻关项目评审结果的公示》。其中，新闻传播与信息、文化类公示课题有 9 项。

12 月 1 日，首届民族新闻传播研究论坛在中央民族大学召开。

12 月 1—2 日，由复旦大学信息与传播研究中心、复旦大学新闻学院和复旦发展研究院传播与国家治理研究中心共同主办的“传播与中国 · 复旦论坛(2017)”在复旦大学举行，论坛主题为“全球城市：传播与创意”。

12 月 1—3 日，武汉大学新闻与传播学院举办 2017 年“武汉大学全国网络传播博士生论坛”暨“第八届华中地区研究生新闻传播学术论坛”。

12 月 2 日，由中国社会科学院大学、中国青年政治学院联合主办的第四届“政治传播与社会发展”论坛在北京举行，此次论坛主题为“全球化与逆全球化背景下的国际政治传播”。

12 月 2 日，中国新闻史学会视听传播研究委员会学术年会在湖北大学召开，年会会议主题为“视听传播的问题域与新理论”。

12 月 2 日，由中国传媒大学、北京人民广播电台、阅文集团-懒人听书共同主办的首届全媒体有声读物互联网应用高峰论坛在北京广播大厦举行。

12 月 2 日，由西北师范大学传媒学院和上海社会科学院文学所、复旦大学新闻学院共同主办的“一带一路”文化传播专家研讨会在上海社会科学院召开。

12 月 2 日，中国高等院校影视学会影视国际传播专业委员会成立大会暨新全球化时代影视国际传播高端论坛于上海外国语大学举行。

12 月 2 日，2017 中国新闻史学会新闻传播思想史研究委员会专题工作坊暨新闻传播学研究生教育论坛在西安举行。

12 月 2 日，第五届传播与国家治理论坛暨第二届互联网与社会论坛在复旦大学举行。

12 月 2—3 日，“2017‘未来传播’上海论坛——众媒时代下构建公益传播新生态”在同济大学举办。

12 月 3 日，以“发展数字经济 促进开放共享——携手共建网络空间命运共同体”为主题的第四届世界互联网大会在乌镇开幕。会上正式发布了《世界互联网发展报告 2017》和《中国互联网发展报告 2017》蓝皮书。根据报告，截至 2017 年 6 月，全球网民总数达 38.9 亿，普及率为 51.7%，其中，中国网民规模达 7.51 亿，居全球第一。

12 月 5 日，中央宣传部干部局在中国文明网公示了《2017 年文化名家暨“四个一批”人才拟入选人选名单》，来自新闻界、国际传播领域的共 398 人入选。

12 月 7 日，暨南大学新闻学、广告学本科专业认证(第三级)中俄联合认证专家意见反馈会在暨南大学召开。

12 月 8 日，以“新技术背景下的健康传播理论和策略创新”为主题的第四届中国健康传播学术年会在上海复旦大学举行。

12 月 8 日，由社会科学文献出版社、北京市新闻工作者协会、暨南大学新闻与传播学院联合举办的“媒体融合蓝皮书”交流座谈会在广州举行。

12月8日，光明日报社副总编沈卫星出任中国政法大学光明新闻传播学院院长。

12月8日，由澎湃新闻与复旦大学新闻学院联合主办的首期“非虚构工作坊”正式启动。

12月8日，中国人民大学新闻学院“新闻传播学科学术拔尖人才培养计划”实施首次选拔。

12月9日，以“传播媒介与抗战救亡”为主题的纪念全面抗战爆发80周年暨第三届中国抗战新闻传播史学术研讨会在重庆大学召开。

12月9日，第三届中国电视研究年会在华东师范大学举行。

12月9—10日，由全球修辞学会-视听传播学会、中国传媒大学新传学部新闻学院主办的首届视听传播高峰论坛在中国传媒大学举办。

12月9—10日，安徽大学新闻传播学院举办安徽省第九届新闻传播学科研究生论坛。

12月10日，2013—2017年教育部高等学校新闻传播学类专业教学指导委员会第九次全体会议暨国务院学位委员会新闻传播学学科评议组工作会议和第五届范敬宜新闻教育奖颁奖仪式暨“双一流使命·未来型教育”新闻传播学科高峰论坛在清华大学举行。教育部高等学校新闻与传播学类专业教学指导委员会和国务院学位办新闻传播学科评议组专家、来自部分高校新闻院系院长、第五届范敬宜新闻教育奖获奖者以及部分师生代表共150余人出席颁奖典礼和论坛。

12月11—16日，暨南大学新闻与传播学院师生与郑州大学新闻与传播学院师生组成的“重走穆青路之广东行”联合采访团追随著名记者、原新华社社长穆青当年采写《风帆起珠江》的足迹，重温穆青“勿忘人民”的新闻理念。

12月12日，由中国马克思主义研究基金会举办的第五届马克思主义研究优秀成果奖评选结果揭晓。其中，有新闻传播类获奖著作三部。中国人民大学新闻学院陈力丹教授以《精神交往论——马克思恩格斯的传播观》获得专著类一等奖。

12月12日，2017中国（广州）国际纪录片节“读懂中国”大学生纪录片大赛推优分享会暨中国高等院校影视学会纪录片专业委员会成立大会在广州举行。

12月12日，《2017中国大学海外网络传播力报告》发布会在北京师范大学举行。

12月14日，2017年度中国广播影视学术年会暨第十届全国广播影视学术著作奖颁奖仪式在广东佛山举行。

12月14—21日，由中宣部、中国记协组织的第四届“好记者讲好故事”巡讲团赴各地新闻单位、高校开展巡讲活动。

12月15日，第二届全国新闻与传播专业学位研究生（MJC）教育指导委员会第二次工作会议暨第二届 MJC 研究生教育工作研讨会在暨南大学举行。

12 月 16 日，中国新闻史学会编辑出版研究委员会学术年会(2017)暨“媒介融合时代的编辑出版学与出版业”论坛在中国传媒大学举行。

12 月 16 日，由广州大学新闻与传播学院主办的“网络社会的情绪传播”暨第二届新媒体与社会心理学术研讨会在广州召开。

12 月 16 日，2017 年度“人民网奖学金”颁奖典礼在天津市举行。来自中国人民大学、中国传媒大学、清华大学、北京大学等十余所高校新闻传播院系的 58 名学生荣获 2017 年“人民网优秀学生奖学金”，128 位同学的 96 篇论文获得“人民网优秀论文奖”。

12 月 16 日，“广告新时代·教育新挑战发展趋势高峰论坛”暨华东师范大学广告学系成立大会在华东师范大学召开。

12 月 16—18 日，2017 年第十六届上海国际大学生广告节在上海大学举行，来自全国各地院校的 60 个大学生创意团队参赛。

12 月 17 日，以“新时代党报传播力、引导力、影响力、公信力研究”为主题的“人民共和国党报论坛”第十四届(2017)年会，在中国传媒大学举行。

12 月 17 日，“2017 年中国科技传播论坛”在北京举办，此次论坛主题为“大数据应用与创新”。期间，颁发了 2017 年“新华杯”科技传播奖。

12 月 18 日，全国哲学社会科学规划办公室正式公布《2017 年国家社科基金中华学术外译项目立项名单》，共计 165 项，其中“新闻学与传播学”学科共有 4 个项目入选。

12 月 18 日，中共吉林省委宣传部与东北师范大学、吉林师范大学共建新闻学院成立大会召开。

12 月 18 日，上海市深化部校共建新闻学院工作推进会暨签约仪式在市委宣传部举行。在此轮共建工作中，上海市委宣传部与上海交通大学、同济大学、华东师范大学和上海大学 4 所高校同时开展共建。

12 月 20 日，由公安部网络安全保卫局指导，中国互联网协会、中国网络空间安全协会和腾讯公司联合主办的第三届互联网安全责任论坛在北京召开。同时，腾讯公司联合中山大学传媒与设计学院数据传播实验室发布了《2017 腾讯公司谣言治理报告》。

12 月 20 日，由人民日报社主办的“2017 澜沧江—湄公河合作媒体峰会”在北京举行。

12 月 21 日，中国全媒体高峰论坛在杭州举行，论坛主题为“智媒时代的传媒创新”。

12 月 23 日，由郑州大学新闻与传播学院主办，新媒体研究中心和穆青研究中心共同承办的第三届“新媒体公共传播”国际学术研讨会在郑州大学举行。

12 月 24 日，“方汉奇基金”捐赠暨成立仪式在中国人民大学举行。著名新闻史学家、中国人民大学荣誉一级教授方汉奇将所获“吴玉章人文社会科学终身成就奖”奖金 100 万元全部捐赠，以支持新闻史学研究，推动新闻传播学科发展。

12 月 25 日，网络正能量传播论坛在人民日报社举行。期间，发布《网络正能量传播蓝皮书》。

12 月 25 日，新华社就《习近平新闻舆论思想要论》出版召开专题研讨会。与会专家学者表示，习近平新闻舆论思想开辟了马克思主义新闻观的新境界，丰富了党的新闻理论宝库，标志着我们党对新闻舆论工作的理论认识和实践探索达到了新的高度。次日，新华社发布消息：《习近平新闻舆论思想要论》将由新华出版社出版。

12 月 26 日，第五届中国新兴媒体产业融合发展大会在成都举行。大会由新华社和成都市政府共同主办，以“深度融合 · 跨界融合”为主题；大会现场发布了《中国新兴媒体融合发展报告(2016—2017)》。

12 月 26 日，教育部社会科学司发布 2017 年度教育部哲学社会科学研究后期资助项目立项通知，其中与新闻传播教育相关的“新闻学与图书情报学”学科门类有两项。

12 月 26 日，由中国传媒大学高教传播与舆情监测研究中心研制，协同创新中心副主任王保华教授担任主编的《中国高等教育舆情报告(2017)》由高等教育出版社出版。

12 月 26 日，《京师中国传媒智库(第一辑)》新书首发式暨《2017 央企海外网络传播力报告》发布会在北京师范大学举行。

12 月 27 日，广西大学新闻传播学院院长聘任仪式举行，学校聘请国内知名新闻学者、中国人民大学新闻学院郑保卫教授担任新闻传播学院院长。

12 月 27 日，由甘肃省新闻出版广电局、甘肃省广播电影电视总台联合主办的“2017 年甘肃省微电影网络剧大赛颁奖礼”在甘肃广电总台举行。

12 月 28 日，中国社会科学院新闻与传播研究所于 2017 年 12 月进行了第五届(2016 年度)全国新闻传播学优秀论文的遴选，最终以集体评议的方式从中选出了 10 篇优秀论文。

12 月 28 日，教育部学位与研究生教育发展中心公布全国第四轮学科评估结果。全国具有“博士授权”的高校共 17 所，此次参评 17 所；部分具有“硕士授权”的高校也参评了评估，参评高校共计 81 所。其中中国人民大学和中国传媒大学在此次评估中获评 A+；复旦大学和华中科技大学获评 A；清华大学、上海交通大学、武汉大学、暨南大学获评 A-。

(程丽红)

本年鉴的编纂获得了以下单位的大力支持：

武汉体育学院新闻传播学院

青海师范大学新闻学院

山东大学新闻传播学院

在此一并表示感谢！

中国新闻传播教育年鉴编辑委员会

2018 年 10 月 25 日